Militärsoziologie – Eine Einführung

Nina Leonhard · Ines-Jacqueline Werkner
(Hrsg.)

Militärsoziologie – Eine Einführung

3., aktualisierte und ergänzte Auflage

 Springer VS

Hrsg.
Nina Leonhard
Zentrum für Militärgeschichte
und Sozialwissenschaften der
Bundeswehr
Potsdam, Deutschland

Ines-Jacqueline Werkner
Forschungsstätte der Evangelischen
Studiengemeinschaft e. V. (FEST)
Heidelberg, Deutschland

Zentrum für Militärgeschichte
und Sozialwissenschaften der
Bundeswehr

Herausgegeben mit freundlicher Unterstützung des Zentrums für Militärgeschichte und Sozialwissenschaften der Bundeswehr.

ISBN 978-3-658-30183-5   ISBN 978-3-658-30184-2   (eBook)
https://doi.org/10.1007/978-3-658-30184-2

Die Deutsche Nationalbibliothek verzeichnet diese Publikation in der Deutschen Nationalbibliografie; detaillierte bibliografische Daten sind im Internet über http://dnb.d-nb.de abrufbar.

Planung/Lektorat: Cori Antonia Mackrodt
Springer VS ist ein Imprint der eingetragenen Gesellschaft Springer Fachmedien Wiesbaden GmbH und ist ein Teil von Springer Nature.
Die Anschrift der Gesellschaft ist: Abraham-Lincoln-Str. 46, 65189 Wiesbaden, Germany

Inhaltsverzeichnis

Verzeichnis der Autorinnen und Autoren

Maja Apelt, Dr. rer. pol. habil. Professorin für Organisations- und Verwaltungssoziologie der Universität Potsdam.

Heiko Biehl, Dr. phil. Leiter des Forschungsbereichs Militärsoziologie am Zentrum für Militärgeschichte und Sozialwissenschaften der Bundeswehr in Potsdam.

Thorsten Bonacker, Dr. rer. pol. Professor für Friedens- und Konfliktforschung an der Philipps-Universität Marburg.

Aurel Croissant, Dr. rer. pol. habil. Professor für Politikwissenschaft am Institut für Politische Wissenschaft der Ruprecht-Karls-Universität Heidelberg.

Nicole Deitelhoff, Dr. phil. Professorin für Internationale Beziehungen und Theorien globaler Ordnungspolitik an der Goethe-Universität Frankfurt a. M. sowie Leiterin des Leibniz-Instituts Hessische Stiftung Friedens- und Konfliktforschung in Frankfurt a. M.

Werner Distler, Dr. phil. Assistant Professor an der University of Groningen, Niederlande.

Martin Elbe, Prof. Dr. rer. pol. Projektleiter im Forschungsbereich Militärsoziologie am Zentrum für Militärgeschichte und Sozialwissenschaften der Bundeswehr in Potsdam.

Jürgen Franke, Dr. phil. und Oberstleutnant a. D. bis 2012 Dozent für Militärsoziologie am Fachbereich Human- und Sozialwissenschaften an der Führungsakademie der Bundeswehr in Hamburg;
seitdem Lehrbeauftragter für Soziologie (Interdisziplinäre Studienanteile) an der Helmut-Schmidt-Universität/Universität der Bundeswehr Hamburg.

Anna Geis, Dr. phil. habil. Professorin für Internationale Sicherheitspolitik und Konfliktforschung an der Helmut Schmidt Universität/Universität der Bundeswehr Hamburg.

Ulrich vom Hagen, Dr. phil. apl. Professor an der Dalhousie University, Halifax/Kanada, und Direktor in der Landesregierung von Nova Scotia/Kanada.

Cathleen Kantner, Dr. phil. habil. Professorin für Internationale Beziehungen und Europäische Integration am Institut für Sozialwissenschaften der Universität Stuttgart.

Franz Kernic, Dr. phil. habil. Dozent für Führung und Kommunikation an der Militärakademie (MILAK) an der ETH Zürich (bis zu seiner Pensionierung im Mai 2022).

Ina Kraft, Dr. rer. pol. Projektbereichsleiterin im Forschungsbereich Sicherheitspolitik und Streitkräfte am Zentrum für Militärgeschichte und Sozialwissenschaften der Bundeswehr in Potsdam.

David Kuehn, Dr. rer. pol. Senior Research Fellow am German Institute for Global and Area Studies (GIGA) in Hamburg.

Gerhard Kümmel, Dr. phil. Projektbereichsleiter im Forschungsbereich Sicherheitspolitik und Streitkräfte am Zentrum für Militärgeschichte und Sozialwissenschaften der Bundeswehr in Potsdam.

Nina Leonhard, Dr. phil. habil. Projektbereichsleiterin im Forschungsbereich Militärsoziologie am Zentrum für Militärgeschichte und Sozialwissenschaften der Bundeswehr und Privatdozentin am Institut für Soziologie der Westfälischen Wilhelms-Universität Münster.

Gregor Richter, Dr. phil. Projektbereichsleiter im Forschungsbereich Militärsoziologie am Zentrum für Militärgeschichte und Sozialwissenschaften der Bundeswehr in Potsdam.

Sammi Sandawi, Dipl. Soz-Wiss. Koordinator amtsseitige Unterstützung in der Abteilung Ausrüstung, BMVg Berlin.

Markus Steinbrecher, Dr. rer. pol. Projektbereichsleiter im Forschungsbereich Militärsoziologie am Zentrum für Militärgeschichte und Sozialwissenschaften der Bundeswehr in Potsdam.

Maren Tomforde, Dr. phil. Fachgebietsleiterin Globale Internationale Beziehungen an der Führungsakademie der Bundeswehr in Hamburg und affiliierte Dozentin am Department of Anthropology an der Macquarie University in Sydney, Australien.

Fabian Virchow, Dr. rer. pol. Professor für Theorien der Gesellschaft und Theorien politischen Handelns an der Hochschule Düsseldorf.

Ines-Jacqueline Werkner, Dr. rer. pol. habil. Leiterin des Arbeitsbereichs Frieden an der Forschungsstätte der Evangelischen Studiengemeinschaft e. V. (FEST) in Heidelberg sowie Privatdozentin am Institut für Politikwissenschaft der Goethe-Universität Frankfurt a. M.

Einleitung

Einleitung: Militär als Gegenstand der Forschung

Nina Leonhard und Ines-Jacqueline Werkner

1 Einleitung

Die moderne militärbezogene sozialwissenschaftliche Forschung, wie wir sie heute kennen, entstand im Zuge des Zweiten Weltkrieges in den USA (vgl. Roghmann und Ziegler 1977: 145 ff.): Im Dezember 1941 wurde eine Forschungsabteilung *(Research Branch)* in der *Information and Education Division* des Pentagon eingerichtet, die durch sozialwissenschaftliche Erhebungen und Analysen die amerikanische Kriegsführung unterstützen sollte. Die Ergebnisse der umfangreichen vierjährigen Forschungsarbeit, bei denen der Praxisbezug und nicht die Überprüfung oder Entwicklung von Theorien im Vordergrund stand, wurden nach dem Krieg in vier Bänden dokumentiert (Stouffer et al. 1949). Die in den ersten beiden Bänden zusammengetragenen Beobachtungen und Erkenntnisse eröffnen einen umfangreichen Einblick in die Einstellungen und Verhaltensweisen amerikanischer Soldaten zu dieser Zeit; in den beiden anderen Bänden werden die angewandten, vielfach neu entwickelten Methoden erläutert. Die Arbeiten der *Research Branch* etablierten in inhaltlicher wie methodischer Hinsicht die Grundlagen für die weitere

N. Leonhard (✉)
Forschungsbereich Militärsoziologie, Zentrum für Militärgeschichte und Sozialwissenschaften der Bundeswehr, Potsdam, Deutschland
E-Mail: ninaleonhard@bundeswehr.org

I.-J. Werkner
Forschungsstätte der Evangelischen Studiengemeinschaft e.V. (FEST), Heidelberg, Deutschland
E-Mail: ines-jacqueline.werkner@fest-heidelberg.de

© VS Verlag für Sozialwissenschaften I Springer Fachmedien Wiesbaden GmbH, Wiesbaden 2023
N. Leonhard und I.-J. Werkner (Hrsg.), *Militärsoziologie – Eine Einführung*,
https://doi.org/10.1007/978-3-658-30184-2_1

sozialwissenschaftliche Forschung über das Militär, die sich in den USA ab den 1950er-Jahren an den Universitäten – nicht zuletzt in Form von Auftragsforschung für das Militär – entwickelte und von dort aus auch die militärbezogene Forschung in Deutschland beeinflussen sollte.

Die Anfänge einer wissenschaftlichen Auseinandersetzung mit dem Militär lassen sich gleichwohl viel weiter zurückverfolgen. So spielte das Militär bereits bei Platon oder im staatsphilosophischen Denken neuzeitlicher Theoretiker wie bei Macchiavelli eine Rolle (Wachtler 1983b: 12 ff.). Wurden Militär und Krieg dabei als integrale, natürlich gegebene Bestandteile des Staates und staatlicher Gewalt thematisiert, entwickelte sich ab Mitte des 19. Jahrhunderts im Zuge der Herausbildung der modernen Soziologie ein neuer Blick auf das Militär, bei dem verstärkt die – in der Regel negativ gedeuteten – Zusammenhänge zwischen gesellschaftlichem Wandel und Entwicklungen im Bereich des Militärs in den Mittelpunkt rückten (siehe hierzu die Zusammenstellung von Wachtler 1983a sowie die umfassende kriegstheoretische Rekonstruktion von Joas und Knöbl 2008). Anlass für dieses neue Interesse war die beginnende Industrialisierung, welche die gesellschaftlichen Kontextbedingungen des Militärs in Mitteleuropa grundlegend veränderte. „Waren Militär und Krieg bis dahin durchaus übliche Mittel der Erringung gesellschaftlicher Besitztümer durch Eroberung und Aneignung fremder Länder und Güter gewesen, so machte die enorm gestiegene Produktivität der industriellen Arbeit den Krieg als Quelle von Reichtum mehr und mehr überflüssig. (…) Militär und Krieg verloren hierdurch nicht nur ihre augenfällige materielle Rechtfertigung, sondern [schienen] sich geradezu als hinderlich auf dem Weg des ökonomischen und sozialen Fortschritts" zu erweisen (Wachtler 1983b: 15).

Die Annahme einer prinzipiellen Unvereinbarkeit von ökonomischem Fortschritt und Krieg, wie sie unter anderem im Dreistadiengesetz von Auguste Comte, das eine irreversible Entwicklung vom militärischen über das metaphysische zum industriellen Zeitalter postuliert, oder in Herbert Spencers Gegenüberstellung von „militärischem" und „industriellem Gesellschaftstypus" vertreten werden, ist Beleg für eine bis heute einflussreiche Sichtweise, die militärische Gewalt als etwas ‚Vormodernes' klassifiziert. Zugleich haben diese und andere sozialtheoretischen Entwürfe einen Blick auf das Militär eröffnet, der neben der Kriegsführung auch seine Betrachtung als „soziale Institution" (Kernic 2001) erlaubt. Damit rückt seine nach innen, auf das eigene Gemeinwesen bezogene Bedeutung in den Mittelpunkt: Als politisches Machtinstrument dient das Militär der Durchsetzung nicht nur außenpolitischer Interessen gegenüber anderen Staaten, sondern auch innenpolitischer Anliegen – unter Umständen gegen die eigene Bevölkerung. Dem Militär kommen also sowohl nach außen gerichtete Verteidigungsaufgaben im Sinne der Landes- und Bündnisverteidigung zu als auch solche, die auf den Schutz der jeweils herrschenden politischen Ordnung gerichtet sind. Jenseits eines möglichen Missbrauchs zur Repression erfüllt das Militär durch die Aktivierung und Stabilisierung einer gemeinschaftlichen Wertebasis eine sozialintegrative, identitätsstiftende Funktion, die unter bestimmten Bedingungen auch weltanschaulichen Symbolcharakter annehmen kann (vgl. Wachtler 1983b: 18, c: 73 f.).

Wie René König (1968b: 12) mit Blick auf die Funktionsbedingungen von Streitkräften herausgestellt hat, zeichnet sich das Militär seit der Erfindung stehender Heere nicht zuletzt dadurch aus, dass sein originärer Organisationszweck – das Führen von Krieg – zumindest in Friedenszeiten nicht (allein) im Vordergrund steht:

„Dieser Umstand verleitet notwendigerweise als Ersatzhandlung zu einer übermäßigen Bürokratisierung, deren Funktion im wesentlichen darin liegt, vergessen zu machen, dass die Organisation Militär in Friedenszeiten praktisch funktionslos ist. Daher auch die unübersehbare Tendenz, dieser Organisationen in solchen Perioden eigentliche Parafunktionen symbolischen Charakters zuzuweisen, die etwa ‚Werte' wie nationale Einheit, Abwehrbereitschaft, Traditionsverbundenheit, Schutz des Staatsterritoriums usw. repräsentieren, die jedoch (...) im Zeitalter internationaler politischer Organisationen eine seltsam schattenhafte Existenz haben."

Dass das Militär auch ohne Krieg zu führen existieren kann, belegt das Beispiel Europas zu Zeiten des Kalten Krieges, wo nach den Erfahrungen der beiden Weltkriege und vor dem Hintergrund der nuklearen Abschreckung der Krieg trotz (oder wegen?) der Beibehaltung bzw. Aufrüstung der Streitkräfte zu einem Ausnahmefall, zu einer „Funktion für den Notfall" (ebd.: 14), avancierte, der eigentlich niemals eintreten sollte. Dennoch ist und bleibt der Krieg eine notwendige Voraussetzung für die Existenz und Legitimation des Militärs.

Das Wechselverhältnis zwischen der Art kriegerischer Auseinandersetzung und der Organisationsform militärischer Verbände ist hierzulande im Kontext sogenannter „neuer" Kriege und militärischer Einsatzformate (vgl. Kaldor 2000; Münkler 2002; Trotha 2003) in den 1990er-Jahren sowie seit der Renaissance der Landes- und Bündnisverteidigung infolge der Annexion der Krim 2014 und insbesondere des russischen Angriffs auf die Ukraine im Februar 2022 deutlich zutage getreten. Gleichzeitig lassen sich im Militär als sozialem Großverband grundlegende organisationsspezifische Merkmale, Prozesse und Handlungsmuster beobachten. Die Beschäftigung mit Soldatinnen und Soldaten als Staatsbürgerinnen und Organisationsmitgliedern eröffnet zudem Einblicke in komplexe

Sozialisations- und Identitätsbildungsprozesse vor dem Hintergrund des zivilgesellschaftlichen Gewaltverbots, von dem Streitkräfte als Repräsentanten des
staatlichen Gewaltmonopols ausgenommen sind. Aus all diesen Gründen ist es
akademisch aufschlussreich ebenso wie politisch relevant, sich aus sozialwissenschaftlicher Perspektive mit dem Militär in seinen verschiedenen Facetten aus-
einanderzusetzen.

2   Gegenstand der Militärsoziologie

Die Frage, womit sich die Militärsoziologie[1] beschäftigt, wird je nachdem, wie
eng oder wie umfassend der Begriff definiert wird, unterschiedlich beantwortet:
Eine enge Betrachtungsweise stellt die organisationale Beschaffen-
heit des Militärs in den Vordergrund und konzentriert sich beispielsweise auf
die Spannungslinien zwischen hierarchischen und technisch-funktionalen
Organisationsstrukturen oder die Herausforderungen der Rekrutierung sowie des
Managements des militärischen Personalkörpers).[2] Aus einer weiten Perspektive
beschäftigt sich die Militärsoziologie mit der gesellschaftlichen Funktion von
Streitkräften. Hierbei ist für die einen die Frage nach dem Verhältnis von Militär
und sozialem Wandel zentral.[3] Andere rücken dagegen den Krieg als wesentliche Bestimmungsgröße des Militärs in den Mittelpunkt und definieren „die
organisierte Anwendung von Gewalt zwischen kriegführenden Parteien" als den
„Hauptgegenstand" der militärsoziologischen Forschung (Roghmann und Ziegler
1977: 142; ähnlich Ouellet 2005). In Anlehnung daran wurde die Militärsoziologie in der „Dreiecksbeziehung zwischen dem Militär, der Gesellschaft und dem
Krieg" (Heins und Warburg 2004: 14; vgl. auch Apelt 2010) verortet, worunter
auch andere Formen militärischer Intervention wie etwa friedenssichernde Einsätze gefasst werden können.
Nimmt man – in allgemeiner Hinsicht – den Gegenstandsbereich der Sozialwissenschaften (Schmidt 2004: 661) als Ausgangspunkt für eine sachbezogene
Bestimmung der Forschung, die das Militär zum Gegenstand hat, untersucht
die Militärsoziologie vor dem Hintergrund sozialer Phänomene von Krieg
und organisierter Anwendung von Gewalt die Beziehungen zwischen den

---

[1] Dieser Abschnitt konzentriert sich auf die Situation im deutschsprachigen Raum.

[2] Für weitere Beispiele und Literaturhinweise siehe die Übersicht von Kernic (2001: 64).

[3] Vgl. Lippert und Wachtler (1982); Wachtler (1983a); Kernic (2001); Collmer (2010).

Streitkräften und der Gesellschaft, d. h. sie analysiert deren Position im Gefüge einer gegebenen Gesellschaftsordnung sowie die daraus entstehenden Funktionszusammenhänge. Militärsoziologische Forschung beschäftigt sich sowohl mit dem Militär als staatlicher Institution und sozialer Organisation als auch mit den Beziehungen der verschiedenen militärbezogen handelnden Akteure untereinander sowie mit den entsprechenden Inhalten ihres Handelns. Neben einer ganzheitlichen Betrachtung der gesellschaftlichen Rolle militärischer Gewalt, die durch die Streitkräfte repräsentiert werden, können auch ausgewählte soziale Gruppen innerhalb des Militärs bzw. in der Gesellschaft (wie zum Beispiel Dienstgradgruppen, Truppengattungen, Standorte, bestimmte Alterskohorten oder soziale Minderheiten) im Fokus des Interesses stehen.

Dabei existieren zwei grundsätzliche Herangehensweisen: Einmal werden in der Militärsoziologie originär militärspezifische Themen behandelt wie beispielsweise Kampfmoral und Einsatzmotivation, die spezielle Ausprägung von Wehrsystemen, die politische Kontrolle des Militärs oder, in Bezug auf die Bundeswehr, das Konzept der Inneren Führung. Zum anderen werden allgemeine gesellschaftsrelevante Fragestellungen am Beispiel des Militärs als sozialem Feld bzw. (Sub)System untersucht. Hierzu zählen unter anderem Themen wie Kultur, Tradition und Gender. Wie jedes Forschungsgebiet steht dabei auch die Forschung zum Militär in Wechselwirkung zu allgemeinen Trends und Entwicklungen in Wissenschaft und Gesellschaft, die für sich genommen untersucht werden können.

Militärsoziologische Forschung ist ferner durch zwei wesentliche Charakteristika gekennzeichnet: *Erstens* ist Militärsoziologie in hohem Maße interdisziplinär. Beim Militär handelt es sich um ein soziales Phänomen, das auf verschiedenen Ebenen und in unterschiedlichen sozialen Kontexten verhandelt wird und auf diese Weise vielfältigen Interpretationsprozessen ausgesetzt ist. Militärsoziologie umfasst sozialwissenschaftliche Forschung mit schwerpunktmäßig soziologischen und politikwissenschaftlichen Fragestellungen. Zugespitzt formuliert konzentriert sich der soziologische Blick auf die Interdependenzen zwischen zivilgesellschaftlichen und militärspezifischen Entwicklungen, auf die Funktionsbedingungen und Funktionslogiken des Militärs als sozialem Großverband, auf die dort handelnden sozialen Akteure sowie die sozialen Bedingungen ihres Handelns. Aus politikwissenschaftlicher Perspektive ist das Militär vor allem als politisches Machtinstrument und/oder Institution staatlicher Gewaltsamkeit von Interesse. Hier werden insbesondere institutionelle, prozedurale sowie sachlich-materielle Aspekte politischer Entscheidungen im Hinblick auf das Militär in den Blick genommen. Thematisch umfasst dies unter anderem Fragen der organisierten Anwendung von Gewalt in Kriegen und Konflikten, staatstheoretische Aspekte oder das Verhältnis von Streitkräften und Demokratie. Davon abgesehen finden sich in der Militärsoziologie aber auch Ansätze anderer Fachdisziplinen wie die der (Sozial)Psychologie (zur Erklärung von Gruppenprozessen beispielsweise in Bezug auf Kohäsion und Motivation oder im Hinblick auf die Entstehung und Verarbeitung von Traumata), der Ethnologie (Streitkräfte und Interkulturalität, Militärkulturen), der Philosophie (philosophische Grundfragen militärischen Handelns, Militärethik), der Theologie (Fragen des gerechten Krieges und gerechten Friedens), der Wirtschaftswissenschaften (militärisch-industrieller Komplex, Militärökonomie) oder der Geschichtswissenschaft (historische Bedingungen militärischen Handelns, Militärgeschichte). Somit lässt sich die militärsoziologische Forschung nur schwer ausschließlich einer Fachdisziplin zuordnen. Darin liegt auch die Schwäche ihres Begriffs: Er wird der Interdisziplinarität und Breite der Forschung nur bedingt gerecht. Dennoch hat er sich seit dem Zweiten Weltkrieg national und international als Oberbegriff für militärbezogene Forschung etabliert (siehe z. B. Caplow und Vennesson 2000; Kümmel und Prüfert 2000; Ouellet 2005; Caforio 2003, 2009, 2018;). Aus diesem Grund halten wir auch in diesem Lehrbuch an der Bezeichnung ‚Militärsoziologie' fest.

Zweitens ist Militärsoziologie multiperspektivisch. Militärbezogene und -relevante Themen können auf der Makro-, Meso- und Mikroebene untersucht werden. Entsprechend stehen Zusammenhänge zwischen Streitkräften und Gesellschaft, die Militärorganisation oder auch die einzelne Soldatin und der einzelne Soldat im Mittelpunkt der Analyse. Eine eindeutige Zuordnung konkreter Themen zu einer dieser drei Ebenen gestaltet sich naturgemäß schwierig, da jedes Forschungsthema aus unterschiedlichen Blickwinkeln analysiert werden kann. Von besonderem Interesse sind daher die Untersuchungen, die auf die Schnittstellen und Wechselwirkungen zwischen diesen klassischen Betrachtungsebenen fokussieren. Für einen thematischen Überblick bietet es sich gleichwohl an, die zentralen Problemstellungen, die im Bereich der Militärsoziologie verhandelt werden, entlang der genannten drei Forschungsperspektiven zu skizzieren.

Streitkräfte und Gesellschaft
Entsprechend ihrer historischen Vorläufer thematisiert die moderne Militärsoziologie das Militär im Kontext politischer und gesellschaftlicher Wandlungsprozesse und beschäftigt sich dabei insbesondere mit der Frage der Kompatibilität bzw. Inkompatibilität von Militär und (demokratischer) Gesellschaft. Angesichts dessen erweisen sich die zivil-militärischen Beziehungen als eines der zentralen Themenfelder militärsoziologischer Forschung (vgl. den Beitrag von *Hagen*

& *Biehl*). Damit verbunden sind u. a. Fragen nach der zivilen bzw. politischen Kontrolle von Streitkräften (vgl. den Beitrag von *Kuehn & Croissant*), aber auch die Form der Rekrutierung für das Militär, die im Zuge des internationalen Bedeutungsverlustes der Wehrpflicht immer wichtiger geworden ist (vgl. Werkner 2006 sowie den entsprechenden Beitrag von *Werkner* in diesem Band).

Aktuell sind die zivil-militärischen Beziehungen in politischer Hinsicht vor allem durch Globalisierung und *global governance* herausgefordert. Dies betrifft zum einen den Funktionswandel des Nationalstaates und dessen Folgen für das Militär. Diese schlagen sich in einer wachsenden transnationalen Verflechtung nationaler Politik, einer damit verbundenen verstärkten militärischen Kooperation über nationalstaatliche Grenzen hinaus sowie in einer wachsenden Verflechtung innerer und äußerer Sicherheit (Werkner 2011) nieder, aber auch im Auftreten privater, nichtstaatlicher Akteure sowie in Tendenzen einer Ökonomisierung des Krieges auf der einen und einer Privatisierung des Militärs auf der anderen Seite (siehe hierzu die Beiträge von *Kantner & Sandawi, Richter* sowie *Deitelhoff & Geis*). Zum anderen geht es um die veränderten Formen militärischer Gewaltanwendung und die damit verbundenen Herausforderungen für die Streitkräfte und ihre Angehörigen (siehe den entsprechenden Beitrag von *Kümmel*). Für die internationalen Beziehungen begann mit dem Ende des Ost-West-Konflikts eine neue Ära, die durch eine Abkehr vom traditionellen Einsatzspektrum und neuen Formen militärischer Einsätze sowie durch neue Akteurskonstellationen im Einsatzgebiet (asymmetrische Gegner, private Sicherheitsdienstleister, NGOs etc.) gekennzeichnet war bzw. ist. Aus diesen Veränderungen sind auch aus militärsoziologischer Sicht eine Reihe neuer Problemstellungen erwachsen. Diese betreffen die Frage der Legitimierung bzw. Delegitimierung militärischer Einsätze (vgl. hierzu den Beitrag von *Werkner*), deren Auswirkungen auf die zivil-militärischen Beziehungen angesichts schwindender Opferbereitschaft in den sogenannten „postheroischen" westlichen Gesellschaften (Münkler 2006: 310 ff.), aber auch die Binnendynamik militärischer Interventionen (vgl. hierzu den Beitrag von *Bonacker & Distler*). So bewegen sich beispielsweise Friedensmissionen zwischen heimatlicher Maximalerwartung und lokalen Erfordernissen sowie zwischen Vorgaben nationaler Regierungen und internationaler Organisationen einerseits und Kollusion zwischen Intervenierenden und Intervenierten andererseits (Free 2010: 57). Als Gradmesser für die zivil-militärischen Beziehungen erweist sich das Bild des Militärs in der Öffentlichkeit (vgl. den Beitrag von *Steinbrecher*). Aufgrund der räumlichen Trennung zwischen Einsatzland und ‚Heimat', verbunden mit dem Übergang zu (kleineren) Freiwilligenarmeen, findet der Bezug zwischen Militär und Bevölkerung in weiten Teilen nur noch medial vermittelt statt, was den wachsenden Einfluss der (Massen)Medien auf die zivil-militärischen Beziehungen anzeigt (siehe hierzu den Beitrag von *Virchow*). Schließlich lässt sich mit Blick auf die Debatte um das Verhältnis von Sicherheit und Risiko in einer „Weltrisikogesellschaft" (Beck 2007) fragen, welche Rolle dem Militär und dem Einsatz des Militärs angesichts von Risiken zukommt, die materiell weder richtig greifbar noch (rein) national zu bewältigen sind. Hier sind unter anderem technologische Entwicklungen von Bedeutung (vgl. hierzu den entsprechenden Beitrag von *Kraft*), die das Verständnis von Krieg – trotz gleichzeitig weiterhin bestehender konventioneller Formen der Kriegführung – und die Aufgabe staatlicher Sicherheitsvorsorge nachdrücklich herausfordern.

Das Militär aus Organisationsperspektive
Die Forschung zum Militär setzt aus Organisationsperspektive bei der spezifischen Binnenstruktur und -kultur des Militärs an (vgl. hierzu die Beiträge von *Elbe & Richter* und *Hagen & Tomforde*). Das besondere Charakteristikum militärischer Verbände ist das, was Hans Geser (1983: 149) als „Janusgesichtigkeit" bezeichnet hat, nämlich die unterschiedlichen Funktionsbedingungen militärischen Handels im (heimatlichen) Grundbetrieb sowie im Auslands- bzw. Kriegseinsatz. Das Militär ist daher *sowohl* als eine bürokratische, an formalen Rationalitätskriterien ausgerichtete Verwaltungsorganisation *als auch* als eine Kampfgemeinschaft zu verstehen, in der charismatische Herrschaftsverhältnisse zum Tragen kommen. Militärische Organisationen sind darüber hinaus durch starke Hierarchisierung, Formalisierung und Ritualisierung gekennzeichnet. Dies geht sowohl mit Abschließungstendenzen gegenüber der zivilen Umwelt als auch mit einer ausgeprägten Binnendifferenzierungen einher: Die von außen als homogen erscheinende Militärorganisation löst sich von innen betrachtet in eine Vielzahl von Organisationsbereichen, Aufgabenfeldern, Dienstgradgruppen und Laufbahnen auf. Dies wirft nicht nur die Frage auf, wie ein angemessenes Verhältnis zwischen Einheit und Differenz innerhalb der Militärorganisation hergestellt werden kann, sondern auch, inwieweit die Anschlussfähigkeit an die zivile Umwelt erhalten werden kann bzw. muss.

Mit Blick auf die Organisationsmitglieder geht es in diesem Zusammenhang vor allem um die grundlegenden Mechanismen, mittels derer Soldaten und Soldatinnen in die Streitkräfte inkludiert werden. So verweist die besondere Bedeutung militärischer Zeichen, Symbole und Rituale, die als militärische Traditionen legitimiert und auf informelle wie formelle Weise praktiziert und weitergegeben werden, auf den hohen Sinnstiftungsbedarf militärischen Handelns, das in letzter Konsequenz auf den Kampf ausgerichtet ist und töten sowie getötet werden impliziert (vgl. hierzu den Beitrag von *Biehl & Leonhard*). Das Integrationspotenzial dieser und anderer Formen militärischer Sinnstiftung gerät vor allem in Zeiten politischer oder sozialers Umbrüche auf den Prüfstand und wird dann bestätigt oder modifiziert. Als Beispiele für einen solchen Umbruch sind im Fall der Bundeswehr neben der Auflösung der Nationalen Volksarmee der DDR und der Übernahme eines Teils ihres Personals (Leonhard 2016) die Öffnung aller Laufbahnen für Frauen (siehe hierzu den entsprechenden Beitrag von *Kümmel*) sowie die steigende Anzahl von getöteten und/oder verwundeten Soldatinnen und Soldaten und Soldatinnen infolge der Auslandseinsätze zu nennen, die einen neuen Umgang mit Tod und Verwundung erforderlich gemacht (vgl. Kümmel und Leonhard 2005; Leonhard 2011; Mannitz 2014) und zu Anfängen einer bundeswehreigenen Veteranenpolitik (vgl. Weber 2017) geführt haben.

Schließlich haben das Ende des Kalten Krieges und die damit verbundenen Entwicklungen im Bereich von Militär- und Sicherheitspolitik auch in der organisationsbezogenen Forschung zum Militär zu neuen thematischen Schwerpunkten geführt. So ging die zunehmende Zahl internationaler militärischer Einsätze mit einer ‚Internationalisierung' der Streitkräfte einher, was Fragen sowohl hinsichtlich der Herausbildung und Entwicklung spezifisch multinationaler Streitkräftestrukturen (z. B. auf europäischer Ebene) als auch in Bezug auf die Vereinbarkeit bzw. Unvereinbarkeit unterschiedlicher Militärkulturen aufwirft (vgl. den entsprechenden Beitrag von *Kraft*). Dabei stellt sich auch die Frage, inwieweit die Innere Führung, ein zentrales Charakteristikum deutscher Streitkräfte, international kompatibel ist. Vor dem Hintergrund historischer Erfahrungen prägt sie – als Unternehmensphilosophie, Führungsphilosophie und soldatisches Berufsleitbild – wesentlich das Bild der Bundeswehr (siehe hierzu den Beitrag von *Franke*).

Soldaten und Soldatinnen im Militär
Betrachtet man das Militär ‚von unten', d. h. auf der Mikroebene, stehen die in der Militärorganisation tätigen Individuen und die von ihnen eingenommenen sozialen Rollen sowie die dabei ausgeprägten Denk- und Handlungsmuster im Zentrum der Untersuchung. Seit Beginn der modernen militärsoziologischen Forschung konzentriert sich das Augenmerk zum einen auf die Frage, warum Soldatinnen und Soldaten bereit sind, zu kämpfen und ihr eigenes sowie das Leben anderer zu riskieren, und was für diese Bereitschaft förderlich bzw. hinderlich ist (vgl. den Beitrag von *Biehl*). Damit verbunden sind die individuellen Motive sowie die sozialen Umstände, die dazu führen, dass sich jemand bei den Streitkräften verpflichtet. Angesichts des nach wie vor anhaltenden Trends zur Freiwilligenarmee in westlichen Gesellschaften ist dies für die politisch Verantwortlichen wie für die Streitkräfte selbst von unmittelbarer Relevanz. Aus sozialwissenschaftlicher Perspektive ist in diesem Zusammenhang von

Interesse, aus welchen sozialen Schichten bzw. Milieus die Streitkräfte ihre
Mitglieder rekrutieren (können), wie sich die Rekrutierungsmuster im Verlauf
der Zeit ändern, welche Unterschiede und Schnittstellen es zwischen zivilen
und militärischen Laufbahnen gibt und mit welchen grundsätzlichen Haltungen
und Verhaltensweisen diese jeweils einhergehen. Darüber hinaus geht es um
die Merkmale und Funktionsbedingungen, die die im Militär geleisteten Tätigkeiten zu einem *Beruf* machen und die nicht zuletzt die Frage aufwerfen, ob bzw.
inwiefern sich dieser – im Sinne eines Berufes *sui generis* – von anderen Berufen
unterscheidet (vgl. hierzu den Beitrag von *Leonhard & Biehl*).

Daran schließt die Frage nach den beruflichen Leitbildern an, die in den Streitkräften, aber auch in der zivilen Umwelt propagiert werden, sowie nach den
Vorstellungen, die von den Soldaten und Soldatinnen selbst in Bezug auf ihre
berufliche Tätigkeit vertreten werden. Aspekte wie Führung und Führerschaft,
aber auch von Gehorsam und Treue spielen hier eine wichtige Rolle (vgl. den
Beitrag von *Kernic*). Für die berufliche Identität von Soldaten und Soldatinnen
sind insbesondere Sozialisationsprozesse innerhalb des Militärs von Bedeutung
(vgl. hierzu den Beitrag von *Apelt*). Die Art und Weise, wie die einzelne Soldatin
und der einzelne Soldat durch und für ihre bzw. seine Tätigkeit im Militär geprägt
werden, wurde lange unter Rückgriff auf das Konzept der „totalen Institution"
von Erving Goffman als ein dem bzw. der Einzelnen von der Militärorganisation
mehr oder weniger zwangsweise auferlegter Prozess diskutiert. Angesichts allgemeiner gesellschaftlicher Entwicklungstrends, die unter Begriffen wie Wertewandel oder Individualisierung in den letzten Jahrzehnten diskutiert wurden,
sind Militärangehörige mittlerweile (auch) als denkende und handelnde Subjekte
in den Mittelpunkt gerückt und damit die Frage, auf welche Weise und unter
welchen Bedingungen sich Soldaten und Soldatinnen eine Identität ‚machen' und
wie sich diese – beispielsweise durch die Auslandseinsätze – verändert hat (vgl.
Warburg 2008; Leonhard 2019).

3   Stand der Militärsoziologie in der Bundesrepublik Deutschland

In der Bundesrepublik Deutschland beginnt die Geschichte der modernen
Militärsoziologie in den 1960er-Jahren. Während sich die wissenschaftliche
Beschäftigung mit dem Militär in den ersten Jahren nach dem Zweiten Welt-
krieg „auf eine mehr oder weniger kritiklose Rezeption vor allem amerikanischer
Autoren" (Lippert und Wachtler 1982: 341) beschränkte, entstanden im Rahmen
der 1958 gegründeten Forschungsstätte der Evangelischen Studiengemein-

schaft (FEST) e. V. die ersten „Studien zur politischen und gesellschaftlichen Situation der Bundeswehr" (Picht 1965/66). Ungefähr zur gleichen Zeit (1961) wurde mit Unterstützung des Bundesministeriums der Verteidigung (BMVg) die „Wehrsoziologische Forschungsgruppe" an der Universität Köln unter der Leitung von René König eingerichtet, aus der weitere grundlegende Arbeiten zum Militär hervorgingen (z. B. König 1968a; Roghmann und Ziegler 1977). Mit der Etablierung des Sozialwissenschaftlichen Instituts der Bundeswehr (SOWI), das seit 1974 als Einrichtung der Ressortforschung im Auftrag des BMVg militär-soziologische Untersuchungen durchführt,[4] wurde die militärsoziologische Forschung in der Bundesrepublik erstmals dauerhaft institutionalisiert. Ende der 1970er- bzw. Anfang der 1980er-Jahre entstanden vor diesem Hintergrund die ersten Bestandsaufnahmen der militärsoziologischen Forschung in Deutschland (Zoll et al. 1977; Klein und Lippert 1979), die ersten Lehrbücher (Schössler 1980; Bahrdt 1987) sowie eine Sammlung klassischer soziologischer Texte zum Militär (Wachtler 1983a).

Die Beurteilung der Erträge der militärsoziologischen Forschung fiel – insbesondere seitens der beteiligten Wissenschaftler und Wissenschaftlerinnen selbst – zu diesem Zeitpunkt allerdings weitgehend negativ aus. So kritisierten Lippert und Wachtler (1982) in einem viel beachteten Aufsatz, die Militärsoziologie sei eine „Soziologie ‚nur für den Dienstgebrauch'", die sich gegenüber anderen soziologischen Spezialdisziplinen durch die Besonderheit auszeichne, „weitgehend unter der Einwirkung ihres eigenen Gegenstandsbereichs" zu stehen (ebd.: 344). Die meisten Arbeiten zum Militär würden in unmittelbarer oder mittelbarer Abhängigkeit von der militärischen Organisation durchgeführt (ebd.). In der allgemeinen Wissenschaftslandschaft, d. h. an Universitäten und außeruniversitären Forschungseinrichtungen, sei die Militärsoziologie nicht zuletzt aufgrund des fehlenden Stellenangebotes für Wissenschaftler und Wissenschaftlerinnen, die zum Militär forschten, indes kaum vertreten.

Die Klage über die „jämmerliche" Lage der (deutschsprachigen) Militärsoziologie (Lippert 1995) ist auch Jahrzehnte später nicht verstummt (z. B. Heins und Warburg 2004: 11; Warburg 2008: 29 ff.; Joas und Knöbl 2008: 243 f.) – nicht ganz zu Unrecht. Denn militärbezogene Forschung findet auch gegenwärtig sehr häufig im Rahmen der Ressortforschung des Bundesministeriums für Ver-

---

[4] 2013 fusionierten das Militärgeschichtliche Forschungsamt (MGFA) und das Sozial-wissenschaftliche Institut der Bundeswehr (SOWI) zum Zentrum für Militärgeschichte und Sozialwissenschaften der Bundeswehr (ZMSBw) mit Sitz in Potsdam. Zu einer Bilanz der Arbeit des SOWI aus wissenschaftlicher Sicht siehe Dörfler-Dierken und Kümmel (2016).

teidigung (BMVg) statt. Damit besitzen das Ministerium und die Streitkräfte vor allem als Auftraggeber und Genehmigungsinstanz für Forschungsprojekte, die sich mit dem ‚Innenleben' der Bundeswehr beschäftigen, mehr oder weniger eine Monopolstellung, mit all den Vor- und Nachteilen, die sich für die Forschung und die daran beteiligten Wissenschaftler und Wissenschaftlerinnen ergeben (vgl. Klein 2002; Wiesendahl 2016): Einerseits werden durch die Bereitstellung von materiellen und personellen Ressourcen Studien ermöglicht, die sonst so nicht durchgeführt werden könnten. Andererseits besteht seitens des Auftraggebers das Bestreben, die Forschungsprojekte sowohl bei der Themenstellung als auch hinsichtlich des methodischen Zugangs am eigenen Bedarf anstatt an wissenschaftlichen Kriterien auszurichten und die Ergebnisse dementsprechend zu verwerten. Daraus resultiert zum einen die relativ starke Prägung vieler im Rahmen der Ressortforschung entstandenen Studien durch ein empiristisches Wissenschaftsverständnis, das einer deskriptiven, möglichst mit Zahlen unterlegten Darstellung von Sachverhalten gegenüber einer theoretisch fundierten Analyse den Vorzug gibt. Zum anderen reguliert das Verteidigungsministerium aufgrund der tatsächlichen oder vermeintlichen politischen Sensibilität der Ergebnisse und aus Angst vor deren Instrumentalisierung (durch die Medien, den politischen Gegner) den Zugang zum Forschungsgegenstand: Bestimmte Fragen dürfen nicht oder nur unter der Bedingung der Nichtveröffentlichung untersucht werden; andere Studien werden aufgrund ihrer sich als (möglicherweise) politisch brisant erweisenden Ergebnisse gar nicht, verspätet oder nur zum Teil publiziert.[5]

Wie die regelmäßige Beteiligung deutscher Forscherinnen und Forscher an den einschlägigen Konferenzen des *Research Committee on Armed Forces and Conflict Resolution 01* der *International Sociological Association* (RC01)[6], des *Inter-University Seminar on Armed Forces and Society* (IUS)[7], das auch die internationale militärsoziologische Fachzeitschrift *Armed Forces & Society* herausgibt, oder der *European Research Group on Military and Society* (ERGOMAS)[8] belegt, sind die zum Militär arbeitenden Wissenschaftler und Wissenschaftlerinnen *international* sehr gut vernetzt. *National* hat das Militär

---

[5] Zu grundsätzlichen strukturellen Gegensätzen zwischen Wissenschaftsbetrieb und Militärorganisation auf der einen sowie (Sozial)Wissenschaftlerinnen und Soldaten auf der anderen Seite vgl. Lippert und Wachtler (1982: 348, 351 f.).

[6] Siehe die offizielle Webseite: http://www.isa-sociology.org/rc01.htm (letzter Zugriff: 30.06.2022).

[7] Siehe die offizielle Webseite: http://www.iusafs.org/ (letzter Zugriff: 30.06.2022).

[8] Siehe die offizielle Webseite: http://www.ergomas.ch/ (letzter Zugriff: 30.06.2022).

als eigenständiges Forschungsgebiet dagegen noch immer eine randständige
Position. Militärbezogene Forschung findet, wie erwähnt, hierzulande vor allem
in wissenschaftlichen Einrichtungen im Bereich der Bundeswehr sowie vereinzelt an Universitäten bzw. außeruniversitären Forschungseinrichtungen statt,
ohne dass die Ergebnisse immer wechselseitig rezipiert werden.[9] Eine Schwierigkeit, die militärbezogene Forschung als interdisziplinäres Forschungsfeld an den
Universitäten zu etablieren, liegt im strukturell verankerten Fächerkanon der
beiden Hauptdisziplinen, der Politikwissenschaft und der Soziologie, begründet:
Im Rahmen der klassischen Aufteilung der Politikwissenschaft in die vier Teilbereiche 1) politische Ideengeschichte und moderne Theorien der Politik, 2)
Innenpolitik, vergleichende Analyse politischer Institutionen, 3) politischer
Vorgänge und Staatstätigkeit (Komparatistik) sowie 4) Außenpolitik und Internationale Beziehungen (vgl. Schmidt 2004: 544) lassen sich viele militärbezogenen Fragestellungen nur unzureichend behandeln. In der Soziologie
erscheint eine Zuordnung demgegenüber leichter: Hier lässt sich die Militärsoziologie zwar problemlos als eine *spezielle Soziologie* unter vielen behandeln
(z. B. Collmer 2010), die gesellschaftstheoretischen Implikationen von Militär
und Krieg ebenso wie die politische Relevanz von Streitkräften als Teil staatlicher
Gewaltsamkeit treten dadurch jedoch in den Hintergrund. Das gilt insbesondere,
wenn das Militär vorschnell auf seine Eigenschaft als Organisation und die
Forschung zum Militär auf eine Beschäftigung mit seinen organisationalen
Besonderheiten reduziert wird. Die angesprochene schwache institutionelle
Präsenz der Militärsoziologie in Deutschland zeigt sich auch in ihrer fehlenden
Verankerung innerhalb der beiden großen fachwissenschaftlichen Vereinigungen,
der Deutschen Gesellschaft für Soziologie (DGS) und der Deutschen Vereinigung
für Politikwissenschaft (DVPW). Es gibt in der Bundesrepublik darüber hinaus
keinen einzigen Lehrstuhl für Militärsoziologie, und selbst an den beiden Universitäten der Bundeswehr in München und Hamburg findet nach wie vor „so gut
wie keine militärbezogene sozialwissenschaftliche Forschung" statt (Wiesendahl
2016: 97). Wie schwierig eine längerfristige Etablierung militärsoziologischer
Themen in der universitären Lehre ist, veranschaulicht die 2016 erfolgte Über-
führung des im Wintersemester 2007/08 eingeführten Masterstudienganges
Military Studies an der Universität Potsdam in den Masterstudiengang *War and*

---

[9] Ein seit nunmehr fünf Jahrzehnten etabliertes Forum für den Diskussion militärbezogener
sozialwissenschaftlicher Forschung stellt der Arbeitskreis Militär und Sozialwissenschaft
(AMS) e. V. dar, der auch eine eigene Buchreihe herausgibt: https://mil-soz.de/ (letzter
Zugriff: 30.06.2022).

Conflict Studies, der zwar auch militärsoziologische Anteile aufweist, aber vornehmlich geschichtswissenschaftlich orientiert und entsprechend nicht mehr am Institut für Soziologie, sondern am Historischen Seminar verortet ist.

Angesichts dieser Schwierigkeiten kann und darf gleichwohl nicht über das in den letzten zwei Jahrzehnten gewachsene Interesse für militärsoziologische Fragestellungen hinweggesehen werden, das sich in einer Reihe von Handbüchern und Überblicksdarstellungen niedergeschlagen hat[10] und mittlerweile auch Arbeiten mit explizit sozial- bzw. gesellschaftstheoretischem Zuschnitt umfasst.[11] Folgt man dem Vorschlag von Heiko Biehl (2021), Stand und Leistungen der Militärsoziologie an den von Michael Burawoy (2005) für soziologische Forschung im Allgemeinen definierten Funktionen zu bewerten, ergibt sich ein nochmals differenzierteres Bild. Nach Burawoy kommt soziologischer Forschung vier verschiedene Aufgaben zu: 1) in *professioneller* Hinsicht für wissenschaftsimmanenten Erkenntnisfortschritt zu sorgen; 2) in *kritischer* Absicht bestehende thematische wie interpretative Vorurteile respektive Blindstellen der professionellen Forschung zu identifizieren und zu beleuchten; 3) in *politikberatender* Absicht Kompetenzen und Erkenntnisse einem Auftraggeber zur Verfügung zu stellen und so Beiträge zur praktischen Problemlösung zu liefern; 4) als Teil einer *öffentlichen* Sozialwissenschaft theoretisch wie empirisch fundierte Beiträge zu politischen Debatten zu liefern und auf diese Weise zur gesellschaftlichen Selbstverständigung beizutragen. Angesichts von Umfang und Breite der militärbezogenen Forschung, die im Rahmen der Ressortforschung insbesondere am Zentrum für Militärgeschichte und Sozialwissenschaften der Bundeswehr in Potsdam erbracht wird, liegen die Stärken der militärsoziologischen Forschung demnach vor allem auf dem Feld der Politikberatung (für Beispiele für die Policy-Relevanz entsprechender Studie vgl. Biehl 2021: 43–47; Kümmel 2021). Diese stellen gewissermaßen die Kehrseite der skizzierten Schwächen der Militärsoziologie in professioneller Hinsicht dar. Daneben ist inzwischen auch hierzulande – ähnlich wie im internationalen Kontext[12] – eine verstärkte Auseinandersetzung um die eigene(n) Forschungsposition(en) zu konstatieren. Angestoßen durch die Kritik der sogenannten *Critical Military Studies* (Basham et al. 2015; Levy 2015)

---

[10]Vgl. Kümmel und Prüfert (2000); Bredow (2000, 2008); Kernic (2001); Heins und Warburg (2004); Gareis und Klein (2006); Apelt (2010); Croissant und Kühn (2011); Spreen und Trotha (2012); Elbe et al. (2021).

[11]Z. B. Spreen (2008); Kuchler (2013); Kruse (2015); Mayer (2019).

[12]Deschaux-Dutard (2021); Carreiras et al. (2016); Williams et al. (2016); Soeters et al. (2014); Carreiras und Castro (2013).

hat dies unter anderem zur Entstehung einer Reihe von method(olog)isch aus-gerichteten Handbüchern und Überblicksdarstellungen geführt (Steinbrecher et al. 2022; Elbe et al. 2021; Dörfler-Dierken und Kümmel 2016), die ein wachsendes Maß an Reflexivität auch in Bezug auf die „blinden Flecken" (Warburg 2021) der eigenen Forschungstätigkeit dokumentieren. Bezogen auf die öffentliche Resonanz militärsoziologischer Forschung ist schließlich zu konstatieren, dass deren Ergebnisse durchaus über den (kleinen) Kreis der Militärsoziologen und -soziologinnen hinaus wahrgenommen werden – allerdings, von punktuellen Ausnahmen im Fall massenmedial kommunizierter Skandalisierungen einmal abgesehen, vornehmlich seitens eines Publikums, das sich ohnehin für die Streit-kräfte interessiert und diesen beruflich oftmals auch selbst nahesteht (vgl. Biehl 2021: 47–49). Die alles in allem begrenzte öffentliche Aufmerksamkeit hängt Biehl zufolge mit der kleinen Zahl von Forscherinnen und Forschern zusammen, „die ihrer kritischen Distanz zum Militär dadurch Ausdruck verleihen, dass sie die Streitkräfte und deren Mythen, Scheinlogiken, verdeckte Machtstrukturen etc. analysieren" (ebd.: 48). Dieser Umstand, der auf die mangelnde Verankerung der Militärsoziologie in der allgemeinen Wissenschaftslandschaft zurückweist, hat jedoch auch mit jener „Kriegsverdrängung" zu tun, die Hans Joas und Wolfgang Knöbl (2008) für die Sozialtheorie in fulminanter Weise anfgezeigt haben und die sich unter allgemeineren Vorzeichen auch innerhalb der wissenschaftlichen Community und in Teilen der politischen Öffentlichkeit wiederfinden lässt.

Die Militärsoziologie in Deutschland – so lässt sich zusammenfassen – leistet aufgrund ihrer interdisziplinären sowie stark international vergleichenden Ausrichtung wichtige Beiträge zum Verständnis von Funktionsweisen und Funktionsbedingungen des Militärs im Verhältnis zu Politik und Gesellschaft. Als Forschungsfeld innerhalb der allgemeinen Wissenschaftslandschaft ist sie jedoch unterrepräsentiert, was unter anderem an ihrem ausgeprägten empirischen Fokus im Verbund mit einer größeren Distanz zu theoretischen Fragestellungen und ihren Stärken auf dem Feld der Politikberatung liegt.

Diese Stärken zu beleuchten und den Schwachstellen zumindest in Ansätzen zu begegnen, ist das Ziel dieses Lehrbuches: indem der militärsoziologische Forschungsstand zu zentralen Fragestellungen präsentiert, eingeordnet und in diesem Sinne kritisch aufbereitet wird – als Einladung und Aufforderung, sich damit aus-einanderzusetzen, eigene Forschung(sfragen) anzuschließen und so dazu beizutragen,

- die theoretische Fundierung der Militärsoziologie zu intensivieren, um die Anschlussfähigkeit militärbezogener Fragestellungen und Erkenntnisse an die in anderen Bereichen geführten wissenschaftlichen Debatten sicherzustellen;
- in methodologischer Hinsicht die sozialtheoretischen Annahmen, die hinter den angewandten methodischen Instrumenten stehen, noch stärker zu

reflektieren und die bestehenden Ansätze entsprechend weiterzuentwickeln sowie

• die Interdisziplinarität und Internationalität als besondere Kennzeichen militärsoziologischer Forschung für innovative Forschungsvorhaben verstärkt nutzbar zu machen.

4   Zu diesem Buch

Die Idee für dieses Buch entstand 2004 im Rahmen unserer wissenschaftlichen Arbeit am Sozialwissenschaftlichen Institut der Bundeswehr in Strausberg sowie unserer Lehrtätigkeit an der Freien Universität Berlin, der Humboldt-Universität zu Berlin sowie insbesondere der Universität Potsdam, wo zu dieser Zeit bereits ein Studienschwerpunkt ‚Militärsoziologie' existierte, der die Grundlage für die spätere Einrichtung des Masterstudiengangs *Military Studies* bildete. Die erste Auflage des Lehrbuches (Leonhard und Werkner 2005) wurde in Strausberg konzipiert und geschrieben, wofür wir uns beim damaligen Direktor des Instituts Jörn Thießen bedanken, der dieses Projekt vorbehaltlos unterstützt hat. Dagegen ist die zweite (Leonhard und Werkner 2012) und nun auch die vorliegende dritte Auflage zu einem guten Teil außerhalb des SOWI bzw. des ZMSBw entstanden – in dem Bemühen, neue Autorinnen und Autoren zu gewinnen, um das Themenspektrum zu erweitern und den Dialog zwischen denjenigen zu befördern, die sich in Deutschland in verschiedenen wissenschaftlichen Kontexten mit militärbezogenen Fragen beschäftigen.

Dieses Lehrbuch richtet sich ebenso an Studierende wie an Wissenschaftlerinnen und Wissenschaftler, die das Feld der Militärsoziologie kennenlernen und einen Überblick über bestehende Diskussionen erhalten wollen. Die einzelnen Beiträge greifen Aspekte der soeben skizzierten Problembereiche aus unterschiedlichen Perspektiven auf und geben anhand ausgewählter Themen und Ergebnisse einen Einblick in das entsprechende Forschungsgebiet. Jeder Beitrag steht dabei für sich und kann auch einzeln gelesen werden. Nichtsdestotrotz gibt es zwischen den Beiträgen immer wieder Überschneidungen und wechselseitige Ergänzungen. Diese sind in der Regel durch einen entsprechenden Verweis gekennzeichnet. Hinsichtlich ihres Aufbaus folgen die Artikel im Wesentlichen der gleichen Grundstruktur: Für das jeweilige Themenfeld werden zentrale Fragestellungen, Grundbegriffe, theoretische Ansätze und empirische Untersuchungsergebnisse vorgestellt sowie zukünftige Forschungsperspektiven aufgezeigt. Eine annotierte Auswahlbibliografie am Ende jedes Artikels soll helfen, den Einstieg in die entsprechende Thematik zu erleichtern.

Wir danken allen Autorinnen und Autoren ganz herzlich für ihre Bereitschaft, sich auf das Unterfangen, eine solche militärsoziologische ‚Einführung' zu schreiben, (er)neu(t) eingelassen zu haben. Ein Dankeschön geht schließlich auch an den Springer VS, namentlich an Frau Cori Antonia Mackrodt, auf die die Idee einer dritten Auflage dieses Lehrbuches zurückgeht.

Annotierte Auswahlbibliografie

Biehl, Heiko: Funktionen militärsoziologischer Forschung. Eine Bilanz der Militärsoziologie als empirischer Sozialforschung. In: Elbe et al. (2021): 23–56.

Eine Evaluierung der militärsoziologischen Forschung in Deutschland unter Rückgriff auf die von Michael Burawoy vorgeschlagenen unterschiedlichen Funktionen der Soziologie.

Biehl, Heiko/Elbe, Martin/Steinbrecher, Markus (2022): On the Rise? State and Challenges of Military Sociology in Germany. In: Steinbrecher et al. (2022): 103–129.

Eine inhaltlich orientierte Bestandsaufnahme militärsoziologischer Forschung, die einen Literaturüberblick über zentrale Forschungsthemen gibt.

Collmer, Sabine (2010): Militärsoziologie. In: Kneer/Schroer (2010): 309–324.

Eine Bestandsaufnahme der militärsoziologischen Forschung anhand von Schlüsselkonzepten und klassischen Studien.

Joas, Hans/Knöbl, Wolfgang (2008): Kriegsverdrängung. Ein Problem in der Geschichte der Sozialtheorie. Frankfurt a. M.: Suhrkamp.

Ein umfassender Überblick über Krieg als Gegenstand der Sozialtheorie.

Lippert, Ekkehard/Wachtler, Günther (1982): Militärsoziologie – eine Soziologie „nur für den Dienstgebrauch"? In: Beck (1982): 335–355.

Eine mittlerweile veraltete Bestandsaufnahme der deutschen Militärsoziologie, die aufgrund ihrer prägnanten Kritik indes nicht nur unter historischen Gesichtspunkten noch immer lesenswert ist.

Wachtler, Günther (Hrsg.) (1983): Militär, Krieg, Gesellschaft. Texte zur Militärsoziologie. Frankfurt a. M./New York: Campus.

Eine gelungene Zusammenstellung von klassischen Texten zum Militär für Studieneinsteigerinnen und -einsteiger.

Literatur

Apelt, Maja (Hrsg.) (2010): Forschungsthema: Militär. Militärische Organisationen im Spannungsfeld von Krieg, Gesellschaft und soldatischen Subjekten. Wiesbaden: VS Verlag für Sozialwissenschaften.

Bahrdt, Hans Paul (1987): Die Gesellschaft und ihre Soldaten. Zur Soziologie des Militärs. München: C.H. Beck.

Basham, Victoria M./Belkin, Aaron/Gifkins, Jess (2015): What is Critical Military Studies? In: Critical Military Studies, 1: 1, 1–2.

Beck, Ulrich (Hrsg.) (1982): Soziologie und Praxis. Erfahrungen, Konflikte, Perspektiven (Soziale Welt, Sonderband 1). Göttingen: Verlag Otto Schwartz & Co.

Beck, Ulrich (2007): Weltrisikogesellschaft. Auf der Suche nach der verlorenen Sicherheit. Frankfurt a. M.: Suhrkamp.

Biehl, Heiko: Funktionen militärsoziologischer Forschung. Eine Bilanz der Militärsoziologie als empirischer Sozialforschung. In: Elbe et al. (2021): 23–56.

Bonacker, Thorsten/Daxner, Michael/Free, Jan H./Zürcher, Christoph (2010): Interventionskultur. Zur Soziologie von Interventionsgesellschaften. Wiesbaden: VS Verlag für Sozialwissenschaften.

Bredow, Wilfried von (2000): Demokratie und Streitkräfte. Militär, Staat und Gesellschaft in der Bundesrepublik Deutschland. Wiesbaden: Westdeutscher Verlag.

Bredow, Wilfried von (2008): Militär und Demokratie in Deutschland. Eine Einführung. Wiesbaden: VS Verlag für Sozialwissenschaften.

Burawoy, Michael (2005): For Public Socioloy. In: Soziale Welt, 56: 4, 347–374.

Caforio, Giuseppe (Hrsg.) (2003): Handbook of the Sociology of the Military. New York: Kluwer Academic/Plenum Publishers.

Caforio, Giuseppe (Hrsg.) (2009): Advances in Military Sociology. Bingley: Emerald Group Publishing Ltd.

Caforio, Giuseppe (Hrsg.) (2018): Handbook of the Sociology of the Military. 2. Aufl. New York: Springer.

Caplow, Theodore/Vennesson, Pascal (2000): Sociologie militaire. Paris: Armand Colin.

Carreiras, Helena/Castro, Celso (Hrsg.) (2013): Qualitative Methods in Military Studies. Research Experiences and Challenges. Milton Park: Routledge.

Carreiras, Helena/Castro, Celso/Frederic, Sabina (Hrsg.) (2016): Researching the Military. Milton Park: Routledge.

Collmer, Sabine (2010): Militärsoziologie. In: Kneer/Schroer (2010): 309–324.

Croissant, Aurel/Kühn, David (2011): Militär und zivile Politik. München: Oldenbourg Verlag.

Deschaux-Dutard, Delphine (Hrsg.) (2021): Research Methods in Defence Studies. A Multidisciplinary Overview. London/New York: Routledge.

Dörfler-Dierken, Angelika/Kümmel, Gerhard (Hrsg.) (2016): Am Puls der Bundeswehr. Militärsoziologie in Deutschland zwischen Wissenschaft, Politik, Bundeswehr und Gesellschaft. Wiesbaden: VS Verlag für Sozialwissenschaften.

Elbe, Martin/Biehl, Heiko/Steinbrecher, Markus (Hrsg.) (2021): Empirische Sozialforschung in den Streitkräften. Positionen, Erfahrungen, Kontroversen. Berlin: Berliner Wissenschafts-Verlag.

Free, Jan H. (2010): Wege zu einer Soziologie moderner Friedenseinsätze. In: Bonacker et al. (2010): 49–73.

Gareis, Sven Bernhard/Klein, Paul (Hrsg.) (2006): Handbuch Militär und Sozialwissenschaft. 2., aktualisierte und erweiterte Auflage. Wiesbaden: VS Verlag für Sozialwissenschaften.

Geser, Hans (1983): Soziologische Aspekte der Organisationsformen in der Armee und in der Wirtschaft. In: Wachtler (1983a): 140–164.

Heins, Volker/Warburg, Jens (2004): Kampf der Zivilisten. Militär und Gesellschaft im Wandel. Bielefeld: transcript Verlag.

Hitzler, Ronald/Reichertz, Jo (Hrsg.) (2003): Irritierte Ordnung. Die gesellschaftliche Verarbeitung von Terror. Konstanz: Universitätsverlag Konstanz.

Joas, Hans/Knöbl, Wolfgang (2008): Kriegsverdrängung. Ein Problem in der Geschichte der Sozialtheorie. Frankfurt a. M.: Suhrkamp.

Kaldor, Mary (2000): Neue und alte Kriege. Frankfurt a. M.: Suhrkamp.

Kernic, Franz (2001): Sozialwissenschaften und Militär. Eine kritische Analyse. Wiesbaden: Deutscher Universitäts-Verlag.

Klein, Paul (2002): Das Sozialwissenschaftliche Institut der Bundeswehr als ein Instrument der Politikberatung. In: Kümmel (2002): 29–46.

Klein, Paul/Lippert, Ekkehard (1979): Bibliographie zur Militärsoziologie. München: Bernard & Graefe.

Kneer, Georg/Schroer, Markus (Hrsg.) (2010): Handbuch Spezielle Soziologien. Wiesbaden: VS Verlag für Sozialwissenschaften.

König, René (Hrsg.) (1968a): Beiträge zur Militärsoziologie (Sonderheft 12 der Kölner Zeitschrift für Soziologie und Sozialpsychologie). Köln/Opladen: Westdeutscher Verlag.

König, René (1968b): Vorwort. Einige Bemerkungen zu den speziellen Problemen der Begründung einer Militärsoziologie. In: König (1968a): 7–12.

Kruse, Volker (2015): Kriegsgesellschaftliche Moderne. Zur strukturbildenden Dynamik großer Kriege. Konstanz: UVK.

Kuchler, Barbara (2013): Kriege. Eine Gesellschaftstheorie gewaltsamer Konflikte. Frankfurt a. M./New York: Campus.

Kümmel, Gerhard (Hrsg.) (2002): Wissenschaft, Politik und Politikberatung. Erkundungen zu einem schwierigen Verhältnis. SOWI-Jahresschriften. Strausberg: Sozialwissenschaftliches Institut der Bundeswehr.

Kümmel, Gerhard (2021): Halb zog man sie, halb sank sie hin… Die Bundeswehr und die Öffnung für Frauen. In: Dörfler-Dierken/Kümmel (2016): 277–301.

Kümmel, Gerhard/Leonhard, Nina (2005): Casualties and Civil-Military Relations: The German Polity between Learning and Indifference. In: Armed Forces & Society, 31: 4, 513–536.

Kümmel, Gerhard/Prüfert, Andreas D. (Hrsg.) (2000): Military Sociology. The Richness of a Discipline. Baden-Baden: Nomos.

Leonhard, Nina (2011): Les relations civils-militaires en Allemagne entre „posthéroïsme" et poids du passé: le monument aux morts de la Bundeswehr. In: Année sociologique, 62: 2, 431–451.

Leonhard, Nina (2016): Integration und Gedächtnis. NVA-Offiziere im vereinigten Deutschland. Konstanz/Köln: UVK/Halem.

Leonhard, Nina (2019): Towards a new German military identity? Change and continuity of military representations of self and other(s) in Germany. In: Critical Military Studies, 5: 4, 304–321, http://dx.doi.org/10.1080/23337486.2017.1385586.

Leonhard, Nina/Werkner, Ines-Jacqueline (Hrsg.) (2005): Militärsoziologie – Eine Einführung. Wiesbaden: VS Verlag für Sozialwissenschaften.

Leonhard, Nina/Werkner, Ines-Jacqueline (Hrsg.) (2012): Militärsoziologie – Eine Einführung. 2., aktualisiert und ergänzte Auflage. Wiesbaden: VS Verlag für Sozialwissenschaften.

Levy, Yagil (2015): Time for Critical Military Sociology. In: Res Militaris, 5: 2, 1–8.

Lippert, Ekkehard (1995): Verzögerte Aufklärung. Zur jämmerlichen Lage der deutschen Militärsoziologie. In: Mittelweg 36, 4: 3, 18–31.

Lippert, Ekkehard/Wachtler, Günther (1982): Militärsoziologie – eine Soziologie „nur für den Dienstgebrauch"? In: Beck (1982): 335–355.

Mannitz, Sabine (2014): Zwischen Ehrenmal und Friedwald: Offene Fragen des militärischen Totengedenkens in Deutschland. HSFK-Standpunkte Nr. 8/2014 Frankfurt a. M.: HSFK, https://www.hsfk.de/en/publications/publication-search/publication/zwischen-ehrenmal-und-friedwald.

Mayer, Lotta (2019): Konfliktdynamiken, Kriegsdynamiken. Zur Konstitution und Eskalation innergesellschaftlicher Konflikte. Bielefeld: transcript.

Mayntz, Renate/Roghmann, Klaus/Ziegler, Rolf (1977): Organisation Militär (Handbuch der empirischen Sozialforschung Bd. 9, hrsg. v. René König). Stuttgart: Ferdinand Enke Verlag.

Münkler, Herfried (2002): Die neuen Kriege. Reinbek bei Hamburg: Rowohlt.

Münkler, Herfried (2006): Der Wandel des Krieges. Von der Symmetrie zur Asymmetrie. Weilerswist: Velbrück.

Ouellet, Eric (Hrsg.) (2005): New Directions in Military Sociology. Michigan: de Sitter.

Picht, Georg (Hrsg.) (1965/66): Studien zur politischen und gesellschaftlichen Situation der Bundeswehr. 3 Bände. Witten und Berlin: Eckart-Verlag.

Roghmann, Klaus/Ziegler, Rolf (1977): Militärsoziologie. In: Mayntz et al. (1977): 142–227.

Schmidt, Manfred G. (2004): Wörterbuch zur Politik. 2. erw. Aufl. Stuttgart: Alfred Kröner Verlag.

Schössler, Dietmar (1980): Militärsoziologie. Königstein/Ts: Athenäum.

Soeters, Joseph L./Shields, Patricia M./Rietjens, Sebastiaan (Hrsg.) (2014): Routledge Handbook of Research Methods in Military Studies. Milton Park: Routledge.

Spreen, Dierk (2008): Krieg und Gesellschaft. Die Konstitutionsfunktion des Krieges für moderne Gesellschaften. Berlin: Duncker & Humblot.

Spreen, Dierk/Trotha, Trutz von (Hrsg.) (2012): Krieg und Zivilgesellschaft. Berlin: Duncker & Humblot.

Steinbrecher, Markus/Biehl, Heiko/Elbe, Martin (Hrsg.) (2022): Empirical Social Research in and on the Armed Forces. Comparative and National Perspectives. Berlin: Berliner Wissenschafts-Verlag.

Stouffer, Samuel A. et al. (1949): The American Soldier. Studies In Social Psychology in World War II (Bd. 1–4). Princeton: Princeton University Press.

Trotha, Trutz von (2003): Krieg der Niederlagen. In: Hitzler/Reichertz (2003): 71–93.

Vogt, Wolfgang R. (Hrsg.) (1983): Sicherheitspolitik und Streitkräfte in der Legitimitäts-krise. Analysen zum Prozeß der Delegitimierung des Militärischen im Kernwaffenzeit-alter. Baden-Baden: Nomos.

Wachtler, Günther (Hrsg.) (1983a): Militär, Krieg, Gesellschaft. Texte zur Militärsozio-logie. Frankfurt a. M./New York: Campus.

Wachtler, Günther (1983b): Einleitung: Militärsoziologie als historische Gesellschafts-theorie. In: Wachtler (1983a): 7–26.

Wachtler, Günther (1983c): Struktur- und Funktionswandel der Streitkräfte. Eine gesell-schaftstheoretische Neuorientierung der Militärsoziologie. In: Vogt (1983): 59–77.

Warburg, Jens (2008): Das Militär und seine Subjekte. Zur Soziologie des Krieges. Biele-feld: transcript Verlag.

Warburg, Jens (2021): Forschung für die Streitkräfte? In: Elbe et al. (2021): 125–148.

Weber, Christian (2017): Veteranenpolitik in Deutschland. Die neuen Bande in den zivil-militärischen Beziehungen? Baden-Baden: Nomos.

Werkner, Ines-Jacqueline (2006): Wehrpflicht oder Freiwilligenarmee? Wehrstrukturent-scheidungen im europäischen Vergleich. Frankfurt a. M.: Peter Lang.

Werkner, Ines-Jacqueline (2011): Die Verflechtung innerer und äußerer Sicherheit – Aktuelle Tendenzen in Deutschland im Lichte europäischer Entwicklungen. Zeitschrift für Außen- und Sicherheitspolitik, 4: 1, 65–87.

Wiesendahl, Elmar (2016): Vom Nutzen und Nachteil sozialwissenschaftlicher Forschung für die Bundeswehr. In: Dörfler-Dierken/Kümmel (2016): 85–103.

Williams, Alison/Jenkings, Neil K./Woodward, Rachel/Rech, Matthew, F. (Hrsg.) (2016): The Routledge Companion to Military Research Methods. London/New York: Routledge.

Zoll, Ralf/Lippert, Ekkehard/Rössler, Tjarck (Hrsg.) (1977): Bundeswehr und Gesellschaft. Ein Wörterbuch. Opladen: Westdeutscher Verlag.

Leonhard, Nina, Dr. phil. habil.; Projektbereichsleiterin im Forschungsbereich Militär-soziologie am Zentrum für Militärgeschichte und Sozialwissenschaften der Bundeswehr und Privatdozentin am Institut für Soziologie der Westfälischen Wilhelms-Universität Münster.

Werkner, Ines-Jacqueline, Dr. rer. pol. habil.; Leiterin des Arbeitsbereichs Frieden an der Forschungsstätte der Evangelischen Studiengemeinschaft e. V. (FEST) in Heidelberg sowie Privatdozentin am Institut für Politikwissenschaft der Goethe-Universität Frankfurt a. M.

Militär und Gesellschaft

Zivil-militärische Beziehungen

Ulrich vom Hagen und Heiko Biehl

1 Einleitung: Militär und zivile Gesellschaft – kompatibel oder inkompatibel?

Der Gegenstandsbereich der zivil-militärischen Beziehungen bildet den Kern der Militärsoziologie. Politikwissenschaft und Soziologie ringen gemeinsam um die Analyse der zivil-militärischen Beziehungen und die Formulierung einer entsprechenden Theorie, wodurch die Militärsoziologie unter anderem ihren interdisziplinären Charakter erhält. Aufgrund der Vielzahl von wissenschaftlichen Ansätzen sowie der mannigfaltigen Dimensionen des Militärs zu seiner zivilen Umwelt ist es ratsam, von den zivil-militärischen Beziehungen (im Plural) zu sprechen. Bei diesem Konzept handelt es sich weniger um einen klar abgrenzbaren Gegenstand, sondern eher um ein Forschungsfeld, das wenig strukturiert ist. Der vorliegende Beitrag zielt daher darauf ab, einen Überblick sowie eine Einordnung der wesentlichen Diskussionslinien und der hierfür prägenden Positionen zu geben.

Im politikwissenschaftlichen Verständnis der zivil-militärischen Beziehungen wird die normative Frage nach der politischen Kontrolle über die Streitkräfte bzw. der Interventionsfähigkeit des Militärs in die zivile Politik in den Mittel-

U. v. Hagen (✉)
Faculty of Management, Dalhousie University, Halifax, Kanada
E-Mail: ulrich.vomhagen@gmail.com

H. Biehl
Forschungsbereich Militärsoziologie, Zentrum für Militärgeschichte und Sozialwissenschaften der Bundeswehr, Potsdam, Deutschland
E-Mail: heikobiehl@bundeswehr.org

© VS Verlag für Sozialwissenschaften | Springer Fachmedien Wiesbaden GmbH, Wiesbaden 2023
N. Leonhard und I.-J. Werkner (Hrsg.), *Militärsoziologie – Eine Einführung*, https://doi.org/10.1007/978-3-658-30184-2_2

punkt der Betrachtungen gestellt. Politikwissenschaftliche Ansätze untersuchen Prozesse, Strukturen und Ergebnisse der Beziehungen zwischen den Streitkräften und dem politischen System. Im deutschsprachigen Raum haben Aurel Croissant und David Kühn (2011) diese Perspektive umfassend abgebildet.[1] Die soziologische Sichtweise auf die zivil-militärischen Beziehungen ist hingegen durch die Analyse des Militärs als soziales Feld sowie der Rolle von Öffentlichkeit und ziviler Gesellschaft in Fragen institutionalisierter Gewalt, Krieg und Militärwesen gekennzeichnet. Soziologische Ansätze zu den zivil-militärischen Beziehungen befassen sich grundlegend mit der Vereinbarkeit bzw. Unvereinbarkeit von Militär und ziviler Gesellschaft in der Moderne: Welche Rolle kommt Kriegen und Armeen im Rahmen der Herausbildung moderner Gesellschaftsformationen zu? In der Literatur finden sich Positionen, die militärische Gewalt als überkommenes, anachronistisches, fast archaisches Phänomen betrachten, das im Zuge sozioökonomischer Modernisierung durch zivile Instrumente der Konfliktbewältigung und des Interessenausgleichs sukzessive ersetzt wird. Diesem Theorem der Inkompatibilität (Unvereinbarkeit) von Kriegen, Armeen und gesellschaftlicher Modernisierung stehen Autorinnen und Autoren gegenüber, die staatliche Gewalt und militärische Mittel als kompatibel, in Teilen gar als konstitutiv für die Herausbildung moderner Staatlichkeit und sozialer Entwicklung erachten. Die Vertreterinnen und Vertreter dieser Kompatibilitätsthese lassen sich wiederum danach unterscheiden, ob sie von einer engen Verbindung und Integration zwischen Streitkräften und ziviler Gesellschaft ausgehen bzw. diese fordern oder eher eine Trennung und (Aus)Differenzierung beider Bereiche erkennen bzw. befürworten. An diesen Positionen, die von Beginn an die soziologischen Diskussionen zu Gemeinsamkeiten und Unterschieden, Spannungen und Abhängigkeiten von Militär und ziviler Gesellschaft prägen, orientiert sich die nachfolgende Darstellung.

Der Beitrag präsentiert zunächst die ideengeschichtlichen Grundlagen für den Dualismus von entwickelten Demokratien mit ihren pluralistischen Werten und dem Militärwesen mit seiner hierarchischen Binnenstruktur und seinem Gewaltpotenzial. Demokratische Staaten beruhen auf einer unterschiedlich ausgeprägten Balance zwischen der Wahrung von Freiheiten sowie den damit einhergehenden Rechten und Pflichten der Staatsbürgerinnen und Staatsbürger. Die demokratietheoretisch maßgeblichen Konzeptionen des Republikanismus und Liberalismus weichen entsprechend in ihrem Verhältnis zum Militärwesen erheblich voneinander ab (Abschn. 2). Für die Klassiker der Soziologie im 19. und frühen

---

[1] Siehe hierzu auch den Beitrag von *Croissant & Kühn* in diesem Band.

20. Jahrhundert war die Auseinandersetzung mit Krieg und Streitkräften durchaus üblich. Die meisten von ihnen gingen von einer fortschreitenden Inkompatibilität von Militär und ziviler Gesellschaft aus, womit die Grundlagen für die soziologische Modernisierungstheorie geschaffen wurden (Abschn. 3). In der Folge schenkte ein wesentlicher Teil der Soziologie kriegerischen Auseinandersetzungen und Streitkräften kaum noch gebührende Aufmerksamkeit. Bis heute sind große Bereiche soziologischer Theoriebildung hierzulande geprägt von einem im Kern liberalen und modernisierungstheoretischen Ideal einer gewaltfreien Moderne (Joas und Knöbl 2008: 11; Knöbl und Schmidt 2000). In den 1970er- und 1980er-Jahren entstanden gleichwohl wichtige Beiträge auf dem Feld der Historischen Soziologie gerade aus dem angelsächsischen Raum, die dieser Vorstellung widersprechen. (Abschn. 4). Diese Arbeiten binden gesellschaftliche Entwicklungen erneut an staatliche Strukturen und Prozesse und damit an die internationale Politik sowie an die Vorbereitung und Durchführung von Kriegen. Was diese Ansätze verbindet, ist ihr gesellschaftstheoretischer Blick auf Streitkräfte und Kriege: Sie analysieren, welche Rolle militärischer Gewalt in staatlichen und zivilgesellschaftlichen Entwicklungen zukommt. Die nach dem Zweiten Weltkrieg etablierte Militärsoziologie interessiert sich hingegen weniger für diese allgemeinen Fragen, sondern legt ihr Augenmerk auf die Streitkräfte als Organisation und Institution (Abschn. 5). Bei ihr steht das konkrete Verhältnis von Militär und (demokratischer) Gesellschaft im Mittelpunkt: Wie lassen sich Armeen der zivilen Politik unterordnen und von dieser kontrollieren? Wie passen sich hierarchische Streitkräfte in pluralistische und sich ausdifferenzierende Gesellschaften ein? Zwei konträre Auffassungen dominieren hier die militärsoziologische Literatur: Der maßgeblich von Samuel Huntington entwickelte exklusive Ansatz plädiert für eine Separierung militärischer und ziviler Zuständigkeiten und Funktionen. Der von Morris Janowitz formulierte inklusive Gegenentwurf erkennt in der Überlappung militärischer und ziviler Sphären die Voraussetzung für militärische Effizienz und demokratische Einbindung. Diesem inklusiven Ansatz folgt die Innere Führung als Führungskonzeption der Bundeswehr. Mit dem Ende des Ost-West-Konflikts, den Auslandseinsätzen und der Aussetzung der Wehrpflicht ist in Deutschland nicht nur eine Diskussion um deren Aktualität entbrannt. Mittlerweile liegen auch erste sozialtheoretische Versuche vor, die veränderten sicherheitspolitischen und militärischen Entwicklungen zu fassen. Dabei steht die Frage im Raum, welcher soziale Ort Streitkräften und militärischer Gewalt heutzutage zukommt (Abschn. 6). Die meisten Analysen gehen von einer fortschreitenden Differenzierung zwischen ziviler Gesellschaft und militärischer Gewalt aus – wodurch die Frage nach der (In)Kompatibilität von Streitkräften und ziviler Gesellschaft erneute Relevanz erfährt.

2 Politische Ideengeschichte: Die Rolle des Militärs in der liberalen und republikanischen Demokratietheorie

Demokratien zeichnen sich durch ein Freiheits- und Gleichheitspostulat aus, verfolgen idealiter das Ziel gewaltfreier Konfliktlösung und gewährleisten freie und geheime Wahlen zur Bestimmung der politischen Führung. Durch Gesetze werden staatsbürgerliche Rechte und Pflichten geregelt und die Macht der Regierung begrenzt. Sowohl in der Theorie als auch in der Praxis zeigen sich aber deutliche Unterschiede in der Ausgestaltung der demokratischen Freiheits- und Gleichheitsidee. Während das Demokratiemodell des Republikanismus vor allem gemeinschaftsorientiert ist und an der Lernfähigkeit der Bürgerinnen und Bürger als einer wesentlichen Voraussetzung für Selbstbestimmung und Freiheit festhält, sind die anthropologischen Prämissen des liberalen Konkurrenzmodells individualistisch sowie eher zweckorientiert. Diese Unterschiede zwischen Liberalismus und Republikanismus spiegeln sich auch in den jeweiligen Vorstellungen der Ausgestaltung demokratischer zivil-militärischer Beziehungen.

2.1 Die zivil-militärischen Beziehungen im Republikanismus

Die Geburtsstunde des Republikanismus liegt in der Antike. Aristoteles beschreibt in der *Nikomachischen Ethik* die Republik als eine Gemeinschaft der freien und gleichen (männlichen) Bürger, deren bürgerschaftliches Ethos tragendes Element des Gemeinwesens ist. In der *Politica* bestimmt Aristoteles sodann den Staat als höchste Form der menschlichen Gemeinschaft, dessen Staatszweck das Gemeinwohl darstellt. Nach dem Untergang des antiken Griechenlands und des Römischen Reiches kam es in der Renaissance zu einem Wiederaufleben der republikanischen Gesellschaftsidee. Niccolò Macchiavelli bestimmt in den *Discorsi* (1517) die Tugend der Bürger eines Gemeinwesens als Voraussetzung für Freiheit. Französische Aufklärer wie Montesquieu in *De l'ésprit des lois* (1748) betrachten die für den republikanischen Diskurs zentrale Frage nach den Tugenden der Bürger als aufs Engste verbunden mit den sozio-moralischen Anforderungen einer Demokratie, die ohne diese Tugenden auf Dauer keinen Bestand habe. Demokratie ist für Montesquieu auf der Akzeptanz von Gleichheit gegründet, sodass sich einzelne Bürger nicht über andere erheben sollen. Auch der schottische Aufklärer John Millar betont in *The Origin of the Distinction of Ranks* (1771), dass zwischen politischer und privater Tugend, Gemeinsinn und Moralität, nicht getrennt werden könne. Diese unauflösliche Interdependenz der privaten und der politischen Ebene stellt die besondere Pointe im Tugenddiskurs des klassischen Republikanismus dar (Münkler 1992a: 32). Der Glaube an die Fähigkeit zur Einsicht und die Selbstverpflichtung gegenüber den Mitbürgerinnen und Mitbürgern sind weitere zentrale Elemente republikanischer Tugenden. Im Gegensatz zum Liberalismus geht der republikanische Tugenddiskurs aber nicht von einem kontinuierlichen Fortschritt aller Lebensbereiche, sondern von regelmäßigen Krisenerscheinungen aus (Münkler 1991: 390). Aus republikanischer Perspektive erhält das öffentliche Leben innerhalb des Gemeinwesens somit den Vorrang gegenüber partikularen Interessen und den Freiheitsrechten des und der Einzelnen, der oder die erst in der Gemeinschaft und durch die Mitbürgerinnen und Mitbürger als Gegenüber zum sozialen Individuum wird. Die Zubilligung politischer Partizipationsrechte besitzt im republikanischen Denken den Charakter einer moralischen Pflicht. Gemeinschaft, politische Partizipation und bürgerliches Engagement sind als „positive Freiheit" für etwas gefasst (Berlin 1958).

Zur Verteidigung des eigenen Gemeinwesens gegen fremde Mächte hat der republikanische Staatsbürger ein Bürgersoldat zu sein, wobei er aus der Verpflichtung zum Militärdienst wiederum staatsbürgerliche Rechte erwirbt. Zugleich erwachsen ihm für den Dienst für das Gemeinwohl Ehre und Anerkennung zu. Republikanische Denkerinnen und Denker zeigen sich skeptisch gegen Stehende Heere und plädieren für Volksarmeen, die sich aus Bürgerinnen und Bürgern rekrutieren und lediglich der Landesverteidigung dienen sollen. Daraus resultiert die Miliz- bzw. Wehrpflichtarmee mit dem Ideal des Bürgersoldaten. Aus republikanischer Sicht ist es für die Streitkräfte demokratischer Gemeinwesen notwendig, dass sich gesellschaftliche Werte im Militär widerspiegeln und nur aus funktionalen Gründen abgeschwächt werden. Mit dem Integrationsgebot der Inneren Führung (siehe Abschn. 5.2) hat die Bundeswehr diesen Gedanken aufgegriffen. Die republikanische Denktradition teilt die Vorstellung einer Konvergenz und Verschmelzung von Gesellschaft und Streitkräften. Diese seien miteinander verbunden und voneinander abhängig. Demgegenüber betont der Liberalismus das Trennende und Divergierende.

2.2   Die zivil-militärischen Beziehungen im Liberalismus

Im Liberalismus kommt der Freiheitsidee und dem Individualismus eine zentrale Bedeutung zu. Diese werden aus dem Naturzustand, in dem jeder ein Recht auf freie Entfaltung hat, abgeleitet. In Thomas Hobbes frühliberalem Ansatz über den

Leviathan von 1651 wird Freiheit zunächst als die Sicherheit vor dem Nächsten
verstanden. Diese „negative Freiheit" (Berlin 1958) gewährleistet der souveräne
Staat, da nur dieser Sicherheit garantiere, während dem Verantwortungsgefühl der
Bürgerinnen und Bürger nicht getraut werden könne. Zwischen den Individuen
bestimme der egoistische Selbsterhaltungstrieb ein Freiheitsverständnis, das
durch die Freiheit von Fremdbestimmung durch Dritte gekennzeichnet sei. Das
Misstrauen gegenüber dem Nächsten zwingt laut Hobbes zum Vertrag mit dem
Staat, der alleine Sicherheit und Überleben in einer feindlichen und konflikt-
behafteten Umwelt bieten könne. Im Gegenzug unterwirft sich der oder die
Einzelne den staatlichen Gesetzen, die unter Androhung von Strafe durch den
Souverän durchgesetzt werden. Der individuelle Egoismus hält also die Gesellschaft gegenüber größerem Übel zusammen. Deswegen ist das Gewaltmonopol
beim staatlichen Souverän zentralisiert.

Bei Adam Smith wird in *An Inquiry into the Nature and Causes of the Wealth
of Nations* (1776) der souveräne Staat konzeptionell durch den Markt ergänzt
und damit relativiert. Der Utilitarismus der Marktlogik wird von Smith als „die
unsichtbare Hand Gottes" gedeutet und erhält eine moralische Legitimität. Da es
für Smith einen Gegensatz zwischen produktiver Erwerbsarbeit und kriegerischer
Tätigkeit gibt, rät er zum Einsatz einer gut ausgebildeten und relativ kleinen
Freiwilligenarmee, in der ganz im Sinne gesellschaftlicher Arbeitsteilung das
Kriegshandwerk zur Hauptbeschäftigung einer bestimmten Klasse von Bürgern
wird (Smith 1974 [1776]: 590 f.).[2] Durch die liberale Idee der Arbeitsteilung
erfährt das Primat der Politik seine zentrale Bedeutung in den zivil-militärischen
Beziehungen: Außerhalb des Staates, d. h. in der internationalen Politik, herrscht
weiterhin der Naturzustand, dessen ungezügelte Gewalthaftigkeit den Staat und
seine Einwohner bedroht. Smith argumentiert, dass der Staat vor allem durch
militärische Machtmittel seine Autorität gegenüber äußerer Bedrohung gewährleisten und damit seiner Sicherungsfunktion für die eigenen Bürger gerecht
werden kann. Da das Stehende Heer über erhebliche Machtmittel zur Verteidigung des Staates und seiner Bürger verfügt, muss aber sichergestellt werden,
dass diese Machtmittel nicht gegen die Freiheiten und Rechte der zivilen Bürger
oder gar gegen den staatlichen Souverän selbst gerichtet werden. Das Militär
muss daher in einer Art und Weise eingehegt werden, die seine Schlagkraft nicht
einschränkt, aber seine Kontrolle durch den Souverän sicherstellt. Dabei vertritt

---

[2] Siehe hierzu auch den Beitrag zu Militär, Krieg und Ökonomie von *Richter* in diesem
Band.

das Parlament die politischen Rechte des Volkes, während das Stehende Heer dessen Verteidigung übernimmt.

Der liberale Ansatz sieht also vor, dass durch die demokratisch legitimierte Führung die Rahmenbedingungen und Ziele definiert werden, innerhalb derer das Militär frei handeln kann. Um das Staatswesen und die Gesellschaft effektiv gegen äußere Gefahren verteidigen zu können, plädiert der Liberalismus für ein Militär, das sich von der Politik fernhält, sich an Kriterien der militärischen Effizienz orientiert und auf das Gewinnen oder Verhindern von Kriegen konzentriert. Nur durch eine strikte Aufgabentrennung zwischen Militär und Politik sieht der Liberalismus nationale Sicherheit und bürgerliche Freiheit gleichermaßen gewährleistet. Die Betonung der individuellen Freiheitsrechte gegenüber Eingriffen seitens der Gesellschaft und des Staates resultiert in der Befürwortung von Berufsarmeen.

Im Vergleich zum republikanischen Verständnis, das Streitkräfte und zivile Gesellschaft integrativ fasst, betonen liberale Denker und Denkerinnen die Notwendigkeit zur Separierung beider Bereiche. In der Folge stellt sich die Frage der (In)Kompatibilität von ziviler Gesellschaft und militärischer Gewalt, zumal die liberale Denktradition gesellschaftliche Differenzierung ganz grundlegend als Merkmal gesellschaftlichen Fortschritts versteht und damit den Boden für die soziologische Modernisierungstheorie bereitet hat.

3 Soziologische Klassiker: Inkompatibilität oder Kompatibilität von Militär und ziviler Gesellschaft?

Im späten 18. sowie im 19. Jahrhundert werden erstmals konkrete Überlegungen zum Militär aus sozialtheoretischer Perspektive angestellt. Im Mittelpunkt steht die Frage nach der Rolle von Militär und Krieg im Rahmen gesellschaftlicher Modernisierungsprozesse (vgl. den Überblick bei Kruse 2010). Laut Modernisierungstheorie bewegen sich Gesellschaften im Zuge ihrer Entwicklung auf ein (westliches) Ideal zu: Wirtschaftlicher Fortschritt und Prosperität gehen mit einer Stärkung und Entfaltung des Individuums samt seiner bürgerlichen Rechte einher. Dem schließen sich politische Gestaltungsmöglichkeiten an, die mit anhaltenden Säkularisierungstendenzen verbunden sind. Voraussetzung dieser Entwicklung ist die Differenzierung gesellschaftlicher Teilbereiche, die zunehmend einer eigenen Funktionslogik folgen. Gesellschaftliche Konflikte werden durch demokratisch legitimierte und kontrollierte Institutionen der

Exekutive, Legislative und Judikative friedlich ausgetragen. Im Ergebnis ver-
schwindet Gewalt sukzessive aus dem sozialen Miteinander (zuletzt Pinker 2011).
Ein früher Protagonist der Modernisierungstheorie ist der Mitbegründer
der Soziologie Auguste Comte. Er formulierte zwischen 1851 und 1854 erstmals das Theorem der Inkompatibilität von Militär und industrialisierter Gesellschaft, das auf seine positivistische Gesellschaftstheorie zurückgeht (Comte
1923, 3. Bd.: 47 f.). Comte unterscheidet drei Phasen gesellschaftlicher Entwicklung und konzipiert die Geschichte als einen historischen Bildungsprozess,
in dem der menschliche Geist ständig wächst. Die drei Stadien – das theo-
logisch-militärische, das metaphysische und schließlich das positive Stadium,
das mit der industriellen Gesellschaft einhergeht – lösen einander jedoch nicht
abrupt ab, sondern gehen ineinander über. Militärische Gewaltanwendung bzw.
Kriege werden im Zuge dieser als unumkehrbar angesehenen Entwicklung überflüssig und verschwinden allmählich. Comtes Inkompatibilitätsthese ist von der
bedeutsamen Rolle des Bürgertums als Träger der Industrialisierung und als
gesellschaftlicher Gegenspieler des Adels im 18. und 19. Jahrhundert geprägt.
Der zunehmend politisch entmachtete Adel dominierte weiterhin das Militär, in
dem er traditionell das Offizierskorps bildete. Die Vorbehalte gegenüber dem
Militär in Deutschland lassen sich geistesgeschichtlich auf diese Aufgabenteilung
zurückführen, wobei es zu einer Loslösung der entsprechenden Vorstellungen von
den realiter vorherrschenden Verhältnissen gekommen ist: Dem Soldaten, insbesondere dem Offizier, werden seitdem häufig bellizistische Tendenzen unterstellt, die den zivilen Staatsbürgern hingegen fremd seien. Ein Liberaler wie
Schumpeter (1918/19: 309) deutete denn auch die verbliebenen feudalen Relikte
als Hauptgrund für den kriegerischen Imperialismus seiner Tage und sah deren
Einfluss auf die Herrschafts- und Sozialstruktur der europäischen Gesellschaften
als Ursache für die vorübergehende Verbindung von Kapitalismus, Nationalismus
und Militarismus.

Ein weiterer Vertreter der These der Unvereinbarkeit von industrieller und
militärischer Entwicklung ist Herbert Spencer (1885), der dem bürgerlich-
industriellen einen kriegerischen Gesellschaftypus gegenüberstellt, der durch
Bürokratisierung und staatliche Einflussnahme gekennzeichnet sei und sich durch
seinen umfassenden Zwangscharakter auszeichne. Industrielle Gesellschaften
sind nach Spencer durch Produktionsarbeit geprägt, die durch ihre steigende
Produktivität kriegerische Eroberungen hinfällig werden lasse. Eine öko-

nomischen Prinzipien folgende Entwicklung mache Militär und Krieg überflüssig und verdränge diese schließlich.[3]

Die Überzeugung, dass gesellschaftlicher Fortschritt zur Überwindung von Militär und Krieg führen werde, ist auch im Historischen Materialismus verankert. Dessen Vertreterinnen und Vertreter sehen die Verantwortung für die Anwendung militärischer Gewalt vor allem in der Wirtschaftsverfassung der bürgerlichen Gesellschaft und den kapitalistischen Produktionsverhältnissen. Bereits 1857 definierte der ehemalige königlich-preußische Bombardier Friedrich Engels die Armee als „die organisierte Einheit bewaffneter Menschen, die ein Staat zum Zweck des offensiven oder defensiven Krieges unterhält" (Engels 1961 [1857]: 5). Sein Augenmerk liegt auf der sozialen Zusammensetzung des Militärs: Mit einer allgemeinen Dienstpflicht werde das ganze Volk mit dem Waffengebrauch vertraut gemacht und damit befähigt, in einem gewissen Moment seinen Willen gegenüber der bürgerlichen Militärherrlichkeit durchzusetzen. „Je mehr Arbeiter in den Waffen geübt werden desto besser. Die allgemeine Wehrpflicht ist die notwendige und natürliche Ergänzung des allgemeinen Stimmrechts." (Engels 1962a [1865]: 66) In späteren Schriften argumentiert Engels ferner, dass das Militär im Zuge gesellschaftlicher Entwicklungen an seinen eigenen Widersprüchen zugrunde gehen werde, denn der Krieg sei in antagonistischen Klassengesellschaften eine Gesetzmäßigkeit. Die enormen Rüstungsausgaben und die allgemeine Dienstpflicht würden dazu beitragen, dass die Masse des Volkes ihre emanzipativen Interessen begreife (Engels 1962b [1878/1894]: 158) und ländliche Bauern und städtische Arbeiter einen revolutionären Willen ausbildeten. Unter den Bedingungen des imperialistischen Kapitalismus wird gemäß Engels die Armee zu einer demokratischen Massenbewegung, die sich zum Sozialismus hinwendet, da die einfachen Soldaten nicht länger bereit sind, für die Interessen der Bourgeoisie in den Krieg zu ziehen (vgl. Neumann und Hagen 1986: 280).

Demgegenüber gibt es Ansätze, die Militär und zivile Gesellschaft weniger als Widerspruch, sondern eher als sich wechselseitig bedingende Phänomene betrachten. Ähnlich wie Spencer und Engels, wenn auch unter umgekehrten Vorzeichen, interessiert sich Werner Sombart (1913) für entsprechende Wechselwirkungen zwischen Militär, Krieg und gesellschaftlichen Modernisierungsprozessen. Ausgehend vom Prozess der kriegerischen Staatenbildung verweist er auf „das doppelte Gesicht des Krieges" als Zerstörer und als Gewinnbringer. Kriege und die Schaffung

---

[3] Siehe hierzu auch den Beitrag von *Richter* in diesem Band.

moderner Armeen hätten einen direkten Beitrag zum Aufbau des frühkapitalistischen Wirtschaftssystems geleistet. Die modernen Heere erfüllten wichtige Bedingungen kapitalistischer Wirtschaft, da sie Vermögensbildner, Gesinnungsbildner und Marktbildner seien (ebd.: 14 f.). In der Tat stellt insbesondere die kriegerische Staatenbildung, wie sie sich zwischen dem 16. und 18. Jahrhundert in Europa entwickelte, eine der Voraussetzungen für die Entfaltung des kapitalistischen Wirtschaftssystems dar. Der Erste Weltkrieg sollte Sombarts Analyse von 1913 auch für das frühe 20. Jahrhundert bestätigen.

Wie Sombart geht Max Weber grundlegend von einer Kompatibilität zwischen militärischer Gewalt und gesellschaftlicher Modernisierung aus. Weber (1972 [1921]: 565) nimmt an, dass sich die Struktur des Militärs aus den soziopolitischen Prozessen der Rationalisierung heraus entwickelte. Diese Struktur sei durch eine bürokratische Armeeform geprägt, die zur Aufstellung Stehender Berufsheere nötig sei. Weber (ebd.: 566) hat zudem auf den Zusammenhang zwischen sozioökonomischen Prozessen und der Bürokratisierung – auch des Militärs – hingewiesen und damit die Vereinbarkeit von Streitkräften und moderner Industriegesellschaft betont. Für Weber erfüllen Streitkräfte als Teil eines gesellschaftlichen Rationalisierungsprozesses eine historische Funktion als rationales staatliches Herrschaftsinstrument und tragen zur Etablierung von Disziplin im Allgemeinen bei (siehe hierzu auch Bröckling 1997). Nach Weber beeinflusste die militärische Disziplin, verstanden als Internalisierung von Normen und Prinzipien, wie des Gebots von Befehl und Gehorsam, auf das Nachhaltigste die politische und soziale Verfassung moderner Staaten. Mit der Bürokratisierung des Militärs wurde der Herrschaftstyp der modernen Organisation geschaffen. Erst durch diesen Prozess wurden Elemente wie Formalisierung, Hierarchisierung, und Zentralisierung gesellschaftlich verankert, die heute als typisch militärisch gelten (Doorn 1975). Zwar findet im modernen Militär die Disziplinierung, Rationalisierung und Versachlichung von Herrschaftsbeziehungen ihren stärksten Ausdruck, doch reicht deren Wirkung weit über das Militär hinaus.

Bei den Klassikern des soziologischen Denkens stehen sich folglich zwei Auffassungen gegenüber. Einige Vertreter wie Comte, Spencer oder Engels erwarteten aufgrund ökonomischer und sozialer Entwicklungen einen Bedeutungsverlust des Militärwesens im Zuge gesellschaftlichen Fortschritts. Liberale und sozialistische Denker teilten die Idee, dass militärische Gewalt und Mittel sukzessive aus dem gesellschaftlichen Miteinander verschwinden werde. Dem stehen Autoren wie Sombart, Schumpeter oder Weber gegenüber, die auf die Verwobenheit moderner Politik-, Wirtschafts-, und Organisationsstrukturen mit Militär und Kriegführung verweisen. Die Annahme der Unvereinbarkeit von Militär und Krieg mit ökonomischem und sozialem Fortschritt hat sich, wie insbesondere die Entwicklungen im 20. Jahrhundert gezeigt haben, empirisch nicht bestätigt. Entsprechend wurde der Ansatz der Inkompatibilität für eine Bestimmung der zivil-militärischen Beziehungen praktisch nicht weiterverfolgt. Als nennenswerte Ausnahme ist der Versuch von Wolfgang Vogt (1980) anzuführen, die Gegensätzlichkeit von Militär und demokratischer Gesellschaft angesichts der atomaren Hochrüstung im Kalten Krieg zu fassen. Dabei geht es Vogt um den Nachweis, dass die zerstörerische Macht nuklearer Waffen die Rationalität der Kriegführung *ad absurdum* geführt habe. Wenn militärische Abschreckung auf der Bereitschaft zur Auslöschung der menschlichen Existenz beruhe, erledige sich die Funktionalität militärischer Mittel als Instrument zur politischen Interessendurchsetzung. Die militärische Eigenlogik stünde dem gesellschaftlichen Entwicklungsprozess entgegen und gefährde diesen existentiell. Ungeachtet dieser wissenschaftlichen Positionierung und des breiten gesellschaftlichen Widerstands, der von der westdeutschen Friedensbewegung der 1980er-Jahre mobilisiert wurde, gehören Atomwaffen bis in die Gegenwart zum militärischen Inventar einer wachsenden Zahl von Staaten, was zumindest empirisch der vermeintlichen Inkompatibilität von atomar bewaffneten Streitkräften und moderner Gesellschaft entgegensteht. Gleichwohl lässt sich der Vogtsche Ansatz als heuristische Konzeption lesen, die die sicherheitspolitische Widersprüchlichkeit und absurde Ethik von Atomwaffen speziell für Demokratien mit ihren normativen Ansprüchen aufzeigt.

4 Historische Soziologie: Die Rolle militärischer Gewalt bei der Herausbildung von (National) Staaten und (Zivil)Gesellschaften

Nicht nur die Geschichte des 20. und bisherigen 21. Jahrhunderts widerspricht der These der Unvereinbarkeit moderner Gesellschaftsentwicklung und militärischer Gewalt. Auch die Historische Soziologie hat mit wegweisenden Arbeiten dargelegt, dass Entstehung und Entwicklung des modernen Staatswesens aufs Engste mit der Aufstellung und dem Unterhalt bewaffneter Kräfte sowie dem Führen von Kriegen verbunden sind. In der Literatur hält sich der Vorwurf, die Soziologie habe nach 1945 Streitkräften und Kriegen eine zu geringe Aufmerksamkeit geschenkt. Einflussreiche Autoren wie Jürgen Habermas, Niklas Luhmann oder Pierre Bourdieu hätten systematische Theorien der Gesellschaft ausgearbeitet, ohne dass ihnen darüber der Krieg und die mit ihm verbundenen Phänomene überhaupt zu einem ernsthaften Problem geworden wären (Joas und Knöbl 2008: 10). So berechtigt diese Kritik mit Blick auf die genannten

Autoren sein mag, darf nicht übersehen werden, dass in den 1970er- und 1980er-Jahren wegweisende Beiträge entstanden sind, die sich der Frage nach der soziologischen Relevanz von Kriegen sehr wohl stellen. Gemeinsam ist diesen Arbeiten, dass sie innergesellschaftliche Entwicklungen stets im Zusammenspiel und teils in Abhängigkeit von internationalen Bedingungen – und damit von Kriegen und organisierter bewaffneter Gewalt – verstehen. Zugleich richten sie sich implizit oder explizit gegen die soziologische Modernisierungstheorie, wonach Staaten im Zuge gesellschaftlichen Fortschritts zwangsläufig dem westlichen Weg einer wirtschaftlichen, politischen und sozialen Liberalisierung folgen. Stattdessen werden geschichtliche Prozesse als kontingent und variabel verstanden sowie nationale Besonderheiten betont.

Charles Tilly (1985) konzipiert die Herausbildung des frühneuzeitlichen Staates als Ergebnis von militärischen Dynamiken und Notwendigkeiten. Demnach sind staatliche Macht und die sie sichernden Strukturen eng mit der Aufstellung bewaffneter Kräfte und der Führung von Kriegen verbunden. Die militärtechnologische Entwicklung habe dazu geführt, dass die Anschaffung von Kriegsgerät und der Unterhalt kämpfender Truppen immer teurer wurden. In der Folge war es für private Gewaltunternehmer kaum noch möglich, ihre Söldnerheere, die sich durch Aufträge weltlicher und geistlicher Fürsten sowie durch Raub und Plünderungen finanzierten, dauerhaft zu unterhalten. Alleine der Staat verfügte mit seinem Steuerrecht über ein Instrument, um eine ausreichende Finanzierung über einen längeren Zeitraum zu sichern. Zugleich konnte er als Kreditnehmer die gewaltigen Schulden aufnehmen, die zur Finanzierung von Kriegen notwendig sind. Voraussetzung für den modernen Staat sei mithin die effektive Besteuerung aller Subjekte durch den obersten dynastischen Machthaber. Während die Kriegsführung vom Staat monopolisiert worden sei, seien andere Gewaltakte als Verbrechen klassifiziert und mit Sanktionen belegt worden (Porter 1994). Analog zum Staatswesen wurde das Militär im Laufe der Neuzeit einer bürokratisch-hierarchischen Formung unterzogen, welche die Unterwerfung feudaler Truppensteller unter das strategische Kalkül der zentralen politischen Führung und die Versorgung der Truppe aus den Ressourcen des modernen Staates garantieren sollte. Die feudale Aristokratie verlor damit ihre Selbstständigkeit gegenüber dem Landesherrn, erhielt dafür aber das Privileg, die Armeeoffiziere zu stellen. Diese Wechselwirkung von Kriegführung und Staatswerdung brachte Tilly (1992: 67) in der viel zitierte These auf den Punkt: „War made states and vice versa." Im Ergebnis, so Tilly, bauten die frühneuzeitlichen Staaten Institutionen aus, verdrängten private Gewaltakteure und streben nach der Monopolisierung legitimer Gewalt(mittel).

Mit der Französischen Revolution und der Ausbildung des Nationalstaates ist die Entstehung der modernen Massenheere zu Anfang des 19. Jahrhunderts datiert.[4] Aus den Kabinettskriegen mit Stehenden Heeren, aus Söldnern und zwangsverpflichteten Soldaten wurden ideologisch und national begründete, existenziell aufgeladene Volkskriege unter der Einbeziehung breiter Teile der männlichen Bevölkerung als aktive Kriegsteilnehmer. Anthony Giddens (1985) schließt an diese Beobachtungen an und beschreibt den Dualismus von innerer Pazifizierung und äußerer Kriegführung. Staaten bilden zur Erringung und Bewahrung des Gewaltmonopols Sicherheitsorgane aus. Das Militär repräsentiert nach außen die Souveränität des Staates. Der Einsatz des Militärs im Inneren bleibt aber eine permanente Option, wie Notstandserlasse auch in westlich-liberalen Ländern illustrieren. Äußere und innere Sicherheit „unterliegen spezi-fischen und unterschiedlichen rechtlichen und organisatorischen Regulierungen. (…). Sie sind stark institutionalisiert, d. h., sie folgen präzisierten und eigenen Verhaltensregeln mit allgemeiner Geltung" (Lepsius 1997: 359). Die Polizei unterscheidet sich vom Militär hauptsächlich bezüglich des Gewaltaspekts, inso-fern die Ausübung von direkter Gewalt nicht die eigentliche Funktion der Polizei ist, sondern die Durchsetzung von Gesetzen und Verordnungen des Staates gemäß der Norm der Minimierung von direkter Gewalt unter Vorzug alternativer Sanktionsinstrumente geschehen soll. Daneben sollen Verwaltungen und Geheim-dienste Ruhe und Ordnung im Inneren garantieren. Die zunehmende staatliche Kontrolle und Überwachung zielt auf die Disziplinierung der Bevölkerung und kann bei exzessivem Einsatz in totalitäre Strukturen und Staatsterror abgleiten. Zugleich bietet die Gewährleistung innerer Sicherheit aber überhaupt erst die Chance, dass Akteure ohne Gewalterwartung handeln können, d. h. sie müssen in ihrem Tun die Möglichkeit von Gewalt nicht mehr als dauernde Gefahr mit-bedenken. Gewalt wird so zu einer Ausnahme im alltäglichen sozialen Verkehr, der sich zunehmend zivilisiert (Knöbl 2006; Spreen und Trotha 2012a: 8). Gesell-schaften werden im doppelten Sinne des Wortes zu Zivilgesellschaften: Ihre Mit-glieder begreifen sich als zivile Staatsbürger, die sich von Soldaten und anderen Waffenträgern unterscheiden. In der Folge ist der soziale Verkehr weitgehend gewaltfrei und ermöglicht das Engagement, die Entfaltung und Differenzierung, die prägend für Zivilgesellschaften sind. Giddens weist nun darauf hin, dass diese innere Pazifizierung Voraussetzung der äußeren, d. h. militärischen Gewaltent-faltung ist. Nur wenn es Staaten gelingt, Gewaltressourcen aus innergesellschaft-lichen Konflikten abzuziehen, können diese kontrolliert gegen äußere Feinde und

---

[4] Siehe hierzu und im Folgenden auch den Beitrag von *Kantner & Sandawi* in diesem Band.

Gegner gelenkt werden. Je konsolidierter und geordneter Staaten im Inneren sind, desto größer ist ihr militärisches Destruktionspotenzial, das sich nach außen, gegen andere Staaten oder auch gegen Kolonialgebiete richten kann. Moderne Staatlichkeit zeichnet sich mit Giddens demnach durch den Dualismus von innerer Pazifizierung und äußerer Gewaltentfaltung aus.

Michael Mann teilt mit Tilly und Giddens die Auffassung, dass Kriege und Militär ein wesentlicher Treiber historischer Entwicklungen und gesellschaftlichen Wandels sind. In seinem umfangreichen Werk *The Sources of Social Power. A History of Power from the Beginning to A.D. 1760* geht Mann (1986) der Frage nach, wie sich Macht in der Weltgeschichte konkretisiert, auf welchen Voraussetzungen sie basiert und welche Folgen sie zeitigt. Dazu unterscheidet er vier Netzwerke, die ihm als eigenständige Triebkräfte von Machtkonstellationen und gesellschaftlichen Bedingungen gelten. Neben ökonomischen, kulturell-ideologischen und politischen Konstellationen versteht Mann militärische Netzwerke als einen eigenständigen, Gesellschaft und Geschichte prägenden Faktor. Militärische Macht ist demnach nicht dem politischen System unter- oder zugeordnet, sondern ihr kommt eine eigene Gestaltungsmacht zu. Mit dieser strittigen und in der Literatur kontrovers diskutierten Position (vgl. Hall und Schroeder 2006) plädiert Mann – wie kaum ein anderer zeitgenössischer Soziologe – für die Notwendigkeit, kriegerische Auseinandersetzungen und militärische Macht zu analysieren, um zu umfassenden Einsichten moderner Gesellschaften zu gelangen. Dabei nimmt er konsequent das Wechselspiel zwischen internationaler Politik und innergesellschaftlichen Entwicklungen in den Blick. Für Mann sind Kriege konstitutiv für die soziale Ordnung: „Der Kampf um bürgerliche, politische und soziale Rechte war also oft eine Reaktion auf staatliche Interventionen, wobei eben der Krieg die entscheidende Hintergrundvariable darstellte." (Joas und Knöbl 2008: 281).

Das Führen von Kriegen birgt damit nicht nur äußere Risiken für Staaten, sie kann ebenso deren innere Ordnung gefährden. Theda Skocpol (1979) hat nachgewiesen, dass Revolutionen häufig eine Folge von Kriegen und internationalen Konflikten sind. In der klassischen Soziologie und zumal im Marxismus werden gesellschaftliche Umbrüche noch als Ergebnis von innergesellschaftlichen Auseinandersetzungen verstanden. Dabei zeigt bereits ein flüchtiger Blick in die Geschichte, dass sich soziale Umwälzungen häufig im Umfeld von internationalen Konflikten ereignen. So gehen die amerikanische wie die französische, die russische wie die chinesische Revolution mit kriegerischen Auseinandersetzungen einher. In der deutschen Geschichte sind die napoleonischen Kriege, die deutschen Einigungskriege und erst recht die beiden Weltkriege Auslöser staatlicher Neuordnungen und gesellschaftlicher Umbrüche. Wie Skocpol herausarbeitet, bereiten Kriege mit ihrer Eskalationsdynamik, ihrer politischen Zuspitzung, ihrer gesellschaftlichen Mobilisierung und ihren sozialen Verwerfungen den Boden für soziale Neuerungen. Zumal militärische Niederlagen öffnen Chancen für Veränderungen. Mithin ist die politische Entscheidung zum Krieg nicht nur mit dem Risiko verbunden, diesen zu verlieren, sondern die politische und gesellschaftliche Ordnung in Gänze zur Disposition zu stellen. Infolge eines verlorenen wie gewonnenen Krieges können herrschende Eliten aus ihren Machtpositionen verdrängt und neue soziale Verhältnisse geschaffen werden.

Aufgrund dieser Dynamiken und den ihnen innewohnenden Potenzialen haben sich die Beziehungen zwischen militärischer Gewalt, Staatswesen und Gesellschaft im Verlauf der Geschichte verändert. Einen Gedanken der republikanischen Denktradition aufgreifend, zeigt Morris Janowitz (1976), wie sich dies an der Aufwertung der Staatsbürgerrolle ablesen lässt. Die durch die Kriegführung gewachsenen staatlichen Zugriffsmöglichkeiten, Institutionen und Infrastrukturen, kurz die wachsende staatliche Macht, wird nach Kriegsende nicht wieder abgebaut, sondern auf andere Bereiche ausgedehnt. Diese Ausweitung des staatlichen Zugriffs steht dabei in einer Wechselbeziehung zur Staatsbürgerschaft, deren Pflichten und Rechte ebenfalls sukzessive erweitert werden. So entsteht eine reziproke Beziehung zwischen den Staatsbürgern (weniger den Staatsbürgerinnen) und dem nationalstaatlich verfassten politischen Gemeinwesen. Mit der Staatsbürgerrolle gehen Pflichten einher, wobei der Wehrpflicht – neben der Steuer- und Schulpflicht – eine zentrale Rolle zukommt. Zugleich wachsen die mit der Staatsbürgerschaft einhergehenden Rechte. Der moderne Staat entwickelt sich zunächst als Garant der Sicherheit, domestiziert gesellschaftliche Gewalt und bindet sein Handeln an das Recht und die verfassungsmäßige Ordnung. In einem zweiten Schritt ermöglichen moderne Staaten die politische Teilhabe ihrer Staatsbürger. Durch die Etablierung von Republiken und Demokratien nimmt die Staatsbürgerschaft zunehmend Einfluss auf die öffentlichen Angelegenheiten. Dieses Recht erwächst nicht zuletzt aus der Wehrpflicht, die den Staatsbürger zur Verteidigung des Gemeinwesens verpflichtet. Wenn aber jeder Bürger der geborene Verteidiger seines Staates ist, dann hat er auch Ansprüche, bei der Gestaltung des Gemeinwesens mitzuwirken. Auch der Auf- und Ausbau des Sozialstaates als dritte Facette moderner Staatsbürgerlichkeit hängt eng mit der Wehrpflicht und der Einbeziehung der Gesellschaft in kriegerische Auseinandersetzungen zusammen. Soziale Sicherungssysteme wurden eingeführt, um die sozialpolitischen Kosten von Kriegen abzumildern. Die ersten Sozialleistungen gingen entsprechend häufig an Veteranen und Hinterbliebene von Gefallenen (Obinger 2020; Skocpol 1992). Die Anerkennung von staatsbürgerlichen Rechten war jedoch stets gebunden an die staatsbürgerlichen Pflichten, insbesondere die Wehrpflicht. Da diese nur für Männer galt, manifestierte und festigte sie zugleich die gesellschaftliche Ordnung der Geschlechter (Frevert 2001).

Den Arbeiten zur Historischen Soziologie kommt das Verdienst zu, den inneren Zusammenhang von moderner Staatswerdung und Gesellschaftsent-wicklung sowie militärischer Gewalt und Kriegführung herausgearbeitet zu haben. Der Fokus der Studien liegt auf der Herausbildung staatlicher Macht und Infrastruktur, wodurch die Möglichkeiten, staatlicherseits Einfluss auf gesellschaftliche Strukturen und Prozesse zu nehmen, deutlich werden. Moderni-tät und (militärische) Gewalt sind aus dieser Perspektive weder Gegensätze noch Widersprüche. Kriege und Armeen sind nicht nur kompatibel mit moderner Staat-lichkeit, sie sind für diese konstitutiv. Die Etablierung des staatlichen Gewalt-monopols ist Voraussetzung für gesellschaftliche Entwicklung, Differenzierung und Pazifizierung. Damit entsteht ein Spannungsverhältnis zwischen der gesellschaftlich verbotenen und tabuisierten Gewalt, dem pazifistischen Ideal von Zivilgesellschaften, auf der einen Seite und der staatlich sanktionierten Gewalt und ihren Trägern Polizei und Militär auf der anderen Seite.

Dieses Spannungsverhältnis und die darin eingeschriebenen Widersprüche sind der Kern der militärsoziologischen Frage nach den zivil-militärischen Beziehungen: Wie können zivile Gesellschaft und zivile Politik den militärischen Apparat kontrollieren? Wie passen die – im Anspruch – gewaltlose Gesellschaft und die zur Gewalt befähigten staatlichen Sicherheitsorgane zusammen? Samuel Huntington wie Morris Janowitz haben zwei einschlägige und zugleich entgegen-gesetzte Antworten auf diese Kernfragen der Militärsoziologie formuliert.

5   Zivil-militärische Beziehungen in der Militärsoziologie: Inklusion oder Exklusion von Streitkräften und demokratischen Gesellschaften?

Nach dem Zweiten Weltkrieg setzte die eingangs erwähnte Ausdifferenzierung der Forschung zu den zivil-militärischen Beziehungen in einen politikwissen-schaftlichen und einen soziologischen Zweig ein. Politikwissenschaftliche Ansätze zivil-militärischer Beziehungen befassen sich überwiegend mit der spezi-fischen Beziehung zwischen Militär und ziviler Regierung. Im Mittelpunkt des Erkenntnisinteresses steht die Frage nach der Kontrolle der Streitkräfte durch die Exekutive. Das Militär wird normativ als ein Instrument der zivilen Politik konzipiert, welche die Grundprinzipien des Militärs sowie deren Ziele bestimmt.

Damit einher geht die funktionale Frage nach der notwendigen Unabhängigkeit des Militärs zur effizienten Gewährleistung seiner Einsatzfähigkeit. Die soziologische Perspektive geht über die Frage der politischen Kontrolle des Militärs insofern hinaus, als sie die Abhängigkeit des Militärs von der zivilen Gesellschaft thematisiert, aus der es sich finanziell wie personell speist und in Demokratien letztlich auch legitimiert. In Demokratien ist das Militär demnach als Produkt des Gemeinwesens anzusehen und als solches zu untersuchen. Während sich das Erkenntnisinteresse der politischen Ideengeschichte, der klassischen wie der Historischen Soziologie auf gesellschaftliche und staatliche Entwicklungen richtet und die Rolle von Kriegen und Armeen reflektiert, rücken in militärsoziologischen Arbeiten die Streitkräfte als Organisation und gesellschaftliche Institution in den Fokus.

5.1 Der exklusive Ansatz zivil-militärischer Beziehungen

Normativer Ausgangspunkt des politikwissenschaftlichen Verständnisses der zivil-militärischen Beziehungen ist das Primat der Politik.[5] Samuel Finer (2002 [1962]: 140 ff.) unterscheidet drei Interventionsformen, die eine Verletzung des Prinzips der zivilen politischen Kontrolle darstellen. Als erstes nennt er die Ausübung von Druck auf die zivile Regierung. Dabei nimmt das Militär Einfluss auf politische Entscheidungen, indem es droht, Gruppen zu unterstützen, die gegen die Regierung agitieren, oder die Regierung nicht gegen gewaltbereite Gruppen im Inneren zu verteidigen. Die zweite Form politischer Intervention besteht in der Ankündigung, unter bestimmten Bedingungen die zivile Regierung ganz oder teilweise auszutauschen. Der konkrete Umsturzversuch stellt die dritte Interventionsform dar, indem die Streitkräfte entweder eine zivile Rebellion gegen die demokratisch gewählte Regierung aktiv unterstützen oder selbst putschen.

Als Vorkehrung gegen diese Gefahren schlägt Samuel Huntington (1981 [1957]) vor, die Disposition des Militärs zur Intervention zu reduzieren, indem Gehorsam als zentraler militärischer Wert implementiert und das Militär somit aus sich heraus diszipliniert wird. Dazu konzipiert er den soldatischen Berufsstand als elitäre Kaste und argumentiert, dass es die mit einer unpolitischen

---

[5] Einige Stellen dieses Abschnitts gründen auf Hagen (2003) und wurden mit freundlicher Erlaubnis der Herausgeberinnen verwendet.

Haltung einhergehende berufsständische Integrität dem Militär erlaube, die ihm zugewiesenen Funktionen optimal zu erfüllen. Zwischen dem von Huntington vertretenen Ansatz und der oben vorgestellten Perspektive des ideengeschichtlichen Liberalismus gibt es eine Reihe von Überschneidungen. Huntington reduziert die zivil-militärischen Beziehungen auf eine strikte Arbeitsteilung zwischen Militär und ziviler Gesellschaft in der Überzeugung, dass sich nur so die Maximierung des Schutzeffekts mittels militärischer Gewalt erzielen ließe. Ebenso wichtig wie die Akzeptanz demokratischer Spielregeln durch das Militär ist für ihn die Bereitschaft ziviler Politikerinnen und Politiker, das Militär als Organisation nicht zu politisieren und es aus den Auseinandersetzungen in der politischen Arena herauszuhalten. Huntington fasst diese normative Forderung nach Exklusivität konzeptionell mit der Unterscheidung von *subjective control* und *objective control*. Beiden ist gemein, dass es um die zivile Einhegung der militärischen Macht im Inneren bei gleichzeitiger Schutzmaximierung nach außen geht. Die militärischen Risiken und Bedrohungen, die den Staat gefährden, bezeichnet Huntington mit dem Begriff *functional imperative*. Aus diesem funktionalen Imperativ gehe das Militär als Organisation sui generis zum Schutze des eigenen Landes hervor.

Im Falle von *subjective control* sind die Grenzen zwischen der Militärorganisation und der zivilen Seite durchlässig. Darin besteht nach Huntington (ebd.: 80) die Gefahr, dass die zivile Seite das Militär in innenpolitische Auseinandersetzungen hineinzieht, was Möglichkeiten zu deren parteipolitischer Instrumentalisierung eröffnet. Während das innenpolitische Gewicht des Militärs in diesem Fall zunehmend steige, nehmen die Professionalität und die innerorganisatorische Unabhängigkeit der Streitkräfte kontinuierlich ab. *Subjective control* bedeutet, dass die zivile Macht maximiert werde und eine oder mehrere zivile Gruppen ihren Einfluss auf Kosten des Militärs ausdehnten: „[T]he essence of subjective civilian control is the denial of an independent military sphere." (ebd.: 83).

Demgegenüber soll *objective control* dazu dienen, die militärische Professionalität zu maximieren, indem das Militär als eigene Sphäre anerkannt und zu einem Werkzeug des Staates gemacht wird: „The essence of objective civilian control is the recognition of autonomous military professionalism" (ebd.). Für Huntington (ebd.: 74 f.) geht mit einer solchen Maximierung militärischer Professionalität, die auf einem soldatischen Ethos als Kämpfer beruht, gleichzeitig die Maximierung des Gehorsams einher, der zur Unterordnung des gesamten Militärs unter die zivile Seite führt. Huntington zieht in seinem Modell der *objective control* also eine klare Trennlinie zwischen militärischem und politischem respektive zivilem Verantwortungsbereich, woraus ein hoher Grad an professioneller Integrität der Streitkräfte resultieren soll. Diese ermögliche es dem Militär, die ihm zugewiesenen Funktionen zu erfüllen. Auf der Grundlage des anerkannten Prinzips ziviler Suprematie bestehe zwischen zivilen und militärischen Eliten folglich eine wechselseitig akzeptierte Aufgabenteilung.

Empirisch ist die Annahme Huntingtons, dass man von zwei klar getrennten Sphären ausgehen könne, allerdings fraglich. Realiter auftretende Konflikte in den zivil-militärischen Beziehungen betrachtet Huntington gleichwohl nicht als in der Natur der Sache liegend, sondern als Ausdruck inadäquater Formen ziviler Kontrolle: „The subjective definition of civilian control presupposes a conflict between civilian control and the needs of military security." (ebd.: 84) Aus dem gesellschaftlichen Kontext entwickle sich ein *societal imperative*, der das Militär als Institution herausfordere, da die funktionalen, hierarchischen Werte des Militärs oftmals nicht mit den pluralistischen und individualistischen Prinzipien der demokratischen Gesellschaft übereinstimmten (ebd.: 62). Für die darin liegende Spannung, die Ausdruck der Inkompatibilität von Militär und ziviler Gesellschaft sind, gibt es für Huntington nur eine Lösung: Die Werte der zivilen und der militärischen Lebenswelt müssen voneinander getrennt sein, solange sich die zivile Seite durch liberale Werte wie Selbstbestimmung, persönliche Entfaltung oder wirtschaftliches Gewinnstreben auszeichne. Die Militärkultur, die durch Tugenden wie Disziplin, Unterordnung und Gemeinschaftsdenken geprägt sei, sollte daher nach Huntington nicht an gesellschaftliche Wandlungsprozesse angepasst werden, da sonst die funktional notwendige militärische Schlagkraft gefährdet werden könnte.

In den USA gilt *objective control* noch heute als Voraussetzung für die zivile Kontrolle über das Militär. Peter Feaver (1999: 226) zufolge kann diese mit zwei Mechanismen garantiert werden: Möglich ist zum einen, lediglich bestimmten Bevölkerungsgruppen, die dem Staat gegenüber besonders loyal sind, der Zugang zum Offizierskorps zu gestatten. Das Prinzip von Befehl und Gehorsam wird dabei zum Teil des soldatischen Berufsverständnisses und der militärischen Standesehre erhoben. Vorgaben der politischen Leitung ist loyal zu folgen, Widerspruch selbst der Generalität aus ethischen und politischen Gründen gilt als unangemessen (Feaver 2017). Beim anderen Mechanismus setzt die Regierung finanzielle Anreize, sodass Bewerberinnen und Bewerber vorrangig aus wirtschaftlichen Überlegungen heraus den Soldatenberuf ergreifen und die militärische Unterordnung aus diesem Grund akzeptieren. Der Eintritt und Verbleib in den Streitkräften ist durch gute Bezahlung und feste Arbeitsplätze motiviert oder durch einen sinnstiftenden Zweck, wie der Glaube an die eigene Nation, wodurch militärischer Gehorsam geschaffen werden kann.

5.2 Der inklusive Ansatz zivil-militärischer Beziehungen

Morris Janowitz, dessen Arbeiten zur Relevanz der Wehrpflicht für die Entwicklung von Staatsbürgerrechten oben bereits gewürdigt wurden, kann als Huntingtons militärsoziologischer Gegenspieler betrachtet werden, der als Antwort auf dessen Überlegungen in *The Soldier and the State* das Buch *The Professional Soldier* veröffentlichte, in dem er eine Verbindung von Politik und Militär für unvermeidlich erklärt und damit einen inklusiven Ansatz der zivil-militärischen Beziehungen entwickelt. Die Gewaltsamkeit der zivilen Gesellschaft findet nach Janowitz (1966 [1960]) ihr Pendant im Militär und ist in demokratischen Gesellschaften nicht vom Staat und seinen Streitkräften zu trennen. Janowitz argumentiert, dass obschon das Militär nicht direkt an der Politik partizipiere, es stark in das politische System und den Staat eingebunden sei. Daher sieht Janowitz das Militär als eine Kraft im Staat, deren Mitglieder in die Gesellschaft integriert sind, deren Werte teilen und über ein eigenes politisches Selbstverständnis verfügen. Mithin ist Inklusion gegeben, Militär und zivile Welt sind also prinzipiell kompatibel. Janowitz versteht das Militär als Produkt der gegenwärtigen Gesellschaft und analysiert das Offizierkorps als spezialisierten Berufsstand. Hierbei unterzieht er das Militär einer empirischen Analyse, die sowohl weltanschauliche als auch sozialstrukturelle Aspekte berücksichtigt, ohne den sicherheitspolitischen Rahmen zu vernachlässigen.

Nach Janowitz ist der Soldat einerseits als *professional soldier* Experte und gleichzeitig als *citizen soldier* aktives Mitglied des Gemeinwesens, welches bestimmt, welche Prinzipien und Interessen es für verteidigungswert hält (Wachtler 1983: 76). Somit muss der Soldat „höheren moralischen (Gruppen)Prinzipien unterworfen sein, die über sein unmittelbares Selbstinteresse hinausgehen" (Seifert 1996: 109). Militärische Professionalität ist für Janowitz das Ergebnis historisch gewachsener Muster der zivil-militärischen Beziehungen, die gerade durch die wechselseitige Beeinflussung von Gesellschaft und Militär geprägt sind – und nicht, wie bei Huntington, durch eine strikte Trennung zwischen militärischer und ziviler Sphäre. Diese Professionalität ist nach Janowitz das Resultat einer spezifischen Sozialisation des Offizierskorps, die durch eine zivile politische Kultur in der Gesellschaft und die politische Elite gestützt wird. Mit Blick auf die Überzeugungen des US-amerikanischen Offizierskorps konstatiert Janowitz (1966 [1960]: 233) eine scheinbar parteipolitische Neutralität, die sich dem Status Quo verschrieben habe. Innenpolitisch sehe sich der Offizier aufgrund seines Ehrverständnisses als grundsätzlich über den Dingen stehend. Janowitz (ebd.: 242 f.) führt in diesem Zusammenhang das Konzept des militärischen Konservatismus ein, den er eher als einen Konservatismus der Form als des Inhalts versteht. Zugleich könne sich das Militär weder dem ständigen technologischen Wandel der Waffen noch dem sozialen und wirtschaftlichen Wandel der Gesellschaft verschließen. Der militärische Konservatismus zeichne sich durch eine kritische Haltung gegenüber der zivilen Gesellschaft aus, da diese durch mangelnden Respekt gegenüber den Prinzipien von Ordnung und Autorität geprägt sei (ebd.: 248 f.). Im Militär bestehe die Auffassung, dass durch den profanen Materialismus und Hedonismus der Gesellschaft unentbehrliche militärische Tugenden wie Patriotismus, Pflichtgefühl und Opferbereitschaft verloren gingen, während im militärischen Berufsstand die Essenz überlegener sozialer Werte zusammenkomme.

Neben diesen Grenzen der Vereinbarkeit der zivilen und militärischen Sphären nimmt Janowitz den sicherheitspolitischen Wandel in den Blick und entwirft die Idee einer *constabulary force*. Dieses Konzept einer globalen Gendarmerie beruht auf der Annahme, dass die gesamte Breite militärischer Einsatzszenarien in den internationalen Beziehungen von der nuklearen Abschreckung bis hin zur Partisanenbekämpfung Anwendung finde. Janowitz (ebd.: 419) leitet daraus ab, dass die Unterscheidung zwischen Friedenszeit und Kriegszeit obsolet geworden sei, wodurch das Militär zunehmend einen polizeilichen Charakter erhalte. Um sich diesen Aufgaben zu stellen, entwirft Janowitz (ebd.: 420) das Bild eines Offiziers, der die politischen und sozialen Konsequenzen seines Handelns im internationalen Kontext sensibel bewerten kann. Notwendig sind dazu die Begrenzung und Erfüllbarkeit militärischer Aufgaben – vorgegeben durch die zivile Seite –, die Pflege eines berufsständischen Selbstbewusstseins durch die Bereitstellung ausreichender Mittel von Seiten der Exekutive und die gesellschaftliche Anerkennung der Leistungen des Militärs. Vor dem Hintergrund von Prozessen der Transnationalisierung gesellschaftlicher Beziehungen und einer schleichenden Entnationalisierung des Militärs rückten Fragen nach der globalen Dimension der zivil-militärischen Beziehungen in den Vordergrund. Janowitz hat mit diesen Überlegungen große Weitsicht bewiesen und mit seiner Vorstellung einer militärischen Gendarmerie das seit dem Ende des Ost-West-Konfliktes veränderte sicherheitspolitische Szenario in Teilen vorweggenommen.

Seine Aussagen zum militärischen Konservatismus, *Esprit de Corps,* und Professionalismus verdeutlichen zugleich, was aus einer soziologischen Perspektive unter den zivil-militärischen Beziehungen zu fassen ist. Sämtliche Merkmale, mit denen das Militär zu beschreiben und zu analysieren ist, haben eine gesellschaftliche Basis und sind ein Produkt der von Janowitz untersuchten zivil-militärischen Beziehungen. Mit Blick auf (West)Deutschland zeigt sich

zudem die praktische Relevanz seiner Einsichten. Seit Gründung der Bundeswehr wird um das Prinzip der Inneren Führung, welches die Frage nach der
zivilen Kontrolle des Militärs mit der gesellschaftlichen Rolle des Bundeswehr-
soldatinnen und -soldaten kombiniert, gestritten.[6] In konzeptioneller Hinsicht
stellt die Innere Führung somit einen inklusiven Ansatz der zivil-militärischen
Beziehungen dar. Absicht der Inneren Führung ist es, eine enge Verbindung
zwischen Streitkräften, Staatswesen und ziviler Gesellschaft zu ermöglichen. So
formuliert die einschlägige Vorschrift als Ziel der Inneren Führung,

> „die Einbindung der Bundeswehr in Staat und Gesellschaft zu erhalten und zu
> fördern, Verständnis für den Auftrag der Bundeswehr im Rahmen der deutschen
> Sicherheits- und Verteidigungspolitik bei den Bürgerinnen und Bürgern zu gewinnen
> sowie die Soldatinnen und Soldaten aktiv in die durch ständigen Wandel geprägten
> Streitkräfte einzubeziehen (Integration)" (BMVg 2017: 8).

Die Innere Führung hält militärische Mittel und zivile Gesellschaft mithin nicht
nur für kompatibel, sie strebt sogar deren enge Verflechtung an. Zu den Vor-
kehrungen und Einrichtungen, die eine solche Verbindung garantieren sollen,
zählte in der Vorschrift aus dem Jahr 2008 noch die Wehrpflicht. Mit deren Aussetzung mehrten sich vor dem Hintergrund der Auslandseinsätze der Bundeswehr
die Stimmen, die Zweifel an der Einbindung der Bundeswehr in die zivile Gesellschaft äußern (Franke 2012; Köhler 2005). Die Frage nach den zivil-militärischen
Beziehungen stellt sich aufgrund der Änderungen der sicherheitspolitischen und
militärischen Rahmenbedingungen seit Ende des Ost-West-Konflikts daher mit
neuer Dringlichkeit. Mittlerweile liegen erste Vorschläge vor, das gewandelte Verhältnis von Krieg, Streitkräften, Staat und Gesellschaft soziologisch zu fassen.

6   Neuere soziologische Diagnosen: Warum driften Gesellschaft und Streitkräfte auseinander?

Die sicherheitspolitischen Veränderungen seit Ende des Kalten Krieges sind
häufig beschrieben und breit analysiert worden: Staaten setzen sich mit vielfältigen Gefährdungen und Risiken auseinander und konzentrieren sich nicht
länger auf militärische Bedrohungen. An die Stelle zwischenstaatlicher Kriege

---

[6] Siehe hierzu auch die Beiträge zur Inneren Führung von *Franke* sowie zu Militär und
Tradition von *Biehl & Leonhard* in diesem Band.

sind asymmetrische Konflikte getreten. Neben der Verteidigung sind Interventionen die wesentliche Aufgabe von Streitkräften geworden. Die Wehrpflicht ist weithin abgeschafft bzw. ausgesetzt, und die Armeen der westlichen Welt rekrutieren sich vornehmlich aus Freiwilligen. Seit einiger Zeit zeigen sich vermehrt Bestrebungen, diese Umbrüche soziologisch einzuordnen und den Stellenwert militärischer Gewalt für gegenwärtige Gesellschaften zu fassen. Ein Vergleich der vorliegenden Diagnosen zeigt, dass diese in der Beschreibung relevanter Phänomene und Entwicklungen kaum voneinander abweichen. Allesamt diagnostizieren sie eine fortschreitende Distanz zwischen Streitkräften und ziviler Gesellschaft. Jedoch unterscheiden sich die Ansätze hinsichtlich der Gründe, die als wesentlich für die wachsende Kluft zwischen Militär und Gesellschaft gelten. Drei Argumentationsrichtungen lassen sich erkennen: *Erstens* geht es in funktionalistisch und differenzierungstheoretisch ausgerichteten Beiträgen, in Nachfolge und Auseinandersetzung mit der Systemtheorie von Niklas Luhmann um die Frage, wie sich die Eskalationsdynamik von Kriegen und die Differenzierungstendenz moderner Gesellschaften zueinander verhalten. Kulturtheoretische Ansätze wiederum verstehen, *zweitens,* das Verhältnis zwischen Staat, Gesellschaft und Militär als Ausdruck von Normen, Werten und Überzeugungen. Demnach sind politische Kulturen wesentlich für die zivilmilitärischen Beziehungen. Historische Lernprozesse hätten dazu geführt, dass die westlichen Gesellschaften sich von ihren Streitkräften entfernen und immer weniger bereit sind, die Opfer von Kriegen zu tragen. *Drittens* betonen strukturell argumentierende Autorinnen und Autoren schließlich die Entflechtung von Militär und Zivilgesellschaft. In der Folge schwinde der institutionelle wie persönliche Austausch zwischen der militärischen und zivilen Sphäre. Das Aufkommen von Freiwilligenarmeen führe zu einer neuen Art der Kriegführung, die weitgehend ohne zivilgesellschaftliche Mobilisierung auskomme. Diese drei Zugänge zu den zivil-militärischen Beziehungen werden im Folgenden anhand exemplarischer Positionen präsentiert und im Hinblick auf ihre Argumentationsmuster verglichen.

6.1 Die funktionale Differenz(ierung) militärischer Gewalt und ziviler Logiken

Barbara Kuchler (2013) analysiert Kriege und Streitkräfte entlang eines konsequent funktionalistischen und differenzierungstheoretischen Ansatzes. Kriege und Armeen versteht die Autorin als Ausdruck des gesellschaftlichen Entwicklungsgrades. Ihr Anliegen ist es, soziale Differenzierungstendenzen selbst unter den Bedingungen totaler Kriege sichtbar zu machen und als wesentlich zur Bestimmung moderner Gesellschaften zu begründen. Demnach folgen die verschiedenen gesellschaftlichen Systeme selbst im Krieg ihren eigenen Funktionslogiken. Kriege sind eskalativ, da ihnen die Tendenz zur Verschärfung der Konfliktaustragung innewohnt, und sie sind expansiv, da sie aus dem politischen System heraus auf andere gesellschaftliche Teilsysteme einwirken (Kuchler 2013: 169). So können gesellschaftliche Teilbereiche für die Kriegführung instrumentalisiert werden, indem sie Ressourcen und Potenziale zur Verfügung stellen, die zur Kriegführung notwendig sind. Medien, Wirtschaft und Wissenschaft unterstützen dann die Kriegsanstrengungen, was Kuchler als „Deformation" bezeichnet (Kuchler 2013: 198–222). Zum anderen werden gesellschaftliche Systeme zu Opfern der Kriegführung, was Kuchler als „Viktimisierung" fasst. Diese Viktimisierung ist wiederum Folge der Differenzierung von Gesellschaften. Da in totalen Kriegen alles kriegsrelevant ist, kann auch alles zum Ziel militärischer Aktionen werden (Kuchler 2013: 248). Die wachsenden gesellschaftlichen Vorbehalte gegen Kriege und militärische Gewalt sind nach Kuchler (2013: 248 f.) daher darauf zurückzuführen, dass Viktimisierungen Personen aus sämtlichen Systemzusammenhängen herausreißen.

Das Verhältnis zwischen Politik und Militär ist nach Kuchler durch die Ambivalenz bzw. Balance zwischen einem hierarchischen und einem funktionalen Differenzierungsprinzip geprägt. Einerseits sind die politischen Eliten dem militärischen Apparat vorgesetzt und beauftragen diesen mit politischen und strategischen Zielen. Andererseits entfaltet der Einsatz militärischer Gewalt eigene Logiken und Dynamiken, die sich einer politischen Steuerung widersetzen. In der Folge kommt es zu Spannungen zwischen der hierarchischen und der funktionalen Differenzierung von Politik und Streitkräften, die für Kuchler (2013: 91) den Kern der zivil-militärischen Beziehungen ausmachen.

Die Arbeiten von Volker Kruse (2012, 2015) argumentieren ebenfalls differenzierungstheoretisch, lösen sich jedoch vom für die Systemtheorie und Kuchlers Argumentation konstitutiven und unhintergehbaren Imperativ funktionaler Differenzierung. Kruse (2012: 262) unterscheidet im Rückgriff auf Spencer (siehe Abschn. 3) zwei Vergesellschaftungsformen der Moderne: Zivilgesellschaften und Kriegsgesellschaften. In dieser Typologie gilt sein Interesse vor allem den Kriegsgesellschaften, deren wesentliche Merkmale und inhärente Logiken er in den meisten sozialtheoretischen Entwürfen vernachlässigt sieht. Für Kruse manifestiert sich in der Moderne

„die strukturbildende Dynamik großer Kriege. Große Kriege sind mehr als nur kollektives, organisiertes Gewalthandeln an den Fronten, Töten und Getötetwerden, sie erzeugen neue Strukturen, die zudem in einer wechselseitigen funktionalen Beziehung stehen und insofern als Gesellschaftssystem sui generis mit eigener Strukturlogik begriffen werden können." (Kruse 2015: 19 f.)

Demnach ist von Kriegsgesellschaften erst zu sprechen, wenn sich strukturelle Effekte zeigen und eine gesellschaftliche Transformation stattfindet, welche durch das Führen wie durch die Erwartung von Kriegen entstehen kann (Kruse 2012: 261 f.). Moderne Zivilgesellschaften seien primär funktional differenziert mit autonomen, sich selbst steuernden Funktionssystemen. Kriegsgesellschaften hingegen seien nach Art einer militärischen Organisation hierarchisiert und zentral gesteuert (Kruse 2012: 266). Treiber dieser Entwicklungen sei die kriegsbedingte Mobilisierungskonkurrenz. Demnach gewinnt grundsätzlich diejenige Seite den Krieg, die größere Ressourcen und mehr Personal mobilisieren kann (Kruse 2012: 265, 272). Dieser Mobilisierungzwang kriegerischer Konflikte stehe jedoch in Konkurrenz zu den wirtschaftlichen und sozialen Interessen der Zivilbevölkerung. Personal und Ressourcen, die für Rüstung, Streitkräfte und andere Kriegsanstrengungen eingesetzt werden, fehlen dann im Erziehungs-, Gesundheits- und Wirtschaftssystem, d. h. sie gehen zu Lasten der Zivilbevölkerung. Daraus erwächst laut Kruse ein kriegsgesellschaftliches Dilemma: Die militärische Mobilisierung droht auf die Dauer die physische und psychische Basis der Kriegführung zu untergraben. Je stärker mobilisiert wird, desto wahrscheinlicher sind Desertionen, Rebellionen und Revolutionen (Kruse 2012: 266). Entsprechend ist es Aufgabe von Kriegsgesellschaften, die Balance zwischen kriegsnotwendigen Mobilisierungen und den Versorgungsnotwendigkeiten und Existenzgrundlagen der Bevölkerung zu halten.

Auch Kruse folgt in seinen Darlegungen einem funktionalen Primat. In der Konsequenz interessiert er sich ähnlich wie Kuchler vor allem für die Art und Weise, wie Kriegsgesellschaften große Kriege führen. Dabei ist die Konkurrenz zwischen militärischen Erfordernissen einerseits und zivilgesellschaftlichen Präferenzen andererseits auch in den laufenden Konflikten, die mit geringerer Gewaltintensität und begrenzter Belastung der Zivilgesellschaft einhergehen, zu erkennen. Die Auffächerung militärischer Aufgaben und Anforderungen gerät daher bei Kruse wie bei Kuchler nur als Abweichung vom militärischen Kerngeschäft in den Blick.[7] Bei ihnen beiden steht zudem die militärische Logik, die Entfaltung von Gewalt und das Führen von Kriegen, in einem Spannungsverhältnis, zuweilen sogar im Gegensatz zu zivilen Absichten und Interessen. Kriege

---

[7] Siehe hierzu den Beitrag zur Hybridisierung des Militärs von *Kümmel* in diesem Band.

und Streitkräfte sind demnach zwar kompatibel mit ziviler Entwicklung – sie erscheinen jedoch als „das Andere der Zivilgesellschaft" (Heins 2002). Ebenfalls kritikwürdig ist, dass Kuchler und Kruse stets vom Primat funktionaler Notwendigkeiten und Ambivalenzen ausgehen. Normative und strukturelle Entwicklungen sind bei ihnen stets nachgelagert, d. h. sie sind Ausdruck und Ergebnis funktionaler Notwendigkeiten und nicht Treiber gesellschaftlicher Entwicklungen. Normen wie Heroismus, Kollektivismus oder militärische Tugenden (Kruse 2015: 266) folgen und dienen der kriegsbedingten Mobilisierung, gehen ihr aber nicht voraus.

6.2 Kulturelle Gegensätze zwischen zivilen und militärischen Werten

Im Gegensatz dazu sehen kulturtheoretische Ansätze Normen und Werte als wesentlich für die Ausgestaltung der zivil-militärischen Beziehungen an. Einen solchen Primat vertritt beispielsweise Herfried Münkler (2015) mit seinem Theorem der (post)heroischen Gesellschaft. Seine Argumentation ist ideen- und kriegsgeschichtlich ausgerichtet und geht davon aus, dass in postheroischen Gesellschaften die Bereitschaft zum Einsatz von Militär gering ist. Die Vorbehalte gegen militärische Gewalt seien das Ergebnis historischer Lernprozesse und kulturellen Wandels – insbesondere infolge der Erfahrungen mit den Kriegen des 20. Jahrhunderts. Der Übergang von heroischen zu postheroischen Gesellschaften ist mithin als kultureller Wandel von gesellschaftlich wirkmächtigen Werten und Normen zu verstehen. Nach Münkler würdigen und ehren heroische Gesellschaften die Toten von Kriegen und militärischer Gewalt als notwendige Opfer für das Kollektiv. Postheroische Gesellschaften betrachten die Opfer von Kriegen hingegen als Verlust von Individuen. An die Stelle der Sakrifizierung von Opfern, die zu ehren sind, trete die Viktimisierung von Opfern, die es zu bedauern gelte.

Auch postheroische Gesellschaften unterhalten Streitkräfte, vornehmlich zur Verteidigung, aber auch zur Konfliktbewältigung und Interessendurchsetzung in Interventionen. Sie haben jedoch ein anderes Verhältnis zu ihnen, indem „sie diese weniger mit Ehre, sondern eigentlich nur mit Geld alimentieren. Im Schutze dieser Organisationen, die durchaus Charakterzüge heroischer Gemeinschaften aufweisen, hoffen postheroische Gesellschaften, sich in Frieden und Sicherheit entwickeln zu können" (Münkler 2015: 186). In postheroischen Gesellschaften ist der Soldatenberuf eine Erwerbstätigkeit neben anderen, die entlohnt wird und mit anderen sozioökonomischen Vorteilen (Beamtenstatus, Pensionsansprüche, freie Heilfürsorge etc.) einhergeht. An die Stelle gesellschaftlicher und kultureller

Exklusivität, die der Heldenstatus verleiht, tritt wirtschaftliche Attraktivität. In der Folge schwinden laut Münkler die Gemeinsamkeiten zwischen den militärischen und zivilen Sphären, was zu Unverständnis, Abkehr und Abschottung führen kann. Im Ergebnis steht eine ambivalente Symbiose zwischen den Streit-kräften mit ihren heroischen Kriegern und der postheroischen Zivilgesellschaft. Mit Münkler lassen sich die zivil-militärische Beziehungen als Versuch einer Balance zwischen den Inklusions- und Kontrollansprüchen der zivilen Gesell-schaft und dem Exklusivitätsstreben und den Anerkennungsansprüchen der soldatischen Gemeinschaft verstehen. Es ist allerdings fraglich, ob sich der Opferbegriff als zentrale Kategorie der zivil-militärischen Beziehungen eignet. Auch scheint Münkler die Legitimation und Sinnhaftigkeit von Opfern für deren soziale Akzeptanz und gesellschaftliche Relevanz zu unterschätzen (Herzog 2019; Leonhard 2016). Festzuhalten bleibt jedoch, dass in seiner Analyse zivil-militärischer Beziehungen politische Kulturen entscheidend sind. Wie Gesell-schaften zu militärischen Mitteln stehen, welchen Werten sie folgen und welchen Normen sie verpflichtet sind, prägt ihr Verhältnis zum Krieg und zu den Streit-kräften, und dieses ist laut Münkler durch eine zunehmende Differenz gekenn-zeichnet.

6.3 Die strukturelle Entflechtung militärischer und ziviler Lebenswelten

Demgegenüber ist für Autoren wie Michael Mann und Martin Shaw die Reduzierung der Interaktionen, des Kontakts und des Austauschs zwischen den Streitkräften und der Zivilgesellschaft zentral. Diese Argumentation betont die Entflechtung militärischer und ziviler Bereiche hinsichtlich struktureller, nicht kultureller Aspekte. Damit ist gemeint, dass der Großteil der Bürgerinnen und Bürger in die Durchführung von militärischen Einsätzen nicht involviert sei und von deren Auswirkungen verschont bleibe. Kriege brächten heutzutage keine sozialen oder wirtschaftlichen Einschränkungen mehr mit sich – zumindest für die Bevölkerung westlicher Demokratien. Diese seien – wie Mann als erster dar-gelegt hat – nicht länger Beteiligte, sondern Zuschauer und Zuschauerinnen von Kriegen und verfolgten die Einsätze ihrer Streitkräfte wie sportliche Wettkämpfe (Mann 1987). Shaw knüpft an diese Beobachtung an und erkennt in den als „post-militärisch" bezeichneten Gesellschaften eine Trennung von gesellschaft-licher Mobilisierung und staatlicher Kriegführung (Shaw 1991). Der Auf- und Ausbau militärischer Fähigkeiten gehe weiter, die gesellschaftsprägende Kraft des Militärischen verflüchtige sich jedoch. Die geringen persönlichen Kosten erleichterten die gesellschaftliche Zustimmung zum Einsatz militärischer Gewalt, sofern diese Aussichten auf Erfolg hätten und mit überschaubaren Opferzahlen einhergingen (Mann 1987: 48 f.; Shaw 2005). Die strukturelle Distanz zwischen Gesellschaft und Militär führt Shaw zufolge zu Legitimationsschwierigkeiten militärischer Gewalt. Zwar genießen die Streitkräfte in den meisten westlichen Demokratien ein hohes Ansehen, wie Umfragen immer wieder belegen.[8] Sie spielen als „isolated sections" (Shaw 1991: 135; ähnlich Mann 1987: 45) im Leben der meisten Bürgerinnen und Bürger jedoch nur eine untergeordnete Rolle, ihnen wird geringe Aufmerksamkeit zuteil, und viele haben kaum noch persönliche Bezüge zu ihnen (Shaw 1991: 125). Voraussetzung dieser strukturellen Separierung ist die fortschreitende Technologisierung und Automatisierung der Kriegführung (Shaw 1991: 25). Post-militärische Gesellschaften verfügen über kleinere, spezialisierte und professionalisierte Streitkräfte, was wiederum die Reduktion der militärischen Forderungen an die Gesellschaft ermöglicht (Shaw 1991: 184). Gegenwärtige Militäreinsätze sind Shaw (2005) zufolge eine von mehreren gesellschaftlichen und staatlichen Aktivitäten, die parallel laufen. Die Art der Kriegführung muss den Interessen anderer Bereiche wie Politik, Wirtschaft und Medien Rechnung tragen und zuweilen gar folgen. Aufgrund dessen komme es zu einer intensiven wechselseitigen Beobachtung: Journalistinnen und Journalisten berichten über politische Einsatzentscheidungen und militärische Aktionen, Politikerinnen und Politiker verfolgen das Kriegsgeschehen ebenso wie mediale Berichterstattungen und Meinungsumfragen, und Generale behalten die Stimmung in der Bevölkerung, in den Medien und bei den politisch Verantwortlichen im Blick (Shaw 2005: 55–58). Zentraler Maßstab der Kriegführung ist dabei, die innenpolitische Macht der Regierenden nicht zu gefährden: „For all Western governments in military action, the problem is to manage the political risk over the period dictated by the electoral cycle." (Shaw 2005: 106) In der Konsequenz nehmen die westlichen Regierungen und Streitkräfte den Schutz der eigenen Soldatinnen und Soldaten wichtiger als den der Bevölkerung im Einsatzland (Shaw 2005: 79–81, 94). Kriege stehen damit unter dem Primat der Innen- bzw. Parteipolitik. Um die politischen und elektoralen Rückwirkungen zu minimieren, so die Kernthese von Shaw, werden die Risiken der Kriegführung, die Gefahr für Leib und Leben, von den eigenen Soldatinnen und Soldaten auf die gegnerischen Kräfte und zivile Bevölkerung im Einsatzland transferiert.

---

[8] Siehe hierzu den Beitrag von *Steinbrecher* in diesem Band.

Zwar sind Zweifel an der von Shaw vorgenommenen Vereinheitlichung eines *Western Way of War* berechtigt, aber der von ihm wie von Mann diagnostizierte Rückgang der Interaktionen zwischen Bürgerinnen und Bürgern auf der einen und Streitkräften auf der anderen Seite ist weitgehend Konsens in der Militärsoziologie. In den letzten zwanzig Jahren hat sich ein eigener Forschungsstrang herausgebildet, der sich mit den Ursachen, Erscheinungsformen und Folgen der daraus erwachsenden *civil-military gaps* (Feaver und Kohn 2001; Rahbek-Clemmensen et al. 2012) auseinandersetzt. Wie die Formulierung *gap* (Lücke) bereits anzeigt, konstatiert ein Großteil der Forschung – im Einklang mit Mann und Shaw – eine fortschreitende Auflösung der Verflechtungen zwischen militärischen und zivilen Bereichen. Viele Beobachterinnen und Beobachter aus Politik, Öffentlichkeit und Wissenschaft erachten diese Entwicklung als problematisch – insbesondere wird der Wegfall der Wehrpflicht beklagt. Ebenso wird mit Blick auf die kulturelle Auseinanderentwicklung von zivilen und militärischen Werten häufig von einer krisenhaften Entwicklung ausgegangen (Kohn und Feaver 2001; Rahbek-Clemmensen et al. 2012). Zumal hierzulande gilt unter den normativen Vorgaben der Inneren Führung die Maßgabe, dass die Streitkräfte ein Spiegelbild der Gesellschaft sein sollten. Entsprechend werden Abweichungen im Wertekanon als Entfremdung gedeutet, was der Münklerschen Analyse ihre zeitdiagnostische Brisanz verleiht. Funktional argumentierende Autorinnen und Autoren wie Kuchler und Kruse enthalten sich mit Blick auf die beobachteten Differenzierungstendenzen einer normativen Wertung. Für sie sind die Differenzierungsdynamik in modernen Gesellschaften ebenso angelegt wie die Wahrnehmung und die Kritik schwindender gesellschaftlicher Gemeinsamkeiten. Ungeachtet der Unterschiede in der Bewertung ist den drei vorgestellten Ansätzen gemein, dass sie die gesellschaftliche Entwicklung als wesentlich für die gegenwärtige Ausgestaltung der zivil-militärischen Beziehungen betrachten. Da westliche Gesellschaften dem Einsatz militärischer Mittel zunehmend kritisch gegenüberstünden, veränderten sich die Beziehungen zwischen Staat, Streitkräften und Bürgerschaft. War in der Frühen Neuzeit der Staat die treibende Kraft der zivil-militärischen Beziehungen, wie die Historische Soziologie herausgearbeitet hat, so ist es heutzutage gemäß der Differenzierungstheorien die Zivilgesellschaft. Mithin legen die aktuellen Diagnosen eine Machtverschiebung in den zivil-militärischen Beziehungen weg von Politik und Staatlichkeit hin zur Gesellschaft nahe.

7   Zusammenfassung und Ausblick: Stand und Perspektiven (militär)soziologischer Forschung zu den zivil-militärischen Beziehungen

Das Themenfeld der zivil-militärischen Beziehungen nimmt die Verbindungen zwischen den Streitkräften und deren ziviler Umwelt in den Blick. Wesentlich für die (militär)soziologische Debatte sind die Wechselverhältnisse zwischen den Streitkräften, der staatlich verfassten Politik und der zivilen Gesellschaft. Wie gezeigt wurde, beschäftigt die Frage, wie Streitkräfte sich in Staat und Gesellschaft einpassen können bzw. sollen und ob sie durch gesellschaftliche Modernisierung obsolet werden, seit Jahrhunderten das geistes- und sozialwissenschaftliche Denken. In der politischen Ideengeschichte bilden Republikanismus und Liberalismus die beiden Grundpositionen zu den zivil-militärischen Beziehungen. Im republikanischen Denken bestehen eine enge Verbindung und ein intensiver Austausch zwischen dem Militär und seinem zivilen Umfeld. Die Staatsbürgerinnen und Staatsbürger selbst tragen zur Verteidigung des Gemeinwesens bei und kommen ihrer staatsbürgerlichen Wehrpflicht nach. Liberale Vorstellungen von Spezialisierung und funktionaler Differenzierung verstehen den Einsatz militärischer Mittel als Angelegenheit für Spezialisten, die weitgehend separiert vom zivilen Austausch und Verkehr ihren Aufgaben nachgehen sollten. Die klassische Soziologie hat die Frage umgetrieben, inwieweit die Entwicklung moderner Gesellschaften Kriege und Armeen überflüssig macht. Wachsender Wohlstand infolge von Industrialisierung und internationalem Handel, zunehmende demokratische Beteiligung der Bürgerschaft oder die Eigeninteressen der Arbeiterklasse lassen militärische Gewalt gemäß der Erwartung liberaler wie marxistischer Modernisierungstheoretiker zu einem Anachronismus werden. Gegen diesen Optimismus hat sich die Historische Soziologie gewendet und nachgewiesen, wie stark die frühneuzeitliche und moderne Entwicklung von Staaten und Gesellschaften durch das Führen von Kriegen und die Aufstellung sowie den Unterhalt von Armeen geprägt ist. Für die Historische Soziologie sind Militär und Krieg mithin konstitutiv für gesellschaftliche Entwicklungen. Die nach dem Zweiten Weltkrieg einsetzende militärsoziologische Diskussion war und ist bis heute geleitet von der Frage nach der optimalen Ausgestaltung der zivil-militärischen Beziehungen. Sollen demokratische Gesellschaft und Streitkräfte im engen Austausch stehen, wofür Janowitz eintritt, oder gefährdet dies die militärische Schlagkraft, wie Huntington annimmt, weshalb er für eine strikte Separierung der Zuständigkeiten und Bereiche plädiert? Den neueren sozialtheoretischen Ansätzen wiederum ist gemein, dass sie von einer Entflechtung der zivilen und militärischen Sphären infolge veränderter sicherheitspolitischer und militärischer Bedingungen ausgehen. Jedoch unterscheiden sie sich hinsichtlich der Ursachen und Triebkräfte, die sie hinter den entstehenden zivil-militärischen Lücken vermuten.

Wie der in diesem Beitrag vorgenommene Überblick gezeigt hat, haben ideengeschichtliche und sozialtheoretische Analysen ein anderes Erkenntnisinteresse als militärsoziologische Beiträge. Während die militärsoziologische Forschung sich auf die politische und soziale Einbindung des Militärs fokussiert, versuchen sich sozialtheoretische Ansätze an theoretischen Einordnungen der zivil-militärischen Beziehungen, die auf die Gesellschaft als Ganzes anwendbar sein sollen. Armeen und Kriege geraten als Ausdruck gesellschaftlicher Verhältnisse in den soziologischen Blick, wenn Militär und Konflikte ihrerseits gesellschaftliche Entwicklungen entscheidend prägen. Woran es bislang mangelt, ist eine konsequente Verknüpfung der sozialtheoretischen bzw. soziologischen Arbeiten mit den Debatten innerhalb der Militärsoziologie: Die Militärsoziologie versucht bis heute allzu selten, ihre reichhaltigen empirischen Befunde konsequent auf soziologische Debatten zu beziehen. Umgekehrt verbleiben Kriege, militärische Gewalt und Armeen ein Randthema in der Soziologie und damit hinter ihrer gesellschaftlichen wie wissenschaftlichen Relevanz zurück.

Um den Austausch zwischen allgemeiner Soziologie und Militärsoziologie zu intensivieren, könnte es hilfreich sein, einen Diskussionsstrang hinzuzuziehen, der in den letzten Jahren international wie insbesondere hierzulande einen bemerkenswerten Aufschwung genommen hat: Die Gewaltsoziologie ist von einem Randthema zu einem intensiv diskutierten Feld der Soziologie geworden. Allerdings konzentrieren sich die aktuellen gewaltsoziologischen Arbeiten – stark angeregt von der mikrosoziologischen Gewalttheorie von Randall Collins (2008) – vornehmlich auf nichtstaatliche, häufig irreguläre Gewalt in Mikrosituationen. Die Gewaltinhärenz und Gewaltentfaltung staatlicher Institutionen wie der Armee gerät hierbei noch zu selten in den Blick. Die Militärsoziologie weist ein ähnlich gelagertes Manko auf, da sie die Gewaltsamkeit von Streitkräften zwar voraussetzt, aber kaum explizit thematisiert (siehe jedoch Hagen 2012; King 2013; Münch 2015). Dieses Defizit gilt ebenso für die vorgestellten sozialtheoretischen Ansätzen, die Streitkräfte und Kriege eher im Abstrakten behandeln, als sich mit militärischer Gewalt als solcher auseinanderzusetzen. Entsprechend zeichnen sich jene zumeist durch ein begrenztes Verständnis von und für militärische Eigenheiten, Logiken und Organisationskulturen aus. Wenn diese überhaupt behandelt werden, dann scheinen die Darlegungen eher aus den theoretischen Vorgaben abgeleitet, statt empirisch hinterlegt zu sein. Damit verbleiben die Streitkräfte als *black box* und entziehen sich ein Stück weit dem kritischen Blick einer wissenschaftlichen Öffentlichkeit. Angesichts der jeweiligen Blindstellen scheint es deshalb vielversprechend, die drei bislang eher parallelen Diskussionszusammenhänge der Sozialtheorie, der Militärsoziologie und der Gewaltsoziologie zukünftig systematisch zueinander in Bezug zu setzen: Die Sozialtheorie würde die Streitkräfte mit ihrem Gewaltpotenzial und ihrem Gewalthandeln stärker in den Blick nehmen. Die Gewaltsoziologie könnte sich intensiver dem Militär und anderen staatlichen Institutionen widmen und damit gesellschaftstheoretische Perspektiven zurückgewinnen. Und die Militärsoziologie würde sich endlich auch mit den gesellschaftstheoretischen Voraussetzungen, Implikationen und Folgen militärischer Gewalt und zivil-militärischer Beziehungen auseinandersetzen, die sie empirisch schon seit langem breit abbildet.

Annotierte Auswahlbibliografie
Feaver, Peter/Kohn, Richard (2001): Soldiers and Civilians. The Civil-Military Gap and American National Security. Cambridge: MIT Press.
Der einflussreiche Forschungsbericht diskutiert Unterschiede in den Ansichten und Werthaltungen von US-amerikanischen Militärangehörigen und Zivilisten.
Huntington, Samuel (1981 [1957]): The Soldier and the State. The Theory and Politics of Civil-Military Relations. Cambridge: Harvard University Press.
Militärsoziologisches Standardwerk mit politikwissenschaftlichem Ansatz.
Janowitz, Morris (1966 [1960]): The Professional Soldier. A Social and Political Portrait. New York: Free Press.
Militärsoziologisches Standardwerk mit soziologischem Ansatz.
Joas, Hans/Knöbl, Wolfgang (2008): Kriegsverdrängung. Ein Problem in der Geschichte der Sozialtheorie. Frankfurt a. M.: Suhrkamp.
Umfassender Überblick zur sozialtheoretischen und (militär)soziologischen Auseinandersetzung mit Kriegen und Streitkräften.

Literatur

Apelt, Maja (Hrsg.) (2010): Forschungsthema: Militär. Militärische Organisationen im Spannungsfeld von Krieg, Gesellschaft und soldatischen Subjekten. Wiesbaden: VS Verlag für Sozialwissenschaften.
Berlin, Isaiah (1958): Zwei Freiheitsbegriffe. Oxforder Antrittsvorlesung vom 31. Oktober 1958. In: ders. (1995): 197–256.
Berlin, Isaiah (1995 [1958]): Freiheit. Vier Versuche. Frankfurt a. M.: Fischer.
Bröckling, Ulrich (1997): Disziplin. Soziologie und Geschichte militärischer Gehorsamsproduktion. München: Fink.

Bundesministerium der Verteidigung (BMVg) (2017): Innere Führung. Selbstverständnis und Führungskultur. Zentrale Dienstvorschrift A-2600/1. Berlin.

Collins, Randall (2008): Violence. A micro-sociological theory. Princeton: Princeton University Press.

Comte, Auguste (1923²): Die Soziologie. Drei Bände. Jena: Gustav Fischer.

Croissant, Aurel/Kühn, David (2011): Militär und zivile Politik. München: Oldenbourg.

Doorn, Jacques van (1975): The Soldier and Social Change. Beverly Hills/London: Sage.

Engels, Friedrich (1961 [1857]): Armee. In: MEW, Band 14: 5–48.

Engels, Friedrich (1962a [1865:]): Die preußische Militärfrage und die deutsche Arbeiterpartei. In: MEW, Band 16: 37–78.

Engels, Friedrich (1962b [1878/1894³]): Herrn Eugen Dühring's Umwälzung der Wissenschaft. In: MEW, Band 20: 1–303.

Evans, Peter/Rueschemeyer, Dietrich/Skocpol, Theda (Hrsg.) (1985): Bringing the State Back In. Cambridge: Cambridge University Press.

Feaver, Peter (1999): Civil-Military Relations. In: Annual Review of Political Science, 2, 211–241.

Feaver, Peter D. (2017): Resign in Protest? A Cure Worse Than Most Diseases. In: Armed Forces & Society, 43: 1, 29–40.

Feaver, Peter D./Kohn, Richard H. (Eds.) (2001): Soldiers and Civilians. The Civil-Military Gap and American National Security. Cambridge/London: MIT Press.

Finer, Samuel (2002 [1962]): The Man on Horseback. The Role of the Military in Politics. New Brunswick: Transaction Publishers.

Franke, Jürgen (2012): Wie integriert ist die Bundeswehr? Eine Untersuchung zur Integrationssituation der Bundeswehr als Verteidigungs- und Einsatzarmee. Baden-Baden: Nomos.

Frevert, Ute (Hrsg.) (1997): Militär und Gesellschaft im 19. und 20. Jahrhundert. Stuttgart: Klett-Cotta.

Frevert, Ute (2001): Die kasernierte Nation: Militärdienst und Zivilgesellschaft in Deutschland. München: C.H. Beck.

Giddens, Anthony (1985): The Nation-State and Violence. Volume Two of a Contemporary Critique of Historical Militarism. Cambridge: Polity Press.

Hagen, Ulrich vom (2003): Die vertauschten Röcke von Militär und Politik in Zeiten dauerhaften Krieges. In: Kümmel/Collmer (2003): 49–64.

Hagen, Ulrich vom (2012): Homo militaris, Bielefeld: transcript.

Hall, John A./Schroeder, Ralph (Hrsg.) (2006): An Anatomy of Power. The Social Theory of Michael Mann. Cambridge: Cambridge University Press.

Heins, Volker (2002): Das Andere der Zivilgesellschaft: Zur Archäologie eines Begriffs. Bielefeld: transcript.

Herzog, Benjamin (2019): Am Scheitelpunkt des sacrificiums: Politische Opferlogiken und Opfersemantiken in Deutschland in der Zeit der Weltkriege. In: Militärgeschichtliche Zeitschrift, 78: 1, 19–54.

Huntington, Samuel (1981 [1957]): The Soldier and the State. The Theory and Politics of Civil-Military Relations. Cambridge: Harvard University Press.

Janowitz, Morris (1966 [1960]): The Professional Soldier. A Social and Political Portrait. New York: The Free Press.

Janowitz, Morris (1976): Military Institutions and Citizenship in Western Societies. In: Armed Forces & Society, 2: 2, 185–204.

Joas, Hans/Knöbl, Wolfgang (2008): Kriegsverdrängung. Ein Problem in der Geschichte der Sozialtheorie. Frankfurt a. M.: Suhrkamp.

Junge, Matthias (Hrsg.) (2016): Metaphern soziologischer Zeitdiagnosen. Wiesbaden: Springer VS.

King, Anthony (2013): The Combat Soldier. Infantry Tactics and Cohesion in the Twentieth and Twenty-First Centuries. Oxford: Oxford University Press.

Knöbl, Wolfgang/Schmidt, Gunnar (Hrsg.) (2000): Die Gegenwart des Krieges. Staatliche Gewalt in der Moderne. Frankfurt a. M.: Fischer.

Knöbl, Wolfgang (2006): Zivilgesellschaft und staatliches Gewaltmonopol. Zur Verschränkung von Gewalt und Zivilität. In: Mittelweg 36, 15: 1, 61–84.

Köhler, Horst (2005): Einsatz für Freiheit und Sicherheit. Rede von Bundespräsident Horst Köhler bei der Kommandeurtagung der Bundeswehr am 10. Oktober 2005 in Bonn. Berlin: Bundespräsidialamt.

Kruse, Volker (2010): Krieg und Gesellschaft in der frühen soziologischen Theorie. Auguste Comte, Ludwig Gumplowicz, Franz Oppenheimer, Herbert Spencer, Werner Sombart. In: Apelt (2010): 27–47.

Kruse, Volker (2012): Mobilisierung und kriegsgesellschaftliches Dilemma. Beobachtungen zur kriegsgesellschaftlichen Moderne. In: Spreen/Trotha (2012b): 261–292.

Kruse, Volker (2015): Kriegsgesellschaftliche Moderne. Zur strukturbildenden Dynamik großer Kriege. Konstanz. UVK.

Kuchler, Barbara (2013): Kriege. Eine Gesellschaftstheorie gewaltsamer Konflikte. Frankfurt a. M./New York: Campus.

Kümmel, Gerhard/Collmer, Sabine (Hrsg.) (2003): Asymmetrische Konflikte und Terrorismusbekämpfung. Prototypen zukünftiger Kriege? Baden-Baden: Nomos.

Leonhard, Nina (2016): Die postheroische Gesellschaft und ihr Militär. In: Junge (2016): 101–121.

Lepsius, M. Rainer (1997): Militärwesen und zivile Gesellschaft. In: Frevert (1997): 359–370.

Mann, Michael (1986): The Sources of Social Power. A History of Power from the Beginning to A.D. 1760. Cambridge: Cambridge University Press.

Mann, Michael (1987): The Roots and Contradictions of Modern Militarism. In: New Left Review, 162: 1, 27–55.

Marx, Karl, und Friedrich Engels (1956/90): Werke (MEW). Berlin: Dietz.

Münch, Philipp (2015): Die Bundeswehr in Afghanistan. Militärische Handlungslogik in internationalen Interventionen. Freiburg: Rombach.

Münkler, Herfried (1991): Die Idee der Tugend. Ein politischer Leitbegriff im vorrevolutionären Europa. In: Archiv für Zeitgeschichte, 73: 2, 379–403.

Münkler, Herfried (1992a): Politische Tugend. Bedarf die Demokratie einer soziomoralischen Grundlegung? In: ders. (1992b): 25–47.

Münkler, Herfried (Hrsg.) (1992b): Die Chance der Freiheit. Grundprobleme der Demokratie. München: Piper.

Münkler, Herfried (2015): Kriegssplitter. Die Evolution der Gewalt im 20. und 21. Jahrhundert. Berlin: Rowohlt.

Neumann, Sigmund/Hagen, Mark von (1986): Engels and Marx on Revolution, War and the Army in Society. In: Paret et al. (1986): 262–280.

Obinger, Herbert (2020): Militär als Impulsgeber staatlicher Sozialpolitik. In: Aus Politik und Zeitgeschichte, 70: 16/17, 11–17.

Paret, Peter/Craig, Gordon/Gilbert, Felix (Hrsg.) (1986): Makers of Modern Strategy from Machiavelli to the Nuclear Age. Oxford: Oxford University Press.

Pinker, Steven (2011): The Better Angels of Our Nature. Why Violence Has Declined. New York: Viking Books.

Porter, Bruce D. (1994): War and the Rise of the State. The Military Foundations of Modern Politics. New York: Free Press.

Rahbek-Clemmensen, Jon/Archer, Emerald M./Barr, John/Belkin, Aaron/Guerrero, Mario/ Hall, Cameron/Swain, Katie E. O. (2012): Conceptualizing the Civil-Military Gap: A Research Note. In: Armed Forces & Society, 38: 4, 669–678.

Schulz, Karl-Ernst (Hrsg.) (1980): Streitkräfte im gesellschaftlichen Wandel. Bonn: Osang.

Schumpeter, Joseph (1918/19): Zur Soziologie der Imperialismen. In: Archiv für Sozialwissenschaft und Sozialpolitik, 46, 275–310.

Seifert, Ruth (1996): Militär, Kultur, Identität. Individualisierung, Geschlechterverhältnisse und die soziale Konstruktion des Soldaten. Bremen: Temmen.

Shaw, Martin (1991): Post-military Society. Militarism, Demilitarization and War at the End of the Twentieth Century. Philadelphia: Temple University Press.

Shaw, Martin (2005): The New Western Way of War, Risk-Transfer War and its Crisis in Iraq. Cambridge: Polity Press.

Skocpol, Theda (1979): States and social revolutions: A Comparative Analysis of France, Russia and China. Cambridge: Cambridge University Press.

Skocpol, Theda (1992): Protecting Soldiers and Mothers. The Political Origins of Social Policy in the United States. Cambridge: Harvard University Press.

Smith, Adam (1974 [1776]): Der Wohlstand der Nationen. Eine Untersuchung seiner Natur und seiner Ursachen. München: Beck (engl.: An Inquiry into the Nature and Causes of the Wealth of Nations).

Sombart, Werner (1913): Krieg und Kapitalismus; Bd. II der Studien zur Entwicklungsgeschichte des modernen Kapitalismus. München/Leipzig: Duncker & Humblot.

Spencer, Herbert (1887 [1885³]): Die Principien der Sociologie. Bd. II. Stuttgart: Schweizer'sche Verlagsbuchhandlung.

Spreen, Dierk/Trotha, Trutz von (2012a): Krieg und Zivilgesellschaft. Einleitung. In: Spreen/Trotha (2012b): 7–32.

Spreen, Dierk/Trotha, Trutz von (Hrsg.) (2012b): Krieg und Zivilgesellschaft. Berlin. Duncker & Humblot.

Tilly, Charles (1985): War Making and State Making as Organized Crime. In: Evans et al. (1985): 169–191.

Tilly, Charles (1992): Coercion, capital, and European states, AD 990-1992. Oxford: Blackwell.

Vogt, Wolfgang (1980): Zivil-militärische Konflikte in der demokratischen Industriegesellschaft. Eine soziologische Konzeptualisierung des „Theorems der Inkompatibilität". In: Schulz (1980): 37–74.

Vogt, Wolfgang (Hrsg.) (1983): Sicherheitspolitik und Streitkräfte in der Legitimitätskrise. Analysen zum Prozeß der Delegitimierung des Militärischen im Kernwaffenalter. Baden-Baden: Nomos.

Wachtler, Günther (1983): Struktur- und Funktionswandel der Streitkräfte. Eine gesell-schaftstheoretische Neuorientierung der Militärsoziologie. In: Vogt (1983): 59–77.
Weber, Max (1972 [1921]): Wirtschaft und Gesellschaft. Grundriß der verstehenden Sozio-logie. Tübingen: Mohr.

Hagen, Ulrich vom, Dr. phil.; apl. Professor an der Dalhousie University, Halifax/Kanada, und Direktor in der Landesregierung von Nova Scotia/Kanada.

Biehl, Heiko, Dr. phil.; Leiter des Forschungsbereichs Militärsoziologie am Zentrum für Militärgeschichte und Sozialwissenschaften der Bundeswehr in Potsdam.

Die politische Kontrolle des Militärs

David Kuehn und Aurel Croissant

1 Einleitung

Im Zentrum dieses Beitrags steht jener Teilbereich der sozialwissenschaftlichen Forschung zu den zivil-militärischen Beziehungen, der sich mit den Strukturen, Normen, Prozessen und Ergebnissen der Interaktion zwischen dem politischen System und seinen Eliten einerseits sowie den Streitkräften eines Landes und ihren Mitgliedern andererseits beschäftigt. Im Kern der so definierten *politisch-militärischen Beziehungen* stehen die Fragen nach der *politischen Kontrolle des Militärs* und wie die politischen Entscheidungsträger eines Landes sicherstellen, dass die zum Schutz des Staates geschaffenen, mit beträchtlichen Ressourcen ausgestatteten Streitkräfte nicht ihre eigenen, persönlichen oder organisationalen Interessen auf Kosten der Gesellschaft und gegen den Willen der politischen Entscheidungsträger durchsetzen (Brooks 2019). *Politische Kontrolle des Militärs* ist jener Zustand in den politisch-militärischen Beziehungen, in dem politische Entscheidungsträger (insbesondere in Regierung und Parlament) prinzipiell die volle Entscheidungs- und Kontrollgewalt über alle regelungsbedürftigen Aspekte des Verhältnisses von Staat und Streitkräften besitzen. Von politischer Kontrolle des Militärs kann nur dann sinnvoll gesprochen werden, wenn die politische

D. Kuehn (✉)
German Institute for Global and Area Studies (GIGA), Hamburg, Deutschland
E-Mail: david.kuehn@giga-hamburg.de

A. Croissant
Institut für Politische Wissenschaft, Ruprecht-Karls-Universität Heidelberg, Heidelberg, Deutschland
E-Mail: aurel.croissant@ipw.uni-heidelberg.de

© VS Verlag für Sozialwissenschaften | Springer Fachmedien Wiesbaden GmbH, Wiesbaden 2023
N. Leonhard und I.-J. Werkner (Hrsg.), *Militärsoziologie – Eine Einführung*,
https://doi.org/10.1007/978-3-658-30184-2_3

Führung den politischen Auftrag des Militärs sowie die rechtlichen Rahmenbedingungen der Auftragserfüllung definiert, beaufsichtigt und gegebenenfalls
sanktioniert, was die Mitwirkung anderer Institutionen und Akteure in Staat
(z. B. Gerichte) und Zivilgesellschaft (Medien, Verbände, politische Parteien)
erfordert. Umgekehrt sprechen wir dann von *militärischer Kontrolle der Politik*,
wenn das Militär, sei es durch eine Gruppe von Offizieren oder durch einen
Einzelnen bzw. eine Einzelne, die politische Entscheidungsmacht über diese Ent-
scheidungsbereiche ausübt. Zwischen diesen beiden Extremen liegt eine Vielzahl
von spezifischen Machtverteilungsszenarien, in denen der Primat der Politik in
variierendem Maße, in verschiedenen Teilbereichen und durch unterschiedliche
Formen der militärischen Einflussnahme eingeschränkt ist (Croissant und Kuehn
2015).

Die Unterordnung des Militärs unter den Primat der Politik ist für Autokratien
und Demokratien relevant. Zwischen und innerhalb dieser Regimekategorien
unterscheiden sich die konkreten Herausforderungen jedoch teils erheblich. In
Autokratien, deren Herrschaftsanspruch letztlich stets auch auf der Androhung
von Gewalt und Repression beruht (Svolik 2012), ist die effektive Kontrolle
des Militärs durch die autoritären Führerinnen und Führer aus zwei Gründen
zentral für den Herrschaftserhalt. Zum einen muss die Regierung sich gegen die
Gefahr eines Staatsstreichs absichern. Zum anderen muss sie sicherstellen, dass
das Militär seine Zwangsmittel bereitwillig und effektiv zur Verteidigung des
Regimes einsetzt, insbesondere dann, wenn Massenproteste die Repressions-
kapazitäten der Polizei und der anderen, nichtmilitärischen Sicherheitsdienste
übersteigen.

Zwar sind auch viele Demokratien nicht völlig gegen die Gefahr eines Militär-
putsches gefeit und die Streitkräfte übernehmen oftmals Aufgaben im Bereich
der öffentlichen Sicherheit, beispielsweise im Zusammenhang mit der Covid-
19 Pandemie. Zumindest in konsolidierten Demokratien sind die Institutionen
politischer Kontrolle jedoch fest etabliert, eingespielt und funktionieren in der
Regel verlässlich und ohne die grundsätzliche Machtbalance zwischen Militär
und politischer Führung infrage zustellen. Für etablierte Demokratien ist daher
vorrangig die alltägliche Ausübung der politischen Kontrolle bei gleichzeitiger
Aufrechterhaltung der militärischen Effektivität relevant. Die zentrale Herausforderung für junge Demokratien besteht darin, durch Reformen ihrer post-autoritären politisch-militärischen Beziehungen diesen Zustand herzustellen und auf
Dauer zu gewährleisten.

2 Theoretische Ansätze und Erklärungsmodelle

Die Analyse der politisch-militärischen Beziehungen hat eine lange Tradition, die bis in das antike Griechenland zurückreicht. Seit Ende des Zweiten Weltkriegs haben sich auch die modernen Sozialwissenschaften der politischen Rolle des Militärs und ihren Auswirkungen auf gesellschaftliche, ökonomische und politische Entwicklungen zugewandt. Die dabei im Zentrum stehenden Fragestellungen spiegeln stets auch die jeweils empirisch dominierenden Problemlagen wider. In den 1950er- bis 1970er-Jahren ging es vorrangig um die Rolle des Militärs in Prozessen der Staats- und Nationengründung sowie als Agent gesellschaftlicher Modernisierung, insbesondere in Entwicklungsländern. Im Zuge der ‚Dritten Demokratisierungswelle‘ (ab 1974) rückte die Rolle des Militärs in Prozessen des Übergangs zur Demokratie, ihre Konsolidierung oder ihr Scheitern in das Zentrum der Forschung. Seit Mitte der 2000er-Jahre und insbesondere mit dem ‚Arabischen Frühling‘ haben sich viele Forscherinnen und Forscher verstärkt der Rolle des Militärs in Autokratien und autokratischen Regimekrisen zugewendet (Croissant und Kuehn 2011).

Die verschiedenen Literaturstränge sind teils auf unterschiedliche Formen, Aspekte und Herausforderungen der politisch-militärischen Beziehungen fokussiert. Gemeinsam ist ihnen die Suche nach Erklärungen für bestimmte Ausprägungen der Machtbalance zwischen Militär und politischen Eliten. Das breite Spektrum von theoretischen Argumenten und Erklärungsmodellen lässt sich idealtypisch in kulturalistische, strukturalistische und institutionalistische Theorien gruppieren (Kuehn 2019).

2.1 Kulturalistische Ansätze

Kulturalistische Theorien betonen die Rolle von Überzeugungen, Werten und Identitäten für die Interaktion zwischen Militär und politischer Führung. Dabei lassen sich drei wesentliche Argumente unterscheiden. Der erste Strang fokussiert auf die im Offizierskorps dominierenden Normen und Wertvorstellungen über die Beziehungen zwischen Militär und Politik. Samuel Huntington, der wichtigste Vertreter dieser Theorieschule, argumentiert, dass politische Kontrolle angesichts des stets vorhandenen Machtvorteils des Militärs nicht von außen erzwungen werden kann. Vielmehr könne sie nur durch die freiwillige Unterordnung des Militärs erreicht werden, indem das Offizierskorps das Ideal der politischen Kontrolle als Teil seines professionellen Berufsethos betrachtet (Huntington

1957). Die Argumentation umkehrend hebt Alfred Stepan (1973b) die Bedeutung des ‚neuen Professionalismus' für eine ganze Reihe von Militärputschen und die Entstehung von Militärregimen in Lateinamerika in den 1960er-Jahren hervor. Danach wurde im Zuge der Professionalisierung der Militärausbildung eine ganze Offiziersgeneration mit dem Selbstverständnis eines über der Politik stehenden Beschützers der Nation indoktriniert. Dies bot den lateinamerikanischen Militärs das ideologische Fundament, als korrupt oder unfähig wahrgenommene Politikerinnen und Politiker aus dem Amt zu putschen und brutal gegen ‚innere Feinde' vorzugehen.

Der zweite kulturalistische Strang betont die Rolle von Ideen, Normen und Werten innerhalb der Gesellschaft für die politisch-militärischen Beziehungen. Der wichtigste Vertreter dieser Position ist Samuel Finer. Er identifiziert die politische Kultur einer Gesellschaft und die normative Legitimität der Regierung als maßgebliche Erklärungsfaktoren (Finer 1985). Demnach verhindern eine ‚reife' politische Kultur und eine hohe Legitimität der politischen Führung die Intervention des Militärs und sichern den Primat der Politik. Andere Autorinnen und Autoren in dieser kulturalistischen Tradition konzentrierten sich auf das Ausmaß der Militarisierung politischer Kulturen und darauf, ob die in der Gesellschaft vorherrschenden Werte Demokratien vor politischen Interventionen des Militärs bewahren (Kuehn und Levy 2021).

Die Konkordanztheorie von Rebecca Schiff (2009) führt diese beiden Perspektiven zusammen. Sie argumentiert, dass politische Kontrolle des Militärs dann realisiert wird, wenn zwischen dem Militär, der politischen Führung und den Bürgerinnen und Bürgern eines Staatswesens ein normativer Konsens über zentrale Aspekte der politisch-militärischen Beziehungen besteht. Darunter zählt sie etwa die Rekrutierungsmuster und Zusammensetzung des Offizierskorps, den Entscheidungsprozess über sicherheits- und verteidigungspolitische Fragen und den militärischen ‚Stil'. Dementsprechend gebe es eine Bandbreite von kulturell bedingt unterschiedlichen Formen politisch-militärischer Beziehungen, die alle die Unterordnung des Militärs unter den Primat der Politik erlauben.

Die kulturalistischen Theorien betrachten zentrale Aspekte der kulturellen Umweltbedingungen politisch-militärischer Beziehungen und das Verhältnis von gesellschaftlichen Werten, Normen und Prinzipien einerseits sowie der grundlegenden Werte und Wertorientierungen des Militärs andererseits. Diese ‚weiche' Dimension des Verhältnisses von Militär und Politik ist wichtig. Allerdings geraten hierbei oftmals die harten Machtinteressen der beteiligten Akteure aus dem Blick. Zudem fehlt kulturalistischen Ansätzen mitunter eine dynamische Perspektive, die Prozesse des Wertewandels in ziviler Gesellschaft und militärischer Organisation einbezieht und ihre Auswirkungen auf die politisch-militärischen Beziehungen theoretisch modelliert. Letzteres ist jedoch notwendig, um zu verstehen, wie etwa politische Kontrolle über das Militär in Übergangsgesellschaften auf dem Weg von der Diktatur zur Demokratie etabliert werden kann, obwohl die entsprechenden Werte noch nicht internalisiert wurden.

2.2 Strukturalistische Ansätze

Strukturalistische Ansätze erklären die politisch-militärischen Beziehungen unter Rückgriff auf materielle Faktoren, die den Kontext der Interaktionen von Militär und politischen Entscheidungsträgern und -trägerinnen beeinflussen. Diese Theorieschule identifiziert eine Vielzahl an Variablen und Erklärungsfaktoren. Sie lassen sich wiederum in drei Gruppen summieren. Innenpolitisch ausgerichtete Erklärungen betonen den Einfluss sozialer und wirtschaftlicher Strukturen und Entwicklungen wie Armut, Entwicklungsniveaus, Wirtschaftskrisen oder wirtschaftliche Ungleichheit und Verteilungskonflikte (u. a. Huntington 1968; Svolik 2012) und ethnische Konflikte (Harkness 2018). Ein zweiter Strang betont den Einfluss internationaler Akteure und Strukturen auf die politisch-militärischen Beziehungen eines Landes. Hierzu zählen Formen der internationalen Militärkooperation und Militärhilfe, Faktoren des Außenhandels oder die Mitgliedschaft in inter- und supranationalen Organisationen wie NATO und EU (Savage 2014; Mujkic et al. 2019).

Eine dritte Variante strukturalistischer Theorien erklärt die politisch-militärischen Beziehungen über das Bedrohungsumfeld eines Staates. Existenzielle Bedrohungen des Staates aus der Gesellschaft heraus, etwa Bürgerkriege, Aufstände oder organisierte Kriminalität, erhöhen die Abhängigkeit der politischen Eliten von den Streitkräften. Das erschwert die Durchsetzung politischer Kontrolle (Desch 1999; Alagappa 2001a). Die Wirkung von externen Bedrohungen des Staates durch andere Staaten oder transnationale Akteure sind umstritten. Einige Autorinnen und Autoren argumentieren, dass auch externe Bedrohungen mit einer verringerten politischen Kontrolle einhergehen werden (Lasswell 1941; McMahon und Slantchev 2015). Andere sehen externe Bedrohungen der nationalen Sicherheit als günstig für die politische Kontrolle des Militärs, da sich das Militär auf die Kernaufgabe der Landesverteidigung konzentriert und politische Entscheidungsträger und -trägerinnen einen Anreiz haben, ihre Streitkräfte effektiv zu kontrollieren (Desch 1999).

Strukturalistische Ansätze sind besonders gut geeignet, um die Rahmenbedingungen und Erschwernisse der erfolgreichen oder fehlgeschlagenen politischen Kontrolle der Streitkräfte zu identifizieren. Strukturelle Faktoren, die sich der unmittelbaren und kurzfristigen Beeinflussung durch Militärs und politische Eliten entziehen, wie z. B. der sozio-ökonomische Entwicklungsstand oder die ethnische Fragmentierung einer Gesellschaft, sind empirisch oft vergleichsweise leicht zu messen, was sie für quantitative Analysen attraktiv macht. Allerdings ist keine der genannten strukturellen Variablen notwendig oder gar hinreichend für die Erklärung politisch-militärischer Beziehungen. Zum einen werden die materiellen Kontexte politisch-militärischer Beziehungen durch das Zusammenwirken mehrerer struktureller Variablen definiert. Zum anderen stellen günstige oder schwierige Kontexte lediglich Rahmenbedingungen für das interessengeleitete Handeln militärischer und politischer Akteure dar, ohne den Ausgang der Interaktionen zu determinieren.

2.3   Institutionalistische Ansätze

Die dritte große Theoriefamilie erklärt den Zustand der politisch-militärischen Beziehungen über die Wirkung von Institutionen, also jenen „formellen oder informellen Verfahren, Routinen, Normen und Konventionen" (Hall und Taylor 1996: 938; eigene Übersetzung), die die Machtbeziehungen und Hierarchien zwischen Militär und politischen Entscheidungsträgerinnen und Entscheidungsträgern definieren und somit ihre Handlungsentscheidungen beeinflussen. Ein erster Argumentationsstrang betont die Bedeutung des Regimetyps und argumentiert, dass Demokratien weniger anfällig für harte Friktionen in den politisch-militärischen Beziehungen sind als Diktaturen, da Demokratien eher in der Lage sind, soziale Missstände und Interessen innerhalb politischer Institutionen zu bearbeiten und politische Konflikte zu befrieden, bevor es zu einem Eingreifen des Militärs kommt (Lehoucq und Pérez-Liñán 2014). Zudem wirken der bessere Schutz von bürgerlichen Freiheiten und politischen Mitwirkungsrechten zivilgesellschaftlicher Organisationen als „mächtige Absicherung[en] gegen eine militärische Intervention" (Belkin und Schofer 2003: 605; eigene Übersetzung). Ferner betonen einige Autorinnen und Autoren die Effekte unterschiedlicher institutioneller Arrangements innerhalb von Regimetypen. So wird etwa den Einparteienregimen und Monarchien aufgrund ihrer besser institutionalisierten politischen Organisation und der geregelten Machtstrukturen eine geringere Putschanfälligkeit zugeschrieben als personalisierten Diktaturen oder Militärregimen (Geddes et al. 2018). In Demokratien wiederum gelten parlamentarische Systeme aufgrund der Einheit von Regierung und

Parlamentsmehrheit als förderlich für eine effektive politische Kontrolle. Dagegen kann die in präsidentiellen Systemen angelegte Machtfragmentierung zwischen Parlament und Exekutive in Krisensituationen das Militär als „moderierende Macht" auf den Plan rufen (Avant 1994).

Der zweite Erklärungsstrang identifiziert spezifische Mechanismen und Strategien, durch die die politisch-militärischen Beziehungen strukturiert und die Kontrolle des Militärs gewährleistet werden sollen. Hier ist zum einen die prosperierende ‚coup-proofing'-Literatur zu nennen. Sie betrachtet die Wirksamkeit der Putschvermeidungsstrategien von Regierungen in Demokratien und Autokratien (Quinlivan 1999; Brown et al. 2016; De Bruin 2018). Diese Literatur argumentiert, dass die bevorzugte Rekrutierung von Offizieren entlang von Kriterien wie der Zugehörigkeit zu einer bestimmten Ethnie, Familie oder politischen Partei die Interessenkongruenz zwischen Militär- und politischer Führung gewährleistet und eine effektive Strategie darstellt, um Militärputsche zu verhindern. Dagegen könnten alternative Kontrollmechanismen wie die Überwachung des Militärs durch Nachrichtendienste oder der Versuch, das Militär durch paramilitärische Einheiten in Schach zu halten, zu Konflikten zwischen Militär und Regierung führen und präventive Putsche auslösen. Für die politisch-militärischen Beziehungen in etablierten Demokratien argumentiert Peter Feaver (2003), dass die Kontrolle des Militärs durch die politische Führung von der Fähigkeit der existierenden Kontrollinstitutionen abhängt, Fehlverhalten des Militärs entdecken und effektiv bestrafen zu können. Gleichzeitig betont er im Rahmen einer spieltheoretischen Modellierung auch die strategischen Kosten-Nutzen-Überlegungen von Militär und politischer Elite, einen Konflikt zu riskieren und die Bereitschaft, die Kosten für die Aufrechterhaltung und Nutzung der Kontroll- und Bestrafungsinstitutionen zu tragen.

Institutionalistische Ansätze adressieren zentrale Blindstellen ideeller und struktureller Ansätze. Sie stoßen jedoch an die Grenzen ihrer Erklärungskraft, wenn es darum geht zu erklären, warum Staaten bestimmte Mechanismen politischer Kontrolle institutionalisieren oder unter welchen ideellen und materiellen Kontextbedingungen existierende Institutionen ihren handlungsleitenden Einfluss verlieren. Da sich die politisch-militärischen Beziehungen nicht monokausal erklären lassen und Ansätze der drei Theoriefamilien jeweils spezifische Erklärungsstärken und -schwächen haben, greifen empirische Analysen meist auf eine Kombination von verschiedenen Variablen zurück, um die politische Kontrolle des Militärs in Autokratien und Demokratien zu erklären.

3 Empirische Untersuchungen und Ergebnisse

Wie eingangs diskutiert unterscheiden sich die konkreten Herausforderungen der politischen Kontrolle entlang der Regimegrenzen zwischen Autokratien und Demokratien. Damit korrespondieren unterschiedliche Schwerpunkte in der Forschung.

3.1 Politisch-militärische Beziehungen in Autokratien

Die jüngere empirische Forschung zu den politisch-militärischen Beziehungen in Autokratien untersucht vor allem zwei zentrale Problembereiche der politischen Kontrolle des Militärs, die unmittelbare Bedeutung für die Regimestabilität haben: die Gründe von Putschen sowie die Rolle des Militärs in der Niederschlagung von Anti-Regime Protesten.

3.1.1 Militärputsche

Unter einem Militärputsch versteht die Literatur den mit der Androhung oder Anwendung von Gewalt verbundenen, illegalen Versuch des Austauschs einer Regierung durch eine Gruppe von Militärs (Powell und Thyne 2011). Abb. 1 zeigt, dass es in Autokratien deutlich häufiger zu einem Staatsreich kommt als in Demokratien – auch wenn man berücksichtigt, dass es lange Zeit erheblich mehr Nicht-Demokratien als Demokratien gab. Tatsächlich stellen Putsche die weitaus häufigste Ursache für den Zusammenbruch autokratischer Herrschaft dar, noch deutlich vor Protestbewegungen ‚von unten‘ und von außen erzwungenen Umstürzen (Djuve et al. 2020).

Ein Grund hierfür ist, dass Autokratien im Durchschnitt weniger wohlhabend als Demokratien sind und Putsche vor allem in ärmeren Staaten vorkommen (Londregan und Poole 1990). Das durchschnittliche pro-Kopf-Bruttoinlandsprodukt (BIP) von Staaten, in denen ein Militärputsch stattgefunden hat, beträgt 3422 US\$ (Bolt et al. 2018). Ein zweiter Grund ist, dass zu Zeiten der Ost-West-Konfrontation in vielen Entwicklungsländern die Machtergreifung durch das Militär mit den stellvertretend ausgefochtenen Konflikten zwischen den beiden Machtblöcken zusammenhing. Nach dem Ende der Sowjetunion ist dieser Faktor verschwunden, während zugleich die globale ‚Dritte Demokratisierungswelle‘ nochmals an Dynamik gewonnen hatte (Geddes et al. 2014). So haben 308 Putsche vor 1990 stattgefunden, was 76 Prozent aller Putsche entspricht. Für die Jahre 1991 bis 2019 sind lediglich 96 Putschversuche verzeichnet. Zugleich ist

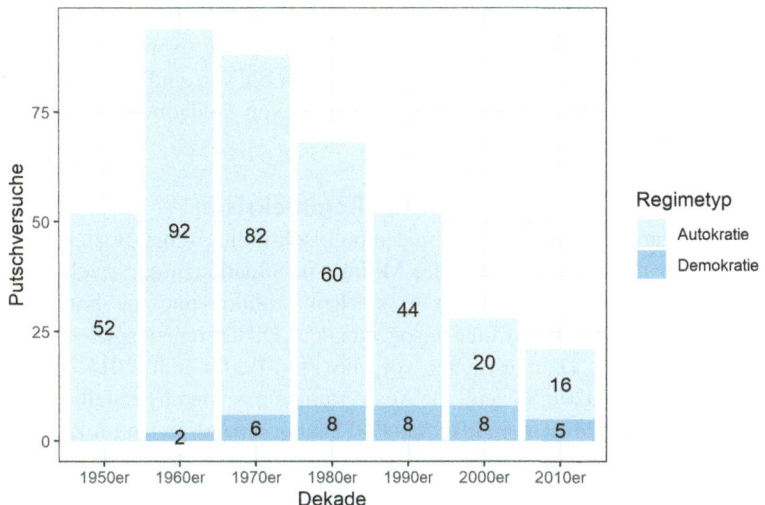

Abb. 1 Putschversuche, *1950–2019*. (Quelle: eigene Darstellung basierend auf Daten von Powell und Thyne (2011))

die Anzahl der Demokratien in der Welt mit dem Ende des Kalten Krieges deutlich gestiegen.[1] Allerdings spielt auch die konkrete institutionelle Ausgestaltung autokratischer Herrschaft eine wichtige Rolle. So zeigen empirisch-vergleichende Analysen, dass Putsche substanziell häufiger in Militärregimen und schwächer institutionalisierten Formen personalisierter Herrschaft auftreten als in den vergleichsweise gut institutionalisierten Einparteiendiktaturen und autokratischen Monarchien (Geddes et al. 2014).

Insgesamt stützen diese Befunde also vorrangig strukturalistische und institutionalistische Theorieansätze. Kulturalistische Erklärungen werden in der empirischen Forschung zu Militärputschen kaum rezipiert. Dies liegt nicht zuletzt daran, dass die Putschforschung durch quantitative Arbeiten dominiert wird, die

---

[1]Wenn es im 21. Jahrhundert in demokratischen Systemen zu Putschen kommt, dann meist in institutionell schwachen und jungen Regimen mit massiven Problemen politisch-motivierter innerstaatlicher Gewalt, Ungleichheit und Armut sowie einer starken Tradition politischer Einflussnahme durch das Militär (Haggard/Kaufman 2012). Der Anteil dieser schwachen Demokratien an allen Demokratien weltweit hat im Zuge der ‚Dritten Demokratisierungswelle' zugenommen.

auf empirisch messbare Konzepte und in großen Datensätzen verfügbare Makro-Variablen zurückgreifen muss. Vergleichende Daten zu Normen, Ideen und Werten über lange Zeiträume und große Fallzahlen hinweg sind kaum verfügbar. Dies gilt insbesondere für Daten zu Einstellungen von Soldatinnen und Soldaten und umso mehr für Autokratien.

3.1.2 Das Militär in autokratischen Regimekrisen

Das zweite zentrale Forschungsfeld in den politisch-militärischen Beziehungen in Autokratien betrifft das Verhalten des Militärs in Situationen der revolutionären Massenmobilisierung wie etwa im Arabischen Frühling und die Frage, unter welchen Bedingungen das Militär in sogenannten ‚Diktatorenendspielen' gewaltsam gegen friedliche Demonstranten vorgeht (Pion-Berlin et al. 2014; Croissant et al. 2018; Nassif 2020). So zeigt die Auswertung eines von uns erstellten Datensatzes zur Rolle des Militärs in insgesamt 40 Diktatorenendspielen im Zeitverlauf von 1950 bis 2014, dass in knapp der Hälfte aller Fälle (47,5 Prozent) das Militär versuchte, friedliche Proteste durch gewaltsame Repression zu beenden. Dies war etwa in Burma 1988 und in Bahrain 2011 der Fall (siehe Abb. 2). In beiden Fällen gingen Militär und Sicherheitskräfte mit großer Brutalität gegen fried-

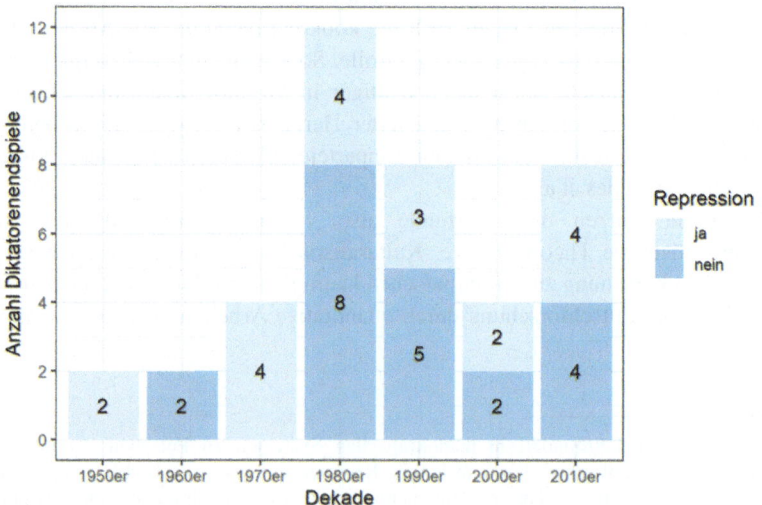

Abb. 2 Diktatorenendspiele, *1950–2014*. (Quelle: eigene Darstellung basierend auf Daten von Croissant et al. (2018))

liche Demokratiebewegungen vor. In 21 Fällen weigerte sich die Militärführung dagegen, die Massenproteste durch massive Repression einzudämmen. Dabei unterstützte das Militär in der Regel die Protestbewegung, indem die Truppen in den Kasernen blieben, oder stellte sich offen auf die Seite der Demonstrantinnen und Demonstranten. Letzteres war der Fall in den Philippinen 1986, wo die kombinierte zivil-militärische Opposition den seit 1965 regierenden Präsidenten Ferdinand Marcos ins Exil trieb. In einigen wenigen Ländern (sechs der 21 Fälle) allerdings nutzten Militärs die Proteste als günstige Gelegenheit, einen Putsch durchzuführen und zu versuchen, selbst die politische Macht an sich zu reißen, etwa beim Sturz des ägyptischen Diktators Hosni Mubarak im Februar 2011.

Für das Verhalten des Militärs in autoritären Regimekrisen schlägt die Forschung unterschiedliche Erklärungen vor (Pion-Berlin et al. 2014; Barany 2016). Unsere eigenen Analysen zeigen, dass insbesondere die institutionelle Ausgestaltung der Mechanismen politischer Kontrolle erklärungskräftig sind (auch: Nassif 2020). Zum einen zeigen Fälle wie China 1989, Burma 1988 und 2007 oder die Assad-Herrschaft in Syrien, dass Militärs vor allem dann bereit sind, gegen Proteste vorzugehen, wenn das Regime den Fortbestand der Militärführung im Amt durch geschickte Besetzungs- und Rekrutierungspolitik an das Überleben des Regimes knüpft. Wo die Loyalität des Militärs hingegen vorrangig durch nachrichtendienstliche Bespitzelung oder die Förderung konkurrierender Waffenträger gesichert werden soll, erkennen Militärführerinnen und -führer nicht selten in den Protesten eine Gelegenheit, um sich unliebsamer Konkurrenz zu entledigen. Dies war etwa in Algerien der Fall, wo das Militär die Proteste gegen eine fünfte Amtszeit von Präsident Abd al-Aziz Bouteflika nutzte, um den zivilen Geheimdienst zu entmachten und die eigene Machtposition auszubauen (Kuehn et al. 2019).

Dies deutet erneut auf die Erklärungskraft institutionalistischer Ansätze für die politisch-militärischen Beziehungen hin. Daneben weisen Fallstudien aber auch die Bedeutung militärischer Normen und Weltbilder nach. So zeigen Pion-Berlin et al. (2014), dass die Militärführung dem Diktator oder der Diktatorin insbesondere dann die Gefolgschaft verweigert, wenn sie Normen internalisiert hat, die die Rolle des Militärs als überparteiliche Verteidiger des nationalen Interesses definieren. Hingegen scheinen strukturelle Ursachen einen geringen Erklärungswert zu haben, da Faktoren wie sozio-ökonomische Entwicklungsniveaus, Wirtschaftskrisen und externe Bedrohungslagen eher das Entstehen von Massenprotesten und Regimekrisen selbst als die Reaktion von Militärs darauf beeinflussen (Chenoweth und Ulfelder 2015).

3.2   Politisch-militärische Beziehungen in Demokratien

Das Verhältnis von Militär und Politik ist auch ein zentrales Ordnungsproblem demokratischer Systeme. Allerdings sind die Herausforderungen, Problemlagen und mithin Forschungsakzente in post-autoritären und in etablierten Demokratien teils unterschiedlich gelagert. So beschäftigt sich die Forschung zu den politisch-militärischen Beziehungen in jungen Demokratien vor allem mit Prozessen der Etablierung effektiver Institutionen politischer Kontrolle über das Militär; in etablierten Demokratien steht dagegen die konkrete Funktionsweise dieser Institutionen sowie ihr Einfluss auf die Effektivität der militärischen Auftragserfüllung im Vordergrund.

3.2.1 Die Etablierung politischer Kontrolle in jungen Demokratien

Auch wenn sie nicht selbst die Regierung stellen, werden die Spitzen des Militärs in nahezu allen Diktaturen zur Sicherstellung ihrer Loyalität in die Regimeelite kooptiert, und die Streitkräfte genießen beträchtliche Vorrechte, insbesondere in der Sicherheits-, Verteidigungs- und Militärpolitik. Nach dem Übergang von der Diktatur zur Demokratie sehen sich die demokratischen Eliten daher häufig mit den Erbschaften unzureichend ausgeprägter Kontrolle über das Militär konfrontiert. Um die Demokratie zu stärken, müssen neue institutionelle Möglichkeiten für eine umfassende und wirksame demokratische Aufsicht über alle für die politisch-militärischen Beziehungen relevanten Politikbereiche geschaffen werden (Croissant et al. 2013; Kuehn und Croissant 2023). Dabei stehen die Streitkräfte den im Zuge demokratischer Transformation notwendigen Veränderungen häufig skeptisch oder gar ablehnend gegenüber. Ähnlich wie andere Bürokratien scheut das Militär die externe Aufsicht, schätzt innere Autonomie und steht dem Verlust von Ressourcen und Zuständigkeiten wenig aufgeschlossen gegenüber. Zugleich sind die politischen Institutionen in jungen Demokratien meist noch ungefestigt. Angesichts dieser Ausgangslage ist es zunächst überraschend, dass es in einer großen Anzahl von jungen Demokratien der ‚Dritten Demokratisierungswelle' dennoch gelungen ist, die politische Kontrolle zu etablieren.

Am weitesten entwickelt ist die politische Kontrolle in den mittel- und osteuropäischen sowie den südeuropäischen Mitgliedsstaaten der Europäischen Union. Auch im pazifischen Asien und in Afrika südlich der Sahara zeigen sich vielerorts bedeutende Veränderungen in den zivil-militärischen Beziehungen. Allerdings herrschen innerhalb der Regionen starke Unterschiede, und junge Demokratien sind keineswegs vor schweren Krisen in den politisch-militärischen

Beziehungen gefeit, wie der Sturz des malischen Präsidenten Amadou Touré im Jahre 2012 oder die beiden Militärputsche von 2006 und 2014 in Thailand gezeigt haben. Besonders widersprüchlich sind die Veränderungen im Hinblick auf die Institutionalisierung demokratischer Kontrolle in Lateinamerika. Auch hier hat der demokratische Systemwechsel allerorten eine Reform der politisch-militärischen Beziehungen angestoßen. In Ländern wie Argentinien, Uruguay und Chile ist sie trotz teils widriger Ausgangsbedingungen weit fortgeschritten. In anderen Ländern, z. B. El Salvador, Guatemala, Honduras und Bolivien, waren Reformen deutlich weniger weitreichend und teils strebt das Militär heute wieder verstärkt nach politischem Einfluss – eine Entwicklung, die von rechts-populistischen Politikerinnen und Politikern mitunter gefördert wird und die angesichts der Inanspruchnahme militärischer Handlungskapazitäten während der COVID-19 Pandemie auch zukünftig weiter Auftrieb gewinnen könnte (Flores-Macías und Zarkin 2021; Pion-Berlin und Acácio 2020).

Zur Erklärung des Erfolgs und Misserfolgs der Etablierung ziviler Kontrolle in jungen Demokratien hat sich in der empirischen Forschung bislang keine dominante kausale Erzählung durchgesetzt. Zumindest in den ersten Jahren nach der Transition scheinen jedoch historische Erblasten von großer Bedeutung zu sein. In den meisten lateinamerikanischen und vielen afrikanischen und asiatischen Ländern haben die institutionellen und ideellen Hinterlassenschaften früherer Militärregime die Etablierung effektiver Kontrolle erheblich erschwert. Vor allem dort, wo das Militär die Agenda der Transition dominieren konnte, wie z. B. in Ecuador und Peru, aber auch in Nigeria und Thailand, konnten sich Militärs für lange Zeit Nischen der Autonomie und weitreichende politische Vorrechte bewahren. Wo die autoritäre Ordnung zivil geprägt war, wie etwa in der Sowjetunion, Taiwan, Mexiko oder Südafrika, waren die militärischen Vorrechte nach der Transition weit schwächer (Barany 2012). Jedoch determiniert eine Tradition politischer Einflussnahme durch das Militär (auch ‚Prätorianismus' genannt) keineswegs den (Miss)Erfolg der Etablierung ziviler Kontrolle in jungen Demokratien. So ist es zivilen Eliten in ehemaligen Militärregimen wie Argentinien, Südkorea oder Griechenland gelungen, den Einfluss des Militärs effektiv zurückzudrängen, während in manchen ehemaligen zivil-dominierten Autokratien wie Mexiko oder den Philippinen das Militär sogar an Einfluss gewonnen hat.

Vielmehr beeinflussen drei Faktoren die mittel- und langfristige Entwicklung der politischen Kontrolle über das Militär in post-autoritären Demokratien in besonderem Maße (Kuehn und Croissant 2023). *Erstens* erleichterte ein hohes Niveau der sozio-ökonomischen Entwicklung die Etablierung effektiver Kontrolle des Militärs, indem es gesellschaftliche Verteilungskonflikte entschärfte und somit das Militär als Garant der Regierungsstabilität weniger wichtig wurde (Alagappa 2001a). *Zweitens* spielten Bedrohungen der inneren Sicherheit eine wichtige Rolle für die Fähigkeit demokratischer Eliten das Militär zu kontrollieren. Wo, wie zum Beispiel in Thailand, den Philippinen, vielen afrikanischen Ländern oder Mexiko, der Staat durch bewaffnete Aufstände oder kriegsähnliche Auseinandersetzungen mit der organisierten Kriminalität herausgefordert wurde, hing das politische Überleben der gewählten Zivilistinnen und Zivilisten stärker von der Zwangsgewalt des Militärs ab und es war für das Militär viel einfacher, seine Vorrechte zu verteidigen (Croissant et al. 2013). *Drittens* stellte eine aktive Zivilgesellschaft für die gewählte Regierung eine wichtige Machtressource dar, indem sie als nichtstaatlicher Kanal zur Kontrolle über das Militär fungieren und gesellschaftlichen Widerstand gegen Versuche des Militärs organisieren konnte, sich der politischen Kontrolle zu widersetzen (Kuehn et al. 2017).

Insgesamt zeigen sich erneut die strukturalistischen und institutionalistischen Ansätze als empirisch besonders erklärungsstark. Allerdings ist auch hier wieder zu betonen, dass der Einfluss von Normen und Ideen auf die politisch-militärischen Beziehungen empirisch schwer nachzuweisen ist. Dies gilt insbesondere für quantitative und qualitative Analysen mit mittlerer oder großer Fallzahl, für die länderübergreifend vergleichbare Daten erhoben werden müssen. In Fallstudien zu Lateinamerika zeigt David Mares (1998) jedoch, dass die Internalisierung prodemokratischer Werte im Offizierskorps von großer Bedeutung für die Akzeptanz politischer Kontrolle war.

3.2.2 Herausforderungen der politischen Kontrolle in etablierten Demokratien

Grundlage der politisch-militärischen Beziehungen in den etablierten Demokratien, die der Organisation für wirtschaftliche Zusammenarbeit und Entwicklung (OECD) angehören, ist die normativ und faktisch akzeptierte Geltungskraft der Prinzipien und Verfahren der demokratischen Kontrolle über die Streitkräfte. Allerdings sind die politisch-militärischen Beziehungen auch hier keineswegs frei von Konflikten, und ein großer Teil der empirischen Forschung beschäftigt sich mit der Frage, wie das „Verhältnis des Experten [der organisierten Gewalt] und des Politikers" (Huntington 1957: 20; eigene Übersetzung) in konsolidierten Demokratien organisiert ist. Dem US-amerikanischen Fall kommt hierbei besondere Aufmerksamkeit zu. Konkret dominieren zwei Fragestellungen in diesem Teilbereich der Forschung: Wie lassen sich Konflikt und Kooperation zwischen Militär und politischer Führung innerhalb der Grenzen der bestehenden Kontrollinstitutionen erklären; und wie wirken sich

Mechanismen demokratischer Kontrolle auf die militärische Effektivität der Streitkräfte aus.

Die erste Frage wurde insbesondere in den USA seit den 1990er-Jahren kontrovers diskutiert und ist jüngst, aufgrund der Verwerfungen in der amerikanischen Politik während der Präsidentschaft von Donald Trump (2017–2021), erneut zum Gegenstand wissenschaftlicher Debatten geworden. Die Kontroverse um eine mögliche Verschlechterung der zivil-militärischen Beziehungen vor allem unter Präsident Bill Clinton (1993–2001), schwächer aber auch während der Amtszeiten von George W. Bush (2001–2009) und Barack Obama (2009–2017), entzündete sich im Wesentlichen an zwei Entwicklungen: *zum einen* an den wachsenden und teils auch in die Öffentlichkeit hineingetragenen Spannungen zwischen Pentagon und dem Weißen Haus über die Zuschreibung neuer Aufgaben, Einsatzformen und Missionsprofile der Streitkräfte durch die Politik, teils verbunden mit der Neigung zum intrusiven ‚Mikromanagement' insbesondere unter Bushs Verteidigungsminister Donald Rumsfeld sowie während der Obama-Administration (Croissant und Kuehn 2011: 61–75; Beehner et al. 2020). *Zum anderen* ist die Sorge um ein Auseinanderdriften von Einstellungen und Werten des US-Militärs und der zivilen Gesellschaft seit Abschaffung der Wehrpflicht im Jahre 1973 und der hieraus resultierenden Wertekollision zwischen einer zunehmend progressiv-liberal eingestellten Bevölkerung und politischen Führung einerseits und einer tendenziell konservativen Militärführung andererseits zu nennen (Feaver und Kohn 2001). In der Gesamtbetrachtung hat dies manche Autorinnen und Autoren zu der These von einer ‚Krise der zivil-militärischen Beziehungen' in den Vereinigten Staaten geführt. Die in dem Zusammenhang vorgelegten Studien konnten jedoch nur wenig Belege für eine tatsächliche ‚Krise' aufzeigen (Betts 2009).

Die Präsidentschaft von Donald Trump (2017–2021) hat die Krisendebatte wiederaufleben lassen. Hier ist zum einen der Umstand zu nennen, dass Präsident Trump nach seiner Wahl die pensionierten Vier-Sterne-Generäle James Mattis zum Verteidigungsminister und John Kelly zum Minister für Heimatschutz ernannte sowie mit H. R. McMaster einen weiteren General als Nationalen Sicherheitsberater rekrutierte, mit nach Ansicht mancher Wissenschaftler und Wissenschaftlerinnen potenziell bedenklicher Langfristwirkung auf die Trennung von Politik und Militär in den USA. Zum anderen verweisen Analystinnen und Analysten auf eine zunehmende Selbst- und Fremdwahrnehmung des Militärs als eine parteiische, sich vorwiegend mit der Republikanischen Partei identifizierende, Institution. Folglich droht das Entstehen von dauerhaften politischen Koalitionen zwischen Teilen des Offizierskorps, Wählerinnen- und Wählergruppen und einer der beiden großen politischen Parteien. Diese Entwicklung beginnt weit vor dem Amtsantritt von Donald Trump; ihre Dynamik hat sich aber während seiner Präsidentschaft verstärkt. Die Auswirkungen sind problematisch für die politische Kontrolle der Streitkräfte, die gesellschaftliche Akzeptanz des Militärs und die nationale Sicherheit der Vereinigten Staaten (Brooks 2020; Robinson 2022).

Der Zusammenhang zwischen politischer Kontrolle und Einflussnahme sowie sicherheitspolitischer Entscheidungsfindung in Demokratien findet seinen Niederschlag auch in der empirisch-vergleichenden Forschung zu etablierten Demokratien außerhalb Nordamerikas. Im Raum steht dabei insbesondere die Frage der ‚militärischen Effektivität' und unter welchen Bedingungen das Militär seinen von politischen Entscheidungsträgern vorgegebenen Auftrag am besten umsetzen kann (Bruneau und Croissant 2019a). Dabei stehen sich zwei Argumentationslinien gegenüber. Die erste Sichtweise folgt Samuel Huntingtons (1957) These, dass intrusive Kontrolle und ziviles Eindringen in den Verantwortungsbereich des Militärs dessen Funktionsfähigkeit untergraben. Die zweite, entgegengesetzte Position propagiert, dass eine straffe politische Kontrolle die Effektivität des Militärs erhöht, indem etwa Machtkämpfe, Reibungen und Konkurrenz innerhalb der Streitkräfte sowie zwischen Zivilistinnen und Militärs reduziert werden (Brooks 2007). Eine vergleichende Betrachtung der USA, Japans und Deutschlands gelangt hingegen zu einem agnostischen Fazit: Militärische Effektivität hängt nicht von der Stärke oder Schwäche der politischen Kontrolle per se ab, sondern von dem Zusammenwirken einer Vielzahl von Faktoren innerhalb von Gesellschaft, politischem System und den Streitkräften (Bruneau und Croissant 2019b).

Dieser Befund unterstreicht erneut die Bedeutung des Theoriepluralismus für die Erklärung der Herausforderungen in den politisch-militärischen Beziehungen (vgl. Feaver 2003): Strukturelle und ideelle Faktoren definieren die Interessendivergenz und Konfliktintensität zwischen Zivilisten und Militärs, während die Institutionen der politischen Kontrolle die Fähigkeit der Regierung bestimmen, militärisches Fehlverhalten zu bestrafen. Gemeinsam beeinflussen institutionelle und kulturelle Faktoren zudem die militärische Effektivität in etablierten Demokratien (Kuehn 2019).

4   Perspektiven

Die theoretische und empirische Forschung zur politischen Kontrolle des Militärs in Autokratien und Demokratien ist dynamisch und produktiv. Das Auftreten neuer Herausforderungen hat immer wieder zu veränderten Schwerpunktsetzungen beigetragen. Man kann getrost behaupten, dass dies auch in Zukunft so sein wird. Hiervon zeugen das wiedererwachte Interesse an dem Zusammenhang von politischer Polarisierung, ziviler Kontrolle und nationaler Sicherheit in den USA; die Sorge um eine erneute Remilitarisierung der Politik in Lateinamerika; die Rückbesinnung auf die Bedeutung der sich (stetig verändernden) Rollen der Streitkräfte in der Politik autoritärer Regime; und die rasch wachsende Forschung zu den möglichen Auswirkungen der sich verändernden Missionsprofile der Streitkräfte in Demokratien und Autokratien sowie ihres nicht erst seit Beginn der Covid-19 Pandemie, aber sich durch die Krise rasant ausweitenden Einsatzes in genuin zivilen Einsatzbereichen auf die politisch-militärische Machtbalance. Schließlich ist als perspektivisch hoch bedeutsames Forschungsgebiet die Rolle des Militärs in Prozessen der Erosion demokratischer Qualität zu nennen. Während die Regression der Demokratiequalität im weltweiten Maßstab mittlerweile empirisch sehr gut dokumentiert wurde, ist die Rolle des Militärs in solchen Prozessen noch weitgehend unerforscht. Dies gilt insbesondere für die Vielzahl der Fälle, in denen zivile Regierungen ihre Kontrolle über die Streitkräfte dazu nutzen, politische Rechte zu beschneiden, bürgerliche Freiheiten einzuschränken und Kontrollgewalten auszuhebeln. Ziel der vergleichenden Forschung muss es nun sein, die Rolle des Militärs in diesen Prozessen zu beschreiben, zu kategorisieren und mithilfe theoretischer Modelle zu erklären.

Dabei sollte die Forschung die große Bandbreite bestehender Erklärungsansätze nutzen. Die Überlegungen in diesem Kapitel legt nahe, dass eine institutionalistische Perspektive mit ihrem Fokus auf Machtbeziehungen zwischen den Akteuren der vielversprechendste Ansatz zur Erklärung dieser gegenwärtig drängenden Forschungsfragen sind. Freilich sind Institutionen stets eingebettet in materielle und ideell-normative Kontexte, die Ressourcen für die Akteure bereitstellen und ihre Präferenzen beeinflussen. Daher sollte die Interaktion institutionalistischer, strukturalistischer und kulturalistischer Variablen auch explizit in den Blick genommen werden. Zudem bieten neue Forschungsgegenstände auch die Chance, bislang wenig beachtete theoretische Perspektiven, etwa aus der Sozialpsychologie, hinzuzuziehen.

Annotierte Auswahlbibliografie

Brooks, Risa (2019): Integrating the Civil–Military Relations Subfield. In: Annual Review of Political Science, 22: 1, 379–98.
Kritischer Überblicksartikel aus US-amerikanischer Perspektive über den aktuellen Stand des Forschungsfeldes und seine Integration in die breitere politikwissenschaftliche Debatte.

Bruneau, Thomas C./Croissant, Aurel (Hrsg.) (2019): Civil-Military Relations. Control and Effectiveness Across Regimes. Boulder: Lynne Rienner.
Sammelband mit Fallstudien zum Verhältnis von politischer Kontrolle und militärischer Effektivität in Autokratien und Demokratien.
Bruneau, Thomas C./Matei, Florina Cristiana (Hrsg.) (2021): Routledge Handbook of Civil-Military Relations. London: Routledge.
Diese zweite Auflage des Handbuchs gibt einen gelungenen Überblick über den Forschungsstand zu den Grundfragen der politisch-militärischen Beziehungen in Demokratien und Autokratien.
Croissant, Aurel/Kuehn, David (2011): Militär und zivile Politik. München: Oldenbourg.
Dieses Lehrbuch bietet einen Überblick über Konzepte, Theorien und empirische Befunde zu politisch-militärischen Beziehungen in Autokratien und Demokratien.
Nielsen, Suzanne C./Snider, Don M. (Hrsg.) (2009): American Civil-Military Relations. The Soldier and the State in a New Era. Baltimore: Johns Hopkins University Press.
Kritische Würdigung des Beitrags der von Samuel Huntington begründenden Theorie politischer Kontrolle für die politikwissenschaftliche Analyse politisch-militärischer Beziehungen in den USA und andernorts.

Literatur

Alagappa, Muthiah (2001a): Investigating and Explaining Change. An Analytical Framework. In: Alagappa (2001b): 29-68.
Alagappa, Muthiah (Hrsg.) (2001b): Coercion and Governance. The Declining Political Role of the Military in Asia. Stanford: Stanford University Press.
Avant, Deborah D (1994): Political Institutions and Military Change. Lessons from Peripheral Wars. Ithaca: Cornell University Press.
Barany, Zoltan (2012): The Soldier and the Changing State. Building Democratic Armies in Africa, Asia, Europe, and the Americas. Princeton: Princeton University Press.
Barany, Zoltan (2016): How Armies Respond to Revolutions and Why. Princeton: Princeton University Press.
Beehner, Lionel/Brooks, Risa/Maurer, Daniel (2020): Reconsidering American Civil-Military Relations. The Military, Society, Politics, and Modern War. New York: Oxford University Press.
Belkin, Aaron/Schofer, Evan (2003): Toward a Structural Understanding of Coup Risk. In: Journal of Conflict Resolution, 47: 5, 594–620.
Betts, Richard K. (2009): Are Civil-Military Relations Still a Problem? In: Nielsen/Snider (2009): 11–41.

Bolt, Jutta/Inklaar, Robert/de Jong, Herman/Luiten von Zanden, Jan (2018): Maddison Project Database. Version 2018. Online: https://www.rug.nl/ggdc/ historicaldevelopment/maddison/research (letzter Zugriff: 21.04.2021).

Brooks, Risa (2007): Civil-Military Relations and Military Effectiveness. Egypt in the 1967 and 1973 Wars. In: Brooks/Stanley (2007): 106–136.

Brooks, Risa (2019): Integrating the Civil–Military Relations Subfield. In: Annual Review of Political Science, 22: 1, 379–98.

Brooks, Risa (2020): Paradoxes of Professionalism. Rethinking Civil-Military Relations in the United States. In: International Security, 44: 4, 7–44.

Brooks, Risa/Stanley, Elizabeth A. (Hrsg.) (2007): Creating Military Power. The Sources of Military Effectiveness. Stanford: Stanford University Press.

Brown, Cameron S./Fariss, Christopher J./McMahon, R. Blake (2016): Recouping after Coup-Proofing. Compromised Military Effectiveness and Strategic Substitution. In: International Interactions, 42: 1, 1–30.

Bruneau, Thomas C./Croissant, Aurel (Hrsg.) (2019a): Civil-Military Relations. Control and Effectiveness Across Regimes. Boulder: Lynne Rienner.

Bruneau, Thomas C./Croissant, Aurel (2019b): The Nexus of Control and Effectiveness. In: Bruneau/Croissant (2019a): 227–242.

Bruneau, Thomas C./Matei, Florina Cristiana (Hrsg.) (2021): Routledge Handbook of Civil-Military Relations. London: Routledge.

Chenoweth, Erica/Ulfelder, Jay (2015): Can Structural Conditions Explain the Onset of Nonviolent Uprisings? In: Journal of Conflict Resolution, 61: 2, 1–27.

Croissant, Aurel/Kuehn, David (2011): Militär und zivile Politik. München: Oldenbourg.

Croissant, Aurel/Kuehn, David (2015): The Military's Role in Politics. In: Gandhi/Ruiz-Rufino (2015).

Croissant, Aurel/Kuehn, David/Eschenauer, Tanja (2018): Mass Protests and the Military. In: Journal of Democracy, 29: 3, 141–155.

Croissant, Aurel/Kuehn, David/Lorenz, Philip/Chambers, Paul W. (2013): Democratization and Civilian Control in Asia. Basingstoke: Palgrave Macmillan.

De Bruin, Erica (2018): Preventing Coups d'état. How Counterbalancing Works. In: Journal of Conflict Resolution, 62: 7, 1433–1458.

Desch, Michael C. (1999): Civilian Control of the Military. The Changing Security Environment. Baltimore: Johns Hopkins University Press.

Djuve, Vilde Lunnan/Knutsen, Carl Henrik/Wig, Tore (2020): Patterns of Regime Breakdown Since the French Revolution. In: Comparative Political Studies, 53: 6, 923–958.

Feaver, Peter D. (2003): Armed Servants. Agency, Oversight, and Civil-Military Relations. Cambridge: Harvard University Press.

Feaver, Peter D./Kohn, Richard H. (Hrsg.) (2001): Soldiers and Civilians. The Civil-Military Gap and American National Security. Cambridge: MIT Press.

Finer, Samuel E. (1985): The Retreat to the Barracks. Notes on the Practice and the Theory of Military Withdrawal from the Seats of Power. In: Third World Quarterly, 7: 1, 16–30.

Flores-Macías/A., Gustavo/Zarkin, Jessica (2021): The Militarization of Law Enforcement. Evidence from Latin America. In: Perspectives on Politics, 19: 2, 1–20.

Geddes, Barbara/Frantz, Erica/Wright, Joseph G. (2014): Military Rule. In: Annual Review of Political Science, 17: 1, 147–162.
Geddes, Barbara/Wright, Joseph George/Wright, Joseph/Frantz, Erica (2018): How Dictatorships Work. Power, Personalization, and Collapse. Cambridge: Cambridge University Press.
Gandhi, Jennifer/Ruiz-Rufino, Rubén (Hrsg.) (2015): The Routledge Handbook on Comparative Political Institutions. London: Routledge.
Haggard, Stephan/Kaufman, Robert R. (2012): Inequality and Regime Change: Democratic Transitions and the Stability of Democratic Rule. In: American Political Science Review, 106: 03, 495–516.
Hall, Peter A./Taylor, Rosemary C. R. (1996): Political Science and the Three New Institutionalisms. In: Political Studies, 44: 5, 936–957.
Harkness, Kristen A. (2018): When Soldiers Rebel: Ethnic Armies and Political Instability in Africa. Cambridge: Cambridge University Press.
Huntington, Samuel P. (1957): The Soldier and the State. The Theory and Politics of Civil-Military Relations. Cambridge: Belknap.
Huntington, Samuel P. (1968): Political Order in Changing Societies. New Haven: Yale University Press.
Kuehn, David/Croissant, Aurel/Kamerling, Jil/Lueders, Hans/Strecker, André (2017): Conditions of Civilian Control in New Democracies. An Empirical Analysis of 28 'third Wave' Democracies. In: European Political Science Review, 9: 3, 425–447.
Kuehn, David (2019): The Theoretical Landscape. In: Bruneau/Croissant (2019a): 19–34.
Kuehn, David/Croissant, Aurel/Eschenauer, Tanja (2019): Das Militär entscheidet über den Ausgang von Massenprotesten. In: GIGA Focus Global 2019 (4).
Kuehn, David/Levy, Yagil (Hrsg.) (2021): Mobilizing Force. Linking Security Threats, Militarization, and Civilian Control. Boulder: Lynne Rienner Publishers.
Kuehn, David/Croissant, Aurel (2023): Routes to Reform: Civil-Military Relations and Democratization in the Third Wave. Oxford: Oxford University Press.
Kuehn, David/Croissant, Aurel (2023): Routes to Reform: Civil-Military Relations in the Third Wave. Oxford: Oxford UniversityPress.
Lasswell, Harold D. (1941): The Garrison State. In: The American Journal of Sociology, 46: 4, 455–468.
Lehoucq, Fabrice/Pérez-Liñán, Aníbal (2014): Breaking Out of the Coup Trap Political Competition and Military Coups in Latin America. In: Comparative Political Studies, 47: 8, 1105–1129.
Londregan, John B./Poole, Keith T. (1990): Poverty, The Coup Trap, and the Seizure of Executive Power. In: World Politics, 42: 2, 151–183.
Mares, David R. (1998): Civil-Military Relations. Building Democracy and Regional Security in Latin America, Southern Asia, and Central Europe. Boulder: Westview Press.
McMahon, R. Blake/Slantchev, Branislaw L. (2015): The Guardianship Dilemma. Regime Security through and from the Armed Forces. In: American Political Science Review, 109: 02, 297–313.
Mujkic, Edin/Asencio, Hugo D./Byrne, Theodore (2019): International Military Education and Training. Promoting Democratic Values to Militaries and Countries throughout the World. In: Democracy and Security, 15: 3, 271–290.

Nassif, Hicham Bou (2020): Endgames. Military Response to Protest in Arab Autocracies. Cambridge: Cambridge University Press.

Nielsen, Suzanne C./Snider, Don M. (Hrsg.) (2009): American Civil-Military Relations. The Soldier and the State in a New Era. Baltimore: Johns Hopkins University Press.

Pion-Berlin, David/Acácio, Igor (2020): The Return of the Latin American Military? In: Journal of Democracy, 31: 4, 151–165.

Pion-Berlin, David/Esparza, Diego/Grisham, Kevin (2014): Staying Quartered. Civilian Uprisings and Military Disobedience in the Twenty-First Century. In: Comparative Political Studies, 47: 2, 230–259.

Powell, Jonathan M./Thyne, Clayton L. (2011): Global Instances of Coups from 1950 to 2010. In: Journal of Peace Research, 48: 2, 249–259.

Quinlivan, James T. (1999): Coup-Proofing. Its Practice and Consequences in the Middle East. In: International Security, 24: 2, 131–165.

Robinson, Michael A. (2022). Dangerous Instrument: Political Polarization and U.S. Civil-Military Relations. Oxford: Oxford University Press.

Savage, Jesse Dillon/Caverley, Jonathan D. (2014): American Foreign Military Training and Coup Propensity. Online: www.jonathancaverley.com/uploads/2/9/7/2/29726853/caverleysavage_otago.pdf. (letzter Zugriff: 21.04.2021)

Schiff, Rebecca L. (2009): The Military and Domestic Politics. A Concordance Theory of Civil-Military Relations. New York: Routledge.

Stepan, Alfred (Hrsg.) (1973a): Authoritarian Brazil. Origins, Policies, and Future. New Haven: Yale University Press.

Stepan, Alfred (1973b): The New Professionalism of Internal Warfare and Military Role Expansion. In: Stepan (1973a): 47–65.

Svolik, Milan W. (2012): The Politics of Authoritarian Rule. Cambridge: Cambridge University Press.

Kuehn, David, Dr. rer. pol.; Senior Research Fellow am German Institute for Global and Area Studies (GIGA) in Hamburg.

Croissant, Aurel, Dr. rer. pol. habil.; Professor für Politikwissenschaft am Institut für Politische Wissenschaft der Ruprecht-Karls-Universität Heidelberg.

Wehrsysteme

Ines-Jacqueline Werkner

Wehrsysteme können aus unterschiedlicher Perspektive betrachtet und untersucht werden. Im Mittelpunkt steht häufig die intensive und zum Teil sehr emotional geführte Diskussion um das Pro und Contra der Wehrpflicht. Mit dem Ende des Kalten Krieges, dem veränderten Aufgabenspektrum und der daraus resultierenden Restrukturierung der Streitkräfte stand die Wehrpflicht in vielen europäischen Ländern zur Disposition. Insbesondere in Deutschland wurde und wird um sie gerungen. Zum 1. Juli 2011 wurde die Wehrpflicht in Deutschland auf Initiative des damaligen Verteidigungsministers Karl-Theodor zu Guttenberg (CSU) (2009–2011) ausgesetzt, begleitet von zahlreichen politischen und gesellschaftlichen Widerständen. Mit der zehnjährigen Aussetzung der Wehrpflicht und der veränderten sicherheitspolitischen Situation angesichts der russischen Annexion der Krim und der Ukrainekrise ist die politische Diskussion um die Wehrpflicht in Deutschland erneut entfacht.[1]

Die Frage nach Wehrpflicht- oder Freiwilligenarmee berührt jedoch weitaus mehr als nur die Form der Rekrutierung. Sie beeinflusst das gesamte Wehrsystem und hat direkte Auswirkungen auf die zivil-militärischen Beziehungen, auf die Stellung des Militärs in der Gesellschaft. Daraus ergeben sich eine Reihe

---

[1] Zu den Diskussionen um die Aussetzung der Wehrpflicht in Deutschland vgl. u. a. Ahammer und Nachtigall (2009, 2010), Buch (2010), Kirsch (2010) und Sademon (2011) sowie jüngst Kulak et al. (2018).

I.-J. Werkner (✉)
Forschungsstätte der Evangelischen Studiengemeinschaft e.V. (FEST), Heidelberg, Deutschland
E-Mail: ines-jacqueline.werkner@fest-heidelberg.de

© VS Verlag für Sozialwissenschaften | Springer Fachmedien Wiesbaden GmbH, Wiesbaden 2023
N. Leonhard und I.-J. Werkner (Hrsg.), *Militärsoziologie – Eine Einführung*, https://doi.org/10.1007/978-3-658-30184-2_4

von gesellschaftspolitischen Fragestellungen: Ist die Wehrpflicht „das legitime Kind der Demokratie" (Theodor Heuss)? Kann nur die Wehrpflicht eine Entwicklung zum ‚Staat im Staate' verhindern und die Integration der Streitkräfte in die Gesellschaft sicherstellen? Erfordern die signifikant veränderte sicherheitspolitische Situation und die internationale Krisenbewältigungs- und Interventionsfähigkeit Freiwilligenstreitkräfte, sodass die Abschaffung bzw. Aussetzung der Wehrpflicht für die EU- und NATO-Staaten eine logische Konsequenz darstellt? Warum halten dennoch einige europäische Staaten an der Wehrpflicht fest?

Studien zu Formen der Rekrutierung und zum Wehrsystem erfolgen zumeist – das zeigen auch die genannten Problemaspekte – aus politikwissenschaftlicher Perspektive. Das ist unter anderem eine Folge der unmittelbaren Nähe zum Politikprozess. Zum einen bestimmen Wehrstrukturen als Teil der staatlichen Gesamtverfassung und damit der formalen, institutionellen Ordnung des jeweiligen politischen Systems das Verhältnis zwischen dem Staat und der Bürgerin bzw. dem Bürger *(polity)*. Zum anderen handelt es sich bei Wehrstrukturen – insbesondere bei Fragen des Wehrsystems und der Form der Rekrutierung – um aktuelle, häufig auch tagespolitische Themenfelder, bei denen konkrete Inhalte von Politik *(policy)* verhandelt werden. Diese können Gegenstand von parteipolitischen Auseinandersetzungen werden, was wiederum die prozessuale Dimension, d. h. den konflikthaften Prozess des Politikgestaltens *(politics),* aufzeigt. Damit sind Fragen des Wehrsystems stets auch auf der politischen Entscheidungsebene präsent und zeichnen sich durch eine hohe politische Relevanz aus.

Nach einer Klärung der im Zusammenhang mit dem Wehrsystem stehenden Begriffe (Abschn. 1) werden im Folgenden die bisher angewandten theoretische Ansätze näher betrachtet (Abschn. 2). Hier lassen sich verschiedene Perspektiven erkennen. Ein erster Ansatz untersucht das Verhältnis von Wehrsystem und Demokratie und fragt nach der Demokratieadäquanz von Wehrsystemen. Ein zweiter Ansatz beleuchtet, inwieweit ein unterschiedliches demokratisches Staats- und Staatsbürgerverständnis die Form der Wehrsysteme und die Stellung des Militärs in der Gesellschaft prägen. Ein dritter Theoriestrang lässt diese demokratietheoretischen Aspekte außen vor und betrachtet in einem engeren und stärker funktionalen Fokus das Militär als ein gegebenes gesellschaftliches Subsystem mit entsprechenden Wechselwirkungen zur äußeren Umwelt. In einem vierten Zugang wird das Wehrsystem aus konstruktivistischer Perspektive beleuchtet und in den Kontext politisch-militärischer Kultur gestellt. Anschließend (Abschn. 3) werden aktuelle empirische Untersuchungen vorgestellt. Diese überwiegend quantitativen Studien weisen einen starken Praxisbezug auf. Sie benennen konkrete militärische und gesellschaftliche Variablen, die eine Änderung des Wehrsystems in Richtung Freiwilligenarmee begünstigen. Abschließend wird eine Einordnung des Themas in gesamtgesellschaftliche Entwicklungen und Prozesse vorgenommen und diskutiert (Abschn. 4).

1 Grundbegriffe

1.1 Zu den Begriffen Wehrstruktur, Wehrverfassung und Wehrsystem

Streitkräfte können auf sehr unterschiedliche Weise organisiert, zusammengesetzt, ergänzt und rechtlich eingebunden sein. Für die Gesamtheit dieser Aspekte steht der Begriff ‚Wehrstruktur' (Abb. 1). Er lässt sich formal in Wehrsystem und Wehrverfassung unterteilen (vgl. Wehrstruktur-Kommission 1971: 94; Tolksdorf und Linnenkamp 1977: 340).

Die ‚Wehrverfassung' umfasst die Summe aller verfassungs- und wehrrechtlichen Bestimmungen über die Aufstellung, Führung und Verwendung der Streitkräfte. Das beinhaltet zum einen grundlegende Regelungen zu den Streitkräften. Dazu gehören u. a. Bestimmungen hinsichtlich des Oberbefehls, des Auftrages und des Einsatzes der Streitkräfte, Zuständigkeiten und Kompetenzen des Staatsoberhauptes, der Regierung und des Parlamentes in Bezug auf die Streitkräfte, die Rolle der militärischen Führung sowie Formen der parlamentarischen Kontrolle der Streitkräfte. Zum anderen sind in der Wehrverfassung die Rechte und Pflichten der Soldatinnen und Soldaten enthalten. Diese umfassen beispielsweise Regelungen zur Einschränkung von Grundrechten (einschließlich Aspekte wie politische Neutralität der Militärangehörigen, Vereinigungsfreiheit oder das Recht auf Kriegsdienstverweigerung), soldatische Pflichten, Befehlsgewalt und Gehorsamspflicht, soziale Rechte und Rechtsschutzmöglichkeiten, insbesondere Beschwerderechte. Die Wehrverfassungen sind stark durch die historischen und politischen Hintergründe der Staaten geprägt. Im Hinblick auf die EU- und NATO-Staaten kann man, vereinfacht betrachtet, zwischen kleinen traditionellen Demokratien wie Belgien, Dänemark und den Niederlanden, großen traditionellen Demokratien wie Frankreich oder Großbritannien und postautoritären Demokratien wie beispielsweise Deutschland, Polen oder Spanien unterscheiden. Dabei lassen sich insbesondere zwischen traditionellen und postautoritären Demokratien Unterschiede in den Wehrverfassungen feststellen. Während traditionelle Demokratien – im Vertrauen auf ein Funktionieren der allgemeinen verfassungsrechtlichen Bestimmungen – oft einen Mangel an

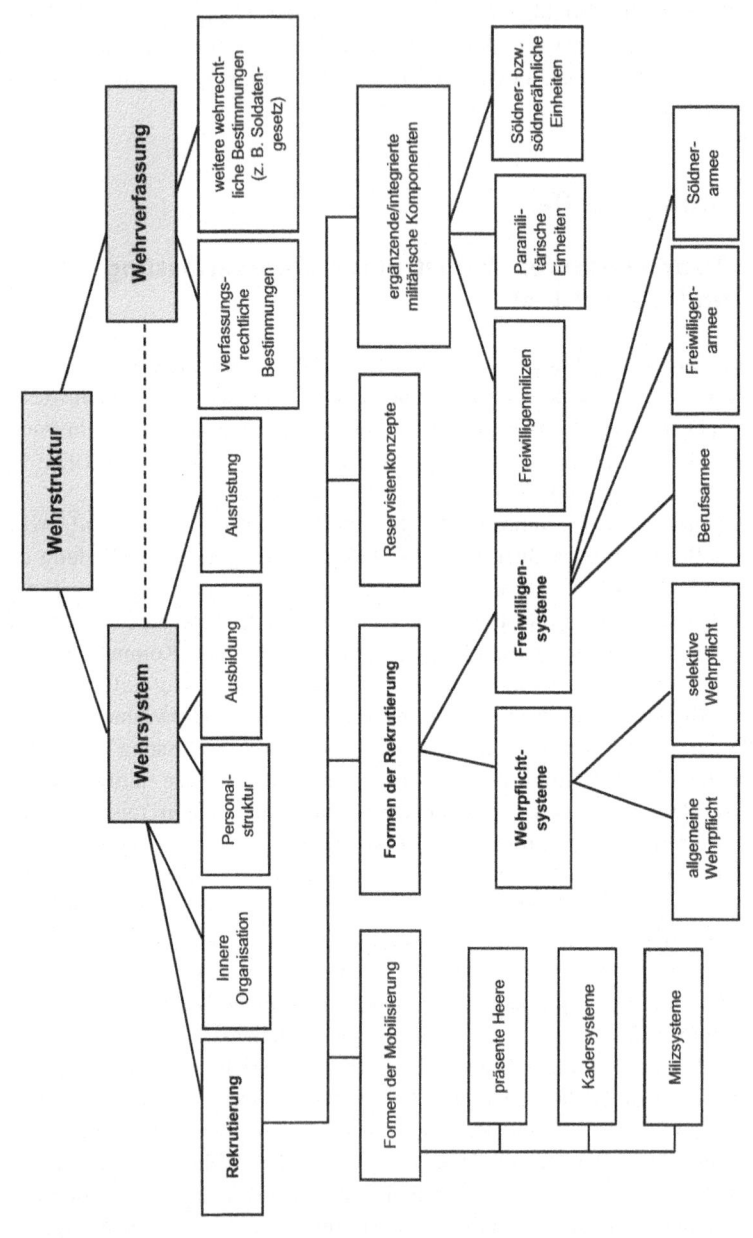

Abb. 1 Zur Wehrstruktur (eigene Darstellung)

speziellen wehrverfassungsrechtlichen Bestimmungen aufweisen, sind diese in postautoritären Demokratien stärker vorzufinden (vgl. Nolte und Krieger 2002: 20, 34 ff.).

Zu einigen verfassungsrechtlichen Regelungen: Die Position des Oberbefehlshabers bzw. der Oberbefehlshaberin der Streitkräfte ist in den einzelnen Staaten sehr unterschiedlich besetzt. Der oder die Oberkommandierende kann der Monarch, die Staatspräsidentin, die Regierung insgesamt oder speziell der Verteidigungsminister sein. Die speziell deutsche Intention, mit Art. 65a GG in besonderer Weise das Primat der Politik zu betonen, ist in den meisten anderen europäischen Verfassungen in dieser Weise nicht vorzufinden. Ähnlich verhält es sich hinsichtlich der Verwendung der Streitkräfte. Auch hier ist es insbesondere für Deutschland relevant, welche Arten der Verwendung der Streitkräfte verfassungsrechtlich zulässig sind (vgl. Nolte und Krieger 2002: 20 f., 46 ff., 64 f.).

Hinsichtlich der politischen Entscheidungsbefugnis über den Einsatz der Streitkräfte unterscheidet man zwischen sogenannten Parlaments- und Regierungsarmeen. Im erstgenannten Fall bedarf die Entscheidung der Regierung einer Autorisierung durch das Parlament. Diese Regelung findet man beispielsweise in Deutschland, Dänemark, Schweden, Finnland, der Slowakei, Bulgarien oder Rumänien vor. Bei der zweiten Konstruktion liegt die alleinige Entscheidungskompetenz bei der Regierung wie etwa in Frankreich, Spanien, Portugal, Belgien, den Niederlanden oder Polen. Hier braucht das Parlament häufig nur über die getroffenen Beschlüsse informiert zu werden. Darüber hinaus gibt es Länder, die diese Entscheidung von der Art und der Dauer der Einsätze abhängig machen. In Ungarn beispielsweise obliegt es der Regierung, über NATO-Einsätze zu entscheiden, wohingegen für andere Auslandseinsätze eine Zweidrittelmehrheit des Parlaments notwendig ist. Diese Entscheidungsbefugnisse hängen auch sehr stark von der Verfasstheit der politischen demokratischen Systeme ab. In den Monarchien besitzen die Monarchen – wenn überhaupt – nur noch symbolisch die Gewalt über die Streitkräfte; hier sind häufig die Regierungen für den Einsatz der Streitkräfte verantwortlich. Bei Präsidialsystemen ist eine Einzelperson, die Staatspräsidentin oder der Staatspräsident, Trägerin der Exekutivgewalt und besitzt damit auch wichtige Kompetenzen bezüglich des Militärs. Ihre bzw. seine Machtfülle, auch gegenüber dem Parlament, wird mit ihrer bzw. seiner unmittelbaren demokratischen Legitimation – sie oder er wird direkt vom Volk gewählt (in den USA mittelbar über ein Wahlmännergremium) – begründet. Ähnliches trifft für parlamentarisch-präsidentielle Mischsysteme zu. So besitzt beispielsweise der französische Staatspräsident als „Sachverwalter der nationalen Interessen" auch im Hinblick auf das Militär eine überaus starke Stellung (vgl. Brunner 1979: 258 ff.; Nolte und Krieger 2002:

55 ff.). Hinsichtlich der parlamentarischen Kontrolle des Militärs existieren ebenfalls verschieden stark ausgeprägte Mechanismen, wobei Deutschland mit der speziellen Funktion eines bzw. einer parlamentarischen Wehrbeauftragten wiederum eine herausgehobene Stellung einnimmt. Unter dem ‚Wehrsystem' wird in erster Linie die Form der Rekrutierung, d. h. die Art und Weise der Gewinnung und Ergänzung des Personals für Streitkräfte, subsumiert (vgl. Wehrstruktur-Kommission der Bundesregierung 1971: 94; Munz 1978: 71). Weitere, sich teilweise daraus ableitende Bestandteile des Wehrsystems stellen die innere Organisation, die Personalstruktur, die Ausbildung und Ausrüstung der Streitkräfte dar. Dabei umfasst die innere Organisation Aspekte wie die Gliederung in Teilstreitkräfte, die Führungsstruktur oder die Einsatzbereitschaft. Die Personalstruktur beinhaltet den Aufbau und die Gliederung des Personalgefüges und enthält Komponenten wie den Umfang des militärischen und zivilen Personals, die Gliederung in Status- und Laufbahngruppen oder die Alters- und Dienstgradstruktur. Wesentliche Grundlage und Basis des Wehrsystems bildet der Auftrag der Streitkräfte, verbunden mit der konkreten sicherheitspolitischen Lage, der Einbindung in inter- und supranationale Organisationen und den sich daraus ergebenen internationalen Aufgaben. Auch der Verteidigungsetat stellt in diesem Zusammenhang eine nicht zu unterschätzende einflussnehmende Rahmengröße dar.[2]

1.2   Formen der Rekrutierung und Mobilisierung

Hinsichtlich der Wehr- und speziell der Rekrutierungssysteme existieren zwei wesentliche Unterscheidungskriterien: die Form der Mobilisierung und der Rekrutierung. Bei der Art der Rekrutierung unterscheidet man zwischen Wehrpflicht- und Freiwilligensysteme (Abb. 1). Wehrpflichtsysteme basieren auf der gesetzlichen Verpflichtung der Angehörigen des Staates, Wehrdienst zu leisten. Eine allgemeine Wehrpflicht besteht, wenn diese Verpflichtung grundsätzlich für alle (männlichen) Staatsangehörigen bestimmter Alterskohorten gilt. Bei selektiver Wehrpflicht werden nicht alle verfügbaren Wehrpflichtigen einberufen, da ihre Zahl den militärischen Bedarf übersteigen würde. Gelegentlich erfolgt hier die Auswahl nach einem Lossystem. So rekrutiert beispielsweise Dänemark mittels einer selektiven Wehrpflicht (vgl. Kernic 1999: 29; Klein 1999: 13 ff., 2004: 9 ff.).

---

[2] Zu diesem Abschnitt vgl. auch Pöcher (2004: 16 ff.) sowie Werkner (2006: 18 ff.).

Freiwilligenarmeen gewinnen ihr Personal dagegen ausschließlich aus Freiwilligen, aus Zeitsoldatinnen und Berufssoldaten. Neben den üblich vorherrschenden Freiwilligenarmeen unterscheidet man noch Berufsarmeen, in der nur Berufssoldatinnen, keine Zeitsoldaten dienen, sowie Söldnerarmeen, bei denen nicht die Bindung an die Nation, sondern die Bezahlung die Basis des Verhältnisses zum Dienstherren darstellt. Waren Söldnerheere bis zum Beginn des 19. Jahrhunderts in Europa die Regel, gibt es heute keine europäische Armee mehr, die sich ausschließlich oder überwiegend aus Söldnern rekrutiert. Heute erinnern in Europa nur noch einzelne wenige Einheiten an diese Form der Rekrutierung. Dazu zählen die französische Fremdenlegion, die britischen Gurkha-Bataillone[3] (jeweils integrierte Bestandteile der regulären Streitkräfte) oder auch als populäres Beispiel die Schweizer Garde des Vatikans (vgl. Klein 1999: 13 ff., 2004: 17 ff.).

Anhand dieser Systematisierung der einzelnen Rekrutierungsformen und -unterformen wird deutlich, dass sich die Frage nach allgemeiner Wehrpflicht oder Berufsarmee auf zwei entgegengesetzte extreme Varianten bezieht. In Europa basiert keine Armee auf einer dieser beiden Formen. Genau genommen handelt es sich bei den existierenden Berufsarmeen um Freiwilligenarmeen und bei den bestehenden Wehrpflichtarmeen um Mischsysteme, die einen Wehrpflichtanteil besitzen, aber auch Zeit- und Berufssoldaten umfassen.

Bei der Art der Mobilisierung geht es um die Organisationsform des Militärs im Friedens- und Einsatzfall. Hier unterscheidet man drei Grundformen: Präsenz-, Kader- und Milizsysteme (Abb. 1). Präsenzsysteme sind stehende Heere, deren Einsatz- und Friedensorganisationen identisch sind. Hierunter fallen die meisten Freiwilligenarmeen. Im Einsatzfall werden diese Streitkräfte aber häufig durch Soldatinnen ergänzender Einheiten unterstützt (siehe weiter unten). Bei Kadersystemen wird ein gewisser Teil des Personals erst durch Mobilmachung im Krisen- und Konfliktfall (von Friedens- auf Einsatzstärke) rekrutiert. Die meisten Wehrpflichtarmeen stützen sich auf ein derartiges Kadersystem. Milizsysteme rekrutieren dagegen den überwiegenden Teil des für einen Einsatz benötigten Personals im Ernstfall. Sie besitzen keine bzw. nur einen sehr kleinen Kern von Zeit- und Berufssoldatien. Für das Milizsystem charakteristisch sind relativ kurze militärische Ausbildungszeiten mit häufig sich wiederholenden Wehrübungen. Als klassisches Beispiel einer Milizarmee gilt die Schweizer Armee. So besteht zwischen der Rekrutierungsform und der Art der

---

[3] Hierbei handelt es sich um Einheiten nepalesischer Söldner aus dem Kathmandu-Valley.

Mobilisierung eine Wechselbeziehung, wobei alle Rekrutierungssysteme im Einsatz- oder Kriegsfall durch ergänzende militärische Einheiten, aber auch durch die Reserve eine entsprechende Aufwuchsfähigkeit besitzen (vgl. Kernic 1999: 29 f.; Klein 1999: 13 ff., 2004: 24 f.).

Zu den oben erwähnten ergänzenden militärischen Einheiten zählen die sogenannten Freiwilligenmilizen, die – im Unterschied zu Milizsystemen auf der Basis der allgemeinen Wehrpflicht wie in der Schweiz – auf dem freiwilligen Engagement der Bürgerinnen beruhen, aber ähnlich wie diese organisiert sind. Sie werden in erster Linie für den Grenz- und Heimatschutz sowie bei Not- und Katastrophenfällen eingesetzt, dienen aber auch der Ergänzung und Reserve der regulären Streitkräfte. Verbände der US-amerikanischen *National Guard* beispielsweise nehmen darüber hinaus auch an Auslandseinsätzen teil. Neben der *National Guard* in den USA existieren Freiwilligenmilizen in Form von *Home Guards*/Heimwehren vor allem in Großbritannien, den skandinavischen und baltischen Staaten (vgl. Klein 2004: 21 f.). Speziell in den skandinavischen Staaten gilt die *Home Guard*/Heimwehr als ein sichtbares Zeichen des Engagements der Bürger für die Verteidigung ihres Landes. Vor dem Hintergrund der gegenwärtigen sicherheitspolitischen Lage wird allerdings zunehmend der militärische Nutzen dieser in der Regel relativ teuren, gesellschaftlich aber hoch akzeptierten Einheiten hinterfragt.

Des Weiteren verfügen etliche EU- und NATO-Staaten über paramilitärische Einheiten; zu den bekanntesten gehören die französische *Gendarmerie* oder die italienischen *Carabinieri*. Diese Einheiten nehmen in erster Linie Polizei- und Grenzschutzaufgaben wahr. Die Unterstellungsverhältnisse variieren: Es können sowohl beide Ministerien – das Verteidigungs- und das Innenministerium – gleichzeitig für diese Einheiten verantwortlich sein, es kann unterschiedliche Regelungen für Friedens- und Kriegszeiten geben oder sie unterstehen vollständig dem Innenministerium. In diesen Einheiten werden teilweise auch Wehrpflichtige eingesetzt (vgl. IISS 2010).

Die Freiwilligenmilizen und paramilitärischen Einheiten, aber auch die in die regulären Streitkräfte integrierten Söldner- bzw. söldnerähnlichen Einheiten geben den europäischen Wehrsystemen ein sehr vielfältiges Bild. Darüber hinaus existieren verschiedene Reservistenkonzeptionen. Einmal kann die Reserve aus ehemaligen Soldatinnen bestehen. Es gibt aber auch Konstrukte, innerhalb derer Zivilisten, die nie zuvor im Militär gedient haben, durch milizähnliche Ausbildungen zur Reserve befähigt werden. Hinzu kommen weitere nationale Besonderheiten: So rekrutieren einige europäische Staaten – abgesehen von den aus historischer Zeit stammenden und noch bestehenden Söldner- bzw. söldnerähnlichen Einheiten – auch Ausländerinnen. In Spanien beispielsweise werden bis mittlerweile bis zu neun Prozent des Streitkräfteumfangs aus dem hispano-amerikanischen Raum rekrutiert. In kleineren EU-Staaten wie Belgien, Dänemark, Irland oder Luxemburg können unter bestimmten Bedingungen auch EU-Ausländer den nationalen Streitkräften beitreten.[4]

2   Theoretische Ansätze

Es existieren zahlreiche Arbeiten zum Pro und Contra von Wehrpflicht- und Freiwilligenstreitkräften. Diese beinhalten in der Regel eine Aufzählung historischer, verfassungsrechtlicher, sicherheits- und gesellschaftspolitischer, militärisch-personeller sowie ökonomischer Argumente (zusammengefasst bei Dinter 2004). Sozialwissenschaftliche Ansätze sind dagegen weitaus seltener anzutreffen. Diese betrachten Wehrsysteme insbesondere unter demokratietheoretischen Aspekten, im Rahmen der zivil-militärischen Beziehungen, im systemtheoretischen Kontext oder aus sozialkonstruktivistischer Perspektive.

2.1   Demokratie und Wehrsystem

Der viel zitierte Ausspruch von Theodor Heuss, wonach die Wehrpflicht „das legitime Kind der Demokratie" sei, legt eine Demokratieadäquanz der allgemeinen Wehrpflicht nahe. Neben Joachim Giller (1992) gehen in jüngster Zeit insbesondere Arbeiten von Franz Kernic (1997, 2004), Antonis Adam (2012) oder Victor Asal und Kollegen (2017) dieser These nach. Die Frage nach dem Zusammenhang von politischem System und Wehrsystem spielt eine nicht unbedeutende Rolle, geht es doch letztlich um den Erhalt des Gemeinwesens gegenüber äußeren Bedrohungen und Angriffen. Dabei wird eine Korrelation zwischen der Art und Weise der Verteidigung des Gemeinwesens und der Verfasstheit des Staats- und Gesellschaftssystems angenommen (vgl. Kernic 2004: 66). Als klassischer Vertreter der Auffassung einer derartigen Wechselbeziehung gilt Otto Hintze. In seinem Vortrag über Staatsverfassung und Heeresverfassung von 1906 bringt er es auf die prägnante Formel: „Alle Staatsverfassung ist

---

[4]Zu diesem Abschnitt vgl. auch Pöcher (2004: 16 ff.); Werkner (2004c: 89 ff., 2006: 18 ff.) sowie   https://www.dw.com/de/wer-darf-in-den-armeen-dieser-welt-dienen/a-46880390 (letzter Zugriff 05.04.2021).

ursprünglich Kriegsverfassung, Heeresverfassung" (Hintze 1906: 53). Hintze (1906: 55) betrachtet zwei Momente, die die Staatsverfassung prägen: die sozialen Klassenkämpfe im Innern und die Völkerkämpfe bezüglich der äußeren Formation des Staates. In diesem Kontext gehen für ihn Veränderungen in der Staatsverfassung weniger auf innergesellschaftliche als auf militärpolitische Triebkräfte zurück: „Form und Geist der Staatsverfassungen [sind] nicht allein durch die wirtschaftlich-sozialen Verhältnisse und Interessenkämpfe [bedingt], sondern in erster Linie durch die Notwendigkeit von Abwehr und Angriff, d. h. durch die Kriegs- und Heeresverfassung" (Hintze 1906: 83). Diese Position ist in der modernen sozialwissenschaftlichen Forschung häufig angegriffen worden. Christian Grimm (1981: 97 f.) stellt demgegenüber eine Neutralitätsthese auf. Er negiert jeglichen Zusammenhang von Staats- und Heeresverfassung. Für ihn bestimmen lediglich militärische Erwägungen die Form des Wehrsystems. Im Gegensatz dazu vertritt Reinmar Cunis (1968: 124) die Auffassung, dass das Rekrutierungssystem eine Folge der politischen Ordnung sei, aus der sich auch die militärischen Funktionen ableiten lassen. Diese Denkrichtung dominiert auch die heutigen Argumentationen, entspricht sie doch am ehesten den Auffassungen vom Primat der Politik und dem Ideal der demokratischen Ordnung.[5]

Die bisher betrachteten Ansätze beschreiben das Verhältnis von Staats- und Heeresverfassung – wenn auch mit unterschiedlich angenommener Ursache-Wirkung-Richtung – als ein primär kausales Verhältnis. Dagegen wendet sich Franz Kernic in seiner Studie *Demokratie und Wehrsystem*. Dieses Verhältnis lasse sich, so Kernic, nicht auf die einfache Formel bringen ‚stehende Heere = absolutistische Staatsform‘ und ‚allgemeine Wehrpflicht = Demokratie‘; vielmehr werde es durch die gesellschaftliche und politische Bedeutung der militärischen Gewalt bestimmt. „Je größer die Bedeutung des Militärischen für den Bestand des Gemeinwesens gegenüber außen bestimmt wird, desto intensiver und umfangreicher erfolgt die Heranziehung der Menschen zum Militärdienst; je größer die Bedeutung der militärischen Gewalt zur Konfliktregulierung im Innern des Staates eingeschätzt wird, desto vorsichtiger und zurückhaltender sind einerseits die Herrschenden gegenüber der Volksbewaffnung (d. h. umso lieber sehen sie ein professionelles, ihnen gefügiges Heer), während andererseits die Beherrschten zu einer Volksbewaffnung tendieren, um sich mittels militärischer Gewalt zu emanzipieren" (Kernic 2004: 72). So muss nach Kernic

---

[5]Ausführlichere Darstellungen zu diesen drei Ansätzen u. a. bei Giller (1992: 127 ff.) und Kernic (1997: 31 ff., 2004: 69 ff.).

eine Betrachtung des Verhältnisses von Staats- und Heeresverfassung neben der jeweiligen politischen Ordnung sowie den sozialen und ökonomischen Grundlagen auch die bestehenden politischen und militärischen Ausrichtungen einbeziehen. Für eine solche Betrachtungsweise lassen sich nicht nur historische Belege finden, sondern man kann so auch erklären, warum nicht per se allgemeine Wehrpflicht und Demokratie zusammenfallen. Das Verhältnis von allgemeiner Wehrpflicht und Demokratie wird – so Kernic (1997: 45) – weniger durch die Form der Rekrutierung als vielmehr durch den „Verhaltensmodus des Politischen zur militärischen Gewalt" geprägt. Ausschlaggebend ist, wer die Entscheidung über Krieg und Frieden trifft. Vor diesem Hintergrund prägen gegenwärtig das Primat der Politik und die demokratische Kontrolle über die Streitkräfte wesentlich das Verhältnis von Demokratie und Wehrsystem (vgl. Kernic 1997: 39, 46).

2.2 Zivil-militärische Beziehungen und Wehrsystem

Das Wehrsystem und die Form der Rekrutierung berühren unmittelbar auch die zivil-militärischen Beziehungen. James Burk (2002) stellt in diesem Kontext zwei grundlegende theoretische Ansätze einander gegenüber: den liberalen Ansatz nach Samuel P. Huntington und den republikanischen Ansatz nach Morris Janowitz. Beide Richtungen besitzen dabei weitreichende historische und philosophische Wurzeln. Liberalismus und Republikanismus stehen in diesem Zusammenhang auch für unterschiedliche Konzepte hinsichtlich des Verständnisses von Staatsbürgerschaft und der Beziehungen der Bürgerinnen und Bürger zu ihrem Staat (vgl. Faulks 1999: 126 ff.; Miller 2000: 41 ff.).

Nach der liberalen Denktradition besteht die erste Priorität des Staates darin, die Rechte und Freiheiten der einzelnen Bürgerinnen zu schützen. Vor diesem Hintergrund kann die Wehrpflicht als ein (zu) tiefer Einschnitt in die Grundrechte und in die Freiheit der Bürger wahrgenommen werden, was dann für eine Favorisierung der Freiwilligenarmee spräche. In diesem Sinne ist auch der Satz aus der Rede des ehemaligen Bundespräsidenten Roman Herzog (1994–1999) vor Kommandeuren der Bundeswehr aus dem Jahr 1995 zu verstehen: „Die Wehrpflicht ist ein so tiefer Einschnitt in die individuelle Freiheit des jungen Bürgers, daß ihn der demokratische Rechtsstaat nur fordern darf, wenn es die äußere Sicherheit des Staates wirklich gebietet" (Presse- und Informationsamt der Bundesregierung 1995: 42 f.).

Der republikanische Ansatz sieht dagegen die oberste Priorität des Staates in der aktiven Teilnahme der Bürgerinnen am öffentlichen Leben. Danach beruht die

Staatsbürgerschaft in erster Linie auf dem Prinzip der Partizipation der Bürger an der Herrschaft und der Verteidigung des Landes. In diesem Kontext wird häufig der Satz von Lazare Nicolas Marguerite Carnot zur Zeit der Einführung der *levée en masse:* „Tout citoyen est né soldat" bzw. das in deutscher Fassung dem preußischen Militärreformer Gerhard von Scharnhorst zugeschriebene Zitat: „Alle Bewohner des Staates sind geborene Verteidiger desselben" angeführt (vgl. Opitz 1994: 13). Diese Forderung nach einer aktiven Teilhabe ließe danach eine Wehrpflichtarmee angemessen erscheinen.

Beide theoretischen Denkmuster haben ihre Stärken und Schwächen (Burk 2002: 12 ff.): Der liberale Ansatz hebt die individuellen Freiheiten der Bürgerinnen und die Notwendigkeit des Schutzes des demokratischen Staates vor äußeren Bedrohungen hervor, vernachlässigt aber die Frage, wie die demokratischen Werte selbst garantiert, die Integration der Streitkräfte in die Gesellschaft sichergestellt und Machtmissbräuche verhindert werden können. Der republikanische Ansatz betont dagegen die gemeinschaftliche Verantwortung der Bürger für die Verteidigung und Sicherheit ihres Landes. Unbeantwortet bleibt hier die Frage, was die aktive Partizipation am öffentlichen Leben sicherstellen kann. Wie lässt sich das republikanische Ideal aufrechterhalten, wenn Massenheere nicht mehr benötigt werden und in gegenwärtige Einsätze nur professionelle Soldatinnen und Soldaten geschickt werden können? Erfordert das republikanische Selbstverständnis von Staatsbürgerschaft letztlich nicht auch eine Wehrpflicht für Frauen? (vgl. Snyder 2003) Ausgehend von diesen Denkmustern ergeben sich vielfältige Argumentationen, die sich in den jeweiligen nationalen Diskussionen um das Pro und Contra der Wehrpflicht wiederfinden.

2.3   Systemtheoretische Grundlegung von Wehrsystemen

Edwin R. Micewski (2000) versucht mit einer systemtheoretischen Grundlegung das Problem der Wehrsystematik in den Gesamtzusammenhang gesellschaftlicher und politischer Notwendigkeiten zu bringen. Der Grundgedanke ist, anstelle der Beobachtung von Einzelphänomenen diese in ihren komplexen Wechselwirkungen zu untersuchen. Nach dem Ansatz von Talcott Parsons (1972, 1976) werden Strukturen sozialer Systeme mit dem Aspekt der Funktionalität verknüpft, um aufzuzeigen, welcher Handlungskontext sich für die einzelnen Subsysteme ergibt. In diesem Kontext betrachtet Micewski das Militär und die Streitkräfte als ein soziales Subsystem, das durch die Gewährleistung der äußeren Sicherheit zur Erhaltung des Gesamtsystems, d. h. der Gesellschaft, beiträgt.

Ausgehend von Parsons Unterteilung der Gesellschaft als soziales System in Wirtschaft, politisches System, gesellschaftliche Gemeinschaft und Normenerhaltung und seinem daraus resultierenden AGIL-Schema muss jedes Subsystem zur Erhaltung des Gesamtsystems vier elementare Funktionen erfüllen: Anpassung (Adaptation), Zielerreichung (Goal Attainment), Integration (Integration) und Strukturerhaltung (Latent Structure Maintenance).[6] Micewski nimmt diesen Ansatz auf und wendet diese vier Funktionserfordernisse auf das Subsystem Militär an:

- Die Funktion der *Anpassung* betrifft die materiellen und personellen Ressourcen, die für die Gewährleistung der Sicherheit des Gesamtsystems notwendig sind. Das berührt den wirtschaftlichen Bereich, aber auch die quantitative und qualitative Sicherstellung der nötigen Personalressourcen. Hier stellt sich die Frage, inwieweit die nötigen Personalstärken auf der Basis der Freiwilligkeit möglich sind oder der Wehrpflicht bedürfen (Struktur und Umfang der Streitkräfte).
- Die *Zielerreichungsfunktion* bezieht sich auf die zweckorientierte Festlegung der Handlungsziele, die die Organisation für die Gesellschaft zu erbringen hat. Das betrifft unmittelbar die politische Dimension. Ein überparteilicher sicherheitspolitischer Grundkonsens ist dabei eine unabdingbare Voraussetzung, um eindeutige Aufgabenzuordnungen zu ermöglichen (Auftrag und daraus resultierende Anforderungen an die Fähigkeiten der Streitkräfte).
- Die *Integrationsfunktion* umfasst alle Integrationsmechanismen, die der Kommunikation in den Streitkräften und dem inneren Zusammenhalt der Streitkräfte förderlich sind, sowie all jene Maßnahmen, die der Einbindung der Streitkräfte in die normativen Orientierungsmuster der Gesamtgesellschaft dienen (Image der Streitkräfte, interne Kommunikation, Umgang mit den Medien und Präsenz in denselben, Kompetenz der Organisation, soziale Anreize etc.).
- Die *Strukturerhaltungsfunktion* stellt sich als eine kulturelle Tiefendimension des Systems im Hinblick auf Wertbindungen und elementare Bewusstseinsinhalte dar. Es geht um die Integrierung der Organisation mit ihren Zielen, Strukturen und Handlungsabläufen in die Wertorientierungen in Öffentlichkeit und Gesellschaft. Eine besondere Herausforderung ist die Legitimität militärischer Gewalt in der Demokratie (Legitimierung der Streitkräfte).

---

[6] Vgl. dazu ausführlicher Parsons (1972, 1976) sowie Micewski (2000: 20 ff.).

Die letzten beiden Funktionen beeinflussen dabei wesentlich den gesellschaftlichen Stellenwert der Streitkräfte. Aufgrund dieser systemtheoretischen Herangehensweise lassen sich wesentliche – sicherheitspolitische, strukturelle,
ökonomische und soziale – Faktoren benennen, die, entsprechend bewertet,
unmittelbar das Wehrsystem prägen.

2.4 Wehrsysteme und ihre sozialkonstruktivistischen Implikationen

Wehrsysteme und ihre Ausgestaltung können aber auch sozialkonstruktivistisch
betrachtet und erklärt werden (vgl. Werkner 2006: 39 ff., 273 ff.). Nachdem in der
Sicherheits- und Verteidigungspolitik lange Zeit das neorealistische Paradigma
überwog, wonach sicherheitspolitisches Handeln in erster Linie über die Kern-
variable der Machtverteilung erklärt wurde, erfahren mit dem Ende des Kalten
Krieges konstruktivistische Ansätze eine zunehmende Bedeutung.[7] Michael C.
Desch (1998: 19) spricht von einer „renaissance of interest in culture in security
studies". So finden inzwischen Schlüsselbegriffe wie Identitäten, Normen, Werte
und (politische) Kultur verstärkt Eingang in die Internationalen Beziehungen
(vgl. u. a. Katzenstein 1996; Wendt 1999; Lantis 2002). Mit dieser Akzentuierung
erhält die politische Kultur den Status einer erklärenden Variablen (vgl. Florack
2005: 10 f.). In der allgemeinsten Form bedeutet politische Kultur die subjektive
Dimension der gesellschaftlichen Grundlagen politischer Systeme. Politische
Kultur ist nicht mit politischem Verhalten gleichzusetzen, kann politisches Verhalten aber erklären. Zwischen ihnen bestehen enge kausale Beziehungen (vgl.
Duffield 1998: 26 f., 1999: 771 f.): Erstens hilft politische Kultur, grundlegende
Politikziele und politische Interessen zu definieren; zweitens prägt politische
Kultur die Wahrnehmung der äußeren Umgebung und legt fest, welchen Einfluss und welche Beachtung bestimmte Situationen und Gegebenheiten durch
die Akteure erfahren und wie diese von ihnen interpretiert werden; und drittens
begrenzt politische Kultur die Perzeption von Handlungsoptionen. Durch
kulturelle Normen werden bestimmte Verhaltensweisen von vornehrein ausgeschlossen. Des Weiteren wird die Auswahl der Handlungsoptionen davon mit
bestimmt, welche Instrumente und Verfahren als akzeptabel und legitim erachtet
werden. Auf diese Weise kann auch erklärt werden, warum sich verschiedene
Akteure in der gleichen strukturellen Situation unterschiedlich verhalten.

---

[7] Jeffrey Checkel (1998) spricht vom „Constructivist Turn".

Bei der Analyse von Wehrsystemen, ihrer Ausgestaltung und Entwicklung kommt insbesondere der Aspekt der politisch-militärischen Kultur (vgl. Berger 1996, 1998) – verstanden als Teilmenge der politischen Kultur, inhaltlich bezogen auf den Kontext von Krieg und Militär – zum Tragen. Im Fokus des Interesses stehen hier politisch-militärische Traditionsbestände, Normen der Außen-, Sicherheits- und Verteidigungspolitik sowie entsprechende Orientierungsmuster in der Bevölkerung. Auch die Form der Rekrutierung wird dadurch geprägt. Dabei legen einerseits die außen- und sicherheitspolitischen Orientierungen der einzelnen Staaten bestimmte Rekrutierungsformen nahe. So fördert beispielsweise eine militärisch aktive Außenpolitik die Entwicklung zu Freiwilligenstreitkräften. D. h. Staaten, die eine lange Tradition besitzen, an internationalen Einsätzen teilzunehmen – bedingt durch ihr Selbstverständnis als *grande nation* (Frankreich) oder durch ihre Tradition als ehemalige Kolonialmacht (Frankreich, Belgien, die Niederlande, Spanien) –, neigen tendenziell stärker dazu, die Wehrpflicht auszusetzen und auf Freiwilligenstreitkräfte umzustellen. Umgekehrt stützen sich Staaten mit einer militärisch eher passiven Außen- und Sicherheitspolitik, d. h. Staaten mit einer ausgeprägt antimilitaristischen Orientierung aufgrund negativer historischer Erfahrungen (Deutschland, Österreich) oder auch neutrale Staaten (Österreich, die Schweiz) häufig auf die Wehrpflicht (vgl. Werkner 2006: 277 f.).

Andererseits bestehen in den einzelnen Ländern aber auch mehr oder weniger stark ausgeprägte Wehrpflichttraditionen. So besitzen beispielsweise Frankreich mit der *levée en masse* von 1793 oder auch Deutschland mit den auf die preußische Reformzeit 1807/08 zurückgehenden Synonymen ‚Bürger in Uniform‘ bzw. ‚Bürger in Waffen‘ stark national konnotierte Wehrpflichttraditionen (vgl. auch Werkner 2004b). In Österreich und der Schweiz ist die Wehrpflicht eng mit der Neutralität und dem Milizsystem verbunden (vgl. u. a. Haltiner 2003c). So erlaubt die ‚bewaffnete Neutralität‘ nicht nur Streitkräfte zur Landesverteidigung, sondern fordert darüber hinaus auch explizit die Bereitstellung diesbezüglicher Kapazitäten, womit gleichfalls die Schaffung eines Milizsystems unterstützt wird. In Dänemark wird die Wehrpflicht wesentlich durch eine Kultur des stark partizipativen Verhaltens begünstigt. In Belgien und den Niederlanden dagegen besaß die Wehrpflicht weder eine spezielle ideologische Basis noch symbolisierte sie ein besonderes Nationalgefühl. In Spanien geriet die Wehrpflicht aufgrund der Franco-Diktatur und der franquistischen Indoktrinierung Wehrpflichtiger sogar in Verruf und blieb auch im demokratischen Spanien letztlich dem repressiven Geist der Franco-Diktatur verhaftet (vgl. Werkner 2006: 278 f.). Letztlich können sich beide Traditionslinien – einerseits die außen- und sicherheitspolitische Orientierung, andererseits die Wehrpflichttradition – in ihrer Wirkung verstärken oder aber auch gegenseitig behindern. Grundsätzliche sicherheitspolitische Richtungsänderungen können dann zu Debatten um notwendige Harmonisierungen führen, die sich aus den neuen, miteinander häufig nicht mehr im Einklang stehenden Konstellationen in der politischmilitärischen Kultur ergeben (vgl. Werkner 2006: 281).

3 Empirische Untersuchungen und aktuelle Entwicklungen

Weitestgehend unabhängig und in der Regel auch ohne direkten Bezug zu den eben dargestellten theoretischen Ansätzen entstand mit dem Ende des Kalten Krieges eine Reihe von empirisch-quantitativen Untersuchungen zu Wehrsystemen. Hier ist insbesondere der Schweizer Militärsoziologe Karl W. Haltiner (1998a; basierend auf der gleichen Studie u. a. auch 1998b, 1999, 2003a, b) zu nennen. In seinen Studien weist er für die westeuropäischen Staaten Entwicklungstendenzen auf, die für ein Ende der Massenarmeen sprechen und einen Trend hin zu Freiwilligenarmeen aufzeigen. Ausgehend von den Merkmalen eines Massenheeres (Rekrutierung auf der Basis der Wehrpflicht, hohe Militärpartizipationsrate[8], hohe Wehrpflichtrate[9], dementsprechend geringe Anteile von Freiwilligen und Frauen in den Streitkräften, geringere Technizität der Streitkräfte, deutliche Heerdominanz) belegt Haltiner für die westeuropäischen Staaten[10] durchgängig gegenläufige Tendenzen. Besonders signifikant ist die Verringerung der Wehrpflichtigenanteile in den Streitkräften. In diesem Zusammenhang unterscheidet er nach der Wehrpflichtrate drei Typen von Wehrpflichtmodellen: Zum ersten Typ, zur sogenannten „Pseudo"-Wehrpflichtarmee, rechnet er alle Streitkräfte, die ihr Personal mehrheitlich aus Freiwilligen rekrutieren, d. h. einen Wehrpflichtigenanteil von unter 50 % aufweisen. Diese Gruppe sowie die Anzahl der Länder mit Freiwilligenarmeen nehmen seit 1990 stark zu. Unter den zweiten Typ, der sogenannten „Soft-core"-Wehrpflichtarmee, fallen die Streitkräfte, die über einen Wehrpflichtigenanteil zwischen 50 % und zwei Dritteln des Bestandes verfügen. Der dritte Typ, die sogenannte „Hardcore"-Wehrpflichtarmee, stützt sich zu mehr als zwei Dritteln auf Wehrpflichtige. Diese Gruppe stellt das klassische Massenheer dar und ist gegenwärtig nur noch in der Schweiz zu finden (vgl. Abb. 2).

---

[8] Teil der nationalen Bevölkerung, der für militärische Zwecke mobilisiert werden kann.

[9] Anteil der Wehrpflichtigen an den aktiven Streitkräften.

[10] Haltiners Studie basiert auf Untersuchungen der Staaten Belgien, Dänemark, Deutschland, Finnland, Frankreich, Griechenland, Italien, der Niederlande, Norwegen, Österreich, Portugal, Spanien, Schweden, der Schweiz und der Türkei.

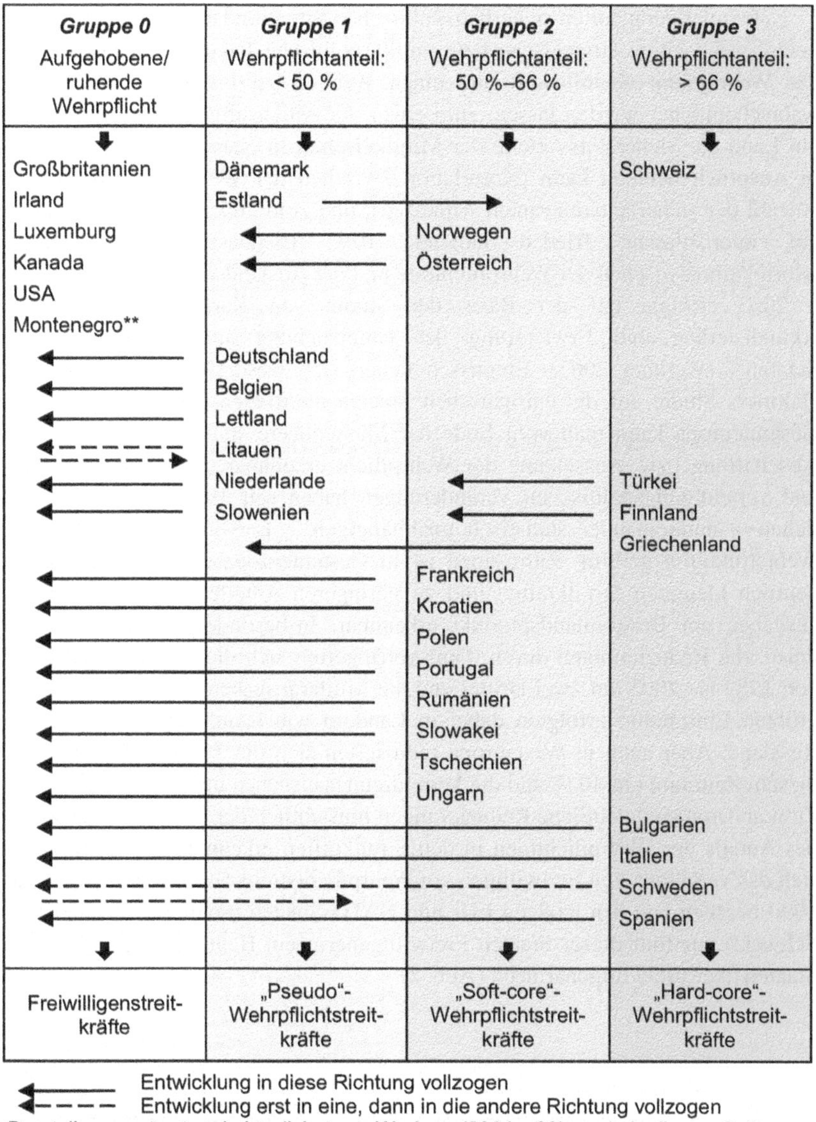

Gruppe 0	Gruppe 1	Gruppe 2	Gruppe 3
Aufgehobene/ ruhende Wehrpflicht	Wehrpflichtanteil: < 50 %	Wehrpflichtanteil: 50 %–66 %	Wehrpflichtanteil: > 66 %

Gruppe 0 ⬇	Gruppe 1 ⬇	Gruppe 2 ⬇	Gruppe 3 ⬇
Großbritannien	Dänemark		Schweiz
Irland	Estland ――――――▶		
Luxemburg	◀――――――	Norwegen	
Kanada	◀――――――	Österreich	
USA			
Montenegro**			
◀――――――	Deutschland		
◀――――――	Belgien		
◀――――――	Lettland		
◀―――――▶	Litauen		
◀――――――	Niederlande	◀――――――	Türkei
◀――――――	Slowenien	◀――――――	Finnland
	◀―――――――――		Griechenland
◀―――――――――――		Frankreich	
◀―――――――――――		Kroatien	
◀―――――――――――		Polen	
◀―――――――――――		Portugal	
◀―――――――――――		Rumänien	
◀―――――――――――		Slowakei	
◀―――――――――――		Tschechien	
◀―――――――――――		Ungarn	
◀―――――――――――――――――			Bulgarien
◀―――――――――――――――――			Italien
◀――――――――――――――――――――▶			Schweden
◀―――――――――――――――――			Spanien
⬇	⬇	⬇	⬇
Freiwilligenstreitkräfte	„Pseudo"-Wehrpflichtstreitkräfte	„Soft-core"-Wehrpflichtstreitkräfte	„Hard-core"-Wehrpflichtstreitkräfte

◀―――― Entwicklung in diese Richtung vollzogen
◀― ― ― Entwicklung erst in eine, dann in die andere Richtung vollzogen
* Darstellung ergänzt und aktualisiert von Werkner (2004c: 98) sowie in diesem Beitrag.
** Montenegros Streitkräfte seit 2006, seit der Unabhängigkeit des Landes.

Abb. 2 Entwicklungstrends 1990–2020: Wehrstrukturtypen nach Karl W. Haltiner*

Neben der veränderten sicherheitspolitischen Situation lassen sich bei Haltiner noch zwei weitere strategische bzw. militärpolitische Faktoren ausmachen, die das Wehrsystem beeinflussen und einen Wechsel zu Freiwilligenstreitkräften wahrscheinlicher werden lassen: zum einen der Allianzeffekt, der auftritt, wenn ein Land die Sicherheitsvorteile der Mitgliedschaft in einer Verteidigungsallianz in Anspruch nehmen kann (Korrelation zwischen der Wehrpflichtrate und der Anzahl der sicherheitsrelevanten Allianzen), und zum anderen die Fokussierung auf internationale friedenserhaltende bzw. friedensschaffende Einsätze (Korrelation zwischen der Wehrpflichtrate und der Auslandseinsatzrate[11]).

2003 erfolgte auf der Basis der Studie von Karl W. Haltiner eine Aktualisierung und Erweiterung der Untersuchung auf alle europäischen Staaten[12] (Werkner 2003). Empirisch ließen sich wesentliche Ergebnisse von Haltiners Studie auf die europäischen Staaten übertragen. Auch mit Blick auf Gesamteuropa kann man vom Ende der Massenheere sprechen, da Trends zur Abschaffung bzw. Aussetzung der Wehrpflicht erkennbar sind. Die sicherheits- und verteidigungspolitischen Veränderungen haben seit 1989 zu zwei wesent- lichen – untereinander statistisch unabhängigen – Entwicklungslinien in den Wehrstrukturen geführt: Zum einen ist in Gesamteuropa eine Entwicklung zu deutlich kleineren Streitkräften und zu geringeren Anteilen der Verteidigungs- ausgaben am Bruttoinlandsprodukt erkennbar. Insbesondere Osteuropa führte drastische Reduzierungen durch. Dort verringerten sich die Streitkräfteumfänge von 1989 bis 2003 um zwei Drittel und die Militärausgaben sogar um 85 %. Die größten Einschnitte erfolgten dabei in Ländern wie Rumänien, Bulgarien und Russland. Aber auch in Westeuropa reduzierten sich die Streitkräfteumfänge in diesem Zeitraum um 40 % und die Verteidigungsausgaben um 30 % (ebd.: 19 ff.). Zum anderen sind deutliche Reduzierungen hinsichtlich der Wehrdienstdauer und des Anteils der Wehrpflichtigen in den Streitkräften erkennbar. Mittlerweile hat sich das Verhältnis von Freiwilligen- zu Wehrpflichtstreitkräften sogar umgekehrt: 1990 besaßen von den jetzigen EU- und NATO-Staaten (unter Einbeziehung der Schweiz) nur fünf dieser Staaten Freiwilligenarmeen. Heute verfügen 22 dieser Staaten über Freiwilligenarmeen (Abb. 2).

---

[11] Anteil der Soldatinnen und Soldaten im Auslandseinsatz gemessen an der Gesamtstärke der aktiven Streitkräfte.

[12] Diese neuere Untersuchung umfasst 35 Staaten. Ausgenommen sind nur die Staaten des ehemaligen Jugoslawiens, die Inselstaaten Zypern und Malta sowie die Staaten ohne eigene Streitkräfte wie zum Beispiel Island und Liechtenstein.

Unterschiedlich bewertet werden dagegen in den beiden oben genannten Studien der Einfluss des Anstiegs des Lebensstandards, der mit einer Veränderung der Wertestrukturen, dem sogenannten gesellschaftlichen Wertewandel, verbunden ist. Während Haltiner nur einen schwach ausgeprägten Zusammenhang zwischen der Wehrpflichtrate und dem Lebensstandard eines Landes feststellt, der ohne die Schweiz gänzlich entfallen würde, wurde in der zweiten Studie ein statistisch signifikanter Zusammenhang ermittelt (Werkner 2003: 38 ff.). Das bestärkt die in der Militärsoziologie bereits in den 1970er-Jahren formulierte These, wonach – zugespitzt formuliert – Wehrpflichtarmeen die Rekrutierungsform armer Staaten und Freiwilligenstreitkräfte eher die Rekrutierungsform reicher Staaten seien (u. a. Janowitz 1972: 11 ff.; Doorn 1975: 147 ff.). Mit einem mittlerweile nahezu vollständigen Wechsel des Rekrutierungssystems in Europa entfallen dann aber auch zuvor festgestellte Kausalzusammenhänge.

Parallel dazu entstand eine weitere vergleichende Studie von Rafael Ajangiz (2002), in der verschiedene Variablen aufgezeigt werden, durch die die jüngsten Regierungsentscheidungen hinsichtlich der Abschaffung bzw. Aussetzung der Wehrpflicht in Europa bestimmt wurden:

- Entwicklung der Militärausgaben: Wenn Wehrpflichtige durch neuere Technologie und freiwillige Soldatinnen und Soldaten ersetzt werden, erfordert das zusätzliche finanzielle Anstrengungen. Ajangiz vertritt daher die These, dass vor dem Hintergrund des gegenwärtigen europäischen Trends der Reduzierung der Verteidigungsausgaben die Höhe der Militärkosten bzw. der Grad der Kostenersparnisse seit 1990 anzeigt, welche Staaten größere Ressourcen für eine mögliche Umstellung ihres Wehrsystems besitzen.
- Reduzierungen des Streitkräfteumfangs und der Militärpartizipationsrate: Diese werden vor allem durch internationale Abrüstungsentscheidungen, nationale Anpassungen an das neue Auftragsspektrum, Änderungen in der Wehrdienstdauer bzw. des Wehrsystems sowie durch demografische Entwicklungen wie die Geburtenrate bestimmt.
- Technologischer Fortschritt: Eine höhere technologische Ausrüstung ersetze zum einen menschliche Arbeitskraft, zum anderen erfordere sie speziell ausgebildete Militärangehörige, wodurch die Professionalisierung der Streitkräfte weiter vorangetrieben werde.
- Kriegsdienstverweigerungsquote: Der Grad der Kriegsdienstverweigerung, der vor dem Hintergrund zivil-militärischer Inkompatibilitäten sowie des gesellschaftlichen Wertewandels zu sehen ist, beeinflusse die Entscheidungen der Regierungen, die Wehrpflicht abzuschaffen bzw. auszusetzen.

- Einstellung der Bevölkerung zur Wehrpflicht.
- Öffentliches Meinungsbild zu militärischen Interventionen einschließlich der Entwicklung von Kriseneinsatzkräften.
- Entscheidung über Entsendung bzw. Nichtentsendung von Wehrpflichtigen in Auslandseinsätze.
- Zunehmende Ersetzung der Wehrpflichtigen durch freiwillige Soldatinnen und Soldaten, d. h. das Absinken der Wehrpflichtrate: Diese Entwicklung vollzieht sich in einem langen Prozess, hat aber in den 1990er-Jahren durch das neue Auftragsspektrum und die Priorität internationaler Einsätze einen starken Aufschwung erfahren.

Ajangiz misst dabei den gesellschaftlichen Faktoren – insbesondere der postmaterialistischen Gesellschaft und der damit in Verbindung stehenden Wehrdienstweigerung – besondere Bedeutung bei. Zusammen mit der Reduzierung der Wehrdienstdauer oder der Entscheidung, keine Wehrpflichtigen in den Auslandseinsatz zu schicken, würden sie den Nutzen der Wehrpflicht begrenzen und diese entbehrlich machen. Wie die Autorinnen und Autoren der beiden zuvor vorgestellten Studien schlussfolgert auch Ajangiz (2002: 332): „The completion of this process does not necessarily bring the end of conscription." Die mittlerweile zu verzeichnende Entwicklung in Europa macht eine solche Feststellung allerdings fast hinfällig. Künftig werden sich empirische Studien eher mit Rekrutierungsfragen in Freiwilligenstreitkräften beschäftigen müssen. Dies zeigt auch der Titel *Europe without Soldiers?* der 2011 erschienenen Studie von Tibor Svircsev Tresch und Christian Leuprecht (2011) an.

Dennoch, es gibt auch Gegentendenzen (vgl. Bieri 2015): Die russische Annexion der Krim und die Ukrainekrise haben teilweise zu einer stärkeren Akzentuierung der Landes- und Bündnisverteidigung geführt. Vor diesem Hintergrund hat Litauen die aufgehobene Wehrpflicht wieder implementiert. Ebenso hat Schweden die 2010 ausgesetzte Wehrpflicht 2017 wieder eingeführt (für Männer und Frauen!). Hier waren es vor allem Rekrutierungsprobleme, die das Land zu diesem Schritt veranlasst haben.

Joeri Rongé und Giulia Abrate (2019) widmen sich in ihrer jüngsten Veröffentlichung den Entwicklungen in den EU-Staaten und arbeiten drei Ländergruppen heraus, die ihr Rekrutierungssystem auf die Wehrpflicht stützen: Es sind (1) Staaten mit sicherheitspolitisch angespannten Beziehungen zu Nachbarländern (wie die Nachbarschaft zu Russland oder die türkisch-griechischen Beziehungen), (2) die nordischen Länder sowie (3) die neutralen Staaten. Letztlich gelangen der Autor und die Autorin aber zu dem Ergebnis, dass im Ganzen betrachtet der Wehrpflicht in Europa keine entscheidende Bedeutung mehr zukomme, wofür sie insbesondere den Wandel des Krieges verantwortlich machen.

4   Das Wehrsystem im Kontext gesamtgesellschaftlicher Entwicklungen und Prozesse

Die Frage nach dem Wehrsystem und speziell nach der Form der Rekrutierung von Streitkräften erweist sich nicht nur als vielschichtig – letztlich umfasst sie verfassungsrechtliche, sicherheitspolitische, gesellschaftspolitische, militärisch-personelle sowie ökonomische Aspekte (vgl. u. a. Dinter 2004) –, sondern ist auch in einem größeren Kontext zu verorten. Sie ist stets Ausdruck gesamt-gesellschaftlicher Verhältnisse und Wandlungsprozesse (Werkner 2006: 290 ff.). So stand historisch die Einführung der allgemeinen Wehrpflicht zum einen in einem engen Zusammenhang mit der gesellschaftlichen Nationsbildung.[13] Der Militärdienst galt als ‚Schule der Nation'. Durch ihn wurde ein Bewusst-sein nationaler Zugehörigkeit hervorgerufen. Die Wehrpflicht entwickelte sich auf diese Weise zu einem Garanten und in der Folge auch zu einem Symbol des Nationalstaates. Zum anderen stand die Einführung der Wehrpflicht in Europa im Zusammenhang mit der Französischen Revolution und dem Aufstieg des Bürger-tums. Mit der allgemeinen Wehrpflicht sollte der Einfluss des Bürgertums auf den Staat erhöht werden. Es ging somit um das liberale Prinzip der Emanzipation des Bürgertums. In diesem Sinne galt die Wehrpflicht nicht nur als eine staatsbürger-liche Verpflichtung, sondern zugleich als ein Bürgerrecht.

Die Phase der Umstellung der europäischen Rekrutierungssysteme auf Frei-willigenstreitkräfte steht gleichfalls im Kontext gesamtgesellschaftlicher Ver-änderungen. Ein neues, die Souveränität des Nationalstaates schwächendes Gesellschaftsmodell tritt in Erscheinung. Europa wird zunehmend durch Tendenzen der Globalisierung geprägt. Das zeigt sich auch in der Außen-, Sicherheits- und Verteidigungspolitik. Die europäischen Staaten agieren über-wiegend mit einem weit gefassten Verteidigungsbegriff, der für eine zunehmend globale sicherheitspolitische Ausrichtung steht, mit der nationale Elemente zurückgedrängt werden.

Hinzu kommt der Wertewandel der Gesellschaft, der neue Formen der aktiven politischen Partizipation der Bürgerinnen und Bürger erfordert. Pflicht-dienste wie die Wehrpflicht laufen dieser Entwicklung zuwider. So wird der Wandel in den europäischen Wehrsystemen zunehmend auch mit Fragen des allgemeinen Gesellschaftsdienstes in Verbindung gebracht. In diesem Kontext

---

[13] Siehe hierzu auch den Beitrag von *Kantner & Sandawi* in diesem Band.

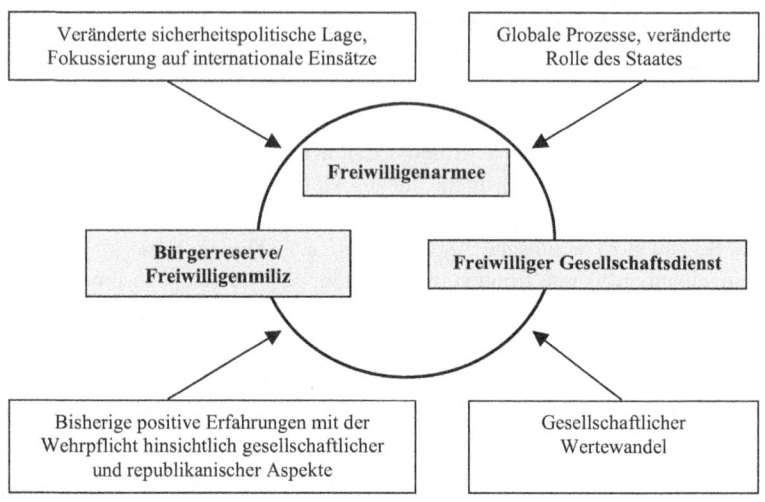

Abb. 3 Modell der Einbettung einer Freiwilligenarmee unter Berücksichtigung gesamt-gesellschaftlicher Veränderungen (Werkner 2008: 75)

votiert ein Zukunftsmodell für eine Trias von Freiwilligenarmee, Bürger-reserve und freiwilligem Gesellschaftsdienst (Werkner 2008: 72 ff.), wonach die beiden Alternativen Wehrpflicht und Freiwilligenarmee nicht isoliert und für sich genommen zu betrachten, sondern auch als Teil eines gesamtgesellschaft-lichen Reformprozesses wahrzunehmen seien. Danach könnte ein möglicher künftiger Weg darin liegen, die Wehrpflicht durch eine Freiwilligenarmee zu ersetzen, gleichzeitig aber den Rahmen und die Bedingungen für ein verstärktes freiwilliges Engagement zu schaffen, das auch eine militärische Komponente enthält. Eine ergänzende Bürgerreserve könnte zudem den Heimatschutz bzw. die Katastrophenhilfe sicherstellen und die zivil-militärischen Beziehungen stärken (vgl. Abb. 3). Mit der Bundeswehr als Freiwilligenarmee, dem Bundes-freiwilligendienst und dem im April 2021 eingeführten freiwilligen Wehrdienst im Heimatschutz „Dein Jahr für Deutschland" nähert sich Deutschland diesem Modell bereits stark an.

Diese Konstruktion – die Trias von Freiwilligenarmee, Bürgerreserve/Frei-willigenmiliz und freiwilligem Gesellschaftsdienst – würde jedenfalls sowohl liberale als auch republikanische Aspekte miteinander verbinden und wäre ein erster Schritt in Richtung einer internationalen und globalen Ausrichtung, die letztlich auch in eine mehr als nur vage existierende Idee einer europäischen Armee münden könnte.

Annotierte Auswahlbibliografie

Burk, James (2002): Theories of Democratic Civil-Military Relations. In: Armed Forces & Society, 29: 1, 7–29.

Die Betrachtungen zu zivil-militärischen Beziehungen fußen auf der Gegenüberstellung zweier Ansätze: des liberalen und des republikanischen Ansatzes. Ausgehend von diesen Denkmustern ergeben sich wesentliche Argumentationslinien, aber auch Fragestellungen im Hinblick auf das Pro und Contra der Wehrpflicht.

Haltiner, Karl W. (1998): The Definite End of the Mass Army in Western Europe? In: Armed Forces & Society, 25: 1, 7–36

Werkner, Ines-Jacqueline (2003): Allgemeine Trends und Entwicklungslinien in den europäischen Wehrsystemen. SOWI-Arbeitspapier Nr. 134. Strausberg: Sozialwissenschaftliches Institut der Bundeswehr

Beide empirischen Untersuchungen, basierend auf quantitativen Analysen von Daten aus Military Balance, zeigen das Ende der Massenheere und den aktuellen europäischen Trend zu Freiwilligenarmeen auf.

Kernic, Franz (1997): Demokratie und Wehrsystem. Frankfurt a. M.: Peter Lang.

Im Mittelpunkt steht das strukturelle Verhältnis von moderner demokratischer Gesellschaft, politischem System und Wehrsystem. Ausgehend von einer Analyse des Zusammenhanges von Politik und militärischer Gewalt sowie von Staatsverfassung und Heeresverfassung wird der Versuch unternommen, das Beziehungsgeflecht von moderner Demokratie und Wehrsystem näher zu bestimmen. Dabei wird auch die aktuelle Frage nach der Zukunft der allgemeinen Wehrpflicht in den modernen Industriegesellschaften mit speziellem Fokus auf Österreich erörtert.

Micewski, Edwin R. (2000): Zur Frage eines Freiwilligenheeres. Sozialwissenschaftliche und gesellschaftspolitische Überlegungen zu einer allfälligen Änderung des Wehrsystems. Wien: Landesverteidigungsakademie.

Auf der Basis eines systemtheoretischen Ansatzes benennt der Autor Faktoren, die für die Frage nach dem Wehrsystem maßgeblich sind, in ihrer allgemeinen Gültigkeit als auch in ihrer Relevanz für das österreichische Wehrsystem.

Werkner, Ines-Jacqueline (Hrsg.) (2004): Die Wehrpflicht und ihre Hintergründe. Sozialwissenschaftliche Beiträge zur aktuellen Debatte. Wiesbaden: VS Verlag für Sozialwissenschaften.

Die Beiträge in diesem Buch wenden sich aus sozialwissenschaftlicher Perspektive dem Thema der Wehrpflicht zu. Der Forschungsrahmen reicht dabei von historischen und demokratietheoretischen Zusammenhängen über sozialwissenschaftliche Ansätze der Gender- und politischen Kulturforschung bis hin zu internationalen Aspekten. Ein Aufsatz dieses Sammelbandes fasst die wesentlichen Aspekte im Pro und Contra von Wehrpflicht, Freiwilligenarmee und allgemeiner Dienstpflicht zusammen.

Literatur

Adam, Antonis (2012): Military Conscription as a Means of Stabilizing Democratic Regimes. In: Public Choice 2012: 150, 715–730.

Ahammer, Andreas/Nachtigall, Stephan (2009): 5 plus 1: Wehrpflicht der Zukunft im Gesellschaftsdienst. Baden-Baden: Nomos.

Ahammer, Andreas/Nachtigall, Stephan (Hrsg.) (2010): Wehrpflicht, legitimes Kind der Demokratie. Berlin: Berliner Wissenschafts-Verlag.

Ajangiz, Rafael (2002): The European Farewell to Conscription? In: Mjøset/Holde (2002): 307–333.

Asal, Victor/Conrad, Justin/Toronto, Nathan (2017): I Want You! The Determinants of Military Conscription. In: Journal of Conflict Resolution 61: 7, 456–481.

Berger, Thomas U. (1996): Norms, Identity, and National Security in Germany and Japan. In: Katzenstein (1996): 317–356.

Berger, Thomas U. (1998): Cultures of Antimilitarism: National Security in Germany and Japan. Baltimore: Johns Hopkins University Press.

Bieri, Matthias (2015): Wehrpflicht in Europa: Neue Relevanz. CSS-Analysen Nr. 180. Center for Security Studies: ETH Zürich.

Brunner, Georg (1979): Vergleichende Regierungslehre, Bd. 1. Paderborn et al.: Schöningh.

Buch, Detlef (2010): Wohin mit der Wehrpflicht? Weisen die Partner wirklich den richtigen Weg? Frankfurt a. M.: Peter Lang.

Burk, James (2002): Theories of Democratic Civil-Military Relations. In: Armed Forces & Society, 29: 1, 7–29.

Caforio, Giuseppe (Hrsg.) (2003): Handbook of the Sociology of the Military. New York: Kluwer Academics/Plenum Publishers.

Checkel, Jeffrey T. (1998): The Constructivist Turn in International Relations Theory. In: World Politics, 50: 2, 324–348.

Cunis, Reinmar (1968): Rekrutierungsmodelle im demokratischen Gesellschaftssystem. In: König (1968): 122–135.

Desch, Michael C. (1998): Culture Clash. Assessing the Importance of Ideas in Security Studies. In: International Security, 23: 1, 141–170.

Dinter, Henrik (2004): Wehrpflicht, Freiwilligenarmee und allgemeine Dienstpflicht – Aktuelle Argumentationslinien. In: Werkner (2004a): 109–129.

Doorn, Jacques van (1975): The Decline of the Mass Army in the West. General Reflections. In: Armed Forces & Society, 1: 2, 147–157.

Duffield, John S. (1998): World Power Forsaken. Political Culture, International Institutions, and German Security Policy after Unification. Stanford: Stanford University Press.

Duffield, John S. (1999): Political Culture and State Behavior: Why Germany Confounds Neorealism. In: International Organization, 53: 4, 765–803.

Faulks, Keith (1999): Political Sociology. A Critical Introduction. Edinburgh: Edinburgh University Press.

Florack, Martin (2005): Kriegsbegründungen. Sicherheitspolitische Kultur in Deutschland nach dem Kalten Krieg. Marburg: Tectum Verlag.

Gareis, Sven Bernhard/Klein, Paul (Hrsg.) (2004): Handbuch Militär und Sozialwissenschaft. Wiesbaden: VS Verlag für Sozialwissenschaften.

Giller, Joachim (1992): Demokratie und Wehrpflicht. Wien: Landesverteidigungsakademie Wien.

Grimm, Christian (1981): Die Allgemeine Wehrpflicht und das Argument der Demokratie-adäquanz. In: Neue Zeitschrift für Wehrrecht, 3, 81–98.

Haltiner, Karl W. (1998a): The Definite End of the Mass Army in Western Europe? In: Armed Forces & Society, 25: 1, 7–36.

Haltiner, Karl W. (1998b): Mass Armies in Western Europe. In: Vlachová (1998): 38–63.

Haltiner, Karl W. (1999): Westeuropas Massenheere am Ende? In: Haltiner/Kühner (1999): 21–27.

Haltiner, Karl W. (2003a): The Decline of the European Mass Armies. In: Caforio (2003a): 361–384.

Haltiner, Karl W. (2003b): Die Wehrpflicht vor dem Aus? Europas Streitkräfte im Umbruch. In: Prüfert (2003): 21–38.

Haltiner, Karl W. (2003c): Conscription and Militia as a National Tradition (The Case of Switzerland). In: Malešič (2003): 43–61.

Haltiner, Karl W./Kühner, Andreas (Hrsg.) (1999): Wehrpflicht und Miliz – Ende einer Epoche? Der europäische Streitkräftewandel und die Schweizer Miliz. Baden-Baden: Nomos.

Haltiner, Karl W./Kümmel, Gerhard (Hrsg.) (2008): Wozu Armeen? – Europas Streitkräfte vor neuen Aufgaben. Baden-Baden: Nomos.

Hintze, Otto (1906): Staatsverfassung und Heeresverfassung. Vortrag gehalten in der Gehe-Stiftung zu Dresden am 17. Februar 1906. Abgedruckt in: Hintze (1970): 52–83.

Hintze, Otto (1970): Staat und Verfassung. Gesammelte Abhandlungen zur allgemeinen Verfassungsgeschichte. 3. Aufl., hrsg. v. Gerhard Oestreich. Göttingen: Vandenhoeck & Ruprecht.

International Institute für Strategic Studies (IISS) (2010): The Military Balance 2010. London: Routledge.

Janowitz, Morris (1972): The Decline of the Mass Army. In: Military Review, 52: 2, 10–16.

Katzenstein, Peter J. (Hrsg.) (1996): The Culture of National Security: Norms and Identity in World Politics. New York: Columbia University Press.

Kernic, Franz (1997): Demokratie und Wehrsystem. Frankfurt a. M.: Peter Lang.

Kernic, Franz (1999): Freiwilligenheer oder Wehrpflicht? Militärsoziologische Anmerkungen zur Frage nach der zukünftigen Gestaltung des österreichischen Wehrsystems. In: Haltiner/Kühner (1999): 28–42.

Kernic, Franz (2004): Demokratie und Wehrform – Anmerkungen zum Verhältnis von Staatsverfassung und Heeresverfassung. In: Werkner (2004a): 65–85.

Kirsch, Ulrich (Hrsg.) (2010): Darum Wehrpflicht! Zur aktuellen Debatte um die Zukunft der deutschen Wehrpflicht. Baden-Baden: Nomos.

Klein, Paul (1999): Begriffswelt: Wehrpflicht, Miliz, Massenheer, Freiwilligenarmee, Stehendes Heer, u. a. m. In: Haltiner/Kühner (1999): 13–18.

Klein, Paul (2004): Wehrsysteme und Wehrformen im Vergleich. In: Werkner (2004a): 9–27.

König, René (Hrsg.) (1968): Beiträge zur Militärsoziologie. Köln/Opladen: Westdeutscher Verlag.

Kulak, Anna/Schummers, Timo/Reichard, Daniel/Geiger, Alexander (2018): Guttenbergs Meisterstück? Die Aussetzung der Wehrpflicht. Koblenz-Landau: Universität Koblenz-Landau.

Lantis, Jeffrey S. (2002): Strategic Culture and National Security Policy. In: International Studies Review, 4: 3, 87–113.

Malešič, Marjan (Hrsg.) (2003): Conscription vs. All-Volunteer Forces in Europe. Baden-Baden: Nomos.

Micewski, Edwin R. (2000): Zur Frage eines Freiwilligenheeres. Sozialwissenschaftliche und gesellschaftspolitische Überlegungen zu einer allfälligen Änderung des Wehrsystems. Wien: Landesverteidigungsakademie.

Miller, David (2000): Citizenship and National Identity. Cambridge: Polity Press.

Mjøset, Lars/Holde, Stephen van (Hrsg.) (2002): The Comparative Study of Conscription in the Armed Forces. Oxford et al.: Elsevier Science Ltd.

Munz, Peter Richard (1978): Wehrgerechtigkeit und Wehrstruktur. Herford: Verlag E. S. Mittler & Sohn GmbH.

Nolte, Georg/Krieger, Heike (2002): Europäische Wehrrechtssysteme. Ein Vergleich der Rechtsordnungen Belgiens, Dänemarks, Deutschlands, Frankreichs, Luxemburgs, der Niederlande, Polens, Spaniens und des Vereinigten Königreichs. Baden-Baden: Nomos.

Opitz, Eckardt (1994): Allgemeine Wehrpflicht – ein Problemaufriß aus historischer Sicht. In: Opitz/Rödiger (1994): 9–29.

Opitz, Eckardt/Rödiger, Frank S. (Hrsg.) (1994): Allgemeine Wehrpflicht. Geschichte – Probleme – Perspektiven. Bremen: Edition Temmen.

Parsons, Talcott (1972): Das System moderner Gesellschaften. München: Juventa Verlag.

Parsons, Talcott (1976): Zur Theorie sozialer Systeme. Opladen: Westdeutscher Verlag.

Pöcher, Harald (2004): Ökonomische Implikationen unterschiedlicher Wehrsysteme. Unter besonderer Berücksichtigung Österreichs. Frankfurt a. M.: Peter Lang.

Presse- und Informationsamt der Bundesregierung (1995): Bulletin, Nr. 97 vom 21.11.1995.

Prüfert, Andreas (Hrsg.) (2003): Hat die allgemeine Wehrpflicht in Deutschland eine Zukunft? Zur Debatte um die künftige Wehrstruktur. Baden-Baden: Nomos.

Rongé, Joeri/Abrate, Giulia (2019): Conscription in the European Union Armed Forces: National Trends, Benefits and EU Modernised Service. In: Food for Thought 07–2019. European Army Interoperability Center.

Sademon, Michael (Hrsg.) (2011): Das Ende der Wehrpflicht: Zukünftige Armee aus Berufssoldaten und Freiwilligen. Beau Bassin: FastBook Publishing.

Snyder, Claire R. (2003): The Citizen-Soldier Tradition and Gender Integration of the U.S. Military. In: Armed Forces & Society, 29: 2, 185–204.

Tolksdorf, Wilhelm/Linnenkamp, Hilmar (1977): Wehrstruktur. In: Zoll et al. (1977): 340–343.

Tresch, Tibor Svircsev/Leuprecht, Christian (2011): Europe without Soldiers? Recruitment and Retention Across the Armed Forces of Europe. Montreal: McGill-Queen's University Press.

Vlachová, Marie (Hrsg.) (1998): The European Military in Transition. Armed Forces in Their Social Context. Baden-Baden: Nomos.

Wehrstruktur-Kommission der Bundesregierung (Hrsg.) (1971): Wehrgerechtigkeit in der Bundesrepublik Deutschland. Bericht der Wehrstruktur-Kommission an die Bundesregierung 1971. Köln.

Wendt, Alexander (1999): Social Theory of International Politics. Cambridge: Cambridge University Press.

Werkner, Ines-Jacqueline (2003): Allgemeine Trends und Entwicklungslinien in den europäischen Wehrsystemen. SOWI-Arbeitspapier Nr. 134. Strausberg: Sozialwissenschaftliches Institut der Bundeswehr.

Werkner, Ines-Jacqueline (Hrsg.) (2004a): Die Wehrpflicht und ihre Hintergründe. Sozialwissenschaftliche Beiträge zur aktuellen Debatte. Wiesbaden: VS Verlag für Sozialwissenschaften.

Werkner, Ines-Jacqueline (2004b): Die Wehrpflicht – Teil der politischen Kultur der Bundesrepublik Deutschland? In: Werkner (2004a): 155–177.

Werkner, Ines-Jacqueline (2004c): Wehrstrukturen im internationalen Vergleich. In: Gareis/Klein (2004): 89–100.

Werkner, Ines-Jacqueline (2006): Wehrpflicht oder Freiwilligenarmee? Wehrstrukturentscheidungen im europäischen Vergleich. Frankfurt a. M.: Peter Lang.

Werkner, Ines-Jacqueline (2008): Strukturwandel der Streitkräfte in Europa. In: Haltiner/Kümmel (2008): 59–77.

Zoll, Ralf/Lippert, Ekkehard/Rössler, Tjarck (Hrsg.) (1977): Bundeswehr und Gesellschaft. Ein Wörterbuch. Opladen: Westdeutscher Verlag.

Werkner, Ines-Jacqueline, Dr. rer. pol. habil.; Leiterin des Arbeitsbereichs Frieden der Forschungsstätte der Evangelischen Studiengemeinschaft e.V. (FEST) in Heidelberg sowie Privatdozentin am Institut für Politikwissenschaft der Goethe-Universität Frankfurt a. M.

Der Nationalstaat und das Militär

Cathleen Kantner und Sammi Sandawi

Das strikt hierarchisch organisierte, disziplinierte sowie der politischen Exekutive wirksam unterworfene Militär, wie wir es heute kennen, ist eine moderne Institution. Als soziales Feld mit eigener Handlungslogik und -rationalität, mit ausdifferenzierten hierarchischen Beziehungen und sozialen Rollen, die sich klar vom Alltagsleben unterscheiden und die nur auf der Grundlage langjähriger beruflicher Spezialisierung und Professionalisierung ausgefüllt werden können, begann sich das ‚Kriegsgewerbe' erst mit dem modernen Flächenstaat seit dem 15. Jahrhundert zu entwickeln. Als halbwegs zuverlässig kalkulierbares Instrument der politischen Herrschaft hat es das Militär nicht vor der Konsolidierung staatlicher Herrschaft im Absolutismus gegeben.[1] Doch wirklich durchgesetzt wurde das staatliche Gewaltmonopol im Inneren wie im

---

[1] Heere waren zunächst heterogene Gruppen von Kriegern, Rittern oder anderen Einzelkämpfern, die sich nur unter permanent auszuhandelnden Bedingungen und nur befristet dem Willen ihrer Anführer unterordneten. Diese bewaffneten Scharen waren politisch schwer zu kontrollieren.

C. Kantner (✉)
Institut für Sozialwissenschaften, Universität Stuttgart, Stuttgart, Deutschland
E-Mail: cathleen.kantner@sowi.uni-stuttgart.de

S. Sandawi (✉)
Bundesministerium der Verteidigung (BMVg), Berlin, Deutschland
E-Mail: sammisandawi@bmvg.bund.de

© VS Verlag für Sozialwissenschaften | Springer Fachmedien Wiesbaden GmbH, Wiesbaden 2023
N. Leonhard und I.-J. Werkner (Hrsg.), *Militärsoziologie – Eine Einführung*, https://doi.org/10.1007/978-3-658-30184-2_5

Äußeren erst in der Moderne – dem Zeitalter der Nationalstaaten.[2] Das rational organisierte Militär stellt also keineswegs eine alternativlose oder besonders alte Lösung für das grundsätzliche Problem von Gesellschaften dar, eskalierende Konflikte im Außenverhältnis zu bestehen. Auf welche Weise, insbesondere mittels welcher institutionellen Lösungen diese gesellschaftliche Grundfunktion erfüllt wird, prägt nicht nur Struktur und Typus des Militärs selbst, sondern auch Struktur und Typus der jeweiligen Gesellschaft (Parsons 1970 [1961]). An diesen Grundgedanken anknüpfende Überlegungen finden sich heute insbesondere in den Schriften von Michael Mann (1990, 1991, 1992) und Martin Shaw (1984, 1991), welche die strukturprägende Bedeutung des Militärs für verschiedene moderne Gesellschaftstypen analysierten.

Für das auf der Basis der allgemeinen Wehrpflicht ruhende moderne Massenheer ist der moderne und souveräne Nationalstaat jedoch nicht nur in organisatorischer Hinsicht konstitutiv, sondern auch in normativer Hinsicht. Die Wehr*pflicht* wurde oft als Pendant zu den Grund- und Bürger*rechten* begründet, welche zunächst nur die männlichen Bürger im Zuge von National-staatsbildung und Demokratisierung erhielten. Angesichts der Globalisierung, neuer ziviler und militärischer Technologien, zunehmender grenzüberschreitender sicherheitspolitischer Bedrohungen, Veränderungen im Verständnis der inter-nationalen Rechtsordnung oder auch des schrittweisen europäischen Zusammen-wachsens im Bereich der Sicherheits- und Verteidigungspolitik stellt sich jedoch zunehmend die Frage, ob sich die klassische ‚nationale Konstellation' seit dem Ende des Kalten Krieges 1989/90 in einem sukzessiven Erosionsprozess befindet und im Begriff ist, einer neuen, ‚postnationalen Konstellation' zu weichen (Habermas 1998; Beck 1999; Zangl und Zürn 2003) oder aber nach einem kurzen Kantianischen Intermezzo auf ein deutlich niedrigeres Niveau der Ver-rechtlichung und Integration zurückfällt.

Um sich der Beantwortung dieser Frage zu nähern, werden in einem ersten Schritt die Begriffe ‚Staat' und ‚Nation' eingeführt sowie ein Überblick über die Prozesse der Staats- und Nationalstaatsbildung gegeben. Erst in der Moderne entstand das staatlich organisierte und disziplinierte Militär. Im zweiten Schritt beschreiben wir die Charakteristika der sich damals herausbildenden ‚nationalen Konstellation'. Die Funktion der Streitkräfte im Prozess der äußeren und inneren Nationsbildung wird dabei ebenso beleuchtet wie die Einhegung des

---

[2] Die institutionelle Bändigung des Militärs ist bis heute ein fragiles zivilisatorisches Unter-fangen: Militärputsche und abtrünnige Truppen, paramilitärische Gruppen (wie Rebellen, Separatisten oder revolutionäre Gruppen etc.) gibt es bis in die Gegenwart.

Militärischen im Zuge der Durchsetzung des staatlichen Gewaltmonopols sowie die verfassungs- und völkerrechtliche Einbindung der nationalen Armeen. Auf dieser Grundlage wird im dritten Abschnitt das Verhältnis von Nationalstaat und Militär nach dem Ende des Ost-West-Konflikts bestimmt und diskutiert, ob sich die Symbiose von Nationalstaat und Militär auflöst und sich eine ‚postnationale Konstellation' abzeichnet. Im Mittelpunkt unserer Betrachtung stehen dabei Aspekte der Neuorientierung der Militärpolitik sowie der Entgrenzung und Enthegung militärischer Gewalt.

1 Staat und Nation

1.1 Staats- und Nationalstaatsbildung

Unter einem Staat ist ein institutionell verfasstes politisches Gemeinwesen zu verstehen, das innerhalb der Grenzen seines Territoriums die oberste Herrschaftsgewalt über einen bestimmten Personenverband – das Staatsvolk – ausübt. Da die Angehörigen des Staatsvolkes gleichzeitig auch Mitglieder anderer Gruppen (wie Familien, Religionsgemeinschaften, politischen Parteiungen etc.) sind, welche von ihren Mitgliedern ein hohes Maß an Loyalität verlangen, ist die Durchsetzung des Primats des Staates vor anderen Verbänden nicht unproblematisch. Wie jede Herrschaftsordnung ist der moderne Staat auf die Anerkennung durch die Herrschaftsunterworfenen angewiesen. „Der Staat ist, ebenso wie die ihm geschichtlich vorausgehenden politischen Verbände, ein auf das Mittel der legitimen (das heißt: als legitim angesehenen) Gewaltsamkeit gestütztes *Herrschafts*verhältnis von Menschen über Menschen. Damit er bestehe, müssen sich also die beherrschten Menschen der beanspruchten Autorität der jeweils Herrschenden fügen. Wann und warum sie das tun, läßt sich nur verstehen, wenn man die inneren Rechtfertigungsgründe und die äußeren Mittel kennt, auf welche sich eine Herrschaft stützt." (Weber 1980 [1922]: 822).

Weber unterschied drei idealtypische Legitimitätsgründe politischer Herrschaft: die eingelebte Tradition, das Charisma einer Führungspersönlichkeit und schließlich die legale Satzung (ebd.). Die auf Einsicht und normativen Bindungen beruhende ‚Fügsamkeit' der Beherrschten, ist jedoch nicht die einzige Voraussetzung dafür, dass ein Staat nach innen souverän ist und die im Namen der Gemeinschaft erlassenen, kollektiv verbindlichen ‚Befehle' – wenn nötig – mittels der Polizei auch gewaltsam durchsetzen kann. Die staatliche Zwangsgewalt muss auch über ausreichende organisatorische Kapazitäten verfügen, um die anvisierten Ordnungsleistungen überhaupt erbringen zu können. Sie ist dazu auf nicht unerhebliche materielle Ressourcen, technische Voraussetzungen sowie organisatorisches *Know-how* angewiesen.

Die organisierte staatliche Zwangsgewalt ist in rechtsstaatlichen Demokratien durch Gewaltenteilung und andere verfassungsmäßige Prozeduren beschränkt. Zur Ausübung seiner Souveränität bedient sich der Staat nach innen eines Apparates mit Bürokratien und festen Ämtern. Der staatliche Herrschaftsapparat stellt somit ein Konstrukt dauerhaft organisierter, doch in stetigem Wandel begriffener Institutionen dar und erfüllt die Funktionen der Gesetzgebung (Legislative), Gerichtsbarkeit (Judikative) und der ausführenden Gewalt (Exekutive). Dabei kommt es durchaus gewollt zu Konflikten und Konkurrenzen zwischen einzelnen staatlichen Einrichtungen und Hoheitsträgern.[3] Staaten sind somit in ihrer Gesamtheit keineswegs einheitliche Akteure mit klar identifizierbaren Interessen.

In ihrem Außenverhältnis werden Staaten jedoch durchaus als homogene Kollektivsubjekte betrachtet. Sie sind die wichtigsten Akteure im internationalen System und stellen die Adressaten von Völkerrechtsnormen dar. Staaten sind umfassend völkerrechtlich handlungsfähig und vor internationalen Institutionen als Partei zugelassen.[4] Im Falle der vollen völkerrechtlichen Anerkennung garantieren Staaten einander die wechselseitige Anerkennung ihrer territorialen Grenzen und die Nichteinmischung in ihre inneren Angelegenheiten, kurz, Souveränität. „Nach außen, gegenüber den übrigen Subjekten des Völkerrechts, begründet sich die *Souveränität* des Staates aus dem Recht auf die gegenseitige Anerkennung der Integrität staatlicher Grenzen. Dieses Interventionsverbot schließt das jus ad bellum, also das ‚Recht‘, jederzeit Krieg zu führen, nicht aus. Der Status der Souveränität wird durch die faktisch unter Beweis gestellte *Autonomie* der Staatsgewalt gedeckt. Sie bemisst sich an der Fähigkeit der Staatsgewalt, die Grenzen gegen äußere Feinde zu schützen und im Inneren ‚Gesetz und Ordnung‘ aufrechtzuerhalten." (Habermas 1998: 99).

Das moderne Völkerrecht ist darauf angewiesen, dass das Gewaltmonopol tatsächlich durchgesetzt ist und ein Staat interne Konflikte und Spannungen erfolgreich integriert, sodass eine zentrale Kontrolle über die von seinem Territorium

---

[3] In Demokratien werden solche Konflikte als *checks and balances* zur Beschränkung der Herrschaftsgewalt verfassungsmäßig institutionalisiert.

[4] Neben den Staaten können auch internationale Organisationen – wie die Europäische Union seit Inkrafttreten des Vertrags von Lissabon (2009) – als Völkerrechtssubjekte in Erscheinung treten, die ihre Rechtsfähigkeit jedoch auf die der Mitgliedsstaaten gründen.

ausgehenden bewaffneten Aktionen gewährleistet ist. Die Institutionen zur Durchsetzung des staatlichen Gewaltmonopols sind gemeinhin nach innen die Polizei und nach außen das Militär. Doch das staatliche Gewaltmonopol war historisch nur mit größter Mühe durchzusetzen. „In der Vergangenheit haben die verschiedensten Verbände – von der Sippe angefangen – physische Gewaltsamkeit als ganz normales Mittel gekannt. Heute dagegen werden wir sagen müssen: Staat ist diejenige menschliche Gemeinschaft, welche innerhalb eines bestimmten Gebietes (…) das Monopol legitimer physischer Gewaltsamkeit für sich (mit Erfolg) beansprucht. Denn das der Gegenwart Spezifische ist, daß man allen anderen Verbänden oder Einzelpersonen das Recht zur physischen Gewaltsamkeit nur soweit zuschreibt, als der Staat sie von ihrer Seite zuläßt: er gilt als alleinige Quelle des ,Rechts‘ auf Gewaltsamkeit." (Weber 1980 [1922]: 822). Diese außerordentlich hohe und umfassende Integrations- und Organisationskapazität hat außer dem „rationalen Staat" des Okzidents kein anderer Typus sozialer Großverbände erreicht (ebd.: 815).

1.2   Bildung von Territorialstaaten und ‚äußere‘ Nationsbildung

Die Nation ist eine durch verdichtete Handlungszusammenhänge getragene politische Gemeinschaft, die in einem wechselseitig konstitutiven Verhältnis zu ihrem (National)Staat steht (Zangl und Zürn 2003: 155). Der konstitutive Akt der Gründung einer modernen Nation besteht in der rechtlichen Konstruktion einer politischen Gemeinschaft von Staatsbürgern (Habermas 1998: 153), die sich wechselseitig gleiche Rechte zuerkennen und sich (meist in Gestalt einer Verfassung) Prozeduren geben, mittels derer sie ihr Zusammenleben als politische Gemeinschaft regeln.

Der Prozess der Herausbildung souveräner Staaten ist in historischer Hinsicht ganz besonderen politischen, religiösen, ökonomischen und intellektuellen Konstellationen im frühneuzeitlichen Europa geschuldet. Zahlreiche Theorien identifizieren unterschiedliche Ursachen der Staats- und schließlich Nationalstaatsbildung: Klassische Ansätze betonen, dass die politische Vielfalt im durch zahlreiche sich überlappende weltliche und religiöse Machtverhältnisse geprägten Europa, eine starke Konkurrenz verschiedener territorialer Einheiten um wirtschaftlich attraktive Bevölkerungsgruppen und damit Nischen für die Entstehung des Kapitalismus hervorbrachte (Mann 1990, 1991, 2001). Internationale Ereignisse, geopolitische Konkurrenz und Kriege um die ökonomische Vorherrschaft in der Welt gaben immer wieder Impulse für staatlich-organisatorische Innovationen, um die gewaltigen Ressourcen für starke militärische Kräfte zu mobilisieren und effektiv zu verwalten (Jessop 1977; Poggi 1978; Tilly 1975).

Eine Vielfalt von Einflüssen, Modernisierungsdruck und politische Konflikte bewirkten die Entstehung und Festigung von Territorialstaaten. Auch religiöse Faktoren, wie die Säkularisierung der Gesellschaft, der eine ‚Sakralisierung' weltlicher Phänomene wie z. B. der Nation folgte (Kedourie 1993 [1960]; Conze 1992) oder die durch den Protestantismus beförderte Lesefähigkeit der Bürger (sie verbesserte die überregionale Kommunikationsfähigkeit der Menschen erheblich) spielten eine konstitutive Rolle. Doch während die klare Abgrenzung souveräner Staaten innerhalb Europas seit dem Westfälischen Frieden (1648) und die beginnende rechtliche Normierung der Beziehungen zwischen ihnen zwischenstaatliche Konflikte reduzieren, wenn nicht gar still stellen sollten, kam es innerhalb der souveränen Territorialstaaten zu einer Politisierung politischer Zugehörigkeit. Die herrschaftsunterworfenen Bürger forderten unter dem Einfluss aufklärerischer Ideen politische Mitbestimmung.

Während der absolute Herrscher noch behaupten konnte, „*l'Etat, c'est moi*", kam mit dem liberalen Aufbegehren gegen absolutistische Willkür die Trennung von Staat und Gesellschaft zu Bewusstsein. Aufgehoben werden konnte diese Differenz nur, indem sich das ‚Volk', die Gesellschaft, in eins setzte mit den staatlichen Gewaltmitteln. Die Mobilisierung der Menschen als Bürger und Bürgerinnen im Kampf um demokratische Partizipationsrechte politisierte die Zugehörigkeit zur politischen Gemeinschaft, weil diese nun nicht mehr allein aus dem Status des Unterworfenseins unter eine bestimmte Herrschaft resultierte, sondern weil der Begriff des Volkes – als des eigentlichen Souveräns – neue Bedeutung erlangte. Das Auftauchen populistischer Nationalbewegungen wurde daher auch zur „politischen Taufe" der unteren Klassen (Anderson 1988: 55). Doch während der Begriff der Nation in der Französischen Revolution (1789) noch auf die Abgrenzung von Herrschern und Beherrschten zielte und keinesfalls gegen andere Völker oder ethnische Minderheiten gerichtet war (‚Staatsnation'), erhielt er in den anti-napoleonischen Freiheitsbewegungen in den von Napoleons Truppen okkupierten Ländern schnell eine ethnisch-kulturelle Färbung (‚Kulturnation') (Wodak et al. 1998: 21 f.). Wer gehörte zur Nation und hatte daher Anspruch auf bestimmte staatsbürgerliche Rechte und wer nicht?[5]

---

[5] Modernisierungstheoretische Ansätze betrachteten den Prozess der Nationsbildung als eine notwendige Stufe bei der sozialen und politischen Integration ausdifferenzierter moderner Industriegesellschaften (Deutsch 1953; Gellner 1995 [1964]).

Die romantische Idee der kulturell definierten Nation (mit mehr oder weniger stark ausgeprägter ethnischer Komponente) wurde zur historisch folgenreichen Antwort auf diese Frage. Die intellektuellen Eliten forcierten im Zeitalter der Napoleonischen Kriege die Schaffung einer gemeinsamen – insbesondere literarischen und musikalischen – Nationalkultur, die Sammlung volkskultureller Schöpfungen (z. B. Volkslieder und -märchen), die Erfindung der Geschichte der eigenen Nation und bemühten sich um die Standardisierung der nationalen Sprache. Die maßgeblichen „Herkunftsprojektionen kollektiver Identität" (Anderson 1988), welche die imaginierte Naturwüchsigkeit einer Volksnation verklären, wurden also im wahrsten Sinne des Wortes ‚erfunden'. „Es ist der Nationalismus, der die Nationen hervorbringt, und nicht umgekehrt." (Gellner 1995 [1964]: 87) Ein breites, literarisch interessiertes, bürgerliches Lesepublikum griff diese kulturelle Bewegung auf und wurde zur sozialen Trägerschicht der Herausbildung und Verbreitung eines nationalen Bewusstseins.

Die *ethnisch-kulturelle* Gemeinschaft (die Nation) und die *politische* Gemeinschaft, die sich im Staat organisiert, sollten fortan überall zur Deckung gebracht werden, da sich die Autorität der Herrschenden nicht mehr allein auf Tradition oder charismatische Quellen (wie göttliche Gnade) berufen konnte und sich folglich nur noch aus weltlichen Quellen, also freien Entscheidungen autonomer Bürger, speisen musste. „Die politische Mobilisierung der ‚Untertanen' erfordert (...) eine *kulturelle Integration* der zunächst zusammengewürfelten Bevölkerung. Dieses Desiderat erfüllt die Idee der *Nation,* mit deren Hilfe die Staatsangehörigen – über die angestammten Loyalitäten gegenüber Dorf und Familie, Landschaft und Dynastie hinaus – eine neue Form kollektiver Identität ausbilden. Der kulturelle Symbolismus eines ‚Volkes', das sich in der präsumtiv gemeinsamen Abstammung, Sprache und Geschichte seines eigentümlichen Charakters (...) vergewißert, erzeugt eine wie immer auch imaginäre Einheit und bringt dadurch den Bewohnern desselben staatlichen Territoriums eine bis dahin abstrakt gebliebene, nur rechtlich vermittelte Zusammengehörigkeit zu Bewußtsein. Erst die symbolische Konstruktion eines ‚Volkes' macht aus dem modernen Staat den *Nationalstaat.*" (Habermas 1998: 99 f.)

Das Problem dabei ist, dass diese Zugehörigkeit unter so vielen, weit verstreut lebenden Menschen, die einander nicht kennen, sich also fremd bleiben müssen, nicht mehr durch die Anschauung vermittelt und insofern nur „vorgestellt" ist (Anderson 1988). Dies hat für eine nicht-prozeduralistische Auffassung der Nation eine problematische Konsequenz: Aus einer Fülle von Merkmalen und Überzeugungen, die Menschen miteinander teilen oder nicht teilen, werden einige wenige herausgegriffen und zu Eigenschaften substanzialisiert, die über den Zugang zum oder den Ausschluss vom politischen Leben entscheiden.

Während ‚alte' Nationalstaaten wie Frankreich bereits im Mittelalter territorial-staatlich geeint wurden und sich als moderne politische Gemeinschaften in Opposition zum feudalen *Ancien Régime* auf der Basis freiheitlicher Ideale konstituierten, wurden die ‚zu spät' gekommenen Nationen wie Deutschland und Italien oft erst mithilfe militärischer Gewalt aus Kleinstaaten zusammen-geschmiedet. Die ‚äußere Nationalstaatsbildung' verlief in solchen Fällen oft durch Einigungskriege und führte zu einer Neuordnung von Staatsgrenzen. Während Italien aus einem Befreiungskrieg gegen die französische und die österreichische Fremdherrschaft hervorging, erfolgte die deutsche Reichsgründung in den Kriegen von 1864, 1866 und 1870/71 ‚von oben' und buchstäblich auf den Spitzen der Bajonette der – allerdings durch einige weitere kleinstaatliche Kontingente ver-stärkten – preußischen Armee (vgl. auch die Beiträge in Langewiesche 1989). Andere Nationen – besonders in Osteuropa – entstanden aus im Ersten Weltkrieg zerfallenen Imperien wie der Österreichisch-Ungarischen Monarchie.[6]

Doch mit der Gründung eines neuen Nationalstaates (etwa der deutschen Reichsgründung 1871) war die Nationsbildung im Inneren keinesfalls beendet. Für die meisten einfachen Menschen begann die langsame, graduelle Umorientierung von lokalen Loyalitäten auf ein lebensweltlich kaum erfahrbares, abstraktes Gebilde wie die Nation gerade erst. Es fragt sich also, inwiefern der Wandel der Herrschaft tatsächlich das Leben der Menschen beeinflusste und die bürgerlich-intellektuelle Nationalbewegung auf die Mehrheit der immer noch ländlich orientierten Bevölkerung übergriff, sodass aus diesen Menschen, deren politische Loyalität sich bisher in Hör- und Sichtweite ihres Kirchturmes vollzog, Deutsche, Italiener, Tschechen oder Ungarn wurden.

Neo-marxistische, funktionalistische und modernisierungstheoretische Ansätze verweisen darauf, dass ökonomische Transformationsprozesse und vor allem die Industrialisierung den traditionellen politischen Rahmen zu sprengen begannen und Modernisierungsprozesse in öffentlicher Verwaltung, Rechtssystem und schließlich im politischen Bereich erzwangen (Gellner 1995 [1964]). Die mit der Industrialisierung und Urbanisierung einhergehende erweiterte infrastrukturelle Vernetzung der wirtschaftenden Akteure über den beschränkten lokalen Rahmen hinweg (etwa durch Verkehr, Eisenbahn, Post, Presse etc.) schuf erweiterte

---

[6]Die äußere Nationsbildung verlief auch außerhalb Europas oft gewaltsam. Anderson (1988) unterscheidet drei Nationalismusmodelle: Volksbewegungen „von unten" (z. B. in Latein- und Nordamerika), offizielle Nationalismen „von oben" zur Steigerung der Legitimität bröckelnder dynastischer Imperien und schließlich einen „letzte Welle"-Nationalismus (in vielen ehemaligen Kolonien).

Kommunikations- und Erfahrungsräume, in denen Menschen aus weit entfernten Gegenden miteinander interagieren konnten. Kommunikationsverdichtung in Wirtschaft, Verkehr und Medien wurde dabei als hinreichende Ursache nationaler Assimilation angesehen (Deutsch 1953: 86 ff., 209 ff.). Dennoch ist die Nation diskursiv ‚konstruiert', denn ohne Eliten, welche die nationalen Vorstellungen propagieren und ein Bildungswesen, das diese Ideen verbreitet und verbindlich macht, kommt es nicht zur nationalen Bewusstseinsbildung (Hobsbawm 1991; Anderson 1988). Die Nation ist keine natürlich gegebene Entität – auch wenn ihre Protagonisten dies immer wieder glauben machen wollen.

Dennoch gibt es keinen Automatismus von Kommunikationsverdichtungen (in Wirtschaft, Kultur und Öffentlichkeit) und Nationsbildung. Nicht immer waren die kulturellen Träger des Wandels auch politisch einflussreich, und in einigen Fällen trat der Nationalismus wie gesagt schon vor der Industrialisierung auf. Gleichzeitig findet man ihn manchmal in nicht- oder postindustrialisierten Gesellschaften und mancherorts findet man ihn auch gar nicht (Breuilly 1999: 253 ff.). So gesehen lässt sich der Nationalismus eher als politische Mobilisierungsstrategie von Eliten im Zusammenhang der Umstellung von korporativen zu funktionalen Formen der Arbeitsteilung begreifen, als Machtstrategie zur Koordination kollektiven Handelns in einer zunehmend individualisierten Gesellschaft (ebd.: 258 ff.; vgl. auch Giddens 1985; Mann 1995; Smith 1991, 2001).

2 Das Militär in der ‚nationalen Konstellation'

2.1 Das Militär als Institution der ‚inneren Nationalstaatsbildung'

Die Idee der Nation wurde den politisch als unzuverlässig geltenden unteren Klassen erst zeitverzögert nahe gebracht. Die ‚innere Nationsbildung' war mit der Nationalstaatsbildung auf politischer und ökonomischer Ebene sowie mit der Verbreitung nationaler Deutungsmuster bei den kulturellen Eliten und dem lesefähigen Publikum längst noch nicht erreicht.[7] So dauerte es beispielsweise in Deutschland nach der Reichsgründung noch lange, bis aus Sachsen, Württembergern, Bayern und Preußen ‚Deutsche' wurden. „Im deutschen Fall war der Nationalstaat nicht die logische Schlussfolgerung einer vorausgegangenen

---

[7] Zu den ambivalenten Prozessen der inneren Nationsbildung in Frankreich vgl. Weber 1976.

kulturellen Nationsbildung, wie es eine lange Tradition der Nationalismus-
forschung sah, die zwischen einer deutschen Kulturnation und einer westlichen
Staatsnation unterscheiden wollte. Vielmehr folgte die Loyalitätsbeschaffung in
der Reichsbevölkerung auf die Gründung des Reiches." (Weichlein 2004: 23).
Diese Entwicklung war eng verbunden mit der durch den Nationalstaat
betriebenen Schaffung nationaler Institutionensysteme und Infrastrukturen. Insbesondere die Entstehung eines einheitlichen Schulsystems, in dem ein nationales
Geschichtsbild gelehrt wurde und eine sprachliche Standardisierung stattfand,
spielte hierbei eine entscheidende Rolle. Auch die staatliche Bürokratie war ein
solcher Ort (hier entstand u. a. die neue nationale Mittelschicht). Gleichzeitig
wurde auch das Militär zu einer ‚Schule der Nation‘, in der allen (männlichen)
Bürgern bestimmte Fähigkeiten antrainiert und besondere Werte vermittelt
werden sollten. Dies stellte einen Paradigmenwechsel dar, denn die unteren
Klassen hatten Armeen bislang entweder als marodierende Truppen kennen
gelernt oder als eine Art mobiles Gefängnis, in das betrunken gemachte Bauern-
jungen gepresst wurden. Oder sie kamen mit dem Militär in Berührung, wenn
es Aufstände im Inneren blutig niederschlug. Nun sollte das Militär also eine
‚moralische Anstalt‘ werden. Während jedoch die Nationalisierung der Volks-
schulbildung auch von gesellschaftlichen Gruppen – insbesondere patriotischen
Lehrern – getragen wurde[8], trat im Militär die von oben verordnete und staatlichen Interessen dienende Seite des Nationalismus in Erscheinung. „[D]er
‚offizielle Nationalismus‘ [war] von Anfang an eine bewußt verfolgte, eng mit der
Bewahrung imperial-dynastischer Interessen verbundene *Politik,* die dem Selbst-
schutz diente. Als sie erst einmal ‚auf dem Präsentierteller‘ lag, konnte sie (…)
von einem breiten Spektrum politischer und gesellschaftlicher Systeme nach-
geahmt werden. Das einzig durchgängige Merkmal dieser Form des Nationalismus war – und ist – sein *offizieller* Charakter: Er geht vom Staat aus und dient an
erster Stelle dessen Interessen." (Anderson 1988: 159).
Die Armee wurde mit der Einführung der allgemeinen Wehrpflicht zum
Instrument der erzwungenen Homogenisierung. Sie war ein obrigkeitlichen
Interessen dienendes Erziehungs- und Disziplinierungsinstrument, das gegenüber Bauern- und Arbeitersöhnen eingesetzt wurde, um aus ihnen gehorsame
Untertanen (durch militärisch-patriotische Erziehung) sowie brave Soldaten und

---

[8] Weichlein (2004: 34, 298, 326 ff.) beschreibt, wie aufgrund von Initiativen national-
liberaler Lehrer – manchmal auch gegen einzelstaatliche Vorbehalte – ein nationales
Geschichtsbild Verbreitung fand, das die regionalen Identitäten (wie z. B. den Bayerischen
Militärstolz) unbeschädigt ließ.

fügsame Arbeiter (als Nebenwirkung des militärischen Drills) für die moderne Industrie und die Landwirtschaft zu machen. Aber auch bürgerliche Rekruten litten unter dem ‚Schliff'. Jede biografisch spätere Erfahrung von Macht und Hierarchie musste gegenüber dem in jungen Jahren im Militär oft als traumatisch erlebten Ausgeliefertsein als geradezu harmlos erscheinen.

Die gemeinsame biografische Erfahrung des Wehrdienstes beförderte aber auch auf subtilere Weise kollektive Identitäten.[9] Das Militär war eine gleichmachende Institution. Es riss die jungen Männer aus ihrem gewohnten sozialen Umfeld und entzog sie den heimischen sozialen Kontrollen.[10] Die Klassenzugehörigkeit wurde zumindest während der Grundausbildung der Soldaten ausgeklammert – danach schlugen die Söhne aus den besseren Familien eine gehobene (Reservisten-, oder Offiziers-) Laufbahn ein.[11] Unterschiede wie Religionszugehörigkeit und regionale Herkunft wurden eingeebnet. So wurde das Militär zu einem sozialen Raum, in dem sich – ab einem gewissen Zeitpunkt – Sachsen und Bayern als Kameraden begegneten und kennen lernten, Praktiken der Solidarität und des Widerstands gemeinsam ausübten. Von dieser gemeinsamen Erfahrung zehrte auch die Entstehung landesweiter soziokultureller und politischer Vereinigungen und Netzwerke.[12] Auch wurde der Nationalstaat als geografischer Raum erstmals für breite Teile der Bevölkerung – im wahrsten Sinne des Wortes – erfahrbar (Weichlein 2004: 92). Soldaten mussten oft mit der Bahn quer durch das Reich fahren. Stark ermäßigte Preise ließen sie – im Unterschied zu den lokal stärker gebundenen jungen Frauen[13] – das abstrakte Vaterland kennen lernen. Die allgemeine Wehrpflicht schuf so Erfahrungsräume, die einen wesentlichen Anteil am Prozess der inneren Nationsbildung hatten, indem

---

[9] Von dieser Erfahrung waren Frauen ‚naturgemäß' ausgeschlossen (vgl. Frevert 1997, 2001).

[10] Militärdienstleistende Soldaten durften beispielsweise nicht heiraten.

[11] Noch im Ersten Weltkrieg stammten die privilegierten Berufsoffiziere der höheren Stäbe meist aus adligen Familien. Bürgerliche Frontoffiziere der Reserve waren immerhin hoch geachtet. Dagegen verrichteten Industriearbeiter ihren Militärdienst meist in den – im Ernstfall hoch gefährdeten – technischen Waffengattungen ohne hohes Prestige. Im deutschen Militär spiegelten sich die Klassenkonflikte der Gesellschaft wider.

[12] Für Kriegervereine ist ein solcher – für die Entstehung landesweiter Vereine und Parteien wichtiger – Effekt belegt. Der Dienst garantierte einen Vertrauensvorschuss, der politischen und sonstigen Karrieren landesweit durchaus förderlich sein konnte.

[13] Im Unterschied zu binnenstaatlicher Arbeitsmigration, an der natürlich auch junge Frauen Anteil hatten, war der Militärdienst eine vorübergehende, biografische Ausnahmesituation. Man kehrte danach an den Herkunftsort zurück.

es lokale Strukturen aufbrach, transzendierte und soziale Beziehungen zwischen Menschen aus unterschiedlichsten Orten des Nationalstaates stiftete.

Insbesondere in der stark militarisierten Gesellschaft des Deutschen Reiches, doch keinesfalls nur dort, wurden das Soldatentum und die Armee zu nationalen Symbolen, die öffentlich inszeniert und gefeiert wurden (vgl. die Beiträge in Frevert 1997). Ausgeprägt war die Diskrepanz zwischen den profanen durch das Militär ausgeübten Funktionen und seiner glänzenden Inszenierung – besonders im doppelten Militärsystem der Kolonialmächte: „In Europa gab es die ‚Erste Armee': ein Massenheer von wehrpflichtigen Bürgern der Mutter-länder, ideologisch als Verteidiger der Heimat verstanden, in praktische und schmucklose Uniformen gekleidet, mit dem neuesten Kriegsgerät bewaffnet, im Frieden in Kasernen verbannt, im Krieg in den Schützengräben oder hinter schwerer Artillerie am Werk. Außerhalb Europas gab es die ‚Zweite Armee': ein Söldnerheer aus religiösen oder ethnischen Minderheiten der Region (was die Mannschaften betrifft), ideologisch als Polizeitruppe für innere Aus-einandersetzungen verstanden, die Uniformen für den Einsatz in Ballsälen und Schlafzimmern gedacht, mit Säbeln und überholtem Kriegsgerät bewaffnet, im Frieden ein Schaustück, im Krieg zu Pferde. Wo der preußische General-stab, der militärische Lehrer Europas, großen Wert auf die anonyme Solidarität eines professionalisierten Corps, auf Ballistik, Eisenbahnen, Ingenieurswesen, strategische Planung und dergleichen legte, da standen bei den Kolonialarmeen statt dessen Ruhm, Epauletten, persönliche Tapferkeit, Polo und eine altertüm-liche Höflichkeit im Vordergrund. (Dies konnte man sich leisten, weil man die Erste Armee und die Marine im Rücken hatte.)" (Anderson 1988: 151 f.)

Die ‚schmucken' Paradeuniformen (auch der schlichten ‚Ersten Armeen') symbolisierten den vermeintlich besten Teil der Nation, den Nationalcharakter und das Männlichkeitsideal. Nur auf diesem kulturellen Boden konnte die Mischung aus volksnationalistischem Enthusiasmus und staatlicher Propaganda im Vorfeld der Weltkriege nationale Kriegseuphorie erzeugen. In der blinden Kriegsbegeisterung erreichte die Nationalisierung der Massen ihren Höhepunkt.

Doch auch der Krieg selbst prägte das Bild der Nation. Während vor dem 20. Jahrhundert nur ein geringer Teil einer Generation tatsächlich die Erfahrung des Soldatseins unter den Bedingungen des Krieges machen musste, generalisierte der Erste Weltkrieg dieses traumatisierende Erlebnis für eine ganze Generation von Europäern.[14] Ein Generationen konstituierendes Ereignis war das

---

[14] Einige Staaten setzten auch viele in ihren Kolonien in den Dienst gepresste Soldaten ein – meist in besonders gefährlichen Verwendungen.

Fronterlebnis des Ersten Weltkrieges (1914–1918) (vgl. Buschmann 2001 und in literarischer Verarbeitung Jünger 1924). Hier wurde die nationale ‚Schicksalsgemeinschaft' als Kameradschaft angesichts eines als ‚Naturkatastrophe' erlebten und stilisierten Massensterbens erfahrbar. „Schließlich wird die Nation als *Gemeinschaft* vorgestellt, weil sie unabhängig von realer Ungleichheit und Ausbeutung, als ‚kameradschaftlicher' Verbund von Gleichen verstanden wird. Es war diese Brüderlichkeit, die es in den letzten zwei Jahrhunderten möglich gemacht hat, daß Millionen von Menschen für so begrenzte Vorstellungen weniger getötet haben als vielmehr bereitwillig gestorben sind." (Anderson 1988: 17).

Später unterstützte die Generation ehemaliger Frontsoldaten mit autoritärem Weltbild in Deutschland die ‚nationale Revolution' Adolf Hitlers überwiegend ohne Vorbehalte. Nichtsdestotrotz musste die Gemeinsamkeit des Fronterlebnisses nicht notwendigerweise national begrenzt bleiben. So zogen die Soldaten im Juli 1914 zwar begeistert – und von der Bevölkerung bejubelt – in den Krieg, doch brachen an der deutschen Westfront bereits im Winter 1914 mit der temporären Verbrüderung der feindlichen Soldaten (Weihnachtsfrieden) Disziplin und Ordnung in weiten Teilen zusammen (vgl. Jürgs 2003).

Während der militärischen Dienstpflicht waren die Grund- und Bürgerrechte der Soldaten (z. B. das Wahlrecht) ausgesetzt. Doch die allgemeine Wehrpflicht und die von den Soldaten im Kriegsfall erbrachten ‚Opfer für die nationale Gemeinschaft' wurden historisch als Argument für die Ausweitung der politischen Partizipationsrechte der unteren Schichten in Anspruch genommen. So galt die allgemeine Wehr*pflicht* im klassischen republikanischen Diskurs als Gegenstück des freien und gleichen allgemeinen Wahl*rechts* und wurde zum vornehmsten Ausdruck eines bewusst ausgeübten Bürgerrechts sowie zum Symbol der Verschmelzung von Volk und Staat.[15] Dies erleichterte unter Umständen wiederum politische Kämpfe um die Ausweitung und Modernisierung des Wahlrechts (vgl. die Aufsätze in Jansen 2004). Auch in den Anfängen der Sozialpolitik spielten Argumente eine wichtige Rolle, die auf im Waffendienst erbrachte Opfer für die nationale Gemeinschaft verwiesen, um Ansprüche auf soziale Unterstützungsleistungen durch die Gemeinschaft geltend zu machen. Kriegsversehrte, Kriegswitwen und -waisen waren unter den ersten anerkannten Empfängern sozialer Leistungen (Skocpol 1992).

---

[15] Siehe hierzu auch den Beitrag zu den zivil-militärischen Beziehungen von *Hagen & Biehl* in diesem Band.

Gleichwohl verblieb diese Argumentationsstrategie gesellschaftlicher Gruppen stets in einem höchst ambivalenten Verhältnis zur Demokratie. Sie leistete der Militarisierung von Gesellschaften Vorschub, reproduzierte einen autoritären Wertekanon und bekräftigte reaktionäre Vorstellungen vom unlimitierten Vorrang des Staates vor der Autonomie des einzelnen Individuums. Die Wehrpflicht wirkte in Deutschland nicht als das legitime Kind der Demokratie, sie hat im Gegenteil „bis weit in das 20. Jahrhundert hinein demokratisches Handeln eher behindert als befördert" und die Entwicklung demokratischen Bürgersinns eher blockiert (Frevert 2001: 352). Staaten haben sich zwar immer auch über die Funktion legitimiert, ihre Bevölkerung zu beschützen – insofern gehören militärische Aufgaben zu den historisch gesehen ältesten des Staates – doch Entscheidungen über Krieg und Frieden gehörten zu den letzten, die demokratisch gewählten Entscheidungsträgern anvertraut wurden. Noch im Ersten Weltkrieg entschieden die Monarchen, nicht gewählte Regierungen oder Parlamente, über Krieg und Frieden.

2.2   Die Einhegung der Gewalt im zwischenstaatlichen Verhältnis

Die Idee einer auf intgrierten Territorialstaaten basierenden internationalen Ordnung wurde bereits vor der Entstehung von Nationalstaaten mit dem Westfälischen Frieden von 1648 instituiert. Dieses Vertragswerk beendete mit dem Dreißigjährigen Krieg (1618–1648) nicht nur den bis dahin verlustreichsten Krieg der Menschheitsgeschichte, sondern schuf mit der Konstitution des internationalen Staatensystems gleichzeitig ein auf den Maximen der Souveränität und Legitimität basierendes Ordnungsmodell, das sich prinzipiell der Gewalteinhegung im zwischenstaatlichen Verhältnis verpflichtete. Die das Mittelalter dominierende Moraltheologie *(causa iusta, intentio recta)* wurde nun schrittweise durch eine sich entwickelnde Jurisprudenz *(auctoritas, forma iuris)* abgelöst. So sollten Kriege unterbunden werden, die unter den Vorzeichen eines bis zur Beliebigkeit gedehnten, religiös definierten Begriffs des ‚gerechten Krieges‘ *(bellum iustum)* geführt wurden. Vor allem etablierten die Vertragsparteien des Westfälischen Friedens das Souveränitätsprinzip, welches einem Monarchen die uneingeschränkte Hoheitsgewalt über sein jeweiliges Territorium zugestand und so den Hauptgrund des vorangegangenen Kriegstreibens unterband, nämlich die Einmischung fremder Regenten in die (zumeist religiösen)

Angelegenheiten benachbarter Herrscher. Dieses Legitimitätsprinzip[16] entzog religiösen Führern die Deutungsmacht über die Rechtmäßigkeit kriegerischen Handelns und sollte so zu einer Stabilisierung des internationalen Systems führen. „Kein Papst und kein Theologieprofessor wurde jetzt mehr gefragt, ob die Kriege ‚gerecht' seien." (Ansprenger 2000: 31).

Stattdessen wurde den neuen, zu primären Völkerrechtssubjekten ernannten Staaten ein freies Recht zur Kriegführung zuerkannt *(liberum ius ad bellum)*, obgleich das Militär lediglich als *ultima ratio* sowie unter strengen Regularien zum Einsatz kommen durfte *(ius in bello)*. Hierzu gehörte nicht nur die Einführung einer – zuvor weitgehend gegenstandslosen – Unterscheidung zwischen Kombattant und Nonkombattant, welche vor allem den Schutz von Kindern, Frauen und wehrlosen Bauern diente, sondern auch ein Verbot von Giften und gedungenen Mördern. Gleichzeitig sollte die formelle, dreiunddreißig Tage vor Ausbruch der Feindseligkeiten zu erfolgende Kriegserklärung als letztes Ultimatum für einen friedlichen Interessenausgleich zwischen den Kabinetten dienen.

Das sich nun überwiegend aus Söldnern rekrutierende Militär trat zudem in einen Transformationsprozess ein, in dessen Zuge sich die Staatenheere nicht nur professionalisierten und hierarchisierten, sondern sich durch die Herausbildung einer Standesehre in ihrem Kriegshandwerk bewusst von Formen der regellosen Konfliktaustragung vergangener Zeiten abzugrenzen suchten. So kam es mit der Herausbildung einer soldatischen Professionsethik während der Zeit des europäischen Absolutismus zu einer sukzessiven Gewalteingrenzung, in der man selbst auf dem Schlachtfeld bemüht war, das gezielte Töten weitestgehend zu vermeiden und dem Gegner lediglich Verletzungen zuzufügen.

Mit der Französischen Revolution änderte sich das jedoch grundlegend. Die ‚Nation in Waffen' mobilisierte die Leidenschaften eines politisch-ideologischen Messianismus und den Geist eines oft übersteigerten Nationalismus als kriegsentscheidende Faktoren in zwischenstaatlichen Konflikten. „Der Krieg war urplötzlich wieder eine Sache des Volkes geworden, und zwar eines Volkes von 30 Mio., die sich alle als Staatsbürger betrachteten." (Clausewitz 1998 [1832]: 667). Tatsächlich brachte das auf Nationalstaaten fußende Modell der ‚nationalen Konstellation' im 20. Jahrhundert die gewaltvollsten Eruptionen menschlicher Gewalt hervor.

---

[16] Zu verstehen ist hierunter ein „internationales Einverständnis über die Natur praktikabler Arrangements über die zulässigen Ziele und Methoden der Außenpolitik. (...) Eine legitime Ordnung macht Konflikte nicht unmöglich, sie begrenzt jedoch ihre Dimension." (Kissinger 1957)

War es zuvor der unbedingte militärische Gehorsam, welcher die Soldaten in die Schlacht ziehen ließ, trat an dessen Stelle nun der Nationalpatriotismus sowie der innere Antrieb zur Verbreitung revolutionäreren Gedankenguts *(Liberté, Egalité, Fraternité).* Der nationale Erweckungsprozess bereitete dabei nicht nur der 150jährigen Ära gut ausgebildeter Söldnerarmeen ein abruptes Ende und leistete so einem Rückfall in die entprofessionalisierte Kriegführung Vorschub (Münkler 1992: 54), sondern brach darüber hinaus mit der vorherrschenden Vorstellung vom Militär als willenloser ‚Maschine' des Staates (Krumeich 2000: 179).

Mit der Verabschiedung des *Décret sur la levée en masse* vom 23. August 1793 fand diese Bewegung ihre staatliche Einbettung. Dabei beschränkte sich der französische Nationalkonvent keineswegs auf die ausschließliche Einberufung der männlichen wehrfähigen Bevölkerung, sondern band alle Bürger der jungen Republik in die Mobilisierung ein. So hält der zweite Artikel fest: „Von diesem Zeitpunkt an bis zu jenem, wo die Feinde vom Territorium der Republik verjagt sein werden, sind alle Franzosen im Dienste der Armee tätig. Die jungen Leute werden in den Kampf ziehen; die verheirateten Männer werden die Waffen schmieden und den Nachschub transportieren; die Frauen werden Zelte und Gewänder fertigen und in den Krankenhäusern dienen (…); die alten Männer werden die Courage der Kämpfer anstacheln, den Hass der Könige und die Einheit der Republik predigen." (zitiert in: Behschnitt 1978: 84).

So begründete die *levée en masse* nicht nur den radikalen Wandel vom ‚Krieg der Kabinette' in den ‚Krieg der Völker', in welchem der Volkssturm an die Stelle eines stehenden Heeres trat, sondern bildete zugleich den Beginn einer Entgrenzung des Krieges, welche ihn erneut „seiner absoluten Gestalt" näher brachte und Napoleon den Weg für seinen erfolgreichen europäischen Eroberungsfeldzug ebnete (Clausewitz 1998 [1832]: 690; siehe hierzu auch Münkler 1992: 54 ff.). Die Gefechtstaktik der Franzosen war dabei „einfach und verlustreich, aber sie paßte zu zahlenmäßig starken und begeisterten Truppen, die von jungen Offizieren geführt wurden, die mehr Energie und Mut besaßen als Erfahrung und militärisches Geschick" (Montgomery 2003: 340). Zugleich galt es als Charakteristikum des Bonapartismus, den Krieg als Instrument innerer Pazifizierung und Stabilisierung einzusetzen, was diesen zusätzlich entgrenzte.

Nach dem Wiener Kongress (1815) bemühten sich sowohl Frankreich als auch die deutschen Staaten, das eskalatorische und für die militärische wie hoheitliche Ordnung gefährliche – da demokratiefördernde – Element des *citoyen armé* bzw. des *Bürgers in Uniform* aus den militärischen Strukturen wieder zu entfernen. So machte die französische Militärgesetzgebung ab den 1820er-Jahren ganz offen Schluss mit aller Volksbewaffnungsmythologie, und in Preußen wurde die zuvor als Reaktion auf die französische Entwicklung aufgestellte ‚Landwehr' faktisch vollständig marginalisiert (Krumeich 2000: 182).

Parallel hierzu kam es – angestoßen durch Henri Dunant sowie das von ihm gegründete *Rote Kreuz* – durch eine immer stärkere Ausdifferenzierung des *ius in bello* zu einer schrittweisen Regulierung des Kriegsgeschehens auf dem Schlachtfeld.[17] Die im Zuge dieser Entwicklung von der Staatengemeinschaft vereinbarten Haager (1899/1907) und Genfer Konventionen (1948) sind bis heute geltendes Völkerrecht und beschränken nicht nur den Gebrauch bestimmter Waffen und Taktiken, sondern sollen vor allem die Zivilbevölkerung während bewaffneter Konflikte schützen.

Vorerst unberührt blieb durch diese Entwicklung jedoch das seitens der Nationalstaaten beanspruchte Recht *zum Kriege (ius ad bellum),* welches erstmals umfassend mit dem – federführend von Frankreich und den USA ausgearbeiteten – *Vertrag über die Ächtung des Krieges* (Briand-Kellogg-Pakt, 1928) infrage gestellt wurde und jede Form des Angriffskrieges zu verurteilen suchte. Die fünfzehn Unterzeichnerstaaten (unter ihnen auch das Deutsche Reich, Japan und Italien) verpflichteten sich dabei, den „Krieg als Mittel für die Lösung internationaler Streitfälle [zu] verurteilen und auf ihn als Werkzeug nationaler Politik in ihren gegenseitigen Beziehungen [zu] verzichten" (Art. I). Im Falle des Zuwiderhandelns wurden jedoch keine Sanktionen gegen Angreifer vorgesehen.

Der Ausbruch des Zweiten Weltkrieges verdeutlichte dabei die Wirkungslosigkeit einer allein auf Freiwilligkeit und Sanktionslosigkeit gestützten Selbstverpflichtung und gipfelte 1945, mit der Verabschiedung der *Charta der Vereinten Nationen,* in dem erstmaligen Versuch der internationalen Gemeinschaft, Verstöße gegen das friedliche Miteinander der Staaten zu regulieren. So enthält die Gründungsakte der Vereinten Nationen, welche heute von 193 Staaten als verbindliche Grundlage des internationalen Verkehrs anerkannt ist, einerseits ein umfassendes Kriegs- und Gewaltverbot und schreibt andererseits Verfahren vor, wie einer etwaigen Friedensstörung entgegenzutreten ist. Hierzu hält die Charta in Artikel 2 fest: „Alle Mitglieder unterlassen in ihren internationalen Beziehungen jede gegen die territoriale Unversehrtheit oder die politische Unabhängigkeit eines Staates gerichtete oder sonst mit den Zielen der Vereinten Nationen unvereinbare Androhung oder Anwendung von Gewalt." Lediglich im Falle eines bewaffneten Angriffs von außen hat ein Staat das „naturgegebene Recht zur individuellen

---

[17] Zu den folgenden völkerrechtlichen Verträgen siehe die Textsammlung von Randelzhofer (2022).

und kollektiven Selbstverteidigung" (Art. 51). Eine zweite Ausnahme des generellen Gewaltverbots ergibt sich aus der Kompetenz des UN-Sicherheitsrats, nach Feststellung eines Bruches oder einer Bedrohung des Weltfriedens einen dritten Staat oder eine Staatengruppe mit der Wiederherstellung des Weltfriedens zu beauftragen (,Mandatierung'), wozu nach Ausschöpfung friedlicher Sanktionsmaßnahmen (Art. 41) auch militärische Mittel legitimiert werden können (Art. 42).

3   Das Ende der Symbiose von Nationalstaat und Militär?

Für die ,nationale Konstellation', deren ausgereifteste Form in der Zeit des Kalten Krieges zu beobachten war, sind in Bezug auf das Verhältnis von Militär und Nationalstaat – so lässt sich das bisher Gesagte zusammenfassen – eine Reihe von Merkmalen charakteristisch: Das Militär ist über die Wehrpflicht eng an die Gesellschaft gekoppelt – fast jeder Mann hat es in seiner Jugend kennen gelernt. In der Armee dienen Landeskinder, also nur Staatsbürger der Nation. Der Militärdienst – ebenso wie der zivile Ersatzdienst – fordern die Betroffenen und gelegentlich die breite Öffentlichkeit sowie das Parlament zu Debatten über das gemeinsam geteilte ethische Verständnis der politischen Gemeinschaft heraus. Der Staat finanziert die Verteidigung aus Steuergeldern der Bürger. Begründet wird die Notwendigkeit einer Armee mit dem Bedürfnis der Landesverteidigung gegen Angreifer, die in der Regel benachbarte Nationalstaaten sind. Krieg findet zwischen souveränen Staaten, die ihr Militär politisch unter Kontrolle haben, und unter Einhaltung internationaler Rechtsnormen statt.[18] Internationales Recht definiert, unter welchen Bedingungen Gewalthandlungen legitim sind (nämlich *de facto* nur im Verteidigungsfall) und welche Regeln bei der Anwendung von Gewalt im Umgang mit gegnerischen Kombattanten und der Zivilbevölkerung zulässig sind. Zuwiderhandlungen können aufgrund des Souveränitätsprinzips nicht durch eine höhere Instanz sanktioniert, aber in der Regel jedoch zumindest moralisch geächtet werden.

Durch den Prozess der ,Globalisierung' sowie die ,Denationalisierung' politischen Entscheidens verschieben sich die zentralen Parameter dieser

---

[18] Krieg ist im klassischen Verständnis *per definitionem* eine gewaltsame Auseinandersetzung zwischen Staaten.

‚nationalen Konstellation', sodass sich nach Ansicht einiger Beobachter eine ‚postnationale Konstellation' abzeichnet (Habermas 1998). Eine ‚kosmopolitische Weltordnung' rückte nach dem Ende des Kalten Krieges in den Horizont des Wünschbaren und eventuell sogar Möglichen (Beck 1999). Die unter diesen Begriffen diskutierten Veränderungen betrafen zunächst allgemeine – zumeist von ökonomischen Prozessen angetriebene – Veränderungen, von denen das Militär zunächst nicht unmittelbar betroffen war. Doch die zunehmenden wirtschaftlichen Interdependenzen zwischen den Staaten begannen, die Fähigkeit des Staates einzuschränken, seine Ziele in der Wirtschaftspolitik wirksam durchzusetzen. Dies führte zu einem nationalstaatlichen Kontrollverlust über die besteuerungsfähigen Ressourcen (Habermas 1998: 107). Internationale Regime und Vertragswerke sollten die so entstandenen Effizienzlücken schließen. Sie transformierten die ökonomische Interdependenz damit jedoch auch in eine zunehmende politische Interdependenz und in die „Praxis einer verschachtelten Mehrebenenpolitik". Diese lässt die Grenze zwischen Innen- und Außenpolitik verwischen (ebd.: 109). Konfliktlagen ebenso wie politische Problemlösungsversuche begainn, den nationalen Rahmen zu überschreiten, die historische „Symbiose des Verfassungsstaates mit der ‚Nation' als einer Herkunftsgemeinschaft" wurde fragwürdig (ebd.: 128), denn Regieren *(governance)* transzendierte zunehmend den nationalen Rahmen.

Dass auch die Sicherheits- und Verteidigungspolitik und mit ihr das Militär – als traditionelle Pfeiler des staatlichen Gewaltmonopols und Kernbereiche staatlicher Souveränität – von ähnlichen Dynamiken erfasst werden könnten, wurde seit den 1990er-Jahren diskutiert. Relativ unstrittig war dabei, dass sich die internationalen und sicherheitspolitischen Problemlagen ‚transnationalisiert' hatten und die internationale Politik sich nicht mehr ausschließlich mit Konflikten an den Schnittstellen zwischen Staaten auseinander zu setzen habe. So zeichnete sich ab, dass die Ursachen von Problemen verstärkt außerhalb des unmittelbaren, national definierten Grenz- und Kompetenzrahmens liegen und lokale Probleme in den unterschiedlichsten Bereichen (z. B. ethnische Konflikte, Bevölkerungswachstum, Umweltprobleme etc.) grenzüberschreitende Auswirkungen haben. Zudem kam es in den letzten Jahrzehnten zu einer Erweiterung des Kreises kriegsaktiver Subjekte, sodass die Verursacher von (international virulenten) Sicherheitsproblemen heute häufig transnational agierende nichtstaatliche, ja, private Akteure sind, wie internationale Terroristennetzwerke oder die organisierte Kriminalität (Zangl und Zürn 2003: 158).

3.1   Neuorientierung der Militärpolitik

Der – zumindest teilweise durch neue transnationale Problemlagen forcierte –
technologische Wandel innerhalb nationaler Streitkräfte trug zu einem weltweiten Prozess der *Revolution in Military Affairs* (RMA) bei, die vor allem in
der vom US-Verteidigungsministerium initiierten *Defense Transformation*[19] ihren
strategischen und konzeptionellen Ausdruck fand. Alle Bereiche des Militärischen
wurden von dieser Transformation erfasst. „A military revolution, in the fullest
sense, occurs only when a new civilization arises to challenge the old, when an
entire society transforms itself, forcing its armed services to change at every level
simultaneously – from technology and culture to organization, strategy, tactics,
training, doctrine, and logistics. When this happens, the relationship of the
military to the economy and society is transformed and the military balance of
power on earth is shattered." (Toffler und Toffler 1993: 34)

Zugleich ist die sich vollziehende Revolution in Organisation, Aufgabenspektrum und Wirkungsbereich des Militärs Teil eines weitaus tiefer greifenden
Übergangs von der national ausgerichteten Industriegesellschaft hin zu einer
global vernetzten Informationsgesellschaft: „RMA is not a stand-alone process.
To the contrary, RMA is the daughter of the much broader revolution in
information technology (IT) which itself lies at the heart of the set of process
known as globalization." (Heisbourg 2001: 3)

Ein maßgeblicher Auslöser dieser alle Rüstungssparten umfassenden
Innovationsoffensive ist dabei die seit dem Ende der Operation *Desert Storm*
(2003) entfachte Debatte um die Möglichkeit der weitgehenden Aufhebung
klassischer Friktionen des Krieges.[20] Aufbauend auf den Erfahrungen im Umgang
mit neuen Waffensystemen während des internationalen Militärengagements
am Persischen Golf, erhoffen sich US-amerikanische Verteidigungsplaner durch
den vermehrten Einsatz von Hochtechnologie nicht nur die radikale taktische
und operative Effizienzsteigerung der eigenen Kriegführungsfähigkeit, sondern
zugleich die grundlegende strategische Neuausrichtung ihrer Streitkräfte im

---

[19] *Defense trasformation* wird definiert als: „changes in the concepts, organization, process,
technology application and equipment through which significant gains in operational
effectiveness, operating efficiencies and/or cost reductions are achieved" (Transformation
Study Group 2001: 5).

[20] Unter dem „Gesamtbegriff einer allgemeinen Friktion" subsumiert Clausewitz (1998
[1832]: 82 ff.) die begrenzte körperliche Belastungsfähigkeit der Soldaten, die sich häufig
widersprechenden oder falschen Gefechtsfeldinformationen sowie nichtsteuerbare äußere
Einflüsse (z. B. Wetter).

Informationszeitalter. Die zunehmende Transparenz des Gefechtsfeldes mit Hilfe von Satelliten und Drohnen, die gesteigerte Reichweite und Präzision von Bomben und Lenkflugkörpern oder auch die verbesserten Kommando- und Kommunikationssysteme des Militärs sind hierbei nur die offensichtlichsten Merkmale der sich vollziehenden *Revolution in Military Affairs*.[21] Tiefer greifende Veränderungen betreffen den „decline of mass armies and the professionalisation of armed forces as consequences of changes in military technology as well as in social stratification occupational formation and political culture" (Shaw 1991: 74).

Zugleich bilden die radikalen Wissens- und Entwicklungssprünge in den Bereichen sicherheitsrelevanter (jedoch nicht zwingend originär militärischer) Forschung und Technologie (F&T) in Kombination mit deren teils globaler, kostengünstiger und unkontrollierbarer Verbreitung eine zentrale Sicherheitsherausforderung staatlicher Akteure und führen bei selbigen zu einer sukzessiven moralischen Entwertung ihrer traditionellen Streitkräftefähigkeiten, was auf dem noch bevorstehenden Höhepunkt des Innovationsschubs in einer neuen Form der globalen Rüstungsspirale münden könnte. Das Spektrum bedrohungsrelevanter F&T reicht hierbei von der Robotik über Elektromagnetische Puls (EMP)-Waffen bis hin zur Genforschung und wird durch die marktgesteuerte Verfügbarkeit absehbar zu einer weiteren Asymmetrisierung der Konfliktbeziehungen (staatlich-nichtstaatlich) beitragen.

Ein weiteres Schlüsselelement der zunehmenden Technologiefokussierung ist darüber hinaus die erhoffte Abfederung der wachsenden staatlichen ‚Entsendehemmung', durch Militärtechnik, die den Einsatz menschlicher Ressourcen in feindseligen Umwelten minimiert oder zumindest sicherer macht. In diesem Zusammenhang verändert sich auch die Beziehung zwischen Bürger und Staat, was sich nicht zuletzt in dem sukzessiven Bedeutungsverlust der Wehrpflicht ausdrückt. So wurden in den letzten Jahren in vielen Staaten die Wehrpflichtsysteme durch kleinere Freiwilligen- und Berufsarmeen abgelöst.[22] In anderen Ländern wurde die Dauer des Pflichtdienstes erheblich gemindert oder das System ziviler Ersatzdienste ausgebaut, sodass heute in westlichen Gesellschaften die biografische Erfahrung des Militärdienstes nur noch von einer Minderheit der jungen männlichen Bevölkerung geteilt wird und somit auch das Militär als ‚Schule der Nation' seine Bedeutung verlor. Andererseits wurden zahlreiche Armeen für Frauen (meist als Freiwillige) geöffnet. Die Tendenz zur Berufsarmee spiegelt

---

[21] Vgl. Grey (1997: 50); McKitrick et al. (1995: 1) und Cooper (1994: 12). So auch Krepinevich 1994: 30; Toffler und Toffler (1993: 34) und Metz und Kievit (1995: 9).

[22] Siehe hierzu den Beitrag „Wehrsysteme" von *Werkner* in diesem Band.

dabei auch den Trend zur ‚postheroischen' Gesellschaft wider, deren Mitglieder mehrheitlich nicht mehr bereit sind, für ‚nationale Werte' und Interessen notfalls mit dem eigenen Leben einzustehen (Luttwak 1995). So ist evident, dass nahezu alle westlichen Gesellschaften ohne eine grundlegende Wende ihrer Migrations- und Integrationspolitik den personellen Herausforderungen zukünftiger (nationaler) Streitkräfte nur schwerlich gewachsen sein dürften. Massive quantitative und (in Folge eines enorm wachsenden Nachwuchswettbewerbs mit der Privatwirtschaft ebenfalls) qualitative Rekrutierungsprobleme drohen dabei in Kombination mit den sich herausbildenden postheroischen Gesellschaftsmustern die generelle Einsetzbarkeit der Streitkräfte infrage zu stellen.

Darüber hinaus erfährt das Berufsbild ‚Soldat' auf der einen Seite durch die verstärkte Selektion der Kombattanten einen – vor allem unter dem Gesichts- punkt neuer Anforderungen an die Fähigkeiten der Kämpfer notwendigen – Professionalisierungsschub, der jedoch durch die Tendenz der verstärkten Attraktivität von Freiwilligenarmeen für soziale Randgruppen (v. a. in den USA) konterkariert wird. Neben der militärischen Nutzbarmachung von Hochtechno- logie und der verstärkten Rekrutierung nichtgesellschaftstragender Personen- gruppen zum Zwecke der Reduzierung politischer (Entsende-) Risiken seitens postheroischer Gesellschaften, besteht zudem eine naheliegende Alternative „im verstärkten Einsatz von Söldnern oder Hilfstruppen: Da sie nicht der Wähler- schaft der für die Interventionsentscheidung verantwortlichen Regierung ent- stammen, haben Verluste in ihren Reihen keine unmittelbaren Auswirkungen auf die politische Unterstützung oder Ablehnung der Regierung. Söldner und Hilfs- truppen stellen also eine Form des Abkaufs politischer Risiken dar; sie ersetzen politisch kontrollierte Verantwortlichkeit durch kommerzielle Logik" (Münkler 2002). Insbesondere die aktuellen Entwicklungen in den USA zeigen dabei deutlich, dass der Trend hin zur Externalisierung und Privatisierung originär staatlicher Sicherheitsaufgaben längst zu einer veritablen Industrie heran- gewachsen ist. Da diese seitens der mittlerweile zahlreichen privaten Militär- und Sicherheitsfirmen (PMSCs) rekrutiert, ausgebildet und geführt werden, wird gleichzeitig eine effektive Kontrolle durch das Militär oder die Öffentlichkeit erheblich erschwert.[23]

Mit der schwindenden Repräsentanz der Mittelklasse in den Armeen kommt es zu einer Verstärkung der ohnehin vorhandenen Herauslösungs- und Ent- fremdungsbewegung des Militärs aus dem gesamtgesellschaftlichen Umfeld

---

[23] Siehe hierzu auch den Beitrag zur Privatisierung des Militärs von *Deitelhoff & Geis* in diesem Band.

sowie dem Auseinanderdriften von Staatsbürgerschaft und Militär: „[C]itizenship will be increasingly divorced from military participation. The military will become (...) a specialised institution apart from the mass of population. Citizens will join armed forces as a specialised job, not as a duty of citizenship." (Shaw 1991: 180)

Parallel hierzu erfährt das nationale Element im immer häufiger werdenden Falle eines militärischen Einsatzes eine erhebliche Relativierung, da dieser durch multinationale Zusammenarbeit geprägt ist und trotz nicht unerheblicher Spannungen und Probleme (z. B. bei der Interoperabilität der Waffensysteme, aber auch in der multinationalen Zusammenarbeit der Truppe) zur operativen Normalität von Streitkräften geworden ist.[24] Eine wesentliche Ursache für die Multinationalisierung ist die Tatsache, dass der einzelne Nationalstaat mit der Organisation und Finanzierung von – auf Hochtechnologie aufbauender und auf komplexe Problemlagen reaktionsfähiger – Verteidigungsinstitutionen an die Grenzen seiner Leistungsfähigkeit stößt. So kam es in den vergangenen Jahren vor allem im Rahmen der Europäischen Union zur sukzessiven Heraus-bildung einer *Gemeinsamen Sicherheits- und Verteidigungspolitik* (GSVP)[25], welche mit dem Inkrafttreten des *Lissabonner Vertrags* (2009) die bereits heute weltweit einmalige Integrationstiefe noch einmal steigert und bisherige Ver-gemeinschaftungsbemühungen ergänzt. Konsequenz der schrittweisen Ver-schmelzung dieses – historisch ausschließlich national bestimmten – Politikfeldes ist dabei jedoch auch die Schaffung von unmittelbaren Abhängigkeiten, welche die Souveränität eines Staates bisweilen erheblich einengen können. So wird es unter diesen Umständen zunehmend schwierig, militärische bzw. verteidigungs-politische Entscheidungen auf Grundlage rein nationaler Erwägungen zu treffen, obwohl nach wie vor die Zustimmung eines jeden beteiligten Staates eine *conditio sine qua non* bildet und somit gegenwärtig nicht von einer umfassenden Supra- bzw. Transnationalisierung des sicherheits- und verteidigungspolitischen Sektors die Rede sein kann. Dies gilt insbesondere für jedwede Form von Ent-scheidungen über den Einsatz militärischer Kräfte.

---

[24] Siehe hierzu den Beitrag „Militärische Multinationalität" von *Kraft* in diesem Band.

[25] Mit dem Lissabonner Vertrag wurde die Europäische Sicherheits- und Verteidigungs-politik (ESVP) zur Gemeinsamen Sicherheits- und Verteidigungspolitik (GSVP) weiter-entwickelt und sieht seit dem Inkrafttreten am 1. Dezember 2009 u. a. auch neue, flexiblere Kooperationsformen vor.

3.2   Entgrenzung und Enthegung militärischer Gewalt?

Der Wandel sicherheitspolitischer Problemlagen nach dem Ende des Kalten Krieges bewirkte eine radikale Umorientierung der Kompetenzbereiche von Streitkräften,[26] wobei die klassische Landesverteidigung zugunsten eines erweiterten Aufgabenspektrums (etwa: internationales Krisenmanagement, Terrorismusbekämpfung, Durchsetzung von Menschenrechten, Sicherung von globalen Handelsrouten) zunehmend in den Hintergrund rückte. So reagiert der Staat mit dem Einsatz seines militärischen Personals im Ausland nicht mehr nur auf traditionelle, unmittelbare Bedrohungen wie die Verletzungen seiner territorialen Hoheit bzw. die seiner Bündnispartner, sondern begründet diesen Schritt mittlerweile auch mit abstrakteren, globalen Risiken und Gefahren. Damit verbunden sind rechtliche Unsicherheiten sowie Legitimitätsprobleme, da heutige Einsätze nicht unmittelbar der ‚Verteidigung der Nation' dienen – und in einigen Fällen auch nicht von den Vereinten Nationen mandatiert wurden (wie das Vorgehen der NATO im Kosovo 1999 oder der multinationalen Koalition im Irak 2003).

Für die Soldaten bedeutet der Einsatz in internationalen Krisengebieten einen bisweilen erheblichen Wandel des Anforderungsprofils, da sie neben rein militärischen nun auch über kulturelle und diplomatische Kompetenzen verfügen müssen, um ihrer neuen Rolle im Spannungsfeld zwischen hochgerüstetem Krieger und *global street worker* gerecht zu werden. Sind die seitens der Nationalstaaten entsendeten Soldaten meist Teil eines multinationalen Verbandes und verfolgt dieser einen – durch zahlreiche nationalstaatliche Akteure definierten – Auftrag, konstituiert sich in der Regel auch der Gegner innerhalb eines solchen Einsatzes nicht mehr auf Grundlage seiner Nationalität, sondern nach ethnischen, tribalen oder auch privatwirtschaftlichen Mustern. Kriege verlieren somit zusehends ihr klassisches Charakteristikum als von Nationalstaaten geführte militärische Auseinandersetzungen und entziehen sich den in dieser Struktur verankerten Deeskalationmechanismen.

So verfügen nichtstaatliche Gewaltakteure, wie etwa die transnational vernetzten Gruppen der organisierten Kriminalität, von *Warlords* und Drogenbaronen angeführte Privatarmeen, international agierende Terrororganisationen oder auch ethnisch-fundamentalistische Splittergruppen in von Bürgerkriegen und Konfliktregionen zumeist über kein originäres Interesse an der Befriedung

---

[26] Siehe hierzu den Beitrag „Die Hybridisierung des Militärs: Militärische Aufgaben im Wandel" von *Kümmel* in diesem Band.

einer Krisensituation, sondern profitieren im Gegenteil wirtschaftlich und ideologisch vom Chaos (Kaldor 2000; Münkler 2002). Auch lassen sie sich (im Kontrast zu regulären Kämpfern nationalstaatlicher Entitäten) aufgrund ihres chamäleonhaften Charakters zwischen Kombattant und Nonkombattant äußerlich nur schwer von Zivilisten im Krisengebiet unterscheiden. Im Unterschied zu klassischen Guerillaverbänden fehlt diesen Gruppierungen darüber hinaus zumeist die hierarchische Organisationsstruktur, was eine militärische Schwächung mittels eines gezielten Vorgehens gegen Führungspersönlichkeiten erschwert. Verhandlungslösungen sowie andere Ansätze der zeitnahen Deeskalation werden unterlaufen. Diese ‚neuen' Gewaltakteure ähneln den vormodernen, losen Horden von Einzelkämpfern des Dreißigjährigen Krieges und halten sich – im Umgang mit gegnerischen Kombattanten und der Zivilbevölkerung – bewusst nicht an die völkerrechtlichen Regularien des Krieges. Vielmehr bildet die gezielt erzeugte ‚Schockwirkung' des Regelverstoßes ein zentrales Element ihrer militärischen Strategie in asymmetrischen Kämpfen, wodurch sie ihre zumeist kleinen und waffentechnisch bescheidenen Operationsmöglichkeiten zu kompensieren suchen (Münkler 2002).

Nicht zuletzt in Reaktion auf die Zunahme solcher asymmetrischer bewaffneter Konflikte entwickelte sich eine neue Form humanitärer militärischer Interventionen, welche die einst systembegründende Institution staatlicher Souveränität nachhaltig infrage stellte und damit den Kern des traditionellen Kriegsvölkerrechts herausforderte.[27] Dieses erkannte weder die Verletzung von Menschenrechten noch den Völkermord als legales Argument für militärisches Eingreifen an und erlaubte keine Einflussnahme auf Prozesse, die sich innerhalb eines Staates abspielen. Allerdings entwickelte sich allmählich eine völkergewohnheitsrechtliche Praxis, die sich in den 2000er-Jahren in zahlreichen nationalstaatlichen Militärstrategien, der Europäischen Sicherheitsstrategie (2003) sowie der *Global Strategy for the European Union's Foreign And Security Policy* (2016) und UN-Reformdokumenten (z. B. der *Responsibility to Protect* (2005) widerspiegelt.

Wenn solche Interventionen der Verhinderung drohender humanitärer Katastrophen oder sonstiger Sicherheitsbedrohung dienen, haben sie – zumindest in den Augen der Befürworter und Befürworterinnen – das Potenzial, langfristig dem Ziel einer friedlicheren und gerechteren Welt, einer ‚Neuen Weltordnung', die sich am Ideal einer menschenrechtsfundierten ‚Weltinnenpolitik' mit der

---

[27] Zur normativen Begründung des neuen Interventionismus vgl. u. a. Walzer (1994).

UNO als zentraler ordnungspolitischer Institution orientiert, näher zu kommen.[28] Doch die unmittelbare Durchsetzung von Normen jenseits der Nationalstaaten stellt bis auf weiteres ein wenig realistisches Szenario dar. Ursache hierfür ist, dass die Ressourcen (v. a. das Gewalt- und das Steuererhebungsmonopol) auch zukünftig beim Nationalstaat verbleiben. Auch gibt es kaum Indizien dafür, dass die Staaten nennenswerte Kompetenzen (wie etwa seinen Einfluss auf die Führung von Militärverbänden oder Polizeieinheiten im Rahmen der EU, der NATO oder der UNO) aufgeben und an supranationale Einrichtungen abtreten. Zugleich werfen die politischen und militärischen Auseinandersetzungen der letzten Jahre im Allgemeinen sowie die völkerrechtswidrige Intervention im Irak 2003 im Besonderen, erhebliche Zweifel an einer allzu positiven Interpretation dieser Entwicklung auf. So erfolgte die Relativierung des Prinzips der Nichteinmischung und die damit verbundene Infragestellung des Grundsatzes staatlicher Souveränität zu einem Zeitpunkt, an dem noch keine adäquate Kompensation des völkerrechtlichen Deeskalationspotenzials absehbar ist. Zugleich zeigt das strategische Scheitern vieler humanitärer militärischer Interventionen – am prominentesten sicher das spektakuläre Verlorengeben des Einsatzes der NATO in Afghanistan (2021)-, dass dies trotz erheblicher internationaler Stabilisierungs- und Wiederaufbaubemühungen noch unabsehbare Konsequenzen für die internationale Sicherheit sowie die zukünftige Einsatzbereitschaft und -fähigkeit westlicher Streitkräfte haben wird.

4   Ausblick

Die zusammen mit dem demokratischen Nationalstaat (als dominantem Typus politischer Ordnung) und dem internationalen System entstandene ‚nationale Konstellation' war im Bereich des Militärischen durch ein enges normatives Verhältnis von Militär und Gesellschaft im Inneren geprägt. In einer Folge von Modernisierungsschüben seit dem 18. Jahrhundert wurde das Militär in Europa organisatorisch, finanziell und politisch so gut wie vollständig vom Nationalstaat kontrolliert. Das staatliche Gewaltmonopol konnte als durchgesetzt gelten. Darüber hinaus wurde die Armee über die Wehrpflicht sowohl normativ als auch lebensweltlich (für die wehrpflichtigen Männer) eng mit der staatsbürgerlichen Praxis und der nationalen politischen Kultur verbunden. Das Militär sollte

---

[28] Zur Perspektive einer menschenrechtsgeleiteten Weltinnenpolitik ohne Weltregierung vgl. Habermas (1998: 156 ff.), (2004: 113 ff.).

nach dem Zweiten Weltkrieg ausschließlich der Landesverteidigung gegenüber anderen, angreifenden Nationalstaaten dienen. Im Außenverhältnis war die zivilisatorische Errungenschaft der wirksamen Unterwerfung militärischer Handlungen unter das Gewaltmonopol des Staates Voraussetzung für die Errichtung verbindlicher völkerrechtlicher Regeln für die Gewaltaustragung zwischen Staaten und den möglichst schonenden Umgang mit Nonkombattanten. Die Gewalt sollte weitgehend auf die politisch und militärisch geführten Soldaten beschränkt bleiben, was eine gründliche Ausbildung und Disziplin erfordert. Krieg fand zwischen souveränen Staaten und unter Beachtung internationalen Rechts statt. Wurden die völkerrechtlichen Regeln dennoch verletzt, gab es allerdings aufgrund des Primats des Souveränitätsprinzips außer moralischer Ächtung keine wirksamen Sanktionsmechanismen.

Nach dem Ende des Kalten Krieges geriet diese Ordnung unter Druck. Globalisierung und Denationalisierung der Politik, technologischer Wandel und neue transnationale Bedrohungen brachen nach dem Verlust des disziplinierenden Einflusses der Supermächte auf und ließen neue sicherheitspolitische Herausforderungen entstehen. Zentrale Parameter der ‚nationalen Konstellation' gerieten unter Druck, sodass sich nach Ansicht einiger Beobachter eine ‚postnationale Konstellation' abzeichnete. In den letzten Jahren wich diese hoffnungsvolle und optimistische Vision der Desillusionierung. In Bezug auf die neuen *Problemlagen* ist die Analyse der ‚postnationalen Konstellation' zwar nicht mehr umstritten, in Bezug auf die Veränderung der zentralen staatlichen Rolle sowie der *Effekte* auf die Stellung des Militärs in der Gesellschaft ist sie es durchaus. Die Gefahr einer Entgrenzung und Enthegung militärischer Gewalt ist längst nicht gebannt und eine Konstitutionalisierung des Völkerrechts empirisch noch nicht zu beobachten.

Der neue Interventionismus trug zumindest in den Augen der nichtwestlichen Welt zur Erosion des Völkerrechts bei. Diffuse Kriterien für die Angemessenheit von Interventionen ließen allzu viel Raum für Selbstmandatierungen sowie eine interessengeleitete Entfesselung des militärischen Instruments durch einige mächtige Staaten (z. B. Russland an seiner Peripherie, aber eben auch der Westen im Kosovo und im Irak). Die ernüchternden Erfahrungen des ausbleibenden oder nur sehr begrenzten Erfolges militärischer oder auch zivil-militärischer Engagements in Krisenstaaten insbesondere beim (Wieder-) Aufbau staatlicher Strukturen mit funktionierendem staatlichem Gewaltmonopol, Rechtsstaatlichkeit und möglichst auch demokratischen politischen Systemen in kriegs- und bürgerkriegsgeprägten Gesellschaften haben das Vertrauen auf das Happyend einer neuen verrechtlichten Weltordnung schwer erschüttert und die ‚*Soft Power*' des Westens schwer beschädigt (Masala 2018). Spätestens mit dem Russisch-Ukrainischen Krieg (2014/2022) scheint es, als sei die Welt wiederum in eine neue Phase der Entwicklung einer künftigen multipolaren Weltordnung eingetreten: Eine Konstellation, in der die Übel der ‚nationalen Konstellation' wie der klassische Staatenkrieg, das Sicherheitsdilemma und die Notwendigkeit zur Landesverteidigung wiederkehren, während die Problemlagen der ‚postnationalen Konstellation' ungelöst fortbestehen. Gleichzeitig kann nicht mehr vorausgesetzt werden, dass die liberale Weltordnung sowohl von den mächtigen Staaten, als auch von der Mehrheit der Staaten weiterhin mitgetragen wird. Ob diese künftige Konstellation die zivilisatorischen Errungenschaften der nationalen und zwischenstaatlichen Einbindung, Hegung und Kontrolle militärischer Gewalt über- oder unterbieten wird, ist somit wieder eine völlig offene Frage.

Annotierte Auswahlbibliografie

Münkler, Herfried (2002): Die neuen Kriege. Bonn: Bundeszentrale für politische Bildung.

Gut verständliche Einführung in die Problematik neuer Kriege. Der Autor argumentiert, dass der klassische, zwischenstaatliche Krieg ein historisches Auslaufmodell geworden sei und belegt dies durch eine ausführliche Beschreibung der neuen Konfliktlagen, Akteurstypen und Problemlösungsdefizite.

Zangl, Bernhard/Zürn, Michael (2003): Frieden und Krieg. Sicherheit in der nationalen und postnationalen Konstellation. Frankfurt am Main: Suhrkamp.

Ausgehend von der Zeitdiagnose eines Epochenbruchs in den internationalen Beziehungen durch den Wegfall des disziplinierenden Einflusses der bipolaren Weltordnung nach dem Ende des Kalten Krieges liefern die Autoren gleich zwei Einführungen in einer. Im ersten Teil des Buches werden die gängigen Theorien der Internationalen Beziehungen und ihr Beitrag zur Analyse von Sicherheitsproblemen in der ‚nationalen Konstellation' vorgestellt. Im zweiten Teil wird die vorsichtig optimistische These entfaltet, dass ein Übergang in eine – ebenfalls völkerrechtlich normierte und mit wirksamen Sanktionen bewährte – ‚postnationale Konstellation' in der internationalen Sicherheitspolitik zu beobachten sei.

Masala, Carlo (2018): Weltunordnung: Die globalen Krisen und das Versagen des Westens. 2. Aufl. München: C. H. Beck.

Der Band stellt eine gründliche Abrechnung mit den ‚Illusionen des Westens' dar: der Vorstellung, die Globalisierung führe automatisch zur weiteren Verbreitung der Demokratie, der Illusion einer kontinuierlich zunehmenden Verrechtlichung der internationalen Beziehungen, aber auch der Machbarkeitsillusion, durch militärische Interventionen ließen sich Demokratie und Stabilität exportieren. Immer wieder wird in den Fallanalysen darauf hingewiesen, wie der Westen selbst internationales Recht eigenen Überzeugungen und Interessenlagen gemäß interpretierte, doppelte Standards anlegte und so seine internationale moralische Autorität verspielte.

Literatur

Anderson, Benedict (1988): Die Erfindung der Nation. Zur Karriere eines erfolgreichen Konzeptes. Frankfurt a. M.: Campus.

Ansprenger, Franz (2000): Wie unsere Zukunft entstand. Von der Erfindung des Staates zur internationalen Politik. Schwalbach: Wochenschau Verlag.

Beck, Ulrich (1999): Über den postnationalen Krieg. In: Blätter für deutsche und internationale Politik, 8, 984–990.

Behschnitt, Wolfgang (1978): Die Französische Revolution. Quellen und Darstellungen. Stuttgart: Politische Bildung. Materialien für den Unterricht.

Breuilly, John (1999): Nationalismus und moderner Staat. Deutschland und Europa. Köln: SH-Verlag.

Buschmann, Nikolaus (2001): Die Erfahrung des Krieges. Erfahrungsgeschichtliche Perspektiven von der Französischen Revolution bis zum Zweiten Weltkrieg. Paderborn: Schöningh.

Clausewitz, Carl von (1998 [1832]): Vom Kriege. Berlin: Ullstein.

Conze, Werner (1992): Gesellschaft – Staat – Nation. Gesammelte Aufsätze. Stuttgart: Klett-Cotta.

Cooper, Jeffrey C. (1994): Another View of the Revolution in Military Affairs. Strategic Studies Institute, Carlisle: U.S. Army War College.

Cornelißen, Christoph (Hrsg.) (2000): Geschichtswissenschaften. Eine Einführung. Frankfurt a. M.: Fischer.

Deutsch, Karl W. (1953): Nationalism and Social Communication. An Inquiry into the Foundations of Nationalism. Cambridge, MA: MIT Press.

Frevert, Ute (2001): Die kasernierte Nation. Militärdienst und Zivilgesellschaft in Deutschland. München: C. H. Beck.

Frevert, Ute (Hrsg.) (1997): Militär und Gesellschaft im 19. und 20. Jahrhundert. Stuttgart: Klett-Cotta.

Gellner, Ernest (1995 [1964]): Nationalismus und Moderne. Hamburg: Rotbuch.

Giddens, Anthony (1985): The Nation-State and Violence. Volume Two of a Contemporary Critique of Historical Materialism. Cambridge, MA: Polity Press.

Grey, Colin S. (1997): RMAs and the Dimensions of Strategy. Joint Forces Quarterly, 17, 50–54.

Habermas, Jürgen (1998): Die postnationale Konstellation. Politische Essays. Frankfurt a. M.: Suhrkamp.

Habermas, Jürgen (2004): Der gespaltene Westen. Frankfurt a. M.: Suhrkamp.

Heisbourg, François (2001): Special Comment. In: Vignard (2001): 3–4.

Hobsbawm, Eric J. (1991): Nationen und Nationalismus. Mythos und Realität seit 1780. Frankfurt a. M.: Campus.

Jansen, Christian (Hrsg.) (2004): Der Bürger als Soldat: Die Militarisierung europäischer Gesellschaften im langen 19. Jahrhundert. Ein internationaler Vergleich. Essen: Klartext Verlag.

Jessop, Bob (1977): Recent Theories of the Capitalist State. In: Cambridge Journal of Economics, 1: 4, 353–373.

Jünger, Ernst (1924): In Stahlgewittern. Aus dem Tagebuch eines Stoßtruppführers. 5. Aufl. Berlin: Mittler.

Jürgs, Michael (2003): Der kleine Frieden im Großen Krieg: Westfront 1914 – als Deutsche, Franzosen und Briten gemeinsam Weihnachten feierten. München: Bertelsmann.

Kaldor, Mary (2000): Neue und alte Kriege. Organisierte Gewalt im Zeitalter der Globalisierung. Frankfurt a. M.: Suhrkamp.

Kedourie, Elie (1993 [1960]): Nationalism. Oxford: Blackwell.

Krepinevich, Andrew F. (1994): Cavalry to Computer: The Pattern of Military Revolutions. In: The National Interest, 37, 30–42.

Krumeich, Gerd (2000): Militärgeschichte für eine zivile Gesellschaft. In: Cornelißen (2000): 178–193.

Langewiesche, Dieter (Hrsg.) (1989): Revolution und Krieg. Zur Dynamik historischen Wandels seit dem 18. Jahrhundert. Paderborn: Schöningh.

Luttwak, Edward N. (1995): Toward Post-Heroic Warfare. In: Foreign Affairs, 74: 3, 109–122.

Mann, Michael (1990, 1991, 2001): Geschichte der Macht (Bd. 1–3). Frankfurt a. M.: Campus.

Mann, Michael (1992): States, War and Capitalism. Studies in Political Sociology. Oxford: Blackwell.

Masala, Carlo (2018): Weltunordnung. Die globalen Krisen und die Illusionen des Westens. 2. Aufl. München: C. H. Beck.

McKitrick, Jeffrey/Blackwell, James/Littlepage, Fred (1995): The Revolution in Military Affairs. In: Schneider/Grinter (1995).

Metz, Steven/Kievit, James (1995): Strategy and the Revolution in Military Affairs. Strategic Studies Institute, Carlisle: U.S. Army War College.

Montgomery, Bernard Law (2003): Kriegsgeschichte. Weltgeschichte der Schlachten und Kriegszüge. Köln: Komet.

Münkler, Herfried (1992): Gewalt und Ordnung. Das Bild des Krieges im politischen Denken. Frankfurt a. M.: Fischer.

Münkler, Herfried (2002): Die neuen Kriege. Bonn: Bundeszentrale für politische Bildung.

Parsons, Talcott (1970 [1961]). Das Problem des Strukturwandels: Eine theoretische Skizze. In: Zapf (1970): 35–54.

Poggi, Gianfranco (1978): The Development of the Modern State. A Sociological Introduction. Stanford, CA: Stanford University Press.

Randelzhofer, Albrecht (Hrsg.) (2022): Völkerrechtliche Verträge. 16. Aufl. München: C. H. Beck.

Schneider, Barry R./Grinter, Lawrence E. (Hrsg.) (1995): Battlefield of the Future – 21st Century Warfare Issues. Alabama: Air War College.

Shaw, Martin (Hrsg.) (1984): War, State and Society. London: Macmillan.

Shaw, Martin (1991): Post-Military Society. London: Polity.

Skocpol, Theda (1992): Protecting Soldiers and Mothers: The Political Origins of Social Policy in the United States. Cambridge, MA: Harvard University Press.

Smith, Anthony D. (1991): National Identity. London: Penguin Books.

Smith, Anthony D. (2001): Nationalism. Theory, Ideology, History. Oxford: Blackwell.

Tilly, Charles (Hrsg.) (1975): The Formation of National States in Western Europe. Princeton, NJ: Princeton University Press.

Toffler, Alvin/Toffler, Heidi (1993): War and Anti-War. Making Sense of Today's Global Chaos. New York, NY: Little Brown.

Transformation Study Group (2001): Transformation Study Report. Transforming Military Operational Capabilities. Washington, D.C., April 27, 2001.

Vignard, Kerstin (Hrsg.) (2001): (R)evolution in Military Affairs. UNIDIR Disarmament Forum N° 4. Genf: United Nations Institute for Disarmament Research (UNIDIR).

Walzer, Michael (1994): Thick and Thin. Moral Argument at Home and Abroad. Notre Dame, IN: University of Notre Dame Press.

Weber, Eugen (1976): Peasants into Frenchmen. The Modernisation of Rural France 1870–1914. Stanford, CA: Stanford University Press.

Weber, Max. (1980 [1922]): Wirtschaft und Gesellschaft. Grundriß der Verstehenden Soziologie. Tübingen: Mohr.

Weichlein, Siegfried (2004): Nation und Region. Integrationsprozesse im Bismarckreich. Düsseldorf: Droste.

Wodak, Ruth (1998): Zum Nationsverständnis: Staatsnation – Kulturnation – nationale Identität. In: Wodak et al. (1998): 19–40.

Wodak, Ruth/De Cillia, Rudolf/Reisigl, Martin (Hrsg.) (1998): Zur diskursiven Konstruktion nationaler Identität. Frankfurt a. M.: Suhrkamp.

Zangl, Bernhard/Zürn, Michael (2003): Frieden und Krieg. Sicherheit in der nationalen und postnationalen Konstellation. Frankfurt am Main: Suhrkamp.

Zapf, Wolfgang (Hrsg.) (1970): Theorien des sozialen Wandels. Köln: Kiepenheuer & Witsch.

Kantner, Cathleen, Dr. phil. habil.; Professorin für Internationale Beziehungen und Europäische Integration am Institut für Sozialwissenschaften der Universität Stuttgart.

Sandawi, Sammi, Dipl. Soz-Wiss.; Koordinator amtsseitige Unterstützung in der Abteilung Ausrüstung, BMVg Berlin.

Militär, Krieg und Ökonomie

Gregor Richter

1 Militär, Krieg und Ökonomie als sozialwissenschaftlicher Forschungsgegenstand

Seitdem sich im Zuge von Globalisierungsprozessen und der veränderten sicherheits- und militärpolitischen Lage in der Welt nach der Überwindung des Kalten Krieges neue Konflikt- und Bedrohungsformen, die sogenannten „Neuen Kriege" (Kaldor 2000; Münkler 2002) entwickelten, wird Fragen der Kriegsfinanzierung und der wirtschaftlichen Bedingungsfaktoren für die Entstehung und Persistenz innerstaatlicher wie internationaler bewaffneter Konflikte zunehmend Aufmerksamkeit geschenkt. Bei der Analyse dieses Themenfeldes sind zwei grundlegende Betrachtungsweisen des Verhältnisses von Militär und Krieg auf der einen Seite und der Ökonomie auf der anderen Seite zu unterscheiden: *Erstens* können ökonomische Faktoren, wie beispielsweise Nahrungsmittelknappheit, der Kampf um Ressourcen und Rohstoffe oder der Zugang zu Absatzmärkten, Auslöser für die Entstehung und Persistenz von kriegerischen Auseinandersetzungen sein. In diesem Fall leisten ökonomische Erklärungsfaktoren einen Beitrag zur politikwissenschaftlichen und soziologischen Konflikt- und Kriegsursachenforschung sowie zu der Frage, wie Kriege wiederum die ökonomische Verfasstheit der an ihnen beteiligten Akteure und Gesellschaften beeinflussen. Mit anderen Worten geht es hier um das Verhältnis von Militär, Krieg und einem Teil- bzw.

G. Richter (✉)
Forschungsbereich Militärsoziologie, Zentrum für Militärgeschichte und Sozialwissenschaften der Bundeswehr, Potsdam, Deutschland
E-Mail: gregorrichter@bundeswehr.org

© VS Verlag für Sozialwissenschaften | Springer Fachmedien Wiesbaden GmbH, Wiesbaden 2023
N. Leonhard und I.-J. Werkner (Hrsg.), *Militärsoziologie – Eine Einführung*,
https://doi.org/10.1007/978-3-658-30184-2_6

Subsystem der (globalen) Gesellschaft: der Ökonomie. Davon zu unterscheiden ist *zweitens* das Forschungsprogramm der Wirtschaftswissenschaften im engeren Sinne, die mit ihren Theorien, ihrem Instrumentarium und ihrem Begriffsinventar die Phänomene Militär und Krieg zu analysieren versuchen.

Beiden Betrachtungsweisen soll im Folgenden Rechnung getragen werden. Bevor soziologische Erklärungsansätze zum Verhältnis von Militär, Krieg und Ökonomie dargestellt und diskutiert werden (Abschn. 3), ist es zweckmäßig, sich dem Gegenstand und den Fragestellungen der Militärökonomie, einer wirtschaftswissenschaftlichen Teildisziplin, zuzuwenden (Abschn. 2). Ökonomisch-gesellschaftliche Faktoren spielen auch eine zentrale Rolle bei der Unterscheidung der 'Alten' von den 'Neuen' Kriegen und der Analyse der Ursachen und Folgen letzterer (Abschn. 4).

2 Gegenstand und Fragestellungen der Militärökonomie

2.1 Militär und Krieg bei den Klassikern der Wirtschaftswissenschaften

Der Militärökonom Lutz Köllner (1977) zeigt in einer literaturhistorischen Analyse, dass sich bei den Klassikern der Nationalökonomie zahlreiche Passagen zum Themenfeld *Ökonomie und Militär* finden. Seine Betrachtungen zu Adam Smith (1723–1790), David Ricardo (1772–1823), Thomas Robert Malthus (1766–1834), Jean-Baptiste Say (1767–1832), Karl Marx (1818–1883), John Maynard Keynes (1883–1946) und Josef A. Schumpeter (1883–1850) fördern dabei oftmals eine unerwartete Aktualität der dort formulierten Probleme und Konzepte für die moderne Militär- und Verteidigungsökonomie zu Tage. So diskutiert David Ricardo die makroökonomischen Effekte alternativer Modelle der Kriegsfinanzierung, wie beispielsweise die Finanzierung über Steuern oder über Anleihen. Jean-Baptiste Say weist darauf hin, dass Kriege mehr kosteten als die Ausgaben, die sie verursachten, wenn man soziale Wohlfahrtsverluste in generationenübergreifender Perspektive in Rechnung stellt. Stellvertretend für die klassischen militärökonomischen Überlegungen soll im Folgenden der schottische Nationalökonom und Moralphilosoph Adam Smith gewürdigt werden.

In seinem erstmals 1776 erschienen Hauptwerk *The Wealth of Nations* entwickelt Smith nicht nur eine umfassende Geschichte der ökonomischen und sozialen Entwicklung der menschlichen Gesellschaft und die theoretischen Grundlagen für die Markt- und Tauschwirtschaft, sondern er begründet nationalökonomische – heute würde man von volkswirtschaftlichen – Teildisziplinen wie die Kreislauf-, Wachstums- und Außenhandelstheorie. So wirft er bereits ein Problem auf, dass noch heute die Militär- und Verteidigungsökonomie beschäftigt: nämlich die Frage nach den binnenwirtschaftlichen Effekten von Rüstungs- und Kriegsausgaben (vgl. Abschn. 2.3).

Sehr modern mutet dabei an, dass Smith mit dem Modell einer offenen Volkswirtschaft operiert. Um kostspielige Kriege in Übersee finanzieren zu können – Smith argumentiert hier ausgehend von Beobachtungen der von der britischen Krone im 18. Jahrhundert geführten Kriege – reicht es oftmals nicht aus, die Gold- und Silbervorräte eines Staates zu aktivieren, sondern es müssen im Inland Überschüsse produziert werden. Als Exportwaren können diese dann in ausländische Wechsel eingelöst werden, mit denen wiederum Sold und Verpflegung der Soldaten im Ausland, von dessen Boden aus Krieg geführt wird, bezahlt werden können. Smith sieht auch die damit verbundenen Konsequenzen für die Binnenwirtschaft: „In mitten eines höchst mörderischen Krieges außer Landes können daher die meisten der Manufakturen aufblühen, um dann, umgekehrt, nach dem Friedensschluß einen Rückschlag zu erleben." (Smith 1974: 361).

Die wesentlichen Antriebe wirtschaftlichen Handelns sieht Adam Smith im Problem der Knappheit von (materiellen) Gütern und dem Streben nach sozialer Anerkennung. Der Nationalökonomie komme letztlich die Aufgabe zu, Wege aufzuzeigen, wie diese Ziele erreicht werden können. Von dieser Leitfrage aus entwickelt er auch seine Überlegungen zur Finanzierung von Militär und Krieg. Hiermit werden bereits Basiskonzepte der modernen Wirtschaftswissenschaften angesprochen: Ökonomisch betrachtet stellt die Landesverteidigung bzw. die äußere Sicherheit ein wirtschaftliches Gut mit einer bestimmten Eigenschaft dar. Im Gegensatz zu sogenannten privaten Gütern, die teilbar sind und bei denen die ausschließliche Nutzungsmöglichkeit an den Erwerber des Gutes übertragen werden kann, zählt die Landesverteidigung zu den sogenannten öffentlichen Gütern. Für diese Güter besteht, da technisch niemand vom Konsum ausgeschlossen werden kann (Nicht-Ausschluss-Prinzip), auch kein Anreiz, einen Preis dafür zu entrichten. Folglich findet sich kein Angebot, der Markt versagt bei der Bereitstellung von öffentlichen Gütern und gesellschaftliche Wohlfahrtsverluste sind die Konsequenz. Demgegenüber verfügt der Staat über (legale) Möglichkeiten, die Produktion öffentlicher Güter zu erzwingen. Der Staat kompensiert sozusagen das Marktversagen mit der Eigenproduktion des Gutes ‚Sicherheit'.

Dies erkennt Smith und unterscheidet zwei grundsätzliche Methoden der Produktion dieses Gutes in entwickelten Gesellschaften – zwei Methoden,

die auch heute noch in der wehrpolitischen Diskussion auftauchen (siehe hierzu:
Werkner 2004):

> „Er [der Staat, G. R.] kann erstens die Bevölkerung (…) zu Wehrübungen zwingen
> und entweder alle oder einen Teil der wehrfähigen Bürger dazu verpflichten,
> unabhängig und neben ihrem eigentlichen Beruf auch noch das Handwerk des
> Soldaten in bestimmtem Umfange auszuüben. Der Staat kann zweitens eine gewisse
> Zahl von Bürgern versorgen, um sie ständig in militärischer Bereitschaft zu halten."
> (Smith 1974: 592).

Smith lässt keinen Zweifel aufkommen, dass nur die zweite Alternative, also
stehende Heere und das Berufssoldatentum, zukunftsfähig seien (ebd.: 598).
Dabei argumentiert er nicht politisch, sondern eben ökonomisch, wenn er darauf
hinweist, dass die wirtschaftliche Verfassung eines Landes, der technische Entwicklungsstand und der Grad an Arbeitsteilung die institutionelle Gestaltung des
Wehrsystems und die Bestandsbedingungen des Militärs determinierten. Wie im
Folgenden gezeigt wird, sind die ökonomischen Voraussetzungen des Militärs
also abhängig vom Entwicklungsstand einer Gesellschaft.

2.2   Kriegsfinanzierung in historischer Perspektive

Militärhistorische Untersuchungen zeigen, dass die Kriegsfinanzierung seit
jeher nicht nur ein umstrittenes staats- und gesellschaftspolitisches Problem darstellt, sondern dass sich im Laufe der Geschichte die Grundlagen und Formen
der Kriegsfinanzierung gewandelt haben (Pöcher 1998; Köllner 1982). Bereits
Adam Smith hatte die Frage aufgeworfen, inwieweit die Gestalt des Krieges und
seine Finanzierung vom Entwicklungsstand einer Gesellschaft abhingen. Einfache Gesellschaftsformationen sind durch die Abwesenheit von funktionaler
Differenzierung charakterisiert, die sich auch bei der Art der Kriegsführung
zeigt. Jäger, Hirten oder Ackerbauern sind, so Smith, bei Bedarf auch Krieger
und werden von den anderen Gesellschaftsmitgliedern alimentiert. Erst in entwickelten arbeitsteiligen Gesellschaften „(…) ist eine solche Selbstversorgung
aus zwei Gründen nicht mehr möglich: Zum einen wegen des Fortschritts in den
Gewerben, zum anderen wegen der Verbesserung der Kriegstechnik." (Smith
1974: 589).

Für die Antike vorherrschend war eine Finanzierung des Krieges über zentral
verwaltete staatliche Mittel. An der Spitze seiner Machtentfaltung unterhielt
beispielsweise das römische Imperium insgesamt ein Heer von fast 800.000

Mann; der römische Legionär erhielt sein *stipendium* aus Steuermitteln (Pöcher 1998: 383). Eine zusätzliche Finanzierungsquelle bildete aber der Krieg selbst, wenn nach der Niederlage des Gegners die eroberten Gebiete geplündert und wirtschaftlich genutzt werden konnten.

Die für das frühe Mittelalter typische Form der Kriegsfinanzierung ist mit der ständisch-feudalen Gesellschaftsordnung und dem Lehenswesen verbunden. Als Gegenleistung für ihre Gefolgschaft werden die Ritter und Vasallen mit Grundbesitz belohnt, den sie wirtschaftlich verwerten können. In Anlehnung an Köllner (1982: 30 ff.) lassen sich fünf Epochen der Kriegsfinanzierung vom späten Mittelalter bis zur Gegenwart unterscheiden:

Ein wesentliches Moment der *ersten* Epoche, die noch im Mittelalter beginnt, ist der abrupte Übergang von der Friedens- in die Kriegswirtschaft. Zu Beginn eines Feldzuges werden Söldner bzw. Landsknechte angeworben, oft mit dem Versprechen, erst nach einem erfolgreichen Waffengang mit Teilen der Kriegsbeute entlohnt zu werden. Der typische Vertreter solcher ‚Kriegsunternehmer‘, die ihre Dienste zeitlich und räumlich beschränkt anboten und die Organisation und Anwerbung von ‚Kriegshandwerkern‘ übernahmen, ist der *Condottiere* in den italienischen Stadt- und Kleinstaaten des ausgehenden Mittelalters.[1]

Eine Zäsur in der Geschichte der Kriegsfinanzierung wird in der Zeit nach dem Dreißigjährigen Krieg und mit dem Beginn des Absolutismus eingeleitet. Das Militär dieser *zweiten* Epoche lässt sich in ökonomischer Hinsicht durch zwei zentrale Neuerungen charakterisieren: Zum einen werden schon in Friedenszeiten stehende Heere aufgebaut, die aus laufenden Einnahmen des Staates finanziert werden müssen, zum anderen bildet der Merkantilismus[2] mit seiner

---

[1] V. a. die ökonomischen Grundkonstellationen des Dreißigjährigen Krieges (1618–1648) geben den Analyserahmen und die Vergleichsfolie für die Neuen Kriege zu Beginn des 21. Jahrhunderts ab (Münkler 2002: 75 ff.). Herfried Münkler sieht auffällige Parallelen zwischen der ökonomischen Logik des Söldnertums und der Kriegshandwerker der beginnenden Neuzeit und den privaten Kriegs- und Gewaltakteuren heute (siehe auch Abschn. 4).

[2] Der Merkantilismus bezeichnet eine wirtschaftspolitische Lehrmeinung und Praxis, die eng mit dem absolutistischen Frankreich des 17. Jahrhunderts, König Ludwig XIV. und seinem Finanzminister Jean-Baptiste Colbert verbunden ist. Zielsetzung des Merkantilismus sind eine aktive Handelsbilanz mit einer hohen Export- und niedrigen Importquote, die Stärkung der inländischen Produktion und die Schaffung einer den wirtschaftlichen Fortschritt begünstigenden nationalen Infrastruktur – alles Maßnahmen, mit denen letztlich die Kassen für die Kriegsfinanzierung gefüllt werden sollten. Mit dem Aufbau stehender Heere im Absolutismus stiegen zudem nicht nur die kontinuierlichen, direkten Aufwendungen für den Staatshaushalt an. Es entstand zudem unter dem Grundgedanken landesväterlicher

staatlichen Steuerung und Protektion der inländischen gegenüber ausländischen Wirtschaften in Verbindung mit dem Aufblühen von Manufakturen eine tragfähige Basis für eine bis dahin nicht gekannte Ausdehnung des Finanzierungsvolumens für das Militär.

Die Französische Revolution 1789 ist Köllner zufolge der Beginn einer *dritten* Epoche der Kriegsfinanzierung. Der Krieg gründet auf der Wehrbereitschaft der Bürger *(Levée en masse),* die für die Ideen der Revolution auch zu großem (materiellen) Verzicht bereit sind. Der Beginn der *vierten* Epoche ist mit dem verstärkten Einsatz geldpolitischer Instrumente zur Kriegsfinanzierung verbunden. Der Rüstungswettlauf zwischen den europäischen Nationen Ende des 19. und zu Beginn des 20. Jahrhunderts und der dann folgende Erste sowie Zweite Weltkrieg strapazieren die beteiligten Volkswirtschaften bis auf das Äußerste. Anleihen, eine aktive Notenbankpolitik und eine Verschuldung im Ausland werden zu vorherrschenden Arten der Kriegsfinanzierung, wodurch ein großer Anteil der Kosten des Krieges künftigen Generationen aufgebürdet wird. Zudem entsteht eine mächtige Rüstungsindustrie, die einen immer bedeutenderen Wirtschaftsfaktor darstellt.

Die *fünfte* Epoche, die mit dem Kalten Krieg einsetzt, ist geprägt durch eine Verstetigung der Ausgaben für das Militär – allerdings auf hohem Niveau. „In allen Wirtschaftssystemen des 20. Jahrhunderts wurden Kriege auf Vorfinanzierungsbasis geführt. (…) Heute ist diese Möglichkeit sehr eng beschränkt, da die monetäre Disziplin gewachsen ist und die Aufnahmefähigkeit der Kreditmärkte gegenüber Staatspapieren sensibler wurde." (Pöcher 1998: 390)[3] Direkt nach Ende des Kalten Krieges sind die Ausgaben für das Militär in den meisten

---

Herrschaft ein Fürsorge- und Vorsorgesystem für die Soldaten, das den Militärhaushalt bis heute in Form von Personalnebenkosten charakterisiert (Köllner 1986: 260).

[3] In Deutschland werden die Finanzausstattung der Bundeswehr jährlich detailliert vom Parlament im Bundeshaushalt, Einzelplan 14, festgelegt. Grundlage ist Artikel 87a Abs. 1 Grundgesetz: „Der Bund stellt Streitkräfte zur Verteidigung auf. Ihre zahlenmäßige Stärke und die Grundzüge ihrer Organisation müssen sich aus dem Haushaltsplan ergeben." Grundsätzlich gilt: Es besteht keine Zweckbindung von Steuern für militärische Aufgaben und geldpolitische Maßnahmen zur Finanzierung des Militärs sind nicht zulässig. Im Jahr 2021 lag der Verteidigungsetat bei rund 46,9 Mrd. EUR. Der Anteil des Verteidigungsetats am Bundeshaushalt belief sich dabei auf 12,1 %. Für investive Aufgaben waren rund 10,72 Mrd. EUR vorgesehen. (Quelle: Bundesministerium der Verteidigung, Verteidigungshaushalt: Online: https://www.bmvg.de/de/themen/verteidigungshaushalt, letzter Zugriff: 25.03.2021).

Staaten der NATO, so auch in Deutschland, rückläufig gewesen (vgl. Bredow 2000: 151). Die militärischen Reaktionen auf die Anschläge des 11. September 2001 haben insbesondere in den USA die Verteidigungsausgaben allerdings wieder ansteigen lassen. Ähnliches zeichnet sich seit Beginn des Ukraine-Krieges im Februar 2022 auch hierzulande ab.

Das internationale Stockholmer Friedensforschungsinstitut (*Stockholm International Peace Research Institute*, SIPRI), eine unabhängige Einrichtung der Friedens- und Konfliktforschung, veröffentlicht jährlich Zahlen zu Militärbudgets und Rüstungsexporten. Die Militärausgaben betrugen 2018 mit schätzungsweise 1822 Mrd. US\$ etwa 2,1 % des globalen Bruttoinlandsprodukts (BIP). Das entspricht im Durchschnitt 239 US\$ pro Person weltweit. (SIPRI 2019: 6) Tab. 1 sind die Volumina an Militärausgaben im internationalen Vergleich zu entnehmen. Innerhalb des hier exemplarisch ausgewiesenen Zehnjahreszeitraums können massive Verschiebungen in den relativen Anteilen an Militärausgaben nach Regionen ausgemacht werden. In einigen Teilen der Erde sind nominale Steigerungen der Ausgaben für das Militär seit 2008 zu verzeichnen, wobei Länder in Asien, insbesondere die Volksrepublik China, für den Hauptteil der dortigen Ausgabensteigerung verantwortlich sind. Die Vereinigten Staaten sind seit Jahrzehnten und auch im Jahr 2018 mit einem Militärbudget von 649 Mrd. US\$ mit Abstand auf dem ersten Platz, was einem Anteil an den Weltmilitärausgaben von über einem Drittel entspricht (ebd.). Auch die Liste der wichtigsten Exporteure wird von den USA mit einem Weltmarktanteil von 34,0 % angeführt; Russland liegt mit 22,0 % an zweiter, die Bundesrepublik Deutschland mit 5,8 % an vierter Stelle der führenden Rüstungsexporteure. Größter Importeur von Rüstungsgütern ist aktuell Saudi-Arabien mit einem Weltmarktanteil von 12,0 %, gefolgt von Indien mit 9,5 % (SIPRI 2019: 9).

Eine *sechste* Epoche der Kriegsfinanzierung, die von Köllner (1982) noch nicht vorhergesehen werden konnte, zeichnet sich mit dem Ende des Kalten Krieges und mit dem Auftreten der Neuen Kriege ab, deren Ökonomie wiederum eigene Strukturen und eine eigene Logik aufweist (vgl. Abschn. 4).

2.3 Militär- und Verteidigungsökonomie nach 1945

In der Einleitung zu der von ihnen herausgegebenen dreibändigen Sammlung richtungsweisender Schriften zur Militär- und Verteidigungsökonomie geben Keith Hartley und Todd Sandler folgende Abgrenzung des Gegenstandes vor:

Tab. 1 Militärausgaben nach Regionen im Zehnjahresvergleich 2008–2018. (Quellen: SIPRI 2009: 10; SIPRI 2019: 6)

Region	Ausgaben 2008 (Mrd. US$)	Ausgaben 2018 (Mrd. US$)
Afrika	*20,4*	*(40,6)*
Nordafrika	7,8	(22,2)
Südlich der Sahara	12,6	18,4
Amerika	*603,0*	*735,0*
Zentralamerika u. Karibik	...	8,6
Mittelamerika	4,5	...
Nordamerika	564,0	670,0
Südamerika	34,1	55,6
Asien und Ozeanien	*206,0*	*507,0*
Zentral- und Südasien	...	85,9
Ostasien	157,0	350,0
Ozeanien	16,6	29,1
Südasien	30,9	...
Südostasien	...	41,9
Europa	*320,0*	*364,0*
Osteuropa	43,6	69,5
West- und Mitteleuropa	277,0	...
Zentraleuropa	...	28,3
Westeuropa	...	266,0
Mittlerer Osten	*75,6*	...
Welt gesamt	**1226,0**	**1822,0**

() = ungenaue Schätzung; ... = keine Daten verfügbar. Unterschiedliche Abgrenzungen von Regionen in den beiden Berichtsjahren lassen Vergleiche nur eingeschränkt zu.

„Defence Economics concerns the application of economic reasoning and methods to the study of defence-related and conflict resolution issues. As a sub-area of economics, defence economics differs from other fields in terms of its set of agents (e. g. defence contractors, insurgents, branches of the military) its underlying institutional arrangements (e. g., procurement practices, alliances) and its relevant issues." (Hartley und Sandler 2001b: xiii).

Diese Konzeption von Verteidigungs- bzw. Militärökonomie geht über volks- und betriebswirtschaftliche Fragestellungen insofern hinaus, als genuin soziologische und politikwissenschaftliche Felder, wie beispielsweise die Analyse von internationalen Konflikten, zu den Gegenständen des Fachs gezählt werden. Zudem beschäftigt sich die Militärökonomie in den letzten Jahren zunehmend auch mit dem internationalen Terrorismus und Erscheinungsformen von Krieg und Gewalt, die nicht mehr der Vorstellung des verstaatlichten Kriegs entsprechen. Zur Militärökonomie gehört zudem mittlerweile eine Forschungsrichtung ‚Friedensökonomie‘, die die ökonomischen Bedingungen des Zustandekommens und der Erhaltung von Frieden sowie Probleme der Rüstungskonversion untersucht.[4]

Noch während und vor allem nach dem Zweiten Weltkrieg kann ein steigendes Interesse an der Militär- und Verteidigungsökonomie konstatiert werden (Hartley und Sandler 2001b: xiii). Insbesondere in den angelsächsischen Ländern bildet sich die *defense economics* als wirtschaftswissenschaftliche Teildisziplin heraus, die immer auch eine starke Querverbindung zu im engeren Sinne militär- und sicherheits*politischen* Fragestellungen eingeht. Die Militärökonomie nach 1945 bis zum Ende des Kalten Krieges lässt sich wie folgt charakterisieren: Als einer wirtschaftswissenschaftlichen Teildisziplin liegt auch der Militärökonomie die methodologische Grundannahme rationalen Verhaltens *(homo oeconomicus[5])* zugrunde, wobei vorwiegend die Ebene kollektiver Akteure (Staaten, Allianzen, Militärorganisation innerhalb eines Staates) modelliert wird. Militärökonomie in dieser Phase ist vorwiegend Verteidigungsökonomie des (verstaatlichten) Kalten Krieges, d. h. Themen wie die Rüstungsspirale, die Abschreckungspolitik und der Ost-West-Konflikt beherrschten den militärökonomischen Diskurs (vgl. Hartley und Hooper 1990).

Innerhalb der modernen Militärökonomie[6] stechen insbesondere zwei Forschungsfelder heraus, die zahlreiche Beiträge und Anschlussforschungen

---

[4] Dieser Entwicklung wurde auch dadurch Rechnung getragen, dass das führende Fachjournal 1994 von vormals *Defence Economics* in *Defence and Peace Economics* umgetauft wurde.

[5] Der *homo oeconomicus* bezeichnet in der wissenschaftlichen Ökonomie das Modell einesindividuellen oder kollektiven Akteurs, der eigennutzorientiert (Nutzenmaximierung) und rational unter Abwägung zur Verfügung stehender Alternativen agiert (rationale Handlungswahl). Zudem verfügt er über feststehende Präferenzen und ist vollständig über die Nutzenwerte der Handlungsalternativen informiert (vgl. Kirchgässner 2000: 12 ff.). Für die Ökonomie ist insbesondere das Knappheitsproblem von Bedeutung, d. h. die individuellen oder kollektiven Akteure verfügen nur über begrenzte Ressourcen bei der Verfolgung ihrer Interessen.

[6] Einen Überblick über die Breite der Themen der modernen Militärökonomie geben die beiden von Todd Sandler und Keith Hartley herausgegebenen Handbücher (Hartley und Sandler 1995; Sandler und Hartley 2007).

ausgelöst haben. Dies sind *zum einen* mathematische und spieltheoretische Modelle[7], die militärische Strategiebildungen und sicherheitspolitische Entwicklungen zu rekonstruieren und zu erklären versuchen, *zum anderen* Studien, die auf Basis empirischer Vergleichsanalysen die Zusammenhänge zwischen wirtschaftlicher Entwicklung, Ausgaben für Militär- und Verteidigungszwecke und der Partizipation von Staaten in internationalen Konflikten erforschen. Klassische Beispiele stammend noch aus der Zeit des Kalten Krieges sind für das erste Forschungsfeld das „Richardson-Modell" (Richardson 1979; Sandler und Hartley 1995: 73 ff.) und die Theorie der Koalitions- und Allianzbildung von (Olson und Zeckhauser 1966; Sandler und Hartley 1995: 19 ff.).

Im Richardson-Modell wird die Dynamik eines Rüstungswettlaufs zwischen zwei Staaten in einem einfachen mathematischen Modell simuliert. Unter einem Rüstungswettlauf ist eine Situation zu verstehen, bei der zwei oder mehrere Staaten bzw. Staatenkoalitionen versuchen, einer wahrgenommenen militärischen Bedrohung durch einen anderen Staat bzw. eine andere Staatenkoalition mit eigenen militärischen Rüstungsanstrengungen zu begegnen. Erklärungsgegenstand im ursprünglichen Modell sind die jeweiligen Rüstungspotenziale zweier Staaten. Einzige unabhängige Variable ist die jeweilige ‚außenpolitische Einstellung' der Akteure, d. h. in Abhängigkeit der eigenen Kooperationsbereitschaft und in Abhängigkeit des wahrgenommenen Bedrohungspotenzials, das vom Gegner ausgeht, verstärken oder verringern die Staaten ihre Rüstungsanstrengungen. Die Simulationsläufe erlauben in Abhängigkeit von entsprechend gewählten Anfangsbedingungen (Rüstungspotenziale der Staaten bei Beginn des Simulationslaufs) und der im Modell unterstellten außenpolitischen Einstellung der Akteure eine Vorhersage darüber, ob es zu einem Rüstungswettlauf, zu einer Niveaustabilisierung oder zu einer beidseitigen Abrüstung kommt. Mit der Theorie konnten einige Rüstungswettläufe in der Geschichte erfolgreich rekonstruiert werden. In ausgefeilten spieltheoretischen Modellen wurde neben der Erhöhung der Teilnehmerzahl in jüngeren Studien auch untersucht, welche

---

[7] Die Spieltheorie ist eine rationale Entscheidungstheorie, die Handlungssituationen mit zwei oder mehreren individuellen oder kollektiven Akteuren untersucht, in denen das Ergebnis nicht von einem Entscheider allein bestimmt werden kann, sondern nur von mehreren Entscheidern gemeinsam (Handlungsinterdependenz). Für die Praxis sind insbesondere die Forschungsergebnisse relevant, die auf die Differenz von individueller und kollektiver Handlungsrationalität hinweisen. Bekannt geworden über die Konfliktsoziologie hinaus ist das sogenannte Gefangenendilemma (Deutsch 1974: 212). Für eine umfassende Einführung in die Spieltheorie sei verwiesen auf Diekmann (2009).

Dynamiken entstehen, wenn alternative Modellannahmen über die Qualität der Information (vollkommene/unvollkommene) und die Informationsverteilung (symmetrische/asymmetrische) in der Spielsituation gemacht werden (vgl. Beetz 2005).[8]

Ähnlich wie beim Richardson-Modell und seinen Weiterentwicklungen bilden die beiden Militärblöcke und der sich in den 1960er-Jahren verschärfende Ost-West-Konflikt auch für die Theorie der Koalitions- und Allianzbildung die empirische Hintergrundfolie. Auch diese Theorie erhebt den Anspruch, raum- und zeitübergreifende Erklärungen liefern zu können. Ihr Ausgangspunkt ist die Annahme, dass es sich bei der Landes- und Bündnisverteidigung um ein öffentliches Gut handelt (siehe Abschn. 2.1). Ist das Gut ‚Verteidigung‘, also die militärische Abschreckung Dritter, einmal produziert, kann keiner der Bündnispartner – so das vereinfachte Modell – vom Konsum ausgeschlossen werden. Gleichwohl bleibt die Kollektivgutproblematik der Produktion bestehen: Rein ökonomische Anreize für eine Beteiligung an den Ausgaben für die Bündnisverteidigung bestehen bei keinem der Bündnispartner; es sind politische Absprachen unter den Bündnispartnern erforderlich. Der wirtschaftliche Sinn einer solchen politischen Allianz besteht dann letztlich in der Verteilung der Lasten für den Aufbau und die Aufrechterhaltung des militärischen Drohpotenzials. Kernfrage der Theorie der Koalitions- und Allianzbildung ist die Ermittlung eines Gleichgewichtszustandes, in dem jedes Mitglied des Bündnisses entsprechend seiner Größe und seiner wirtschaftlichen Leistungsfähigkeit Beiträge liefert. Dabei ist davon auszugehen, dass die Staaten unterschiedliche Annahmen über das Bedrohungspotenzial von außen haben und dass der individuelle Nutzen der gemeinsamen Verteidigung von den Akteuren ebenso unterschiedlich bewertet wird. Zudem klaffen die individuelle Rationalität der einzelnen Mitglieder der Allianz, d. h. der am Bündnis beteiligten Staaten, und die kollektive Rationalität des Verteidigungsbündnisses auseinander. Ergebnis der Forschungen der Allianztheorie sind eine Reihe ökonometrisch-mathematischer Modelle für eine

---

[8] Die Denkfigur erinnert an den von Robert K. Merton geprägten Begriff der *self-fulfilling prophecy*. Ausgehend vom bekannten Thomas-Theorem („Wenn Menschen Situationen als real definieren, so haben sie reale Konsequenzen") weist Merton damit auf die oftmals in Folge von (unbegründeten) Unterstellungen und Erwartungen über das Verhalten und die Moral der Gegenseite sich dynamisch entwickelnden, nichtintendierten Handlungsfolgen hin: „Das Arsenal der Waffen, Rohstoffe und Bewaffneten wird immer größer, und schließlich verhilft die Antizipation des Krieges dem Krieg zu Ausbruch." (Merton 1995: 401).

„optimale Verteilung" der finanziellen Belastungen auf die Bündnismitglieder (Hartley und Sandler 2001a).

Das zweite, hier exemplarisch herausgestellte Forschungsfeld der modernen Militärökonomie untersucht die Frage, ob und inwieweit Ausgaben für das Militär mit dem wirtschaftlichen Wachstum und der technologischen Entwicklung eines Landes korrelieren (vgl. Chan und Mintz 1992). In einer provokanten Studie kommt beispielsweise Emile Benoit (1978) zu dem Ergebnis, dass es eine positive Korrelation zwischen den Ausgaben für Verteidigung und dem wirtschaftlichen Wachstum gibt. Ungeklärt ist allerdings dabei die Frage, welche der beiden Variablen die unabhängige und welche die abhängige ist. So können steigende staatliche Ausgaben für Rüstungsgüter und das Militär im Sinne der Keynesianischen Wirtschaftstheorie die Konjunktur und das Wirtschaftswachstum eines Staates insgesamt befördern (Multiplikatoreffekte, *deficit spending*) – Militärausgaben wären dann in dem makroökonomischen Modell die unabhängige Variable. Ebenso plausibel ist die umgekehrte Argumentation, wonach die politische Bereitschaft für Erhöhungen der Militärhaushalte in Zeiten gefüllter öffentlicher Kassen als Folge von wirtschaftlicher Prosperität und einem damit einhergehenden höheren Steueraufkommen wächst – Militärausgaben wären dann die abhängige Variable.

Jüngere Untersuchungen schließen an diese Diskussionen an und fragen nach den Zusammenhängen zwischen wirtschaftlicher Prosperität und dem Auftreten zwischenstaatlicher gewalttätiger Konflikte. Einer vergleichenden Langzeitstudie von Charles Boehmer (2010) zufolge ist nicht die Höhe der Militärausgaben als solche, sondern ein mehrjähriges wirtschaftliches Wachstum in einem Staat der wesentliche Faktor, mit der die Wahrscheinlichkeit des Auftretens gewalttätiger internationaler Konflikte erklärt werden kann. Eine Auswertung der Fachliteratur zum Verhältnis von wirtschaftlicher Prosperität und zwischenstaatlichen Konflikten lässt zwei konträre Denkrichtungen erkennen (ebd.: 251 ff.): Vertreterinnen und Vertreter der „war-chest proposition" unterstellen, dass wirtschaftliches Wachstum die Möglichkeiten, kriegerische Auseinandersetzungen zu führen, verbessert mit der Konsequenz, dass schwelende Konflikte wegen größerer Aussichten, diese auch positiv für sich entscheiden zu können, in flammende Konflikte übergehen. Vertreterinnen und Vertreter der „crisis-scarcity"-Perspektive argumentieren im Gegensatz hierzu, dass sich die Wahrscheinlichkeit für kriegerische Auseinandersetzungen als Folge von wirtschaftlichen Krisen und Ressourcenknappheit erhöht. Diese zweite Argumentationsfigur erinnert an Imperialismustheorien bzw. an die marxistische Krisentheorie (siehe Abschn. 3.2). Boehmer kommt in seiner international vergleichenden Studie (Betrachtungszeitraum 1875 bis 1999) zu dem Resultat, „(…) that sustained economic growth is generally related to state participation in war and other violent disputes." (2010: 266) Wirtschaftswachstum als solches ist der Studie zufolge also nicht der Grund für kriegerische Auseinandersetzungen, sondern wirtschaftliche Prosperität fungiert vielmehr als „Katalysator für Gewalt" (ebd.: 254), d. h. der Konfliktgrund für eine kriegerische Auseinandersetzung (beispielsweise Gebietsansprüche, geostrategische Interessen) muss schon im Vorfeld vorliegen. Der empirische Befund stützt insgesamt die „war-chest proposition".

3 Die soziologische Perspektive auf das Verhältnis von Militär, Krieg und Ökonomie

Das Verhältnis von Militär, Krieg und Ökonomie ist, wie bisher gezeigt wurde, weitgehend eine Domäne der Wirtschaftswissenschaften. Dennoch: Die Ambivalenz von Militär, Krieg und Ökonomie, von militärischer und wirtschaftlicher Handlungsrationalität bzw. von Krieg und Kapitalismus, die sich auf vielen gesellschaftlichen Ebenen zeigt, steht im Rahmen wirtschaftswissenschaftlicher Ansätze nicht im Fokus. Die soziologische Analyse ist demgegenüber besser in der Lage, solche Ambivalenzen zu erfassen und in ihrer Bedeutung herauszuarbeiten. Eine solche Analyse soll dabei aber gerade nicht für einen Ökonomismus[9] in der Militärsoziologie die Lanze brechen.

Die Soziologie ist heute stark von Theorien geprägt, die soziale Phänomene und gesellschaftliche Entwicklungen unter Rückgriff auf die Ebene des Individuums zu erklären versuchen. Zu diesen *mikrosoziologischen Ansätzen* zählen die verschiedenen Vertreterinnen und Vertreter der soziologischen Handlungs- und Rationaltheorien sowie die Theorien, die dem interpretativen bzw. konstruktivistischen Paradigma im weitesten Sinne zugeordnet werden können.

---

[9] Der Ökonomismus taucht in der Soziologie mindestens in zwei Varianten auf. Als Ökonomismus können erstens solche Sozial- und Gesellschaftstheorien bezeichnet werden, die nicht nur wirtschaftliches Handeln, sondern alle sozialen Phänomene letztlich aus rationalen Entscheidungen und ökonomischen Kalkülen von formal freien Akteuren ableiten und rekonstruieren. Prominente Vertreterin dieses Ökonomismus ist die Rational-Choice-Theorie (Hill 2002). Eine zweite Variante misst dem Sub- bzw. Teilsystem ‚Wirtschaft' eine herausragende Stellung gegenüber den anderen gesellschaftlichen Sub- bzw. Teilsystemen, wie etwa Politik und Wissenschaft, zu. Prominenter Vertreterin dieses Ökonomismus ist die marxistische Geschichts- und Gesellschaftstheorie, der zufolge die Entwicklung vom Kapitalismus über den Sozialismus hin zum Kommunismus lediglich das Resultat von ökonomischen Entwicklungsstufen einer Gesellschaft und den Reifestadien ihrer Produktivkräfte ist.

Erklärungsgegenstand dieser Theorien sind Phänomene wie Macht, Herrschaft, Organisationen, Kultur, d. h. generell: soziale Institutionen und soziale Strukturen. In ihrer Entstehungs- und Begründungsphase im 19. und beginnenden 20. Jahrhundert hingegen herrschten in der Soziologie *makrosoziologische Ansätze* vor, die meist von geschichts- und sozialphilosophischen Untersuchungen ausgehend nach den Mechanismen und Entwicklungsgesetzmäßigkeiten von Gesellschaften fragen, ohne dass die Analyse dabei explizit an die Ebene des Individuums zurückgebunden oder gar mit einer ausgearbeiteten Handlungstheorie unterfüttert wird (mit einer Ausnahme: Max Weber). Gleiches trifft für jene soziologischen Klassiker zu, die in ihren Schriften das Verhältnis von Ökonomie, Kapitalismus und Industrialisierung auf der einen Seite und Krieg, Militär und militärischem Geist auf der anderen Seite erörtern.

Fast bei jedem Klassiker der Soziologie und der Politischen Ökonomie finden sich einzelne Passagen oder eine umfangreichere Auseinandersetzung mit diesem Themenfeld, so bei Auguste Comte (1798–1857), Herbert Spencer (1820–1903), Karl Marx (1818–1883), Friedrich Engels (1820–1895), Werner Sombart (1863–1941) und Max Weber (1864–1920). Trotz der Unterschiedlichkeit der jeweiligen gesellschaftstheoretischen und politischen Konzeptionen lassen sich die Arbeiten dieser Autoren in zulässiger Vereinfachung drei grundlegenden Betrachtungsweisen zum Verhältnis von Militär und Ökonomie zuordnen: In einer *ersten* Betrachtungsweise wird das Militär als weitgehend inkompatibel mit der Entwicklung von (kapitalistischen) Industriegesellschaften gesehen, was in einem letzten Stadium zur völligen Abschaffung des Militärs führen müsse (Comte, Spencer). Eine *zweite* Betrachtungsweise erkennt zwar die Bedeutung des Militärs im Industrialisierungsprozess und bei der Herausbildung und Stabilisierung kapitalistischer Gesellschaftsverhältnisse; gleichwohl kommt dem Militär im Laufe der geschichtlichen Entwicklung demnach eine zentrale Funktion bei der Überwindung ebendieser Gesellschaftsformation zu (Marx, Engels). In einer *dritten* Betrachtungsweise wird konträr hierzu behauptet, die Industrialisierung werde durch das Militärische überhaupt erst zu seiner vollen Entfaltung gebracht (Sombart), bzw. der militärische Geist und die moderne kapitalistische und industrielle Betriebsorganisation seien nur zwei Facetten eines allgemeinen Prozesses gesellschaftlicher Modernisierung und Rationalisierung (Weber).[10]

---

[10] Es ist das Verdienst von Hans Joas und Wolfgang Knöbl (2008), eine umfassende Rekonstruktion von Klassikern der Sozialtheorie und ihren jeweiligen Aussagen über das Verhältnis von Gesellschaft, Krieg und Militär vorgelegt zu haben. Der Buchtitel *Kriegsverdrängung* jedoch ist insofern etwas irreführend, als sich fast bei jedem Klassiker, die die beiden Autoren heranziehen, umfangreichere Passagen zur Thematik finden.

3.1 Die These von der Inkompatibilität von Militär und industriegesellschaftlicher Entwicklung (Comte, Spencer)

Auguste Comte zählt zu den Begründern der Soziologie in der ersten Hälfe des 19. Jahrhunderts. Kern seiner Geschichtsphilosophie, die er zum Ausgangspunkt seiner Soziologie macht, ist das Drei-Stadien-Gesetz der geistigen Entwicklung der Menschheit (Comte 1974). Diesem zufolge ist zwischen dem theologischen, dem metaphysischen und dem positiven bzw. wissenschaftlichen Zeitalter zu unterscheiden. Der geschichtlichen Abfolge von kollektiven Bewusstseins-zuständen sind, da es ein Gesetz gibt, „(…) wonach die materielle Entwicklung gleichen Schritt mit der geistigen zu halten hat" (ebd.: 160), drei politisch-organisatorische Stufen zugeordnet: vom militärisch-kriegerischen über den feudalen Zwischenzustand zum industriellen Gesellschaftszustand. Zwar wird dem Militär eine die industrielle Entwicklung erst ermöglichende historische Funktion zuerkannt; letztlich werden der Krieg und somit auch das Militär im Laufe der Menschheitsgeschichte nicht nur überflüssig, sondern Comte zufolge geradezu systemwidrig (Wachtler 1983: 27). Das Militär hat folglich in fort-geschrittenen Industrie- und Erwerbsgesellschaften keinen Platz mehr, Militär und Ökonomie stehen also im Widerspruch. Ohne Zweifel ist Comte den empirischen Nachweis seiner Theorie schuldig geblieben (vgl. Wachtler 1983: 27; Kernic 2001: 25).

Herbert Spencer (1887) greift evolutionstheoretische und darwinistische Vor-stellungen über die Ordnung der Welt auf, die in seiner Zeit für Aufregung gerade in der sich konstituierenden Soziologie sorgten. Ihm zufolge besteht eine weit-gehende Analogie zwischen biologischen Organismen und Gesellschaften. Die soziale Entwicklung verläuft demnach von ungegliederter Vielheit zu gegliederter Einheit – ein Gedanke, der von Emile Durkheim (1992) später mit der Unter-scheidung von mechanischer und organischer Solidarität weiter ausbuchstabiert wird. Die für die industrielle Entwicklung entscheidende Herausbildung von arbeitsteiligen, auf Produktionsfortschritte ausgerichteten sozialen Strukturen und die damit einhergehende erhöhte Abhängigkeit der Gesellschaftsmitglieder untereinander macht letztlich den Krieg unmöglich und das Militär obsolet. Ähn-lich wie Comte in seinem Drei-Stadien-Gesetz glaubt auch Spencer eine soziale Evolution von militär-despotischen zu industriell-freiheitlichen Gesellschafts-formen beobachten zu können. Das Militär erscheint mit den Erfordernissen der Ökonomie einer sich entwickelnden Industriegesellschaft nicht kompatibel. Während Comte noch mehr auf den geistigen Entwicklungsstand der Menschheit rekurriert, argumentiert Spencer mit der zunehmenden Arbeitsteilung und sozialen Differenzierung im industriellen Gesellschaftstypus, die ein friedliches Zusammenleben der Menschen notwendig hervorbringen sollten. Insofern ist die Analyse bei Comte noch eher sozialphilosophisch angelegt, die von Spencer schon soziologisch. Wie Comte, so hat auch Spencer, das zeigt die bisherige Entwicklung, nicht rechtbehalten.

Die Spencersche Modernisierungstheorie bietet dennoch die Hintergrundfolie für jüngere militärsoziologische Ansätze. So modelliert Volker Kruse (2009: 199) die Moderne als eine „Doppelgestalt von Zivilgesellschaft und Kriegsgesellschaft". Kruse distanziert sich allerdings insofern vom Spencerschen Fortschrittsoptimismus, als er den militärischen und den industriellen Gesellschaftstypus nicht in einer logischen und zeitlichen Sukzession begreift, sondern ‚Kriegsgesellschaft' und ‚Zivilgesellschaft' als historisch kontingente Vergesellschaftungsformen *sui generis* modelliert. Insbesondere Gesellschaften, die sich in einer klassischen symmetrischen kriegerischen Auseinandersetzung befinden – man denke insbesondere an die an den beiden Weltkriegen beteiligten Gesellschaften – durchlaufen Kruse zufolge eine vor allem ökonomische Transformation, d. h. die Umstellung der zivilen Wirtschaft auf die Kriegswirtschaft mit der Tendenz zur umfassenden Mobilisierung der Bevölkerung, der Tendenz zur staatlichen Kontrolle aller kriegsrelevanten Wirtschaftsbereiche und zur Zentralisierung und Bürokratisierung der staatlichen wie der privaten Wirtschaft. Ergebnis dieser Umstellung von einer Zivil- auf eine Kriegswirtschaft ist zwangsläufig die Unterversorgung mit Leistungen und Gütern, die nicht kriegsrelevant sind, was sich insbesondere am Ende der beiden Weltkriege auf bitterste Art in Form von Wohnungsnot und Hungersnöten weiter Teile der Bevölkerung äußerte.

3.2   Die Funktion des Militärs in der kapitalistischen Gesellschaftsformation (Marx, Engels)

Die Geschichte der Gesellschaftsentwicklung wird im Marxismus als eine Abfolge von Klassenkämpfen interpretiert. Dabei lösen sich vier Gesellschaftsformationen nacheinander ab: Urgemeinschaft (kein Ausbeutungsverhältnis), Sklavenhaltergesellschaft (Gegensatz zwischen Freien und Sklaven), feudale Gesellschaft (Gegensatz zwischen Feudalherren und Leibeigenen) und bürgerlich-kapitalistische Gesellschaft (Gegensatz zwischen Kapital und Arbeit). Dem jeweiligen Stand der Produktivkräfte, d. h. dem technischen Entwicklungsstand, entsprechen jeweils bestimmte Produktions- und Klassenverhältnisse. In jeder Gesellschaftsformation hat die ausbeutende Klasse ein Interesse an der

Aufrechterhaltung der jeweils bestehenden Verhältnisse und bedient sich dabei neben Erziehung und Bewusstseinsbildung (‚Manipulation') auch der Staatsgewalt in Form des Militärs. Im Imperialismus, dem finalen Entwicklungsstadium des Kapitalismus, kommt dem Militär eine weitere Funktion zu: Rationalisierung und technischer Fortschritt erfordern zur Aufrechterhaltung des Verwertungsniveaus des Kapitals eine ständige Expansion der Wirtschaft und eine Ausweitung der Absatzmärkte weltweit. Bei der Schaffung dieser Märkte und im Konkurrenzkampf der Nationen um Rohstoffquellen wird das Militär umfassend eingesetzt. Das Militär ist somit ein wichtiger Faktor bei der Stabilisierung der bestehenden Gesellschaftsformation und ihrer sie tragenden Ökonomie.

Gleichwohl findet sich bei Karl Marx und Friedrich Engels auch die Vorstellung, dass das Militär in einer späten Phase des Kapitalismus ein wesentlicher Faktor im Übergang zum Sozialismus sein würde. „Karl Marx (…) erkannte deutlich, welche praktisch-revolutionären Chancen sich für eine unterdrückte Klasse eröffnen, wenn sie Zugang zu den Waffen erhält." (Kernic 2001: 34) Das Unterdrückungsinstrument ‚Militär' wendet sich also gegen diejenigen, die die Gesellschaftsverhältnisse mit ihm zu festigen versuchen: „(…) die Maschine versagt ihren Dienst, der Militarismus geht unter an der Dialektik seiner eigenen Entwicklung" (Engels 1894: 158). Der Grund hierfür wird von Engels in den steigenden Rüstungsausgaben und in der Einführung der allgemeinen Dienstpflicht gesehen (ebd.). Schließlich ist das Militär in der kommunistischen Gesellschaftsformation überflüssig, „(…) da die Vereinigung der Arbeiterklasse der verschiedenen Länder internationale Kriege schließlich unmöglich mache" (Marx 1867: 530). Die marxistische Gesellschaftstheorie kommt wie die Inkompatibilitätstheoretiker Comte und Spencer zu dem Ergebnis, dass die Entwicklung der Industriegesellschaft und ihrer Ökonomie auch ein Ende des kriegerischen Zeitalters einläuten müsse. Auch Marx und Engels sind den empirischen Nachweisen ihrer Theorie schuldig geblieben.

3.3 Das Zusammenwirken von Militär, Krieg und Ökonomie im Modernisierungsprozess (Sombart, Weber)

Werner Sombart, Nationalökonom und Wirtschaftssoziologe, beschäftigt sich in seinen Arbeiten mit der Kulturerscheinung des modernen Kapitalismus. Wie gezeigt wurde, behandelt die marxistisch-materialistische Theorie den Krieg als Folge von wirtschaftlichen Entwicklungsprozessen. Sombart stellt gewissermaßen den historischen Materialismus auf den Kopf, wenn er nicht die Frage stellt, „(…) inwieweit (…) der Krieg eine Folge des Kapitalismus, sondern: inwieweit und weshalb der Kapitalismus eine Wirkung des Krieges [ist] (...)" (Sombart 1913: 3). Hierzu führt Sombart eine Reihe von Argumenten an: Eine Voraussetzung für die Entfaltung des Kapitalismus sind Nationalstaaten, die zwischen dem 16. und 18. Jahrhundert in Europa v. a. als Folge kriegerischer Auseinandersetzungen entstehen (ebd.: 11). Ein weiteres Argument bezieht sich auf die Entstehung von stehenden Heeren und die damit zusammenhängende Herausbildung von neuen Organisationsformen sowie den enorm steigenden wirtschaftlichen Bedarf der Heere (Ausrüstung, Unterkunft, Verpflegung usw.). Entscheidend für die Kulturerscheinung des Kapitalismus ist jedoch die militärische Disziplin und Hierarchie sowie der zunehmende Grad an Arbeitsteilung und Spezialisierung in den Heeren. Ebendiese militärische Organisationsform wird zum Vorbild der industriellen Arbeitsorganisation, die den Kapitalismus erst zu seiner vollen Entfaltung bringt (vgl. Wachtler 1983: 66).

Rationalisierung ist der zentrale Begriff, mit dem Max Weber (1972) den Modernisierungsprozess deutet. Mit Rationalisierung ist die steigende Fähigkeit des Menschen gemeint, sich geistig mit der Welt auseinanderzusetzen und gestalterisch auf sie einzuwirken. Rationalisierung meint einerseits die Entzauberung der natürlichen Welt im Sinne einer verstandesmäßigen Durchdringung ihrer Strukturen und Funktionszusammenhänge, andererseits aber auch die Ablösung traditions- und brauchtumsgebundenen Verhaltens durch an Zweck-Mittel-orientierte und systematisch geplante Handlungsformen. Weber erarbeitet die Grundlagen für das, was die Soziologie später die ‚Organisationsgesellschaft‘ (vgl. Müller-Jentsch 2003: 15 ff.) nennen wird: Rationale und zielorientierte Handlungsformen werden auch für kooperative Handlungssysteme nutzbar gemacht, etwa für die bürokratische Organisation, die ein Höchstmaß an sachlich-technischer Effizienz und somit eine optimale Kapitalverwertung ermöglicht. Zudem stellt die bürokratische Organisation das hervorragende Mittel dar, mit der legale Herrschaft errichtet und reproduziert werden kann – eine wichtige Funktionsbedingung für Industriebetriebe, ebenso aber auch für militärische Organisationen.

Während Sombart die Rationalisierung des Wirtschaftsbetriebes aus dem Vorbild militärischer Rationalität und Disziplin ableitet, sind industriebetriebliche und militärische Organisationsformen bei Weber Ergebnis eines Siegeszuges der generellen Kulturerscheinung ‚Rationalisierung‘. Ein wesentliches Charakteristikum des modernen kapitalistischen Betriebes ist die „Konzentration der sachlichen Betriebsmittel in der Hand des Herrn" (Weber 1972: 566), also des Kapitalbesitzers bzw. Arbeitgebers. Parallel hierzu ist das moderne Militär durch die „Trennung des Kriegers von den Kriegsbetriebsmitteln und deren Konzentration in den Händen des Kriegsherrn" (ebd.: 686) charakterisiert. Webers Auffassung widerspricht insgesamt Vorstellungen von der Inkompatibilität von Militär und Ökonomie. Vielmehr besteht ihm zufolge eine

Verwandtschaft zwischen Militär und Ökonomie insofern, als beide Ausdruck gesellschaftlicher Rationalisierung und Modernisierung sind.

Diese Verwandtschaft lässt sich gut auf der Organisationsebene diagnostizieren: Vor dem Hintergrund der Ausbreitung der industriell-kapitalistischen Produktionsweise, einem stetigen Größenwachstum der Unternehmen und einer fortschreitenden betrieblichen Arbeitsteilung wurde Anfang des 20. Jahrhunderts damit begonnen, Arbeitsabläufe und Organisationsstrukturen mit wissenschaftlichen Methoden zu analysieren und Regeln für eine effiziente und effektive Betriebsorganisation aufzustellen. Der klassischen Organisations- und Managementlehre (Taylorismus und Fordismus) zufolge ist es möglich, allgemeine Prinzipien der wissenschaftlichen Betriebsführung zu formulieren, mit denen Arbeitsabläufe und betriebliche Strukturen optimiert und somit Kosten und Zeit eingespart werden können. Bei der Ermittlung von optimaler Praxis und der Aufstellung von allgemeinen Verwaltungsprinzipien stand dabei in vielen Fällen eine Organisation Pate, die selbst zwar nicht den Erfordernissen kapitalistischer Produktionsverhältnisse genügen musste, aber aus Sicht von Industriemanagern als höchst effizient und effektiv eingeschätzt wurde: das Militär. Militärische Organisationsprinzipien wie die Ein-Linien-Organisation[11] dienten beispielsweise als Vorbild für die Organisationsgestaltung auch in Industriebetrieben.

Nicht nur was die formalen Organisationsstrukturen betrifft, sondern auch auf der sprachlich-symbolischen Ebene hat das Militär seine Spuren in Betrieben und Unternehmen hinterlassen. In der Organisationssprache von Unternehmen finden sich noch heute eine Reihe illustrativer Beispiele für Anleihen aus der militärischen Fachsprache:

> „Organisationen haben Stab und Linie und Kommandoketten. Sie entwickeln Strategien und Taktiken. Organisationen geben ihren Leuten Marschbefehle, lassen anmustern, greifen Konkurrenten an, (…) konferieren mit dem Leitungsstab im Hauptquartier, starten Kampagnen, beurteilen das Fußvolk, schicken gut gedrillte Vertreter ins Feld, bedauern eine Garnisonsmentalität, blasen zum Rückzug, (…) schlagen Schlachten, feuern Verräter, reden von Meuterei, benutzen Ablenkungsmanöver, reiten Attacken, disziplinieren ihre Truppen und beklagen, daß der Verhaltenskodex nicht funktioniert." (Weick 1985: 75).

---

[11] Ein-Linien-Organisation bezeichnet einen streng hierarchischen Organisationsaufbau, bei dem untergeordnete Stellen Weisungen von nur einer übergeordneten Stelle erhalten. Eine Kommunikation zwischen den Stellen bzw. Abteilungen einer Ebene soll nur über den ‚Umweg' der vorgesetzten Stelle stattfinden. Kompetenzen der vorgesetzten Stelle darf die untergeordnete Stelle nicht an sich ziehen. Dieser Organisationsaufbau wird heute nicht nur von Wirtschaftsbetrieben, sondern zunehmend vom Militär selbst nicht mehr in allen Fällen als funktional und als zielführend betrachtet. Zur Organisationsform des Militärs siehe auch den Beitrag von *Elbe & Richter* in diesem Band.

Neuerdings wird das Militär wieder in der modernen Führungstheorie und
Führungspraxis referiert, z. B. wenn z. B. Erwin Hoffmann (2011) eine „Pflicht
zu führen" reklamieren, und aufzuzeigen versuchen, was und wie Manager in der
Privatwirtschaft von militärischen Führungsprozessen lernen können.

4   Ökonomie der ‚Neuen Kriege'

Die Protagonistinnen und Protagonisten des Konzepts der Neuen Kriege versuchen damit, einen grundlegenden Strukturwandel kriegerischer Auseinandersetzungen in der Zeit nach dem Ende des Ost-West-Konflikts begrifflich auf den
Punkt zu bringen. Das Konzept wurde im Rahmen empirischer Untersuchungen
über die Kriege im ehemaligen Jugoslawien von Mary Kaldor (2000) entwickelt
und im deutschsprachigen Raum insbesondere durch Herfried Münkler (2002) aufgegriffen. Die Neuen Kriege unterscheiden sich demnach von den Alten Kriegen
nicht nur in der Art und Qualität der kriegerischen Gewalt, der beteiligten Akteure,
der politischen Strukturen, die ihnen zugrunde liegen, sondern – auf dies hat insbesondere Münkler hingewiesen – vor allem durch veränderte ökonomische
Konstellationen. Nicht zuletzt deswegen sollte dieser Strukturwandel des Krieges
durch die Militär- und Verteidigungsökonomie intensiv beobachtet werden.

Das Neue an den Neuen Kriegen erkennt man im Vergleich zum klassischen
verstaatlichten Krieg, bei dem sich „(…) komplexe Probleme auf die *militärische
Entscheidung* reduzieren lassen und anschließend diese als *Lösung* der
umstrittenen Fragen akzeptiert wird." (Münkler 2002: 68, Hervorhebung im
Original). Sechs Grenzziehungen, die der Staat vornimmt, garantieren nach
Münkler (ebd.: 68 ff.) diese Gestalt der kriegerischen Auseinandersetzung und
bestimmen somit auch die Logik des Militärs in den Alten Kriegen:

1. die Anerkennung territorialer Grenzen,
2. die Unterscheidbarkeit von Krieg und Frieden,
3. die Unterscheidbarkeit von ‚Freund' und ‚Feind' in politischer Hinsicht,
4. die Unterscheidung von Kombattanten und Nichtkombattanten bzw.
   -kombattantinnen,
5. das Abstecken eines Rahmens zulässiger Gewalt in Kriegshandlungen und
6. die Grenzziehung zwischen Gewaltanwendung und Erwerbsleben, wie sie mit
   dem Aufkommen stehender Heere entstanden ist.

Die Neuen Kriege sind demgegenüber durch eine Auflösung dieser Grenzziehungen geprägt:

„War das Fundament der klassischen Staatenkriege eine zentral kontrollierte, nach Möglichkeit auf dem Autarkieprinzip beruhende Wirtschaft, die spätestens seit der französischen Revolution durch eine umfassende Massenmobilisierung ergänzt wurde, so ist die Ökonomie der neuen Kriege durch hohe Arbeitslosigkeit, hohe Importraten und eine schwache, fragmentierte und dezentralisierte Verwaltung gekennzeichnet." (ebd.: 26 f.)

Die zentrale Aussage der Autorinnen und Autoren, die das Konzept der Neuen Kriege theoretisch weiterentwickeln, besteht darin, dass die lokalen wie globalen ökonomischen Zusammenhänge und die wirtschaftlichen Interessen der Kriegsakteure mehr Erklärungskraft für die Entstehung und Persistenz kriegerischer Konflikte haben als politische, ethnische oder religiöse Faktoren. Letztere werden allenfalls bei Bedarf als Legitimationsmittel von den Kriegsakteuren vorgebracht und strategisch eingesetzt. Insofern kann man der Konzeption der Neuen Kriege durchaus den Stempel des Ökonomismus aufsetzen – woran die Kritikerinnen und Kritiker des Konzepts auch einen Hauptangriffspunkt finden (vgl. etwa die Beiträge in Frech und Trummer 2005).

Aus ökonomischer Sicht sind es insbesondere zwei zentrale Dimensionen, die den Strukturwandel des Krieges ausmachen: Zum einen sind zunehmend private Akteure verantwortlich für die Eskalation und Verstetigung von kriegerischer Gewalt, zum anderen entstehen lokale, nationale aber auch transnationale Gewaltmärkte und ökonomische Handlungslogiken (vgl. Chojnacki 2005: 73). Diese beiden Aspekte zusammengenommen lassen sich im Begriff der ‚Ökonomisierung'[12] des Krieges ausdrücken: „‚Ökonomisierung' verweist dabei auf

---

[12] Die Verwendung der Begriffe ‚Ökonomisierung' und ‚Privatisierung' in der Debatte um die Neuen Kriege ist dabei streng zu trennen von einer verwaltungswissenschaftlichen Begrifflichkeit, die Prozesse der ökonomischen Modernisierung des öffentlichen Sektors kennzeichnet, die auch in der Bundeswehr als einer staatlichen Organisation in den vergangenen Jahren stattfanden. Wenn die Neuen Kriege – in Anspielung an das bekannte Diktum von Clausewitz, dass der Krieg „die Fortsetzung der Politik mit anderen Mitteln" sei – die ‚Fortsetzung der Ökonomie mit anderen Mitteln' sind, so ist die betriebswirtschaftliche Neuorientierung der Streitkräfte und die Privatisierung von Aufgaben im Servicebereich der Bundeswehr zugespitzt formuliert eher die ‚Fortsetzung der Militärbürokratie mit anderen Mitteln'. Die Ökonomisierung des Krieges in den Neuen Kriegen wird sekundiert von der Privatisierung des Krieges, d. h. der zunehmenden Bedeutung privater Militär- und Sicherheitsunternehmen in asymmetrischen Konflikten (siehe hierzu Kümmel (2007) und den Beitrag von *Deitelhoff & Geis* in diesem Band).

einen Transformationsvorgang, bei dem die Anwendung und Aufrechterhaltung von kriegerischer Gewalt zunehmend dem Erwerb, der Sicherung, Produktion, Mobilisierung und Verteilung von ökonomischen und politischen Ressourcen und damit den partikularen Interessen der Kriegsunternehmer dient." (ebd.: 83).

Im Gegensatz zu den klassischen Arten der Kriegsfinanzierung in symmetrischen Konflikten (siehe Abschn. 2.2) ist die ökonomische Basis der Neuen Kriege eng mit der weltwirtschaftlichen Globalisierung verknüpft. Peter Lock (2002: 281) weist darauf hin, dass neben der regulären, in rechtlichen Bahnen organisierten Wirtschaft zunehmend eine informelle Ökonomie, d. h. eine vom Staat weitgehend abgekoppelte Sphäre der Schatten- und Selbstversorgungswirtschaft, und eine kriminelle Ökonomie als Grundlage für die Finanzierung der bewaffneten internationalen und innerstaatlichen Konflikte treten. Die für den letzteren Typus zentrale Steuerungslogik ist Gewalt und nicht der wirtschaftliche Tausch zwischen formal freien Wirtschaftssubjekten in weitgehend transparenten Märkten und staatlichen Rahmenstrukturen. Vielmehr gilt: „Heutige Kriege tauschen volkswirtschaftliche Vorgänge in den Schatten der Unkontrollierbarkeit, in dem sich neue Macht- und damit Handels- und Reproduktionsstrukturen außerhalb der legalen Sphäre verstärken bzw. bilden." (ebd.: 274) Zu den Arten der Finanzierung der Neuen Kriege zählen die Abschöpfung von Humankapital (Menschenhandel, Sklavenarbeit, Prostitution, Entführungen, Erpressungen usw.), die Abschöpfung von Werten (Kriegssteuern, Schutzgelder, Plünderungen usw.), Bodenschätze, legale und illegale Agrargüter (Drogen, Kaffee usw.) sowie humanitäre Hilfen und Finanzhilfen (ausländische Regierungen, Diaspora usw.) (Chojnacki 2005: 80).

5   Perspektiven

Im Anschluss an die soziologische Kompatibilitäts-Inkompatibilitäts-Problematik von Militär, Krieg und Ökonomie in Zeiten der Alten Kriege und der klassischen ökonomischen Modelle nach dem Zweiten Weltkrieg eröffnet die *Post-Cold-War-Era* spannende Forschungsfelder: Welches sind die ökonomischen Grundlagen und Strukturen der Neuen Kriege und wie haben sich die Akteure und Akteurskonstellationen kriegerischer Auseinandersetzungen in einer globalisierten Ökonomie und einer komplexer werdenden Welt verändert? Die Herausforderung für die wissenschaftliche Analyse des Verhältnisses von Militär, Krieg und Ökonomie besteht dabei vor allem in Grenzziehungen: „As most agree, getting the question right is more important than providing precise answers. A-propos of this aphorism defense economics has departed an era when the questions seemed clear, to a new phase where defining the issue itself is central." (McGuire 2007: 625) Forschungen über diese ‚Neue Militärökonomie' haben aufgezeigt, dass sich Themen wie beispielsweise der internationale Terrorismus (vgl. Sandler und Hartley 2007) gewinnbringend auch mithilfe des wirtschaftswissenschaftlichen Instrumentariums und Begriffsinventars (*homo oeconomicus*, Spieltheorie) bearbeiten lassen. Gleichzeitig bleibt abzuwarten, inwiefern zwischenstaatliche Konflikte wie der Ukraine-Krieg mit seinen weltwirtschaftlichen Folgen neue Anstöße für die Beschäftigung mit klassischen kriegsökonomischen sowie gesellschaftstheoretischen Fragen liefern werden.

Annotierte Auswahlbibliografie

Frech, Siegfried/Trummer, Peter I. (Hrsg.) (2005): Neue Kriege. Akteure, Gewaltmärkte, Ökonomie. Schalbach/Ts.: Wochenschau-Verlag.
Der Band versammelt unterschiedliche Beiträge zur Diskussion um die Neuen Kriege und ihrer ökonomischen Grundlagen.
Münkler, Herfried (2002): Die neuen Kriege. Reinbeck bei Hamburg: Rowohlt.
Der bekannte Politikwissenschaftler Herfried Münkler entwickelt eine Theorie der ökonomischen Grundlagen der Entstehung der Neuen Kriege und der an ihnen beteiligten privaten Gewaltakteure.
Hartley, Keith/Sandler, Todd (eds.) (1995): Handbook of Defense Economics Vol. I. Amsterdam et al.: Elsevier.
Sandler, Todd/Hartley, Keith (eds.) (2007): Handbook of Defense Economics Vol. II. Defense in a Globalized World. Amsterdam et al.: Elsevier.
Die beiden Handbücher bieten eine umfassende Darstellung des Forschungsstandes der Verteidigungs- und Militärökonomie. Der 1995 erschienene erste Band versammelt vor allem Beiträge zur Militärökonomie des Kalten Krieges. Der 2007 erschienene zweite Band beinhaltet auch Beiträge, die sich mit den Neuen Kriegen und Konfliktlagen in einer globalisierten Welt auseinandersetzen.
Joas, Hans/Knöbl, Wolfgang (2008): Kriegsverdrängung. Ein Problem in der Geschichte der Sozialtheorie. Frankfurt a. M.: Suhrkamp.
Angefangen bei Thomas Hobbes rekonstruieren die beiden Autoren die Beiträge der Vorläufer und Klassiker der Soziologie zum Thema Krieg bis in die Gegenwart.
Wachtler, Günther (Hrsg.) (1983): Militär, Krieg, Gesellschaft – Texte zur Militärsoziologie. Frankfurt a. M./New York: Campus.
Eine Sammlung einschlägiger Textpassagen der Klassiker mit hilfreicher Kommentierung.

Literatur

Beetz, Jürgen (2005): Spieltheoretische Analyse von Rüstungswettläufen. Tönning: Der Andere Verlag.

Benoit, Emile (1978): Growth and Defense in Developing Countries. In: Economic Developement and Cultural Change, 26: 2, 271–280.

Boehmer, Charles R. (2010): Economic Growth and Violent International Conflict. 1875–1999. In: Defence and Peace Economics, 21: 3, 249–268.

Bredow, Wilfried von (2000): Demokratie und Streitkräfte. Militär, Staat und Gesellschaft in der Bundesrepublik Deutschland. Wiesbaden: Westdeutscher Verlag.

Bühl, Walter L. (Hrsg.) (1974): Reduktionistische Soziologie. Soziologie als Naturwissenschaft. München: Nymphenburger Verlagshandlung.

Chan, Steve/Mintz, Alex (Hrsg.) (1992): Defense, Welfare, and Growth. London et al.: Routledge.

Chojnacki, Sven (2005): Gewaltakteure und Gewaltmärkte: Wandel der Kriegsformen? In: Frech/Trummer (2005): 73–99.

Comte, Auguste (1974 [1830–1842]): Die Soziologie. Die positive Philosophie im Auszug, hrsg. v. Friedrich Blaschke. 2. Aufl. Stuttgart: Kröner.

Deutsch, Karl W. (1974): Konflikte in der Spieltheorie. In: Bühl (1974): 202–230.

Diekmann, Andreas (2009): Spieltheorie. Einführung, Beispiele, Experimente. Reinbek bei Hamburg: Rowohlt.

Durkheim, Emile (1992 [1902]): Über soziale Arbeitsteilung. Studie über die Organisation höherer Gesellschaften. Frankfurt a. M.: Suhrkamp.

Engels, Friedrich (1894): Herrn Eugen Dührings Umwälzung der Wissenschaft. In: MEW (1962): 1–303.

Frech, Siegfried/Trummer, Peter I. (Hrsg.) (2005): Neue Kriege. Akteure, Gewaltmärkte, Ökonomie. Schalbach/Ts.: Wochenschau-Verlag.

Hartley, Keith/Hooper, Nick (1990): The Economics of Defence, Disarmament and Peace. An Annoted Bibliography. Aldershot et al.: Elgar.

Hartley, Keith/Sandler, Todd (eds.) (1995): Handbook of Defense Economics Vol. I. Amsterdam et al.: Elsevier.

Hartley, Keith/Sandler, Todd (2001a): Economics of Alliances: The Lessons for Collective Action. In: Journal of Economic Literature. Vol. XXXIX: 869–896.

Hartley, Keith/Sandler, Todd (2001b): The Economics of Defence. (3 Volumes). Cheltenham, UK/Northampton, MA, USA: Elgar (=The International Library of Critical Writings in Economics 128).

Hill, Paul Bernhard (2002): Rational-choice-Theorie. Bielefeld: transcript Verlag.

Hoffmann, Erwin (2011): Die Pflicht zu führen. Was Manager vom Militär lernen können. Wiesbaden: Gabler.

Joas, Hans/Knöbl, Wolfgang (2008): Kriegsverdrängung. Ein Problem in der Geschichte der Sozialtheorie. Frankfurt a. M.: Suhrkamp.

Kaldor, Mary (2000): Neue und alte Kriege. Organisierte Gewalt im Zeitalter der Globalisierung. Frankfurt a. M.: Suhrkamp.

Kernic, Franz (2001): Sozialwissenschaften und Militär. Eine kritische Analyse. Wiesbaden: DUV.

Kirchgässner, Gebhard (2000): Homo oeconomicus. Das ökonomische Modell individuellen Verhaltens und seine Anwendung in den Wirtschafts- und Sozialwissenschaften. 2., erg. u. erw. Aufl. Tübingen: J. C. B Mohr.

Kirchhoff, Günter (Hrsg.) (1986): Handbuch zur Ökonomie der Verteidigungspolitik. Regensburg: Walhalla u. Praetoria.

Köllner, Lutz (1977): Militär und Ökonomie – literaturhistorische und literaturkritische Bemerkungen. In: Schulz (1977): 51–69.

Köllner, Lutz (1982): Militär und Finanzen. Zur Finanzgeschichte und Finanzsoziologie von Militärausgaben in Deutschland vom Dreißigjährigen Krieg bis zu Gegenwart. München: Bernhard & Graefe.

Köllner, Lutz (1986): Finanzgeschichte deutscher Militärausgaben seit 1648. In: Kirchhoff (1986): 258–266.

Kruse, Volker (2009): Mobilisierung und kriegsgesellschaftliches Dilemma. Beobachtungen zur kriegsgesellschaftlichen Moderne. In: Zeitschrift für Soziologie, 38: 3, 198–214.

Kümmel, Gerhard (2007): Wag the Dog? Private Sicherheits- und Militärunternehmen, der Staat und Prinzipal-Agent-Theorie. In: Richter (2007): 171–188.

Lock, Peter (2002): Ökonomien des Krieges. Ein lange vernachlässigtes Forschungsfeld von großer Bedeutung für die politische Praxis. In: Sahm/Sapper/Weichsel (2002): 269–286.

Marx, Karl (1867): Aufzeichnung einer Rede von Karl Marx über die Stellung der Internationalen Arbeiterassoziation zum Kongreß der Friedens- und Freiheitsliga. In: MEW (1962): 529–530.

McGuire, Martin C. (2007): Economics of Defense in a Globalized World. In: Sandler/Hartley (2007): 623–648.

Merton, Robert K. (1995): Soziologische Theorie und soziale Struktur. Herausgegeben und eingeleitet von Volker Meja und Nico Stehr. Berlin/New York: De Gruyter.

MEW – Marx-Engels-Werke (1962): Berlin: Dietz.

Müller-Jentsch, Walther (2003): Organisationssoziologie. Eine Einführung. Frankfurt a. M./New York: Campus.

Münkler, Herfried (2002): Die neuen Kriege. Reinbeck bei Hamburg: Rowohlt.

Olson, Mancur/Zeckhauser, Richard (1966): An Economic Theory of Alliances. In: Review of Economics and Statistics, 48: 3, 266–279.

Pöcher, Harald R. (1998): Kriegsfinanzierung im Wandel der Geschichte. Ein wirtschaftswissenschaftlicher Überblick als Beitrag zur Militärgeschichte. In: Österreichische Militärische Zeitschrift (ÖMZ), 36: 4, 383–390.

Richardson, Lewis F. (1979 [1960]): Eine mathematische Theorie des Wettrüstens. In: Zapf (1979): 454–467.

Richter, Gregor (Hrsg.) (2007): Die ökonomische Modernisierung der Bundeswehr. Sachstand, Konzeptionen und Perspektiven. Wiesbaden: VS Verlag für Sozialwissenschaften.

Sahm, Astrid/Sapper, Manfred/Weichsel, Volker (Hrsg.) (2002): Die Zukunft des Friedens. Eine Bilanz der Friedens- und Konfliktforschung. Wiesbaden: Westdeutscher Verlag.

Sandler, Todd/Hartley, Keith (1995): The Economics of Defence. Cambridge: University Press.

Sandler, Todd/Hartley, Keith (eds.) (2007): Handbook of Defense Economics Vol. II. Defense in a Globalized World. Amsterdam et al.: Elsevier.

SIPRI – Stockholm International Peace Research Institute (2009): SIPRI Yearbook 2009. Armaments, Disarmament and International Security. Summary. Broschüre.

SIPRI – Stockholm International Peace Research Institute (2019): SIPRI Yearbook 2019. Armaments, Disarmament and International Security. Summary. Broschüre.

Schulz, Karl-Ernst (Hrsg.) (1977): Militär und Ökonomie. Göttingen: Vandenhoeck & Ruprecht.

Smith, Adam (1974 [1776]): Der Wohlstand der Nationen. Eine Untersuchung seiner Natur und seiner Ursachen. München: C. H. Beck.

Sombart, Werner (1913): Studien zur Entwicklungsgeschichte des modernen Kapitalismus. Zweiter Band: Krieg und Kapitalismus. München/Leipzig: Duncker & Humblot.

Spencer, Herbert (1887 [1874]): Die Principien der Sociologie. Stuttgart: Schweizerbart.

Wachtler, Günther (Hrsg.) (1983): Militär, Krieg, Gesellschaft – Texte zur Militärsoziologie. Frankfurt a. M./New York: Campus.

Weber, Max (1972 [1920]): Wirtschaft und Gesellschaft. Grundriss der verstehenden Soziologie. 5. Aufl. (Studienausgabe). Tübingen: J. C. B. Mohr.

Werkner, Ines-Jacqueline (Hrsg.) (2004): Die Wehrpflicht und ihre Hintergründe. Sozialwissenschaftliche Beiträge zu aktuellen Debatte. Wiesbaden: VS Verlag für Sozialwissenschaften.

Weick, Karl E. (1985 [1969]): Der Prozeß des Organisierens. Frankfurt a. M.: Suhrkamp.

Zapf, Wolfgang (Hrsg.) (1979): Theorien des sozialen Wandels. 4. Aufl. Königstein/Ts.: Athenäum u. a.

Richter, Gregor, Dr. phil.; Projektbereichsleiter im Forschungsbereich Militärsoziologie am Zentrum für Militärgeschichte und Sozialwissenschaften der Bundeswehr in Potsdam.

Die Privatisierung des Militärs

Nicole Deitelhoff und Anna Geis

1 Einleitung: Gegenstand, Grundbegriffe, Fragestellungen[1]

Aus der Sicherheitspolitik sind Private Militär- und Sicherheitsfirmen (PMSFs) nicht mehr wegzudenken. Sowohl in der inneren Sicherheit, im Bereich der Objekt- und Personensicherung, der Aufklärung und Datenauswertung als auch in der äußeren Sicherheit, im Schutz von Diplomatinnen und Diplomaten, der Unterstützung militärischer Einsätze durch Transportkapazitäten, Objekt und Personenschutz, Aufklärung, Training und Beratung sind die Firmen aktiv. Der vorliegende Beitrag befasst sich vorrangig mit der Privatisierung der auswärtigen Sicherheitspolitik, die seit den 1990er Jahren enorm zugenommen hat.[2] Unter Privatisierung von Sicherheit fassen wir die Bereitstellung von Dienstleistungen im Sicherheitsbereich, die vormals von staatlichen Akteuren erbracht wurden

---

[1] Unser Dank für die Rechercheunterstützung geht an Raphael Oidtmann, Fabian R. und Hannah Schnier.

[2] Dieser Beitrag behandelt nicht die Privatisierung im Bereich *innerer* Sicherheit.

N. Deitelhoff (✉)
Leibniz-Institut Hessische Stiftung Friedens- und Konfliktforschung, Frankfurt am Main, Deutschland
E-Mail: deitelhoff@hsfk.de

A. Geis
Fakultät für Wirtschafts- und Sozialwissenschaften, Helmut Schmidt Universität / Universität der Bundeswehr, Hamburg, Deutschland
E-Mail: anna.geis@hsu-hh.de

© VS Verlag für Sozialwissenschaften | Springer Fachmedien Wiesbaden GmbH, Wiesbaden 2023
N. Leonhard und I.-J. Werkner (Hrsg.), *Militärsoziologie – Eine Einführung*,
https://doi.org/10.1007/978-3-658-30184-2_7

und nunmehr an nichtstaatliche, (private) profitorientierte Unternehmen ausgelagert werden (Avant 2005: 26). Privatisierungsmaßnahmen treten im Sicherheitsbereich vor allem in Form von Public–Private-Partnerships (PPPs) auf, d. h. Kooperationen zwischen staatlichen und privaten Instanzen, oder in Form der Beauftragung privater Sicherheits- und Militärfirmen zur Auslagerung von Sicherheitsaufgaben *(Outsourcing)*.

Das Feld der Privatisierung von Sicherheit ist allerdings deutlich weiter zu fassen. In der internationalen Sicherheitspolitik und in innerstaatlichen Gewaltkonflikten existieren ganz unterschiedliche, teils zusammenhängende Erscheinungsformen von Privatisierung: Eine Privatisierung ‚von unten‘ manifestiert sich im Auftreten zahlreicher nichtstaatlicher Gewaltakteure wie Warlords, Terroristinnen, Rebellen oder Milizen (Mandel 2002); eine Privatisierung ‚von oben‘ verweist dagegen auf die gezielt von Regierungen betriebene *Outsourcing*-Politik, d. h. hier vor allem die Beauftragung privater Sicherheits- und Militärfirmen. Jedoch kooperieren nicht nur Regierungen mit PMSF – im englischsprachigen Raum häufig auch schlicht *Contractors* genannt –, sondern auch zahlreiche Nichtregierungsorganisationen, Wirtschaftsunternehmen oder internationale Organisationen nutzen heute deren Dienste in Konfliktgebieten zum Schutz der eigenen Anlagen und ihres Personals (für die UNO z. B. Krahmann und Leander 2019). Der Trend zum Auslagern von Sicherheitsdienstleistungen folgt somit einem generellen Trend der Einbeziehung privater Akteure wie Nichtregierungsorganisationen und zunehmend auch transnationaler Wirtschaftsunternehmen in Governance-Arrangements jenseits des Staates (Deitelhoff und Wolf 2010).

Der vorliegende Beitrag setzt sich vor allem mit der Privatisierung innerhalb des Militärs und damit der Privatisierung von oben auseinander, der sich weltweit, wenngleich in unterschiedlichem Ausmaß, beobachten lässt. Dass insbesondere die USA massiv auf Unterstützung durch PMSF setzen und heute mutmaßlich ohne diese größere Kriege nicht mehr führen könnten (Deitelhoff 2008), wurde in den Afghanistan- und Irak-Einsätzen augenfällig (Leander und Spearin 2013). Im März 2010 befanden sich im Irak ungefähr ebenso viele Angehörige des US-Militärs wie von den USA beauftragte Angestellte von PMSF; in Afghanistan übertrafen die privaten (112.092 Personen) im März 2010 die US-Truppen (79.100 Personen) sogar deutlich (Schwartz 2010: 5; Taylor 2011: 445). Diese Zahlen sind im Jahr 2020 deutlich andere angesichts der veränderten Einsatzkonstellationen zehn Jahre später weltweit: So gibt das *US Central Command* (CENTCOM) für das vierte Quartal 2020 folgende Zahlen an: Demnach arbeiteten rund 44.000 *Contractors* im Auftrag des US-Verteidigungsministeriums; davon rund 22.560 in Afghanistan sowie rund 4830 in Irak und Syrien (Congressional Research Service 2021: 2). Allerdings sank gleichzeitig auch die Zahl der US-Militärangehörigen im Irak und in Afghanistan massiv.

Mit dem Einsatz privater Firmen sind auch die Legitimitätsprobleme solcher Einsätze gewachsen, wie die Skandale um PMSF zeigen – etwa das wiederholte Töten von Zivilistinnen und Zivilisten durch Angestellte von PMSF, wie *Blackwater* (heute: *Academi*) oder *Triple Canoply*, oder deren Verwicklung in Gefangenenbefragungen und Folterpraktiken im Gefängnis von Abu Ghraib (CACI und Titan; heute L-3 Services). Allerdings war nur ein geringer Anteil von zehn bis 15 % aller seinerzeit in Irak und Afghanistan beschäftigten PMSF-Angehörigen im Sicherheitsbereich tätig; die Mehrzahl war dagegen Bereichen wie Basisunterstützung, Übersetzung, Logistik, Wartung, Transport u. ä. zuzurechnen.

Private Militär- und Sicherheitsfirmen sind profitorientierte Unternehmen, die ein breites Spektrum an Dienstleistungen im Sicherheitsbereich anbieten. Auch wenn in der Öffentlichkeit oft pejorativ von ‚Söldnerfirmen' die Rede ist, unterscheiden sich diese Unternehmen doch vom altbekannten Söldnerwesen: Die Unternehmen sind legal registriert, werden professionell geführt, operieren auf regionalen oder gar Weltmärkten, werden teils an der Börse gehandelt und entwerfen durchaus vielfältige Selbstbilder ihrer Tätigkeitsspektrums (Joachim und Schneiker 2018). Zahlreiche PMSF sind inzwischen Teil weltweiter Konsortien wie *Halliburton, L-3 Communication* oder *Lockheed Martin*. In seiner ‚Speerspitzen'-Typologie kategorisierte Peter Singer (2008: 93) die Firmen aufgrund des breiten Spektrums ihrer Dienstleistungen nach ihrer Nähe oder Ferne vom Gefechtsraum: ‚Military provider firms' (Beispiele: *Executive Outcomes, Sandline* oder gegenwärtig die *Gruppe Wagner*) bieten demnach die ‚gefährlichsten' Dienstleistungen an, die direkt auf Kampfhandlungen bezogen sind, etwa deren eigene Durchführung oder Kommandierung. ‚Military consultant firms' (Beispiele: *MPRI, Vinnell, Dyncorp*) offerieren Beratung und Schulung, und die am weitesten vom Kampfgeschehen entfernten ‚military support firms' (Beispiele: *Brown & Root, SAIC*) übernehmen zahlreiche ‚unblutige', unterstützende Dienstleistungen wie Verpflegung, Waschen, Gerätewartung u. ä. In der Realität sind solche Grenzen allerdings fließend und viele Firmen bieten häufig das gesamte Spektrum an.

Die Nachfrage nach privaten Sicherheitsdienstleistungen ist seit den 1990er-Jahren rasant gestiegen und hat einen globalen Markt für Sicherheitsdienstleistungen erzeugt. Groben Schätzungen zufolge hat sich der jährliche Umsatz der privaten Sicherheitsindustrie zwischen 1990 und 2019 fast verdreifacht von

55 auf 134 Mrd. US\$.[3] Viele der größeren Firmen haben zwar ihren Sitz in den USA oder in Großbritannien; dennoch ist die Privatisierung kein exklusives Phänomen westlich-liberaler Staaten, sondern es sind in vielen Teilen der Welt Märkte dafür entstanden (vgl. Dunigan und Petersohn 2015). Auch in nicht-demokratischen bzw. autoritären Staaten, wie Russland oder China, nimmt die Privatisierung im Sicherheitsbereich zu (vgl. Bukkvoll und Ostensen 2018; Arnold 2019; Ghiselli 2020; Spearin 2020). Das Personal der Firmen wird ohnehin global rekrutiert.[4]

Das Ausmaß und die Qualität der Privatisierung variiert allerdings stark zwischen den Staaten: An der Spitze stehen nach wie vor die USA und Großbritannien (vgl. Kruck 2018), mit sehr großem Abstand gefolgt von Staaten wie Großbritannien, Frankreich oder Israel (Kinsey 2006). In Deutschland ist die Privatisierung der Bundeswehr dagegen vergleichsweise gering ausgeprägt; die wenigen hier initiierten Public–Private-Partnerships sind zum Teil sogar wieder rückgängig gemacht worden (Kruck 2018); dennoch greift die Bundeswehr etwa für Verlegekapazitäten und zum Schutz ihres Personals und ihrer Anlagen im Ausland auf PMSF zurück.

Die anfängliche Forschung zu PMSF war zunächst daran interessiert, deren vermehrtes Aufkommen nach Ende des Kalten Krieges zu erklären und das Phänomen anhand von Typologien deskriptiv zu erfassen (Singer 2008; Mandel 2002). Im Fokus standen vor allem die spektakulären Einsätze von PMSF in innerstaatlichen Kriegen und in sog. ‚schwachen' oder ‚scheiternden' Staaten in den 1990er-Jahren (etwa im gewaltsam zerfallenden Jugoslawien, vor allem aber in afrikanischen Konfliktgebieten wie Sierra Leone und Angola), in denen PMSF oftmals direkt in Kampfhandlungen involviert waren. Entsprechend politisiert war auch die Debatte zwischen Befürworterinnen und Befürwortern, die in PMSF die Hoffnung für die Befriedung afrikanischer Konflikte sahen (z. B. Shearer 2020), und Gegnerinnen und Gegnern, die in ihnen nur eine neue Facette des alten Söldnertums sahen (Musah und Fayemi 2000). Zentral waren hier die Fragen, ob diese Akteure zur Stabilisierung der betroffenen Konfliktgebiete oder zur Destabilisierung beitragen und welche Art von ‚Sicherheit' und ‚Ordnung' (öffentliche oder fragmentierte) produziert wurde (z. B. Leander 2005).

---

[3]Vgl. die Daten von Statista: https://www.statista.com/statistics/323113/distribution-of-the-security-services-market-worldwide/ (letzter Zugriff: 28.02.2021).

[4]Vgl. zur Rekrutierungspraxis die Studien von van Meegdenburg (2017) zu globalen Marktstrukturen und von Swed et al. (2020) zu demographischen Eigenschaften von PMSF-Mitarbeiterinnen und Mitarbeitern.

Im Kontext der zunehmenden militärischen Interventionen von demokratischen Staaten seit den 1990er Jahren und der massiven Unterstützung der US-geführten Militäreinsätze in Afghanistan und im Irak durch PMSF verlagerte sich der Fokus auf die Fragen, was *Outsourcing* eigentlich für die Kriegführung und die Streitkräfte von Staaten bedeutet und welche Auswirkungen mittel- und langfristig auf die Staatlichkeit ‚starker' Staaten und die demokratische Kontrolle von Militäreinsätzen zu erwarten sind (z. B. Avant 2006; Deitelhoff und Geis 2010; Krahmann 2010). Die Forschung hat sich insofern von den ‚schwachen' Staaten ab- und den ‚starken' Staaten der OECD-Welt zugewendet, wobei inzwischen der Blick auch systematischer auf autoritäre „starke" Staaten, wie Russland und China gelegt wird (siehe unten Abschn. 3.1). Insoweit der Einsatz von PMSF heute offenbar nicht mehr grundsätzlich infrage gestellt wird, aber immer wieder Skandale hervorbringt, ist die Frage nach deren Regulierung ebenfalls zu einem Kernpunkt der wissenschaftlichen Debatte geworden.

2 Theoretische Ansätze und Erklärungsmodelle

Insgesamt ist die Forschungsliteratur zu PMSF eher praxisorientiert, wenngleich in den letzten Jahren theoriegeleitete Forschung deutlich zugenommen hat und neben den einzelnen Firmen und Einsätzen auch die Industrie und die jeweiligen Märkte und Marktverflechtungen deutlicher in den Fokus rücken (Dunigan und Petersohn 2015). In vielen theoriegeleiteten Studien überwiegen von der Ökonomie inspirierte, rationalistische Ansätze, welche die Kosten-Nutzen-Kalküle von Akteuren betonen. Politologische Studien, die die Konsequenzen des vermehrten Einsatzes von PMSF für Staat und Demokratie untersuchen, rekurrieren zudem auf staats- und demokratietheoretische Elemente (z. B. Avant 2005; Krahmann 2010). Soziologisch informierte Arbeiten versuchen dagegen, poststrukturalistische Theorien von Pierre Bourdieu oder Michel Foucault für die Analyse des Feldes und der Governance-Strukturen der Sicherheitsprivatisierung zu nutzen (Leander 2009) oder arbeiten mit dem Ansatz der Weltrisikogesellschaft von Ulrich Beck (Krahmann 2011). Inzwischen mehren sich auch institutionalistische und konstruktivistische Analysen, die etwa die Pfadabhängigkeiten von Privatisierung betonen (vgl. Kruck 2018), spezifische Bürokratieinteressen (vgl. Cusumano und Kinsey 2015) oder aber die Identitätspolitik von PMSF anhand diskursiver und visueller Analysen in den Blick nehmen (vgl. Joachim et al. 2018; Joachim und Schneiker 2018; Cusumano 2020).

Wieso ist seit den 1990er-Jahren ein weltweiter Wachstumsmarkt für PMSF entstanden? Auf der Nachfrageseite – in unserem Kontext: staatliche Regierungen –

ist seit dem Ende des Ost-West-Konflikts die Bereitschaft zur Privatisierung aus mehreren Gründen gestiegen: In vielen OECD-Staaten war in den 1990er-Jahren die neo-liberale Philosophie eines ‚schlanken Staates' populär. Öffentliche Sektoren wurden mit Verweis auf Kostenreduktion privatisiert, dereguliert und ökonomischer Betriebslogik von Effizienz und Effektivität unterworfen. Da nach dem Ende des Ost-West-Konflikts eine ‚Friedensdividende' erwartet wurde, erschien es angesichts notorischer Finanzknappheit geboten, auch im Sicherheits- und Verteidigungsbereich Kosten zu reduzieren und Personal abzubauen. So lag es nahe, im vorherrschenden Diskursklima einer Staatsentlastung auch den Sicherheitsbereich einzubeziehen.[5]

Allerdings erwies sich die ‚Friedensdividende' rasch als trügerische Hoffnung; die Aufgaben des Militärs wurden sogar noch erweitert: Das Ende der Block-konfrontation führte zu einer wesentlich komplexeren Wahrnehmung von Sicher-heitsrisiken und Bedrohungen, die auch transnationale Aspekte aufwiesen, sowie zu einer veränderten Perspektive auf das globale Kriegsgeschehen, das wesent-lich stärker von innerstaatlichen als von zwischenstaatlichen Kriegen und von einer Erweiterung des Sicherheitsbegriffes bestimmt wird (schon Zangl und Zürn 2003). PMSF haben sich inzwischen in vielfältigen Bereichen, von der Piraterie-bekämpfung (Liss 2015) bis hin zum „Migrationsmanagement" (Davitti 2019), etabliert.

Angesichts der komplexen neuen Aufgaben und der zahlreichen Engagements westlicher Streitkräfte wuchs der Bedarf an Unterstützung durch Private Militär-und Sicherheitsfirmen. Da sich Privatisierung insbesondere bei militärisch sehr aktiven Staaten wie den USA, Großbritannien, Frankreich oder Israel zeigt, scheint hier *prima facie* ein direkter Zusammenhang zwischen starkem militärischem Engagement und Unterstützung durch Private vorzuliegen.

Nahm generell die Nachfrage nach privaten Sicherheitsdienstleistungen seit 1990 zu, so stieg auch das Angebot parallel dazu an: Da aus den staatlichen Streitkräften nach Ende der Blockkonfrontation in Erwartung friedlicherer Zeiten und unter dem Druck, Kosten zu sparen, Millionen von Menschen ent-lassen wurden, entstand ein Reservoir gut ausgebildeter Ex-Militärs, die neue Beschäftigungen suchten (Singer 2008). Das Führungspersonal vieler PMSF rekrutiert sich entsprechend aus früheren Militärangehörigen, die über Sozial-kapital verfügen und Lobbying betreiben können, um die Nachfrage an ihren

---

[5] Siehe hierzu für den deutschen Fall die Analysen von Bundestagsdebatten und Erklärungen der Bundesregierung in Krahmann und Friesendorf (2011) und Schneiker und Joachim (2018).

Diensten zu steigern (Avant 2006: 512 ff.; Leander 2007). Da private Sicherheitsanbieter wesentlich flexibler in ihrer Personal- und Ausbildungspolitik sind, können sie auch spezialisierte militärische Tätigkeiten, etwa zur Wartung hochmoderner Systeme, an die jeweilige Nachfrage anpassen und diese schnell bedienen (vgl. Zamparelli 1999: 11).

Zusammenfassend lässt sich festhalten, dass die Erklärungen für den allgemeinen Privatisierungstrend aufseiten von Regierungen vor allem auf Kosten-Nutzen-Kalküle verweisen, die durch bestimmte Umweltfaktoren wie einen neoliberalen politischen Staatsdiskurs oder die veränderte Wahrnehmung von Sicherheitsbedrohungen geprägt wurden. Das *Outsourcing* an PMSF verspricht politische Flexibilität, passgenaue, schnell abrufbare Dienstleistungen nach Bedarfslage sowie das Vermeiden von ‚überflüssigen' Kosten, die entstünden, wenn solche Tätigkeiten von regulären, gut ausgebildeten Soldatinnen und Soldaten übernommen würden, die schließlich auch noch staatliche Pensionskosten erzeugen. Das unterschiedliche Niveau der Privatisierung zwischen den Staaten allerdings, das haben viele Studien herausgearbeitet, verweist auf historische Pfadabhängigkeiten (Kruck 2014, 2018), gewachsene Verständnisse von der Rolle des Staates (Krahmann 2011) und Identitätsvorstellungen (Leander 2013; van Meegdenburg 2019).

3 Empirische Forschungsergebnisse zur Privatisierung des Militärs

Nachdem sich die Forschung zunächst stark auf die Beschreibung und normative Bewertung des Privatisierungsphänomens in Kontexten schwacher Staatlichkeit konzentrierte, eröffneten sich im Zuge der Ausdehnung des Phänomens in der US-amerikanischen Kriegsführung weitere Analyseperspektiven: Welche Auswirkungen hat das *Outsourcing* auf Streitkräfte und Kriegführung der USA und von Demokratien generell und jüngst auch Autokratien (Abschn. 3.1)? Was bedeutet das *Outsourcing* für den Staat und das staatliche Gewaltmonopol (Abschn. 3.2)? Gefährden PMSF die demokratische Kontrolle von Militäreinsätzen (Abschn. 3.3)? Und da sich die privaten Sicherheitsanbieter offenbar etablieren konnten, aber gleichzeitig Legitimitätsprobleme aufwerfen: Wie lassen sich PMSF regulieren (Abschn. 3.4)?

3.1   Auswirkungen auf Militär und Kriegsführung

Dieser Strang der Forschung untersucht die mögliche Abhängigkeit der regulären
Streitkräfte von PMSF, behandelt Folgen für die zivil-militärischen Beziehungen,
analysiert Koordinationsprobleme zwischen Streitkräften und *Contractors* und
diskutiert, inwiefern PMSF die Einsatzziele eher konterkarieren denn befördern
können.

Die zunehmende Auslagerung von Ausbildung, Logistik, Objekt- und
Personenschutz oder Aufklärung an PMSF ist vor allem durch die Ziele der
Kostenersparnis und Flexibilitätsgewinne motiviert. *Outsourcing* soll Mittel
freisetzen, die in Technologien und Militäreinsätze investiert werden können;
zugleich ermöglicht es den regulären Streitkräften, sich in ihr Kerngeschäft,
d. h. den Kriegseinsatz, zurückzuziehen, während Aufgaben wie Ausbildung,
Personenschutz oder Wiederaufbau ausgelagert werden. Insbesondere in den
USA ist dieser Trend weit vorangeschritten und hat sich seit Mitte der 1990er-
Jahre verstärkt. *Contractors* wurden zunehmend auch im Gefechtsgebiet neben
regulären Soldatinnen und Soldaten eingesetzt. Im Irak und in Afghanistan waren
und sind sie für nahezu die gesamte Logistik der US-Streitkräfte verantwortlich.
Sie bewachen Militärbasen, Diplomatinnen und Diplomaten sowie Konvois, übernehmen die Ausbildung der lokalen Sicherheitskräfte und warten und bedienen
zentrale Aufklärungs- und Waffensysteme. Mehr als ein Drittel aller US-Waffen-
systeme sind in der Wartung und/oder Handhabung auf PMSF angewiesen
(Blizzard 2004). Durch diese massive Einbeziehung Privater verändern sich auch
die Militärdoktrinen. Für Waffensysteme gilt inzwischen, dass kritische Systeme
mindestens vier Jahre und nichtkritische Systeme gar lebenslang durch die PMSF
gewartet und bedient werden können (ebd.). Dies kehrte die alte Doktrin, dass die
Abhängigkeit von PMSF in der Waffenhandhabung und Wartung so gering wie
möglich gehalten werden sollte, nahezu um.

Was sich bei Waffensystemen andeutet, zeigt sich auch in anderen Bereichen
der Streitkräfte (Deitelhoff und Fischer-Lescano 2013: 58): In Bereichen wie der
Logistik, aber auch im Ausbildungs- und Trainingssektor fehlen etwa den US-
Streitkräften bereits zentrale Kompetenzen, die von *Contractors* wahrgenommen
werden (Avant 2005: 133). Es droht aber nicht nur der Verlust an eigenen
Ressourcen und Kompetenzen, sondern auch von Expertise *(brain drain),* denn
die PMSF werben gezielt Militärangehörige etwa aus dem Bereich der Spezialkräfte ab, um ihre Attraktivität auf dem Markt zu erhöhen. Sie können auch
erheblich bessere Gehälter versprechen. In den US-Streitkräften gab es bereits
Versuche mit sogenannten ‚Stop-Loss'-Programmen, die verhindern sollten, dass

hoch spezialisierte Kräfte, die für die Ausbildung der nächsten Generationen von Soldatinnen und Soldaten notwendig sind, direkt zu PMSF wechseln. Darüber hinaus sind Bonus-Programme ins Leben gerufen worden, um hochrangige Offizierinnen und Offiziere nach Ablauf ihrer regulären Dienstzeiten in den Streitkräften zu halten (Singer 2008: 257). Inzwischen hat sich die Abhängigkeit so verfestigt, dass Versuche, die Abhängigkeit zurückzudrehen, die nach zahlreichen Skandalen um PMSF im Irak und in Afghanistan unternommen wurden, erfolglos blieben, weil Pentagon und Streitkräfte weder die finanziellen Möglichkeiten noch eigenes Personal hatten, um die Ausfälle zu substituieren (vgl. Kruck 2018: 179; auch Cusumano und Kinsey 2015).

Die unterschiedlichen Gehaltsniveaus zwischen regulären Streitkräften und PMSF berühren auch die zivil-militärischen Beziehungen. So wird befürchtet, dass durch die Einbeziehung gewinnorientierter Motivlagen in die Sicherheitspolitik das Ansehen der Streitkräfte innerhalb der Streitkräfte selbst und der Bevölkerung (Stellenwert des militärischen Dienstes und der militärischen Laufbahn) sinken könnte (Singer 2008: 191 ff.).[6] Daneben behandeln insbesondere die Arbeiten von Anna Leander (2007: 52–54) die personelle Verquickung zwischen politischen Eliten und PMSF und deren Einfluss auf die zivile Kontrolle über Militärpolitik in der Definition von Risiken, Optionen und Strategien. Im Vergleich zur Forschung zur Privatisierung in schwachen Staaten, in denen die zivil-militärische Balance angesichts schwacher Regelungsstrukturen, Finanz- und Ausbildungsmangel von vornherein sehr viel problematischer ist (Deitelhoff 2009), spielt die zivil-militärische Balance im engeren Sinne aber eine untergeordnete Rolle in der Forschung. Im weiteren Sinne allerdings, wenn es um die zivile Kontrolle des Militärs geht, wird sie in der Frage nach den Folgen des *Outsourcing* für die demokratische Kontrolle des Gewaltmonopols zentral (siehe Abschn. 3.3).

Neben der drohenden Abhängigkeit von PMSF stellt die Koordination im militärischen Einsatzgebiet einen weiteren Problemkomplex dar. PMSF sind in der Regel nicht in die Kommandostruktur der Streitkräfte vor Ort eingebunden. Das bedeutet, dass die Kommandierenden vor Ort die Aktivitäten von Streitkräften und Privaten zusätzlich koordinieren müssen, um Reibungsverluste zu mindern, aber auch um Konflikte zu vermeiden. Das ist schwierig,

---

[6] Studien, die sich mit Privatisierung der inneren Sicherheit beschäftigen, zeigen, dass eine Angleichung der professionellen Standards zwischen privaten (ökonomische Profitlogik) und hoheitlichen Akteuren (Logik demokratischer Kontrolle) eher unwahrscheinlich ist und damit Konflikte vorprogrammiert sind (z. B. Hirschmann 2018).

weil Kommandierende vor Ort oftmals selbst über keine zuverlässigen Daten verfügen, wie viele und wo *Contractors* tätig sind. Die im Zuge der Irak- und Afghanistan-Einsätze unkoordiniert wachsende Auslagerung von Aufgaben an PMSF hatte zur Folge, dass notwendige Zahlen und Informationen kaum mit der Auslagerungspraxis Schritt halten konnten (Percy 2009: 59 ff.). Schließlich ist ein weiterer Aufgabenzuwachs für die Streitkräfte zu verzeichnen, da sie neben der Koordination und Vertragsüberwachung auch Verantwortung für die Sicherheit der PMSF tragen. Denn je mehr PMSF im Personen- und Objektschutz oder in der Waffensystemwartung und -handhabung eingesetzt werden, desto näher rücken sie an das Gefechtsfeld heran und desto häufiger werden sie auch in Gefechte verwickelt.

Dieser letzte Punkt führt zur Frage, inwiefern der massive Einsatz von PMSF in Militärinterventionen die Missionsziele behindert oder fördert. Was die Legitimität der Kriegsführung angeht, so können *Contractors,* die sich über Recht und Gesetz hinwegsetzen und die lokale Zivilbevölkerung eher verängstigen als schützen, mehr schaden als nützen. Die zeitgenössischen Militäreinsätze westlicher Streitkräfte dienen nach eigener Zielsetzung dazu, Menschenrechte durchzusetzen, Demokratie zu fördern, Konfliktgebiete zu stabilisieren und Terrorismus zu bekämpfen. Die Streitkräfte sollen nicht als zügellose Besatzerinnen und Besatzer auftreten, sondern als Helferinnen und Helfer der Zivilbevölkerung, deren ‚hearts and minds' zu gewinnen sind. Das Fehlverhalten von *Contractors* in Afghanistan und Irak hat dazu beigetragen, diese Zielerreichung zu untergraben, wie u. a. auch eine Analyse für den US-Kongress festhielt (Schwartz 2010: 16; vgl. Schneiker und Krahmann 2016: 43).

Etwas anders sieht es dagegen bislang für den Einsatz von PMSF durch Autokratien aus. Insbesondere in Russland ist es gerade die Flexibilität, die PMSF für die russische Regierung bieten und die Möglichkeit, nicht direkt mit einem Vorgehen in Konfliktgebieten in Verbindung gebracht zu werden, die die Auslagerung vorantreibt. Unrühmliche Fälle, wie die Einsätze der Gruppe Wagner in Syrien, im Sudan oder in der Zentralafrikanischen Republik, die auch direkt Beteiligung an Kampfhandlungen einschließen, zeigen, dass viele der Entwicklungen, die sich im Einsatz von PMSF in westlichen Staaten beobachten lassen, dort nicht stattfinden. Weder gibt es bislang in Russland eine erfolgreiche innerstaatliche Regulierung der PMSF (sie bewegen sich nach wie vor am Rande der Illegalität), noch verlagert sich ihre Tätigkeit weg vom Kampfgeschehen, eher das Gegenteil ist der Fall (Bukkvoll und Ostensen 2018). PMSF fungieren als Instrument für „proxy wars" (Wither 2020). Die Beziehung zur Regierung bzw. zur Machtclique um Präsident Putin ist eng und oftmals bleibt unklar, ob die PMSF im privaten oder staatlichen Auftrag handeln (Rondeaux 2019; Marten 2019). Chinesische

PMSF sind dagegen sehr zurückhaltend. Sie sind hautsächlich für den Schutz von Anlagen und Personal chinesischer Unternehmen und Regierungsstellen verantwortlich und dürfen aufgrund der restriktiven chinesischen Rechtslage zumeist auch keine Waffen bei sich führen, sondern sind dafür auf Partnerschaften mit lokalen PMSF angewiesen (Spearin 2020; Ghiselli 2020). Die Staatszentrierung der chinesischen Führung lässt eine weitere Privatisierung auch nur in Grenzen erwarten.

3.2 Folgen des Outsourcing für den Staat

Die Konsequenzen der Privatisierung für Streitkräfte und Kriegsführung bilden den Hintergrund der Forschung, die sich mit den Folgen für den Staat und speziell für das staatliche Gewaltmonopol beschäftigt. Grundsätzlich gibt es dazu zwei gegensätzliche Positionen: Die eine hält die Auslagerung an Private so lange für unproblematisch, wie der Staat die Bedingungen kontrolliert, unter denen sie tätig werden (Shearer 2020). Dagegen argumentiert die andere Position, dass Privatisierung zwangsläufig dazu führe, dass die Kontrolle des Staates über die Auslagerung zumindest mittelfristig erodiert (Avant 2005: 253 ff.). Die Frage nach den Konsequenzen der Auslagerung für das staatliche Gewaltmonopol lässt sich in verschiedenen Hinsichten stellen, als Frage nach einem Verlust von staatlicher Entscheidungsautonomie und als Frage nach dem Kontrollverlust über die Anwendung von Gewalt, und das in kurz- wie langfristiger Perspektive. Dabei haben verschiedene Studien herausgearbeitet, dass Auslagerung kurzfristig gesehen eher zu einer Stärkung staatlicher Handlungsautonomie und -fähigkeit führt, mittel- und langfristig jedoch eine Schwächung der beiden Dimensionen wahrscheinlich ist (Avant 2005; Deitelhoff und Geis 2010).

Der Trend zur Privatisierung innerhalb des Militärs wird mit dem Ziel der Kostensenkung und Flexibilisierung vorangetrieben. Privatisierung soll Kostensenkungen ermöglichen, da private Anbieter keine schwerfälligen Bürokratien haben (sollten), dem Wettbewerb ausgesetzt sind und sich besser spezialisieren können. Darüber hinaus müssen PMSF im Gegensatz zu öffentlichen Streitkräften nur für die Zeit ihres Einsatzes bezahlt werden, sodass zumindest vordergründig Ausbildungs-, Unterhalts- und Pensionskosten entfallen. Privatisierung erscheint insofern als Instrument, um die staatliche Handlungsautonomie in der Militär- und Verteidigungspolitik zu erhöhen. Allerdings werden die vermeintlichen Kostensenkungen durch Privatisierung oft nicht erreicht. Es gibt kaum systematische Studien mit verlässlichen Daten zur Kostenersparnis. Die veröffentlichten Zahlen sind meist Schätzungen, nicht tatsächlich realisierte

Einsparungen (Dickinson 2007). Studien vermuten, dass der zunehmende Einsatz von PMSF die Kosten eher steigert (statt vieler Schreier und Caparini 2005: 98). Dies hängt zum einen mit der gängigen Vertragspraxis bei der Auslagerung an PSMCs zusammen. Um Kostensenkung durch Privatisierung zu erreichen, müssen Verträge offen ausgeschrieben werden. Es muss ein transparenter Markt existieren, Angebote müssen verglichen werden und die Vertragsausführung muss überwacht werden. Der Markt für Sicherheitsleistungen ist aber nur eingeschränkt durch offenen Wettbewerb charakterisiert. Zwar ist die generelle Zahl konkurrierender Firmen hoch, in einigen Bereichen existieren aber geradezu Quasi-Monopole. Daneben ist der Markt auch beweglich: Die meisten Firmen sind nahezu virtuelle Gebilde, die mit riesigen Personaldatenbanken arbeiten, über die sie Zeitverträge ausstellen, wenn neue Verträge eingehen. Entsprechend flexibel sind sie hinsichtlich Wahl und Wechsel ihres Standorts, Profils oder sogar Namens. Das macht es schwierig, die schwarzen Schafe auszuschließen. Zweitens sind Militärinterventionen ein ungünstiges Feld für erfolgreiche Privatisierung, sind sie doch durch Geheimhaltung, Zeitknappheit und den Imperativ des militärischen Sieges geprägt. Darum sind sie kaum geeignet für komplexe Wettbewerbsprozesse der Vertragsvergabe oder aufwendige Kontrollsysteme. Militärkommandierende müssen vor Ort für Worst-Case-Szenarien planen, d. h. sie benötigen Vorhaltekapazitäten – eine Strategie, die bei Privatisierungen Kostensenkungen schnell konterkariert (Singer 2008: 163). Generell sieht sich der US Kongress bis heute mit einer unzureichenden Datenlage konfrontiert (Congressional Research Service 2021: 2).

Neben solchen Vertragsproblemen gibt es durchaus weitere Kostensteigerungsmomente, etwa durch das Koordinationsproblem im Einsatz vor Ort (siehe Abschn. 3.1). Dies ist ein Indiz dafür, dass die Privatisierung nicht allein durch die unterstellten Kostenersparnisse vorangetrieben wurde. Andererseits legt das aber (noch) keinen Autonomieverlust von Staaten durch PMSF nahe, denn die Regierungen selbst betreiben die Privatisierung. Starke Staaten scheinen die Kostensteigerungen zumindest zum Teil bewusst in Kauf zu nehmen. Obwohl es Möglichkeiten dazu gäbe, haben Regierungen nur wenige Maßnahmen ergriffen, ihre Kontrolle über PMSF zu erhöhen (siehe Abschn. 3.4). Das gilt insbesondere für solche Staaten, die früh und intensiv begonnen haben, auszulagern (vgl. Kruck 2018).

Die kurzfristigen Konsequenzen hinsichtlich der Kontrolle über die Gewaltanwendung scheinen unbedenklich zu sein. Im Gegensatz zu den Einsätzen von PMSF in schwachen oder zerfallenden Staaten bleibt der direkte Gewalteinsatz bislang unter der Kontrolle der Regierungen und Streitkräfte (das gilt allerdings nicht für den russischen Fall). Starke Staaten hüten den Kern ihres Gewaltmonopols, auch wenn durch die zunehmend komplexen Gefechtslagen die Unterstützungsleistungen näher an das Gefechtsfeld heranrücken und PMSF häufiger in Gefechte verwickelt werden (Petersohn 2006; Schneiker und Krahmann 2016). Darüber hinaus üben starke, demokratische wie autoritäre Staaten auch Kontrolle über PMSF in ihren Diensten aus, sei es offen oder verdeckt. Es gibt (zunehmend) Regularien für die Verträge mit PMSF, die etwa die Erlaubnis und den Gebrauch der Schusswaffe regeln oder die genauen Vertragsinhalte spezifizieren. Das heißt zwar nicht, dass PMSF nicht immer wieder die Regeln verletzen, z. B. weil es kaum ausreichende Sanktionsmechanismen gibt, aber es gibt derzeit wenig Anhaltspunkte dafür, dass Staaten die Kontrolle über die Gewaltanwendung verlieren würden.

3.3 Outsourcing und demokratische Kontrolle von Militäreinsätzen

Für demokratische Staaten wird auch die Frage der Konsequenzen von Privatisierung für demokratische Kontrollmechanismen gestellt. Privatisierung muss nicht per se demokratieschädigend sein. Wenn allerdings der Wille wie auch die Ressourcen des Auftraggebers bzw. der Auftraggeberin fehlen, die *Contractors* nach strengen Kriterien auszusuchen, ihre Aktivitäten vertragsmäßig stark einzugrenzen sowie ihre Tätigkeiten vor Ort genau zu beobachten und Fehlverhalten zu sanktionieren, kann aus der massiven Beschäftigung von PMSF ein Demokratieproblem erwachsen. Dies ist am Verhalten der US-Regierung unter George W. Bush aufgezeigt worden (z. B. Avant 2006; Avant und Sigelman 2010). Vieles spricht dafür, dass das Verteidigungsministerium ganz bewusst eine fragwürdige Rekrutierungspraxis wie intransparente Vertragspolitik verfolgt hat, um sich im ‚globalen Krieg gegen den Terror‘ maximale Flexibilität zu sichern. Das wird deutlich, wenn man den Blick darauf richtet, wie Verträge mit PMSF geschlossen werden.

Die Aufträge an PMSF werden üblicherweise zwischen Akteuren der Exekutive und den Unternehmen direkt ausgehandelt, während die Parlamente kaum Einblick in die Verträge, deren Inhalt oder die darin vereinbarte Summe haben. Zwar sind die Parlamente gefragt, wenn es um die Verabschiedung des Militärbudgets geht, aber sie haben kaum Möglichkeiten nachzuvollziehen, wie das Budget im Einzelnen verausgabt wird, insbesondere da Verträge mit PMSF sich häufig in unscheinbaren Haushaltsposten verstecken (Schneiker 2007: 414). Durch Splitten der Verträge und die weit verbreitete Praxis des *Sub-Contracting* wird zudem von außen das Nachvollziehen solcher Verträge erheblich erschwert (Dickinson 2007).

Regierungen können mit *Outsourcing* zudem die von Parlamenten auferlegte personelle ‚Deckelung' regulärer Truppen umgehen (Avant 2006; Singer 2008) – eine Strategie, die die USA etwa in den Balkan-Konflikten genutzt hat oder in der Drogenterrorismusbekämpfung in Kolumbien. Dem US-Kongress war es so faktisch unmöglich, demokratische Kontrolle auszuüben. Zugleich nimmt die personelle Verquickung zwischen hochrangigen PMSF-Angehörigen und politischen Entscheidungsträgerinnen und -trägern zu, je stärker das Ausmaß der Privatisierung wird. So ist zu befürchten, dass deren kommerzielle Interessen auch Einfluss auf politische Entscheidungen erlangen (Schreier und Caparini 2005; Deitelhoff 2019).

Nicht nur das Parlament, sondern auch die Öffentlichkeit wird durch die Privatisierung in ihren Kontrollmöglichkeiten eingeschränkt: Regierungen vermeiden durch die zunehmende Auslagerung an PMSF, weitere Personen einberufen zu müssen. Sie verschleiern so das Ausmaß ihres militärischen Engagements und umgehen öffentliche Debatten. So lässt sich die ‚Opferempfindlichkeit' *(casualty aversion)* der Bevölkerung gegenüber Kriegsgefallenen, die gerade in demokratischen Staaten sehr hoch ist, wirkungsvoll unterlaufen, denn die Gefallenen unter PMSF-Angehörigen tauchen nicht oder nur als Zivilistinnen und Zivilisten in den offiziellen Gefallenenstatistiken auf (Avant und Sigelman 2010; auch Heinecken 2014: 641).

Insgesamt werden die Auswirkungen von *Outsourcing* auf die demokratischen Kontrollstrukturen in der Forschung sehr kritisch gesehen, da massive Privatisierung das innerstaatliche Kräfteverhältnis zwischen Exekutive, Legislative und Öffentlichkeit zugunsten ersterer verschiebt. Selbst wenn die kurzfristigen Folgen der Privatisierung für die Handlungsautonomie der Staaten und ihre Kontrolle über die Gewaltanwendung neutral oder sogar positiv ausfallen, so ist doch zu befürchten, dass dies um den Preis der Schwächung der demokratischen Kontrolle geschieht – die ebenso zum legitimen Gewaltmonopol moderner Staatlichkeit gehört. Dies führt direkt zu einem weiteren Schwerpunkt der Forschung: der Frage der Regulierung der PMSF.

3.4   Die Regulierung von PMSF

Die Frage der Regulierung privater Sicherheits- und Militärfirmen ist an sich nicht neu. Da PMSF vorrangig in schwachen und zerfallenden Staaten aktiv waren und dort durch spektakuläre Kampfeinsätze auf sich aufmerksam machten, war die Kontroverse zunächst vor allem, ob die Firmen generell verboten werden sollten: Waren sie Söldnerinnen und Söldner in neuem Gewand oder stellten sie tatsächlich einen neuen Typ von Akteur dar? Mit der rasanten Zunahme von PMSF in den Streitkräften starker Staaten und insbesondere durch die Skandale um PMSF[7] und die Berichte des US-Rechnungshofes im Zusammenhang der Irak- und Afghanistan-Einsätze hat sich die Kontroverse über die Regulierung von PMSF allerdings deutlich erweitert. Nach wie vor mangelt es aber an effektiven rechtlichen Regeln für die Firmen und auch am Regulierungswillen der Staaten, sodass die wesentlichen Regulierungsmaßnahmen bis dato nationalstaatlich stattfinden und/oder auf Formen freiwilliger Selbstregulierung beruhen.

Die Regulierung des Einsatzes von PMSF ist nicht unproblematisch. PMSF treten völkerrechtlich immer häufiger als Kombattantinnen und Kombattanten in Erscheinung. PMSF, die die nationalen Streitkräfte im Operationsfeld begleiten, gelten, so lange sie sich entsprechend ausweisen können, als Zivilistinnen und Zivilisten und unterstehen als solche dem Schutz der Genfer Konventionen. Wenn sich *Contractors* aber an Kampfhandlungen beteiligen, wie es sich durch die Zunahme der Wartung und Handhabung moderner Waffensysteme durch PMSF kaum vermeiden lässt, werden sie als Kombattantinnen und Kombattanten eingestuft und damit zum legitimen militärischen Angriffsziel (Schaller 2005).

Aber auch jenseits des humanitären Völkerrechts kann von effektivem Rechtsschutz für und mehr noch von effektiver Rechenschaftspflicht von PMSF kaum die Rede sein. In den Konfliktgebieten, in denen die PMSF vorrangig tätig sind, existieren oftmals keine effektiven Rechtssysteme mehr, sodass eine strafrechtliche Verfolgung von Menschenrechtsverletzungen oder krimineller Vergehen durch nationale Behörden ausgeschlossen ist (Weigelt und Märker 2007: 383 f.). Zudem ist Immunität vor Strafverfolgung im Gastland sogar ausdrücklich in vielen Verträgen festgehalten. Die US-Übergangsverwaltung im Irak legte beispielsweise fest, dass PMSF-Mitarbeiter vor der irakischen Gerichtsbarkeit Immunität genießen. Zumindest faktisch sah es für die Rechtsprechung im Heimatstaat ähnlich aus. Gründe hierfür sind die vielfältigen Probleme, die mit exterritorialer Rechtsanwendung einhergehen, und die Unklarheiten in gerichtlichen Zuständigkeiten (Militär- versus Zivilgerichtsbarkeit). Aber auch die nationalen Lizenzierungssysteme, wie sie etwa in den USA als Bestandteil des Waffenexportkontrollregimes für Verträge mit PMSF gelten, sind eher

---

[7] Siehe u. a. die Synopsis bei Corpwatch unter: http://www.corpwatch.org/article.php?id=11285 (letzter Zugriff: 07.03.2021).

darauf ausgelegt, die Kompatibilität der PMSF-Aktivitäten mit den Interessen der Regierung zu sichern, und nicht darauf, die Anbieterinnen und Anbieter zu kontrollieren (Schneiker 2007: 408).

Seit 2008 haben sich auf Initiative der Schweizer Regierung in Kooperation mit dem Internationalen Komitee vom Roten Kreuz zwei weitere internationale Regulierungsinstrumente herausgebildet, die beide allerdings nicht bindender Natur sind (Prem 2020; Seiberth 2014): Erstens das zunächst von 17 Staaten unterzeichnete sog. Montreux-Dokument vom September 2008, das eine nicht bindende Erklärung enthält, die die bestehenden völkerrechtlichen Pflichten von Firmen auflistet und Staaten einen Katalog von Maßnahmen im Umgang mit PSMCs vorschlägt. Dem Montreux-Dokument sind inzwischen 57 Staaten beigetreten ebenso wie die Europäische Union, die Nato, die OSZE und auch China. Russland lehnt die Regulierung dagegen ab.

Zweitens wurde im November 2010 ein internationaler Verhaltenskodex verabschiedet *(International Code of Conduct* für *Private Security Service Providers)*, dem zunächst 58 Unternehmen beigetreten sind. Der Verhaltenskodex umfasst eine umfangreiche Liste von Normen und Regeln zu Aspekten des humanitären Völkerrechts, des Menschenrechtsschutzes, der Arbeits- und Sozialrechte sowie Management- und Personalführungsstrukturen.

Ein alternatives, verbindliches Regulierungsmodell findet sich hingegen auf der Ebene der Vereinten Nationen: als Ergebnis langanhaltender Diskussion in der ‚Working Group on the Use of Mercenaries as a Means of Violating Human Rights and Impeding the Exercise of the Rights of Peoples to Self-Determination‘ entstand im Jahr 2011 eine ‚Draft Convention on Private Military and Security Companies (PMSCs)‘, welche erstmals – unter direkter Bezugnahme auch auf die ILC ‚Draft Articles on Responsibility of States for Internationally Wrongful Acts‘ – einen (prospektiv) verbindlichen regulativen Rahmen für den Einsatz von PMSF etablierte und zu diesem Zweck im Kontext der Tätigkeiten des Human Rights Councils weiter debattiert werden sollte. Insgesamt waren in der „Draft Convention" umfangreiche Ansätze sowohl zur Frage der Staatenverantwortung sowie der Wahrung völker- und menschenrechtlicher Mindeststandards enthalten.

Hierauf bezugnehmend wurde durch den Human Rights Council im Jahr 2010 eine ‚Open-Ended Intergovernmental Working Group on Private Military and Security Companies‘ eingerichtet, deren initiales Mandat im Jahr 2017 endete und – nach bis dahin wenig produktiven Beratungen – in der Folge mit einem zunächst bis ins Jahr 2020 verlängerten Mandat ‚neugestartet‘ wurde. Eine oberflächliche Analyse der Sitzungsreports zeigt, dass bei den Mitgliedsstaaten insbesondere die praktische Ausgestaltung des – dann zukünftig verbindlichen – regulativen Rahmens umstritten ist; erneut wurde ‚lediglich‘ dahingehend Konsens erzielt, dass

PMSF grundsätzlich an die Kernprinzipien des humanitären Völkerrechts und des allgemeinen Menschenrechtsschutzes gebunden sein sollen. Insgesamt bleibt die Regulierung von PMSF unzureichend und fragmentiert, mit uneinheitlichen nationalen Regulierungsansätzen, mangelnden Durchsetzungsmechanismen internationaler Rechtsnormen und zahlreichen freiwilligen Selbstregulierungsmechanismen (Chesterman und Lehnhardt 2007; Jäger und Kümmel 2007; Deitelhoff und Fischer-Lescano 2013).

4 Perspektiven für die Forschung

Wie oben aufgezeigt wurde, hat sich die neuere Forschung zu PMSF intensiv mit deren Einsatz im Auftrag westlicher Demokratien und hier insbesondere den USA befasst. Da in den großen Militäreinsätzen der USA auf dem Balkan, im Irak und in Afghanistan jeweils durchschnittlich rund 50 % ihres Personals *Contractors* waren (Schwartz 2010: 2), ist dieses Interesse an der *Outsourcing*-Offensive der Supermacht naheliegend. Wie heute deutlich ist, haben sich die Versprechen auf Kostensenkung durch Privatisierung auch für das US-Verteidigungsministerium nicht erfüllt; durch schlechtes Vertragsmanagement sind Milliarden von Dollar verschwendet worden (ebd.: 16); zugleich ist es trotz verschiedener Initiativen nicht gelungen, die Privatisierung effektiv zurückzudrehen. Das lässt die Frage virulent werden, welcher Natur die Beziehungen zwischen privaten Akteuren und öffentlichen Institutionen sind und wie Pfadabhängigkeiten aufgebrochen werden können. Die politischen Dynamiken von Privatisierung – Kritik – Wiederverstaatlichung – Kritik stellen daher weiterhin eine wichtige Forschungsperspektive dar. Für diese Frage dürfte auch der Vergleich von Privatisierungspraktiken zwischen Demokratien und Autokratien instruktiv sein, der in jüngster Zeit an Fahrt gewinnt.

Auch in der vergleichenden Privatisierungsforschung gibt es erheblichen Forschungsbedarf: Weit hinter der USA rangiert unter den westlichen Demokratien Großbritannien, wo die Unterstützung durch Private in der inneren wie äußeren Sicherheit inzwischen etabliert zu sein scheint (Krahmann 2010). Im Vergleich zu den beiden angelsächsischen Anführern des Privatisierungstrends fällt die Privatisierung der Bundeswehr eher bescheiden aus (Petersohn 2006; Kruck 2018): Die Umstrukturierung und ‚Modernisierung' der Bundeswehr von einer Verteidigungsarmee in eine ‚Armee im Einsatz' sollte auch mithilfe von Public–Private-Partnerships zwischen Streitkräften und Wirtschaft bewältigt werden, die unter dem damaligen Verteidigungsminister Rudolf Scharping (1998–2002) ab 1998 initiiert wurden. Jedoch beschränkten sich anders als in den USA die deutschen Privatisierungsinitiativen vor allem auf den sog. unterstützenden Servicebereich im Inland, während die militärischen Kernaufgaben, auch aufgrund von Grundgesetzbestimmungen, hiervon ausdrücklich ausgenommen sind (Petersohn 2006; Krahmann und Friesendorf 2011) – wenngleich sich hier im Bereich von Transport und Logistik inzwischen auch gewisse Aufweichungen zeigen (Kruck 2018: 183). Heute wird für Deutschland durchaus ein „nennenswerter Zuwachs in der Quantität und Qualität der Nutzung von PMSF durch deutsche Streitkräfte" konstatiert, der Bundeswehr werden gleichzeitig aber auch die Kapazitäten und Expertise „zur Umkehr der (Teil)Privatisierungen" bescheinigt (ebd.). Der Einsatz privater Sicherheitsdienstleistungen blieb trotz seines im Vergleich mit den USA noch relativ geringen Umfangs politisch und rechtlich umstritten, zumal sich die damit verbundenen großen Einsparungserwartungen nicht erfüllt haben. So beschloss die Bundesregierung 2012 etwa auch, ein wichtiges Privatisierungsprojekt wieder rückgängig zu machen und die Heeresinstandsetzungslogistik wieder in alleiniges Eigentum des Staates zurückzuführen.

Das Beispiel Deutschlands unterstreicht, dass es aufschlussreich ist, politische Dynamiken der Privatisierung und Wiederverstaatlichung zu untersuchen. Es verweist jedoch auch auf zusätzlichen Forschungsbedarf aus der Perspektive konstruktivistischer Studien, die – auch in historischer Perspektive – die besonderen Normen und Werte eines konkreten Staates untersuchen, welche Privatisierung hemmen oder begünstigen. So ist etwa das Staatsverständnis in angelsächsischen Gesellschaften ein anderes als in kontinentaleuropäischen, in denen die Idee eines ‚starken Staates' historisch verankert ist und Privatisierung im Kernhoheitsbereich des Staates somit stärker legitimationsbedürftig sein könnte. Gleichwohl finden sich auch in einem Staat wie Deutschland „industriefreundliche Begründungsmuster für Privatisierung von Sicherheit" in Parlament und Exekutive (Schneiker und Joachim 2018: 81), sodass die Rolle von (transnationalen) Lobby-Gruppen näher beleuchtet werden sollte. Auch die strategische Kultur und außenpolitische Identität eines Staates könnten bedeutsam sein und sollten eingehender untersucht werden und es sollten über größere Vergleiche auch allgemeinere Erklärungsmuster herausgearbeitet werden.

Das wichtigste Desiderat der Forschung ist nach wie vor das Fehlen systematischer Vergleichsstudien zur Privatisierung. Noch immer konzentriert sich die Forschung auf für sich hoch instruktive Einzelfallstudien (aber: siehe Leander 2013; Dunigan und Petersohn 2015). Dabei braucht es mehr Vergleichsstudien mittlerer Reichweite, um belastbare Erklärungsmuster zu etablieren. Wir benötigen mehr systematische Vergleiche über das Ausmaß an Privatisierung in der Gruppe der starken, westlichen Staaten und im Vergleich zu Autokratien in der nicht-westlichen Welt. Erst dann könnten wir beispielsweise erkennen, ob Privatisierung tatsächlich ein übergreifender Trend in der Sicherheits- und Verteidigungspolitik ist, und ermessen, wie stark er ist sowie die Konsequenzen beurteilen, die sich damit für das staatliche Gewaltmonopol, die Streitkräfte und die demokratische Kontrolle ergeben.

Schließlich wird ein Bereich der Sicherheits- und Verteidigungspolitik noch kaum im Kontext der Privatisierungsforschung analysiert, obwohl darin private Firmen eine bedeutende Rolle spielen: die hybride Kriegführung, die konventionelle militärische mit unkonventionellen, nichtmilitärischen Taktiken kombiniert, darunter prominent Taktiken im Cyber Space wie die Einbringung von Schadsoftware oder Destabilisierungsmaßnahmen durch Social Media-Kampagnen (vgl. Deep 2015). Diese Form der privatisierten Sicherheit wird bislang insbesondere für Russland diskutiert (Rondeaux 2019; Wither 2020), obwohl immer mehr Staaten in hybride Taktiken, insbesondere im Cyberspace investieren.

Annotierte Auswahlbibliografie

Abrahamsen, Rita/Leander, Anna (Hrsg.) (2015): Routledge Handbook of Private Security Studies. Abingdon/New York: Routledge.
Das Handbuch bietet einen guten Einstieg in das Forschungsfeld der Privatisierung. Es versammelt Beiträge zur inneren und zur äußeren Sicherheit in ihren diversen Erscheinungsformen.

Avant, Deborah (2005): The Market for Force. The Consequences of Privatizing Security. Cambridge: Cambridge University Press.
Nach wie vor eine der systematischsten Arbeit auf dem Markt: Avant untersucht theoriegeleitet die Wirkungen der Privatisierung auf die Kontrolle über die Gewaltanwendung in schwachen und starken Staaten.

Berndtsson, Joakim/Kinsey, Christopher (Hrsg.) (2016): The Routledge Research Companion to Security Outsourcing. Abingdon/New York: Routledge.
Dieser Band ähnelt dem Routledge-Handbuch, ist aber fokussierter auf die Analyse von Outsourcing-Praktiken.

Chesterman, Simon/Lehnardt, Chia (Hrsg.) (2007): From Mercenaries to Market. Cambridge: Cambridge University Press.
Dieser Band versammelt eine hochkarätige Gruppe von Forscherinnen und Forschern, die der Frage der unterschiedlichen Regulierungsinstrumente für PSMCs nachgehen.

Dunigan, Molly/Petersohn, Ulrich (Hrsg.) (2015): The Markets for Force. Privatization of Security Across World Regions. Philadelphia: University of Pennsylvania Press.

Dieser Band gehört zu den wenigen, die Privatisierungstrends und -strukturen interregional vergleichen und dabei sowohl Markstrukturen systematisch in den Blick nehmen als auch die Konsequenzen der Privatisierung in den jeweiligen Regionen beleuchten.

Singer, Peter W. (2008): Corporate Warriors. The Rise of the Privatized Military Industry. Ithaca: Cornell University Press.

Einer der ‚Klassiker‘ der Forschung; es handelt sich um die aktualisierte Neuauflage von 2003. Wie kaum ein anderer hat Peter Singer mit seinen pointierten Argumenten das Nachdenken über Privatisierung geprägt. Er ist ein Kritiker und zugleich kenntnisreicher Insider.

Literatur

Abrahamsen, Rita/Leander, Anna (Hrsg.) (2015): Routledge Handbook of Private Security Studies. Abingdon/New York: Routledge.

Arnold, Thomas D. (2019): The Geoeconomic Dimensions of Russian Private Military and Security Companies. In: Military Review 99: 6, 6–18.

Avant, Deborah (2005): The Market for Force. The Consequences of Privatizing Security. Cambridge/New York: Cambridge University Press.

Avant, Deborah (2006): The Implications of Marketized Security for IR Theory. In: Perspectives on Politics 4: 3, 507–528.

Avant, Deborah/Sigelman, Lee (2010): Private Security and Democracy. Lessons from the US in Iraq. In: Security Studies 19: 2, 230–265.

Blizzard, Stephen M. (2004): Increasing Reliance on Contractors on the Battlefield. In: Air Force Journal of Logistics 28: 1, 4–15.

Bukkvoll, Tor/Østensen, Åse Gilje (2018): Russian Use of Private Military and Security Companies. The Implications for European and Norwegian Security. Norwegian Defence Research Establishment FFI-Rapport 18/01300. Bergen: Chr. Michelsens Institut.

Chesterman, Simon/Lehnardt, Chia (Hrsg.) (2007): From Mercenaries to Market. The Rise and Regulation of Private Military Companies. Cambridge: Cambridge University Press.

Congressional Research Service (2021): Defense Primer. Department of Defense Contractors. Online: https://fas.org/sgp/crs/natsec/IF10600.pdf (letzter Zugriff: 08.03.2021).

Cusumano, Eugenio (2020): Private Military and Security Companies' Logos. Between Camouflaging and Corporate Socialization. In: Security Dialogue 0: 0. 1–21.

Cusumano, Eugenio/Kinsey, Christopher (2015): Bureaucratic Interests and the Outsourcing of Security. The Privatization of Diplomatic Protection in the United States and the United Kingdom. In: Armed Forces & Society 41: 4, 591–615.

Davitti, Daria (2019): The Rise of Private Military and Security Companies in European Union. Migration Policies under the UNGPs. In: Business and Human Rights Journal 4: 1, 33–53.

Deep, Alex (2015): Hybrid War. Old Concept, New Techniques. Online: https://smallwarsjournal.com/jrnl/art/hybrid-war-old-concept-new-techniques (letzter Zugriff: 08.03.2021).

Deitelhoff, Nicole (2008): Ohne private Sicherheitsanbieter können die USA nicht mehr Krieg führen. In: Helmig/Schörnig (2008): 165–184.

Deitelhoff, Nicole (2009): The Business of Security and Tranformation of the State. TranState Working Paper Nr. 87. Bremen: Universität Bremen.

Deitelhoff, Nicole (2019): Privatisierung und die Diffusion von Sicherheitsverantwortung. In: Ellebrecht et al. (2019): 11–24.

Deitelhoff, Nicole/Fischer-Lescano, Andreas (2013): Politik und Recht der privatisierten Sicherheit. In: Fischer-Lescano/Mayer (2013): 43–77.

Deitelhoff, Nicole/Geis, Anna (2010): Entkernt sich der Leviathan? Die organisatorische und funktionelle Umrüstung in der Sicherheits- und Verteidigungspolitik westlicher Demokratien. In: Leviathan 38: 3, 389–410.

Deitelhoff, Nicole/Wolf, Klaus Dieter (Hrsg.) (2010): Private Security Responsibility? Corporate Governance Contributions to Peace and Security in Zones of Conflict. Houndmills: Palgrave.

Dickinson, Laura A. (2007): Contract as a Tool for Regulating Private Military Companies. In: Chesterman/Lehnardt (2007): 217–238.

Dunigan, Molly/Petersohn, Ulrich (Hrsg.) (2015): The Markets for Force. Privatization of Security across World Regions. Philadelphia: University of Pennsylvania Press.

Ellebrecht, Sabrina/Kaufmann, Stefan/Zoche, Peter (Hrsg.) (2019): (Un-)Sicherheiten im Wandel. Gesellschaftliche Dimensionen von Sicherheit. Münster: LIT Verlag.

Fischer-Lescano, Andreas/Mayer, Peter (Hrsg.) (2013): Recht und Politik globaler Sicherheit. Bestandsaufnahme und Erklärungsansätze, Frankfurt a. M.: Campus.

Ghiselli, Andrea (2020): Market Opportunities and Political Responsibilities. The Difficult Development of Chinese Private Security Companies Abroad. In: Armed Forces & Society 46: 1, 25–45.

Heinecken, Lindy (2014): Outsourcing Public Security. The Unforeseen Consequences for the Military Profession. In: Armed Forces & Society 40: 4, 625–646.

Helmig, Jan/Schörnig, Niklas (Hrsg.) (2008): Die Transformation der Streitkräfte im 21. Jahrhundert. Militärische und politische Dimensionen der aktuellen Revolution in Military Affairs. Frankfurt a. M.: Campus.

Hirschmann, Nathalie (2018): Sicherheitsdienstleister im System der Sicherheit. Zu den Ausbaubestrebungen der Sicherheitswirtschaft und dem Wettbewerb mit der Polizei um Zuständigkeitsbereiche. In: Zeitschrift für Friedens- und Konfliktforschung 7: 1, 95–130.

Jäger, Thomas/Kümmel, Gerhard (Hrsg.) (2007): Private Military and Security Companies. Chances, Problems and Pitfalls. Wiesbaden: VS Verlag für Sozialwissenschaften.

Joachim, Jutta/Martin, Marlen/Lange, Henriette/Schneiker, Andrea/Dau, Magnus (2018): Twittering for Talent. Private Military and Security Companies between Business and Military Branding. In: Contemporary Security Policy 39: 2, 298–316.

Joachim, Jutta/Schneiker, Andrea (2018): Private Security and Identity Politics. Ethical Hero Warriors, Professional Managers and New Humanitarians. London: Routledge.

Kinsey, Christopher (2006): Corporate Soldiers and International Security. The Rise of Private Military Companies. London: Routledge.

Krahmann, Elke (2010): States, Citizens and the Privatization of Security. Cambridge: Cambridge University Press.

Krahmann, Elke (2011): Beck and Beyond. Selling Security in the World Risk Society. In: Review of International Studies 37: 1, 349–372.

Krahmann, Elke/Friesendorf, Cornelius (2011): Debatte vertagt? Militär- und Sicherheitsfirmen in deutschen Auslandseinsätzen. HSFK-Report Nr. 8/2011. Frankfurt a. M.: Hessische Stiftung Friedens- und Konfliktforschung.

Krahmann, Elke/Leander, Anna (2019): Contracting Security. Markets in the Making of MONUSC Peacekeeping. In: International Peacekeeping 26: 2, 165–189.

Kruck, Andreas (2014): Theorising the Use of Private Military and Security Companies. A Synthetic Perspective. In: Journal of International Relations and Development 17: 1, 112–141.

Kruck, Andreas (2018): Wann und wie ist die Privatisierung von Sicherheit umkehrbar? Eine vergleichende Analyse von Insourcing-Bestrebungen in den USA und in Deutschland. In: Zeitschrift für Friedens- und Konfliktforschung 7: 1, 164–194.

Leander, Anna (2005): The Market for Force and Public Security. In: Journal of Peace Research 42: 5, 605–622.

Leander, Anna (2007): Regulating the Role of Private Military Companies in Shaping Security and Politics. In: Chesterman/Lehnardt (2007): 49–66.

Leander, Anna (2009): The Privatization of International Security. Copenhagen Business School Working Paper Nr. 10. Frederiksberg: Department of Intercultural Communication and Management.

Leander, Anna (Hrsg.) (2013): Commercialising Security in Europe. Political Consequences for Peace Operations. New York: Routledge.

Leander, Anna/Spearin, Christopher (2013): Conclusion. In: Leander (2013): 202–217.

Liss, Carolin (2015): PMSCs in Maritime Security and Anti-Piracy Control. In: Abrahamsen/Leander (2015): 61–69.

Mandel, Robert (2002): Armies without States. The Privatization of Security. Boulder: Lynne Rienner Publishers.

Marten, Kimberly (2019): Russia's Use of Semi-State Security Forces. The Case of the Wagner Group. In: Post-Soviet Affairs 35: 3, 181–204.

Musah, Abdel-Fatau/Fayemi, Kayode (Hrsg.) (2000): Mercenaries. An African Security Dilemma. London: Pluto Press.

Percy, Sarah (2009): Private Security Companies and Civil Wars. In: Civil Wars 11: 1, 57–74.

Petersohn, Ulrich (2006): Die Nutzung privater Militärfirmen durch US-Streitkräfte und Bundeswehr. SWP-Studie 2006/S36. Berlin: Stiftung Wissenschaft und Politik.

Prem, Berenike (2020): Private Military and Security Companies as Legitimate Governors. From Barricades to Boardrooms. Abingdon/New York: Routledge.

Rondeaux, Candice (2019): Decoding the Wagner Group. Analysing the Role of Private Military Security Companies in Russian Proxy Warfare. New America. Online: https://d1y8sb8igg2f8e.cloudfront.net/documents/Decoding_the_Wagner_Group.pdf (letzter Zugriff: 08.03.2021).

Schaller, Christian (2005): Private Sicherheits- und Militärfirmen in bewaffneten Konflikten. SWP-Studie 2005/S24. Berlin: Stiftung Wissenschaft und Politik.

Schneiker, Andrea (2007): National Regulatory Regimes for PMSCs and their Activities. In: Jäger/Kümmel (2007): 407–418.

Schneiker, Andrea/Joachim, Jutta (2018): Neoliberale Legitimationsdiskurse der Privatisierung von Sicherheit in Deutschland. In: Zeitschrift für Friedens- und Konfliktforschung 7: 1, 56–86.

Schneiker, Andrea/Krahmann, Elke (2016): Privatisierung von Krieg? Problemfelder des Einsatzes privater Militär- und Sicherheitsfirmen in der modernen Kriegführung. In: Aus Politik und Zeitgeschichte 66: 35/36, 39–44.

Schreier, Fred/Caparini, Marina (2005): Privatising Security. Law, Practice and Governance of Private Military and Security Companies. DCAF Occasional Paper Nr. 6. Genf: Centre for the Democratic Control of Armed Forces.

Schwartz, Moshe (2010): Department of Defense Contractors in Iraq and Afghanistan. Background and Analysis. Washington: Congressional Research Service Report.

Seiberth, Corinna (2014): Private Military and Security Companies in International Law. A Challenge for Non-Binding Norms. The Montreux Document and the International Code of Conduct for Private Security Service Providers. Cambridge [u. a.]: Intersentia.

Shearer, David (2020): Private Armies and Military Intervention. Adelphi Paper Nr. 116. New York, London: Routledge.

Singer, Peter W. (2008): Corporate Warriors. The Rise of the Privatized Military Industry. Ithaca: Cornell University Press.

Spearin, Christopher (2020): China's Private Military and Security Companies. Chinese Muscle and the Reasons for U.S. Engagement. In: PRISM 8: 4, 40–53.

Swed, Ori/Kwon, Jae/Feldscher, Bryan/Crosbie, Thomas (2020): The Corporate War Dead. New Perspectives on the Demographics of American and British Contractors. In: Armed Forces & Society 46: 1, 3–24.

Taylor, Trevor (2011): Private Security Companies in Iraq and Beyond. In: International Affairs 87: 2, 445–456.

van Meegdenburg, Hilde (2017): Nachfrage aus dem ‚Westen' trifft Arbeit aus dem ‚Süden'. PMSCs und der Einsatz von Internationalen Labour Supply Chains in der westlichen Kriegsführung. In: Zeitschrift für Friedens- und Konfliktforschung 6: 2, 291–310.

van Meegdenburg, Hilde (2019): 'We don't do that'. A Constructivist Perspective on the Use and Non-Use of Private Military Contractors by Denmark. In: Cooperation and Conflict 54: 1, 25–43.

Weigelt, Katja/Märker, Frank (2007): Who is Responsible? The Use of PMCs in Armed Conflict and International Law. In: Jäger/Kümmel (2007): 377–394.

Wither, Kames K. (2020): Proxy Power. The Challenge of Russia's Private Military and Security Companies. In: Per Concordiam. Journal of European Security Defense Issues 10: 3, 56–61.

Zamparelli, Stephen J. (1999): Contractors on the Battlefield. What have we signed up for? In: Air Force Journal of Logistics 23: 3, 11–19.

Zangl, Bernhard/Zürn, Michael (2003): Frieden und Krieg. Sicherheit in der nationalen und postnationalen Konstellation. Frankfurt a. M.: Suhrkamp.

Die Hybridisierung des Militärs: Militärische Aufgaben im Wandel

Gerhard Kümmel

1 Gegenstand, Grundbegriffe, Fragestellungen

Die Diskussion um die Aufträge der Streitkräfte und die Aufgaben der Soldatinnen und Soldaten steht im Spannungsfeld von Krieg, Kampf und Bündnis- und Landesverteidigung einerseits und Friedensbewahrung, Konfliktnachsorge sowie *Peace-, State-und Nation-Building* andererseits. Sie dreht sich im Kern um die Frage, was eine Aufgabe für Streitkräfte und ihre Soldatinnen und Soldaten ist und was nicht. Mit nachhaltigem Schwung eingesetzt hat diese Debatte mit dem Ende des Ost-West-Konflikts im Übergang von den 1980er- zu den 1990er-Jahren. Sie dauert unter dem Eindruck der sicherheitspolitischen Entwicklungen seit dieser Zeit bis in die Gegenwart hinein an. Bei unserem Thema handelt es sich somit organisationssoziologisch formuliert um die Frage nach der Reaktion einer Organisation auf Veränderungen in ihrer Umwelt.[1]

Die bis 1989/90 die internationalen Beziehungen prägende und strukturierende Konfliktlinie mit den Polen Washington und Moskau (vgl. Westad 2019) war infolge des Zusammenbruchs des sogenannten Ostblocks unter der Führung der Sowjetunion in sich zusammengefallen, sodass sich die konfliktträchtige Bipolarität zwischen Ost und West weitgehend verflüchtigt hatte (Wagner 1993; Service

---

[1] Siehe hierzu auch den Beitrag von *Elbe & Richter* in diesem Band.

G. Kümmel (✉)
Forschungsbereich Sicherheitspolitik und Streitkräfte, Zentrum für Militärgeschichte und Sozialwissenschaften der Bundeswehr, Potsdam, Deutschland
E-Mail: gerhardkuemmel@bundeswehr.org

© VS Verlag für Sozialwissenschaften I Springer Fachmedien Wiesbaden GmbH, Wiesbaden 2023
N. Leonhard und I.-J. Werkner (Hrsg.), *Militärsoziologie – Eine Einführung*,
https://doi.org/10.1007/978-3-658-30184-2_8

2015). Befreit von dem Albtraum der nuklearen Katastrophe schien die Zeit reif für ein globales Zeitalter des Friedens, der Freiheit, der Demokratie und der Menschenrechte (Fukuyama 1992). Zwar würde es weiterhin Konflikte geben, darüber war man sich einig, doch diese würden auf friedlich-einvernehmlichem Wege bearbeitet und gelöst, wie sich das für zivilisierte demokratische Gesellschaften nun einmal gehöre. In einem solchen Utopia war ein Platz für einen Unsummen verschlingenden hochgerüsteten Gewaltapparat wie das Militär nicht vorgesehen, sodass die Streitkräfte in dieser Perspektive zu einem Anachronismus wurden (Vogt 1990).

In Abwesenheit einer direkten Bedrohung und noch dazu mit der nicht vorhandenen Absicht, selbst militärische Mittel einzusetzen, um einen anderen Staat zu bedrohen, traf diese Einschätzung bis zu einem gewissen Grad und innerhalb eines gewissen Zeitfensters im öffentlichen Diskurs einer ganzen Reihe von Staaten auf relativ breite Zustimmung. Zwar war man auch und vor allem unter dem Eindruck des Golfkrieges zu Beginn der 1990er-Jahre (Finlan 2003) und der Auseinandersetzungen auf dem Balkan (Melčić 2007) nur kurze Zeit später nicht willens, auf das Militär vollständig zu verzichten, doch sowohl die Gesellschaften wie auch ihre jeweiligen Regierungen zeigten sich gegenüber dem Gedanken einer Verkleinerung der Streitkräfte und einer Reduzierung der Verteidigungsausgaben durchaus nicht abgeneigt (Brauch 2002). Dies mündete in den 1990er-Jahren, allerdings mit markanten regionalen Ausnahmen, insbesondere im asiatisch-pazifischen Raum, in eine Senkung der weltweiten Rüstungsausgaben und in eine Umstrukturierung und Verkleinerung der Streitkräfte in vielen Ländern.[2]

Dies bedeutete allerdings nicht, dass die kleiner gewordenen Streitkräfte nun auch weniger militärische Einsätze zu bewältigen hatten. Ganz im Gegenteil wurden die Streitkräfte vieler Nationen sogar für eine größere Zahl von militärischen Missionen als zuvor herangezogen, wobei die meisten von ihnen keine Einsätze im klassischen Sinne waren und sind, sondern unter die Rubrik der *militärischen Operationen jenseits von Krieg* fallen. Damit sind recht unterschiedliche Operationen wie friedensbewahrende Einsätze *(peacekeeping)*, humanitäre Interventionen, friedensschaffende Missionen *(peace-enforcement)*, Deeskalations- und post-konflikt-friedens- und staatsbildende Einsätze *(post-conflict peace-/state-building)* gemeint. In der Konsequenz bedeutet dies eine

---

[2]Vgl. hierzu etwa die jährlich erscheinenden Berichte des *Stockholm Peace Research Institute* (SIPRI) und des *International Institute for Strategic Studies* (IISS).

Ausweitung, eine Diversifizierung der Aufgaben für Streitkräfte, denn neben die klassischen Aufgaben von Abschreckung und Verteidigung (und Angriff) treten damit ganz anders gelagerte Funktionen.

Diese Entwicklung bedarf der Beschreibung und weitergehend der Erklärung, aber darüber hinaus auch der Problematisierung, muss man doch fragen, ob die Streitkräfte für solche anders gelagerten Einsätze überhaupt geeignet sind. Im Folgenden werden zunächst die Kontext- und Einflussfaktoren für diese Entwicklung herausgearbeitet, bevor der Versuch einer konzeptionellen Fassung unternommen wird. Abschließend gilt es, die Frage des Rollen-Spagats aufzugreifen und zu beantworten.

2   Theoretische Ansätze und Erklärungsmodelle

Die Streitkräfte und ihre Entstehung sind in einem engen Zusammenhang mit der Herausbildung von Staatlichkeit zu sehen.[3] Dabei ist darauf hinzuweisen, dass es sich bei den Streitkräften lediglich um einen Teil des staatlichen Gewaltapparats handelt, denn dieser differenzierte sich sukzessive in einen nach innen gerichteten Zweig, die Polizei, und in einen nach außen gerichteten Zweig, das Militär, aus (für Deutschland vgl. Winter 2003).

Streitkräfte werden hier mit Carl von Clausewitz als ein Instrument des modernen Staates verstanden; sie sind eine Hilfs-Agentur des Staates und eine Organisation, die politische Zwecke auf spezifische Weise, nämlich unter Beimischung organisierter Gewalt, zu erfüllen vermag. Streitkräfte werden im Namen und zum Zwecke der Sicherheit eines individuellen Staates und seiner Gesellschaft aufgestellt, bezahlt und eingesetzt. Dabei bezieht sich der Begriff der Sicherheit vor allem, aber nicht ausschließlich, auf die Sicherheit eines Staates nach außen; etwaige Bedrohungen durch andere Staaten sollen durch die Fähigkeiten zur Abschreckung und zur Selbstverteidigung abgewehrt werden. Diese defensive Rolle wird durch eine andere Rolle, nämlich die der Offensive, des Angriffs, komplettiert. Letztere hat indes im Verlauf des 20. Jahrhunderts nach und nach ihre Legitimität eingebüßt und, wie wir im Vorangegangenen gesehen haben, erst in jüngerer und jüngster Vergangenheit unter dem Eindruck des 11. September 2001 und der damit einhergehenden Suche nach einer Antwort auf die Herausforderungen des internationalen und des global agierenden

---

[3] Siehe hierzu auch den Beitrag von *Kantner & Sandawi* in diesem Band.

Terrorismus sowie der deutlich sichtbaren Tendenz zu einer (Re)Nationalisierung der Sicherheits-, Verteidigungs- und Militärpolitik in der vergangenen Dekade auch in den Ländern des Westens eine gewisse Renaissance erfahren. Dies belegt, dass sich Erscheinungsbild und Wesen der Streitkräfte im historischen Prozess verändern können. Heiko Biehl (2008: 11 f.) hat dies mittels einer Abgrenzung von Verteidigungsarmee einerseits und Interventionsarmee andererseits typologisch wie folgt gefasst (Tab. 1):

Streitkräfte sind also keine statischen, sondern dynamische Gebilde. Die drei soeben genannten Funktionen – Abschreckung, Verteidigung und Angriff – sind mithin nicht in Stein gemeißelt, sondern das Aufgabenspektrum des Militärs

Tab. 1 Vergleich der Merkmale von Verteidigungs- und Interventionsarmeen

	Verteidigungsarmee	Interventionsarmee
Makroebene		
Sicherheitspolitisches Umfeld	Stabil	Variabel
Funktion der Streitkräfte	Nationale Notwendigkeit	Sicherheitspolitisches Kapital
Legitimation	Notwehr	Politischer Zweck
Argumentation	Langfristig	Ad hoc
Mesoebene		
Planungshorizont	Langfristig	Kurzfristig
Wesentliche militärische Fähigkeit	Militärische Gewalt	Militärische Gewalt & zivile Kompetenzen
Wehrform	Wehrpflicht	Freiwilligkeit
Kontakt zur Bevölkerung	Lebensweltlich	Medial
Öffentlichkeitsarbeit	Reaktiv	Aktiv
Verhältnis zur Gesellschaft	Integriert	Differenziert
Ökonomisches Ziel	Autarkie	Konzentration
Verhältnis zur Soldatenfamilie	Exkludiert	Inkludiert
Mikroebene		
Risikodifferenz zum Zivilisten	Gering	Hoch
Einsatzerfahrung	Vermittelt	Konkret
Personal	Kulturell homogen & sozial heterogen	Kulturell heterogen & sozial homogen
Motivation	Normativ	Funktional

kann zu unterschiedlichen Zeiten jeweils anders zusammengesetzt sein. Solches geschieht mit großer Nachhaltigkeit seit Beginn der 1990er-Jahre, denn zu diesen drei ‚alten' Aufgaben traten die weiter oben bereits beschriebenen *militärischen Operationen jenseits von Krieg*, in deren Verlauf die Streitkräfte nicht nur jeweils jenseits der eigenen Staatsgrenzen, sondern auch innerhalb dieser tätig wurden, hinzu.

In den diversen Spielarten dieser Missionen (Deeskalationseinsätze, *peace-keeping*, humanitäre Interventionen, muskuläre Friedenssicherung, *peace-enforcement, post-conflict peace-/state-building*) erfüllen die dort eingesetzten Soldatinnen und Soldaten ganz unterschiedliche Aufgaben: sie überwachen und sichern Friedensvereinbarungen; sie vermitteln und schlichten unter den beteiligten Konfliktparteien und halten diese gegebenenfalls auch auseinander; sie sichern Grenzen, auch gegen Flüchtlings- und Einwanderungsbewegungen; sie übernehmen Aufgaben der inneren Sicherheit und bewachen Personen, Objekte, Einrichtungen und Veranstaltungen, die anschlagsgefährdet sind; sie schützen bedrohte Volksgruppen bzw. ethnische Minderheiten; sie leisten humanitäre Hilfe im Falle von Naturkatastrophen; sie verteilen Lebensmittel, Medikamente und Bekleidung; sie sind sozialarbeiterisch tätig; sie organisieren Wahlen und Abstimmungen; sie stellen die öffentliche Ordnung wieder her; sie assistieren lokalen Polizisten; sie bauen Infrastruktur wieder (mit) auf, die durch den Krieg zerstört worden ist; und sie unterstützen den Wiederaufbau bzw. den Neuaufbau von politischen und gesellschaftlichen Institutionen, die in den gewaltsamen Auseinandersetzungen zerrieben worden sind (vgl. hierzu Haltiner 2003: 159–161).

Diese Missionen verbinden gewöhnlich zivile und militärische Elemente in weitaus größerem Umfang miteinander, als dies bei den klassisch-traditionellen Einsatzformen der Streitkräfte der Fall ist, da die zivil-militärische Kooperation, d. h. die Zusammenarbeit des Militärs mit zivilen Stellen und zivilgesellschaftlichen Einrichtungen wie Nichtregierungsorganisationen (NGOs), einen hohen Stellenwert hat und sogar notwendige Bedingung für den Erfolg der Mission ist. Nach dem Ende des Ost-West-Konflikts hat die Zahl dieser Operationen, die man auch als nicht-traditional oder post-klassisch bezeichnen kann, deutlich zugenommen. Bei ihnen handelt es sich durch die Bank um multilaterale militärische Operationen, an denen jeweils eine Vielzahl von Staaten beteiligt ist.

Diese Art von Einsätzen wird durch die beschriebene (Re)Nationalisierung der Sicherheits- und Verteidigungspolitik nun keineswegs obsolet, sodass nach wie vor eine deutliche Diversifizierung des Aufgabenspektrums für Streitkräfte und ihre Angehörigen zu erkennen ist. Diese treten in verschiedenen – diversifizierten – Rollen auf: als *miles protector,* d. h. als Schützer, Helfer, Retter, als Diplomat, als

Schiedsrichter, als Polizist, aber auch als Kämpfer (Däniker 1992; Kümmel 2018; Leonhard 2020; Kaspersen 2021).

Das sich darin widerspiegelnde Nichtstatische bei der Bestimmung militärischer Aufgaben wird in einem dreidimensionalen Modell soldatischer Identität abgebildet, das Karl W. Haltiner und Gerhard Kümmel (2008: 48 ff.) vorgelegt haben und das neben dem Individuum auch auf die Organisation angewendet werden kann. Danach kann die Identität des soldatischen Subjekts bzw. der militärischen Organisation anhand von drei idealtypischen Achsen bestimmt werden (Abb. 1): Eine erste Achse bildet soldatisch-militärisches Handeln zwischen einem mit Sinn behafteten und versehenen Handeln einerseits und einem Handeln als purem Selbstzweck ab. Hier geht es darum, ob das soldatische Subjekt bzw. das Militär für sein Handeln lediglich eines simplen Befehl-Gehorsam-Impulses oder einer relativ banalen Anreizstruktur bedarf oder ob sein Handeln in einem komplexeren, einem sinnhaften Bezugsrahmen bzw. einem ethisch-politischen Kontext verankert sein muss. Eine zweite Achse verläuft sodann entlang einer klassischen militärsoziologischen Debatte zwischen Morris Janowitz und Samuel P. Huntington. Dabei steht der Name Huntington für die Idealvorstellung einer relativ strikten Trennung, einer Segregation des Militärs

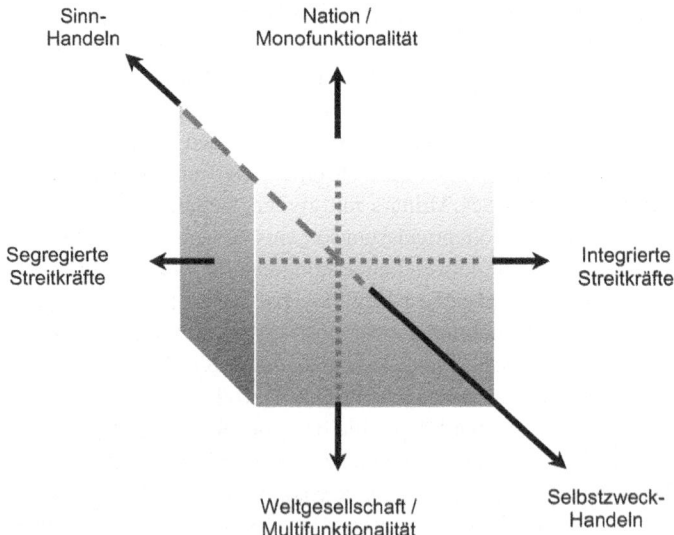

Abb. 1   Ein Modell soldatischer Identität

von der Gesellschaft (Huntington 1957), während der Name Janowitz die Idealvorstellung gesellschaftlich integrierter Streitkräfte markiert (Janowitz 1971).
Die dritte und letzte Achse schließlich fragt nach dem mentalen Hintergrund
und der Reichweite des Einsatzes der Armee und unterscheidet den nationalen
und den post-nationalen bzw. welt(risiko)gesellschaftlichen Referenzrahmen.
Differenziert wird hierbei also zwischen einem relativ engen Operationsfeld der
Streitkräfte entlang nationaler Orientierungen und einem vergleichsweise weit
gefassten global-internationalen Operationsfeld des Militärs im Kontext welt-
gesellschaftlicher bzw. kosmopolitischer Orientierungen. Ersteres ist durch die
traditionalen militärischen Aufgaben der Verteidigung, der Abschreckung und des
Angriffs umschrieben, letzteres durch nicht-traditionale Funktionen wie *peacekeeping*, humanitäre Interventionen, *peace-enforcement, post-conflict-peace-
building, state-* und *nation-building*.

Damit sind zugleich verschiedene Sets von Funktionen und Kompetenzen
der soldatischen Subjekte und der militärischen Organisationen benannt.
Während zu Zeiten, als der Zweck der Streitkräfte mit der Verteidigung des
nationalen Territoriums relativ eng gefasst war, der Akzent bei den soldatischen
Kompetenzerfordernissen auf dem Kampf lag, verlangt die skizzierte Erweiterung
militärischer Missionen ein erheblich breiteres Kompetenz-Set (vgl. auch
Leonhard 2020). Der Soldat im Auslandseinsatz – der *miles protector* (Däniker
1992), der „strategic corporal" (Krulak 1999) – benötigt multifunktionale Fähig-
keiten, die ein monofunktionales, auf den Kampf hin ausgerichtetes Kompetenz-
Set übersteigen. Das soldatische Subjekt heute wie auch die militärische
Organisation heute sind hybrid und multifunktional.[4]

3 Alte Aufgaben – neue Aufgaben: Einflussfaktoren

3.1 Globalisierung und (Un)Sicherheit

Die basale Triebfeder der internationalen Beziehungen ist das, was in einer
breiten Literatur als Globalisierung bezeichnet wird (vgl. etwa Lechner und Boli
2020). Globalisierungsprozesse in verschiedenen Sachbereichen haben im Laufe
der Zeit zur Herausbildung eines internationalen Systems geführt, das erst seit
dem späten 19. Jahrhundert eigentlich nicht mehr als ein jeweils regionalisiertes,

---

[4] Siehe hierzu auch den Beitrag von *Leonhard & Biehl* in diesem Band.

sondern als ein globales, als ein planetarisches internationales System bezeichnet werden kann. Das internationale System, mit dem wir es seitdem zu tun haben, zeichnet sich durch eine enorme Zunahme der Verflechtungen und der Interaktionen zwischen Staaten und Gesellschaften aus, die letztlich sozialanthropologisch einem Willen zum Überleben entspringt, der irgendwo zwischen Gier und dem Wunsch nach bzw. der Hoffnung auf Win-Win-Situationen angesiedelt ist. Diese wachsende Interaktionsdichte gründet sich auf realisierte oder antizipierte Kooperationsvorteile oder Interdependenz-Gewinne und produziert eine Verstärkung der wechselseitigen Abhängigkeiten der Gesellschaften, ihrer Regierungen und ihrer kollektiven wie individuellen Mitglieder.

Im 20. Jahrhundert und insbesondere mit dem Ende des Ost-West-Konflikts hat dieser Prozess eine ungeheure Dynamik und Schubkraft entfaltet, der sämtliche Staaten und Gesellschaften erfasst hat und das Globale bzw. das Weltgesellschaftliche zum zentralen Bezugspunkt macht (vgl. Stichweh 2000). Obwohl durchaus mit unübersehbaren Angleichungstendenzen und Isomorphismen durchsetzt (vgl. Dyer 2010), hat dieser Prozess jedoch entgegen idealistischer Vorstellungen nicht zu einer Weltgesellschaft im emphatischen Sinne, d. h. zu einer Weltgemeinschaft, geführt. Der Grund dafür liegt darin, dass Interdependenz ambivalenten Charakters ist, da sie neben Vorteilen auch mit Nachteilen und Kosten verbunden ist und Kosten und Nutzen nicht gleich, sondern asymmetrisch verteilt sind. Hinzu kommt, dass das, was Robert O. Keohane und Joseph S. Nye (1977) Interdependenz-Empfindlichkeit und Interdependenz-Verwundbarkeit nennen, unter den Akteuren unterschiedlich ausgeprägt ist. Die Ausbildung von Interdependenzstrukturen und die Vernetzung von Beziehungsgeflechten sind dementsprechend nicht notwendig gleichbedeutend mit einer Harmonisierung der Beziehungen und der Auflösung von Konfliktlinien. Vielmehr sind Interdependenzen Machtstrukturen, in denen – teils gegenläufige – Interessen verfolgt werden, und die Verdichtung von Interaktionsbeziehungen, die Interdependenz, wird selbst zur Quelle von Konflikten. Folglich sind neben Prozessen der Integration auch solche der Desintegration zu beobachten; es herrscht also eine Gleichzeitigkeit, eine dialektische Kopräsenz von Globalisierung und Fragmentierung im internationalen System, die Risiko und Gefahrenpotenziale enthält. Staaten und Gesellschaften bleiben demzufolge heterogen, und sie leben in unterschiedlichen soziopolitischen und sozioökonomischen Zeiten, sodass Partikularinteressen im Allgemeinen weiter den Vorrang gegenüber universalistischen Interessen genießen. Sicherheit bleibt global gesehen teilbar, d. h. die Staaten und ihre Gesellschaften leben in Zonen unterschiedlicher Sicherheit; der Rückgriff auf militärische Gewalt und die unabhängige, einseitige Entscheidung über ihren Einsatz bleiben damit weiterhin möglich.

Die Folgewirkungen, die sich aus dem Umstand der teilbaren Sicherheit ergeben können, können jedoch unteilbar sein. Denn Interdependenz-Strukturen sind anfällig für beabsichtigte wie unbeabsichtigte Störungen und Konflikte und gewaltsame Auseinandersetzungen an Orten, die vergleichsweise weit entfernt scheinen, besitzen ein Spill-Over-Potenzial, das – siehe Balkan, siehe Nahost – eben auch die Wohlstands- und Friedensinseln dieser Erde erfassen kann. Effektive Schutzwälle zwischen den Konflikt-Regionen und dem Rest der Welt lassen sich nicht errichten. Dies wiederum bedeutet, dass nationale Sicherheitspolitik von einer globalen Perspektive aus operieren muss und Sicherheitsvorsorge unerlässlich bleibt. Dazu gehört, neben anderem, die Option, im Bedarfsfall auf Streitkräfte und damit auf gewaltsame Mittel der Konfliktbearbeitung zurückgreifen zu können.

Zusätzlich dazu wird die Welt auf absehbare Zeit hin nicht in dem Maße von einem prägenden Strukturkonflikt bestimmt werden, wie es der Ost-West-Konflikt in der Vergangenheit war. Manche Beobachterinnen und Beobachter sprechen zwar von einer „kolumbianischen Weltordnung" (vgl. etwa Chomsky 2001) und versuchen, dem Nord-Süd-Konflikt eine gleichermaßen strukturbildende Kraft zuzuschreiben; wiederum andere verfahren ähnlich mit Blick auf die Herausforderung durch den Terrorismus (Bush 2002), was der These vom Kampf der Kulturen und der Gefahr einer ‚konfuzianisch-islamischen Connection' (Huntington 1997; vgl. dazu auch Graf 2020) neuerlichen Auftrieb gegeben hat. Doch bestehen erhebliche Bedenken, ob die ‚Kulturen' respektive ‚Zivilisationen' einerseits und der ‚Süden' andererseits zu eigenständigen Akteuren in den internationalen Beziehungen werden können, sind sie doch bei weitem nicht so einheitlich und kohärent, wie es die Akteure des Ostens und des Westens in den Zeiten der amerikanisch-sowjetischen Rivalität waren. In den Augen vieler besitzt hingegen das Verhältnis zwischen den USA und der Volksrepublik China das Potenzial, in absehbarer Zeit zu einer sino-amerikanischen Konfliktlinie mit globaler Prägekraft zu werden. Ähnlich dem früheren Ost-West-Konflikt würde dieser Konflikt auf unterschiedlichen Ebenen ausgetragen werden und eine ideologische, eine ordnungspolitische, eine machtpolitisch-geostrategische und eine rüstungs- bzw. militärische Komponente umfassen (vgl. Friedberg 2018; Mearsheimer 2019; Rudolf 2020). Vorerst ist indes weiterhin von einer unübersichtlichen, durch vielfältige, sich teilweise überlagernde und gegenseitig verstärkende Konfliktlinien bestimmten turbulenten Weltordnung zu sprechen, in der bei den Vereinigten Staaten von Amerika in den vergangenen Jahren deutliche Positionsverluste zu verzeichnen sind (Jäger 2019).

Die skizzierten Entwicklungen in den internationalen Beziehungen wie auch die beschriebenen ambivalenten Implikationen der Globalisierungsprozesse halten die Sicherheitsfrage aktuell; sie lassen es unübersehbar notwendig erscheinen, weiterhin Streitkräfte vor- und bereitzuhalten.

3.2   Veränderungen des Kriegsbildes

In diesem Zusammenhang ist ein Blick auf den Charakter des internationalen Konfliktgeschehens zu richten, der sich durch ein verändertes Kriegsbild auszeichnet. Traditionell ist unser Bild vom Krieg von einem Prozess bestimmt, der im Zuge der Verstaatlichung der Welt als die Verstaatlichung des Krieges, als die Monopolisierung der kriegerischen Gewalt durch den Staat, zu verstehen ist. Es ist dies die Clausewitzsche Welt des Krieges, die in ihrem spezifischen europäischen, dann sozusagen globalisierten historischen Kontext steht und durch die Trinität von Volk, Heer und Regierung geprägt ist. In dieser Konzeption des ‚trinitarischen Krieges' (Creveld 1998) kämpft ein Heer, das sich aus einem Volk rekrutiert, für einen Staat gegen ein anderes Heer, das sich auf ein anderes Volk stützt und für einen anderen Staat kämpft. Krieg ist zwischenstaatlicher und konventioneller Krieg. Dies ist, so paradox das auch klingen mag, durchaus im Sinne der Einhegung und Zähmung von Gewalt und Krieg zu verstehen. Denn die Verstaatlichung des Krieges geht einher mit der Auffassung vom Krieg als einem Rechtszustand. Begrenzungen des Krieges ergeben sich aus den Bemühungen um die Entwicklung und Kodifizierung eines Kriegsvölkerrechts, das bestimmte *Codes of Conduct* (Verhaltenskodizes) etabliert und Verstöße gegen dieselben sanktioniert. Aufgrund der klar definierten Unterscheidung zwischen Kombattanten und Nichtkombattanten bzw. -kombattantinnen zählen Angriffe auf die Zivilbevölkerung beispielsweise fortan zu den Tabus; Kriegsgefangenen werden bestimmte Schutzrechte eingeräumt, was auf die Anerkennung der Soldatinnen und Soldaten der sich befehdenden Staaten als *iustus hostes* zurückgeht; und bestimmte Waffen werden als inhumane Instrumente der Kriegführung geächtet.

Doch bereits seit geraumer Zeit vollzieht sich Martin van Creveld (1998) zufolge die Abdankung des konventionellen zwischenstaatlichen Krieges in der Geschichte. Dieser wird nicht nur durch den technologischen Fortschritt obsolet, sondern auch, weil er die ihm ehemals zugedachte Funktion nicht mehr erfüllen kann. Einerseits ist es die Entwicklung von Nuklearwaffen mit ungeahnter weltweiter Destruktionskapazität, die dazu geführt hat, dass konventionelle Kriege recht schnell an den Punkt der atomaren Versuchung kommen können, d. h. an

den Punkt, an dem die Konfliktparteien die Schwelle zum Atomkrieg zu überschreiten geneigt sein können. Andererseits, und weitaus wichtiger, sind die
Austragungsformen des konventionellen, klassischen Krieges den neuen Konflikt-
formen und Konfliktarten nicht gewachsen, sodass sie im Konfliktgeschehen
in der Welt zunehmend anachronistisch werden. Der Typus des Krieges, der
das Bild des Konfliktgeschehens am meisten prägt und absehbar weiter prägen
wird – ohne allerdings den ‚trinitarischen Krieg' vollständig zu verdrängen –,
ist ein anderer als der des traditionellen zwischenstaatlichen Krieges. Die klassi-
fizierenden Attribute, die für diese nunmehr dominierende Form des Krieges
generiert wurden, sind vielfältig und reichen von postmodern, postnational und
postklassisch über nicht-trinitarisch, Neo-Hobbesianisch und molekular bis hin zu
entartet, wild, klein und neu; diese Kriege werden zudem häufig als *low intensity
wars* oder bisweilen auch als Kriege der dritten Art umschrieben (vgl. Herberg-
Rothe 2017).[5]

In diesem zumeist auf binnen- bzw. sub-staatlicher Ebene geführten
Krieg stehen sich sozusagen David und Goliath gegenüber, sodass auch von
asymmetrischen Kriegen gesprochen wird. In ihnen treffen ungleichartige
Gegner aufeinander, die über unterschiedliche militärische und logistische
Ressourcen und Fähigkeiten verfügen und die deswegen auch unterschiedlichen Operationslogiken folgen: Die regulären Streitkräfte eines Staates sind in
der Regel militärisch überlegen, sodass die militärisch schwächeren irregulären
Kräfte zu asymmetrischen Formen der Kriegführung greifen, also Guerilla-
und Partisanentaktiken anwenden. So vermeiden sie beispielsweise eine Ent-
scheidungsschlacht, ziehen den Krieg in die Länge und schlagen punktuell
zu, um sich sogleich wieder zurückzuziehen. Durch diese Politik der Nadel-
stiche soll der stärkere Gegner geschwächt und zermürbt werden. Ein solcher
Krieg wird häufig lokal/regional und ‚schmutzig' geführt; er ist durch eine Art
Semi-Professionalismus, eine ‚primitive' und zugleich höchst grausame Kriegführung unter Verwendung hochmoderner Ausrüstung und moderner Propaganda-
methoden ebenso gekennzeichnet wie durch die Terrorisierung und Ermordung
von Menschen bis hin zu subkutan wie auch offen vollzogenem Völkermord.
Dabei sind die Kombattantinnen und Kombattanten in diesen Auseinandersetzungen häufig Zivilistinnen und Zivilisten, die ihre Gewalt vornehmlich auf
andere Zivilistinnen und Zivilisten richten. Die Regeln des Kriegsvölkerrechts
finden in solchen Konflikten keine Beachtung, sodass eine Autonomisierung der

---

[5] Siehe hierzu auch den Beitrag von *Deitelhoff & Geis* in diesem Band.

Gewalt bzw. eine (Re)Barbarisierung des Krieges zu konstatieren ist (Münkler 2002).

Weil solche gewaltsam ausgetragenen Konflikte unter den Bedingungen der Globalisierung aber gleichzeitig – beispielsweise durch das Auslösen von Migrationsströmen oder durch die Beteiligung von interessierten externen Akteuren in den Nachbarländern (internationalisierte Kriege) – für die Region und auch das weitere Umfeld ein Eskalationspotenzial aufweisen, müssen Staaten, zumal wenn ihnen aufgrund ihrer Ressourcen und Kapazitäten gewisse, vielleicht auch lediglich regional begrenzte Ordnungsmacht-Funktionen in den internationalen Beziehungen zufallen, ihre Gesellschaften, ihre Streitkräfte und ihre Soldatinnen und Soldaten für das Eingreifen und für den Einsatz in solchen Szenarien gewappnet sein.

Aber auch die zwischenstaatlichen Konflikte und Kriege bleiben weiterhin auf der Agenda der internationalen Beziehungen und haben in den vergangenen Jahren sogar wieder an Bedeutung gewonnen (Pettersson und Öberg 2020), sodass Sicherheitsvorsorge weiterhin notwendig bleibt. So haben die terroristischen Selbstmordanschläge durch Angehörige von Osama Bin Ladens transnationaler Terrororganisation Al Kaida auf die beiden Türme des World Trade Centers in New York und auf das amerikanische Verteidigungsministerium, das Pentagon, vom 11. September 2001 (Jäger 2012) die Gewichte zwischen den traditionalen und nicht-traditionalen Formen militärischer Operationen erneut verschoben und zu einer „Remilitarisierung der Streitkräfte" (Haltiner 2004) geführt. Mit dem von der Regierung George W. Bush (2001–2009) ausgerufenen ‚Krieg gegen den Terror' haben die traditionalen militärischen Funktionen der Verteidigung und der Abschreckung (sowie des Angriffs) wieder an Bedeutung zurückgewonnen. So haben der Kampf gegen Al Kaida-Kämpferinnen und Kämpfer und gegen das Regime der Taliban in Afghanistan, das Osama Bin Laden als Refugium diente (Strick van Linschoten und Kuehn 2018), wie auch der Krieg zum Sturz Saddam Husseins in Irak, dessen Regime man vor allem von angloamerikanischer Seite aus fälschlicherweise im Besitz von Massenvernichtungswaffen wähnte (Bierling 2010), Kampfaufgaben wieder stärker in den Mittelpunkt gerückt. Gleiches gilt für den Ausbruch kriegerischer Handlungen in der Ukraine im Februar 2014 und den dort seither in unterschiedlicher Intensität schwelenden und im Februar 2022 manifest gewordenen Konflikt (Götz 2019) sowie die Bedrohung durch den Islamischen Staat (IS) (Soufan 2018). Keineswegs ausgeschlossen ist schließlich, dass die Proliferation von Nuklearwaffen künftig zunimmt und gewaltsame Konflikte unter Beimischung dieser Waffen ausgetragen werden (Gheorghe 2019; Werkner und Hoppe 2019) und dass gewaltsame Konflikte aus Ressourcenknappheit und klimatischen Veränderungen resultieren werden (Dröge 2019) oder sogar infolge einer Pandemie wie der gegenwärtigen Corona-Krise entstehen können (Heisbourg 2020). Infolgedessen müssen sich nationale Sicherheits- und Verteidigungspolitik und Militär weiterhin auf ein umfangreiches Tableau von Aufgaben einstellen, deren Bearbeitung von den Streitkräften erhofft und verlangt wird.

3.3 Technologischer Fortschritt

Hierbei stellen Fortschritte in der Technologie im Allgemeinen wie in der Rüstungstechnologie im Besonderen neue Kontextbedingungen und Herausforderungen für das Militär und seine Soldatinnen und Soldaten dar. So steht den Streitkräften etwa mit der Drohnen-Technologie nicht nur eine neue Aufklärungstechnologie zur Verfügung, sondern auch eine neue Distanzwaffe mit hoher Präzision, die neben Kontroversen über die Versuchungen ihres leichten, schnellen und proaktiven Einsatzes auch zu Diskussionen über ihre Proliferation und über die psychischen Belastungen und Schäden von Drohnenpilotinnen und -piloten geführt hat (Schörnig 2013; Armour und Ross 2017). Auf der Haben-Seite steht jedoch das Versprechen einer erhöhten militärischen Durchschlagskraft und eines besseren Schutzes der eigenen Kräfte, insbesondere der Kräfte auf dem Boden (vgl. auch die Beiträge in Werner und Hofheinz 2019). Dieses Versprechen wird auch bei anderen Projekten der ‚Revolution in Military Affairs 2.0‘, bei Projekten der Hochtechnisierung und der Robotisierung der Streitkräfte mit dem Ziel der Entwicklung von ferngesteuerten, semi-autonomen und autonomen Systemen angeführt. Dies gilt beispielsweise für andere *Unmanned Aerial Vehicles* (UAV) wie das trägergestützte Experimentalkampfflugzeug X-47B von Northrop Grumman (Schwartz und Reuter 2020) oder für die Quantum Stealth-Technologie, die auf die Unsichtbar-Machung von Material und Mensch abzielt (Smith 2020). Die Entwicklung von Mensch-Maschine-Systemen und Cyborgs (Emanuel 2019; vgl. auch Spreen 2015: Kap. 3) ist in diesem Kontext ebenfalls zu erwähnen.

Des Weiteren haben die rasante Entwicklung des Internets und die zunehmende Digitalisierung und Informatisierung ein Einfallstor für Gefährdungen der Sicherheit nicht nur von Gesellschaften und kritischen Infrastrukturen, sondern auch von Staaten bzw. staatlichen Institutionen geschaffen. Sie bieten eine Flanke für Cyber-Attacken, die erheblichen Schaden etwa bei der Energieversorgung, der Kommunikation, der Nahrungsmittelversorgung oder im Finanzwesen verursachen können, der in einem sehr asymmetrischen Verhältnis zu den vergleichsweise überschaubaren Kosten ihrer Durchführung auf der Seite des Angreifers stehen kann

(Werkner und Schörnig 2019; Breitenbauch und Byrjalsen 2019). In den vergangenen Jahren sind hierbei vor allem die Versuche von externer, digitaler Beeinflussung der Wahlen durch das Russland Wladimir Putins in den USA (2016) und
auch in Deutschland (2017) in das Bewusstsein nicht nur der Politik, sondern auch
einer breiteren Öffentlichkeit vorgedrungen (Zettl 2019). Um diesen Risiken und
Gefahren des Cyber-War und des hybriden Krieges (Kraft 2018; Brond et al. 2021)
zu begegnen, haben die Streitkräfte mittlerweile Teileinheiten mit entsprechenden
Fähigkeiten geschaffen, die für Cyber-Sicherheit sorgen sollen (Cunningham
2020).

Die Ausübung organisierter Gewalt erfolgt im Allgemeinen in einer Verbindung von Mensch und Technik.[6] Dies gilt auch heute noch. So haben die
technologische Entwicklung und der militär- und rüstungstechnologische Fortschritt hochmoderne Waffen und Kriegsgerät erschaffen, die in Analogie zu
Waffensystemen und Waffen früherer Epochen zu sehen sind. Ein Ende dieser
Entwicklung ist nicht abzusehen. Die Informationstechnologie hat jedoch einen
neuen Kriegsschauplatz, eine neue Bühne für die Ausübung organisierter Gewalt
geschaffen, den virtuellen Raum, den Cyber-Space, was durchaus im Sinne einer
neuen Qualität zu verstehen ist. Aufgaben und Anforderungen an die Streitkräfte
sind dadurch noch komplexer geworden.

3.4   Wertewandel und Legitimation

Schließlich sind vor allem in der zweiten Hälfte des 20. Jahrhunderts und ins-
besondere nach dem Ende der amerikanisch-sowjetischen Rivalität bedeutende
Veränderungen in der internationalen Werte-Ordnung, d. h. im Bereich der
Normen und Werte, zu beobachten, die bei der Erläuterung der Entwicklung
hin zu den neuen Aufgaben und Aufträgen des Militärs zu berücksichtigen sind.
Diese Veränderungen betreffen sowohl die binnenstaatliche Ebene einer ganzen
Reihe von Ländern wie auch die zwischenstaatliche, transnationale und inter-
nationale Ebene.

So sprechen soziologische Gegenwartsanalysen von dem Wertewandel
in modernen Gesellschaften (Inglehart 1997) und von um sich greifenden
Individualisierungsprozessen in der ‚Risikogesellschaft‘ (Beck 1986). In ihrem
Gefolge treten gemeinschaftsorientierte Lebensstile und dem Individuum mit

---

[6] Siehe hierzu auch den Beitrag zu Militär und Technik von *Kraft* in diesem Band.

hoher Verbindlichkeit vorgegebene Sinn- und Wertvorstellungen gegenüber post-materialistischen Werten wie etwa Motiven von Selbstbestimmung, Autonomie und Selbstverwirklichung zurück. Damit wächst die kulturelle Kluft zwischen militärischen und gesellschaftlichen Werten (Wiesendahl 1990), sodass in der Entwicklung der Einstellungen und Haltungen der Bevölkerungen zu den Streit-kräften in modernen demokratischen Staaten eine „Demilitarisierung der Gesell-schaften" (Haltiner 2004) beobachtet werden kann. Andere Beobachterinnen und Beobachter sehen dies ganz ähnlich. Charles Moskos (1990) etwa hat den Begriff der kriegsfreien Gesellschaft eingeführt, Martin Shaw (1991) spricht gar von der post-militärischen Gesellschaft und Herfried Münkler (2002) verwendet den Begriff der post-heroischen Gesellschaft.

Zwar spielt das Militär dementsprechend für die individuellen Lebenswelten einer wachsenden Anzahl von Menschen offenbar eine immer geringere Rolle, doch genießt es gleichwohl eine hohe Wertschätzung und Respekt in der Gesell-schaft und findet breite Zustimmung als eine zentrale staatliche Institution. Auch die jeweiligen militärischen Aufträge, neue wie alte in der hier verwendeten Begrifflichkeit, treffen in aller Regel auf große gesellschaftliche Akzeptanz, was gerade in demokratischen politischen Systemen für die Legitimation der Missionen unerlässlich ist (Viehrig 2010). Dabei sind häufig allerdings deutliche Abstufungen dergestalt festzustellen, dass die Zustimmungsraten für friedens-schaffende Maßnahmen deutlich niedriger liegen als etwa die für friedens-erhaltende Operationen und Einsätze bei Naturkatastrophen (für Deutschland vgl. Biehl und Schoen 2015). Nichtsdestotrotz ist festzuhalten, dass auch bei Ein-sätzen höherer Intensität, also mit Kampfelementen durchsetzte und entsprechend mit höheren Risiken für Leib und Leben verbundene militärische Missionen, verlässliche gesellschaftliche Mehrheiten vorhanden sind, so die Ziele des Ein-satzes breite Zustimmung finden. Offenbar ist man in einem höheren Maß als das in Teilen der in der Militärsoziologie virulenten Debatte über *casualties* und die vermeintliche *casualty shyness* hochmoderner demokratischer Gesellschaften vermutet wird bereit, in den ‚richtigen', d. h. mit Legitimation ausgestatteten Missionen *casualties* hinzunehmen (für Deutschland vgl. Kümmel 2009).

Die legitimatorischen Elemente dieser Einsätze liegen in der Gegenwart neben unmittelbaren Verteidigungsmotiven auch in weltgesellschaftlich-kosmopolitischen Bezügen, die im Kontext der Herausbildung postmaterialistischer Werte zu sehen sind und die nationalen Interessen nicht widersprechen, sie aber übersteigen. Solche Interventionen erfolgen demnach zumindest partiell in einer Zivilisierungs-absicht (vgl. auch Beck 2004). Die Referenzen an Demokratie und Menschenrechte haben im Inneren von Staaten wie auch auf internationaler Ebene seit dem Ende des Zweiten Weltkrieges und vor allem seit der Zeitenwende 1989/90 geradezu exponentiell zugenommen. Regierungen und Staaten werden in wachsendem Maße mit international anerkannten Demokratie- und Menschenrechtsnormen und -forderungen konfrontiert. Dass diese darauf reagieren, sich – wenn auch nur negativ – darauf beziehen, deutet auf eine wichtige qualitative Veränderung des internationalen Referenzsystems und der internationalen Kommunikation hin, die nicht gering einzuschätzen ist. Demokratie und Menschenrechte haben es in Zeiten eines globalen Aufschwungs des Autoritarismus (Berberoglu 2021) zwar nunmehr schwerer, gelten aber immer noch als neue internationale Zivilisations-Standards. Dies schlägt sich in unterschiedlichen Bereichen nieder, so beispielsweise auch bei der Entwicklungshilfe, wo deren Vergabe ab der zweiten Hälfte der 1980er-Jahre vermehrt an politische Bedingungen, d. h. an die Gewährung von politischen Freiheiten und an die Einhaltung der Menschenrechte, geknüpft worden ist (politische Konditionalität).

In dem uns an dieser Stelle besonders interessierenden Bereich, dem des internationalen Konflikt- und Kriegsgeschehens, hat diese Entwicklung, die als Beleg für die Wirkung von (durchaus gebrochenen) kulturellen Globalisierungs- und Homogenisierungstendenzen gesehen werden kann und zuweilen etwas emphatisch als *„the creation of a global political and normative culture* as the ideational expression of the emerging global village"* (Miller 1990: 246, Hervorhebung im Original) verstanden wird, sozusagen eine Proliferation militärischer Einsätze bewirkt, wurden doch die militärischen Einsätze seit Beginn der 1990er-Jahre verstärkt und erfolgreich mit dem Schutz oder der Wiederherstellung von Menschenrechten und Demokratie in den Konfliktregionen legitimiert. Die dabei auftretende Normenkollision etwa mit dem Prinzip der Nicht-Einmischung in die inneren Angelegenheiten eines anderen Landes, dem Selbstbestimmungsrecht der Völker und auch dem Prinzip der territorialen Integrität ist zwischenzeitlich grundsätzlich zugunsten der Demokratie- und Menschenrechtsnormen entschieden worden. Als markantes Beispiel hierfür gilt die UN-Resolution 688 vom 5. April 1991, als sich im Kontext des Golf-Krieges die Vereinten Nationen mit dieser Resolution, in der nachdrücklich ein den Menschenrechten verpflichtetes Ziel, nämlich die Beendigung der Unterdrückung der kurdischen Bevölkerung, verlangt wurde, über das Prinzip der Souveränität und der Nicht-Einmischung in die internen Angelegenheiten eines Staates hinwegsetzten. Dies wurde in der *Responsibility to Protect* (R2P), die die Souveränität eines Staates an dessen Erfüllung seiner Schutzfunktion für die Gesellschaft bindet, weiterentwickelt. Sie wurde auf dem Weltgipfel der Vereinten Nationen im Jahr 2005 von fast allen Staaten in einer allerdings völkerrechtlich nicht verbindlichen Erklärung anerkannt. Konstituiert wurde damit zwar keine *Interventionspflicht* der internationalen Gemeinschaft bei entsprechenden Norm-Verstößen, jedoch ein *Interventionsrecht* (vgl. Kümmel 2001). Und dafür braucht es entsprechend ausgebildete und befähigte Streitkräftepotenziale.

4   Empirische Untersuchungen und Ergebnisse

Die Konstabulisierung des Militärs (Janowitz 1971; Haltiner 2003) ist verschiedentlich empirisch analysiert worden, wobei vor allem die amerikanischen Streitkräfte untersucht worden sind.[7] So gibt es eine zwischenzeitlich durchaus recht veritable Literatur, die sich mit den psychologischen, sozialen und sozialpsychologischen Kosten und Folgen (etwa Depressionen, Posttraumatische Belastungsstörung, Beziehungs-, familiäre, Bindungs-, Reintegrationsprobleme) unter den Soldatinnen und Soldaten solcher militärischer Einsätze und der Frage, wie diese gegebenenfalls etwa durch psychologische, therapeutische oder medizinische Maßnahmen reduziert werden können, beschäftigt.[8] Dieser Strang soll an dieser Stelle hingegen nicht weiter verfolgt werden. Uns interessiert vielmehr die Diskussion um den Konstabulisierungsprozess mit Blick auf dessen Bedeutung für das Bild und das Selbstverständnis der Soldatin bzw. des Soldaten und des Militärs.

Diese Debatte weist zwei Pole auf: An ihrem einen Ende stehen diejenigen, die eine prinzipielle Inkompatibilität klassischer Militärorganisationen und deren interner Funktionslogiken zu den neuen konstabularen Anforderungen annehmen (Huntington 1993; Warburg 2010). Damit einher gehen Warnungen, dass sich der Einsatz von Kampfsoldatinnen und -soldaten etwa in Peacekeeping-Operationen nachteilig auf militärische Professionalität und Kampfbereitschaft auswirken könnte, was teilweise auch einem „boredom factor" zuzuschreiben ist, den Jesse J. Harris und David R. Segal (1985) für amerikanische Peacekeeper auf dem Sinai festgestellt haben und der dazu führt, dass sich gerade Soldaten und Soldatinnen aus Kampfverbänden „underutilized" fühlen (Harris und Segal 1985: 246). Für David R. Segal und Mady W. Segal (1993a: 57) besteht vor diesem Hintergrund durchaus die Gefahr, dass „the sharp cutting edge of the US combat force might be dulled by the experience, rendering the unit less effective if subsequently needed for combat".

---

[7]Vgl. für Deutschland Collmer und Meyer (1997).

[8]Vgl. etwa die Beiträge in Kümmel (2005), sowie Biesold (2010), Seiffert und Heß (2019).

Die anderen gehen von dem genauen Gegenteil aus und halten Militär-organisationen nicht nur prinzipiell für lern- und anpassungsfähig, sondern sehen dazu auch eine objektive Notwendigkeit. Dieser Perspektive zufolge werden Streitkräfte benötigt, weil sich die Gewaltszenarien an den Konfliktorten dieser Erde sozusagen verflüssigen, weil *peacekeeping-* zu *peace-enforcement/-making*-Einsätzen mutieren können und Mikroviolenz praktisch jederzeit in Meso- und in Makroviolenz umschlagen kann (vgl. etwa Geser 1996). Um in diesen unterschiedlichen Konfliktsituationen bestehen zu können, bedarf es des polyvalenten oder ‚hybriden' Soldaten bzw. der Soldatin (Haltiner und Kümmel 2008), der oder die „a military identity of a peace manager that merges combat and noncombat values" kultiviert, was sich wiederum in militärischer Erziehung und Ausbildung niederschlagen muss: „Doctrinal changes must go hand in hand with a commitment of the officer corps to traditional combat roles, emerging noncombat functions, and the values that inform conduct across operational contexts." In dieser Lesart handelt es sich um eine erweiterte militärisch-soldatische Identität, um „a more inclusive and broadened professional ethos that combines battlefield proficiency with an understanding of the political, social, economic, psychological, and cultural factors specific to each mission." (Franke 1999: 50).[9]

Einer der ersten, wenn nicht sogar der erste, der dieses Problemfeld empirisch ausgeleuchtet hat, ist der amerikanische Militärsoziologie Charles Moskos (1976), der UN-Peacekeeper untersucht hat. Dabei ist er zu dem Ergebnis gelangt, dass Soldaten mit ‚combat orientation' durchaus funktional für Ein-sätze sind, die eine ‚constabulary ethic' im Janowitzschen (1971) Sinne voraus-setzen, und dass ein soldatisches Profil, das auf Kampfkompetenz aufbaut, für die Erfüllung von nicht-kriegerischen Aufgaben, von Peacekeeping-Einsätzen sogar unerlässlich ist.

Andere Studien sehen indes genau in dieser Beteiligung von Kampfeinheiten ein Problem. Da Streitkräfte auf Makroviolenz ausgerichtet sind, also auf Gewalt-handlungen auf einer Makro-Ebene, besteht bei den verschiedenartigen Friedens-missionen, die eher durch Meso- und Mikroviolenz gekennzeichnet sind, die Gefahr, dass das Militär einerseits überreagiert wie etwa in Somalia (Miller und

---

[9]Untersuchungen zur militärischen Sozialisation in der amerikanischen Militärakademie in West Point haben allerdings ergeben, dass die Fokussierung auf den und die Orientierung am Kampf im Laufe der Ausbildung sogar deutlich zunimmt, also die neuen, die nicht-traditionalen Elemente militärischer Identität nicht angemessen berücksichtigt werden (Franke 1999).

Moskos 1995), anderseits aber auch sozusagen unterreagiert wie zum Beispiel in Srebrenica (NIOD 2002).

Gerade bei Soldatinnen und Soldaten aus den Kampf- und Eliteverbänden scheint die Betätigung in einem Nicht-Kampf-Szenario ein Problem zu sein. So kam eine Studie zu einem im Rahmen von UNPROFOR in Kroatien tätigen Einsatzverband des Sanitätsdienstes der amerikanischen Streitkräfte im Vergleich zu einem amerikanischen Infanteriebataillon in Mazedonien zu dem Ergebnis, dass die Orientierung auf die Rolle eines Blauhelm-Soldaten den Sanitätssoldatinnen wesentlich leichter fällt als den Infanteriesoldaten. Erfordert dies für die Sanitätssoldaten letztlich „keine dramatische Umstellung in ihrer psychischen Einstellung", so sind die auf die Kämpferrolle hin fokussierten Infanteriesoldatinnen „gezwungen, eine gravierende Veränderung ihrer Einstellung vorzunehmen" (Bartone et al. 1996: 89). Dieser Rollenkonflikt, das wurde beispielsweise am Fall des Einsatzes in Somalia gezeigt, hängt auch damit zusammen, in einer lebensgefährdenden Umgebung, in der auch die Zivilbevölkerung oftmals feindlich gestimmt ist, in seinen Handlungsmöglichkeiten bei der Anwendung von Gewaltmitteln eingeschränkt zu sein (Litz 1996).

Bemerkenswert ist hierbei zugleich allerdings der aus einer Zeitreihen-Befragung von jeweils rund 250 amerikanischen Fallschirmjägern des Sinai-Einsatzes vor, während und nach dem Einsatz gewonnene Befund von David R. Segal et al. (1984) und Segal und Segal (1993a), wonach sich die Soldaten und Soldatinnen der Kampfeinheiten trotz dieses Rollenkonflikts als gute und effiziente Peacekeeper erweisen. Die bereits erwähnte Studie von Moskos (1976) schreibt den Umstand, dass die wenig geliebten Aufgaben gleichwohl kompetent und effizient ausgeführt werden, einem militärischen Professionalismus zu. Als weiteres Erklärungsmoment, das haben David R. Segal und Barbara F. Meeker (1985) wiederum anhand des Sinai-Einsatzes herausgearbeitet, kommt die Wahrnehmung bei den Soldaten und Soldatinnen hinzu, dass die Teilnahme an einem solchen Einsatz „career-enhancing" zu sein verspricht (Segal und Meeker 1985: 180). Laura Miller, die im Juli 1994 rund 260 amerikanische Heeresangehörige im Peacekeeping-Einsatz in Mazedonien befragt hat, vermerkt als zusätzlichen Anreiz „the benefits of a real-life deployment" (Miller 1997: 447).

Schließlich ist der Zeitfaktor in Rechnung zu stellen. So deuten Untersuchungen aus den späten 1990er-Jahren darauf hin, dass im Zuge eines gewissen Normalisierungsprozesses die Akzeptanz für nicht-traditionale militärische Missionen und hier insbesondere für Peacekeeping-Einsätze im amerikanischen Militär zugenommen hat. Brian J. Reed und David R. Segal (2000: 75) beispielsweise finden mit Bezug auf eine Befragung der *10th Mountain Division (Light)* in Fort Drum aus dem Frühjahr 1995 klare Indizien, wonach „American soldiers have internalized peacekeeping norms and doctrine". Diesen Befund bestätigen Deborah Avant und James Lebovic (2000) anhand einer Befragung von über 540 amerikanischen Offizieren der Army, der *Navy*, der *Air Force* und der *Marines* an fünf amerikanischen Militärschulen im Zeitraum von Herbst 1996 bis Herbst 1997.

Neuere Forschungen deuten ebenfalls in diese Richtung und verweisen zudem auf die Vereinbarkeit von unterschiedlichen soldatischen Rollen im hybriden Militär. So untersucht eine niederländische Forschergruppe bereits seit mehreren Jahren die Frage nach der Kompatibilität der unterschiedlichen Rollen eines Soldaten bzw. einer Soldatin im Sinne einer Kämpferin einerseits und im Sinne eines Peacekeeping-Soldaten andererseits und hat hierzu den ‚Warrior-Peacekeeper Role Identity Survey' (WPRIS) konzipiert. Den empirischen Befunden zufolge schließen sich die unterschiedlichen Rollen des Kämpfers und der Peacekeeperin aus der Sicht der befragten niederländischen Soldaten und Soldatinnen keineswegs wechselseitig aus, sondern werden sogar als sich teilweise ergänzende Rollen wahrgenommen (Broesder et al. 2015). Eine sich daran anschließende komparative Studie unter Einschluss der vier Länder Belgien, Estland, Kanada und die Niederlande hat diesen Befund repliziert: „Soldiers identify with both roles at the same time" (Op den Buijs et al. 2019: 11).

Entsprechend kann davon ausgegangen werden, dass die Hybridisierung der Soldatin bzw. des Soldaten und der militärischen Organisation nicht zu deren Überdehnung führen muss und führt, selbst wenn der Weg dorthin schwierig ist (für Deutschland vgl. Bredow 2020). Vielleicht liegt in diesem Prozess der Hybridisierung sogar eine spezifische Attraktivität, die den Streitkräften eine größere Rekrutierungsbasis verschafft.

5   Perspektiven

Auf den ersten Blick scheint es, als hätten der 11. September 2001 und die Zunahme zwischenstaatliche gewaltsamer Konflikte im Kriegsgeschehen der jüngeren Vergangenheit die Debatte über die Hybridisierung und Konstabulisierung des Militärs müßig gemacht. Doch bei genauerem Hinsehen erweist sich diese Einschätzung als trügerisch. Zwar hat sich im Gefolge dieser terroristischen Anschläge mit den Einsätzen in Afghanistan und im Irak, aber auch im Gefolge der (Re)Nationalisierung der Sicherheits- und Verteidigungspolitik vor dem Hintergrund etwa des Konflikts in der Ukraine oder der Bedrohung durch den Islamischen Staat das Pendel durchaus wieder etwas stärker in Richtung klassischer Kampffunktionen der Streitkräfte bewegt, doch geht es in Afghanistan wie im Irak wie auch in vielen anderen militärischen Einsätzen auch und verstärkt um *state-* und *nationbuilding*. Die Diskussion um die Aufgaben der Streitkräfte wird damit weitergehen ebenso wie die Forschung zu diesem Thema.

Absehbar wird der Blickwinkel dabei zusehends erweitert werden, wie es bei Martin Winter (2003) bereits geschieht. So wird die Forschung zur Verpolizeilichung des Militärs ergänzt, erweitert und komplettiert durch die Forschung zum Funktionswandel der Polizei. Denn die „Konstabulisierung des Militärs und die (…) Militarisierung der Polizei entsprechen dem Trend zu einem umfassenden Sicherheitsbegriff, bei dem sich äußere und innere Sicherheitskomponenten kaum mehr voneinander trennen lassen." (Haltiner 2003: 182; vgl. auch Murray und Taylor 2019; Lasoen 2019).

Die bereits vorliegenden Studien zu internationalen Einsätzen von Polizisten in Konfliktgebieten, etwa im Rahmen von UNO, WEU oder OSZE, deuten darauf hin, dass der Erfolg solcher Polizeieinsätze von einem gewissen Robustheitsgrad der Polizei abhängt. Thorsten Stodiek (2004) beispielsweise betont den Bereich des bewaffneten *law enforcements* durch die Polizei in diesen internationalen Polizeieinsätzen, und Andrijana Preuss (2004) sieht als einen wesentlichen Faktor für den nur partiellen Erfolg der WEU-Polizei in Mostar das nur schwach ausgebildete Sanktionierungsinstrumentarium dieses Polizeikontingents an. Obwohl weder bei Stodiek noch bei Preuss so angelegt, kann dies jedoch als eine Militarisierung der Polizei interpretiert werden (vgl. hierzu auch Turner und Fox 2018). Die Forschung dürfte sich damit künftig auch stärker der Kooperation von Polizei und Militär und dem Interface Streitkräfte – Polizei zuwenden (vgl. hierzu auch Winter 2003; Easton et al. 2010).

Zudem lässt sich in den letzten Jahren sowohl aufseiten der Politik als auch aufseiten der Gesellschaften ein gewisses Nachlassen des Enthusiasmus für komplexe, multifunktionale und hybride militärische Einsätze konstatieren. Das hängt einmal mit den zur Ausuferung neigenden finanziellen Belastungen zusammen, die solche Einsätze verlangen, zum anderen aber auch mit der beileibe nicht leicht zu beantwortenden Frage, wann eine solche Mission als erfolgreich und als abgeschlossen zu betrachten ist. Und es geht schließlich um die Frage, wann eine Mission vielleicht sogar abgebrochen werden muss, bevor sich ein Erfolg eingestellt hat. Der Raum des Politischen wird also nicht verlassen. Diese Fragen werden ebenfalls Gegenstand künftiger Forschungen sein.

Annotierte Auswahlbibliografie

Däniker, Gustav (1992): Wende Golfkrieg. Vom Wesen und Gebrauch künftiger Streitkräfte. Frankfurt a. M.: Report-Verlag.
Vielzitierte Pionierstudie zur Veränderung der Aufgaben des Militärs.

Easton, Marlee/den Boer, Monica/Janssens, Jelle/Moelker, Rene/Vander Beken, Tom (Hrsg.) (2010): Blurring Military and Police Roles. Den Haag: Eleven International Publishing.
Wichtiger Sammelband mit Beiträgen über die Diffusion von polizeilichen und militärischen Aufgaben.

Geser, Hans (1996): Internationale Polizeiaktionen: Ein neues evolutionäres Entwicklungsstadium militärischer Organisationen? In: Meyer (1996): 45–74.
Prononcierte Argumentation zugunsten einer Konstabulisierung der Streitkräfte.

Huntington, Samuel P. (1993): Non-Traditional Roles for the U.S. Military. In: Graham (1993): 3–13.
Prononcierte Argumentation gegen eine Konstabulisierung der Streitkräfte.

Moskos, Charles C. (1976): Peace Soldiers: The Sociology of a United Nations Military Force. Chicago, IL: Chicago University Press.
Klassiker der Analysen zu *peacekeeping*-Soldatinnen und Soldaten.

Literatur

Armour, Cherie/Ross, Jana (2017): The Health and Well-Being of Military Drone Operators and Intelligence Analysts: A Systematic Review. In: Military Psychology, 29: 2, 83–98.

Avant, Deborah/Lebovic, James (2000): U.S. Military Attitudes Toward Post-Cold War Missions. In: Armed Forces & Society, 27: 1, 37–56.

Bartone, Paul T./Adler, Amy B./Vaitkus, Mark A. (1996): US-Soldaten und die Anforderungen von Friedensmissionen – Sozialpsychologische Aspekte. In: Meyer (1996): 75–99.

Beck, Ulrich (1986): Risikogesellschaft. Auf dem Weg in eine andere Moderne. Frankfurt a. M.: Suhrkamp.

Beck, Ulrich (2004): Der kosmopolitische Blick oder: Krieg ist Frieden. Frankfurt a. M.: Suhrkamp.

Berberoglu, Berch (Hrsg.) (2021): The Global Rise of Authoritarianism in the 21st Century. Crisis of Neoliberal Globalization and the Nationalist Response. New York – Abingdon: Routledge.

Biehl, Heiko (2008): Von der Verteidigungs- zur Interventionsarmee: Konturen eines gehemmten Wandels. In: Kümmel (2008): 9–20.

Biehl, Heiko/Schoen, Harald (Hrsg.) (2015): Sicherheitspolitik und Streitkräfte im Urteil der Bürger. Theorien, Methoden, Befunde. Wiesbaden: Springer VS.

Bierling, Stephan (2010): Geschichte des Irakkriegs. Der Sturz Saddams und Amerikas Albtraum im Mittleren Osten. München: C.H. Beck.

Biesold, Karl-Heinz (2010): Seelisches Trauma und soldatisches Selbstverständnis: Klinische Erfahrungen aus psychiatrischer Sicht. In: Dörfler-Dierken/Kümmel (2010): 101–120.

Brauch, Hans Günter (2002): Abrüstungspolitik zwischen Sicherheitsdilemma und Überlebensdilemma. In: Sahm et al. (2002): 307–334.

Bredow, Wilfried von (2020): Armee ohne Auftrag. Die Bundeswehr und die deutsche Sicherheitspolitik. Zürich: Orell Füssli Verlag.

Breitenbauch, Henrik/Byrjalsen, Niels (2019): Subversion, Statecraft and Liberal Democracy. In: Survival, 61: 4, 31–41.

Broesder, Wendy A./Op den Buijs, Tessa O./Vogelaar, Ad L.W./ Euwema, und Martin C. (2015): Can Soldiers Combine Swords and Ploughshares? The Construction of the Warrior-Peacekeeper Role Identity Survey (WPRIS). In: Armed Forces & Society, 41: 3, 519–540.

Brond, Thomas Vladimir/Ben-Shalom, Uzi/Ben-Ari, Eyal (Hrsg.) (2021): Military Mission Formations and Hybrid Wars. New Sociological Perspectives. Abingdon – New York: Routledge.

Bush, George W. (2002): The National Security Strategy of the United States of America. Washington, D.C.: The White House.

Caforio, Giuseppe/Nuciari, Marina (Hrsg.) (2018): Handbook of the Sociology of the Military. Zweite Auflage. Cham: Springer International Publishing.

Chomsky, Noam (2001): Wirtschaft und Gewalt. Vom Kolonialismus zur neuen Weltordnung. Lüneburg: zu Klampen.

Collmer, Sabine (Hrsg.) (2003): Krieg, Konflikt und Gesellschaft. Aktuelle interdisziplinäre Perspektiven. Hamburg. Verlag Dr. Kovac.

Collmer, Sabine/Meyer, Georg-Maria (1997): Zum UN-Einsatz bereit? Bundeswehrsoldaten und ihr neuer Auftrag. Wiesbaden: Deutscher Universitätsverlag.

Creveld, Martin van (1998): Die Zukunft des Krieges. München: Gerling Akademie Verlag.

Cunningham, Chase (2020): Cyber Warfare – Truth, Tactics, and Strategies. Birmingham: Packt Publishing.

Däniker, Gustav (1992): Wende Golfkrieg. Vom Wesen und Gebrauch künftiger Streitkräfte. Frankfurt a. M.: Report-Verlag.

Dörfler-Dierken, Angelika/Kümmel, Gerhard (Hrsg.) (2010): Identität, Selbstverständnis, Berufsbild. Implikationen der neuen Einsatzrealität für die Bundeswehr. Wiesbaden: VS Verlag für Sozialwissenschaften.

Dröge, Susanne (2019): Die Folgen des Klimawandels als sicherheitspolitische Herausforderung. In: Zeitschrift für Außen- und Sicherheitspolitik, 12: 4, 405–416.

Dyer, Hugh C. (2010): Coping and Conformity in World Politics. London/New York: Routledge.

Easton, Marleen/den Boer, Monica/Janssens, Jelle/Moelker, Rene/Vander Beken, Tom (Hrsg.) (2010): Blurring Military and Police Roles. Den Haag: Eleven International Publishing.

Emanuel, Peter/Walper, Scott/DiEuliis, Diane/Klein, Natalie/Petro, James B./Giodano, James (2019): Cyborg Soldier 2050: Human/Machine Fusion and the Implications for the Future of the DoD. Aberdeen Proving Ground, MD: U.S. Army Combat Capabilities Development Command.

Finlan, Alastair (2003): The Gulf War 1991. Oxford: Osprey Publishing.

Franke, Volker (1999): Preparing for Peace. Military Identity, Value Orientations, and Professional Military Education. Westport, Conn. – London: Praeger.

Friedberg, Aaron L. (2018): Competing with China. In: Survival, 60: 3, 7–64.

Fukuyama, Francis (1992): Das Ende der Geschichte. Wo stehen wir? München: Kindler.

Geser, Hans (1996): Internationale Polizeiaktionen: Ein neues evolutionäres Entwicklungs-stadium militärischer Organisationen? In: Meyer (1996): 45–74.

Gheorghe, Eliza (2019): Proliferation and the Logic of the Nuclear Market. In: International Security, 43: 4, 88–127.

Götz, Elias (Hrsg.) (2019): Russia, the West, and the Ukraine Crisis. Abingdon – New York: Routledge.

Graf, Timo A. (2020): The Clash of Perceptions: Testing the 'Clash of Civilizations' with Global Survey Data. Berlin: Berliner Wissenschafts-Verlag.

Graham, James R. (Hrsg.) (1993): Non-Combat Roles for the U.S. Military in the Post-Cold War Era. Washington, D.C.: National Defense University Press.

Haltiner, Karl W. (2003): Erfordern neue Militäraufgaben neue Militärstrukturen? Organisationssoziologische Betrachtungen zur Verpolizeilichung des Militärs. In: Collmer (2003): 159–186.

Haltiner, Karl W. (2004): Die Demilitarisierung der europäischen Gesellschaften und die Remilitarisierung ihrer Streitkräfte. In: Jäger et al. (2004): 226–241.

Haltiner, Karl W./Kümmel, Gerhard (2008): Die Hybridisierung des Soldaten: Soldatische Subjekte und Identitätswandel. In: Kümmel (2008): 47–53.

Harris, Jesse J./Segal, David R. (1985): Observations from the Sinai: The Boredom Factor. In: Armed Forces & Society, 11: 2, 235–248.

Hartmann, Uwe/von Rosen, Claus/Walther, Christian (Hrsg.) (2009): Jahrbuch Innere Führung 2009 – Die Rückkehr des Soldatischen. Eschede: Hartmann – Miles Verlag.

Heisbourg, François (2020): From Wuhan to the World: How the Pandemic Will Reshape Geopolitics. In: Survival, 62: 3, 7–24.

Herberg-Rothe, Andreas (2017): Der Krieg. Geschichte und Gegenwart. Eine Einführung. Zweite wesentlich erweiterte Auflage. Frankfurt a. M./New York: Campus.

Huntington, Samuel P. (1957): The Soldier and the State: The Theory and Politics of Civil-Military Relations. Cambridge, Mass.: Belknap Press.

Huntington, Samuel P. (1993): Non-Traditional Roles for the U.S. Military. In: Graham (1993): 3–13.

Huntington, Samuel P. (1997): Der Kampf der Kulturen. Die Neugestaltung der Weltpolitik im 21. Jahrhundert. München/Wien: Europa Verlag.

Inglehart, Ronald (1997): Modernization and Postmodernization. Cultural, Economic and Political Change in 43 Societies. Princeton, N.J.: Princeton University Press.

Jäger, Thomas (2019): Das Ende des amerikanischen Zeitalters. Deutschland und die neue Weltordnung. Zürich: Orell Füssli Verlag.

Jäger, Thomas (Hrsg.) (2012): Die Welt nach 9/11. Auswirkungen des Terrorismus auf Staatenwelt und Gesellschaft. Wiesbaden: VS Verlag für Sozialwissenschaften.

Jäger, Thomas/Kümmel, Gerhard/Lerch, Marika/Noetzel, Thomas (Hrsg.) (2004): Sicherheit und Freiheit. Außenpolitische, innenpolitische und ideengeschichtliche Perspektiven. Festschrift für Wilfried von Bredow. Baden-Baden.

Janowitz, Morris (1971): The Professional Soldier. A Social and Political Portrait. New York: Free Press.

Kaspersen, Iselin Silja (2021): New Societies, New Soldiers? A Soldier Typology. In: Small Wars & Insurgencies, 32: 1, 1–25.

Keohane, Robert O./Nye, Joseph S. (1977): Power and Independence. World Politics in Transition. Boston: Little Brown.

Kraft, Ina (2018): Hybrider Krieg – zu Konjunktur, Dynamik und Funktion eines Konzepts. In: Zeitschrift für Außen- und Sicherheitspolitik, 11: 3, 305–323.

Krulak, Charles C. (1999): The Strategic Corporal: Leadership in the Three Block War. In: Marine Corps Gazette, 83: 1, 18–23.

Kümmel, Gerhard (2001): Untiefen des Menschenrechts-Diskurses. In: WeltTrends, 31, 101–117.

Kümmel, Gerhard (Hrsg.) (2005): Diener zweier Herren: Soldaten zwischen Bundeswehr und Familie. Frankfurt a. M. et al.: Peter Lang.

Kümmel, Gerhard (Hrsg.) (2008): Streitkräfte im Einsatz: Zur Soziologie militärischer Interventionen. Baden-Baden: Nomos.

Kümmel, Gerhard (2009): ‚Gestorben wird immer!?‘ Oder: Postheroismus, ‚Casualty Shyness‘ und die Deutschen. In: Hartmann et al. (2009): 92–108.

Kümmel, Gerhard (2018): Military Identity and Identity within the Military. In: Caforio/Nuciari (2018): 477–493.

Kümmel, Gerhard/Giegerich, Bastian (Hrsg.) (2013): The Armed Forces: Towards a Post-Interventionist Era? Berlin: Springer VS.

Lasoen, Kenneth L. (2019): War of Nerves: The Domestic Terror Threat and the Belgian Army. In: Studies in Conflict & Terrorism, 42: 11, 953–971.

Lechner, Frank J./Boli, John (Hrsg.) (2020): The Globalization Reader. Sechste Auflage. Chichester: John Wiley & Sons.

Leonhard, Nina (2020): Soldat sein. Sozialwissenschaftliche Debatten über den Wandel des Soldatenberufs. In: Aus Politik und Zeitgeschichte, 70: 16–17, 18–24.

Litz, Brett T. (1996): The Psychological Demands of Peacekeeping for Military Personnel. In: National Center for PTSD Clinical Quarterly, 6: 1, 3–8.

Mearsheimer, John J. (2019): Bound to Fail: The Rise and Fall of the Liberal International Order. In: International Security, 43: 4, 7–50.

Melčić, Dunja (Hrsg.) (2007): Der Jugoslawien-Krieg. Handbuch zu Vorgeschichte, Verlauf und Konsequenzen. Zweite, aktualisierte Auflage. Wiesbaden: VS Verlag für Sozialwissenschaften.

Meyer, Georg-Maria (Hrsg.) (1996): Friedensengel im Kampfanzug? Zu Theorie und Praxis militärischer UN-Einsätze. Opladen: Westdeutscher Verlag.

Miller, Laura L. (1997): Do Soldiers Hate Peacekeeping? The Case of Preventive Diplomacy Operations in Macedonia. In: Armed Forces & Society, 23: 4, 415–450.

Miller, Laura L./Moskos, Charles C. (1995): Humanitarians or Warriors? Race, Gender, and Combat Status in Operation Restore Hope. In: Armed Forces & Society, 21: 4, 615–637.

Miller, Lynn H. (1990): Global Order. Values and Power in International Politics. 2. überarb. Aufl. Boulder/San Francisco/London: Westview Press.

Moskos, Charles C. (1976): Peace Soldiers. The Sociology of a United Nations Military Force. Chicafgo, IL: Chicago University Press.

Moskos, Charles C. (1990): Streitkräfte in einer kriegsfreien Gesellschaft. In: Sicherheit & Frieden, 8: 2, 110–112.

Münkler, Herfried (2002): Die neuen Kriege. 3. Aufl. Reinbek bei Hamburg: Rowohlt.

Murray, Emma/Taylor, Paul (2019): 'Soldiering by Consent' and Military-Civil Relations: Military Transition into the Public Space of Policing. In: Illness, Crisis and Loss, 27: 4, 235–254.

Netherlands Institute for War Documentation (NIOD) (2002): Srebrenica. Reconstruction, Background, Consequences and Analyses of the Fall of a 'Safe' Area. Amsterdam: NIOD.

Op den Buijs, Tessa P./Broesder, Wendy A./Goldenberg, Irina/Resteigne, Delphine/Kivirähk, Juhan (2019): Warrior and Peacekeeper Role Identities: Associations with Self-Esteem, Organizational Commitment and Organizational Citizenship Behavior. In: Journal of Military Studies, 8, 3–15.

Pettersson, Thérése/Öberg, Magnus (2020): Organized Violence, 1989–2019. In: Journal of Peace Research, 57: 4, 597–613.

Preuss, Andrijana (2004): Friedensaufbau durch internationale Polizeieinsätze in ethno-nationalen Konflikten Bosnien-Herzegowinas am Beispiel der WEU-Polizei in Mostar. Münster: Lit.

Reed, Brian J./Segal, David R. (2000): The Impact of Multiple Deployments on Soldiers' Peacekeeping Attitudes, Morale, and Retention. In: Armed Forces & Society, 27: 1, 57–78.

Rudolf, Peter (2020): The Sino-American World Conflict (SWP Research Paper 3/2020). Berlin: German Institute for International and Security Affairs.

Sahm, Astrid/Sapper, Manfred/Weichsel, Volker (Hrsg.) (2002): Die Zukunft des Friedens. Eine Bilanz der Friedens- und Konfliktforschung. Wiesbaden: Westdeutscher Verlag.

Schörnig, Niklas (2013): Unmanned Warfare. Towards a Neo-Interventionist Era? In: Kümmel/Giegerich (2013): 221–236.

Schwartz, Sebastian/Reuter, Christian (2020): 90.000 Tonnen Diplomatie 2.0: Die Integration von unbemannten Systemen in den operativen Flugzeugträgerbetrieb am Beispiel der X-47B. In: Zeitschrift für Außen- und Sicherheitspolitik, 13: 1, 23–45.

Segal, David R./Harris, Jesse J./Rothberg, Joseph M./Marlowe, David H. (1984): Paratroopers as Peacekeepers. In: Armed Forces & Society, 10: 4, 487–506.

Segal, David R./Meeker, Barbara F. (1985): Peacekeeping, Warfighting and Professionalism: Attitude Organization and Change among Combat Soldiers on Constabulary Duty. In: Journal of Political and Military Sociology, 13: 2, 167–181.

Segal, David R./Segal, Mady W. (1993a): Research on Soldiers of the Sinai Multinational Force and Observers. In: Segal/Segal (1993b): 56–69.

Segal, David R./Segal, Mady W. (Hrsg.) (1993b): Peacekeepers and Their Wives. American Participation in the Multinational Force and Observers. Westport, CT: Greenwood Press.

Seiffert, Anja/Heß, Julius (2019): Leben nach Afghanistan – die Soldaten und Veteranen der Generation Einsatz der Bundeswehr. Forschungsbericht. Potsdam: Zentrum der Bundeswehr für Militärgeschichte und Sozialwissenschaften.

Service, Robert (2015): The End of the Cold War 1985–1991. New York: Public Affairs.

Shaw, Martin (1991): Post-Military Society. Militarism, Demilitarization and War at the End of the Twentieth Century. Philadelphia, PA: Temple University Press.

Smith, Frank L., III (2020): Quantum Technology Hype and National Security. In: Security Dialogue, 51: 5, 499–516.

Soufan, Ali H. (2018): Anatomy of Terror. From the Death of bin Laden to the Rise of the Islamic State. London – New York: W.W. Norton & Co.

Spreen, Dierk (2015): Upgradekultur. Der Körper in der Enhancement-Gesellschaft. Bielefeld: transcript Verlag.

Stichweh, Rudolf (2000): Die Weltgesellschaft. Soziologische Analysen. Frankfurt a. M.: Suhrkamp.

Stodiek, Thorsten (2004): Internationale Polizei. Ein empirisch fundiertes Konzept der zivilen Konfliktbearbeitung. Baden-Baden: Nomos.

Strick van Linschoten, Alex/Kuehn, Felix (Hrsg.) (2018): The Taliban Reader. War, Islam and Politics. Oxford – New York: Oxford University Press.

Turner II, Frederick W./Fox, Bryanna (2018): Police Militarization: Policy Changes and Stakeholders' Opinions in the United States. Cham: Springer.

Viehrig, Silke (2010): Militärische Auslandseinsätze. Die Entscheidungen europäischer Staaten zwischen 2000 und 2006. Wiesbaden: VS Verlag für Sozialwissenschaften.

Vogt, Wolfgang R. (Hrsg.) (1990): Mut zum Frieden. Darmstadt: Wissenschaftliche Buchgesellschaft.

Wagner, R. Harrison (1993): What Was Bipolarity? In: International Organization, 47: 1, 77–106.

Warburg, Jens (2010): Paradoxe Anforderungen an Soldaten im (Kriegs-)Einsatz. In: Dörfler-Dierken/Kümmel (2010): 57–75.

Werkner, Ines-Jacqueline/Hofheinz, Marco (Hrsg.) (2019): Unbemannte Waffen und ihre ethische Legitimierung. Wiesbaden: Springer VS.

Werkner, Ines-Jacqueline/Hoppe, Thomas (Hrsg.) (2019): Nukleare Abschreckung in friedensethischer Perspektive. Wiesbaden: Springer VS.

Werkner, Ines-Jaqueline/Schörnig, Niklas (Hrsg.) (2019): Cyberwar – die Digitalisierung der Kriegsführung. Wiesbaden: Springer VS.

Westad, Odd Arne (2019): Der kalte Krieg: Eine Weltgeschichte. Stuttgart: Klett-Cotta.

Wiesendahl, Elmar (1990): Wertewandel und motivationale Kriegsunfähigkeit von Streitkräften. In: Sicherheit & Frieden, 8: 1, 25–29.

Winter, Martin (2003): Metamorphosen des staatlichen Gewaltapparates: Über die Entwicklung von Polizei und Militär in Deutschland. In: Leviathan, 31: 4, 519–555.

Zettl, Kerstin (2019): Lesson Learned? Demokratische Resilienz gegenüber digitaler Wahlbeeinflussung in den USA und Deutschland. In: Zeitschrift für Außen- und Sicherheitspolitik, 12: 4, 429–451.

Kümmel, Gerhard, Dr. phil.; Projektbereichsleiter im Forschungsbereich Sicherheitspolitik und Streitkräfte am Zentrum für Militärgeschichte und Sozialwissenschaften der Bundeswehr in Potsdam.

Der gerechte Frieden und die ethische (De-)Legitimierung militärischer Gewalt

Ines-Jacqueline Werkner

1 Einleitung

Soldatinnen und Soldaten der Bundeswehr sind seit Anfang der 1990er-Jahre weltweit im Einsatz; die meisten von ihnen sind bzw. waren in Afghanistan, Mali, Syrien/Irak und im Kosovo. Dabei führte nicht erst das desaströse Ende des 20-jährigen internationalen Afghanistaneinsatzes zu der Frage, ob und inwieweit Streitkräfte bei Krisen und Konflikten eingesetzt werden dürfen und sollen. Das militärische Instrument erweist sich als per se problematisch: ist es „durch das, was unter Menschen nicht sein soll, bestimmt: Gewalt" (Ebeling 2006: 9).

Inwieweit militärische Gewalt angewendet werden darf, ist zunächst einmal eine verfassungs- und völkerrechtliche Frage. In der UN-Charta verankert ist – und das ist das größte Verdienst des Völkerrechts – das Gewaltverbot. Die Anwendung militärischer Gewalt ist nur in Ausnahmen zulässig: nach Kapitel VII UN-Charta (System kollektiver Sicherheit) sowie im Falle individueller und kollektiver Selbstverteidigung (Artikel 51). Neben der Frage nach der Legalität militärischer Einsätze steht aber auch die nach ihrer Legitimität. Legitim sind Handlungen nur, wenn sie mit grundlegenden ethischen Prinzipien in Übereinstimmung gebracht werden können (wie die Goldene Regel, Immanuel Kants Imperativ oder auch christliche Gebote) und nicht anerkannte Normen, Werte und Moralgrundsätze verletzen. D. h. selbst wenn ein militärischer Einsatz legal ist, muss er nicht legitim, also auch zustimmungswürdig, sein.

I.-J. Werkner (✉)
Forschungsstätte der Evangelischen Studiengemeinschaft (FEST) e.V., Heidelberg, Deutschland
E-Mail: ines-jacqueline.werkner@fest-heidelberg.de

© VS Verlag für Sozialwissenschaften |Booktitle: Militärsoziologie – Eine Einführung 2023
N. Leonhard und I.-J. Werkner (Hrsg.), *Militärsoziologie – Eine Einführung,*
https://doi.org/10.1007/978-3-658-30184-2_9

Debatten um die Legitimierung bzw. Delegitimierung militärischer Gewalt gehören zu den zentralen Fragen jeder Friedensethik, die – wie jede Ethik – nach dem rechten Handeln und Verhalten des Menschen fragt und Antworten auf die Frage sucht: „Was sollen wir tun?" Das beinhaltet nicht das Tun des Guten selbst, sondern die kritische Reflexion über die Maßstäbe dieses Tuns. Konkret fragt Friedensethik „nach dem Grund wie nach den Formen menschlicher Verantwortung für den Frieden" (Huber und Reuter 1990: 17). Inhaltlich umfasst dies vor allem zwei Perspektiven: Fragen der „Zivilisierung des Konfliktaustrags" und der „Humanisierung der Lebensverhältnisse" (Ebeling 2006: 39; vgl. auch Werkner 2017: 2). Ziel ist es, durch eine Reflexion über Ziele und Mittel friedensfördernden Handelns ein kritisch-normatives Orientierungswissen anzubieten, das in friedenspolitischen Prozessen auf verschiedenen Ebenen wirksam werden kann (vgl. Huber und Reuter 1990: 13 ff.). Diese Debatten werden vorrangig in philosophischen und theologischen Kontexten geführt. Dafür steht die über 2000-jährige Lehre vom gerechten Krieg oder auch das heutige Leitbild des gerechten Friedens. Letzteres dominiert die gegenwärtigen friedensethischen Diskussionen in der katholischen und evangelischen Kirche in Deutschland, ist aber auch im weltweiten ökumenischen Kontext präsent. Kennzeichnend für den gerechten Frieden ist die Weite des Konzeptes. Es umfasst weitaus mehr als den Schutz vor ungerechtem Einsatz von Gewalt; es schließt soziale Gerechtigkeit, Rechtsstaatlichkeit, Achtung der Menschenrechte und Sicherheit für alle Menschen mit ein (vgl. ÖRK 2011: Ziffer 10). Dennoch bleibt auch hier die Frage nach der Anwendung von Waffengewalt von zentraler Bedeutung, wird es – zumindest von den meisten Vertreterinnen und Vertretern – nicht kategorisch ausgeschlossen.

An diese Problematik anknüpfend widmet sich der Beitrag dem noch jungen Konzept des gerechten Friedens. Diesem christlichen Konzept kommt eine über seinen Rahmen hinausgehende Relevanz zu. Als größter zivilgesellschaftlicher Akteur stellen die Kirchen in Deutschland nach wie vor eine wichtige Stimme in normativen Fragen dar. Mit der Friedensdenkschrift beansprucht die EKD explizit, einen „auf christlicher Verantwortung beruhende[n]" und „stellvertretend für die ganze Gesellschaft formulierte[n] Konsens" zum Ausdruck zu bringen (EKD 2007: 8). Nach einleitenden Ausführungen zu seinem Terminus (Abschn. 2) und seiner Verortung in Abgrenzung zur Lehre vom gerechten Krieg (Abschn. 3) erfolgt eine Skizzierung der zentralen friedensethischen Grundorientierungen des Leitbildes des gerechten Friedens (Abschn. 4). Der Fokus wird hier auf die Friedensdenkschrift und die Konzeption der Evangelischen Kirche in Deutschland gelegt. Näher in den Blick genommen und diskutiert werden bestehende Kontroversen um die Anwendung militärischer Gewalt und das dort entfaltete Konstrukt der rechtserhaltenden Gewalt (Abschn. 5). Abschließend reflektiert der Beitrag die aus diesen friedensethischen Betrachtungen resultierenden Konsequenzen für Soldatinnen und Soldaten im militärischen Einsatz (Abschn. 6).

2 Zum Begriff des gerechten Friedens

Der Terminus des gerechten Friedens[1] erweist sich nicht nur als facettenreich, mit ihm gehen auch verschiedene Interpretationsmöglichkeiten einher – und das aus zwei Gründen: Zum einen ist sowohl der Begriff des Friedens als auch der der Gerechtigkeit vielschichtig und nicht eindeutig zu definieren. Für den Friedensbegriff zentral ist bis heute die Unterscheidung von Johan Galtung (1975: 32) zwischen negativem Frieden (Frieden als Abwesenheit personaler Gewalt) und positivem Frieden (Frieden als Abwesenheit struktureller Gewalt). Dabei korrespondiert der negative Frieden mit der Abwesenheit von Krieg. Die primäre Friedensaufgabe im Sinne dieses eng gefassten Friedensbegriffes stellt die Verhinderung oder zumindest Eindämmung bewaffneter Konflikte dar. Anders beim positiven Frieden: Er hat seine Entgegensetzung nicht im Krieg, sondern im Unfrieden. Als Abwesenheit struktureller Gewalt drückt der positive Frieden einen Zustand aus, in dem die Verwirklichung des Menschen ohne Repression und Ausbeutung möglich wird. Beide Begriffspole sind nicht unumstritten und auch die mittlerweile gängige Kompromissformel „Frieden ist mehr als kein Krieg" (Rittberger 1977) bleibt diffus, hinterlässt sie Fragen nach dem, was dieses „Mehr" ausmacht (zur Debatte um den Friedensbegriff vgl. Werkner 2017). Als ähnlich vielschichtig erweist sich der Begriff der Gerechtigkeit. Auch hier gibt es verschiedene Formen, Kriterien und Zielperspektiven mit einander häufig widerstreitenden Konnotationen. Um an dieser Stelle nur ein gängiges Beispiel, die Verteilungsgerechtigkeit, anzuführen: Allgemein betrachtet wird unter Verteilungsgerechtigkeit die Fairness der Verteilung materieller und immaterieller Güter verstanden. Unter materielle Güter werden vor allem wirtschaftliche Ressourcen gefasst. Aber welche Kriterien werden hier für Fairness konkret in Anschlag gebracht? Erfolgt die Ressourcenverteilung nach der Fähigkeit bzw. erbrachten Leistung, nach dem Prinzip „Jeder das Gleiche." Oder richtet sie sich nach der Dringlichkeit bzw. Bedürftigkeit aus? Ist Produktivität, soziale

---

[1] Die folgenden Ausführungen basieren auf Werkner (2018a).

Harmonie oder individuelles Wohlergehen die Zielperspektive? Immaterielle Güter beinhalten den Zugang zur politischen Teilhabe, umfassen aber auch Fragen der Anerkennung, die den Individuen unter anderem durch den ihnen zugewiesenen gesellschaftlichen Status zuteil wird. Und auch hier gibt es unterschiedliche Vorstellungen über die faire Verteilung und Gewichtung der einzelnen Dimensionen.

Zum anderen lässt der Begriff des gerechten Friedens verschiedene Interpretationen hinsichtlich des Verhältnisses von Frieden und Gerechtigkeit zu. Dass beide Termini zusammen zu denken und damit interdependent sind, kann als Konsens gelten. Aber was für ein Beziehungszusammenhang besteht konkret? Ist Gerechtigkeit eine Implikation und inhaltlicher Bestandteil des Friedens, fungiert sie als Friedensbedingung oder wird sie im Sinne eines funktionalen Zweck-Mittel-Verhältnisses angesehen (vgl. hierzu Strub 2010: 44 ff.)?

Was unter einem gerechten Frieden zu versehen ist, soll folgend anhand von zwei Leitfragen diskutiert werden: 1) Wie verhält sich der gerechte Frieden als ein Leitbegriff christlicher Friedensethik zum säkularen Friedensbegriff und seinen Debatten? 2) Was unterscheidet den gerechten Frieden vom biblischen bzw. eschatologischen Friedensbegriff? Der gerechte Frieden als Leitbegriff christlicher Friedensethik basiert – so formuliert es die Friedensdenkschrift der EKD – auf einem „unauflösliche[n] Zusammenhang von Frieden und Gerechtigkeit" (EKD 2007: Ziffer 1). Mit Verweis auf Psalm 85,11, „dass Gerechtigkeit und Frieden sich küssen", wird die Einheit von Frieden und Gerechtigkeit als Gegenstand göttlicher Verheißung gesehen (vgl. u. a. EKD 2007: Ziffer 73 f.). Aus ihr folgt die Vision, welche die Bereithaltung von Waffen überflüssig mache und neue Wege des Zusammenlebens der Völker eröffne (Mi 4,1–5, vgl. EKD 2007: Ziffer 74). Sie ordnet sich ein in die biblische Hoffnung, in der alle Gewalt und Feindschaft abgeschafft ist. Im Hinblick auf die erste Frage impliziert ein solches Friedensverständnis eine Abkehr von einem (negativen) Frieden als bloße Abwesenheit von Krieg. Das macht die EKD in ihrer Friedensdenkschrift auch explizit deutlich:

> „Die im sog. ,Konziliaren Prozess' für Frieden, Gerechtigkeit und Bewahrung der Schöpfung entwickelte Grundorientierung am ,gerechten Frieden' korrigierte die während des Ost-West-Konflikts und unter den Bedingungen des nuklearen Abschreckungssystems in der nördlichen Hemisphäre vielfach vorherrschende Verständnis von Friedenspolitik als abrüstungsorientierter Kriegsverhütung, indem sie einerseits die Forderung des Südens nach globaler Verteilungsgerechtigkeit, andererseits den Schutz der Menschenrechte mit der Friedensaufgabe verband" (EKD 2007: Ziffer 73).

Damit nimmt die EKD-Denkschrift genau jene friedenspolitische Argumentation auf, die Galtung zur Konzeption des positiven Friedensbegriffs veranlasste. Wird allerdings wie bei Galtung von einem begrifflichen Implikat ausgegangen (positiver Frieden = soziale Gerechtigkeit), dann wäre der gerechte Frieden nichts anderes als ein „weißer Schimmel" (Oberdorfer 2018). In diesem Falle ließe sich – da der Aspekt der Gerechtigkeit bereits im Friedensbegriff enthalten wäre – durch das Attribut „gerecht" nichts Substanzielles mehr hinzufügen. Semantisch näherliegend wäre es, den Frieden im Ausdruck „gerechter Frieden" als einen substanziellen Friedensbegriff zu begreifen, der Friedensbegriff und Friedensbedingungen zwar nicht strikt voneinander trennt, aber doch unterscheidet. Gerechtigkeit diente dann dazu, eine Friedensordnung im normativen Sinne zu legitimieren. Dennoch sind beide Friedensbegriffe – der säkulare (positive bzw. substanzielle) und der gerechte Frieden – nicht identisch; ihre Begründungszusammenhänge sind verschieden. Die Stiftung des Friedens und das Streben nach Gerechtigkeit sind im christlichen Leitbegriff nicht nur unauflöslich miteinander verbunden, sie sind auch Inhalt göttlicher Verheißung. In diesem Sinne bleibt der gerechte Frieden „ein die Grenzen des Machbaren transzendierende Gabe" (Körtner 2006: 13) und seine Realisierung dem menschlichen Handeln entzogen. Auch dem positiven bzw. substanziellen Friedensbegriff wohnt ein utopisches Moment inne, dieses ist aber nur zeitlicher, nicht substanzieller Natur.

Was unterscheidet nun – und das wäre die zweite Frage – den gerechten Frieden vom biblischen Frieden? Sein biblischer Bezug ist unübersehbar. Zuvorderst stehen hierfür der bereits zitierte Psalm 85,11 „dass Gerechtigkeit und Frieden sich küssen" sowie Jesaja 32,17 „der Gerechtigkeit Frucht wird Friede sein, und der Ertrag der Gerechtigkeit ewige Stille und Sicherheit". Sie gehen auf den alttestamentlichen Friedensbegriff *Schalom* (hebräisch) zurück, der mit Ganzsein, Wohlsein, Vollkommenheit, Stabilität und Frieden übersetzt werden kann und Aspekte wie Gerechtigkeit, Mitleiden und Wahrhaftigkeit mit einschließt. Dieser ganzheitliche Friedensbegriff findet sich auch im Neuen Testament. Wie Schalom steht *Eirene,* das griechische und neutestamentliche Wort für Frieden, für „das Heil-, Gesund- und Ganzsein des Menschen (...) und schließt die Befriedigung der menschlichen Grundbedürfnisse mit ein" (Schneider et al. 2017: 60). Der gerechte Frieden nimmt diese Weite des biblischen Friedensbegriffes auf. Dennoch sind auch diese beiden Begriffe nicht deckungsgleich: Der gerechte Frieden ist nicht allein biblisch-theologisch zu denken; er beinhaltet mehr als eine auf die biblische Verheißung orientierte Version bzw. Idealvorstellung. Der gerechte Frieden vertritt zugleich eine Zielperspektive, auf die hin das Friedenshandeln auszurichten ist und fungiert – zumindest in den Debatten der evangelischen und katholischen Kirchen in Deutschland – als politisch-

ethisches Leitbild im Hier und Heute. Der Leitbildbegriff, aus der Unternehmenskultur entnommen, steht für zentrale Maßstäbe, Vorgaben und Zielvorstellungen
sowie für eine Richtschnur individuellen und kollektiven Handelns. Damit
beinhaltet der Begriff des gerechten Friedens zwei Dimensionen: Zum einen lässt
er sich biblisch erschließen mit Frieden und Gerechtigkeit als göttliche unver-
fügbare Gabe; zum anderen ist er als sozialethisches Konzept zu fassen, das
politische und gesellschaftliche Handlungsorientierung geben soll und an dem
sich das konkrete Entscheiden zu orientieren habe (vgl. auch Senghaas-Knobloch
2009: 137). Beide Sphären, die religiöse und die ethische, sind zu unterscheiden.
Denn auch wenn die biblische Verheißung des Schalom im Politisch-Ethischen
Orientierungskraft entfalten kann und soll, eigne sie sich nicht, so der Theologe
Bernd Oberdorfer (2018: 28), zur direkten „Umsetzung in handlungsleitende
Normen", berge sie letztlich die „Gefahr der unrealistischen Überdehnung
menschlicher Handlungsoptionen".

3   Gerechter Frieden versus gerechter Krieg

Der gerechte Frieden ist – und das gilt insbesondere für die friedensethische
Debatte in Deutschland – in bewusster Abkehr vom gerechten Krieg entstanden.
So heißt es explizit in der Friedensdenkschrift der EKD (2007: Ziffer 102): „Im
Rahmen des Leitbilds vom gerechten Frieden hat die Lehre vom *bellum iustum*
keinen Platz mehr". Was zeichnet nun aber das Leitbild des gerechten Friedens
gegenüber dem gerechten Krieg aus? Und was hat die *bellum iustum*-Lehre derart in Verruf gebracht? Mit der Lehre vom gerechten Krieg, deren Anfänge bis
in die Antike zurückreichen,[2] wurden und werden Maßstäbe zur Bewertung von
Kriegen geschaffen und entwickelt. Dabei differenziert die Lehre zwischen dem
Recht zum Kriegführen *(ius ad bellum)* und der rechtmäßigen Kriegsführung *(ius
in bello)*. Das *ius ad bellum* umfasst die Kriterien legitime Autorität, gerechter

---

[2] Die Lehre vom gerechten Krieg weist eine über zweitausendjährige Tradition auf. Sie ist
beständig fortentwickelt worden: von der Antike (Platon, Aristoteles) und der römischen
Zeit (Cicero) über Augustinus, der die Lehre wesentlich prägte zu einer Zeit, in der das
Christentum zur Staatsreligion erhoben wurde, Thomas von Aquin, die spanische Spät-
scholastik (Francisco de Vitoria), die Reformation (Martin Luther) und die Anfänge des
modernen Völkerrechts (Hugo Grotius) bis hin zu jüngeren Weiterentwicklungen im angloamerikanischen Raum (u. a. Michael Walzer, Jeff McMahan) (vgl. Werkner und Ebeling
2017: Teil II, Abschn. 1).

Grund, rechte Absicht, letztes Mittel, Aussicht auf Erfolg und Verhältnismäßigkeit der Folgen. Das ius *in bello* beinhaltet die beiden Kriterien Verhältnismäßigkeit der Mittel und die Unterscheidung in Kombattanten und Nicht-Kombattanten. Ziel der Lehre vom gerechten Krieg war es – entgegen mancher Kritik – nie, Kriege zu legitimieren und Herrscher in ihrem kriegerischen Tun zu bestärken, sondern durch das Insistieren auf bestimmte Kriterien – die alle in ihrer Gesamtheit erfüllt sein müssen – dazu beizutragen, Kriege zu begrenzen. So ist der gerechte Krieg auch eher im Sinne eines *gerechtfertigten* Krieges zu verstehen. Dennoch sind vielfach Kriege unter Missbrauch dieser Lehre in seinem Namen geführt worden.

Welche Einwände bringt nun die Friedensdenkschrift der EKD gegen die Lehre vom gerechten Krieg in Anschlag? Auch sie vertritt mit ihrem Konzept des gerechten Friedens keinen radikalen Pazifismus. So seien Situationen denkbar, in denen militärische Gewalt notwendig werden könne. Dann seien dieselben Fragen nach dem hinreichenden Grund, der Legitimierung des Einsatzes, der Zielsetzung etc. zu stellen. Vor diesem Hintergrund konstatiert die Friedensdenkschrift:

> „Nicht gegen die Kriterien dieser Art als solche, wohl aber gegen die überkommenden Rahmentheorien des gerechten Kriegs, in die sie eingefügt waren, bestehen prinzipielle Einwände. Denn die Theorien des *bellum iustum* entstammen politischen Kontextbedingungen, in denen es eine rechtlich institutionalisierte Instanz zur transnationalen Rechtsdurchsetzung ebenso wenig gab wie eine generelle Ächtung des Krieges" (EKD 2007: Ziffer 99).

In der Folge führt die EKD die für sie weiterhin gültigen Kriterien der *bellum iustum*-Lehre explizit auf. Als „allgemeine Kriterien einer Ethik rechtserhaltender Gewalt" gelten:

- *„Erlaubnisgrund:* Bei schwersten, menschliches Leben und gemeinsam anerkanntes Recht bedrohenden Übergriffen eines Gewalttäters kann die Anwendung von Gegengewalt erlaubt sein, denn der Schutz des Lebens und die Stärke des gemeinsamen Rechts darf gegenüber dem ‚Recht des Stärkeren' nicht wehrlos bleiben.
- *Autorisierung:* Zur Gegengewalt darf nur greifen, wer dazu legitimiert ist, im Namen verallgemeinerungsfähiger Interessen aller potenziell Betroffenen zu handeln; deshalb muss der Einsatz von Gegengewalt der Herrschaft des Rechts unterworfen werden.

- *Richtige Absicht:* Der Gewaltgebrauch ist nur zur Abwehr eines evidenten, gegenwärtigen Angriffs zulässig; er muss durch das Ziel begrenzt sein, die Bedingungen gewaltfreien Zusammenlebens (wieder)herzustellen und muss über eine darauf bezogene Konzeption verfügen.
- *Äußerstes Mittel:* Der Gewaltgebrauch muss als äußerstes Mittel erforderlich sein, d. h., alle wirksamen milderen Mittel der Konfliktregelung sind auszuloten. Das Kriterium des ‚äußersten Mittels' heißt zwar nicht notwendigerweise ‚zeitlich letztes', es bedeutet aber, dass unter allen geeigneten (also wirksamen) Mitteln das jeweils gewaltärmste vorzuziehen ist.
- *Verhältnismäßigkeit der Folgen:* Das durch den Erstgebrauch der Gewalt verursachte Übel darf nicht durch die Herbeiführung eines noch größeren Übels beantwortet werden; dabei sind politisch-institutionelle ebenso wie ökonomische, soziale, kulturelle und ökologische Folgen zu bedenken.
- *Verhältnismäßigkeit der Mittel:* Das Mittel der Gewalt muss einerseits geeignet, d. h. aller Voraussicht nach hinreichend wirksam sein, um mit Aussicht auf Erfolg die Bedrohung abzuwenden oder eine Beendigung des Konflikts herbeizuführen; andererseits müssen Umfang, Dauer und Intensität der eingesetzten Mittel darauf gerichtet sein, Leid und Schaden auf das notwendige Mindestmaß zu begrenzen.
- *Unterscheidungsprinzip:* An der Ausübung primärer Gewalt nicht direkt beteiligte Personen und Einrichtungen sind zu schonen." (EKD 2007: Ziffer 102)

Diese Vorgehensweise – die *bellum iustum*-Lehre abzulehnen, gleichzeitig aber ihre Kriterien zu übernehmen – ist nicht unumstritten: Zum einen kann auch die Friedensdenkschrift einem möglichen Missbrauch nicht entgehen; dieser ist – wie bei der Lehre vom gerechten Krieg – vor allem den verschiedenen Interpretationsmöglichkeiten der Kriterien sowie dem nur selektiven Bezug auf diese geschuldet. Zum anderen lässt sich das Argument, die *bellum iustum*-Lehre beruhe auf vorneuzeitliche Voraussetzungen und sei somit heute obsolet, angesichts stetiger Fortentwicklungen – insbesondere im angloamerikanischen Raum – durchaus infrage stellen.

Schwerer wiegt das Argument des Perspektivenwechsels: vom *si vis pacem para bellum* (wenn du den Frieden willst, rüste dich zum Krieg) zur Maxime *si vis pacem para pacem* (wenn du den Frieden willst, bereite den Frieden vor). Dieser weitet den Blick auf den Frieden: nicht nur auf einen Frieden als bloße Abwesenheit von Krieg, sondern auch einen im umfassenden Sinne verstandenen Frieden. Damit rücken die Bedingungen des Friedens in den Fokus der Betrachtung einschließlich Fragen der Krisenprävention und zivilen Konfliktbearbeitung. Ein solches gewaltpräventives Handeln kann und soll dann genau jene Situationen umgehen, in denen nur noch militärische Alternativen möglich sind (vgl. Hoppe 2011: 62).

4 Der gerechte Frieden als neues friedensethisches Leitbild

Als neues friedensethisches Leitbild basiert der gerechte Frieden – und hier bestehen weitgehende Übereinstimmungen zwischen der bereits zitierten Friedensdenkschrift der EKD (2017) und dem Hirtenwort der katholischen Kirche (Die deutschen Bischöfe 2000) – drei gemeinsame Grundorientierungen: 1) den Vorrang ziviler und gewaltpräventiver Konfliktbearbeitung, 2) das Verständnis einer Friedensordnung als Rechtsordnung sowie 3) die Beschränkung militärischer Gewalt auf die Rechtsdurchsetzung (vgl. hierzu Hoppe und Werkner 2017: 349 ff.).

(1) Vorrang ziviler und gewaltpräventiver Konfliktbearbeitung: Dieser Grundsatz bildet den Kern des Konzepts des gerechten Friedens. Sein Ziel besteht darin, den friedensethischen Fokus zu weiten und über die Frage der Legitimation militärischer Gewaltanwendung hinauszugehen. So heißt es in der Friedensdenkschrift: „Im Rahmen des Konzeptes des gerechten Friedens ist zivile Konfliktbearbeitung eine vorrangige Aufgabe" (EKD 2007: Ziffer 170). Zentral sind zwei Phasen: der Beginn einer krisenhaften Entwicklung (Konfliktvorbeugung) und der Zeitraum nach Beendigung kriegerischer Kampfhandlungen. Dabei diene die Konfliktnachsorge zugleich der Prävention neuer Konflikte. Dazu gehören verschiedenste Maßnahmen: die Unterstützung und der Aufbau von zivilen Strukturen in Konfliktregionen, die Förderung und der Ausbau demokratischer und rechtsstaatlicher Strukturen, eine Verständigung über Werte und Maßstäbe gesellschaftlichen Zusammenlebens, die Einflussnahme auf politische Prozesse der Meinungs- und Entscheidungsbildung, Maßnahmen zur Deeskalation gewaltförmiger Konflikte, die Netzwerkbildung und Förderung von Friedensallianzen, bildungspolitische Maßnahmen, die Beachtung genderspezifischer Aspekte sowie die Demobilisierung und Reintegration ehemaliger Kombattanten (vgl. EKD 2007: Ziffer 177). Dieses weit gefasste Aufgabenspektrum soll ein Bewusstsein für die Vielfalt der notwendigen Bedingungen des Friedens schaffen. Zugleich fördert es die Gefahr, auf einer relativ allgemeinen und unverbindlichen Ebene zu verbleiben.

(2) Verständnis einer Friedensordnung als Rechtsordnung: Dieser rechtsethische
Zugang zum gerechten Frieden ist ein Spezifikum des deutschen Diskurses. Die
Friedensdenkschrift der EKD ist durch einen unmittelbaren Rechtsbezug gekennzeichnet. So sei der gerechte Frieden „zu seiner Verwirklichung auf das Recht
angewiesen" (EKD 2007: Ziffer 85), wofür auch der Terminus „Friede durch
Recht" steht. Das Leitbild setzt auf eine Institutionalisierung und Verrechtlichung
der internationalen Beziehungen und damit auf multilaterale und universelle
Regelwerke. Perspektivisch liege dem gerechten Frieden, so die Friedensdenkschrift (2007: Ziffer 86), eine „kooperativ verfasste Ordnung ohne Weltregierung"
mit einem System kollektiver Sicherheit zugrunde. Auf diese Weise kommt den
Vereinten Nationen auf dem Weg zu einem gerechten Frieden eine besondere
Bedeutung zu. Dieser rechtsethische Leitgedanke „Frieden durch Recht", aus
dem sowohl die Gewaltprävention als auch das Gewaltverbot abgeleitet wird,
ist aber nicht unproblematisch. So verweisen die Unzulänglichkeiten des
Systems der Vereinten Nationen – und dazu zählen unter anderem die partikulare
Zusammensetzung des UN-Sicherheitsrates, seine fehlende Durchsetzungs-
kraft oder auch Doppelstandards bei der Rechtsdurchsetzung – zugleich auf die
Grenzen eines solchen Zugangs.

(3) Beschränkung militärischer Gewalt auf die Rechtsdurchsetzung: Ausgehend
vom rechtsethischen Grundsatz und mit Verweis auf die UN-Charta ergibt sich
ein grundsätzliches Gewaltverbot. Vor diesem Hintergrund wird der Lehre
vom gerechten Krieg eine klare Absage erteilt. Dennoch verbindet sich mit
dieser Aussage kein radikaler Pazifismus. So sei das Recht „auf Durchsetzung
angelegt" (EKD 2007: Ziffer 98), womit es Situationen geben könne, die einen
Gewaltgebrauch nicht ausschließen. In der Friedensdenkschrift der EKD steht
dafür der Terminus der „rechtserhaltenden Gewalt", die sich zwar nicht auf die
bellum iustum-Lehre, aber auf ihre Kriterien stützt. Auch das Bischofswort (Die
deutschen Bischöfe 2000: Ziffer 150) thematisiert die Anwendung militärischer
Gewalt als Gegengewalt. Dabei könne „[d]as Ziel, Gewaltanwendung aus der
internationalen Politik zu verbannen, (…) mit der Pflicht kollidieren, Menschen
vor fremder Willkür und Gewalt wirksam zu schützen". Die Ethik rechtserhaltender Gewalt bzw. die Sicht, militärische Gewalt gegebenenfalls als letztes
Mittel zur internationalen Rechtsdurchsetzung einsetzen zu müssen, kann innerhalb der evangelischen als auch der katholischen Kirche als Mainstream gelten.
Dennoch finden sich auch prinzipielle Einwände gegen diese Position. Dafür
zeugen beispielsweise die friedensethischen Diskussionen und Stellungnahmen
der Evangelischen Landeskirche in Baden der letzten Jahre (vgl. EKiBa 2013: 10).

Auf ihrem Weg, eine Kirche des gerechten Friedens zu werden, spricht sich diese explizit für einen Ausstieg aus der militärischen Option aus.

5 Kontroversen um die Anwendung militärischer Gewalt

Die Kontroversen um die Anwendung militärischer Gewalt stehen – entgegen der eigentlichen Intention des Konzeptes des gerechten Friedens, den Blick zu weiten und auf die Verwirklichung eines umfassenden Friedens zu richten – nach wie vor im Fokus der Debatten. Diese bewegen sich zwischen zwei friedensethischen Polen: Die eine Position setzt auf eine „Ethik der auf Gewaltfreiheit fokussierten Jesusnachfolge" (Oberdorfer 2021) und lehnt jegliche militärische Gewalt ab. Vertreterinnen und Vertreter der anderen Position argumentieren – wie auch in der Friedensdenkschrift der EKD geschehen –, dass militärische Gewalt in extremen Situationen und unter Einhaltung eng gesetzter ethischer Kriterien legitim sein könne. Dabei ist keine der beiden Positionen frei von grundsätzlichen und schwerwiegenden Einwänden: „Das Gewaltproblem zeigt vielmehr eine aporetische Grundstruktur, sobald man es auf seine ethischen Implikationen und faktischen Entwicklungsdynamiken hin untersucht" (Hoppe 2022a).

Wer für ausschließlich gewaltvermeidende Strategien optiert, bleibt die Antwort auf die Frage schuldig, wie Menschen und Bevölkerungsgruppen vor Menschenrechtsverletzungen und massiver Gewalt wie Völkermord, Kriegsverbrechen, Verbrechen gegen die Menschlichkeit oder ethnischen Säuberungen geschützt werden können. Recht – national wie international – bedarf seiner Durchsetzung. Es ist „auf die Existenz eines funktionsfähigen staatlichen Gewaltapparates angewiesen (…), ohne den man der Aggression des Unrechts wehrlos gegenüberstünde" (Oeter 2021). Beispielhaft stehen hierfür die Massaker in Ruanda (1994) und Srebrenica (1995). Gegenüber Verbrechen dieser Art „ist eine solche Position letztlich wehrlos und läuft auf unterlassene Hilfeleistung für Menschen hinaus, die geschützt bzw. gerettet werden könnten" (Hoppe 2022a).

Aber auch der andere friedensethische Pol, mit dem sich das Konzept „Frieden durch Recht" verbindet, birgt Risiken. Die Symbiose beider Termini ist nicht so eindeutig wie es sich zunächst vermuten lässt. Einerseits dient Recht dazu, Willkür einzuschränken und zu überwinden und Frieden zu befördern. Ohne Recht lässt sich kein Frieden stiften (vgl. Brock 2020: 154). Andererseits muss Recht auch durchgesetzt werden. In diesem Sinne schließen sich Recht und Gewalt einander nicht aus, ganz im Gegenteil: „Gewalt ist nicht Gegenbegriff, sondern Konstituens des Rechts" (Brücher 2020: 92). Bereits Walter Benjamin

(1965 [1921]) verwies auf diese rechtsinhärente Logik. Dabei ist nicht nur zwischen der Willkür *(violentia)* und der rechtserhaltenden Gewalt zu ihrer Einhegung *(potestas)* zu differenzieren; auch die Ausübung von Recht wird von Willkür begleitet (vgl. Brock 2020: 164). Da das Recht in konkrete politische und soziale Kontexte eingebettet ist, ist es „immer auch als Produkt der bestehenden Gewaltverhältnisse zu verstehen (…), unter denen es der Gewalt Einheit gebieten soll" (Brock 2019: 141). Das gilt auch für das Völkerrecht. So ist Recht stets mit Komponenten von Herrschaft, Ungleichheit und Interessendurchsetzung „verunreinigt" (Oeter 2021). Diese bestehenden Verknüpfungen stellen eine der zentralen Herausforderungen des Ansatzes „Frieden durch Recht" dar. Sie zeigen sich sehr deutlich in der UN-Charta. Insbesondere die Konstellation des UN-Sicherheitsrates mit dem Vetorecht seiner fünf ständigen Mitglieder verweist auf internationale Machtverhältnisse und die politische Einflussnahme auf das Völkerrecht. Bis heute führt sie dazu, dass kollektive Sicherheit an ihre Grenzen stößt, wenn Partikularinteressen von ständigen Sicherheitsmitgliedern betroffen sind (vgl. auch Werkner 2021: 11 ff.).

6   Der gerechte Frieden – eine Orientierung für christliche Soldatinnen und Soldaten?

Widerspruchsfrei ist die Anwendung militärischer Gewalt nicht. Die obigen Ausführungen verweisen auf ihre aporetische Grundstruktur. Daraus folgt, „dass zwar auf der einen Seite ein starkes Desiderat darin besteht, die Rolle von Streitkräften zu minimieren – dass aber auf der anderen Seite die Fähigkeit erhalten bleiben muss, den friedensethischen Auftrag, Leben, Menschenwürde und Menschenrechte weltweit schützen zu können, so weit wie möglich zu verwirklichen. Denn dieser Auftrag sieht sich nicht den Partikularinteressen eines Staates und seiner Bürger verpflichtet, sondern dem Schutz grundlegender Güter für jeden Menschen" (Hoppe 2022a). In diesem Sinne heißt es auch in der Friedensdenkschrift der EKD (2007: Ziffer 60):

> „Das christliche Ethos ist grundlegend von der Bereitschaft zum Gewaltverzicht (Mt 5,38 ff.) und vorrangig von der Option für die Gewaltfreiheit bestimmt. In einer nach wie vor friedlosen, unerlösten Welt kann der Dienst am Nächsten aber auch die Notwendigkeit einschließen, den Schutz von Recht und Leben durch den Gebrauch von Gegengewalt zu gewährleisten (vgl. Röm 13, 1-7). Beide Wege, nicht nur der Waffenverzicht, sondern ebenso der Militärdienst setzen im Gewissen und voreinander verantwortete Entscheidungen voraus."

Im individuellen Handeln wird hier auf das Gewissen verwiesen – das Gewissen als „Stimme", die „uns derart ruft, dass wir uns ihr nicht entziehen können" (Delhom 2018: 109). Dabei gilt, dass „das Gewissen nicht im Allgemeinen [bestimmt], was gut oder schlecht, erlaubt, verboten oder geboten, richtig oder falsch ist. (…) Es verpflichtet jeweils mich und nur mich zu einem Handeln, das in meiner Verantwortung liegt" (Delhom 2018: 112).

Was macht aber ein gutes bzw. „wohl unterrichtetes Gewissen" (Stümke 2015: 258 ff.) aus? Insbesondere kommen hier zwei Aspekte zum Tragen: Zum einen muss die Handlung für das Individuum ein „gutes Werk" darstellen. Für die Soldatin und den Soldaten heißt dies, „die Sinnhaftigkeit des eigenen Berufes" (Stümke 2015: 258) zu erkennen. Mit Bezug auf Martin Luther und seine Berufsethik tun Soldatinnen und Soldaten – so Bernd Oberdorfer (2021) – „nichts Gottwidriges, wenn [sie] die äußere (Rechts-)Ordnung mit militärischen Mitteln wiederherstell[en], sofern dies mit ‚zivilen' Mitteln nicht (mehr) möglich ist". Nicht die Eroberung im Krieg und das Töten sind Inhalt des soldatischen Selbstverständnisses der Bundeswehr, sondern die Friedenssicherung und der Schutzgedanke und dies unter Einhaltung enger ethischer Kriterien militärischer Gewaltanwendung. Im Leitbild des gerechten Friedens steht hierfür das Konstrukt der rechtserhaltenden Gewalt. Dieses formuliert zugleich aber auch die Grenzen des rechtserhaltenden militärischen Gewaltgebrauchs. Das verweist auf den zweiten Aspekt: Ein „wohl unterrichtetes Gewissen" weiß um „die Grenzen des Berufes" (Stümke 2015: 259) – „sei es als berufliches Versagen, sei es als Erfahrung der Machtlosigkeit, sei es in einem Dilemma" (Stümke 2015: 259). Sie ist Ausdruck der oben beschriebenen aporetischen Grundstruktur militärischer Gewalt. Auch schließt sie die Einsicht in die Fehlbarkeit des eigenen Gewissensurteils mit ein.

Was bedeuten nun aber radikalpazifistische Forderungen in der christlichen Friedensethik? Denn auch Vertreterinnen und Vertreter dieser Position argumentieren mit dem gerechten Frieden und beanspruchen die rechte Interpretation dieses Leitbildes für sich. Beispielhaft lässt sich hier die Evangelische Kirche in Baden (EKiBa) oder auch die Friedenssynode der EKD 2019 anführen, die sich beide weitgehend von der komplementären Denkfigur verabschiedet haben und einseitig auf den Weg der Gewaltfreiheit setzen. Diese Position stellt für christliche Soldatinnen und Soldaten wie auch für die Militärseelsorge in der Tat eine erhebliche Herausforderung dar. Denn dann lässt sich zu Recht mit Bernd Oberdorfer (2021) fragen, ob ihr Dienst nicht von ihrer eigenen Kirche „als letztlich unvereinbar mit einem christlichen Ethos" beurteilt werden müsse.

„Nur wenn die Kirche guten Gewissens evangelische Soldatinnen und Soldaten darin bestärken kann, ihren Dienst ihrerseits guten Gewissens zu verantworten (was im Übrigen kritische Reflexion nicht aus-, sondern einschließt!), dann kann sie deren geistliche Betreuung weiterhin konstruktiv gestalten. Eine Militärseelsorge, die sich auf die kommunikative Perpetuierung von Dilemmakonstellationen und die Erzeugung von chronisch schlechtem Gewissen beschränkt, wäre jedenfalls geistlich trostlos und trüge auch zur berufsethischen Urteilsbildung der Soldatinnen und Soldaten wenig Orientierendes bei" (Oberdorfer 2021).

7   Fazit

Die friedensethischen Debatten um die (De)Legitimierung militärischer Gewalt bestehen auch im Leitbild des gerechten Friedens fort. Das ist nicht nur ein Phänomen deutscher friedensethischer Debatten, auch international zeigen sich kirchliche Kontroversen in der Frage der Anwendung militärischer Gewalt. So lassen sich – wenn man den Blick weitet – verschiedene friedensethische Argumentationslinien ausmachen (vgl. Werkner 2018b): (1) christlich-pazifistische Positionen, die vor allem von den historischen Friedenskirchen vertreten werden, (2) eine auf den Schutz der Menschenrechte abzielende Argumentation, die Gewalt als letztes Mittel zum Schutz gefährdeter Bevölkerungsgruppen nicht kategorisch ausschließt – hier verorten sich auch die deutschen Bischöfe (2000) und die EKD mit ihrer Friedensdenkschrift (2007) sowie (3) die Lehre vom gerechten Krieg, die nach wie vor von etlichen Kirchen im angloamerikanischen Raum vertreten wird. Bei Letzterem gibt es verschiedene Facetten: Die anglikanische Kirche in England oder auch die *American Baptist Churches* in den USA bejahen durchaus den Vorrang gewaltfreier Lösungen, beziehen sich aber auf die *bellum iustum*-Lehre, wenn es um die Anwendung militärischer Gewalt geht. Demgegenüber stehen aber auch Kirchen wie die *Southern Baptist Convention*, die – theologisch und politisch konservativ – als einzige Kirche überhaupt den Irakkrieg als einen gerechten Krieg bewertet hat.

Allen friedensethischen Debatten inhärent ist das Dilemma militärischer Gewaltanwendung. Als prägend für die Positionierung in die eine oder andere Richtung können sich dabei die verschiedenen kirchlichen Traditionen, politischen Situationen sowie kontextspezifischen Gegebenheiten erweisen. Zugleich können Dissense in den ethischen Diskursen auf verschiedenen „logischen Ebenen" verortet sein und entweder auf differierende moralische Werturteile oder aber auch auf strittige empirische Faktenlagen fußen (Hoppe 2022b). Angesichts dieser Dilemmasituation kommt dem individuellen Gewissen im Leitbild des gerechten Friedens eine zentrale Bedeutung zu. Gerade

Soldatinnen und Soldaten als Trägerinnen und Träger des äußeren Gewalt-monopols des Staates benötigen ein „wohl unterrichtetes Gewissen". Hier kann die ethische Bildungsarbeit innerhalb der Streitkräfte durch die Militärseel-sorgerinnen und -seelsorger dazu beitragen, verschiedene ethische Dimensionen, Perspektiven und Kontroversen aufzuzeigen und das Gewissen zu schärfen.

Annotierte Auswahlbibliografie

Meireis, Torsten (Hrsg.) (2012): Gewalt und Gewalten. Tübingen: Mohr Siebeck.

Dieser Sammelband verhandelt das Konstrukt der rechtserhaltenden Gewalt unter verschiedenen Fragestellungen, Perspektiven und Problemlagen.

Werkner, Ines-Jacqueline/Ebeling, Klaus (Hrsg.) (2017): Handbuch Friedens-ethik. Wiesbaden: Springer VS.

Dieses Handbuch bietet eine umfassende, systematische Übersicht zu zentralen Aspekten der Friedensethik, einen interdisziplinären Zugang zum Stand der Forschung sowie zu aktuellen politischen und gesellschaftlichen Debatten.

Werkner, Ines-Jacqueline/Jäger, Sarah (Hrsg.) (2018–2021): Reihe „Gerechter Frieden". Wiesbaden: Springer VS.

Diese Reihe versammelt 26 Bände zum christlichen Leitbild des gerechten Friedens. Dabei werden Analysen fortgeführt, um neue Problemlagen erweitert sowie Konkretionen vorgenommen.

Literatur

Benjamin, Walter (1965 [1921]): Zur Kritik der Gewalt und andere Aufsätze. Frankfurt a. M.: Suhrkamp.

Brock, Lothar (2019): Rechtserhaltende Gewalt im Kontext einer komplexen Friedens-agenda. In: Werkner/Meireis (2019): 1 17–148.

Brock, Lothar (2020): Frieden durch Recht. Recht durch Krieg? In: Jäger/Brock (2020): 147–167.

Brücher, Gertrud (2020): Normkollisionen, Menschenrecht und Völkerrecht – Eine Leges-Hierarchie? In: Jäger/Brock (2020): 91–120.

Delhom, Pascal (2018): Die Rolle des Gewissens im politisch-ethischen Leitbild des gerechten Friedens. In: Jäger/Strub (2018): 107–128.

Die deutschen Bischöfe (2000): Gerechter Friede. Bonn: Sekretariat der Deutschen Bischofskonferenz.

Ebeling, Klaus (2006): Militär und Ethik. Moral- und militärkritische Reflexionen zum Selbstverständnis der Bundeswehr. Stuttgart: Kohlhammer.

Evangelische Kirche in Baden (EKiBa) (2013): „Richte unsere Füße auf den Weg des Friedens" – ein Diskussionsbeitrag aus der Evangelischen Landeskirche in Baden. Karlsruhe: EKiBa.

Evangelische Kirche in Deutschland (EKD) (2007): Aus Gottes Frieden leben – für gerechten Frieden sorgen. Eine Denkschrift des Rates der EKD. Gütersloh: Gütersloher Verlagshaus.

Galtung, Johan (1975): Strukturelle Gewalt. Beiträge zur Friedens- und Konfliktforschung. Reinbek bei Hamburg: Rowohlt.

Hoppe, Thomas (2011): Der Gerechte Friede – Ein Paradigmenwechsel in der christlichen Friedensethik? In: Werkner/Kronfeld-Goharani (2011): 57–72.

Hoppe, Thomas (2022a): Gewaltprävention als Leitperspektive. Zur Bedeutung der Forderung nach Gewaltfreiheit für christliche Soldatinnen und Soldaten – eine Positionsbestimmung aus katholischer Perspektive. In: Stoppel/Dörfler-Dierken (2022): 145–167.

Hoppe, Thomas (2022b): Pluralismus in der Friedensethik – Legitimität und Grenzen. Eine Positionsbestimmung aus katholischer Perspektive. In: Stoppel/Polke (2022): 77–99.

Hoppe, Thomas/Werkner, Ines-Jacqueline (2017): Der gerechte Frieden: Positionen in der katholischen und evangelischen Kirche in Deutschland. In: Werkner/Ebeling (2017): 343–359.

Huber, Wolfgang und Hans-Richard Reuter (1990): Friedensethik. Stuttgart: Kohlhammer.

Jäger, Sarah/Brock, Lothar (Hrsg.) (2020): Frieden durch Recht – Anfragen an das liberale Modell. Wiesbaden: Springer VS.

Jäger, Sarah/Scheffler, Horst (Hrsg.) (2018): Frieden und Gerechtigkeit in der Bibel und in kirchlichen Traditionen. Wiesbaden: Springer VS.

Jäger, Sarah/Strub, Jean-Daniel (Hrsg.) (2018): Gerechter Frieden als politisch-ethisches Leitbild. Wiesbaden: Springer VS.

Jäger, Sarah/Werkner, Ines-Jacqueline (Hrsg.) (2018): Gewalt in der Bibel und in kirchlichen Traditionen. Wiesbaden: Springer VS.

Körtner, Ulrich (2006): Flucht in die Rhetorik. Der Protestantismus muss eine Friedensethik entwickeln, die heutigen Kriegen gerecht wird. In: Zeitzeichen, 7: 9, 12–14.

Leonhard, Nina/Franke, Jürgen (Hrsg.) (2015): Militär und Gewalt. Sozialwissenschaftliche und ethische Perspektiven. Berlin: Duncker & Humblot.

Oberdorfer, Bernd (2018): „Gerechter Frieden" – mehr als ein weißer Schimmel? Überlegungen zu einem Leitbegriff der neueren theologischen Friedensethik. In: Jäger/Scheffler (2018): 13–30.

Oberdorfer, Bernd (2022): Gewaltfreiheit in der Nachfolge Jesu. Die friedensethische (Neu-?)Positionierung der EKD und ihre Auswirkung auf die professionsethische Selbstreflexion evangelischer Soldatinnen und Soldaten. In: Stoppel/Dörfler-Dierken (2022): 129–144.

Ökumenischer Rat der Kirchen (ÖRK) (2011): Ein ökumenischer Aufruf zum gerechten Frieden. Kingston/Jamaika: ÖRK.

Oeter, Stefan (2022): Die Institution Bundeswehr und die kirchliche Forderung nach Gewaltfreiheit. Input aus rechtlicher Perspektive. In: Stoppel/Dörfler-Dierken (2022): 93–127.

Rittberger, Volker (1977): „Frieden ist mehr als kein Krieg": Gewaltpolitik als Problem der Friedensforschung. In: Aus Politik und Zeitgeschichte, 20, 19–29.

Schneider, Patricia/Bunge, Kirstin/Sebastian, Horst/Hiéramente, Mayeul/Brzoska, Michael/Neuneck, Götz (2017): Frieden in verschiedenen Wissenschaftsdisziplinen. In: Werkner/Ebeling (2017): 5575.

Senghaas-Knobloch, Eva (2009): „... für gerechten Frieden sorgen" – Zur Einführung in die neue Friedens-Denkschrift des Rats der EKD. In: Werkner/Liedhegener (2009): 135–148.

Stoppel, Hendrik/Dörfler-Dierken, Angelika (Hrsg.) (2022): Gewaltfreiheit zwischen Anspruch und Realität. Wiesbaden: Springer VS.

Stoppel, Hendrik/Polke, Christian (Hrsg.) (2022): Pluralität und Pluralismus in der evangelischen Friedensethik. Wiesbaden: Springer VS.

Strub, Jean-Daniel (2010): Der gerechte Friede. Spannungsfelder eines friedensethischen Leitbegriffs. Stuttgart: Kohlhammer.

Stümke, Volker (2015): Ethische Normen für Soldaten im Umgang mit Gewalt. In: Leonhard/Franke (2015): 251–263.

Werkner, Ines-Jacqueline (2017): Zum Friedensbegriff in der Friedens- und Konfliktforschung. In: Werkner/Ebeling (2017): 19–32.

Werkner, Ines-Jacqueline (2018a): Gerechter Frieden. Das fortwährende Dilemma militärischer Gewalt. Bielefeld: transcript.

Werkner, Ines-Jacqueline (2018b): Kirchliche Diskurse um die Anwendung militärischer Gewalt. Eine empirische Perspektive. In: Jäger/Werkner (2018): 87–116.

Werkner, Ines-Jacqueline (2021): Gerechter Frieden. Im Spannungsfeld zwischen ziviler Konfliktbearbeitung und rechtserhaltender Gewalt. Wiesbaden: Springer VS.

Werkner, Ines-Jacqueline/Ebeling, Klaus (Hrsg.) (2017): Handbuch Friedensethik. Wiesbaden: Springer VS.

Werkner, Ines-Jacqueline/Kronfeld-Goharani, Ulrike (Hrsg.) (2011): Der ambivalente Frieden. Die Friedensforschung vor neuen Herausforderungen. Wiesbaden: VS Verlag für Sozialwissenschaften.

Werkner, Ines-Jacqueline/Liedhegener, Antonius (Hrsg.) (2009): Gerechter Krieg – gerechter Frieden. Religionen und friedensethische Legitimationen in aktuellen militärischen Konflikten. Wiesbaden: VS Verlag für Sozialwissenschaften.

Werkner, Ines-Jacqueline/Meireis, Torsten (Hrsg.) (2019): Rechtserhaltende Gewalt – Eine ethische Verortung. Wiesbaden: Springer VS.

Werkner, Ines-Jacqueline, Dr. rer. pol. habil.; Leiterin des Arbeitsbereichs Frieden der Forschungsstätte der Evangelischen Studiengemeinschaft e.V. (FEST) in Heidelberg sowie Privatdozentin am Institut für Politikwissenschaft der Goethe-Universität Frankfurt a. M.

Das Militär im Statebuilding aus interventionssoziologischer Perspektive

Thorsten Bonacker und Werner Distler

1 Einleitung: Kontinuitäten und Wandel internationaler Interventionen

Mit dem Ende des Ost-West-Konflikts begann in den 1990er-Jahren das Zeitalter des „New Interventionism" (Doyle und Sambanis 2006: 6), d. h. der Wiederentdeckung militärischer Interventionen als Mittel der internationalen Politik. Obgleich sich Zielstellungen und politische Konstellationen von Interventionen im letzten Jahrzehnt durchaus gewandelt haben, lässt sich doch eine erstaunliche Kontinuität konstatieren. Noch immer sind diese geprägt vom Einsatz der Streitkräfte. Diese stammen in den UN-mandatierten Operationen nach wie vor zu einem Großteil aus dem sogenannten „Globalen Süden" (Cunliffe 2013). Auch ehemals sehr zurückhaltende Großmächte wie China stellen längst große Truppenkontingente im Peacekeeping (He 2019). Zusätzlich haben die Europäische Union, die NATO und weitere regionale Organisationen wie die Afrikanische Union oder *Economic Community of West African States* (ECOWAS) erheblichen Anteil an militärischen Interventionen (Zondi 2017). Der Wandel internationaler Intervention ist also nicht unbedingt in der Anzahl von Operationen oder beteiligter Akteure zu erkennen, sondern besonders in den

T. Bonacker (✉)
Zentrum für Konfliktforschung, Philipps-Universität Marburg, Marburg, Deutschland
E-Mail: thorsten.bonacker@staff.uni-marburg.de

W. Distler
Faculty of Arts, University of Groningen, Groningen, Niederlande
E-Mail: werner.distler@rug.nl

© VS Verlag für Sozialwissenschaften | Springer Fachmedien Wiesbaden GmbH, Wiesbaden 2023
N. Leonhard und I.-J. Werkner (Hrsg.), *Militärsoziologie – Eine Einführung*, https://doi.org/10.1007/978-3-658-30184-2_10

Mandatszielen und der Praxis, die sich auch direkt auf beteiligte Streitkräfte auswirkt. Waren die 1990er und frühen 2000er-Jahre noch von einer gewissen Euphorie und der Hoffnung geprägt, Menschenrechtsverletzungen und bewaffnete Konflikte könnten durch multilaterale militärische Interventionen gestoppt und auch nachhaltig beendet werden, so ist seitdem die Zahl umfangreicher Statebuilding-Operationen, beispielsweise im Rahmen von Internationalen Administrationen und auch politisch sehr einflussreichen Missionen, vor allem nach den Interventionen in Afghanistan und Libyen, weiter zurückgegangen (Gromes und Dembinski 2019).

Der Diskurs über den Wiederaufbau zerfallener oder fragiler Staaten und Demokratisierung, der im ersten Jahrzehnt des neuen Jahrtausends noch sehr präsent war, hat sich abgeschwächt. Die Mandate der Interventionen der vergangenen Jahre lesen sich deutlich weniger ambitioniert und zielen nicht mehr auf große gesellschaftliche Reformen, sondern auf politische Stabilisierung und konkrete Ziele wie *protection of civilians* oder *counterinsurgency*. Militärische Interventionen mit eindeutig politischer Zielsetzung, wie beispielsweise die ECOWAS Intervention in Gambia im Dezember 2017 zur Unterstützung der Amtsübernahme des neu gewählten Präsidenten, sind seltener geworden. Stattdessen lässt sich ein stetiger Anstieg von robusten Einsätzen beobachten, in denen international mandatierte Truppen zum Eigenschutz, zum Schutz Dritter, aber auch als Teil von *security governance* kontinuierlich in Kämpfe verwickelt sind. Das Modell des leicht bewaffneten, neutralen ,Peacekeepers', das in der Zeit des Ost-West-Konflikts überwog, befindet sich noch stärker im Rückgang. Auch Humanitäre Interventionen, lange Zeit Dreh- und Angelpunkt der Debatte über berechtigte Gewalt und Eingriffe von außen (Dembinski et al. 2019), spielen momentan keine herausragende Rolle im Interventionsgeschehen: Nicht zuletzt aufgrund der Polarisierung im UN-Sicherheitsrat sind UN-Interventionen in stark umstrittenen Kontexten wie Syrien, der Ost-Ukraine oder Jemen nicht mehr zustande gekommen. Eine größere internationale Bereitschaft zur Mandatierung militärischer Interventionen lässt sich für Fälle feststellen, in denen die Bekämpfung von Terrorismus eine zentrale Komponente darstellt, wie etwa in Somalia, Mali oder Afghanistan.

Im folgenden Beitrag können nicht alle Aspekte des Militärs als zentraler Akteur von Interventionen berücksichtigt werden. Es geht vielmehr darum, eine soziologische Perspektive auf militärgestützte Interventionen zu skizzieren und dabei deutlich zu machen, dass eine solche Perspektive auch für militärsoziologische Fragen von großer Bedeutung ist. In der Forschung über Interventionen war die Soziologie lange Zeit nicht präsent. Die Frage nach gesellschaftlichen

Folgen von Interventionen, nach sozialem Wandel und gesellschaftlichen Wahrnehmungsmustern von Akteuren spielte keine besonders große Rolle. Allerdings ist in den letzten Jahren die Zahl von Arbeiten gestiegen, die Interventionen als soziale und gesellschaftliche Prozesse begreifen und untersuchen, inwiefern sich Sozialstrukturen, Organisationskulturen und gesellschaftliche Institutionen im Zuge des nachhaltigen Eingreifens externer Akteure wandeln (Autesserre 2014; Distler 2016).

Interventionen lassen sich zunächst allgemein verstehen als militärgestütztes Eingreifen externer Akteure, die dadurch die Souveränität eines Staates verletzen – unabhängig davon, ob dies völkerrechtlich legitim ist. Jeff L. Holzgrefe (2003: 18) definiert Interventionen als „the threat or use of force across state borders by a state (or group of states) aimed at preventing or ending widespread and grave violations of fundamental human rights of individuals other than its own citizens, without the permission of the state within whose territory force is applied".

Wenige Interventionen enden nach kurzer Zeit mit dem Abzug von Militär oder dem Ende von Kampfhandlungen. Häufig verbleibt militärisches oder ziviles Personal im Zielland und etabliert darüber für solche Interventionsgesellschaften typische soziale Muster und Strukturen – in Afghanistan, im Kosovo oder in der Demokratischen Republik Kongo wird inzwischen seit Jahrzehnten ununterbrochen interveniert. Deshalb empfiehlt es sich, Interventionen konzeptionell weiter zu fassen und die Beteiligung des Militärs zwar als Ausgangs-, nicht aber als Endpunkt einer Intervention zu verstehen. Interventionen sind dann fortgesetzte externe Eingriffe in die territoriale Souveränität, ohne dass dies zwingend völkerrechtswidrig sein muss. Interventionen finden demzufolge jenseits militärischer Zwangsmaßnahmen auch durch die konditionierte Entwicklungszusammenarbeit, durch externe Unterstützungen der Zivilgesellschaft oder im Rahmen der Politik internationaler Organisationen wie der Weltbank oder Unterorganisationen der Vereinten Nationen statt.

Im Verlauf des letzten Jahrzehnts erhalten kritische Betrachtungen internationaler Interventionen noch mehr Raum in der Forschungsliteratur, angesichts vieler anhaltender Probleme und Enttäuschungen mit den Ergebnissen militärischer Interventionen (Paris und Sisk 2009; Visoka und Richmond 2017). Viele der zentralen Fragen haben sich dabei nicht verändert: Wie kann man durch im Zuge von Interventionen entstehende Abhängigkeit Unabhängigkeit schaffen? Wie lässt sich lokale oder nationale politische Autorität unter den Bedingungen wahrgenommener Fremdherrschaft herstellen? Wie kann man mit begrenzten Mitteln in kurzer Zeit umfangreiche und nachhaltige Ergebnisse vorweisen? Wie kann man kolonialen Habitus externer Intervenierender und neokoloniale Praxis von Interventionen vermeiden? Wie kann man normative Kohärenz zwischen den

Intervenierenden und Intervenierten über die Ziele der Interventionen erzeugen und erhalten? Besondere Aufmerksamkeit hat im vergangenen Jahrzehnt aber die Debatte über „local ownership", „local turn" und die emanzipatorische *agency* von Akteuren in intervenierten Gesellschaften bekommen. Standen früher nur in Ausnahmefällen lokale Akteure im Mittelpunkt von Analysen (vgl. u. a. Pouligny 2005, 2006; Koehler und Zürcher 2007; Roberts 2009; Bonacker et al. 2010; Rubinstein 2008), richtet sich der Blick in der Forschung schon länger auf Akteure und deren Einfluss vor Ort bzw. auf die komplexen Interaktionen und Ergebnisse von Interaktionen – was sicherlich als ein Erfolg soziologischer und auch anthropologisch inspirierter Interventionsforschung bewertet werden kann, die den Fokus auf gesellschaftliche Kräfte, soziale Prozesse und Interaktionen immer betont hat.

Der Wandel der Perspektive auf Interventionen und auch die enge Verbindung von Praxis und Literatur soll zuerst anhand der Debatten über zivil-militärische Beziehungen und des Schutzes von Zivilbevölkerung in der Intervention skizziert werden. Im Anschluss werden weitere ausgewählte soziologische Perspektiven vorgestellt, die auch das Militär betreffen.

2   Zivil-militärische Beziehungen und *Civilian Protection* in der Intervention

In der Forschung zum Militär im State- und Peacebuilding gehören die zivil-militärischen Beziehungen zu den zentralen Themen. In der Literatur über die Umsetzung der Interventionsziele dominierten dabei lange Zeit Arbeiten mit praxis- beziehungsweise *policy*-orientierter Ausrichtung. Diese Arbeiten konzentrieren sich auf die Ziele der Intervenierenden, auf Definitionen der notwendigen Aufgaben und auf die operative Durchführung dieser Aufgaben in einem komplexen multinationalen Umfeld unter der Bedingung von Ressourcenknappheit (vgl. Caplan 2002; Fukuyama 2004; Schneckener 2007). Diese Aufgaben wie das Errichten neuer, funktionsfähiger staatlicher Institutionen, die Durchführung von Wahlen, der (Wieder)Aufbau öffentlicher Infrastruktur, die Demobilisierung und Entwaffnung von Konfliktparteien, Friedenssicherung sowie wirtschaftlicher (Wieder)Aufbau und Entwicklung werden in der Literatur oftmals nur wenig mit gesellschaftlichen Prozessen in Verbindung gebracht, sondern lediglich unter dem Gesichtspunkt analysiert, ob sie ‚richtig' oder ‚falsch' durchgeführt werden. Im Mittelpunkt steht, was aus vergangenen Missionen gelernt werden kann, um den „Failure of Institutional Memory" (Fukuyama 2006: 1), also das ständige Wiederholen von Fehlern in der Interventionspraxis aufgrund unzureichender Evaluation und mangelhafter Policies, zu verhindern. Dieser starke Fokus auf „lessons learned" (Doyle und Sambanis 2006; Fukuyama 2006) zeigt sich in der Literatur auch hinsichtlich der Rolle des Militärs in Interventionen. Im Mittelpunkt stehen Fragen nach der Schnelligkeit der Entsendung und Stationierung sowie der Problematik der Interoperabilität multinationaler Streitkräfte, also der Zusammenarbeit unterschiedlicher Militärsysteme oder der Koordination multinationaler Truppen (beispielsweise unter UN-Mandat).[1]

Eine zentrale Diskussion über die Rolle des Militärs in Interventionen entwickelte sich über den Begriff der zivil-militärischen Beziehungen (oder Kooperationen), also der Beziehungen und der Zusammenarbeit zwischen externen Streitkräften und zivilen Organisationen in Interventionen. In diesem Kontext sind CIMIC *(Civil-Military Cooperation)* oder auch CMCoord *(Civil Military Coordination)* bei den Vereinten Nationen Gegenstand deutlicher Kontroversen. So wird die allgemeine Erweiterung der Aufgaben und Einflussnahme des Militärs auf humanitäre Hilfe und Entwicklungszusammenarbeit in Interventionen in der Literatur weitestgehend kritisch betrachtet (vgl. Maihold 2005). Die neue „taktische Doktrin" CIMIC (Burghardt und Pietz 2006: 2) – entwickelt im Zusammenhang mit der NATO-Strategie in Afghanistan und seitdem ein Kernelement militärischer Interventionsstrategien – kann als Beispiel dafür gelten, wie ein Policy-Begriff intervenierender Akteure sich den Weg in die wissenschaftliche Literatur gebahnt hatte und dort für Analysezwecke benutzt und ausgeweitet wurde. Prominentestes Fallbeispiel waren Afghanistan und die dort entwickelten *Provincial Reconstruction Teams* (PRTs) (z. B. Koehler 2010; Preuss 2008). Beispielhaft können anhand der Literatur über CIMIC die oben erwähnten Lücken in der Forschung über die sozialen und kulturellen Dimensionen von Interventionen identifiziert werden. So teilte sie weitestgehend den pragmatischen Fokus der Literatur über Interventionen und vermied – bis auf wenige Ausnahmen (Ankersen 2008) – die Einbettung in theoretische Rahmen oder die Entwicklung theoretischer Perspektiven. Akteursbeziehungen in den CIMIC wurden dabei kaum analysiert. Die wenigen Ausnahmen der Literatur, in denen lokale Akteure in den Blickpunkt geraten, betrachten zivil-militärische Beziehungen hauptsächlich aus strategischen Gesichtspunkten heraus, also hinsichtlich welcher Strategien sich militärische Akteure in der Koordination und Interaktion mit zivilen Akteuren bedienen sollten und welche Handlungslogiken

---

[1] Siehe hierzu auch den Beitrag zu Militärischer Multinationalität von *Kraft* in diesem Band.

auf den unterschiedlichen Ebenen nötig sind, um Erfolge durch zivil-militärische Beziehungen vorweisen zu können (vgl. Fitz-Gerald 2004; Guttieri 2004). Lokale Akteure oder die Zivilbevölkerung spielten ansonsten größtenteils keine Rolle und wenn, dann nur als zu behandelndes Objekt oder Spoiler.

Während die Debatte über zivil-militärische Beziehungen bzw. Maßnahmen in Interventionen mit dem Wandel des Einsatzes vor allem in Afghanistan nachgelassen hat, lässt sich anhand einer nachfolgenden, neueren Debatte über „civilian protection" (Hultman et al. 2013) ein ganz ähnliches Muster erkennen. Wieder folgt die Diskussion einem neuen ‚Trend' in den Mandaten. Wie einleitend erläutert wurde, findet sich bei UN-Missionen ein deutlicher Wandel hin zu robusten Einsätzen. In der Literatur wird diese Tendenz seit rund einem Jahrzehnt debattiert, mit einem Schwerpunkt, der in den Mandaten selbst zentral geworden ist: Der Schutz von Zivilistinnen und Zivilisten in Konflikten (*Civilian Protection*). Dieses Ziel hat sich verstärkt aus der grundsätzlichen Debatte über die „responsibility to protect" entwickelt (Labonte 2012). Der Mandatspraxis folgend, hat die Debatte die praktischen und politischen Herausforderungen, aber auch Risiken dieser Schutzpraxis durch UN und andere internationale Truppen in den Mittelpunkt gestellt (Fjelde et al. 2019; Nasu 2011). Inzwischen sind sich policy-nahe und kritische Forschung weitgehend einig, dass internationale Truppen in Kampfeinsätzen in unübersichtlichen Konflikten bzw. die durch Kämpfe entstehende Gewalt eher eine Gefahr für Zivilistinnen und Zivilisten darstellen und dass häufig die Ziele von *Civilian Protection* nicht erreicht werden können (Hunt 2017; Gelot 2017). Gerade relationale Analysen, die die Folgen von Interventionspraxis und Gewalt in einen räumlichen und gesellschaftlichen Zusammenhang stellen, konnten die negativen Auswirkungen von Militarisierung auf Schutzbemühungen belegen (Wiuff Moe 2021).

3   Die politische Soziologie von Interventionen

In der Forschung zu Interventionen lässt sich seit einigen Jahren eine Art ‚sociological turn' feststellen, durch den soziale und gesellschaftliche Aspekte des Interventionsgeschehens stärker in den Mittelpunkt treten (Bliesemann de Guevara 2012; Goetze 2020). Im Folgenden sollen Beispiele für die politische Soziologie von Interventionen kurz vorgestellt werden.

3.1 Interaktion und Konflikte in Interventionsgesellschaften

Soziologische Arbeiten zu Peacebuilding und Interventionen haben Interaktionen zwischen verschiedenen Akteursgruppen sowie Untersuchungen des Alltags von Interventionen in den Mittelpunkt der Analyse gerückt. Studien fokussieren dabei die Interaktionen von externen und lokalen Eliten (Barnett et al. 2014; Hensell und Gerdes 2012) wie auch die gegenseitigen Wahrnehmungen und Auswirkungen von (Alltags)Interaktionen von kollektiven oder individuellen Akteuren in der Intervention (Pouligny 2006; Talentino 2007; Distler 2016).

Studien zur politischen Soziologie von Interventionen teilen zumeist das Ansinnen, (soziologische) Theorien für die Analyse von ‚Interventionsgesellschaften' fruchtbar zu machen, zu erweitern oder zu modifizieren (vgl. Bonacker 2010; Daxner 2010). Dies setzt freilich einen Gesellschaftsbegriff voraus, der jenseits des methodologischen Nationalismus Gesellschaftsgrenzen nicht mit territorialen Grenzen identifiziert, sondern im Sinne Max Webers stärker an Prozessen der Vergesellschaftung unter Globalisierungsbedingungen interessiert ist. Die bloße Anwesenheit des internationalen Personals – so die Annahme – verändert erstens soziale Beziehungen in einem gegebenen Raum und führt zu neuen sozialen Mustern. Zweitens entstehen dadurch auch insofern transnationale Räume, als ein lokaler Ort Teil einer globalen Interaktionskette wird, die von metropolitanen Steuerungszentralen über regionale Verbindungsbüros bis hin zu örtlichen Begegnungen zwischen Externen und Lokalen und wieder zurückreicht. Wie Klaus Schlichte und Alex Veit (2007, 2010) gezeigt haben, sind Intervenierende keine einheitlichen Akteure, sondern ihr Handeln ‚on the ground' basiert letztlich immer auf einer „unentwegten Bastelei an Kompromissen zwischen widersprüchlichen Anforderungen" (Schlichte und Veit 2010: 266). Diese Anforderungen entstehen aus einem Geflecht von Interaktionen zwischen der „Metropole", dem „Base Camp" und dem „Bush Office" – den drei Arenen, in die die Intervenierenden zwangsläufig eingebunden sind und nach eigenen Handlungslogiken operieren. Damit wird die in der Literatur noch häufig auffindbare Dichotomie zwischen externen und lokalen Akteuren infrage gestellt.

Die Praxis der Interventionen ist größtenteils durch die Rolle externer Intervenierender als „gutmütige" Treuhänder (Schetter 2010) oder – ganz im Gegenteil – als robuster Gewaltakteur (Distler 2018a) charakterisiert. Beides mündet in eine deutliche Asymmetrie zwischen internationalen und nationalen oder lokalen Akteuren. Daran hat auch das sogenannte „local ownership" im Peacebuilding, also die verstärkte Einbeziehung von Akteuren aus den betroffenen

Gesellschaften, nicht viel verändert (Leonardsson und Rudd 2015). Die Aufhebung dieser Dichotomie zwischen dem handelnden intervenierenden Akteur und dem passiven intervenierten „Lokalen" ist eines der Ziele einer stärker soziologischen Perspektive auf Interventionen, wie beispielsweise Arbeiten zu „Interventionsgesellschaften" zeigen:

> „Es ist der Aspekt der gesellschaftlichen Dynamik, die durch die Intervention in Gang kommt, und die zur Bildung von Interventionsgesellschaften führt. Diese Gesellschaften setzen sich aus intervenierenden und intervenierten Elementen zusammen, die zur Interventionsgesellschaft integriert werden und sich nicht nur additiv auf- oder nebeneinander schichten. In Interventionsgesellschaften finden sich kulturelle Mischungen und Abgrenzungen, die mit den ursprünglichen Strukturen kaum vermittelt sind: Traditionen, informelle Konfliktregelungen und andere lebensweltliche Handlungsfelder werden verschoben, während neue, unbekannte Formen entstehen. Durch die Intervention ändern sich die sozialen Positionen in der ‚neuen' Gesellschaft, weil im Vergleich zum Zeitpunkt vor der Intervention viele soziale Ressourcen und Fähigkeiten anders bewertet werden." (Daxner et al. 2010: 10)

Interventionen in Postkonfliktgesellschaften modifizieren also nicht nur vorhandene Konflikte wie Machtverschiebungen zwischen Kriegsparteien, sondern erzeugen auch neue Konflikte (vgl. Bonacker 2007). Die politische Soziologie von Interventionen will diese (Trans)Formationen von Konflikten aufzeigen. Sie entstehen aus unterschiedlichen Gründen, beispielsweise wenn Intervenierende lokale Lebenswelten, Erfahrungen und Konfliktregelungen durch globale, westlich-universalistische Erfahrungen und Konfliktregelungen überlagern und damit idealisierte Vorstellungen über gewollte Ergebnisse von Prozessen verfolgen. So werden beispielsweise Armee- oder Polizeireformen durchgeführt, die sich an Vorbildern orientieren, die weit außerhalb der Möglichkeiten der Interventionsgesellschaft liegen. Erwartungen werden geweckt, die nicht erfüllt werden können. Die alltäglichen Lebens- und Arbeitswelten von Akteuren stehen nicht selten im Widerspruch zu normativen Vorstellungen und ganzheitlichen, universalistisch geprägten Zielformulierungen von Interventionen. Zudem berauben Interventionen per definitionem lokale Akteure ihrer Autorität – mit oder ohne deren Einverständnis. Konflikte werden insbesondere dann unvermeidbar, wenn Intervenierende politische Entscheidungen von Intervenierten für nichtig erklären (wie durch den Hohen Repräsentanten in Bosnien-Herzegowina oder den *Special Representative of the Secretary General* im Kosovo) oder selbst kämpfende Konfliktpartei werden wie in Afghanistan, im Irak oder in Somalia.

Für jüngere Arbeiten im Feld der politischen Soziologie von Interventionen ist die Arbeit von Severine Autesserre (2014) zum „Peaceland" wegweisend. Dort werden die durch Interventionen entstehende neue Sozialstrukturen und Wissenshierarchien zwischen externen und internen Akteuren herausgearbeitet. Interaktionsmuster stehen auch in der Literatur über Hybridität im Fokus, die ebenso wie die bereits genannten Ansätze betonen, dass Interventionen neue (wenn auch zeitlich begrenzte) Formen der Vergesellschaftung und Routinen erzeugen:

> „Hybridity is understood as composite forms of practice, norms and thinking that emerge from the interaction of different groups, worldviews and activity. It is not the grafting together of two separate entities to produce a third entity (…); it is a much more complex process. (…) It moves us away from notions of pristine, hermetically sealed entities with no prior history of social negotiation and change. Instead, all human societies are based on complex processes of social negotiation that involve the interchange of ideas and practices. Often these processes are subtle, long-term and so embedded in the stuff of everyday life that they are not noticed." (Mac Ginty und Sanghera 2012: 3)

Forschungen zur Hybridität im Bereich von Sicherheitssektorreformen konnten beispielsweise zeigen, dass internationale Normen zur demokratischen Sicherheitsgovernance keineswegs einfach adaptiert, sondern häufig zurückgewiesen, umgangen oder mit lokalen Normen amalgamiert werden (Schroeder et al. 2014).

Während Forschungen zur Hybridität die – oftmals konfliktreichen – Beziehungsmuster von Internen und Externen in den Mittelpunkt rücken, konzentrieren sich Arbeiten zu Friktionen im Peacebuilding auf unerwünschte und unerwartete Nebenfolgen von Interaktionsprozessen:

> „The process of friction should not be regarded as a contestation between various peacebuilding ideas and actors or a confrontation between the global and the local with a predetermined outcome, but rather as an uneven, unexpected and uncertain process in which global and local confluence to mediate and negotiate difference and affinity. Friction thus tends to change facts on the ground as it creates new and messy dynamics, agencies, and structures as well as unexpected coalitions built on 'awkwardly linked incompatibles' based on either universal or particular ideas." (Björkdahl und Höglund 2013: 294 f.)

3.2   Organisationskulturen und Identität

Studien zur politischen Soziologie von Interventionen bewegen sich häufig auf
der Makroebene gesellschaftlicher und politischer Rekonfigurationen durch Interventionen oder der Mikroebene von Interaktionsdynamiken zwischen beteiligten
Akteuren. Demgegenüber seltenere Arbeiten auf der Mesoebene thematisieren
dagegen die Rolle von Organisationen im Interventionsgeschehen. So führt Robert
A. Rubinstein (2008: 104 ff.) die Probleme zwischen militärischen und zivilen
Akteuren einer Intervention in seinen Studien zu Peacekeeping-Operationen
in erster Linie auf deren unterschiedliche Organisationskulturen zurück. Dies
betrifft sowohl die Art der Organisation (hierarchisch vs. dezentral, kontrolliert
vs. unabhängig etc.), als auch die Art und Weise der Kommunikation und der
narrativen Ressourcen. Dabei müssen multinationale Missionen überhaupt erst
einmal ihre eigene Handlungsfähigkeit und Akteurschaft symbolisch konstruieren
(Rubinstein 2008: 70 ff.). Angesichts der Vielzahl der beteiligten Nationen ist es
wichtig, eine übergeordnete Identität herzustellen, mit der sich die Soldatinnen
und Soldaten, aber auch das zivile Personal identifizieren können. Symbole und
Rituale dienen genau dazu. Sie helfen, unterschiedliche Verständnisse der Situation,
der Identität einer Mission, aber auch der individuellen Motivation symbolisch zu
integrieren. Am Beispiel der Militärbeobachterinnen und Militärbeobachter der
United Nations Truce Supervision Organization (UNTSO) demonstriert Rubinstein,
dass Missionen durch Rituale der Aufnahme und Symbole der Einheit der Mission
ebenso wie durch Paraden oder gemeinsames Patrouillieren kollektive Identität schaffen. So fungieren Abzeichen, wie sie bei UNTSO etwa von den Militärbeobachterinnen und Militärbeobachtern der Mission getragen werden, als Zeichen
der neuen, multinationalen Identität. Solche Abzeichen oder auch Medaillen tragen
somit dazu bei, die Identität der Soldatinnen und Soldaten im Einsatz zu definieren.
Sie sind „sacramentals of the military profession" (Trainor, zit. nach Rubinstein
2008: 79). Zudem betont Rubinstein in seinen Studien die Bedeutung lokaler
Kultur für die Effektivität internationaler Missionen:

> „The first level at which culture is important to peacekeeping, then, is the interface
> between the mission and the local culture. This happens through both the corporate
> actions of the mission and in individual encounters of peacekeepers with people
> they are deployed to help. At this level as well are questions of how the mission
> engages local culture when developing programs that, for instance, promote the rule
> of law, manage conflict, or attempt to establishing mechanisms of local governance.
> What happens at this interface can either facilitate or compromise the mission's
> effectiveness, since it influences the ways in which the peacekeeping mission is
> perceived and received by the local population" (Rubinstein 2008: 37).

Vor allem für die Vorbereitung des militärischen sowie des zivilen Personals, aber natürlich auch für Interventionen selbst sind deshalb die Kenntnis der lokalen Kultur sowie Kompetenzen in der interkulturellen Kommunikation essentiell. Zugleich steigen mit zunehmender Komplexität – etwa durch Einbeziehung lokaler Akteure, durch Multidimensionalität oder -nationalität – organisationale Herausforderungen. Damit rücken Fragen nach der Komposition und Kohärenz von Friedensmissionen verstärkt in den Vordergrund (Bove und Ruggeri 2019; Rietjens und Ruffa 2019). Zugleich wird offenkundig, dass Peacekeeping im Kern vor allen mit administrativen und Organisationstätigkeiten verbunden ist:

> „Peacekeeping is difficult, and being a peacekeeper is not easy either. The romantic notion of grateful locals welcoming the white-helmeted (but really blue-bereted) peacekeepers has long since worn thin. Instead, the daily life of most peacekeepers consists of long working hours, routine tasks, stifling bureaucracy, loneliness and homesickness, and the relative isolation of the bunkered compound." (Jennings und Bøås 2015: 281)

3.3   Interventionen als Herrschaftsinstrument

Interventionen lassen sich aus einer kritischen Perspektive auch als postkoloniales Herrschaftsinstrument beschreiben. Bereits Jan Pieterse (1997) betonte, dass in den meisten Postkonfliktländern nicht nur Staatlichkeit immer schon von externen Akteuren – nämlich von den ehemaligen Kolonialmächten – mitgeprägt wurde, sondern dass jene auch für die Entstehung bis heute andauernder Konfliktlinien mitverantwortlich seien, beispielsweise durch die Unterstützung korrupter Eliten durch ehemalige Kolonialmächte.

Eine detaillierte Analyse von Herrschaftstechniken im Rahmen von Interventionen hat Alex Veit (2010) in einer Studie zum Statebuilding in der Demokratischen Republik Kongo vorgelegt. Dabei geht er der für die Interventionssoziologie zentralen Frage nach, wie soziale Beziehungen – in Anlehnung an Norbert Elias spricht er von Figurationen – zwischen Intervenierenden und Intervenierten in Interventionen entstehen und inwiefern diese Beziehungskonstellationen entscheidend dazu beitragen, dass Interventionen zum einen nicht auf direkter Herrschaft durch externe Akteure beruhen, sie zum anderen aber auch in der Regel nicht die gesetzten Ziele erreichen. Für Veit sind die Intermediären die entscheidenden Akteure, die zwischen externen und nationalen bzw. lokalen Akteuren vermitteln und dabei diese Zwischenposition zum eigenen Vorteil nutzen können:

„International interventionists' rule, whose aim was national direct rule, was afflicted by the tension between the actual and intended figurations of power. Local institutions were unable to govern their country, the postconflict statebuilding schemes implied, so interventionists had to take matters in hand. Unable and unwilling to rule directly in the way a Western state does, the intervening organizations chose local middlemen and organizations to translate their proposed model of societal organization into local figuration. Theoretically, after some time, support, and supervision, intermediating institutions would be able to govern efficiently and honestly on their own. But these transitional institutions continued to appear unable to govern for the public good, and worse, they created new conflicts instead of appeasing existent ones." (Veit 2010: 236)

Gerade solche Varianten indirekter Herrschaft sind trotzdem häufig durch Gewalt gekennzeichnete Herrschaft. Historisch inspirierte Literatur zeigt gerade post-koloniale Kontinuitäten von Praktiken und versicherheitlichenden Diskursen dieser Gewalt, die auch Militär und Polizei betreffen, immer deutlicher auf (Bonacker 2018; Jabri 2013; Müller und Steinke 2020). Zugleich werden Rufe nach einer stärkeren Dezentrierung der Interventionsforschung laut, die der Diversität von Erfahrungen und Perspektiven sowohl im Interventionsgeschehen als auch in der Forschung Rechnung trägt (Schroeder 2018).

4   Militärsoziologie als Interventionssoziologie – Mögliche Forschungsschwerpunkte

Interventionsgesellschaften bieten eine Vielfalt von Ansatzpunkten für militär-soziologische Untersuchungen. So existieren nicht nur umfangreiche Wirkungen des Militärs auf die Interventionsgesellschaft, sondern auch Einflüsse von Inter-ventionen auf die Streitkräfte (vgl. beispielsweise Kümmel 2008; Dörfler-Dierken und Kümmel 2010; Cold-Ravnkilde et al. 2017).

Interventionen verändern die Rolle und das Selbstverständnis des einzel-nen Soldaten und der einzelnen Soldatin. Bereits in der ersten Hälfte der 1990er-Jahre begann vor dem Hintergrund der gravierenden Menschenrechtsver-letzungen in Somalia, Bosnien und Ruanda die Diskussion über das Spannungs-feld von militärischem Mandat und Menschenrechtslage in einer Intervention. Die traditionelle Rolle des neutralen, leicht bewaffneten Peacekeepers, der sich nur verteidigen darf, wurde durch den mit robustem Mandat ausgestatteten, schwerer bewaffneten Peacebuilder ersetzt (Distler 2018a). Einhergehend mit dieser Transformation kommt es zu einer Erweiterung der Aufgaben der Soldaten und Soldatinnen, die weit über traditionelle soldatische Aufgaben hinausgeht.

Andreas Fischer-Lescano (2004) hat dies bezüglich der Entwicklungen in Deutschland mit der Formulierung „Soldaten sind Polizisten sind Soldaten" versucht zu verdeutlichen. Tatsächlich werden Soldaten und Soldatinnen im Rahmen von Interventionen regelmäßig auch für polizeiliche Aufgaben eingesetzt, beispielsweise bei Demonstrationen, der Verbrechensbekämpfung oder der Herstellung öffentlicher Ordnung. Was kritisch als „bewusste Zerstörung von Trennungen" (Fischer-Lescano 2004: 75), d. h. als Auflösung der Grenzen zwischen ziviler und militärischer Sphäre, verstanden werden kann, wird in der „Missionsrealität" mit Dringlichkeit und Notwendigkeit begründet: So wurde beispielsweise im Sommer 1999 im Kosovo aufgrund verzögerter bzw. unzureichender Entsendung von Polizeikräften im Rahmen der UNMIK-Mission die NATO-Mission Kosovo Force (KFOR) um Hilfe bei polizeilichen Aufgaben gebeten um die schwierige Sicherheitslage im Kosovo zu verbessern (King und Mason 2006: 52 ff.). Die Erweiterung der soldatischen Aufgaben in militärischen Interventionen wird jedoch nicht nur auf polizeiliche Aspekte begrenzt. Der neue Interventionismus stellt laut Jens Warburg (2010: 63) auch „schwer einlösbare bis paradoxe Anforderungen" an den intervenierenden Soldaten und Soldatinnen. So müssen jene nicht nur ihre Rolle als Kämpfer und Polizistinnen, sondern auch als (Entwicklungs)Helfer, Vermittlerinnen und Schlichter erfüllen. Dabei wird von den Militärangehörigen eine hohe soziale Kompetenz gefordert, besonders bezüglich interkultureller Fähigkeiten wie „Ambiguitätstoleranz, Einfühlungsvermögen, Rollendistanz, Kommunikations- und Empathiefähigkeit, Kontaktfreudigkeit, Verhaltensflexibilität, Unvoreingenommenheit, Toleranz, Respekt, Offenheit, Initiative, geringer Ethnozentrismus sowie eine hohe Frustrationstoleranz" (Tomforde 2008: 75 f.). Warburg verweist darauf, dass gerade in Interventionen, in denen es zu Kampfeinsätzen kommt, diese Erwartungshaltung die Soldaten und Soldatinnen überfordern kann und sie sich in der Folge auf erlernte, traditionelle Rollenverständnisse (Kämpfer bzw. Kämpferin) zurückziehen könnten, womit friedensschaffende Ziele der Mission gefährdet wären:

> „Je größer die Gefahren für die Soldaten sind, desto eher werden sie dazu neigen, sich von komplexen und sich widersprechenden Handlungs- und Verhaltensweisen zugunsten einfacherer Handlungskonzepte abzuwenden. (…) Die Eskalationen des Gewaltgeschehens und die im Kampf gemachten Erfahrungen und nicht die Anforderungsprofile würden zum Gravitationszentrum für die Selbstbilder der Soldaten." (Warburg 2010: 72 f.)

Die außergewöhnlich hohen Belastungen der Soldatinnen und Soldaten zeigen sich auch in den steigenden Traumatisierungsraten im Einsatz (Biesold 2010:

118), die nicht nur auf Kampfeinsätze, sondern auch auf die diffuse Rolle der Soldatinnen und Soldaten in Peace- und Statebuilding-Missionen zurückzuführen ist (Montgomery 2017).

Soziologische Untersuchungen können helfen, die Auswirkungen des Einsatzes und die Interaktionen zwischen Soldatinnen und Soldaten und lokaler Bevölkerung – auch lokalen Militärangehörigen, in deren Ausbildung Intervenierende immer stärker involviert sind – zu verstehen.

Auf der Makroebene rücken die Auswirkungen der Stationierung größerer militärischer Einheiten – ob unter UN- oder NATO-Mandat – auf die intervenierten Gesellschaften in den Fokus soziologischer Forschung. Empirisch belegte Auswirkungen solcher Stationierungen sind beispielsweise der Anstieg von Prostitution, damit verbundener Menschenhandel sowie Folgewirkungen dieser Tatsachen wie der Anstieg von Infektionen mit Geschlechtskrankheiten in den betreffenden Gebieten (vgl. Smith und Smith 2011). Charles Anthony Smith und Heather M. Smith verweisen darauf, dass diese nichtintendierten Folgen erhebliche Modifikationen der Gesellschaft begründen und sich lokale Akteure mit den Folgen der Intervention konfrontiert sehen, die ihre eigene Kultur massiv verändern. Diese Veränderungen können kritisch durch soziologische Forschung im Blick untersucht werden, die Transformationen in Gesellschaften nachverfolgen. Auch ein bitterer Teil der Realität von Peacekeeping- bzw. Peacebuilding-Operationen sind Missbrauch und Gewalt gegen Menschen im Umfeld von internationalen Truppen, ausgeübt von Militärangehörigen (Anania et al. 2020). Hier kann eine soziologische Perspektive auf Interventionen die Ursachen und Wirkungen eines dysfunktionalen sozialen Systems untersuchen, welches solche Folgen für lokale Bevölkerungen zulässt. Auch die plötzlichen Ausschreitungen auf Haiti im Oktober 2010 gegen UN-Blauhelme als vermutete Verbreiter einer Cholera-Infektion sind ein weiteres beeindruckendes Beispiel für die komplexen, unvorhersehbaren Beziehungen zwischen Intervenierenden und Intervenierten (Lemay-Hébert 2014).

Eine besondere Rolle in diesen Beziehungen spielen Erwartungshaltungen an das Handeln des Gegenübers und auch an mögliche Erfolge von Interventionen. Andrea Talentino (2007) hat herausgearbeitet, welche wichtige und negative Rolle enttäuschte Erwartungen in Interventionen spielen können: „The most dangerous trap in terms of mindsets may be expectations" (Talentino 2007: 169; vgl. auch Pouligny 2006: 190 ff.). Gerade wenn Intervenierte erleben, dass ihre mit der Intervention verbundenen Hoffnungen auf eine Verbesserung der eignen Lebenssituation oder auf Durchsetzung bestimmter Ziele sich nicht erfüllen, können Maßnahmen der Intervenierenden als aufgezwungen wahrgenommen werden und der Eindruck von „broken promises" (Talentino 2007: 163 ff.) macht sich in der intervenierten Bevölkerung breit.

An der Schnittstelle zwischen Soziologie und Politischer Ökonomie kann Forschung die sozioökonomischen Folgen und Transaktionen in der so genannten „peacekeeping economy" (Jennings 2018; Jennings und Bøås 2015) untersuchen, die sich räumlich um Interventionstruppen aufbaut – und durch deren formellen und informellen Praktiken geprägt ist (Distler 2018b):

> „The peacekeeping economy starts from the observation that peacekeepers (and international peacebuilding personnel writ large) live in the same place as local residents, but do not live in the same world. The peacekeeping world is air-conditioned, clean, and well-guarded; it consists of decent housing, generous pay, access to vehicles, domestic help, and, usually, a robust (if limited) social life that revolves around patronizing expensive restaurants, hotels, bars, and clubs. These establishments and activities—that which is needed to allow peacekeeping and peacekeepers to function—comprise the peacekeeping economy. Specifically, the concept refers to economic activity that either would not occur, or would occur at a much lower scale and pay-rate, without the international presence. It includes jobs available to local staff in United Nations offices or the nongovernmental organizations (NGOs) that accompany the UN presence (occasionally professional but usually administrative, manual, or unskilled, as well as subcontracted work such as maintenance and security); unskilled and mainly informal work that locals do for individual internationals (such as cleaning, cooking, and guarding); jobs in establishments and businesses that cater primarily to internationals; and participation in the sex industry." (Jennings und Bøås 2015: 282 f.)

Komplexe soziale Prozesse, die sich auch über längere Zeiträume erstrecken können, können mithilfe interventionssoziologischer Analysen erklärt und verstanden werden. Soldaten und Soldatinnen als individuelle Akteure, ebenso wie das Militär als Akteur, können so als Teile eines sozialen Systems verstanden werden, nicht als externe, isolierte Analyseeinheiten. Nur dann werden gegenseitige Beeinflussung und Veränderungen tatsächlich sichtbar.

5　　Fazit

Militärgestützte Interventionen sind in den letzten Jahren vermehrt zum Gegenstand soziologischer Forschung geworden. Dabei hat sich eine politische Soziologie von Interventionen entwickelt, die militärische Interventionen in ihrem gesellschaftlichen Kontext auf der Mikro-, Meso- und Makroebene untersucht. Im Mittelpunkt stehen dabei nicht zuletzt die nicht-intendierten Folgen und Wirkungen von Interventionen. Vermeintliche Dilemmata und Paradoxien können durch Analysen von gegenseitigen Interaktionen und Beeinflussungen sowie von Veränderungsprozessen in Identitäten und Handlungspräferenzen entschlüsselt werden. Das Interventionsgeschehen hat sich dabei seit dem Beginn der 2010er-Jahre deutlich gewandelt. Wurde der Einsatz von Militär in multilateralen Friedensmissionen zunächst als unterstützendes Element für Demokratisierungsprozesse und multidimensionales Peacebuilding gesehen, so dominieren heute sicherheitsfokussierte Ansätze des Statebuildings. Damit erhalten stabilisierende Maßnahmen wie Sicherheitssektorreformen eine größere Aufmerksamkeit (Ansorg und Gordon 2019). Zugleich weist der Trend des Interventionsgeschehens weg von großflächigen multilateralen, UN-mandatierten Friedensmissionen hin zu robusten Interventionen, die nicht selten partikularen Interessen großer Mächte dienen. Die Rolle des Militärs wird durch diese neueren Entwicklungen deutlich aufgewertet.

Annotierte Auswahlbibliografie

Autesserre, Severine (2014). Peaceland: Conflict resolution and the everyday politics of international intervention. Cambridge: Cambridge University Press.
Dieses äußerst prominente Buch nimmt die alltägliche Vergesellschaftung und die Routinen in Peacebuilding-Interventionen in den Blick. Die Autorin zeigt, dass ein bestimmter Habitus von Internationalen, zusammen mit Wissenshierarchien in Operationen, die Effektivität von Peacebuilding stark einschränken. Neben diesem kritischen Blick werden aber auch alternative Formen und Verhaltensweisen im Peacebuilding aufgezeigt.
Cunliffe, Philip (2013). Legions of peace: UN peacekeepers from the Global South. London: CH Hurst & Co.
Das Buch von Cunliffe bietet eine kritische, historische Perspektive auf die Entwicklung von Peacekeeping, nicht als Ausdruck von Demokratisierung oder Frieden, sondern als Ausdruck eines gegenwärtigen „imperial security system", dass sich nach dem späten Imperialismus und Kalten Krieg entwickelt hat. In diesem System übernehmen die UN-Streitkräfte, inzwischen hauptsächlich aus dem „Globalen Süden" rekrutiert, die Rolle der ehemaligen imperialen Armeen. Anstatt dieser sichern und kontrollieren nun die „Legions of Peace" arme und durch Konflikte erschütterte Gesellschaften, ausgestattet mit der politischen Legitimität der UN.
Pouligny, Béatrice (2006): Peacekeeping seen from below. UN missions and local people. London: Hurst.
Béatrice Pouligny bietet einen empirisch hervorragend unterfütterten und kritischen Einblick in den inneren Kosmos von UN-Interventionen, besonders

der 1990er-Jahre. Das Buch vermittelt mit seiner soziologischen Perspektive die vielfältigen Herausforderungen und Problematiken, denen sich Interventionsakteure immer wieder – auch in ganz unterschiedlichen Interventionen – gegenübersehen. Die besondere Leistung des Buches liegt in der Sichtbarmachung der lokalen Akteure, in der Erklärung nach deren Verhaltensweisen, d. h. der Reaktionen auf externe Akteure, und ihrer Strategien, mit diesen externen Akteuren und externen *policies* umzugehen.

Turner, Mandy/Kühn, Florian P. (Hrsg.) (2016): The Politics of International Intervention. The Tyranny of Peace. London: Routledge.

Der Sammelband enthält Beiträge, die als repräsentativ für die politische Soziologie von Interventionen gelten können. Sie analysieren zum einen Praktiken von internationalen Interventionen und die Deutungsmuster und politischen Kalküle, die ihnen zugrunde liegen. Zum anderen richten sie ihr Augenmerk auf die unterschiedlichen Erfahrungswelten der Akteure von Interventionen sowie auf die gesellschaftlichen Folgen von Interventionen. Die Texte basieren dabei überwiegend auf Fallstudien, die zum Teil auch explizit nach der Rolle des Militärs fragen – etwa im Rahmen von Aufstandsbekämpfung und robustem Peacebuilding.

Lemay-Hébert, Nicolas (Hrsg.) (2019): Handbook on Intervention and Statebuilding. Cheltenham: Edward Elger Publishing.

Das Handbuch versammelt Artikel, die jeweils einen sehr guten Überblick zu zentralen Themen der Interventions- und Statebuildingforschung geben. Hier finden sich beispielsweise Texte, die in die Diskussion zu Hybridität, zur Dezentrierung von Interventionen oder in Forschungen zum Alltag in Interventionen einführen. Dabei dominiert eine soziologische Forschungsperspektive, die auch Themen aufgreift, die an den Schnittstellen von militärischen und zivilen Aspekten von Interventionen angesiedelt sind – etwa die Rolle des Risikomanagements in Interventionen oder die Bedeutung des Schutzes von Zivilpersonen.

Literatur

Anania, Jessica/Mendex, Angelina/Nagel, Robert U. (2020): Preventing Sexual Exploitation and Abuse by Male Peacekeepers. Washington D.C.: United States Institute of Peace.

Ankersen, Christoph (Hrsg.) (2008): Civil-military Cooperation in Post-conflict Operations: Emerging Theory and Practice. London: Routledge.

Ansorg, Nadine/Gordon, Eleanor (2019): Co-Operation, Contestation and Complexity in Post-Conflict Security Sector Reform. In: Journal of Intervention and Statebuilding, 13: 1, 2–24.

Autesserre, Severine (2014): Peaceland: Conflict resolution and the everyday politics of international intervention. Cambridge: Cambridge University Press.

Barnett, Michael/Fang, Songying/Zürcher, Christoph (2014). Compromised peacebuilding. In: International Studies Quarterly, 58: 3, 78–99.

Biesold, Karl-Heinz (2010): Seelisches Trauma und soldatisches Selbstverständnis. Klinische Erfahrungen aus psychiatrischer Sicht. In: Dörfler-Dierken/Kümmel (2010): 101–120.

Björkdahl, Annika/Höglund, Kristine (2013): Precarious peacebuilding: friction in global-local encounter. In: Peacebuilding, 1: 3, 289–299.

Bliesemann de Guevara, Berit (Hrsg.) (2012): Statebuilding and state-formation: the political sociology of intervention. London, New York: Routledge.

Bonacker, Thorsten (2007): Der fragmentierte Frieden. Peacebuilding in der entgrenzten Weltgesellschaft. In: Zeitschrift für Genozidforschung, 8, 78–99.

Bonacker, Thorsten (2010): Die Gesellschaft der Anderen. Kambodscha und die Interventionskultur der Weltgesellschaft. In: Bonacker et al. (2010): 189–218.

Bonacker, Thorsten (2018): Security Practices and the Production of Center-Periphery Figurations in Statebuilding. In: Alternatives, 43: 4, 190–206.

Bonacker, Thorsten/Daxner, Michael/Free, Jan H./Zürcher, Christoph (Hrsg.) (2010): Interventionskultur. Zur Soziologie von Interventionsgesellschaften. Wiesbaden: VS Verlag für Sozialwissenschaften.

Bove, Vincenzo/Ruggeri, Andrea (2019): Peacekeeping effectiveness and blue helmets' distance from locals. In: Journal of Conflict Resolution, 63: 7, 1630–1655.

Burghardt, Diana/Pietz, Tobias (2006): Handreichung. Themenbereiche und Konfliktfelder zivil-militärischer Beziehungen. Bonn: Bonn International Center for Conversion (BICC).

Caplan, Richard (2002): A New Trusteeship? The International Administration of War-torn Territories. Adelphi Paper 341. Oxford.

Cold-Ravnkilde, Signe/Albrecht, Peter/Haugegaard, Rikke (2017): Friction and inequality among peacekeepers in Mali. In: The RUSI Journal, 162: 2, 34–42.

Cunliffe, Philip (2013): Legions of peace: UN peacekeepers from the Global South. London: CH Hurst & Co.

Daxner, Michael (2010): Das Konzept von Interventionskultur als Bestandteil einer gesellschaftsorientierten theoretischen Praxis. In: Bonacker et al. (2010): 75–100.

Daxner, Michael/Free, Jan/Bonacker, Thorsten/Zürcher, Christoph (2010): Einleitung. In: Bonacker et al. (2010): 7–18.

De Coning, Cedrig/Peter, Mateja (Hrsg.) (2019): United Nations Peace Operations in a Changing Global Order. Cham: Springer International Publishing.

Dembinski, Matthias/Gromes, Thorsten/Werner, Theresa (2019): Humanitarian Military Interventions: Conceptual Controversies and Their Consequences for Comparative Research. In: International Peacekeeping, 26: 5, 605–629.

Distler, Werner (2016): Intervention as a social practice: Knowledge formation and transfer in the everyday of police mission. In: International Peacekeeping, 23: 2, 326–349.

Distler, Werner (2018a): Gewaltakteure und Versicherheitlichung im internationalen Peacebuilding. In: Westermeier/Carl (2018a): 81–92.

Distler, Werner (2018b): 'And Everybody Did Whatever They Wanted to Do': Informal Practices of International Statebuilders in Kosovo. In: Civil Wars, 20: 2, 286–303.

Dörfler-Dierken, Angelika/Kümmel, Gerhard (Hrsg.) (2010): Identität, Selbstverständnis, Berufsbild. Implikationen der neuen Einsatzrealität für die Bundeswehr. Wiesbaden: VS Verlag für Sozialwissenschaften.

Doyle, Michael W./Sambanis, Nicholas (2006): Making War and Building Peace. United Nations Peace Operations. Princeton: Princeton University Press.

Fischer-Lescano, Andreas (2004): Soldaten sind Polizisten sind Soldaten. Paradoxien deutscher Sicherheitspolitik. In: Kritische Justiz, 1, 67–80.

Fitz-Gerald, Ann M. (2004): The civil-military interface with local populations: Impact on peacebuilding strategies. In: S+F Sicherheit und Frieden, 22: 2, 85–91.

Fjelde, Hanne/Hultman, Lisa/Nilsson, Desirée (2019): Protection through presence: UN peacekeeping and the costs of targeting civilians. In: International Organization, 73: 1, 103–131.

Fukuyama, Francis (2004): State-building – Governance and World Order in the 21st Century. Ithaca: Cornell University Press.

Fukuyama, Francis (2006): Nation Building. Beyond Afghanistan and Iraq. Baltimore: Johns Hopkins University Press.

Gelot, Linnéa (2017): Civilian protection in Africa: How the protection of civilians is being militarized by African policymakers and diplomats. In: Contemporary Security Politics, 38: 1, 161–173.

Goetze, Catherine (2020): Political Sociology of Peacebuilding Organizations. Introduction. In: Journal of Intervention and Statebuilding, 14: 5, 577–595.

Gromes, Thorsten/Dembinski, Matthias (2019): Practices and Outcomes of Humanitarian Military Interventions: A New Data Set. In: International Interactions, 45: 6, 1032–1048.

Guttieri, Karen (2004): Civil-military relations in peacebuilding. In: S+F Sicherheit und Frieden, 22: 2, 79–85.

He, Yin (2019): China rising and its changing policy on UN peacekeeping. In: De Coning/Peter (2019): 253–276.

Hensell, Stefan/Gerdes, Felix (2012): Elites and international actors in post-war societies: The limits of intervention. In: International Peacekeeping, 19: 2, 154–169.

Holzgrefe, Jeff L. (2003): The intervention debate. In: Holzgrefe/Keohane (2003): 15–52.

Holzgrefe, Jeff L./Keohane, Robert O. (Hrsg.) (2003): Humanitarian Intervention. Ethical, Legal and Political Dilemmas. Cambridge: Cambridge University Press.

Hultman, Lisa/Kathman, Jacob/Shannon, Megan (2013): United Nations peacekeeping and civilian protection in civil war. In: American Journal of Political Science, 57: 4, 875–891.

Hunt, Charles T. (2017): All necessary means to what ends? the unintended consequences of the 'robust turn'in UN peace operations. In: International Peacekeeping, 24: 1, 108–131.

Jabri, Vivienne (2013): Peacebuilding, the local and the international: a colonial or a postcolonial rationality? In: Peacebuilding, 1: 1, 3–16.

Jennings, Kathleen M. (2018): Peacekeeping as Enterprise: Transaction, Consumption, and the Political Economy of Peace and Peacekeeping. In: Civil Wars, 20: 2, 238–261.

Jennings, Kathleen M./Bøås, Morten (2015): Transactions and interactions: Everyday life in the peacekeeping economy. In: Journal of Intervention and Statebuilding, 9: 3, 281–295.

King, Iain/Mason, Whit (2006): Peace at any Price. How the World failed Kosovo. Thaca: Cornell University Press.

Koehler, Jan (2010): Herausforderungen im Einsatzland: das PRT Kunduz als Beispiel zivil-militärischer Interventionen. In: Dörfler-Dieken/Kümmel (2010): 77–100.

Koehler, Jan/Zürcher, Christoph (2007): Statebuilding, Conflict and Narcotics in Afghanistan: The View from Below. In: International Peacekeeping, 14, 62–74.

Kümmel, Gerhard (Hrsg.) (2008): Streitkräfte im Einsatz. Zur Soziologie militärischer Interventionen. Baden-Baden: Nomos.

Labonte, Melissa T. (2012): Whose responsibility to protect? The implications of double manifest failure for civilian protection. In: The International Journal for Human Rights, 16: 7, 982–1002.

Lemay-Hébert, Nicolas (2014): Resistance in the time of cholera: The limits of stabilization through securitization in Haiti. In: International Peacekeeping, 21: 2, 198–213.

Leonardsson, Hanna/Rudd, Gustav (2015): The 'local turn' in peacebuilding: a literature review of effective and emancipatory local peacebuilding. In: Third World Quarterly, 36: 5, 825–839.

Mac Ginty, Roger/Sanghera, Gurchathen (2012): Hybridity in peacebuilding and development: An introduction. In: Journal of Peacebuilding & Development, 7: 2, 3–8.

Maihold, Günther (2005): Die Sicherheitspolitische Wendung der Entwicklungspolitik: Eine Kritik des neuen Profils. In: Internationale Politik und Gesellschaft, 4, 30–48.

Montgomery, Adam (2017): Invisible Injured: Psychological Trauma in the Canadian Military from the First World War to Afghanistan. Montreal: McGill-Queen's University Press.

Müller, Markus-Michael/Steinke, Andrea (2020): Community policing's extended military history: Brazilian pacification from the Global Cold War to the Global War on Terror. In: Policing and Society, 1–19.

Nasu, Hitoshi (2011): Operationalizing the responsibility to protect in the context of civilian protection by UN peacekeepers. In: International Peacekeeping, 18: 4, 364–378.

Paris, Roland/Sisk, Timothy D. (Hrsg.) (2009): The Dilemmas of Statebuilding. Confronting the Contradictions of Postwar Peace Operations. London, New York: Routledge.

Pieterse, Jan Nederveen (1997): Sociology of Humanitarian Intervention: Bosnia, Rwanda and Somalia Compared. In: International Political Science Review, 18, 71–93.

Pouligny, Béatrice (2005): Civil Society and Post-Conflict Peacebuilding: Ambiguities of International Programmes Aimed at Building 'new' Societies. In: Security Dialogue, 34: 4, 495–510.

Pouligny, Béatrice (2006): Peacekeeping Seen from Below. UN Missions and Local People. London: Hurst.

Preuss, Hans-Joachim (2008): Zivil-militärische Zusammenarbeit in Afghanistan: eine Zwischenbilanz. In: Zeitschrift für Außen- und Sicherheitspolitik, 1, 26–35.

Rietjens, Sebastiaan/Ruffa, Chiara (2019): Understanding coherence in UN peacekeeping: A conceptual framework. In: International Peacekeeping, 26: 4, 383–407.

Roberts, David (2009): The Superficiality of Statebuilding in Cambodia: Patronage and Clientelism as Enduring Forms of Politics. In: Paris/Sisk (2009): 149–169.

Rubinstein, Robert A. (2008): Peacekeeping under fire. Culture and Intervention. Boulder, CO: Paradigm.

Schetter, Conrad (2010): Von der Entwicklungszusammenarbeit zur humanitären Intervention. Die Kontinuität einer Kultur der Treuhandschaft. In: Bonacker et al. (2010): 31–48.

Schlichte, Klaus/Veit, Alex (2007): Coupled Arenas: Why State-building is So Difficult. Working Paper Micropolitics 3. Berlin: Humboldt-Universität.

Schlichte, Klaus/Veit, Alex (2010): Drei Arenen. Warum Staatsbildung von außen so schwierig ist. In: Bonacker et al. (2010): 261–268.

Schneckener, Ulrich (2007): Internationales Statebuilding. Dilemmata, Strategien und Anforderungen an die deutsche Politik. SWP-Studie. Berlin: Stiftung Wissenschaft und Politik.

Schroeder, Ursula C. (2018): Introduction: Decentring the Study of International Interventions. In: Cooperation and Conflict, 53: 2, 139–153.

Schroeder, Ursula C./Chappuis, Fairlie/Kocak, Deniz (2014): Security Sector Reform and the Emergence of Hybrid Security Governance. In: International Peacekeeping, 21: 2, 214–230.

Smith, Charles Anthony/Smith, Heather M. (2011): Human trafficking: The unintended effects of United Nations intervention. In: International Political Science Review, 32: 2, 125–145.

Talentino, Andrea Kathryn (2007): Perceptions of Peacebuilding: The Dynamic of Imposer and Imposed Upon. In: International Studies Perspectives, 8: 2, 152–171.

Tomforde, Maren (2008): Zu viel verlangt? Interkulturelle Kompetenz während der Auslandseinsätze der Bundeswehr. Stuttgart-Degerloch: Seewald.

Veit, Alex (2010): Intervention as Indirect Rule. Civil War and Statebuilding in the Democratic Republic of Congo. Frankfurt a. M./New York: Campus Verlag.

Visoka, Gëzim/Richmond, Oliver (2017): After liberal peace? From failed state-building to an emancipatory peace in Kosovo. In: International Studies Perspectives, 18: 1, 110–129.

Warburg, Jens (2010): Paradoxe Anforderungen an Soldaten im (Kriegs-)Einsatz. In: Dörfler-Dierken/Kümmel (2010): 57–76.

Westermeier, Carola/Carl, Horst (Hrsg.) (2018): Sicherheitsakteure – Epochenübergreifende Perspektiven zu Praxisformen und Versicherheitlichung. Baden-Baden: Nomos.

Wiuff Moè, Luise (2021): The Dark Side of Institutional Collaboration: How Peacekeeping-counterterrorism Convergences Weaken the Protection of Civilians in Mali. In: International Peacekeeping, 28: 1, 1–29.

Zondi, Siphamandla (2017): African Union approaches to peacebuilding: Efforts at shifting the continent towards decolonial peace. In: African Journal on Conflict Resolution, 17: 1, 105–131.

Bonacker, Thorsten, Dr. rer. pol.; Professor für Friedens- und Konfliktforschung an der Philipps-Universität Marburg.

Distler, Werner, Dr. phil.; Assistant Professor an der University of Groningen, Niederlande.

Militär und Öffentlichkeit

Markus Steinbrecher

1 Einleitung

Militär und Öffentlichkeit stehen in einer Vielzahl von Wechselwirkungen miteinander, besonders in demokratischen politischen Systemen (z. B. Kümmel und Langer 2019; Bredow 2008: 33 ff.). Der Öffentlichkeitsbegriff lässt sich in diesem Zusammenhang wenigstens in dreifacher Weise verstehen. *Erstens* kann damit bei Anwendung eines sehr weiten Verständnisses der Bereich des gesellschaftlichen Lebens gemeint sein, in dem Menschen zusammenkommen, sich austauschen und diskutieren sowie in letzter Konsequenz politische Entscheidungen treffen. Das Militär und seine Angehörigen sind in diesem Fall einerseits Teilnehmer und Teilnehmerinnen an der öffentlichen Debatte und andererseits mögliches Ausführungsorgan der getroffenen Beschlüsse. Wendet man ein engeres Begriffsverständnis von Öffentlichkeit an, kann mit dem Begriff – *zweitens* – die öffentliche Meinung bezeichnet werden, also die Haltungen und Einstellungen der Bürgerinnen und Bürger zum Militär und seinen Handlungen, die in der Regel mit Meinungsumfragen erhoben werden. Schließlich ist es möglich, *drittens,* unter dem Begriff Öffentlichkeit lediglich die veröffentlichte Meinung zu verstehen, also das Ausmaß, die Art und Weise und den Tenor der (massen)medialen Berichterstattung über das Militär. Dieser Beitrag wird besonders mit dem zweiten Begriffsverständnis arbeiten, aber auch die letztgenannte Bedeutungsdimension punktuell berücksichtigen. Denn gerade im

M. Steinbrecher (✉)
Zentrum für Militärgeschichte und Sozialwissenschaften der Bundeswehr,
Potsdam, Deutschland
E-Mail: markussteinbrecher@bundeswehr.org

© VS Verlag für Sozialwissenschaften | Springer Fachmedien Wiesbaden GmbH,   263
Wiesbaden 2023
N. Leonhard und I.-J. Werkner (Hrsg.), *Militärsoziologie – Eine Einführung,*
https://doi.org/10.1007/978-3-658-30184-2_11

Politikfeld Außen- und Sicherheitspolitik sind die Bürgerinnen und Bürger noch mehr als in anderen Politikfeldern auf die Vermittlungsleistung der Medien angewiesen.

Mit dieser Schwerpunktsetzung schließt der Beitrag an verschiedene Forschungsstränge an. Zentral ist einerseits die Militärsoziologie mit einem ihrer Kernthemen, den zivil-militärischen Beziehungen. Relevant ist aber auch die militärsoziologische Forschung zu strategischen Kulturen. Aus politikwissen-schaftlicher Perspektive gibt es darüber hinaus Anknüpfungspunkte an die Forschung zur politischen Kultur und zu Einstellungen zu außen- und sicherheits-politischen Fragen. Ziel des Beitrages ist es, vor allem die Wechselwirkungen zwischen Militär, öffentlicher und veröffentlichter Meinung am Beispiel der Bundeswehr und Deutschlands zu beleuchten.[1]

Der Beitrag ist folgendermaßen aufgebaut. Im *zweiten* Abschnitt steht zu Beginn eine kurze Verortung der hier behandelten Fragen in einem Modell politischer Kommunikation. Danach wird dargestellt, warum die Interaktions-beziehungen zwischen Militär und Öffentlichkeit sowohl aus wissenschaftlicher, insbesondere militärsoziologischer, als auch aus politischer Perspektive relevant sind. Der *dritte* Abschnitt fasst zentrale Ergebnisse der einschlägigen Forschung zusammen. Neben den Literaturbericht tritt die Darstellung und Interpretation ausgewählter Ergebnisse zum Verhältnis zwischen Militär und Öffentlichkeit in Deutschland. Im *vierten* und letzten Abschnitt werden Probleme und Defizite des Forschungsfeldes benannt und Perspektiven für die weitere Forschung diskutiert.

2 Die Bedeutung des Verhältnisses zwischen Militär und Öffentlichkeit

2.1 Normative und theoretische Überlegungen zum Verhältnis zwischen Militär und Öffentlichkeit

Um die Wechselbeziehungen zwischen Militär, Medien und Öffentlichkeit besser zu strukturieren, kann das Konzept des politischen Kommunikations-dreiecks genutzt werden (z. B. Jacobs 2019: 14 ff.; Tenscher und Viehrig 2007a). Die Streitkräfte sind dabei als Akteur zwischen Politik, Medien und öffentlicher Meinung angeordnet und mit allen anderen Akteuren verbunden

---

[1] Siehe hierzu auch die Beiträge von *Hagen & Biehl* zu den zivil-militärischen Beziehungen sowie von *Virchow* zu Militär und Medien in diesem Band.

(vgl. Abb. 1). Einige ausgewählte Beziehungen verdeutlichen die folgenden Beispiele mit Bezug zu Deutschland und zur Bundeswehr: Das Bundesministerium der Verteidigung (BMVg) und die Bundeswehr versuchen im Rahmen ihrer Informationsarbeit, die Medien und die Bevölkerung zu informieren und so (wenigstens indirekt) Öffentlichkeit und öffentliche Meinung zu beeinflussen. In der Regel sind Bundeswehr und Ministerium dabei auf die Vermittlungsleistung der Medien angewiesen. Ein größerer Teil der Bevölkerung in Deutschland hat nur über die Medien Kontakt zu den Streitkräften bzw. nimmt diese ausschließlich über die Medien wahr (siehe weiter unten; Steinbrecher 2019a: 110 ff.). Mit Veranstaltungen wie dem „Tag der Bundeswehr", Tagen der offenen Tür im Ministerium wie in den Kasernen, Touren ihrer Werbe-Lkws, großen Plakatwerbekampagnen oder öffentlichen Gelöbnissen außerhalb von Kasernen suchen die Streitkräfte auch den direkten, nicht medial vermittelten Kontakt mit den Bürgerinnen und Bürgern. Zudem ist das BMVg am öffentlichen Meinungsbild zur Bundeswehr sowie der Häufigkeit und dem Tenor der Berichterstattung in den sozialen Medien wie in den Massenmedien interessiert und lässt zu

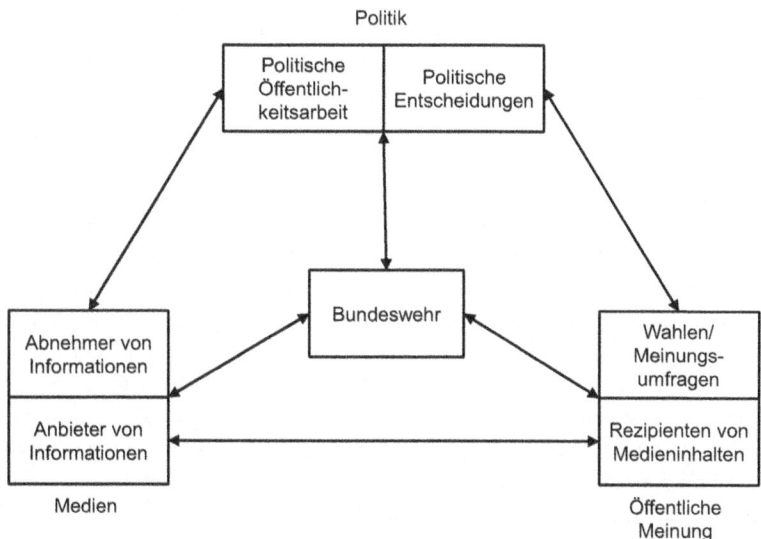

Abb. 1 Das Kommunikationsdreieck für das Verhältnis der Streitkräfte zu Politik, Medien und öffentlicher Meinung. Anmerkung: Darstellung in Anlehnung an Jacobs (2019: 20) und Tenscher und Viehrig (2007a: 13)

diesem Zweck eigene empirische Studien durchführen. Informationen über die öffentliche wie veröffentlichte Meinung sind für die Streitkräfte unter anderem deswegen interessant, weil eine eher ablehnende oder skeptische Haltung der Bevölkerung zu den Streitkräften allgemein oder Berichte in den Medien über militärische Verluste im Einsatz, Skandale im Rahmen der Ausbildung oder Ausrüstungsprobleme bei der Bundeswehr wiederum Wirkungen auf die Streitkräfte selbst haben. Die Medien haben in dieser Hinsicht eine Kontroll- oder „Aufsichts"-Funktion im politischen System und für die Bürgerinnen und Bürger (Bredow 2008: 248 ff.).

Diese Beispiele genauso wie die grafische Darstellung sollten indes nicht zu der Annahme verleiten, dass alle genannten Akteure und ihre Handlungen homogen und kohärent wären (Jacobs 2019: 25; Bredow 2008). Die Akteure in diesem Modell interagieren miteinander und beeinflussen sich gegenseitig, was durch die jeweils in beide Richtungen verlaufenden Pfeile verdeutlicht wird. Dieser Beitrag kann sich – wie bereits angedeutet – nicht mit allen Interaktionsmustern in ihrer ganzen Komplexität auseinandersetzen, sondern konzentriert sich auf den Bereich Öffentlichkeit bzw. öffentliche Meinung und Streitkräfte und hier insbesondere die Verbindungen, die zwischen ihnen und den anderen Akteuren verlaufen. Dabei werden auch die Medien als Vermittlungsinstanz berücksichtigt, da die Bürgerinnen und Bürger aus persönlichem Erleben nur in sehr begrenztem Maß in der Lage sind, Informationen zur Sicherheitspolitik und zur Bundeswehr zu erhalten und darauf ausgerichtete Haltungen oder Einstellungen zu bilden – dies gilt in besonderer Weise für die Auslandseinsätze (siehe Abschn. 3.2; z. B. Leonhard und Werkner 2012a: 25).

Militärsoziologisch bietet sich als theoretischer Zugriff für die Analyse des Verhältnisses von Militär und Öffentlichkeit ein Blick auf die Arbeiten von Samuel P. Huntington (1985 [1957]) und Morris Janowitz (2017 [1960]) an.[2] Allerdings geht es Huntington und Janowitz vor allem um die zivile Kontrolle des Militärs und die Beziehungen zwischen Streitkräften einerseits und politischen Institutionen andererseits. Es finden sich in ihren Arbeiten nur wenige direkte und konkrete Ausführungen theoretischer wie empirischer Art zum Verhältnis zwischen Militär und Öffentlichkeit. Im Rahmen seiner Typologie zivil-militärischer Beziehungen erwähnt Huntington – wortwörtlich – das Prestige und die Popularität des Offizierskorps oder des Militärs allgemein in der öffentlichen Meinung als Schlüsselelement zur Bestimmung des Einflusses und der Macht des Militärs

---

[2] Vgl. hierzu den Beitrag von *Hagen* & *Biehl* in diesem Band.

in einem Staat (Huntington 1985 [1957]: 85 ff.). Aus einer auf die empirische Operationalisierung hin ausgerichteten Forschungsperspektive ist dieser Aspekt allerdings nur ein einzelner Faktor in einem von Huntington vorgeschlagenen umfassenderen Index, der insgesamt vier Bestandteile hat: *Erstens,* Ausmaß und Art der Verbindungen des Militärs zu anderen einflussreichen Gruppen oder Individuen. Hier könnte man in Anlehnung an das Kommunikationsdreieck in Abb. 1 auch die Medien einordnen. *Zweitens,* Ausmaß und Art der ökonomischen wie personellen Ressourcen in der Verfügungsgewalt des Militärs. *Drittens,* gegenseitige hierarchische Durchdringung von Militär und anderen Gruppen und schlussendlich, *viertens,* Ansehen und Popularität des Militärs in der Öffentlichkeit. Über das genaue Gewicht der einzelnen Faktoren macht Huntington keine Angaben, es ist aber klar, dass ein höheres Ansehen der Soldatinnen und Soldaten oder eine größere Zustimmung zum Militär die (macht)politische Position der Streitkräfte im Staat positiv beeinflussen.[3] Janowitz (2017 [1960]) macht dagegen keine konkreten Ausführungen zum Wechselverhältnis zwischen Militär und Öffentlichkeit bzw. öffentlicher Meinung. Da sein Modell zivil-militärischer Beziehungen eine enge Verbindung zwischen Streitkräften und Gesellschaft anstrebt, kann davon ausgegangen werden, dass auch er implizit eine positive Haltung der Bevölkerung zum Militär als einen wichtigen Faktor ansieht, der eine Integration der Streitkräfte in die Gesellschaft erleichtert und somit die zivil-militärischen Beziehungen verbessert. Demnach könnten vor dem Hintergrund der Beendigung oder Aussetzung der Wehrpflicht in vielen westlichen Ländern die Medien eine wichtigere Rolle erlangen, weil sich die Möglichkeiten für eigene Erfahrungen oder Kontakte zum Militär reduzieren (Hagen 2012).

Deutschland folgt für die Bundeswehr mit seinem Konzept der Inneren Führung eher dem Modell von Janowitz.[4] Eines der zentralen Motive für die besondere Aufmerksamkeit des BMVg und des Militärs gegenüber der öffentlichen und veröffentlichten Meinung im eigenen Land lässt sich durch das Integrationsziel der Inneren Führung begründen. So heißt es in der einschlägigen Zentralen Dienstvorschrift A-2600/1 unter Punkt 401:

---

[3] Dieser Index wurde so (noch) nicht in der Forschung rezipiert und verwendet. Im Folgenden ist nur das Ansehen des Militärs in der Öffentlichkeit von Interesse. Vergleichende Forschung zur Stellung der Streitkräfte in unterschiedlichen Ländern könnte diesen Index gewinnbringend verwenden.

[4] Siehe hierzu auch den Beitrag von *Franke* in diesem Band.

„Die Ziele der Inneren Führung bestehen darin, (…) die Einbindung der Bundes-
wehr in Staat und Gesellschaft zu erhalten und zu fördern, Verständnis für den
Auftrag der Bundeswehr im Rahmen der deutschen Sicherheits- und Verteidigungs-
politik bei den Bürgerinnen und Bürgern zu gewinnen sowie die Soldatinnen und
Soldaten aktiv in die durch ständigen Wandel geprägten Streitkräfte einzubeziehen
(Integration) (…)" (BMVg 2008).

Ohne Informationen über die Haltungen der Bevölkerung und die Art und Weise
sowie Ausrichtung der Medienberichterstattung zum Militär sowie zu Sicherheits-
und Verteidigungspolitik lässt sich dieses Ziel nicht erreichen.

Die so erreichte Integration der Streitkräfte in die Gesellschaft trägt zusätzlich zu ihrer (politischen) Legitimation bei. Dieser Aspekt ist auch aus demo-
kratietheoretischer Sicht relevant – wie die politikwissenschaftliche Forschung
zur politischen Kultur (z. B. Bredow 2008; Westle und Gabriel 2009) sowie der
militärsoziologische Forschungsstrang zur strategischen Kultur (z. B. Biehl et al.
2013) zeigen: Ein gewisses Maß an Unterstützung für politische Handlungen
und Maßnahmen sowie politische Institutionen ist in demokratischen Staaten
eine Grundvoraussetzung für Legitimität und Akzeptanz von Politik durch die
Bürgerinnen und Bürger (Easton 1965; Fuchs 1989), und zwar unabhängig davon,
ob man sich auf die Seite partizipatorischer (z. B. Bachrach und Botwinick
1992) oder eliteorientierter Demokratietheoretiker schlägt (z. B. Schumpeter
2008). Eine derartige Position nehmen einerseits auch die Soldatinnen und
Soldaten selbst ein, wenn sie breite Unterstützung von der eigenen Bevölkerung
erwarten und sich immer wieder über fehlenden gesellschaftlichen Zuspruch
beklagen (z. B. Bohnert und Reitstetter 2014; Seiffert und Heß 2019: 286 ff.;
Würich und Scheffer 2014). Andererseits wird auch in öffentlichen Debatten,
von Politikerinnen und Politikern oder den Medien, fehlende Unterstützung
beklagt oder ein „freundliches Desinteresse" (Köhler 2005; Steinmeier 2020)
der Bevölkerung gegenüber den Streitkräften unterstellt. Objektiv stimmen diese
subjektiven Wahrnehmungen allerdings häufig nicht mit der Realität überein, wie
die empirischen Beispiele weiter unten zeigen.

Bevölkerungsbefragungen, Pressespiegel oder Medieninhaltsstudien können
ein zentrales politisches Instrument sein um herauszufinden, wie es um die
Unterstützung oder Ablehnung bestimmter Maßnahmen oder Institutionen durch
die Bevölkerung oder die Öffentlichkeit realiter bestellt ist. So „stellen die Einstellungen, Meinungen und Haltungen der Bürgerinnen und Bürger eine wesentliche Richtgröße für sicherheitspolitische Entscheidungen dar und stecken den
Möglichkeitsraum der Sicherheits- und Verteidigungspolitik ab", auch wenn de
facto in der deutschen Geschichte nach dem Zweiten Weltkrieg verschiedene

sicherheitspolitische Maßnahmen wie die Aufstellung der Bundeswehr 1955 oder die Stationierung von Pershing-Mittelstreckenraketen Anfang der 1980er-Jahre gegen zahlreiche Widerstände in der Bevölkerung durchgesetzt worden sind (Kümmel und Biehl 2015: 25 f.). In der Forschung wie in der politischen Debatte wird immer wieder das Argument angeführt, dass politische Entscheidungen vor dem Hintergrund der Antizipation einer bestimmten Verteilung der öffentlichen Meinung oder einer erwarteten Reaktion der Bevölkerung auf Ereignisse, Maßnahmen oder Entscheidungen, zum Beispiel bei der Formulierung der Mandate von Auslandseinsätzen der Bundeswehr, getroffen werden. Diese Annahme erscheint im Lichte der Forschung zur Wirkung militärischer Verluste auf Haltungen der Bevölkerung in den USA nachvollziehbar (z. B. Gelpi et al. 2005, 2009). Es gibt dazu aber keine nachvollziehbaren empirischen Ergebnisse für Deutschland, sondern lediglich anekdotische Evidenz (z. B. für den Einsatz der Bundeswehr in Afghanistan; vgl. Wagner und Biehl 2013).

Aus theoretischer oder normativer Perspektive können Informationen über die öffentliche wie die veröffentlichte Meinung politischen Akteuren oder dem Militär einerseits zur Befriedigung eines grundlegenden Informationsbedürfnisses dienen. Andererseits sind sie relevant für die Legitimation politischer Forderungen und Entscheidungen. Letztendlich bieten Informationen über die Haltungen der Öffentlichkeit einen möglichen Beitrag zur Lösung praktischer Probleme (Wiesendahl 2016: 85). Hier lässt sich das Modell des idealtypischen Politikzyklus mit den Schritten 1. Problemwahrnehmung, 2. Informationsgewinnung, 3. Programmentwicklung, 4. (Regierungs)Entscheidung, 5. Vollzug, 6. Wirkungskontrolle und 7. Programmevaluation verwenden (Hesse und Ellwein 2012: 410). Diese Schritte sollten idealerweise nacheinander abgearbeitet werden, gehen in der empirischen Realität aber fließend ineinander über oder werden gar nicht alle durchlaufen. Umfrageergebnisse und Informationen über die Medienberichterstattung kann man als Instrument vor allem in den Schritten 1, 2 und 7 einordnen. Insgesamt zeigen die bisherigen Ausführungen also, dass eine Betrachtung des Verhältnisses zwischen Militär und Öffentlichkeit sowohl aus wissenschaftlicher als auch aus politischer Perspektive relevant ist.

2.2 Probleme bei der Untersuchung des Verhältnisses zwischen Militär und Öffentlichkeit

Dieser Unterabschnitt betrachtet ausgewählte inhaltliche und konzeptuelle Probleme bei der Erfassung der öffentlichen Meinung – für methodische Probleme sei auf entsprechend ausgerichtete Beiträge (z. B. Rothbart 2020) verwiesen. Eine zentrale Frage für die Bewertung der Relevanz der öffentlichen Meinung durch Politik, Streitkräfte und Wissenschaft lautet, ob die Bürgerinnen und Bürger über ausreichende Informationen und Kenntnisse verfügen, um in Umfragen reliable und valide Angaben zu ihren Einstellungen machen zu können.[5] Für außen- und sicherheitspolitische Einstellungen und militärbezogene Themen galt lange Zeit der sogenannte Almond-Lippmann-Konsens (Almond 1950; Lippmann 1922). Mit diesem Schlagwort wird zusammengefasst, dass viele Bürgerinnen und Bürger sich nicht für Politik allgemein und besonders nicht für Außen- und Sicherheitspolitik sowie das Militär interessieren und sie wenige Kenntnisse über diese Themenbereiche haben. Daher seien die Haltungen und Einstellungen zu diesen Themenfeldern instabil, unstrukturiert und leicht zu beeinflussen. Entsprechend lautete die Schlussfolgerung, dass die öffentliche Meinung keine große Rolle für politische Entscheidungen in diesen Politik-bereichen spielen könnte und sollte (Endres et al. 2015; Holsti 1992).

Mittlerweile gilt der Almond-Lippmann-Konsens in dieser strengen Inter-pretation als überholt und wurde durch sogenannte revisionistische Ansätze mit verschiedenen theoretischen und inhaltlichen Schwerpunkten verdrängt. So konnte ein Zweig der entsprechenden Literatur zeigen, dass die öffentliche Meinung auf der Aggregatebene trotz der genannten Defizite rational und objektiv nachvollziehbar auf politische Ereignisse und Entscheidungen der Eliten reagiert („rational public", z. B. Isernia et al. 2002; Page und Shapiro 1992; Shapiro und Page 1988). Zudem gibt es umfassende Evidenz, die belegt, dass die Bevölkerung bei der Bewertung außen- und sicherheitspolitischer Fragen Kosten-Nutzen-Bewertungen durchführt und zur Grundlage ihrer Haltungen macht, etwa in Form von ökonomischen Eigeninteressen (z. B. Carrubba und Singh 2004; Schoen 2008) oder militärischen Verlusten (z. B. Gelpi et al. 2005, 2009).

Ein anderer Zweig der revisionistischen Forschung belegt, dass die Bürgerinnen und Bürger ihre spezifischen Einstellungen zu außen- und sicher-heitspolitischen Fragen von grundlegenden Haltungen bzw. Grundorientierungen zu allgemeinen Fragen der internationalen Politik ableiten (z. B. Hurwitz und Peffley 1987). Zu diesen sogenannten *postures* gehören die Dichotomien Internationalismus/Isolationismus (Soll sich ein Land in die internationale

---

[5] Der Begriff der Reliabilität bezeichnet die Zuverlässigkeit einer Messung, ob also bei wiederholter Messung mit demselben Instrument unter gleichen Bedingungen dasselbe Ergebnis erzielt wird. Validität bezieht sich auf die Gültigkeit der Messung, ob also der Sachverhalt, die Eigenschaft oder Einstellung, den bzw. die man messen möchte, überhaupt mit der Frage oder dem Konstrukt gemessen wird.

Politik einbringen oder nicht?), Militarismus/Nonmilitarismus (Ist der Einsatz militärischer Gewalt legitim oder nicht?), Unilateralismus/Multilateralismus (Soll ein Land außen- und sicherheitspolitisch mit anderen Ländern zusammenarbeiten oder nicht?) und, in europäischen Ländern, Atlantizismus/Antiatlantizismus (Wie eng sollte das Verhältnis zu den USA sein?; vgl. für eine ausführlichere Darstellung Mader 2015). Auch andere generalisierte Orientierungen können den Bürgerinnen und Bürgern im Sinne von Heuristiken die Einstellungsbildung und Informationsverarbeitung erleichtern. In der Literatur finden sich hierzu zahlreiche Vorschläge und empirische Befunde, etwa zu Werteorientierungen (z. B. Pötzschke et al. 2012), Bewertungen von politischen Akteuren oder Spitzenpersonal (z. B. Balmas 2018), Gruppenbindungen und Identität (z. B. Schoen 2008) oder Parteibindungen und über die Massenmedien übermittelten Elitensignalen (z. B. Mader und Fiebig 2015; Rattinger et al. 2016). Auch generelle Einstellungen zu den Streitkräften können vielen Bürgerinnen und Bürgern dazu dienen, spezifische Haltungen zu außen- und sicherheitspolitischen Fragen zu bilden (siehe Abschn. 3).

Auch wenn für Deutschland gezeigt werden konnte, dass außen- und sicherheitspolitische Kenntnisse nicht unter dem Wissensniveau zu anderen Politikfeldern oder dem allgemeinen politischen Wissen liegen (Steinbrecher und Biehl 2019b, 2020) und diese Befunde dem oben genannten Bild des „freundlichen Desinteresses" der Bevölkerung gegenüber der Bundeswehr widersprechen, können alle aufgeführten Ansätze nicht das grundsätzliche Problem überdecken, dass das Informationsniveau und das Interesse an Außen- und Sicherheitspolitik in Deutschland und anderen Ländern vergleichsweise gering sind und damit eine der Prämissen des Almond-Lippmann-Konsenses weiterhin gilt. Dies schlägt sich in möglichen Problemen mit der Reliabilität und Validität des Antwortverhaltens der Befragten in Bevölkerungsumfragen nieder, wenn diese Nicht-Einstellungen (Converse 1970) abgeben oder aber ihre Antworten in Befragungen auf der Basis der genannten Mechanismen aus anderen Einstellungen ableiten.

3   Die Empirie des Verhältnisses zwischen Militär und Öffentlichkeit

3.1   Studien und Forschungsthemen – ein Überblick

Dieser Unterabschnitt gibt einen Überblick über Studien zum Verhältnis zwischen Militär und Öffentlichkeit und fasst einige zentrale Befunde zu diesem Wechselverhältnis zusammen. Dafür notwendige Umfragen sind relativ leicht durchzuführen, vorausgesetzt die personellen und finanziellen Ressourcen stehen zur Verfügung. Zudem liefern solche Befragungen, abgesehen von den üblichen methodischen Unsicherheiten und Problemen bei großen quantitativ-empirischen Studien (siehe für einen Überblick z. B. Rothbart 2020), zuverlässige Ergebnisse. Als Auftraggeber dieser Befragungen kann das Militär bzw. das Verteidigungsministerium, im deutschen Fall das BMVg, in Erscheinung treten. Doch auch andere Institutionen wie Thinktanks, politische Stiftungen, Medien, wissenschaftliche Einrichtungen oder einzelne Wissenschaftlerinnen und Wissenschaftler interessieren sich für die Haltungen der Bürgerinnen und Bürger zum Militär oder zu außen- und sicherheitspolitischen Fragen.

Beispiele für solche Studien oder Umfrageprogramme mit Bezug zu Deutschland sind die international vergleichenden *Transatlantic Trends*-Studien, die im Auftrag des *German Marshall Fund of the United States* (und teilweise des *Chicago Council on Foreign Relations*) zwischen 2002 und 2015 durchgeführt wurden (The German Marshall Fund of the United States 2018; Inter-University Consortium for Political and Social Research 2018), die Eurobarometer für die Europäische Kommission (z. B. Europäische Kommission 2018) oder die regelmäßigen Befragungen, die für die Körber-Stiftung (z. B. Körber-Stiftung 2017) oder die *Pew Foundation* (z. B. Pew Research Center 2017) erhoben werden. Zu erwähnen sind ferner die Befragungen kommerzieller Anbieter wie des Instituts für Demoskopie (IfD) in Allensbach, Infratest Dimap oder der Forschungsgruppe Wahlen, die im Auftrag von Zeitungen und Fernsehsendern immer wieder Fragen mit Bezug zum Militär oder zur Außen- und Sicherheitspolitik stellen oder ganze thematische Schwerpunkte in ihre Befragungen einschließen – diese Beispiele belegen zudem, dass nicht nur die Streitkräfte oder die Politik, sondern auch die Medien an der öffentlichen Meinung zu Außen- und Sicherheitspolitik interessiert sind (vgl. auch den entsprechenden Pfeil in Abb. 1).

Aus historischer Perspektive sind vor allem die Studien anzuführen, die im Auftrag der *United States Information Agency* (USIA) oder des *Office of the Military Government of the US* (OMGUS) oder anderer alliierter Einrichtungen zwischen Ende des Zweiten Weltkriegs und den 1990er-Jahren in (West)Deutschland und anderen europäischen Ländern stattfanden. Neben diesen umfangreichen und über längere Zeiträume laufenden Umfrageprogrammen sind zahlreiche Einzelstudien durchgeführt worden, von denen hier nur einige beispielhaft genannt werden können, etwa die Studie zu Strategischen Kulturen in ausgewählten europäischen Ländern (Biehl et al. 2011) oder eine Panelstudie zu außen- und sicherheitspolitischen Einstellungen in Deutschland nach der Wiedervereinigung (Holst 1993).

Aus der hier gewählten Perspektive sind die Studien von besonderer Bedeutung, die in Deutschland im Auftrag des BMVg durchgeführt werden, denn sie enthalten das umfangreichste Fragenprogramm zum Verhältnis zwischen Militär und Öffentlichkeit. Mindestens seit Beginn der 1960er-Jahre gibt es regelmäßig durchgeführte Bevölkerungsumfragen für das BMVg (Eichenberg 1989: 43–46, 59; Heinemann 2016: 42 f.). Beispiele, welche die außen- und sicherheitspolitische öffentliche Meinung der gesamten Bevölkerung erheben sollen, sind die Studienreihe zur „Wehrpolitischen Lage" zwischen 1981 und 2006, die jährlichen Bevölkerungsbefragungen des Sozialwissenschaftlichen Instituts der Bundeswehr (SOWI) bzw. des Zentrums für Militärgeschichte und Sozialwissenschaften der Bundeswehr (ZMSBw) seit 1996 sowie die Medienresonanzstudien, die die Akademie für Information und Kommunikation der Bundeswehr (AIK) seit 1990 (z. B. Hoffmann 1993) bzw. das Zentrum Informationsarbeit Bundeswehr (ZInfoABw) als Nachfolgeinstitut der AIK seit 2012 durchführen.

Neben den bereits angeführten Mehrthemenbefragungen gibt es darüber hinaus Untersuchungen mit besonderem inhaltlichen Fokus wie etwa die Umfragen zum Werbeslogan „Wir.Dienen.Deutschland" in den 2010er-Jahren. Eine Besonderheit der Studien im Auftrag des BMVg ist, dass ein größerer Teil im Rahmen der ministeriumseigenen Ressortforschung erarbeitet wird, was aus ministerieller Sicht Vorteile wie Loyalität, Zuverlässigkeit und Einflussmöglichkeiten auf das ressorteigene Forschungsinstitut mit sich bringt (Barlösius 2008: 14–18). Für die praktische Seite der Durchführung der Studie bedeutet das, dass das frühere SOWI bzw. das heutige ZMSBw verantwortlich für Realisierung, Vorbereitung und Auswertung ist und mit der Feldarbeit – mangels eigener Kapazitäten, in der Regel nach öffentlicher Ausschreibung – kommerzielle Institute wie Ipsos/INRA, Infas oder Kantar/TNS Emnid beauftragt. Es werden aber auch Studien des BMVg außerhalb der Ressortforschung erhoben und zum Beispiel von Universitäten oder kommerziellen Erhebungsinstituten übernommen – dies gilt etwa für die Kurzbefragungen des ZInfoABw.

Inhaltlich umfassen Bevölkerungsbefragungen zum Militär und darauf basierende empirische Analysen ein breites Spektrum an Themen. Die Bandbreite erstreckt sich von Haltungen zu grundsätzlichen Problemen der Außen- und Sicherheitspolitik wie Militarismus/Nonmilitarismus oder Unilateralismus/ Multilateralismus (siehe oben, Abschn. 3.1) oder Bewertungen der allgemeinen Sicherheitslage über Haltungen zu den Streitkräften, zur Wehrpflicht oder der Höhe der Verteidigungsausgaben bis hin zu Einstellungen zu spezifischen sicherheitspolitischen oder militärbezogenen Fragen, etwa der Position zu konkreten

Auslandseinsätzen der Bundeswehr (Abschn. 3.2), der Bewertung bestimmter Personalwerbemaßnahmen der Streitkräfte oder der Ausrüstung und Ausstattung der Soldatinnen und Soldaten. Angesichts der aufgezeigten Themenvielfalt kann hier kein umfassender Überblick über die empirischen Ergebnisse gegeben, sondern nur auf thematisch übergreifende und breit angelegte Veröffentlichungen verwiesen werden (z. B. Biehl und Schoen 2015; Rattinger et al. 2016; Steinbrecher et al. 2018a, 2019).

Ein spezifischer Fokus soll indes auf Studien zum Zusammenwirken von öffentlicher und veröffentlichter Meinung gerichtet werden. Aspekte, die in der entsprechenden Literatur ausführlicher betrachtet werden, sind die Wahrnehmung der medialen Berichterstattung über die Bundeswehr durch die Bevölkerung und die Art und Weise, wie diese wiederum außen- und sicherheitspolitische Einstellungen oder Haltungen zur Bundeswehr beeinflussen (Steinbrecher 2018, 2019a; Wanner 2015, 2019a, b). Meike Wanner (2015, 2019b) zeigt, dass die Medienberichterstattung über die Bundeswehr sich auf tagesaktuelle, konfliktträchtige und außergewöhnliche Ereignisse mit einem hohen Nachrichtenwert konzentriert. Am Beispiel von zwei konkreten Ereignissen, die objektiv negativ für die Bundeswehr zu bewerten sind – die Probleme bei der Beschaffung der Drohne *Eurohawk* und der Tod eines Spezialkräfte-Soldaten in Afghanistan – macht Wanner deutlich, dass sich diese Berichte nicht negativ auf die gesellschaftliche Wahrnehmung der Bundeswehr auswirken. Noch umfassender setzt sich Wanner (2019a) in ihrer Dissertation mit Wechselwirkungen zwischen Einstellungen, öffentlicher Meinung und ihrer Wahrnehmung sowie der Medienberichterstattung und ihren Wirkungen auseinander. Die Effekte der von ihr untersuchten medienbezogenen Erklärungsansätze sind aber insgesamt nicht besonders stark (Wanner 2019a: 165 ff.). Wanners Befunde bestätigen damit Studien zu Einstellungen aus anderen Politikfeldern, die meist nur schwache und wenig einheitliche Medieneffekte identifizieren können (z. B. Brettschneider 2014).

3.2 Ausgewählte empirische Ergebnisse

Ein zentrales Element für den Blick der Öffentlichkeit auf das Militär ist die generelle Haltung der Bürgerinnen und Bürger zu den Streitkräften. Dafür werden an dieser Stelle mit der Einstellung zur Bundeswehr nur Ergebnisse für einen ausgewählten Indikator präsentiert. Es sei aber darauf hingewiesen, dass empirische Studien eine Vielzahl von weiteren möglichen Operationalisierungen enthalten, etwa Vertrauen in die Streitkräfte (im Vergleich zu anderen Institutionen) oder das Ansehen der Bundeswehr. Die Bürgerinnen und Bürger können bei der Messung

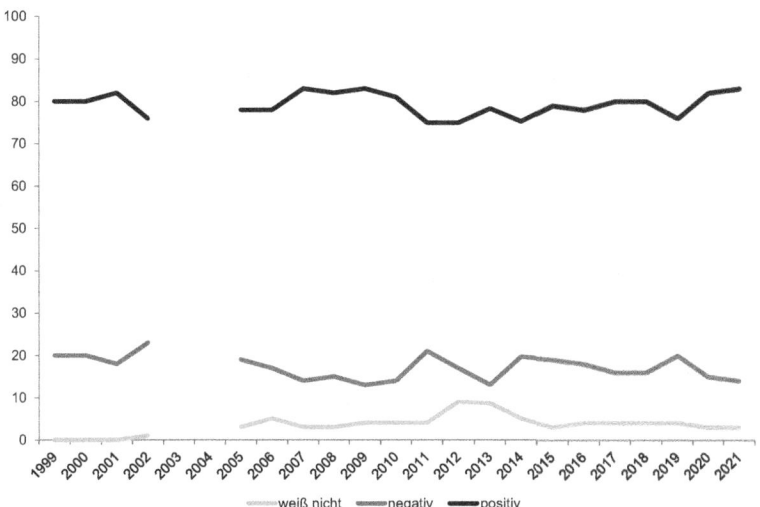

Abb. 2 Einstellung zur Bundeswehr im Zeitverlauf. Anmerkung: Relative Häufigkeiten. Mehrere positive oder negative Antwortausprägungen wurden jeweils zusammengefasst. Die Antwortskala variiert zwischen vier-, fünf- und sechsstufiger Skala. Datenbasis: Bevölkerungsbefragungen des SOWI bzw. ZMSBw 2000–2002, 2005–2021; Wehrpolitische Lage 1999. Für 2003 und 2004 liegen keine vergleichbaren Daten vor

der Einstellung zur Bundeswehr ihre allgemeine Haltung zu den Streitkräften mit mehreren positiven und negativen Antwortmöglichkeiten angeben. Für die Darstellung in Abb. 2 wurden die positiven und negativen Antworten jeweils zusammengefasst. Wie die Abbildung zeigt, variiert der Anteil der Bürgerinnen und Bürger mit einer positiven Einstellung zur Bundeswehr im betrachteten Zeitraum von 1999 bis 2021 zwischen 75 und 83 %. Negative Bewertungen der Streitkräfte kommen von zwischen 13 und 23 % der Befragten. Ein Großteil der Bevölkerung steht also positiv zur Bundeswehr. Die hohe Stabilität über einen Zeitraum von 20 Jahren spricht dafür, dass kurzfristige Ereignisse oder die mediale Diskussion über Vorkommnisse und Skandale wie beispielsweise im Jahr 2017[6] die

---

[6] Im Jahr 2017 geriet das Ausbildungszentrum Spezielle Operationen in Pfullendorf wegen zweifelhafter und entwürdigender Aufnahmerituale in die Schlagzeilen. Zudem kam es nach der Festnahme des Oberleutnants Franco A. am Flughafen Wien-Schwechat im Frühjahr 2017 zu Ermittlungen wegen des Verdachts auf Terrorismus. In der Folge gab es eine öffentliche Debatte über Rechtsextremismus in der Bundeswehr und das Traditionsverständnis der Streitkräfte mit Bezug zur Wehrmacht.

grundsätzlich positive Sicht der Deutschen auf die Bundeswehr nicht erschüttern können. Auch für zahlreiche andere Indikatoren, die generelle Haltungen zu den Streitkräften messen, zeigt sich ein ähnliches Ausmaß an Zustimmung und langfristiger Stabilität (Steinbrecher et al. 2019). Dementsprechend lässt sich der von den Soldatinnen und Soldaten in Deutschland wahrgenommene fehlende Zuspruch der Bevölkerung empirisch so nicht nachweisen – die Ergebnisse verweisen eher auf das Gegenteil. Auf die große Bedeutung der Wahrnehmung der Streitkräfte für die Herausbildung oder Ableitung anderer außen- und sicherheitspolitischer Einstellungen wurde bereits oben hingewiesen. Hier zeigen sich z. B. eindeutige positive Effekte auf Haltungen zur Höhe der Verteidigungsausgaben, zur Bewertung von Auslandseinsätzen der Bundeswehr oder zum Einsatz der Bundeswehr im Inneren (z. B. Steinbrecher 2019c; Steinbrecher und Wanner 2018, 2021): Personen, welche die Bundeswehr positiv bewerten, sind in stärkerem Maße für eine Erhöhung der Verteidigungsausgaben, bewerten die Auslandseinsätze besser und sind eher für einen Einsatz der Streitkräfte innerhalb Deutschlands.

Auch die Wahrnehmung der Streitkräfte und des Tenors der jeweiligen Kommunikation über die Medien und im Rahmen persönlicher Eindrücke soll an dieser Stelle empirisch für den Zeitraum zwischen 2011 und 2021 betrachtet werden – eine längere Zeitreihe kann aufgrund fehlender vergleichbarer Daten nicht dargestellt werden. Abb. 3 zeigt zum einen die relativen Häufigkeiten für die Wahrnehmung der Bundeswehr über mindestens einen massenmedialen (Fernsehen, Radio, Zeitungen und Zeitschriften sowie Internet) bzw. persönlichen Kommunikationskanal (im Alltag, bei öffentlichen Veranstaltungen sowie in persönlichen Gesprächen) in den vergangenen zwölf Monaten vor der jeweiligen Befragung (durchgezogene Linien, linke Skala). Zum anderen wird der Mittelwert des wahrgenommenen Tenors der Kommunikation über die Massenmedien und im persönlichen Bereich dargestellt (gestrichelte Linien, rechte Skala: Wertebereich 0–1): Höhere Werte bedeuten eine positivere Wahrnehmung der Berichterstattung bzw. Kommunikation über die Bundeswehr. Über den gesamten Zeitraum zeigen sich zwei zentrale Muster. *Zum einen* werden die Streitkräfte in Deutschland deutlich stärker über die Massenmedien als über andere Kommunikationskanäle wahrgenommen. Der Anteil derjenigen, die Informationen über die Bundeswehr durch die Massenmedien erhalten, ist (mit Ausnahme von 2015) stets mindestens 30 Prozentpunkte größer als der Anteil derjenigen, die im persönlichen Bereich mit den Streitkräften in Kontakt kommen bzw. über diese kommunizieren. *Zum anderen* ist die Wahrnehmung des Tenors der Kommunikation bzw. der Informationen über die Bundeswehr im persönlichen Bereich stets positiver als über die Massenmedien. Diese Differenz

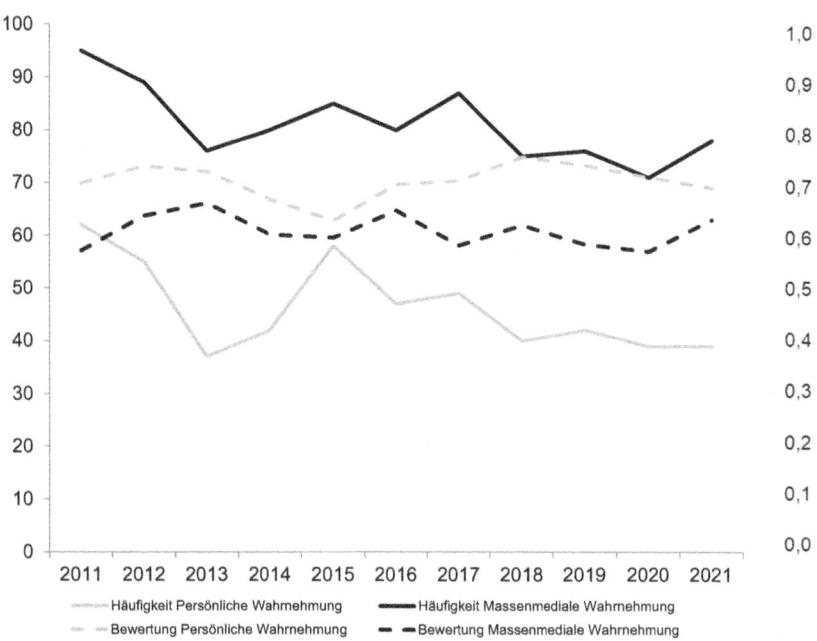

Abb. 3 Wahrnehmung der Bundeswehr und die Bewertung der Wahrnehmung im Zeitverlauf. Anmerkung: Relative Häufigkeiten (linke Skala, für Häufigkeit persönliche und massenmediale Wahrnehmung), Mittelwerte (rechte Skala, für Bewertung der persönlichen und massenmedialen Wahrnehmung). Persönliche Wahrnehmung schließt folgende Kategorien ein: „im Alltag, da wo Sie wohnen, also zum Beispiel auf der Straße oder beim Einkaufen", „bei öffentlichen Veranstaltungen", „bei Gesprächen mit Freunden, Verwandten oder Kollegen". Massenmediale Wahrnehmung schließt folgende Kategorien ein: „bei Sendungen im Fernsehen", „bei Sendungen im Radio", „bei Beiträgen im Internet", „bei Berichten in Zeitungen und Zeitschriften". Die Antwortskala variiert zwischen 3-stufiger, 5-stufiger und 6-stufiger Skala. Datenbasis: Bevölkerungsbefragungen des SOWI bzw. ZMSBw 2011–2021

variiert zwischen 0,03 (2015) und 0,15 Skalenpunkten (2019). Dementsprechend wird die Bundeswehr besonders über die Informationskanäle positiver wahrgenommen, über die die Bürgerinnen und Bürger seltener Kontakt mit den Streitkräften und auf welche die Massenmedien zugleich einen geringeren Einfluss haben. Betrachtet man die Entwicklungen im Zeitverlauf, hat die Bevölkerung die Bundeswehr im Jahr 2011 am häufigsten wahrgenommen. Eine wesentliche Ursache dafür könnte die breite Aufmerksamkeit für die Aussetzung der Wehrpflicht, die damit einhergehenden Reformen und Strukturveränderungen der Streitkräfte sowie die entsprechende Berichterstattung in den Medien sein. 2013 wird für die persönliche Wahrnehmung (37 %) der niedrigste Wert erreicht. Die massenmediale Wahrnehmung ist 2020 mit 71 % am niedrigsten. Vergleicht man die Entwicklung der Häufigkeit der Wahrnehmung zwischen persönlichen und massenmedialen Kanälen, zeigt sich eine stärkere Schwankung bei ersteren. Die Berichterstattung der Medien über die Bundeswehr bzw. ihre Rezeption durch die Bürgerinnen und Bürger scheinen demnach relativ konstant und wenig beeinflusst von Ereignissen oder Kontexteinflüssen zu sein.

Dies gilt noch stärker für die Wahrnehmung des Tenors der Kommunikation über die Bundeswehr im Zeitverlauf. Für die persönliche Kommunikation bewegt sich der Tenor in einem engen Bereich zwischen 0,63 und 0,75, für die massenmediale Kommunikation zwischen 0,57 und 0,66. Der Ton der Berichterstattung bzw. der Kommunikation ist also über den ganzen Zeitraum positiv für die Bundeswehr – zwischen 2015 und 2020 vergrößert sich aber die Differenz in den Wahrnehmungen der Bevölkerung zwischen den persönlichen und massenmedialen Kommunikationsformen. 2021 schließt sich diese Lücke wieder etwas. Beim Vergleich dieser subjektiven Einschätzungen mit ‚objektiven‘ Medieninhaltsanalysen (z. B. Cognita 2020; Steinbrecher 2018), welche auf der Basis definierter Kriterien die positive, neutrale oder negative Tendenz eines Berichts oder einer Sendung zu messen versuchen, wird deutlich, dass es eine Diskrepanz zwischen dem Tenor der Berichterstattung und dessen subjektiver Wahrnehmung gibt: Insgesamt ist die Medienberichterstattung über die Bundeswehr im Mittel nämlich leicht negativ (Cognita 2020: 3 f.; Steinbrecher 2018: 99 f.).

Wie weiterführende, hier nicht im Detail darstellbare Analysen zeigen, spielen die massenmediale und insbesondere die persönliche Wahrnehmung der Bundeswehr als Erklärungsfaktoren außen- und sicherheitspolitischer Einstellungen wie bundeswehrbezogener Haltungen eine bedeutende Rolle. Personen, welche die Bundeswehr im persönlichen Bereich wahrnehmen, bewerten die Bundeswehr insgesamt positiver (Steinbrecher und Biehl 2019a: 104 ff.), sehen sie als attraktiveren Arbeitgeber oder würden sie eher als Arbeitgeber empfehlen (Steinbrecher 2019b: 135 ff.). Eine verstärkte Wahrnehmung der Bundeswehr über die Massenmedien führt dazu, dass man eher bereit ist, die Bundeswehr als Arbeitgeber zu empfehlen (Steinbrecher 2019b: 135 ff.). Für die Erklärung von Einstellungen zu Auslandseinsätzen der Bundeswehr finden sich für die Wahrnehmung medialer Informationen über die Bundeswehr geteilte Befunde in der Literatur. Während Timo Graf und Heiko Biehl (2019: 187 ff.) einen positiven Effekt feststellen können, berichten Markus Steinbrecher und Meike Wanner (2021) einen negativen Einfluss. Für die Erklärung des Niveaus des verteidigungspolitischen Wissens sind beide Kommunikationskanäle von Belang (Steinbrecher und Biehl 2020). Insofern kann es für das Verhältnis von Militär und Öffentlichkeit eine wichtige Rolle spielen, wie, über welche Kanäle und mit welchem Tenor über die Bundeswehr kommuniziert oder wie sie wahrgenommen wird.

Oben wurden Auslandseinsätze der Bundeswehr als ein Teil der Außen- und Sicherheitspolitik Deutschlands genannt, bei dem die Bürgerinnen und Bürger in besonderem Maße auf Informationen durch die Streitkräfte und vor allem die Medien angewiesen sind. Abb. 4 zeigt die Zustimmung zu den drei zahlenmäßig größten Einsätzen – *Resolute Support* (RS) in Afghanistan, *Mission multidimensionnelle intégrée des Nations Unies pour la stabilisation au Mali* (MINUSMA) in Mali und *Enhanced Forward Presence* (EFP) in Litauen – im Jahr 2021 in Abhängigkeit vom subjektiven Kenntnisstand der Befragten der Bevölkerungsbefragung des ZMSBw. Die Befragten wurden dafür in zwei Gruppen eingeteilt. Die Gruppe „Wissen vorhanden" besteht aus den Befragten, die auf die Frage nach ihren Kenntnissen über den jeweiligen Einsatz angaben, dass sie entweder „alle wesentlichen Fakten und Zusammenhänge" oder „einige Fakten und Zusammenhänge" kennen. Personen, die entweder sagten, dass sie von dem Einsatz gehört oder gelesen haben, aber nichts Konkretes wissen oder dass sie „noch nie davon gehört oder gelesen" hätten, bilden die Gruppe „Wissen nicht vorhanden". Betrachtet man zunächst die generelle Bewertung der drei Einsätze bei allen Befragten („Gesamt"), zeigt sich, dass keine der Missionen von einer Mehrheit der Bevölkerung befürwortet wird. Allerdings sind die Unterstützer mit Anteilen von 36 (RS), 37 (MINUSMA) und 40 % (EFP) in der relativen Mehrheit gegenüber denjenigen, die diesen Einsätzen mit gemischten Gefühlen oder sogar ablehnend gegenüberstehen.[7] Da diese Zustimmungswerte und die Verteilung über die einzelnen Antwortkategorien in den letzten Jahren ähnlich waren (z. B. Graf und Biehl 2019; Steinbrecher und Wanner 2021), kann man nicht von einer generellen Ablehnung der Auslandseinsätze durch die deutsche Bevölkerung sprechen. Die große Rolle, die Informationen und die subjektiv wahrgenommenen Kenntnisse über die Einsätze spielen, zeigt sich im Unterschied des Zustimmungsniveaus zwischen Befragten mit und ohne Wissen über die drei Einsätze. Personen, die laut Selbstauskunft etwas über die Einsätze wissen, unterstützen RS (51 %), EFP (66 %) und MINUSMA (68 %) mit

---

[7] Die genauen Werte für Zustimmung (Z), Teils/teils (T) und Ablehnung (A) für die drei Einsätze lauten: RS (Z: 36 %, T: 29 %, A: 30 %), MINUSMA (Z: 37 %, T: 29 %, A: 26 %), EFP (Z: 40 %, T: 27 %, A: 26 %).

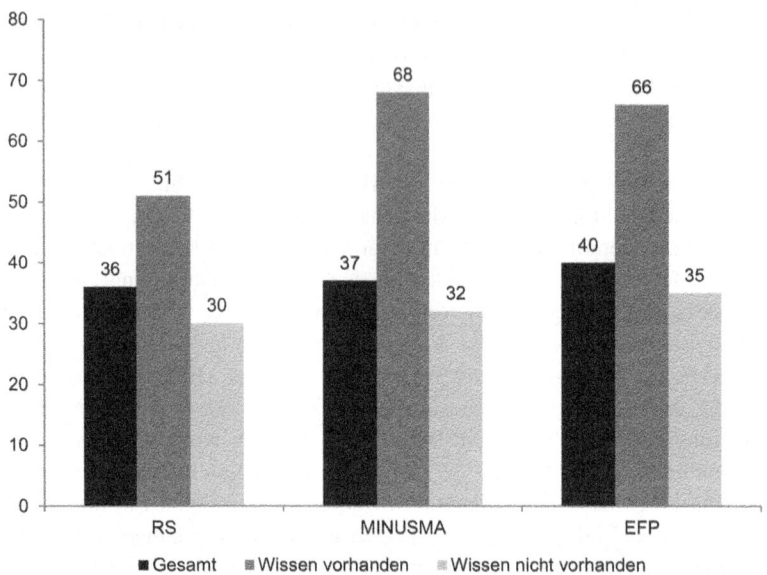

Abb. 4 Unterstützung ausgewählter Auslandseinsätze der Bundeswehr 2019 in Abhängigkeit vom subjektiven Wissen. Anmerkung: Relative Häufigkeiten für die Zustimmung (Anteile „stimme völlig zu" und „stimme eher zu" zusammengefasst) zu den Einsätzen *Resolute Support* (RS) in Afghanistan, *Mission multidimensionnelle intégrée des Nations Unies pour la stabilisation au Mali* (MINUSMA) in Mali und *Enhanced Forward Presence* (EFP) in Litauen. Die beiden Gruppen für das subjektive Wissen wurden folgendermaßen gebildet: Wissen vorhanden: Personen, die entweder „Ich habe mich intensiv damit [mit dem jeweiligen Einsatz] beschäftigt und kenne alle wesentlichen Fakten und Zusammenhänge." oder „Ich habe davon gehört bzw. gelesen und kenne einige Fakten und Zusammenhänge" angaben, zusammengefasst. Wissen nicht vorhanden: Personen, die entweder „Ich habe davon gehört bzw. gelesen, weiß aber nichts Konkretes." oder „Ich habe noch nie davon gehört bzw. gelesen." angaben, zusammengefasst.
Datenbasis: Bevölkerungsbefragung des ZMSBw 2019

absoluter Mehrheit. Bei der (insgesamt zahlenmäßig größeren) Gruppe ohne entsprechendes Wissen liegt die Zustimmung zwischen 30 und 35 %. Die Differenz im Unterstützungsniveau zwischen beiden Gruppen beträgt damit zwischen 21 und 36 Prozentpunkten. Diese Ergebnisse zeigen, dass Wissen und Informationen für die Bewertung zentraler Instrumente der deutschen Außen- und Sicherheitspolitik essenziell sind: Wenn Bürgerinnen und Bürger sich informiert fühlen und über Ziel und Zweck der Missionen Bescheid wissen, stehen sie in stärkerem

Maße hinter dem deutschen Engagement in den Einsatzgebieten. Stellt man einen Bezug dieser Ergebnisse zum anfangs angesprochenen Kommunikationsdreieck her, so hängt die Unterstützung für die Einsätze der Bundeswehr demnach im besonderen Maße von der Berichterstattung der Medien und der Presse- und Informationsarbeit der Streitkräfte ab.

4 Defizite und Perspektiven der Forschung zum Verhältnis zwischen Militär und Öffentlichkeit

Wie in den vorangehenden Abschnitten gezeigt werden konnte, ist das Wechselverhältnis zwischen Militär und Öffentlichkeit im Hinblick auf die öffentliche Meinung gut und breit erforscht. Es gibt (für Deutschland) eine Vielzahl von regelmäßig durchgeführten Befragungen und darauf aufbauenden Analysen und Veröffentlichungen. Mögliche Herausforderungen für diesen Forschungszweig ergeben sich eher im Hinblick auf Datenerhebung und methodische Fragen, etwa die mögliche Nichtbeteiligung von bestimmten Personen und Personengruppen an den Befragungen *(non-response)*, die gegebenenfalls notwendige Anpassung der Erhebungsmethoden an technische Veränderungen (z. B. Online-Studien), die Zusammenführung von Daten aus verschiedenen Datenquellen (Big Data) oder Probleme bei der Messung bestimmter Fragen oder theoretischer Konstrukte (Rothbart 2020).

Dennoch sind einige Forschungslücken zu konstatieren:
Erstens ist die Wirkung der öffentlichen Meinung auf politische Entscheidungen und Maßnahmen in Deutschland kaum untersucht, sodass häufig unklar ist, in welchem Maße die Haltungen der Bevölkerung politisches Handeln beeinflussen oder gar mitbestimmen, etwa bei der Formulierung der Mandate für Auslandseinsätze der Bundeswehr. Ausnahmen sind eine Studie von Kurt Shell zur Politik der Regierung West-Berlins nach dem Mauerbau (Shell 1965) und eine vergleichende Untersuchung von Thomas Risse-Kappen (1991), die zeigen, dass der Einfluss der öffentlichen Meinung auf Außenpolitik in Deutschland im Laufe der Zeit zugenommen hat. Stattdessen gibt es entweder normativ-theoretische Überlegungen (z. B. Wiesendahl 2016) oder anekdotische Evidenz, so etwa über eine Verwendung von Ergebnissen der Bevölkerungsbefragungen des SOWI im Verteidigungsausschuss des Deutschen Bundestages (Kümmel 2020; Nachtwei 2016: 156 f.). Auch ist bekannt, dass die politische Leitung des BMVg die Ergebnisse von Befragungen in der politischen Diskussion nutzt, so zum Beispiel Verteidigungsministerin Ursula von der Leyen (2013–2019) am 26. November

2015 in der Bundestagsdebatte über den Verteidigungshaushalt 2016 (Biehl et al. 2015: 6). Ebenso lassen andere Akteure Ergebnisse der Bevölkerungsbefragungen in die sicherheitspolitische Debatte im politischen wie öffentlichen Raum einfließen (Thießen 2016: 63). Klare Evidenz für die Wechselwirkungen zwischen politischen Entscheidungen und öffentlicher Meinung gibt es hingegen für die USA (z. B. Burstein 2003; Wlezien und Soroka 2016). Hier besteht für Deutschland umfassender Forschungsbedarf.

Trotz der oben angeführten Beispiele für Analysen zu Medieneffekten auf individuelle Einstellungen oder die öffentliche Meinung zu Außen- und Sicherheitspolitik sind, *zweitens,* die Wechselwirkungen zwischen veröffentlichter und öffentlicher Meinung nur ansatzweise untersucht. Neben dem generellen Befund fehlender oder schwacher Medieneffekte gibt es weiterhin keine umfassenden Analysen, die die Wechselwirkungen zwischen veröffentlichter und öffentlicher Meinung und die Komplexität der politischen Kommunikationsprozesse empirisch adäquat erfassen und erklären können – dies allerdings ist ein grundlegendes Problem der politischen Kommunikationsforschung (z. B. Schulz 2008).

Schließlich weiß man, *drittens,* wenig über die Wahrnehmung von Öffentlichkeit, öffentlicher Meinung und Medien durch das Militär. Hier gibt es neben den oben beispielhaft genannten Meinungsäußerungen oder Verweisen auf anekdotische Evidenz nur einige deskriptive Hinweise (z. B. Seiffert und Heß 2019: 286 ff.). Diese Ergebnisse deuten darauf hin, dass die Soldatinnen und Soldaten generell ein Defizit an öffentlicher Unterstützung sehen. Ob sich hier analoge Muster zeigen, wie in Wanners Analysen (2019a) zur Diskrepanz zwischen persönlicher Haltung und wahrgenommenem gesellschaftlichen Meinungsklima, wird hoffentlich weitere Forschung in den nächsten Jahren zeigen können.

Annotierte Auswahlbibliografie

Möllers, Heiner/Jacobs, Jörg (Hrsg.) (2019): Bundeswehr und Medien. Ereignisse – Handlungsmuster – Mechanismen in jüngster Geschichte und heute. Baden-Baden: Nomos.
Der Band gibt einen guten und breiten Überblick zum Verhältnis zwischen Medien und Streitkräften am Beispiel der Bundeswehr und Deutschlands.
Graf, Timo/Steinbrecher, Markus/Biehl, Heiko/Scherzer, Joel (2022): Sicherheits- und verteidigungspolitisches Meinungsbild in der Bundesrepublik Deutschland. Ergebnisse und Analysen der Bevölkerungsbefragung 2021. Potsdam: Zentrum für Militärgeschichte und Sozialwissenschaften der Bundeswehr.
Die Bevölkerungsbefragungen des ZMSBw sind das umfangreichste und am längsten laufende Umfrageprogramm zum Wechselverhältnis zwischen Militär

und Öffentlichkeit. Dieser und andere Forschungsberichte mit umfassenden Ergebnissen und Analysen können kostenfrei unter www.zmsbw.de heruntergeladen werden.

Wanner, Meike (2019): Das Ansehen der Bundeswehr. Persönliche Einstellung versus Meinungsklimawahrnehmung. Baden-Baden: Nomos. Der Band verdeutlicht mit empirischen Daten die Schwierigkeit, Medieneinflüsse auf die öffentliche Meinung und individuelle Einstellungen zu messen und zu analysieren.

Literatur

Almond, Gabriel A. (1950): The American People and Foreign Policy. New York: Harcourt, Brace.

Bachrach, Peter/Botwinick, Aryeh (1992): Power and Empowerment. A Radical Theory of Participatory Democracy. Philadelphia: Temple University Press.

Balmas, Meital (2018): Tell Me Who Is Your Leader, and I Will Tell You Who You Are: Foreign Leaders' Perceived Personality and Public Attitudes toward Their Countries and Citizenry. In: American Journal of Political Science, 62: 2, 499–514.

Barlösius, Eva (2008): Zwischen Wissenschaft und Staat? Die Verortung der Ressortforschung. Berlin: Wissenschaftszentrum Berlin für Sozialforschung.

Biehl, Heiko/Fiebig, Rüdiger/Giegerich, Bastian/Jacobs, Jörg/Jonas, Alexandra (2011): Strategische Kulturen in Europa. Die Bürger Europas und ihre Streitkräfte. Strausberg: Sozialwissenschaftliches Institut der Bundeswehr.

Biehl, Heiko/Giegerich, Bastian/Jonas, Alexandra (Hrsg.) (2013): Strategic Cultures in Europe. Security and Defence Policies Across the Continent. Wiesbaden: Springer VS.

Biehl, Heiko/Höfig, Chariklia/Steinbrecher, Markus/Wanner, Meike (2015): Sicherheits- und verteidigungspolitisches Meinungsklima in der Bundesrepublik Deutschland. Ergebnisse und Analysen der Bevölkerungsbefragung 2015 (Forschungsbericht 112). Potsdam: Zentrum für Militärgeschichte und Sozialwissenschaften der Bundeswehr.

Biehl, Heiko/Schoen, Harald (Hrsg.) (2015): Sicherheitspolitik und Streitkräfte im Urteil der Bürger. Theorien, Methoden, Befunde. Wiesbaden: Springer VS.

Bohnert, Marcel/Reitstetter, Lukas J. (2014): Armee im Aufbruch: Zur Gedankenwelt junger Offiziere in den Kampftruppen der Bundeswehr. Berlin: Miles.

Bredow, Wilfried von (2008): Militär und Demokratie in Deutschland. Eine Einführung. Wiesbaden: VS Verlag für Sozialwissenschaften.

Brettschneider, Frank (2014): Massenmedien und Wählerverhalten. In: Falter/Schoen (2014): 625–657.

BMVg – Bundesministerium der Verteidigung (2008): Zentrale Dienstvorschrift A-2600/1. Innere Führung. Selbstverständnis und Führungskultur. Berlin.

Burstein, Paul (2003): The Impact of Public Opinion on Public Policy: A Review and an Agenda. In: Political Research Quarterly, 56: 1, 29–40.

Carrubba, Clifford J./Singh, Anand (2004): A Decision Theoretic Model of Public Opinion: Guns, Butter, and European Common Defence. In: American Journal of Political Science, 48: 2, 218–231.

Cognita Deutschland (2020): Medienresonanzanalyse 2019. Zeitraum: 01.01. bis 31.12.2019. Unveröffentlichte Powerpoint-Präsentation, vorgestellt im Bundesministerium der Verteidigung am 11.03.2020.

Converse, Philip E. (1970): Attitudes and Non-Attitudes: Continuation of a Dialogue. In: Tufte (1970): 168–189.

Dörfler-Dierken, Angelika/Kümmel, Gerhard (Hrsg.) (2016): Am Puls der Bundeswehr. Militärsoziologie in Deutschland zwischen Wissenschaft, Politik, Bundeswehr und Gesellschaft. Wiesbaden: Springer VS.

Easton, David (1965): A System Analysis of Political Life. New York: Wiley.

Eichenberg, Richard C. (1989): Public opinion and national security in Western Europe: Consensus lost? Ithaca, NY: Cornell University Press.

Elbe, Martin/Biehl, Heiko/Steinbrecher, Markus (Hrsg.) (2020): Empirische Sozialforschung in den Streitkräften. Positionen, Erfahrungen, Kontroversen. Berlin: Berliner Wissenschaftsverlag.

Endres, Fabian/Schoen, Harald/Rattinger, Hans (2015): Außen- und Sicherheitspolitik aus Sicht der Bürger. Theoretische Perspektiven und ein Überblick über den Forschungsstand. In: Biehl/Schoen (2015): 39–65.

Europäische Kommission (2018): Public Opinion. http://ec.europa.eu/commfrontoffice/publicopinion/index.cfm (letzter Zugriff: 30.03.2021).

Falter, Jürgen W./Schoen, Harald (Hrsg.) (2014): Handbuch Wahlforschung. 2. Aufl., überarbeitete Auflage. Wiesbaden: Springer VS.

Fuchs, Dieter (1989): Die Unterstützung des politischen Systems der Bundesrepublik Deutschland. Wiesbaden: Westdeutscher Verlag.

Gelpi, Christopher/Feaver, Peter D./Reifler, Jason (2005): Success Matters. Casualty Sensitivity and the War in Iraq. In: International Security, 30: 3, 7–46.

Gelpi, Christopher/Feaver, Peter D./Reifler, Jason (2009): Paying the Human Costs of War. American Public Opinion and Casualties in Military Conflicts. Princeton et al.: Princeton University Press.

The German Marshall Fund of the United States (2018): Transatlantic Trends – Public Opinion. http://www.gmfus.org/initiatives/transatlantic-trends--public-opinion/ (letzter Zugriff: 30.03.2021).

Graf, Timo/Biehl, Heiko (2019): Einstellungen zu den Auslandseinsätzen der Bundeswehr. In: Steinbrecher/Graf/Biehl (2019): 176–190.

Hagen, Ulrich vom (2012): Zivil-militärische Beziehungen. In: Leonhard/Werkner (2012b): 88–116.

Heinemann, Winfried (2016): Das SOWI im Lichte der Akten. In: Dörfler-Dierken/Kümmel (Hrsg.) (2016): 35–50.

Hesse, Joachim J./Ellwein, Thomas (2012): Das Regierungssystem der Bundesrepublik Deutschland. 10., vollständig neu bearbeitete Auflage. Baden-Baden: Nomos.

Hoffmann, Hans V. (1993): Demoskopisches Meinungsbild in Deutschland zur Sicherheits- und Verteidigungspolitik 1992. Waldbröl: AIK.

Holst, Christian (1993): Sicherheitsorientierung und status quo – Einstellungen zur Bundeswehr in der Bevölkerung in Ost- und Westdeutschland 1992 bis 1993. DFG-Projekt „Struktur und Determinanten außen- und sicherheitspolitischer Einstellungen in der Bundesrepublik Deutschland" (Forschungsbericht Nr. 6). Bamberg: Universität Bamberg.

Holsti, Ole R. (1992): Public Opinion and Foreign Policy: Challenges to the Almond-Lippmann Consensus. In: International Studies Quarterly, 36: 4, 439–466.

Huntington, Samuel P. (1985 [1957]): The Soldier and the State. The Theory and Politics of Civil-Military Relations. Cambridge, MA; London: Belknap Press.

Hurwitz, Jon/Peffley, Mark (1987): How Are Foreign Policy Attitudes Structured? A Hierarchical Model. In: American Political Science Review, 81: 4, 1099–1120.

Inter-University Consortium for Political and Social Research (2018): Transatlantic Trends Survey Series. https://www.icpsr.umich.edu/icpsrweb/ICPSR/series/235 (letzter Zugriff: 30.03.2021).

Isernia, Pierangelo/Juhász, Zoltán/Rattinger, Hans (2002): Foreign Policy and the Rational Public in Comparative Perspective. In: Journal of Conflict Resolution, 46: 2, 201–224.

Jacobs, Jörg (2019): Medien und Bundeswehr. In: Möllers/Jacobs (2019): 11–27.

Janowitz, Morris (2017 [1960]): The Professional Soldier. A Social and Political Portrait. New York et al.: Free Press.

Köhler, Horst (2005): Einsatz für Freiheit und Sicherheit. Rede bei der Kommandeurstagung der Bundeswehr am 10. Oktober 2005 in Bonn. Berlin: Bundespräsidialamt.

Körber-Stiftung (2017): Hälfte der Deutschen sieht Deutschland international geschwächt. https://www.koerber-stiftung.de/pressemeldungen-fotos-journalistenservice/haelfte-der-deutschen-sieht-deutschland-international-geschwaecht-1216 (letzter Zugriff: 30.03.2021).

Kümmel, Gerhard (2020): Die Wissenschaft und die Politik: Zur politischen Nutzung militärsoziologischer Forschungsergebnisse. In: Elbe et al. (2020): 138–155.

Kümmel, Gerhard/Biehl, Heiko (2015): Gradmesser der zivil-militärischen Beziehungen. Der Beitrag von Umfragen und Einstellungsforschung zur Militärsoziologie. In: Biehl/Schoen (2015): 13–38.

Kümmel, Gerhard/Langer, Phil C. (2019): Strategische Kommunikation und Bundeswehr. In: Möllers/Jacobs (2019): 29–45.

Leonhard, Nina/Werkner, Ines-Jacqueline (2012a): Einleitung: Militär als Gegenstand der Forschung. In: Leonhard/Werkner (2012): 19–35.

Leonhard, Nina/Werkner, Ines-Jacqueline (Hrsg.). (2012b): Militärsoziologie – eine Einführung. 2., aktualisierte und ergänzte Auflage. Wiesbaden: Springer VS.

Lippmann, Walter (1922): Public Opinion. New York: Macmillan.

Mader, Matthias (2015): Grundhaltungen zur Außen- und Sicherheitspolitik in Deutschland. In: Biehl/Schoen (2015): 69–96.

Mader, Matthias/Fiebig, Rüdiger (2015): Determinanten der Bevölkerungseinstellungen zum Afghanistaneinsatz. Prädispositionen, Erfolgswahrnehmungen und die moderierende Wirkung individueller Mediennutzung. In: Biehl/Schoen (2015): 97–121.

Möllers, Heiner/Jacobs, Jörg (Hrsg.) (2019): Bundeswehr und Medien. Ereignisse – Handlungsmuster – Mechanismen in jüngster Geschichte und heute. Baden-Baden: Nomos.

Nachtwei, Winfried (2016): Sicherheitspolitische Entscheidungsprozesse und Ergebnisse militärsoziologischer Forschungen. In: Dörfler-Dierken/Kümmel (2016): 151–165.

Page, Benjamin I./Shapiro, Robert Y. (1992): The Rational Public: Fifty Years of Trends in Americans' Policy Preferences. Chicago: University of Chicago Press.

Pew Research Center (2017): NATO's Image Improves on Both Sides of the Atlantic. European faith in American military support largely unchanged. Washington, D.C.

Pötzschke, Jana/Rattinger, Hans/Schoen, Harald (2012): Persönlichkeit, Wertorientierungen und Einstellungen zu Außen- und Sicherheitspolitik in den Vereinigten Staaten. In: Politische Psychologie, 2: 2, 4–29.

Rattinger, Hans/Schoen, Harald/Endres, Fabian/Jungkunz, Sebastian/Mader, Matthias/ Pötzschke, Jana (2016): Old Friends in Troubled Waters. Policy Principles, Elites, and U.S.-German Relations at the Citizen Level After the Cold War. Baden-Baden: Nomos.

Rink, Martin/Maurer, Jochen (Hrsg.) (2021): Einsatz ohne Krieg? Militär, Gesellschaft und Semantiken zur Geschichte der Bundeswehr nach 1990. München: De Gruyter Oldenbourg.

Risse-Kappen, Thomas (1991): Public Opinion, Domestic Structure, and Foreign Policy in Liberal Democracies. In: World Politics, 43: 4, 479–512.

Rothbart, Chariklia (2020): Meinung oder Methode? Potenzielle Fehlerquellen in quantitativen Befragungen und ihr Einfluss auf die Qualität der Daten. In: Elbe et al. (2020): 182–217.

Schoen, Harald (2008): Identity, Instrumental Self-Interest and Institutional Evaluations. Explaining Public Opinion on Common European Policies in Foreign Affairs and Defence. In: European Union Politics, 9: 1, 5–29.

Schulz, Winfried (2008): Politische Kommunikation. Theoretische Ansätze und Ergebnisse empirischer Forschung. 2., vollständig überarbeitete und erweiterte Auflage. Wiesbaden: VS Verlag für Sozialwissenschaften.

Schumpeter, Joseph A. (2008 [1942]). Capitalism, Socialism, and Democracy. New York: Harper Perennial.

Seiffert, Anja/Heß, Julius (2019): Leben nach Afghanistan – Die Soldaten und Veteranen der Generation Einsatz der Bundeswehr. Ergebnisse der sozialwissenschaftlichen Langzeitbegleitung des 22. Kontingents ISAF (Forschungsbericht 119). Potsdam: Zentrum für Militärgeschichte und Sozialwissenschaften der Bundeswehr.

Shapiro, Robert Y./Page, Benjamin I. (1988): Foreign Policy and the Rational Public. In: Journal of Conflict Resolution, 32: 2, 211–247.

Shell, Kurt L. (1965): Bedrohung und Bewährung. Führung und Bevölkerung in der Berlin-Krise. Köln, Opladen: Westdeutscher Verlag.

Steinbrecher, Markus (2018): Wahrnehmung der Bundeswehr in der Öffentlichkeit. In: Steinbrecher et al. (2018b): 94–118.

Steinbrecher, Markus (2019a): Wahrnehmung der Bundeswehr in der Öffentlichkeit. In: Steinbrecher et al. (2019): 110–125.

Steinbrecher, Markus (2019b): Attraktivität des Arbeitgebers Bundeswehr. In: Steinbrecher et al. (2019): 126–147.

Steinbrecher, Markus (2019c): Einstellungen zur Höhe der Verteidigungsausgaben sowie zum Personalumfang der Bundeswehr. In: Steinbrecher et al. (2019): 148–164.

Steinbrecher, Markus/Biehl, Heiko (2019a): Haltungen der Bürgerinnen und Bürger zur Bundeswehr. In: Steinbrecher et al. (2019): 82–109.

Steinbrecher, Markus/Biehl, Heiko (2019b): Nur „freundliches Desinteresse"? Ausmaß und Determinanten verteidigungspolitischen Wissens in Deutschland. In: Westle/Tausendpfund (2019): 145–175.

Steinbrecher, Markus/Biehl, Heiko (2020): Military Know-Nothings or (At Least) Military Know-Somethings? Knowledge of Defense Policy in Germany and Its Determinants. In: Armed Forces & Society, 46: 2, 302–322.

Steinbrecher, Markus/Biehl, Heiko/Bytzek, Evelyn/Rosar, Ulrich (Hrsg.) (2018a): Freiheit oder Sicherheit? Ein Spannungsverhältnis aus Sicht der Bürgerinnen und Bürger. Wiesbaden: Springer VS.

Steinbrecher, Markus/Biehl, Heiko/Graf, Timo (2018b): Sicherheits- und verteidigungspolitisches Meinungsbild in der Bundesrepublik Deutschland. Ergebnisse und Analysen der Bevölkerungsbefragung 2018 (Forschungsbericht 118). Potsdam: Zentrum für Militärgeschichte und Sozialwissenschaften der Bundeswehr.

Steinbrecher, Markus/Graf, Timo/Biehl, Heiko (2019): Sicherheits- und verteidigungspolitisches Meinungsbild in der Bundesrepublik Deutschland. Ergebnisse und Analysen der Bevölkerungsbefragung 2019 (Forschungsbericht 122). Potsdam: Zentrum für Militärgeschichte und Sozialwissenschaften der Bundeswehr.

Steinbrecher, Markus/Wanner, Meike (2018): Dein Schützer, Freund und Helfer? Einstellungen der deutschen Bevölkerung zur Bündnisverteidigung. In: Steinbrecher et al. (2018a): 141–176.

Steinbrecher, Markus/Wanner, Meike (2021): Alles eine Frage des Erfolgs? Einstellungen zum internationalen Engagement Deutschlands und zum Einsatz in Afghanistan. In: Rink/Maurer (2021): 255–276.

Steinmeier, Frank-Walter (2020): Rede beim Feierlichen Gelöbnis zum 65. Gründungstag der Bundeswehr am 12. November 2020 am Schloss Bellvue. Berlin: Bundespräsidialamt.

Tenscher, Jens/Viehrig, Henrike (2007a): Politische Kommunikation in internationalen Beziehungen. Zugänge und Perspektiven. In: Tenscher/Viehrig (2007b): 7–32.

Tenscher, Jens/Viehrig, Henrike (Hrsg.) (2007b): Politische Kommunikation in internationalen Beziehungen. Münster: Lit.

Thießen, Jörn (2016): True love? Neue Herausforderungen für die Militärsoziologie nach der Wende. In: Dörfler-Dierken/Kümmel (2016): 57–66.

Tufte, Edward R. (Hrsg.) (1970): The Quantitative Analysis of Social Problems. Reading, MA: Addison-Wesley.

Wagner, Armin/Biehl, Heiko (2013): Bundeswehr und Gesellschaft. In: Aus Politik und Zeitgeschichte (APuZ), 63: 44, 23–30.

Wanner, Meike (2015): Die mediale Darstellung der Bundeswehr. Analyse von Einflüssen auf die öffentliche Wahrnehmung und Bewertung der Streitkräfte. In: Biehl/Schoen (2015): 179–205.

Wanner, Meike (2019a): Das Ansehen der Bundeswehr. Persönliche Einstellung versus Meinungsklimawahrnehmung. Baden-Baden: Nomos.

Wanner, Meike (2019b): Die öffentliche Wahrnehmung und Bewertung der Bundeswehr. In: Möllers/Jacobs (2019): 105–122.

Westle, Bettina/Gabriel, Oscar W. (Hrsg.) (2009): Politische Kultur. Eine Einführung. Baden-Baden: Nomos.

Westle, Bettina/Tausendpfund, Markus (Hrsg.) (2019): Politisches Wissen. Relevanz, Messung und Befunde. Wiesbaden: Springer VS.

Wiesendahl, Elmar (2016): Vom Nutzen und Nachteil sozialwissenschaftlicher Forschung für die Bundeswehr. In: Dörfler-Dierken/Kümmel (2016): 85–103.

Wlezien, Christopher/Soroka, Stuart N. (2016): Public Opinion and Public Policy. In: Oxford Research Encyclopedia of Politics. https://doi.org/10.1093/acref ore/9780190228637.013.74 (letzter Zugriff: 30.03.2021).

Würich, Sabine/Scheffer, Ulrike (2014): Operation Heimkehr. Bundeswehrsoldaten über ihr Leben nach dem Auslandseinsatz. Berlin: Ch. Links.

Steinbrecher, Markus, Dr. rer. pol; Projektbereichsleiter im Forschungsbereich Militärsoziologie am Zentrum für Militärgeschichte und Sozialwissenschaften der Bundeswehr in Potsdam.

Militär und Medien

Fabian Virchow

1   Einleitung

Wer am 24. Dezember 2020 die *BILD*-Zeitung, Deutschlands reichweitenstärkste Tageszeitung, durchblätterte, fand eine Doppelseite mit Weihnachtsgrüßen deutscher Soldaten und Soldatinnen an Familie und Freundeskreise daheim. Wohl selten werden die in Mali, im Irak und im Kosovo, in Afghanistan und Jordanien sowie in der Ägäis, im Libanon und in Dschibuti eingesetzten Soldatinnen und Soldaten der Bundeswehr so vielen Lesern und Leserinnen sichtbar gemacht wie in dieser jährlich wiederholten Darstellung. Im November desselben Jahres hatte die Bundeswehr im öffentlichen Raum und in großformatigen Anzeigen in zahlreichen Printmedien umfangreich für die neue Serie mit dem Titel *Besatzung Bravo* geworben, die auf dem Videoportal *Youtube* mit zahlreichen Folgen abrufbar ist und vor allem der Personalgewinnung dient.

Diese beiden Beispiele lassen bereits erkennen, wie zahlreich die Facetten des Wechselverhältnisses der beiden sozialen Akteure Militär und Medien sind, die im Rahmen einer militärsoziologischen Perspektive aufgerufen werden können. Angesichts der Vielzahl von Medienformaten, die im Kontext der hier zu behandelnden Fragestellung von verschiedenen Printprodukten (Flugblatt, Zeitung, Plakat, Buch) (vgl. Bliesener und Gries 1996; Glunz und Schneider 2010) über lineare elektronische Kommunikations- und Informationsdienste

F. Virchow (✉)
Fachbereich Sozial- und Kulturwissenschaften, Hochschule Düsseldorf,
Düsseldorf, Deutschland
E-Mail: fabian.virchow@hs-duesseldorf.de

© VS Verlag für Sozialwissenschaften I Springer Fachmedien Wiesbaden GmbH,
Wiesbaden 2023
N. Leonhard und I.-J. Werkner (Hrsg.), *Militärsoziologie – Eine Einführung*,
https://doi.org/10.1007/978-3-658-30184-2_12

(Radio, TV) bis hin zu digitalen Infrastrukturen, Diensten und multidirektionalen und interaktiven Anwendungen *(Social Media)* reichen, sowie einer grundsätzlichen Unterscheidung hinsichtlich des Militärs als *Gegenstand* journalistischer Berichterstattung einerseits sowie als eigenständiger Medien*akteur* andererseits, kann in den folgenden Ausführungen keine vollständige Bestandsaufnahme geleistet werden. Im Anschluss an frühere Ausarbeitungen (Jäger und Viehrig 2009; Virchow 2007, 2010, 2012; Virchow und Thomas 2010) legt dieser Beitrag den Fokus auf eine systematische Darstellung aktueller Forschungsergebnisse. Zunächst wird auf die beiden Akteure und die theoretischen Konzeptualisierungen ihres Verhältnisses zueinander eingegangen, das von je spezifischen Interessenlagen bestimmt ist, aber auch von Mediensystemen und technologische Innovationen beeinflusst wird. In einem zweiten Schritt wird anhand von Beispielen verdeutlicht, wie sich dieses Verhältnis zu unterschiedlichen Zeitpunkten und mit Blick auf verschiedene Systemtypen darstellt. Auf dieser Grundlage werden Forschungsergebnisse zunächst zum Militär als Medienakteur vorgestellt, sodann das Militär und seine Angehörigen als Gegenstand medialer Berichterstattung. Den Abschluss bilden Hinweise auf Forschungen zur Rezeption medialer militärbezogener Angebote.

Insgesamt erfolgt eine Schwerpunktsetzung auf die Betrachtung des Militärs als den mit Kriegswaffen ausgestatteten Träger der Staatsgewalt, der vor allem hoheitlich die äußere Sicherheit gewährleisten soll, vielfach aber auch bei Aufgaben der inneren Sicherheit zum Einsatz kommt. Die umfangreiche neuere Literatur zur Rolle von Medien in Kriegen in verschiedenen Weltregionen (vgl. beispielsweise Dodson 2010; Keeble et al. 2010; Wunsch Gaarmann 2015; Abazi und Doja 2017; Bastiansen et al. 2019; Eiichi und Seminar 2020; Menshawy 2020) kann wie die Vielzahl der Arbeiten zum Stellenwert von Medien in aktuellen Bürgerkriegen (vgl. beispielsweise Smit et al. 2015; Hasian und Lawson 2018; Ratta 2018; Jones und Mattiacci 2019; Alitavoli 2020) oder zur Berichterstattung über parastaatliche und private militärische Verbände bzw. deren Medienhandeln (vgl. beispielsweise Lamy 1992; Kruck und Spencer 2013; El Damanhoury et al. 2018; Winkler et al. 2020) nur in Ausnahmefällen berücksichtigt werden. Dies gilt auch für Cyber-Warfare (Cai und Dati 2015; Brantly und Smeets 2020) und die Beziehungen zwischen Militär und Populärkultur, die inzwischen vielfältig ausdifferenziert sind (Daly 2009; Mirrlees 2009; Vavrus 2013; Way 2013; Fischer 2014; Kempshell 2015; Yarwood 2015; Allen 2017; Anderson 2017; Höglund und Willander 2017; Kaempf 2019; Mirrlees 2017; Mostafa 2017; Schaffer 2019; Schulzke 2017a, b; Ender et al. 2020).

2 Ansätze zur Konzeptualisierung des Wechselverhältnisses von Medien und Militär

Im Rahmen der Militärsoziologie (vgl. Caforio 2003; Leonhard und Werkner 2012; Sookermany 2020) wird die Forschung zum Verhältnis und zur Interaktion von Medien und Militär als Teil der zivil-militärischen Beziehungen begriffen (Rukavishnikov und Pugh 2003: 135), wobei neben dem Spannungsverhältnis im Kriegsfall – vereinfacht gefasst: Interesse an Berichterstattung hier, Kontrolle von Informationen dort – vor allem auf die Wahrnehmung des Militärs in der öffentlichen Meinung abgehoben wird (Malešič und Kümmel 2011).[1] In einem breiteren Zugriff befasst sich Forschung nicht nur mit Berichterstattung klassischer Printmedien, sondern auch mit populärkulturellen Produkten, die Militär(isches) präsentieren (Ender et al. 2020; Shields 2020: 7 f.), sowie mit dem Militär als Institution bzw. seinen Angehörigen als Mediennutzende und Medienhandelnde. Angesichts des umfassenden Stellenwertes, den Medien in professionellen Kontexten wie auch im Alltagshandeln einnehmen, kommt medialem Handeln eine zentrale Bedeutung auch für soziologisches Beschreiben, Erklären und Verstehen gesellschaftlicher Entwicklungen und politischer Ereignisse zu, bei denen das Militär als soziale Institution im Mittelpunkt steht.

(Massen)Medien sind aus kommunikationssoziologischer Perspektive weniger als technische Artefakte zu konzeptualisieren, sondern vor allem als „sozial institutionalisierte Einrichtungen" zu verstehen. Sie sind *erstens* „Inszenierungsmaschinen, über die sich ein Kommunikator ausdrückt", *zweitens* „Erlebnisräume, in denen die Rezipienten das szenisch erlebte Geschehen in die von ihnen definierten Kontexte einordnen, um es zu verstehen" und *drittens* schließlich „gesellschaftliche Institutionen, die Inszenierung und Erleben organisieren und seiner Art nach zu garantieren versuchen" (Krotz 2008: 48; Thomas 2008).

(Massen)Medien tragen mit ihren Narrativen und Visualisierungen je nach gesellschaftlich-politischem Freiheitsgrad, journalistischem Selbstverständnis, redaktionellen Routinen oder Vorgaben sowie ökonomischen Erwartungen und Zwängen zur sozialen Konstruktion jener Vorstellungen bei, die sich eine Gesellschaft vom Militär – dem eigenen wie dem gegnerischen – macht: von seinen Aufgaben, seiner Legitimität, seiner Verfasstheit, seiner Struktur und seinen Problemen. Die entsprechenden Angebote reichen dabei von Tageszeitungen und Nachrichtensendungen, die über Etatberatungen, die Entwicklung von Einsatzdoktrinen,

---

[1] Siehe hierzu auch den Beitrag von *Steinbrecher* in diesem Band.

Skandale, Personalentscheidungen oder den Einsatz militärischer Gewaltmittel berichten bzw. solche wertend kommentieren, bis hin zu Spielfilmen, in denen die soziale Institution ‚Militär' etwa hinsichtlich Veränderungen ihrer sozialen Zusammensetzung (z. B.: *GI Jane*; *A Soldier's Story*), Traumatisierungen als Folge des im Krieg Erlebten (z. B.: *Nacht vor Augen*) oder mit Blick auf militärische Befehls- und Kommandostrukturen (z. B.: *Crimson Tide*; *Das Kommando*) thematisiert wird. Mit der Durchsetzung des Internets haben sich die Vielfalt medialer Angebote sowie die Nutzungs- und Produktionsmöglichkeiten fundamental ausdifferenziert und veränderte Möglichkeiten der Artikulation geschaffen.

Auch das Militär bzw. militärnahe Institutionen speisen ihre Deutungs- angebote in den gesellschaftlichen Diskurs ein. Über sie wird nicht nur berichtet, sie adressieren mit ihren Medienprodukten selbst verschiedene Publika (Theiler 2009; Vogel 2014). Dabei kann es sich um Printmedien, Rundfunk- und TV- Sendungen für die Angehörigen der jeweiligen Streitkräfte, um Werbeaktionen im Rahmen der Nachwuchsgewinnung (Klauser 1996; Padilla und Laner 2001), um *Information Operations* im Rahmen eines akuten Konflikts oder um Operationen der psychologischen Kampfführung handeln (Bliembach 1996; Schindelbeck 1996; Virchow 2007; Collins und Pritchard 2016; Rauchhaus und Roth 2020). Wie bei Darstellungen in den Massenmedien im Allgemeinen ist auch hier sozial und damit auch soziologisch nicht nur von Bedeutung, welcher Teil der (hier: militärischen) Realität zum Gegenstand der Berichterstattung gemacht wird und welche Deutungsangebote gemacht werden, sondern auch, welche Frage- stellungen und Themen *nicht* aufgerufen werden.

Hinsichtlich militärischen Handelns sowie des Militärs als sozialer Institution kommt Medien und medialem Handeln auf den drei sozialwissenschaftlichen Analyseebenen (Mikro-, Meso- und Makroebene) Bedeutung zu. So kann die Medienberichterstattung über das Handeln von militärischen Akteuren auf den jeweiligen gesellschaftlichen Stellenwert des Militärs sowie auf das Militär als Gegenstand politischer Entscheidungen Einfluss nehmen, aber auch – etwa in Gestalt der vom Militär produzierten medialen Angebote – auf der organisationalen Ebene wie der individuellen Ebene Relevanz besitzen, etwa hin- sichtlich des Selbstbildes von Soldatinnen und Soldaten und ihrer Identifikation mit den politischen Vorgaben für ihr militärisches Handeln.

Sollen die Beziehungen zwischen Militär und Medien unter einer dezidiert militärsoziologischen Perspektive behandelt werden, so ist insbesondere danach zu fragen, welche Deutungen bezüglich des Militärs, seiner Strukturen und seines Tuns in Krieg und Nicht-Krieg medial angeboten werden, wie und aufgrund welcher politischen, gesellschaftlichen, technologischen Faktoren sich diese Deutungsangebote im Laufe der Zeit in den verschieden Medien verändern (oder stabil bleiben), wie sie von den militärischen Akteuren rezipiert werden und wie sie sich in sozialen Praktiken innerhalb der Institution Militär, aber auch in der Interaktion mit anderen gesellschaftlichen Feldern zeigen.

Angesichts der großen Bandbreite sozioökonomischer Kontexte, historischer Spezifika und politischer Systeme sowie der damit verbundenen Freiheitsgrade für journalistische Tätigkeit lassen sich bezüglich der Entwicklung des Verhältnisses von Medien und Militär nur schwer verallgemeinerbare Aussagen treffen. Mit Blick auf die Entwicklung in den USA werden häufig drei Konstellationen des Verhältnisses von Medien und Militär unterschieden (Limor und Nossek 2006). Demnach habe während des Zweiten Weltkrieges eine weitgehende Interessenübereinstimmung zwischen Medien und Militär existiert, sodass die Medien loyal an der Seite des Militärs standen ('Selbstmobilisierungs-Modell'). Der Vietnam-Krieg stehe hingegen für ein 'Parallel-Modell' weitgehend getrennter Sphären und beidseitiger kritisch-skeptischer Distanz. Eine dritte Konstellation lasse sich für die Kriege am Golf (1991), in Afghanistan (seit 2001) und dem Irak (2003) benennen, die als 'Deaktivierungs-Modell' bezeichnet wird. In diesem werde der Krieg der unmittelbaren Beobachtung durch die Medien entzogen.

Entsprechende Typisierungen sind jedoch insofern unterkomplex, als sie weder die Beziehungen zwischen Staat bzw. der jeweiligen Regierung und den Medien noch diejenigen zwischen der Gesellschaft bzw. den Medien und dem Militär genügend berücksichtigen. Insbesondere die im Laufe der zweiten Hälfte des 20. Jahrhunderts zunehmend relevant werdenden Metaprozesse wie Globalisierung und Digitalisierung mit weitreichenden Auswirkungen auch auf das journalistische Feld und die Modi der Informationsgenerierung, -verbreitung und -rezeption bedürfen einer gesonderten Berücksichtigung. Yehiel Limor und Hillel Nossek (2006) schlagen deswegen vor, die wechselseitigen Beziehungen zwischen Militär und Gesellschaft (und damit auch den Medien) – je nach untersuchter Gesellschaft und historischer Situation – auf einem Kontinuum zwischen den beiden Extrempunkten „separierte Streitkräfte" („separatist army") und „Nation in Waffen" („nations in arms") abzubilden. Innerhalb dieses Feldes würden die jeweiligen Interessen der Akteure je spezifisch ausgehandelt. Aus Sicht der Medien geht es um ungehinderten Zugang zu Informationen und die Möglichkeit, direkt aus dem Kriegsgebiet und, zumal im Falle nicht-militärischer Kontexte, über schockierende Ereignisse Bericht zu erstatten (Porch 2002: 86) und so zur öffentlichen Debatte beizutragen. Dieses Interesse der Medien speist sich auch aus dem Selbstverständnis, neben einer Informations- und Meinungsbildungsfunktion auch eine Kritik- und Kontrollfunktion wahrzunehmen (Drentwett 2009). Dem Militär ist hingegen an einer Kontrolle über

Informationen und entsprechende Berichterstattung gelegen. Seine Rolle bei der Ausgestaltung der Beziehung zu den Medien ist von den folgenden Interessen geleitet: Legitimierung der Streitkräfte und der jeweiligen Armeeform, Sicherung der öffentlichen Zustimmung zur Sicherheitspolitik und zu militärischem Handeln, Profilierung der eigenen Streitkräfte als einsatz- und kampfbereiter Akteur gegenüber Feinden, Stärkung der ‚Moral der Heimatfront' insbesondere in Krisen- oder Kriegszeiten sowie Entwicklung eines *Esprit de Corps* und Stärkung des Ansehens der Streitkräfte (Limor und Nossek 2006: 487 f.). Weil das Gewicht der einzelnen Interessen jeweils von der konkreten politischen und militärischen Situation sowie der jeweiligen Konflikt- und Kriegskonstellation abhängig sei, kann nach Limor und Nossek von einem dominanten Typus der Medien-Militär-Interaktion zu einem gegebenen Zeitpunkt nicht zwingend die Rede sein. Interaktionsmuster, in denen sich das Militär um eine strikte Kontrolle der Informationen bemüht (z. B. durch Zensur und das Fernhalten von Journalisten und Journalistinnen von den Kampfzonen), die gegnerischen Medien mit technischen Mitteln oder Waffengewalt in ihrer Reichweite einschränkt und insbesondere mit solchen Medien privilegiert kooperiert, die sich dem von der jeweiligen Regierung formulierten Kriegszielen verschrieben haben (Golf-Krieg 1991; Afghanistan 2001; Irak 2003)[2], können insofern parallel zu Interaktionsmustern auftreten, bei denen das Konfliktgeschehen durch nicht- bzw. suprastaatliche Medienhandelnde, die keiner der unmittelbaren Konfliktparteien loyal verbunden sind, beeinflusst wird.

Eine etwas anders gelagerte Konzeptualisierung des Wechselverhältnisses von Medien und Militär und seiner Entwicklung schlagen Andrew Hoskins und Ben O'Loughlin unter dem Begriff der Mediatisierung vor. Darunter verstehen sie den Prozess, „by which warfare is increasingly embedded in and penetrated by media, such that to plan, wage, legitimize, assuage, historicize, remember, and to imagine war requires attention to that media and its uses" (Hoskins und O'Loughlin 2015: 1323). Drei zentrale Phasen lassen sich demnach unterscheiden: In der ersten Phase (mit Rundfunk und Fernsehen als Leitmedien) waren das Agenda-Setting und Gatekeeping seitens großer nationaler Nachrichtenagenturen und -institutionen sowie der Typus des Kriegsreporters, der unter großem persönlichen Risiko frontnah berichtet, vorherrschend. In der zweiten Phase des ‚diffusen Krieges' nach der Jahrhundertwende treten multidirektionale Medienformate (insbesondere das Internet) hinzu; was vorher als klar

---

[2] Für entsprechende Beispiele vergleiche Winter (1991); Allen et al. (1994); Tumber und Palmer (2004); Exoo (2010); Robinson et al. (2010) oder Safdar et al. (2014).

unterscheidbare Elemente eines Kommunikationsprozesses verstanden werden konnte – Produzenten, Kanäle, Zuhörerschaft –, verschmilzt zu komplexen und zunehmend allgegenwärtigen Medienökologien, die die Art und Weise, wie wir leben, denken und handeln, nachhaltig beeinflussen. Angesichts der Verviel-fältigung von Medienproduzierenden und -distribuierenden entstehen neue Ver-knüpfungen zwischen etablierten Medienanbietern und individuell produzierten Medieninhalten *(Social Media)*. In der seit 2010 zu beobachtenden dritten Phase komme es zu neuen Formen der Synergie, etwa in Gestalt der BBC-TV-Serie *Our War,* in der der Krieg in Afghanistan mittels der Bildaufnahmen und Äußerungen von beteiligten britischen Soldaten und Soldatinnen erzählt werde. „Rather than media of the self being used to counter or challenge the official military version of warfare, here it is deployed to support it" (ebd.: 1327). Die britischen Streit-kräfte produzierten und verbreiteten in dieser Phase deutlich aktiver Bild- und Filmmaterial über ihre Einsätze als in den vorhergehenden Phasen.

Auch Holger Pötzsch (2015: 81) sieht ausgehend von der zweiten von Hoskins und O'Loughlin benannten Phase derzeit den Übergang vom „participatory web 2.0 to an intelligent and increasingly autonomous web 3.0 that actively ‚looks and posts back'." Für diese Entwicklung schlägt er den Begriff ‚iWar' vor, um die substanziellen Änderungen auf den Begriff zu bringen, die durch fünf sozio-technische Dimensionen – Individuation, Implizitheit, Interaktivität, Intimität und Unmittelbarkeit – auch für Krieg und Militär relevant würden. Dabei hat bei-spielsweise die Dimension ‚Individuation' mehrere Ausprägungen, etwa hinsicht-lich der Möglichkeit von Einzelpersonen, DDoS-Angriffe[3] gegen militärische Einrichtungen zu starten; es geht aber auch um die „automatized practices of selecting individuals as targets for special operations, drone strikes and other forms of remote, post-territorial warfare" (ebd.: 84). Hinsichtlich der ‚Interaktivi-tät' verweist Pötzsch u. a. auf die hoch entwickelten Computer-Kriegsspiele, bei denen Zivilistinnen und Zivilisten in einem interaktiven Modus spielen, sowie auf RFID-Technologie[4], die ein interaktives Tracking und Monitoring einzelner Soldaten und Soldatinnen im Kampfgebiet ermögliche.

---

[3] DDoS – *Distributed-Denial-of-Service*. DDoS-Angriffe zielen darauf ab, einen Inter-netdienst nicht mehr verfügbar zu machen, indem Anfragen von einer großen Zahl an Rechnern aus durchgeführt werden. Da bei einem DDoS-Angriff die Anfragen von einer Vielzahl von Quellen ausgehen *(distributed)*, ist es nicht möglich, den Angreifer zu blockieren, ohne die Kommunikation mit dem Netzwerk komplett einzustellen.

[4] RFID *(Radio Frequency Identification)* bezeichnet eine Technologie für Sender-Empfänger-Systeme zum automatischen und berührungslosen Identifizieren und Lokalisieren von Objekten und Lebewesen mittels Radiowellen.

Technologische Innovationen, die Durchsetzung des Internets und die steigende Bedeutung von sozialen Medien haben auch das Medienhandeln militärischer Einrichtungen nachhaltig verändert. Im Rahmen der *Operation Starker Fels* im Spätsommer 2014 setzte das israelische Militär (*Israeli Defence Force*, IDF) erstmals bei einer größeren Militäroperation ein *Combat Camera Team* ein, das mit kleinen und robusten Videokameras an der Front Aufnahmen von den sich entfaltenden Kampfsituationen machen sollten, um diese nahezu in Echtzeit für die Öffentlichkeitsarbeit des Militärs verfügbar zu haben. Entsprechendes Vorgehen war jedoch nur begrenzt erfolgreich, da es an ausreichender Satellitenkapazität fehlte und im Militärapparat die Freigabe von Bildmaterial verzögert wurde, weil man durch Bildmaterial, auf dem israelische Soldatinnen und Soldaten unter Beschuss zu sehen waren, eine Rufschädigung fürchtete (Stein 2017).

3   Das Verhältnis von Medien und Militär – ausgewählte empirische Befunde

Angesichts der Ausdifferenzierung von Medien und Militär und der Vielfalt möglicher Konflikt- bzw. Kriegstypen und Kampfzonen sind verallgemeinerte theoretische Aussagen über *das* Verhältnis von Medien und Militär kaum zu treffen. Konkrete empirische Untersuchungen zeigen signifikante Änderungen im Zeitverlauf sowie unterschiedliche Faktoren, die entsprechende Änderungen verursacht oder unterstützt haben. Die hier angeführten Beispiele verdeutlichen, wie zahlreich die Faktoren sind, die das Verhältnis von Medien und Militär in der jeweils konkreten historischen Situation beeinflussen können.

3.1   Ausgewählte Fallbeispiele zur Entwicklung der Beziehungen von Medien und Militär

Systematisch angelegte und historisch informierte Forschung zur Entwicklung der Beziehungen zwischen dem Militär und den Medien sind für viele Ländern ein Desiderat. Entsprechende Studien liegen etwa für die USA und Israel vor, für europäische Staaten finden sich meist nur Arbeiten zu Teilaspekten des Wechselverhältnisses zwischen Medien und Militär.

USA

Douglas Porch (2002) von der US-Naval Postgraduate School widerspricht dezidiert einer Interpretation des linearen Niedergangs der Beziehungen zwischen US-Medien und US-Militär in Folge des Vietnamkrieges. Er verweist auf die jeweils unterschiedlichen institutionellen Kulturen sowie die je verschiedenen Ziele und Aufgaben von Militär und Medien. Im Rahmen der Somalia-Intervention von 1992 bis 1995 seien die Beziehungen zunächst symbiotisch gewesen, um dann parallel zur Verschlechterung der Sicherheitslage erkennbar konfrontativ zu werden; von Seiten des US-Militärs wurde sogar von einem Dolchstoß wie zu Zeiten des Vietnamkrieges gesprochen. Zeitgleich hätte die Kooperation zwischen Militär und Medien im Rahmen der *Operation Uphold Democracy* (1994–95) in Haiti weitgehend gut funktioniert (Porch 2002: 100).

Israel

Yoram Peri hat für Israel gezeigt, dass sich auch dort das Verhältnis zwischen den beiden Akteuren seit der Staatsgründung 1948 substanziell verändert hat. Bis zum Yom Kippur-Krieg 1973 habe im Kontext eines Mediensystems, in dem die wichtigsten Medien von den politischen Parteien kontrolliert wurden, ein journalistisches Selbstverständnis dominiert, demzufolge die Profession die Rolle internalisiert hatte, „to serve as an arm of this establishment in the cause of nationbuilding and state-building" (Peri 1999: 325). Dieses Grundverständnis galt auch für die Beziehungen zum Militär, dessen Analysen zum Ausgangspunkt der Berichterstattung wurden und in welchem viele Journalisten als Reservisten dienten, zum Teil als Pressesprecher der israelischen Streitkräfte. Der vierte israelisch-arabische Krieg führte zu einer Traumatisierung der israelischen Öffentlichkeit und zu einer unabhängigeren Arbeitsweise im Journalismus; auch Veränderungen auf dem Medienmarkt – die Organisierung des Rundfunks auf der Basis eines BBC-ähnlichen Modells sowie die Schließung von 16 Parteizeitungen bis in die frühen 1980er-Jahre – und der Aufstieg der *Likud*-Partei trugen dazu bei, dass militärische Fragen in den Medien kontroverser diskutiert wurden. Die militärloyale Berichterstattung hielt im Libanonkrieg 1982 lediglich eine Woche, bevor zahlreiche journalistische Stimmen kritisch über die Entscheidungen des damaligen Verteidigungsministers Ariel Sharon berichteten. Im Zuge der ersten Intifada wandte sich die Berichterstattung einiger Medien erstmals auch direkt gegen das Militär, und in den 1990er-Jahren wurden militärische Themen Gegenstand der Berichterstattung, die zuvor aufgrund der Zensur nicht öffentlich gemacht wurden. Medien gaben nun auch der Diversität von Stimmen aus dem Militär Raum. Maßgeblich für diese Veränderungen waren technologische Innovationen, eine Neuordnung im Mediensystem (z. B. die Zunahme der Zahl

der Radio- und TV-Kanäle in den 1990er-Jahren), Veränderungen im Professions-
verständnis des Journalismus, aber auch ein gewisser Bedeutungsrückgang des
Paradigmas der nationalen Sicherheit sowie der teilweise Rückzug des Staates im
Zuge neoliberaler Politiken (Peri 1999: 332–337).

Indien

Das Verhältnis zwischen dem indischen Militär und den Medien des Landes ist
historisch geprägt von der Erfahrung, dass es bis in die 1940er-Jahre eine weitgehende räumliche und soziale Trennung zwischen dem Militär des britischen
Empire *(British Indian Army)* und der indischen Bevölkerung gab, die erst im
Zweiten Weltkrieg infrage gestellt wurde und zur Gründung des *Directorate of
Public Relations* und Einrichtung eines Korps von Kriegsberichterstattern führte
(Rai 2000: 911). Diese Einrichtung wurde auch in das Verteidigungsministerium
der Republik Indien übernommen. Im Rahmen einer auf weitgehende Geheimhaltung ausgerichteten Informationspolitik diskutieren indische Medien das
Militär betreffende Fragen vielfach jedoch erst nach den entsprechenden
politischen Entscheidungen, unter Berufung auf entsprechende Berichte internationaler Medien und im Lichte eines als sakrosankt angesehenen Militärs.
Da es wenige Journalistinnen und Journalisten gibt, die in den Streitkräften
gedient haben oder in Militärfragen umfangreiche Expertise entwickelt haben,
sind Medien vielfach auf die Deutungsangebote aus der Verwaltung oder von
militärischen Ruheständlern angewiesen, deren Stellungnahmen jedoch auch
durch spezifische Eigeninteressen beeinflusst sein können (ebd.: 913–915).

Pakistan

Am Beispiel Pakistans lässt sich exemplarisch nachvollziehen, dass Journalistinnen
und Journalisten vielfachem Druck und Gefahren für Leib und Leben ausgesetzt sind (Akhtar und Pratt 2017). Aufgrund der starken Stellung des Militärs
im politischen, wirtschaftlichen und sozialen System des Landes (Wilke 2001)
hatte beispielsweise General Pervez Musharraf nach dem Militärputsch vom
Oktober 1999 anfänglich Liberalisierungen im Mediensystem zugelassen, aber im
Konflikt mit dem Verfassungsgericht im Jahr 2007 wiederum strikte Maßnahmen
gegen Medien erlassen (Shaikh 2011: 212 f.). Der Versuch der zivilen Nachfolge-
regierung den mächtigen pakistanische Militärgeheimdienst unter zivile Kontrolle
zu bringen, scheiterte am Widerstand des Militärs, was von den Medien jedoch
ohne kritischen Kommentar blieb. Vielfache Kritik einflussreicher Medien an Ver-
einbarungen mit den USA ging einher mit einer Glorifizierung militärischer Anti-
terroraktivitäten. Ingesamt gelang es dem Militär, die nachhaltige Verwurzelung
demokratischer Strukturen zu hintertreiben: „The military soon made a pact with

the media and the judiciary to form an alliance against the democratic government. Debates in the media questioned the patriotism of the leading politicians of the ruling political party and aimed at undermining the moral authority of the civilian government" (ebd.: 218).

3.2 Befunde zum Rollenverständnis und -handeln in der Militär-Medien-Interaktion

Auch wenn Medien und Militär jeweils spezifische Aufgaben und Interessen haben, deren Verhältnis vielfach als spannungsreich beschrieben worden ist, so zeigen sich im Einzelfall doch sehr unterschiedliche Realisierungen des jeweiligen (Inter)Agierens, das von Variationen im Berufsethos ebenso bestimmt wird wie von veränderten Bedrohungswahrnehmungen, dem Typus des jeweiligen Konflikts, technologischen Entwicklungen und Lernprozessen im Umgang mit dem jeweils anderen Akteur.

Während ein verbreiteter journalistischer Berufsethos Dimensionen wie Neutralität, Objektivität, Unparteilichkeit und Kritik betont, lässt sich für zahlreiche Kriege und bewaffnete Konflikte Avshalom Ginosar (2015) zufolge ein „patriotischer Journalismus" konstatieren, der wiederum in einen „partikularen" („tribal patriotism") und einen „globalen" Patriotismus („global patriotism") unterschieden werden kann. Erstgenannter wird anhand von vier Indikatoren bestimmt: „(a) journalists adopt the governmental/elite framing of the crisis; (b) journalists avoid criticism of their government during the confrontation; (c) journalists express solidarity with their national community; and (d) journalists ignore the other side (,the enemy'), its narratives, and its positions" (ebd.: 292). Demgegenüber verstehe sich der „globale Patriotismus" stärker normativ und stehe für Loyalität gegenüber der Menschheit und allgemein gefassten menschlichen und demokratischen Werten. Welche Ausprägung der „patriotische Journalismus" konkret annehme, sei Resultat der gesellschaftlich hegemonialen Vorstellungen von Journalismus, die einerseits durch nationalstaatliche Spezifika der politischen Kultur, das jeweilige Mediensystem und die konkreten Umstände der Berichterstattung entlang der Dimensionen Routine beziehungsweise Krise bestimmt werde sowie andererseits durch die spezifischen Selbstbilder der Journalistinnen und Journalisten (Rollenverständnis, Werte und Normen, Professionsidentität) (ebd.: 297–299).

Auf Seiten des Militärs gibt es indes nicht zwingend nur *eine* strategische Bestimmung des Verhältnisses zu Medien bzw. des Umgangs mit ihnen (Stahl 2015). In den USA wurden – in weitgehender Überschätzung der Wirkung der medialen Berichterstattung über den Vietnamkrieg (Foster 2012: 460 f.) – unterschiedliche Modi entwickelt und praktiziert: aggressive Kontrolle journalistischer Berichterstattung bei der Invasion Grenadas 1983, das Pool-System[5] im ersten Irakkrieg und Zulassung ungehinderter Berichterstattung angesichts einer ausschließlich auf Luftkrieg setzenden militärischen Vorgehensweise im Krieg gegen Serbien Anfang der 1990er-Jahre. Als Gegenbeispiel lassen sich die australischen Streitkräfte anführen, die bis ins 21. Jahrhundert keine Doktrin im Umgang mit Medien entwickelten. Deren Interesse richtete sich – wie sich am Beispiel Afghanistan nachvollziehen lässt – weniger auf die Vermittlung möglicher Erfolge der militärischen Intervention als auf die „performance itself and the extent to which it can be linked with Australian military tradition" (Foster 2012: 465). Daraus wurde ein Umgang mit den Medien abgeleitet, der sehr weitreichende Kontrolle darüber anstrebte, welche Medien nach Afghanistan reisen durften, wohin sie dort reisen und mit wem sie sprechen konnten. Diese Vorgehensweise geht allerdings ebenfalls auf die Erfahrungen der US-Armee in Vietnam zurück (Foster 2012).

In einem Rückblick auf den Einsatz britischer Streitkräfte in Bosnien in den 1990er-Jahren konstatierte P. W. D. Edwards (1998), dass hinsichtlich des Verhältnisses zwischen Medien und Militär verschiedene Faktoren, darunter technologische Innovationen, aber auch das Verschwinden der Bedrohung durch einen ‚totalen Krieg', dazu beigetragen hätten, dass die Medien größere Einflussmöglichkeiten bekommen hätten. Diese entstünden dadurch, dass Journalistinnen und Journalisten die Auswahl an Berichtenswertem selbst bestimmten (‚news is where reporters are') und dass Konfliktparteien durch deren Anwesenheit zu Handlungen animiert würden, weil die Wahrscheinlichkeit steige, medial wahrgenommen zu werden. Angesichts der steigenden Komplexität von gegenwärtigen Militäreinsätzen und Konfliktkonstellationen sei es für die Einsatzführung vor Ort daher kaum möglich, angemessen gegenüber den Medien zu kommunizieren: „Today, (…) every action [des militärischen Befehlshabers bzw. der militärischen Befehlshaberin vor Ort – Anm. F. V.] can be instantly screened back to millions of armchair jurors who judge him from a minute snapshot, depriving him of any real opportunity to explain the situation" (Edwards 1998: 45).

---

[5] Beim Pool-Prinzip werden nur ausgewählte Journalistinnen und Journalisten vor Ort informiert bzw. von der Armee an bestimmte Punkte des Kampfgebiets gebracht. Diese Berichterstatterinnen und -erstatter stellen im Anschluss ihre Texte anderen Medien zur Verfügung. Das System war zunächst von Medienvertreterinnen und -vertretern in der Hoffnung vorgeschlagen worden, besseren Zugang zu Informationen zu bekommen.

Angesichts der unterschiedlichen Interessen und Handlungslogiken von ‚den'
Medien und ‚dem' Militär (Ramić 2015), die ihrerseits natürlich keine homogenen Entitäten sind, und einer verbreiteten Kultur des Misstrauens im „Military-
Civilian Culture Gap" (Wiegand und Paletz 2001: 183 ff.) konzeptualisieren die
Streitkräfte ihre Beziehungen zu Akteuren im medialen Feld in vielen Fällen
systematisch, wie das sogenannte *Green Book* der britischen Streitkräfte beispielhaft zeigt, welches nach dem Falkland/Malvinen-Konflikt (1982) entstand und
seither in enger Kooperation mit der BBC und Zeitungsverlagen weiterentwickelt
wurde. Es behandelt u. a. Akkreditierungsverfahren, Sicherheitsaspekte und verschiedene Typen von Informationen sowie Zensurbestimmungen.

Letztere haben eine lange Geschichte. Militärische Zensur kann in Ausnahmefällen auch in parlamentarisch-demokratischen verfassten Gesellschaften
temporär oder mitunter flächendeckend sein (Katz 2006). Dies gilt etwa für
Israel, wo Militärzensur auch außerhalb von Kriegszeiten gilt und formal als
Kontrolle vor der Veröffentlichung von Berichten über verschiedene, das Militär
betreffende sowie von der Regierung als sensibel eingestufte Themen angesiedelt
ist. De facto ist Zensur durch das Militär jedoch meist nachgelagert, kann aber
gleichfalls zu Sanktionen – wie z. B. Geldstrafen – führen. Im Grundsatz haben
die israelischen Medien eine solche Informationskontrolle lange akzpetiert.
Zugleich geriet in der Vergangenheit der Leiter der Zensureinrichtung, ein
Offizier in Generalrang, vielfach mit der Führung der Streitkräfte in Konflikt
(Nossek und Limor 2001). Zensurmaßnahmen seitens militärischer Instanzen
können sich auf spezifische Aspekte der Berichterstattung beziehen: Im Zeitraum 1991 bis 2009 galt dies beispielsweise in den USA für die Veröffentlichung von Foto- und Filmaufnahmen gefallener Soldatinnen und Soldaten
(Entman et al. 2009: 693), in Großbritannien für die Nennung von Namen von
britischen Soldatinnen und Soldaten, die im Nordirland-Konflikt mit Tapfer-
keitsmedaillen ausgezeichnet wurden (Lord 2020), für die Fortsetzung der anti-
jüdischen Maßnahmen durch den vormaligen Vichy-Militär Jean François
Darlan in Nordafrika nach der Besetzung durch US-Truppen (Fine 2010) oder
für Fälle des Missbrauchs militärischer Kommandogewalt (Porch 2002: 90).
Dass der US-Journalist Edward Kennedy die bevorstehende Kapitulation der
Wehrmacht Anfang Mai 1945 verfrüht meldete, ist einer der wenigen Fälle der
Nichtkooperation bezüglich einer zunächst vereinbarten Vertraulichkeit, der in
seinen Konsequenzen systematisch aufgearbeitet wurde (Fine 2016). Auch die
Entscheidung, welchen Journalistinnen und Journalisten privilegiert Zugang
zu militärischen Liegenschaften gewährt wird (McCammon 2020), ist Teil der
Informationskontrolle durch das Militär. In vielen Kriegen, in die das US-Militär
involviert war, betraf die Zensur vor allem Informationen, die keinen Bezug zu

Informationen der nationalen Sicherheit hatten; zudem gab es keine konsistente
Zensurpolitik, sodass vielfach auch militärische Daten frei kommuniziert wurden
(Smyth 2013). Zur Frage der Akzeptanz von Zensur durch das Medienpublikum
liegen bisher keine eindeutigen Befunde vor (Hayes und Reineke 2007).

4   Über die Zensur hinaus: das Militär als medialer Akteur

Informationskontrolle stellt im militärischen Selbstverständnis eine zentrale
Aufgabe dar. Die militärische Medien- und Öffentlichkeitsarbeit kann Teil
eines strategischen Kommunikationskonzeptes eines Staates sein, das unterschiedliche Zielgruppen im In- und Ausland adressiert und breit gefächerte
Maßnahmen umfasst. Ziel der strategischen Kommunikation des Militärs ist letztlich immer, das Verhalten wichtiger gegnerischer Akteure durch die Steuerung
von Informationsflüssen zu beeinflussen und die eigenen Entscheidungsträger
und -trägerinnen gegenüber der Beeinflussung durch gegnerische Propaganda zu
immunisieren (vgl. Parcell und Webb 2015). Gegenüber der eigenen Bevölkerung
sind in den USA und der Bundesrepublik Deutschland Maßnahmen der psychologischen Kriegsführung gesetzlich untersagt, zugleich leisten militärische
Akteure eine umfangreiche Presse- und Öffentlichkeitsarbeit.

4.1   Formen und Ziele militärischer Presse- und Öffentlichkeitsarbeit

Das Ziel militärischer Presse- und Öffentlichkeitsarbeit besteht in der Setzung
von Themen und deren *Framing* – unter Nutzung der gesamten Bandbreite der
Medienformate, in jüngerer Zeit selbstverständlich insbesondere des Internets
und der sozialen Medien. So treten in der Volksrepublik China insbesondere
seit 2012 Offiziere der Volksbefreiungsarmee systematisch mit der Aufgabe an
die Öffentlichkeit, militärpolitisch relevante Entwicklungen zu vertreten. Der
privilegierte Zugang zu den drei großen Medienakteuren – die staatliche Nach-
richtenagentur *Xinhua,* das Chinesische Zentralfernsehen sowie zu *Remin Ribao,*
einem zentralen Parteiorgan der Kommunistischen Partei Chinas – hat dazu
geführt, dass diese Offiziere mit ihren Interventionen, die häufig nationalistisch
sind und einer maritimen Großmachtrolle das Wort reden, erheblichen Einfluss
haben; allerdings sind sie nicht sakrosankt: „officers who step into the media
spotlight can be subject to criticism and even mockery if their views are not

supported by verifiable facts and real-world events. Indeed, Chinese netizens, even nationalistic and militaristic ones, can be ruthless in excoriating what they perceive as incompetence and stupidity" (Setzekorn 2019: 353).[6] In Russland wurden im Zuge des Zweiten Tschetschenienkrieges (1999–2009) die Militärmedien umgestaltet, wichtige Positionen im Medienapparat mit Angehörigen der Sicherheitsapparate *(silowiki)* besetzt und diese neue Struktur des *embedding*[7] dann genutzt, um ein Gegengewicht zur Berichterstattung unabhängiger Journalistinnen und Journalisten und das Komitee der Soldatenmütter zu setzen; hierzu trug u. a. eine neue Zeitschrift der Streitkräfte bei, die sich an die breite Öffentlichkeit richtete und die Zustimmung zum russischen Militär verbessern sollte (Sieca-Kozlowski 2009). Auch andere Streitkräfte haben *embedding* in ihre Medienstrategie aufgenommen (Pfau et al. 2004, 2005; Aday et al. 2005; Haigh et al. 2006; Brandenburg 2007; Cortell et al. 2009). Am Beispiel der israelischen Armee haben Oren Golan und Eyal Ben-Ari (2016) wiederum gezeigt, dass die Selbstbeschreibung und Legitimierung der Streitkräfte und ihrer Einsätze um vier *Frames* kreist: Die IDF ist *erstens* bereit und in der Lage, die Sicherheit des Landes und der Bevölkerung zu gewährleisten. Die Streitkräfte setzen *zweitens* organisierte Waffengewalt für einen gerechten Zweck ein. Das Militär ist *drittens* in der Bevölkerung verankert. Die Soldatinnen und Soldaten beteiligen sich *viertens* auch in Fällen des Katastrophenschutzes und Ähnlichem: „These frames serve as image managing strategies and elucidate the ways that military media units manage their public persona, and ultimately legitimating their violence" (Golan und Eyal Ben-Ari 2016: 285).

Neben solchen Angeboten, die verschiedene Zielgruppen und eine breite Öffentlichkeit adressieren, gibt es militärische Medienangebote, die spezifische Zwecke verfolgen und bestimmte Gruppen der Bevölkerung ansprechen sollen. So hatte der im September 1950 ins Leben gerufene Radiosender *Galei Tzahal* der IDF zunächst den Auftrag, als Sozialisationsinstanz für die einberufenen Soldatinnen und Soldaten zu wirken (Mann 2013). Mit seiner seit 1979 ausgestrahlten Sendung *Kola Shel Ima* (Stimme der Mutter) wurden zudem die

---

[6] Der Begriff *netizen* setzt sich zusammen aus Teilen der englischen Worte *internet* und *citizen*. Er wird benutzt, wenn es um sehr aktive Internetnutzer und -nutzerinnen geht.

[7] Der Begriff bezieht sich auf die Praxis der US-Streitkräfte, beim Irakkrieg 2003 zivile Kriegsberichterstatter und -berichterstatterinnen einer kämpfenden Miliäreinheit zuzuweisen, sodass diese unmittelbar an der Einsatzerfahrung teilhaben konnten. Diese Praxis war eine Reaktion auf die Forderungen US-amerikanischer Massenmedien, denen der Zugang zum Kriegsgeschehen während des Golfkrieges 1991 und in Afghanistan 2001 nicht ausgereicht hatte.

Beziehungen zwischen den im aktiven Dienst befindlichen Angehörigen der Streitkräfte und den Familien gestärkt – durch Grüße an die Soldatinnen und Soldaten, durch Interviews mit diesen und durch Gespräche mit Eltern über deren Kinder im Militärdienst (Myers 2016). Im Laufe der Zeit erreichte *Galei Tzahal* aufgrund seiner Popularität zunehmend ein ziviles jüdisches Publikum und wurde auch zur Ausbildungsstätte für Journalistinnen und Journalisten; beides wiederum ließ den Ruf nach Kontrolle durch nicht-militärische Instanzen lauter werden (Mann 2013). Andere militärische Radiosender treten mit dem Anspruch auf, einen Beitrag zur Konfliktbearbeitung zu leisten (Maltby 2010).

Das Medienhandeln militärischer Akteure richtet sich somit auf unterschiedliche Gruppen der Bevölkerung: *erstens* junge Menschen, die für die Streitkräfte angeworben werden; *zweitens* Soldatinnen und Soldaten, die im aktiven Dienst stehen; *drittens* Angehörige von dislozierten Soldatinnen und Soldaten; *viertens* aus dem Dienstverhältnis ausgeschiedene Militärangehörige sowie *fünftens* andere aus persönlichen oder beruflichen Gründen an Fragen des Militärs interessierte Personen und Institutionen.

Mit dem Ziel der Rekrutierung nutzen Streitkräfte eine große Bandbreite von Medien, die von Plakaten im öffentlichen Raum und Zeitungsanzeigen über die Beteiligung an Berufsmessen und kulturellen sowie Sportveranstaltungen bis hin zu Videoserien auf Youtube (hierzulande beispielsweise *Die Rekrutinnen* seit September 2019 oder *Besatzung Bravo* seit Mitte November 2020) und Angebote in den sozialen Medien reichen. Die britischen Streitkräfte stellten in den 1990er-Jahren über einen Zeitraum von sieben Jahren militärisches Material und Beratung für die TV-Serie *Soldier, Soldier* zur Verfügung, die wöchentlich bis zu 16 Million Zuschauerinnen und Zuschauern erreichte. Um es als Fernsehserie für die ganze Familie auszulegen, waren der Tod von Soldatinnen und Soldaten und harte Ausbildungspraxis kaum zu sehen; die militärische Einheit wurde als große funktionierende Familie präsentiert, mit der sich eine „increasing number of potenzial recruits from broken homes in search of a substitute, could strongly identify" (MacKenzie 2017: 713). Das Militär in Schweden und Großbritannien produzierte Rekrutierungsvideos mit satirischen und komödiantischen Inhalten, sodass der Zweck weniger offensichtlich war und die Verbreitung gefördert wurde (Beck und Spencer 2021). Allgemein wird in ‚westlichen' Gesellschaften bei der Rekrutierungswerbung zunehmend die Diversität der Soldatinnen und Soldaten sowie das Gleichgewicht emotionaler und physischer Stärke betont (Jester 2021). Nicht immer finden die aktuellen Rekrutierungskampagnen die Zustimmung der Soldatinnen und Soldaten im aktiven Dienst; die von den US-Streitkräften umgesetzte Kampagne unter der Bezeichnung *Be All You Can Be* stieß insbesondere wegen ihrer instrumentellen Argumentation und der Differenz zwischen Realität und Botschaft auf Kritik (Shyles und Hocking 1990).

Da für alle Konfliktbeteiligten die sozialen Medien zunehmend an Bedeutung gewonnen haben, nutzt auch das Militär diese virtuellen Räume im Kampf um die öffentliche Meinung (Jones und Baines 2013; Jayamaha und Matisek 2018), aber auch zur positiven Darstellung der Beteiligung an Kriegseinsätzen. Eine Form sind militärische Blogs (Roering 2007; Resteigne 2010; Usbeck 2019). Anhand von schwedischen *Milblogs* haben Maria Hellman und Charlotte Wagnsson (2015) gezeigt, wie die Darstellung individueller Erfahrungen der in Afghanistan eingesetzten Soldatinnen und Soldaten den Krieg normalisiert, indem der Fokus auf alltägliche Routinen gelegt wird. Hinsichtlich des Einsatzes der Bundeswehr in Afghanistan zeigen David Shim und Frank A. Stengel (2017) anhand der Facebook-Seite der Bundeswehr, wie „the display of machinery and the representation of cyborganized soldiers as cool, calm and strong professionals contributes to the impression of the war in Afghanistan as manageable and under control" (Shim und Stengel 2017: 341).

4.2 Militärische (Selbst)Darstellungen in den Medien

In den Forschungen zur medialen Darstellung von Soldaten und Soldatinnen finden sich unterschiedliche Rollenzuweisungen insbesondere von Männern und Frauen (Ahrens et al. 2005).[8] Hatte Jörg Keller (2005) für die von der Bundeswehr herausgegebenen Printmedien konstatiert, dort würden Soldatinnen im Unterschied zu den Soldaten als weniger professionell, jedoch beziehungsorientiert(er) dargestellt, so verbinden sich in dem von der Bundeswehr seit 2001 herausgegebenen *Y. Magazin der Bundeswehr* Anrufungen von geschlechtsunspezifischer militärischer Professionalität mit der Zuschreibung stereotyper weiblicher Eigenschaften und der diskursiven Marginalisierung der Soldatin als Kämpferin (Kirchhoff 2010). Auch für die Repräsentation israelischer Soldatinnen im Armeemagazin *Bamahane* lässt sich konstatieren, dass deren Rolle bzw. Tätigkeitsbereiche medial durch „spezifisch ‚weibliche' Attribute konstituiert werden" (Friedel 2010: 107). Die Darstellung von weiblichen Militärangehörigen in Publikationen in Japan, die eng mit der japanischen Armee verbunden sind, zeigt, dass trotz der formalen Gleichstellung der Geschlechter, einer verstärkten Rekrutierung von Frauen und der Beförderung von Frauen in höhere Ränge diese

---

[8] Siehe hierzu auch den Beitrag von *Kümmel* zu Frauen im Militär in diesem Band.

weiterhin als ‚Gehilfinnen' und sexualisierte Objekte konstruiert werden und ihnen damit eine untergeordnete Position zugewiesen wird (Dalton 2019).

Die mediale vermittelte Betreuung von Soldatenfamilien ist ein weiteres Element im Medienhandeln des Militärs. Mit dem Kinderbuch *Karl, der Bärenreporter im Einsatz* soll Kindern, deren Väter oder Mütter in einem längeren Auslandseinsatz sind, das Verständnis für die lange Trennung erleichtert werden. Die Kommunikation zwischen den Soldatinnen und Soldaten im Einsatz und den Angehörigen ist seit jeher ein wichtiges Thema für das Militär gewesen (Ender und Segal 1995; Schumm et al. 2004). Dabei bringt die Nutzung von *sozialen Medien* für die Kommunikation zwischen dislozierten Soldatinnen und Soldaten und deren Familienmitgliedern im Zuge einer „culture of constant communication" (Adey et al. 2016, 19) nicht nur eine Auflösung vormals strikt getrennter Bereiche – insbesondere Familienleben einerseits, Dislozierung und Kampfeinsatz andererseits – mit sich, sondern auch eine Individualisierung, die über lange Zeit bestehende Praktiken der Sozialisation in eine soldatische Gruppe schwächen kann (Adey et al. 2016). Demgegenüber trägt die Nutzung sozialer Medien zur Aufrechterhaltung der Kommunikation und zum allgemeinen Wohlbefinden während des Einsatzes bei (Rea et al. 2015).

Die zunehmende Verbreitung und Nutzung von Mobiltelefonen und digitalen Kommunikationsplattformen sowie Messenger-Diensten durch Soldatinnen und Soldaten hat diese zu Alltagsgegenständen gemacht, die auch in dienstlichen Kontexten für nicht-dienstliche Zwecke genutzt werden (Maltby und Thornham 2016; Stern und Shalom 2021). Die verbreitete private Nutzung sozialer Medien durch Angehörige der Streitkräfte ist seitens der Institution Militär nicht immer unumstritten (Lawson 2014; Silvestri 2015), sodass beispielsweise das Pentagon zwischen Mai 2009 und Juli 2011 mit *TroopsTube* selbst eine Plattform betrieb, auf der US-amerikanische Militärangehörige Videos mit Familienangehörigen teilen konnten. Danach ging das Pentagon zu einer liberaleren Nutzung sozialer Medien durch Soldatinnen und Soldaten über (Matthews-Juarez et al. 2013). Da Streitkräfte ohnehin nicht alle entsprechenden Aktivitäten der Angehörigen kontrollieren können, wurde auch im britischen Militär auf eine Freigabe sozialer Medien bzw. ihre Autorisierung für die persönliche Nutzung verzichtet; die Verbreitung militärisch sensibler Informationen „can largely be contained through the inculcation of military personnel into the distinct culture and identity of the military that effectively demands – and generates – acquiescence with the safeguarding of their own institution, its working practices and goals. This resonates with traditional military techniques of control, enacted through embodied regimes (training, drilling, ordering, and hierarchies) where fear, discipline and allegiance to the collective identity (and body) become inculcated in the everyday practices of military personnel both within and beyond the work setting" (Maltby et al. 2015: 1292).

Von Soldatinnen und Soldaten produzierte und via Youtube in digitale Öffentlichkeiten eingespeiste Kampfmusikvideos transportieren orientalistische und nationalistische Diskurse (Smith und McDonald 2011). Gelangen mit Mobiltelefonen gemachte Aufnahmen, die Einsatzsoldatinnen und -soldaten posierend neben getöteten Kämpfern der gegnerischen Kriegspartei zeigen, als „phantasm of potency" (Wills und Steuter 2009: 206) dennoch an die Öffentlichkeit, so skandalisieren die Massenmedien dies oftmals als unethisch; zugleich macht die Veröffentlichung solcher Bilder das Töten sichtbar, das vielfach als „public secret" gehandhabt wird (Parry 2018). „Soldier-produced illicit images constitute a unique category of international image; they are publicly circulated, amateur images taken by military service members or contract staff that capture human rights violations, breaches of international law, torture, and various forms of abuse" (MacKenzie 2020: 340 f.). Die Fotos aus dem irakischen Abu Ghraib-Gefängnis sind hierfür das wohl bekannteste Beispiel (Binder 2013; Eisenman 2007). Gleichwohl machen solche Bilder bei allem Skandalösen, das ihnen anhaftet, eine Seite der ‚band of brothers'-Kultur allgemein sichtbar, „where abuse, dysfunction, and illicit behaviours are used to establish bonds, group membership and power dynamics" (MacKenzie 2020: 352).

5 Das Militär als Gegenstand massenmedialer Darstellung

Entwicklungen und Ereignisse, die für das Militär relevant sind, werden in unterschiedlicher Weise in der öffentlichen Berichterstattung sichtbar gemacht (vgl. Korte und Tonn 2007); dabei spielt der jeweilige Nachrichtenwert eine zentrale Rolle. Im Folgenden soll beispielhaft verdeutlicht werden, wie militärisches Handeln bzw. die soziale Institution Militär mit ihren Veränderungen medial konstruiert bzw. mit Deutungsangeboten verbunden wird. Dabei hängt die Art der öffentlichen Berichterstattung über internationale Konflikte und Militär nicht nur vom Verlauf des Krieges (Horten 2011), dem politischen Profil des jeweiligen Mediums (Kumar 2006; DeCillia 2017; Kim 2017; Coticchia und D'Amato 2018) und dem Vertrauen von Journalistinnen und Journalisten in militärische und regierungsamtliche Quellen (Speer 2017) ab, sondern auch von den Mediensystemen und Medienmärkten der jeweiligen Länder (Baum und Zhukov 2019). In der Türkei beispielsweise hat sich mit der Aufhebung des staatlichen Monopols für Rundfunk und Fernsehen 1993 und der Liberalisierung der Medienmärkte auch das Verhältnis zwischen Medien und Militär nachhaltig verändert (Wuthrich 2010).

Die mediale Darstellung von Soldatinnen und Soldaten variiert vielfach im Zeitverlauf und spiegelt u. a. die wahrgenommene Bedrohungslage und die jeweiligen Kriegseinsätze, aber auch das Verhältnis zwischen dem Militär als Institution und der Zivilgesellschaft wider. Wurden israelische Soldatinnen und Soldaten in auflagenstarken Zeitungen des Landes während des Libanonkrieges 1982 als ‚toughe Krieger‘ dargestellt, so trat in den 1990er-Jahren eine andere Präsentation hinzu, die auch den Wunsch, unverletzt aus dem Einsatz zurückzukehren, sichtbar machte (Rosman und Israeli 2015). Der Wandel in der Darstellung israelischer Soldatinnen und Soldaten in Massenmedien geht auch auf Veränderungen männlicher Identitätskonstruktionen zurück (Israeli und Rosman-Stellman 2015; Mann 2018). Allerdings werden Kampfsoldaten in der Werbung und der medialen Darstellung als Samenspender besonders herausgehoben (Livio 2018). Mit Blick auf die britischen Streitkräfte haben Rachel Woodward et al. (2009) gezeigt, dass zu den häufig verbreiteten Darstellungsformen Bilder von Soldatinnen und Soldaten gehören, die sich für den Einsatz vorbereiten oder in einer Einsatzsituation sind: „Soldiers appear singly or in groups, and wearing helmets and body armour, or berets and uniform. Most usually carry weapons and most usually are depicted in postures suggestive of action. (…) Occasionally such photographs appear posed, but more usually they have the look of a snap framed in the moment." (ebd.: 215) Die Darstellung als ‚heldenhaft‘ findet sich meist in der Berichterstattung über – dann auch namentlich genannte, d. h. als Individuen sichtbar gemachte – Soldatinnen und Soldaten, wenn diese im Einsatz schwer verletzt oder getötet wurden.

Gefallene Soldatinnen und Soldaten werden auf verschiedene Weise Gegenstand massenmedialer Berichterstattung. In Schweden und Dänemark wurden in Afghanistan ums Leben gekommene Soldatinnen und Soldaten als militärische Helden dargestellt; in den entsprechenden Narrativen wurden Konzepte wie ‚Nation‘, ‚Männlichkeit‘ und ‚Familie‘ mit positiven Wertungen von ‚Loyalität‘ verbunden (Åse und Wendt 2018). In den USA wurden diese beispielsweise in Einzelporträts im Rahmen der CBS-Serie *Fallen Heroes* vorgestellt; das dort vermittelte Narrativ präsentierte den Kriegseinsatz im Irak und in Afghanistan als notwendig und gerecht, ließ aber auch Raum für die Position, dass Kriege vermeidbare Tragödien darstellten (Coe 2015). Für die *New York Times* und die *Washington Post* haben Robert Johns und Graeme Davies (2019: 253 f.) hinsichtlich des Irak-Krieges und der folgenden Besetzung gezeigt, dass über militärische Opfer öfter berichtet wird als über Opfer bei der Zivilbevölkerung. Experimentell wurde in den USA und Großbritannien gezeigt, dass – neben der

Erfolgsaussicht und dem Typ des bekämpften Regimes – auch die Zahl der Opfer unter der Zivilbevölkerung zur Zu- beziehungsweise Ablehnung des Einsatzes der Streitkräfte beiträgt (ebd.: 266 ff.). Graeme Davies et al. (2018) kommen in ihrer Untersuchung, wen Medien für den durch Drohnen-Einsatz verursachten Tod von Zivilistinnen und Zivilisten verantwortlich machen, zum Ergebnis, dass die Verantwortung vor allem den Nachrichtendiensten, nicht aber den politisch Verantwortlichen zugewiesen wird.

Hinsichtlich der Berichterstattung über Selbsttötungen von Zivilistinnen und Zivilisten und Militärangehörigen haben Amanda Edwards-Stuart et al. (2011) für die USA gezeigt, dass „the articles tended to write about civilian decedents more positively than military. For example, writers romanticized the civilian decedents (…). The articles covering military suicides differed in that they more commonly referred to ineffective behavioral health treatment as a contributing factor to the suicide" (Edwards-Stuart et al. 2011: 309).

Ehemalige Kriegsteilnehmerinnen und -teilnehmer werden erst in jüngerer Zeit in der massenmedialen Berichterstattung stärker sichtbar gemacht (Pitchford-Hyde 2017). Während in den USA trotz verbreiteter Unpopularität der Militäreinsätze in Afghanistan und im Irak eine sehr positive mediale Darstellung der Veteraninnen und Veteranen dominiert, werden diese vielfach zugleich als Opfer des Militärdienstes beziehungsweise der (militärischen) Bürokratie präsentiert (Parrott et al. 2018; Rhidenour et al. 2019) und ihre besonderen Bedürfnisse anerkannt (Howard III und Prividera 2015; Kleykamp und Hipes 2015). Entsprechend verbindet die Berichterstattung heroisierende Elemente mit Informationen über mentale und/oder physische Traumata (Parrott et al. 2020). Dies gilt auch für Großbritannien: Insbesondere in Fällen, bei denen die Kriegsführung oder bestimmte Einsätze sozial als illegitim konzeptualisiert werden, konzentrieren sich kulturelle Repräsentationen von Veteranen und Veteraninnen auf Leiden und Trauma (Phillips 2020). Stereotype Darstellungen von Veteraninnen und Veteraninnen der US-Streitkräfte, die diese insbesondere mit Themen wie Wohnungslosigkeit, Trauma oder dem Bedarf nach wohlfahrtlicher Unterstützung in Verbindung bringen, existieren hingegen kaum (Parrott et al. 2019).

Hinsichtlich der geschlechterbezogenen Darstellung des Militärs in der massenmedialen Berichterstattung lassen sich Parallelen zur militäreigenen Präsentation nicht übersehen: Im Fall Israels war die massenmediale Konstruktion von Soldaten und Soldatinnen der IDF im Kampfeinsatz, der erstmals im Sommer 2006 zugelassen wurde, bestimmt von Bildern von Soldatinnen, in denen ihre auch Gewalt beinhaltende Handlungsfähigkeit herabgesetzt wurde und in denen sie sexualisiert wurden (Berger und Naaman 2011). Mitte der 2010er-Jahre finden sich auch Darstellungen, die insbesondere Eigenschaften wie Professionalität, mentale Stärke unter Beschuss sowie Entschlossenheit zur Ausführung der Mission herausstellen (Mann 2018: 675 f.). Yael Munk (2019) macht deutlich, dass im israelischen Kino über Jahrzehnte keine Soldatin in einer Hauptrolle spielte, obwohl das Empowerment von Frauen durch den Militärdienst zu den Gründungsmythen des Staates als egalitäre Gesellschaft gehört. Nach der Ernennung von Carme Chacón zur ersten Verteidigungsministerin Spaniens im April 2008 äußerten sich männliche Journalisten weitgehend kritisch, während Journalistinnen vielfach wohlwollend berichteten; im Lichte der Entscheidung, den von der Regierung beschlossenen Abzug der spanischen Einheiten aus dem Kosovo zunächst den dort dislozierten Soldatinnen und Soldaten mitzuteilen und damit gegen lange gehegte Verfahren zu verstoßen, wurde die Anerkennung ihres Führungsstil als autoritativ und durchsetzungsstark, zugleich jedoch zugewandt und kommunikativ zunehmend negativ bewertet und ihre Kompetenz unter Verwendung geschlechtsspezifischer Stereotype weitgehend infrage gestellt (Bengoechea 2011). In den australischen Medien wurde Cate McGregor als höchstrangige Offizierin der Streitkräfte einerseits entlang traditioneller Transgender-Figuren, wie z. B. Vorher/Nachher-Fotos, präsentiert, andererseits ihre spezifischen Ansichten und Erfahrungen als Transgender-Frau wiedergegeben (Kerry 2018).

Die Analyse der Darstellung von Soldatinnen in ausgewählten australischen Massenmedien über den Zeitraum 1997 bis 2017 verdeutlicht, dass Frauen in drei Kontexten gezeigt werden: Kampfhandlungen, Organisation sowie vor allem sexualisierte Gewalt. Dabei wurden Stimmen und Erfahrungen der von dieser Gewalt betroffenen Frauen von männlichen Autoren signifikant seltener abgebildet (Bridges und Wadham 2020: 232). Bezüglich der medialen Darstellung sexualisierter Übergriffe und Gewalt in den australischen Streitkräften kommen MacKenzie et al. (2020: 45) zum Ergebnis, dass diese entweder als „rarity that is atypical of the institution (‚bad apples‘) or inevitable and so typical of the institution as to be unremarkable" abgebildet wurden. Auch die Beteiligung an Folter wurde medial, wie am Beispiel von Lynndie England gezeigt, individualisiert. Der mediale Diskurs porträtierte England als Frau, der moralische Aufrichtigkeit und Standhaftigkeit fehlten. Diese Charakterisierung wurde über das militärische Feld, aus dem sie diskursiv ausgeschlossen wurde, da sie anders als ‚echte Soldaten‘ den militärischen Verhaltenskodex nicht befolgt habe, auf ihr persönlich-privates Verhalten ausgedehnt. Dabei trug die Thematisierung eines sexuellen Verhältnisses zu einem männlichen Vorgesetzten und ihrer proletarischen Herkunft zur Charakterisierung als ‚gefallenes Mädchen‘ bei. Mit der individualisierenden Zuschreibung von Verantwortung für die Folter in Abu Ghraib wurde das Militär als Institution aus dem Blickfeld genommen und die hypermaskuline Kultur des US-Militärs exkulpiert (Howard III und Prividera 2008).

6 Zusammenfassung und Ausblick

Der vorliegende Beitrag hat anhand zahlreicher Studien zu einzelnen Aspekten der Berichterstattung über das Militär sowie das Medienhandeln des Militärs und seiner Angehörigen, aber auch von systematisierenden Ansätzen des Verhältnisses zwischen Militär und Medien verdeutlicht, wie vielfältig und spannungsreich die Beziehung und die Interaktion zwischen diesen beiden Akteuren ist. Während in autoritären politischen Systemen Militär und Medien dazu tendieren, von den politischen oder militärischen Machthabern zur Herrschaftssicherung und zur Realisierung der jeweiligen Ziele synchronisiert zu werden, ist das Verhältnis in demokratischen politischen Systemen komplexer. Militär und Medien folgen dabei differenten Zielen und Handlungslogiken. Massenmedien treten dabei mit dem Anspruch auf, neben einer Informations- und Meinungsbildungsfunktion auch eine Kritik- und Kontrollfunkion wahrzunehmen, nehmen jedoch in Kriegszeiten auch häufig Rücksicht auf das ‚nationale Interesse'. Das Militär ist als Waffenträger sowohl in Friedens- wie in Kriegszeiten vielfältig Gegenstand der massenmedialen Berichterstattung, tritt jedoch in mannigfaltiger Weise auch selbst als Medienakteur auf. Das im Rahmen der militärischen Presse- und Öffentlichkeitsarbeit gezeichnete Bild des Militärs soll dabei einerseits den militärischen Anforderungen genügen, also z. B. Personal für einen Dienst in den Streitkräften gewinnen, ist jedoch andererseits auch Sicherheits- und Geheimhaltungsanforderungen unterworfen. Beide – Medien und Militär – sind durch die zunehmende Verbreitung und Nutzung der sozialen Medien herausgefordert.

Die militär-, konflikt- und medien- sowie kommunikationswissenschaftliche Forschung zum Verhältnis und zur Interaktion von Militär und Medien hat weiter zugenommen. Aus den zahlreichen Fallstudien und Einzeluntersuchungen zu spezifischen Aspekten des Verhältnisses von Militär und Medien, zum Medienhandeln militärischer Akteure, zu den Handlungslogiken des journalistischen Feldes sowie zu den Interaktionsweisen zwischen Politik und Medien ergeben sich eine Reihe von Faktoren, die auch für ein militärsoziologisches Verstehen der Bedeutung von Medien und ihrer Relevanz für das Militär als soziale Institution bzw. für den Stellenwert und das Profil des Militärischen in der Gesellschaft bedeutsam sein können. Dazu gehören beispielsweise Aspekte wie

- die politische Kultur einer Gesellschaft, damit auch der u. a. durch Narrationen vermittelte Stellenwert des Militärischen in Alltag und im politischen Handeln;
- die ökonomischen und politischen Interessen einflussreicher gesellschaftlicher Akteure und deren Möglichkeiten der Interessenartikulation in und mit Medien;
- die Pluralität und Artikulationsfreiheit medialer Akteure;
- journalistische Routinen und Zwänge;
- die soziale Zusammensetzung und Mediennutzung des Militärs bzw. seiner Teilgruppen;
- das Mediennutzungsverhalten der Bevölkerung bzw. von Teilpopulationen;
- die Art des Auftretens des Militärs als Medienakteur;
- der Typus der Konfliktsituation (z. B. räumliche und zeitliche Begrenzung);
- Legitimationssemantiken in Krisensituationen
- sowie die veränderte Mediennutzung mit sozialen Medien.

Trotz der Vielfalt der Forschung wurde bisher kein theoretisches Modell entwickelt, das eine Integration der Einzelergebnisse erlaubt.

Zu den Desiderata der Forschung gehört zudem die bedeutsame Frage nach Wirkung und Rezeption der von den sozialen Akteuren Militär und Massenmedien stammenden medialen Angebote, also etwa die Frage, ob und in welchem Maße sowie unter welchen Bedingungen die Medienberichterstattung Einfluss auf das Handeln militärischer Akteure (oder der für das Militär verantwortlichen Akteure im politischen Feld) hat, oder ob und in welchem Maße sowie unter welchen Bedingungen die Medienangebote des Militärs intendierte oder nichtintendierte Wirkungen hervorrufen. Im Journalismus wird die eigene Arbeitsweise bezüglich der Berichterstattung über Kriege jedenfalls zunehmend reflektiert (Esser 2009). Militärische Akteure gehen ihrerseits davon aus, dass es entsprechende Wirkungen gibt. Pinder et al. (2009) haben in ihrer Befragung britischer Soldatinnen und Soldaten des Irak-Krieges herausgefunden, dass diese die Berichterstattung englischer Medien in nicht unerheblichem Umfang als unfair, ungenau und für ihre Familienangehörigen als beunruhigend empfunden haben. Einige äußerten daher den Wunsch nach umfassenderen Restriktionen der Berichterstattung. Die Berichterstattung über militärische Fragen wird auch von vielen Angehörigen der US-Streitkräfte als unfair und stereotyp wahrgenommen, sodass die Vielfalt und Individualität der Personen nicht deutlich werde (Schmidt 2020).

Die Art der Berichterstattung über (bewaffnete) Konflikte und das dabei eingesetzte Militär hat Einfluss auf die öffentliche Sichtweise auf Militärs und die Unterstützung der Dislozierung. Bei Veteraninnen und Veteranen mit einer

Posttraumatischen Belastungsstörung korreliert das Ausmaß der Verbundenheit der Medienkonsumentinnen und -konsumenten beispielsweise positiv mit nichtstereotypen Darstellungen (Parrott et al. 2021). Wird beispielsweise ein Soldat mit Kind gezeigt, so ist die Unterstützung signifikant höher, als wenn ein Soldat mit Waffe abgebildet wird (Soroka et al. 2016). Für Polen haben Kazimierz M. Słomczyński und Goldie Shabad (2010) gezeigt, dass das Ausmaß der Unterstützung für den Einsatz des Militärs von zahlreichen Faktoren abhängt: „views on the political nature of terrorism, life experiences related to age/period, generational effects as defined by demographic cohorts and historical events, political biographies, and stances toward democracy and a market economy" (ebd.: 171). Genau dies macht eine Analyse von Ursache-Wirkungszusammenhängen mit Blick auf mediale Berichterstattung besonders herausfordernd, aber auch besonders lohnend.

Annotierte Auswahlbibliografie

Limor, Yehiel/Nossek, Hillel (2006): The Military and the Media in the Twenty-First Century: Towards a New Model of Relations. In: Israel Affairs, 12: 3, 484–510.

Der Text von Yehiel Limor und Hillel Nossek stellt eine gute Einführung in mögliche Konzeptualisierungen des Verhältnisses zwischen Militär und Medien in einer ausgewiesen historischen Perspektive dar; die unterschiedlichen Interessen und Handlungslogiken der beiden Akteure werden explizit und die sich daraus entwickelnden Dynamiken und Konflikte beleuchtet.

Hoskins, Andrew/O'Loughlin, Ben (2015): Arrested war: the third phase of Mediatization. In: Information, Communication and Society, 18: 11, 1320–1338.

Die Überlegungen von Andrew Hoskins und Ben O'Loughlin thematisieren insbesondere die Auswirkungen der fortschreitenden Digitalisierung und Mediatisierung von Gesellschaften auf Militär und Medien sowie Konfliktkonstellationen und -dynamiken. Sie gehen davon aus, dass verschiedene Phasen der Mediatisierung von Gesellschaft mit einem je spezifischen Paradigma der Medien-Militär-Beziehungen verbunden sind. Am Beispiel des Ukraine-Konflikts rekapitulieren sie die Hauptmerkmale des Krieges, die Form und Art der vorherrschenden Medienökologie und wie die Macht von und innerhalb der Regierungs-, Militär- und Medieneliten ausgeübt wurde.

Pötzsch, Holger (2015): The emergence of iWar: Changing practices and perceptions of military engagement in a digital era. In: New Media & Society, 17: 1, 78–95.

Der Artikel untersucht die Einflüsse der neuen Medientechnologien auf die Wahrnehmung und Praktiken der Kriegsführung. Darin wird der Begriff ,iWar' vorgeschlagen, um die technologischen Errungenschaften zu beschreiben, die sowohl erweiterte Partizipation, aber auch umfassende Kontrolle ermöglichen. Anhand von fünf Schlüsseldimensionen (Individuation, Implizitheit, Interaktivität, Intimität und Unmittelbarkeit) werden sozio-technologische Dynamiken und deren Auswirkungen auf Praktiken und Wahrnehmungen der Kriegsführung skizziert.

Literatur

Abazi, Enika/Doja, Albert (2017): The past in the present: time and narrative of Balkan wars in media industry and international politics. In: Third World Quarterly, 38: 4, 1012–1042.

Aday, Sean/Livingston, Stephen/Herbert, Maeve (2005): Embedding the Truth. A Cross-Cultural Analysis of Objectivity and Television Coverage of the Iraq War. In: Press/Politics, 10: 1, 3–21.

Adey, Peter/Denney, David/Jensen, Rikke/Pinkerton, Adaslair (2016): Blurred lines: intimacy, mobility, and the social military. In: Critical Military Studies, 2: 1–2, 7–24.

Ahrens, Jens-Rainer/Apelt, Maja/Bender, Christiane (Hrsg.) (2005): Frauen im Militär. Empirische Befunde und Perspektiven zur Integration von Frauen in die Streitkräfte. Wiesbaden: VS Verlag für Sozialwissenschaften.

Akhtar, Nadeem/Pratt, Cornelius B. (2017) Pakistani Government–News Media Relationships. In: Journalism Studies, 18:1, 65–85.

Alitavoli, Rayeheh (2020): Framing the news on the Syrian War: A comparative study of antiwar.com and cnn.com editorials. In: Media, War & Conflict, 13: 4, 487–505.

Allen, Barbara/O'Loughlin, Paula/Jasperson, Amy/Sullivan, John L. (1994): The Media and the Gulf War: Framing, Priming, and the Spiral of Silence. In: Polity, 27: 2, 255–284.

Allen, Robertson (2017): America's Digital Army. Games at Work and War. Lincoln/London: University of Nebraska Press.

Anderson, Robin (2017): Learning to Love Biomimetic Killing: How Jurassic World Embraces Life Forms as Weapons. In: American Journal of Economics and Sociology, 76: 2, 458–482.

Åse, Cecilia/Wendt, Maria (2018): Gendering the new hero narratives: Military death in Denmark and Sweden. In: Cooperation and Conflict, 53: 1, 23–41.

Bastiansen, Henrik G./Klimke, Martin/Werenskjold, Rolf (Hrsg.) (2019): Media and the Cold War in the 1980s. Between Star Wars and Glasnost. Cham: Springer Nature.

Baum, Matthew A./Zhukov, Yuri M. (2019): Media Ownership and News Coverage of International Conflict. In: Political Communication, 36: 1, 36–63.

Beck, Daniel/Spencer, Alexander (2021): Just a bit of fun. The camouflaging and defending functions of humour in recruitment videos of the British and Swedish armed forces. In: Cambridge Review of International Affairs, 34: 1, 65–84.

Bengoechea, Mercedes (2011): How effective is 'femininity'? Media portrayals of the effectiveness of the first Spanish Woman Defence Minister. In: Gender & Language, 5: 2, 405–429.

Berger, Eva/Naaman, Dorit (2011): Combat cuties: photographs of Israeli women soldiers in the press since the 2006 Lebanon War. In: Media, War & Conflict 4: 3, 269–286.

Binder, Werner (2013): Abu Ghraib und die Folgen. Ein Skandal als ikonische Wende im Krieg gegen den Terror. Bielefeld: transcript.

Bliembach, Eva (1996): Worte als Waffen. Flugblattpropaganda im Kalten Krieg. In: Diesener/Gries (1996): 235–254.

Brandenburg, Heinz (2007): ‚Security at the Source'. Journalism Studies, 8: 6, 948–963.

Brantly, Aaron/Smeets, Max (2020): Military Operations in Cyberspace. In: Sookermany (2020): 1–16.

Bridges, Donna/Wadham, Ben (2020): Gender under fire: portrayals of military women in the Australian print media. In: Feminist Media Studies, 20: 2, 219–237.

Caforio, Giuseppe (Hrsg.) (2003): Handbook of the Sociology of the Military. New York: Kluwer.

Cai, Cuihong/Dati, Diego (2015): Words Mightier Than Hacks: Narratives of Cyberwar in the United States and China: In: Asian Perspectives, 39, 541–553.

Coe, Kevin (2015): Honoring the Dead, Supporting the War: Media Eulogies and the Possibilities of Patriotic Discourse. In: Parcell/Webb (2015): 237–254.

Collins, Ross F./Pritchard, Andrew D. (2016): Pictures From the Sky: Propaganda Leaflet Psyop During the Korean War. In: Visual Communication Quarterly, 23: 4, 210–222.

Cortell, Andrew P./Eisinger, Robert M./Althaus, Scott L. (2009): Why Embed? Explaining the Bush Administration's Decision to Embed Reporters in the 2003 Invasion of Iraq. In: American Behavioral Scientist, 52: 5, 657–677.

Coticchia, Fabrizio/D'Amato, Silvia (2018): Can you hear me Major Tom? News, narratives and contemporary military operations: the case of the Italian mission in Afghanistan. In: European Security, 27: 2, 224–244.

Dalton, Emma (2019): Women as helpmates: the Japanese Self-Defense Forces and gender. In: Critical Military Studies, Online First: 26. Dezember 2019.

Daly, Kristen (2009): Remediating War in Iraq. In: Peace Review: A Journal of Social Justice, 21: 2, 171–181.

Davies, Graeme AM/Schulzke, Marcus/Almond, Thomas (2018): Sheltering the president from blame: Drone strikes, media assessments and heterogeneous responsibility 2002–2014. In: The British Journal of Politics and International Relations, 20: 2, 477–496.

DeCillia, Brooks (2017): ‚But it is not getting any safer!': The contested dynamic of framing Canada's military mission in Afghanistan. In: Canadian Journal of Political Science, 51: 1, 155–177.

Diesener, Gerald/Gries, Rainer (Hrsg.) (1996): Propaganda in Deutschland. Zur Geschichte der politischen Massenbeeinflussung im 20. Jahrhundert, Darmstadt: Wissenschaftliche Buchgesellschaft.

Dodson, Giles (2010): Australian Journalism and War. Professional Discourse and the Legitimation Of The 2003 Iraq Invasion. In: Journalism Studies, 11: 1, 99–114.

Drentwett, Christine (2009): Vom Nachrichtenvermittler zum Nachrichtenthema. Metaberichterstattung bei Medienereignissen. Wiesbaden: Springer VS.

Edwards, Major P. W. D (1998): The military-media relationship-A time to redress the balance? In: RUSI-Journal, 143: 5, 43–49.

Edwards-Stewart, Amanda/Kinn, Julie T./June, Jennifer D./Fullerton, Nicole R. (2011): Military and Civilian Media Coverage of Suicide. In: Archives of Suicide Research, 15: 4, 304–312.

Eiichi, Morohashi/Seminar, Tamai Kiyoshi (2020): The Japanese Press and Japan's Entrance into the First World War. In: Schmidt/Schmidtpott (2020): 101–124.

Eisenman, Stephen F. (2007): The Abu Ghraib Effect. London: Reaktion Books.

El Damanhoury, Kareem/Winkler, Carol/Kaczkowski, Wojciech/Dicker, Aaron (2018): Examining the military–media nexus in ISIS's provincial photography campaign. In: Dynamics of Asymmetric Conflict, 11: 2, 89–108.

Ender, Morton G./Segal, David R. (1995): V(E)-Mail to the Foxhole: Soldier isolation, (tele)communication, and force-projection operations. In: Journal of Political and Military Sociology, 24: 1, 83–104.

Ender, Morton G./Reed, Brian J./Absalon, Jacob Paul (2020): Popular Culture and the Military. In: Sookermany (2020): 1–19.

Entman, Robert M./Livingston, Steven/Kim, Jennie (2009): Doomed to Repeat. Iraq News, 2002–2007. In: American Behavioral Scientist, 52: 5, 689–708.

Esser, Frank (2009): Metacoverage of Mediated Wars: How the Press Framed the Role of the News Media and of Military News Management in the Iraq Wars of 1991 and 2003. In: American Behavioral Scientist, 52: 5, 709–734.

Exoo, Calvin F. (2010): The Pen and the Sword. Press, War, and Terror in the 21st Century. Thousand Oaks/London: Sage.

Fine, Richard A. (2010): "Snakes in Our Midst": The Media, the Military and American Policy toward Vichy North Africa. In: American Journalism, 27: 4, 59–82.

Fine, Richard A. (2016): Edward Kennedy's Long Road to Reims: The Media and the Military in World War II. In: American Journalism, 33: 3, 317–339.

Fischer, Mia (2014): Commemorating 9/11 NFL-Style: Insights Into America's Culture of Militarism. In: Journal of Sport and Social Issues, 38: 3, 199–221.

Friedel, Susanne (2010): Feminisierte Soldatinnen: Weiblichkeit und Militär in Israel. In: Thiele et al. (2010): 103–118.

Foster, Kevin (2012): Shadows of Vietnam: reforming military–media relations in the USA and Australia: In: Journal of Australian Studies, 36: 4, 459–472.

Ginosar, Avshalom (2015): Understanding Patriotic Journalism: Culture, Ideology and Professional Behavior. In: Journal of Media Ethics, 30: 4, 289–301.

Golan, Oren/Ben Ari, Eyal (2016): Armed Forces, Cyberspace and Global Images: The Official Website of the Israeli Defense Forces 2007–2015. In: Armed Forces & Society, 44: 2, 280–300.

Glunz, Claudia/Schneider, Thomas F. (2010): Wahrheitsmaschinen. Göttingen: Universitätsverlag Osnabrück.

Haigh, Michel M. et al. (2006): A Comparison of Embedded and Nonembedded Print Coverage of the U.S. Invasion and Occupation of Iraq. In: Press/Politics, 11: 2, 139–153.

Hasian, Marouf Jr./Lawson, Sean (2018): The Syrian Rebellion and the 'First Social Media War'. In: Dee (2018): 131–157.

Hayes, Andrew F./Reineke, Jason B. (2007): The Effects of Government Censorship of War-Related News Coverage on Interest in the Censored Coverage: A Test of Competing Theories. In: Mass Communication & Society, 10: 4, 423–438.

Hellman, Maria/Wagnsson, Charlotte (2015): New media and the war in Afghanistan: The significance of blogging for the Swedish strategic narrative. In: New Media & Society, 17: 1, 6–23.

Höglund, Johan/Willander, Martin (2017): Black-Hawk Down: Adaptation and the Military-Entertainment Complex. In: Culture Unbound, 9: 3, 365–389.

Horten, Gerd (2011): The Mediatization of War: A Comparison of the American and German Media Coverage of the Vietnam and Iraq Wars. In: American Journalism, 28: 4, 29–53.

Hoskins, Andrew/O'Loughlin, Ben (2015): Arrested war: the third phase of Mediatization. In: Information, Communication and Society, 18: 11, 1320–1338.

Howard III, John W./Prividera, Laura C. (2008): The Fallen Woman Archetype: Media Representations of Lynndie England, Gender, and the (Ab)uses of U.S. Female Soldiers. In: Women's Studies in Communication, 31: 3, 287–311.

Howard III, John W./Prividera, Laura C. (2015): Nationalism and Soldiers' Health: Media Framing of Soldiers' Returns from Deployments. In: Parcell/Webb (2105): 217–236.

Israeli, Zipi/Rosman-Stollman, Elisheva (2015): Men and Boys. Representations of Israeli Combat Soldiers in the Media. In: Israeli Studies Review, 30: 1, 66–85.

Jäger, Thomas/Viehrig, Henrike (Hrsg.) (2009): Sicherheit und Medien. Wiesbaden: Verlag für Sozialwissenschaften.

Jayamaha, Buddhika B./Matisek, Jahara (2018): Social Media Warriors: Leveraging a New Battlespace. In: Parameters, 48: 4, 13–25.

Jester, Natalie (2021): Army recruitment video advertisements in the US and UK since 2002: Challenging ideals of hegemonic military masculinity? Media, War & Conflict, 14: 1, 57–74.

Jones, Benjamin T./Mattiacci, Eleonora (2019): A Manifesto, in 140 Characters or Fewer: Social Media as a Tool of Rebel Diplomacy. In: British Journal of Political Science, 49: 2, 739–761.

Johns, Robert/Davies, Graeme M.A. (2019): Civilian casualties and public support for military action: Experimental evidence. In: Journal of Conflict Resolution, 63: 1, 251–281.

Jones, Nigel/Baines, Paul (2013): Losing Control? In: The RUSI Journal, 158: 1, 72–78.

Kaempf, Sebastian (2019): 'A relationship of mutual exploitation': the evolving ties between the Pentagon, Hollywood, and the commercial gaming sector. In: Social Identities, 25: 4, 542–558.

Katz, Yaron (2006): Global Media Influence on the Operational Codes of Israel's Intelligence Services. In: International Journal of Intelligence and CounterIntelligence, 19: 2, 316–334.

Keeble, Richard Lance/Tulloch, John/Zollmann, Florian (Hrsg.) (2010): Peace Journalism, War and Conflict Resolution. New York u. a.: Peter Lang.

Keller, Jörg (2005): Soldat und Soldatin – Die Konstruktion von Männlichkeit und Weiblichkeit am Beispiel von Printmedien der Bundeswehr. In: Ahrens et al. (2005): 79–107.

Kempshall, Chris (2015): Pixel Lions – the image of the soldier in First World War computer games. In: Historical Journal of Film, Radio and Television, 35: 4, 656–672.

Kerry, Stephen (2018): Australian news media's representation of Cate McGregor, the highest ranking Australian transgender military officer. In: Journal of Gender Studies, 27: 6, 683–693.

Kim, Claudia J. (2017): Neither a Monolith, nor a Parrot: Patterns of Japanese Media Reports on Futenma Relocation Controversy. In: Social Science Japan Journal, 20: 2, 183–201.

Kirchhoff, Susanne (2010): Stehen sie ihren Mann? – Genderrepräsentationen in der medialen Darstellung von Soldatinnen. In: Thiele et al. (2010): 195–216.

Klauser, Raimund (1996): ‚Eine starke Truppe'. Bundeswehrwerbung in der Wendezeit. In: Diesener/Gries (1996): 266–285.

Kleykamp, Meredith/Hipes, Crosby (2015): Coverage of Veterans of the Wars in Iraq and Afghanistan in the U.S. Media. In: Sociological Forum, 30: 2, 348–368.

Korte, Barbara/Tonn, Horst (Hrsg.) (2007): Kriegskorrespondenten: Deutungsinstanzen in der Mediengesellschaft. Wiesbaden: VS Verlag für Sozialwissenschaften.

Krotz, Friedrich (2008): Kultureller und gesellschaftlicher Wandel im Kontext des Wandels von Medien und Kommunikation. In: Thomas (2008): 43–62.

Kruck, Andreas/Spencer, Alexander (2013): Contested stories of commercial security: self- and media narratives of private military and security companies, Critical Studies on Security, 1: 3, 326–346.

Kumar, Deepa (2006): Media, War, and Propaganda: Strategies of Information Management During the 2003 Iraq War. In: Communication and Critical/Cultural Studies, 3: 1, 48–69.

Lamy, Philip (1992): Millennialism in the Mass Media: The case of Soldier of Fortune magazine. In: Journal for the Scientific Study of Religion, 31: 4, 408–424.

Lawson, Sean (2014): The US military's social media civil war: technology as antagonism in discourses of information-age conflict. In: Cambridge Review of International Affairs, 27: 2, 226–245.

Leonhard, Nina/Werkner, Ines-Jacqueline (Hrsg.) (2012²): Militärsoziologie – Eine Einführung. Wiesbaden: VS Verlag für Sozialwissenschaften.

Limor, Yehiel/Nossek, Hillel (2006): The Military and the Media in the Twenty-First Century: Towards a New Model of Relations. In: Israel Affairs, 12: 3, 484–510.

Livio, Oren (2018): Producing Soldier Boy: Sperm Donation Discourse and Militarism In Israeli Media Culture. In: Critical Studies in Media Communication, 35: 3, 259–272.

Lord, Matthew James (2020): Gallantry on the Shankill road: the British ‚soldierhero' and state-media relations in Northern Ireland, 1969–1979. In: Contemporary British History, 34: 3, 409–432.

MacKenzie, Megan/Gunaydin, Eva/Chaudhuri, Umeya (2020): Illicit Military Behavior as Exceptional and Inevitable: Media Coverage of Military Sexual Violence and the ‚Bad Apples' Paradox. In: International Studies Quarterly, 64: 1, 45–65.

MacKenzie, S.P. (2017): Camouflaged Advertising: The 1990s TV series Soldier, Soldier and the British Army. In: Historical Journal of Film, Radio and Television, 37: 4, 703–721.

MacKenzie, Megan (2020): Why do soldiers swap illicit pictures? How a visual discourse analysis illuminates military band of brother culture. In: Security Dialogue, 51: 4, 340–357.

Malešič, Marjan/Kümmel, Gerhard (Hrsg.) (2011): Security and the Military between Reality and Perception. Baden-Baden: Nomos.

Maltby, Sarah (2010): Mediating peace? Military radio in the Balkans and Afghanistan. In: Keeble et al. (2010): 223–238.

Maltby, Sarah/Thornham, Helen (2016): The digital mundane, social media and the military. In: Media, Culture and Society, 38: 8, 1153–1168.

Maltby, Sarah/Thornham, Helen/Bennett, Daniel (2015): Capability in the digital: institutional media management and its dis/contents. In: Information, Communication & Society, 18: 11, 1275–1296.

Mann, Rafi (2013): Beyond the Military Sphere. The 63-Year-Old Debate Over Israel's Armed Forces 'Civilianized' Radio Station. In: Media History, 19: 2, 169–181.

Mann, Rafi (2018): The making of military heroes by the Israeli media. In: Israel Affairs, 24: 4, 664–685.

Matthews-Juarez, Pat/Juarez, Paul D./Faulkner, Roosevelt T. (2013): Social Media and Military Families: A Perspective. In: Journal of Human Behavior in the Social Environment, 23: 6, 769–776.

McCammon, Muira (2020): Anticipatory witnessing: military bases and the politics of pre-empting access. In: Information, Communication & Society, Online First: 02 September 2020.

Menshawy Mustafa (2020): The Legitimating Power of Discourse. Constructing the 1973 War under Mubarak. In: Middle East Journal of Culture and Communication, 13: 3, 256–275.

Mirrlees, Tanner (2009): Digital militainment by design: producing and playing SOCOM: U.S. Navy SEALs. In: International Journal of Media and Cultural Politics, 5: 3, 161–181.

Mirrlees, Tanner (2017): Transforming *Transformers* into Militainment: Interrogating the DoD-Hollywood Complex. In: American Journal of Economics and Sociology, 76: 2, 405–434.

Mostafa, Dalia (2017): The Egyptian Military in Popular Culture: Context and Critique. London: Palgrave Macmillan.

Munk, Yael (2019): In the face of violence: a political reading of IDF women soldiers in two Israeli films of the 2000s. In: Feminist Media Studies, 19: 8, 1144–1158.

Myers, Oren (2016): 'Mom's Voice' and Other Voices: Civil–Military Relations as a Media Ritual. In: International Journal of Communication, 10, 1232–1251.

Nossek, Hillel/Limor, Yehiel (2001): Fifty Years in a 'Marriage Of Convenience': News Media and Military Censorship in Israel, Communication Law & Policy, 6: 1, 1–35.

Padilla, Peter A./Laner, Mary Riege (2001): Trends in Military Influences on Army Recruitment, 1915–1953. In: Sociological Inquiry, 71: 4, 421–436.

Parcell, Erin Sahlstein/Webb, Lynne M. (Hrsg.) (2015): A Communication Perspective on the Military. New York u. a.: Peter Lang.

Parrott, Scott/Albright, David L./Dyche, Caitlin/Steele, Hailey Grace (2018): Hero, Charity Case, and Victim: How U.S. News Media Frame Military Veterans on Twitter. In: Armed Forces & Society, 45: 4, 702–722.

Parrott, Scott/Albright, David L./Steele, Hailey Grace/Dyche, Caitlin (2019): The U.S. Military Veteran in News Photographs: Representation and Stereotypes. In: Visual Communication Quarterly, 26: 2, 79–90.

Parrott, Scott/Albright, David L./Eckhart, Nicholas (2021): Veterans and Media: The Effects of News Exposure on Thoughts, Attitudes, and Support of Military Veterans. In: Armed Forces & Society, Online First: 20. Januar 2021.

Parry, Katy (2018): Private Pictures and Public Secrets. In: Journalism Studies, 19: 8, 1098–1115.

Parrott, Scott/Albright, David L./Eckhart, Nicholas/Laha-Walsh, Kirsten (2020): Mental Representations of Military Veterans: The Pictures (and Words) In Our Heads. In: Journal of Veteran Studies, 6: 3, 61–71.

Peri, Yoram (1999): Media, war and citizenship. In: The Communication Review, 3: 4, 323–352.

Pfau, Michael/Haigh, Michel/Gettle, Mitchell/Donnelly, Michael/Scott, Gregory/Warr, Dana/Wittenberg, Elaine (2004): Embedding Journalists in Military Units: Impact on Newspaper Story Frames and Tone. In: Journalism & Mass Communication Quarterly, 81: 1, 74–88.

Pfau, Michael et al. (2005): Embedded Reporting During the Invasion and Occupation of Iraq: How the Embedding of Journalists Affects Television News Reports. In: Journal of Broadcasting & Electronic Media, 49: 4, 468–487.

Phillips, Rita (2020): The Stigmatized Hero? A Review of UK Opinion Polls and Surveys on Perceptions of British Veterans in UK Society. In: Journal of Veteran Studies, 6:1, 64–84. Online First: 30. Januar 2020.

Pinder, Richard J./Murphy, Dominic/Hatch, Stephani L./Iversen, Amy/Dandeker, Christopher/Wessely, Simon (2009): A Mixed Methods Analysis of the Perceptions of the Media by Members of the British Forces during the Iraq War. In: Armed Forces & Society, 36: 1, 131–152.

Pitchford-Hyde, Jenna (2017): *Bare Strength*: representing veterans of the desert wars in US media. In: Media, Culture & Society, 39: 1, 45–61.

Pötzsch, Holger (2015): The emergence of iWar: Changing practices and perceptions of military engagement in a digital era. In: New Media & Society, 17: 1, 78–95.

Porch, Douglas (2002): 'No bad stories'. The American Military-Media Relationship. In: Naval War College Review, 55: 1, 85–107.

Rai, Ajay K. (2000): Military-Media interface: Changing paradigms, new challenges. In: Strategic Analysis, 24: 5, 899–921.

Ramić, Anela (2015): What Media Wants From A Relationship With The Military? In: Polemos, 18: 1, 75–89.

Ratta, Donatella Della (2018): Shooting a Revolution. Visual Media and Warfare in Syria. London: Pluto Press.

Rauchhaus, Moritz/Roth, Tobias (Hrsg.) (2020): Feindflugblätter des Zweiten Weltkriegs. Berlin: Verlag Das kulturelle Gedächtnis.

Rea, Jennifer/Behnke, Andrew/Huff, Nichole/Allen, Kimberly (2015): The Role of Online Communication in the Lives of Military Spouses. In: Contemporary Family Therapy, 37: 3, 329–339.

Resteigne, Delphine (2010): Still Connected in Operations? The Milblog Culture. In: International Peacekeeping, 17: 4, 515–525.

Rhidenour, Kayla B./Barrett, Ashley K./Blackburn, Kate G. (2019): Heroes or health victims? Exploring how the elite media frames veterans on Veterans Day. In: Health Communication, 34: 4, 371–382.

Robinson, Piers/Goddard, Peter/Parry, Katy/Murray, Craig/Taylor, Philip M. (2010): Pockets of resistance. British news media, war and theory in the 2003 invasion of Iraq. Mancheste/New York: Manchester University Press.

Roering, Johanna (2007): Saddam fired Scuds at me: US-amerikanische Milblogs aus dem Irakkrieg. In: kommunikation@gesellschaft, 8, Beitrag 8, 1–20.

Rosman, Elisheva/Israeli, Zipi (2015): From 'Rambo' to 'sitting ducks' and back again: the Israeli soldier in the media. In: Israel Affairs, 21: 1, 112–130.

Rukavishnikov, Vladimir O./Pugh, Michael (2003): Civil-Military Relations. In: Caforio (2003): 131–149.

Safdar, Aasima/Budiman, Adrian M./Hamid, Norsiah Abdul (2014): Media Conformity to Foreign Policy: Coverage of War On Terror by The British Press. In: Journal of the Research Society of Pakistan, 51: 1, 1–22.

Schaffer, Lindsay (2019): Recovery of the Soldier and the Necropolitics of Peace in Descendants of the Sun. In: Journal of Popular Film and Television, 47: 1, 48–55.

Schindelbeck, Dirk (1996): Propaganda mit Gummiballons und Pappraketen. Deutsch-deutscher Flugblattkrieg nach dem Bau der Mauer. In: Diesener/Gries (1996): 213–234.

Schmidt, Hans (2020): "Hero-Worship" or "Manipulative and Oversimplifying": How America's Current and Former Military Service Members Perceive Military-Related News Reporting. In: Journal of Veterans Studies, 6: 1, 13–24.

Schulzke, Marcus (2017a): Military videogames and the future of ideological warfare. In: The British Journal of Politics and International Relations, 19: 3, 609–626.

Schulzke, Marcus (2017b): Interpreting and Reinterpreting the Political Significance of Popular Media: The Importance of Seeing from a Range of Perspectives. In: Political Studies, 65: 4: 930–946.

Schumm, Walter R./Bell, D. Bruce/Ender, Morton G./Rice, Rose E. (2004): Expectations, Use, and Evaluation of Communication Media among Deployed Peacekeepers. In: Armed Forces & Society, 30: 4, 649–662.

Setzekorn, Eric (2019): China's Pundits in Uniform: Military Officers and Guiding Public Opinion. In: Journal of Political & Military Sociology, 46: 2, 343–361.

Shaikh, Riaz Ahmed (2011): Civil-Military Relations in Pakistan: Politicians, the Military and Media Debating the Country's National Interests. In: Malešič/Kümmel (2011): 211–219.

Shields, Patricia M. (2020): Dynamic Intersection of Military and Society. In: Sookermany (2020): 1–23.

Shim, David/Stengel, Frank A. (2017): Social media, gender and the mediatization of war: exploring the German armed forces' visual representation of the Afghanistan operation on Facebook. In: Global Discourse, 7: 2–3, 330–347.

Shyles, Leonard/Hocking, John E. (1990): The Army's 'Be All You Can Be' Campaign. In: Armed Forces & Society, 16: 3, 369–383.

Sieca-Kozlowski, Elisabeth (2009): From controlling military information to controlling society: the political interests involved in the transformation of the military media under Putin. In: Small Wars & Insurgencies, 20: 2, 300–318.

Silvestri, Lisa E. (2015): Always on Duty: Managing U.S. Marines on Social Media. In: Parcell/Webb (2015): 275–294.

Słomczyński, Kazimierz M./Shabad, Goldie (2010): Public Support for Military Actions against Terrorism: The Effects of Age, Generations, and Political Orientations. In: Polish Sociological Review, 2, 171–190.

Smit, Rik/Heinrich, Ansgard/Broersma, Marcel (2015): Witnessing in the new memory ecology: Memory construction of the Syrian conflict on YouTube. In: New Media & Society, 19: 2, 289–307.

Smith, Christina M./McDonald, Kelly M. (2011): The Mundane to the Memorial: Circulating and Deliberating the War in Iraq Through Vernacular Soldier-Produced Videos. In: Critical Studies in Media Communication, 28: 4, 292–313.

Smyth, Daniel (2013): Avoiding Bloodshed? US Journalists and Censorship in Wartime. In: War & Society, 32: 1, 64–94.

Sookermany, Anders McD (Hrsg.) (2020): Handbook of Military Sciences. Cham: Springer.

Soroka, Stuart/Loewen, Peter/Fournier, Patrick/Rubenson, Daniel (2016): The Impact of News Photos on Support for Military Action. In: Political Communication, 33: 4, 1-20.

Speer, Isaac (2017): Reframing the Iraq War: Official Sources, Dramatic Events, and Changes in Media Framing. In: Journal of Communication 67: 2, 282–302.

Stahl, Roger (2015): Media and the Military. The Full Spectrum? In: Parcell/Webb (2015): 161–177.

Stein, Rebecca L. (2017): GoPro Occupation. Networked Cameras, Israeli Military Rule, and the Digital Promise. In: Current Anthropology, 58, Supplement 15, 56–64.

Stern, Nehemia/Shalom, Uzi Ben (2021): Confessions and Tweets: Social Media and Everyday Experiences in the Israel Defense Forces, In: Armed Forces & Society, 47: 2, 343–366.

Theiler, Olaf (2009): Die Eigendarstellung staatlicher Sicherheitsakteure in den Medien. Das Beispiel der Bundeswehr. In: Jäger/Viehrig (2009): 25–34.

Thiele, Martina/Thomas, Tanja/Virchow, Fabian (Hrsg.) (2010): Medien – Krieg – Geschlecht. Affirmationen und Irritationen sozialer Ordnungen. Wiesbaden: VS Verlag für Sozialwissenschaften.

Thomas, Tanja (Hrsg.) (2008): Medienkultur und soziales Handeln. Wiesbaden: VS Verlag für Sozialwissenschaften.

Tumber, Howard/Palmer, Jerry (2004): Media at War The Iraq Crisis. London/Thousand Oaks: Sage.

Usbeck, Frank (2019): Ceremonial Storytelling. Ritual and Narrative in Post 9/11 US Wars. Berlin/New York: Peter Lang.

Vavrus, Mary Douglas (2013): Lifetime's *Army Wives*, or I Married the Media-Military-Industrial Complex. In: Women's Studies in Communication, 36: 1, 92–112.

Virchow, Fabian (2007): Das Militär als Deutungsinstanz. Medienapparat und Medien-politik der Bundeswehr in aktuellen Konflikten. In: Korte/Tonn (2007): 93–112.

Virchow, Fabian (2010): Militär und Medien. In: Apelt (2010): 107–135.

Virchow, Fabian (2012): Militär und Medien. In: Leonhard/Werkner (2012): 200–219.

Virchow, Fabian/Thomas, Tanja (2010): 'Cyberspace Battleground'. Kriegsvideos auf YouTube. In: Glunz/Schneider (2010): 107–124.

Vogel, Friedemann (2014): Die Zukunft im Visier. Die mediale Selbstinszenierung der Bundeswehr gegenüber Jugendlichen aus der Perspektive engagierter Diskurslinguistik. In: Medien & Kommunikationswissenschaft, 62: 2, 190–215.

Way, Lyndon C.S. (2013): Discourses of popular politics, war and authenticity in Turkish pop music. In: Social Semiotics, 23: 5, 715–734.

Wiegand, Krista E./Paletz, David L. (2001): The Elite Media and the Military-Civilian Culture Gap. In: Armed Forces & Society, 27: 2, 183–204.

Wilke, Boris (2001): State-Formation and the Military in Pakistan. IPW-Working Paper 2/2001. Hamburg: Universität Hamburg.

Wills, Deborah/Steuter, Erin (2009): The soldier as hunter: pursuit, prey and display in the War on Terror. In: Journal of War & Culture Studies, 2: 2, 195–210.

Winkler, Carol/El-Damanhoury, Kareem/Dicker, Aaron/Luu, Yennhi/Kaczkowski, Wojciech/El-Karhili, Nagham (2020): Considering the military-media nexus from the perspective of competing groups: the case of ISIS and al-Qaeda in the Arabian Peninsula. In: Dyamics of Asymmetric Conflict, 13: 1, 3–23.

Winter, James P. (1991): Truth as the First Casualty: Mainstream Media Portrayal of the Gulf War. In: The Electronic Journal of Communication, 2: 1, 1–35.

Woodward, Rachel/Winter, Trish/Jenkings, K. Neil (2009): Heroic anxieties: the figure of the British soldier in contemporary print media, In: Journal of War & Culture Studies, 2: 2, 211–223.

Wunsch Gaarmann, Margit Viola (2015): The War in Our Backyard: the Bosnia and Kosovo War through the Lens of the German Print Media. Berlin: Neofelis.

Wuthrich, F. Michael (2010): Commercial Media, the Military, and Society in Turkey during Failed and Successful Interventions. In: Turkish Studies, 11: 2, 217–234.

Yarwood, Richard (2015): Miniaturisation and the representation of military geographies in recreational wargaming. In: Social & Cultural Geography, 16: 6, 654–674.

Virchow, Fabian, Dr. rer. pol; Professor für Theorien der Gesellschaft und Theorien politischen Handelns an der Hochschule Düsseldorf.

Militär und Technik

Ina Kraft

1   Einführung

Die Atomenergiegewinnung, das Internet, der Lastkraftwagen – einige der Techniken, die im Militär entwickelt worden sind, prägen unseren Alltag so sehr, dass wir uns unser Leben kaum ohne sie vorstellen können (Basalla 1988: 135–168). Manch einer sieht sogar einen Zusammenhang zwischen der Entwicklung von militärisch genutzter Technik wie dem Steigbügel im 8. Jahrhundert und dem Wandel ganzer Gesellschaften (White 1962). Umgekehrt haben, so argumentieren andere, gesellschaftliche Wandlungsprozesse – etwa die Französische Revolution und die industrielle Revolution, – Auswirkungen auf die Art und Weise, wie Staaten Gewalt in Konflikten anwenden (Murray 1997). Zugleich prägen neue Techniken und Konzepte das Militär selbst: Die Aufstellung von Marine und Luftwaffe mag strategisch begründet gewesen sein; die technische Entwicklung von Schiffen und Flugzeugen war in diesen Fällen aber eine notwendige Bedingung.

Militärtechnik und -konzepte befinden sich in einem Wechselspiel mit sozialen Prozessen in den Bereichen Wissenschaft, Politik und Gesellschaft. Dies wirft eine Reihe von Fragen auf und Technik ist auch außerhalb der angewandten Naturwissenschaften Gegenstand akademischer Beschäftigung, man denke an die Wissenschaftsdisziplinen Militärgeschichte oder Wehrpsychologie. Das Gros der nichttechnischen Fachpublikationen zum Thema Militärtechnik wird

I. Kraft (✉)
Forschungsbereich Sicherheitspolitik und Streitkräfte, Zentrum für Militärgeschichte und Sozialwissenschaften der Bundeswehr, Potsdam, Deutschland
E-Mail: inakraft@bundeswehr.org

© VS Verlag für Sozialwissenschaften | Springer Fachmedien Wiesbaden GmbH, Wiesbaden 2023
N. Leonhard und I.-J. Werkner (Hrsg.), *Militärsoziologie – Eine Einführung*, https://doi.org/10.1007/978-3-658-30184-2_13

jedoch von Wissenschaftlerinnen und Wissenschaftlern produziert, die sich dem Feld der *Strategic Studies* zuordnen lassen (Gummett 1990; O'Hanlon 2009). Sie betrachten Militärtechnik zumeist aus dem Blickwinkel der strategischen Effektivität von Waffensystemen und haben häufig ein anwendungsorientiertes Forschungsinteresse. Diese Perspektiven greifen jedoch oftmals zu kurz, denn mitnichten werden nur jene Waffensysteme beschafft oder Doktrinen eingeführt, die den größten Nutzen bringen. Ebenso wenig beschränken sich die Folgen von Ausrüstungsentscheidungen auf die vorhergesagten Konsequenzen. Im Gegenteil: Ursachen und Folgen von technischen und konzeptionellen Entwicklungen im Militär sind selten technisch, sondern fast immer sozial determiniert.

Hier können sozialwissenschaftliche, das heißt politikwissenschaftliche und soziologische, Ansätze zu einem besseren Verstehen und Erklären von Technik beitragen. Im Unterschied zu den geschichtswissenschaftlichen, psychologischen oder strategischen Ansätzen nehmen sozialwissenschaftliche Zugänge zwei distinkte Blickwinkel auf Militärtechnik ein: Sie erklären zum einen die *Entstehung* bestimmter Techniken und Konzepte, zum anderen adressieren sie die *Auswirkungen* von Technik auf Gesellschaften, auf Organisationen und auf Individuen. Während zum Beispiel Beiträge der *Strategic Studies* häufig mit der Effektivität und Effizienz von Militärtechniken und -konzepten befasst sind, stehen bei vielen sozialwissenschaftlichen Betrachtungen die sozialen oder kulturellen Faktoren der Technikentwicklung sowie der Produktion und Aufrechterhaltung von Wissen im Vordergrund. Verkürzt gesagt, fragen viele strategische Studien nach der Nützlichkeit einer militärischen Innovation, während sozialwissenschaftliche und hier besonders soziologische Arbeiten daran interessiert sind zu klären, wer wie und warum etwas als nützlich erachtet.

Das Anliegen dieses Beitrags ist es daher, einen Überblick über sozialwissenschaftliche Perspektiven auf Militärtechniken und -konzepte zu geben.[1] Dazu ist der Text wie folgt gegliedert: Zunächst soll mit einer Annäherung an die Begriffe Militärtechnik und Militärkonzept der Gegenstandsbereich abgesteckt werden. Im Anschluss daran werden unter Rückgriff auf die Entwicklungslinien der Wissens- und der Techniksoziologie die für die Analyse von Militärtechnik wichtigen soziologischen Aspekte beleuchtet. Sodann werden theoretische Perspektiven

---

[1] Einige Autoren haben bereits einen Überblick über die Zusammenhänge von Militär, Technik, Wissenschaft, Politik und Organisation aus den jeweils spezielleren Blickwinkeln der *Strategic Studies*, der Militärsoziologie, der Techniksoziologie sowie der Wissenssoziologe gegeben (Edgerton (1990); Moelker 2003; O'Hanlon 2009; Rappert et al. 2008; Smit 1994).

auf die Entwicklung von Militärtechnik dargestellt. Darauf folgt eine Erörterung der wissenschaftlichen Auseinandersetzung mit den sozialen Auswirkungen von Militärtechnik. Den Beitrag beschließt die Betrachtung möglicher Perspektiven einer Militär*technik*-Soziologie.

2 Der Gegenstandsbereich: Militärtechnik und Militärkonzepte

Militärtechnik – das sind zunächst einmal jene technischen Geräte, die vom Militär genutzt werden, um die eigenen Organisationsziele (z. B. den Schutz des eigenen Territoriums, weltweite Krisenbewältigung, usw.) zu erfüllen. Neben dieser Objektsicht versteht man unter Technik – man denke an den Begriff ‚Gentechnik' – aber auch Prozesse und Verfahren. Der Innovationsforscher Everett M. Rogers umschreibt diese Zweifachbedeutung von Technik mit der Analogie von *hardware* und *software* (Rogers 2003: 13).

Was das Dinghafte und das Prozesshafte des Technikbegriffs eint, ist die Verwendung von Technik zur Änderung eines Zustands. Technik, gleich ob dinglich oder verfahrenstechnisch, wird zumeist geschaffen und eingesetzt, um bestimmte Ziele zu erreichen. Die komplexe Bedeutung des Begriffs hat der Techniksoziologe Roger Häußling einzufangen versucht. Er bezeichnet Technik als „ein planvolles Verfahren und/oder materielles Gebilde (…), um klar umgrenzbare Sachverhalte einer sachadäquat-systematischen Problemlösung zuzuführen" (Häußling 2014: 12).

Bevor von Häußlings Technikbegriff im Folgenden ein Militärtechnikbegriff abgeleitet werden soll, gilt es, darauf hinzuweisen, dass eine „sachadäquat-systematische Problemlösung" nicht normativ zu verstehen ist. Sie bedeutet nicht notwendiger Weise moralisch richtig, sondern lediglich konsequentialistisch rational. Denn in gewaltsamen Konflikten bedeutet der durch sachadäquat-systematische Problemlösungen herbeigeführte militärische Erfolg der einen Seite fast immer Tod, Leid und Unglück der anderen Seite. Zum Zweiten ergibt sich aus Häußlings Definition der Eindruck einer kausalen Verbindung von Problem und Technik als Lösung, die durchaus oft, aber eben nicht in jedem Fall, gegeben sein muss.

Häußling mit diesen Präzisierungen folgend, sollen Militärtechniken hier als Verfahren oder materielle Gebilde verstanden werden, mit denen Akteure militärische Sachverhalte einer sachadäquat-systematischen Problemlösung zuführen.

Oftmals sind Militärtechniken auf taktischer, operativer und strategischer Ebene miteinander verbunden und werden bewusst in Folge eingesetzt. Das Resultat sind komplexe Wechselbeziehungen ineinandergreifender Techniken, wie das Beispiel der US-amerikanischen *AirLand Battle*-Doktrin aus den 1980er-Jahren verdeutlicht. Was diese verschiedenen materiellen Techniken und Verfahren in eine Ordnung bringt, das sind Militärkonzepte. Ein Militärkonzept beinhaltet eine Aussage über die Natur eines Problems, die Beziehungen der verwendeten Techniken, Aspekte individuellen und kollektiven Handelns sowie die vermutete Wirkung im militärischen Kontext. Dieser Kontext muss nicht unbedingt der Kampf sein, sondern kann auch andere Organisationsabläufe im Militär (z. B. Logistik) und sogar dessen gesellschaftliche Einbettung betreffen. Eine techniksoziologische Betrachtung von Militärtechniken nimmt daher auch immer Militärkonzepte in den Blick.

3   Sozialwissenschaftliche Perspektiven auf Militärtechnik

Warum werden bestimmte Militärtechniken entwickelt? Warum setzen sich manche militärische Konzepte durch, andere jedoch nicht? Und wie beeinflussen militärische Konzepte oder Techniken das Handeln von Soldatinnen und Soldaten, die Abläufe in der Militärorganisation oder gar Prozesse innerhalb von Gesellschaften?

Will man sich diesen Fragen nähern, stehen die Werkzeuge und Betrachtungsweisen der Wissenschafts- und Technikforschung bereit. Dieses auch als *Science & Technology Studies* (STS) bezeichnete internationale und interdisziplinäre Forschungsfeld speist sich aus den sich überlappenden soziologischen Wissenschaftsfeldern der Technik- und der Wissenssoziologie. Hinzu treten organisationssoziologische Erkenntnisse bei der Betrachtung von Innovations- und Adaptionsprozessen sowie Erkenntnisse der vergleichenden Politikwissenschaft. Zwei zentrale Untersuchungsperspektiven für eine sozialwissenschaftliche Auseinandersetzung mit Technik lassen sich unterscheiden (Häußling 2010: 626 f.): Aus der ersten Perspektive wird untersucht, wie und warum bestimmte Techniken entwickelt werden. Technik ist in diesem Fall das zu erklärende Phänomen. Im zweiten Fall bezieht sich das Erkenntnisinteresse auf die Auswirkungen, die mit der Existenz oder Verfügbarkeit von (bestimmten) Technik(en) einhergehen. Technik ist in diesem Fall der erklärende Faktor.

3.1 Entstehung von Militärtechnik

Im Unterschied zu anderen Wissenschaftsfeldern besteht das Anliegen sozial-wissenschaftlicher Betrachtungen oftmals darin, die Entstehung von Militär-techniken und -konzepten nicht nur zu beschreiben, sondern zu *erklären*. Militärtechnik wird hier vor allem aus einer Innovationsperspektive untersucht, was mit den *Military Innovation Studies* ein eigenes, wenn auch nur lose gekoppeltes multidisziplinäres Forschungsprogramm hervorgebracht hat (Griffin 2017).

Die *Military Innovation Studies* befassen sich mit den Bedingungen für die Erfindung von Militärtechniken (Invention), ihrer Durchsetzung (Innovation), ihrer Verbreitung (Diffusion) sowie ihrer Einführung in militärische Organisationen (Adoption). Dabei nehmen die Wissenschaftlerinnen und Wissen-schaftler unterschiedliche, oftmals praxisorientierte Forschungsperspektiven ein, um Antworten auf die Frage nach den Triebfedern für den technischen Wandel im Militär zu identifizieren.

Diese Perspektiven können grob unterschieden werden in internalistische, marktrationale und im engeren Sinne sozialwissenschaftliche Ansätze. Internalistische Erklärungen nehmen einen vermeintlichen Sach- und Ent-wicklungszwang von Technik an. Demnach setzt sich eine neue Idee durch, weil sie in einer Erbfolge früherer Entwicklungen steht. So sehen Kai Biermann und Thomas Wiegold die Geburtsstunde der militärischen Drohne nicht etwa als Folge von politischen Zwängen, technischen Möglichkeiten und militärischen Notwendigkeiten in den 1990er-Jahren (so z. B. Strickland 2013), sondern stellen die Erfindung der Drohne in einen direkten Entwicklungszusammen-hang mit Pfeil und Armbrust (Biermann und Wiegold 2015). Eine marktrationale Erklärung wiederum ist die des *best fit*. Demnach ist ein ,erfolgreiches' Militär-konzept anderen Alternativen überlegen bei der Lösung eines wahrgenommenen Problems. Zu diesem Effektivitätsargument tritt häufig das innovationsöko-nomische Effizienzargument, nach dem eine erfolgreiche Technik die beste ver-fügbare Lösung liefere.

Internalistische und marktrationale Erklärungen bauen auf der Idee der Zwangsläufigkeit der Entwicklung und Verbreitung einer Innovation auf und werden daher von Techniksoziologinnen und -soziologen als deterministisch kritisiert. Intuitiv mögen die Gemeinsamkeiten von Armbrust und Drohne als Abstandswaffe einleuchten, augenscheinliche Plausibilität ist jedoch kein Beleg für historische Faktizität. Dennoch haben deterministische Ansätze lange Zeit die militärische Innovationsforschung dominiert und sind auch heute noch das vor-herrschende Paradigma in den *Strategic Studies*.

Meilensteine wissens-, technik- und organisationssoziologischer Erkenntnisse sowie der vergleichenden Politikwissenschaft haben letztlich die Auseinandersetzung mit Militärtechniken um soziologische und politikwissenschaftliche Perspektiven erweitert. Zu nennen sind hier der Nachweis der Abhängigkeit wissenschaftlicher Erkenntnis von Identitäten, Überzeugungen und kulturellen Prägungen der beteiligten Forscherinnen und Forscher sowie von den historischen Bedingungen bereits existierenden Wissens (Fleck 1993 [1935]), die Idee des Paradigmas in den Naturwissenschaften (Kuhn 1962), die Ideen der gesellschaftlichen Konstruktion des Wissens (Berger und Luckmann 1966) sowie der sozialen Konstruktion von Technik (Pinch und Bijker 1984). Organisationen wie das Militär werden zudem nicht mehr allein als strikt rational handelnde Akteure aufgefasst, die nach Lösungen für bekannte Probleme suchten; vielmehr sind auch umgekehrte organisationale Handlungsverläufe, in deren Rahmen nach Problemen für bestehende Lösungen gesucht wurde, in den Blick geraten (Cohen et al. 1972). Politikwissenschaftliche Perspektiven haben wiederum die Rolle von Akteursinteressen sowie Institutionenarrangements in die Analyse der Entstehung und Durchsetzung von Militärtechniken und -konzepten eingebracht.

Die *Military Innovation Studies* profitierten von diesen Erkenntnissprüngen in der Wissens-, Technik- und Organisationssoziologie sowie in der Politikwissenschaft. Da sie sich jedoch über das Forschungsobjekt definieren, also über militärische Innovationen und nicht über einen bestimmten theoretischen Zugang zur Erklärung von Innovation, finden sich in jener Literatur neben sozialwissenschaftlichen Studien weiterhin viele Arbeiten, die technik- oder nachfragedeterministisch argumentieren oder einen gänzlich praxisbezogenen Zugang zum Thema haben, bei dem konkrete Anwendungsfragen ohne weitere Berücksichtigung der sozialen Kontextbedingungen im Vordergrund stehen. Gleichwohl enthalten solche Studien in der Regel technische oder ereignisbezogene Informationen, die dabei helfen, eine Innovation und den Gang ihrer Entwicklung nachzuvollziehen. Aus einer dezidiert sozialwissenschaftlichen Perspektive sind entsprechende Aussagen über die vermeintliche Unvermeidbarkeit einer Innovation indes nicht unhinterfragt zu übernehmen.

Sozialwissenschaftliche Perspektiven können in drei verschiedene – rationalistische, institutionalistische sowie kulturalistische – Ansätze unterteilt werden.[2] Jeder davon sieht einen jeweils eigenen Mechanismus – Interessen, Institutionen,

---

[2] Eine praxisorientierte Unterteilung der *Military Innovation Studies* bietet Adam Grissom (2006), indem er vier Denkschulen unterscheidet: *civil-military relations, interservice politics, intraservice politics* und *organizational culture.*

Identitäten – am Werk, durch den Technikentwicklung und -verbreitung im Militär beeinflusst wird. Davon nochmals zu unterscheiden sind kritische Beiträge, die darauf abheben, Interessens- und Ideologiekonstellationen bei der Entwicklung von Militärtechnologie aufzudecken und zu hinterfragen. Sie vertreten damit einen normativen Standpunkt und grenzen sich explizit von den drei zuvor genannten analytischen Ansätzen ab, die sich darauf beschränken, technischen Wandel im Militär auf weitgehend wertneutrale Weise zu erklären.

3.1.1 Rationalistische Perspektiven

Rationalistische Perspektiven stellen individuelles oder kollektives Handeln in den Mittelpunkt. Akteure versuchen demnach, durch ihr Handeln ihren eigenen Nutzen zu steigern. Diese Perspektive wird vor allem in politikwissenschaftlichen Zugängen zu militärischer Innovation eingenommen. So erklärt Tom Dyson (2015) die Beschaffung von Präzisionswaffen durch europäische Militärs mit einem Argument des neoklassischen Realismus: Deutschland, Frankreich und das Vereinigte Königreich versuchen demnach, im Rahmen ihrer materiellen Fähigkeiten und vor dem Hintergrund sich ändernder Machtverhältnisse und Interessenlagen im internationalen System durch die Beschaffung von modernen Abstandswaffen, Aufklärungs- und Kampfdrohnen ihren internationalen Einfluss zu vergrößern. João Resende-Santos (2007) nutzt ein ähnliches sicherheitsbasiertes und damit ein neorealistisches Argument um zu erklären, warum südamerikanische Staaten Ende des 19. und Anfang des 20. Jahrhunderts zunächst deutsche und später französische militärische Organisationskonzepte übernahmen.

Rationalistische Erklärungsansätze für Technikentwicklung sind nicht nur auf der Makroebene des internationalen Systems zu finden, sondern auch auf der Ebene der militärischen Organisation selbst. Unter dem Stichwort *interservice rivalry* (zu Deutsch: Teilstreitkräfterivalität) finden sich Arbeiten, in denen der Zusammenhang zwischen dem Wettbewerb von Luftwaffe, Heer und Marine um Ressourcen und militärische Beschaffungs- oder Strategieentscheidungen untersucht wird (Armacost 1969; Rosenberg 1983). Eine vielbeachtete Studie, die die teilstreitkräfteinterne Rivalität von Organisationseinheiten thematisiert, hat James Fallows (1999) vorgelegt. Er beschreibt, wie in den 1960er-Jahren Organisationsteile innerhalb der US-Armee das effektive AR-15-Sturmgewehr aufgrund von Rivalitäten zunächst ablehnten, später sogar „verschlimmbesserten" („disimproved"), was mit fatalen Folgen für die im Vietnam-Krieg eingesetzten Soldaten einherging.

Zusammenfassend ist festzuhalten, dass aus rationalistischer Sichtweise kollektive oder individuelle Interessen Motor für Technikentwicklung im Militär sind. Rationalistische Perspektiven teilen sich mit den bereits erwähnten mikroökonomischen Erklärungen zwar eine gemeinsame Basis. Im Unterschied zu dem oftmals implizierten rationalen Automatismus des mikroökonomischen Ansatzes liegt das Erkenntnisinteresse einer rationalistischen Betrachtung jedoch in der Sichtbarmachung sozialer Interessensstrukturen und der Rückführung militärischen Wandels auf das interessengeleitete Handeln der beteiligten Akteure.

3.1.2 Institutionalistische Perspektiven

Institutionalistische Ansätze sehen das entscheidende Moment militärischer Innovation nicht im Handeln von Akteuren sondern im Bestehen sowie der Veränderung von Institutionen. Aus dieser Sicht stellen Institutionen strukturelle Rahmen dar, die entweder Handlungsanreize oder -zwänge ausüben und dadurch militärische Entwicklungen beeinflussen.

Einen klassisch politikwissenschaftlichen Ansatz verfolgt etwa Deborah Avant (1994) bei ihrem Vergleich der Entwicklung von Militärkonzepten in den USA und im Vereinigten Königreich. Avant argumentiert, dass militärische und zivile Akteure auf jeder Ebene ihre politische Macht stärken wollen. Daher hat die politische Struktur eines Staates Einfluss auf militärische Entscheidungen über technologische und konzeptionelle Entwicklungen. Während im Vereinigten Königreich die zivile Führung eine große Durchgriffstiefe auf militärische Entscheidungen hat, sind die zivil-militärischen Beziehungen in den USA von einer größeren Distanz geprägt, was zivile Interventionen in militärische Innovationsentscheidungen erschwert habe. Die britische Armee habe aus diesem Grund während des Burenkrieges und des *Malayan Emergency* relativ schnell auf Veränderungen reagiert, während bei der US-Armee im Fall des Vietnamkrieges ein eher schwerfälliger Wandel zu beobachten gewesen sei.[3]

---

[3] Der zweite Burenkrieg (1899–1902) wurde zwischen dem Britischen Empire und Staaten niederländischer Kolonisten (Südafrikanische Republik sowie Oranje-Freistaat) um regionalen Einfluss auf dem Gebiet des heutigen Südafrika geführt. Der malaiische Notstand (1948–1960) wurde zwischen der Föderation Malaya und Streitkräften des Commonwealth auf dem Gebiet des heutigen Malaysias um Unabhängigkeit ausgetragen. Von 1965 bis 1973 traten die USA als Kriegspartei in den Vietnamkrieg ein. Auf den ersten Blick ein Konflikt zwischen Nord- und Südvietnam, war dieser Krieg jedoch auch ein ideologischer und geopolitischer Stellvertreterkrieg zwischen der Sowjetunion und den USA.

Während Avant die zivil-militärischen Strukturen betont, gehen andere institutionalistische Arbeiten dem Einfluss der Verteidigungswirtschaft auf Militärtechnikentwicklung nach (Kaldor 1986). Michael Horowitz erkennt dagegen in den finanziellen und administrativen Fähigkeiten der militärischen Organisation Erklärungsfaktoren für die Einführung militärischer Konzepte wie Flugzeugträger-Krieg, Nuklearkrieg, *Battle-Fleet*-Krieg oder auch Selbstmordterrorismus (Horowitz 2010). Eine weitere Perspektive stellt große gesellschaftliche Umbrüche, wie zum Beispiel die Französische Revolution, in einen Zusammenhang mit der Herausbildung neuer Militärkonzepte (Knox 2001).

Ein weiteres Set von Studien untersucht den Wandel militärischer Techniken und Konzepte aus der Perspektive des sogenannten neoinstitutionalistischen Ansatzes. Dessen Grundannahme lautet, dass Organisationen neue Techniken und Konzepte nicht bloß übernehmen, um ihre Effizienz oder Effektivität zu erhöhen, sondern auch, um institutionelle Zwänge und externe Erwartungen zu erfüllen (DiMaggio und Powell 1983). So haben Waffenkäufe und die Entwicklung bestimmter Techniken wie Drohnen oftmals nicht (nur) mit strategischen Notwendigkeiten zu tun, sondern auch mit dem Nimbus von Modernität, Souveränität und Prestige, mit denen diese Technik(mittel) assoziiert werden und die dadurch realisiert werden sollen (Franke 2015; Suchman und Eyre 1992).

Stehen externe Erwartungen im Widerspruch zu internen, wird militärischer Wandel dagegen erschwert, wie die Untersuchung von Emily Goldman (2002) zur Übernahme westlicher Militärkonzepte durch das Osmanische Reich und Japan in der Meiji-Periode im 19. Jahrhundert verdeutlicht. Goldman argumentiert, dass Japan sein Militär modernisierte, um als moderne, zivilisierte Gesellschaft anerkannt zu werden. Das Osmanische Reich hingegen ging die Reform zwar aus strategischer Notwendigkeit an, setzte die Modernisierungsversuche jedoch letztlich nur oberflächlich um. Ursache hierfür waren divergierende Militärvorstellungen: Die Übernahme westlicher Organisationskonzepte schien nicht kompatibel mit den internen Erwartungen zu sein, wie Militär zu funktionieren habe. Zu einem ähnlichen Ergebnis kommt die Studie von Ina Wiesner (2013) über die schleppend verlaufende und letztlich nicht erfolgreiche Einführung des US-amerikanischen Konzeptes der Vernetzten Operationsführung in die Bundeswehr zwischen 2000 und 2009, die ebenfalls auf die Inkompatibilität externer und interner Erwartungen zurückgeführt werden konnte.[4]

---

[4] Siehe hierzu auch den Beitrag von *Elbe & Richter* in diesem Band.

Aus institutionalistischer Sicht sind es Institutionen wie andere Streitkräfte, Militärbündnisse, die Verteidigungsindustrie und die eigenen Gesellschaften, die für militärische Organisationen eine institutionelle Umwelt bilden, aus der sich Zwänge und Anreize für ein bestimmtes Verhalten ergeben. Die Einführung neuer Militärtechniken und -konzepte ist demnach mitnichten eine rein interessenbasierte Entscheidung, sondern wird beeinflusst von institutionellen Gegebenheiten und Erwartungen. Allerdings schließen institutionalistische Erklärungen eine Rationalität von Akteuren nicht gänzlich aus. So sieht eine rationale Variante des Institutionalismus *(Rational Choice Institutionalism)* in Institutionen Regelwerke. Nachdem Akteure diese kennen und anerkennen, handeln sie in den gegebenen Rahmen interessenbasiert und in diesem Sinne (ebenfalls) rational. Institutionalistische Erklärungsansätze siedeln das Moment für militärischen Wandel und dessen konkrete Ausgestaltung also in den strukturellen Gegebenheiten an, in denen die militärische Organisation eingebettet ist. Akteurshandeln wird dabei in der Analyse nicht notwendiger Weise ignoriert, ist aber aus institutionalistischer Sicht ebenfalls durch die strukturellen Gegebenheiten beeinflusst.

3.1.3 Kulturalistische Perspektiven

Auch kulturalistische Ansätze weisen Institutionen eine Bedeutung in der Erklärung von Technikentwicklung zu. Zwar sehen sie Kultur als entscheidendes Erklärungsmoment sozialen Handelns an, verstehen diese aber als durch Institutionen getragen (Farrell 1998).

Terry Terriff (2006) untersucht vor diesem Hintergrund den Fall der Einführung des Konzepts der Manöverkriegsführung des *US Marine Corps* in den 1980er-Jahren. Dieses löste ein Kampfkonzept ab, das auf überwältigender Feuerkraft und der Zerstörung des Gegners beruhte (ebd.: 221). Terriff argumentiert, dass die Einführung der neuen Manöverkriegsführung deshalb gelang, weil sich parallel dazu auch die Vorstellungen davon, was ein Kämpfer sei, wandelten und das neue Konzept somit keine Identitätskrise auslöste. In diesem Fall sei also ein kultureller Wandel dem konzeptionellen Wandel vorausgegangen (ebd.: 216). Zu einem ähnlichen Ergebnis kommt Richard Lock-Pullan (2005) in seiner Studie über die Rolle von Ideen in der US-Armee nach dem Ende des Vietnam-Krieges. Es war demnach nicht eine Veränderung des strategischen Umfelds selbst, die zur Entwicklung neuer Einsatzkonzepte wie der *AirLand Battle*-Doktrin geführt hat, sondern zuvorderst eine Veränderung des kollektiven *Verständnisses* dieses Umfelds sowie des Phänomens ‚Krieg‘ selbst.

Wie oben bereits beschrieben, war die Sichtbarmachung des Einflusses von Forscheridentitäten auf die Entwicklung von Technik und die Generierung von

Wissen ein wichtiger Meilenstein der Wissens- und Techniksoziologie. Auch im Bereich der *Military Innovation Studies* wurde der Einfluss von Strateginnen und Experten auf die Entwicklung von Militärtechnik und -konzepten zum Beispiel mit Blick auf die US-amerikanische Nuklearstrategie oder die *Revolution in Military Affairs*[5] betrachtet (MacKenzie und Spinardi 1995; Rosen 1991, 2010; Zuckerman 1980).

Folgt man der analytischen Differenzierung zwischen Mikro-, Meso- und Makroebene, lassen sich die Identitäten und der Einfluss von Individuen der Mikroperspektive und die Kultur von Organisationen der Mesoperspektive zuordnen, während die Thematisierung internationaler Normen und nationaler Identitäten zur Makroebene gehört. Einige Autorinnen und Autoren sehen in den auf dieser obersten Ebene angesiedelten Faktoren wichtige Einflussgrößen für die Entwicklung von Militärtechniken und -konzepten. So vergleicht Dima Adamsky (2010) die unterschiedlichen Ausprägungen der *Revolution in Military Affairs* in den USA, der Sowjetunion und in Israel und kommt zu dem Schluss, dass die zu beobachtenden Unterschiede auf die jeweiligen strategischen Kulturen zurückzuführen seien. Eine vielbeachtete Studie von Richard Price und Nina Tannenwald (1996) vollzieht die Herausbildung der lange Zeit gültigen internationalen Norm nach, Chemiewaffen weder zu entwickeln noch einzusetzen.

Kulturalistische und institutionalistische Erklärungsansätze überschneiden sich mitunter. Lynn Edens (2004) Arbeit über die Berechnung der Zerstörungskraft von Nuklearwaffen durch die *US Air Force* zeigt, wie militärische Konzepte zu (Fakten) Wissen werden und in der Folge als unhinterfragte organisationale Rahmungen *("organizational frames")* und damit als institutionalisierte Skripte den Zugang der Organisation zu zukünftigen Problemen strukturieren – in dem von ihr untersuchten Fallbeispiel mit der Konsequenz ineffektiven militärischen Handelns, durch die aus heutiger Sicht fehlerhafte Berechnung der Waffenwirkung.

Zusammenfassend ist festzustellen, dass kulturalistische Perspektiven die Erklärungsmomente für technischen und konzeptionellen Wandel im Militär vor allem in Identitäten und deren Wandel sehen. Je nach Sichtweise handelt es sich hierbei um individuelle oder kollektive Identitäten. Kultur als Erklärungsfaktor kommt selten ohne einen Blick auf Institutionen aus. Letztlich sind Institutionen die Träger von Normen, werden Identitäten durch Institutionen gefestigt und reproduziert. Kulturalistische und institutionalistische Ansätze zur Erklärung von Militärtechnikentwicklung sind daher am ehesten nicht als einander ausschließend, sondern als komplementär zu betrachten.

---

[5] Siehe hierzu auch den Beitrag von *Kantner & Sandawi* in diesem Band.

3.1.4 Kritische Perspektiven

Die bereits vorgestellten analytischen sozialwissenschaftlichen Ansätze eint ein gemeinsames Forschungsinteresse: Was erklärt die Einführung neuer Konzepte und Techniken ins Militär? Beiträge der *Critical Security Studies* sowie der *Critical Military Studies* dagegen untersuchen die Phänomene Sicherheit, Krieg und Militär von einer anderen epistemologischen Basis aus und verfolgen zudem ein anderes Ziel (Peoples und Vaughan-Williams 2014). Eine wichtige Prämisse lautet hier, dass Sicherheit, Krieg, Militär und damit im Speziellen auch Militärtechnik nicht objektiv zu fassen, sondern das Ergebnis sozialer Herrschaftsprozesse sind, die es aufzudecken und kritisch zu beleuchten gilt. Als relevante Strömungen sollen an dieser Stelle die konstruktivistisch-kritische *Copenhagen School,* die emanzipatorische *Welsh School* sowie feministische Ansätze betrachtet werden.

Als besonders fruchtbar für die Analyse von Militärtechnik und -konzepten hat sich die von Barry Buzan, Ole Wæver und Japp de Wilde entwickelte konstruktivistisch-kritische These der Versicherheitlichung *(Securitization)* von gesellschaftlichen Bereichen erwiesen (Buzan et al. 1998). Versicherheitlichung meint, dass Gefahren und Risiken nicht objektiv gegeben sind und rational erkannt werden können, sondern gleichsam das Ergebnis diskursiver Aushandlungsprozesse sind. Lene Hansen und Helen Nissenbaum (2009) diskutieren vor diesem Hintergrund beispielsweise den Begriff Cyberkrieg und zeigen anhand der Fallstudie des *Denial-of-Service*-Angriffs auf die Webseiten öffentlicher und privater Großeinrichtungen in Estland, wie mittels der diskursiven Verbindung von Cyber-Bedrohung und internationalem Terrorismus nun auch die militärische Organisation NATO eine Zuständigkeit für den Themenbereich Cyber-Bedrohung beanspruchte und nicht etwa nur die Organe der inneren Sicherheit in Estland.

Ina Kraft wiederum analysiert den deutschen Elitendiskurs um das Konzept der hybriden Kriegsführung. Sie kommt zu dem Schluss, dass das Konzept die Funktion erfüllt, militärische und politische Entscheidungen zu legitimieren, die wie zum Beispiel die Beschaffung neuen militärischen Geräts gar nicht zwangsläufig mit ,hybriden' Bedrohungen in einem direkten Zusammenhang stehen, sondern eigentlich Dauerthema der Streitkräfte gegenüber der Politik sind (Kraft 2018).

Emanzipatorische Ansätze wie jene der *Welsh School* zielen dagegen nicht nur auf die Sichtbarmachung von Herrschaftsstrukturen in sicherheitspolitischen Diskursen ab, sondern haben das normative Ziel, alternative Sichtweisen auf Sicherheit und die Wege zu ihrer Erreichung zu eröffnen (Wyn Jones 1999). Wenn zum Beispiel nicht mehr der Staat – wie in den traditionellen Ansätzen der *Security*

Studies – sondern der Mensch zum Referenzobjekt für Sicherheit gemacht würde, dann veränderten sich gleichsam auch die Lösungsansätze zur Überwindung von Sicherheitsproblemen. In Bezug auf Nuklearwaffen setzen sich emanzipatorische Ansätze zum Beispiel kritisch mit dem Argument der vermeintlichen Unabwendbarkeit dieser technologischen Entwicklung auseinander (Wyn Jones 1995) oder fragen, wie eine atomwaffenfreie Welt zu erreichen sei (Booth 1999a, b). Andere emanzipatorische Ansätze begleiten zudem die sozialwissenschaftliche Bearbeitung von Militärthemen und kritisieren, wie beispielsweise Lester Kurtz (1992: 89) mit Blick auf das Nuklearwaffendilemma, das Nichtinteresse vieler Soziologinnen und Soziologen an den Themen Militär und Krieg.[6]

Als weitere kritische Strömung in den *Security Studies* sollen an dieser Stelle feministische Ansätze erwähnt werden, die neben konkreten Anliegen, wie der Benennung von zielgerichteter Gewalt gegen Frauen in Konflikten, auch die Tendenz in den Sozialwissenschaften kritisieren, Krieg und Militär in einer Art und Weise zu thematisieren, die geschlechterbasierte Phänomene unsichtbar lassen (Peterson 1992). Einige Arbeiten widmen sich der sexualisierten Sprache im Diskurs über Nukleartechnik (Cohn 1987; Easlea 1983). Andere setzen sich mit der diskriminierenden Wirkung von Waffensystemdesigns sowie den Gründen dafür auseinander. So arbeitet Rachel Weber (1999: 375) in ihrer Analyse über die Produktion von Gender im Militärflugzeugcockpit heraus, dass und wie die für männliche Piloten designten Flugzeuge als Rational für geschlechtsbasierte Exklusion dienen.

Obwohl Militärtechnik sowohl integrierend als auch exkludierend wirken kann, sind feministische Perspektiven auf Militärtechnik in der aktuellen Debatte weniger präsent als in den 1980er- und 1990er-Jahren. Ein aktueller Sammelband mit dem Titel „Women, science, and technology" (Wyer 2014) beinhaltet ebenso wenig einen Beitrag zu Frauen und *Militär*technik wie der Band „Gender, war, and militarism" (Sjoberg und Via 2010) einen Beitrag zu Militär*technik*.

Die kritische Beschäftigung mit militärischen Innovationsprozessen macht insgesamt nur einen kleinen Anteil der Literatur der *Military Innovation Studies* aus. Trotz ihres Nischendaseins ermöglichen kritische Ansätze jedoch wertvolle Einsichten in die Hervorbringung und Bewahrung sozialer Herrschaftsstrukturen und Interessen, die hinter oft als gegeben hingenommenen Annahmen über Militär und Technik stehen. Aus kritischer Perspektive sollte sich darüber hinaus auch jede Wissenschaftlerin und jeder Wissenschaftler, die oder der sich mit Militärtechnik und -konzepten beschäftigt, mit den Konsequenzen des eigenen Tuns

---

[6] Siehe hierzu auch die Einleitung von *Leonhard & Werkner* in diesem Band.

auseinandersetzen. Schließlich kann jede Forschungstätigkeit potenziell immer auch ethisch problematische Konsequenzen nach sich ziehen. Das mag auf den ersten Blick nur Physiker oder Ingenieurinnen betreffen, die in der Waffenentwicklung oder -herstellung arbeiten (Resnik 1998: 161–167). Aber auch die sozialwissenschaftliche Beschäftigung mit Militärtechniken und -konzepten kann politische und gesellschaftliche Konsequenzen haben. Die Urbarmachung und Weiterentwicklung ursprünglich deskriptiver akademischer Konzepte wie hybride Kriegsführung für den militärisch-politischen Diskurs verdeutlicht dies beispielhaft (Kraft 2018).

3.2   Auswirkungen von Militärtechnik

Die Untersuchung von möglichen Auswirkungen technischen Wandels auf soziale Entwicklungen ist das zweite Anliegen der *Science & Technology Studies*. Im Gegensatz zu der von den *Military Innovation Studies* bearbeiteten ersten Grundfrage nach den Entstehungsbedingungen von Militärtechnik existiert für die Beantwortung der Frage nach ihren Folgen kein gemeinsames Forschungsprogramm. Daher sollen relevante Arbeiten im Folgenden nach den Ebenen vorgestellt werden, auf denen die Auswirkung von Militärtechnik empirisch untersucht wird.

Unbestritten ist, dass Militärtechniken und Konzepte die militärische Organisation selbst beeinflussen. René Moelker (2003: 386) stellt in seiner kritischen Auseinandersetzung mit der Trias von Militärtechnik, Organisation und Macht fest, dass Technologie ein wesentlicher Faktor für den Wandel militärischen Handelns sei. Beispiele hierfür sind mannigfaltig. So beeinflusste die Entwicklung der Atombombe das strategische Konzept der Abschreckung. Fortschritte in der Computertechnologie trugen zur Entstehung von *Operations Research* bei, einem statistischen Unterstützungswerkzeug für militärische Entscheidungen. Entwicklungen in der Informations- und Kommunikationstechnologie ermöglichen wiederum die taktische Vernetzung militärischer Einheiten.

Doch der Einfluss von Militärtechnik beschränkt sich nicht nur auf die militärische Organisation und darauf, was diese tut. Der Soziologe Max Weber benannte bereits Anfang des 20. Jahrhunderts in seinem Werk *Wirtschaft und Gesellschaft* an zahlreichen Stellen den Einfluss von Militärtechnik auf die gesellschaftliche Entwicklung (Weber 1985 [1922]). In der Folge haben historisch geprägte Arbeiten diesen Zusammenhang vertieft (Boot 2006; Tilly 1975). Unter den Stichworten „dual use", „spinoff" und „spillover" widmen sich Studien der Rolle militärischer Forschung für die Produktion zivilwirtschaftlicher

Technologien (Cowan und Foray 1995). Beispielhaft zu nennen sind hier die militärischen Ursprünge des Internets sowie der Atomenergiegewinnung (Abbate 1999; Hardy 1999). Militärtechniken verändern auch zivile Wissenschaftsdisziplinen (Rappert et al. 2008: 425). So hat die Atombombe einen direkten Einfluss auf die Entwicklung der Seismologie genommen. Eigentlich die Lehre von Erdbeben, entwickelte sich die Disziplin zu einem wissenschaftlichen Überwachungsfeld für die Einhaltung des Atomteststoppabkommens (Barth 2003). Die Atombombe diente auch als Transmissionsriemen für die Herausbildung der sozialwissenschaftlichen Disziplin der *Strategic Studies* in den USA (Buzan 1987). Und auch auf theologischer Seite wird argumentiert, dass der Paradigmenwechsel von der Lehre vom gerechten Krieg hin zur Lehre vom gerechten Frieden eine Folge der Entwicklung der Atombombe sei (Elßner 2006).

Neben den Auswirkungen von Militärtechniken auf gesellschaftliche Teilbereiche und das Militär selbst ist letztlich immer auch der Mensch betroffen. Ina Wiesner hat in ihrer Abhandlung über die Soziologie der Drohne exemplarisch aufgezeigt, wie Drohnentechnologie das Leben von Individuen verändert. So vermeiden Menschen, die in Pakistan in Gebieten leben, in denen Drohnen eingesetzt werden, traditionelle Zusammenkünfte wie jene beispielsweise zur Streitschlichtung oder zu Beerdigungen, da dies die Aufmerksamkeit der Drohnenanwender auf sich ziehen könnte. Aber auch die Drohnenpiloten selbst betrifft die neue Militärtechnik. Sie erleiden durch ihre Einsätze ebenso wie andere Soldatinnen posttraumatische Belastungsstörungen, erfahren jedoch anders als ‚echte' Kampflugzeugpiloten weniger Aufmerksamkeit dafür durch die Organisation Militär (Wiesner 2016). Auch andere Arbeiten widmen sich dem Einfluss von Militärtechnik auf Soldatinnen. So argumentiert Morris Janowitz (1972 [1960]: 21), Nuklearwaffen und -raketen hätten neben dem heroischen Führer zwei weitere Typen von Soldaten hervorgebracht – den militärischen Manager und den militärischen Technologen. Dies habe wiederum weitreichende Auswirkungen auf die Entwicklung der militärischen Organisation, denn je mehr militärische Manager es gäbe, desto schwächer werde die intraorganisationelle Opposition gegenüber weiterer technologischer Innovation. In der Konsequenz, so Janowitz, würde technologische Innovation im Militär „routinisiert" (ebd.: 22).

Eine Reihe von Debattenbeiträgen hat sich darüber hinaus mit dem wechselseitigen Verhältnis von Mensch und Militärtechnik befasst, das sehr unterschiedlich als Netzwerk, als System oder gar als Cyborg interpretiert wird. So argumentieren Vertreterinnen und Vertreter der Akteur-Netzwerk-Theorie seit Mitte der 1980er-Jahre, dass Mensch und Maschine eine netzwerkartige Beziehung eingingen und daher Technik selbst auch Akteursqualitäten besäße (siehe Latour 1996). Die Frage nach der Verantwortung in solchen Netzwerken hat gerade für das Militär – Stichwort: autonomes Handeln – eine aktuelle Bedeutung (Rauer 2017). Eine weitere Möglichkeit der Konzeptionalisierung des Mensch-Maschine-Verhältnisses ist das sozio-technische System, das beide eingehen. So finden sich in der aktuellen Literatur Beiträge zum Thema Kampfdrohnen, die besonders die Verschiebung der Rollenkonzeptionen von Rechtsberatern und Drohnenpilotinnen im System Mensch-Kampfdrohne thematisieren (Greef 2016; Holder et al. 2018). Seit einigen Jahren befeuern zudem technische Entwicklungen wie Exoskelette, Implantate sowie die Nano- und Gentechnologie unter dem Stichwort ‚Cyborg' das Nachdenken über die körperliche Verschmelzung von Soldat und Technik (Warburg 2008: 292–296).

Trotz der hier präsentierten empirischen Arbeiten über die organisationalen, gesellschaftlichen und individuellen Auswirkungen von Militärtechnik bleibt festzuhalten, dass eine wissenschaftliche Auseinandersetzung mit dieser Thematik bisher allenfalls punktuell erfolgte. Eine strukturierte wissenschaftliche Debatte um die Folgen der Entwicklung von Militärkonzepten und -techniken existiert derzeit nicht. Viele Beiträge über die Auswirkungen von Militärtechnik sind zudem weniger evidenzbasiert als die Arbeiten über die Entstehung von Militärtechnik. Stattdessen haben sie häufig einen interpretativen, teils sogar normativen Charakter und bilden somit eine fließende Grenze zum Feld der Technikphilosophie.

4   Perspektiven der sozialwissenschaftlichen Beschäftigung mit Militärtechnik

Technik ist ein soziales Phänomen. Sie entsteht aus sozialen Zusammenhängen und wirkt auf diese ein. Und dennoch: Die Sozialwissenschaften machen es sich nicht einfach mit der Technik. Der deutsche Soziologe Karl H. Hörning sagt in einem Interview, „(die) Technik war in meinen Augen eigentlich die schwierigste Nuss, die die Soziologie zu knacken hat. Und damit hat sie sich eben auch ganz ungern beschäftigt, auch historisch nicht" (Lengersdorf und Hörning 2014: 12). Die Sozialwissenschaften machen es sich zudem aber auch nicht einfach mit dem Militär, auch wenn es hier in den letzten Jahren einige durchaus erfolgreiche Versuche gegeben hat, das Thema zu etablieren. Der Herausgeberband, in dessen bereits dritter Auflage dieser Beitrag nun erscheint, sei hierfür als Beispiel genannt. Trotzdem sind im internationalen Forschungsfeld der *Science & Technology Studies* die Themen Verteidigung und Militär seit Jahrzehnten ein „surprisingly understudied subject" (Gummett 1990: 541). Die sozialwissenschaftliche Beschäftigung mit Fragen der nuklearen Aufrüstung oder der Erklärung von teils widersinnigen Waffenentwicklungen in den 1980er-Jahren haben weder zu einer Verstetigung der Auseinandersetzung mit Militärtechniken und -konzepten geführt noch zu einer Ausdifferenzierung eines entsprechenden Forschungsprofils. Das zeigt sich sowohl in einer vergleichsweise niedrigen Publikationshäufigkeit als auch in einer Unterrepräsentation des Themas in soziologischen und politikwissenschaftlichen Fachvereinigungen. Kurzum: Sozialwissenschaftler, die über das Militär oder Krieg forschen, arbeiten oftmals zu nichttechnischen Fragestellungen. Techniksoziologinnen wiederum beschäftigen sich zwar mit den Entstehungsbedingungen und den Auswirkungen von Techniken, scheuen jedoch ihrerseits häufig vor Militärthemen zurück.

Die Ursachen dafür dürften vielfältig sein. So ist eine implizit instrumentelle Grundannahme in den Sozialwissenschaften, dass Technik lediglich Werkzeug sei, eine ebenso wahrscheinliche Erklärung wie eine bevorzugte wissenschaftliche Hinwendung zu ‚progressiveren' Themen als Militärtechnik oder das Vorliegen einer forschungspraktischen Hürde aufgrund eines vermeintlich fehlenden (militär)technischen Erfahrungshintergrunds der Forscherinnen und Forscher.

Aber, braucht es denn überhaupt eine sozialwissenschaftliche Perspektive auf Militärtechnik? Die Antwort darauf (Ja!) liegt in der Einzigartigkeit von Militärtechnik begründet. Sie dient dazu, Gewalt anzuwenden, und sorgt als ultima ratio dafür, Menschen zu töten. Sie ist dadurch eine Technik, die im Widerspruch zu einem progressiven Paradigma der Technikentwicklung steht, das besagt, dass Technik die Menschheit voranbringe. Des Weiteren ist Militärtechnik oftmals eine Technik, die – nach dem Konzept der Abschreckung – gar nicht eingesetzt werden soll. Beides – der destruktive Charakter von Militärtechnik und die Hoffnung oder strategische Berechnung, dass manche dieser Techniken nicht eingesetzt werden – begründet eine Beschäftigung mit dem Thema. Dass es dazu der Herausbildung weiterer Subdisziplinen der Militär- und Techniksoziologie bedarf, etwa einer noch spezielleren ‚Zwei-Bindestrich-Soziologie', kann hier nicht argumentiert werden. Eine größere sozialwissenschaftliche Aufmerksamkeit ist dem Thema angesichts der erwähnten Besonderheiten dennoch zu wünschen. Die weltweit scheinbar ungehinderte Proliferation von preisgünstigen und leicht zu bedienenden Sturm- und Maschinengewehren, Kampfdrohneneinsätze, der Einsatz von Chemiewaffen, die Androhung des Einsatzes von Atomwaffen und die militärische Entdeckung des ‚Cyberraums' verleihen dem Thema Militärtechnik zudem eine drängende Aktualität.

Die Beschäftigung mit Militärtechnik hat aber nicht nur jene aktuell-politische sondern ebenso auch eine wissenschaftliche Relevanz. So hat der Überblick über die sozialwissenschaftlichen Betrachtungsweisen von Militärtechnik gezeigt, dass bisherige Arbeiten durchaus an die theoretischen Debatten in Organisations- und Techniksoziologie, sowie in den *Security Studies* und in den Internationalen Beziehungen anschlussfähig sind. Eine Verstetigung dieser Beschäftigung mit den *Bedingungsfaktoren* von Militärtechnik ist wünschenswert und kann auch zur theoretischen Weiterentwicklung in den genannten Wissenschaftsfeldern beitragen. Empirisch begründete sozialwissenschaftliche Studien über die Aus- wirkungen von Militärtechniken auf Gesellschaft, Organisation und Mensch könnten zudem die derzeit allenfalls punktuellen und eher interpretativ und normativ angelegten Arbeiten zu den *Auswirkungen* von Militärtechnik ergänzen und so den wissenschaftlichen Diskurs um die Folgen von Entwicklung und Ein- satz von Militärtechnik bereichern.[7]

Annotierte Auswahlbibliografie

Bijker, Wiebe E./Hughes, Thomas Parke/Pinch, Trevor (2012): The social construction of technological systems: new directions in the sociology and history of technology. Cambridge: MIT Press.
Grundlagentexte der Techniksoziologie sowie Texte zu verschiedenen Themen der Techniksoziologie, u. a. Militärtechnik.
Buzan, Barry/Waever, Ole/de Wilde, Japp (1998): Security. A new Framework for Analysis. Boulder, London: Lynne Rienner.
Die hier vertretene Idee, dass Sicherheit intersubjektiv ist, bereichert auch das Nachdenken über Militärtechnik.
Häußling, Roger (2014): Techniksoziologie. Baden-Baden: Nomos.
Überblickswerk über die Entwicklung der Techniksoziologie und Einführung in die bedeutendsten theoretischen Strömungen.
MacKenzie, Donald A./Wajcman, Judy (Hrsg.) (1999): The social shaping of technology. Buckingham; Philadelphia: Open University Press.
Zusammenstellung klassischer und bis heute viel zitierter Texte der Techniksozio- logie. Teil 4 des Bandes enthält eine Zusammenstellung von Texten speziell zu Militärtechnik.

---

[7] Die Autorin dankt Jéronimo Barbin, Heiko Biehl, Martin Elbe, Steffen Kraft, Gerhard Kümmel, Nina Leonhard und Markus Thurau für Hinweise zu früheren Versionen dieses Textes.

Rappert, Brian/Balmer, Brian/Stone, John (2008): Science, Technology, and the Military: Priorities, Preoccupations, and Possibilities. In: Hackett et al. (2008): 719–740.
Überblicksartikel über die Wechselwirkungen von Wissenschaft, Technik und Militär.

Literatur

Aaronson, Mike/Dyson, Tom/Aslam, Wali/Rauxloh, Regina (Hrsg.) (2015): Precision strike warfare and international intervention: strategic, ethico-legal and decisional implications. London/New York: Routledge.

Abbate, Janet (1999): Inventing the Internet. Cambridge: MIT Press.

Adamsky, Dima (2010): The culture of military innovation: the impact of cultural factors on the Revolution in Military Affairs in Russia, the US, and Israel. Stanford: Stanford University Press.

Armacost, M.H. (1969): The politics of weapons innovation: the Thor-Jupiter controversy. Columbia University Press.

Avant, Deborah D. (1994): Political institutions and military change: lessons from peripheral wars. Ithaca: Cornell University Press.

Barth, Kai-Henrik (2003): The Politics of Seismology. Nuclear Testing, Arms Control, and the Transformation of a Discipline. In: Social Studies of Science, 33: 5, 743–781.

Basalla, George (1988): The evolution of technology. Cambridge/New York: Cambridge University Press.

Berger, Peter L./Luckmann, Thomas (1966): The social construction of reality; a treatise in the sociology of knowledge. Garden City: Doubleday.

Biermann, Kai/Wiegold, Thomas (2015): Drohnen: Chancen und Gefahren einer neuen Technik. Berlin: Ch. Links.

Boot, Max (2006): War made new: technology, warfare, and the course of history, 1500 to today. New York: Gotham Books.

Booth, Ken (1999a): Nuclearism, human rights and constructions of security (part 1). In: The International Journal of Human Rights, 3: 2, 1–24.

Booth, Ken (1999b): Nuclearism, human rights and constructions of security (part 2). In: The International Journal of Human Rights, 3: 3, 44–61.

Buzan, Barry (1987): An introduction to strategic studies: military technology and international relations. New York: St. Martin's Press.

Buzan, Barry/Waever, Ole/de Wilde, Japp (1998): Security. A new Framework for Analysis. Boulder, London: Lynne Rienner.

Caforio, Giuseppe (Hrsg.) (2003): Handbook of the sociology of the military. New York: Kluwer Academic/Plenum Publishers.

Cohen, Michael D. /March, James G./Olsen, Johan P. (1972): A Garbage Can Model of Organizational Choice. In: Administrative Science Quarterly, 17, 1–25.

Cohn, Carol (1987): Sex and Death in the Rational World of Defense Intellectuals. In: Signs, 12: 4, 687–718.

Cowan, Robin/Foray, Dominique (1995): Quandaries in the economics of dual technologies and spillovers from military to civilian research and development. In: Research Policy, 24: 6, 851–868.

Daase, Christopher/Junk, Julian/Kroll, Stefan/Rauer, Valentin (2017): Politik und Verantwortung: Analysen zum Wandel politischer Entscheidungs- und Rechtfertigungspraktiken (Sonderheft 52 der Politischen Vierteljahresschrift). Baden-Baden: Nomos.

Danchev, Alex (Hrsg.) (1995): Fin de siècle: the meaning of the twentieth century. London/New York: Tauris Academic Studies.

DiMaggio, Paul J./Powell, Walter W. (1983): The Iron Cage Revisited: Institutional Isomorphism and Collective Rationality in Organizational Fields. In: American Sociological Review, 48: 2, 147–160.

Dyson, Tom (2015): European precision strike capabilities. A neoclassical realist perspective. In: Aaronson et al. (2015): 33–51.

Easlea, Brian (1983): Fathering the unthinkable: masculinity, scientists, and the nuclear arms race. London: Pluto Press.

Eden, Lynn (2004): Whole World on fire. Organizations, Knowledge, and Nuclear Weapons Devastation. New York: Cornell University Press.

Edgerton, David (1990): Science and War. In: Olby et al (1990): 934–945.

Elßner, Thomas (2006): Die klassische Lehre vom gerechten Krieg. In: Zum Thema Friedensethik, 2, 12.

Fallows, James (1999): The American Army and the M-16 rifle. In: MacKenzie/Wajcman (1999): 382–394.

Farrell, Theo (1998): Review: Culture and Military Power. In: Review of International Studies, 24: 3, 407–416.

Farrell, Theo/Terriff, Terry (Hrsg.) (2002): The sources of military change: culture, politics, technology. Boulder: Lynne Rienner Publishers.

Fleck, Ludwik (1993 [1935]): Entstehung und Entwicklung einer wissenschaftlichen Tatsache: Einführung in die Lehre vom Denkstil und Denkkollektiv. Frankfurt a. M.: Suhrkamp.

Franke, Ulrike E. (2015): The global diffusion of unmanned aerial vehicles (UAVs), or 'drones'. In: Aaronson et al. (2015): 52–72.

Goldman, Emily O. (2002): The Spread of Western Military Models to Ottoman Turkey and Meji Japan. In: Farrell/Terriff (2002): 41–67.

Greef, Tjerk de (2016): Delegation and Responsibility: A Human-Machine Perspective. In: Nucci et al. 2016: 134–147.

Griffin, Stuart (2017): Military Innovation Studies: Multidisciplinary or Lacking Discipline? In: Journal of Strategic Studies, 40: 1–2, 196–224.

Grissom, Adam (2006): The future of military innovation studies. In: Journal of Strategic Studies, 29: 5, 905–934.

Gummett, Philip (1990): Issues for STS Raised by Defence Science and Technology Policy. In: Social Studies of Science, 20: 3, 541–558.

Hackett, Edward J./Amsterdamska, Olga/Lynch, Michael/Wajcman, Judy (Hrsg.) (2008): The handbook of science and technology studies. Cambridge: MIT Press.

Halliday, Terence C./Janowitz, Morris (1992): Sociology and its publics: the forms and fates of disciplinary organization. Chicago: University of Chicago Press.

Hansen, Lene/Nissenbaum, Helen (2009): Digital Disaster, Cyber Security, and the Copenhagen School. In: International Studies Quarterly, 53: 4, 1155–1175.

Hardy, Clarence (1999): Atomic rise and fall: the Australian Atomic Energy Commission, 1953–1987. Peakhurst: Glen Haven.

Häußling, Roger (2010): Techniksoziologie. In: Kneer/Schroer (2010): 623–643.

Häußling, Roger (2014): Techniksoziologie. Baden-Baden: Nomos.

Holder, Alex/Minor, Elizabeth/Mair, Michael (2018): Targeting Legality: The Armed Drone as a Socio-technical and Socio-Legal System. In: Journal of the Oxford Centre for Socio-Legal Studies, 5: 1, 1–17.

Horowitz, Michael C. (2010): The Diffusion of Military Power. Causes and Consequences for International Politics. New Jersey: Princeton University Press.

Janowitz, Morris (1972 [1960]): The professional soldier: a social and political portrait. New York: Free Press.

Jasanoff, Sheila/Markle, Gerald E./Peterson, James C./Pinch, Trevor (Hrsg.) (1994): Handbook of science and technology studies. Thousand Oaks: Sage Publications.

Kaldor, Mary (1986): The Weapons Succession Process. In: World Politics, 38: 4, 577–595.

Katzenstein, Peter J. (Hrsg.) (1996): The culture of national security: norms and identity in world politics. New York: Columbia University Press.

Kneer, Georg/Schroer, Markus (Hrsg.) (2010) Handbuch spezielle Soziologien. Wiesbaden: Verlag für Sozialwissenschaften.

Knox, MacGregor (2001): Mass politics and nationalism as military revolution The French Revolution and after. In: Knox/Williamson (2001): 57–73.

Knox, MacGregor/Murray, Williamson (2001): The dynamics of military revolution, 1300-2050. Cambridge/New York: Cambridge University Press.

Kraft, Ina (2018): Hybrider Krieg – zu Konjunktur, Dynamik und Funktion eines Konzepts. In: Zeitschrift für Außen- und Sicherheitspolitik, 3, 305–23.

Kuhn, Thomas S. (1962): The structure of scientific revolutions. Chicago: University of Chicago Press.

Kurtz, Lester R. (1992): War and Peace on the Sociological Agenda. In: Halliday/Janowitz (Hrsg.) (1992): 61–98.

Latour, Bruno (1996): On actor-network theory: A few clarifications. In: Soziale Welt, 47: 4, 369–381.

Lengersdorf, Diana/Hörning, Karl H. (2014): „Wir saßen alleine am Katzentisch" – Zur Hervorbringung der Techniksoziologie in Deutschland. In: Lengersdorf/Wieser (2014): 9–19.

Lengersdorf, Diana/Wieser, Matthias (Hrsg.) (2014): Schlüsselwerke der Science & Technology Studies. Wiesbaden: Springer VS.

Lock-Pullan, Richard (2005): How to rethink war: Conceptual Innovation and AirLand Battle Doctrine. In: Journal of Strategic Studies, 28: 4, 679–702.

MacKenzie, Donald A./Wajcman, Judy (Hrsg.) (1999): The social shaping of technology. Buckingham/Philadelphia: Open University Press.

MacKenzie, Donald/Spinardi, Graham (1995): Tacit Knowledge, Weapons Design, and the Uninvention of Nuclear Weapons. In: American Journal of Sociology, 101: 1, 44–99.

Moelker, René (2003): Technology, Organization and Power. In: Caforio (2003): 385–402.

Murray, Williamson (1997): Thinking About Military Revolutions. In: Joint Force Quarterly, 16: Summer, 69–76.

Nucci, Ezio Di/Sio, Filippo Santoni de (2016): Drones and responsibility: legal, philosophical and sociotechnical perspectives on remotely controlled weapons. Abingdon/New York: Routledge.

O'Hanlon, Michael E. (2009): The science of war: defense budgeting, military technology, logistics, and combat outcomes. Princeton: Princeton University Press.

Olby, Robert C./Cantor, Geoffrey N./Christie, John R.R./Hodge, Jonathan S. (Hrsg.) (1990): Companion to the history of modern science. London, New York: Routledge.

Peoples, Columba/Vaughan-Williams, Nick (2014): Critical security studies: an introduction. London/New York: Routledge.

Peterson, V. Spike (1992): Transgressing Boundaries: Theories of Knowledge, Gender and International Relations. In: Millennium: Journal of International Studies, 21: 2, 183–206.

Pinch, Trevor J./Bijker, Wiebe E. (1984): The Social Construction of Facts and Artefacts: or How the Sociology of Science and the Sociology of Technology might Benefit Each Other. In: Social Studies of Science, 14: 3, 399–441.

Price, Richard/Tannenwald, Nina (1996): Norms and Deterrence: The Nuclear and Chemical Weapons Taboos. In: Katzenstein (1996): 114–152.

Rappert, Brian/Balmer, Brian/Stone, John (2008): Science, Technology, and the Military: Priorities, Preoccupations, and Possibilities. In: Hackett et al. (2008): 719–740.

Rauer, Valentin (2017): Distribuierte Handlungsträgerschaft. Verantwortungsdiffusion als Problem der Digitalisierung sozialen Handelns. In: Daase et al. (Hrsg.) 2017: 436–453.

Resende-Santos, João (2007): Neorealism, states, and the modern mass army. New York: Cambridge University Press.

Resnik, David B. (1998): The ethics of science: an introduction. London/New York: Routledge.

Rogers, Everett M. (2003): Diffusion of innovations. New York: Free Press.

Rosen, Stephen Peter (1991): Winning the next war: innovation and the modern military. Ithaca/London: Cornell University Press.

Rosen, Stephen Peter (2010): The Impact of the Office of Net Assessment on the American Military in the Matter of the Revolution in Military Affairs. In: Journal of Strategic Studies, 33: 4, 469–482.

Rosenberg, David Alan (1983): The Origins of Overkill: Nuclear Weapons and American Strategy, 1945–1960. In: International Security, 7: 4, 3–71.

Sjoberg, Laura/Via, Sandra (Hrsg.) (2010): Gender, war, and militarism: feminist perspectives. Santa Barbara: Praeger.

Smit, Wim A. (1994): Science, Technology, and the Military. Relations in Transition. In: Jasanoff et al. (1994).

Strickland, Frank (2013): The Early Evolution of the Predator Drone. In: Studies in Intelligence, 57: 1, 1–6.

Suchman, Mark C./Eyre, Dana P. (1992): Military procurement as rational myth: Notes on the social construction of weapons proliferation. In: Sociological Forum, 7: 1, 137–161.

Terriff, Terry (2006): Warriors and Innovators: Military Change and Organizational Culture in the US Marine Corps. In: Defence Studies, 6: 2, 215–247.

Tilly, Charles (Hrsg.) (1975): The Formation of national States in Western Europe. Studies in political development. Princeton: Princeton University Press.

Warburg, Jens (2008): Das Militär und seine Subjekte. Zur Soziologie des Krieges. Bielefeld: transcript Verlag.

Weber, Max (1985 [1922)]): Wirtschaft und Gesellschaft. Tübingen: Mohr.

Weber, Rachel N. (1999): Manufacturing gender in military cockpit design. In: MacKenzie/ Wajcman (1999): 372–381.

White, Lynn Townsend (1962): Medieval technology and social change. Oxford: Clarendon Press.

Wiesner, Ina (2013): Importing the American way of war? Network-centric warfare in the UK and Germany. Baden-Baden: Nomos.

Wiesner, Ina (2016): Eine Soziologie der Drohne. In: Berliner Debatte Initial, 3, 103–116.

Wyer, Mary (Hrsg.) (2014): Women, science, and technology: a reader in feminist science studies. London, New York: Routledge.

Wyn Jones, Richard (1995): The nuclear revolution. In: Danchev (1995): 90–109.

Wyn Jones, Richard (1999): Security, strategy, and critical theory. Boulder: Lynne Rienner Publishers.

Zuckerman, Lord (1980): Science advisers and scientific advisers. In: Proceedings of the American Philosophical Society, 124: 4, 241–255.

Kraft, Ina, Dr. rer. pol.; Projektbereichsleiterin im Forschungsbereich Sicherheitspolitik und Streitkräfte am Zentrum für Militärgeschichte und Sozialwissenschaften der Bundeswehr in Potsdam.

Das Militär aus Organisationsperspektive

Militär: Organisation und Institution

Martin Elbe und Gregor Richter

1 Zum Verhältnis von Militär- und Organisationssoziologie

„Der Untersuchungsgegenstand der Militärsoziologie ist *die organisierte Anwendung von Gewalt zwischen kriegführenden Parteien.*" (Roghmann und Ziegler 1977: 142, Hervorhebung im Original) Trotz einer gewissen Engführung verweist diese klassische Definition der Militärsoziologie auf den Charakter des Militärs als Organisation. Die Militärsoziologie wird damit in Relation zu einer anderen Teildisziplin der Soziologie gesetzt: der Organisationssoziologie. Der Gegenstandsbereich der Organisationssoziologie ist aber ungleich breiter gefasst und abstrakter, da sich diese mit einem bestimmten Typus sozialer Prozesse und Strukturen, mithin einem bestimmten Typus der Vergesellschaftung befasst, der historisch betrachtet im engeren Sinne erst mit dem Aufkommen der bürgerlichen und industriellen Gesellschaft im 18. Jahrhundert in Erscheinung tritt. Heute bestehen vielfältige inhaltliche Berührungspunkte der Organisationssoziologie zur Organisationspsychologie und zur betriebswirtschaftlichen Organisationslehre, die eher instrumentell ausgerichtet sind und ihre Zielsetzungen in Empfehlungen für die effiziente und effektive Gestaltung von Strukturen und Prozesse in Organisationen finden. Was die eher akademische Organisations-

M. Elbe (✉) · G. Richter
Zentrum für Militärgeschichte und Sozialwissenschaften der Bundeswehr,
Potsdam, Deutschland
E-Mail: martinelbe@bundeswehr.org

G. Richter
E-Mail: gregorrichter@bundeswehr.org

© VS Verlag für Sozialwissenschaften | Springer Fachmedien Wiesbaden GmbH,   351
Wiesbaden 2023
N. Leonhard und I.-J. Werkner (Hrsg.), *Militärsoziologie – Eine Einführung*,
https://doi.org/10.1007/978-3-658-30184-2_14

soziologie betrifft, kann keine Einheitlichkeit über den Forschungsgegenstand diagnostiziert werden, da je nach theoretischem Zugang der verwendete Begriff der Organisation selbst die Forschungsperspektive festlegt. So lassen sich z. B. zwei Verständnisse von Organisation in kultureller Perspektive gegenüberstellen: Organisationen können betrachtet werden als Gebilde, die neben ihrer Aufbau- und Ablauforganisation auch über eine Kultur verfügen („organizations *have* culture" (Winslow 2007: 69, Hervorhebung im Original)], oder konsequent weitergedacht können Organisationen selbst als Kulturen konzeptualisieren bzw. als solche reifiziert werden („organizations *are* culture" (ebd., Hervorhebung im Original)]. Der erste Begriff von Organisation ist funktionalistisch, der zweite symbolisch bzw. metaphorisch gemeint.[1]

Mit Klaus Türk (1989: 476) kann man drei Begriffsverwendungen von ‚Organisation' unterscheiden: Organisation als eine Tätigkeit (Organisieren), Organisation als eine Eigenschaft sozialer Gebilde (Organisiertheit) und Organisation als ein Ergebnis des Organisierens, d. h. als einen bestimmten Gebildetyp (Organisat). Entlang dieser Dreiteilung ist auch der vorliegende Beitrag strukturiert. Im *zweiten* Abschnitt geht es um das Organisieren, d. h. die Gestaltung der Aufbau- und Ablauforganisation und die entsprechende Tätigkeit von Entscheidungsträgern. Hier werden einige typisch militärische Organisationsbegriffe eingeführt. Der *dritte* Abschnitt thematisiert die Organisiertheit des Militärs und zeigt die spezifischen Charakteristika des Militärs im Verhältnis zu anderen Organisationen, wie z. B. Wirtschaftsbetrieben, Universitäten oder Kirchen, auf. Der *vierte* Abschnitt findet in der soziologischen Institutionentheorie einen umfassenden Theorierahmen zur Analyse des Organisats ‚Militär'. Er wird hier deshalb gewählt, da ‚Institution' seit Émile Durkheim als einem der Gründerväter des Fachs als einer, wenn nicht *der*

---

[1] Um sich einen Überblick über die theoretischen Ansätze der Organisationssoziologie zu verschaffen, steht eine reiche Palette an Einführungsliteratur zu Verfügung. Wer einen systematischen Zugang auf Grundlage der zwei Hauptprobleme der Organisationssoziologie, dem Kooperations- und dem Koordinationsproblem, sucht, sei auf Peter Preisendörfer (2015) verwiesen. Einen genealogischen Zugang, angefangen von den Pionieren der Zunft bis hin zu aktuellen Ansätzen der Organisationsforschung, findet man bei Giuseppe Bonazzi (2014). Gareth Morgan (2002) macht mit seinen erstmals 1986 erschienen *Images of Organization* ebenfalls einen *tour d'horizon* durch die Geschichte der Organisationswissenschaften. Die herangezogenen Ansätze werden von ihm insgesamt acht grundlegenden Metaphern zugeordnet, die die jeweilige Denkungsart über Organisationen formen. Eine Kombination der verschiedenen Perspektiven findet sich bei Martin Elbe und Sibylle Peters (2016).

Tab. 1 Instanzen der Militärorganisation

Führungsebene	Organisationsebene
Oberste Führung	Ministerium Organisationsbereiche (z. B. Heer, Luftwaffe, Marine)
Obere Führung	Armee Korps
Mittlere Führung	Division Brigade Regiment
Untere Führung	Bataillon Kompanie, Batterie, Staffel

Quelle: eigene Darstellung in Erweiterung von Loquai und Schnell (1980): 1329

die soziologische Disziplin konstituierende Begriff gelten kann. Im *fünften* und *sechsten* Abschnitt werden zentrale Anwendungsfelder der moderneren soziologischen Institutionentheorie auf die Organisationsproblematik des Militärs erschlossen und schließlich im *siebten* Abschnitt Perspektiven für eine weitere organisationssoziologische Analyse des Militärs aufgezeigt.

2 Grundlagen der militärischen Organisation

Ausgangspunkt für eine instrumentelle Sichtweise auf das Militär ist die betriebswirtschaftliche Organisationslehre. Zweck, Ziele und Aufgaben der Militärorganisation werden hier aus der Perspektive der Effizienz der Aufgabenerfüllung betrachtet und bedürfen der „Definition nach Art, Menge, Zeit und Rahmenbedingungen" (Loquai und Schnell 1980: 1326): „Militärorganisationen gewinnen von daher grundsätzlich instrumentellen Charakter im Rahmen der Außen- und Sicherheitspolitik eines Staates." (ebd.: 1325) Als zentrale organisatorische Probleme treten dabei die Spitzenorganisation der Streitkräfte, das Leitungssystem der Militärorganisation, die regionale Stationierung der militärischen Verbände, das Mobilmachungssystem, die Gliederungsformen (Objekt- vs. Verrichtungsprinzip; Stab-Linien-System), das Rüstungsmanagement und Fragen der Führungskonzeption (einschließlich der Menschenführung) in das

Zentrum der Betrachtung (ebd.: 1327). Dies zeigt sich beispielsweise in typischen militärischen Gliederungsformen (vgl. Tab. 1), die hierarchisch gestaffelte Instanzen schaffen.

Je nach Organisationsebene konkurrieren zwei Gliederungstypen miteinander: Nach dem Objektprinzip (divisionale Gliederung) werden Organisationseinheiten strukturiert, die alle wichtigen Funktionen umfassen und somit selbständig agieren können, z. B. eben eine Division. Um dies zu gewährleisten, umfasst eine Division mehrere Brigaden und diese wiederum mehrere Regimenter usw. Je weiter man in der militärischen Hierarchie nach unten fortschreitet, desto wichtiger wird das Verrichtungsprinzip (funktionale Gliederung). Nach Letzterem werden Organisationseinheiten strukturiert, die auf einzelne Tätigkeitsbereiche bzw. Funktionen spezialisiert sind, z. B. ein Fernmeldebataillon. Die so erzeugten Instanzen, z. B. Einheiten und Verbände, sind eingeordnet in ein System direkter Unterstellung von Führungsebenen, bei gleichzeitiger funktionaler Ergänzung durch Stäbe, die den Kommandeur bzw. die Kommandeurin jeweils beraten, nicht aber direktes Weisungsrecht besitzen. Obwohl die prinzipielle formale Struktur des Militärs durch das Stab-Linien-System geprägt wird, ist beispielsweise das Leitungssystem der Bundeswehr faktisch „ein oft nur sehr unvollkommen dargestelltes Mehrliniensystem" (ebd.: 1330).[2] Dies Aussage bezog sich auf die 1960er- bis 1980er-Jahre in der Hochphase des Kalten Krieges, trifft aber auch für die Bundeswehr von heute zu und führt beispielsweise zu unterschiedlichen Unterstellungsverhältnissen in fachlicher und disziplinärer Hinsicht. Auf der untersten Ebene der organisationalen Hierarchie finden sich keine Instanzen mehr, sondern Stellen, die nicht mit Führungsaufgaben verbunden sind, aber auch nicht mit individuellen Personen gleichgesetzt werden können.[3] So können z. B. auch im militärischen Bereich einzelne Personen in Teilzeit tätig sein und damit nur den Teil einer Stelle besetzen.

---

[2] Ein Stab-Linien-System bezeichnet einen streng hierarchischen Organisationsaufbau, bei dem untergeordnete Stellen Weisungen von nur einer übergeordneten Stelle entlang der Linie erhalten. Ergänzt wird das System mit Stabelementen außerhalb der Linie, die der jeweiligen Führungsebene beratend zur Seite gestellt sind. Mehrliniensysteme sind hingegen so angelegt, dass eine untergeordnete Stelle Befehle und Weisungen von zwei oder mehreren Stellen über ihr erhält, die sich jedoch im Idealfall nicht wechselseitig widersprechen, sondern thematisch, d. h. vor allem fachlich und disziplinär, abgegrenzt sind.

[3] Dienstposten in der Bundeswehr wiederum können sowohl bei Instanzen als auch bei Stellen angesiedelt sein. Dienstposten dienen der Zuordnung von Personen in der Organisation und definieren eine personelle Sollstruktur, mit Dotierung, Aufgabenbeschreibung und Besetzungsvoraussetzungen.

Die formalen, zentral vorgegebenen Hilfsmittel militärischer Organisation entsprechen dabei den Anforderungen staatlicher Verwaltungsbürokratie. Zu nennen sind hierbei insbesondere im Fall der Bundeswehr die sogenannten Stärke- und Ausrüstungsnachweise (STAN) sowie Zentrale Dienstvorschriften (ZdV), Erlasse und die formal gegliederte, vielfach schriftliche Befehlsgebung. Diese Führungshilfsmittel sind aus institutioneller Perspektive als zentralisierende Elemente zu betrachten, denen aber die Delegation in Form der sogenannten Auftragstaktik beigegeben ist, wonach Soldaten und Soldatinnen in der Erfüllung ihres Auftrages insoweit einen Ermessensspielraum haben, als sie in der Wahl der Mittel frei sind, solange ihnen diese nicht explizit per Befehl vorgegeben werden. Dies entspricht weitgehend dem Konzept des *Management by Objectives* aus der zivilen Management- und Führungslehre. Fabrizio Battistelli (1991: 5 f.) zeigt, dass historisch betrachtet die Zentralisierung von Entscheidungsprozessen ein typisch militärisches Phänomen ist. Zugleich habe aber die Zunahme von lokalen Konflikten und von Angriffen mit vergleichsweise geringem logistischem Aufwand – hier ließen sich auch terroristische Attacken einordnen – dazu geführt, dass rasche, dezentrale Entscheidungen immer notwendiger werden.

Blickt man in die Historie, so findet man vielfach Übernahmen militärischer Organisationsprinzipien in den zivilen Bereich (Türk 1995: 204 f.). Hierauf weist auch Morris Janowitz (1971a) in seinem erstmals 1960 erschienen Klassiker der Militärsoziologie *The Professional Soldier* hin:

> „Das Grundelement der Großorganisation, die Unterscheidung von Stab und Linie, hat seinen Ursprung im Militär und ist vom wirtschaftlichen und staatlichen Betrieb kopiert worden. Managementtechniken, die auf Statistik, Mathematik und der elektronischen Datenverarbeitung beruhen, wie die Qualitätskontrolle und neuerdings die Verfahrensforschung (operations research), gediehen zuerst beim Militär." (Janowitz 1971b: 295)[4]

Insbesondere was die Arbeitsteilung betrifft, fanden die Veränderungen im Militär oftmals früher statt als in der Güterproduktion (vgl. Battistelli 1991: 6 ff.). Beispiele hierfür zeigen sich in der frühen funktionalen Ausgliederung von Pioniertruppen oder der Artillerie. Zugleich musste jedoch Integration trotz dieser grundlegenden Form der Differenzierung gewährleistet werden, um als Entität, d. h. als eine Armee, erfolgreich zu sein. Aus Sicht der Organisationsplanung

---

[4] Siehe hierzu auch den Beitrag zu Militär, Krieg und Ökonomie von *Richter* in diesem Band.

wirken arbeitsteilige Differenzierung, bis hin zur Stelle (an der spezifische Teilaufgaben erfüllt werden), und organisationale Integration, über die Koordination zusammengehöriger Aufgabenbündel (z. B. in Abteilungen, Divisionen), generell zusammen (Elbe und Peters 2016: 53 ff.). Speziell im Militär wird ein zusätzlicher Integrationseffekt durch Professionalisierung erreicht. Durch die Segregation nach Offizieren, Unteroffizieren und Mannschaftsdienstgraden wird eine zur Aufbauorganisation quer liegende Form der Integration der Individuen in der Organisation erreicht. Der technisch-funktional notwendigen Differenzierung mittels Arbeitsteilung wurde und wird somit das Korrektiv eines integrierenden Korpsgeistes – insbesondere des Offizierskorps (Elbe 2006) – entgegengestellt.

Aufgrund der lebensbedrohlichen Konsequenzen von Entscheidungen unter Einsatzbedingungen und der dadurch bedingten notwendigen Sicherstellung von Koordination gibt es im Militär zudem eine hoch formalisierte, rigide und weitreichende Hierarchie, die einen automatischen Übergang des Befehlsrechts auf den nächst niedrigeren Vorgesetzten bzw. die nächst niedrigere Vorgesetzte vorsieht, wenn die Führungsebene ausfällt (vgl. Battistelli 1991: 13 ff.). Um Unklarheiten in äußerst unsicheren Situationen zu vermeiden, ist auch die Kommunikation in hohem Maße formalisiert, verbal standardisiert und vielfach nonverbal oder akustisch substituiert, z. B. durch Sirenen, Lichtzeichen, Flaggen und Uniformen mit Dienstgradabzeichen. Obwohl diese Formen der Formalisierung auf Einsatzbedingungen ausgerichtet sind, werden sie im Grundbetrieb als soziale Praxis[5] eingeübt. Sie erzeugen dabei Widersprüchlichkeiten, die informell als stillschweigend akzeptierte Regelverletzung aufgelöst werden; Informalisierung wird so gleichsam zur Nebenstruktur einer formalisierten Organisationsstruktur.

3   Spezifika der militärischen Organisation

Es existieren einige Spezifika der militärischen Organisation im Vergleich zu anderen Organisationstypen. Hierzu zählen besondere Formen der Rekrutierung und Sozialisation, die hohe Bedeutung von Symbolen und Ritualen im militärischen Alltag, die militärspezifische Kameradschaft, das Prinzip von Befehl und Gehorsam bis hin zu Zuschreibungen des Militärs als

---

[5] Siehe hierzu auch den Beitrag von *Hagen & Tomforde* in diesem Band.

eine „totale Institution" im Sinne Erving Goffmans (1973).[6] Alle Versuche jedoch, die dem Militär einen Sui-generis-Status zusprechen wollen, laufen bei nüchterner Betrachtung ins Leere. Selbst die Gefahr für Leib und Leben, der sich Soldatinnen und Soldaten unter bestimmten Umständen aussetzen müssen, kann nicht als Alleinstellungsmerkmal reklamiert werden, wenn man sich die oftmals lebensbedrohlichen Situationen in anderen „Einsatzorganisationen" (Kern et al. 2020), wie der Feuerwehr oder der Polizei, vor Augen führt. Insofern ist „der Unterschied zwischen militärischen und anderen, z. B. wirtschaftlichen, Organisationen keinesfalls grundsätzlich, sondern kontingent" (Apelt 2012: 135). Diese Kontingenz ist *einerseits* militärhistorisch zu verstehen, wirft man beispielsweise einen Blick auf die unterschiedliche Struktur frühneuzeitlicher Söldnertruppen und der kasernierten Massenheere des 19. und 20. Jahrhunderts. Sie ist *andererseits* auch querschnittlich aufzufassen im Sinne von graduellen Unterschieden zwischen militärischen Organisationen und zivilen Organisationstypen. Zwar spielen beim Militär wirtschaftliche Zielsetzungen (z. B. Budgeteinhaltung, effizienter Einsatz von materiellen Ressourcen, d. h. von Kriegsmitteln) eine nicht unerhebliche Rolle; sie sind aber nicht wie bei privatwirtschaftlichen Unternehmen oberste Organisationsziele (z. B. Gewinnerzielung).

Das besondere Verhältnis militärischer Organisationen gegenüber ihrer Organisationsumwelt lässt sich *erstens* trefflich mit der Vorstellung von „verdünnter Rückkopplung" beschreiben:

> „Zahlreiche Merkmale der Militärorganisation erklären sich aus der Tatsache, daß sie im Vergleich zur Wirtschaftsunternehmung weniger Möglichkeiten der Erfolgskontrolle besitzt, um die funktionale Adäquatheit ihrer Struktur, ihrer Ausrüstung, ihrer Ausbildungsverfahren und ihrer Aktionsprogramme objektiv zu überprüfen." (Geser 1983: 145; vgl. auch Haltiner et al. 2006: 19 f.)

Ob Strukturen und eingeübte Handlungsmuster sinnvoll sind, erweist sich in der Regel erst im Ernst- bzw. Kriegsfall, der objektiv betrachtet jedoch eher den Ausnahmezustand für die Organisation darstellt. Anders verhält es sich z. B. bei Wirtschaftsunternehmen, die durch die Umsatzentwicklung und die Reaktionen von der Kundschaft ein kontinuierliches Feedback aus ihrer Umwelt erhalten.

Eng verwandt mit der verdünnten Rückkopplung ist *zweitens* die für militärische Organisationen besondere Ungewissheit: Selbst die beste Planung aus der Friedenszeit und realistische Übungsmanöver können zukünftige

---

[6] Siehe hierzu auch den Beitrag von *Apelt* in diesem Band.

Ungewissheiten des Krieges oder anderer Einsatzszenarien nur bedingt anti-
zipieren. Der preußische Offizier und Militärintellektuelle Carl von Clausewitz
bringt diesen Umstand in seiner bekannten Metapher vom „Nebel des Krieges"
auf den Punkt: „Der Krieg ist das Gebiet der Ungewißheit; drei Vierteile derjenigen Dinge, worauf das Handeln im Kriege gebaut wird, liegen im Nebel einer
mehr oder weniger großen Ungewißheit." (Clausewitz 2018 [1832]: 64) Der im
Vergleich zu vielen anderen Organisationen hohe Grad der Formalisierung und
Ritualisierung der Handlungen und die ausgeprägte hierarchische Zentralisierung
werden oft als Kompensationsversuch für diese Ungewissheit interpretiert
(Elbe 2018). Eben hier findet sich die Ursache für einen allenthalben zu
beobachtenden Konservativismus der militärischen Führung:[7] Geplant wird
ein Krieg (oder ein Einsatz), der in der Vergangenheit ausgefochten wurde,
da keine anderen Erfahrungswerte vorhanden sind.[8] Innovation, speziell im
sozialen und organisatorischen Bereich, findet deswegen vielfach als Übernahme aus der gesellschaftlichen Umwelt statt, was sich mit dem soziologischen
Neoinstitutionalismus theoretisch gut begreifen lässt (siehe Abschn. 4).

Besonderheiten der streitkräftebezogenen Organisationsforschung, angefangen
von methodischen Problemstellungen, über Fragen des Feldzugangs, des
Erhebungszeitpunkts bis hin zu forschungsethischen Erwägungen, resultieren
drittens aus dem „Janusgesicht" des Militärs (Geser 1983; Battistelli 1991;
Elbe 2018). In solchen Phasen, in denen sich das Militär nicht in kriegerischen
bzw. friedensstiftenden oder -erhaltenden Einsätzen befindet, ist der dienstliche
Alltag durch Stabilität, Transparenz und Berechenbarkeit geprägt und gleicht
in gewissem Maße der Arbeitssituation in Unternehmen und öffentlichen Verwaltungen. Mit einer zutreffenden Metapher lässt sich das Militär in diesen
Phasen als „cold organization" (Soeters et al. 2003: 246) bezeichnen. Obwohl
der Organisationszweck des Militärs im bewaffneten Einsatz gegen einen
potenziellen Gegner oder wenigstens in der Vorhaltung von personellen und
materiellen Ressourcen für einen solchen Einsatz besteht (Stichwort: militärische
Abschreckung), stellt die *cold organization,* „(…) where there is no need für
real action" (ebd.: 247), den Regelzustand für das Militär dar. Der Übergang

---

[7] Samuel Huntington (1998 [1957]) konstatiert sogar eine grundlegende Wertekonformität
zwischen Konservativismus und militärischer Ethik.

[8] Ein Zweig der Organisationssoziologie des Militärs beschäftigt sich mit der Frage, wie
das Militär lernen und aus Erfahrungen in seiner eigenen Vergangenheit oder durch
Beobachtung anderer Organisationen desselben Feldes erfolgreiche *Lessons-Learned-*
Prozesse abgeleitet werden können (siehe Dyson 2020).

in die „hot organization" kann als Ausnahmefall gelten, ist aber dann mit einer plötzlichen Änderung der Problem- und Umweltkonstellation verbunden und bringt die Organisationsmitglieder in ungewisse und zum Teil unbeherrschbare Situationen, die im Extremfall eine Bedrohung für Leib und Leben des Soldaten oder der Soldatin darstellen können. Aber auch dies ist kein Alleinstellungsmerkmal der militärischen Organisation, sondern findet sich auch bei Feuerwehr, Seenotrettung oder der Luftverkehrssicherung, wenn massive und oft auch kurzfristige Veränderungen in der Organisationsumwelt den Einsatz- oder Katastrophenfall auslösen. Generell sind Einsatzorganisationen bzw. Hochrisikoorganisationen (zur Unterscheidung siehe Richter 2020) als übergeordneter Organisationstypus der militärischen Organisationen durch zwei derart polarisierende „Aggregatzustände" charakterisiert. Insbesondere im Aggregatzustand der *cold organization* richtet sich das Militär an der gesellschaftlichen Umwelt aus und wirkt zugleich auf die Gesellschaft zurück. Als Beispiele in der jüngeren Geschichte der Bundeswehr lassen sich die Einführung betriebswirtschaftlicher Instrumente und Denkweisen (Richter 2006) und die prinzipielle Öffnung des militärischen Teils der Bundeswehr für Frauen (Kümmel und Werkner 2003) anführen. Die technologische Entwicklung, die steigende Komplexität und funktionale Spezialisierung der Einzelaufgaben in militärischen Funktionen haben auch dazu beigetragen, dass sich die Unterschiede von militärischen zu zivilen Berufen verringert haben; die Tendenz einer „civilianization" (Lang 1965: 842) des Militärs infolge technischer und managementbezogener Anforderungen hält bis in die Gegenwart an. Für das französische Militär hat Martin (1981) diese generelle Entwicklung mit *Warriors to Managers* schon in den 1980er-Jahren auf eine griffige Formel gebracht.

Als *vierte* Besonderheit sind militärische Organisationen in hohem Maße durch einen spezifischen Umgang mit Räumen gekennzeichnet (Kümmel und Werkner 2003), der sich unter anderem im Spannungsfeld zwischen Entgrenzung und Begrenzung des Raumes ausdrückt. Das Wirken des Militärs über Räume hinweg oder in Räume hinein, z. B. als Angriff mit verbundenen Waffen oder als Angriff mit Distanzwaffen wie Fern- oder Mittelstreckenraketen, als Kampf im virtuellen Raum und Cyber-Raum durch Stör- oder Täuschmanöver, ebenso wie das Wirken in physischen Räumen, z. B. durch das Verteidigen eines Raumes und das Verzögern unter Nutzung des Raumes, also der geografischen Gegebenheiten wie Flüsse, Täler oder Berge, sind Beispiele für spezifische Gefechtsarten, unter denen die Organisation ihre Ressourcen jeweils raumgebunden unterschiedlich einsetzt. Auch logistische Prozesse, wie die Versorgung von Truppenteilen über größere Räume hinweg mit Verpflegung und Ausrüstung, aber auch mit schwerem Gerät, stellt eine besondere Herausforderung dar. Die raumgebundene Definition der eigenen Position ist dabei von der jeweiligen Einsatzform abhängig – dies hat das Militär mit anderen Einsatzorganisationen gemein (Richter 2020). Aktivität und Dislozierung der militärischen Organisation sowie seiner einzelnen Teile sind raumzeitliche Erscheinungen und Ausdruck einer grundsätzlichen Temporalität militärischer Organisationen. Hiermit ist nach Martin Elbe und Sibylle Peters (2016) die Wandelbarkeit der grundlegenden organisationalen Perspektiven (Struktur, Prozess und Institution) gemeint, die durch die Janusköpfigkeit des Militärs (kalter vs. heißer Status) zu einem der Grundprinzipien militärischer Organisation wird. Nicht nur die raumspezifischen Gefechtsarten, die den Raum eher definieren, als dass sie vom Raum definiert werden (Lewin 2018), bestimmen die einsatzbedingte Ausgestaltung der temporären Organisation; auch die Bedeutung von Be- und Entgrenzung ist raumbezogen und veränderbar (Elbe und Erhardt 2020). Grenzen, die den Raum eigener Aktivität und Verantwortung bestimmen, finden sich z. B. in der Kooperation mit anderen Truppenteilen, die als Nachbarn auf dem Gefechtsfeld eine gemeinsame Grenze definieren oder von der nächst höheren gemeinsam vorgesetzten Instanz eine solche vorgegeben bekommen, wodurch Verantwortungsbereiche abgegrenzt werden. Wie sich der Raum aufgrund der Veränderung von Grenzen im militärischen Einsatz verändert, ist Gegenstand eines der klassischen Texte der Raumsoziologie (Dünne und Günzel 2018): der *Kriegslandschaften* von Kurt Lewin (2018). Der Raumbezug ergibt sich demnach nicht nur aus der Funktionsweise der militärischen Organisation, die sich nach Verfügung oder Nichtverfügung über bestimmte Teile des Raums (insbesondere des Gefechtsfeldes) unterscheidet, sondern auch aus dem darauf bezogenen Handeln der Organisationsmitglieder (Elbe und Erhardt 2020).

Eine *fünfte* Besonderheit militärischer Organisationen ist es, dass der anfänglich nicht genau spezifizierte „Generalgehorsam" (Kühl 2005: 102) zu gegebener Zeit eine sehr breite Auslegung erfahren kann, der im Extremfall den Einsatz des eigenen Lebens oder die aktive Beteiligung an Massenmord einschließt. Gerade unter Einsatzbedingungen und im Kriegsfall, d. h. im heißen Aggregatszustand, verfügt die militärische Organisation über Gewaltmittel, um etwa desertierenden Soldatinnen und Soldaten beizukommen. Aufgrund der Durchsetzung der Gehorsamsforderung ist die Sicht auf das moderne Militär als Zwangsorganisation verbreitet. „Nur aufgrund der Existenz von Zwang als ‚Letztmotiv' macht es überhaupt Sinn, von einer Zwangsorganisation zu sprechen." (Kühl 2012: 351) Ziel der Führung in militärischen Organisationen ist die normative und utilitaristische Kontrolle der Mitglieder; erst wenn diese Motive versagen oder versiegen, steht auch der physische Zwang (z. B. Arrest) als letzte Handlungsoption bereit. Das moderne Militär in westlichen Gesellschaften ist jedoch,

was den Einsatz von Zwangsmitteln gegen das eigene Personal betrifft, heutzutage stark durch gesetzliche Vorgaben (Wehrdisziplinarrecht, Beschwerdeordnung
usw.) kontrolliert. Amital Etzionis (1961) Unterscheidung von Organisationstypen entlang der *compliance*, d. h. der Art der Kontrolle, der der unterste Rang
der Organisationsmitglieder unterworfen ist, ist bis heute eine feste Referenz in
der Organisationssoziologie. Seine Typologie umfasst Zwangsorganisationen
(z. B. Gefängnisse), utilitaristische Organisationen (z. B. Unternehmen) und
normative Organisationen (z. B. Kirchen). Militärische Organisationen operieren
mit allen drei Kontrollformen: Soldatinnen und Soldaten sollen an ihre Mission
und ihren Dienstherrn aus Überzeugung gebunden sein, sie erhalten aber in der
Regel auch Sold bzw. Bezüge, um ihren Lebensunterhalt zu sichern. Das Militär
ist also sowohl normativ als auch utilitaristisch geprägt. In einem ganz spezifischen Sinne sind militärische Organisationen aber auch Zwangsorganisationen.
Zwang kann beim Eintritt in die Organisation bestehen, wenn im Fall der Wehrpflicht die Organisationsmitgliedschaft auch gegen den Willen des Rekruten bzw.
der Rekrutin mit staatlichen Gewaltmitteln sichergestellt werden kann. Zwang
kann auch während der Organisationszugehörigkeit in Wehrpflicht- wie in Freiwilligenarmeen vorkommen: Zu Beginn der Mitgliedschaft entsteht in Anlehnung
an die Diktion von Chester Barnard (1938) eine folgenreiche „Indifferenzzone",
die sich als ein pauschales Einverständnis des neuen Organisationsmitglieds interpretieren lässt, bis zu einem gewissen Umfang Befehlen, Anweisungen und Vorgaben von Vorgesetzten Folge zu leisten.

4   Soziologischer Neoinstitutionalismus

Das Militär hat, wie gezeigt wurde, kaum die Möglichkeit, Effektivität und
Effizienz der Organisation zu überprüfen, wie sie sie beispielsweise Unternehmen durch den Markt gespiegelt bekommen. Dabei hat das Militär als Träger
des staatlichen Gewaltmonopols und als Verbraucher von Steuergeldern einen
besonderen gesellschaftlichen Legitimationsbedarf. Der Legitimitätsnachweis
ist nur im Ausnahmefall durch die Erfüllung des Organisationszwecks, also die
Anwendung militärischer Gewalt möglich. Speziell im kalten Aggregatszustand
muss daher auf eine andere Form der Legitimation zurückgegriffen werden: auf
die Dokumentation verlässlicher und akzeptierter Verfahren und Handlungsweisen. Das Militär bedarf des Anschlusses an gesellschaftlich akzeptierte
Handlungsstandards, die sich aber aufgrund der spezifischen Aufgabenstellung
nicht allein aus dem Zweck des Militärs ableiten können. Die Beziehung
zwischen Militär und Gesellschaft ist deswegen insbesondere durch die sozio-

logische Institutionentheorie (in Bezug auf Organisationen z. B. Ortmann et al. 1997) erklärbar. Zentrale Fragen sind hierbei: Wie funktioniert die Übernahme institutioneller Regelungen zur Legitimation und zur Erhöhung organisationaler Rationalität? Welche Institutionen werden innerhalb des Militärs handlungs-leitend?

4.1   Makroebene

Organisationen weisen eine ‚doppelte Realität' auf: Zu unterscheiden ist zwischen der formalen Struktur einer Organisation und ihrer tatsächlichen Verhaltensstruktur (Meyer und Rowan 1983: 23). Die formale Struktur legt die Aufbau- und Ablauforganisation fest, regelt den Informationsfluss inner-halb und zwischen den Abteilungen und Arbeitsbereichen und gibt Auskunft über die Regeln und Ziele der Handlungen der Mitglieder. Das tatsächliche Verhalten der Organisationsmitglieder kann von diesen Blaupausen mehr oder weniger stark abweichen. Während Vertreterinnen und Vertreter einer „rationalen Organisationsperspektive" (Scott 1986: 93 ff.) diese Unterscheidung zwar grundsätzlich akzeptieren, ihr aber in ihren Forschungsprogrammen keinen besonderen Stellenwert einräumen, wird sie zum konstitutiven Moment neoinstitutionalistischer Theoriekonstruktion.[9]

Die Eliten von Organisationen, insbesondere Managerinnen und Manager, politische Entscheidungsträger und -trägerinnen oder eben auch Offiziere, suchen die Umwelt nach Bedrohungen und Opportunitäten ab und formulieren strategische Reaktionen. Während Vertreterinnen und Vertreter der rationalen Organisationsperspektive, wie etwa des Taylorismus und der klassischen Organisationslehre, Umweltadaptionen bzw. interne Strukturveränderungen im Hinblick auf ihre organisationale Effizienz betrachten, stellt sich aus neoinstitutionalistischer Sicht die Frage, inwieweit Strukturadaptionen vor allem den Regeln, Erwartungen und Anforderungen institutioneller Umwelten

---

[9] Die Rede vom *Neo*institutionalismus ist als eine in den 1970er-Jahren aufkommende Renaissance institutionalistischen Denkens in Soziologie, Ökonomie und Politik-wissenschaften zu verstehen; ihre Hauptvertreterinnen und -vertreter im Bereich des Organisationssoziologie (DiMaggio, Powell, Scott, Meyer) knüpfen dabei an die ältere soziologische Institutionentheorie an (Durkheim, Weber, Parsons usw.). Für eine Rekonstruktion seit den Anfängen bei den Gründungsvätern der Institutionentheorie im 19. Jahrhundert siehe Scott (2014).

entsprechen. Der Antrieb für Veränderungen wird nichtsdestotrotz in einem rationalen und strategischen Verhalten von Organisationseliten verortet: „Frameworks external to organizations provide models of organizational arrangements from which organizational participants choose" (Scott 1994: 73).

Vertreterinnen und Vertreter des konzeptualisieren zwei Arten von Umwelten, die unterschiedliche Anforderungen an Organisationen formulieren (vgl. Walgenbach 2002: 326 ff.). In *technischen* Umwelten werden Produkte und Dienste am Markt getauscht und Organisationen für eine effektive und effiziente Steuerung ihrer Arbeitsprozesse entlohnt. In *institutionellen* Umwelten hingegen werden Organisationen dann belohnt, wenn sie Konformität mit institutionalisierten Regeln zeigen, d. h. strukturelle Elemente der Umwelt in ihre Organisationsstruktur integrieren. Falsch wäre nun eine einfache Zuordnung, wonach Unternehmen, die in Wettbewerbsmärkten agieren, ausschließlich den Anforderungen technischer Umwelten genügen müssten. Auch diese Gruppe von Organisationen muss zu einem gewissen Grad institutionalisierte Elemente adaptieren. Neoinstitutionalistinnen und Neoinstitutionalisten vertreten die These, dass die Übernahme von Elementen aus der institutionellen Umwelt ebenfalls für Marktorganisationen immer wichtiger wird. Genauso falsch wäre aber auch die einfache Zuordnung von öffentlichen Organisationen zu institutionalisierten Umwelten. Auch an militärische Organisationen, die nicht in einem Wettbewerbsmarkt agieren, werden Anforderungen an ihre technische Effizienz gestellt. Insofern ist die Unterscheidung den Vertreterinnen und Vertretern des Neoinstitutionalismus zwischen technischen und institutionellen Umwelten nicht dichotom; Organisationen lassen sich vielmehr den beiden Dimensionen je nach Ausprägung zuordnen. Die neoinstitutionalistische Analyse eignet sich allerdings insbesondere für solche Organisationen, die in hohem Maße auf eine gesellschaftliche Legitimation angewiesen sind, was bei Streitkräften in westlichen Demokratien der Fall ist.

Mit Institutionalisierung ist entweder die Herausbildung von Institutionen oder der Prozess der Übernahme von schon existierenden institutionellen Mustern aus der Umwelt bezeichnet. Der Neoinstitutionalismus fokussiert auf den zweiten Mechanismus von Institutionalisierung: Organisationen adaptieren institutionelle Elemente in ihre Strukturen – dies erfolgt aber bewusst und absichtlich, da durch die Übernahme von legitimen Verfahrensweisen die Organisation wiederum selbst Legitimität von ihrer Umwelt zugesprochen bekommt.[10] Der Wandel

---

[10] Hierzu ein Beispiel: „Institutionalisierung meint in bezug auf Organisationen die subjektive Sicherheit, daß ein bestimmtes Element, sei es EDV, sei es Buchführung oder

von Organisationen wird bei Walther et al. (1983) deshalb nicht mehr (nur) als ein Prozess der Steigerung technischer Effizienz begriffen, sondern ist einem gesellschaftlichen Streben nach struktureller Isomorphie geschuldet. Die Entstehung und Stabilität von bestimmten Verfahrensweisen und Strukturen ist zunehmend mehr auf gesellschaftliche Einflüsse und akzeptierte Vorstellungen über die Effizienzwirkung von Verfahrensweisen und Strukturen zurückzuführen, als auf deren tatsächliche die Effizienz steigernde Wirkung. Demnach lassen sich drei grundlegende Mechanismen des institutionellen Wandels in westlichen Gesellschaften identifizieren: zwangsweiser, mimetischer und normativer Isomorphismus (DiMaggio und Powell 1983: 150 ff.). Auch im Militär lassen sich Prozesse des strukturellen Isomorphismus nachweisen (siehe Abschn. 5).

4.2   Mikroebene

Neben dem makroinstitutionalistischen, anhand von Strukturübernahmen argumentierenden Ansatz lässt sich aber auch ein mikroinstitutionalistischer, handlungsorientierter Ansatz innerhalb des Neoinstitutionalismus abgrenzen (vgl. Walgenbach 2002: 342 ff.). Ausgehend vom sozialkonstruktivistischen Ansatz bei Berger und Luckmann (1997 [1966]), die Institutionen als habitualisierte, reziproke Handlungstypisierungen kennzeichnen (ebd.: 58), wird der Prozess der Institutionalisierung als ein Verfahren kollektiver Wirklichkeitskonstruktion angesehen (Scott 1987: 495). Vor diesem Hintergrund konzipieren (1983) organisationale Institutionen als Rationalitätsmythen, die durch Verfahrenspraktiken in Organisationen erzeugt werden und von denen unhinterfragt angenommen wird, sie seien effizient. Im Militär werden solche Mythen vielfach durch Einsatzerfahrungen begründet, mit der impliziten Behauptung, dass die Orientierung an einem im Einsatz erfolgreichen Handeln (weswegen der Erzähler bzw. die Erzählerin ja überlebt habe) auch für andere Organisationsmitglieder in Zukunft erfolgsversprechend sei. Die Handlungen der Organisationsmitglieder haben diesen Mythen gerecht zu werden. Zugleich müssen die Organisationsmitglieder ihre Handlungen an weiteren organisationalen oder gesellschaftlichen Erwartungen orientieren (z. B. dem Konzept der Inneren Führung in der Bundes-

---

Investitionsrechnung, zu bestimmten Organisationen gehört. Institutionalisierung meint auch, daß diese Elemente nicht mehr hinterfragt werden. Sie werden als gegeben und richtig betrachtet." (Walgenbach 2002: 321)

wehr), was dazu führt, dass es zwischen durch Isomorphie geprägten Strukturen und individuellem Handlungen zu einer teilweisen Entkoppelung kommt. Diese darf die grundsätzlichen Mythen der Organisation zwar nicht gefährden, soll aber Handlungsfähigkeit im Einzelfall bewahren.

Lynn Zucker (1977) konzipiert ebenfalls unter Rückgriff auf Berger und Luckmann (1997) das Problem der Verbindung zwischen Institutionalisierungsprozessen in Organisationen und individuellem Handeln aufgrund kognitiver Wahrnehmung von Institutionen als handlungsleitend in spezifischen Situationen. So sind Uniformen, Dienstgrade und formalisierte Bewegungsabläufe im Militär Ausdruck dafür, dass Handlungserwartungen hier in hohem Maß institutionalisiert sind. Zucker (1977) konnte dies anhand von Experimenten nachweisen:

> „As predicted, it was found that the greater the degree of institutionalization, the greater the general uniformity of cultural understandings, the greater the maintenance without direct social control, and the greater the resistance to change through personal influence." (ebd.: 742)

Sie bestätigt damit eine Annahme des frühen Niklas Luhmann (1964: 207), dass Führung ein funktionales Äquivalent zur Institutionalisierung von Normen sei. Je höher also der Grad der Institutionalisierung habitualisierten Handelns in Organisationen ist, desto geringer ist die Chance, dass sich die Orientierung an solchen handlungsleitenden Regelsätzen durch andere beeinflussen lässt, respektive dass ein direkter Beeinflussungs*bedarf* aufgrund von Führung bestünde. Die Bedingung des Wirksamwerdens von institutionellen Regelungen für die Handlungsabstimmung in Organisationen ist die kollektive Konformität individueller Situationsdefinitionen oder – um mit Schein (1985) zu sprechen – die Existenz einer Organisationskultur, die auf der Basis gemeinsamer Grundannahmen, Werte und Artefakte eine kollektive Wirklichkeitskonstruktion zulässt (Elbe 2002: 184). Für die Bundeswehr ist dies mit der Konzeption der Inneren Führung als vorgegebener, aber mitunter auch gelebter Organisationskultur realisiert. Der Grad institutioneller Regelungen steigt mit der Intensität der organisationskulturellen Bindungen, zugleich sinkt der Bedarf an direkter, personaler Führung.

Mit den umrissenen zentralen Konzepten des organisationssoziologischen Neoinstitutionalismus schließt diese Theorierichtung mit dem Institutionenbegriff zum einen an ein soziologisches Kernkonzept an und ermöglicht zum anderen eine theoretisch relativ geschlossene Bearbeitung sowohl der strukturellen als auch der handlungstheoretischen Probleme, die das Militär als Organisation aufwirft. Dies soll im Folgenden zum einen auf der *Makroebene* anhand der Isomorphismus-These und zum anderen auf der *Mikroebene* anhand des Habitualisierungskonzeptes geleistet werden.

5 Makroperspektive: Struktureller Isomorphismus im Militär

Militärische Organisationen bedürfen in hohem Maß eines spezifischen Legitimitätsnachweises, da ihre Eignung für die Bewältigung ihrer spezifischen Aufgabenstellungen (Gewährleistung der Integrität des staatlichen Gebiets und der Sicherheit der Bürgerinnen und Bürger vor Angriffen von außen) oftmals nicht eindeutig gegenüber der Gesellschaft zu vermitteln ist. Für eine neoinstitutionalistische Argumentation sprechen zudem die oben skizzierten Besonderheiten des Militärs, insbesondere die fehlende Rückkopplung und die Ungewissheit des Krieges. Somit hat die Übernahme institutioneller Regelungen und Verfahren aus der Privatwirtschaft oder anderen Streitkräften nicht nur eine extern legitimierende Funktion, sondern löst zu einem gewissen Grad auch interne Organisationsprobleme der Ausgestaltung, Erfolgsmessung und Unsicherheitsreduktion.

Dies soll an zwei Beispielen für den Fall der deutschen Streitkräfte verdeutlicht werden: erstens an der Einführung betriebswirtschaftlicher Verfahren und Managementmethoden (Richter 2006, 2007b) und zweitens an der Übernahme des US-amerikanischen Konzepts des *Network-Centric Warefare* (NCW) in die Bundeswehr (Wiesner 2013). Beide Entwicklungen lassen sich in der Diktion von DiMaggio und Powell (1983: 150 ff.) als „mimetischer Isomorphismus" interpretieren: Dieser entsteht dann, wenn sich Organisationen bei der Gestaltung ihrer internen Prozesse an anderen Organisationen orientieren. Organisationen kopieren dabei nicht notwendigerweise solche Organisationen, die tatsächlich effizienter arbeiten, sondern solche, von denen angenommen wird, dass sie erfolgreicher sind und eine hohe Legitimitätsgeltung besitzen (vgl. DiMaggio und Powell 1983: 152).

Die *Einführung betriebswirtschaftlicher Verfahren und Managementmethoden* in die Bundeswehr in den 1990er-Jahren war von dem eigens entwickelten Fachkonzept ‚Kosten- und Leistungsverantwortung' (KLV) geprägt (Richter 2006: 44 f.). Mittlerweile kann die „Ökonomische Modernisierung der Bundeswehr" (Richter 2007b) mit der Einführung des betriebswirtschaftlichen Controllings identifiziert werden, das in der privaten Wirtschaft und zunehmend auch in der öffentlichen Verwaltung ein hohes Maß an Legitimitätsgeltung genießt. Zu welchen Ergebnissen müsste empirische Organisationsforschung zum Militär kommen, die die Kernaussagen der neoinstitutionalistischen Theorie bestätigen würden? Die Empirie müsste *erstens* zeigen, dass die von außen adaptierten Elemente und Strukturen sich zwar formal in der Organisationsstruktur der untersuchten Organisation abbilden, die Elemente aber nur ritualisiert von den Organisationsmitgliedern behandelt werden, ohne dass organisationales Handeln und Entscheiden sich faktisch nach ihnen ausrichten. *Zweitens* müsste sich zeigen, dass neben den neu institutionalisierten Mustern alte, früher institutionalisierte Muster bestehen bleiben: „Entkopplung ermöglicht es der Organisation, legitimierte formale Strukturen aufrechtzuerhalten, während die tatsächlichen Aktivitäten als Reaktion auf aktuelle und praktische Erfordernisse variieren." (Walgenbach 2002: 289).

Eine repräsentative schriftliche Befragung von Soldaten und Soldatinnen in zwei Befragungswellen 2003 und 2005 zu Wissensbeständen und Einstellungen zur „Ökonomisierung in der Bundeswehr" zeigte, dass ein hohes Bewusstsein für die Notwendigkeit der Reformen in der Truppe vorhanden war. Die Mehrheit der Soldatinnen und Soldaten bekundete eine positive Grundhaltung gegenüber den betriebswirtschaftlichen Denk- und Handlungsweisen (Großeholz 2007: 29). Nach Ansicht der Führungskräfte waren die mit der Einführung von modernen Managementmethoden angestrebten Entscheidungsspielräume jedoch nicht gewachsen. Viele Befragte beklagten zusätzliche Verzögerungen durch eine erhöhte Regelungsdichte und ein Mehr an Bürokratie infolge der Reformen. Der Gestaltungsanspruch der KLV – hier die Zusammenführung von Fach- und Ressourcenverantwortung – wurde faktisch nicht eingelöst. Vielmehr zeigte die Studie eine Tendenz zur Entkopplung der neuen, ‚legitimen' Verfahren von bereits bestehenden administrativen Steuerungs- und Entscheidungsverfahren im Sinne des Neoinstitutionalismus: „Doppel- oder Parallelstrukturen zwischen traditionsgeleiteter Verwaltung einerseits, betriebswirtschaftlichen Instrumenten oder privatwirtschaftlich organisierten Serviceleistungen andererseits, erschweren Dienstabläufe und tragen nicht zu erhöhter Akzeptanz der Reformen bei den Mitarbeiterinnen und Mitarbeitern bei." (ebd.: 27)

Ein ähnliches Ergebnis förderte eine sozialwissenschaftliche Befragung des Controlling-Personals der Bundeswehr 2005 zu Tage. Zwar waren die organisatorischen Voraussetzungen für den Betrieb von Controlling in den Dienststellen weitgehend vorhanden; gleiches galt für das Funktionspersonal, das über die erforderlichen Qualifikationen und motivationalen Voraussetzungen für die Erfüllung seiner Aufgaben verfügte. Allerdings ließen die Befragungsergebnisse zugleich erkennen, dass der Entwicklungsstand des Controllings in der Bundeswehr gut fünf Jahre nach der Einführung relativ niedrig war:

Das Controlling nahm in den meisten Fällen Kontroll-, Ermittlungs- und Dokumentationsfunktionen wahr und nicht Planungs-, Prognose- und in die Zukunft orientierte Beratungsfunktionen (Richter 2007a: 132). Controlling und Kosten- und Leistungsrechnung wurden also eher rituell, d. h. als rationale Fassade parallel zum bestehenden Haushaltswesen und den vorhandenen Verwaltungsstrukturen betrieben; eine informationelle Kopplung beider Systeme bestand in den meisten Fällen nicht. Entscheidungen wurden so gut wie nie unter Einbeziehung des Controllings getroffen. Dennoch wurde, ohne substanzielle Änderung der (haushaltsrechtlichen) Rahmenbedingungen, am Bundeswehr-Controlling festgehalten.[11] Die betriebswirtschaftlichen Verfahren und Managementmethoden sind also oft Vorbild für Militär und Verwaltung der Bundeswehr, jedoch „(...) without necessarily making them more efficient" (DiMaggio und Powell 1983: 147).[12]

---

[11] Shahi Ansari und K. J. Euske (1987) berichten von einer vergleichbaren Langzeitstudie in den US-amerikanischen Streitkräften. Hintergrund bildet ein im Jahr 1975 vom *Department of Defence* (DoD) flächendeckend eingeführtes Kosteninformationssystem mit Berichtswesen in Instandsetzungseinheiten und Depots (*Uniformed Cost Accounting,* UCA). Im US-amerikanischen Fall zeigte sich sehr deutlich, dass die eigentliche Funktion des Kosteninformationssystems nicht in einer technisch-rationalen Beeinflussung organisationaler Prozesse bestand: „None of the personal interviewed could identify a decision of any consequence that was made on the basis of the UCA data." Mehr Erklärungskraft dafür, weshalb das UCA eingeführt und dann am Leben erhalten wurde, sehen die Autoren in der neoinstitutionalistischen Perspektive. Die Kosteninformationen erlaubten dem DoD eine positive Außendarstellung: „With respect to the DoD's relationship to congress, the objectives are important means to demonstrate rationality." (ebd.: 563) Alles in allem kommen die amerikanischen Forscher zu folgendem Ergebnis: „Our findings show a great deal of disparity between the formally stated objectives, which are oriented to efficiency considerations and the way the system was designed and implemented." (ebd.: 557)

[12] Flankiert wurde der „mimetische" durch den „normativen Isomorphismus", der sich in besonderen Formen der Professionalisierung zeigt. Professionalisierung ist der Versuch einer Berufsgruppe, spezifische Arbeitsmethoden zu definieren und durch gemeinsame Standards und eine gemeinsame Denkhaltung berufliche Autonomie zu erzeugen. Im ‚kalten Aggregatzustand' verstärkt sich der erwähnte, von der Soziologie bereits Mitte der 1960er-Jahre diagnostizierte Trend einer „civilianization" (Lang 1965) des Militärs dadurch, dass heute im Rahmen betriebswirtschaftlicher Neuorientierung im Fall der Bundeswehr vielfach auf externen Sachverstand etwa von Unternehmensberatungen zurückgegriffen wird. Zudem verfügt ein nicht unerheblicher Anteil der militärischen Führung heute selbst über eine wirtschaftswissenschaftliche Qualifikation, die oft im Rahmen der Offiziersausbildung erworben wurde. Dies kann als Isomorphisierung qua Professionalisierung gewertet werden, da sich die Ausbildung und das professionelle

Auf Basis von 50 Experteninterviews leistet Ina Wiesner (2013) einen weiteren Beitrag zur neoinstitutionalistischen Organisationssoziologie des Militärs. Ihr Gegenstand ist das Konzept des *Network-Centric Warfare (NCW)*, das ursprünglich in den USA in den 1990er-Jahren entwickelt wurde. Es steht für eine verstärkte Anwendung von Informationstechnologie und verschiedenen Bereichen wie der militärischen Aufklärung sowie von Befehls- und Kontrollsystemen. Anhand einer Rekonstruktion der Einführung von national adaptierten NCW-Konzepten in Großbritannien und Deutschland wird zum einen deutlich, welche impliziten Ziele mit der Einführung eines Militärkonzepts der Führungsnation der NATO, d. h. den USA, verfolgen: „The chief argument throughout the book is that military organizations introduce foreign concepts not only in order to increase their efficiency an military effeciveness, but also with a view towards increasing their *institutional legitimacy*." (ebd.: 13, Hervorhebung im Original)

Dabei variieren die Übernahmen des NCW-Konzepts zwischen den beiden untersuchten Streitkräften entlang der zeitlichen Dimension, was die Glaubwürdigkeit im Sinn einer Passung der Adaption und dem Original betrifft und in Hinblick auf die Glaubwürdigkeit der Implementation, d. h. ob das neue Militärkonzept tatsächlich im organisationalen Handeln verankert wird, oder ob mit ihm eher eine rationale Fassade errichtet wird. Im Gegensatz zu Großbritannien, so das Ergebnis der Studie, wurde die deutsche Adaption unter dem Label „Vernetzte Operationsführung" (NetOpFü) eher spät und langsam eingeführt, orientierte sich vergleichsweise eng an seinem US-amerikanischen Vorbild, war jedoch entkoppelt von der bestehenden Organisationswirklichkeit der Bundeswehr und hatte entsprechend begrenzte handlungsleitende Auswirkungen (ebd.: 131).[13]

Selbstverständnis immer stärker an der entsprechenden Referenzgruppe in der Privatwirtschaft orientieren.

[13] Betont der soziologische Neoinstitutionalismus vor allem den Einfluss der *institutionellen* Umwelt auf die militärische Organisation, so gibt es immer wieder Beispiele auch für die Bedeutung von *technischen* Umwelten. Im Deutsch-Österreichischen Krieg von 1866 werden erstmals massiv die Auswirkungen neuer Errungenschaften der industriellen Gesellschaft und ihrer naturwissenschaftlich-technologisch Fundierung manifest (vgl. Crefeld 1985: 103 ff.). Die Nutzung des bereits damals gut ausgebauten Eisenbahnsystems und der aufkommenden Telegrafie macht eine Neuaufstellung militärischer Führungssysteme erforderlich und führt auf preußischer Seite zur Herausbildung des Generalstabs als neuem Organisationselement. Der Sieg über Österreich ist nicht nur der technologischen Überlegenheit des Preußischen Heeres zuzuschreiben,

6 Mikroperspektive: Habitualisierung und Führung in militärischen Organisationen

Während die neoinstitutionalistische Makroperspektive das erste Problemfeld der Instrumentalität des Militärs für die Gesellschaft und die damit notwendigen Legitimitätsnachweise mit Hilfe der Isomorphismus-These erklärt, bleibt das zweite Problemfeld der spezifisch militärischen Aufgabenstellung theoretisch bisher unbearbeitet. Diese Probleme lassen sich mithilfe der Mikroperspektive des Neoinstitutionalismus analysieren.

Vor dem Hintergrund der Rationalisierungsthese Max Webers (1972) findet die legitim-rationale Herrschaft mithilfe eines bürokratischen Verwaltungsstabes im Militär nicht nur eine isomorphe Entsprechung, sondern zum besonderen Nachweis der Legitimität speziell in Phasen des ‚kalten Aggregatzustandes' sogar eine Übersteigerung in der spezifischen Form militärischer Disziplinierung.[14] Damit diese wirksam werden kann, ist im Sinne Zuckers (1977) aber eine gemeinsame Situationsdefinition notwendig, sodass sich Handlungsstandards habitualisieren, an denen sich die Soldaten und Soldatinnen orientieren, unabhängig aus welchen sozialen Milieus oder kulturellen Hintergründen sie stammen. Das Maß einer uniformen Institutionalisierung der Verhaltensstandards ist im militärischen Kontext zum einen besonders hoch, zum anderen setzt diese Form der Sozialisation erst im Erwachsenenalter mit dem Eintritt in die Armee ein. Letztlich geht es darum, dass durch Disziplinierung eine gemeinsame Situationsdefinition und somit ein ‚adäquates' Verhalten sichergestellt werden soll. Vermittelt werden dabei nicht nur spezifisch militärische Fähigkeiten und Fertigkeiten, die im technischen Sinn der militärischen Aufgabenerfüllung dienen (wie z. B. zu schießen, ein Objekt zu schützen oder koordiniert einen Angriff vorzutragen), sondern eine „general uniformity of cultural understandings" (Zucker 1977: 742), d. h. eine spezifisch militärische Organisationskultur. Diese mag im

---

sondern vor allem der durch die Technologie ausgelösten Reform der militärischen Führungsstruktur.

[14] Pointiert formuliert dies der französische Historiker und Philosoph Michel Foucault: „In der zweiten Hälfte des 18. Jahrhunderts ist der Soldat etwas geworden, was man fabriziert. Aus einem formlosen Teig, aus einem untauglichen Körper macht man die Maschine, deren man bedarf; Schritt für Schritt hat man die Haltungen zurecht gerichtet, bis ein kalkulierter Zwang jeden Körperteil durchzieht und (…) sich insgeheim bis in die Automatik der Gewohnheiten durchsetzt." (Foucault 2013: 173)

interkulturellen Vergleich, neben militärspezifischen Gemeinsamkeiten, durchaus auch Unterschiede aufgrund der zugrunde liegenden gesellschaftlich-kulturellen Standards haben (vgl. Hagen 2003), doch formt sie aufgrund der Spezifität der Aufgabenstellung und in ihrer Annäherung an die ‚totale Institution' eine spezifische Organisationskultur heraus, die es in der Sozialisation der Soldaten und Soldatinnen zu vermitteln gilt.[15] Der Schlüssel zum Verständnis dieser organisationskulturellen Besonderheit liegt in der oben beschriebenen Janusköpfigkeit militärischer Organisation und damit im Wechselspiel von Handlungsorientierungen an Institutionen und an personaler Führung begründet:

Habitualisierte Institutionen drücken sich in Symbolen (Uniform, Rangabzeichen, Ehrenbezeugungen, verbaler und nonverbaler Kommunikation, Kasernenbauten und Befestigungsanlagen – z. B. Bunkern, Unterständen –, Waffen etc.), Ritualen (z. B. Befehlsausgaben, Beförderungsappellen, Kommandoübergaben, Initiationsriten, Vergleichswettkämpfen) und Mythen (z. B. in der Bundeswehr einer zweckrationalen Auftragstaktik, die durch die Prinzipien der Inneren Führung wertrational korrigiert wird) aus und sind vielfach in Dienstvorschriften gesatzt. Die Vielzahl institutioneller Regelungen führt dabei häufig zu Widersprüchen, die der Soldat bzw. die Soldatin nicht ohne Regelverletzung auflösen kann. Die grundsätzliche Handlungsorientierung eines militärischen Settings bleibt wohl erhalten, die Handlung kann aber nicht mehr habitualisiert ausgeführt werden, da das Wissen um die unvermeidbare Regelverletzung eine Reflexion des eigenen Handelns erfordert und eben damit zur Funktionsfähigkeit des Militärs beiträgt (Ortmann 2003: 200).[16] Elbe (2002: 236 ff.) fasst diese Form der Regelverletzung als Grundlage von Innovation: Es können auf diese Weise neue, absurditätsvermeidende Verhaltensstandards herausgebildet werden. Dem steht insbesondere im ‚kalten Aggregatzustand' allerdings der grundlegende militärische Konservativismus entgegen, der durch einen Prozess andauernden Wandels herausgefordert wird.

Personale Führung als funktionales Äquivalent zur Institutionalisierung bleibt auch in militärischen Organisationen zeitlich begrenzt und fragil (Elbe

---

[15] Dies gilt insbesondere für das Wechselspiel zwischen kalten und heißen Phasen des militärischen Alltags, wie sie z. B. Philipp Münch (2015) für die Bundeswehr generell und für den Afghanistan-Einsatz im Besonderen beschreibt.

[16] Der Umgang mit erfolgreichen Befehlsignorierungen und Regelbrüchen ist ein klassisches Spannungsfeld des Militärs, das schon im Drama vom Prinz von Homburg von Heinrich von Kleist thematisiert wird und das Kühl (2020) im Ansatz der *Brauchbaren Illegalität* eingehend behandelt.

2002: 60), d. h. sie ist der grundlegenden Orientierung an den in der soldatischen Sozialisation herausgebildeten, an Regeln und Verfahrensweisen ausgerichteten Handlungsdispositionen nachgeordnet. Es sind eben die militärischen Institutionen, die personale Führung konstituieren und legitimieren. Hieraus leitet der Offizier seinen prinzipiellen Führungsanspruch gegenüber den unterstellten Soldaten und Soldatinnen ab, was selbst wieder zu einer Institution im Habitus des Offiziers (Elbe 2004) wird.[17] Personale Führung ist dabei als Sinnvermittlung, als hermeneutischer Akt der Interpretation gesatzter und nichtgesatzter institutioneller Vorgaben zu verstehen und wird nur da wirksam, wo Interpretationsspielraum oder -bedarf besteht. Im Sinne Zuckers (1977) soll der hohe Grad an Institutionalisierung im Militär den Bedarf an personaler Führung begrenzen, da die lebensbedrohlichen Konsequenzen nichtroutinierten Handelns in Kriegssituationen eine gemeinsame Situationsdefinition der Soldaten und Soldatinnen erfordern. Zugleich wird über die militärische Führung die Kommunikation – und damit die Kanalisation als relevant wahrgenommener Umweltbedingungen für die unterstellten Soldaten und Soldatinnen – zentralisiert; dies ist der minimale Führungsbedarf, indem nicht die eigentliche Handlungskoordination vorgenommen wird, die sich vielfach aus Routinen ergibt, sondern die Handlungsauslösung durch Definition der relevanten Umweltparameter.

Die Rigidität militärischer Sozialisation und die Reichweite sowohl der militärischen Institutionen, als auch des militärischen Führungsanspruches begründen sich aus den Anforderungen des Krieges, wirken aber ebenso im militärischen Alltag im Frieden. Eine Akzeptanz dieser organisationskulturellen Besonderheiten des Militärs im Alltag kann nur auf der Grundlage gemeinsamer Wirklichkeitskonstruktionen in hoch institutionalisierten Settings erreicht werden. Die Mikroperspektive des Neoinstitutionalismus liefert hierfür die grundsätzliche theoretische Klammer, bedarf aber der Ergänzung weiterer theoretischer Ansätze, insbesondere durch den Organisationskulturansatz und das Habitus-Konzept.

---

[17]Zum Habituskonzept siehe vor allem Bourdieu (1976, 1987). Dieses zeigt hohe Anschlussfähigkeit an den Neoinstitutionalismus und an die Organisationskulturforschung (Hagen 2003).

7   Perspektiven

Die Mikro- und Makroperspektive des organisationssoziologischen Neoinstitutionalismus sind nicht voneinander unabhängig. Vielmehr erscheint die Verflechtung zwischen militärischer Organisation und Gesellschaft insbesondere
durch die Isomorphisierungsthese erklärbar, und erst vor diesem Hintergrund
sind die organisationsinternen Abstimmungsprobleme verständlich. Die von
Hans Geser Anfang der 1980er-Jahre konstatierte These von der „verdünnten
Rückkopplung" (1983: 145) in Bezug auf das Militär scheint vor diesem
Hintergrund als nur temporär tragfähig, die Selbst-Legitimierung des Militärs
erschließt sich nicht mehr unmittelbar. So sah sich die Bundeswehr in Deutschland zu Beginn des 21. Jahrhunderts – nach Ende des Kalten Krieges – einem
verstärkten Legitimationsdruck ausgesetzt, da das Bedrohungsgefühl deut-
lichen Schwankungen unterliegt (Steinbrecher et al. 2019: 23). Als Folge
der gesellschaftlichen Anpassungserfordernisse trat beispielsweise im Zuge
der zunehmenden Ökonomisierung der Militärorganisation das Problem auf,
logistische Prozesse neu zu organisieren und diese gegebenenfalls an den Markt
in der organisatorischen Umwelt abzugeben sowie Kontroll- und Abstimmungs-
verfahren aus dem privatwirtschaftlichen Bereich übernehmen zu müssen, die
sich zum Teil der Sachlogik militärischen Handelns entziehen; generell ist hierbei
eine Zivilisierung der militärischen Organisation festzustellen.

Auch die Räume militärischen Handelns verändern sich. Die klassischen
Raumbezüge des Militärs, die zu den Besonderheiten militärischer Organisation
gehören, erfahren einen Wandel durch weltweite Einsätze, veränderte operative
Vorstellungen (z. B. im Cyber-Raum) und die zunehmende Verflechtung mit
privatwirtschaftlicher Leistungserbringung von bisher militärisch gelenkten
Prozessen (z. B. in der Logistik, in der Bewachung von Liegenschaften, in der
Fahrzeugbereitstellung). Die zunehmende Bedeutung der Raumsoziologie für
die Organisationssoziologie (Elbe und Erhardt 2020) trifft auf das Militär in
besonderem Maß zu.

Darüber hinaus sind für das Militär auch weitere Anforderungen in der Mikroperspektive entstanden, für die sich erst neue institutionelle Habitualisierungen
herausbilden müssen: Zu nennen sind hier die Integration von Frauen in die
Streitkräfte im Fall der Bundeswehr, veränderte Auftragsbedingungen, die zu
einem raschen Wechsel zwischen ‚heißen' und ‚kalten' Aggregatsbedingungen
des Militärs führen, Veränderungen in der regionalen Dislozierung der Streitkräfte, Neugestaltung des Leitungssystems der Militärorganisation sowie
Veränderungen in der Wehrstruktur und im Wehrsystem (z. B. durch die Aus-

setzung der allgemeinen Wehrpflicht ab 2011). Der Verarbeitungsmodus dieses Transformationsprozesses lässt sich mithilfe der Mikroperspektive des Neoinstitutionalismus erklären, und vor diesem Hintergrund können auch Gestaltungsvorschläge hinsichtlich eines geplanten sozialen Wandels der militärischen Organisation gemacht werden – doch bedeutet dies noch lange keine Endogenisierung. Die beiden skizzierten organisationalen Problemlagen des Militärs, d. h. die spezifische Aufgabenstellung und das Verhältnis von Militär zur Gesellschaft, sind in zu hohem Maße miteinander verflochten, als dass dies aus einer nur organisationsinternen, instrumentellen Perspektive der Organisationslehre sinnvoll gestaltbar wäre. Es bedarf hierfür der Kombination einer internen und externen Perspektive, wie sie insbesondere der soziologische Neoinstitutionalismus bietet.

Annotierte Auswahlbibliografie

Kern, Eva-Maria/Richter, Gregor/Müller, Johannes C./Voß, Helge (Hrsg.) (2020): Einsatzorganisationen. Erfolgreiches Handeln in Hochrisikosituationen. Wiesbaden: Springer Gabler.
Der Band versammelt Beiträge aus Theorie und Praxis zur Organisationsfragen der Bundeswehr, der Feuerwehr und vieler weitere „Einsatzorganisationen". Der Begriff der Einsatzorganisationen wird typologisch von Hochrisikoorganisationen abgegrenzt.
Powell, Walter W./DiMaggio, Paul J. (Hrsg.) (1991): The New Institutionalism in Organizational Analysis. Chicago: University Press.
Eine Textsammlung der zentralen theoretischen und empirischen Arbeiten, die den Neoinstituionalismus begründen.
Geser, Hans (1983): Soziologische Aspekte der Organisationsformen in der Armee und in der Wirtschaft. In: Wachtler (1983): 140–164.
Einer der wenigen organisationssoziologischen Beiträge zur Militärsoziologie, der das Militär als einen allgemeinen Organisationstypus definiert und mit bürokratischen Zivilorganisationen vergleicht.

Literatur

Ansari, Shahi/Euske, K.J. (1987): Rational, Rationalizing, and Reifying Uses of Accounting Data in Organizations. In: Accounting, Organizations and Society, 12 (6): 549–570.
Apelt, Maja (2012): Das Militär als Organisation. In: Apelt/Tacke (2012): 133–148.

Apelt, Maja/Tacke, Veronika (Hrsg.) (2012): Handbuch Organisationstypen. Wiesbaden: VS Verlag für Sozialwissenschaften.

Barnard, Chester I. (1938): The Functions of the Executive. Cambridge, MA: Harvard University Press.

Battistelli, Fabrizio (1991): Four Dilemmas for Military Organizations. In: Kuhlmann/Dandecker (1991): 1–19.

Berger, Peter/Luckmann, Thomas (1997 [1966]): Die gesellschaftliche Konstruktion der Wirklichkeit. Eine Theorie der Wissenssoziologie. Frankfurt a. M.: Fischer.

Bonazzi, Giuseppe (2014): Geschichte des organisatorischen Denkens. Herausgegeben von Veronika Tacke. Wiesbaden: Springer VS.

Bourdieu, Pierre (1976): Entwurf einer Theorie der Praxis auf der ethnologischen Grundlage der kabylischen Gesellschaft. Frankfurt a M.: Suhrkamp.

Bourdieu, Pierre (1987): Die feinen Unterschiede. Kritik der gesellschaftlichen Urteilskraft. Frankfurt a. M.: Suhrkamp.

Caforio, Giuseppe (Hrsg.) (2003): Handbook of the Sociology of the Military. New York et al.: Kluwer.

Caforio, Giuseppe (Hrsg.) (2007): Social Sciences and the Military. An Interdisciplinary Overview. London/New York: Routledge.

Clausewitz, Carl von (2018 [1832]): Vom Kriege. Hamburg: Nikol-Verlag.

Crefeld, Martin van (1985): Command in War. Cambridge, MA/London: Harvard University Press.

DiMaggio, Paul J./Powell, Walter (1983): The Iron Cage Revisited: Institutional Isomorphism and Collective Rationality in Organizational Fields. In: American Sociological Review, 48 (4): 147–160. [auch abgedruckt in Powell/DiMaggio (1991)]

DiMaggio, Paul J./Powell, Walter (1991): Introduction. In: Powell/DiMaggio (1991): 1–38.

Dünne, Jörg/Günzel, Stephan (Hrsg.) (2018): Raumtheorie. Grundlagentexte aus Philosophie und Kulturwissenschaft. Frankfurt a. M.: Suhrkamp.

Dyson, Tom (2020): Organizational Learning and the Modern Army. A new Model for Lessons-Learned Processes. London/New York: Routledge.

Elbe, Martin (2002): Wissen und Methode: Grundlagen der verstehenden Organisationswissenschaft. Opladen: Leske & Budrich.

Elbe, Martin (2006): Der Offizier – Ethos, Habitus und Berufsverständnis. In: Gareis/Klein (2006): 459–472.

Elbe, Martin (2018): Führung unter lernförderlichen Arbeitsbedingungen am Beispiel von Einsatzorganisationen. In: Arbeit. Zeitschrift für Arbeitsforschung, Arbeitsgestaltung und Arbeitspolitik, 27 (4): 345–367.

Elbe, Martin/Erhardt, Ulrich (2020): Konstruktive Organisationsentwicklung: Menschen verstehen. Organisationen gestalten. Lernkulturen entwickeln. Baltmannsweiler: Schneider Verlag Hohengehren.

Elbe, Martin/Peters, Sibylle (2016): Die temporäre Organisation: Grundlagen der Kooperation, Gestaltung und Beratung. Berlin: Springer Gabler.

Endruweit, Günter/Trommsdorff, Gisela (Hrsg.) (1989): Wörterbuch der Soziologie Bd. 2. Stuttgart: Enke.

Etzioni, Amital (1961): A Comparative Analysis of Complex Organizations. New York: Glencoe.

Foucault, Michel (2013 [1975]): Überwachen und Strafen. Die Geburt des Gefängnisses. Frankfurt a. M.: Suhrkamp.

Gareis, Sven Bernhard/Klein, Paul (Hrsg.) (2006²): Handbuch Militär und Sozialwissenschaft. Opladen: VS Verlag für Sozialwissenschaften.

Geser, Hans (1983): Soziologische Aspekte der Organisationsformen in der Armee und in der Wirtschaft. In: Wachtler (1983): 140–164.

Goffman, Erving (1973): Asyle. Über die soziale Situation psychiatrischer Patienten und anderer Insassen. Frankfurt a. M.: Suhrkamp.

Grochla, Erwin (Hrsg.) (1980): Handwörterbuch der Organisation. Stuttgart: Poeschel.

Großeholz, Carsten (2007): Die ökonomische Modernisierung der Bundeswehr im Meinungsbild der Soldatinnen und Soldaten. In: Richter (2007b): 15–32.

Hagen, Ulrich vom (2003): The Organizational Culture within 1 (GE/NL) Corps. In: Hagen et al. (2003): 101–125.

Hagen, Ulrich vom/Klein, Paul/Moelker, René/Soeters, Joseph (Hrsg.) (2003): True Love. A Study in Integrated Multinationality within 1 (German/Netherlands) Corps. SOWI-Forum International Nr. 25. Strausberg: Sozialwissenschaftliches Institut der Bundeswehr.

Haltiner, Karl/Klein, Paul/Gareis, Sven Bernhard (2006): Strukturprinzipien und Organisationsmerkmale von Streitkräften. In: Gareis/Klein (2006): 14–25.

Huntington, Samuel (1998 [1957]): The Soldier and the State. The Theory and Politics of Civil-Military Relations. Cambridge, MA: Belknap/Harvard.

Janowitz, Morris (1971a [1960]): The Professional Soldier. A Social and Political Portait. New York: Free Press.

Janowitz, Morris (1971b): Militärischer Konservatismus und technische Innovation. In: Mayntz (1971): 289–296.

Kern, Eva-Maria/Richter, Gregor/Müller, Johannes C./Voß, Helge (Hrsg.) (2020): Einsatzorganisationen. Erfolgreiches Handeln in Hochrisikosituationen. Wiesbaden: Springer Gabler.

Kieser, Alfred (Hrsg.) (2002): Organisationstheorien. Stuttgart/Berlin/Köln: Kohlhammer.

König, René (Hrsg.) (1977): Organisation, Militär (= Handbuch der empirischen Sozialforschung Bd. 9). Stuttgart: Ferdinand Enke.

Kühl, Stefan (2005): Ganz normale Organisationen. Organisationssoziologische Interpretationen simulierter Brutalitäten. In: Zeitschrift für Soziologie, 34 (2): 90–111.

Kühl, Stefan (2012): Zwangsorganisationen. In: Apelt/Tacke (2012): 345–358.

Kühl, Stefan (2020): Brauchbare Illegalität. Vom Nutzen des Regelbruchs in Organisationen. Frankfurt a. M.: Campus.

Kümmel, Gerhard/Werkner, Ines-Jacqueline (Hrsg.) (2003): Soldat, weiblich, Jahrgang 2001. Sozialwissenschaftliche Begleituntersuchungen zur Integration von Frauen in die Bundeswehr – Erste Befunde. SOWI-Berichte Nr. 76. Strausberg: Sozialwissenschaftliches Institut der Bundeswehr.

Kuhlmann, Jürgen/Dandecker Christopher (Hrsg.) (1991): Stress and Change in the Military Profession of Today. SOWI-Forum International Nr. 12. Strausberg: Sozialwissenschaftliches Institut der Bundeswehr.

Lang, Kurt (1965): Military Organizations. In: March (1965): 838–877.

Lewin, Kurt (2018): Kriegslandschaften. In: Dünne/Günzel (2018): 129–140.

Loquai, Heinz/Schnell, Jürgen (1980): Militärorganisation. In: Grochla (1980): 1324–1336.

Luhmann, Niklas (1964): Funktion und Folgen formaler Organisation. Berlin: Duncker & Humblot.

March, James G. (Hrsg.) (1965): Handbook of Organizations. Chicago: Rand McNally.

Martin, Michel (1981): Warriors to managers. The French military establishment since 1945. Chapel Hill: University of Carolina Press.

Mayntz, Renate (Hrsg.) (1971): Bürokratische Organisation. Köln/Bonn: Kiepenheuer & Witsch.

Meyer, John W./Rowan, Brian (1983 [1977]): Institutional Organizations: Formal Structure as Myth and Ceremony. In: Meyer/Scott (1983): 21–44. [auch abgedruckt in Powell/DiMaggio (1991)]

Meyer, John W./Scott, Richard W. (Hrsg.) (1983): Organizational Environments. Ritual and Rationality. Newbury Park: Sage.

Morgan, Gareth (2002 [1986]): Bilder der Organisation. Stuttgart: Klett-Cotta.

Münch, Philipp (2015): Die Bundeswehr in Afghanistan. Militärische Handlungslogik in internationalen Interventionen. Freiburg i. Br.: Rombach.

Ortmann, Günter (2003): Regel und Ausnahme. Paradoxien sozialer Ordnung. Frankfurt a. M.: Suhrkamp.

Ortmann, Günther/Sydow, Jörg/Türk, Klaus (Hrsg.) (1997): Theorien der Organisation. Die Rückkehr der Gesellschaft. Opladen: Westdeutscher Verlag.

Powell, Walter W./DiMaggio, Paul J. (Hrsg.) (1991): The New Institutionalism in Organizational Analysis. Chicago: University Press.

Preisendörfer, Peter (2015): Organisationssoziologie. Grundlagen, Theorien und Problemstellungen. Wiesbaden: Springer VS.

Richter, Gregor (2006): Ökonomisierung in der Bundeswehr. In: Gareis/Klein (2006): 40–50.

Richter, Gregor (2007a): Controlling und Führungsprozesse in der Bundeswehr – Ergebnisse einer empirischen Untersuchung. In: Richter (2007b): 103–138.

Richter, Gregor (Hrsg.) (2007b): Die ökonomische Modernisierung der Bundeswehr. Sachstand, Konzeptionen und Perspektiven. Wiesbaden: VS Verlag für Sozialwissenschaften.

Richter, Gregor (2020): Einsatzorganisationen. Ein besonderer Organisationstypus? In: Kern et. al. (2020): 43–57.

Roghmann, Klaus/Ziegler, Rolf (1977 [1969]): Militärsoziologie. In: König (1977): 142–227.

Schein, Edgar (1985): Organizational culture and leadership. A dynamic view. San Francisco et al.: Jossey-Bass.

Scott, Richard W. (1986 [1981]): Grundlagen der Organisationstheorie. Frankfurt a. M.: Campus.

Scott, Richard W. (1987): The Adolescence of Institutional Theory. In: Administrative Science Quarterly, 32(1): 493–511.

Scott, Richard W. (1994): Institutions and Organizations. Towards a Theoretical Synthesis. In: Scott/Meyer (1994): 55–80.

Scott, Richard W. (2014): Institutions and Organizations. Ideas, Interests, and Identities. Los Angeles et al.: Sage.

Scott, Richard W./Meyer, John W. (1994): Institutional Environments and Organizations. Structural Complexity and Individualism. Thousand Oaks et al.: Sage.

Soeters, Joseph L./Winslow, Donna J./Weibull, Alise (2003): Military Culture. In: Caforio (2003): 237–254.

Steinbrecher, Markus/Biehl, Heiko/Graf, Timo (2019): Sicherheits- und verteidigungspolitisches Meinungsbild in der Bundesrepublik Deutschland. Ergebnisse und Analysen der Bevölkerungsbefragung. Forschungsbericht 122. Potsdam: ZMSBw.

Türk, Klaus (1989): Organisationssoziologie. In: Endruweit/Trommsdorff (1989): 474–481.

Türk, Klaus (1995): 'Die Organisation der Welt': Herrschaft durch Organisation in der modernen Gesellschaft. Opladen: Westdeutscher Verlag.

Wachtler, Günther (Hrsg.) (1983): Militär, Krieg, Gesellschaft. Texte zur Militärsoziologie. Frankfurt a. M./New York: Campus.

Walgenbach, Peter (2002): Institutionalistische Ansätze in der Organisationstheorie. In: Kieser (2002): 319–353.

Weber, Max (1972 [1920]): Wirtschaft und Gesellschaft. Grundriss der verstehenden Soziologie. Tübingen: J.C.B. Mohr.

Wiesner, Ina (2013): Importing the American Way of War? Network-Centric Warfare in the UK and Germany. Baden-Baden: Nomos.

Winslow, Donna J. (2007): Military Organization and Culture from three Perspectives. The Case of Army. In: Caforio (2007): 67–88.

Zucker, Lynn (1977): The Role of Institutionalization in Cultural Persistence. In: American Sociological Review, 42 (5): 726–743. [auch abgedruckt in: Powell/DiMaggio (1991)]

Elbe, Martin, Prof. Dr. rer. pol.; Projektleiter im Forschungsbereich Militärsoziologie am Zentrum für Militärgeschichte und Sozialwissenschaften der Bundeswehr in Potsdam.

Richter, Gregor, Dr. phil.; Projektbereichsleiter im Forschungsbereich Militärsoziologie am Zentrum für Militärgeschichte und Sozialwissenschaften der Bundeswehr in Potsdam.

Militärische Kultur

Ulrich vom Hagen und Maren Tomforde

1 Einleitung

Menschliches Handeln ist von Kultur geprägt. Im klassischen Kulturkonzept bezeichnet ‚Kultur' vor allem Ideen und Weltbilder. An diesem kulturtheoretischen Ansatz wurde vor allem kritisiert, zu einseitig zu sein, da das Soziale mit der Kollektivität mentaler Strukturen gleichgesetzt werde und die Regeln und Praktiken des Alltags keine eigene Berücksichtigung fänden. Um Ästhetik, Normen, Werte und Praxis des Alltags als Gemengelage von Kultur zu untersuchen, sind demnach geeignete ethnologische wie auch soziologische Ansätze in die Diskussion von Kultur einzubeziehen und miteinander zu verknüpfen. Dies gilt sowohl für die Kulturtheorie allgemein als auch für die Untersuchung von Kultur in gesellschaftlichen Teilbereichen und/oder Sozialverbänden wie dem Militär.

Das Militär wird oftmals als staatliche Institution und Organisation verstanden, da es Teil des staatlichen Gewaltmonopols und dessen Ordnungs-

U. v. Hagen (✉)
Faculty of Management, Dalhousie University, Halifax, Kanada
E-Mail: ulrich.vomhagen@gmail.com

M. Tomforde
Fakultät Politik, Strategie und Gesellschaftwissenschaften, Führungsakademie der Bundeswehr, Hamburg, Deutschland
E-Mail: marentomforde@bundeswehr.org

© VS Verlag für Sozialwissenschaften | Springer Fachmedien Wiesbaden GmbH, Wiesbaden 2023
N. Leonhard und I.-J. Werkner (Hrsg.), *Militärsoziologie – Eine Einführung*,
https://doi.org/10.1007/978-3-658-30184-2_15

organisationen ist.[1] Wie jede staatliche Institution ist das Militär eine Fusion von Sozialverband und Profession. Das Militär stellt aber eine Organisation dar, die zwei sehr unterschiedliche Aggregatzustände kennt: Alltagsbetrieb und Einsatz. Prinzipielle Einsatzbereitschaft stellt das Organisationsziel des militärischen Friedensbetriebes der Armee dar. Somit gilt das militärische Realitätsprinzip des Einsatzes (Tomforde 2010a; vgl. Tomforde 2019) in mancher Hinsicht bereits für den militärischen Betriebsalltag. Durch die potenzielle Totalität des Ernstfalles und die großen Anforderungen an Soldaten und Soldatinnen, die bereits im Friedensbetrieb bestehen, unterscheidet sich das Militär von vielen anderen Organisationen.

Eine solche Perspektive ist anschlussfähig an die weitere geistes- und sozialwissenschaftliche Debatte zu Kultur und Erinnerung. So skizziert der Historiker Peter Wilson (2008) einen konzeptionellen Rahmen, um die Normen und Werte zu analysieren, die das Verhalten von Soldaten und Soldatinnen in der Neuzeit beeinflussten. Er argumentiert, dass Militärkultur eine spezifische Form institutioneller Kultur ist, und dass das Betrachten von Armeen aus dieser Perspektive neue Einblicke in ihre Funktionsweise und die Art ihrer Interaktion mit Staat und ziviler Gesellschaft bietet. Es geht ihm dabei auch um Definitionen von Militarismus, und er argumentiert, dass diese im Allgemeinen die Unterscheidung zwischen kulturellen und materiellen Faktoren verwischen. Indem man die militärische Kultur von bestimmten Formen der Herrschaft oder Produktionsweisen unterscheidet, kann sie auch in Gesellschaften untersucht werden, in denen sie vergessen oder im historischen Gedächtnis verborgen ist.

Die militärsoziologische Kulturforschung hat sich zu Beginn an die Forschungsrichtung ‚Organisationskultur' angelehnt und orientiert sich teilweise noch immer daran. Der organisationskulturelle Ansatz bietet allerdings in seiner ursprünglichen Form als aus der Organisationspsychologie stammendes Konzept Anlass zur Kritik, da er ‚Kultur' zu sehr auf utilitaristische Zwecke der Organisationsentwicklung hin ausrichtet. Auch der modernen Militärsoziologie wird vorgeworfen, dass sie häufig einen affirmativen Empirizismus pflege und lediglich der Effizienzmaximierung und Legitimierung des Militärs diene (Kurtz 1992: 64). Mit dieser Ausrichtung sah bereits René König (1968b: 12) den Verlust von kultur- und sozialanthropologischen Voraussetzungen der Militärsoziologie einhergehen.

---

[1] Siehe hierzu auch den Beitrag von *Elbe & Richter* in diesem Band.

Ziel der folgenden Ausführungen ist es aufzuzeigen, wie ‚Kultur' als Analysekonzept zur Erfassung und Beschreibung des Wesens des Militärs fruchtbar gemacht werden kann. Dabei wird herausgearbeitet, dass ein kulturbezogener Analyseansatz es in besonderer Weise ermöglicht, die ungeschriebenen Gesetze des militärischen Feldes zu bestimmen. Dafür werden Ansätze aus dem Bereich der Ethnologie und der Soziologie vorgestellt und in Bezug auf ihre unterschiedlichen Erklärungsmuster verglichen. Der Beitrag unterteilt sich demnach in einen ethnologischen und einen soziologischen Abschnitt. Jeder Abschnitt widmet sich aus Sicht der entsprechenden Fachdisziplin zunächst dem Kulturkonzept im Allgemeinen und dem Verständnis von Organisation(skultur) im Besonderen, um schließlich die Anwendbarkeit dieser Konzepte auf das Militär zu prüfen. Abschließend wird vergleichend erörtert, welche erkenntnisleitenden Ergebnisse für die Untersuchung des Militärs die ethnologische und die soziologische Perspektive jeweils liefern können. Auf diese Weise soll auch ein Beitrag zu einer kulturalistischen Perspektive der zivil-militärischen Beziehungen[2] geleistet werden, der der Erweiterung und Fortentwicklung der Militärsoziologie dient.

2 Die ethnologische Perspektive

2.1 Der ethnologische Blick auf Kultur(en)

In der Ethnologie, der Wissenschaft, in der die Untersuchung menschlicher Kulturen und kultureller Unterschiede im Mittelpunkt steht, gibt es selbst – oder gerade – keine einheitliche Definition von Kultur. Nach wie vor findet eine virulente methodologisch, epistemologisch und politisch beeinflusste Debatte über gültige Definitionen und sogar über die grundsätzliche Anwendbarkeit des Kulturkonzeptes statt (Clifford 1986; Fox und King 2002; Harrison 2016). Die erste Verwendung des Kulturbegriffs wurde in der Ethnologie von Edward Burnett Tylor im Jahre 1871 vorgenommen, der Kultur als ein komplexes Ganzes verstand, welches Wissen, Glauben, Moral, Kunst, Tradition und Fähigkeiten von Mitgliedern einer Gesellschaft umfasst. Theoretiker wie Tylor (1958 [1871]: 12 f.) gingen davon aus, dass viele nicht westliche Gesellschaften auf einer niedrigeren kulturellen Entwicklungsstufe stehen würden als die sogenannten „zivilisierten" Gesellschaften in Europa. Der einflussreiche deutschstämmige

---

[2] Siehe hierzu den entsprechenden Beitrag von *Hagen & Biehl* in diesem Band.

Ethnologe Franz Boas (1858–1942) lehnte diese unilinearen, evolutionären Kulturmodelle ab und entwickelte ein Kulturkonzept, welches auf dem Verständnis beruhte, dass jede Gesellschaft als Produkt der eigenen Geschichte, Entwicklungen und geografischen Begebenheiten verstanden werden müsse. Kultureller Wandel und interkulturelle Unterschiede erklärte Boas durch die mannigfachen Verbindungen zwischen unterschiedlichen Kulturen (Boas 1940). Ferner betonte er, dass sich das Wissen um die eigene Kultur sowohl auf der bewussten als auch unbewussten Ebene von Individuen manifestiere. Aufgrund dieser Annahme gilt Franz Boas als großer Vertreter der ethnographischen Feldforschung, die detaillierte Beschreibungen kultureller Praktiken der zu untersuchenden Kulturen umfasst. Franz Boas' kulturrelativistisches Kulturkonzept beeinflusste viele seiner Studentinnen und Studenten, die sich in den USA zu namhaften Vertretern und Vertreterinnen ihres Faches entwickeln sollten, wie z. B. Ruth Benedict, Margaret Mead, Edward Sapir oder auch Alfred Kroeber (Scupin 2018: 246).

Seitdem hat sich das ethnologische Verständnis von Kultur in vielschichtiger Weise entwickelt. Der Hauptfokus ethnologischer Forschung liegt heute auf den diversen Lebensformen, die Menschen im Laufe der Zeit hervorbringen und die das soziale Leben von Gruppen regeln (Bauman 1999; Tyrrell 2000: 85). Laut des polnisch-britischen Soziologen und Philosophen Zygmunt Bauman (1925–2017), dessen Kulturtheorien die Sozialwissenschaften (inklusive der Ethnologie) stark geprägt haben, besitzen Menschen durch kulturelle Aneignung die Fähigkeit, aus nahezu unendlichen Möglichkeiten eine soziokulturelle Ordnung zu schaffen. Diese Ordnung ist zwar ein Konstrukt des menschlichen Handelns, aber sie erscheint so dauerhaft, dass die Menschen sich an dieser Ordnung orientieren (Bauman 1999).

Selbstredend existieren darüber hinaus noch viele weitere Kulturdefinitionen und theoretische Ansätze in der Ethnologie (Groh 2019: 12 f.). Vielen ist gemeinsam, dass sie Kultur als einen interaktiven, immerwährenden Prozess verstehen, der mittels soziokultureller Praxis zwischen Individuen und Strukturen stattfindet. Damit ist Kultur nach dem weit verbreiteten Verständnis des Faches nicht nur als Werte- und Normensystem auf der geistigen Ebene angesiedelt, sondern erstreckt sich auch und insbesondere auf die Verhaltensebene, die als kognitiv beeinflusst gesehen werden muss (May 1997: 43; vgl. Beer 2013). Vorstellungen von einer Einheitlichkeit, Verbindlichkeit und Determiniertheit von Kultur, deren verhaltenslenkender und verhaltensbestimmender Charakter vor allem durch Mythen, Riten und Werte zum Ausdruck kommt, wie sie insbesondere in den theoretischen Auffassungen des Funktionalismus und

Strukturalismus[3] bis Mitte des 20. Jahrhunderts vertreten wurden, sind mittlerweile durch Konzeptionen von Kultur abgelöst worden, die kulturelle Prozesse und Praktiken in den Mittelpunkt stellen (vgl. Geertz 1987 [1973]).

Als einer der einflussreichsten Vertreter der interpretativen Ethnologie warb der US-amerikanische Ethnologe Clifford Geertz (1926–2006) für die ethnographische Methode der „thick description" („dichte Beschreibung"). Mit Bezug auf Max Weber beschrieb Geertz Kulturen als „webs of significance" (1987 [1973]): 11 ff.), als Systeme gemeinsamer Symbole, geteilter Bedeutungen und Vorstellungen, die von Menschen durch ihre kulturelle Alltagspraxis geschaffen werden. Auf Basis dieser Codes könnten die Menschen handeln und ihre alltäglichen Praxiserlebnisse deuten und einordnen (ebd.: 11). Die Methode der dichten ethnographischen Beschreibung bildet demnach nicht nur die Geschehnisse des Untersuchungsfeldes ab, sondern interpretiert die beobachteten Handlungen und macht sie im Kontext der jeweiligen Kultur für andere verständlich (ebd.: 12). Laut Geertz müssen kulturelle Alltagshandlungen, geteilte Werte, Symbole und die Sprache genauso interpretiert werden wie z. B. literarische oder historische Texte. Diese interpretative Perspektive auf Kultur hatte und hat nicht nur einen großen Einfluss auf die Ethnologie, sondern auch auf andere Fachgebiete wie die Soziologie, die Literaturwissenschaften, die Kunst, Jura, die Architektur oder auch die Politikwissenschaft (Scupin 2018: 11).

Wird Kultur als Alltagspraxis und gemeinschaftliche Deutung der dabei vollzogenen Handlungen verstanden, stellt diese kein statisches System mit starren Verhaltensmustern und Strukturen dar, sondern befindet sich im ständigen ‚Fluss'. Gemeinsame Interaktionen produzieren laut dem schwedischen Sozialanthropologen Ulf Hannerz ‚Zustände von Kultur' (1992: 15 f.). Kulturen einer Gruppe von Immigranten und Immigrantinnen, einer Hafenstadt oder auch einer Streitkraft werden demnach konstant generiert und implizit verhandelt. Sie sind das Ergebnis menschlicher Interaktion mit der natürlichen und sozialen Umwelt und können die Form von Sprachen, Glaubenssystemen und anderen Strukturelementen annehmen. Kultur ist somit stets ein Produkt menschlichen Handelns. Die Mitglieder einer Gesellschaft sind allerdings nicht nur die ‚Produzenten' dieser Kultur, sondern sie sind auch gleichzeitig (und meistens unbewusst) ihre

---

[3] Als bedeutende Vertreter des Funktionalismus in der Ethnologie gelten Bronsilaw Malinowski (1922) sowie Alfred R. Radcliffe-Brown (1952 [1935]). Der Strukturalismus ist insbesondere mit dem Werk von Claude Lévi-Strauss (1958) verbunden, der diesen Ansatz praktisch im Alleingang entwickelte und damit die Ethnologie auf Jahrzehnte prägte.

‚Träger', das heißt sie praktizieren und tradieren Kultur (Tyrrell 2000: 86; vgl. Groh 2019). Kultur ist ferner als ein kollektives Phänomen zu verstehen, das von Menschen geteilt wird, die im selben sozialen Umfeld leben und darin agieren. Ein menschliches Zusammenleben in Form von ‚Gesellschaft' ist nach diesem Verständnis nur möglich, wenn zumindest eine gewisse Schnittmenge von Gemeinsamkeiten vorhanden ist. Bildlich gesprochen kann Kultur daher auch als ‚Kitt' oder ‚Klebstoff' einer sozialen Gruppe oder Gesellschaft beschrieben werden.

Anstelle von Homogenität und klarer Abgrenzbarkeit von Kulturen werden von Ethnologinnen und Ethnologen folglich die kulturellen Variationen und Differenzierungen, aber auch die kulturellen Gemeinsamkeiten und Wechselwirkung in den Blick genommen (Groh 2019: 63 f.). Diese entstehen unter anderem dadurch, dass ihre Elemente von sozialen Akteuren produziert, reproduziert und transformiert werden. Kulturelle Eigenheiten können somit nur so lange Wirkung entfalten, wie sie von einer Gruppe praktiziert und tradiert werden (Carrithers 1997: 101; May 1997: 45). Verliert ein Kulturelement wie zum Beispiel das Tragen von Trachten an Bedeutung, da die Mitglieder des entsprechenden Kollektivs vornehmlich andere Kleidung tragen, dann kann diese Kleidungsform sukzessive in Vergessenheit geraten, bis sie schließlich gar nicht mehr bekannt ist. Denkbar ist allerdings auch, dass jene Trachten in einer umgewandelten, an die aktuellen Bedürfnisse der Menschen angepassten Form weitergenutzt werden und/oder ihnen bei besonderen Anlässen eine neue identitätsstiftende Bedeutung zukommt.

Die große Variabilität, Offenheit und Flexibilität der Kulturbegriffe seitens der Ethnologie sollen es erlauben, die für die gesamte Menschheit in gleicher Weise zutreffende Phänomene mittels existierender Kulturkonzepte abzudecken und gleichzeitig einzelne Kulturen nach allgemein feststellbaren Merkmalen zu kategorisieren (Beer 2013: 57; Jensen 1999: 60). Ein weiter Kulturbegriff öffnet den Blick für dynamische Prozesse, Kulturwandel, intrakulturelle Differenzen und Praktiken ebenso wie für Auswirkungen von Globalisierung und Transnationalisierung.

Auf der Basis der oben angesprochenen weiten Sichtweisen lässt sich Kultur aus ethnologischer Perspektive zusammenfassend definieren als ein gruppenbezogenes, verinnerlichtes, nicht statisches, teilweise unbewusstes Orientierungssystem, welches unser Sein, Handeln, soziales Miteinander, Denken, Fühlen und unsere Glaubensweisen beeinflusst, aber nicht determiniert. Dieses Orientierungssystem ist immer dann einem (nicht beliebigen) Wandel unterworfen, wenn sich die Rahmenbedingungen, äußeren Einflüsse und/oder die sozialen Praktiken der Akteure verändern, angepasst oder neu definiert werden.

2.2 Organisationskulturen als Subkultur(en)

Der Begriff Organisationskultur *(organizational culture)* tauchte in der englischsprachigen Literatur erstmalig und eher beiläufig in den 1960er-Jahren auf und wurde zu diesem Zeitpunkt noch als Synonym für ,Organisationsklima' – einem althergebrachten Konzept der Organisationsforschung – verwendet (Schneider 2000: xix). Auch im Bereich der Organisationsforschung ist der dem Konzept der Organisationskultur zugrunde liegende Kulturbegriff nicht einheitlich definiert. Es wird selten offengelegt, auf welche Theorie oder welches Konzept genau sich die Diskussion überhaupt bezieht.

In der ethnologischen Forschung gilt eine Organisation als ein mithilfe qualitativer Feldforschungsmethoden beschreibbares soziales Subsystem. In diesem System werden Arbeitsnormen gesetzt, Berufsprofile vermittelt, Wertvorstellungen und habitualisiertes Verhalten gepflegt sowie offizielle Sinnkonstrukte (wie ein Leitbild) zur symbolischen Überhöhung der organisatorischen Wirklichkeit entwickelt und entsprechend verbreitet. Dies alles geschieht in steter Auseinandersetzung mit der sozialen Umwelt, die in einer Wechselbeziehung mit der Organisationskultur steht (Götz 2000: 61).

Der Gründungsvater der ethnographischen Methode, Bronislaw Malinowski (1884–1942), definiert eine Organisation als eine Gruppe von Menschen, die in dem Bestreben vereint sind, eine (einfache oder komplexe) Aktivität gemeinsam zu vollführen (Malinowski 1922: 49 f.). Eine Organisation bildet nach diesem Verständnis einen komplexen Arbeits- und Erfahrungsraum. Dieser Raum ist ein Ort der Kommunikation und Interaktion und ein Ort des sozialen Zusammentreffens, welcher gewissen Regelmäßigkeiten unterliegt. Weiterhin wirkt sich die Bedeutung und Sozialisation der Betriebsangehörigen sowie die Geschichte und Entwicklung der Organisation auf das persönliche Umfeld und die Gesellschaft aus.

Der organisationale Arbeits- und Erfahrungsraum ist durch Formen und Funktionen des Arbeitsplatzes, Arbeitsaufgaben und Arbeitsteilung, Rollen und Hierarchien geprägt. Organisationen gelten als Sinn- und Wertegemeinschaften. Als solche können sie als ,Minigesellschaft' oder ,Mikrokosmos' betrachtet werden, die – wie Makrogesellschaften – einzigartige Konfigurationen von Mythen, Glaubensweisen, Werten, Handlungen, sozialen Beziehungen und wichtigen Persönlichkeiten aufweisen (Hofstede und Peterson 2000: 404; Soeters et al. 2003: 239).

In Bezug auf Organisationskultur wurden insbesondere in der Vergangenheit *zwei grundlegend gegensätzliche Auffassungen* vertreten. Der Ansatz von Linda

Smircich (1983: 339) geht davon aus, dass eine Organisation eine Kultur *hat,* die insbesondere von der Führungsebene durch Regeln und Leitbilder geschaffen wird und als solche auch bewusst verändert werden kann. Die Wirtschaftswissenschaften und Teile der Psychologie berufen sich vorwiegend auf diesen Ansatz und gehen präskriptiven Fragen wie der Angepasstheit und Wirtschaftlichkeit einer Organisationskultur nach. Diesem Ansatz steht die ethnologische Sichtweise gegenüber, nach der eine Organisation eine Kultur *ist,* die von allen Mitarbeitern und nicht nur vom Führungspersonal geschaffen, praktiziert, umgeformt und tradiert wird. Die Kultur einer Organisation wird dabei – dem ethnologischen Kulturverständnis folgend – als ‚soziales Bindemittel' verstanden, welches die Organisation zusammenhält (Alvesson 1993: 19). Soziale Beziehungen, Kommunikationsverhalten, Erzählungen, Mythen und Rituale werden für das Verständnis der Kultur einer Organisation als elementar erachtet. Organisationskulturen werden oft isoliert von den sie umgebenden Kulturen diskutiert. Eine holistische, d. h. ganzheitliche Perspektive, wie sie in der Ethnologie gefordert wird, bedingt jedoch, dass die Komplexität dieser Vernetzung bei der Untersuchung von Organisationen beachtet werden muss. Organisationskulturen stellen somit nur Subkulturen der sie umgebenden (lokalen, regionalen, nationalen) Kulturen dar (Kasper 1987: 35 f.).

Innerhalb einer Organisationskultur bilden sich selbst auch Untergruppen, Teil- oder Subkulturen heraus. Subkulturen in Organisationen entstehen dann, wenn eine Gruppe von Mitgliedern regelmäßig miteinander interagiert und kommuniziert und wenn sie sich selbst als spezifische Einheit identifiziert. Subkulturen können sich überschneiden. Je geringer der Überschneidungsgrad innerhalb eines Unternehmens ist, desto diversifizierter und unübersichtlicher ist eine Organisationskultur. Größe und Dauer des Bestehens einer Organisation spielen hierbei eine Rolle. Je größer eine Organisation ist, je länger sie schon besteht, je differenzierter die Aufgabenstellung bzw. das Ausmaß der Arbeitsteilung ist, desto wahrscheinlicher sind Subkulturbildungen. Je komplexer das Zusammenleben ist, desto mehr werden Mitglieder bemüht sein, diese Komplexität durch das Herausbilden von Subkulturen zu reduzieren (Kasper 1987: 38). Jede Subkultur ist verbunden mit einer eigenen Identität und befindet sich in Abgrenzung zu anderen Teileelementen innerhalb einer Organisation. Die Beziehungen der Abteilungen einer Organisation geben z. B. Aufschluss über diese spezifischen Gruppenidentitäten. Auch in einem Unternehmen kann Ethnozentrismus in Form von ‚Abteilungsegoismus' vorherrschen. Eine Unterteilung in Eigen- und Binnenwelt sowie in Fremd- und Außenwelt dient zur Orientierung und Identitätsbildung.

Die Kultur einer Organisation besteht in der Gemeinsamkeit der kulturellen Differenzen ihrer Mitglieder: Eine Organisationskultur wird empirisch also *gleichermaßen durch die Differenzen ihrer Subkulturen und deren Differenzen zur gemeinsamen Kultur konstituiert.* Organisationskultur ist dabei weder mit den vielfältigen Subkulturen, die in ihr enthalten sind, identisch, noch stellt sie einfach die Summe dieser Subkulturen dar. Diese Sichtweise der kulturellen Differenzen entspricht der Logik der Ausdifferenzierung moderner Gesellschaften (Drechsel et al. 2000: 17).

Abschließend kann festgehalten werden, dass die Kultur einer Organisation als ein Mosaik bestehend aus Subkulturen zu verstehen ist, die eine Einheit bilden (Hannerz 1992: 73). Im Militär lassen sich diese Subkulturen insbesondere bei den Teilstreitkräften und Organisationsbereichen (Heer, Marine, Luftwaffe, Streitkräftebasis, Sanitätsdienst, Cyber- und Informationsraum (CIR)], einzelnen Truppengattungen des Heeres oder in Form der unterschiedlichen Dienstgradgruppen (Offiziere, Unteroffiziere, Mannschaften) sowie anhand des Unterschiedes zwischen Truppe in der Heimat und Truppe im Einsatzland finden. Eine differenzierte Sichtweise auf Organisationskulturen unterstreicht somit die Homogenität der Subkulturen einerseits und die Heterogenität der allumfassenden Organisationskultur andererseits (Schulte et al. 2020: 153; Soeters et al. 2003: 239).

2.3 Militärische Subkultur(en)

Eine Unterteilung in Eigen- und Binnenwelt sowie in Fremd- und Außenwelt dient in Großorganisationen wie dem Militär zur Orientierung und Identitätsbildung (vgl. Leonhard 2018). Im Rahmen der Auslandseinsätze der Bundeswehr haben sich im Verlauf der letzten beiden Jahrzehnte einsatzspezifische Subkulturen herausgebildet, die permanent umgeformt und weiterentwickelt, aber auch tradiert und verfestigt wurden bzw. werden (Tomforde 2010b, 2015).[4] Entstehungshintergrund für diese Subkulturen waren die veränderten

---

[4] Es kann nicht allgemeingültig festgelegt werden, wie viel Zeit es bedarf, bis sich eine (Sub)Kultur herausgebildet hat, die so gefestigt ist, dass sie von Generation zu Generation weitergegeben wird. In Bezug auf die Auslandseinsätze der Bundeswehr kann mindestens von subkulturellen Tendenzen, wenn nicht sogar von einer Subkultur gesprochen werden, die von Kontingent zu Kontingent, von Einsatzgebiet zu Einsatzgebiet tradiert wird (vgl. auch Tomforde 2006a).

sicherheitspolitischen Konstellationen nach dem Ende des Kalten Krieges, die soziokulturellen Einflüssen der Einsatzgebiete (zunächst auf dem Balkan, dann vor allem in Afghanistan) und die multinationalen, zivil-militärischen Einsatzszenarien sowie die damit verbundenen multiplen Anforderungen an die Akteure.

Die beiden nachfolgenden Abschnitte geben einen Überblick über die Ergebnisse verschiedener empirischer Studien zu Militärkulturen in der Bundeswehr, die im Rahmen ethnologischer Feldforschungen und qualitativer Interviews in den Jahren 2003 bis 2020 am Sozialwissenschaftlichen Institut der Bundeswehr (SOWI) sowie an der Fakultät Politik, Strategie und Gesellschaftswissenschaften an der Führungsakademie der Bundeswehr (FüAkBw) durchgeführt wurden (vgl. ausführlicher hierzu Tomforde 2010b, 2020). Dabei wird insbesondere diskutiert, inwiefern die Bundeswehr im Auslandseinsatz mittlerweile spezifische Einsatzkulturen *ist*.

2.3.1 Grundlegende Elemente militärischer Kulturen

Entsprechend des aufgezeigten ethnologischen Verständnisses von (Organisations)Kulturen sind Militärkulturen als Bedeutungs- und Orientierungssystem zu verstehen. Dieses System liegt der Militärorganisation (un)bewusst zugrunde, wird in Anpassung an Veränderungen von den Soldaten und Soldatinnen formell sowie informell tradiert und beeinflusst somit die soziokulturellen Praktiken in den Streitkräften. Die Grundlage jeder Militärkultur bildet dabei das „historical model of the Prussian corps" (Ben-Ari & Elron 2001: 284), auf welches weltweit Bezug genommen wird. Darüber hinaus wurden und werden Militärstrategien und -taktiken, Techniken, Werte, Normen, Militärtugenden sowie (in)formelle Verhaltensweisen in gemeinsamen internationalen Lehrgängen, Ausbildungsabschnitten und Auslandsmissionen ausgetauscht, in Sozialisationsprozessen[5] tradiert und auf diese Weise zum Teil sogar als „new cultures in the making" weitergetragen (Schulte et al. 2020; Tomforde 2020: 139 f.). „The military is tied to distinct goals, missions, and methods of executing a particular mission. It is the product of intraoccupational socialization, which provides a homogenisation of values or occupational minds." (Jelušič 2003: 356) Militärische Kulturpraktiken wie Begrüßungs- und Abschiedszeremonien,

---

[5] Der Begriff der Sozialisation steht für den Prozess des Mitgliedwerdens in einer Gruppe oder Gesellschaft. Es handelt sich dabei um einen Prozess der Entstehung und Entwicklung der Persönlichkeit in wechselseitiger Abhängigkeit von der gesellschaftlich vermittelten sozialen und materiellen Umwelt (Apelt 2006: 27). Siehe hierzu auch den Beitrag von *Apelt* in diesem Band.

Paraden, Militärrituale und Symbole existieren in allen Streitkräften der Welt und werden von Land zu Land weitergereicht und jeweils den eigenen Bedürfnissen entsprechend angepasst (Ben-Ari & Elron 2001: 286). Nationale Unterschiede können in den Streitkräften z. B. bezüglich strategischer Kultur[6], Dienstethos, Führungsstile oder auch Zeitkonzepte bestehen (vgl. Longhurst 2000). Allen Militärorganisationen gemeinsam sind jedoch die (Grund)Ausbildungen und Lehrgänge, mittels derer Individuen in die Militärorganisation und -kultur in Form eines ‚zweiten Sozialisationsprozesses' initiiert und mit den Besonderheiten der militärischen Lebensweise vertraut gemacht werden (Apelt 2006). Dabei werden Soldaten u. a. in militärische Disziplin, Hierarchie, Bürokratie, Regeln, Gesetze, Kameradschaft, Vertrauen, Loyalität, militärische Verhaltensweisen, Symbole, Rituale und das militärspezifische Vokabular eingewiesen. Am Ende dieses Prozesses hat das Individuum eine neue soldatische Identität und eine „Kultur der Disziplin" verinnerlicht, die in allen Militärorganisationen zu finden ist (Soeters et al. 2003: 250). In der Bundeswehr wird den einzelnen Truppengattungen eine besondere identitätsstiftende und kulturell bedeutende Rolle attestiert.[7]

Wie die israelischen Ethnologen Eyal Ben-Ari und Liora Sion (2005) aufgezeigt haben, existieren in den unterschiedlichsten Streitkräften sogar Parallelen bezüglich informeller Verhaltensweisen: Zum Beispiel nutzen Soldaten weltweit Humor und Scherze als (z. T. unbewusste) Bewältigungsstrategien, um Stress, starren Hierarchien und sonstigen Härten des militärischen Alltags begegnen zu können. Inoffizielle Aufnahmerituale lassen sich weltweit in allen Militär-

---

[6] Der Terminus ‚strategische Kultur' bezieht sich auf das ‚sicherheitspolitische Wesen' einer Gesellschaft und umfasst z. B. Erfahrungen mit Krieg und Frieden, Grundlagen der Militärstrategie, Vorstellungen von der Rolle der Streitkräfte, die Art und Weise der Bedrohungswahrnehmung oder auch die in einer Gesellschaft existierenden Feindbilder (vgl. Biehl 2019).

[7] Der Historiker Sönke Neitzel (2020: 19) bezeichnet diese Subkulturen als „tribal cultures", in Anlehnung an Edward Burkes Monographie *An Army of Tribes* (2018) über (teilweise rechtswidrige) Verhaltensweisen von Angehörigen der britischen Armee während des Nordirlandkonfliktes. Es ist infrage zu stellen, ob dieser Terminus eine zutreffende Wahl für die Bezeichnung militärischer Subkulturen in der Bundeswehr darstellt. In der Ethnologie wird der Begriff ‚tribe' spätestens seit Ende des 20. Jahrhunderts nicht mehr verwendet, da er mit der kolonialen Idee einer unilinearen Kulturevolution in Verbindung steht und auf die Organisationsformen vieler ethnischer Gruppen nicht anwendbar ist. Auch in der Bundeswehr gibt es sehr diverse subkulturelle Organisationsformen, die sich nicht durch Neitzels vereinfachendes Konzept der „tribal culture" beziehungsweise der Kriegerkultur zusammenfassen lassen.

organisationen und ihren (Teil)Einheiten finden (Danielsen 2020: 141 f.), bei denen oftmals Alkohol als „social lubricant" fungiert sowie Stressabbau und enge soziale Bindungen ermöglicht (Winslow 1997). Auch bezüglich ‚verkörperter' Kultur ähneln sich die Angehörigen unterschiedlicher Streitkräfte: Anhand bestimmter Atemtechniken können sie besser vor großen Gruppen laut und deutlich sprechen, konzentriert schießen und auch im Laufschritt noch Befehle ausgeben. Brian Lande schreibt diesbezüglich: „Cultural patterning in the army is not an abstract intellectual process, but takes place at the level of the body as it engages in practical activity in the training environment, and becomes adapted to the military milieu." (Lande 2007: 95).

Durch multinational zusammengesetzte Auslandsmissionen und das tägliche Aufeinandertreffen von Soldaten und Soldatinnen unterschiedlicher Streitkräfte ist eine ‚historische Kontinuität' der Basis von Militärkultur mehr denn je garantiert. Die äußerst heterogene Zusammensetzung von Streitkräften in multinationalen Einsätzen trägt heutzutage insbesondere dazu bei, dass die Kulturen nationaler Armeen ein nationales *und* transnationales Moment aufweisen.

2.3.2 Subkulturen Einsatz

In den Jahren des Kalten Krieges wurden militärische (Sub)Kulturen der Bundeswehr, insbesondere im Heer, vorrangig an den Militärstandorten und auf Truppenübungsplätzen in Deutschland konstituiert.[8] Für die Marine waren Einsätze auf See und lange Abwesenheiten vom Standort dagegen bereits damals keine Seltenheit. Auch die Luftwaffe konnte durch Ausbildungen und Schulungen bei Bündnispartnern wie den USA Erfahrungen im Ausland sammeln. Dennoch gilt für alle Truppengattungen, dass die Wandlungsfähigkeit vom Friedensbetrieb hin zum Kampfgeschehen (glücklicherweise) genauso theoretisch blieb wie die Verletzungs- oder Todesmöglichkeit im Gefecht. Insbesondere während des Afghanistaneinsatzes machten die Soldaten und Soldatinnen (auch des Heeres) demgegenüber ganz neue (Gewalt)Erfahrungen, die sich zum Teil stark von denen ihrer (teilweise noch einsatzunerfahrenen) älteren Kameradinnen und Kameraden unterschieden (Tomforde 2015). Postfigurative Kulturen, d. h. Kulturen, in denen die jüngeren von den älteren Generationen bzw. den Vorfahren lernen, sind gefährdet, wenn die junge Generation Erfahrungen macht, die von

---

[8]Aufgrund des limitierten Seitenrahmens des Beitrags besteht hier weder die Möglichkeit noch der Anspruch, deutsche Militärkulturen in all ihren Ausprägungen darzustellen und diese historisch herzuleiten. Siehe dafür die detaillierten Ausführungen bei vom Hagen (2012).

der älteren nicht geteilt werden (Mead 1970). Die Bundeswehr und alle (post) modernen Streitkräfte standen und stehen im 21. Jahrhundert vor sicherheitspolitischen Herausforderungen, die nicht durch Lernen aus der Vergangenheit und ein Rekurrieren auf Traditionen allein zu meistern sind. In den Auslandseinsätzen der Bundeswehr war und ist der ‚hybride and polyvalente Soldat' gefordert, der neben seinen militärischen Fähigkeiten vor allen Dingen multiple Kompetenzen im soziokulturellen Bereich aufzuweisen hat. Es handelt sich hier um Fähigkeiten, die in der ‚alten' Bundeswehr des Kalten Krieges einen niedrigen Stellenwert hatten (Haltiner & Kümmel 2009; Bredow 2006).

Durch die veränderten Herausforderungen und Rahmenbedingungen in den Einsatzgebieten haben sich insbesondere seit den 2000er-Jahren einsatzspezifische (Sub)Kulturen herausgebildet. Diese Subkulturen sind an die Rahmenbedingungen, Lebenswelten, Erfahrungen und Herausforderungen vor Ort angepasst.[9] Sie stellen keine komplett neuen kulturellen Orientierungssysteme, sondern soziokulturelle Adaptionen und Weiterentwicklungen bereits bestehender Militärkulturen dar.

Die Soldatinnen und Soldaten prägen, formen und übermitteln einsatzspezifische Kulturformen über Zeit und Raum, das heißt über einzelne Kontingente und Einsatzgebiete in Europa, Asien und Afrika hinweg. Langfristig üben diese einsatzspezifischen Subkulturen auch einen Einfluss auf Bundeswehrkulturen im Heimatbetrieb aus. Im Folgenden werden exemplarisch einige Besonderheiten diskutiert, die sich als allgemeine soziokulturelle Trends in den unterschiedlichen Einsatzgebieten der Bundeswehr in den letzten 25 Jahren herausgebildet haben und die militärische Gesamtorganisation im Einsatz sowie im Heimatland prägen.

2.3.2.1 Tradierung von Einsatzkulturen über Zeit und Raum

Die Anpassung an komplexe, sich stets wandelnde Aufgaben, Umwelten und Strukturen in den unterschiedlichen Einsatzgebieten der Bundeswehr wird insbesondere auf informeller Ebene seitens der Soldatinnen und Soldaten durch

---

[9] Subkulturen im Einsatz können sich auch auf negative Art und Weise ‚verselbstständigen' und eine Gefahr für das Wohl der Gastbevölkerung sowie die eigene Militärorganisation darstellen, wenn z. B. Einheiten im Einsatz ganz eigene, spezifische Verhaltensmuster und Praktiken ausbilden, die gegen Gesetze, Werte und Normen oder gar gegen die Genfer Konvention verstoßen. Dies ist nach dem sogenannten *Brereton Report* des Generalinspekteurs der *Australian Defence Force* (November 2020) in Afghanistan in den Jahren 2005–2016 passiert, wo laut Anklage mindestens 39 afghanische Nichtkombattanten von 23 Angehörigen der australischen Spezialkräfte im Rahmen von Aufnahmeritualen oder sogenannter „bloodings" bewusst getötet wurden (Gaynor 2020).

spezifische soziokulturelle Praktiken während der Kontingente vollzogen (vgl. Soeters et al. 2003: 240). Es bilden sich infolgedessen einsatzspezifische Gemeinschaften heraus, die sich sowohl von der Truppe im Heimatland als auch von der Gesellschaft des Gastlandes durch eigene Identität(en) und soziokulturelle Handlungs- und Denkmuster abgrenzen. Diese Muster werden in den seit 1992 bestehenden Auslandseinsätzen von Kontingent zu Kontingent und von Einsatzgebiet zu Einsatzgebiet u. a. durch Mythen, Geschichten, Bilder, Rituale, Handlungsabläufe tradiert (Tomforde 2015).

Die meisten Soldatinnen und Soldaten gehen nicht ohne Vorinformationen über die Abläufe im Feldlager und Einsatzgebiete in die Auslandseinsätze. Durch Geschichten, Einsatzmythen[10], Witze, Lieder, Bilder, Kontingentbücher und persönliche Kontakte zu Kameraden und Kameradinnen bringen sie Vorwissen, konkrete Erwartungen und Vorstellungen in den Einsatz mit. Streitkräfteangehörige informieren sich gegenseitig durch Erzählungen und Fotos und tragen somit zur Konstitution sowie zum Erhalt subkultureller Einsatzstrukturen bei: „Storytelling is an important part of military life and in the stories are hidden meanings, underlying messages about correct and incorrect behaviour." (Winslow 1997: 59) Die Weitergabe von Mythen und Geschichten stärkt enge Verbindungen und Solidarität unter den Soldatinnen und Soldaten. So wird unterstrichen, dass alle ‚in einem Boot' sitzen und mit den gleichen Schwierigkeiten und Belastungen konfrontiert sind, egal ob Mannschaftssoldat oder Offizierin, egal ob in Prizren (Kosovo) oder in Gao (Mali). Dieser rege Austausch zwischen einsatzerfahrenen Soldatinnen und Soldaten trägt maßgeblich dazu bei, dass soziokulturelle Aspekte der Einsätze von Kontingent zu Kontingent, von Einsatzland zu Einsatzland sowie vom Einsatzgebiet zum Heimatland weitergetragen werden. Soldatinnen und Soldaten, die bereits mehrmals an einer Auslandsmission teilgenommen haben, können als wichtige Kulturträger angesehen werden, die (z. T. unbewusst) den Fortbestand und die Weitergabe einsatzspezifischer Subkulturen ermöglichen. Als Teil zu beobachtender, einsatzspezifischer Verhaltensmuster kann u. a. die äußerst flexible Lösung von Problemen, die gemeinsame, konstruktive Bewältigung bürokratischer Hindernisse sowie die intensiv gelebte Kamerad-

---

[10] Mythen sind tradierte Geschichten, die prinzipielle Weltanschauungen einer Gruppe widerspiegeln. Sie beschreiben und interpretieren Glaubens- und Verhaltensweisen, erklären den Ursprung einer Gruppe bzw. eines Volkes und überliefern Informationen über korrektes sowie inkorrektes Verhalten. Sie erzeugen so Vertrauen in das übergeordnete Ganze (Weiner 2001: 387).

schaft gezählt werden. Verhaltensmuster, wie kameradschaftliches Eintreten füreinander oder pragmatische Problemlösungen ‚auf dem kleinen Dienstweg' sind auch Teil der Bundeswehrkulturen im Heimatbetrieb, erhalten in den Einsatzgebieten allerdings eine neue Qualität und Wertigkeit. In anderen Bereichen finden Flexibilisierungen statt. Militärische Hierarchie und Disziplin werden z. B. während der Einsätze nicht *ad absurdum* geführt, sondern situationsspezifisch zur Erfüllung des Auftrages situationsspezifisch angepasst. Beispielsweise kann es vorkommen, dass sich ein Offizier im Einsatz mit seinen Unterstellten der Unteroffizier- und Mannschaftsebene duzt, da er auf diese Weise das Können jedes und jeder Einzelnen wertschätzen und Barrieren abbauen möchte, die die kompetente Auftragserfüllung vor Ort behindern könnten. Auch formalmilitärische Anforderungen wie das einheitliche Tragen der Uniform treten vor der Bewältigung konkreter einsatzspezifischer Probleme oftmals in den Hintergrund. Militärischer Professionalität wird ein großer Wert beigemessen und fachliches Können ist über alle Dienstgradgruppen hinweg hoch angesehen.

Die Teilnahme an einem Auslandseinsatz nimmt unter den Soldatinnen und Soldaten einen hohen Stellenwert ein. Es wird besonders geschätzt, dass der Einsatzauftrag intensiver, da spezifischer ausformuliert ist und konkret in der militärspezifischen Ausbildung Gelerntes abruft. Die Soldatinnen und Soldaten können sich fern ab des Heimatbetriebs ungestört von ‚Nebenschauplätzen' auf den soldatischen Kernauftrag im Einsatz konzentrieren. Zudem erfahren viele Angehörige der Mannschafts- und Unteroffizier-Dienstgradgruppen im Einsatzgebiet eine größere Wertschätzung ihrer spezifischen Fähigkeiten, die sie im Grundbetrieb am Heimatstandort durch hierarchisierte und bürokratisierte Abläufe nicht immer unter Beweis stellen können.

Auf der informellen Ebene haben die im Einsatz gewonnen Erfahrungen, obwohl sie mit Gefahren, Anstrengungen und vielfältigen persönlichen Entbehrungen verbunden sind, eine besondere Bedeutung. Sie werden durch die Soldatinnen und Soldaten (un)bewusst in einsatzspezifische, kulturelle Orientierungssysteme überführt. Am Ende der meisten Kontingente werden sogenannte „Fly-out Parties" gefeiert, die den erfolgreichen Abschluss eines Einsatzes markieren und für die bis dato einsatzunerfahrenen Kameradinnen und Kameraden einen sogenannten „rite de passage" (Gennep 2005 [1909]) und die informelle Aufnahme in den Kreis der einsatzerfahrenen Militärangehörigen darstellen. Viele Soldatinnen und Soldaten können noch Jahre später ihre exakten Kontingentdaten rekapitulieren, da die Einsatzerfahrung für viele einen derart wichtigen, Horizont erweiternden beruflichen wie persönlichen Einschnitt repräsentiert.

Auf offizieller Ebene wird eine Einsatzteilnahme ebenfalls positiv in den Regelbeurteilungen seitens der Vorgesetzten vermerkt und kann u. a. karrierefördernd für die weitere militärische Laufbahn wirken. Zum Ende eines Kontingentes finden darüber hinaus in der Regel *medal parades* statt, im Rahmen derer die (multinationalen) Einsatzsoldatinnen und -soldaten eine Medaille und somit eine offizielle Würdigung für ihren Dienst im Auslandseinsatz erhalten.

Schließlich wird mittlerweile auch auf der Webseite des Bundesministeriums der Verteidigung unter der Rubrik „Ich bin iM EINsatz"[11] der individuellen Einsatzerfahrung von Soldatinnen und Soldaten der Bundeswehr ein besonderer Stellenwert beigemessen und die Vielfältigkeit der Einsatztätigkeiten herausgestellt. Nach 30 Jahren Auslandsmissionen der Bundeswehr sind einsatzspezifische Subkulturen keine Besonderheit mehr, sondern zu einem integralen Bestandteil deutscher Militärkulturen geworden. Die Einsatzteilnahme wirkt auch seit der 2014 eingeleiteten ‚Renaissance' der Landes- und Bündnisverteidigung (LV/BV) für viele Soldatinnen und Soldaten als Instanz für eine zweite militärische Sozialisation in eine international agierende, professionalisierte Bundeswehr. Sie trägt dazu bei, die Militärangehörigen vor Ort in den Einsatzgebieten oder im Rahmen einsatzähnlicher Verpflichtungen wie der NATO-Battlegroup in Litauen in ihr Aufgabenfeld ebenso wie in die (multi)nationale ‚Einsatzkameradschaft' einzuweisen.

2.3.2.2 Einsatzspezifische Sozialisation und Identitäten

In den Einsatzgebieten der Bundeswehr bilden Soldatinnen und Soldaten situationsspezifische Identitäten heraus, schaffen kontextabhängige ‚Wir-Gruppen' und grenzen sich bewusst von ‚den Anderen' ab (Tomforde 2010b). Die Gruppe dieser ‚Anderen' kann, je nach Kontext und Betrachtungsstandpunkt, aus Kameraden und Kameradinnen anderer Einheiten oder Feldlager, aus Militärangehörigen ohne Einsatz- oder Gefechtserfahrung, aus (militärischen und/oder zivilen) Besucherinnen und Besuchern im Einsatzland oder auch aus den im Stab eines Feldlagers tätigen Offizieren bestehen (vgl. hierzu auch Seiffert 2013). Selbstredend definieren sich diese Personengruppen mithin selbst als Gemeinschaft, um sich wiederum von anderen, wie z. B. im Einsatzland arbeitenden Angehörigen anderer Ressorts oder Nichtregierungsorganisationen, bewusst abzugrenzen (Tomforde 2010a). Diese empirisch gestützten Befunde verdeut-

---

[11] https://www.bundeswehr.de/de/einsaetze-bundeswehr/ich-bin-im-einsatz (Letzter Aufruf: 03. Oktober 2021).

lichen, dass militärische Kohäsion stets inklusiv und exklusiv zugleich ist und kontextabhängig konstituiert wird (vgl. Biehl 2010).

Kontingentangehörige werden vor Ort bewusst und unbewusst in die Einsatz-identitäten sowie in das einsatzspezifische (Lager)Leben sozialisiert und auf diese Weise ein Teil der (multinationalen) Lagergemeinschaft. Die sozialräumliche Segregation, die für Soldaten und Soldatinnen im Heimatland immer mehr weg-fällt, erhält im Einsatzland eine neue Dimension. Die Feldlager der Bundeswehr im Auslandseinsatz können als räumlich eingegrenzte ‚Enklaven' des Heimat-landes gesehen werden, in denen z. T. alles deutsch bzw. US-amerikanisch, französisch, britisch, italienisch etc. ist. Die Soldaten sind während der Ein-sätze anders als im Heimatstandort rund um die Uhr mit (deutscher bzw. multi-nationaler) Militärkultur konfrontiert. Diese Erfahrung stellt ein spezifisches Charakteristikum der Einsätze dar und hat Einfluss auf soziokulturelle Praktiken im Einsatz. Für die Zeit der Auslandsmission ist das Feldlager sowohl formale Organisation als auch Wohnort der Soldatinnen und Soldaten: Die Grenzen zwischen den drei Bereichen Schlafen, Freizeit und Dienst verschwimmen oder lösen sich zum Teil ganz auf. Gleichzeitig existieren mitunter scharfe Grenzen zur Zivilgesellschaft, sowohl sozial als auch geografisch (Tomforde 2010a; Winslow 1997: 47).

Auslandseinsätze verlangen nach komplexen Identitätsstrategien, da die Soldatinnen und Soldaten nicht mehr nur Teil ihrer Einheit oder nationalen Streit-kraft, sondern auch Teil von Einsatzkontingenten, -Brigaden und multinationalen Verbänden sind und damit homogene Identitätsmuster obsolet werden. Die immer wieder herausfordernden Rahmenbedingungen in den Auslandsmissionen erfordern komplexe Identitätsstrategien. Wichtige Bezugspunkte kollektiver Identität während der Missionen sind die Bundeswehr, die Nation Deutschland, die NATO, die UN, das Kontingent sowie nicht zuletzt die eigene Kompanie. Je nach Ort und Situation wird der eine oder andere Bezugspunkt stärker hervor-gehoben. Beispielsweise überwiegt im Feldlageralltag bei den Soldaten und Soldatinnen die Selbstdefinition als Angehörige einer bestimmten Einheit. Treten sie in den Kontakt mit italienischen oder französischen Kameraden, mit denen sie gemeinsam im multinationalen Stab den Dienst verrichten, besteht ein starker Bezug zu einer bundeswehrspezifischen Selbstdefinition. Verlassen die Männer und Frauen das Feldlager müssen sie sich gegenüber der lokalen Bevölkerung abgrenzen und dem multinationalen Verband zuordnen. Internationale Kameraden werden *innerhalb* des Feldlagers vielleicht kaum extra gegrüßt. *Außerhalb* des Lagers wird jedem ausländischen Kameraden und jedem Auto mit UN-, NATO-oder EU-Kennzeichen extra zugewunken und dadurch kontextspezifisch eine internationale Einsatzsolidarität und -identität zum Ausdruck gebracht. Nach

Abschluss des Einsatzes kehren die Soldatinnen und Soldaten im Gespräch mit anderen Kameradinnen und Kameraden ihre Zugehörigkeit zu ihrem spezifischen Einsatzkontingent z. B. in Mali, Afghanistan oder Kosovo heraus.

Die Schaffung gemeinsamer einsatzspezifischer Identitäten hilft, Herausforderungen und Entbehrungen vor Ort sowie die Trennung von zu Hause leichter zu überwinden. Ein Beispiel für die im Auslandseinsatz entstehenden Einsatzidentitäten sind kleine, z. T. vorschriftswidrige Veränderungen der Uniform. Beispielsweise tragen viele Kontingentangehörige aller Dienstgradgruppen während des Einsatzes Namensschilder, die einen flecktarnfarbenen Untergrund aufweisen, auf denen neben dem Namen auch die Flaggen Deutschlands und der NATO oder eines Bündnispartners aufgestickt sind. Ferner können am Hemdsärmel der Uniform zusätzlich kompaniespezifische Aufnäher mit eigens für das Kontingent entworfenem Logo getragen werden. Einige dieser ‚Kontingentaufnäher‘ sind vorher vom Verteidigungsministerium genehmigt worden, andere wiederum nicht. Im Einsatz werden von den Vorgesetzten einige Veränderungen der Uniform ohne Extragenehmigung geduldet, da sie den soldatischen Zusammenhalt fördern. Im Rahmen des ISAF-Einsatzes Mitte der 2000er-Jahre war es darüber hinaus beispielsweise üblich, bewusst die helle Tropenuniform anzuziehen, die bereits stark verwaschen war und durch das einsatzspezifische Waschmittel einen leichten Rosaton aufwies. Dies war ein einfacher Weg für die Soldatinnen und Soldaten, sich als Kontingentangehörige von den zahlreichen soldatischen Besuchergruppen abzuheben und zu demonstrieren, dass die Trägerinnen und Träger zur ‚Innengruppe‘ des Einsatzes gehören und die Schweren der Mission tragen (Tomforde 2006b).

Symbole, d. h. Zeichen mit einer außerhalb des Objekts liegenden Bedeutung, sind in allen militärischen Organisationen omnipräsent. Sie tradieren und erhalten Hierarchie und Ordnung, schaffen Identität und Gefühle der Zusammengehörigkeit sowie den Stolz auf die eigene Einheit, das Bataillon, die Nation oder das multinationale Bündnis. Mittels (leicht) veränderten Uniformen wird im Einsatz Zusammenhalt und Identität unter den Soldaten geschaffen und Solidarität nach innen wie außen demonstriert.

2.3.2.3 Einsatzspezifische Kameradschaft, Maskulinität und Emotionalität

Die sozialen Kontakte der Militärangehörigen während eines Einsatzes konzentrieren sich größtenteils auf das militärische Einsatzumfeld, an das sich die Soldaten anpassen müssen und in dem sie sich zurechtfinden müssen. Das besonders intensive kameradschaftliche Zusammengehörigkeitsgefühl, Zeichen von (Hyper)Männlichkeit sowie ein gruppenorientiertes Verhalten, welches auch das Zeigen von Emotionalität zulässt, spielen für viele hier eine zentrale Rolle (vgl. Do & Samuels 2021: 26; Quest & Messerschmidt 2017: 261). Kamerad-schaft bedeutet für die Soldatinnen und Soldaten im Einsatz alles (vgl. King 2013). Sie ist das wertvollste Gut – eine Art Sozialversicherung und Schutz vor Gefahren (vgl. Focken 2013: 74). Die Kameradinnen und Kameraden sind während des Einsatzes fern der Heimat und fern des eigenen sozialen Umfeldes die wichtigste Bezugsgröße und stellen eine emotional hoch besetzte soziale Primärgruppe dar. Dank der Kameradschaft und eines ,besonderen Miteinanders' können herausfordernde Situationen gemeinsam ausgehalten, überstanden und verarbeitet werden.[12] Diese quasi-familiären Bindungen unter Kameradinnen und Kameraden im Einsatz reichen z. T. so weit, dass die Angst vor Gefahren vor dem Bedürfnis in den Hintergrund treten, die Angehörigen der eigenen Gruppe zu schützen und zu unterstützen (Tomforde 2015).

Durch die prekäre Sicherheitssituation in den Auslandsmissionen nimmt auch das vielgestaltige Kulturelement Maskulinität ausgeprägte Formen an. Ins-besondere die jüngeren Soldaten stellen ihre potenzielle Kampfkraft u. a. durch Muskelaufbau, besondere Tätowierungen und die bereits erwähnten Identitäts-marker an der Uniform (z. B. Padges, spezielle Sonnenbrillen, Schuhe, Westen, Jacken)[13] unter Beweis. Diese Beobachtung trifft teilweise auch auf Soldatinnen zu, die ebenfalls durch ein ,geschlechtsunabhängiges' maskulines Erscheinungs-bild ihre Zähigkeit und Zugehörigkeit demonstrieren.

Das Kulturelement Maskulinität kann im Einsatz gleichzeitig ,weichere' Formen[14] ausbilden. Durch Einsatzerfahrungen werden insbesondere männliche

---

[12] Dieses bedeutende Band zwischen den Kameradinnen und Kameraden, welches sich stärker als alle Formen der Freundschaft oder der Solidarität erweist, existiert meist nicht über das Gefechtsfeld oder den Einsatzort hinaus. In einem „gewaltlosen Setting" sind die vereinenden Rahmenbedingungen nicht mehr gegeben und individualistische Werte gewinnen wieder an Bedeutung (vgl. Gray nach Ahrendt 2008 [1970]: 67).

[13] Einige Soldaten, auch der Mannschaftebene, kaufen vor der Einsatzteilnahme für bis zu dreistellige Beträge zusätzliche Ausrüstungsgegenstände, um erstens einsatzspezi-fische Herausforderungen besser als mit den dienstlich gelieferten Materialien meistern zu können und um zweitens auch äußerlich Teil der Einsatzgemeinschaft zu werden.

[14] Thomas Kühne (1996: 525) spricht in seiner Analyse der unter deutschen Soldaten vor-zufindenden Kameradschaftsformen nach 1945 von einer „,weichen', familiennahen, friedensgerichteten Kameradschaft", die sich klar von einer ,harten', ,männerbündnisch-martialischen' Kameradschaft der Kampfgemeinschaft der Kriegsjahre unterscheiden würde. Weitere Forschung wäre notwendig, um eine klare Abgrenzung zwischen maskulin geprägter Kameradschaft und unterschiedlichen (neuen) Formen von Maskulinität im

Militärangehörige z. T. unweigerlich dazu gezwungen, auch ihre ‚anderen', ver-
wundbaren Seiten zu zeigen. Dies ist insbesondere der Fall, wenn Militärangehörige mit Verwundung und Tod konfrontiert sind oder nach mehrmonatiger
Abwesenheit ihre Familien so schmerzhaft vermissen, dass sie vermeintliche
Schwächen wie Heimweh oder andere psychische Belastungen nicht mehr verbergen möchten bzw. können (Tomforde 2015). Durch die langjährigen Aus-
landserfahrungen haben sich in den Einsatzgebieten Verhaltensmuster entwickelt,
die das Zeigen von Emotionalität, Weichheit und ‚Schwäche' kontextabhängig
durchaus erlauben. In der ‚alten' Bundeswehr des Kalten Krieges wurde hierfür wenig Raum gegeben. Zu dieser Zeit wurde von den Militärangehörigen
entlang preußisch-militärischer Vorbilder u. a. Härte, Disziplin, Angstunter-
drückung und allzeitige Affektkontrolle erwartet. Insbesondere durch Gefechtserfahrungen sowie prekäre Sicherheitslagen in Einsatzgebieten wie Afghanistan
waren Soldatinnen und Soldaten der Bundeswehr erstmalig mit der komplexen
Mischung aus Emotionen konfrontiert, die die Erfahrung des Krieges bestimmen
(Tomforde 2015). Diese Gewalterfahrung hat oftmals eine tiefe und nachhaltige
Wirkung auf all diejenigen, die diese direkt erleben. Kriegerische Auseinandersetzungen führen zu Tod, Verwundung, Angst und Schrecken. Gleichzeitig
können sie die Kraft der Kameradschaft freisetzen und einen selbstlosen Kampf
für das Überleben der eigenen Gruppe befördern. Diese Extremerfahrung kann
Soldatinnen und Soldaten auf unterschiedlichste Weise positiv und negativ und
oftmals langanhaltend verändern (vgl. hierzu auch Seiffert und Heß 2019). Als
ein besonders deutliches Beispiel für die Herausbildung neuer Ausdrucksformen
soldatischer Emotionalität sind die Praktiken des Trauerns und Gedenkens nach
dem Tod von Kameradinnen und Kameraden zu nennen, die sich während des
Afghanistaneinsatzes zunächst informell herauskristallisiert haben und die etwa
inzwischen auch das Weinen im öffentlichen Raum zulassen. Abgesehen davon
galt es bis mindestens Mitte der 2000er-Jahre unter Bundeswehrangehörigen
noch als verpönt, eine traumatische Belastungsstörung nach dem Einsatz sich und
der Umwelt einzugestehen (‚Ein Soldat zeigt keine Schwäche') (Tomforde 2015).
Mittlerweile gehen Soldatinnen und Soldaten jedoch weitaus offener mit eigenen
Emotionen und Bedürfnissen um.

---

heutigen Militär, welches nunmehr in allen Bereichen Frauen aufweist, vornehmen zu
können.

Mit dem Abzug der Truppen aus Afghanistan und der zunehmenden Bedeutung von Landes- und Bündnisverteidigung ist die Zeit der personalintensiven Auslandsmissionen der Bundeswehr – vorerst – zu einem Ende gekommen. Es bleibt abzuwarten, inwiefern sich in den nächsten Jahren die soziokulturelle Einsatzwirkung minimieren wird und (Sub)Kulturen in der Bundeswehr vermehrt durch an die Anforderungen der Landes- und Bündnisverteidigung angepasste kulturelle Praktiken und Strukturen geprägt werden.

3 Die soziologische Perspektive

3.1 Der soziologische Blick auf Kultur

In der Soziologie und in den sich zu ‚Kulturwissenschaften' umformenden Teilen der Geistes-, Human- und Sozialwissenschaften besteht seit geraumer Zeit ein Interesse an Erklärungen des Verhältnisses von Kultur und Gesellschaft. Seit einigen Jahrzehnten wird an Klassiker der deutschen Kultursoziologie wie Weber, Simmel und Mannheim angeknüpft, doch die Abgrenzung zwischen Allgemeiner Soziologie und Kultursoziologie ist strittig. Selbst Kultursoziologie als eine allgemeine Betrachtungsweise des Sozialen zu verstehen, verlangt weiterhin eine Gegenstandsfestlegung zu treffen. Insbesondere die sozialstrukturelle Kultursoziologie stellt einen elementaren Zusammenhang zwischen kulturellen Praktiken und sozialer Stellung her. Kultursoziologie entweder als Variante der Allgemeinen Soziologie oder als Spezielle Soziologie zu verstehen, entbindet nicht von der Frage danach, was mit Kultur gemeint ist.

Aus einer soziologischen Sicht auf Herrschaft ist es wichtig, Kultur als *soziale Praxis* von Akteuren in gegebenen Strukturen zu erfassen. Diese Verhaltensweisen lassen sich als soziale Affirmations- und Abgrenzungsmerkmale verstehen. Konzeptionell steht Kultur daher nicht einfach im Gegensatz zu gesellschaftlichen Funktionen und Strukturen, da Kultur als grundlegendes Element in der Strukturierung des gesamten sozialen Raums zu verstehen ist. Ein soziologisches Verständnis von Kultur, wie es hier vorgestellt wird, baut grundlegend auf einer Konzeption auf, wie sie klassisch von Max Weber (1864–1920) vertreten wird. Weber, dessen Kulturkonzept auch in der Ethnologie vielfach rezipiert worden ist, versteht unter Kultur „ein vom Standpunkt des Menschen aus mit Sinn und Bedeutung bedachter endlicher Ausschnitt aus der sinnlosen Unendlichkeit des Weltgeschehens" (Weber 1985 [1922]: 180). Kultur ist für ihn die zentrale Dimension menschlicher Lebensverwirklichung und Sinngebung. Sein Kulturkonzept weist drei zentrale Merkmale auf: 1) Kultur klammert keinen Lebensbereich aus. 2) Kultur ist soziomorph, das heißt, Kultur ist das Produkt einer sozialen Gruppe, welches die Wirkung der Persönlichkeitsstruktur außen vorlässt. Diese sozialen Gruppen können aus Nationen, Organisationen, religiösen Gemeinschaften, ethnischen Minderheiten, sozialen Randgruppen, Sportvereinen, Familien und anderen Sozialverbänden bestehen. 3) Kultur- und Sozialwelt sind in den einzelnen sozialen Erscheinungen primär und lebenssteuernd verschmolzen. Kultur ist daher sowohl Ausdruck als auch Element der sozialen Welt.

Jeder Mensch trägt in seinem Inneren bestimmte Muster des Denkens, Fühlens und potenziellen Handelns, die er oder sie ererbt und ein Leben lang erlernt hat und daher die Basis für Praktiken und Vorstellungen darstellen, die unbewusst das Handeln bestimmen. Diese Praktiken und Vorstellungen können als symbolische Systeme begriffen werden. Webers Interesse gilt dabei insbesondere der Funktion symbolischer Systeme. Die Analyse sozialer Ordnung durch Max Weber spielt deswegen eine große Rolle für die Sozial- und Kulturtheorie des französischen Soziologen und Ethnologen Pierre Bourdieu (1930–2002), dessen Hauptaugenmerk allerdings auf der Struktur von symbolischen Systemen liegt. Das Handeln in sozialen Kontexten, d. h. die *soziale Praxis,* nimmt in einem wechselseitigen Prozess wichtigen Einfluss auf die kognitive Ebene. Denk-, Wahrnehmungs- und Handlungsmuster sind bei Bourdieu daher zentraler Bestandteil von Kultur.

Im Werk Pierre Bourdieus finden kulturtheoretische Ansätze aus Ethnologie und Soziologie zusammen. Die Sozialtheorie Bourdieus ist auch durch die Auseinandersetzung mit der strukturalistischen Kulturtheorie beeinflusst, wie sie vor allem durch Claude Lévi-Strauss (z. B. 1968 [1962]) geprägt wurde. Indem Bourdieu an dessen spezifischen Ansatz der Sozialethnologie zunächst anknüpft, ihn ausbaut und schließlich überwindet, entwickelt er eine ethnologisch informierte Soziologie. Bourdieu versteht Kultur als praktisches Handlungswissen. Seine *Theorie der Praxis* beinhaltet im Kern eine neostrukturalistische Theorie von Kultur. Ihr Anliegen ist es, die Dichotomie von einerseits objektiver Perspektive der strukturalen Analyse und andererseits subjektiver Perspektive des intentionalen Bewusstseins zu überwinden, indem beide Perspektiven zu etwas Neuem verbunden werden. Diese Theorie der Praxis fragt nach der Erklärung kollektiver Handlungsmuster, wie sie als soziale Praktiken von Akteuren regelmäßig hervorgebracht werden. Dies geschieht innerhalb verschiedener *sozialer Felder* (Kirche, Wirtschaft, Wissenschaft, Militär etc.) und vor dem Hintergrund der Zugehörigkeit der sozialen Akteure zu gesellschaftlichen Schichten bzw. Klassen, die Bourdieu als *sozialen Raum* konzeptualisiert. Der dabei verwendete Strategiebegriff ist als Gewinn von Anerkennung angelegt. Bourdieu versteht Kultur als alltägliche symbolische Dimension sozialen Lebens

und Handelns, die ein Handlungsrepertoire ermöglicht, das im ständigen Klassifikationskampf um den Status (und somit um Anerkennung) im sozialen Raum
eingesetzt wird (Müller 1992). Kultur verstanden als soziale Praxis manifestiert
sich in allem, was Bourdieu (1987b [1980]) als „sens pratique" oder soziales
Gespür bezeichnet. Die objektiven und subjektiven gesellschaftlichen sowie
historischen Strukturen, die sich in Form von sozialem Feld und Habitus darstellen, treten dabei als soziale Praxisformen zu Tage.

Eine Gesellungsform wie das Militär bildet demnach das soziale Feld einer
komplexen Arbeits-, Lebens- und Erfahrungspraxis (siehe auch Abschnitt 2.2).
Handlungsstrategien von sozialen Akteuren, die innerhalb eines solchen sozialen
Feldes zur Anwendung kommen, können in diesem Sinne als Produkt von
Kultur verstanden werden (Swidler 1986: 277). Kultur stellt sich dann als das
unbewusste strategische Handeln von Akteuren dar und ist somit als Quelle für
die Ausgestaltung von Regeln zu verstehen. Kultur ist also das Verbindungs-
element zwischen sozialer Struktur und sozialem Akteur, da Handlungsstrategien
das Produkt von Kultur sind. Diese sozialen Strategien sind die Schnittstelle
zwischen Strukturen und den darin handelnden Akteuren.

Diese Überlegungen aufgreifend, wird das Militär im Weiteren als ein soziales
Feld beschrieben, das durch spezifische Handlungsmuster konstituiert wird,
welche die Kultur des Militärs begründen.

3.2 Kultur als soziale Praxis einer Körperschaft

Im späten Mittelalter entsteht ein neues soziales Gebilde, das als Körperschaft
bezeichnet wird, auch wenn der heute übliche soziologische Begriff hierfür
Organisation ist (Coleman 1979). Körperschaften setzen sich aus einer Anzahl
von Einzelpersonen zusammen und sind mitgliedschaftlich organisiert. Viele
Einzelkörper bilden einen Gesamtkörper bzw. eine Körperschaft. In diesem
Aspekt wird der Gemeinschaftscharakter stärker betont als im Organisations-
begriff, der sich eher an Rationalitätskriterien der modernen Gesellschaft
misst. Die Regelmäßigkeit des Arbeitshandelns berechtigt, eine Organisation
als zentralen Entstehungsort von Kultur zu betrachten (Götz 1997: 23).
Organisationen unterscheiden sich in vielerlei Hinsicht von anderen sozialen
Gemeinschaften. In eine Organisation werden Mitglieder generell nicht hinein
geboren und sind ihr somit nicht wie z. B. der Familie oder den Ahnen verpflichtet. Dadurch unterscheidet sich eine Organisation grundsätzlich von der
vormodernen Gesellungsform einer Körperschaft wie beispielsweise einer Gilde
oder Zunft. Eine Organisation ist auf ihren eigenen zeitlichen Rahmen begrenzt.

Innerhalb einer Organisation handeln Individuen, die wählen, entscheiden und abwägen und Erwartungen an ihre Organisation stellen. Ein Mitglied muss entsprechende Qualifikationen vorweisen und sich in der Organisation weiterentwickeln.

Schon Renate Mayntz (1963: 32) hat bereits in den 1960er-Jahren darauf hingewiesen, dass das rationale Modell der klassischen Organisationssoziologie den herrschaftssoziologischen Kontext in der Behandlung der Bürokratie durch Max Weber ignoriert und daher nicht erkannt habe, dass Bürokratie und Herrschaft von Weber als zwei ständig miteinander in Spannung stehende Prinzipien verstanden werden. Danach liegt es nahe, Organisationen auch als *soziale Kräftefelder* zu verstehen, in denen um die Durchsetzung verschiedener – teilweise gegensätzlicher Ziele – gerungen wird. Organisationale Ziele sind nicht nur von ökonomischen Interessen geleitet, sondern auch kulturell geprägt und werden in ihrer Werthaltigkeit oftmals nicht hinterfragt (Scott 1986 [1981]: 92 ff.). Die entsprechende Kultur der Organisation entsteht im Austausch mit der Umwelt über das tägliche Tun und beeinflusst das Unternehmensgeschehen nachhaltig, aber ,unsichtbar' über nichtreflektierte Selbstverständlichkeiten. Organisationale Strukturen bilden sich in den expliziten und impliziten Regeln sowie in der Verteilung von ökonomischen, sozialen und kulturellem Kapital.[15] Alle drei Kapitalsorten stellen soziale Machtinstanzen dar und dienen als Basis legitimer Herrschaft des Akteurs im sozialen Feld.

Die Kultur einer Organisation kann daher als eine Art gemeinsam akzeptierter Realitätsinterpretation der Vergangenheit und Gegenwart sowie des Umfelds einer Organisation bestimmt werden (Kasper 1987: 5). Organisationen zeichnen sich durch die *Partialinklusion* ihrer Mitglieder aus, da die Organisationsmitglieder in der Regel freiwillig beitreten und der Organisation nur mit einem Teil ihrer Person angehören (Müller-Jentsch 2003: 14). Für Militärorganisationen gilt dies nur bedingt, da Armeen ihre Mitglieder in ungemein starkem Maße vereinnahmen. Selbst an die freiwillige Mitgliedschaft im Militär sind nicht nur besondere Einschränkungen der Freizügigkeit gebunden, sondern in Streitkräften gilt das demokratische Grundrecht auf körperliche Unversehrtheit

---

[15] Das *ökonomische Kapital* tritt in Form von Betriebsmitteln, Besitz an Grund und Boden, Einkommen und Vermögen auf. Das *kulturelle Kapital* zeigt sich in Form von Allgemeinbildung, verbriefter schulischer Ausbildung, kulturellem Besitz, sowie des Geschmackes. Das *soziale Kapital* resultiert aus gegenseitigem Kennen und Anerkennen. Das *symbolische Kapital* stützt sich auf Reputation und besitzt Merkmale, die mit dem Begriff der Ehre eng zusammenhängen.

nur eingeschränkt. Mit anderen Worten bedeutet dies, dass das militärische Organisationsmitglied prinzipiell bereit sein muss, für die Erfüllung der Organisationsziele im äußersten Fall das eigene Leben hinzugeben. Damit vereinnahmt die Armee die Körper ihrer Organisationsmitglieder in besonderer Weise. Im Rahmen der beruflichen Tätigkeit wird seitens des Militärs in Kauf genommen, dass der Soldat und die Soldatin in seiner bzw. ihrer körperlichen Existenz beeinträchtigt oder gar vernichtet wird. Dieses Maß an geistiger und körperlicher Hingabe verlangt fast keine andere berufliche Tätigkeit, sodass Soldatinnen und Soldaten ihren Beruf im wahrsten Sinne des Wortes mit Haut und Haaren ausüben. Auch durch das soldatische Privileg, keine ‚Arbeit' zu haben, sondern sich im Rahmen des ‚Dienstes' auf den Einsatzfall vorzubereiten und bereitzuhalten, zeichnet sich das Militär als besonderer Berufsstand aus, den man in Anlehnung an Goffman (1961) auch als *totale Profession* (Hagen 2012) bezeichnen kann. Totalität wird insbesondere hinsichtlich der Eingliederung in die militärische Gemeinschaft verlangt.

Das Militär stellt eine Gesellungsform dar, für die die elementare Erfahrung des Kämpfens, Tötens und Sterbens von zentraler Bedeutung für ihr Selbstverständnis ist. Selbst im bürokratischen Militär des Friedensbetriebs bleibt dieses gewaltorientierte Selbstverständnis durch Manöver, explizite normative und körperliche Forderungen sowie durch die Pflege kriegerischer Traditionen und deren Weitergabe durch Erzählungen erhalten. Der Begriff der Körperschaft im soziologischen Sinne ist damit besonders geeignet, eine Gesellungsform wie das Militär genauer zu bestimmen, die nicht gänzlich die Schwelle zur Moderne überschritten haben, da sie das für eine Organisation wichtige Kriterium der bloßen Teilmitgliedschaft ihrer Angehörigen nicht erfüllen. In differenzierten Gesellschaften bewegt sich der Einzelne in mehreren Lebenssphären, wobei jede einzelne Sphäre nur begrenzte Ansprüche an Zeit und Energie des Einzelnen stellt. Gegenüber anderen sozialen Verbänden zeichnet sich das Militär durch seine höhere Zwanghaftigkeit aus. Der militärische Grundsatz von Befehl und Gehorsam bedingt Totalität und hebt den Gemeinschaftscharakter hervor, der für Körperschaften weit mehr als für Organisationen typisch ist. Diese Körperschaft ist oftmals Wohnsitz und Arbeitsplatz zugleich, und in ihr führen viele Mitglieder, mehr oder weniger abgeschnitten von der breiten Gesellschaft, während eines beträchtlichen Zeitabschnitts, zusammen ein abgeschiedenes, formal reguliertes Leben. In Körperschaften wie dem Militär, in Schiffen, Klöstern, Internaten, Sportleistungszentren etc. werden Personengruppen durch das Leitungspersonal stark kontrolliert, um so einen effizienten Ablauf zu gewährleisten. Dies führt zu einer dichotomen Strukturierung zwischen Vorgesetzten und Untergebenen, was mit sozialer Distanz der beiden Gruppen einhergeht. Dieser sogenannte Prozess der Mortifikation der Mitglieder eine Körperschaft besteht darin, dass das alte Selbst mittels verschiedener Techniken teilweise zum Absterben gebracht wird und bis zu einem gewissen Grad ein neuer Mensch entsteht.

4   Kultur als soziale Praxis im Militär

Im Bereich der Militärsoziologie gibt es seit den 1990er-Jahren verstärkt Bemühungen, das Militär in seinen kulturellen Besonderheiten näher zu bestimmen. Mit Fokus auf die US-Streitkräfte argumentiert beispielsweise Karen Dunivin (1994: 535), dass sich Militärkultur durch Konservatismus, Moralismus und Orientierung am Leitbild des männlichen Kämpfers auszeichnet. Gemäß Rainer Lepsius (1997: 366) ist das Militär als eine gesellschaftliche Subkultur zu verstehen, die durch die institutionalisierte Leitidee der individuellen Todesbereitschaft und das hierarchische Prinzip von Befehl und Gehorsam gekennzeichnet ist. Auch für James Burk (1999) handelt es sich beim Militär um eine gesellschaftliche Subkultur, die vier Elemente umfasst: Disziplin, Berufsethos, Ritual (Zeremonien und Etikette) sowie Kohäsion bzw. Korpsgeist. Demgegenüber wird die Kultur der australischen Armee von Nick Jans und David Schmidtchen (2002: 54 ff.) anhand der vier Dimensionen Professionalismus, Gemeinschaft, Hierarchie, Konservatismus beschrieben. Derartige Bestimmungsversuche machen deutlich, dass Streitkräfte offenbar über spezifische Merkmale verfügen, anhand derer die Strukturen und Mechanismen erkennbar werden, die der sozialen Praxis im Militär zugrunde liegen.

Um die Kultur des Militärs in diesem Sinne zu bestimmten, ist es notwendig, sich von der oftmals angenommenen Homogenität des Militärs zu verabschieden und zu fragen, um was es im militärischen Feld ‚tatsächlich' geht: um nichts weniger als den Kampf um das Wesen des Militärs eines Landes und, im Zusammenhang mit der Durchsetzung dieser Vorstellung, um Karrierechancen. Die Konflikte, die zwischen einzelnen Akteuren bzw. Gruppen in einem sozialen Feld bestehen, gründen auf einen feldspezifischen Antagonismus hinsichtlich der Verwertungsmöglichkeiten des eigenen Kapitals. Daher ist es hilfreich, das Militär – ebenso wie andere soziale Felder – als ein Spielfeld zu betrachten, auf dem um die Definitionsmacht gerungen wird, und das einen bestimmten Habitus generiert, der die selbstverständliche Anpassung an die feldspezifischen Spielregeln erlaubt. Durch den Glauben an das militärische Feld sind die Soldaten dem Feld gegenüber befangen, doch *praktisches Gespür,* über das die einzelnen Akteure gleichwohl nicht alle in gleichem Ausmaß verfügen, erlaubt es die für das Spiel intuitiv richtigen Spielzüge durchzuführen.

Soldatischer *Habitus* inkorporiert sowohl die Merkmale des sozialen Feldes als auch die Bedingungen des sozialen Raums, aus dem die Soldaten und Soldatinnen ihrer Herkunft nach stammen und der ihren primären Sozialisationskontext darstellt. Die Werte des Herkunftsmilieus und die Werte des Berufsmilieus können dabei durchaus antagonistisch sein (Bourdieu 1987a [1979]: 564). Die Bedeutung des Habitus besteht im Militär wie auch in anderen sozialen Feldern in seiner Funktion als strategisches Unterscheidungssystem, das es einem sozialen Akteur im feldinternen Wettbewerb erlaubt, sich bei relevanten Gruppen zu platzieren. Im ständigen Klassifikationskampf um den Status im sozialen Raum wird Kultur, vermittelt über den Habitus, als symbolisches Kapital, d. h. als Handlungsrepertoire zur Erlangung bzw. Steigerung von Prestige eingesetzt.

Militärkultur lässt sich daher besonders gut an den sozialen Praktiken festmachen, durch die das Korps der Berufsoffiziere formiert wird. Gerade das Offizierskorps wird durch ständige Selektion formiert und bildet daher letzten Endes die gängige Vorstellung vom erwünschten Offizier ab. Im Korpsgeist drückt sich gleichzeitig die Kohäsion, aber auch der Konformismus derjenigen aus, die es geschafft haben, innerhalb des Offizierskorps Aufnahme zu finden. Diese Mechanismen machen den ‚korporativen' Charakter des Militärs aus. Grundsätzlich trifft dies ebenso für das Unteroffizierskorps zu, wenn auch hier teilweise andere Regeln und Regularitäten gelten, die sich aus der Zugehörigkeit zu anderen gesellschaftlichen Schichten herleiten. Durch die untergeordnete Stellung der Unteroffiziere in der militärischen Hierarchie prägen sie die herrschende Militärkultur weniger stark als die Offiziere.

Bürokratische Logik sowie gleichzeitig die Referenz an militärische Tugenden und militärisches Führertum bilden die Ordnungsmuster des Militärs ab. Daher besteht im Militär eine permanente Spannung zwischen moderner Rationalität, wie sie sich in der bürokratischen Disziplin ausdrückt, die auf regelkonformes Verhalten ohne Berücksichtigung der Persönlichkeit des Handelnden abzielt, und vormodernen Vorstellungen vom militärischen Führer, der dem Bild der charismatischen Persönlichkeit mit ihren spezifischen individuellen Eigenschaften entspricht. Vor diesem Hintergrund ist Militärkultur als die Codes, Normen, Praktiken sowie expliziten und impliziten Regeln zu definieren, die das Militär als ein soziales Feld konstituieren. Zentraler Wertbezug ist die grundsätzliche Verletzungs- oder Todesmöglichkeit in Ausübung beruflicher Pflichten sowie die Bereitschaft der Soldatinnen und Soldaten zu organisierter Gewaltanwendung im Zuge der gewalthaften Regelung staatlicher Außenbeziehungen. Militärkultur ist durch bürokratische und stark hierarchische Strukturen sowie die potenzielle Totalinklusion der Militärangehörigen in diese Institution geprägt. Kurz: Auf der Akteursebene ist Militärkultur einerseits *umkämpfte*

Vorstellung vom gültigen Wesen des Militärs und andererseits *Ressource* des einzelnen Soldaten bzw. der einzelnen Soldatin zur beruflichen Karriere, da sie zu angemessener geistiger und körperlicher Haltung führen kann. Auf der institutionellen Ebene antizipiert Militärkultur bereits im Friedensbetrieb der formalen bürokratischen Organisation die Totalität des Einsatzfalles.

Militärkultur spiegelt sich im Handeln der Soldaten und Soldatinnen wider. Das Militär stellt in diesem Zusammenhang eine soziale Struktur dar, die sich in den Regeln und Regularitäten dieses sozialen Feldes wiederfindet. Ein gewisser Grundkonsens über das soziale Feld muss daher von allen Beteiligten anerkannt werden, da es sich schließlich um ein gemeinsames Interessenobjekt handelt. Ein spezifisches Interesse vereint also die Akteure in ihren Kämpfen um das Interessenobjekt, an das sie glauben und affektiv besetzen (Bourdieu 1987b [1980]: 124 f.). Aus den Arbeiten von Andreski (1968 [1954]), Finer (2002 [1962]), Lang (1965), Dunivin (1994), Lepsius (1997) und Burk (1999) kristallisieren sich *Hierarchie* und *Gemeinschaft* als die beiden Elemente heraus, die zur Bestimmung des Militärs und seiner spezifischen Kultur von zentraler Bedeutung sind. Innerhalb dieser Elemente gibt es jeweils weitere Ausprägungen, die für die soziale Praxis im Militär von Bedeutung sind.

4.1   Hierarchie

Das Militär beinhaltet als Sozialverband grundsätzlich eine mehr oder minder große Anzahl von Kämpfern, doch erst durch seine feste Einbindung in einen Staat ist die hinreichende Bedingung für den Schritt von bewaffneten Heerscharen zu formalisierten Streitkräften gegeben. Im Zuge des 19. Jahrhunderts entwickelte sich das Militär immer mehr zu einer *bürokratischen Großorganisation* des Staates. Staatliche Macht wird u. a. durch das Militär verkörpert und kann nicht nur in den staatlichen Außenbeziehungen eingesetzt werden, sondern auch zur Bekämpfung innerer Unruhen. Da das Militär als Träger des staatlichen Gewaltmonopols stets eine Gefahr für die politische Führung darstellt, legt die Exekutive großen Wert auf die Verinnerlichung des Primats der Politik innerhalb der Streitkräfte. Dies geschieht durch die Verankerung des Prinzips von Befehl und Gehorsam auf allen Ebenen des Militärs. Befehl und Gehorsam sind zentraler Teil der Hierarchie des Militärs, die in der staatlichen Bürokratie, d. h. in der formalisierten Bestimmung von Verfahrenswegen und Zuständigkeiten eine weitere Ausprägung erfährt. Als bürokratische Großgruppe formen die Streitkräfte eine erkennbare Hierarchie aus, welche Ausdruck der Autoritätsstrukturen ist, die eine klare Befehlslinie hervorbringen. Die

Status- und Rangsysteme sollen soziale Spannung und Konflikte unter Kontrolle bringen, bewirken aber gleichzeitig eine soziale Distanz zwischen den Rängen, die nicht nur mit funktionalen Kompetenzen, sondern auch mit dem Rang angemessenen Verhaltensweisen korrespondiert.

Damit verbunden steht die für Bürokratien typische Laufbahnlogik des Militärs, die mit Sicherheit und Ordnung einhergeht. In den meisten Armeen besteht für Berufssoldaten und Berufssoldatinnen ein festes Laufbahnziel, das den mindestens erreichbaren Dienstgrad festlegt und damit eine sichere Laufbahn vorzeichnet. Auf das feststehende Laufbahnsystem aufbauend, besteht jedoch für ehrgeizige Offiziere die Möglichkeit einer Karriere bis in die höchsten militärischen Positionen. Armeen, in denen man zum Soldaten bzw. zur Soldatin auf Lebenszeit werden kann, sind somit durch die Bestimmung einer vorgezeichneten militärischen Laufbahn geprägt.

Zur Umsetzung von Aufgaben und Zielen wird formal eine rein funktionale Disziplin erwartet. Die Herrschaft der Bürokratie wird rational legitimiert, indem u. a. auf Gesetze und Erlasse verwiesen wird. Dies entspricht Janowitz' (1966 [1960]) Idealtyp des militärischen Planers *(managerial leader)*, der Herrschaft im Sinne Webers vorwiegend durch rationale Legitimität ausübt. Demgegenüber steht der Idealtyp des militärischen Führers als Kämpfer *(heroic leader)*, der seine Herrschaft durch Charisma und/oder Tradition legitimiert. *Führung* wird von konservativen Kreisen im Militär daher vor allem als ein personenkonzentriertes Konzept aufgefasst. Der Idealtyp des *heroic leader* findet sich in einer konservativen Weltanschauung wieder, die im Militär weitverbreitet ist. Hier gilt das Primat der Tat vor dem des Geistes.

Aufgrund der durch dieses Spannungsfeld ‚angelegten' Konflikte kommt es innerhalb des Militärs zu Machtkämpfen, für welche die Kriterien relevant sind, die in den laufbahnrelevanten Beurteilungen angelegt sind. Das militärische Laufbahnsystem zeichnet sich durch starken Wettbewerb aus. Erfolgreich zu bestehende Lehrgänge und Verwendungen in bestimmten Funktionen sind notwendig, um im permanenten Selektionsprozess die nächste Hürde zu nehmen: entweder Förderung oder ‚Ende der Karriere'. Das dahinterstehende Prinzip ist in allen Dienstgradgruppen das der Bestenauslese. Durch das Abschneiden in Lehrgängen und vor allem durch die Beurteilung des oder der Vorgesetzten entscheidet sich, welche Richtung die Laufbahn nehmen wird. Beurteilungskriterien innerhalb der Bundeswehr sind gemäß deutschem Soldatengesetz Eignung, Befähigung und Leistung. Im Idealfall ist der oder die Vorgesetzte in der Lage, diese Kriterien sachlich anzuwenden und durch Erfahrung sowie persönliche Kenntnis der Person des bzw. der zu Beurteilenden zu einem ausgewogenen Urteil zu kommen. In der Praxis spielen jedoch die feldinterne Position und

Werthaltung der Vorgesetzten eine nicht zu unterschätzende Rolle bei der Einschätzung der Unterstellten.

Auch in einem Konzept, das den militärischen Führer als Generalisten betrachtet – und dies ist das vorherrschende Bild des Offiziers, wie es auch in der Bundeswehr gilt –, treffen diese unterschiedlichen Anforderungen an ‚Geist und Tat' zusammen. Auch hier entsteht eine Spannung zwischen moderner Rationalität, funktionaler Disziplin und bürokratischer Regelhaftigkeit auf der einen und der Vorstellung vom (männlich gedachten) Soldaten als Kämpfer auf der anderen Seite, der idealtypisch der Führerpersönlichkeit entsprechen soll. Hierarchie im Militär ist also doppelt bestimmt: a) durch Funktion und b) durch Führerschaft, weswegen Hierarchie im Militär gewissermaßen zwei Seiten hat.

4.2   Gemeinschaft

Der Gemeinschaft kommt im Militär ein zentraler Stellenwert zu. Grundsätzlich gilt im Militär die Devise, dass Gemeinschaftsleistung vor Einzelleistung zählt. Zum einen wird in der Kriegsführung herkömmlicherweise auf zahlenmäßige Überlegenheit gesetzt, zum anderen besitzt für den einzelnen Soldaten bzw. die einzelne Soldatin die Gruppe große Bedeutung, da sie im Kampf emotionale und physische Sicherheit bietet. Die entsprechende Idee des *Korpsgeistes* kann sich dabei sowohl auf die unmittelbare Einheit (z. B. das Regiment) der jeweiligen Militärangehörigen beziehen oder auch innerhalb einer Dienstgradgruppe Geltung beanspruchen. Insbesondere das Offizierskorps und das Unteroffizierskorps verstehen sich über die jeweilige Teilstreitkraft hinaus als zwei Gesinnungsgemeinschaften im Denken und Handeln. Beide stehen (bis heute) für unterschiedliche soziale Schichten bzw. Milieus innerhalb der Militärorganisation, innerhalb derer sie verschiedene Positionen in der Hierarchie einnehmen. Das aus der Logik der Bürokratie resultierende berufsständische Denken von Beamten und Offizieren, wie es Max Weber beschreibt, geht heutzutage bei den Offizieren zumeist mit dem Lebensstil sozialer Aufsteiger und Aufsteigerinnen einher, da sich das Offizierskorps in westlichen Industrieländern immer weniger aus den gesellschaftlich ‚erwünschten Kreisen'[16] rekrutiert.

---

[16] Diese setzten sich in Deutschland seit dem Kaiserreich aus den ‚in jeder Beziehung erwünschten Kreisen' der Offiziersfamilien und Gutsbesitzer, sowie den ‚erwünschten Kreisen' des Bildungsbürgertums (höhere Beamte, sowie akademische und freie Berufe) zusammen (Bald 1982: 41 f.). Siehe hierzu auch den Beitrag von *Leonhard & Biehl* in diesem Buch.

Da das Militär in den meisten westlichen Industrienationen noch eine männliche Bastion und gesellschaftliche Reproduktionsstätte von *Männlichkeit* ist (Seifert 1992), sind die Vorstellungen von einem ,richtigen' Soldaten überwiegend maskulin geprägt.[17] Die Homosozialität (Lipman-Blumen 1976) des Militärs ist sichtbarer als in anderen Domänen männlichen Gestaltungswillens, da das Militär räumlich von der zivilen Gesellschaft separiert ist. In der für das Militär so zentralen Idee der Kameradschaft drückt sich in symbolischer Form die Orientierung an den Geschlechtsgenossen aus. In dem – lange Zeit – nur Männern vorbehaltenen Raum finden die ernsten Spiele des Wettbewerbs um Anerkennung nach männlich kodierten Regeln statt. Die Kameradschaft eines männlichen Kollektivs besitzt die funktionale Qualität, im Ernstfall notwendige Kohäsion zu stiften. Sie dient jedoch auch dazu, Geschlechterdifferenz zu konstituieren.

Spezifische Vorstellungen von angemessenem Verhalten und richtiger Haltung gehen damit einher. Diese drücken sich u. a. in *Etikette und Konventionen* aus, aus denen sich selbst innerhalb einer Dienstgradgruppe die Zugehörigkeit zu einer bestimmten Fraktion oder Gruppe ergibt. Traditionale Legitimation von Herrschaft (im Sinne Webers) wird durch die Beherrschung entsprechender Verhaltensstile und -formen ausgedrückt. Wie auch in der zivilen Gesellschaft helfen diese, Unsicherheit zu bewältigen oder zu verbergen. Darüber hinaus bekommen Verhaltensregeln unter den Bedingungen von Tod und Verwundung im Kampfeinsatz für die Organisation große funktionale Bedeutung. In diesem Zusammenhang spielt Religion in vielen Armeen weiterhin eine Rolle, da sie einerseits überall dort gebraucht wird, wo gestorben wird, und andererseits einen oftmals bürgerlich-traditionellen Lebensstil auszudrücken hilft. Die für das Militär scheinbar so typische Traditionspflege spielt im Alltag meist keine direkte Rolle, doch dient sie der Vermittlung und Weitergabe spezifisch soldatischer Tugenden.

Die Selbstverpflichtung eines Berufsstandes auf spezifische Wertvorstellungen und Normen wird für Staatsdiener durch die Ziele und Zwecke eines Staates konkretisiert. Gleichzeitig erstreckt sich die Selbstverpflichtung der Staatsdiener idealiter auch auf das Wohlergehen des Gemeinwesens und dessen Einwohnerinnen und Einwohner. Gemeinwohl und Tugenddiskurs besitzen insbesondere im Republikanismus eine herausragende Bedeutung. Das soldatische *Dienstethos* drückt sich nicht nur in der berufsständischen Selbstverpflichtung zum moralischen Handeln zum Wohle des eigenen Landes aus, sondern schreibt

---

[17] Siehe hierzu auch den Beitrag zu Frauen im Militär von *Kümmel* in diesem Band.

im soldatischen Eid die Pflicht zum Gehorsam und zu tugendhaftem Handeln fest. Festzustellen bleibt, dass im Militär manchen Tugenden eine besonders große Bedeutung zukommt bzw. zugesprochen wird, die grundsätzlich aber auch in der zivilen Gesellschaft Geltung besitzen können.

Mit dem Anforderungsprofil an den Soldatenberuf verbunden kann Tapferkeit als soldatische *Primärtugend* gelten, da sich in ihr die im Ernstfall notwendige Kampf- und Aufopferungsbereitschaft als äußerster Anspruch an Soldaten widerspiegelt.[18] Tapferkeit ist gewissermaßen als langanhaltender Mut sowie im standhaften Ertragen von Bedrohungen und Belastungen zu verstehen. Soldatische *Sekundärtugenden* leiten sich aus den Bedingungen ab, die mit dem Auftrag des Militärs verbunden sind. Je nach Position innerhalb der militärischen Hierarchie kommt *funktionalen Sekundärtugenden* wie Disziplin, Entschlossenheit, Gehorsam, Härte, Zusammenhalt, Entbehrungsbereitschaft, Mut und Urteilskraft eine unterschiedlich ausgeprägte Bedeutung zu. Sie spiegeln weitgehend die spezifischen Erfordernisse militärischer Aufträge wider. *Habituelle Sekundärtugenden* im Militär wie Aufrichtigkeit, Beharrlichkeit, Bescheidenheit, Besonnenheit, Ehrgefühl, Gelassenheit, Selbstlosigkeit, Treue, Willensstärke und Würde besitzen einen ungleich höheren moralischen Anspruch. Habituelle Sekundärtugenden etablieren das professionelle Ethos des Militärs. Hierbei handelt es sich um einen bestimmten Verhaltenskodex, der eine gemeinsame Identifikation auf die gleichen Werte ermöglicht. Die besondere Betonung dieser Tugenden im Militär dient nicht zuletzt der kollektiven Selbstbeschreibung und trägt so ebenfalls zur Schaffung und Bewahrung von Gemeinschaft bei. Sie bieten allerdings auch die Möglichkeit, sich ihrer bewusst oder unbewusst zu bedienen, um sich von anderen abzusetzen. Trotz der steilen Hierarchien innerhalb der Streitkräfte wird hinsichtlich des berufsständischen Aspekts der Kollegialität im Militär von ‚Kameradschaft' gesprochen, worin sich die für das Militär typische Gleichzeitigkeit von Hierarchie und Gemeinschaft ausdrückt. Durch den hohen, auch nach außen getragenen, moralischen Anspruch, den Soldatinnen und Soldaten oftmals an sich selbst stellen oder zumindest für sich reklamieren, erscheint das militärische Feld geradezu als ‚moralische Organisation' im soziologischen Sinne.

---

[18] Die Unterscheidung zwischen Primär- und Sekundärtugenden geht auf Carl Amery (1963: 12) zurück und greift den aus der Antike stammenden Begriff der Kardinaltugenden auf, aus denen alle übrigen Tugenden abgeleitet werden.

5 Schlussbetrachtung und Ausblick

Ziel eines militärbezogenen Kulturansatzes, der ethnologische wie soziologische Perspektiven berücksichtigt, ist es, das Spezifische des Militärs sowie die Mechanismen und soziokulturellen Praktiken innerhalb des militärischen Feldes abzubilden. Um zu verstehen, was Militärkultur ‚ist‘, gilt es also, sich über das Militär als solches und seine Besonderheit klarwerden.

Aus soziologischer Perspektive ist das Militär ein soziales Feld und eine Körperschaft, die Gewalt gegen andere Länder organisiert, das eigene Land gegen Gewalt von außen schützt und gewaltsame Mittel zur Aufrechterhaltung der bestehenden inneren Ordnung bereithält. Militärische Gewalt ist somit ‚Kollektivgut‘ der Soldaten und Soldatinnen, die sich dadurch vom Rest der Gesellschaft unterscheiden. Der vorgeschlagene analytische Zugang, der Militärkultur als soziale Praxis im Sinne Bourdieus begreift, erlaubt es, das Militär als eine Arena zu begreifen und als solche zu untersuchen, wo es um Machtspiele, mikropolitische Strategien, Kämpfe und Intrigen um Ressourcen zum Aufbau ökonomischen, sozialen und kulturellen Kapitals geht. Ein solcher Blick auf Militärkultur als ‚Ort‘ der Produktion und Reproduktion sozialer Praxis, weist allerdings über das Militär als spezifisches soziales Feld hinaus und umfasst die gesamte Gesellschaft. Der Ansatz ‚Militärkultur‘ fokussiert die dominierende soziale Praxis im Militär. Um die geltende Vorstellung vom Wesen des Militärs kämpfen dabei nicht nur unterschiedliche Gruppen von Soldaten und Soldatinnen, sondern stets auch die etablierten und die nachrückenden Generationen im Militär. Je nachdem, welche gesellschaftlichen Schichten in die Streitkräfte eintreten und wie konstant der hauptsächliche Auftrag des Militärs bleibt, verändert sich die soziale Praxis im Militär langsamer oder schneller. In der militärischen Kultur bilden sich diese gesellschaftlichen Bedingungen fokussiert ab.

Ethnologische Kulturkonzepte und Methoden wie die stationäre, langfristige teilnehmende Beobachtung können dazu beitragen, die hierfür relevanten Internalisierungs- bzw. Sozialisationsmechanismen aufzudecken und spezifische Formen des Habitus aufzuzeigen, wie das Beispiel zur Einsatzkultur verdeutlicht hat. Durch einen zeitlich ausgedehnten Aufenthalt in den Einsatzgebieten der Bundeswehr und die Teilnahme an Alltagsaktivitäten wie z. B. an Patrouillenfahrten, an Gesprächen mit der einheimischen Bevölkerung, an offiziellen und inoffiziellen Besprechungen auf den verschiedensten Ebenen, an Mahlzeiten im Speisezelt, an Ritualen wie der *medal parade* oder auch an abendlichen Treffen in einer der Betreuungseinrichtungen des Feldlagers können Forscherinnen und Forscher soziokulturelle Praxis im Einsatzland beobachten und miterleben. Ist es möglich, bestimmte Praktiken wie z. B. das bewusste Ausleben einer spezifischen Einsatzidentität wiederholt in unterschiedlichsten Gruppen, an unterschiedlichen (Einsatz)Orten und zu unterschiedlichen (Einsatz)Zeiten aufzuzeichnen, so kann der Forscher bzw. die Forscherin davon ausgehen, dass es sich um ein Phänomen handelt, welches bei längerem Fortbestand und kontinuierlicher Tradierung Bestandteil einer einsatzspezifischen Kultur wird.

Aus ethnologischer Perspektive ist das Militär eine Organisation, die eine Subkultur der sie umgebenden Mehrheitsgesellschaft darstellt und selbst in verschiedene (Sub)Kulturen unterteilt ist. Militärkultur ist, wie alle anderen Kulturen auch, kein statisches und klar eingrenzbares Phänomen, sondern kann große intra- und interkulturelle Unterschiede aufweisen. Militärkultur kann sich stetig wandeln und an neue Bedingungen, wie die Gegebenheiten in einem Einsatzland, anpassen, ohne dabei die Grundzüge des Militärischen zu verlieren. Um Kernelemente einer allumspannenden, internationalen Militärkultur zu erfassen, ohne den Blick für nationale Besonderheiten und intrakulturelle Varianzen zu verlieren, gilt es die Dynamik des Kulturellen, die auch im Militär zu finden ist, zu verstehen und zu analysieren.

Eine um ethnologische Ansätze und Methoden erweiterte sozialwissenschaftliche Betrachtung von Sozialverbänden wie dem Militär erlaubt es, Bedeutungen und Zusammenhänge einer Kultur besser zu verstehen. Um dieses Potenzial auszuschöpfen, gilt es eine holistische Sichtweise auf Sozialverbände mit der hermeneutischen Deutung und Interpretation von kulturellen Sinnkonstruktionen, die die handlungsbezogene, prozessuale und symbolische Ebene von Kultur unterstreicht, zu verbinden. Durch die Berücksichtigung sowohl der sozialen Akteure als auch der Strukturen eröffnet sich ein umfassender Einblick in die soziale Praxis eines sozialen Feldes, der neue Perspektiven bietet und dessen Potenzial gerade auch mit Blick auf eine Analyse des Militärs in Zukunft stärker genutzt werden sollte.

Unseres Erachtens besitzt ‚Kultur' seinen Wert für die sozialwissenschaftliche Theorie, ist aber durch die Dispute um eindeutige Definitionen und eine übertriebene Verwertungsorientierung des Konzepts ‚Organisationskultur' in die Kritik geraten (s. a. Pettigrew 2000: xiv). Das Interesse an ‚Kultur' gilt daher letztlich nicht nur kulturellen Phänomenen oder symbolischen Ordnungen an sich. Es sind auch die Herrschaftsverhältnisse, die in den Sichtweisen, Erkenntnisinstrumenten und praktischen Klassifikationssystemen stets mittransportiert werden und im Handeln wirksam werden, und die den Kulturbegriff nicht nur ethnologisch, sondern auch soziologisch relevant machen. Die in die alltäglichen Sicht- und Handlungsweisen eingelagerten Machtstrukturen bleiben sonst als solche nicht nur unerkannt, sondern erscheinen aufgrund ihrer Selbstverständlichkeit als vollkommen normal. So verstanden handelt es sich bei Kultur (auch) um in der sozialen Praxis hergestellte Herrschaftsbeziehungen der gesamten Gesellschaft, die im Fall von Streitkräften in besonders prägnanter Weise zutage tritt.

Annotierte Auswahlbibliografie

Barnard, Allen/Spencer, Jonathan (2003): Culture. In: Barnard/Spencer (2003): 136–143.
Dieser Beitrag in einer der führenden Enzyklopädien des Faches der Ethnologie zeigt die Entwicklungsgeschichte des Kulturbegriffs auf und diskutiert wichtige Denker des Faches.

Burk, James (1999): Military Culture. In: Kurtz (1999): 447–462.
Handbuchartikel, der insbesondere in der angelsächsischen Militärsoziologie zur Standardreferenz zum Konstrukt der Militärkultur geworden ist.

Hagen, Ulrich vom (2012): Homo militaris. Perspektiven einer kritischen Militärsoziologie. Bielefeld: transcript
Das Buch widmet sich der spezifischen Kultur des Militärs: In Verbindung der Weber'schen Herrschaftstheorie und der Bourdieu'schen Feldtheorie konzipiert der Autor das Militär als gewaltsame Körperschaft und lässt den Homo militaris dabei als soziologische Figur – als eine Gestalt institutionalisierter Gewalt – sichtbar werden.

Smith, Philip (2001): Cultural Theory. An Introduction. Oxford: Blackwell Publishers.
Zusammenstellung von Paradigmen, Modellen und Konzepten der Kulturtheorie.

Soeters, Joseph/Winslow, Donna/Weibull, Alise (2003): Military Culture. In: Caforio (2003): 237–254.
Handbuchartikel, der einen guten Überblick zu den verschiedenen Möglichkeiten der Konzeptionalisierung von Militärkultur bietet.

Literatur

Alvesson, Mats (1993): Cultural Perspectives on Organisations. Cambridge: Cambridge University Press.
Ahrendt, Hannah (2008 [1970]): Macht und Gewalt. 18. Auflage. München: Piper Verlag.
Amery, Carl (1963): Die Kapitulation, oder deutscher Katholizismus heute. Reinbek: Rowohlt.
Andreski, Stanislav (1968 [1954]): Military Organization and Society. Berkely/Los Angeles: University of California Press.
Apelt, Maja (2006): Militärische Sozialisation. In: Gareis/Klein (2006): 26–39.

Apelt, Maja (Hrsg.) (2010): Forschungsthema: Militär. Militärische Organisationen im Spannungsfeld von Krieg, Gesellschaft und soldatischen Subjekten. Wiesbaden: VS Verlag für Sozialwissenschaften.

Ashkanasy, Neal/Wilderom, Celeste/Peterson, Mark (Hrsg.) (2000): Handbook of Organizational Culture and Climate. Thousand Oaks/London: Sage.

Bald, Detlef (1982): Der deutsche Offizier. Sozial- und Bildungsgeschichte des deutschen Offizierkorps im 20. Jahrhundert. München: Bernard & Graefe.

Barfield, Thomas (Hrsg.) (1997): The Dictionary of Anthropology. Oxford/Malden: Blackwell.

Barnard, Alan/Spencer, Jonathan (Hrsg.) (2003): Encyclopedia of Social and Cultural Anthropology. London et al.: Routledge

Bauman, Zygmunt (1999): Culture as Praxis. London/Thousand Oaks/New Delhi: Sage.

Beer, Bettina (2013): Kultur und Ethnizität. In: Beer/Fischer (2013): 53–73.

Beer, Bettina/Fischer, Hans (Hrsg.) (2013): Ethnologie eine Einführung. Berlin: Reimer.

Ben-Ari, Eyal/Elron, Efrat (2001): Blue Helmets and White Armor: Multi-nationalism and Multi-culturalism among UN Peacekeeping Forces. In: City and Society, 13: 2, 271–302.

Ben-Ari, Eyal/Sion, Liora (2005): "Hungry, Weary and Horny": Joking and Jesting Among Israel's Combat Reserves. In: Israel Affairs, 11: 4, 656–72.

Biehl, Heiko (2010): Kampfmoral und Kohäsion als Forschungsgegenstand, militärische Praxis und Organisationsideologie. In: Apelt (2010): 139–162.

Biehl, Heiko (2019): Zwischen Bündnistreue und militärischer Zurückhaltung: Die strategische Kultur der Bundesrepublik Deutschland. In: Werkner/Haspel (2019): 37–58.

Boas, Franz (1940): Race, Language and Culture. New York: The Macmillan Company.

Bourdieu, Pierre (1987a [1979]): Die feinen Unterschiede. Kritik der gesellschaftlichen Urteilskraft. Frankfurt a. M.: Suhrkamp. (frz.: *La distinction. Critique sociale du judgement*)

Bourdieu, Pierre (1987b [1980]): Sozialer Sinn. Kritik der theoretischen Vernunft. Frankfurt a. M.: Suhrkamp. (frz.: *Le sens pratique*)

Bredow, Wilfried von (2006): Kämpfer und Sozialarbeiter: Soldatische Selbstbilder im Spannungsfeld herkömmlicher und neuer Einsatzmissionen. In: Gareis/Klein (2006): 314–324.

Brinkmann, Sascha/Hoppe, Joachim/Schröder, Wolfgang (Hrsg.) (2013): Feindkontakt: Gefechtsberichte aus Afghanistan. Hamburg et al.: Mittler.

Burk, James (1999): Military Culture. In: Kurtz (1999): 447–462.

Burke, Edward (2018): An Army of Tribes: British Army Cohesion, Deviancy and Murder in Northern Ireland. Liverpool: Liverpool University Press.

Caforio, Guiseppe (Hrsg.) (2003): Handbook of the Sociology of the Military. New York et al.: Kluwer Academic/Plenum Publishers.

Carrithers, Michael (1997): Culture. In: Barfield (1997): 98–101.

Clifford, James (1986): Introduction: Partial Truths. In: Clifford/Marcus (1986): 1–26.

Clifford, James/Marcus, George E. (Hrsg.) (1986): Writing culture: The Poetics and politics of Ethnography. Berkeley et al.: University of California Press.

Coleman, James (1979): Macht und Gesellschaftsstruktur. Tübingen: Mohr Siebeck.

Coleman, Simon/Hyatt, Susan B./Kingsolver, Ann (Hrsg.) (2016): The Routledge Companion to Contemporary Anthropology. London: Routledge.

Danielsen, Tone (2020): Making Warriors in a Global Era: An Ethnographic Study of the Norwegian Naval Special Operations Commando. Lanham: Lexington Books.

Do, James J./Samuels, Steve M. (2021): I Am a Warrior: An Analysis of the Military Masculine-Warrior Narrative Among U.S. Air Force Officer Candidates. In: Armed Forces & Society, 47: 1, 25–47.

Drechsel, Paul/Schmidt, Bettina/Gölz, Bernhard (2000): Kultur im Zeitalter der Globalisierung. Frankfurt a. M.: IKO.

Dunivin, Karen (1994): Military Culture: Change and Continuity. In: Armed Forces & Society, 20: 4, 531–547.

Finer, Samuel (2002 [1962]): The Man on Horseback. The Role of the Military in Politics. New Brunswick: Transaction Publishers.

Focken, Tim (2013): Verwundung – ein Kampf, auf den ich nicht vorbereitet war. In: Brinkmann et al. (2013): 61–74.

Frevert, Ute (Hrsg.) (1997): Militär und Gesellschaft im 19. und 20. Jahrhundert. Stuttgart: Klett-Cotta.

Fox, Richard/King, Barbara (2002a): Introduction: Beyond Culture Worry. In: Fox/King (2002b): 1–19.

Fox, Richard/King, Barbara (Hrsg.) (2002b): Anthropology beyond Culture. London: Routledge.

Frisby, Craig/O´Donohue, William (Hrsg.) (2018): Cultural Competence in Applied Psychology. Cham, Switzerland: Springer Nature.

Gareis, Sven Bernhard/Klein, Paul (Hrsg.) (2006): Handbuch Militär und Sozialwissenschaft. Wiesbaden: VS Verlag für Sozialwissenschaften.

Gaynor, James (2020): GADF Afghanistan Inquiry Report. Canberra: Australian Defence Force.

Geertz, Clifford (1987 [1973]): Dichte Beschreibung. Beiträge zum Verstehen kultureller Systeme. Frankfurt a. M.: Suhrkamp. (engl.: *Thick Description Toward an Interpretative Theory of Culture*)

Gennep, Arnold van (2005 [1909]): Übergangsriten/Les rites de passage. Frankfurt a. M.: Campus.

Goffman, Erving (1961): Asylums: Essays on the social situation of mental patients and other inmates. New York: Anchor Books.

Götz, Irene (1997): Unternehmenskultur. Die Arbeitswelt einer Großbäckerei aus kulturwissenschaftlicher Sicht. München et al.: Waxmann.

Götz, Irene (2000): Unternehmensethnographie. In: Götz/Wittel (2000): 55–74.

Götz, Irene/Wittel, Andreas (Hrsg.) (2000): Arbeitskulturen im Umbruch. Zur Ethnographie von Arbeit und Organisation. Münster et al.: Waxmann.

Groh, Arnold (2019): Theories of Culture. London/New York: Routledge.

Hagen, Ulrich vom (Hrsg.) (2006): Armee in der Demokratie: Zum Spannungsverhältnis von zivilen und militärischen Prinzipien. Sozialwissenschaftliche Beiträge. Wiesbaden: VS Verlag für Sozialwissenschaften.

Hagen, Ulrich vom (2012): Homo militaris. Perspektiven einer kritischen Militärsoziologie. Bielefeld: transcript.

Halliday, Terence/Janowitz, Morris (Hrsg.) (1992): Sociology and Its Publics. Chicago: University of Chicago Press.

Haltiner, Karl/Kümmel, Gerhard (2009) The Hybrid Soldier: Identity Changes in the Military. In: Kümmel et al. (2009): 75–82.

Hannerz, Ulf (1992): Cultural Complexity. Studies in the Social Organization of Meaning. New York: Columbia Press.

Harrison, Faye V. (2016): Engaging Theory in the New Millennium. In: Coleman et al. (2016): 27–56.

Hofstede, Geert/Peterson, Mark (2000): Culture. National Values and Organizational Practices. In: Ashkanasy et al. (2000): 401–416.

Holmes-Eber, Paula/Enstad, Kjetil (Hrsg.) (2020): Warriors or Peacekeepers? Building Military Cultural Competence. Cham: Springer International Publishing.

Janowitz, Morris (1966 [1960]): The professional soldier. A social and political portrait. New York: The Free Press.

Jans, Nick/Schmidtchen, David (2002): The Real C-cubed: Culture, Careers and Climate and How They Affect Military Capability. Canberra: Strategic and Defence Studies Centre.

Jelušič, Ljubica (2003): Conversion of the Military: Resource-Reuse Perspective after the End of the Cold War. In: Caforio (2003): 345–359.

Jensen, Jürgen (1999): Probleme und Möglichkeiten bei der Bildung kulturenübergreifender Begriffe im Vergleich kultureller Phänomene. In: Kokot/Dracklé (1999): 53–73.

Kasper, Helmut (1987): Organisationskultur. Über den Stand der Forschung. Wien: Service-Verlag.

King, Anthony (2013): The Combat Soldier: Infantry Tactics and Cohesion in the Twentieth and Twenty-First Centuries. Oxford: Oxford University Press.

König, René (Hrsg.) (1968a): Beiträge zur Militärsoziologie (Sonderheft 12 der Kölner Zeitschrift für Soziologie und Sozialpsychologie). Köln/Opladen: Westdeutscher Verlag.

König, René (1968b): Einige Bemerkungen zu den speziellen Problemen der Begründung einer Militärsoziologie. In: König (1968a): 7–12.

Kokot, Waltraud/Dracklé, Dorle (1999): Wozu Ethnologie? Festschrift für Hans Fischer. Berlin: Dietrich Reimer.

Kühne, Thomas (1996): Kameradschaft: „Das Beste im Leben des Mannes". Die deutschen Soldaten des Zweiten Weltkriegs in erfahrungs- und geschlechtergeschlechtlicher Perspektive. In: Sozialgeschichte und Gesellschaft, 22: 4, 504–529.

Kümmel, Gerhard/Prüfert, Andreas (Hrsg.) (2000): Military Sociology. The Richness of a Discipline. Baden-Baden: Nomos.

Kümmel, Gerhard/Caforio, Guiseppe/Dandeker, Christopher (Hrsg.) (2009): Armed Forces, Soldiers and Civil-Military Relations. Wiesbaden: VS Verlag für Sozialwissenschaften.

Kurtz, Lester (1992): War and Peace on the Sociological Agenda. In: Halliday/Janowitz (1992): 61–98.

Kurtz, Lester (Hrsg.) (1999): Encyclopedia of Violence, Peace and Conflict. San Diego: Academic Press.

Lande, Brian (2007): Breathing like a soldier: Culture incarnate. In: The Sociological Review, 55: 1, 95–108.

Lang, Kurt (1965): Military Organizations. In: March (1965): 838–878.

Leonhard, Nina (2018): Über den (Wesens)Kern des Soldatseins: Professionssoziologische Überlegungen zur gegenwärtigen Debatte um soldatische Berufs- und Selbstbilder im Bereich der Bundeswehr. In: Müller-Hermann et al. (2018): 7–29.

Leonhard, Nina/Franke, Jürgen (Hrsg.) (2015): Militär und Gewalt. Sozialwissenschaftliche und ethische Perspektiven. Berlin: Duncker & Humblot.

Lepsius, M. Rainer (1997): Militärwesen und zivile Gesellschaft. In: Frevert (1997): 359–370.

Lévi-Strauss, Claude (1958): Anthropologie Structurale. Plon: Paris.

Lévi-Strauss, Claude (1968 [1962]): Das wilde Denken. Frankfurt a. M.: Suhrkamp. (frz.: *La pensée sauvage*)

Lipman-Blumen, Jean (1976): Toward a Homosocial Theory of Sex Roles. An Explanation of the Sex Segregation in Social Institutions. In: Signs, 1: 3, 15–31.

Longhurst, Kelly (2000): The Concept of Strategic Culture. In: Kümmel/Prüfert (2000): 301–310.

Malinowski, Bronislaw (1922): Argonauts of the Western Pacific. London: Routledge and Kegan Paul.

March, James (Hrsg.) (1965): Handbook of Organizations. Chicago: Rand McNally.

May, Thomas (1997): Organisationskultur. Zur Rekonstruktion und Evaluation heterogener Ansätze in der Organisationstheorie. Opladen: Westdeutscher Verlag.

Mayntz, Renate (1963): Soziologie der Organisation. Reinbeck bei Hamburg: Rowohlt.

Mead, Margaret (1970): Culture and Commitment: A Study of the Generation Gap. New York: The National History Press.

Müller, Hans-Peter (1992): Sozialstruktur und Lebensstile. Der neuere theoretische Diskurs über soziale Ungleichheit. Frankfurt a. M.: Suhrkamp.

Müller-Hermann, Silke/Becker-Lenz, Roland/Busse, Stefan/Ehlert, Gudrun (Hrsg.) (2018): Professionskulturen – Charakteristika unterschiedlicher professioneller Praxen. Wiesbaden: Springer VS.

Müller-Jentsch, Walther (2003): Organisationssoziologie. Eine Einführung. Frankfurt a. M.: Campus.

Neitzel, Sönke (2020): Deutsche Krieger: Vom Kaiserreich zur Berliner Republik – Eine Militärgeschichte. Berlin: Propyläen.

Pettigrew, Andrew (2000): Foreword. In: Ashkanasy et al. (2000): xiii–xv.

Quest, Hendrik/Messerschmidt, Maike (2017): Männlichkeiten im Konflikt. Zum theoretischen Verhältnis von militarisierter Männlichkeit, militärischer Männlichkeit und Hypermaskulinität in: ZeFKo Zeitschrift für Friedens- und Konfliktforschung, 6: 2, 259–290.

Radcliffe-Brown, Alfred R. (1952 [1935]): Structure and Function in Primitive Society. Glencoe, Ill.: The Free Press.

Refslund Sørensen, Birgitte/Ben-Ari, Eyal (Hrsg.) (2019): Civil-Military Entanglements: Anthropological Perspectives. New York/Oxford: Berghahn Books.

Schneider, Benjamin (2000): The Psychological Life of Organizations. In: Ashkanasy et al. (2000): xvii–xxi.

Schuh, Horst/Schwan, Siegfried (Hrsg.) (2006): Afghanistan – Land ohne Hoffnung? Kriegsfolgen und Perspektiven in einem verwundeten Land. Brühl: Fachhochschule des Bundes.

Schulte, Benjamin/Andresen, Florian/Koller, Hans (2020): Exploring the Embeddedness of an Informal Community of Practice within a former Organizational Context: A Case Study in the German Military. In: Journal of Leadership & Organizational Studies, 27: 2: 153–179.

Scott, W. Richard (1986 [1981]): Grundlagen der Organisationstheorie. Frankfurt a. M./ New York: Campus.

Scupin, Raymond (2018): Culture: The Use and Abuse of an Anthropological Concept. In: Frisby/O'Donohue (2018): 243–268.

Seifert, Ruth (1992): Männlichkeitskonstruktionen: Das Militär als diskursive Macht. In: Das Argument, 34: 196, 859–872.

Seiffert, Anja (2013) Generation Einsatz. In: Politik und Zeitgeschichte, 63: 44, 11–16.

Seiffert, Anja/Heß, Julius (2019): Leben nach Afghanistan – Die Soldaten und Veteranen der Generation Einsatz der Bundeswehr. Ergebnisse der sozialwissenschaftlichen Langzeitbegleitung des 22. Kontingents ISAF (Forschungsbericht des ZMSBw). Potsdam: Zentrum für Militärgeschichte und Sozialwissenschaften der Bundeswehr.

Smircich, Linda (1983): Concepts of Culture and Organizational Analysis. In: Administrative Science Quarterly, 28, 339–358.

Soeters, Joseph/Winslow, Donna/Weibull, Alise (2003): Military Culture. In: Caforio (2003): 237–254.

Swidler, Ann (1986): Culture in Action: Symbols and Strategies. In: American Sociological Review, 51: 2, 273–286.

Tomforde, Maren (2006a): „Einmal muss man schon dabei gewesen sein…" – Auslandseinsätze als Initiation in die „neue" Bundeswehr. In: Hagen (2006a): 101–119.

Tomforde, Maren (2006b): „Meine rosa Uniform zeigt, dass ich dazu gehöre": Soziokulturelle Dimensionen des Bundeswehr-Einsatzes in Afghanistan. In: Schuh/Schwan (2006b): 134–159.

Tomforde, Maren (2010a): Neue Militärkultur(en): Wie verändert sich die Bundeswehr durch die Auslandseinsätze? In: Apelt (2010): 193–219.

Tomforde, Maren (2010b): Introduction: The Distinctive Role of Culture for Peacekeeping Missions. In: International Peacekeeping, 17: 4, 450–456.

Tomforde, Maren (2015): "Good Shot": Gewalterfahrungen von Bundeswehrsoldaten im Auslandseinsatz. In: Leonhard/Franke (2015): 213–250.

Tomforde, Maren (2019): Framing the Other in Times of War and Terror: Explorations of the Military in Germany. In: Refslund Sørensen/Ben-Ari (2019): 100–119.

Tomforde, Maren (2020): Intercultural competencies in the Bundeswehr: Officer training and mission realities. In: Holmes-Eber/Enstad (2020): 139–159.

Tylor, Edward Burnett (1958 [1871]): Primitive Culture: The origins of culture. Harper: New York.

Tyrrell, Marc (2000). Hunting and Gathering in the Early Silicon Age: Cyberspace, Jobs, and the Reformulation of Organizational Culture. In: Ashkanasy et al. (2000): 85–100.

Weber, Max (1985 [1922]). Gesammelte Aufsätze zur Wissenschaftslehre. Tübingen: Mohr.

Weiner, Amir (2001): Making Sense of War. The Second World War and the Fate of the Bolshevik Revolution. Princeton: Princeton University Press.

Werkner, Ines-Jacqueline/Haspel, Michael (Hrsg.) (2019): Bündnissolidarität und ihre friedensethischen Kontroversen (Fragen zur Gewalt, Bd. 4). Wiesbaden: Springer VS.

Wilson, Peter (2008): Defining Military Culture. In: The Journal of Military History, 72: 1, 11–41.

Winslow, Donna (1997): The Canadian Airborne Regiment in Somalia: A Socio-cultural Inquiry. Ottawa: Canada Communications Group-Publishing.

Hagen, Ulrich vom, Dr. phil.; apl. Professor an der Dalhousie University, Halifax, Kanada, und Direktor in der Landesregierung von Nova Scotia, Kanada.

Tomforde, Maren, Dr. phil.; Fachgebietsleiterin Globale Internationale Beziehungen an der Führungsakademie der Bundeswehr in Hamburg und affiliierte Dozentin am Department of Anthropology an der Macquarie University in Sydney, Australien.

Militär und Tradition

Heiko Biehl und Nina Leonhard

Im Frühjahr 2017 wurde ein Oberleutnant der Bundeswehr, Franco A., verhaftet. Dieser hatte sich nicht nur als syrischer Flüchtling ausgegeben und bei deutschen Behörden erfolgreich Asyl beantragt. Im Juli 2022 wurde er vom Oberlandesgericht Frankfurt am Main wegen der Vorbereitung einer schweren staatsgefährdenden Straftat und Verstößen gegen das Waffenrecht zu einer mehrjährigen Gefängnisstrafe verurteilt. Einige Jahre zuvor war Franco A. bereits mit seiner an einer französischen Offizierschule verfassten Masterarbeit aufgefallen. Laut eines wissenschaftlichen Gutachtens war sie Ausweis rechtsextremistischer und rassistischer Überzeugungen. Die daraufhin eingeleiteten Ermittlungen stellte der Wehrdisziplinaranwalt jedoch ein. Franco A. durfte seine Offizierausbildung beenden und wurde sogar als Berufssoldat in die Bundeswehr übernommen. Seine Verhaftung schlug nicht zuletzt vor diesem Hintergrund innerhalb wie außerhalb der Bundeswehr hohe Wellen. Die damalige Verteidigungsministerin Ursula von der Leyen klagte öffentlich über einen „falsch verstandenen Korpsgeist" und bescheinigte der Bundeswehr „ein Haltungsproblem". Zugleich beauftragte sie eine Neufassung der Traditionsrichtlinien der Bundeswehr – um Handlungsbereitschaft und Handlungsfähigkeit zu dokumentieren und die politische Deutungshoheit zurückzuerlangen. Diese Rechnung ging weitgehend

H. Biehl (✉) · N. Leonhard
Forschungsbereich Militärsoziologie, Zentrum für Militärgeschichte und Sozialwissenschaften der Bundeswehr, Potsdam, Deutschland
E-Mail: heikobiehl@bundeswehr.org

N. Leonhard
E-Mail: ninaleonhard@bundeswehr.org

© VS Verlag für Sozialwissenschaften | Springer Fachmedien Wiesbaden GmbH, Wiesbaden 2023
N. Leonhard und I.-J. Werkner (Hrsg.), *Militärsoziologie – Eine Einführung*,
https://doi.org/10.1007/978-3-658-30184-2_16

auf, wie rückblickend angesichts der Resonanz zu konstatieren ist, auf die die
Diskussion über die Neuformulierung der Traditionsrichtlinien in den Streitkräften sowie in der militäraffinen und mitunter sogar breiteren Öffentlichkeit
stieß.

Unabhängig davon, wie man zu den Implikationen des gesamten Vorganges
steht, war und ist aus sozialwissenschaftlicher Sicht bemerkenswert, wie schnell
und weitgehend widerspruchlos der Fall Franco A. mit militärischer Tradition
in Verbindung gebracht wurde. Dies konnte nur gelingen, weil für die Bundeswehr das Verhältnis zur deutschen Vergangenheit, zu Wehrmacht und Nationalsozialismus, weiterhin Dreh- und Angelpunkt ihres politischen Selbst- und damit
Traditionsverständnisses ist, wenngleich sich aufgrund der Auslandseinsätze
der Bundeswehr der historische Rückbezug auf die Zeit des Zweiten Weltkriegs
mittlerweile anders darstellt, als dies noch in den 1990er- oder 2000er-Jahren
der Fall war. Insbesondere der Einsatz in Afghanistan mit seinen Gefechten,
getöteten Gegnern und gefallenen Soldaten hat die inner- wie außermilitärische
Debatte über die Bezüge zur Wehrmacht sowohl aktualisiert als auch transformiert. Im Mittelpunkt steht mittlerweile die Frage nach der (Un)Möglichkeit
professioneller, militärisch-handwerklicher Kontinuitäten, ihrer Bewahrung und
Vermittlung als ‚Tradition' in Anbetracht politischer, sozialer und militärischer
Diskontinuitäten (Abenheim und Hartmann 2018; Neitzel 2020).

Um verstehen zu können, weshalb im Kontext der militärischen wie
gesellschaftlichen (Selbst)Verortung der Bundeswehr der Traditionsfrage
eine solch hohe Bedeutung zukommt, muss man sowohl die grundlegenden
Funktionen militärischer Tradition als auch die speziellen Hintergründe
der intensiven, ereignisreichen und langanhaltenden Suche nach einer
‚angemessenen' Tradition für die Bundeswehr kennen. Deshalb wird im
Folgenden zunächst der Traditionsbegriff in seiner Bedeutung für das Militär
erläutert. Am Beispiel der Bundeswehr wird sodann illustriert, wie sich
militärische Traditionen in Symbolen, Zeremonien und Ritualen konkretisieren
und welche historischen Inhalte als traditionsbildend gelten. Hierbei wird herausgearbeitet, nach welchen Mustern und mit welchen Intentionen die öffentlichen,
politischen und militärischen Diskussionen um die Traditionspflege der
Bundeswehr lange Zeit geführt wurden und wie das Meinungsbild dazu in der
Bevölkerung sowie bei den Streitkräfteangehörigen aussieht. Danach wird anhand
der 2018 erlassenen neuen Richtlinien sowie der Reaktivierung des militärischen
Totengedenkens die Herausbildung eines neuen Umgangs mit militärischer

Tradition in Politik und Gesellschaft diskutiert. Abschließend wird auf die gegenwärtigen und zukünftigen Herausforderungen eingegangen, die sich für militärische Traditionen stellen.

1 Tradition: Begriff, Gegenstand, Fragestellung

Was ist Tradition? Der Begriff ‚Tradition' geht auf das lateinische Verb *tradere* zurück, das den Vorgang des Weitergebens bezeichnet (Wiedenhofer 1990). Ursprünglich auf Übergabehandlungen im Alltag, vor allem im Kontext einer (rechtlichen) Eigentumsübertragung, bezogen, ist ein Restbestand dieser einstigen Bedeutung von Tradition bis in die Gegenwart hinein bewahrt worden, „insbesondere der moralische, rechtliche, werthafte und verpflichtende Charakter der übergebenen Gabe" (ebd.: 609). Begriffsgeschichtlich stand Tradition von Anfang an sowohl für den Überlieferungsvorgang als auch für das Überlieferte selbst. Auch dieser doppelte Bedeutungsgehalt von Prozess und Inhalt hat sich bis heute erhalten.

Je nach Bedeutungszusammenhang (Geschichtswissenschaft, Theologie, Ethnologie etc.) wird der Begriff der Tradition unterschiedlich verwendet. Sein Gebrauch im Bereich der Sozialwissenschaften, wie er sich in Anlehnung an Max Weber entwickelt hat, ist geprägt durch die Unterscheidung zwischen Traditionswissen und wissenschaftlichem, an Rationalitätskriterien ausgerichtetem Erfahrungswissen. Seit der Aufklärung steht hier die Emanzipation von der Tradition, verstanden als eine unhinterfragte Übernahme bzw. Nachahmung des Überlieferten, durch die Vernunft im Vordergrund. Entsprechend spielt Tradition vor allem in den Theorien des sozialen Wandels, insbesondere bei der Frage nach den Bedingungen und Faktoren gesellschaftlicher Modernisierungsprozesse, eine Rolle (vgl. ebd.: 645). Nach Weber bezeichnet Tradition einen Grundtypus der Geltung und Legitimität sozialer Ordnung, der auf der Grundlage „des immer Gewesenen" (Weber 1985 [1922]: 19) beruht: „Sobald die Konvention sich der Regelmäßigkeit des Handelns bemächtigt hat, aus einem ‚Massenhandeln' also ein ‚Einverständnishandeln' geworden ist (…), wollen wir von ‚Tradition' sprechen." (ebd.: 192). Weber hebt somit den Geltungs- und Verpflichtungscharakter von Tradition hervor, der auf ein bestimmtes gesellschaftliches Bewusstsein (und entsprechendes Verhalten) verweist.

Tradition ist durch die fünf folgenden Aspekte gekennzeichnet (vgl. hierzu auch Shils 1981: 12 ff.): Sie hat *erstens* mit der Bewahrung von Vergangenem für die Gegenwart und Zukunft zu tun. Dabei handelt es sich jedoch nicht um die Vergangenheit als Ganzes, sondern um eine gewisse Auswahl – wodurch sich

Tradition von Geschichte unterscheidet.[1] Die Auswahl des Vergangenen bestimmt
sich danach, welche Haltung zur Vergangenheit eingenommen und was somit als
bewahrenswert betrachtet wird. Das bedeutet *zweitens,* dass jede Tradition stets
sowohl interesse- als auch zeitgebunden ist. Daher ist Tradition prinzipiell Veränderungen unterworfen und hängt davon ab, *wer* über die jeweilige Auswahl
entscheidet. Bewahrenswert sind Traditionen, da sie auf der Vorstellung einer
bestimmten „kulturellen Botschaft" (Lenclud 1987: 113) basieren, die es mit
Blick auf die Zukunft weiterzugeben gilt. Das verweist *drittens* auf den Prozess
der Transmission, also auf die Art und Weise, wie diese Botschaft von einer
Generation an die nächste vermittelt sowie von dieser angenommen und fortgeführt wird. Sofern Tradition als eine Haltung verstanden wird, muss *viertens* ein
bestimmtes Maß an Reflexion (und damit auch von Intentionalität) gegeben sein:
Erst durch die Bezugnahme auf einen Aspekt der Vergangenheit wird dieser zu
Tradition. Dabei ist es nachrangig, ob diese Bezugnahme der historischen ‚Wahrheit' entspricht oder nicht. Tradition ist stets eine „Retro-Projektion" (ebd.: 118)
der Gegenwart auf die Vergangenheit, unter Umständen sogar eine „Erfindung"
(vgl. Hobsbawm and Ranger 1992 [1983]) und somit etwas, was in der Historie so
gar nicht gewesen sein oder stattgefunden haben muss. Entscheidend ist vielmehr
fünftens, dass Tradition den *Anschein* erweckt, wahr zu sein (Lenclud 1987: 119).
Darin gründet letztlich der von Weber angesprochene unhinterfragte Einverständ-
nis-, Geltungs- und Verpflichtungscharakter von Tradition.

Für eine sozialwissenschaftliche Beschäftigung mit Tradition ergeben sich
daraus die folgenden Untersuchungsperspektiven:

• Die Auswahl an Tradition(en), auf die sich eine soziale Gruppe bezieht: Auf
  welche Aspekte der Vergangenheit beruft man sich, was wird vernachlässigt
  oder verschwiegen? Wer bestimmt über die Traditionsauswahl, wer kann sich
  aus welchen Gründen durchsetzen und wer nicht?
• Die Art und Weise, wie Tradition vermittelt bzw. ‚gelebt' wird: Wie sieht
  Tradition in der Praxis aus?
• Die funktionalen Aspekte von Tradition: Was bewirkt Tradition? In welcher
  Absicht wird Tradition gestiftet? Wozu benötigt man, etwa Staaten und
  Armeen, Traditionen?

Diese Perspektiven gilt es zu berücksichtigen, wenn man sich speziell mit
Traditionen im militärischen Kontext beschäftigt.

---

[1] Zu dieser Unterscheidung siehe z. B. Jeismann (1992: 19).

2 Formen und Funktionen militärischer Tradition

Militärorganisationen zeichnen sich im Allgemeinen durch ein vergleichs-weise hohes Maß an formellen wie informellen Traditionen aus: Hierzu zählen Uniformen und Abzeichen, militärische Lieder (z. B. Paveau 1999) sowie Symbole und Rituale wie das Feierliche Gelöbnis oder der Große Zapfenstreich (z. B. Werkner 2003), aber auch der Bezug auf vergangene Leistungen, Ereignisse oder Persönlichkeiten, an die durch die Namensgebung von Kasernen, Schiffen oder Truppenteilen (z. B. Schmidt 2016) erinnert werden soll. All diese Ausdrucksformen militärischer Tradition verweisen auf bestimmte Teile der Vergangenheit.

Militärische Tradition als Auswahl aus der Geschichte
In der Bundeswehr versteht man unter Tradition eine wertbezogene Auswahl an geschichtlichen Erfahrungen und Persönlichkeiten, die den Soldaten und Soldatinnen als Vorbild dienen können und sollen. Zwischen ‚Geschichte‘ und ‚Tradition‘ wird dabei strikt getrennt. Welche Teile der Geschichte zur bewahrungswürdigen Tradition der Bundeswehr gehören, darüber gab und gibt es unterschiedliche Auffassungen. Offiziell gilt in der Bundeswehr das als Tradition, was im Traditionserlass zunächst 1965, dann 1982 und zuletzt 2018 festgelegt wurde (siehe weiter unten, Abschn. 3).

Militärische Tradition als ‚gelebte‘ Praxis
Offizielle Traditionen sagen allerdings über die militärische Praxis, über die ‚gelebte‘ Tradition oder Traditionspflege, nur bedingt etwas aus. Damit sind nicht nur etwaige von den amtlichen Vorgaben abweichende Vergangenheits-interpretationen gemeint, die sich in einer besonderen informellen Traditions-pflege niederschlagen. Militärische Tradition in der Praxis umfasst auch das, was man als Brauchtum oder Konvention[2] bezeichnen kann: bestimmte Regeln, wie den militärischen Gruß oder den festgelegten Ablauf militärischer Zeremonien, die ursprünglich eine funktionale Bedeutung hatten, diese (sofern sie überhaupt noch bekannt ist) heutzutage jedoch weitgehend verloren haben, aber weiterhin als ‚Tradition‘ bewahrt werden. Ähnliches gilt für informelle Bräuche, die, wenn

---

[2] Im *Handbuch Innere Führung* (1957: 50 f.) wird entsprechend der Auffassung von Baudissin (1969a [1956]: 80 f.) zwischen Tradition und Konvention (verstanden als Inhalt und Form) unterschieden: Tradition steht demnach für die bleibenden sittlich-geistigen Werte und gültigen Grunderfahrungen, Konvention für deren zeitgebundene Erscheinungen (Formen des Grußes, Ausgestaltung der Uniformen etc.).

	Handlungsorientierung	*Werteorientierung*
Militärische Identität	**Sozialisation**	**Motivation**
Gesellschaftliche Integration	**Repräsentation**	**Legitimation**

Abb. 1 Funktionen militärischer Tradition. (Quelle: eigene Darstellung)

auch nicht offiziell unterstützt, so doch zumindest geduldet sind, und in ritueller Form beispielsweise Statuspassagen (wie den Eintritt ins Militär bzw. in die Militärakademie oder die Beförderung zum Offizier) markieren.

Funktionen militärischer Tradition
In Anbetracht dieser unterschiedlichen Erscheinungsformen militärischer Tradition sowie im Anschluss an die wissenschaftliche Literatur (vgl. Kern und Klein 1986; Bulmahn 2004) und in Ergänzung und Weiterentwicklung eigener Vorarbeiten (Biehl und Leonhard 2012, 2018: 39 ff.) können verschiedene Funktionen militärischer Traditionen identifiziert werden. Diese lassen sich *zum einen* danach unterscheiden, ob sie vornehmlich einen Binnenbezug aufweisen und auf die militärische Identität der Organisation wie ihrer Angehörigen zielen, oder ob sie den Außenbezug, und damit die Integration der Streitkräfte in ihr ziviles Umfeld, betonen. *Zum anderen* können militärische Traditionen eher eine Handlungsdimension (etwa den Kampf oder militärische Führungsleistungen) oder eine Wertedimension (etwa den Bezug zur Nation oder zu gesellschaftlichen Normen und Werten) abbilden. In der Kombination dieser beiden Dimensionen ergeben sich vier Funktionen, die militärische Tradition für Streitkräfte ausweist (Abb. 1).

(1) Sozialisation: Militärische Gepflogenheiten und soldatisches Handwerk
Die Schaffung und Inanspruchnahme militärischer Tradition zielt *erstens* auf die Stabilisierung und Vermittlung von Organisationskultur und Organisationsstruktur der Streitkräfte ab. Traditionen im Sinne von Konventionen und Gepflogenheiten tragen dazu bei, Handlungsmuster und damit Handlungssicherheit für den täglichen Umgang miteinander zu schaffen, indem sie beispielsweise das Verhältnis von Gleichgestellten sowie von Vorgesetzten und Untergebenen

bestimmen. Gewohnheiten und Bräuche geben Hinweise auf erwartetes und damit ‚angemessenes' Verhalten, was den Soldatinnen und Soldaten bei ihrer Einbindung in die soldatische Gemeinschaft und militärische Organisation hilft. Diese *Sozialisationsfunktion*[3] von Tradition ist allerdings nicht nur auf das alltägliche Miteinander der Militärangehörigen beschränkt, sondern bezieht sich auch auf das ‚soldatische Handwerk' im engeren Sinne. Die Berufung auf ausgewählte Persönlichkeiten oder historische Ereignisse soll dazu dienen, militärtypische Fähigkeiten und Kenntnisse zu vermitteln und Standards professionellen Könnens zu bewahren. Der ursprüngliche begriffsgeschichtliche Bedeutungsgehalt von Tradition als Weitergabe bzw. Vermittlung eines bestimmten Wissens oder *Know-how* tritt hier deutlich hervor. Gleichzeitig werden die mit diesen Wissensbeständen verbundenen Institutionalisierungen (z. B. die Aufgabenteilung zwischen den Dienstgradgruppen und die Gliederung der militärischen Organisation in verschiedene Truppengattungen) unter Berufung auf ihre überlieferte Gültigkeit bewahrt und reproduziert. Tradition soll damit über alle Veränderungen hinweg, denen Streitkräfte unterliegen, in handlungsorientierter, binnenbezogener Weise zeitliche Kontinuität stiften.

(2) Motivation: Militärisches Welt- und Selbstverständnis
Zweitens integriert Tradition die Organisationsmitglieder durch die Schaffung und Vermittlung gemeinsamer Werte und Haltungen und begründet damit ein gemeinsames Selbst- wie Weltverständnis. Durch den Bezug auf historische Vorbilder sowie die Nutzung von etablierten Symbolen (Uniform und Orden) werden ein innerer Zusammenhalt und ein Gemeinschaftsgefühl (Kohäsion) unter den Angehörigen des Militärs geschaffen. Kohäsion im militärischen Kontext speist sich unter anderem aus einem Gefühl der Besonderheit, das auf spezifischen Werten und der speziellen Aufgabenbestimmung des Militärs bzw. der jeweiligen militärischen Einheit sowie auf der Abgrenzung zu anderen (Einheiten, Truppengattungen oder der zivilen Umwelt) beruht. Die Berufung auf vermeintlich überzeitliche soldatische Tugenden wie Tapferkeit, Treue, Kameradschaft und Disziplin soll die Besonderheiten des Soldatenberufs – durchaus in Abgrenzung zum Zivilen – veranschaulichen und zur Nachahmung anregen. In diesem Sinne kann hier von einer *Motivationsfunktion* militärischer Tradition gesprochen werden.

---

[3] Siehe hierzu auch den Beitrag von *Apelt* in diesem Band.

(3) Legitimation: Normative Bindung der Streitkräfte an ihr ziviles Umfeld
Drittens stellen sich Streitkräfte mit ihren Traditionen in Bezug zur Außenwelt, um Legitimität für sich und ihr Tun zu schaffen. Dies geschieht, indem Traditionen den normativen Konsens zwischen den Streitkräften und der zivilen Gesellschaft symbolisieren. So erinnert die Nationalflagge Soldatinnen und Soldaten (ebenso wie Staatsbürgerinnen und Staatsbürger) an ihre Verpflichtung, für das Gemeinwesen notfalls mit ihrem Leben einzustehen. Der gemeinsame Wertebezug dokumentiert sich ebenso im soldatischen Eid (Lange 2003), in öffentlichen Gelöbnissen und im dabei aktualisierten Bekenntnis zu staatlichem Recht und Gesetz. Mit ihren Traditionen präsentieren Streitkräfte sich als staatsdienende und staatstragende Organisation, die als *ultima ratio* Garant staatlicher Existenz und Souveränität sind. Bei der *Legitimationsfunktion* militärischer Traditionen steht folglich das militärische Bekenntnis zu den politischen wie zivilgesellschaftlichen Werten und Normen im Mittelpunkt.

(4) Repräsentation: Präsenz des Militärischen in im öffentlichen Raum
Mittels ihrer Traditionen kommunizieren Streitkräfte und ihre Angehörige gegenüber der zivilen Gesellschaft nicht nur die Werte, für die sie stehen und denen sie verpflichtet sind. Durch militärische Veranstaltungen in der Öffentlichkeit, wie Ehrenwachen oder Waffenparaden, stellen Armeen *viertens* den ihnen übertragenen Auftrag – den Einsatz militärischer Gewalt zur Verteidigung und zur Verfolgung staatlicher bzw. nationaler Interessen – heraus. Sie inszenieren und demonstrieren auf diese Weise ihren Einsatzwillen und ihre Einsatzfähigkeit einschließlich der ihnen überantworteten Machtmittel gegenüber der politischen Führung und der zivilen Gesellschaft sowie der interessierten internationalen Öffentlichkeit und prägen so das öffentliche Bild vom Militär und seiner Aufgaben. In dieser Perspektive dienen militärische Traditionen dazu, den Kern militärischer Profession zu veranschaulichen.

Zusammengefasst haben militärische Traditionen eine organisationsbezogene Identitätsfunktion und eine gesellschaftliche Integrationsfunktion; sie wenden sich damit ebenso an die Streitkräfte wie an das zivile Umfeld. Zugleich weisen Traditionen einen Handlungs- und einen Wertebezug auf. Sie sind also Ausdruck und Element des Selbst- und Weltverständnisses der Militärorganisation wie auch ihrer Angehörigen und bestimmen durch Darstellung ihrer funktionalen wie normativen Rolle ihren Platz in Staat und Gesellschaft. Ungeachtet dieser analytischen Differenzierung der Funktionen militärischer Tradition ist zu beachten, dass einzelne Traditionen bzw. konkrete Praktiken militärischer Tradition in aller Regel mehrere Funktionen zugleich bedienen. Um dies an einem Beispiel zu illustrieren: Ein öffentliches Gelöbnis kann durch die Präsenz im öffentlichen Raum den Soldatinnen und Soldaten wie der Bevölkerung die gesellschaftliche Einbindung der Armee veranschaulichen. Die im Gelöbnis aktualisierte Rückbindung an Recht und Gesetz und der soldatische Eid auf die Verfassung sind wiederum Ausdruck der normativen Dimension militärischer Tradition, während die bei derselben Veranstaltung zur Schau gestellten Waffen den Kern der militärischen Profession, die Fähigkeit zu Kampf und Gefecht, vor Augen führen.

Gerade diese – nicht nur funktionale – Mehrdeutigkeit militärischer Traditionen erklärt ihre soziale Anschlussfähigkeit, aber auch ihre politische Brisanz. Die Frage der Ausgestaltung militärischer Traditionen ist – zumal im deutschen Kontext – in der Tat nicht selten mit dem verbunden, was Donald Abenheim (1989: 9) als „de[n] bewußte[n], Emotionen freisetzende[n] und häufig offensichtlich politische[n] Einsatz von Gebräuchen und Symbolen der Vergangenheit, mit der Absicht, den Dingen in der Gegenwart Legitimität zu verleihen", bezeichnet hat. Die Politikwissenschaft spricht hier von „Geschichtspolitik".[4] Geschichtspolitische Auseinandersetzungen werden dann besonders virulent, wenn, wie dies in Deutschland nach 1945 der Fall war, der bisher bestehende Konsens über gemeinsame Werte und Symbole zusammengebrochen ist und neu etabliert werden muss. Nur so ist zu verstehen, warum die Frage, auf welche Traditionen sich die Bundeswehr berufen kann und wie diese im Truppenalltag zur Geltung kommen sollen, von Anfang an so umstritten war (siehe Abschn. 3.1.). Dass das Thema bis heute für die Bundeswehr zentral ist, ist zum einen auf die soeben aufgezeigte Mehrdimensionalität sowie Multifunktionalität militärischer Tradition zurückzuführen, die unterschiedliche Antworten auf die Frage nach dem Wie und dem Wofür des Einsatzes von Streitkräften und ihrer Angehörigen möglich machen (siehe Abschn. 3.2). Zum anderen erschwert der Gewaltbezug der militärischen Profession die Auswahl angemessener Traditionen – zumindest dann, wenn sich Streitkräfte, wie die Bundeswehr hierzulande, im engen Austausch mit einer Zivilgesellschaft befinden, für die das Gebot eines gewaltfreien Konfliktaustrages gilt, welches in Spannung zum staatlich sanktionierten Gewalthandeln steht (siehe hierzu auch Abschn. 3.3).

---

[4] Unter Geschichtspolitik wird im Allgemeinen die politische Bezugnahme auf die Vergangenheit verstanden, die dazu dient, die Legitimität politischer Ordnungen und Handlungen herzustellen oder zu festigen (vgl. Wolfrum 1999; Heinrich und Kohlstruck 2008).

3   Militärische Tradition in der Bundeswehr

3.1   Die Traditionsfrage in der Bundeswehr

Wenn vom ‚Traditionsproblem' der Bundeswehr die Rede ist, so ist in erster
Linie die Schwierigkeit angesprochen, darüber zu entscheiden, „ob, in welcher
Form und wozu überhaupt ‚überlieferungswürdige Werte' aus der deutschen
Geschichte in der Truppe bewahrt und weitergegeben werden sollten" (Jacobsen
1999: 1186). Einerseits galten militärische Traditionen nach dem Zweiten Weltkrieg als diskreditiert, da man sie für das Scheitern der ersten deutschen Demokratie und den Nationalsozialismus mitverantwortlich machte (vgl. Abenheim
1989: 7 ff.). Andererseits fiel eine klare Einordnung (und Verurteilung) von
Nationalsozialismus und Wehrmacht schwer, da die Bundesrepublik die Rechts-
nachfolge des ‚Dritten Reiches' angetreten hatte und man sich, anders als in der
DDR, nicht auf ein geschlossenes, ideologisch fundiertes Geschichtsbild berufen
konnte. Hinzu kamen der Kalte Krieg und ein ungebrochener „Antibolschewis-
mus", die eine prinzipielle Auseinandersetzung mit der Rolle der Wehrmacht im
Zweiten Weltkrieg erschwerten, da „deren Soldaten und Offiziere ihren beruflichen Stolz trotz aller Erkenntnisse über Hitlers Herrschaft und Kriegsziele nicht
zuletzt deshalb bewahrt hatten, weil sie sich als Bollwerk gegen eben diesen
Bolschewismus fühlten" (Messerschmidt 1992: 18).

Das Problem, sich zur Wehrmacht und zu den Werten zu positionieren,
die dort – auch bzw. gerade im Rahmen militärischer Traditionspflege – hoch-
gehalten wurden, stellte sich in der frühen Bundeswehr ganz konkret: Zur Armee
des ‚Dritten Reiches' gab es direkte personelle Verbindungen, denn es waren
zu einem Großteil ehemalige Angehörige der Wehrmacht, die den Wiederaufbau des westdeutschen Militärs verantworteten. Diese personelle Kontinuität
war den funktionalen Anforderungen der bundesrepublikanischen Wiederbewaffnung nur rund zehn Jahre nach Ende des Zweiten Weltkrieges geschuldet.
Das Adenauer zugeschriebene Bonmot, die NATO nehme ihm wohl keine acht-
zehnjährigen Generale ab, illustriert das entscheidende Dilemma: Zum einen
musste sich die Bundesrepublik, um internationale Reputation zu erlangen, vom
NS-Regime distanzieren. Entsprechend sollte nur militärisches Personal, das von
der jüngsten Vergangenheit weitgehend unbelastet war und demokratische Überzeugungen aufwies, für die neuen Streitkräfte rekrutiert werden. Zum anderen
hatten jedoch all diejenigen, die über das notwendige organisationale Wissen
und die militärischen Fähigkeiten verfügten, in der Wehrmacht gedient und im
Zweiten Weltkrieg gekämpft. Nur unter ihnen konnten die Offiziere und Unter-

offiziere gewonnen werden, die den personellen Kern der Bundeswehr bilden sollten (Genschel 1972: 205 ff.; Abenheim 1989: 89 ff.).[5] Durch die personellen Kontinuitäten zur Wehrmacht war fortan die Auseinandersetzung um die Vorbildhaftigkeit soldatischer Leistungen während des Nationalsozialismus durch eine starke persönliche Komponente gekennzeichnet: Viele Angehörige der frühen Bundeswehr mussten sich in diesem Zusammenhang nicht nur die abstrakte Frage gefallen lassen, was sie in einer bestimmten historischen Situation gemacht hätten. Sie waren vielmehr gefordert, konkret Auskunft darüber zu geben, wie sie sich zwischen 1933 und 1945 tatsächlich verhalten hatten.

Trotz dieser persönlichen Verbindungslinien konnte und wollte die Bundeswehr als Streitmacht der in die westlichen Bündnisse integrierten Bundesrepublik nicht in ideeller und politischer Kontinuität zur Wehrmacht und deren Traditionen stehen. Von Anfang an war mit dem offensichtlichen Widerspruch umzugehen, dass einerseits ehemalige Wehrmachtsangehörige übernommen und deren Fertigkeiten und Schaffenskraft genutzt wurden, andererseits aber eine Distanzierung von der Organisation und dem Umfeld, in dem diese Fähigkeiten erworben wurden, gefordert war. Mit wachsendem zeitlichen Abstand zum ‚Dritten Reich' und einem in Wissenschaft, Politik und Öffentlichkeit immer negativeren Bild der Wehrmacht muss sich mittlerweile auch die Gründergeneration der Bundeswehr einer zunehmend kritischen Würdigung stellen.[6] Nicht umsonst ist daher das zwiespältige Verhältnis zur Wehrmacht als eine, wenn nicht sogar als *die* „bundeswehreigene Tradition" schlechthin bezeichnet worden (Messerschmidt 1992: 22).

Über Tradition zu befinden, bedeutet jedoch nicht nur zu entscheiden, *was* traditionswürdig ist, sondern auch *wer* darüber bestimmt. Deshalb besitzt die Frage nach der angemessenen Tradition des Militärs stets den Charakter eines

---

[5] Dieses Problem stellte sich auch für die DDR, wo man ebenfalls erkennen musste, dass die Aufstellung einer militärischen Organisation nicht ohne den Rückgriff auf militärisch ausgebildetes Fachpersonal möglich war. Ehemalige Wehrmachtsangehörige, darunter ab Mitte der 1950er-Jahre gerade auch ehemalige Unterführer und Mannschaftsdienstgrade, spielten daher in der Aufbauphase der NVA nicht zuletzt bei der Ausgestaltung der inneren Ordnung durchaus eine Rolle. Das Gros dieser Ehemaligen wurde allerdings im Zuge von restriktiven Personalmaßnahmen 1957–1959 aus dem aktiven Militärdienst entfernt. Vgl. hierzu im Einzelnen Niemetz (2006).

[6] Hammerich und Schlaffer (2011); Zimmermann (2012). Insbesondere zum ersten Generalinspekteur der Bundeswehr Adolf Heusinger, der im Zweiten Weltkrieg die Operationsabteilung des Generalstabes im Oberkommando des Heeres leitete, steht eine zeitgemäße wissenschaftliche Biografie noch aus.

binnen- wie außerorganisationalen Machtkampfes, bei dem über die Interpretation der Vergangenheit ebenso wie über die Deutung der Gegenwart und die Gestaltung der Zukunft gestritten wird. Generell gilt, dass diejenigen, die sich mit ihren Traditionsauffassungen durchsetzen können, zugleich festlegen, für welche Werte die Streitkräfte stehen und welches Verhältnis sie zur Politik und zur zivilen Gesellschaft unterhalten sollen. Dies wiederum hat Einfluss auf den in den Streitkräften gepflegten Umgang miteinander, die praktizierte Ausbildung, das Verständnis von Erziehung und auf das gewünschte Verhältnis zwischen Vorgesetzten und Untergebenen. Vor diesem Hintergrund ist die Debatte um die Tradition in der Bundeswehr als eine wesentliche Bühne zu betrachten, auf der die Auseinandersetzung zwischen eher konservativen und eher progressiv eingestellten Vertretern stattfand, für die sich unter den Beteiligten wie in der Literatur die Bezeichnungen ,Traditionalisten' und ,Reformer' etabliert haben (Abenheim 1989: 54; Bald 1994: 58; Fröchling 1983: 217; Libero 2006: 39; s. a. Genschel 1972). Beide Gruppierungen, die nicht nur unter den Soldaten, sondern auch in Politik und Öffentlichkeit ihre Anhängerschaft hatten, vertraten divergierende Auffassungen über die Identität und das Wesen des Militärs im Allgemeinen und der Bundeswehr im Besonderen. Strittig war insbesondere, wie weit eine Armee klassische militärische Prinzipien wie Unterordnung, Disziplin und Gehorsam mit demokratischen Ansprüchen wie Mitsprache, Teilhabe und Kritikfähigkeit verbinden kann, ohne Einbußen an militärischer Effizienz hinzunehmen. Fröchling (1983: 217) sieht daher im Traditionsverständnis einen wichtigen Schauplatz „des Kampfes um das Normen- und Handlungskonzept ,Innere Führung' und damit um das ,richtige' Integrationskonzept, um ,hinreichende' Legitimität, um die damit zu vereinbarende ,angemessene' soziale Identität" (s. a. Abenheim 1989; Bald 1994; de Libero 2006: 160 f.).[7]

Die öffentlichen und streitkräfteinternen Auseinandersetzungen um die Tradition der Bundeswehr waren oftmals geprägt von Polarisierungen und Skandalisierungen (beispielhaft dargestellt von Harder 1985: 133 ff. und de Libero 2006: 87 ff.). Anlässe hierfür gab es reichlich: sei es die Benennung von Kasernen, Schiffen und Flugplätzen (Knab 1997: 151 ff.; Giordano 2000; Schmidt 2016) oder die Ausstattung von Traditionsräumen, seien es die Kontakte der Truppe zu Wehrmachtssoldaten oder die angemessene Bewertung und Würdigung des militärischen Widerstands (vgl. Herzfeld 1965: 56; Wiggershaus 1984: 218 f.; Heinemann 2019: 304–332). Die Heftigkeit mancher Debatte

---

[7] Siehe hierzu auch den Beitrag von *Franke* in diesem Band.

ist zum einen auf die realiter existierenden tiefgreifenden Differenzen über die ‚richtige' Ausrichtung der Streitkräfte vor dem Hintergrund des Ost-West-Konfliktes zurückzuführen, die anhand der mit Tradition verknüpften Frage nach der Fortführung von Bekanntem oder der Schaffung von Neuem ausgetragen wurden. Aufgrund des (militär)politischen Bruchs, der mit der Gründung der Bundesrepublik 1949 offiziell verfügt worden war, hatten Bezugnahmen auf die (aus damaliger Sicht) jüngste Vergangenheit ohnehin geschichtspolitische Sprengkraft. Zum anderen ist die Intensität der Debatten um die Tradition der Bundeswehr im Zusammenhang mit einem weit verbreiteten Verständnis militärischer Traditionspflege zu sehen, bei dem die Werte- und Handlungsdimension militärischer Tradition verschwimmen: Militärischen Traditionen wird oftmals eine unmittelbare Wirkung auf das Denken und Handeln zugeschrieben. So zeigt eine Studie von Kern und Klein (1986), dass sowohl Militärangehörige als auch zivile Befragte davon ausgehen, dass militärische Traditionen – stärker als etwa zivile Traditionen – besonderen Wert auf die Vermittlung ‚richtigen' Handelns legen. Militärische Verhaltensformen wie Tapferkeit und Kameradschaft seien folglich als „Objekte militärischer Tradition" zu verstehen, „während Verhalten im zivilen Bereich nur eine die Tradition repräsentierende oder vermittelnde Rolle zugeordnet erhält" (ebd.: 31). Da militärische Handlungsweisen „den Gegenstand militärischer Tradition" (ebd.: 33) ausmachten, werde dieser sowohl von den zivilen als auch von den militärischen Befragten eine größere Wichtigkeit und Wirksamkeit zugemessen (ebd.: 25). Von der tatsächlich praktizierten Traditionspflege in der Truppe, von den Namen der Kasernen und vom Inventar der Traditionsräume geht nach dieser Auffassung ein unmittelbarer Einfluss auf das Denken und Handeln der Militärangehörigen aus (siehe auch Kayß 2018: 110, 131), weshalb es so wichtig sei, dieses mit adäquaten Inhalten, Symbolen und Werten zu steuern. Umgekehrt werden extremistische Haltungen – wie im eingangs erwähnten Fall von Franco A. – schnell mit falschem Traditionsgebaren in Zusammenhang gebracht, was im Übrigen die Durchsuchung aller Kasernen und Dienstgebäude der Bundeswehr nach Bildern und Objekten mit NS- oder Wehrmachtsbezug erklärt, die nach der Enttarnung von Franco A.s Doppelleben durch die damalige Ministerin angeordnet worden war.

Gegen eine solche simple Gleichsetzung von Traditionspflege und gegenwärtigem Handeln hat sich jüngst Sönke Neitzel (2020) gewandt. Sein Buch *Deutsche Krieger* kann daher als kritische Antwort auf die ministeriellen Bestrebungen gelesen werden, mit dem 2018 verabschiedeten Erlass die Traditionsfrage der Bundeswehr neu zu regeln (siehe weiter unten).

3.2 Die Traditionserlasse der Bundeswehr

Die Bundeswehr hat mit nunmehr drei Traditionserlassen über die Zeit den Versuch unternommen, den Streitkräften und ihren Angehörigen einen von offizieller Seite genehmigten und mit den Aufgaben der Streitkräfte kompatiblen Umgang mit Tradition zu verordnen.[8] Bereits diese Absicht, einen ‚von oben' hierarchisch sanktionierten Rahmen für die Traditionspflege zu setzen, ist aufschlussreich: Sie ist Ausdruck der besonderen Relevanz, die militärischer Tradition zugeschrieben wird, ebenso wie Beleg für deren Konstruiertheit und Veränderbarkeit. Der Vergleich der Erlasse verdeutlicht den Wandel im Umgang mit der als traditionswürdig erachteten Vergangenheit.

Im ersten Erlass aus dem Jahr 1965 wird Tradition als „Überlieferung des gültigen Erbes der Vergangenheit" (Traditionserlass 1965: Ziffer 1) definiert, die der Erziehung und Motivation der Soldaten diene. Der Erlass präsentiert einen ganzen Katalog von Werten und Tugenden, die im Rahmen der Traditionspflege als vorbildlich gelten. Diese reichen von der Vaterlandsliebe, über die gewissenhafte Pflichterfüllung und den Gehorsam bis hin zur – so wörtlich – Gottesfurcht. Zwar enthält der Erlass von 1965 ein Bekenntnis zum militärischen Widerstand gegen Hitler (ebd.: Ziffer 14). Eine ausdrückliche Distanzierung vom Verhalten vieler Wehrmachtssoldaten oder von der Wehrmacht als Ganzes unterbleibt allerdings. Es heißt zwar, dass „Traditionen ehemaliger Truppenteile an Bundeswehr-Truppenteile nicht verliehen [werden]" (ebd.: Ziffer 26), aber der Kontakt zu ehemaligen Wehrmachtssoldaten und deren Interessenverbänden ist ausdrücklich erwünscht (ebd.: Ziffer 27–30).

Die 1982 erlassenen *Richtlinien zum Traditionsverständnis und zur Traditionspflege in der Bundeswehr* sind in diesem Punkt eindeutiger. Sie erlauben nur Begegnungen mit Ehemaligenverbänden, falls deren politische Grundeinstellung mit den Werten und Zielen des Grundgesetzes vereinbar ist. Kontakte zu Nachfolgeorganisationen der Waffen-SS sind generell untersagt (Traditionsrichtlinien 1982: Ziffer 22). Dennoch zeichnen sich auch diese Bestimmungen durch eine halbherzige Distanz zur Wehrmacht aus, die in den Nationalsozialismus „teils schuldhaft verstrickt" war und teils „schuldlos missbraucht wurde" (Ziffer 6). Eine deutlichere Positionierung gegenüber der Wehrmacht nimmt erst über ein

---

[8] Die Erlasse der Bundeswehr zur Tradition sind u. a. dokumentiert in Abenheim (1989: 225 ff.); Prüfert (2000: 129 ff.), de Libero (2006: 218 ff.) sowie Abenheim und Hartmann (2018: 282 ff.).

Jahrzehnt später der damalige Verteidigungsminister Volker Rühe (1996: 9) in der Debatte über die Ausstellung des Hamburger Instituts für Sozialforschung über die Verbrechen der Wehrmacht vor, indem er feststellt:

> „Die Wehrmacht war als Organisation des Dritten Reiches, in ihrer Spitze, mit ihren Truppenteilen und mit Soldaten in Verbrechen des Nationalsozialismus verstrickt. Als Institution kann sie deshalb keine Tradition begründen. Nicht die Wehrmacht, aber einzelne Soldaten können traditionsbildend sein – wie die Offiziere des 20. Juli 1944, aber auch viele Soldaten im Einsatz an der Front."

Die Richtlinien von 1982, die bis 2018 Gültigkeit hatten, setzen sich nicht nur klarer von der Wehrmacht ab als der Erlass von 1965, sie nehmen auch nachdrücklicher Bezug auf die Werte und Zielsetzungen des Grundgesetzes (Traditionsrichtlinien 1982: Ziffer 2). Zudem liegt dieser zweiten Verordnung ein Verständnis zugrunde, das Tradition als prozesshafte Auseinandersetzung mit der Vergangenheit begreift (ebd.: Ziffer 1 & 4). Damit wird die zeitliche Prägung und Gebundenheit dessen, was als traditionswürdig gilt, ausdrücklich anerkannt. Tradition gilt folglich als etwas grundsätzlich Offenes, was stets neu verhandelt werden muss: Tradition sei zwar die „Überlieferung von Werten und Normen", die Relevanz für gegenwärtiges und zukünftiges Handeln besitzen sollen. Diese könnten allerdings nicht einheitlich verordnet werden, sondern stellten „eine persönliche Entscheidung" (ebd.: Ziffer 3) dar. Eine solche pluralistische und „sozialkonstruktivistische" (de Libero 2006: 33) Auffassung von militärischer Tradition öffnet den Raum für unterschiedliche Sichtweisen auf die Vergangenheit, die legitim sind, sofern sie sich in den vom Grundgesetz vorgegebenen Grenzen bewegen. Entsprechend verzichtet dieser Erlass im Gegensatz zur Version von 1965, wo neben dem erwähnten militärischen Widerstand auch die preußischen Reformer (Traditionserlass 1965: Ziffer 17) explizit aufgeführt werden, weitgehend darauf, konkrete historische Ereignisse oder Vorbilder zu nennen, die für die Bundeswehr traditionswürdig sind. Stattdessen wird der Schwerpunkt auf „eigene Traditionen" – im Sinne von „unverwechselbaren Merkmalen" – der Bundeswehr gelegt, zu denen beispielsweise das Leitbild des *Staatsbürgers in Uniform* gehöre (Traditionsrichtlinien 1982: Ziffer 20).

Auch der 2018 verabschiedete Erlass nimmt keine explizite Definition militärischer Tradition vor, beschreibt diese jedoch als „bewusste Auseinandersetzung mit der Vergangenheit", die „Bestandteil des werteorientierten Selbstverständnisses der Bundeswehr" (Traditionserlass 2018: Ziffer 1.1) sei (vgl. hierzu und im Folgenden Biehl und Leonhard 2018: 44 ff.). Funktionale Aspekte militärischer Traditionspflege werden in den einleitenden Passagen kursorisch thematisiert (Traditionserlass 1982: Ziffern 1.1 und 1.2); eine substanzielle Auseinandersetzung erfolgt jedoch ebenso wenig wie deren konsequente Rückbeziehung auf die inhaltlichen Festlegungen, die anschließend vorgenommen werden. Wie schon bei den Traditionsrichtlinien von 1982 (Traditionsrichtlinien 1982: Ziffer 7 und 8) steht somit der Wertebezug im Zentrum. Als Richtschnur für jedes militärische Handeln werden die Werte und Vorgaben des Grundgesetzes genannt, die in Form der Inneren Führung zugleich normativer Bestandteil der Organisationskultur der Bundeswehr seien. Soldatisch professionelles Können allein – etwa im Gefecht – kann laut des aktuellen Erlasses nicht traditionsstiftend sein, sondern nur, wenn dieses mit einem soldatischen Selbstverständnis im Sinne des Grundgesetzes verknüpft ist (Traditionserlass 2018: Ziffer 3.3). Ausgehend von dieser konsequenten normativen Rahmung werden im Weiteren epochen- wie inhaltsbezogene Präzisierungen vorgenommen. Damit wird zumindest zum Teil dem Wunsch nach einer Konkretisierung des Traditionsverständnisses der Bundeswehr nachgekommen, der im Zuge der (halb)öffentlichen Workshops zu diesem Thema, die im Vorfeld der Verabschiedung des Erlasses durchgeführt wurden, von Vertretern und Vertreterinnen der Truppe nachdrücklich geäußert wurde. Wie schon 1982 wird im aktuellen Erlass die „eigene, lange Geschichte" (Traditionserlass 2018: Ziffer 3.2) als „zentraler Bezugspunkt der Tradition der Bundeswehr" (ebd.) bestimmt und der Schwerpunkt auf die Zeit nach 1945 gelegt. Damit verbunden ist die seit Mitte der 1990er-Jahre gültige Festlegung, dass die Wehrmacht als Institution keine Tradition für die Bundeswehr begründen kann (ebd.: Ziffer 3.4.1).[9] Diese inhaltliche Setzung wird indes sogleich wieder etwas relativiert, indem der Erlass einräumt, dass einzelne Angehörige der Wehrmacht vorbildhaft für die Bundeswehr sein können, sofern ihre Leistung – jenseits der Frage von persönlicher Schuld – auch „vorbildlich oder sinnstiftend in die Gegenwart wirkt", wie „die Beteiligung am militärischen Widerstand gegen das NS-Regime oder besondere Verdienste um den Aufbau der Bundeswehr." (ebd.) Analog gilt dies für Angehörige der Nationalen Volksarmee der DDR, die aufgrund ihrer „Auflehnung gegen die SED-Herrschaft" oder besonderer „Verdienste um die Deutsche Einheit" vorbildlich oder sinnstiftend für die Gegenwart wirken können (ebd.: Ziffer 3.4.2). Auf diese Weise wird erstmals seit der

---

[9] In ähnlicher Weise wird im neuen Erlass die NVA als Institution vom Traditionskanon der Bundeswehr ausgeschlossen (Traditionserlass 2018: Ziffer 3.4.2). Die strikte Distanzierung von der ‚anderen' deutschen Armee nach 1945 ist in der Bundeswehr ungeachtet des *Armee der Einheit*-Diskurses seit der Vereinigung offiziell institutionalisiert (vgl. Leonhard 2016: 149).

Vereinigung ein möglicher positiver Rückbezug auf das ostdeutsche Erbe der heutigen Bundeswehr offiziell etabliert.

Die Fokussierung auf die Zeit nach 1945 wirft allerdings die Frage auf, inwieweit die Geschichte der Bundeswehr historische Bezüge für alle militärischen Aufgaben und Anforderungen bietet, denen sich die deutschen Streitkräfte gegenwärtig und zukünftig stellen müssen. So lassen die aktuell gültigen Richtlinien beispielsweise offen, welcher Stellenwert dem militärischen Handwerk und dem Einsatz militärischer Gewalt in der Tradition der Bundeswehr zukommt bzw. zukommen sollte. In deren Geschichte sind Kampfeinsätze die Ausnahme. Abgesehen von der Bombardierung der Bundesrepublik Jugoslawien im Kosovokrieg 1999, einzelnen Gefechten auf dem Balkan sowie den Kampfhandlungen in Afghanistan verfügt die Bundeswehr kaum über militärische Gefechtserfahrungen, zumal gegen konventionelle Streitkräfte. Damit fehlt es weitgehend an historischen Vorbildern, die gemäß der Vorgaben des aktuellen Traditionserlasses für die richtigen Werte und Zwecke zu den Waffen gegriffen haben. Zwar ermöglicht der Erlass den Rückgriff auf „militärische Exzellenz, z. B. herausragende Truppenführung" (ebd.: Ziffer 3.3.); diese könnten in der Bundeswehr durchaus „Anerkennung finden und in Lehre und Ausbildung genutzt werden" (ebd.). Zum Traditionsbestand der Bundeswehr gehören diese historischen Beispiele damit aber gerade nicht.

Eine vergleichende Gesamtschau der drei Erlasse lässt die sukzessive institutionelle Festschreibung der Wehrmacht als negativer Bezugspunkt für die Traditionspflege der Bundeswehr sowie die wachsende Betonung bundeswehreigener Tradition erkennen. Die Frage nach dem Umgang mit dem Erbe der Wehrmacht, die für die Entstehung der beiden ersten Erlasse zentral war, hat seit den 1990er-Jahren an Brisanz verloren und spielte als etwaiger Streitpunkt im Kontext der Erarbeitung des dritten Erlasses eine nachgeordnete Rolle. In der jüngsten Traditionsdebatte ging es eher um die Frage nach dem Stellenwert militärisch-handwerklicher Professionalität vor dem Hintergrund der im Afghanistaneinsatz gemachten Erfahrungen und weniger um die zuletzt im Zuge der sogenannten Wehrmachtsausstellung äußerst kontrovers diskutierten Frage von Schuld und Ehre von Wehrmachtsangehörigen im nationalsozialistischen Vernichtungskrieg.

Die drei Erlasse unterscheiden sich ferner in der Art und Weise, wie die Tradition der Bundeswehr gefasst wird. In der ersten Fassung von 1965 werden die Traditionsinhalte relativ konkret benannt. Bei den Richtlinien von 1982 wird aufgrund des reflexiv gefassten Traditionsbegriffs eine inhaltliche Bestimmung dessen, was zur Tradition der Bundeswehr gehört, fast aufgegeben. Diese Offenheit wird im aktuellen Erlass von 2018 zugunsten inhaltlicher Vorgaben wieder etwas zurückgenommen.

Jenseits dieses unterschiedlichen Grads an inhaltlicher Präzisierung ist allen drei Verordnungen gemein, dass sie sich gegen die vermeintliche Naturwüchsigkeit militärischer Traditionen richten. Ein derartiger Zugang zu Tradition und ihrer Pflege entbehrt daher genau der natürlichen Legitimität, die Tradition sonst scheinbar innewohnt (vgl. Weber 1985 [1922]: 124; 130 ff.), und macht zukünftige Infragestellungen wahrscheinlich. In der Form des (Traditions) Erlasses als einer verbindlichen ministeriellen Setzung steckt also von vornherein ein Widerspruch: Allgemein werden Erlasse und Vorschriften, die im Verantwortungsbereich des Bundesministeriums der Verteidigung gelten, regelmäßig geändert und angepasst. Im Rahmen der letzten Überarbeitung wurde beispielsweise zunächst offensiv kommuniziert, dass die militärische Tradition der Bundeswehr neu definiert werden solle, bevor man am Ende das Ergebnis moderat als „Weiterentwicklung" im Vergleich zu den vorherigen Richtlinien von 1982 präsentierte. Ein per Erlass bestimmtes Traditionsverständnis war und ist folglich etwas, das immer wieder aktualisiert werden kann und muss. Dieses Vorgehen steht indes in Kontrast zum Alltagsverständnis von Tradition als etwas zeitlos Gültigem, aus dem ein unhinterfragtes Bewusstsein der eigenen Identität erwachsen kann. Im Vergleich zu militärischer Traditionsbildung anderer Streitkräfte, die in erster Linie auf historische Kontinuität setzen, hebt das von der Bundeswehr offiziell vertretene Traditionsverständnis damit bereits formal auf jene reflexive Diskontinuität ab, die für das historische Selbstverständnis der Bundesrepublik insgesamt als typisch gilt (vgl. zuletzt: Rauer 2021; Assmann 2006).[10]

3.3   Empirische Studien zur Tradition in der Bundeswehr

Die offiziellen Vorgaben der politischen Leitung für militärische Traditionen sagen noch wenig darüber aus, wie die Traditionspflege in der Truppe tatsächlich aussieht, wie Traditionen weitergegeben werden und welche Wirkung sie entfalten. Zu diesem Punkt gibt es für die Bundeswehr kaum aktuellere sozial-

---

[10] In verräumlichter Gestalt manifestiert sich diese reflexive Diskontinuität auf exemplarische Weise im Militärhistorischen Museum der Bundeswehr in Dresden (Kibel 2021: Kap. 6).

empirische Untersuchungen. Nimmt man jedoch die Präsenz von Zeremonien und Symbolen im militärischen Alltag zum Maßstab, wie sie aus einer Studie aus den 1980er-Jahren hervorgeht (Stein 1984), dann weist die Bundeswehr im Vergleich zu ihren Vorläuferarmeen und zu den Streitkräften anderer Länder ein geringes Maß an Traditionen auf. Diese Entwicklung entspricht durchaus der politischen Absicht bei Gründung der Bundeswehr, als ein weitgehender Konsens darüber herrschte, „daß die zukünftigen Streitkräfte die bisherige übermäßige Verwendung von Symbolen und Zeremonien drastisch einschränken müßten" (Abenheim 1989: 65). Vor diesem Hintergrund kann bis heute mit Donald Abenheim (ebd.: 66) von der „Popularität der Idee einer ‚Armee ohne Pathos'" in Politik und Gesellschaft gesprochen werden.

In diese Richtung weisen jedenfalls die Ergebnisse einer repräsentativen Bevölkerungsumfrage aus dem Jahr 2004 (Bulmahn 2004). Danach steht die Mehrheit der Bundesbürger militärischen Traditionen und deren Pflege durchaus positiv gegenüber, solange diese keinem Selbstzweck dienen, sondern funktional bedingt sind und das Bekenntnis zum demokratischen Gemeinwesen erkennen lassen. Das Gros der Befragten vertritt die Ansicht, dass Traditionen für die Streitkräfte weiterhin eine wichtige Rolle spielen. Weder der technologische Fortschritt der Waffensysteme noch die Rolle der Wehrmacht mache es unmöglich, militärische Traditionen zu bewahren und zu pflegen (ebd.: 62 f.). Damit bestätigt Bulmahn (ebd.: 63) die Befunde der älteren Studie von Kern und Klein (1986: 3, 54 ff.), wonach die deutsche Bevölkerung militärische Traditionen unterstützt, die zum Strukturerhalt der Streitkräfte sowie zu deren Integration und Sinnstiftung beitragen. Auch Zeremonien zur Darstellung der Bundeswehr in der Gesellschaft sind mehrheitlich akzeptiert. Abgelehnt werden hingegen Rituale, die schlicht als Würdigung der militärischen Vergangenheit zu verstehen sind oder gar der Unterordnung der Soldaten dienen sollen. Militärische Traditionen werden also von der Bevölkerung akzeptiert, „solange Inhalt und Form als funktional und mit den freiheitlich-demokratischen Grundwerten vereinbar angesehen werden" (Bulmahn 2004: 63).

Allerdings ist nicht davon auszugehen, dass alle Streitkräfteangehörigen mit dem Verzicht auf traditionelle Formen einverstanden sind. Empirische Untersuchungen zum Traditionsverständnis von Bundeswehrangehörigen aus der Endphase des Kalten Krieges zeigen, dass zumindest bei einem Teil der Soldaten der Wunsch nach stärkeren Traditionsbezügen und -formen sowie zum Teil auch nach anderen Inhalten besteht: In der schon mehrfach genannten Studie von Kern und Klein (1986) wurden die Haltung zur militärischen und allgemeinen Tradition auf der Grundlage von parallel durchgeführten Umfragen in der Bevölkerung und unter den Soldaten erfasst. Dabei zeigte sich wider Erwarten, dass Tradition in den

Streitkräften kritischer bewertet wird als in der zivilen Gesellschaft (ebd.: 20 f.). Dieser Befund ist jedoch in erster Linie auf die Haltung der Wehrpflichtigen, Mannschaftssoldaten und Unteroffiziere zurückzuführen, die damals zusammen das Gros der befragten Bundeswehrangehörigen stellten. Im Vergleich dazu standen Offiziere der Tradition weitaus positiver gegenüber. Kern und Klein zeigten sich von der „Schärfe der Diskrepanz" (ebd.: 14) zwischen den Dienstgradgruppen überrascht und sprachen in diesem Zusammenhang von „zwei Welten" (ebd.: 44), in denen sich die Offiziere und die anderen Soldaten mit Blick auf die militärische Tradition bewegten. Generell sind aus Sicht der damals befragten Soldaten der Nationalsozialismus und das Verhalten der Wehrmacht die zentralen historischen Bezugspunkte der Traditionsbildung und zwar unabhängig davon, ob die Befragten dieser Epoche insgesamt kritisch gegenüberstehen oder ob sie die rein militärischen Leistungen von Soldaten der Wehrmacht gewürdigt wissen wollten (ebd.: 94 ff.). Insbesondere Offiziere vertraten dabei den Standpunkt, dass militärische Traditionsbildung trotz der NS-Zeit weiterhin möglich und sinnvoll sei. Erklärungsansätze für dieses stärker ausgeprägte Traditionsbewusstsein unter Offizieren lieferte die Studie leider nicht. Weiter zeigt sich, dass Tradition vor allem von denjenigen eine besondere Bedeutung zugeschrieben wurde, die sich als militärische Elite begreifen, wie etwa die Fallschirmjäger im Heer oder die Jagdflieger in der Luftwaffe. Dies liegt den Autoren zufolge nicht nur an der militärisch exponierten Aufgabenstellung dieser Verbände, welche die innere Kohäsion, die nicht zuletzt durch einen gemeinsamen Traditionsbezug gefördert wird, als besonders wichtig erscheinen lässt. Ebenso zentral sei die Tatsache, dass es den Angehörigen von Eliteverbänden an professionellen Vergleichsgrößen im zivilen Bereich fehle: Während sich Soldaten des Nachschubs zu zivilen Logistikern in Bezug setzen oder die Angehörigen der Sanitätstruppen ihre Tätigkeit mit der von Ärztinnen und Ärzten, Pflegern und Krankenschwestern vergleichen könnten, beziehen sich Eliteeinheiten in Ermangelung entsprechender ziviler Größen häufig auf militärhistorische Vorläufer.

In einer der wenigen neueren sozialempirischen Studien zu militärischen Traditionen widmet sich Sarah Kayß (2018; Kayss 2019) dem Geschichtsbewusstsein von britischen und deutschen Offizieranwärterinnen und -anwärtern und dessen Relevanz für soldatische Identität und Motivation. Kayß führte hierzu an den Offizierschulen der jeweiligen Landstreitkräfte methodisch breit angelegte Erhebungen mittels Fragebogen und Interviews durch. Dabei zeigt sich mit Blick auf die Bundeswehr, dass der militärische Nachwuchs Geschichte im Allgemeinen und militärischen Traditionen im Besonderen einen hohen Stellenwert zuerkennt. Wichtig ist den künftigen Offizieren, ein umfassendes Bild der Geschichte in den Blick zu nehmen. Als wesentliche historische Ereignisse gelten ihnen der Zweite Weltkrieg und die deutsche Vereinigung. Nach Kayß sind historische und Traditionsbezüge wesentlicher für Berufsmotivation und soldatische Identität, als dies die militärsoziologische Literatur zumeist anerkennt. Zugleich bestätigt sie die Beobachtungen von Kern und Klein, dass Traditionen und Geschichtsbewusstsein in Kampftruppen eine größere Rolle zukommt als in anderen Verbänden (Kayß 2018: 237 f.). Nach ihrer Studie weisen die meisten angehenden Bundeswehroffiziere ein zukunfts- und praxisorientiertes Verständnis geschichtlicher Entwicklungen auf. Eine zentrale Lehre aus dem Zweiten Weltkrieg sehen die Befragten in der an Gesellschaft wie Streitkräfte gleichermaßen gerichteten Verantwortung, dass sich Völkermorde und massive Menschenrechtsverletzungen nicht wiederholen dürften (Kayß 2018, 237; Kayss 2019: 102–110). Damit schöpft der militärische Nachwuchs einen Teil seiner professionellen Identität aus dem Rückgriff auf die deutsche Geschichte. Dies geschieht laut Kayß jedoch nicht in unkritischer und idealisierter Art und Weise, sondern mittels einer reflexiven Brechung, die den gesamtgesellschaftlichen Umgang mit der Historie spiegele. Nach ihrer Bewertung liegt hierin eine deutsche Besonderheit: „In vielen Ländern wird die nationale Vergangenheit aufgewertet, um auf diese Weise an etwas Positives anstatt an etwas Negatives anknüpfen zu können (...) Die deutschen Offizieranwärter hingegen orientieren sich an etwas Negativem, um in Abgrenzung dazu Positives vollbringen zu können und eine moralische Verantwortung aus der Vergangenheit zu entwerfen." (Kayß 2018: 239) In den empirischen Befunden von Kayß zeigt sich demnach eine recht weitreichende Passung zwischen den offiziellen Vorgaben der Traditionsrichtlinien durch das Ministerium und dem soldatischen Traditionsverständnis in der Truppe.

Diese Befunde stehen in mitunter deutlichem Kontrast zu den schon erwähnten Einschätzungen des Historikers Sönke Neitzel (2020). Gestützt auf breite Quellen- und Literaturkenntnisse sowie eine Vielzahl von Interviews, deren Anlage und Auswertung leider nicht genauer dargelegt wird, nimmt Neitzel in seiner Studie die Kontinuitäten und Brüche deutscher Streitkräfte – und hierbei insbesondere der kämpfenden Einheiten des Heeres – in den Blick und zeichnet die Ambivalenzen und Widersprüchlichkeiten in Bezug auf das Erbe der Wehrmacht nach. Neben den bekannten personellen Kontinuitäten (einschließlich des damit verbunden Erfahrungshintergrunds – vgl. hierzu etwa Naumann 2007) hebt Neitzel vor allem auf die handwerklichen Verbindungslinien ab, die bis in die Gegenwart fortdauerten und durch die Auslandseinsätze, insbesondere durch die Kampferfahrungen in Afghanistan, nochmals an Relevanz gewonnen hätten (ebd.: 534 f.). In den Kampftruppen des Heeres habe sich eine Kriegerkultur erhalten, die an die ältere deutsche Militärkultur anknüpfe – ganz gleich, wie idealisiert und konstruiert diese im Abgleich mit den historischen Ereignissen auch sein möge. Wie schon Klein und Kern (1986) führt Neitzel als Erklärung an, dass Kampftruppen aufgrund fehlender ziviler Counterparts auf soldatische Vorbilder angewiesen seien. Tradition sieht der Autor damit als wesentlichen Bestandteil professioneller militärischer Identität. Entsprechend postuliert er, dass die Bundeswehr, zumindest in Gestalt der Kampftruppen des Heeres, in handwerklicher Hinsicht eng mit der Wehrmacht verwoben seien (ebd.: 399). Diese Kontinuität stehe jedoch im Widerstreit zum Identitätsbruch nach 1945 und den daran geknüpften Erwartungen aus dem politischen Raum und dem zivilgesellschaftlichen Umfeld. Entsprechend neidisch blickten viele deutsche Soldaten auf ihre Kameradinnen aus den USA, Großbritannien und Frankreich, die über einen – scheinbar – ungebrochenen Rückgriff auf Traditionen und einen unbefangenen Umgang mit militärischem Brauchtum verfügten (ebd.: 405). Der wiederholt geforderte Bezug auf die bundeswehreigene Geschichte (siehe oben) erscheine „langweilig" (ebd.: 477), wenn nicht gar als „zu abgehoben, zu theoretisch" (ebd.: 13). Da die Vorschriften und offiziellen Angebote zur Tradition sich eher an den Befindlichkeiten einer sensibilisierten Öffentlichkeit als an den Identifikationsbedürfnissen der Truppe ausrichteten (ebd.: 398, 485), suchten mancher Soldat und manche Soldatin selbst nach Traditionen und landeten bei der Wehrmacht. Neitzel sieht in dieser Dynamik ein dreifaches Versagen: Die Politik schicke die Truppe in Kampfeinsätze und verbiete Traditionsbezüge, die das kriegerische Handwerk in den Blick nehmen und den historischen Gesamt-kontext ausblenden. Der Gesellschaft fehle es am Interesse an den Streitkräften und erst recht am Verständnis für deren professionelle Belange. Und die Generali-tät komme ihrer Aufgabe als militärische Elite nicht nach, als Mittler die Bedürf-nisse der Truppe in das gesellschaftliche Umfeld zu kommunizieren und die militärischen Interessen nachdrücklich in den politischen Raum einzubringen.

Was Neitzel hier anspricht, ist das Spannungsverhältnis zwischen Identi-tätsstiftung und Integrationsfunktion sowie zwischen der Werte- und der Hand-lungsdimension von militärischen Traditionen, das sich vor dem Hintergrund des Afghanistan-Einsatzes im Fall der Bundeswehr nochmals verschärft hat. Nicht zuletzt mit Blick auf die Befunde von Kayß ist allerdings zu konstatieren, dass die von ihm prominent vorgebrachten Perspektiven der Kampftruppen des Heeres, die in mitunter deutlichem Kontrast zu den offiziellen Traditions-vorgaben stehen, kaum als repräsentativ für die Bundeswehr im Ganzen gelten können. Worauf die unterschiedlichen Einschätzungen dieser beiden Studien genau zurückzuführen sind, inwieweit also die jeweiligen Untersuchungssamples, methodischen Herangehensweisen oder Fragestellungen zu Buche schlagen, muss an dieser Stelle offenbleiben. Die abweichenden Diagnosen verweisen in jedem Fall auf ein fortbestehendes Forschungsdesiderat: Es fehlt an einer umfassenden und aktuellen Erhebung zum Traditionsverständnis der Angehörigen der Bundeswehr (in Nachfolge der Studie von Kern und Klein 1986). Nicht einmal zur gegenwärtigen Sicht der Soldatinnen und Soldaten auf die Wehrmacht (einige ältere Hinweise finden sich bei Leonhard 2010: 110 ff.) gibt es eine einschlägige Studie, die sozialwissenschaftlichen Standards genügt.

3.4 Militärisches Totengedenken als neue bundeswehreigene Tradition

Die zuletzt von Neitzel erneut angestoßene Debatte um eine angemessene professionelle Sinnstiftung für die Soldatinnen und Soldaten darf nicht darüber hinwegtäuschen, dass seitens der Politik seit den 2000er-Jahren durchaus Anstrengungen unternommen worden sind, die Erinnerung an die soldatischen Erfahrungen in den Auslandseinsätzen zu institutionalisieren und so ihre Aufnahme in die Traditionsbestände der Bundeswehr einzuleiten. Neben der musealen Historisierung der Einsätze im 2011 wiedereröffneten Militärhistorischen Museum der Bundeswehr in Dresden ist die Einführung einsatz- sowie gefechtsbezogener militärischer Auszeichnungen, die die Beteiligung an Auslandseinsätzen (seit 1996) sowie an Gefechten (seit 2010) markieren, ebenso zu nennen wie die sich abzeichnende Etablierung von Gedenktagen, etwa für das sogenannte Karfreitagsgefecht vom April 2010 in Afghanistan, bei dem drei deutsche Soldaten getötet und acht verwundet wurden (vgl. Helmecke 2018). Vor allem aber ist auf die Schaffung der militärischen Gedenkorte „Ehrenmal" (Berlin) und „Wald der Erinnerung" (Geltow) 2009 bzw. 2014 hinzuweisen, die den Toten der Bundeswehr sowie der Einsätze gewidmet sind und die – neben den schon seit langem bestehenden Denkmälern der Teilstreitkräfte Heer, Luftwaffe und Marine – im aktuellen Traditionserlass von 2018 (Ziffer 4.7) als offizielle Orte des Totengedenkens der Bundeswehr aufgeführt werden.

Die Initiative für das Ehrenmal geht auf den damaligen Verteidigungsministers Franz Josef Jung zurück. Dieser zeigte sich laut offizieller Darstellung bei einem Besuch in Afghanistan im Dezember 2005 von einer von Soldaten und Soldatinnen selbst gestalteten Gedenkstätte für die Toten der internationalen Schutztruppe so beeindruckt, dass er daraufhin einen Architekten- und Künstlerwettbewerb für ein „nationales Ehrenmal" durchführen ließ. Dessen Siegerentwurf wurde im Mai 2007 der Öffentlichkeit vorgestellt und löste eine lebhafte Debatte aus. Im Hinblick auf die Traditionsfrage der Bundeswehr ist dies insofern von Interesse, als die Streitpunkte, die dabei verhandelt wurden (vgl. hierzu im Einzelnen Hettling und Echterkamp 2008; Hauswedell 2009; Leonhard 2011a, b), nicht nur die Herausforderungen eines politischen Totengedenkens unter „postheroischen" Vorzeichen widerspiegeln (Münkler 2008; Sabrow 2013), sondern abermals das Spannungsfeld zwischen verschiedenen Traditionserfordernissen und funktionalen Dimensionen militärischer Tradition erkennen lassen:

- Der *erste* Streitpunkt in der Debatte um das Ehrenmal bezog sich auf die Frage der politischen Verantwortung für die Bundeswehr und ihre Toten und wurde in der Auseinandersetzung zwischen Exekutive und Legislative um den Ort des Denkmals und damit um seine symbolische Platzierung im öffentlichen Raum offenkundig: Das vom Ministerium vorgesehene Konzept sah einen Bau am Bendlerblock, dem Dienstsitz des Verteidigungsministers in Berlin, vor, während vor allem Vertreterinnen und Vertretern der Oppositionsparteien für einen Standort in der Nähe des Reichstags, dem Sitz des Deutschen Bundestages, plädierten, um die politische Funktion der Bundeswehr als Parlamentsarmee zu unterstreichen.
- Der *zweite* Streitpunkt betraf die Personen(gruppen), derer mit diesem Denkmal gedacht werden sollte: allen im Dienst ums Leben gekommenen Angehörigen der Bundeswehr, wie es das ministerielle Konzept vorsah, nur den im Einsatz getöteten Soldatinnen und Soldaten oder allen deutschen Staatsbürgerinnen und Staatsbürgern, die im Auftrag der Bundesrepublik im Ausland als Soldaten, Entwicklungshelferinnen oder Polizisten ihr Leben verloren haben? Neben den unterschiedlichen ressortbezogenen Zuständigkeiten wurde hier der Stellenwert des soldatischen Opfertods im Vergleich zu Todesfällen von Zivilisten im Rahmen ihrer beruflichen Tätigkeit für die Bundesrepublik und damit die Frage des Alleinstellungsmerkmals des Soldatenberufs verhandelt.
- Ausgehend von der baulichen Zugänglichkeit zum Ehrenmal ging es bei der Debatte *drittens* um den Adressaten- und Nutzerkreis des Ehrenmals: Sollte hiermit ein Ort für staatsoffizielle Veranstaltungen (mit entsprechenden Sicherheitsvorkehrungen) geschaffen werden und/oder ein Ort, der für jeden und jede zugänglich und für stille Trauer und individuelles Gedenken geeignet sei?

Das im September 2009 eingeweihte Ehrenmal steht nun *erstens* für einen Gedenkort, bei dem der Wertebezug des Grundgesetzes durch die Inschrift

„FÜR FRIEDEN RECHT und FREIHEIT"[11] betont und damit der Bruch zu früheren, das soldatische Selbstopfer stilisierenden Formen des militärischen Totengedenken verdeutlicht wird. In diesem Sinne schreibt sich das Ehrenmal klar in den Werterahmen des Grundgesetzes ein und legitimiert die Toten, derer hier gedacht wird, als Repräsentantinnen und Repräsentanten dieser Wertordnung. Durch die Widmung „DEN TOTEN UNSERER BUNDESWEHR", womit alle im Dienst verstorbenen Angehörigen der Bundeswehr mit und ohne Uniform gemeint sind, wird *zweitens* der in zivil-militärischer Hinsicht inklusive Anspruch des Gedenkortes betont. Die spezifisch soldatische Dimension des Dienens, das explizit die Bereitschaft umfasst, Leben und Gesundheit zu riskieren, wird nicht eigens herausgestellt. Durch die Fokussierung auf die Angehörigen der Bundeswehr, verbunden mit der Platzierung am Bendlerblock hebt das Denkmal schließlich den Bezug zum ‚Dienstherrn' in Gestalt des Verteidigungsministeriums hervor.

Als Ort für staatsoffizielle Veranstaltungen und Besuche ist das Denkmal mittlerweile etabliert. Als individueller Gedenkort hat es sich indes weniger bewährt. Die Kritik von Angehörigen aufgreifend, wurde daher im Mai 2014 ein „Buch des Gedenkens" aus Bronzeplatten angebracht, in dem die Namen der Toten in chronologischer Reihenfolge aufgeführt sind. Im November desselben Jahres wurde zudem auf dem Gelände des Einsatzführungskommandos der Bundeswehr in Geltow bei Potsdam mit dem „Wald der Erinnerung" ein weiterer Gedenkort für die Toten der Bundeswehr eingerichtet. Bei der Ausgestaltung fanden insbesondere die Wünsche und Bedürfnisse der Hinterbliebenen Gehör, die in den Entstehungsprozess eingebunden waren. Der Wald der Erinnerung beherbergt zum einen die Ehrenhaine aus den verschiedenen Einsatzgebieten, die nach Schließung der entsprechenden Feldlager nach Deutschland verbracht und maßstabsgetreu wiederaufgebaut wurden und weist damit einen klaren Einsatzbezug auf. Zum anderen folgt die Anlage der Idee eines Fried- oder Ruhwaldes: Für Familienangehörige oder Bekannte der Toten besteht die Möglichkeit, Bäume auf dem Gelände individuell zu kennzeichnen oder einen eigenen Baum zum Gedenken an den oder die Verstorbene zu pflanzen und so in ihrer Individualität zu erinnern.

Während das Ehrenmal mit seiner Inschrift den grundgesetzlichen Wertekanon und damit den (verfassungs)politischen Rahmen für die Aufgaben der Bundeswehr aufruft, werden im Wald der Erinnerung neben privaten Bezügen durch die

---

[11] Die Inschriften sind in Großbuchstaben und ohne Satzzeichen gehalten: https://www.bundeswehr.de/de/ueber-die-bundeswehr/gedenken-tote-bundeswehr/ehrenmal-bundeswehr.

Ehrenhaine militärische Grundwerte wie Kameradschaft und Treue thematisiert. Der professionelle Handlungsbezug, der in Artefakten wie der Einsatz- sowie insbesondere der Gefechtsmedaille enthalten ist, ist auch hier nur latent präsent. Noch stärker als beim Ehrenmal sticht überdies beim Wald der Erinnerung angesichts seiner Lage innerhalb einer Kaserne der Organisationsbezug hervor. Das Gedenken wird so vornehmlich als eine bundeswehreigene Aufgabe und weniger als eine öffentliche Angelegenheit kodiert. Beiden Gedenkorten ist schließlich gemein, dass sie sich – anders als dies etwa bei der Berufung auf den militärischen Widerstand des 20. Juli 1944 der Fall ist – allein auf die Vergangenheit der Bundeswehr beziehen. Mit Blick die gewählten Orte und jeweiligen Ausgestaltungen repräsentieren das Ehrenmal wie der Wald der Erinnerung somit bundeswehreigene Traditionen *par excellence.*

4   Ausblick: Die Zukunft militärischer Tradition

Bis in die 1990er-Jahre ging es mit Blick auf das Verhältnis von Bundeswehr und Tradition im Kern um die Frage, ob Symbole, Rituale, Personen und Ereignisse angesichts ihrer Verbindung zum Nationalsozialismus Traditionen für die Bundeswehr stiften können. Mit dem offiziellen Bekenntnis von Verteidigungsminister Rühe Mitte der 1990er-Jahre, dass die Wehrmacht als Institution für die Bundeswehr nicht traditionsbildend sein könne, wurde der militärische Widerstand endgültig als zentraler historischer Bezugspunkt mit Blick auf die NS-Vergangenheit verankert. Seit der Jahrtausendwende und der Beteiligung der Bundeswehr an kriegerischen Auslandsmissionen ist ein Bedarf an neuer, darüber hinausgehender Sinnstiftung entstanden, dem man u. a. durch die Schaffung zeitgemäßer Rituale und Symbole zu begegnen sucht, wie der Stiftung eines militärischen Tapferkeitsordens oder dem Bau eines Ehrenmals sowie der Einrichtung eines Waldes der Erinnerung für die Toten der Bundeswehr. Der Afghanistaneinsatz und der eingangs erwähnte rechtsextreme Vorfall haben die Frage aufgeworfen, welches Traditions- und Identifikationsangebot den im Kampf stehenden Streitkräfteangehörigen gemacht wird und welche Rolle dem Bezug zur Wehrmacht und zur eigenen Geschichte dabei zukommt. Der Traditionserlass aus dem Jahr 2018 hat die Relevanz eigener Traditionen nochmals stärker in den Mittelpunkt gerückt als seine Vorgänger, wobei sich verschiedene Bestrebungen zeigen, dieses Postulat mit ansprechenden Möglichkeiten zur Traditionspflege zu unterfüttern. In diesen offiziellen Traditionsangeboten nimmt der Wertebezug soldatischen Handelns eine herausgehobene Rolle ein. Dahinter zurück steht die handwerklich-professionelle

Ebene von Streitkräften samt ihres staatlich sanktionierten Auftrags zur Vorbereitung, Androhung und Anwendung von Gewalt. Noch am ehesten bedient die Gefechtsmedaille diese Dimension militärischer Tradition. Zwar mag die Zurückhaltung, Aktionen und Akteure militärischer Gewalt als traditionsstiftend anzuerkennen, den zivilgesellschaftlichen Dispositionen und politischen Kalkülen entgegenkommen. In der Wahrnehmung mancher Soldatinnen und Soldaten – zumal in der kämpfenden Truppe (Neitzel 2020) – hinterlässt dies eine Identifikationslücke, der zuweilen durch selbstgewählte Traditionen (die nicht durchgängig öffentlichkeits- und demokratiekompatibel sind) begegnet wird.

Zugleich schreibt der neue Erlass die Abgrenzung von den undemokratischen Phasen der militärischen Vergangenheit explizit fest. In einer dialektischen Wendung wird die Erinnerung an die Zeit vor 1945 durch die Vorgabe der Erinnerung an die Zeit nach 1945 fortgeschrieben, da sich Letztere nur aus Ersterer erklärt und begründet. Der Traditionserlass gemahnt die Abgrenzung zu dem, was vorher war, an und etabliert eine Zäsur, die gleichzeitig der Vorstellung einer ungebrochenen und anhaltenden zeitlichen Dauer entgegensteht, die Tradition eigentlich verkörpert. Angesichts dieser Festlegungen zeichnet sich ab, dass der Einschnitt von 1945 auch künftig neu thematisiert und legitimiert werden muss, was eine reflexive Beschäftigung mit der Wehrmacht und damit genau mit dem erforderlich macht, was mit den aktuellen Richtlinien eigentlich abgeschlossen und überwunden werden soll.

Ob der gewünschte Ausbau bundeswehreigener Traditionen einen Bedeutungsverlust des 20. Juli 1944 zur Folge haben wird, bleibt abzuwarten, erscheint aber zum gegenwärtigen Zeitpunkt wenig wahrscheinlich. Die Distanzierung vom Nationalsozialismus, für die im militärischen Kontext das gescheiterte Attentat gegen Hitler steht, ist fester Bestandteil der „Basiserzählung" (Herz 1997) der Bundesrepublik und damit konstitutiv für deren politische Kultur. Mit der Berufung auf den 20. Juli 1944 schließt die Bundeswehr an den gesellschaftlichen Diskurs an und bekennt ihre Zugehörigkeit zu dieser politischen Kultur. Gleichwohl ist die Inanspruchnahme des militärischen Widerstands für die Traditionspflege der Bundeswehr nicht unproblematisch. Wurden in der Gründungsphase der Bundeswehr Zweifel an der Vorbildhaftigkeit der Attentäter vorgebracht, da diese gegen ihren Eid verstoßen hätten, so wird mittlerweile eher diskutiert, inwiefern sie sich für Werte, Ideen und Ziele einsetzten, die mit den heutigen Auffassungen einer freiheitlich-demokratischen Grundordnung kompatibel sind. Dies ist zweifelsohne gegeben, solange es um die Ablehnung der nationalsozialistischen Diktatur als solche geht. Allerdings besteht in der historischen Forschung schon lange ein weitgehender Konsens darüber, dass die Vorstellungen der Attentäter über die zu errichtende Ordnung nach Beendigung der NS-Herrschaft wohl kaum den gegenwärtigen Prinzipien des parlamentarischen Systems bundesrepublikanischer Ordnung entsprachen (Steinbach 1999: 26; Heinemann 2019: 257–302). Ferner ist unklar, worin die aktuelle und konkrete Vorbildfunktion der Beteiligten an den Umsturzplänen für heutige Soldaten und Soldatinnen begründet ist. Einigkeit herrscht darüber, dass der Schritt zum Attentat gegen Hitler unter den Bedingungen der NS-Diktatur eine ebenso richtige wie mutige Initiative war. Aber was lehrt dies die Bundeswehrangehörigen? Nüchtern betrachtet handelt es sich schließlich bei diesem Attentat um einen Verstoß gegen das in der Bundesrepublik stets betonte – und auch durchgesetzte – Primat der Politik: Einige Soldaten versuchten, sich mittels Gewalt gegenüber der politischen Führung durchzusetzen. Einer der Begründer der modernen Militärsoziologie, Samuel Huntington (1981 [1957]: 77), hat bereits sehr früh und überaus kritisch auf diesen Charakter des Attentats hingewiesen. Diese und andere Fragen werden seitens der Bundeswehr in der Regel nicht problematisiert, obwohl sich die Sinnhaftigkeit und Tragweite des offiziellen Traditionsangebots nicht zuletzt danach bestimmt.

Der Historiker Klaus Naumann (2000: 52) hat schon vor vielen Jahren den Vorschlag einer „reflexiven Wende" des Traditionsbegriffs unterbreitet. Ursprünglich allein auf den Umgang mit dem Erbe der Wehrmacht bezogen war, stellen die damit verbundenen Überlegungen auch vor dem Hintergrund der Auslandseinsätze einen interessanten Ausgangspunkt für ein nochmals anders gelagertes Verständnis bundeswehreigener Traditionen dar. Naumann setzt mit seinem Vorschlag bei der Inneren Führung an. Für traditionswürdig hält er jedoch nicht das Konzept als solches, sondern die militärinterne und öffentliche Auseinandersetzung um dessen Durchsetzung. Die Debatte um die Innere Führung stehe für eine lebendige und demokratische Streitkultur, in der unterschiedliche Interessen und Standpunkte im Dialog ausgehandelt werden. Entsprechend könne man die ersten Jahrzehnte der Bundeswehr als „Lern- und Reformprozess" begreifen, der von der „Selbstbefragung und Selbstkritik" (ebd.: 52) der Streitkräfte geprägt sei. Ähnliches gilt für die Traditionsdebatte. Eine an Naumann anknüpfende Sichtweise auf die Geschichte der Bundeswehr thematisierte folglich nicht nur vorbildhafte und unstrittige Elemente im Sinne einer „Positiv-Liste" (Heinemann 2004: 416), sondern verdeutlichte anhand der Ambivalenz vergangener Ereignisse und Diskussionen den dynamischen und prozesshaften Charakter einer Armee in der Demokratie einschließlich ihrer sich wandelnden Aufgaben. Mit dem Ansatz von Naumann könnten auch die unterschiedlichen Funktionen, die der Traditionspflege im militärischen Kontext zukommen, thematisiert und reflektiert werden. In der Folge rückte die professionell-handwerkliche Dimension militärischer

Tradition in den Blick, und es wäre zu klären, ob bzw. wie militärisches Handeln überhaupt von dem politischen Kontext getrennt werden kann, innerhalb dessen es sich entfaltet.

Eine solch reflexive Konzeption böte schließlich die Möglichkeit, bisherige Verengungen des Diskurses über militärische Traditionen zu überwinden. So erscheint eine Erweiterung des rein nationalen Referenzrahmens angesichts sicherheitspolitischer, militärischer sowie gesellschaftlicher Entwicklungen fast unumgänglich. Die Praxis multinationaler Kooperation und Zusammenarbeit nicht nur in den Einsätzen wirft die Frage auf, weshalb Armeen sich allein an nationalen Vorbildern orientieren sollten. Die Bundeswehr, die sich gerne als Bündnisarmee bezeichnet, hat immerhin bereits Angehörige anderer Nationen als traditionswürdig anerkannt und Kasernen nach Lucius D. Clay und Robert Schumann benannt. Eine weitere Öffnung der Traditionsbezüge legen auch die jüngsten Pluralisierungstendenzen innerhalb der Streitkräfte nahe. In den letzten Jahren haben soziale Gruppierungen Zugang zur Bundeswehr erlangt, die zuvor gezielt exkludiert waren wie Frauen, Homosexuelle, religiöse und ethnische Minderheiten. Geht man davon aus, dass Identifikation eine wesentliche Voraussetzung 'gelungener' Traditionsbildung darstellt, können diese Veränderungen nicht ohne Rückwirkung auf das zu unterbreitende Traditionsangebot bleiben. Wenn sich Militärangehörige in historischen Vorbildern wiedererkennen und deren Werk auf ihr heutiges Tun beziehen sollen, dann müssen überzeugende und authentische Anknüpfungspunkte offeriert werden. Im Bereich der Repräsentation aller Soldatengruppen hat die Bundeswehr bereits reagiert, indem nicht mehr nur Admirale oder Generale als traditionswürdig gelten, sondern zunehmend auch dienstgradniedrigere Soldaten (de Libero 2006: 82 f.). Allerdings ist derzeit nur eine Kaserne nach einer Frau, Dr. Maria Gräfin von Maltzan, einer Biologin, die sich im militärischen Widerstand engagierte, benannt. Die bisherigen Maßnahmen sind also von einer umfassenden sozialen, kulturellen und internationalen Erweiterung militärischer Traditionsbildung noch weit entfernt.

Annotierte Auswahlbibliografie
Abenheim, Donald (1989): Bundeswehr und Tradition. Die Suche nach dem gültigen Erbe des deutschen Soldaten. München: Oldenbourg.
Eine umfassende Analyse der Traditionsdebatte in der Aufbauphase der Bundeswehr. Die Entstehungsgeschichte des ersten Traditionserlasses von 1965 und seiner Folgen werden bis zu seiner Aufhebung durch die Traditionsrichtlinien von 1982 im Einzelnen nachgezeichnet.

Abenheim, Donald/Hartmann, Uwe (Hrsg.) (2018): Tradition in der Bundeswehr. Zum Erbe des deutschen Soldaten und zur Umsetzung des neuen Traditionserlasses. Berlin: Miles.
Der erste Band mit Beiträgen aus den Geschichts- und Sozialwissenschaften, der Bundeswehr, der Politik und der Öffentlichkeit, der sich mit dem Traditionserlass von 2018 auseinandersetzt.

Hettling, Manfred/Echternkamp, Jörg (Hrsg.) (2013): Gefallenengedenken im globalen Vergleich. Nationale Tradition, politische Legitimation und Individualisierung der Erinnerung. München: Oldenbourg.
Der Band versammelt zwanzig Länderfallstudien, darunter auch zu Deutschland, die den gesellschaftlichen Umgang mit dem Soldatentod auf einschlägige Weise analysieren.

Libero, Loretana de (2006): Tradition in Zeiten der Transformation. Zum Traditionsverständnis der Bundeswehr im frühen 21. Jahrhundert. Paderborn: Schöningh.
Eine umfassende Bestandsaufnahme des Traditionsverständnisses in der Bundeswehr, die die damit einhergehenden Kontroversen beschreibt und analysiert. Innovativ ist der Vergleich zwischen den Teilstreitkräften. Die abschließenden, immer noch lesenswerten Ausführungen widmen sich den gegenwärtigen und künftigen Spannungsfeldern militärischer Tradition, die sich durch die Übernahme der NVA, die neuen Einsätze und die Integration von Frauen ergeben.

Literatur

Abenheim, Donald (1989): Bundeswehr und Tradition. Die Suche nach dem gültigen Erbe des deutschen Soldaten. München: Oldenbourg.
Abenheim, Donald/Hartmann, Uwe (Hrsg.) (2018): Tradition in der Bundeswehr. Zum Erbe des deutschen Soldaten und zur Umsetzung des neuen Traditionserlasses. Berlin: Miles.
Assmann, Aleida (2006): Der lange Schatten der Vergangenheit. Erinnerungskultur und Geschichtspolitik. München: C.H. Beck.
Bald, Detlef (Hrsg.) (1992): Die Nationale Volksarmee. Beiträge zu Selbstverständnis und Geschichte des deutschen Militärs von 1945–1990. Baden-Baden: Nomos.
Bald, Detlef (1994): Militär und Gesellschaft 1945–1990. Die Bundeswehr der Bonner Republik. Baden-Baden: Nomos.
Bald, Detlef/Prüfert, Andreas (Hrsg.) (1997): Vom Krieg zur Militärreform. Zur Debatte um Leitbilder in Bundeswehr und Nationaler Volksarmee. Baden-Baden: Nomos.
Baudissin, Wolf Graf von (1969a [1956]): Soldatische Tradition und ihre Bedeutung in der Gegenwart. In: Baudissin (1969b [1956]): 79–86.

Baudissin, Wolf Graf von (1969b [1956]): Soldat für den Frieden. Entwürfe für eine zeitgemäße Bundeswehr, Hrsg. v. Peter von Schubert. München: Piper.

Bayer, Stefan/Gillner, Matthias (Hrsg.) (2011): Soldaten im Einsatz. Sozialwissenschaftliche und ethische Reflexionen. Berlin: Duncker & Humblot.

Bergmann, Klaus/Kuhn, Annette/Rüsen, Jörn/Schneider, Gerhard (Hrsg.) (1992): Handbuch der Geschichtsdidaktik. Seelze-Velber: Kallmeyer.

Biehl, Heiko/Leonhard, Nina (2012): Militär und Tradition. In: Leonhard/Werkner (2012): 314–341.

Biehl, Heiko/Leonhard, Nina (2018): Bis zum nächsten Mal? Eine funktionalistische Interpretation der Debatte um die Tradition der Bundeswehr. In: Abenheim/Hartmann (2018): 36–55.

Bock, Petra/Wolfrum, Edgar (Hrsg.) (1999): Umkämpfte Vergangenheit. Geschichtsbilder, Erinnerung und Vergangenheitspolitik im internationalen Vergleich. Göttingen: Vandenhoeck & Ruprecht.

Brunner, Otto/Conze, Werner/Koselleck, Reinhart (Hrsg.) (1990): Geschichtliche Grundbegriffe. Historisches Lexikon zur politisch-sozialen Sprache in Deutschland. Bd. 6. Stuttgart: Klett-Cotta.

Bulmahn, Thomas (2004): Meinungen zur Pflege militärischer Traditionen in der Bevölkerung. In: Information für die Truppe (IfdT), 48: 2, 61–63.

François, Etienne/Konczal, Kornelia/Traba, Robert/Troebst, Stefan (Hrsg.) (2013): Geschichtspolitik in Europa seit 1989. Deutschland, Frankreich und Polen im internationalen Vergleich. Göttingen: Wallstein.

Fröchling, Helmut (1983): Identitätsprobleme moderner Streitkräfte. Die Traditionsdebatte in der Bundeswehr im Zeichen gesellschaftlichen Wandels. In: Vogt (1983): 205–231.

Gareis, Sven Bernhard/Klein, Paul (Hrsg.) (2004): Handbuch Militär und Sozialwissenschaft. Wiesbaden: VS Verlag für Sozialwissenschaften.

Genschel, Dietrich (1972): Wehrreform und Reaktion. Die Vorbereitung der Inneren Führung 1951–1956. Hamburg: v. Decker.

Giordano, Ralph (2000): Die Traditionslüge. Vom Kriegerkult in der Bundeswehr. Köln: Kiepenheuer & Witsch.

Hammerich, Helmut/Schlaffer, Rudolf (Hrsg.) (2011): Militärische Aufbaugenerationen der Bundeswehr 1955 bis 1970: Ausgewählte Biographien (Sicherheitspolitik und Streitkräfte der Bundesrepublik Deutschland, Bd. 10). München: Oldenbourg.

Handbuch Innere Führung (1957). Bonn: Bundesministerium der Verteidigung.

Harder, Hans-Joachim (1985): Traditionspflege in der Bundeswehr 1965–1972. In: Harder/Wiggershaus (1985): 97–151.

Harder, Hans-Joachim/Wiggershaus, Norbert (1985): Tradition und Reform in den Aufbaujahren der Bundeswehr. Herford/Bonn: Mittler.

Hauswedell, Corinna (Hrsg.) (2009): Soldatentod in heutigen Kriegen. Herausforderungen für die politische Normenbildung und Erinnerungskultur. Rehburg-Loccum: Evangelische Akademie Loccum.

Heinemann, Winfried (2004): Militär und Tradition. In: Gareis/Klein (2004): 409–417.

Heinemann, Winfried (2019): Unternehmen „Walküre". Eine Militärgeschichte des 20. Juli 1944. Berlin/Boston: de Gruyter.

Heinrich, Horst-Alfred/Kohlstruck, Michael (Hrsg.) (2008): Geschichtspolitik und sozialwissenschaftliche Theorie. Stuttgart: Steiner.

Helmecke, Chris (2018): Gefallen und verwundet im Kampf. Deutsche Soldaten im Karfreitagsgefecht 2010. In: Militärgeschichte. Zeitschrift für historisch Bildung, 2, 4–9.

Herz, Thomas (1997): Die ‚Basiserzählung' und die NS-Vergangenheit. Zur Veränderung der politischen Kultur in Deutschland. In: Herz/Schwab-Trapp (1997): 249–265.

Herz, Thomas/Schwab-Trapp, Michael (Hrsg.) (1997): Umkämpfte Vergangenheit. Diskurse über den Nationalsozialismus seit 1945. Opladen: Westdeutscher Verlag.

Herzfeld, Hans (1965): Die Bundeswehr und das Problem der Tradition. In: Picht (1965): 32–95.

Hettling, Manfred/Echternkamp, Jörg (Hrsg.) (2008): Bedingt erinnerungsbereit. Soldatengedenken in der Berliner Republik. Göttingen: Vandenhoeck & Ruprecht.

Hobsbawm, Eric/Ranger, Terence (Hrsg.) (1992 [1983]): The Invention of Tradition. Cambridge: Cambridge University Press.

Huntington, Samuel (1981 [1957]): The Soldier and the State. The Theory and Politics of Civil-Military Relations. Cambridge, Mass./London: Havard University Press.

Jacobsen, Hans-Adolf (1999): Wehrmacht und Bundeswehr – Anmerkungen zu einem umstrittenen Thema soldatischer Traditionspflege. In: Müller/Volkmann (1999): 1184–1191.

Jeismann, Karl-Ernst (1992): Tradition. In: Bergmann et al. (1992): 17–19.

Kayß, Sarah Katharina (2018): Tradition und Identität. Die Vergangenheit als Motivationsimpuls für die Gegenwart des zukünftigen Offizierkorps der Bundeswehr. In: Abenheim/Hartmann (2018): 232–244.

Kayss, Sarah Katharina (2019): Identity, Motivation and Memory. The Role of History in the British and German Armed Forces. London & New York: Routledge.

Kern, Lucian/Klein, Paul (1986): Tradition. Eine Untersuchung zu Auffassungen über Tradition und militärischer Tradition in der Bevölkerung und in der Bundeswehr. SOWI-Berichte Nr. 41. München: Sozialwissenschaftliches Institut der Bundeswehr.

Kibel, Jochen (2021): Hoffnung auf eine bessere Vergangenheit. Kollektivierungsdiskurse und ihre Codes der Verräumlichung. Bielefeld: transcript.

Knab, Jakob (1997): Bundeswehr und Tradition. Die Suche nach den „richtigen" Kasernennamen. In: Bald/Prüfert (1997): 151–171.

Kümmel, Gerhard/Collmer, Sabine (Hrsg.) (2003): Soldat – Militär – Politik – Gesellschaft. Facetten militärbezogener sozialwissenschaftlicher Forschung. Liber amicorum für Paul Klein. Baden-Baden: Nomos.

Lange, Sven (2003): Der Fahneneid: Die Geschichte der Schwurverpflichtung im deutschen Militär. 2. Aufl. Bremen: Edition Temmen.

Lenclud, Gérard (1987): La tradition n'est plus ce qu'elle était... In: Terrain, 9, 110–123.

Leonhard, Nina (2010): Über den Sinn, Soldat zu sein. Soldatische Berufsbilder zwischen Vergangenheit und Zukunft. In: Wrochem/Koch (2010): 107–122.

Leonhard, Nina (2011a): Les relations civil-militaires en Allemagne entre „post-héroïsme" et poids du passé: le monument aux morts de la Bundeswehr. In: L'Année sociologique, 61: 2, 431–451.

Leonhard, Nina (2011b): Die zivil-militärischen Beziehungen in Deutschland zwischen Vergangenheit und Zukunft: Das „Ehrenmal" der Bundeswehr. In: Bayer/Gillner (2011b): 127–146.

Leonhard, Nina (2016): Integration und Gedächtnis. NVA-Offiziere im vereinigten Deutschland. Konstanz/Köln: UVK/Halem.

Leonhard, Nina/Werkner, Ines-Jacqueline (Hrsg.) (2012): Militärsoziologie – Eine Einführung. 2., aktualisierte und ergänzte Aufl. Wiesbaden: VS Verlag.

Leonhard, Nina/Dimbath, Oliver/Haag, Hanna/Sebald, Gerd (Hrsg.) (2016): Organisation und Gedächtnis. Über die Vergangenheit der Organisation und die Organisation der Vergangenheit. Wiesbaden: Springer VS.

Leonhard, Nina/Dimbath, Oliver (Hrsg.) (2021): Gewaltgedächtnisse. Analysen zur Präsenz vergangener Gewalt. Wiesbaden: Springer VS.

Libero, Loretana de (2006): Tradition in Zeiten der Transformation. Zum Traditionsverständnis der Bundeswehr im frühen 21. Jahrhundert. Paderborn: Schöningh.

Messerschmidt, Manfred (1992): Aus der Geschichte lernen. Vom Umgang mit der Erblast des Nationalsozialismus in der Bundeswehr und in der NVA. In: Bald (1992): 13–30.

Militärgeschichtliches Forschungsamt (Hrsg.) (1984): Der militärische Widerstand gegen Hitler und das NS-Regime 1933–1945. Herford/Bonn: Mittler.

Müller, Rolf-Dieter/Volkmann, Hans-Erich (Hrsg.) (1999): Die Wehrmacht. Mythos und Realität. München: Oldenbourg.

Münkler, Herfried (2008): Militärisches Totengedenken in der postheroischen Gesellschaft. In: Hettling/Echternkamp (2008): 22–30.

Naumann, Klaus (2000): Negative Tradition und doppelter Blick. Überlegungen zu einem reflexiven Traditionsverständnis. In: Prüfert (2000): 46–55.

Naumann, Klaus (2007): Generale in der Demokratie. Generationengeschichtliche Studien zur Bundeswehrelite. Hamburg: Hamburger Edition.

Neitzel, Sönke (2020): Deutsche Krieger. Vom Kaiserreich zur Berliner Republik – eine Militärgeschichte. Berlin: Propyläen.

Niemetz, Daniel (2006): Das feldgraue Erbe. Die Wehrmachtseinflüsse im Militär der SBZ/DDR. Berlin: Ch. Links.

Paveau, Marie-Anne (1999): Images de la militarité dans les chants de l'Armée de terre française. In: Thiéblemont (1999): 213–260.

Picht, Georg (Hrsg.) (1965): Studien zur politischen und gesellschaftlichen Situation der Bundeswehr. Forschungen und Berichte der Evangelischen Studiengemeinschaft. Witten/Berlin: Eckart-Verlag.

Prüfert, Andreas (Hrsg.) (2000): Bundeswehr und Tradition. Zur Debatte um das künftige Geschichts- und Traditionsverständnis in den Streitkräften. Baden-Baden: Nomos.

Rauer, Valentin (2021): Gedenken an illegitime staatliche Gewalt. Zur Normativität kollektiver Erinnerungen. In: Leonhard/Dimbath (2021): 107–126.

Rühe, Volker (1996): Bundeswehr und europäische Sicherheit. In: Europäische Sicherheit, 45: 1, 9–16.

Sabrow, Martin (2013): Die postheroische Gedächtnisgesellschaft. Bauformen des historischen Erzählens in der Gegenwart. In: François et al. (2013): 311–322.

Schmidt, Wolfgang (2016): Organisiertes Erinnern und Vergessen in der Bundeswehr. Traditionspflege am Beispiel der „Causa Mölders". In: Leonhard et al. (2016): 183–223.

Shils, Edward (1981): Tradition. London/Boston: Faber and Faber.

Stein, Hans-Peter (1984): Symbole und Zeremoniell in deutschen Streitkräften (mit einem Beitrag von Hans-Martin Ottmer). Herford/Bonn: Mittler.

Steinbach, Peter (1999): Postdiktatorische Geschichtspolitik. Nationalsozialismus und Widerstand im deutschen Geschichtsbild nach 1945. In: Bock/Wolfrum (1999): 17–40.

Thiéblemont, André (Hrsg.) (1999): Cultures et logiques militaires. Paris: Presses universitaires de France.

Traditionserlass (1965): Bundeswehr und Tradition. Bonn: BMVg.

Traditionserlass (1982): Richtlinien zum Traditionsverständnis und zur Traditionspflege in der Bundeswehr. Berlin: BMVg.

Traditionserlass (2018): Die Tradition der Bundeswehr. Richtlinien zum Traditionsverständnis und zur Traditionspflege. Berlin: BMVg.

Vogt, Wolfgang R. (Hrsg.) (1983): Sicherheitspolitik und Streitkräfte in der Legitimitätskrise. Analysen zum Prozess der Delegitimierung des Militärischen im Kernwaffenzeitalter. Baden-Baden: Nomos.

Weber, Max (1985 [1922]): Wirtschaft und Gesellschaft. Grundriß der verstehenden Soziologie, hrsg. v. Johannes Winckelmann. Tübingen: Mohr.

Werkner, Ines-Jacqueline (2003): Musik im Militär – Bedeutung und Funktion am Beispiel des Großen Zapfenstreichs. In: Kümmel/Collmer (2003): 103–113.

Wiedenhofer, Siegfried (1990): Tradition, Traditionalismus. In: Brunner et al. (1990): 607–650.

Wiggershaus, Norbert (1984): Zur Bedeutung und Nachwirkung des militärischen Widerstandes in der Bundesrepublik Deutschland und in der Bundeswehr. In: Militärgeschichtliches Forschungsamt (1984): 207–233.

Wolfrum, Edgar (1999): Geschichtspolitik in der Bundesrepublik Deutschland. Der Weg zur bundesrepublikanischen Erinnerung 1948–1990. Darmstadt: Wissenschaftliche Buchgesellschaft.

Wrochem, Oliver von/Koch, Peter (Hrsg.) (2010): Gedenkstätten des NS-Unrechts und Bundeswehr. Bestandsaufnahme und Perspektiven. Paderborn: Schöningh.

Zimmermann, John (2012): Ulrich de Maizière. General der Bonner Republik. 1912 bis 2006 (= Sicherheitspolitik und Streitkräfte der Bundesrepublik Deutschland. Bd. 12). München: Oldenbourg.

Biehl, Heiko, Dr. phil.; Leiter des Forschungsbereichs Militärsoziologie am Zentrum für Militärgeschichte und Sozialwissenschaften der Bundeswehr in Potsdam.

Leonhard, Nina, Dr. phil. habil.; Projektbereichsleiterin im Forschungsbereich Militärsoziologie am Zentrum für Militärgeschichte und Sozialwissenschaften der Bundeswehr und Privatdozentin am Institut für Soziologie der Westfälischen Wilhelms-Universität Münster.

Frauen im Militär

Gerhard Kümmel

Man sieht es den Gesichtern an: Es muss die Hölle sein! Die Luft ist bleihaltig, ein Trommelfeuer geht auf die Gruppe von Soldaten nieder, die sich hektisch über den Boden schieben. Die Augen der Soldaten blicken angespannt von einem zum anderen, die Gesichter sind Dreck verschmiert, die Körper von Schürfwunden gezeichnet. Tiefe Ränder haben sich unter den Augen eingegraben, der Schweiß läuft in Strömen – vor Anstrengung und vielleicht auch ein bisschen vor Angst. Doch das sieht man nicht wegen des endzeitlichen Wetters mit strömendem Regen und pfeifendem Wind. Die Waffe in den Händen wird von Sekunde zu Sekunde schwerer, jede Faser des Körpers schreit vor Schmerz. Man müsste nur, welche Versuchung, die Glocke dort drüben am Strand drei Mal läuten, dann hätte der Albtraum, der Spuk, ein Ende. Doch das wollen diese Soldaten, die hier über den Sand robben, nur im aller äußersten Notfall tun. Denn sie sind ausgewählt, sie dürfen ein dreimonatiges Ausbildungs- und Trainingsprogramm bei den *Navy Seals,* einer Eliteeinheit der amerikanischen Streitkräfte, durchlaufen, ein Programm, das 60 % der Teilnehmer nicht bestehen werden, weil es deren physische und psychische Belastungsgrenzen überschreitet. Und unter ihnen befindet sich zum ersten Mal eine Frau, Lieutenant Jordan O'Neil.

Sie ist die Heldin des Hollywood-Films *G.I. Jane* (dt. *Die Akte Jane*), der im Jahre 1998 unter der Regie von Ridley Scott und mit Demi Moore in der weiblichen Hauptrolle gedreht wurde. Die Kinoproduktion erzählt von den zahlreichen Niederungen, die Jordan O'Neil durchlaufen muss, von ihrem Kampf für

G. Kümmel (✉)
Forschungsbereich Sicherheitspolitik und Streitkräfte, Zentrum für Militärgeschichte und Sozialwissenschaften der Bundeswehr, Potsdam, Deutschland
E-Mail: gerhardkuemmel@bundeswehr.org

© VS Verlag für Sozialwissenschaften I Springer Fachmedien Wiesbaden GmbH, Wiesbaden 2023
N. Leonhard und I.-J. Werkner (Hrsg.), *Militärsoziologie – Eine Einführung,*
https://doi.org/10.1007/978-3-658-30184-2_17

Gleichstellung und Gleichbehandlung und gegen die Vorurteile ihrer Umwelt.
So sagt z. B. zu Beginn der Ausbildung einer ihrer männlichen Kameraden den
folgenden Satz in die Runde: „Weiber in einer Kampfeinheit – geniale Idee. Die
spinnen doch. Jeder weiß, die bringen nicht, was wir können." Und ihr Ausbilder,
Master Chief Urgayle, äußert sich während einer hyperrealistischen Übung eines
Kampfeinsatzes gegenüber seinen männlichen Soldaten besorgt um die Kampfmoral, die Kampfkraft und den Zusammenhalt in der kleinen Kampfgruppe,
wenn ihr Frauen angehören: „Ihre Anwesenheit macht uns alle verletzbar. Und ihr
sollt diese unangenehme Wahrheit nicht erst im Kampf lernen. Das ist wichtig."
Und zu Jordan O'Neil gewandt fügt er hinzu: „Lieutenant, verdienen Sie Ihren
Lebensunterhalt woanders."

Etwas anders gelagert sind da die Einwände, die Jordan O'Neils Vorgesetzter
und Leiter des Ausbildungscamps vorbringt:

> „Was ich hasse, Lieutenant, ist eine gewisse Politikerin, die meine Basis als Test-
> labor für ihr großes soziales Experiment benutzt. Was ich noch mehr hasse, ist das
> Sensibilitätstraining, das jetzt obligatorisch für meine Männer ist, die Gynäkologin,
> die ich beschäftigen muss, damit sie für Ihre persönliche Krebsvorsorgeunter-
> suchung die Abstriche macht, und was ich am meisten hasse, wo wir schon so offen
> sprechen, ist Ihr Parfüm. So dezent es auch immer sein mag, im Vergleich zu dem
> Aroma meiner feinen 3 Dollar und 95 Cents Zigarre, die ich selbstverständlich auf
> der Stelle ausdrücke, wenn die Größe dieses Phallussymbols, als das man sie sehen
> könnte, Ihre gottverdammten sensiblen Empfindungen beleidigt."

Die politische Klasse wiederum denkt in nochmals ganz anderen Bezügen, wie
die folgende Passage aus einem Gespräch Lieutenant O'Neils mit der Senatorin
Lilian DeHaven zeigt, die maßgeblichen Anteil daran hat, dass Lieutenant O'Neil
in das Ausbildungsprogramm aufgenommen wird, wobei sie indes vornehmlich
an den Zuwachs an Wählerinnenstimmen denkt. Als das Pentagon Druck auf
Lilian DeHaven ausübt, indem es die Schließung von Militärbasen in Texas, dem
Bundesstaat der Senatorin, ankündigt und damit ihre Chancen auf Wiederwahl
verringert, ist die Senatorin bereit, Lieutenant O'Neil für ihre eigene politische
Karriere zu opfern. Es kommt zu einem Wortgefecht der beiden, in dem deutlich
wird, dass die Senatorin nicht damit gerechnet hat, dass O'Neil das harte Ausbildungsprogramm überstehen würde und sie sich auch selbst nicht vorstellen
kann, eine Soldatin als Angehörigen einer Kampfeinheit als normal zu betrachten.
DeHaven: „In Wahrheit liegt diese Entscheidung nicht bei Ihnen oder bei mir.
Amerikas Familien sind nicht darauf vorbereitet, dass wir ihre Töchter und
jungen Mütter so in Gefahr bringen." *O'Neil:* „Das wissen Sie doch gar nicht."
DeHaven: (…) *O'Neil:* „Was sagen Sie da, dass ein Frauenleben wertvoller ist als

das eines Mannes? Dass der Tod einer Frau für eine Familie schmerzlicher ist als der eines Mannes?" *DeHaven:* „Kein Politiker kann es sich leisten, junge Frauen, die im Kampf gefallen sind, im Blechsarg heim zu bringen."

Der Film *G.I. Jane,* dessen Hauptfigur am Ende des Films ihren Ritterschlag als Kämpferin in einem Kampfeinsatz in Libyen erfährt, stellt einen kineastischen Höhepunkt in der Entwicklung zur geschlechtlich korrekten Besetzung von Filmrollen dar. Man kennt die Figur der skrupellosen Politikerin, der karrieresüchtigen Journalistin und der profitgierigen Unternehmerin ebenso wie die der atemberaubend logisch kombinierenden Polizistin, man kennt die mutige Rettungsfliegerin wie die Rettungsschwimmerin der Küstenwache, und man kennt die Figur der enternden Piratin, der kämpfenden Frauen aus Paul Verhoevens Science-Fiction Opus *Starship Troopers* ebenso wie die der schnell ziehenden Revolverheldin im Western, die perfekte Tötungsmaschine Black Mamba aus *Kill Bill* und diverse Kämpferinnenfiguren aus dem Marvel-Universum. Im Kino, einem wesentlichen Medium der *popular culture,* wird mit *G.I Jane* auch für unsere Zeit die Emanzipation der Frau in einer Domäne, die gemeinhin als ureigenst männlicher Bereich gilt, nämlich Militär und Krieg, skizziert.[1] Damit wird die Frage nach Militär, Krieg und Weiblichkeit aufgeworfen. Diese spiegelt sich etwa in einem Dialog wider, den Lieutenant Jordan O'Neil mit dem Leiter des Ausbildungscamps führt und der zugleich den Blick auf die weitere Problematik öffnet. *O'Neil:* „Kann ich mit diesem Team je zusammenwachsen, wenn Sie mich behandeln wie einen Außenseiter und andere Regeln für mich aufstellen? Die Antwort ist: Ich kann es nicht." *Ihr Vorgesetzter fragt nach:* „Volle Gleichstellung?" *O'Neil:* „Gleiche Behandlung, nicht besser und nicht schlechter." *Darauf wieder der Vorgesetzte:* „Sie kriegen alles, was Sie wollen, O'Neil. Es fragt sich nur, ob Sie das auch wollen, was Sie kriegen."

1 Gegenstand, Grundbegriffe, Fragestellungen

Aus diesen Sequenzen aus dem Kinofilm *G.I. Jane* wird bereits vieles von dem ersichtlich, um was es bei dem Themenfeld Frauen im Militär geht: Sind Frauen aus genetisch-biologischen Gründen heraus für den Soldatenberuf und ein Dasein als Kämpferin ungeeignet? Können Frauen gute Soldatinnen sein? Können sie Leben nehmen, wo es doch in ihrer Natur liegt, Leben zu geben? Müssen sie nicht eigentlich eher beschützt werden? Haben sie als Staatsbürgerin aber nicht

---

[1] Siehe hierzu auch den Beitrag von *Virchow* in diesem Band.

auch das Recht, für das politische Gemeinwesen, dem sie angehören, militärisch einzutreten? Zerstört jedoch ihre Anwesenheit den inneren Zusammenhalt, die Kohäsion und die Motivation der kleinen Kampftruppe? Unterminieren sie damit letztlich die militärische Professionalität, Effizienz und Kampfkraft der Armee als Ganzer?[2] Können sie überhaupt sinnvoll in militärische Organisationen integriert werden? Und, wenn ja, wie? Wird ihre Einbeziehung in die Streitkräfte von Angehörigen der politischen Klasse unter dem Aspekt des (Wähler)Stimmenfangs betrieben? Handelt es sich dabei um ein zwar groß angelegtes, doch schlussendlich leichtfertiges und mit absehbaren katastrophalen Konsequenzen verbundenes soziales Experiment, das permissiv gesellschaftlichen Stimmungslagen nachgibt, die noch dazu volatil sein können? Können Gesellschaft und Öffentlichkeit eigentlich tote Soldatinnen ertragen, zumal dann, wenn diese auch Mütter sind? Kurz: Wie ist es um die Ordnung der Geschlechter im Militär und in der Gesellschaft bestellt?

Das Thema Frauen im Militär selbst ist ein Teilbereich des größeren Forschungsfeldes zum Verhältnis von Frauen, Krieg und Militär (Goldstein 2001; Kümmel 2004; Carreiras und Kümmel 2008b; Cardi und Pruvost 2012; Malesevic 2012). Darin wird beispielsweise untersucht, in welchen Formen Frauen als Zivilistinnen und Nichtkombattantinnen dem kriegerischen Tun und den Aktivitäten von Soldaten ausgesetzt sind bzw. waren. So wurden und werden Frauen etwa als Geiseln oder als Beute genommen, sie wurden und werden verwundet, getötet, gefangen genommen, gefoltert, vergewaltigt und von Militärorganisationen in die Prostitution für einen soldatischen Personenkreis gezwungen (vgl. Sturdevant und Stoltzfus 1992; Lie 1997; Tanaka 2002; Bastick et al. 2007; Soh 2008; Baaz und Stern 2009; Kümmel 2010; Norma 2017).

Um diese Aspekte soll es im Folgenden jedoch nicht gehen. Vielmehr bezieht sich die weitere Darstellung auf die lange Geschichte der Einbeziehung von Frauen in die Streitkräfte, aber auch in paramilitärische oder revolutionäre Gruppen (vgl. Li 1994; DeGroot und Peniston-Bird 2000; Lahoud 2014, 2017; Jahanbani und Willis 2019; Wood 2019). Dabei traten und treten Frauen sowohl in militärischen wie auch in zivilen Rollen in Erscheinung. So waren etwa Händlerinnen, Marketenderinnen, Ehefrauen oder Prostituierte im Mittelalter und in der frühen Neuzeit schwer zu entbehrende zivile Quasi-Bestandteile des militärischen Trosses. Als Krankenschwestern, Spioninnen und Partisaninnen, als Soldaten in Männerkleidern, als reguläre Soldatinnen und als für die

---

[2] Siehe hierzu auch den Beitrag von *Biehl* in diesem Band.

Sicherheit/Verteidigung verantwortliche Politiker sind Frauen darüber hinaus in einer Vielzahl von militärischen Funktionen tätig gewesen und bis heute tätig (vgl. etwa Elshtain 1987; Wheelwright 1989; Holm 1993; Jones 1997; Seidler 1998; Toler 2019). Unzählige, zumeist namenlos gebliebene Frauen kämpf(t)en beispielsweise in revolutionären Gruppierungen, Partisanenverbänden, Befreiungsbewegungen und Unabhängigkeitskriegen in Afrika, Asien, Europa, Lateinamerika und im Nahen Osten (vgl. etwa Berkin 1980; Goldman 1982; Schäfer 2008; Henshaw et al. 2019). Der Status einer Kämpferin, der häufig nicht vollständig dem der Männer entspricht, wird den Frauen jedoch in der Regel recht schnell und häufig auch mit ihrem Einverständnis wieder genommen, wenn die Rebellenarmeen nach ihrem siegreichen Kampf in reguläre nationale Armeen umgewandelt werden (vgl. die Beiträge in Isaksson 1988). In Zeiten von Kriegen und revolutionären Umbrüchen brechen demnach offensichtlich starre Geschlechterrollen auf, doch bleibt dies oftmals eine Episode.

Anders sieht es hingegen in Bereichen aus, in denen die traditionellen Vorstellungen von Geschlechterrollen nicht angetastet werden und Frauen somit für die Streitkräfte, doch außerhalb von Kampfeinheiten tätig werden konnten und können. Überschaut man das 20. Jahrhundert, dann waren es im Wesentlichen Personalengpässe, die während des Ersten Weltkrieges eine umfassende Mobilisierung der Bevölkerung der Kriegsparteien einleiteten, in deren Gefolge Frauen für bestimmte Tätigkeiten – sogenannte Kriegshilfsdienste – in den Streitkräften herangezogen wurden. So wurden sie zum Beispiel als Telefonistinnen beschäftigt. Besonders in den USA hielten verschiedene Organisationen für Frauenrechte die Gelegenheit für günstig, auf diesem Wege die politische Gleichberechtigung des weiblichen Geschlechts zu erkämpfen. Wie erfolgreich diese Strategie war, lässt sich daran ablesen, dass Frauen in der Zeit nach dem Krieg in verschiedenen Ländern das allgemeine Wahlrecht erhielten. In Phasen der Mobilisierung von Frauen im Krieg erweiterte sich folglich sukzessive ihr Handlungsspielraum. Er ließ aber den Kampf und den Fronteinsatz unberührt (Elshtain 1987).

Öffnungen wie diese mussten und müssen von Frauen regelrecht erkämpft werden. Viele Streitkräfte öffne(te)n sich also nicht qua eigener Initiative, sondern auf politischen, gesellschaftlichen und rechtlichen Druck von außen (vgl. hierzu auch die Beiträge in Addis et al. 1994; Kümmel 2002; Soeters und Meulen 2007; sowie Carreiras 2006; Nuciari 2007, 2018). Hingegen gehört die Tätigkeit von Frauen als Sanitätssoldatinnen bereits seit längerer Zeit zum ,normalen' Erscheinungsbild im Militär, weil diese Aufgabe weitaus näher an den gewohnten fürsorgerischen und pflegerischen Inhalten der der Frau üblicherweise zugeschriebenen Rolle in der Gesellschaft liegt. Interessant ist in diesem

Zusammenhang der Umstand, dass das Völkerrecht Sanitätssoldaten und -soldatinnen einen sogenannten Nichtkombattanten-Status zuweist, was zur Folge hat, dass diese wie die Gruppe der Nichtkombattanten und -kombattantinnen insgesamt als besonders schützenswürdig gelten. Das bedeutet, dass sie nach den Grundsätzen des Völkerrechts nicht angegriffen werden dürfen. Umgekehrt sind sie aber auch gehalten, sich nicht – außer im Fall von Notwehr oder Nothilfe – an den Kampfhandlungen zu beteiligen.

Die Einbeziehung von Frauen in das Militär folgt demnach einem Muster von Öffnung und Schließung, weist also einen eher zyklischen denn linearen Verlauf auf. Gleichwohl lässt sich mit Blick auf die globale Entwicklung eine Tendenz zu einer allgemeinen Ausweitung der militärischen Rollen von Frauen konstatieren. Vor allem in der jüngeren Vergangenheit sind, insbesondere in den westlichen Staaten, bemerkenswerte Schritte zu weiteren Zugangsmöglichkeiten für Frauen zu verzeichnen, die im Zuge des Übergangs zu Freiwilligenarmeen auch auf Rekrutierungsprobleme einerseits und arbeitsrechtliche Faktoren andererseits zurückzuführen sind.[3] So haben Frauen seit den 1990er-Jahren eine aktivere und auch sichtbarere Rolle in den Streitkräften einer ganzen Reihe von Ländern eingenommen als dies früher der Fall war, sodass ihr Anteil am Personalbestand der Streitkräfte deutlich zugenommen hat (siehe für die NATO-Mitgliedsstaaten Abb. 1 und 2; siehe für die globale Situation im Jahr 2016 Abb. 3).

Parallel zu ihrem steigenden Anteil sind Frauen auch in einem größeren Spektrum von Funktionen und Verwendungen innerhalb der Streitkräfte anzutreffen; vermehrt sind sie selbst in die Kampf- und Bodenkampfverwendungen vorgestoßen, die letztlich die vollständige Öffnung der Streitkräfte für Frauen bedeuten, obwohl selbst in der NATO diese umfassende Öffnung noch nicht durchgängig realisiert ist (siehe Tab. 1; vgl. auch die Diskussion bei Gutmann 2000; Creveld 2001a und b; Haring 2013; Kamarck 2015; King 2016; Grosswirth Kachtan 2016; Millar und Tidy 2017).

Die meisten Soldatinnen der NATO-Streitkräfte sind im Jahr 2017 in den Bereichen Logistik (18,1 %; Männer: 19,9 %), im Sanitätswesen (17,2 %; Männer: 3,2 %) und in der Administration (14,3 %; Männer: 5,5 %) tätig

---

[3]Vgl. etwa Reißner (2000); Shields (2000); Klein (2001); Sasson-Levy (2001); Simon (2001); Harrell et al. (2002); Kümmel (2002); Sasson-Levy (2003); Seifert et. al. (2004); Burke (2004); Woodward (2004); Carreiras (2006); Gabbert (2007); Zeigler und Gunderson (2005); Davis (2007); Obradovic (2015, 2016). Vgl. für Deutschland Seifert (1996); Kümmel et. al. (2000); Kümmel und Biehl (2001); Kümmel und Werkner (2003); Ahrens et al. (2005); Kümmel (2008); Mangold (2008); Dittmer (2009); Kümmel (2014, 2017).

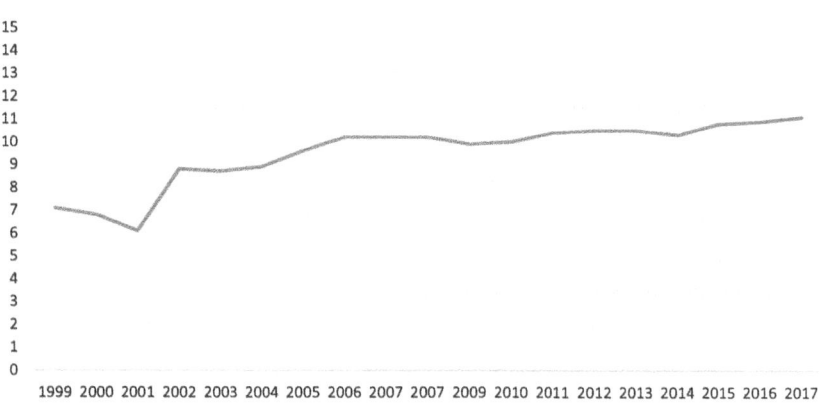

15
14
13
12
11
10
9
8
7
6
5
4
3
2
1
0

1999 2000 2001 2002 2003 2004 2005 2006 2007 2007 2009 2010 2011 2012 2013 2014 2015 2016 2017

Abb. 1 Anteil der Soldatinnen in der NATO, 1999–2017. (Quelle: NATO 2017: 15)

gewesen. Darauf folgen die Infanterie mit 10,4 % (Männer: 21,8 %), der Bereich der Kommunikation mit 6,6 % (Männer: 10,2 %) und das Personalwesen mit 5,2 % (Männer: 2,2 %). Hinsichtlich der Teilstreitkraftzugehörigkeit verteilen sich die Soldatinnen zu 39 % auf das Heer (Männer: 50 %), 16 % auf die Luftwaffe (Männer: 15 %), 12 % auf die Marine (Männer: 14 %) und 33 % auf andere Bereiche (Männer: 21 %) (NATO 2017: 35–37).

In den Einsätzen der NATO sind die Soldatinnen allerdings nicht in dem Maße vorzufinden, wie es ihrem Anteil an den Streitkräften entsprechen würde. So waren im Jahr 2017 lediglich 5,6 % der Einsatzkräfte der NATO weiblich (NATO 2017: 45; für den UN-Kontext siehe Berg und Bjarnegard 2016). Auch in drei Mitgliedsstaaten der NATO bestehen noch Restriktionen für Soldatinnen in Bezug auf Dienstgrade. Diese sind in der Türkei noch sehr weitgehend, während es in Bulgarien und Griechenland derartige Beschränkungen nurmehr in einem geringen Umfang gibt. Insgesamt nimmt vor allem der Anteil der Soldatinnen unter den Offizieren zu (siehe Tab. 2).

Diese Daten belegen die Tendenz einer zunehmenden militärischen Integration von Frauen, bedeuten aber keineswegs, dass weibliche Streitkräfteangehörige mittlerweile uneingeschränkt zu einer Normalität geworden sind. Vielmehr handelt es sich beim Thema Öffnung des Militärs für Frauen um eines, das die Gemüter nach wie vor erhitzen kann. Der heftigst umstrittene Bezug auf eine vermeintlich naturgegebene, anthropologisch, biologisch oder sozio-biologisch

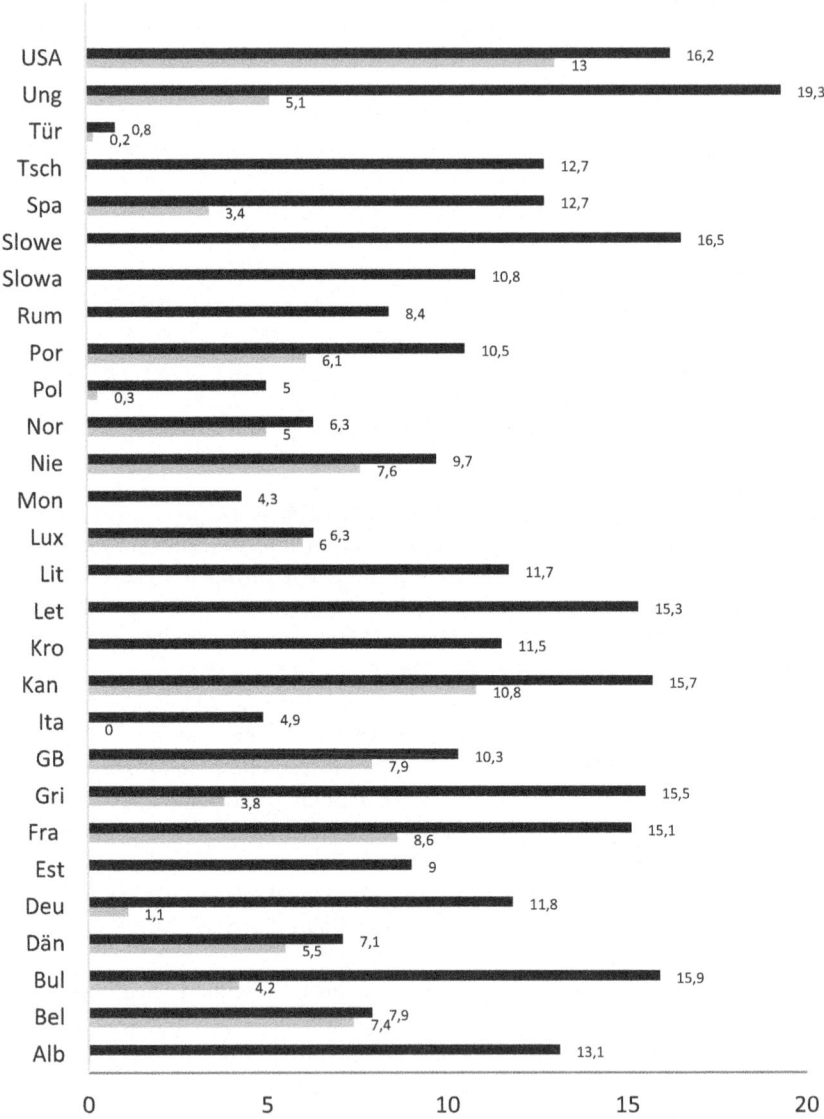

Abb. 2 Frauen in den Streitkräften der NATO, 1999–2017. (Quellen: Office on Women 2000: passim; NATO 2017: 16)

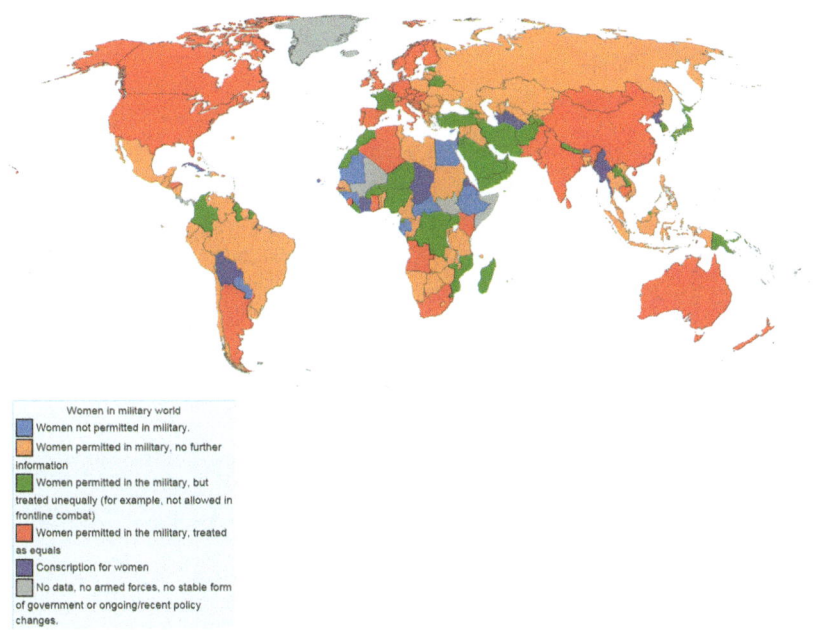

Abb. 3 Frauen in den Streitkräften der Welt, 2016 (Enyavar 2020). (Quelle: Frauen in den Streitkräften der Welt. Online: https://en.wikipedia.org/wiki/Women_in_the_military_by_country#/media/File:Women_in_military_world_map.svg (letzter Zugriff: 30.03.2021)]

hergeleitete und damit letzten Endes unveränderliche *conditio humana* hat hierbei nicht nur in der Vergangenheit eine zentrale Rolle in der öffentlichen Debatte gespielt, sondern ist bis heute wichtig (Seifert 1999: 45–47; Mangold und Scholz 2000; Maninger 2008; Carreiras und Kümmel 2008a; Millar und Tidy 2017). Das Spektrum der in diesem Zusammenhang vertretenen Positionen reicht dabei von denen, die jegliche Einbeziehung von Frauen in das Militär strikt ablehnen, über diejenigen, die sich unter bestimmten Bedingungen und bis zu einem gewissen Grad eine Betätigung von Frauen in den Streitkräften vorstellen können, bis zu denen, die sich nachdrücklich für einen umfassenden Zugang von Frauen zum Militär aussprechen und dafür einsetzen (Kümmel 2004).

Tab. 1 Verwendungsbeschränkungen in der NATO

Verwendungsbeschränkungen	Länder
Vollständig	–
Viele	Spanien Türkei
Wenige (z. B. Spezialkräfte, U-Boote)	Bulgarien Frankreich Griechenland Großbritannien Niederlande Portugal Slowenien USA
Keine	Belgien Dänemark Deutschland Italien Kanada Lettland Litauen Luxemburg Norwegen Polen Rumänien Slowakische Republik Spanien Tschechische Republik Ungarn

Quelle: Obradovic (2016: 62 f).

2 Theoretische Ansätze und Erklärungsmodelle

2.1 Natürlich Vorgegebenes versus gesellschaftlich Gemachtes

Eine wichtige Scheidelinie innerhalb der Debatte verläuft entlang des Gegen-
satzpaares von (Sozio)Biologie versus Konstruktivismus (vgl. hierzu etwa die
gegensätzlichen Positionen bei Maninger 2008 und bei Carreiras und Kümmel
2008a). Die jeweilige Positionierung zur Frage der Einbeziehung von Frauen in

Tab. 2 Anteil weiblicher Offiziere in den NATO-Mitgliedsstaaten	**Anteil in Prozent**	**Länder**
	0–2	Griechenland
		Italien
		Türkei
	>2–5	Bulgarien
		Luxemburg
		Polen
		Slowakische Republik
		Tschechische Republik
	>5–10	Belgien
		Dänemark
		Deutschland
		Frankreich
		Italien
		Niederlande
		Norwegen
		Portugal
		Spanien
	>10–15	Großbritannien
		Lettland
		Litauen
		Rumänien
	>15	Kanada
		Slowenien
		Ungarn
		USA

Quelle: (Obradovic 2016: 62 f).

das Militär bestimmt sich hiernach anhand der jeweiligen Antwort auf die Frage, ob die Aufgaben, Tätigkeiten und Rollen eines Individuums weitgehend von der Natur bestimmt sind oder ob dies von den Mitgliedern einer Gesellschaft definiert und gemacht wird.

Zur ersten Kategorie gehört einmal die Gruppe der militärischen Traditionalistinnen und Traditionalisten, zu denen unter anderem der amerikanische Heeresveteran und Publizist Brian Mitchell zu zählen ist. Dieser schreibt polemisch mit Blick auf den amerikanischen Fall, der den wichtigsten Bezugspunkt in der wissenschaftlichen Debatte darstellt und zu dem die meisten Studien angefertigt worden sind, dass die Einbeziehung von Frauen in das Militär „threatens to leave the American military no more disciplined, no more efficient, no more fearsome, no more military than the United States Postal Service." (Mitchell 1998: XVII)

Der bekannte israelische Militärhistoriker Martin van Creveld (2001a, b) ist eben-
falls der Meinung, dass die Feminisierung des Militärs gleichbedeutend mit einer
Schwächung und dem Niedergang der Streitkräfte sei, und er stimmt im Wesentlichen den Gründen zu, die Mitchell (1998: 340 f.) diesbezüglich nennt. Dazu
gehören beispielsweise höhere Ausfallraten, größerer Bedarf an medizinischer
Versorgung, geringere Verfüg- und Einsetzbarkeit, niedrigere körperliche
Belastungsfähigkeit, höhere Quote von Alleinerziehenden, Soldatenehen,
Fraternisierung, sexuelle Belästigung, sexuelle Promiskuität und Homosexualität (vgl. auch Browne 2007; Maninger 2008; Maginnis 2013). All diese Faktoren
beeinträchtigten zusammen genommen massiv die Einsatzfähigkeit, die Kohäsion
und die Moral der Truppe. Abgesehen vom Bereich des Sanitätswesens, in dem
sich Mitchell eine Beteiligung von Frauen gut vorstellen kann, folge der Einsatz
von Soldatinnen nicht einem militärischen Kalkül, sondern sei „a political reason
driven by an ideology that is hostile to the military" (Mitchell 1998: 341). Auch
manche Soldatinnen stimmen diesen Befürchtungen in weiten Teilen zu (vgl.
etwa Gutmann 2000).

Die militärischen Traditionalistinnen und Traditionalisten verweisen auf die
biologischen Unterschiede zwischen Mann und Frau und unterstreichen die ihrer
Ansicht nach genuinen physischen und psychischen Stärken des Mannes wie
Aggressivität, körperliche Kraft, Ausdauer, den Willen, körperliche Gefahren
durchzustehen, ebenso wie die Bereitschaft, Leben zu nehmen, das heißt zu töten.
Diese Qualitäten werden der Frau, ihrer Psyche und dem weiblichen Körper
abgesprochen. Den Frauen wird stattdessen die Rolle derjenigen zugeschrieben,
die von Männern beschützt werden müssen und deren genuines Aufgabenfeld im
Haushalt und in den familiären Rollen der Geburt von Kindern und der Kinder-
erziehung liege.

Ähnliche Vorstellungen vertreten auch die Friedensethiker und -ethikerinnen,
die pazifistischen Feministen und Feministinnen. Auch diese äußern sich
ablehnend zur Frage der Einbeziehung von Frauen in das Militär, da sie Frauen
als das qua Natur friedfertige Geschlecht begreifen. Daraus leiten sie ab, dass
Frauen den Männern überlegen und letztlich auserwählt seien, die friedliche
Konfliktbearbeitung voranzutreiben und schließlich Krieg und Streitkräfte selbst
überflüssig zu machen (vgl. etwa Ruddick 1983, 1989; Mitscherlich 1985,
1990). Vor diesem Hintergrund sehen sie das Interesse von Frauen, sich in den
militärischen Kontext hineinzubegeben, mit großem Unbehagen. Die Idee bzw.
die Strategie einer weiblichen Infiltration und Unterminierung des Militärs
zum Zwecke seiner Veränderung von innen heraus und zum Zwecke seiner
Zivilisierung (vgl. etwa Stiehm 1996) verwerfen sie ebenfalls, fürchten sie
dadurch doch eher eine Militarisierung von Frauen. Zudem begäben sich Frauen

in den Streitkräften unnötig in Gefahr, denn in der Männerdomäne des Militärs seien sie unausweichlich dem gewalttätigen Verhalten von Männern auch und vor allem in Form sexueller Gewalt ausgesetzt. Kritisieren radikale Feministinnen und Feministen eine strukturell verankerte Ausbeutung der Frau durch den Mann und das Patriarchat als die Wurzel der Unterdrückung von Frauen, so verbinden marxistisch-sozialistische Feministinnen und Feministen feministische Sichtweisen mit einem klassischen sozialistischen Denken und formulieren eine Kritik des militärisch-industriellen Komplexes und schreiben die Unterdrückung der Frau dem Kapitalismus zu, der ihnen zufolge insgesamt – und damit auch Kriege und die hierfür notwendige Institution des Militärs – überwunden werden müsse (vgl. Haralambos und Holborn 1995: 593).

Im Gegensatz dazu betont die Gender-Forschung, dass Rollen, Aufgaben und Funktionen von Frauen und Männern, dass Vorstellungen und soziale Praxis von Femininität und Maskulinität in allen Gesellschaften soziale Konstruktionen sind. So zeigte die vor allem in den USA heftig geführte Debatte über Frauen in Kampftruppen und insbesondere in infanteristischen, also auf dem Boden operierenden Kampftruppen (vgl. etwa Simons 2001; Haring 2013; Brownson 2014; Kamarck 2015), die mit den Terroranschlägen vom 11. September 2001, dem anschließenden ‚Krieg gegen den Terror' und den gewaltsam ausgetragenen Konflikten im Irak und in Afghanistan noch einen weiteren Schub erhielt, dass und wie stark die Erfahrung von Kampf und Krieg im Verständnis sehr vieler nicht nur den Kern des Militärischen ausmacht, sondern in einen engen Konnex mit Maskulinität gestellt wird: Der Krieger lässt sich nach wie vor als ein Schlüsselsymbol, als Chiffre für Maskulinität verstehen (Morgan 1994: 165, 172; Seifert 1996; Millar und Tidy 2017). Das Militär stellt demnach einen Ort der Konstruktion von Männlichkeit (Seifert 1996) dar und ist selbst geprägt durch das, was man als „male-warrior-paradigm" (Dunivin 1994) bezeichnen könnte. Für Vertreterinnen und Vertreter dieser Perspektive kann und muss die Öffnung aller militärischen Laufbahnen für Frauen, insbesondere auch die in den Kampftruppen, darauf abzielen, diese Geschlechter- und hier vor allem Männlichkeitsvorstellungen aufzubrechen. Zugleich wird eingeräumt, dass damit weitreichende Folgen verbunden sind oder zumindest sein könnten, die „the overall symbolic order, the apparent loosening of boundaries between women and men, and the weakening of the links between nation, the military, and gendered identities" (Morgan 1994: 171) betreffen. Aus Sicht der Gender-Forschung konnte in den letzten Jahren im Militär folglich eine Erosion von Vorstellungen sowohl von Feminität als auch von Maskulinität beobachtet werden, die den Blick auf ein plurales, segmentiertes Militär freigibt, das ein wachsendes Spektrum von verschiedenartigen Maskulinitäten und Femininitäten umfasst (vgl. Higate 2003;

Apelt und Dittmer 2007; Brownson 2014; Koeszegi et al. 2014; Crowley und
Sandhoff 2017). Dabei wird ferner angenommen, dass dies wiederum nicht
ohne Auswirkungen auf die Militärkultur im Besonderen wie auch auf die
Gesellschaft im Allgemeinen bleiben wird, weil das Militär als eine sowohl
vergeschlechtlichte wie auch vergeschlechtlichende Organisation an der soziokulturellen Konstruktion von Geschlecht insgesamt beteiligt ist.

2.2   Pflichten des Staates versus Pflichten des Individuums

Eine zweite Scheidelinie der Debatte um die militärische Integration von
Frauen verläuft entlang der Kontrapunktierung von staatlicher Gemeinschaft
und Individuum, die man mit James Burk (2002) und R. Claire Snyder (2003) in
Form einer Gegenüberstellung von Liberalismus und Republikanismus fassen
kann.[4] Dabei spielen die Begriffe staatsbürgerliche Pflichten und Rechte eine
große Rolle. Während der liberale Ansatz die Rechte des Einzelnen in den Mittelpunkt rückt, denen der Staat zu rechtmäßiger Geltung zu verhelfen verpflichtet ist,
legt der republikanische Ansatz den Schwerpunkt auf die staatsbürgerliche Verantwortung und die Pflichten des Individuums gegenüber der staatlichen Gemeinschaft (vgl. auch Fenner und DeYoung 2001). In der liberalen Theorie wird die
Einbeziehung von Frauen in das Militär unter dem Blickwinkel der Gleichheitsansprüche des Individuums, hier also der einzelnen Frauen, betrachtet. Der Agent
zu deren Durchsetzung ist der Staat, der Frauen den Zugang zu den Streitkräften
aus diesem Grund zu ermöglichen habe. Wie weit dies jeweils gehen soll, ist innerhalb des liberalen Ansatzes jedoch durchaus umstritten, doch reicht das Spektrum
bis hin zur Forderung nach vollständiger Öffnung der Streitkräfte für Frauen, wie
sie etwa Genevieve Lloyd (1987: 63) formuliert: „Equal opportunity demands that
there be no exclusion from job prospects on the grounds of gender; and the wider
demands of equality of citizenship seem to require that there be no civil rights
reserved exclusively for men, and no special exemptions for women from civil
duties." Weil Verwendungen in Kampffunktionen häufig mit Karrierevorteilen verbunden seien, stelle der Ausschluss von Frauen aus diesem Tätigkeitsbereich eine
nicht hinzunehmende berufliche Diskriminierung auf der Basis von Geschlechter-
zugehörigkeit dar. Die feministischen Kreise unter denjenigen, die unbeschränkte

---

[4] Siehe hierzu auch den Beitrag von *Hagen & Biehl* in diesem Band.

Zugangsmöglichkeiten für Frauen in den Streitkräften fordern, betonen zudem den Aspekt der Geschlechtergleichheit und argumentieren, dass die physischen und psychischen Unterschiede zwischen Männern und Frauen für die militärische Aufgabenerfüllung letztlich eine vernachlässigenswerte Größe seien. Teilweise wird hier auch der Ruf nach *Affirmative Action*-Programmen als Kompensation für die Ungerechtigkeit und die Ungleichheit, die Frauen in der Vergangenheit erfahren haben, laut, die von der politischen Führung des Gemeinwesens zu realisieren seien.

Demgegenüber argumentiert der republikanische Ansatz, dass die Frauen als Bürgerinnen eines demokratischen Gemeinwesens „civic equals to men" und als solche nicht nur berechtigt, sondern sogar verpflichtet seien, einen Beitrag zum Schutz dieses politischen Gemeinwesens zu leisten. Dieser Ansatz geht über die liberale Theorie, in der „equality means sameness and a woman's individual right to serve in the military seemingly trumps all other concerns" (Snyder 2003: 186), dahingehend hinaus, als ihm zufolge das individuelle Recht etwa auf rechtliche Gleichstellung durch das übergeordnete Interesse des Gemeinwohls begrenzt werden kann oder unter bestimmten Umständen sogar begrenzt werden muss. Aus republikanischer Sicht ist von jedem einzelnen Individuum, hier: der Frau, anzuerkennen, dass staatsbürgerliche Verpflichtung gegenüber dem Gemeinwesen, dessen Aufrechterhaltung und dessen Schutz mitunter auch bedeuten kann, Gleichheitsansprüche und -rechte zurückzustellen.

2.3 Integrationsprozesse erklären: Der Ansatz des Tokenism

Viele Studien, die sich mit der sozialen Seite der Integration von Frauen in die Streitkräfte beschäftigen (vgl. dazu Winslow und Dunn 2002), berufen sich implizit oder explizit auf Rosabeth Moss Kanters (1977, 1981; vgl. auch Cnossen 1999) in einem anderen Kontext entwickelte Konzept des *Token,* das darauf abhebt, Integrationsprozesse von Minderheitengruppen jeglicher Couleur in organisationalen Kontexten zu erklären. Danach verfügt ein Individuum als Angehöriger einer zahlenmäßig minoritären Gruppe in einer Organisation nicht über die gleichen Rechte und Möglichkeiten wie die Angehörigen der Mehrheitsgruppe, weil es in diesem Kontext als *Token* wahrgenommen und behandelt wird. Damit ist gemeint, dass Minderheitenangehörige „[are] often treated as representatives of their category, as symbols rather than individuals" (Kanter 1977: 966). Frauen in einem Männerberuf (oder umkehrt) werden weniger als einzelne, eigenständige Individuen, sondern als Vertreterinnen der gesamten minoritären Gruppe betrachtet; etwaige individuelle Fehlleistungen werden stereotyp auf alle weiteren Angehörigen dieser Gruppe übertragen. Der Status als *Token* impliziert nach Kanter im Wesentlichen drei Merkmale.

Visibilität: Token sind in ihrem Minderheitenstatus sichtbarer und fallen auf; aufmerksam werden ihre Taten, Leistungen und vor allem Fehlleistungen registriert; sie befinden sind sozusagen permanent unter (kritischer) Beobachtung. Als Folge davon entsteht ein enormer Druck, die tatsächlich oder vermeintlich erwartete Leistung zu erbringen und/oder sich den durch die Mehrheit vorgegebenen Verhaltensmaßstäben anzupassen.

Polarisierung: Das *Token* ist des Weiteren Ziel und Objekt von Polarisierungsstrategien der dominanten Gruppe, hier also der Männer, die Grenzlinien ziehen, Unterschiede statt Gemeinsamkeiten betonen und also um Aufrechterhaltung der Grenzen zwischen Mehrheit und Minderheit (hier: zwischen Männern und Frauen) bemüht sind.

Assimilation: Dies wiederum verstärkt den Druck auf die Minderheit, sich möglichst umfassend an die geschriebenen und ungeschriebenen Regeln und Normen der Mehrheit anzupassen und etwaige eigene Charakteristika (z. B. durch die Wahl entsprechender Kleidung und Frisur) zu verschleiern und/oder auszublenden, sodass die Minderheit überwiegend eine Integrationsstrategie der Übernahme der von der Mehrheit vorgegebenen Organisationskultur verfolgt.

Machen Frauen weniger als 15 % in einer Organisation aus, kann aus dieser Perspektive von einer echten Integration nicht gesprochen werden, da die zahlenmäßig dominante Gruppe den Kontext und die Kultur der Organisation weiterhin vorgibt und definiert. Dies gilt insbesondere dann, wenn wie im Fall der Streitkräfteintegration von Frauen der Zugang dieser spezifischen Gruppe vornehmlich auf äußeren Druck hin erfolgte und eigentlich nicht so recht gewollt ist. Wenn sich auch seit seiner Veröffentlichung eine berechtigte Kritik an der gleichsam mathematischen Rigorosität und Determinanz des Kanterschen Ansatzes geregt hat (Yoder 1991; Kümmel 2008, 2014), bleibt dessen grundsätzliche Erklärungskraft weitgehend unbestritten und wurde in empirischen Studien im Streitkräftekontext als einer klassischen beruflichen Männerdomäne vor allem im Hinblick auf die beschriebenen Visibilitäts-, Polarisierungs- und Assimilationsprozesse bestätigt (vgl. Cnossen 1999; Carreiras 2006; Woodward und Duncanson 2017).

2.4 Ein multidimensionales Erklärungsmodell der Integration von Frauen in das Militär

Sowohl die Definition wie auch die Expansion militärischer Rollen für Frauen sind abhängig von einer ganzen Reihe verschiedener Faktoren, die in einem multidimensionalen Erklärungsmodell zusammengefasst werden können, das auf die wichtigen konzeptionellen Arbeiten von Mady Wechsler Segal (1995) sowie auf eine Überarbeitung dieses Ansatzes durch sie und ihre Mitautorinnen und Mitautoren Darlene Iskra, Stephen Trainor und Marcia Leithauser (2002) rekurriert und insgesamt fünf verschiedene Einflussbereiche unterscheidet (vgl. Kümmel 2004): Zum Sachbereich *Militär* zählen Faktoren wie der Wandel des Kriegsbildes, der Stand der Militärtechnologie, das numerische Verhältnis von Kampftruppen zu unterstützenden Einheiten *(Combat to Support Ratio),* die Streitkräftestruktur, der erreichte Stand der Integration von Frauen und die Rekrutierungspolitik. Zum Sachbereich *Gesellschaft* gehören Faktoren wie die demographische Entwicklung, die Arbeitskräftestruktur, d. h. der Anteil der Frauen an der Gesamtzahl der Erwerbstätigen, der Umfang der geschlechts-bezogenen Segregation von Berufen, allgemeine wirtschaftliche Entwicklungs-daten und Familienstrukturen. In den Bereich *Kultur* fallen Punkte wie die soziale Konstruktion der Familie und die soziale Konstruktion der Geschlechterrollen, sowie gesellschaftliche Normen in Bezug auf Männlichkeit, Weiblichkeit und Familie. Diese drei Sachbereiche hatte Segal in ihrer ursprünglichen Konzeption bereits berücksichtigt und in ihrer Modifizierung um den Bereich der *Politik* ergänzt. Hier müssten das politische System, Parteien, organisierte Interessen, die Rechtsprechung und die Medien ebenso wie der öffentliche gesellschaft-liche Diskurs über das Geschlechterverhältnis in den Blick genommen werden. Das hier präsentierte Modell wurde nochmals um den Sachbereich der *inter-nationalen Dimension* erweitert. Denn die Herausbildung von Beziehungsmustern der ‚komplexen Interdependenz‘ infolge der Wirkung von vielfältigen Prozessen der Globalisierung, die als die treibende Kraft der internationalen Beziehungen zu begreifen ist, ist mit Effekten verbunden, die sich bis zu einem gewissen Grad auch in unserem thematischen Feld bemerkbar machen. So bewegt sich ein Land zu einem gegebenen Zeitpunkt in einer spezifischen internationalen Konstellation. Damit ist nicht nur die jeweilige spezifische sicherheitspolitische Lage gemeint, in der sich ein Land befindet. Auch die zivil-militärischen Verhältnisse und die Situation der Streitkräfte in anderen Ländern und bei den Verbündeten sind hier zu berücksichtigen. Hier können etwa vermittelt über multinationale militärische Zusammenarbeit internationale Sozialisations-, Demonstrations- und Lerneffekte eintreten. Deswegen ist internationale Kontext mithin als eine eigenständige Kategorie zu begreifen. In Abb. 4 sind die verschiedenen Dimensionen und die einzelnen Faktoren innerhalb der jeweiligen Dimension aufgeführt.

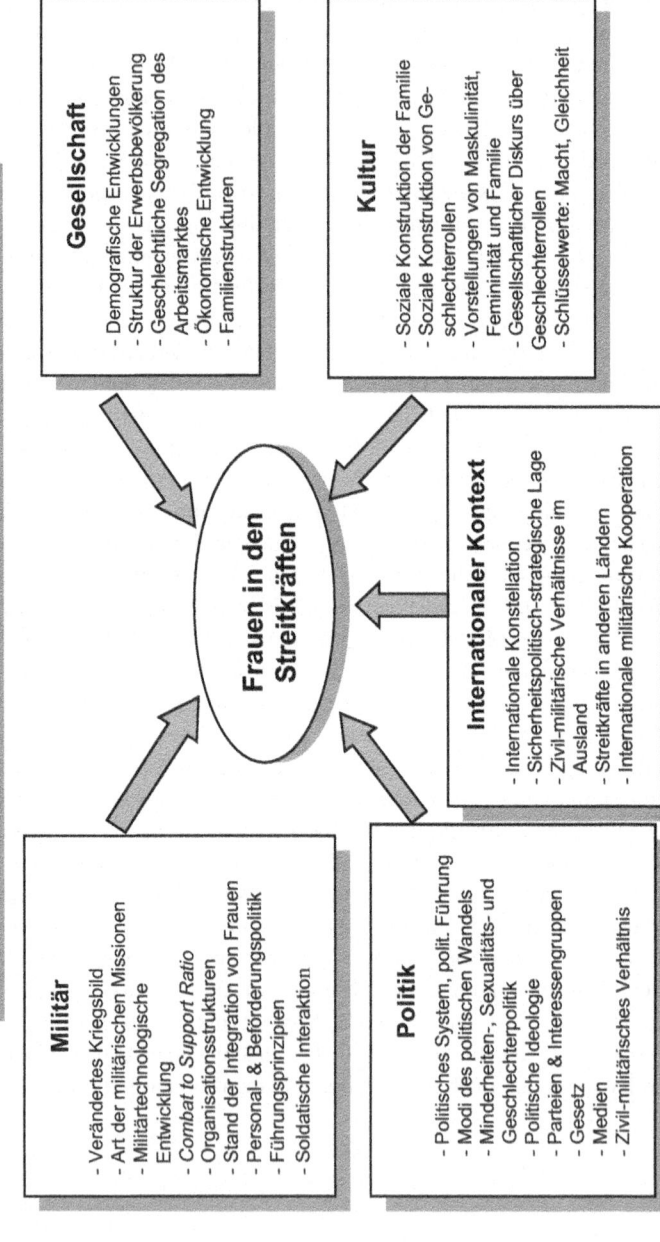

Abb. 4 Frauen in den Streitkräften: Die Einflussfaktoren.

3 Empirische Untersuchungen und Ergebnisse

Die Forschung zum Thema Streitkräfteintegration von Frauen wurde und wird immer noch dominiert von Einzelfallstudien, Untersuchungen zu einzelnen Ländern also, in denen sich die Streitkräfte für Frauen in mehr oder minder großem Umfang öffnen, wobei – auch diskursanalytisch – nach den Einflussfaktoren für diesen Öffnungsprozess und nach den Problemen, die sich dabei ergeben, gefragt wird.[5] Vereinzelt existieren Untersuchungen zur Wirkung von pädagogischen Konzepten zur Integration von Frauen in das Militär, die in Aus- und Weiterbildungsmaßnahmen der Streitkräfte angewendet werden. So behandeln Mickey R. Dansby, James B. Stewart und Schyler C. Webb (2012) und Karin Gabbert (2007) den Ansatz der US-Armee, der im *Defense Equal Opportunity Management Institute* (DEOMI) verfolgt und praktiziert wird. Das Herangehen der Bundeswehr in ihrer Fortbildung „Partnerschaftlich handeln" ist Gegenstand der Abhandlung von Michael Hahn und Cornelia Helfferich (2007). Explizit komparativ angelegte Studien sind – auch aus forschungspraktischen Gründen – in diesem Kontext bislang indes eher die Ausnahme, gewinnen aber sukzessive an Bedeutung (vgl. Iskra et al. 2002; Dittmer und Mangold 2005; Carreiras 2006, 2015; Obradovic 2015; 2016; Frederic und Calandron 2015; Egnell und Alam 2019a).

Neben solchen Einzelfallstudien ist das Themenfeld durch feministisch orientierte theoretische Analysen zum Konnex zwischen Militär, Geschlecht, gesellschaftlicher Geschlechterordnung und Nation gekennzeichnet (vgl. etwa Enloe 1983; Hagemann 1998; Albrecht-Heide und Bujewski-Crawford 1991; Zirngast 1997; Klein 2001; Lomsky-Feder und Sasson-Levi 2018). Dabei erweisen sich sozialkonstruktivistische Ansätze als sehr fruchtbar, die etwa danach fragen, auf welche Weise genau Geschlecht, Männlichkeit und Weiblichkeit in den Streitkräften und von ihren Angehörigen konstruiert werden und im Sinne einer ‚gendered' wie ‚gendering' Organisation funktionieren (vgl. etwa Seifert 1996; Lomsky-Feder und Sasson-Levy 2018). Dies gilt inhaltsanalytischen und bildanalytischen Studien der Printmedien der Bundeswehr zufolge auch für die deutschen Streitkräfte (vgl. Schiesser 2001; Keller 2004).

---

[5] Vgl. etwa Hurni et al. 1992; Howes und Stevenson 1993; Kraake 1992; Anker et al. 1993; Dandeker und Segal 1996; Stiehm 1996; Micewski 1997; Seidler 1998; Kümmel et al. 2000; Mathers 2000, 2007; Reißner 2000; Klein 2001; Kümmel und Biehl 2001; Steinkamm 2001; Harrell 2002; Kümmel 2002; Kümmel und Werkner 2003; Seifert et al. 2004, Gabbert 2007; Davis 2007; Woodward und Winter 2007; Carreiras und Kümmel 2008b; Kümmel 2008; Mangold 2008; Dittmer 2009; Kümmel 2014; Heinecken 2017; Lomsky-Feder und Sasson-Levy 2018; Egnell und Alam 2019b.

In diesem Zusammenhang konnte in einer Vielzahl von Studien verschiedene Ausprägungen des erläuterten *Tokenism* nachgewiesen werden (Carreiras 2006; Woodward und Duncanson 2017). Dies gilt z. B. für den Effekt der unsichtbaren Schranken, d. h. der sogenannten gläsernen Decke *(glass ceiling)*, die es Frauen sehr schwer macht, in die höheren Positionen der militärischen Organisation vorzustoßen. So ist das berufliche Fortkommen in den Streitkräften wie bereits erwähnt nicht selten an den Einsatz in Kampfverwendungen gekoppelt. Besondere Erwähnung verdienen dabei die aufschlussreichen Studien von Uta Klein (2001) und Edna Lomsky-Feder und Orna Sasson-Levy (2018) zu Israel, die zeigen, wie über die Stellung im Militär gesellschaftlicher Status und gesellschaftliche Machtpositionen verteilt werden.

Sexuelle Belästigung, ein bekanntes Phänomen sämtlicher Streitkräfte, ist ein weiterer Aspekt, der sozialwissenschaftlich untersucht wird (vgl. hierzu Firestone und Harris 1994; Kümmel 2010, Morrall et al. 2015; Serrato 2016) und für den auch Erkenntnisse aus der Bundeswehr vorliegen (Kümmel 2008; 2014). Sexuelle Belästigung kann dabei als eine Strategie der Polarisierung im ‚Geschlechterkampf‘ im Militär gewertet werden (vgl. Francke 1997), wo die explizite Betonung heterosexueller Maskulinität (mit damit einhergehender Zurückweisung von Homosexualität) letztlich die Gruppensolidarität von Kriegern fördern soll (Barkawi und Dandeker 1999: 184; vgl. auch Scott und Stanley 1994; Herek et al. 1996; Rimmerman 1996; Katzenstein und Reppy 1999; Lehring 2003). Allerdings ist die Klage seitens Soldatinnen über sexuelle Belästigung nicht ganz frei von Widersprüchen, auf die Laura Miller (1998: 35) hingewiesen hat: „By simultaneously portraying women soldiers as helpless victims of sexual harassment and yet potentially fierce warriors in battle, activists have put forth contradictory images that undermine their efforts." Gleichwohl scheinen Streitkräfte gut beraten zu sein, dieser Thematik die gebührende Aufmerksamkeit zukommen zu lassen, wenn sie nicht in die Gefahr beeinträchtigter militärischer Funktionalität geraten wollen. Dies lässt sich erahnen, wenn man sich die folgende Äußerung einer jungen amerikanischen Soldatin, Mickiela Montoya, vergegenwärtigt, die über ihren Einsatz im Irak sagte: „The knife wasn't for the Iraqis. It was for the guys on my own side." (zit. nach Kümmel 2010: 227) Den Berechnungen von Robert H. Faley, Deborah Erdos Knapp, Gary A. Kustis und Cathy L. Z. Dubois (1998) zufolge entstehen dem US-Militär durch sexuelle Belästigung Kosten von bis zu 200 Mio. US-Dollar pro Jahr in Form von ‚Produktionseinbußen‘, Krankheits- und Fehlzeiten, medizinisch-psychologischer Betreuung, Verwaltung und Kündigungen.

Umgekehrt zeigt sich in einigen Studien – was durchaus im Sinne einer weiteren Polarisierungsstrategie zu verstehen ist, zugleich aber auch einen

Wandel der Geschlechterordnung anzeigt – eine männlicherseits vorgetragene Klage über die tatsächlichen oder vermeintlichen Doppelstandards, die das Management der Geschlechterbeziehungen im Militär durch die militärische und die politische Führung kennzeichnen. Diesen Beschwerden zufolge sind Frauen nicht als das benachteiligte, sondern als das bevorzugte Geschlecht in den Streitkräften anzusehen; ihnen werde der Einstieg in das Militär leichter gemacht, sie erhielten größere Unterstützung und bessere Beurteilungen, und sie kletterten deswegen die Karriereleiter schneller hinauf – kurz: inzwischen seien die männlichen Soldaten das eigentlich benachteiligte und diskriminierte Geschlecht *(reverse discrimination)*. In Fällen, in denen bewusst *Affirmative Action*-Programme zugunsten Soldatinnen verfolgt werden, zeigen sich diese Phänomene in besonderer Weise. Das Beispiel der südafrikanischen Streitkräfte liefert hier prägnantes Anschauungsmaterial (Zwane 1995; Heinecken 2002, 2009; Heinecken und Waag-Cowling 2009; Heinecken 2017). Das Argumentationsmuster der *reverse discrimination,* das in der Literatur zumeist als Ausprägungen eines ‚modernen Sexismus' gedeutet wird, zeigte sich auch bei einer bedeutenden Anzahl von männlichen Soldaten in der Bundeswehr (vgl. Kümmel und Biehl 2001; Kümmel 2008, 2014).

Einige wenige Untersuchungen beschäftigen sich mit den Auswirkungen der Anwesenheit von Frauen im Militär auf Einsatzfähigkeit, Kohäsion und Moral, ohne allerdings zu einem eindeutigen Ergebnis zu gelangen (vgl. Rosen et al. 1999: 382). Während Leora N. Rosen, Doris B. Durand, Paul D. Bliese, Ronald R. Halverson, Joseph M. Rothberg und Nancy L. Harrison (1996) wie auch Martin van Creveld (2001a, b) eher negative Effekte herausarbeiten, machen Margaret C. Harrell und Laura L. Miller (1997) eher positive Wirkungen der Präsenz von Frauen wie etwa die Erhöhung der militärischen Professionalität geltend. Auch bei militärischen Deeskalationseinsätzen verspricht man sich positive Effekte, was sich auch in der Resolution 1325 des Sicherheitsrates der Vereinten Nationen und der Akzentuierung der Bedeutung von Frauen für Frieden und Sicherheit in den Vereinten Nationen wiederfindet (Olsson und Tryggestad 2001; Bridges und Horsfall 2009; Davies und True 2018; Scheuermann und Zürn 2020; UN Women 2020). So schreibt Janet Beilstein (1998: 145), dass „further increases of women in U.N. peacekeeping, particularly in decision-making positions and military and civilian police contingents, could deter the abuse of power by male peacekeepers and could minimize, if not eliminate, incidents of sexual harassment, exploitation, and rape." (vgl. hierzu auch Bridges und Horsfall 2009)

Andere Studien beginnen damit, sich der körperlichen wie auch der psychischen Belastbarkeit von Soldatinnen (und Soldaten) zu widmen. So wird etwa Stress als Einflussfaktor auf die Arbeitseffizienz von Männern und Frauen untersucht. In diesem Zusammenhang arbeiteten Robert M. Bray, Carol S. Camlin, John Fairbank, George H. Dunteman und Sara C. Wheeless (2001) heraus, dass beinahe jede dritte Soldatin in der Tatsache, als Frau im ‚Männerclub' Militär zu arbeiten, einen zusätzlichen Stressor sieht. Hierbei spielen augenscheinlich die Erwartungshaltungen der Mehrheitsgruppe im Sinne des *Tokenism* eine wesentliche Rolle. Allerdings kommt dieselbe Studie gleichzeitig zu dem Ergebnis, dass Soldatinnen trotz der Doppelbelastung von Familie und Arbeit offenbar besser mit Stress umgehen können als Soldaten. In Bezug auf die körperliche Belastbarkeit lautet der Tenor, dass zwar nicht alle, doch in der Regel viele Frauen und selbst in körperlich extrem anspruchsvollen Verwendungen einige Frauen durchaus mit den Männern mithalten können (vgl. Krainz 2003; Goldstein 2001). Zudem konnte bislang eine in diesem Kontext kursierende Annahme von den höheren Ausfallzeiten von Frauen aufgrund von Schwangerschaft nicht verifiziert werden. Thematisiert wird hierbei auch erneut und verstärkt das Pro und Contra des Einsatzes von Frauen in Bodenkampffunktionen (Cnossen 1999; Cawkill et al. 2009; Kamarck 2015; King 2016).

4 Perspektiven

Insgesamt ergibt sich damit in der Bilanz ein Bild, wonach sich das Forschungsfeld Frauen und Streitkräfte zusehends thematisch ausdifferenziert. Die sozialwissenschaftliche Beschäftigung mit diesem Thema hat sich als ein veritabler interdisziplinär ausgerichteter Forschungszweig etabliert, der absehbar weiterwachsen wird. Der Schwerpunkt der weiteren Forschung dürfte dabei auf der sozialen Seite der Integration, auf der Frage nach der Konstruktion (und Veränderung) von Gender/Geschlecht im und durch das Militär, auf dem Aspekt der Veränderung der Streitkräfte und der militärischen Organisationskultur durch Soldatinnen, insbesondere mit Blick auf militärische Kampfkraft und Effizienz, auf der Bedeutung von Geschlecht für den militärischen (Auslands)Einsatz wie auch auf der Frage nach der Veränderung der Soldatinnen durch die militärische Organisation liegen. So es diese militärische Organisation zulässt, könnten hierbei sozialanthropologisch-ethnologische Herangehensweisen künftig eine größere Bedeutung erhalten.

Darüber hinaus werden sich die Forschungsanstrengungen im Themenfeld *Women, Peace and Security* weiter intensivieren. Erwartbar sind in diesem Kontext weitere Studien zur Rolle, zur Funktion und zum Einfluss von Frauen auf die internationale Sicherheitspolitik, in den dafür zuständigen nationalen wie internationalen Organisationen, in gewaltsam ausgetragenen Konflikten und in Post-Konflikt-Settings des *Peacebuilding,* des *State/Nationbuilding* und des Aufbaus zivilgesellschaftlicher Strukturen.

Schließlich können die Einbindung von Frauen in militärische Organisationen und das Management der Geschlechterordnung, also die Geschlechterpolitik, im militärischen Bereich auch im weiteren Sinne eines Managements von Diversität und Heterogenität verstanden werden, zumal der Umgang mit Diversität – auch unter den Aspekten der Chancengerechtigkeit in den Karrierewegen von Soldatinnen und Soldaten und der Attraktivität der Organisation als Arbeitgeber – eine zusehends wichtigere Daueraufgabe von Streitkräften wird (vgl. Lim et al. 2008; Dansby et al. 2012; Ulrich et al. 2014; Kümmel 2012, 2020; Richter 2020). Entsprechend können Soldatinnen auch im komparativen Sinne als eine von mehreren Minderheitengruppen im Militär beleuchtet werden, sodass vergleichende Studien zu Frauen im Kontext von ethnischen, religiösen und sexuellen Minoritäten wie auch zur Intersektionalität von Diversitäten zu erwarten sind.

Annotierte Auswahlbibliografie

Creveld, Martin van (2001): Frauen und Krieg. München: Gerling Akademie Verlag. Umfassende Darstellung der Einbeziehung von Frauen in Krieg und Streitkräfte aus der Perspektive eines bekennenden Gegners der Integration von Frauen in das Militär.

Davies, Sara E./True, Jacqui (Hrsg.) (2018): The Oxford Handbook of Women, Peace and Security. Oxford: Oxford University Press. Umfassender aktueller Sammelband zum Themenkreis *Women, Peace and Security.*

Gabbert, Karin (2007): Gleichstellung – Zu Befehl! Der Wandel der Geschlechterverhältnisse im US-Militär. Frankfurt am Main/New York: Campus Verlag. Aufschlussreiche Studie zur Arbeit des *Defense Equal Opportunity Management Institutes* (DEOMI) in Florida.

Goldstein, Joshua S. (2001): War and Gender. How Gender Shapes the War System and Vice Versa. Cambridge et al.: Cambridge University Press. Pflichtlektüre zum Zusammenhang von Militär, Krieg und Geschlecht.

Klein, Uta (2001): Militär und Geschlecht in Israel. Frankfurt a. M./New York: Campus. Israel ist ein besonderer Fall, weil es in dem Land eine Wehrpflicht für Frauen gibt. Detaillierte Darstellung des Zusammenhangs von Militär, Geschlecht und der Zuteilung von gesellschaftlichem Status, Prestige und Einfluss.

Seifert, Ruth (1996): Militär, Kultur, Identität. Individualisierung, Geschlechterverhältnisse und die soziale Konstruktion des Soldaten. Bremen: Edition Temmen.
Profunde Analyse der männlichen Konnotierung des Militärs, seines Einflusses auf die Ordnung der Geschlechter in der Gesellschaft und des Zusammenhangs von Militär und gesellschaftlicher Subjektivitätsentwicklung.
Woodward, Rachel/Duncanson, Claire (Hrsg.) (2017): The Palgrave International Handbook of Gender and the Military. London: Palgrave Macmillan.
Die Beiträge dieses Handbuches bieten einen hervorragenden Einstieg in das Thema Frauen im Militär und geben einen umfassenden Überblick über die damit verbundenen Themenbereiche.

Literatur

Addis, Elisabetta/Russo, Valeria/Sebesta, Lorenza (Hrsg.) (1994): Women Soldiers: Images and Realitites. Basingstoke/London: Macmillan.
Ahrens, Jens-Rainer/Apelt, Maja/Bender, Christine (Hrsg.) (2005): Frauen im Militär. Empirische Befunde und Perspektiven zur Integration von Frauen in die Streitkräfte. Wiesbaden: VS Verlag für Sozialwissenschaften.
Albrecht-Heide, Astrid/Bujewski-Crawford, Utemaria (1991): Frauen – Krieg – Militär. Images und Phantasien. Tübingen: Verein für Friedenspädagogik.
Anker, Ingrid/Lippert, Ekkehard/Welcker, Ingrid (1993): Soldatinnen in der Bundeswehr. Kennzeichen des sozialen Wandels (SOWI-Berichte Nr. 59). München: Sozialwissenschaftliches Institut der Bundeswehr.
Apelt, Maja (Hrsg.) (2010): Forschungsthema: Militär. Militärische Organisationen im Spannungsfeld von Krieg, Gesellschaft und soldatischen Subjekten. Wiesbaden: VS Verlag für Sozialwissenschaften.
Apelt, Maja/Dittmer, Cordula (2007): ‚Under Pressure‘ – Militärische Männlichkeiten im Zeichen neuer Kriege und veränderter Geschlechterverhältnisse. In: Bereswill et al. (2007): 68–83.
Baaz, Maria E./Stern, Maria (2009): Why Do Soldiers Rape? Masculinity, Violence, and Sexuality in the Armed Forces in the Congo (DRC). In: International Studies Quarterly, 53: 2, 495–518.
Barkawi, Tarak/Dandeker, Christopher (1999): Rights and Fights: Sexual Orientation and Military Effectiveness. In: International Security, 24: 1, 181–186.
Bastick, Megan/Grimm, Karin/Kunz, Rahel (2007): Sexual Violence in Armed Conflict. Global Overview and Implications for the Security Sector. Genf: Geneva Center for the Democratic Control of Armed Forces (DCAF).
Beilstein, Janet (1998): The Expanding Role of Women in United Nations Peacekeeping. In: Lorentzen/Turpin (1998): 140–147.
Bereswill, Mechthild/Meuser, Michael/Scholz, Sylka (Hrsg.) (2007): Dimensionen der Kategorie Geschlecht: Der Fall Männlichkeit. Münster: Westfälisches Dampfboot.

Berg, Annika/Bjarnegard, Elin (2016): Dissecting Gender Imbalance. A Horizontal Perspective on When Risk Matters for the Assignment of Women to UN Peacekeeping Missions. In: Res Militaris. http://resmilitaris.net/ressources/10227/23/res_ militaris_article_berg___bjarneg_rd_dissecting_gender_imbalance.pdf (letzter Zugriff: 30.03.2020).

Berkin, Carol R. (Hrsg.) (1980): Women, War and Revolution. New York: Holmes & Meier Publishers.

Bray, Robert M./Camlin, Carol S./Fairbank, John/Dunteman, George H./Wheeless, Sara C.(2001): The Effects of Stress on Job Functioning of Military Men and Women. In: Armed Forces & Society, 27: 3, 397–417.

Bridges, Donna/Horsfall, Debbie (2009): Increasing Operations Effectiveness in UN Peacekeeping: Toward a Gender-Balanced Force. In: Armed Forces & Society, 36: 1, 120–139.

Brod, Harry/Kaufman, Michael (Hrsg.) (1994): Theorizing Masculinities. Thousand Oaks/London/New Delhi: Sage.

Browne, Kingsley (2007): Co-Ed Combat. The New Evidence that Women Shouldn't Fight the Nation's Wars. New York: Sentinel.

Brownson, Connie (2014): The Battle for Equivalency: Female US Marines Discuss Sexuality, Physical Fitness, and Military Leadership. In: Armed Forces & Society, 40: 4, 765–788.

Burk, James (2002): Theories of Democratic Civil-Military Relations. In: Armed Forces & Society, 29: 1, 7–29.

Burke, Carol (2004): Camp All-American, Hanoi Jane, and the High-and-Tight. Gender, Folklore, and Changing Military Culture. Boston: Beacon Press.

Caforio, Giuseppe (Hrsg.) (2007): Social Sciences and the Military. An Interdisciplinary Overview. New York: Routledge.

Caforio, Giuseppe/Nuciari, Marina (Hrsg.) (2018): Handbook of the Sociology of the Military. 2. Aufl. Cham: Springer.

Cardi, Caroline/Pruvost, Geneviève (2012): Penser la violence des femmes. Paris: La découverte.

Carreiras, Helena (2006): Gender and the Military. Women in the Armed Forces of Western Democracies. London/New York: Routledge.

Carreiras, Helena (2015): Gender and Civil-Military Relations in Advanced Democracies. In: Res Militaris. http://resmilitaris.net/ressources/10217/79/res_militaris_article_ carreiras_gender_and_civil-military_relations_in_advanced_democracies.pdf (letzter Zugriff 30.03.2021).

Carreiras, Helena/Kümmel, Gerhard (2008a): Off Limits: The Cult of the Body and Homogeneity as Discursive Weapons Targeting Gender Integration in the Military. In: Carreiras/Kümmel (2008b): 29–47.

Carreiras, Helena/Kümmel, Gerhard (Hrsg.) (2008b). Women in the Military and in Armed Conflict. Wiesbaden: VS Verlag für Sozialwissenschaften.

Cawkill, Paul/Rogers, Alison/Knight, Sarah/Spear, Laura (2009): Women in Ground Close Combat Roles: The Experiences of Other Nations and a Review of the Academic Literature. Fareham/Hants: Defence Science and Technology Laboratory UK. https://pdfs.semanticscholar.org/81d9/373c153b1b3776546227ee75632195d3858b.pdf (letzter Zugriff 30.03.2021).

Cnossen, Christine (1999): Frauen in Kampftruppen: Ein Beispiel für „Tokenisierung". In: Eifler/Seifert (1999): 232–247.

Creveld, Martin van (2001a): Frauen und Krieg. München: Gerling Akademie Verlag.

Creveld, Martin van (2001b): Men, Women and War: Do Women Belong in the Front Line? London: Cassell & Co.

Crowley, Kacy/Sandhoff, Michelle (2017): Just a Girl in the Army: U.S. Iraq War Veterans Negotiating Femininity in a Culture of Masculinity. In: Armed Forces & Society, 43: 2, 221–237.

Dandeker, Christopher/Segal, Mady Wechsler (1996): Gender Integration in Armed Forces: Recent Policy Developments in the United Kingdom. In: Armed Forces & Society, 22: 1, 29–47.

Dansby, Mickey R./Stewart, James B./Webb, Schuyler, C. (Hrsg.) (2012). Managing Diversity in the Military. Research Perspectives from the Defense Equal Opportunity Management Institute. New Brunswick, N.J./London: Transaction Publishers.

Davies, Sara E./True, Jacqui (Hrsg.) (2018): The Oxford Handbook of Women, Peace and Security. Oxford: Oxford University Press.

Davis, Karen D. (Hrsg.) (2007): Women and Leadership in the Canadian Forces: Perspectives and Experiences. Winnipeg: Canadian Defence Academy Press.

DeGroot, Gerard J./Peniston-Bird, Corinna (Hrsg.) (2000): A Soldier and a Woman. Sexual Integration in the Military. Harlow: Pearson Education.

Dittmer, Cordula/Mangold, Anne (2005): Die Integration von Frauen in die europäischen Streitkräfte: Das Militär zwischen internationalem Recht und nationaler Sicherheitspolitik. In: Jünemann/Klement (2005): 65–80.

Dittmer, Cordula (2009): Gender Trouble in der Bundeswehr. Eine Studie zu Identitätskonstruktionen und Geschlechterordnungen unter besonderer Berücksichtigung von Auslandseinsätzen. Bielefeld: transcript.

Dunivin, Karen O. (1994): Military Culture: Change and Continuity. In: Armed Forces & Society, 20: 4, 531–547.

Egnell, Robert/Alam, Mayesha (2019a): Conclusion: Lessons of Comparisons and Limits of Generalization. In: Egnell/Alam (2019b): 253–266.

Egnell, Robert/Alam, Mayesha (Hrsg.) (2019b): Women and Gender Perspectives in the Military. An International Comparison. Washington, D.C.: Georgetown University Press.

Eifler, Christine/Seifert, Ruth (Hrsg.) (1999): Soziale Konstruktionen – Militär und Geschlechterverhältnis. Münster: Westfälisches Dampfboot.

Elshtain, Jean Bethke (1987): Women and War. New York: Basic Books.

Enloe, Cynthia (1983): Does Khaki Become You? The Militarization of Women's Lives. London: Pandora.

Enyavar (2020): Women in the Military by Country. Online: https://en.wikipedia.org/wiki/Women_in_the_military_by_country (letzter Zugriff: 31.03.2021).

Faley, Robert H./Erdos Knapp, Deborah/Kustis, Gary A./Dubois, Cathy L. Z. (1998): Estimating the Organizational Costs of Sexual Harassment. In: Journal of Business & Psychology, 13: 4, 461–484.

Fenner, Lorry M./DeYoung, Marie E. (2001): Women in Combat: Civic Duty or Military Liability? Washington, D.C.: Georgetown University Press.

Firestone, Juanita M./Harris, Richard J. (1994): Sexual Harassment in the U.S. Military: Individualized and Environmental Contexts. In: Armed Forces & Society, 21: 1, 25–43.

Francke, Linda Bird (1997): Ground Zero. The Gender Wars in the Military. New York: Simon & Schuster.

Frederic, Sabrina/Calandron, Sabrina (2015): Gender Policies in the Armed Forces of Latin America's Southern Cone. In: Res Militaris. http://resmilitaris.net/ressources/10217/83/res_militaris_article_frederic___calandron_gender_policies_and_armed_forces_in_the_southern_cone.pdf (letzter Zugriff: 31.03.2021).

Gabbert, Karin (2007): Gleichstellung – Zu Befehl! Der Wandel der Geschlechterverhältnisse im US-Militär. Frankfurt a. M./New York: Campus Verlag.

Gareis, Sven Bernhard/Klein, Paul (Hrsg.) (2004): Handbuch Militär und Sozialwissenschaft. Wiesbaden: VS Verlag für Sozialwissenschaften.

Goldman, Nancy (Hrsg.) (1982): Female Soldiers – Combatants or Noncombatants? Historical and Contemporary Perspectives. Westport, Conn.: Greenwood.

Goldstein, Joshua S. (2001): War and Gender. How Gender Shapes the War System and Vice Versa. Cambridge et al.: Cambridge University Press.

Grosswirth Kachtan, Dana (2016): Deconstructing the Military's Hegemonic Masculinity: An Intersectional Observation of the Combat Soldier. In: Res Militaris. https://resmilitaris.net/ressources/10227/29/res_militaris_article_kachtan_an_intersectional_observation_of_the_combat_soldier.pdf (letzter Zugriff: 30.03.2021).

Grusky, Oscar/Miller, George A. (Hrsg.) (1981): The Sociology of Organizations. Basic Studies. 2. Aufl. New York/London: Free Press.

Gutmann, Stephanie (2000): The Kinder, Gentler Military. Can America's Gender-Neutral Fighting Force Still Win Wars? New York et al.: Scribner.

Hagemann, Karen (1998): Venus und Mars. Reflexionen zu einer Geschlechtergeschichte von Militär und Krieg. In: Hagemann/Pröve (1998): 13–48.

Hagemann, Karen/Pröve, Ralf (Hrsg.) (1998): Landsknechte, Soldatenfrauen und Nationalkrieger: Militär, Krieg und Geschlechterordnung im historischen Wandel. Frankfurt a. M.: Campus.

Hahn, Michael/Helfferich, Cornelia (2007): Gender-Fragen in männlich dominierten Organisationen. Erfahrungen mit der Fortbildung „Partnerschaftlich Handeln" bei der Bundeswehr. Köln: Bundeszentrale für gesundheitliche Aufklärung.

Haralambos, Michael/Holborn, Martin (1995): Sociology: Themes and Perspectives. 4. Aufl. London: Harper Collins Publishers.

Haring, Ellen L. (2013): Women in Battle: What Women Bring to the Fight. In: Parameters, 43: 2, 27–32.

Harrell, Margaret C./Miller, Laura L. (1997): New Opportunities for Military Women. Effects upon Readiness, Cohesion and Morale. Santa Monica: RAND.

Harrell, Margaret C./Beckett, Megan K./Chien, Sandy/Sollinger, Jerry M. (2002): The Status of Gender Integration in the Military. Santa Monica, CA: RAND.

Heinecken, Lindy (2002): Affirming Gender Equality: The Challenges Facing the South African Armed Forces. In: Kümmel (2002): 715–728.

Heinecken, Lindy (2009): A Diverse Society, a Representative Military? The Complexity of Managing Diversity in the South African Armed Forces. In: Scientia Militaria: South African Journal of Military Studies, 37: 1, 25–49.

Heinecken, Lindy (2017): Conceptualizing the Tensions Evoked by Gender Integration in the Military: The South African Case. In: Armed Forces & Society, 43: 2, 202–220.

Heinecken, Lindy/Waag-Cowling, Noelle van der (2009): The Politics of Race and Gender in the South African Armed Forces: Issues, Challenges, Lessons. In: Commonwealth & Comparative Politics, 47: 4, 517–538.

Henshaw, Alexis/Eric-Udorie, June/Godefa, Hannah/Howley, Kathryn/Jeon, Cat/Sweezy, Elise/Zhao, Katheryn (2019): Understanding Women at War: A Mixed-Methods Exploration of Leadership in Non-State Armed Groups. In: Small Wars & Insurgencies, 30: 6/7, 1089–1116.

Herek, Gregory M./Jobe, Jared B./Carney, Ralph M. (1996): Out in Force. Sexual Orientation and the Military. Chicago/London: University of Chicago Press.

Higate, Paul H. (Hrsg.) (2003): Military Masculinities. Identity and the State. Westport, Conn./London: Praeger.

Holm, Jeanne (1993): Women in the Military: An Unfinished Revolution. Überarb. Aufl. Novato: Presidio Press.

Howes, Ruth/Stevenson, Michael (Hrsg.) (1993): Women and the Use of Military Force. Boulder, CO: Lynne Rienner.

Hurni, Johanna/Meyer Schweizer, Ruth/Flückiger, J. Peter/Stüssi-Lauterburg, Jürg (Hrsg.) (1992): Frauen in den Streitkräften. Brugg: Verlag Effingerhof.

Isaksson, Eva (Hrsg.) (1988): Women and the Military System. New York: Harvester-Wheatsheaf.

Iskra, Darlene/Trainor, Stephen/Leithauser, Marcia/Segal, Mady W. (2002): Women's Participation in Armed Forces Cross-Nationally: Expanding Segal's Model. In: Kümmel (2002): 771–797.

Jahanbani, Nakissa P./Willis, Charmaine N. (2019): The Ballot or the Bomb Belt: The Roots of Female Suicide Terrorism Before and After 9/11. In: Small Wars & Insurgencies, 30: 6/7, 1117–1150.

Jones, David E. (1997): Woman Warriors: A History. London: Brassey's.

Jünemann, Annette/Klement, Carmen (Hrsg.) (2005): Die Gleichstellungspolitik der Europäischen Union. Baden-Baden: Nomos.

Kamarck, Kristy N. (2015): Women in Combat: Issues for Congress. Washington, D.C.: Congressional Research Service.

Kanter, Rosabeth Moss (1977). Some Effects of Proportions on Group Life: Skewed Sex Ratios and Responses to Token Women. In: American Journal of Sociology, 82: 5, 965–990.

Kanter, Rosabeth Moss (1981): Women and the Structure of Organizations: Explorations in Theory and Behavior. In: Grusky/Miller (1981): 395–424.

Katzenstein, Mary Feinsod/Reppy, Judith (Hrsg.) (1999). Beyond Zero Tolerance. Discrimination in Military Culture. Lanham et al.: Rowman & Littlefield.

Keller, Jörg (2004): Küss' die Hand gnäd'ge Frau... oder: Ist die Soldatin möglich? In: Seifert et al. (2004): 248–266.

King, Anthony (2016): The Female Combat Soldier. In: European Journal of International Relations, 22: 1, 122–143.

Klein, Uta (2001): Militär und Geschlecht in Israel. Frankfurt a. M./New York: Campus.

Koeszegi, Sabine T./Zedlacher, Eva/Hudribusch, René (2014): The War Against the Female Soldier? The Effects of Masculine Culture on Workplace Aggression. In: Armed Forces & Society, 40: 2, 226–251.

Kraake, Swantje (1992): Frauen zur Bundeswehr. Analyse und Verlauf einer Diskussion. Frankfurt a. M.: Peter Lang.

Krainz, Eva E. (2003): Die körperliche Leistungsfähigkeit weiblicher Soldaten. In: Truppendienst, 42: 5, 468–473.

Kümmel, Gerhard (Hrsg.) (2001): The Challenging Continuity of Change and the Military (SOWI-Forum International Nr. 22). Strausberg: Sozialwissenschaftliches Institut der Bundeswehr.

Kümmel, Gerhard (Hrsg.) (2002): Women in the Armed Forces of the World: Recent Trends and Explanations. In: Current Sociology, 50: 5.

Kümmel, Gerhard (2004): Frauen im Militär. In: Gareis/Klein (2004): 60–69.

Kümmel, Gerhard (2008): Truppenbild mit Dame. Eine sozialwissenschaftliche Begleituntersuchung zur Integration von Frauen in die Bundeswehr (SOWI-Forschungsbericht Nr. 82). Strausberg: Sozialwissenschaftliches Institut der Bundeswehr.

Kümmel, Gerhard (2010): Sex in the Army. Militärische Organisationen und Sexualität. In: Apelt (2010): 221–242.

Kümmel, Gerhard (Hrsg.) (2012): Die Truppe wird bunter: Streitkräfte und Minderheiten. Baden-Baden: Nomos.

Kümmel, Gerhard (2014): Truppenbild ohne Dame? Eine sozialwissenschaftliche Begleituntersuchung zum aktuellen Stand der Integration von Frauen in die Bundeswehr (Forschungsbericht 106). Potsdam: Zentrum für Militärgeschichte und Sozialwissenschaften der Bundeswehr.

Kümmel, Gerhard (Hrsg.) (2017): Soldatinnen in der Bundeswehr – Integrationsklima und Perspektiven. Dokumentation des Symposiums an der Führungsakademie der Bundeswehr in Hamburg am 10. und 11. Juli 2014. Potsdam: Zentrum für Militärgeschichte und Sozialwissenschaften der Bundeswehr.

Kümmel, Gerhard (2020): Truppenbild mit General (w)? Eine Untersuchung zur Chancengerechtigkeit in den Karrierewegen von Soldatinnen und Soldaten anhand berufsbiografischer Interviews (Forschungsbericht 125). Potsdam: Zentrum für Militärgeschichte und Sozialwissenschaften der Bundeswehr.

Kümmel, Gerhard/Biehl, Heiko (2001): Warum nicht? Die ambivalente Sicht männlicher Soldaten auf die weitere Öffnung der Bundeswehr für Frauen (SOWI-Berichte Nr. 71). Strausberg: Sozialwissenschaftliches Institut der Bundeswehr.

Kümmel, Gerhard/Klein, Paul/Lohmann, Klaus (2000): Zwischen Differenz und Gleichheit: Die Öffnung der Bundeswehr für Frauen (SOWI-Berichte Nr. 69). Strausberg: Sozialwissenschaftliches Institut der Bundeswehr.

Kümmel, Gerhard/Werkner, Ines-Jacqueline (Hrsg.) (2003): Soldat, weiblich, Jahrgang 2001. Sozialwissenschaftliche Begleituntersuchungen zur Integration von Frauen in die Bundeswehr – Erste Befunde (SOWI-Berichte Nr. 76). Strausberg: Sozialwissenschaftliches Institut der Bundeswehr.

Lahoud, Nelly (2014): The Neglected Sex: The Jihadis' Exclusion of Women from Jihad. In: Terrorism and Political Violence, 26: 5, 780–802.

Lahoud, Nelly (2017): Can Women Be Soldiers of the Islamic State? In: Survival, 59: 1, 61–78.

Lehring, Gary (2003): Officially Gay. The Political Construction of Sexuality by the U.S. Military. Philadelphia, PA: Temple University Press.

Li, Xiaolin (1994): Chinese Women Soldiers: A History of 5,000 Years. In: Social Education, 58: 2, 67–71.

Lie, John (1997): The State as a Pimp: Prostitution and the Patriarchical State in Japan in the 1940s. In: The Sociological Quarterly, 38: 2, 251–263.

Lim, Nelson/Cho, Michelle/Curry, Kimberly (2008). Planning for Diversity. Options and Recommendations for DoD Leaders. Santa Monica, CA: RAND.

Lloyd, Genevieve (1987): Selfhood, War and Masculinity. In: Pateman/Gross (1987): 63–76.

Lomsky-Feder, Edna/Sasson-Levy, Orna (2018): Women Soldiers and Citizenship in Israel. Gendered Encounters with the State. London/New York: Routledge.

Lorentzen, Lois Ann/Turpin, Jennifer (Hrsg.) (1998): The Women and War Reader. New York: New York University Press.

Maginnis, Robert L. (2013): Deadly Consequences. How Cowards are Pushing Women into Combat. Washington, D.C.: Regnery Publishing.

Malesevic, Sinisa (2012): The Sociology of War and Violence. Cambridge/New York: Cambridge University Press.

Mangold, Anne (2008): Beruf, Organisation und Geschlecht am Beispiel des Sanitätsdienstes der Bundeswehr. Eine empirische Untersuchung von Organisationsregeln, deren Umsetzung und sozialen Folgen. Berlin: Logos Verlag.

Mangold, Anne/Scholz, Sylka (2000): Können Frauen nicht kampfschwimmen? In: Perspektive 21: Brandenburgische Hefte für Wissenschaft und Politik, 12, 42–51.

Maninger, Stephan (2008): Women in Combat: Reconsidering the Case Against the Deployment of Women in Combat-Support and Combat Units. In: Carreiras/Kümmel (2008b): 9–27.

Mathers, Jennifer G. (2000): Women in the Russian Armed Forces: A Marriage of Convenience? In: Minerva: Quarterly Report on Women and the Military, 18: 3/4, 129–143.

Mathers, Jennifer G. (2007): Russia's Women Soldiers in the 21st Century. In: Minerva: Journal of Women and War, 1: 1, 8–18.

Micewski, Edwin R. (1997): Frauen und Streitkräfte. Aspekte des Zugangs von Frauen als Soldatinnen zum Österreichischen Bundesheer. Wien: BMLV.

Millar, Katharine M./Tidy, Joanna (2017): Combat as a Moving Target: Masculinities, the Heroic Soldier Myth, and Normative Martial Violence. In: Critical Military Studies, 3: 2, 142–160.

Miller, Laura L. (1998): Feminism and the Exclusion of Army Women from Combat. In: Gender Issues, 16: 3, 33–64.

Mitchell, Brian (1998): Women in the Military: Flirting with Disaster. Washington, D.C.: Regnery Publishing Inc.

Mitscherlich, Margarete (1985): Die friedfertige Frau. Eine psychoanalytische Untersuchung zur Aggression der Geschlechter. Frankfurt a. M.: Fischer.

Mitscherlich, Margarete (1990): Die Zukunft ist weiblich. München: Piper.

Morgan, David H.J. (1994): Theater of War. Combat, the Military, and Masculinities. In: Brod/Kaufman (1994): 165–181.

Morrall, Andrew R./Gore, Kristie L./Schell, Terry L. (Hrsg.) (2015): Sexual Assault and Sexual Harassment in the U.S. Military. Santa Monica, CA: RAND.

NATO (2017): Summary of the National Reports of NATO Members and Partner Nations to the NATO Committee on Gender Perspectives. Brüssel: NATO.

Norma, Caroline (2017): The Japanese Comfort Women and Sexual Slavery During the China and Pacific Wars. London: Bloomsbury Academic.

Nuciari, Marina (2007): Women Soldiers in a Transcultural Perspective. In: Caforio (2007): 238–260.

Nuciari, Marina (2018): Participation and Change in Gendered Organizations. Women in the Military Forces. In: Caforio/Nuciari (2018): 301–325.

Obradovic, Lana (2015): Comparative Analysis of Women's Military Participation in East Asia. In: Res Militaris. http://resmilitaris.net/ressources/10217/89/res_militaris_article_ obradovic_comparative_analysis_of_female_military_participation_in_east_asia.pdf (letzter Zugriff: 30.03.2021).

Obradovic, Lana (2016): Gender Integration in NATO Military Forces: Cross-National Analysis. London/New York: Routledge.

Office on Women in the NATO Forces (2000): Year-In-Review 1999–2000. Brüssel: NATO.

Olsson, Louise/Tryggestad, Torunn (Hrsg.) (2001): Women and International Peacekeeping. London: Frank Cass.

Pateman, Carole/Gross, Elizabeth (Hrsg.) (1987): Feminist Challenges: Social and Political Theory. Boston: Northeastern University Press.

Reißner, Franz (2000): Erfahrungen aus der Integration von Soldatinnen in das Österreichische Bundesheer. Unveröffentlichtes Manuskript. Wien: BMLV.

Richter, Gregor (2020): Genderspezifisches Personalmarketing? Ergebnisse und Analysen der Befragung von Sanitätsstabsoffizieren im 14./15./16. Dienstjahr (Forschungsbericht 124). Potsdam: Zentrum für Militärgeschichte und Sozialwissenschaften der Bundeswehr.

Rimmerman, Craig A. (Hrsg.) (1996): Gay Rights, Military Wrongs. Political Perspectives on Lesbians and Gays in the Military. New York/London: Garland Publishing.

Rosen, Leora N./Duran, Doris B./Bliese, Paul D./Halverson, Ronald R./Rothberg, Joseph M./Harrison, Nancy L. (1996): Cohesion and Readiness in Gender-Integrated Combat Service Support Units: The Impact of Acceptance of Women and Gender Ratio. In: Armed Forces & Society, 22: 4, 537–553.

Rosen, Leora N./Bliese, Paul D./Wright, Kathleen A./Gifford, Robert K. (1999): Gender Composition and Group Cohesion in U.S. Army Units: A Comparison across Five Studies. In: Armed Forces & Society, 25: 3, 365–386.

Ruddick, Sara (1983): Pacifying the Forces: Drafting Women in the Interests of Peace. In: Signs: Journal of Women in Culture and Society, 8: 3, 471–489.

Ruddick, Sara (1989): Maternal Thinking: Towards a Politics of Peace. London: Women's Press.

Sasson-Levy, Orna (2001): Gender Performance in a Changing Military: Women Soldiers in ‚Masculine' Roles. In: Israel Studies Forum: An Interdisciplinary Journal, 17: 1, 7–23.

Sasson-Levy, Orna (2003): Feminism and Military Gender Practices: Israeli Women Soldiers in ‚Masculine' Roles. In: Sociological Inquiry, 44: 3, 440–465.

Schäfer, Rita (2008): Frauen und Kriege in Afrika. Ein Beitrag zur Gender-Forschung. Frankfurt a. M.: Brandes & Apsel.

Scheuermann, Manuela/Zürn, Anja (Hrsg.) (2020): Gender Roles in Peace and Security. Prevent, Protect, Participate. Cham: Springer.

Schiesser, Sylvia (2001): Die ‚Soldatin' in den Printmedien der Bundeswehr: Eine inhalts-analytische Untersuchung. In: Kümmel (2001): 169–200.

Scott, Wilbur J./Stanley, Sandra Carson (Hrsg.) (1994): Gays and Lesbians in the Military. Issues, Concerns, Contrasts. New York: Aldine de Bruyter.

Segal, Mady Wechsler (1995): Women's Military Roles Cross-Nationally. Past, Present, and Future. In: Gender & Society, 9: 6, 757–775.

Seidler, Franz W. (1998): Frauen zu den Waffen? Marketenderinnen, Helferinnen, Soldatinnen. 2. Aufl. Bonn: Bernard & Graefe.

Seifert, Ruth (1996): Militär – Kultur – Identität. Individualisierung, Geschlechterverhält-nisse und die soziale Konstruktion des Soldaten. Bremen: Edition Temmen.

Seifert, Ruth (1999): Militär und Geschlechterverhältnisse. Entwicklungslinien einer ambivalenten Debatte. In: Eifler/Seifert (1999): 44–70.

Seifert, Ruth/Eifler, Christine/Heinrich-Böll-Stiftung (Hrsg.) 2004: Gender und Militär. Internationale Erfahrungen mit Männern und Frauen in Streitkräften. Königstein: Ulrike Helmer Verlag.

Serrato, Margie (2016): The Internal War on Servicewomen: Gender Discrimination, Harassment, and Sexual Assault in the US Military. In: Res Militaris. http://resmilitaris. net/ressources/10227/30/res_militaris_article_serrato_the_internal_war_on_ servicewomen.pdf (letzter Zugriff: 30.03.2021).

Shields, Patricia M. (2000): Gender Camouflage: Women and the U.S. Military. In: Armed Forces & Society, 9: 1/2, 149–180.

Simon, Rita J. (Hrsg.) (2001): Women in the Military. New Brunswick, NJ: Transaction

Simons, Anna (2001): Women in Combat Units: It's Still a Bad Idea. In: Parameters, Summer, 89–100.

Snyder, R. Claire (2003): The Citizen-Soldier Tradition and Gender Integration of the U.S. Military. In: Armed Forces & Society, 29: 2, 185–204.

Soeters, Joseph/Meulen, Jan van der (Hrsg.) (2007): Cultural Diversity in the Armed Forces. An International Comparison. London/New York: Routledge.

Soh, C. Sarah (2008): The Comfort Women: Sexual Violence and Post-Colonial Memory in Korea and Japan. Chicago, IL: University of Chicago Press.

Steinkamm, Armin A. (Hrsg.) (2001): Frauen im militärischen Waffendienst. Rechtliche, politische, soziologische und militärische Aspekte des Einsatzes von Frauen in Streit-kräften unter besonderer Berücksichtigung der Deutschen Bundeswehr und des Öster-reichischen Bundesheeres. Baden-Baden: Nomos.

Stiehm, Judith H. (Hrsg.) (1996): It's Our Military, Too! Women and the U.S. Military. Philadelphia: Temple University Press.

Sturdevant, Sandra/Stoltzfus, Brenda (1992): Let the Good Times Roll: Prostitution and the US Military in Asia. New York: New Press.

Tanaka, Yuki (2002): Japan's Comfort Women: Sexual Slavery and Prostitution During World War and the US Occupation. London/New York: Routledge.

Toler, Pamela D. (2019): Women Warriors. An Unexpected History. Boston, Mass.: Beacon Press.

Ulrich, Uwe/Stiffel, Hartmut/Illauer, Ralf (2014). Im stetigen Wandel. Der Umgang mit Vielfalt in der Bundeswehr. In: if – Zeitschrift für Innere Führung, 58: 1, 16–24.

UN Women (2020): In Focus: Women, Peace and Security. https://www.unwomen.org/en/news/in-focus/women-peace-security (letzter Zugriff: 13.01.2020).

Wheelwright, Julie (1989): Amazons and Military Maids: Women Who Dressed as Men in the Pursuit of Life, Liberty and the Pursuit of Happiness. London: Pandora.

Winslow, Donna/Dunn, Jason (2002): Women in the Canadian Forces: Between Legal and Social Integration. In: Kümmel (2002): 641–667.

Wood, Reed M. (2019): Female Fighters. Why Rebel Groups Recruit Women for War. New York/Chichester: Columbia University Press.

Woodward, Rachel (2004): Discourses of Gender in the Contemporary British Army. In: Armed Forces & Society, 30: 2, 279–301.

Woodward, Rachel/Duncanson, Claire (Hrsg.) (2017): The Palgrave International Handbook of Gender and the Military. London: Palgrave Macmillan.

Woodward, Rachel/Winter, Trish (2007): Sexing the Soldier: The Politics of Gender and the Contemporary British Army. London/New York: Routledge.

Yoder, Janice D. (1991): Rethinking Tokenism: Looking Beyond Numbers. In: Gender & Society, 5: 2, 178–192.

Zeigler, Sara L./Gunderson, Gregory G. (2005): Moving Beyond G.I. Jane. Women and the U.S. Military. Lanham, MD: University Press of America.

Zirngast, Waltraud (1997): Frauen zum Militär – ein feministisches Dilemma? In: Österreichische Zeitschrift für Politikwissenschaft, 26: 2, 129–139.

Zwane, Pule (1995): Challenges Facing the SANDF: From Integration to Affirmative Action. In: African Security Review, 4: 1. http://www.iss.co.za/pubs/asr/4No1/Sandf.html (letzter Zugriff: 09.11.2020).

Kümmel, Gerhard, Dr. phil.; Projektbereichsleiter im Forschungsbereich Sicherheitspolitik und Streitkräfte am Zentrum für Militärgeschichte und Sozialwissenschaften der Bundeswehr in Potsdam.

Militärische Multinationalität

Ina Kraft

1 Einführung

Militärische Multinationalität bedeutet die Zusammenarbeit von Streitkräften verschiedener Staaten unterhalb der Ebene der internationalen Sicherheitspolitik. Dass sich Staaten für diese Art der Kooperation entscheiden, liegt nicht auf der Hand, sind doch die jeweiligen Streitkräfte eine Bastion nationalstaatlicher Souveränität. Ein Blick in die Geschichte zeigt indes, dass Kontingentarmeen, Söldnerarmeen und militärische Allianzen schon seit Jahrhunderten existieren (Rink 2011).

Insbesondere in der jüngeren Geschichte Europas und Nordamerikas ist die Streitkräftezusammenarbeit seit den 1940er-Jahren keine Ausnahme mehr. Einen gewichtigen Anteil daran haben Gründung und Entwicklung der Nordatlantischen Vertragsorganisation (*North Atlantic Treaty Organization*, NATO). Diese ist kein bloßes Verteidigungsbündnis, bei dem sich die Mitgliedstaaten lediglich Unterstützung im Falle eines Angriffs zusagen. Offiziere der verschiedenen Mitgliedstaaten arbeiten vielmehr in NATO-Hauptquartieren, die über das Bündnisgebiet verteilt sind, zusammen. Dabei agieren sie nicht als Repräsentantinnen und. Repräsentanten ihrer jeweiligen Staaten, sondern als Angehörige der NATO. Die NATO weist auf der Ebene der Hauptquartiere eine so hohe Verflechtung auf, dass von einer integrierten Kommandostruktur gesprochen wird.

I. Kraft (✉)
Forschungsbereich Sicherheitspolitik und Streitkräfte, Zentrum für Militärgeschichte und Sozialwissenschaften der Bundeswehr, Potsdam, Deutschland
E-Mail: inakraft@bundeswehr.org

© VS Verlag für Sozialwissenschaften | Springer Fachmedien Wiesbaden GmbH, Wiesbaden 2023
N. Leonhard und I.-J. Werkner (Hrsg.), *Militärsoziologie – Eine Einführung*,
https://doi.org/10.1007/978-3-658-30184-2_18

Durch die Aufstellung der ersten multinationalen Friedenserhaltungsmissionen *(peacekeeping operations)* Ende der 1940er-Jahre im Rahmen der Vereinten Nationen (VN) ist das Thema Streitkräftekooperation auch über den transatlantischen Raum hinaus präsent. Im Mai 1948 wurde die *United Nations Truce Supervision Organization* (UNTSO) gegründet. Militärbeobachterinnen und -beobachter aus den verschiedensten Staaten der Welt überwachten das Waffenstillstandsabkommen zwischen dem neu gegründeten Staat Israel und seinen Nachbarn.[1] Diese bis heute aktive Mission war der Startpunkt für viele weitere Missionen der Vereinten Nationen, die seitdem durchgeführt worden sind.[2]

In den 1990er-Jahren wurden die bisherigen Formen militärischer Kooperation in Europa um multinationale Einsätze im Rahmen der Westeuropäischen Union (WEU), der NATO und der Europäischen Union (EU) sowie um Partnerschaftsformate zwischen NATO-Mitgliedern und osteuropäischen NATO-Beitrittskandidaten erweitert. Bedeutsam ist zudem, dass militärische Kooperation nun nicht mehr vornehmlich auf der Ebene der NATO-Hauptquartiere stattfindet, sondern dass zunehmend multinationale Truppenkörper in Europa aufgestellt werden (Klein und Kümmel 2000: 315).[3] Als Beispiel sei hier die *Standby High Readiness Brigade for UN Operations* (SHIRBRIG) genannt, die vor dem Hintergrund der Unfähigkeit und des Unwillens der Weltgemeinschaft, die Völkermorde in Ruanda 1994 und Bosnien 1995 mit nachdrücklicher militärischer Präsenz zu verhindern, auf die Initiative Dänemarks hin im Jahr 1997 aufgestellt wurde und an der sich neben Dänemark auch die Staaten Finnland, Irland, Italien, Kanada, Litauen, Norwegen, die Niederlande, Österreich, Polen, Rumänien, Schweden, Slowenien und Spanien beteiligten (Koops und Varwick 2008). Bis zu ihrer Auflösung im Jahr 2009 wurde die Brigade in verschiedenen multinationalen Missionen eingesetzt, unter anderem im Rahmen der im Jahr 2003 gegründeten *United Nations Mission in Liberia* (UNMIL).

---

[1] Siehe Resolution Nr. 50 des UN-Sicherheitsrates vom 29. Mai 1948, online: https://unscr.com/en/resolutions/doc/50 (letzter Zugriff: 30.03.2021).

[2] Ein Überblick über abgeschlossene und laufende UN-Friedensmissionen findet sich unter https://www.un.org/securitycouncil/content/repertoire/peacekeeping-missions (Zugriff am 07.02.2020).

[3] Militärische Truppenteile gliedern sich der Größe nach wie folgt: Korps, Division und Brigade werden als Großverbände bezeichnet. Ein Bataillon ist ein militärischer Verband. Eine Ebene darunter spricht man von Einheiten wie der Kompanie (Encyclopaedia Britannica 2015).

Ende der 2000er-Jahre, vor dem Hintergrund der weltweiten Finanzkrise und der Eurokrise und der damit verbundenen Sparanstrengungen, verstärkten die europäischen Staaten ihre Kooperation in den Bereichen militärische Logistik, Rüstungsproduktion und Fähigkeitsentwicklung. So wurde beispielsweise im Jahr 2010 das *European Air Transport Command* (EATC) mit Sitz in den Niederlanden gegründet. Das EATC organisiert für seine Mitgliedstaaten – derzeit neben den Niederlanden auch Belgien, Frankreich, Deutschland, Luxemburg, Spanien und Italien – den militärischen Luftverkehr, die Luftbetankung und die flugmedizinische Evakuierung.[4]

Die Handlungen Russlands in der Ukraine im Jahr 2014 führten zu einer Neugewichtung der NATO-Strategie. Anstatt sich wie seit den 1990er-Jahren auf die weltweite Krisenbewältigung zu fokussieren, vollzog sich eine Rückbesinnung auf die territoriale Verteidigung des europäischen Bündnisgebiets. In diesem Zusammenhang wurden unter anderem 2017 in den östlichen NATO-Mitgliedsstaaten Estland, Litauen, Lettland und Polen multinationale Verbände auf Bataillonsebene aufgestellt, was die Palette multinationaler Arrangements grundlegend erweitert hat. Die militärische Führung des NATO-Bataillons in Litauen hat Deutschland und damit die Bundeswehr übernommen.

Die Kooperation von Streitkräften prägt die militärische Organisation und seine Angehörigen. Sie ist in politische Kontexte eingebettet und hat gesellschaftliche Implikationen. Aus diesen Gründen ist militärische Multinationalität ein Thema, mit dem sich Sozialwissenschaftlerinnen und Sozialwissenschaftler auseinandergesetzt haben und weiterhin auseinandersetzen sollten, wie der folgende kritische Überblick über die sozialwissenschaftliche Forschung zum Thema Streitkräftezusammenarbeit zeigt.

2 Multinationalität – ein Begriff und seine Schwierigkeiten

Multinationalität als wissenschaftlicher Analysebegriff hat ein Praxisproblem. Militärische und sicherheitspolitische Institutionen nutzen ihn verstärkt seit Beginn der 1990er-Jahre, um die Kooperation von zwei oder mehr Streitkräften verschiedener Nationen im Einsatz und auch im Grundbetrieb zu beschreiben.

---

[4] Siehe Webauftritt des EATC: https://eatc-mil.com/en/who-we-are (letzter Zugriff: 30.03.2021).

Einige Zeit später entstanden die ersten militärsoziologischen Studien, die das Phänomen der „Internationalisierung des Militärs" (Klein und Kümmel 2000) mit eben jenem Praxisbegriff beschreiben und untersuchen (z. B. Gareis et al. 2003). Heutzutage kann dieser Begriff deswegen als in der Militärsoziologie etabliert erachtet werden.

Die zum Militär arbeitenden Forscherinnen und Forscher haben somit die Terminologie direkt von ihrem Beobachtungsgegenstand übernommen. Dieser Umstand erhöht auf der einen Seite die Perzeption von Forschung, deren Ergebnisse zurück in Politik und die Streitkräfte fließen. Er birgt auf der anderen Seite jedoch Schwierigkeiten besonders mit Blick auf wissenschaftliche Anschlussfähigkeit. Unterschiedliche Teildisziplinen in den Sozialwissenschaften haben mit den Begriffen ‚Integration' (Börzel 2010), ‚Kooperation' (Bendel 2010), ‚Interdependenz' (Zangl 2010) und ‚interorganisationale Beziehungen' (Cropper et al. 2008a) bereits etablierte Konzepte hervorgebracht, um das Zusammenwirken oder die Zusammenarbeit von zwei oder mehreren Organisationseinheiten analytisch zu fassen. Als Analysebegriff war der Ausdruck ‚multinational' bisher lediglich in den Wirtschaftswissenschaften präsent mit Bezug auf das Wirtschaftshandeln global agierender Unternehmen (Black et al. 2017: 345). Die klassische, wenn auch sperrige Frage „*What is this an instance of?*" (z. B. Mair 2008: 180), die am Anfang einer jeden Fallstudie steht, könnte für die Zusammenarbeit von Streitkräften also bereits mit Rückgriff auf diese schon seit längerem eingeführten Konzepte beantwortet werden. Die Nutzung des Multinationalitätsbegriffs für die in anderen sozialwissenschaftlichen Teildisziplinen bekannten Phänomenen wie zum Beispiel Integration und Kooperation hat zur Folge, dass Forschungsbeiträge zu militärischer Multinationalität weniger anschlussfähig an Forschungsarbeiten sind, die in den Bereichen der Organisationssoziologie, der Friedens- und Konfliktforschung, der vergleichenden Policy-Forschung oder der Internationalen Beziehungen hervorgebracht werden.

Wenn in diesem Beitrag am Begriff der militärischen Multinationalität trotz allem festgehalten wird, ist dies der Veröffentlichung einer großen Anzahl von Studien zum Thema Streitkräftekooperation seit den 1990er-Jahren geschuldet, die mit diesem Begriff operieren und den Diskurs in der deutschen und europäischen Militärsoziologie mittlerweile prägen.

Das Praxisproblem sozialwissenschaftlicher Forschung zu militärischer Multinationalität endet an dieser Stelle jedoch noch nicht. Es betrifft auch die Klassifizierung von multinationalen Formaten, wie sie seit den 2000er-Jahren in Zusammenhang mit der Erforschung stehender militärischer Verbände vorgenommen wird (Gareis und Hagen 2004: 25 f.; Gareis 2006; Klein und Haltiner 2004). Hierbei wird zunächst zwischen horizontaler Kooperation und vertikaler

Integration (Gareis 2015: 171) unterschieden. Unter horizontaler Kooperation werden in der Literatur „eher lose Verbindungen von nebeneinander angeordneten Streitkräftekontingenten verschiedener Nationen" verstanden (ebd.: 171). Als Beispiel seien die internationale Militärkoalitionen, wie jene während der Invasion in den Irak im Jahr 2003, genannt, die zwar zentral durch ein Oberkommando geführt werden, in denen aber jeweils unterschiedliche nationale Kontingente in nationaler Verantwortung beteiligt sind. Vertikale Integration hingegen steht für die „multinationale Durchmischung von den Hauptquartieren über die Verbände bis hinein in die Einheiten" (Gareis 2015: 172). Die deutschniederländische Heereskooperation ist hierfür ein gutes Beispiel: 1995 wurde das I. Deutsch-Niederländische Korps aufgestellt.[5] 2014 erfolgte die Integration der niederländischen *11. Luchtmobielen Brigade* (11. Luftbewegliche Brigade) in die deutsche Division Schnelle Kräfte. Sodann wurde 2016 die niederländische 43. Mechanisierte Brigade mit ihren rund 3000 Soldatinnen und Soldaten in die 1. Panzerdivision der Bundeswehr eingegliedert. Gleichzeitig wurde das deutsche Panzerbataillon 414, in dem auch niederländische Soldatinnen und Soldaten dienen, der niederländischen Brigade unterstellt.[6]

In der weiteren Ausdifferenzierung von horizontaler Kooperation und vertikaler Integration unterscheidet eine Reihe von Autoren (Bergmann 2006; Gareis 2015: 173 f.; Gareis 2006: 362–364; Klein 2008: 100–102) Streitkräftekooperation in, *erstens,* das Modell der ständigen oder zeitweisen Unterstellung, *zweitens,* das *Lead-Nation*-Modell, bei dem ein überwiegend aus Soldatinnen und Soldaten einer Nation bestehendes Hauptquartier Kontingente auch aus anderen Staaten führt, *drittens,* das *Framework*-Modell, bei dem eine einzelne Nation einen „administrativen, führungstechnischen und logistischen Rahmen" (Gareis 2015: 173) stellt, in den sich andere Nationen einklinken sowie, *viertens,* das Modell der vertieften Integration, bei dem die beteiligten Nationen gleichberechtigt an der Aufstellung eines Truppenkörpers beteiligt sind. Diese vier Gliederungstypen werden auch in aktuellen Überblicksbeiträgen zum Thema Multinationalität reproduziert (Maniscalco 2018: 539 f.).

Während die Unterscheidung zwischen vertikaler und horizontaler Integration sinnvoll erscheint, birgt die Klassifikation nach Gliederungstypen ihre Schwierigkeiten. Zum einen wird Multinationalität hierbei lediglich auf militärische

---

[5] Im Jahr 2013 wurde der Name des Korps in I. Deutsch-Niederländisches Corps geändert.

[6] Siehe Webseite des BMVg zu bilateralen Kooperationen Deutschland-Niederlande, online: https://www.bmvg.de/de/themen/friedenssicherung/bilaterale-kooperation/deutschland-niederlande (letzter Zugriff: 30.03.2021).

Strukturen beschränkt. Andere Formen militärischer Kooperation, etwa in den Bereichen Training und Beschaffung, werden somit nicht erfasst. Ein zweites Problem betrifft die Benennung und Unterscheidung der vier Gliederungstypen. Diese sind, wie der Begriff der Multinationalität selbst, aus der Praxis entlehnt (z. B. Assembly of the WEU 1995; BMVg 1995) und nicht unter wissenschaftlichen Gesichtspunkten entwickelt worden. Wie schon die Verwendung des Multinationalitätsbegriffs selbst stellt sich durch die Übernahme von Kategorien aus der Praxis erneut das Problem der Anschlussfähigkeit der Forschung zu multinationalen Formaten an die Forschung in anderen sozialwissenschaftlichen Teildisziplinen. Darüber hinaus verstellt die Übernahme von Begriffen aus der Praxis den Blick auf andere Unterscheidungskriterien, die möglicherweise einen höheren Erkenntnisgewinn bringen. Schließlich ist bei der Übernahme von Unterscheidungskategorien aus der Praxis deren analytische Trennschärfe nicht vorausgesetzt. Letzteres zeigt sich vor allem im Fall der vorgestellten Gliederungstypen *Lead-Nation-* und *Framework*-Modell. Diese unterscheiden sich nur in Nuancen und werden daher oftmals synonym verwendet (U.S. Department of Defense 2019: 38 f.).

Die bisherige unscharfe Klassifizierung multinationaler Arrangements in der militärsoziologischen Literatur ist vermutlich auf den Umstand zurückzuführen, dass in vielen Studien Multinationalität lediglich die *Bedingung* für ein Phänomen darstellt, zum Beispiel Führungsverhalten, welches dann das eigentliche Subjekt soziologischer Forschung ist. Zusätzlich scheint durch das bei vielen Forschungsarbeiten vorliegende Einzelfallstudiendesign eine Variierung der ‚unabhängigen‘ Bedingung Multinationalität und somit deren gewissenhafte Klassifikation, zum Beispiel mit dem Ziel, eine Fallauswahl zu begründen, nicht erforderlich gewesen zu sein.

Versteht man die Kooperation von Streitkräften jedoch als sozio-politisches Phänomen, das zwar durchaus Bedingungsfaktor von sozialem Handeln sein kann, darüber hinaus jedoch auch an sich von sozialwissenschaftlichem Interesse ist, so bedarf es einer sorgfältigeren Auseinandersetzung mit den Formen von Multinationalität. So kann die Ordnung multinationaler Arrangements in Anlehnung an das politikwissenschaftliche Modell des Politikprozesses von David Easton (Easton 1965) nach dem *Funktionszusammenhang* erfolgen.[7] Eastons schematisches und im Laufe der Zeit verfeinertes Modell (Almond und

---

[7] Weitere Klassifizierungsmöglichkeiten nach Institutionalisierungsgrad, Temporalität oder Lokalität können an dieser Stelle nicht weiter ausgeführt werden.

Powell 1978) konzeptualisiert staatliches Handeln mit Blick auf das politische System, das Anforderungen und Unterstützung aus seiner Umwelt in operative Tätigkeiten umwandelt. Eine solche perspektivische Dreiteilung in Strukturen, Prozesse und Handlungen kann ein erster hilfreicher Ansatz sein, um die Facetten von Streitkräftekooperation zu unterscheiden und möglichst viele Formen der militärischen Kooperation zu erfassen.

Multinationalität kann demnach als Struktur-, Prozess- und Handlungsprinzip verstanden werden. Sie ist ein *Strukturprinzip,* das bei der Aufstellung und dem Betrieb von Truppenteilen zum Einsatz kommt, die von unterschiedlichen Nationen gestellt werden. Wenn die Anforderungen und Unterstützungsleistungen aus der institutionellen Umwelt seitens der militärischen Organisation gemeinsam verarbeitet werden, ist Multinationalität darüber hinaus (auch) ein *Prozessprinzip.* Damit Streitkräfte ihre gesellschaftlich und politisch vorgegebenen Aufgaben wie zum Beispiel Verteidigung, Krisenintervention oder Katastrophenhilfe erfüllen können, benötigen sie unter anderem ausgebildetes Personal und Material. Um diesen Bedarf zu decken, kooperieren militärische Organisationen zum Beispiel in den Prozessbereichen Training und Ausbildung, Beschaffung und Fähigkeitsentwicklung sowie Logistik. Letztlich ist Multinationalität ein *Handlungsprinzip,* das bei der Durchführung von militärischen Einsätzen Anwendung findet, denn die meisten Militäroperationen werden im Verbund von Staaten durchgeführt. Abb. 1 stellt beispielhaft drei multinationale Arrangements in ihren unterschiedlichen Funktionszusammenhängen dar.

3 Multinationalität in der Forschung

3.1 Forschungszweige

Sicherheitspolitische Kooperation berührt die beiden Pole Konflikt und Kooperation, zwischen denen sich ein Großteil der Forschungsarbeiten der *Internationalen Beziehungen* verorten lässt. Aus diesem Grund existiert für das Feld der Internationalen Beziehungen eine recht umfangreiche Literaturlage zu internationaler sicherheitspolitischer Kooperation. So ist beispielsweise die Frage nach der Gründung der NATO ebenso sozialwissenschaftlich und theoriebasiert erörtert worden wie die Frage nach ihrer Fortdauer nach dem Ende des Ost-West-Konflikts (Webber und Hyde-Price 2016). Eine ähnlich gute, theoriebasierte Forschungslage findet sich in den *European Union Studies* auch mit Bezug auf die Entwicklung der Außen-, Sicherheits- und Verteidigungspolitik der Europäischen Union (Kurowska und Breuer 2012). Einige wenige Arbeiten

Funktions- zusammenhang	Beispiel	Erläuterung
Prozess	*Multinational Medical Coordination Centre/European Medical Command*	**Gründung:** 2018 **Derzeitige Teilnehmer:** Belgien, Deutschland, Estland, Frankreich, Griechenland, Großbritannien, Italien, Luxemburg, Niederlande, Norwegen, Rumänien, Slowakei, Schweden, Tschechien, Ungarn **Hauptsitz:** Koblenz, Deutschland **Ziele:** Planung und Koordinierung sanitätsdienstlicher Leistungen der Streitkräfte in EU und NATO
Struktur	*South-Eastern Europe Brigade* (SEEBRIG)	**Gründung:** 1998 **Teilnehmer:** Albanien, Bulgarien, Griechenland, Mazedonien, Rumänien, Türkei **Hauptsitz:** Tirvanos, Griechenland **Stärke:** 5.000 Truppen **Ziele:** Beitrag zur regionalen Stabilität sowie Auslandseinsätze im Rahmen von Krisenpräventionsmissionen, Friedensmissionen und humanitären Missionen
Handlung	*International Security Assistance Force* (ISAF)	**Aufstellung:** 2001, Ende und Überführung in Nachfolgemission 2014 **Teilnehmer:** 51 NATO- und Nicht-NATO-Staaten **Stärke:** zeitweise mehr als 130.000 Truppen **Einsatzgebiet:** Afghanistan **Ziele:** Unterstützung der afghanischen Regierung, für Sicherheit zu sorgen, besonders Unterstützung beim Aufbau afghanischer Sicherheitskräfte

Abb. 1   Beispiele für multinationale Arrangements. (Quelle: eigene Darstellung)

nehmen dabei speziell militärische Koalitionen (Weitsman 2014; Wolford 2015) oder die Natur der Organisation regionaler Sicherheit in den Blick (Hemmer und Katzenstein 2003).

Neben Beschreibungen der Entwicklung multinationaler Kooperation (z. B. Biehl 1998) sowie Diskussionen der sicherheitspolitischen Herausforderungen von Multinationalität (Bredow und Kümmel 1999) beleuchten *politikwissenschaftliche Arbeiten* die politischen und rechtlichen Rahmenbedingungen für zumeist multinational geführte Auslandseinsätze (Gießmann und Wagner 2009; Kuhn 2012; Milosevic 2018), die politischen und institutionellen Aspekte sicherheitspolitischer und militärischer Kooperationsprojekte (Gareis 2008a und b; Martinsen 2004) sowie die Möglichkeiten europäischer Streitkräfteintegration (Jonas und Ondarza 2010). Multinationalität wird zudem auch im Kontext der Änderungen sicherheitspolitischer Rahmenbedingungen, wie zum Beispiel der Abschaffung der Wehrpflicht in vielen europäischen Staaten, betrachtet (Gareis 2004).

Wehrrechtliche Publikationen nehmen verfassungs-, völker- und europarechtliche Aspekte von militärischer Multinationalität in den Blick. Sie beschäftigen sich unter anderem mit Fragen der Legitimierung von multinationalen Einsätzen, nationalen Souveränitätsvorbehalten sowie von Verantwortlichkeit und Haftung im Einsatz (Fleck 2018; Kielmansegg et al. 2018).

Die *Friedens- und Konfliktforschung* fokussiert auch auf multinationale Einsätze, geht dabei jedoch eher Fragen nach der Zusammenarbeit der Streitkräfte mit anderen, zivilen Akteuren vor Ort sowie mit der lokalen Bevölkerung nach (Rubinstein et al. 2008).

Beschaffungs- und Fähigkeitskooperation liegen mit wenigen Ausnahmen (Burczynska 2019; Tessmer 1988) kaum im Fokus der wissenschaftlichen Beschäftigung. Diese Themen werden jedoch ausführlich in der *politikberatenden Literatur* thematisiert (exemplarisch hierzu Major und Mölling 2014).

Die *Wehrpsychologie* beschäftigt sich unter anderem mit den Auswirkungen kultureller Diversität auf multinationale Operationen (Febbraro et al. 2008; Lichacz und Bjørnstad 2013).

Das Thema militärische Führung im multinationalen Umfeld ist Thema *militärfachlicher Arbeiten,* in denen Offiziere Fragen der Operationsführung analysieren und Handlungsempfehlungen aussprechen (exemplarisch hierzu Palin 1995; Smolarek 2016).

Auch Soziologinnen und Soziologen erforschen multinationale Kooperation im Militär. In der *Militärsoziologie* können hierbei zwei Schwerpunkte ausgemacht werden. Zum einen existieren eine Reihe von Studien, die sich aus makrosoziologischer Perspektive mit dem Meinungsbild und dem Einstellungswandel der Bevölkerung zu Fragen militärischer Zusammenarbeit auseinandersetzen. Einen zweiten Schwerpunkt bildet die Erforschung von meso- und mikrosoziologischen Dynamiken innerhalb multinationaler Arrangements – sowohl im Grundbetrieb an den jeweiligen Standorten als auch im Einsatz in Krisen- und Konfliktgebieten. Im Folgenden werden diese beiden Schwerpunkte genauer beleuchtet.

3.2   Soziologische Studien zu Multinationalität

Mit der Aufstellung neuer und neuartiger multinationaler Großverbände Ende der 1980er- und in den 1990er-Jahren stieg auch das Interesse von Soziologinnen und Soziologen am Phänomen der Streitkräftezusammenarbeit. Bereits Ende der 1980er-Jahre wurden Begleituntersuchungen zur Wahrnehmung der Deutsch-Französischen Brigade in der deutschen und französischen Bevölkerung initiiert. Im Ergebnis wurden jeweils hohe Zustimmungswerte festgestellt (Bald 1989; Frantz et al. 1988). Es folgten weitere Befragungen zu den Themen multinationale Verbände in Europa und Schaffung einer europäischen Armee (Gareis

und Klein 2003; Klein 1997). Beim Blick auf die entsprechenden Forschungsergebnisse fällt die geringe Kenntnis von multinationalen Arrangements wie
dem Eurocorps oder dem I. Deutsch-Niederländischen Korps in der deutschen
Bevölkerung auf. Die Idee der Europäischen Armee wurde im Jahr 1997 von nur
38 % der Befragten positiv gewertet (Klein 1997), im Jahr 2003 waren es hingegen gut 50 % (Gareis und Klein 2003).

Eine Dekade später standen vor allem multinationale Einsätze im Fokus makrosoziologischer Untersuchungen. So erforschte beispielsweise Heiko Biehl (2012)
die Meinungen der Bevölkerungen ausgewählter europäischer Staaten zum ISAF-
Einsatz (*International Security Assistance Force*) in Afghanistan. Wie er aufzeigt,
gibt es signifikante Unterschiede zwischen den jeweiligen Bevölkerungen, wenn es
um die Zustimmung und Ablehnung in Bezug auf den ISAF-Einsatz geht. Diese
treten besonders bei der Frage zutage, ob sich die eigenen nationalen Streitkräfte
an der Aufstandsbekämpfung beteiligen sollten. Lediglich in Großbritannien wird
dies von einer Mehrheit befürwortet. In Deutschland und Österreich stimmen die
wenigsten der Befragten dieser Frage zu. Da die sicherheitspolitischen Rahmenbedingungen in den untersuchten Ländern annähernd gleich sind, schlussfolgert
Biehl, dass es die „unterschiedliche(n) Auffassungen über die Aufgaben von Streitkräften und deren Rolle bei der Bewältigung internationaler Konflikte" seien, die
für diese Differenzen verantwortlich sind (ebd.: 183).

Im Vergleich zu den makrosoziologischen Betrachtungen machen meso-
und mikrosoziologische Studien den weitaus größeren Teil der soziologischen
Beschäftigung mit Multinationalität aus. Im Mittelpunkt des Forschungs-
interesses steht hierbei, welche Auswirkungen militärische Multinationalität
auf Organisationseinheiten (Meso-Ebene) und Individuen (Mikro-Ebene) hat.
Schließlich treffen in multinationalen Arrangements unterschiedliche nationale
Organisationsstrukturen, Militärdoktrinen, Terminologien und Technologien
sowie Kulturen, Traditionen und Erfahrungen aufeinander (Maniscalco 2018:
541 f.). Vor dem Hintergrund der Vorstellung, das Militär sei eine besonders
gleichmachende Organisation – man denke an Uniformen, den Gleichschritt
und die detailliert vorgeschriebenen, eingeübten und immer gleich ausgeführten
Handgriffe etwa beim Waffengebrauch –, haben Anne-Marie Søderberg und
Merete Wedell-Wedellsborg den *globalen* Soldaten konzeptualisiert (Søderberg
und Wedell-Wedellsborg 2008). Im Gegensatz zur territorial-patriotischen,
ethnisch weitgehend homogenen, langfristig eingebundenen und gleich
gekleideten nationalen Truppe seien multinationale Streitkräfte ein Geflecht aus
ethnisch heterogenen, ‚globalen' Soldaten und Soldatinnen in unterschiedlichen
Uniformen, die für eine Einsatzdauer von lediglich einigen Monaten zusammenkommen, um Ziele der internationalen Gemeinschaft umzusetzen (Søderberg und

Wedell-Wedellsborg 2008: 183). Das grundsätzliche Erkenntnisinteresse soziologischer empirischer Forschung zur internationalen Zusammenarbeit von Streitkräften konzentriert sich deswegen auf die Frage, welche Auswirkungen diese Unterschiede auf die Soldatinnen und Soldaten, aber auch auf das Ergebnis des Organisationshandeln haben.

Eine Reihe von Forscherinnen und Forschern geht unter dem Stichwort ,Führungsstile' zum Beispiel der Frage nach, wie das Zusammentreffen von Vorgesetzten und Geführten aus unterschiedlichen Nationen in multinationalen Hauquartieren und Großverbänden die Arbeitsbeziehungen sowie die Qualität der Arbeit beeinflusst. Dieses Forschungsinteresse ist nicht erst seit dem Anwachsen multinationaler Arrangements auszumachen. Bereits in den 1960er-Jahren fanden entsprechende Untersuchungen zu den Arbeitsbeziehungen in multinationalen Stäben – auch wenn sie als solche damals noch nicht bezeichnet wurden – statt (Thomas 1965). Aktuellere untersuchte Fälle umfassen das I. Deutsch-Niederländische Korps (Hagen et al. 2003, 2006), das Multinationale Korps Nordost (Gareis und Hagen 2004; Gareis et al. 2003) sowie die Deutsch-Französische Brigade (Abel 2008). Während in dieser Literatur recht ausführlich über wechselseitige Vorurteile und Stereotypen seitens der multinational eingesetzten Streitkräfteangehörige berichtet wird, kommt Gregor Richter (2016: 85) in seiner Untersuchung des NATO-Hauptquartiers demgegenüber zu dem Schluss, dass Führungsstile zumindest auf die Aspekte Verbundenheit mit der Organisation und Klarheit der Aufgabenstellung keinen signifikanten Effekt haben.

Die Beschreibung von Alltagsproblemen in der multinationalen Zusammenarbeit, wie beispielsweise Sprachbarrieren, unterschiedliche Besoldung und Vergünstigungen in Bezug auf Urlaub und Freizeitausgleich sowie die Einstellungen der Soldatinnen und Soldaten zu ihrer Arbeit im multinationalen Umfeld bilden einen weiteren Schwerpunkt der soziologischen Forschung. Auch für dieses, eher deskriptive Forschungsinteresse liegen Arbeiten zu den Fällen I. Deutsch-Niederländisches Korps (Klein et al. 1999; Moelker und Ruiten 2007; Dijk 2008), Deutsch-Französische Brigade (Abel und Richter 2008; Klein 1993) sowie Italienisch-Slowenisch-Ungarische Brigade (Gasperini et al. 2001; Jelušič und Pograjč 2008) vor.

Seit den 2010er-Jahren findet militärische Zusammenarbeit in Europa nicht mehr nur fast ausschließlich auf der Ebene der Großverbände und Hauptquartiere, sondern allmählich immer mehr auch auf der operativ-taktischen Ebene statt. Das stellt die beteiligten Soldatinnen und Soldaten vor neue Herausforderungen: zum einen, weil die Tätigkeiten im multinationalen Kontext nicht mehr ausschließlich militärische Planung sondern nun auch deren Durchführung umfassen; zum anderen, weil an der Zusammenarbeit auch niedrigere Dienstgradgruppen beteiligt sind, die unter Umständen über geringere Fremdsprachenkenntnisse und eine weniger stark ausgeprägte interkulturelle Mobilität verfügen. Diese Neuartigkeit der Zusammenarbeit auf Verbandsebene erneuerte auch das Interesse an sozialwissenschaftlicher Begleitung. So wird zum Beispiel das im Jahr 2016 aufgestellte deutsch-niederländische Panzerbataillon 414 von einer Forschergruppe der Universität Groningen begleitet. Die Sozial- und Organisationspsychologinnen und -psychologen untersuchen dort, welche Auswirkungen unterschiedliche Identitäten und kulturelle Differenzen im Bataillon auf die psychische Gesundheit von Soldatinnen und Soldaten haben (Wermser et al. 2016).

Meso- und mikrosoziologische Aspekte multinationaler Zusammenarbeit sind nicht nur im Grundbetrieb, sondern auch in Einsätzen Gegenstand soziologischer Forschung. So werden in einer breit angelegten, vergleichenden Studie zum Ende des EUFOR-Einsatzes *Althea* in Bosnien-Herzegowina die eingesetzten nationalen Kontingente sowie das Hauptquartier der Multinationalen Task Force Süd-Ost (MNTF-SE) untersucht (Leonhard et al. 2008). Im Fokus stehen dabei Aussagen zur Einsatzmotivation, zur Wahrnehmung der Mission durch die teilnehmenden Soldatinnen und Soldaten, zu Führungsstilen sowie zur Wahrnehmung der Streitkräfteangehörigen der jeweils anderen Nationen (Leonhard et al. 2008; auch Richter 2018). Studien mit ähnlichem Fokus liegen auch für andere Fälle vor. So haben Karl Haltiner, Jonathan Bennet und Reinhard Boesch die Einsatzmotivation und -zufriedenheit eines Schweizer Kontingents in dem Kosovo-Einsatz (*Kosovo Force,* KFOR) untersucht (Haltiner et al. 2004).

Ein wichtiger Aspekt soziologischer Einsatzforschung ist die Eingrenzung jener Faktoren, die die Motivation und Auftragserfüllung beeinflussen. Yantsislav Yanakiev zeigt am Beispiel bulgarischer Truppen im ISAF-Einsatz, dass unterschiedliche Rotationslängen nationaler Kontingente in Einsätzen dazu führen, dass sich die Soldatinnen und Soldaten der betroffenen Kontingente zweimal an Kameradinnen und Kameraden aus anderen Nationen anpassen müssen (Yanakiev 2007).

Nationale Vorbehalte, sogenannte *caveats,* sind eine weitere Herausforderung für die Auftragserfüllung. Sie legen für einen Einsatz explizit fest, was die Streitkräfte einer Nation nicht dürfen. Das kann beispielsweise das Verbot des Einsatzes der eigenen Truppen außerhalb eines zuvor definierten Einsatzgebiets oder nach Sonnenuntergang sein. Regeena Kingsley analysiert für den Untersuchungszeitraum 2002 bis 2012 die mehr als 200 bestehenden nationalen Vorbehalte im ISAF-Einsatz. Sie zeigt, dass *caveats* auf militärischer Ebene zu Problemen bei der Durchführung von Missionen führen. Darüber hinaus verschlechtern sie auf politischer Ebene die Beziehungen zwischen den truppenstellenden Staaten (Kingsley 2014).

Nicht nur bei militärischen Operationen, auch im Feldlager führen unterschiedliche nationale Regeln zu Differenzen zwischen den stationierten Soldatinnen und Soldaten. Delphine Resteigne und Joseph Soeters zeigen im Fall belgischer Truppen in der UNIFIL-Mission *(United Nations Interim Force in Lebanon)*, dass die laxere nationale Vorschrift zum täglichen Alkoholkonsum der ebenfalls im Feldlager stationierten polnischen Soldatinnen und Soldaten bei den Angehörigen des belgischen Kontingents zu großem Unmut führten (Resteigne und Soeters 2007: 194). Darüber hinaus seien schlechte Englischkenntnisse ein Problem im UNIFIL-Einsatz. So berichtete ein belgischer Soldat: „Sometimes, when we are going to a meeting, some people do not react because they do not understand. And they ask me afterwards to translate what was said and then realize that they did not agree with what was decided ... but it is too late!" (ebd.).

Eine andere spannende Dynamik ergab sich zwischen den deutschen und niederländischen Soldatinnen und Soldaten im ISAF-Einsatz. Entgegen der Aussagen zur guten deutsch-niederländischen Zusammenarbeit am Heimatstandort im niederländischen Breda bewerteten die niederländischen Soldatinnen und Soldaten die Kooperation im Einsatz als schlecht. Zu Unmut führten auch in diesem Fall unterschiedliche Regelungen zum Alkoholkonsum. Ungleichbehandlung wurde aber auch in anderen Bereichen festgestellt: So hätten die Niederländerinnen und Niederländer einen Großteil der Wachdienste übernehmen und in Zelten schlafen müssen, während die Deutschen Unterkunft in Häusern beziehen konnten (Moelker und Soeters 2006). Die Studienleiter René Moelker und Joseph Soeters erklären die resultierende hohe Unzufriedenheit der Angehörigen des niederländischen Kontingents unter anderem mit einem kulturalistischen Argument: In den Niederlanden sei der Gleichbehandlungsgrundsatz viel stärker als in Deutschland ausgeprägt, was zum Unmut über wahrgenommene Ungleichbehandlungen geführt habe (Moelker und Soeters 2006: 410).

Mit dieser Erklärung machen die Autoren auf ein vielschichtiges Geflecht von Einflussfaktoren aufmerksam. Unterschiedliche Einsatzregeln, fehlende Sprachkenntnisse, geringe technische Interoperabilität sind vergleichsweise einfach zu identifizierende Herausforderungen im Kontext militärischer Multinationalität. Soziologinnen und Soziologen interessieren sich jedoch nicht nur für den Einfluss dieser greifbaren Faktoren auf die Truppe im Einsatz. Soziologische Einsatzforschung widmet sich auch den schwerer zu fassenden kulturellen Einflüssen und ihren Auswirkungen (Elron et al. 1999). Schließlich arbeiten und leben in einem multinationalen Einsatz Soldaten und Soldatinnen mit ihren ganz eigenen Normen, Werten und Traditionen zusammen.

Maren Tomforde und Jörg Keller haben jene kulturellen Unterschiede im Fall der deutsch-italienischen Kooperation im Kosovo-Einsatz KFOR untersucht (Keller und Tomforde 2007; Tomforde 2007). Auf der Grundlage von Interviews und teilnehmenden Beobachtungen zeigen die Autorin und der Autor, dass zwischen den Angehörigen beider Nationen zwar große Vorurteile bestehen („Italiener fangen später mit der Arbeit an."), diese sich aber in der Realität gar nicht bewahrheiteten („Deutsche und Italiener begannen und beendeten ihren Dienst fast zur gleichen Zeit") (Keller und Tomforde 2007).

Umgekehrt interessieren sich Forscherinnen und Forscher auch dafür, welche Auswirkungen der Einsatz in einer multinationalen Truppe auf die nationale Identität der beteiligten Soldatinnen und Soldaten hat. Eyal Ben-Ari und Efrat Elron arbeiten heraus, dass – anders als bei Mitarbeiterinnen und Mitarbeitern von transnationalen Organisationen wie der Weltbank – die nationale Verbundenheit von Soldatinnen und Soldaten nicht durch die Teilnahme an einer internationalen Militärmission sinke (Ben-Ari und Elron 2001). Maren Tomforde stellt für die deutsch-italienische Kooperation im Kosovo zudem fest, dass nationale Identitäten bestehen blieben, diese jedoch durch eine sich durch den Einsatz entwickelnde transnationale Identität komplementiert würden (Tomforde 2008).

Nationale Eigenheiten finden sich gleichwohl nicht nur auf der individuellen Ebene des Soldaten und der Soldatin. Unter dem Stichwort ‚Militärkultur', auf Englisch *military culture,* werden die Unterschiedlichkeiten der Streitkräfte konzeptualisiert und in ihrer Auswirkung auf die Auftragserfüllung analysiert. Nationale Militärkulturen sind demnach die aus Erfahrungen geronnenen Überzeugungen, Traditionen und Normen, die nationale Streitkräfte prägen und die Soldatinnen und Soldaten im militärischen Handeln immer wieder reproduzieren. Vor diesem Hintergrund gehen Forscherinnen und Forscher der Frage nach, ob und wenn ja, wie jene nationalen Militärkulturen Art und Ergebnis militärischen Handelns in multinationalen Operationen beeinflussen. So untersuchte Chiara Ruffa zwischen 2007 und 2013 die unterschiedlichen Vorgehensweisen der im Untersuchungszeitraum vor Ort stationierten italienischen und französischen Kontingente in den internationalen Militäroperationen UNIFIL II im Libanon sowie ISAF in Afghanistan (Ruffa 2013, 2018). Obwohl beide Truppen jeweils in einem ähnlichen situativen Kontext operierten, zeigten sich Unterschiede in der Missionsführung: „While the French troops emphasized operational activities and displayed high force protection levels, Italian troops focussed on humanitarian activities" (Ruffa 2018: 125). Der Grund für diesen Unterschied sei, so Ruffa, die Militärkultur der kontrollierten Selbstbehauptung („controlled assertiveness") im französischen Fall und die im Gegensatz dazu stehende Kultur der Humanität („humanitarianism") im italienischen Militär (ebd.: 126). Während sich die französischen Erfahrungen aus dem Krieg in Algerien (1954–1962) speisten (ebd.: 58), seien es für die italienischen Streitkräfte die Erfahrungen der Kolonialkriege vor dem Ersten Weltkrieg, als unter Ausblendung eigener Verbrechen der noch heute bestehende Mythos der italienischen Soldaten als die ‚guten Menschen' geboren wurde (ebd.: 48).

Anthony King (2008) beschreibt in ähnlicher Art und Weise die Besonderheiten der *national professional culture* der britischen Streitkräfte, die sich durch hohe Flexibilität und Pragmatismus in der Führung und Durchführung von Militäroperationen zeige und im Widerspruch zu fest verankerten NATO-Verfahren stehe.

3.3 Kritische Würdigung

In ihrer bis heute wegweisenden Arbeit *Designing social inquiry* setzen sich die Sozialwissenschaftler Gary King, Robert O. Keohane und Sidney Verba (1994) mit dem Zweck und der Durchführung sozialwissenschaftlicher Forschung auseinander. Die Beschreibung von Ereignissen sei zwar oft unabdingbar, um einen Sachverhalt verständlich darzustellen, doch erst der Versuch, über die unmittelbaren Daten hinaus auf fallübergreifende Merkmale zu schließen, so die Autoren, mache das Wesen sozialwissenschaftlicher Forschung aus. Das Ziel aller Forschung sei die *Schlussfolgerung* („inference") auf der Basis von Daten. Dabei unterscheiden King, Keohane und Verba grundsätzlich zwei Arten von Schlussfolgerungen – deskriptive und kausale. Deskriptive Schlussfolgerungen ermöglichen es, durch die Analyse eines oder mehrerer Fälle zugleich auch Annahmen über andere, nicht unmittelbar betrachtete Fälle zu treffen. Kausale Schlussfolgerungen sind anspruchsvoller zu generieren. Sie ermöglichen Aussagen – meist basierend auf sozialwissenschaftlichen Theorien – über Ursache-Wirkungszusammenhänge eines Phänomens (King et al. 1994: 7 f., 34–62, 75–114).

Ein wesentliches Merkmal der Forschung zu militärischer Multinationalität ist deren Konzeptionalisierung als eine unabhängige oder eine Kontextvariable, die Einfluss auf die Ausprägung von so unterschiedlichen Forschungsgegenständen wie operative Effizienz, operative Einheitlichkeit, militärische Führung, Motivation oder Zufriedenheit hat. Nur wenige Studien befassen sich hingegen mit der Erklärung multinationaler Arrangements selbst (etwa Weitsman 2014). In der Folge mangelt es bisher sowohl an theoriebasierten Klassifikationen multinationaler Arrangements als auch an Theorieansätzen zur Erklärung des Zustandekommens von Streitkräftekooperationen. Dazu kommt, dass auch jene

Studien, in denen Multinationalität als Bedingung konzeptualisiert wird, oftmals weder die Generierung noch das Testen von Theorien anstreben. Theoretische Ansätze werden hier zumeist benutzt, um eine Fragestellung für die empirische Forschung zu operationalisieren. Zwar ist die Themenbreite positiv hervorzuheben, der Großteil der bisherigen empirischen Arbeiten zu militärischer Multinationalität beschränkt sich jedoch auf die Entwicklung theoriegeleiteter deskriptiver Erkenntnis. Generalisierbare kausale Aussagen, wie King, Keohane und Verba sie für die sozialwissenschaftliche Forschung einfordern, werden eher selten angestrebt. Die vergleichende Analyse des Einflusses von Militärkulturen auf die Auftragserfüllung von Chiara Ruffa (2018) ist hierbei eine der wenigen Ausnahmen. Man kann daher durchaus feststellen, dass multinationale Streitkräftekooperation als Phänomen an sich, aber auch als Bedingung für militärisches Handeln zukünftig einer stärker fundierten theoretischen Reflexion bedarf.

Die hier vorgestellten Einzelfallstudien, vergleichenden Studien und quantitativen Studien weisen nicht nur eine große Themen-, sondern auch eine große Methodenbreite auf, was sich auch in der Vielzahl der verwendeten Forschungswerkzeuge (z. B. Experteninterviews, Befragungen, teilnehmende Beobachtungen, Fokusgruppen, und Surveys) zeigt. Viele der meso- und mikrosoziologischen Arbeiten beruhen zudem auf Forschungstätigkeiten im Feld – vom Besuch eines stehenden Hauptquartieres in mehreren Forschungswellen bis hin zur Einbettung in ein Kontingent im Einsatz. Das Engagement besonders der Militärsoziologinnen und Militärsoziologen, empirisches Material im Feld zu generieren, ist bemerkenswert. Positiv ist zudem die häufige Nutzung von internationalen Forschungskooperationen (Kraft 2022) zur Durchführung von vergleichender Forschung zu Streitkräften unterschiedlicher Nationen hervorzuheben.

Mit Blick auf die eingangs genannten Funktionsperspektiven auf multinationale Arrangements kann konstatiert werden, dass sozialwissenschaftliche Forschung besonders die Dynamiken innerhalb der Struktur- und Handlungsdimensionen analysiert, also in stehenden Truppenteilen und in Einsätzen. Die Prozessdimension, das heißt die Kooperation von Streitkräften bei der Herstellung militärischer Handlungsfähigkeit, zum Beispiel in den Bereichen Training, Beschaffung und Logistik, ist bisher kaum systematisch untersucht worden. Erwähnenswerte Ausnahmen sind die Analyse zum Informationsaustausch zwischen multinationalen Partnern (Soeters und Goldenberg 2019) sowie die Studie zur Luftwaffenkooperation kleinerer Staaten (Burczynska 2019). Dennoch muss für die Prozessdimension von Multinationalität eine Forschungslücke konstatiert werden.

Gleiches gilt für militärische Übungen. Zwar rücken diese wieder in den Fokus der strategischen Sicherheitsstudien (Heuser et al. 2018; Ventsel et al. 2019). Mit wenigen Ausnahmen (Hedlund 2017) findet jedoch derzeit keine soziologische Forschung zu multinationalen Übungen oder sogenannten einsatzgleichen Verpflichtungen wie zum Beispiel die NATO-Mission zur Luftraumüberwachung in den baltischen Staaten statt. Das verwundert insofern, als viele der Herausforderungen multinationaler Zusammenarbeit in der Handlungsdimension in Übungen und Einsätzen annähernd gleich sein müssten und die beobachtende Teilnahme von Forscherinnen und Forschern an Übungen vermutlich weniger aufwendig zu organisieren ist als der Besuch eines im Einsatz stationieren Kontingents.

Eine weitere Beobachtung ist die (West)Europazentriertheit der Forschung zu multinationaler Kooperation (Soeters und Manigart 2008a: 8). Das Gros der sozialwissenschaftlichen Studien zur Streitkräftekooperation widmet sich europäischen Fallstudien. Auch hier gibt es erwähnenswerte Ausnahmen, wie Studien zur türkisch-gambischen Zusammenarbeit (Varoğlu et al. 2008) oder zu der eher zufälligen Kooperation der nah beieinander stationierten niederländischen und japanischen Truppen im Irak in den Jahren 2004 und 2005 (Meulen und Kawano 2008) zeigen.

Zusammenfassend ist folglich zu konstatieren: Die sozialwissenschaftliche, namentlich soziologische Forschung zum Thema Multinationalität hat eine empirisch reiche Studienlage besonders zu stehenden Truppenteilen in Europa und zu Einsätzen von Streitkräften westlicher Nationen hervorgebracht. Forschungslücken bestehen besonders im Hinblick auf die Prozesse, mit denen militärische Organisationen ihre Handlungsfähigkeit herstellen. Zwar weisen die meisten empirischen Arbeiten eine theoretische Rahmung auf, die Bildung sowie die Verifizierung beziehungsweise Falsifikation von Theorien lag bislang jedoch nicht im Fokus der soziologischen Beschäftigung mit Streitkräftekooperation: Multinationalität wurde meist lediglich als Bedingung für den Einsatz von Streitkräften und das Handeln von Soldatinnen und Soldaten untersucht, nicht aber als ein Phänomen, das selbst einer wissenschaftlichen Erklärung bedarf.

4   Ausblick

„Multinational military cooperation is here to stay", betonten Joseph Soeters und Tibor Tresh vor einer Dekade (Soeters und Tresch 2010: 282). Die Entwicklungen der vergangenen Jahre scheinen ihnen recht zu geben. Besonders auf dem europäischen Kontinent hat die Anzahl an multinationalen Arrangements in den 2010er-Jahren weiter zugenommen, haben sich insbesondere die Streitkräfte einiger kleinerer Staaten enger und tiefer miteinander verflochten.

Das öffentliche Bekenntnis vieler europäischer Verteidigungsminister und -ministerinnen zur Streitkräftezusammenarbeit ist jedoch nicht gleichzusetzen mit einer unhinterfragten Unterstützung jeglicher multinationaler Kooperation. Expertinnen und Experten mahnen, Multinationalität müsse „immer einen Mehrwert generieren" und dürfe „nicht zur Belastung oder gar einem Risiko funktionierender Streitkräfte werden" (Krause 2014: 100). So bleiben mittlerweile manche der multinationalen Dienstposten in den Großverbänden unbesetzt (Genth und Schneider 2017: 40).

Es sind vermutlich aber vor allem Prozesse auf der Ebene der europäischen und internationalen Politik, die sich mittelbar und mittelfristig auf den Multinationalitätstrend in Europa auswirken werden: allen voran der Krieg Russlands in der Ukraine, aber eben auch die zunehmende Europaskepsis in vielen europäischen Staaten, der Austritt Großbritanniens aus der EU, die unilateralen Tendenzen in der US-amerikanischen Außen- und Sicherheitspolitik sowie internationale Finanz- und Handelskonflikte.

Zur Beantwortung der Frage, wie sich diese großen Linien auf die Entwicklung von Streitkräftezusammenarbeit vor allem in Europa auswirken, bedarf es jedoch einer besseren Wissensbasis über das Entstehen und Fortbestehen multinationaler Arrangements. Dazu können vor allem theoretische Ansätze zur Erklärung solcher Kooperationsformen beitragen. Sozialwissenschaftliche Theoriebildung könnte und sollte hier ihr Potenzial nutzen, den Nebel der Zukunft zu lichten, kausale Schlussfolgerungen zu generieren und so Aussagen auch über Ursache-Wirkungszusammenhänge des Phänomens Multinationalität zu ermöglichen.[8]

Annotierte Auswahlbibliografie

Klein, Paul/Kümmel, Gerhard (2000): The internationalization of military life: Necessity, problems and prospects of multinational armed forces. In: Kümmel/ Prüfert (2000): 311–328.

Etwas älterer, noch immer lesenswerter Überblicksartikel über die Entwicklung und die Einordnung multinationaler Kooperation sowie deren soziologische Erforschung.

---

[8] Ich danke Jéronimo Barbin, Steffen Kraft, Nina Leonhard und Ilker Yilmaz für Hinweise zu früheren Versionen dieses Textes.

Soeters, Joseph/Manigart, Philippe (Hrsg.) (2008): Military cooperation in multinational peace operations: managing cultural diversity and crisis response. London/New York: Routledge.
Herausgeberband, reich an Fallstudienbeiträgen zu soziologischen Aspekten multinationaler Kooperation im Einsatz.

Søderberg, Anne-Marie/Wedell-Wedellsborg, Merete (2008): The formation of the global soldier: managing identities in multinational military units. In: Soeters/ Manigart (2008): 180–197.
Die in diesem Beitrag vorgenommene Konzeptualisierung des ,globalen Soldaten' ist ein geistreicher Beitrag zum Wandel des Militärs in Zeiten internationaler Militäreinsätze.

Elron, Efrat/Shamir, Boas/Ben-Ari, Eyal (1999), Why Don't They Fight Each Other? Cultural Diversity and Operational Unity in Multinational Forces. In: Armed Forces & Society, 26: 1, 73–97.
Die Autoren beleuchten die soziologischen Dimensionen des Komplexes ,nationale Kulturen' und ,multinationale Einsätze'.

Leonhard, Nina/Aubry, Giulia/Santero, Manuel Casas/Jankowski, Barbara (Hrsg.) (2008): Military Co-operation in Multinational Missions: The Case of EUFOR in Bosnia and Herzegovina (SOWI-FORUM International). Strausberg: Sozialwissenschaftliches Institut der Bundeswehr.
Groß angelegte Studie zu Aspekten militärischer Multinationalität. Lehrstück einer internationalen Forschungskooperation.

Ruffa, Chiara (2018): Military cultures in peace and stability operations Afghanistan and Lebanon. Philadelphia: Penn Press.
Vergleichende Studie über den Einfluss von Militärkulturen auf das Verhalten von Streitkräften in multinationalen Einsätzen.

Literatur

Abel, Heike (2008): Criss-Crossing. Ein alternatives Modell der Gruppenzusammensetzung. In: Leonhard/Gareis (2008): 183–222.
Abel, Heike/Richter, Marc-Randolf (2008): Militärkooperation im deutsch-französischen Alltag der beteiligten Akteure. In: Leonhard/Gareis (2008): 137–182.
Almond, Gabriel A./Powell, G. Bingham (1978): Comparative politics: system, process, and policy. Boston: Little, Brown.
Assembly of the WEU (1995): European armed forces. Document A/1468. Paris: WEU.
Bald, Detlef (1989): Ungenutzte Chancen? Die deutsch-französische Zusammenarbeit im Meinungsbild der deutschen Bevölkerung (SOWI-Arbeitspapiere Nr. 27). Strausberg: Sozialwissenschaftliches Institut der Bundeswehr.

Beeres, Robert/Bakx, Gwendolyn/Waard, Erik de/Rietjens, Sebastiaan (Hrsg.) (2016): NL ARMS Netherlands Annual Review. Berlin: Springer.

Ben-Ari, Eyal/Elron, Efrat (2001): Blue Helmets and White Armor multi-nationalism and multi-culturalism among UN peacekeeping forces. In: City & Society, 13: 2, 271–302.

Bendel, Petra (2010): Kooperation. In: Nohlen/Schultze (2010): 512.

Bergmann, Robert (2006): Multinationale Einsatzführung in Peace Support Operations. In: Gareis/Klein (2006): 374–389.

Biehl, Heiko (1998): Die neue Bundeswehr. (SOWI-Arbeitspapiere Nr. 112). Strausberg: Sozialwissenschaftliches Institut der Bundeswehr.

Biehl, Heiko (2012): United We Stand, Divided We Fall? Die Haltungen europäischer Bevölkerungen zum ISAF-Einsatz. In: Seiffert et al. (2012): 169–187.

Black, John/Hashimzade, Nigar/Myles, Gareth D. (2017): A dictionary of economics. Oxford: Oxford University Press.

BMVg – Bundesministerium der Verteidigung (1995): Multinationalität. Reihe Stichworte für die Öffentlichkeitsarbeit und Truppeninformation. Bonn: Bundesministerium der Verteidigung, Presse- und Informationsstab.

Börzel, Tanja (2010): Integrationstheorien. In: Nohlen/Schultze (2010): 413–416.

Bredow, Wilfried von/Kümmel, Gerhard (1999): Das Militär und die Herausforderung globaler Sicherheit (SOWI-Arbeitspapiere Nr. 119). Strausberg: Sozialwissenschaftliches Institut der Bundeswehr.

Burczynska, Maria E. (2019): Multinational cooperation: building capabilities in small air forces. In: European Security, 28: 1, 85–104.

Caforio, Giuseppe/Nuciari, Marina (Hrsg.) (2018): Handbook of the Sociology of the Military. Cham: Springer International Publishing.

Coops, Cees M./Tresch, Tibor Szvircsev (Hrsg.) (2007): Cultural Challenges in Military Operations. Rom: NATO Defense College.

Cropper, Steve/Ebers, Mark/Huxham, Chris/Ring, Peter Smith (2008a): Introducing Inter-organizational Relations. In: Cropper et al. (2008b): 3–21.

Cropper, Steve/Huxham, Chris/Ebers, Mark/Ring, Peter Smith (Hrsg.) (2008b): The Oxford Handbook of Inter-Organizational Relations. Oxford: OUP.

Della Porta, Donatella/Keating, Michael (2008): Approaches and methodologies in the social sciences: a pluralist perspective. Cambridge/New York: Cambridge University Press.

Dijk, Andrea van (2008): Tough talk: clear and cluttered communication during peace operations. In: Soeters/Manigart (2008b): 70–80.

Dörfler-Dierken, Angelika/Kümmel, Gerhard (Hrsg.) (2015): Am Puls der Bundeswehr: Militärsoziologie in Deutschland. Wiesbaden: Springer VS.

Easton, David (1965): A framework for political analysis. Englewood Cliffs, N.J.: Prentice-Hall.

Elbe, Martin/Biehl, Heiko/Steinbrecher, Markus (Hrsg.) (2022): Empirical Social Research in and on the Armed Forces : Comparative and National Perspectives. Berlin: Berliner Wissenschafts-Verlag.

Elron, Efrat/Shamir, Boas/Ben-Ari, Eyal (1999): Why Don't They Fight Each Other? Cultural Diversity and Operational Unity in Multinational Forces. In: Armed Forces & Society, 26: 1, 73–97.

Encyclopaedia Britannica (2015): Military unit. London: Encyclopaedia Britannica. Online: https://www.britannica.com/topic/military-unit (letzter Zugriff: 30.03.2021).

Febbraro, Angela R./McKee, Brian/Riedel, Sharon L. (2008): Multinational military operations and intercultural factors. Neuilly-sur-Seine: NATO Research and Technology Organization.

Fleck, Dieter (2018): The handbook of the law of visiting forces. Oxford: Oxford University Press.

Frantz, Wolfgang/Klein, Paul/Lippert, Ekkehard (1988): Die „Deutsch-Französische Brigade" im Meinungsbild der Bevölkerung (SOWI-Arbeitspapiere Nr. 8). Strausberg: Sozialwissenschaftliches Institut der Bundeswehr.

Gareis, Sven (2004): Wehrstrukturen und Multinationalität. In: Werkner (2004): 179–199.

Gareis, Sven (2015): Multinationalität als militärsoziologisches Forschungsgebiet. In: Dörfler-Dierken/Kümmel (2015): 169–188.

Gareis, Sven Bernhard (2006): Multinationalität als europäische Herausforderung. In: Gareis/Klein (2006): 360–373.

Gareis, Sven Bernhard (2008a): Die Zusammenarbeit zwischen Deutschland und Frankreich – Ein Überblick. In: Leonhard/Gareis (2008a): 41–73.

Gareis, Sven Bernhard (2008b): Einleitung: Deutschland und Frankreich. Die Speerspitze der gemeinsamen Verteidigung Europas? In: Leonhard/Gareis (2008): 11–39.

Gareis, Sven Bernhard/Hagen, Ulrich vom/Bach, Per/Andreasen, Torben/Doulgerof, Ivan/ Kolodziejczyk, Adam/Wachowicz, Mariusz (Hrsg.) (2003): Conditions of Military Multinationality. The Multinational Corps Northeast in Szczecin. Report of the Trinational Research Team (SOWI-FORUM International). Strausberg: Sozialwissenschaftliches Institut der Bundeswehr.

Gareis, Sven Bernhard/Klein, Paul (2003): Europas Sicherheits- und Verteidigungspolitik. Einstellungen und Meinungen in der deutschen Bevölkerung (SOWI-Arbeitspapiere Nr 135). Strausberg: Sozialwissenschaftliches Institut der Bundeswehr.

Gareis, Sven Bernhard/Klein, Paul (Hrsg.) (2006): Handbuch Militär und Sozialwissenschaften. Wiesbaden, Wiesbaden: VS Verlag für Sozialwissenschaften.

Gareis, Sven Bernhard/Hagen, Ulrich vom (2004): Militärkulturen und Multinationalität: das Multinationale Korps Nordost in Stettin. Opladen: Leske + Budrich.

Gasperini, Gianfranco/Arnejčič, Beno/Ujj, András (2001): Sociological aspects concerning the relations within contingents of multinational units. Gaeta: A&P.

Genth, Rico/Schneider, Jörn (2017): Fähigkeiten des Deutschen Heeres Herausforderungen zukünftiger Operationen. In: Europäische Sicherheit und Technik, 1, 36–40.

Gießmann, Hans J./Wagner, Armin (Hrsg.) (2009): Armee im Einsatz: Grundlagen, Strategien und Ergebnisse einer Beteiligung der Bundeswehr. Baden-Baden: Nomos.

Hagen, Ulrich vom/Klein, Paul/Moelker, René/Soeters, Joseph (Hrsg.) (2003): True Love. A Study in Integrated Multinationality within 1 (German/Netherlands) Corps Breda (SOWI-FORUM International). Strausberg: Sozialwissenschaftliches Institut der Bundeswehr.

Hagen, Ulrich vom/Moelker, René/Soeters, Joseph (Hrsg.) (2006): Cultural Interoperability. Ten Years of Research into Co-operation in the First German-Netherlands Corps Breda (SOWI-FORUM International). Strausberg: Sozialwissenschaftliches Institut der Bundeswehr.

Haltiner, Karl W./Bennet, Jonathan/Boesch, Reinhard (2004): Das Schweizer Kontingent in KFOR: Politische Rahmenbedingungen, Motivation und Einsatzzufriedenheit. In: Haltiner/Klein (2004): 151–162.

Haltiner, Karl W./Klein, Paul (Hrsg.) (2004): Multinationalität als Herausforderung für die Streitkräfte, Militär und Sozialwissenschaften. Baden-Baden: Nomos.

Haltiner, Karl W./Kümmel, Gerhard (Hrsg.) (2008): Wozu Armeen? Europas Streitkräfte vor neuen Aufgaben. Baden-Baden: Nomos.

Hedlund, Erik (2017): Team Learning and Leadership in Multinational Military Staff Exercises. In: Armed Forces & Society, 43: 3, 459–477.

Hemmer, Christopher/Katzenstein, Peter J. (2003): Why is There No NATO in Asia? Collective Identity, Regionalism, and the Origins of Multilateralism. In: International Organization, 56: 3, 575–607.

Heuser, Beatrice/Heier, Tormod/Lasconjarias, Guillaume (Hrsg.) (2018): Military Exercises: Political Messaging and Strategic Impact (NDC Forum Papers Series, Forum Paper 26). Rom: NATO Defense College.

Jelušič, Ljubica/Pograjč, Bojan (2008): Diversity versus effectiveness in multinational unis: Italian, Hungarian, and Slovenian cooperation in the multinational landforce. In: Soeters/Manigart (2008b): 141–152.

Jonas, Alexandra/Ondarza, Nicolai (2010): Chancen und Hindernisse für die europäische Streitkräfteintegration. Grundlegende Aspekte deutscher, französischer und britischer Sicherheits- und Verteidigungspolitik im Vergleich. Wiesbaden: VS Verlag für Sozialwissenschaften.

Kaldrack, Gerd F./Pöttering, Hans-Gert (Hrsg.) (2011): Eine einsatzfähige Armee für Europa: die Zukunft der Gemeinsamen Sicherheits- und Verteidigungspolitik nach Lissabon. Baden-Baden: Nomos.

Keller, Jörg/Tomforde, Maren (2007): Findings from Fieldwork on German-Italian Cooperation at MNB SW (KFOR), Prizren (September 2005). In: Coops/Tresch (2007): 143–154.

Kielmansegg, Sebastian/Krieger, Heike/Sohm, Stefan (Hrsg.) (2018): Multinationalität und Integration im militärischen Bereich: eine rechtliche Perspektive. Baden-Baden: Nomos.

King, Anthony (2008): The British way in war: the UK approach to multinational operations. In: Soeters/Manigart (2008b): 83–99.

King, Gary/Keohane, Robert O./Verba, Sidney (1994): Designing social inquiry: scientific inference in qualitative research. Princeton: Princeton University Press.

Kingsley, Regeena (2014): Fighting against allies: an examination of "national caveats" within the NATO-led International Security Assistance Force (ISAF) campaign in Afghanistan & their impact on ISAF operational effectiveness, 2002–2012. Doctoral thesis. Manawatū: Massey University.

Klein, Paul (1993): Probleme in multinationalen Militärischen Verbänden am Beispiel der Deutsch-Französischen Brigade (SOWI-Arbeitspapiere Nr. 83). Strausberg: Sozialwissenschaftliches Institut der Bundeswehr.

Klein, Paul (1997): Militärische Multinationalität im Meinungsbild der deutschen Bevölkerung (SOWI-Arbeitspapiere Nr. 103). Strausberg: Sozialwissenschaftliches Institut der Bundeswehr.

Klein, Paul (2008): Multinationalität als Herausforderung und Chance für die Streitkräfte. In: Haltiner/Kümmel (2008): 97–108.

Klein, Paul/Haltiner, Karl W. (2004): Multinationalität als eine Herausforderung für die Streitkräfte. In: Haltiner/Klein (2004): 7–16.

Klein, Paul/Huber, Axel Rosendahl/Frantz, Wolfgang (1999): Zwei Jahre Deutsch-Niederländisches Korps. Eine Begleituntersuchung 1995–1997 (SOWI-Arbeitsbericht Nr. 67). Strausberg: Sozialwissenschaftliches Institut der Bundeswehr.

Klein, Paul/Kümmel, Gerhard (2000): The internationalization of military life: Necessity, problems and prospects of multinational armed forces. In: Kümmel/Prüfert (2000): 311–328.

Koops, Joachim/Varwick, Johannes (2008): Ten Years of SHIRBRIG. Lessons Learned, Development Prospects and Strategic Opportunities for Germany. In: GPPi Research Paper Series, 11. Berlin: Global Public Policy Institute.

Kraft, Ina (2022): International Comparative Military Sociology. In: Elbe et al. (2022): 31–47

Krause, Ulf von (2014): Das Parlament und die Bundeswehr. In: Europäische Sicherheit und Technik, 11, 99–101.

Kuhn, Maike (2012): Die Europäische Sicherheits- und Verteidigungspolitik im Mehrebenensystem: Eine rechtswissenschaftliche Untersuchung am Beispiel der Militäroperation der Europäischen Union in der Demokratischen Republik Kongo 2003. Berlin/Heidelberg: Springer.

Kümmel, Gerhard/Prüfert, Andreas D. (Hrsg.) (2000): Military sociology. The richness of a discipline. Baden-Baden, Nomos.

Kurowska, Xymena/Breuer, Fabian (2012): Explaining the EU's Common Security and Defence Policy: theory in action. Houndmills u. a.: Palgrave Macmillan.

Leonhard, Nina/Aubry, Giulia/Santero, Manuel Casas/Jankowski, Barbara (Hrsg.) (2008): Military Co-operation in Multinational Missions: The Case of EUFOR in Bosnia and Herzegovina (SOWI-FORUM International). Strausberg: Sozialwissenschaftliches Institut der Bundeswehr.

Leonhard, Nina/Gareis, Sven Bernhard (Hrsg.) (2008): Vereint marschieren – Marcher uni. Die deutsch-französische Streitkräftekooperation als Paradigma europäischer Streitkräfte? Wiesbaden: VS Verlag für Sozialwissenschaften.

Lichacz, Frederick M. J./Bjørnstad, Anne Lise (2013): Are Linguistic Differences in Multinational Coalitions as Problematic as We Think? No, Not Really. In: Military Psychology, 25: 1, 57–69.

Mair, Peter (2008): Concepts and concept formation. In: Della Porta/Keating (2008): 177–197.

Major, Claudia/Mölling, Christian (2014): The Framework Nations Concept. Germany's Contribution to a Capable European Defence (SWP Comment 2014/C 52). Berlin: Stiftung Wissenschaft und Politik.

Maniscalco, Maria Luisa (2018): Military Cooperation in Multinational Missions. In: Caforio/Nuciari (2018): 535–551.

Martinsen, Kare Dahl (2004): One Size Fits All? Multinationality and the Smaller Partner. (Forsvarsstudier 3/2004). Oslo: Norwegian Institute for Defence Studies (IFS).

Meulen, Jan van der/Kawano, Hitoshi (2008): Accidental neighbors: Japanese and Dutch troops in Iraq. In: Soeters/Manigart (2008b): 166–178.

Milosevic, Nik (2018): Politische Entscheidungsprozesse und multinationale Militäreinsätze. Deutschland im internationalen Vergleich. Opladen: Verlag Barbara Budrich.

Moelker, René/Soeters, Joseph (2006): Das Deutsch-Niederländische Korps. In: Gareis/Klein (2006): 401–415.

Moelker, René/Ruiten, Schelte van (2007): Dutch Prejudice. In: Coops/Tresch (2007): 169–183.

Nohlen, Dieter/Schultze, Rainer-Olaf (Hrsg.) (2010): Lexikon der Politikwissenschaft. Theorien, Methoden, Begriffe. München: C. H. Beck.

Palin, Roger H. (1995): Multinational military forces: problems and prospects (Adelphi paper). Oxford/New York: OUP/IISS.

Resteigne, Delphine/Soeters, Joseph (2007): Belgian Troops in UNIFIL. In: Coops/Tresch (2007): 184–200.

Richter, Gregor (2016): Antecedents and Consequences of Leadership Styles: Findings From Empirical Research in Multinational Headquarters. In: Armed Forces & Society, 44: 1, 72–91.

Richter, Gregor (2018): Leadership in Multinational Missions: Findings from EUFOR in Bosnia and Herzegovina Revisited. In: Res Militaris (Online: https://resmilitaris.net), 8: 2, 1–10.

Rink, Martin (2011): Kontingentsarmeen: Deutsche Streitkräfte im nationalen und europäischen Rahmen – von der Frühen Neuzeit zur EVG. In: Kaldrack/Pöttering (2011): 412–425.

Rubinstein, Robert A./Keller, Diana M./Scherger, Michael E. (2008): Culture and Interoperability in Integrated Missions. In: International Peacekeeping, 15: 4, 540–555.

Ruffa, Chiara (2013): What Peacekeepers Think and Do: An Exploratory Study of French, Ghanaian, Italian, and South Korean Armies in the United Nations Interim Force in Lebanon. In: Armed Forces & Society, 40: 2, 199–225.

Ruffa, Chiara (2018): Military cultures in peace and stability operations Afghanistan and Lebanon. Philadelphia: Penn Press.

Seiffert, Anja/Langer, Phil C./Pietsch, Carsten (Hrsg.) (2012): Der Einsatz der Bundeswehr in Afghanistan. Wiesbaden: VS Verlag für Sozialwissenschaften.

Smolarek, Mirosław (2016): Challenges for leading multinational and multicultural military units. In: Journal on Baltic Security, 2: 1, 83–196.

Søderberg, Anne-Marie/Wedell-Wedellsborg, Merete (2008): The formation of the global soldier: managing identities in multinational military units. In: Soeters/Manigart (2008b): 180–197.

Soeters, Joseph/Goldenberg, Irina (2019): Information sharing in multinational security and military operations. Why and why not? With whom and with whom not? In: Defence Studies, 19, 1–12.

Soeters, Joseph/Manigart, Philippe (2008a): Introduction. In: Soeters/Manigart (2008b): 1–10.

Soeters, Joseph/Manigart, Philippe (Hrsg.) (2008b): Military cooperation in multinational peace operations: managing cultural diversity and crisis response. London/New York: Routledge.

Soeters, Joseph/Tresch, Tibor Szvircsev (2010): Towards Cultural Integration in Multinational Peace Operations. In: Defence Studies, 10: 1–2, 272–278.

Tessmer, Arnold Lee (1988): The Politics of Compromise: NATO and AWACS. Washington: NDU Press.

Thomas, William M. (1965): Combined Staff Leadership. In: Military Review, 45: 1, 35–42.

Tomforde, Maren (2007): How about pasta and beer? Intercultural challenges of German-Italian Cooperation in Kosovo. In: Coops/Tresch (2007): 155–168.

Tomforde, Maren (2008): Towards transnational identities in the armed forces? German-Italian military cooperation in Kosovo. In: Soeters/Manigart (2008b): 129–140.

U.S. Department of Defense (2019): Multinational Operations (JP 3–16). Washington, D.C.: Chairman of the Joint Chiefs of Staff (CJCS).

Varoğlu, Abdulkadir/Cakar, Mehmet/Basim, Nejat (2008): An unusual bi-national military cooperation: the case of Turkish-Gambian relations. In: Soeters/Manigart (2008b): 117–128.

Ventsel, Andreas/Hansson, Sten/Madisson, Mari-Liis/Sazonov, Vladimir (2019): Discourse of fear in strategic narratives: The case of Russia's Zapad war games. In: Media, War & Conflict. Online: doi: https://doi.org/10.1177/1750635219856552 (letzter Zugriff: 30.03.2021).

Webber, Mark/Hyde-Price, Adrian G. V. (2016): Theorising NATO: new perspectives on the Atlantic Alliance. London/New York: Routledge.

Weitsman, Patricia A. (2014): Waging war alliances, coalitions, and institutions of interstate violence. Stanford, CA: Stanford University Press.

Werkner, Ines-Jacqueline (Hrsg.) (2004): Die Wehrpflicht und ihre Hintergründe: sozialwissenschaftliche Beiträge zur aktuellen Debatte. Wiesbaden: VS Verlag für Sozialwissenschaften.

Wermser, Frederik/Täuber, Susanne/Essens, Peter/Molleman, Eric (2016): Psychological Safety During Military Integrations. In: Beeres et al. (2016): 147–162.

Wolford, Scott (2015): The politics of military coalitions. New York, NY: Cambridge University Press.

Yanakiev, Yantsislav (2007): Educating adaptable Military Leaders and Training of Team for Coalition Operations. In: Coops/Tresch (2007): 203–216.

Zangl, Bernhard (2010): Interdependenz. In: Nohlen/Schultze (2010): 416–417.

Kraft, Ina, Dr. rer. pol.; Projektbereichsleiterin im Forschungsbereich Sicherheitspolitik und Streitkräfte am Zentrum für Militärgeschichte und Sozialwissenschaften der Bundeswehr in Potsdam.

Innere Führung

Jürgen Franke

1 Einleitung

Wenn es um die zivil-militärischen Beziehungen in der Bundesrepublik Deutschland geht, kommt man an der *Inneren Führung* nicht vorbei. Im offiziellen Sprachgebrauch des Militärs steht dieser Begriff für eine Konzeption, die Aussagen zu „Selbstverständnis und Führungskultur der Bundeswehr" (BMVg 2017) beinhaltet. Der Zweck der Inneren Führung aus militärpolitischer Sicht besteht darin, das Werte- und Normensystem des Grundgesetzes mit den militärischen Erfordernissen im Hinblick auf Führung, Ausbildung und Erziehung der Soldaten und Soldatinnen verträglich zu verknüpfen und dabei den Staatsbürger in Uniform als soldatisches Leitbild zu verwirklichen. Auf eine kurze Formel gebracht, lässt sich Innere Führung als ein normativer Ansatz verstehen, mit dem die Erfüllung des Auftrages der Bundeswehr an die Verwirklichung der Werte des Grundgesetzes in den Streitkräften gebunden werden soll. Gleichzeitig wird hierüber das Verhältnis zwischen Bundeswehr und Gesellschaft definiert, bei dem es in erster Linie um eine demokratieverträgliche Einbettung von Streitkräften in die freiheitlich-demokratische Staats- und Gesellschaftsordnung der Bundesrepublik Deutschland geht (vgl. Franke 2012a: 60, 2015a: 78).

Beides, die institutionelle Einbindung der Bundeswehr in die bundesrepublikanische Verfassungsordnung und die daraus abgeleitete Konzeption der Inneren Führung, haben historische Gründe, die bei den Überlegungen zur Neuaufstellung von Streitkräften im demokratischen Nachkriegsdeutschland

J. Franke (✉)
Jesteburg, Deutschland
E-Mail: juergen2franke@vodafonemail.de

© VS Verlag für Sozialwissenschaften I Springer Fachmedien Wiesbaden GmbH, 515
Wiesbaden 2023
N. Leonhard und I.-J. Werkner (Hrsg.), *Militärsoziologie – Eine Einführung*,
https://doi.org/10.1007/978-3-658-30184-2_19

Anfang der 1950er-Jahre eine wesentliche Rolle spielten. Die entscheidenden gedanklichen Impulse hierzu lieferte Wolf Stefan Traugott Graf von Baudissin, ohne allerdings seine Ideen in Gestalt einer ausgearbeiteten ‚Theorie' niederzulegen (vgl. Wiesendahl 2005a: 17). Das, was heute als Grundlagen, Ziele und Wirkungsweisen der Inneren Führung bezeichnet wird, wurde erst viel später nach und nach in militärische Vorschriften gefasst sowie in wissenschaftlichen Beiträgen diskutiert. Eine einzige, in sich kohärente, allgemein gültige Konzeption gibt es daher bis heute nicht. Der amorphe Begriff der Inneren Führung, der „weder in der Bundeswehr noch in der mit ihr befassten Literatur über eine heuristisch verwertbare Verständigungsbasis verfügt" (Wiesendahl 2005a: 20), bietet dadurch großen Interpretationsspielraum. Entsprechend finden sich in der sozialwissenschaftlichen Literatur wie in den militärinternen Veröffentlichungen divergierende Aussage über das, was Innere Führung ist beziehungsweise sein soll, was sie leisten kann, soll oder muss beziehungsweise dazu gerade nicht in der Lage ist.

Ziel dieses Beitrags ist es vor diesem Hintergrund, zentrale Perspektiven auf die Innere Führung vorzustellen. Nach einer Erläuterung des historischen Entstehungskontextes (Abschn. 2) gilt es hierfür zunächst zu vermitteln, wie das Konzept der Inneren Führung seitens der Bundeswehr offiziell gefasst wird (Abschn. 3). Danach wird erläutert, welche Bedeutung ihr aus sozialwissenschaftlicher Sicht für die Ausgestaltung der zivil-militärischen Beziehungen in Deutschland zugesprochen werden kann und welche Fragen im Zusammenhang mit dem Anpassungs- und Weiterentwicklungsbedarf der Inneren Führung an die veränderten sicherheitspolitischen Rahmenbedingungen in diesem Kontext diskutiert werden (Abschn. 4). Anschließend wird ein Überblick über vorliegende empirische Befunde zur Inneren Führung (Abschn. 5) gegeben, bevor ein zusammenfassender Ausblick erfolgt (Abschn. 6).

2 Entstehungsgeschichte und Begriffsbildung

2.1 Historische Hintergründe

Die Grundgedanken der Konzeption der Inneren Führung reichen zurück bis ins Jahr 1950. Sie sind im Zusammenhang mit den Planungen zur Bewaffnung der neu gegründeten Bundesrepublik Deutschland entstanden.

Nach dem Willen der westlichen Alliierten sollte Westdeutschland an der Nahtstelle des einsetzenden Kalten Krieges zwischen den USA und der Sowjetunion und ihrer jeweiligen Einflusssphären einen Beitrag zur Verteidigung des

Westens gegen die zunehmende Bedrohung des Ostens liefern. Der damalige Bundeskanzler Konrad Adenauer (1949–1963) sah darin die Chance, über einen westdeutschen Verteidigungsbeitrag möglichst bald militärische Sicherheit und staatliche Souveränität zu erreichen. Gleichzeitig versprach er sich durch die Gründung einer westeuropäischen Föderation wirtschaftlichen Aufschwung. Angesichts der traumatischen Erfahrungen aus zwei Weltkriegen und des abschreckenden Erbes, das der deutsche Militarismus in Gestalt von Kaiserreich und Reichswehr sowie Nationalsozialismus und Wehrmacht hinterlassen hatte, stand diesen Intentionen Adenauers noch bis 1955 die Mehrheit der westdeutschen Bevölkerung ablehnend gegenüber. Die Motive der Gegner einer Wiederaufrüstung, die in den Reihen der Gewerkschaften, der Kirchen und vor allem in der SPD als Oppositionspartei im Bundestag zu finden waren, reichten von prinzipiellen innenpolitischen Bedenken bis hin zu einer aus den negativen Erfahrungen der jüngsten Vergangenheit resultierenden „Ohne-Mich-Bewegung". Um eine Bewaffnung der Bundesrepublik dennoch durchsetzen zu können, musste die Mehrheit der gesellschaftlichen Kräfte und öffentlichen Meinungsträgerinnen und -trägern von der Idee eines militärischen Beitrags überzeugt werden. Dies war nur möglich auf Basis einer radikalen Militärreform, bei der den Streitkräften und ihren Angehörigen eine Stellung in Staat und Gesellschaft zugewiesen werden sollte, die den Interessen einer pluralistisch ausgerichteten parlamentarischen Demokratie entsprach (vgl. Diefenbach 2001: 10).

In den parlamentarischen Debatten stand die Grundsatzfrage über einen westdeutschen Verteidigungsbeitrag jedoch unter erheblichem Zeitdruck, da die Bundesrepublik bereits bis 1954 einen Beitrag zur Schaffung einer europäischen Armee, der sogenannten Europäischen Verteidigungsgemeinschaft (EVG), unter einer übernationalen politischen Leitung und militärischen Führung leisten sollte. Sie wurde schon bald durch die drängenden Fragen nach der Art ihrer Realisierbarkeit abgelöst. Entsprechende Vorbereitungen für einen deutschen Militärbeitrag erfolgten zunächst innerhalb der sogenannten Dienststelle Schwerin im Geheimen:[1] Eine Expertengruppe bestehend aus 15 ehemaligen Offizieren der Wehrmacht wurde zu einer Tagung in das Eifelkloster Himmerod berufen, unter denen sich auch der damalige Major i. G. a. D. Wolf Graf von Baudissin befand. Resultat dieser Tagung war eine *Denkschrift über die Aufstellung eines deutschen Kontingents im Rahmen einer übernationalen Streitmacht zur Verteidigung*

---

[1] Die genaue Bezeichnung der durch den General der Panzertruppe a. D. Gerhard Graf von Schwerin geleiteten Dienststelle lautete in bewusst irreführender Weise „Zentrale für den Heimatdienst".

Westeuropas, die als Empfehlungsvorlage für Bundeskanzler Adenauer gedacht war und später als „Himmeroder Denkschrift" in die Annalen einging. Befürworter der Inneren Führung verstehen sie mitunter als ‚Magna Charta' der Inneren Führung, da in den Vorbemerkungen zu Kapitel V „Das Innere Gefüge"[2] bereits festgehalten wird, dass die Voraussetzungen für den Neuaufbau eines deutschen Streitkräftekontingents verglichen mit jenen der Vergangenheit so verschieden seien, dass „(…) ohne Anlehnung an die Formen der alten Wehrmacht (…) grundlegend Neues zu schaffen" (vgl. Reeb und Többicke 2003: 307)[3] sei. Das im Vergleich zu anderen Kapiteln der Denkschrift merklich umfangreichere Kapitel über „Das Innere Gefüge" lässt sich als Anfangspunkt einer jahrelangen Debatte verstehen, die an Intensität kaum zu überbieten war. Schon während der Tagung prallten grundsätzlich unterschiedliche Auffassungen über die innere Gestaltung der zukünftigen westdeutschen Streitkräfte aufeinander, die phasenweise verbal derart eskalierten, dass mehrfach ein Scheitern der Tagung durch Abbruch der Gespräche drohte (vgl. Bald 2005: 179; zu den ausführlichen Hintergründen, Inhalten und Problemen dieser Tagung siehe auch Abenheim 1989: 36–41). Im Kern ging es dabei – wie auch in den anschließenden Debatten um die Innere Führung – immer um die schwierige Frage, welcher Soldatentypus in den neuen Streitkräften den künftigen Herausforderungen in politischer, strategischer, operativer und ethischer Hinsicht am wirkungsvollsten gerecht werden könne.

Obgleich alte wie neue Elemente und damit traditionalistische wie reformerische Strömungen nebeneinander in die Planungen für die neuen Streitkräfte einflossen (vgl. Abenheim 1989: 38), wurden letztlich im Ergebnis dieser Gespräche in der *Himmeroder Denkschrift* wichtige Rahmenbedingungen für die Aufstellung neuer Streitkräfte formuliert, die später durch die Bundeswehr weitgehend übernommen wurden. Die zentralen Merkmale lauteten wie folgt (vgl. Franke 2012a: 142 f.):

---

[2] Die vergangenheitsbelastete Bezeichnung „Inneres Gefüge" wurde anfangs synonym für „Innere Führung" gebraucht. Hierbei kam es immer wieder zu despektierlichen Herabwürdigungen („Inneres Gewürge"), weshalb die Konzeption später in „Innere Führung" umbenannt wurde.

[3] Eine auszugsweise Abschrift der *Himmeroder Denkschrift,* Kap. V: „Das Innere Gefüge", findet sich in Reeb und Többicke (2003: 307–311); für eine noch ausführlichere Darstellung siehe Rautenberg und Wiggershaus 1977.

- Bindung der neuen Streitkräfte an die Werte und Normen des Grundgesetzes; insbesondere das darin enthaltene Menschenbild soll zur verpflichtenden Grundlage für das Militär werden.
- Einsatz von Streitkräften ausschließlich zur Verteidigung; sie dürfen nicht zu politischen Zwecken missbraucht werden; über deren zweckgemäßen Einsatz wacht das Parlament.
- Anerkennung des Primats der Politik und Bindung an das Staats- und Verfassungsrecht.
- Keine Anlehnung an die Formen der Wehrmacht, Bruch mit den Traditionen vergangener Armeen.
- Keine militärische Sonderstellung *sui generis* (mehr) in der Gesellschaft; der Soldatenberuf stellt einen normalen Beruf neben anderen dar.[4]

Am 5. März 1953 wurde diese Konzeption offiziell unter der Bezeichnung „Innere Führung" durch die Dienststelle Blank, dem späteren Verteidigungsministerium, übernommen und finalisiert. Zeitgleich wurde der Begriff „Staatsbürger in Uniform" als zukünftiges soldatisches Leitbild für die Bundeswehr geprägt, der seitdem als Kernelement der Inneren Führung ausgewiesen wird. Eine erste Verschriftlichung der Konzeption erschien als *Handbuch für Innere Führung* im Jahre 1957. Die erste Vorschrift zur Inneren Führung wurde als Zentrale Dienstvorschrift (ZDv) unter dem Titel ZDv 10/1 *Hilfen für die Innere Führung* allerdings erst 1972 innerhalb der Truppe institutionalisiert.

2.2 Schlüsselbegriffe Baudissins im Kontext der Inneren Führung

Zentral für die Entwicklung der Konzeption der Inneren Führung war das Anliegen, eine einsatzbereite Armee mit einer freiheitlich-demokratischen, pluralistischen Staats- und Gesellschaftsordnung zu vereinbaren. Die Über-

---

[4] Negativer Bezugspunkt für den Reformerkreis um Baudissin war die bedeutende Stellung, die das Militär insbesondere im Kaiserreich besaß, und die damit verbundenen Vorstellungen: dass das Militär in herausragender Weise „Hüter des Staates" sei und besondere Opfer erbringe, die spezifische Tugenden – Tapferkeit, Ritterlichkeit, Gehorsam, Treue, Pflichterfüllung etc. – erforderten und den Soldatenberuf zu einem einzigartigen Beruf („sui generis") machten.

legungen von Wolf Graf von Baudissin bilden bis in die heutige Zeit wesentliche Bezugspunkte für die Bundeswehr.

Bei seinen Überlegungen zur Gestaltung demokratieverträglicher, demokratiefähiger und darüber hinaus auch demokratiewilliger Streitkräfte ging Baudissin von zwei zentralen Sachverhalten aus: zum einen von einem bestimmten Kriegsbild, das seinerzeit vom Blockantagonismus (USA vs. Sowjetunion beziehungsweise NATO vs. Warschauer Pakt) und einem atomaren Bedrohungsszenario geprägt war, und zum anderen von der Vorstellung einer demokratischen Gesellschaft mit den ihr zugrunde liegenden liberal-demokratischen Werten und Normen. Aus der Verknüpfung beider Aspekte entwickelte er die Maximen der Inneren Führung (vgl. Kutz 2002: 12). Innere Führung ist danach das Resultat einer Inbeziehungsetzung von Kriegsbild, Gesellschaftsbild und innerer Ordnung der Streitkräfte im Rahmen neu zu schaffender Streitkräfte. Innere Führung erschließt sich nach Martin Kutz erst in ihrer ganzheitlichen Einbettung und sollte daher begriffen werden als „ein systematisches Gesamtkonzept für das Nachdenken über Krieg, Politik und Militär, sowie über alle wesentlichen Aspekte innermilitärischer konzeptioneller Probleme" (Kutz 2006: 16). Abb. 1 zeigt die von ihm herausgearbeiteten Zusammenhänge der im Denken Baudissins maßgeblichen Schlüsselbegriffe auf schematische Weise auf. Die in diesem

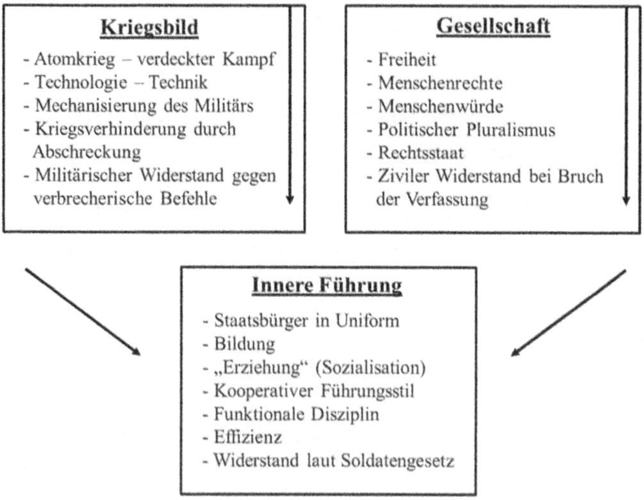

Kriegsbild	**Gesellschaft**
- Atomkrieg – verdeckter Kampf - Technologie – Technik - Mechanisierung des Militärs - Kriegsverhinderung durch Abschreckung - Militärischer Widerstand gegen verbrecherische Befehle	- Freiheit - Menschenrechte - Menschenwürde - Politischer Pluralismus - Rechtsstaat - Ziviler Widerstand bei Bruch der Verfassung

Innere Führung

- Staatsbürger in Uniform
- Bildung
- „Erziehung" (Sozialisation)
- Kooperativer Führungsstil
- Funktionale Disziplin
- Effizienz
- Widerstand laut Soldatengesetz

Abb. 1 Zusammenhang der Schlüsselbegriffe im Denken Baudissins. (Quelle: Kutz 2006: 163)

Beziehungsdreieck namentlich aufgeführten drei Komponenten Kriegsbild, Gesellschaftsbild und Innere Führung sind wechselseitig aufeinander bezogen und voneinander abhängig, wobei Kriegs- und Gesellschaftsbild darin die übergeordneten Bezugsgrößen bilden, ohne die die Ausgestaltung der inneren Ordnung der Bundeswehr im Sinne Baudissins nicht nachvollziehbar ist (vgl. Kutz 2006: 167; siehe hierzu auch Wiesendahl 2007a: 18).

Was das Kriegsbild anbelangt, hatte Baudissin bereits frühzeitig Konsequenzen aus der sich entwickelnden neuen Militärtechnologie gezogen. Schon Anfang der 1950er-Jahre hatte er begriffen, dass ein Nuklearkrieg in dem neu entstehenden Kernwaffenzeitalter mit der Gefahr einer existenziellen Vernichtung der eigenen Gesellschaft verbunden war. In den Worten von Kutz lautete seine Schlussfolgerung, das „Militär habe seine Kriegsführungsaufgabe verloren, es sei ‚nur' noch ein Mittel zur Abschreckung kriegswilliger feindlicher (totalitärer) Mächte und müsse durch seine Existenz und seine Fähigkeiten Krieg verhindern" (Kutz 2002: 13).

Beim Gesellschaftsbild werden von Baudissin mit Menschenwürde, Freiheit, Mündigkeit und Rechtstaatlichkeit die wesensbestimmenden Merkmale und Ordnungsprinzipien einer demokratischen Gesellschaft herausgestellt. Die Charakteristika einer pluralistischen Gesellschaft waren ihm offenbar ebenso bewusst wie die Tatsache, dass die verfassungsrechtlich verankerten demokratischen Werte und Normen durch alle Bürgerinnen und Bürger dieses Landes zu schützen seien. In diesem Sinne ist ziviler Widerstand als Teil demokratischer Tradition zu begreifen.

Die namentlich mit Innere Führung bezeichnete dritte Komponente verweist auf Überlegungen zur Gestaltung der inneren Ordnung einer Armee. Nach Baudissin ergibt sich diese aus den Rahmenbedingungen, die durch das erwartbare Kriegsbild und die Prinzipien einer freiheitlich-demokratischen Gesellschaftsordnung bestimmt werden. Die unter der Rubrik Innere Führung inhaltlich aufgeführten Merkmale können als die unmittelbar daraus abgeleiteten Konsequenzen für das Militärs begriffen werden. Mit der Figur des Staatsbürgers in Uniform wird bei Baudissin das Individuum als selbstbestimmte, verantwortungsbewusste Persönlichkeit, welche damit von der bloßen Objekt-Rolle vergangener Soldatenbilder abweicht, in den Mittelpunkt seiner Überlegungen gestellt.[5] Mit diesem Soldatenbild werden bei Baudissin freiheit-

---

[5] Das Menschenbild der Inneren Führung orientiert sich damit weitgehend am Menschbild des Grundgesetztes, welches nicht nur jeden Menschen grundsätzlich, d. h. unabhängig von seiner realen Erscheinung und seinem Intellekt, als sittliche Person, als Persönlichkeit

lich-demokratische, ‚sittliche' (ethische wie moralische) und politische Aspekte mit militärischen Erfordernissen in Einklang gebracht, weshalb es auf der binnen-militärischen Ebene ein Kernelement der Inneren Führung darstellt.[6] Das Leitbild vom Staatsbürger in Uniform kann in der Abb. 1 daher auch als Oberbegriff für die weiteren nachfolgend aufgeführten Aspekte gesehen werden, da diese bei den Überlegungen Baudissins zu dessen Verwirklichung beitragen bzw. mit ihm ver-knüpft sind. Der Begriff der Disziplin steht hier beispielsweise für eine funktional notwendige Disziplin, aber auch für innere Disziplin im Sinne von Gehorsam aus Einsicht, und nicht im Sinne formaler Disziplin, wie er bei früheren deutschen Armeen beispielsweise im Kasernenhof-Drill zum Ausdruck kam (siehe hierzu Bröckling 1997). Kooperativer Führungsstil, militärische Effizienz und Disziplin ergänzen sich nach diesem Konzept nicht nur, sondern bedingen sich gegenseitig. Eine genuin militärische Traditionsbildung findet in Baudissins Überlegungen übrigens keinen Platz, da er zu diesem Zeitpunkt deutsche Militärtraditionen als undemokratisch und damit als für die Bundeswehr grundsätzlich ungeeignet betrachtete (vgl. Kutz 2002: 112–117; siehe auch Wiesendahl 2007a: 17–24). Nicht zuletzt dieser Punkt stieß seinerzeit auf große Widerstände in den Streit-kräften (vgl. Abenheim 1989) und wird bis heute immer wieder kontrovers dis-kutiert.[7]

Baudissins programmatische Überlegungen, die er in verschiedenen Rede(entwürfen) und Schriften entwickelt hat,[8] berücksichtigen die vielfältigen Zusammenhänge zwischen außen- und innenpolitischen Imperativen, zivil-gesellschaftlicher Verfasstheit und Ausrichtung der Streitkräfte nach außen wie innen. Entsprechend lieferte er – zusammen mit anderen ehemaligen Wehr-machtsoffizieren wie Johann Adolf Graf von Kielmansegg und Ulrich de

---

und mündigen wie verantwortungsbewussten Bürger bzw. mündige wie verantwortungs-bewusste Bürgerin auszeichnet, sondern darüber hinaus seine innerliche Bindung an die Werteordnung der Verfassung und sein Einstehen für die Gemeinschaft unterstellt (vgl. hierzu auch Franke 2008).

[6] Zu den Vorstellungen und Überlegungen Baudissins zum gewollten künftigen Soldaten-bild und der entsprechenden Umsetzung in der Aufbauphase der Bundeswehr siehe im Einzelnen Nägler (2010: 58–70).

[7] Siehe hierzu auch den Beitrag zu Militär und Tradition von *Biehl & Leonhard* in diesem Band.

[8] Diese wurden später als Sammelschriften von anderen veröffentlicht: siehe Baudissin (1969, 1982) sowie das schon erwähnte *Handbuch Innere Führung* (BMVg 1957), das in seinen ethisch-philosophischen Abschnitten ebenfalls deutlich seine Handschrift trägt.

Maizière[9] – wichtige Impulse für einen verfassungskonformen Einbau der Bundeswehr in die bestehende Staats- und Gesellschaftsordnung der Bundesrepublik ebenso wie für eine demokratische Ausgestaltung der inneren Ordnung der Bundeswehr.[10]

3 Die Konzeption der Inneren Führung nach Vorschriftenlage

Die in den 1950er-Jahren von Baudissin entwickelten konzeptionellen Grundideen bilden bis heute die formal verbindliche Grundlage für das Selbstverständnis der Soldaten und Soldatinnen sowie für die Führungskultur innerhalb der Bundeswehr, wie sie in der jeweils gültigen Fassung einer Zentralen Dienstvorschrift (ZDv), derzeit in der Zentralen Dienstvorschrift A-2600/1 *Innere Führung – Selbstverständnis und Führungskultur* (BMVg 2017), festgeschrieben sind.[11]

---

[9] Die ehemaligen Wehrmachtsoffiziere Oberst a. D. Johann Adolf Graf von Kielmansegg (vgl. Feldmeyer und Meyer (2007) und Oberstleutnant i. G. a. D. Karl Ernst Ulrich de Maizière (vgl. Zimmermann 2012) waren von 1951 bis 1955 ebenso wie Baudissin als zivile Mitarbeiter im Amt Blank maßgeblich am Wiederaufbau deutscher Streitkräfte beteiligt. Alle drei traten im Gründungsjahr 1955 als Soldaten in den aktiven Dienst der Bundeswehr ein, wo sie in unterschiedlichen Führungsverwendungen im Verteidigungsministerium wie auch in der Truppe die Reformbestrebungen weiter umzusetzen vermochten. Aus diesem Grunde zählen sie zusammen mit Adolf Heusinger (ab 1952 Leiter der militärischen Abteilung im Amt Blank) (vgl. Meyer 2001) und Hans Speidel (1950 militärischer Berater Konrad Adenauers, ab 1951 Sachverständiger im Amt Blank) zu den zentralen Gründungsvätern der Bundeswehr.

[10] Für Einzelheiten zum Denken Baudissins siehe die Arbeiten von Kutz (2002, 2006) und Schlaffer und Schmidt (2007) sowie speziell unter ethischen Gesichtspunkten Dörfler-Dierken (2005).

[11] Die Zentrale Dienstvorschrift zur Inneren Führung, die lange Zeit unter dem Kürzel ZDv 10/1 firmierte, heißt seit 2017 ZDv A-2600/1 *Innere Führung – Selbstverständnis und Führungskultur* und liegt aktuell als online-Version vor. Diese Fassung ist, von einigen wenigen redaktionellen Änderungen abgesehen, welche die Auslandseinsätze berücksichtigen, nahezu wortidentisch mit der gedruckten Ausgabe der ZDv 10/1 von 2008 (BMVg 2008), die wiederum die Fassung von 1993 abgelöst hatte.

3.1 Grundlagen und Grundsätze

Die „Grundsätze der Inneren Führung" bilden gemäß der ZDv A-2600/1 die Grundlage für den militärischen Dienst in der Bundeswehr und bestimmen das soldatische Selbstverständnis der Soldatinnen und Soldaten (vgl. BMVg 2017: Ziffer 101). Sie sind damit sowohl verpflichtende Vorgabe für das Handeln aller Soldatinnen und Soldaten als auch Leitlinie für das Handeln der Angehörigen der zivilen Verwaltung der Bundeswehr. Die Grundsätze der Inneren Führung beruhen auf ethischen, rechtlichen, politischen und gesellschaftlichen Grundlagen sowie den militärischen Erfordernissen, die miteinander in Einklang gebracht werden sollen (vgl. BMVg 2017: Ziffer 303). Wesentliche Punkte insbesondere im Hinblick auf die Rechte und Pflichten der Soldatinnen und Soldaten sind in Rechtsvorschriften gefasst und damit gerichtlich sanktioniert.

Die *ethischen* Grundlagen werden hauptsächlich bestimmt durch das im Grundgesetz verankerte freiheitlich-demokratische Wertesystem Deutschlands. Insbesondere Achtung und Schutz der Menschenwürde sowie die Freiheits- und Persönlichkeitsrechte bilden die zentralen Bezugspunkte für die Innere Führung und damit auch für die Rechtsnormen innerhalb der Bundeswehr sowie für die Gestaltung der sogenannten „Inneren Ordnung"[12] (vgl. BMVg 2017: Ziffer 304 f.).

Das Grundgesetz bindet die Streitkräfte als vollziehende Gewalt an Recht und Gesetz (gemäß Art. 1 Abs. 3 und Art. 20 Abs. 3 Grundgesetz). Insbesondere durch das Völkerrecht, das Grundgesetz und weitere Gesetze, vor allem durch die Wehrgesetze, wird die Bundeswehr in einen umfassenden *rechtlichen* Rahmen eingebunden. Dieser legt die Stellung der Bundeswehr im Staat fest

---

[12] *Innere Ordnung* steht als Oberbegriff für „Recht und soldatischen Ordnung". Als militärspezifische Rechtsgrundlagen sind zunächst zu nennen: die Vorgesetztenverordnung (VVO), das Soldatenbeteiligungsgesetz (SG), die Wehrbeschwerdeordnung (WBO), die Wehrdisziplinarordnung (WDO) sowie das Wehrstrafgesetz (WStG). Die soldatische Ordnung wiederum regelt den Dienstbetrieb und das militärische Zusammenleben innerhalb der Bundeswehr und orientiert sich hierzu an entsprechenden Dienstvorschriften, Erlassen, Verordnungen und Weisungen. Die aus vorgenannten Quellen hervorgehenden Pflichten, Befugnisse, Rechte, Verbote, Verfahren und Grundsätze regeln das Verhalten und Erscheinungsbild der Soldatinnen und Soldaten, unabhängig von ihrer jeweiligen Vorgesetzten- und Unterstellenfunktion, geben Orientierung durch Rechts- und Verhaltenssicherheit, sorgen darüber hinaus für Disziplin und fördern nicht zuletzt den Zusammenhalt in der Truppe (beispielsweise über die im Soldatengesetzt § 12 verankerte Pflicht zur Kameradschaft).

und setzt zugleich rechtsverbindliche Maßstäbe für ihr Handeln. Die Beachtung der grundgesetzlichen Werte und Normen beschränkt sich dabei nicht nur auf die Erfüllung eines von der Politik vorgegeben Auftrags, sondern bezieht sich auch den innermilitärischen Umgang und die Behandlung der Militärangehörigen. Hier gilt es für die Organisation zu berücksichtigen, dass jeder Soldat und jede Soldatin grundsätzlich die gleichen bürgerlichen Rechte wie jeder Bürger und jede Bürgerin besitzt und Einschränkungen dieser Rechte nur auf Grundlage militärischer Erfordernisse vorgenommen werden dürfen. Die Rechte der Soldaten und Soldatinnen werden weiterhin dadurch geschützt, dass Umfang und Grenzen der Befehlsbefugnis der Vorgesetzten und der Gehorsamspflicht der Untergebenen gesetzlich festgelegt sind. Über die Einhaltung dieser Vorgaben wachen militärische und zivile Instanzen, insbesondere die Gerichtsbarkeit (vgl. BMVg 2017: Ziffer 308).

Die *politischen* Vorgaben der Inneren Führung ergeben sich aus den Werten, Zielen und Interessen deutscher Sicherheitspolitik im nationalen wie internationalen Rahmen (vgl. BMVg 2017: Ziffer 310 f.). Dabei gilt für die Bundeswehr als Teil der vollziehenden Gewalt (Exekutive) der absolute Vorrang des demokratisch legitimierten Willens (Primat der Politik). Der Auftrag der Bundeswehr ist demnach eingebunden in eine gesamtstaatliche Sicherheitsvorsorge. Die Aufgaben der Bundeswehr wiederum leiten sich aus ihrem verfassungsrechtlichen Auftrag sowie den Werten, Zielen und Interessen der deutschen Sicherheits- und Verteidigungspolitik ab.[13]

Bei den *gesellschaftlichen* Grundlagen geht es darum, die Bundesrepublik Deutschland als eine freiheitliche und pluralistische Gesellschaft zu begreifen, die von vielfältigen, teils konkurrierenden Überzeugungen, Lebensentwürfen, religiösen und weltanschaulichen Bekenntnissen, Meinungen und Interessen gekennzeichnet ist, die zudem fortwährenden Entwicklungen unterliegen. Da die Menschen in der Bundeswehr Teil dieser Gesellschaft mit ihrer Vielfalt, aber auch mit ihren Interessensgegensätzen und Konflikten sind, steht die Bundeswehr selbst im Widerstreit der Meinungen und im Spannungsfeld unterschiedlicher Generationen, Herkünfte und Kulturen. Die Innere Führung soll dazu beitragen, dass die Angehörigen der Bundeswehr einander als Mitglieder einer pluralistischen Gesellschaft anerkennen und sich mit den gesellschaft-

---

[13] Die Werte, Ziele und Interessen der deutschen Sicherheits- und Verteidigungspolitik sowie der Auftrag der Streitkräfte mit den davon abgeleiteten Aufgaben der Bundeswehr werden regelmäßig in den sogenannten Weißbüchern veröffentlicht. Vgl. hierzu aktuell BMVg (2016).

lichen Entwicklungen auseinandersetzen, und regt hierzu einen offenen und vertrauensfördernden Dialog an. Nicht zuletzt geht es bei den gesellschaftlichen Grundlagen auch um einen Hinweis auf die staatsbürgerliche Verantwortung aller Bürgerinnen und Bürger für ihr Gemeinwesen. Gemäß der ZDv A-2600/1 bleibt die staatsbürgerliche Verantwortung und Pflicht zum Dienst am Gemeinwohl losgelöst von der Aussetzung der Wehrpflicht unbenommen gültig. Insofern haben diese gesellschaftlichen Grundlagen insbesondere unter ethischen und sicherheitspolitischen Aspekten gegenwärtig nichts an Bedeutung verloren, wenn es beispielsweise um den Sinn und die Legitimation der militärischen Auftragserfüllung geht (vgl. BMVg 2017: Ziffer 312 f.).

Zum Begriff „Grundsätze der Inneren Führung" führt die Vorschrift aus, dass dieser zwar im Wehrbeauftragtengesetz[14] verankert ist, dort durch den Gesetzgeber jedoch nicht näher bestimmt wird. Eine weitere begriffliche Klärung findet sich nicht. Stattdessen wird allgemein auf die zuvor dargestellten ethischen, politischen, rechtlichen und gesellschaftlichen Grundlagen verwiesen, auf denen diese Grundsätze beruhen, und führt ohne zusätzliche Erläuterungen die nachfolgenden Kriterien als Strichpunktaufzählung auf (vgl. BMVg 2017: Ziffer 316):

- „Integration in Staat und Gesellschaft,
- Leitbild vom ‚Staatsbürger in Uniform',
- ethische, rechtliche und politische Legitimation des Auftrages,
- Verwirklichung wesentlicher staatlicher und gesellschaftlicher Werte in den Streitkräften,
- Grenzen für ‚Befehl und Gehorsam',
- Anwendung des Prinzips ‚Führen mit Auftrag',
- Wahrnehmung der gesetzlich festgelegten Beteiligungsrechte der Soldatinnen und Soldaten sowie
- Wahrnehmung des im Grundgesetz garantierten Koalitionsrechts" (ebd.).

---

[14] Das Amt des Wehrbeauftragten des Deutschen Bundestages wurde im Jahr 1956 gemäß Art. 45b Grundgesetz als Hilfsorgan des Bundestags bei der Ausübung der parlamentarischen Kontrolle im Bereich der Bundeswehr geschaffen. Zu den Aufgaben der bzw. des Wehrbeauftragten gehört es, über die Wahrung der Grundrechte der Soldatinnen und Soldaten sowie über die Einhaltung der Prinzipien und Grundsätze der Inneren Führung zu wachen. Hierzu werden unter anderem Truppenbesuche durchgeführt. Darüber hinaus kann sich jeder Soldat und jede Soldatin bei Verdacht eines Verstoßes direkt, d. h. ohne Einhaltung des Dienstweges, mit einer Eingabe an den Wehrbeauftragten bzw. die Wehrbeauftragte wenden. Erkannte Probleme und Mängel in der Bundeswehr werden jährlich im sogenannten Jahresbericht des bzw. der Wehrbeauftragten veröffentlicht.

3.2   Ziele der Inneren Führung

Mit der Inneren Führung sind vier zentrale Zielsetzungen verbunden. Diese wurden erstmals in dieser Form in der Fassung der Dienstvorschrift von 1993 (damals noch unter der Bezeichnung ZDv 10/1) beschrieben. Sie sind im Wesentlichen bis heute unverändert gültig:

1. *Legitimation:* Die Frage nach der Sinnhaftigkeit des Dienens soll durch die Innere Führung beantwortet, das heißt ethische, rechtliche, politische und gesellschaftliche Begründungen für soldatisches Handeln vermittelt und dabei der Sinn des militärischen Auftrages, auch bei Auslandseinsätzen, einsichtig gemacht werden.
2. *Integration:* Die Einbindung der Bundeswehr in Staat und Gesellschaft soll gefördert und das Verständnis in der Bevölkerung für den Auftrag der Bundeswehr im Rahmen der deutschen Sicherheits- und Verteidigungspolitik gefestigt und ausgebaut werden.
3. *Motivation:* Die Bereitschaft der Soldaten und Soldatinnen zur gewissenhaften Pflichterfüllung, zu gewissensgeleitetem Gehorsam, zur Übernahme von Verantwortung und zur Zusammenarbeit soll gestärkt werden mit dem Ziel, Disziplin und Zusammenhalt der Truppe so zu bewahren.
4. *Gestaltung der Inneren Ordnung (Organisation):* Die innere Ordnung der Streitkräfte soll nach den Vorgaben des Grundgesetzes menschenwürdig und rechtstaatlich gestaltet werden und die effiziente Auftragserfüllung sicherstellen (vgl. BMVg 2017: Ziffer 401).

Inhaltlich werden diese vier Ziele in der aktuell gültigen Vorschrift nicht weiter expliziert, sondern lediglich mit dem Hinweis versehen, dass der Dienst in den Streitkräften sich an jedem Ort und zu jeder Zeit an diesen Zielen zu orientieren habe (vgl. ebd.).

3.3   Das Leitbild vom „Staatsbürger in Uniform"

Mit dem Leitbild vom Staatsbürger in Uniform wird die individuelle Komponente der Inneren Führung beschrieben. In diesem Leitbild werden nach der Vorschrift idealtypisch die Forderungen an die Angehörigen der Bundeswehr verdeutlicht. Soldatinnen und Soldaten sollen demnach

- freie Persönlichkeiten sein,
- als verantwortungsbewusste Staatsbürger handeln,
- sich für den Auftrag einsatzbereit halten (vgl. BMVg 2017: Ziffer 402).

Auch diese Punkte werden in der Vorschrift nicht näher ausgeführt. Allerdings beziehen sich einige der im Anschluss genannten „Anforderungen an Vorgesetzte und Soldatinnen und Soldaten", die sich unmittelbar aus den Zielen der Inneren Führung und dem Auftrag der Bundeswehr ableiten, auch auf dieses Leitbild. Dadurch wird es etwas genauer charakterisiert:

- „Die Soldatinnen und Soldaten sind ‚Staatsbürger in Uniform', die bewusst von ihren Rechten Gebrauch machen und ebenso selbstverständlich ihre damit verbundenen Pflichten erfüllen.
- Sie erkennen und bejahen, dass demokratisch legitimierter politischer Wille stets Vorrang vor militärischer Führung hat.
- Sie sind sich des gegenseitigen Treueverhältnisses zum Staat bewusst." (ebd.: Ziffer 403)

3.4   Gestaltungsfelder der Inneren Führung

Gemäß der Vorschrift bilden die Grundsätze und Ziele der Inneren Führung das „feste Koordinatensystem für den Dienst in der Bundeswehr" (ebd.: Ziffer 511). Die Vorschrift verweist dazu nachfolgend auf die sogenannten „Gestaltungsfelder der Inneren Führung". Als solche werden in Kap. 6 der Vorschrift alle aus Sicht des Militärs wichtigen Bereiche des militärischen Dienstes genannt, in denen vor allem Vorgesetzte „als die vornehmsten Träger der Inneren Führung" besondere Verantwortung für die Gestaltung der Inneren Führung im Dienstalltag und im Einsatz tragen. Dabei werden „Menschenführung", „politische Bildung" sowie „Recht und soldatische Ordnung" als die drei „hauptsächlichen Gestaltungsfelder" bestimmt, gefolgt von sieben „weiteren Gestaltungsfeldern", mit denen aus Sicht der Vorschrift ebenfalls „unverzichtbare Beiträge zum Gelingen der Inneren Führung" geleistet werden. Hierzu zählen: „Dienstgestaltung und Aus- bildung", „Informationsarbeit", „Organisation und Personalführung", „Für- sorge und Betreuung", „Vereinbarkeit von Familie und Dienst", „Seelsorge und Religionsausübung" und „sanitätsdienstliche Versorgung" (vgl. BMVg 2017: Ziffer 601–677).

Mit der Festlegung in Form einer Vorschrift wird die Innere Führung mit den genannten Grundsätzen, Anforderungen und Zielen zu einer verpflichtenden

Vorgabe für alle Soldaten und Soldatinnen der Bundeswehr. Mit den so beschriebenen normativen Idealen wird einerseits Orientierung geschaffen; andererseits werden mit den teilweise abstrakt und zudem pauschal formulierten Vorgaben auch hohe Anforderungen an die Organisationsmitglieder gestellt, die zusätzlicher Erläuterungen bedürfen. Insbesondere gilt dies, wenn hieraus der Anspruch eines sowohl kollektiven und wie individuellen Selbstverständnisses erwachsen soll, der auf handlungsleitende Sinnstiftung ausgelegt ist. Entsprechend ist die Innere Führung Teil des Ausbildungscurriculums in allen Laufbahnen, wobei den Aus- und Weiterbildungsanteilen, in denen Aspekte der Inneren Führung behandelt werden, in Bezug auf Anzahl und Tiefe bei den Dienstgradgruppen der Unteroffiziere und insbesondere der Offiziere einen deutlich breiterer Raum eingeräumt wird, als beispielsweise bei den Mannschaften. Mit dem *Zentrum Innere Führung* der Bundeswehr in Koblenz gibt es darüber hinaus eine eigene Dienststelle, die Aus- und Weiterbildungsunterlagen zum Thema Innere Führung herstellt sowie entsprechende Lehrgänge durchführt, die auf teils verpflichtender, teils freiwilliger Basis durchgeführt werden.

4 Sozialwissenschaftliche Perspektiven auf die Innere Führung

Die soeben rekapitulierte Zentrale Dienstvorschrift zur Inneren Führung stellt eine verschriftlichte Anweisung dar. Die darin explizierten inhaltlichen Vorgaben erhalten so Befehlscharakter. Die Vorschrift richtet sich in erster Linie an die Soldatinnen und Soldaten in ihrer Rolle als Vorgesetzte, die ihr Verhalten demnach an den Grundsätzen der Inneren Führung auszurichten und diese idealerweise vorzuleben haben. Innere Führung soll die Führungskultur der Streitkräfte prägen, weshalb sich innerhalb der Bundeswehr die Praxis eingebürgert hat, Innere Führung mit einer ‚Führungsphilosophie' gleichzusetzen. Nach Elmar Wiesendahl wird hierbei „auf ein spezielles Verständnis von Innerer Führung zurückgegriffen, das sich auf eine bestimmte Ausgestaltung der Führung bezieht und seinen Niederschlag in Führungsgrundsätzen und Führungskonzepten findet" (Wiesendahl 2007a: 20) und damit stark auf die binnenmilitärischen Verhältnisse fokussiert. Während innerhalb der Streitkräfte die Grundsätze der Inneren Führung als (vor)gegeben betrachtet werden können und müssen, richtet sich die sozialwissenschaftliche Beschäftigung mit der Inneren Führung auf eine Analyse der übergeordneten Zusammenhänge und möglichen Widersprüche zwischen dem vorgegebenen Soll- und dem empirisch zu beobachtenden Ist-Zustand nicht zuletzt vor dem Hintergrund des Wandels der Bundeswehr zu einer „Armee im Einsatz" im Verlauf der 1990er- und 2000er-Jahre. Trotz vieler Überschneidungen lassen sich mindesten drei verschiedene Perspektiven unterscheiden: Innere Führung als Konzept für die zivilgesellschaftliche *Integration* sowie als Modell *demokratischer Kontrolle* der Streitkräfte (Abschn. 4.1) sowie als organisationskulturelles *Leitbild* (Abschn. 4.2).

4.1   Innere Führung als Integrationskonzeption und Modell demokratischer Kontrolle

Wie Ulrich vom Hagen (2012) herausgearbeitet hat, gehört die Innere Führung zu den Ansätzen, die eine Kompatibilität von Militär und Zivilgesellschaft postulieren. Die Konzeption der Inneren Führung lässt sich demnach als ein Modell zivil-militärischer Beziehungen verstehen, das auf eine umfassende zivilgesellschaftliche Integration der Streitkräfte abhebt. Eng damit verbunden ist die Vorstellung einer demokratischen Kontrolle der Streitkräfte, die nicht zuletzt durch eine umfassende zivilgesellschaftliche Integration der Streitkräfteangehörigen erreicht bzw. sichergestellt werden soll.[15]

4.1.1 Zivilgesellschaftliche Integration der Bundeswehr
Integration zählt in den Sozialwissenschaften zu den Grundbegriffen und meint im allgemeinen Sinne die Entstehung oder Herstellung einer Einheit oder Ganzheit aus einzelnen Elementen. In diesem Alltagsverständnis schwingt bereits ein ordnendes, gestaltendes und stabilisierendes Element mit, weshalb ‚Integration' (wie auch ‚Gesellschaft') zu den soziologischen Ordnungsbegriffen zu zählen ist. Integration lässt sich als Prozess, als Funktion oder als Ziel verstehen. Aufgrund der hieraus resultierenden zahlreichen Verwendungszusammenhänge trifft man in den Sozialwissenschaften auf ein unterschiedliches kontext- und theorieabhängiges Verständnis des Integrationsbegriffs (vgl. Nohlen und Schultze 2005: 388). Aus der Vielfalt spezieller Erscheinungsformen und Bedeutungsinhalte von Integration sind im Hinblick auf die Innere Führung nach Franke (2012a) insbesondere vier Formen von Interesse: Erstens, die *politische Integration,* d. h. „die Versuche von politisch Führenden, einzelne, Gruppen, soziale Kollektive zur Übereinstimmung in Zielen und Mitteln und zur Hinnahme oder Unter-

---

[15] Siehe hierzu auch den Beitrag zum Thema zivil-militärische Beziehungen von *Hagen & Biehl* in diesem Band.

stützung von politischen Entscheidungen zu bringen" (Fuchs-Henritz et al. 1994: 304; vgl. ausführlicher zum Begriff Franke 2012a: 94 f.). Zweitens, die *systemische Integration,* d. h. die Beziehung zwischen den Teilen eines sozialen Systems, zwar nicht gänzlich unabhängig von den Akteuren selbst, aber primär unter funktionalen Gesichtspunkten, notfalls auch gegen deren Interessen. Hier geht es um die funktionale Einbindung gesellschaftlicher Teilsysteme (Politik, Recht, Wirtschaft, Wissenschaft etc.) (vgl. ebd.: 100 ff.). Drittens, die *soziale Integration,* d. h. (in einem sozialstrukturellen Verständnis) der Prozess der Zuweisung von Positionen und Funktionen im sozialen System. Hierbei wird unterstellt, dass die Integration einer Gesellschaft (als Ganzes) nur dann gewährleistet ist, wenn im sozialen System ein breiter Konsens über die Zuweisung von Positionen (Beziehung zwischen Einkommen, Vermögen, Macht, Einfluss, Bildung, Prestige und Fähigkeiten) und Funktionen (Rolle im System der Arbeitsteilung) besteht (vgl. ebd.: 95 ff.). Und schließlich viertens, die *kulturelle Integration,* womit die Herausbildung bestimmter Denk- und Wertmuster sowie die Übernahme von bzw. Bindung an diese Muster gemeint ist. Kulturelle Integration steht somit in einem engen Zusammenhang mit kultureller Identität (vgl. ebd.: 98 ff.).

Überträgt man dies auf die Bundeswehr, kann Innere Führung als Modell zivilgesellschaftlicher Integration begriffen werden, das auf drei verschiedenen Ebenen zur Wirkung gebracht werden soll und in Abb. 2 veranschaulicht wird (vgl. Franke 2012a: 460–476):

In institutioneller Hinsicht (Makro-Ebene) geht es um eine Bestimmung der Außenbeziehung der Bundeswehr zur zivilgesellschaftlichen Umwelt. Auf dieser Ebene werden Antworten zu Daseinszweck und Auftrag der Streitkräfte gegeben und deren Einordnung in das politische System und die zivilgesellschaftliche Umwelt vorgenommen. Die Existenz der Streitkräfte und ihre Aufgaben werden so politisch wie gesellschaftlich begründet; das organisationale Selbstverständnis der Bundeswehr als Parlamentsarmee basiert auf dieser Legitimation. Diese institutionelle Einbindung der Streitkräfte in die demokratisch-pluralistische Gesellschaft lässt sich unter dem Schlagwort „Armee in der Demokratie" zusammenfassen.

Auf der Meso-Ebene, welche die militärischen Binnenbeziehungen beschreibt, zielt Innere Führung auf eine gesteuerte demokratiekompatible Ausrichtung des gesamten militärischen Organisationsbetriebes ab; hierzu zählen beispielsweise innerbetriebliche Prozessabläufe, Organisationsstrukturen sowie Führungs- und Ausbildungsprinzipien, die sich so weit wie möglich an demokratischen Prinzipien, Wertvorstellungen und Normen zu orientieren haben. Mit Blick auf

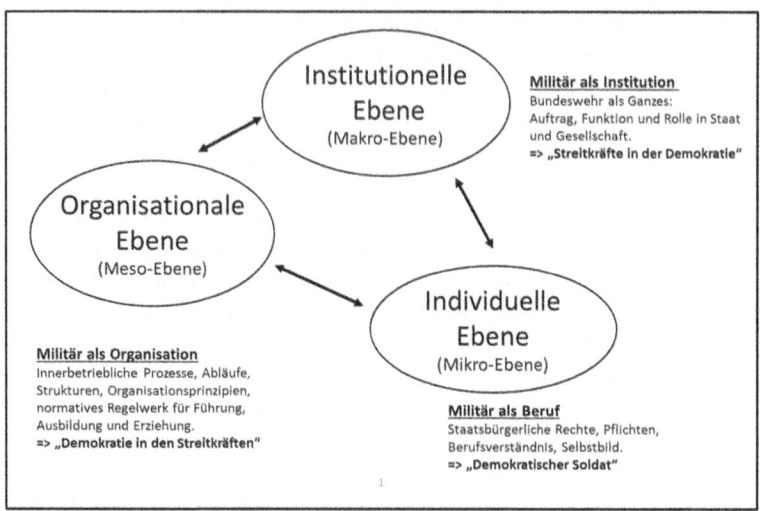

Abb. 2 Die drei Wirkungsebenen der Inneren Führung. (Quelle: eigene Darstellung)

die Verwirklichung demokratischer Elemente in den Streitkräften ließe sich diese Dimension mit dem Begriff „Demokratie in der Armee" umschreiben.

Auf der individuellen Ebene geht es um den Soldaten und die Soldatin, die staatsbürgerliche Rechte und soldatische Pflichten in sich vereinen und mit den sich daraus ergebenden Spannungen umzugehen wissen. Die Innere Führung als zivil-militärisches Modell liefert folglich auf der Mikro-Ebene Erklärungsangebote im Hinblick auf Fragen militärischer Berufsethik und soldatischer Identität, welche in komprimierter Form über das Leitbild Staatsbürger in Uniform zum Ausdruck gelangen. Diese Ebene könnte man mit dem Schlagwort „demokratischer Soldat" resümieren.

Die zuvor unterschiedenen vier Integrationsfunktionen lassen sich vor diesem Hintergrund wie folgt bestimmen: *Politisch* geht es um die Herstellung und Bewahrung der zivilen Kontrolle über das Militär (Primat der Politik, zivile Kontrollorgane, Haushaltskontrolle); Innere Führung besitzt in diesem Sinne eine herrschaftsstabilisierende Funktion. Unter *systemischen* Gesichtspunkten sind die Streitkräfte rechtlich wie strukturell in die Staatsordnung der Bundesrepublik eingegliedert (Parlamentsarmee, Festlegung von Zweck und Umfang der Streitkräfte im Grundgesetz, zivile Besetzung militärischer Spitzenämter, Festlegung der Personalstruktur durch den Haushaltsplan, eine vom Militär unabhängige Rechtsabteilung). Unter *sozialer* und *kultureller* Integration können die Sozialisations-instrumente für die Angehörigen der Streitkräfte gefasst werden, die auf eine starke Vernetzung mit der zivilgesellschaftlichen Umwelt in positionaler wie kultureller Hinsicht abheben (Wertebindung an das Grundgesetz, allgemeine Wehrpflicht, Leitbild des Staatsbürgers in Uniform, bürgerliche Rechte auch als Soldat und Soldatin). Das mit der Inneren Führung normativ verknüpfte Ziel gesellschaftlicher Streitkräfteintegration kann und wird im Rahmen empirischer Forschung schließlich auch als *diagnostisches* Element genutzt, um den Stand der Wechselbeziehungen zwischen Militär und ziviler Gesellschaft abzubilden.

Wie Abb. 3 zeigt, ist die Innere Führung als zivil-militärische Integrations-konzeption eng mit der Vorstellung ziviler Kontrolle von Streitkräften verknüpft. Während es aus einer Integrationsperspektive vornehmlich um die sozialen und funktionalen Aspekte eines zivil-militärischen Miteinanders geht, wird unter dem Gesichtspunkt der politischen Kontrolle von Streitkräften der Fokus in erster Linie auf die Einbindung (und damit Einhegung) militärischer organisierter Gewalt in das politische System gelegt. Im Fall der Inneren Führung kommt hier dem Aspekt der *demokratischen* Kontrolle eine zentrale Bedeutung zu.

4.1.2 Demokratische Kontrolle

Die zivile Kontrolle über das Militär und dessen Einsatz gilt als unabdingbare Notwendigkeiten einer modernen Demokratie (vgl. Born 2006: 125). Im Kontext

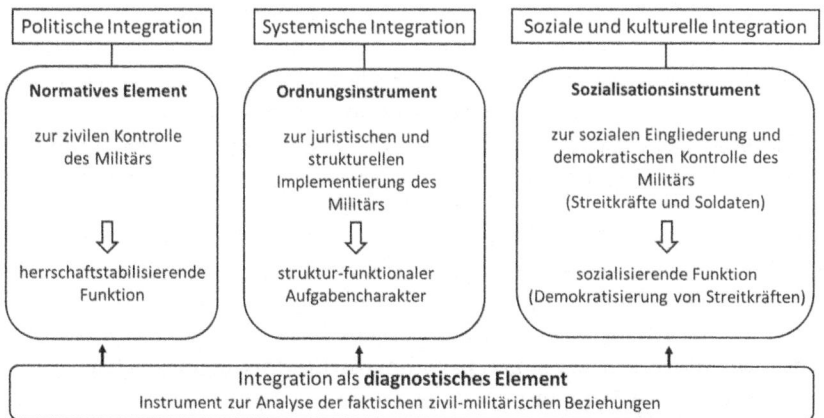

Abb. 3 Integrationsformen und ihre Funktionen im Konzept der Inneren Führung. (Quelle: eigene Darstellung)

der Konzeption der Inneren Führung kommt es allerdings nicht nur darauf an, dass der Staat die *politische* Kontrolle über das Militär als Machtinstrument uneingeschränkt in der Hand (be)hält, sondern dass die Streitkräfte darüber hinaus auch normativ, also bezogen auf zentrale Werte und Normen, möglichst spannungsfrei in die pluralistisch-liberale Gesellschaftsordnung eingebunden werden (vgl. Franke 2015a: 59 f.). Dies kommt dem Modell „subjektiver" Kontrolle der Streitkräfte nahe, wie sie vom US-Soziologen Morris Janowitz (1966 [1960]) in Abgrenzung zu Vorstellungen von „objektiver" politischer Kontrolle von Samuel Huntington (1981 [1957]) am Beispiel der US-Streitkräfte entwickelt wurden (Hagen 2012: 101 ff.).

Zu den Prinzipien der demokratischen Kontrolle der Streitkräfte in Deutschland zählen neben ihrer strukturellen Einbindung in das politische und verfassungsrechtliche Ordnungssystem („Armee in der Demokratie") und der Verankerung demokratischer Normen und Verfahrensweisen sowie individueller Recht(sansprüch)e in den Streitkräften („Demokratie in der Armee") die soziale und kulturelle Einbindung der Soldatinnen und Soldaten in die Gesellschaft, wodurch ein demokratischer Geist innerhalb der Streitkräfte befördert werden soll (vgl. Franke 2012a: 69–74, siehe hierzu auch Wiesendahl 2002a: 30–34). Im Zentrum steht der Staatsbürger in Uniform als Leitbild eines demokratischen Soldaten bzw. einer demokratischen Soldatin, der oder die aus politischer Überzeugung seinen bzw. ihren Dienst für das politische Gemeinwesen – die Bundesrepublik Deutschland – versieht, mit den den Streitkräften übertragenen Aufgaben verantwortungsbewusst umgeht und zugleich sozial wie kulturell fest im zivilen Umfeld verankert ist. Verbunden mit dieser Vorstellung ist die Idee eines regelmäßigen Personalaustausches zwischen Militär und Zivilgesellschaft. Sinnbild hierfür ist die allgemeine Wehrpflicht als Prinzip der Rekrutierung des militärischen Personalkörpers aus allen Schichten der Gesellschaft.

In Abb. 4 sind die Wirkungsweisen und Zusammenhänge der Inneren Führung als Integrationskonzeption und Instrument demokratischer Kontrolle zusammenfassend in einer tabellarischen Übersicht aufgelistet. Gleichzeitig werden darin mit Bezug auf die zuvor erläuterte Argumentationslogik der Inneren Führung die davon abgeleiteten Funktionsprinzipien in den drei Wirkungsebenen der Konzeption nochmals schlagwortartig aufgeführt.

4.1.3 Bundeswehr als Einsatzarmee: Herausforderungen für die Innere Führung

Mit den geopolitischen Veränderungen seit dem Ende des Kalten Krieges hat sich die Bundeswehr in den vergangenen zwei Jahrzehnten von einer ehemals klassischen Verteidigungsarmee zu einer global operierenden Kriseninterven-

Integrationsbezug	Zweck	Mittel/Prinzipien/Instrumente	Leitbild/ Identitätsfigur
Bundeswehr und Gesellschaft (Makroebene)			
Staat und Politik (organische Integration, formales Verhältnis) Bundeswehr als strukturfunktionales System	Zivile Kontrolle	„Primat der Politik" verfassungsrechtliche Einbindung parlamentarische Kontrolle (VgA., WBDBT, Haushalt) Bindung an gesamtgesellschaftliches Werteprinzip: „Primat des Zivilen" (Inklusionsprinzip)	„Parlamentsarmee" (als Rechtsfigur und Ausdruck parlamentarischer Kontrolle über die Exekutivgewalt)
Soziale Gesellschaft (gesellschaftliche Integration, soziale Beziehungen) Bundeswehr als soziales System	Demokra- tische Kontrolle	Gemeinschaftliches Wehrmotiv (Identifikationsprinzip) Werte- und Normenkohärenz, „Spiegelbild der Gesellschaft" (Permeabilitätsprinzip) Allgemeine Wehrpflicht, Wehrgerechtigkeit (Egalitätsprinzip)	„Armee in der Demokratie" (als gemeinschaftliches Selbstverständnis der Gesamtgesellschaft)
Bundeswehr als Organisation (Mesoebene)			
Streitkräfte- organisation (Hierarchien, Prozesse, Abläufe, Prinzipien, Symbole)	Zivile und demokra- tische Kontrolle	Gesetze /Verordnungen /Weisungen (GG, SG, WStG, WDO, WBO. ZDV 10/1, VVO), WBDBT Transparenz/Öffnung gegenüber Gesellschaft, SK als Teil der Gesellschaft (Identitätsprinzip) Demokratische Führungs- u. Verhaltensprinzipien (Inklusionsprinzip) Heterogene Sozialstruktur (Permeabilitätsprinzip)	„Demokratie in der Armee" (als Lebensstil) „Innere Führung" (als Leitbild)
Bundeswehr als Beruf (Mikroebene)			
Soldat als Individuum in Bundeswehr und Gesellschaft (gesellschaftliche Integration)	Zivile und demokra- tische Kontrolle	Staatsbürgerliche Pflicht/Einsicht in die Notwendigkeit des Dienstes (Identifikationsprinzip) Soldat als politischer Beruf (Identitätsprinzip) Ständiger Austausch mit der Gesellschaft über Wehrpflichtige (Permeabilitätsprinzip) Soldat als Beruf wie jeder andere (Inklusionsprinzip) Gemeinsames gesellschaftliches Wehrmotiv (Identifikationsprinzip) Werte- und Normenkohärenz, „Spiegelbild der Gesellschaft" (Permeabilitätsprinzip) Allgemeine Wehrpflicht, Wehrgerechtigkeit (Egalitätsprinzip)	„Staatsbürger in Uniform" (als Integrations- u. Rechtsfigur sowie Leitbild und Zielgestalt) „Autonome Persönlichkeit im soldatischen Dienst" (als Rechtsfigur und berufsethischer Imperativ)

Abb. 4 Innere Führung als Integrationskonzeption und Instrument demokratischer Kontrolle. (Quelle: Franke 2012a: 74)

tionsarmee gewandelt. Die teilweise unter kriegsähnlichen Bedingungen anzutreffenden Einsatzrealitäten auf dem Balkan, in Afghanistan und anderswo standen und stehen im krassen Gegensatz zur friedensgewohnten, weitgehend gewaltarmen Lebenswelt in Deutschland. Die Unterschiede in den

Erfahrungswelten der Soldatinnen und Soldaten auf der einen und den der Bürgerinnen und Bürgern in Deutschland auf der anderen Seite haben sich dadurch vertieft. Dazu kommt, dass die Bundeswehr im Zuge der strukturellen Veränderungen im Verlauf der 1990er-Jahre sowie insbesondere seit Aussetzung der Wehrpflicht 2011 zahlenmäßig kleiner geworden ist und sich aus der Fläche zurückgezogen hat, weil militärische Standorte verlagert oder ganz aufgelöst wurden. Aus diesem Grund haben sich die alltagweltlichen Interaktionsmöglichkeiten zwischen Bundeswehr und Zivilgesellschaft verringert. Diese Entwicklungen haben die Frage aufgeworfen, inwieweit das Modell der zivilmilitärischen Beziehungen und der demokratischen Kontrolle der Streitkräfte, wie es die Konzeption der Inneren Führung nahelegt, auch unter diesen Bedingungen funktioniert:

An der politischen Integration und zivilen Kontrolle der Streitkräfte hat sich seit Bestehen der Bundeswehr wenig geändert. Der Primat der Politik steht auch unter den gegenwärtigen Rahmenbedingungen außer Frage. Die durch die Wehrverfassung verfassungsrechtliche Verankerung der Wehrhoheit des Bundes stellt weiterhin die politische Kontrolle über die Bundeswehr sicher, auch und gerade in deren Funktion als Einsatzarmee. Das Parlamentsbeteiligungsgesetz von 2005 beinhaltet nicht nur eine verfassungsrechtliche Implementierung von Auslandsmissionen, sondern hat den Einfluss des Parlaments auf den Einsatz militärischer Gewalt (Parlamentsarmee) nochmals bekräftigt (Franke 2015b: 118).

Als zumindest zweischneidig unter dem Gesichtspunkt der sozialen Integration werden hingegen die Aussetzung der Wehrpflicht und die damit verbundenen Folgen diskutiert (Franke 2012b: 368 ff.): Bis 2011 galt die allgemeine Wehrpflicht in den offiziellen Bekundungen von Regierung und Bundeswehr Seite als Voraussetzungen für eine tiefe zivilgesellschaftliche Verankerung der Streitkräfte, da die Bundeswehr dadurch stets im Austausch mit der Gesellschaft stünde (vgl. BMVg 2006: 76). Hierauf baute auch die Argumentationslogik für die Innere Führung nach Baudissin auf (siehe Abschn. 2). Die allgemeine Wehrpflicht sorge für Transparenz, Durchlässigkeit und geistigen Austausch innerhalb der Bundeswehr, weshalb diese als Wehrpflichtarmee auch aufgrund ihrer sozialen Zusammensetzung das Spiegelbild einer pluralistischen Gesellschaft darstelle. Nimmt man dieses Postulat ernst, trägt die Aussetzung der Wehrpflicht verbunden mit der Auflösung zahlreicher Liegenschaften sowie ganzer Standorte im Zuge der Strukturreformen von 2011 dazu bei, dass die Bundeswehr nicht nur aus der Fläche, sondern zunehmend auch aus dem öffentlichen Bewusstsein der Bevölkerung schwindet. Diese Entwicklungen in Verbindung mit den Auslandseinsätzen könnten – so lautete etwa die Diagnose von Franke (2015b: 129 ff.) vor dem Hintergrund der Debatten um den (Kampf)Einsatz in Afghanistan Mitte der

2010er-Jahre – langfristig zu einer Entfremdung von Militär und ziviler Gesellschaft führen.

Ausgangspunkt für diese Einschätzung ist die Transformation der Bundeswehr zu einer professionellen, ausschließlich aus Freiwilligen bestehenden Einsatzarmee, die seitens der Bevölkerung vielfach nur noch als eine „Armee des Staates" und damit als machtstaatliches Dienstleistungsinstrument zur Durchsetzung sicherheitspolitischer Interessen wahrgenommen werde. Demgegenüber sei die Bundeswehr in der Rolle als Verteidigungsarmee mit Wehrpflichtigen durch den dahinterstehenden gemeinsamen Selbstverteidigungs- und Notwehrgedanken der Nation zumindest bei der verteidigungsbereiten Bevölkerung als „Armee im Volk" empfunden worden (vgl. Franke 2012b: 365–378). Eine funktionierende demokratische Kontrolle der Streitkräfte durch die Gesellschaft setze zudem seitens der politischen Akteure eine an Sicherheits- und Militärpolitik sowie an den Streitkräften und ihren Einsätzen interessierte Öffentlichkeit voraus (vgl. Franke 2015b: 122 f.). Befragungen zum sicherheits- und verteidigungspolitischen Meinungsbild der Bevölkerung machen allerdings immer wieder deutlich, dass der Kenntnisstand und damit einhergehend das Interesse der Bevölkerung in Bezug auf konkrete Einsätze[16] nicht besonders stark ausgeprägt sind. Zwar hat die Bevölkerungsmehrheit von den einzelnen Auslandseinsätzen der Bundeswehr schon einmal etwas gehört oder gelesen, der überwiegende Teil der Bevölkerung weiß jedoch nichts Konkretes und fühlt sich zudem schlecht über die Einsätze informiert (vgl. Steinbrecher et al. 2021: 11; Graf 2022: 8). Das auf dieser Kenntnisgrundlage subjektiv gewonnene Meinungsbild über die Einsätze ist recht ambivalent und reichte etwa im Jahr 2020 von knapp mehrheitlicher Zustimmung beim EUTM-Einsatz in Mali (European Union Training Mission Mali) bis hin zu Einsätzen, die jeweils nur von einem Drittel der Befragten unterstützt werden, wie beispielsweise das Engagement der Bundeswehr zur Bekämpfung des sogenannten Islamischen Staats in Syrien. Insgesamt sprechen sich die Bürgerinnen und Bürger am ehesten für die Missionen aus, die als Hilfseinsätze wahrgenommen werden oder der Stabilisierung dienen (vgl. Steinbrecher et al. 2021: 247–253).[17] Demgegenüber kann die neben den

---

[16] Im Dezember 2022 waren über 3100 Soldatinnen und Soldaten in 12 Missionen in Europa und Afrika aktiv. Zu Art und Umfang der Einsätze im Einzelnen siehe www.bundeswehr.de/de/einsaetze-bundeswehr (letzter Zugriff: 30.12.2022).

[17] Siehe hierzu auch den Beitrag von *Steinbrecher* in diesem Band.

Stabilisierungsmissionen seit 2014 sowie vor allem seit 2022 erfolgte stärkere Ausrichtung der Bundeswehr auf die Landes- und Bündnisverteidigung sich vorteilhaft auf das Verhältnis zwischen Bundeswehr und Gesellschaft auswirken, da sämtliche Maßnahmen und Aufgaben in diesem Zusammenhang auf einen sehr hohen Bevölkerungsrückhalt bauen können. Bereits vor dem Krieg in der Ukraine unterstützten gut 85 % der Bürgerinnen und Bürger den Einsatz der Bundeswehr zur Abwehr eines militärischen Angriffs gegen Deutschland (vgl. ebd.: 226 f.; ähnlich Graf 2022: 23 f.) und damit eine Aufgabe, die schon vor der Ära der Auslandeinsätze von der Bevölkerung mehrheitlich befürwortet wurde und mittels derer die Bundeswehr ihrer traditionellen Rolle als Verteidigungsarmee gerecht würde.

Auf der dritten, binnenmilitärischen Ebene demokratischer Kontrolle in Form einer professionellen Selbstkontrolle geht es um die Frage, wie die umfassende Strukturreform der Streitkräfte zu einer Einsatzarmee ihre Organisationskultur beeinflusst und welche Rolle darin dem Leitbild vom Staatsbürger in Uniform zukommt. Franke (2012b: 376 f.) weist hier darauf hin, dass sich die zur Deckung des Personalbedarfs vorgesehenen Selektions- und Rekrutierungsmechanismen der Bundeswehr als professioneller Freiwilligenarmee zum einen von denen der damaligen Wehrpflichtigenarmee erheblich unterscheiden, da das Organisationsinteresse der Streitkräfte nun in erster Linie auf die militärische Auftragserfüllung ausgerichtet ist und Aspekte wie beispielsweise Wehrgerechtigkeit, Quotenerfüllungen[18] und hoher Ausbildungsaufwand (durch die quartalsweisen Auffüllungen mit ,neuen' Grundwehrdienstleistenden) der Vergangenheit angehören. Eine ausschließlich an der militärischen Auftragserfüllung orientierte Personalpolitik, bei der eher militärfachliche Potenziale zählen, birgt die Gefahr, dass dadurch die in der ,alten' Bundeswehr stets positiv betonte „soziale Heterogenität" beim Personal allmählich verblassen könne (vgl. Biehl 2008: 15 f.). Denn durch die Selektionsmöglichkeiten in der Personalauswahl und bei den Aufstiegskarrieren vor allem des Führungsnachwuchses könnte auf diese Weise ein sozial zunehmend homogener Personalkörper heranwachsen, dem – bedingt durch die Erfahrungen der Auslandseinsätze – die Konzentration auf Korpsgeist und Kämpfertum wichtiger erscheinen als beispielsweise eine gewisse militärische

---

[18] Hiermit ist die quartalsmäßige Deckung der planerischen SOLL-Umfangsgrößen gemäß Personalstrukturmodell (PSM) gemeint, die in Abhängigkeit vom Haushalt jährlich neu festgelegt wurden (= Wehrpflichtigenquote, welche die Zahl der einzuberufenden Grundwehrdienstleistenden per anno bestimmte).

Abb. 5 Das Verhältnis von Leitbild und Unternehmenskultur. (Quelle: Wiesendahl 2005a: 26)

Zivilität und die Verinnerlichung demokratischer Tugenden. Eine derartige Militärkultur mit der Fokussierung auf vornehmlich militärhandwerkliche Fähigkeiten und Fertigkeiten würde eine demokratische Kontrolle ‚von innen' nicht nur erschweren, sondern damit zugleich das Ende der Ära des Staatsbürgers in Uniform in der ursprünglichen, von Baudissin angedachten Form einleiten (Franke 2015b: 124 f.). Insbesondere unter dem Eindruck zunehmender Kampftätigkeiten in Afghanistan (2007 bis 2011), bei denen durch die militärischen Gefechte mit den Taliban auch vermehrt eigene Opfer unter den Soldatinnen und Soldaten zu beklagen waren, schienen die vielfach kontrovers geführten Diskussionen innerhalb des Militärs sowie darauf Bezug nehmende sozialwissenschaftliche Diagnosen (vgl. hierzu Wiesendahl 2010, 2011) eine derartige Entwicklung zunächst zu bestätigen. Mit der Beruhigung der Kampfhandlungen flachten diese Debatten dann allerdings wieder ab. Zudem scheint sich innerhalb des Militärs im Zusammenhang mit der Nachwuchsgewinnung eine Wende in der Personalpolitik anzudeuten, die auf ein modernes *Diversity Management* in der Bundeswehr abzielt, mit dessen Hilfe vorhandene Potenziale besser genutzt und weitere strategisch erschlossen werden sollen (BMVg 2016: 123).

Die Bundeswehrführung verweist hierzu auf die zunehmende Pluralität innerhalb der deutschen Gesellschaft und postuliert diese Vielfalt als Chance für die
Bundeswehr, um – wie die Streitkräfte in anderen Ländern auch – von einer
größeren Vielfalt an Erfahrungen und Qualifikationen zu profitieren. Im Blickfeld der aktiven Personalpolitik der Bundeswehr stehen demnach Aspekte wie
Alter, Geschlecht, ethnische oder kulturelle Herkunft, Behinderung, Religion
oder sexuelle Orientierung. Diversity Management und damit die Förderung von
Vielfalt und Chancengerechtigkeit innerhalb der Streitkräfte, etwa im Hinblick
auf ethnische Herkunft, sexuelle Orientierung und Geschlechtsidentität, wurde
dabei explizit als Führungsaufgabe ausgewiesen (ebd.) Sollten diese Bemühungen
Früchte tragen, wäre auf diese Weise künftig beim Personal der Bundeswehr auch
als professionelle Freiwilligenarmee eine gewisse soziale Heterogenität gewährleistet, die für eine demokratische Einbindung der Streitkräfte normativ wichtig
erscheint.

4.2   Innere Führung als Unternehmens- und Organisationskultur

Eine nochmals etwas anders gelagerte Perspektive auf die Inneren Führung
stammt vom Soziologen und Politikwissenschaftler Elmar Wiesendahl.
Wiesendahl schlägt vor, die Innere Führung „als ein umfassendes und ganzheit-
liches Leitbildkonzept für die Bundeswehr" zu begreifen (Wiesendahl 2002a:
22). Er rekurriert hierfür auf Ansätze und Befunde zu Formen und Funktionen
von Leitbildern auf die Unternehmens- und Organisationskultur. Demnach
umfasst ein Unternehmensleitbild die Gesamtheit „von Grundsätzen und Leit-
vorstellungen" innerhalb der Organisation und bildet für diese einen „ganzheitlichen Bezugsrahmen über anzustrebende Prinzipien, Werte, Ziele, Normen
und Leistungen" (Wiesendahl 2005a: 24). Das Leitbild (re)präsentiert somit
eine „Vorstellung darüber, wie das Miteinander – die Arbeits- Führungs- und
Beteiligungsformen – im Unternehmen organisiert werden soll, welche Ziele
gemeinschaftlich verfolgt werden sollen, was das Selbstverständnis und der
Gegenstand des Unternehmens sein soll." (ebd. 24 f.). Es enthält darüber hinaus
„Soll-Aussagen über das Verhältnis eines Unternehmens zu seinen externen
Anspruchsgruppen" (ebd.: 25). Überträgt man diese allgemeinen Erkenntnisse
auf die Bundeswehr, zeigt die Innere Führung, als Leitbild in diesem Sinne verstanden, den zivilen wie militärischen Angehörigen der Streitkräfte ebenso wie
der Öffentlichkeit auf, „welchen höchsten Werten und Prinzipien sie sich verpflichtet, worin sie ihren Daseinszweck und ihren Auftrag sieht und auf welche

Grundlage sie ihr Beziehungsverhältnis zur politischen und gesellschaftlichen Umwelt sieht" (ebd.). Darüber hinaus werden aus diesem Leitbild richtungsweisende „Maßstäbe und Richtlinien für das Führungsverhalten und die Zusammenarbeit sowie für das soldatische Berufsbild, in dem sich das Selbstverständnis und die Rollenidentität der Soldaten wiederspiegeln soll", abgeleitet (ebd.). Wiesendahl macht in diesem Zusammenhang allerdings auch deutlich, dass Innere Führung als Unternehmensleitbild lediglich eine „Richtlinienfunktion" besitzt. Damit ist gemeint, dass damit nicht exakt vorgegeben wird, wie die Angehörigen der Bundeswehr sich verhalten. Vielmehr werde der „Korridor erwünschten Denkens, Fühlens und Verhaltens" abgesteckt und damit die Spielräume abgegrenzt, innerhalb derer sich das militärische Zusammenleben abspielen soll (ebd.).

In diesem Verständnis von Innerer Führung ist diese Teil der Unternehmenskultur der Bundeswehr – ohne damit identisch zu sein. Die Innere Führung stellt demnach „nur den klar gewollten und per Niederschrift gestalteten Teil der Unternehmenskultur dar, zu deren Umsetzung und Einhaltung nach innen und außen eine Verpflichtung eingegangen wird" (ebd.). Zur Unternehmenskultur der Bundeswehr, worunter Wiesendahl neben den militärischen (Streitkräfte) und zivilen (z. B. Verwaltung) Anteilen auch die militärpolitische Leitung (Verteidigungsministerium) fasst, gehöre darüber hinaus eine Vielzahl weiterer Elemente: „Einbezogen in die Unternehmenskultur sind (...) auch nicht ausdrücklich per Leitbild deklarierte aber gleichwohl faktisch geltende Vorschriften sowie ungeschriebene Gebote und Verbote, militärische Umgangsformen, Sitten und Gebräuche, Traditionen, Legenden und Mythen, Rituale, Sprechweisen, Symbole bis hin zu Uniformen, Gebäuden und Anlagen, die das Sozialgebilde Militär erkennbar und nach außen hin unterscheidbar machen" (ebd.: 26). Davon nochmals zu differenzieren ist nach Wiesendahl die gelebte, den militärischen Alltag und das Zusammenleben realiter bestimmende Organisationskultur der Streitkräfte. Auch hier gelte es zwischen gewollter und gelebter Praxis zu differenzieren, welche die Deckungslücke zwischen Soll und Ist, Norm und Wirklichkeit verdeutlicht, die jede Organisation kennzeichne (vgl. ebd.: 26 f.).

In Abb. 5 werden die von Wiesendahl vorgenommenen begrifflichen Abgrenzungen sowie das Verhältnis von Leitbild und Unternehmenskultur veranschaulicht. Die wechselseitigen Pfeile weisen darauf hin, dass die Innere Führung als Unternehmensleitbild einerseits Einfluss auf die gewollte Unternehmenskultur nimmt, andererseits aber selbst dem Einfluss des ‚Unternehmens' Bundeswehr, insbesondere bei Veränderungen der Rahmenbedingungen (z. B. bezogen auf Auftrag und Daseinszweck der Bundeswehr), unterliegt und als dynamisch angelegte Konzeption gedacht werden muss. Der Kreis in der

Abbildung symbolisiert, dass die gelebte Organisationskultur große Anteile der gewollten Organisationskultur beinhaltet, aber darin auch Elemente enthalten sind, die außerhalb des mit dem Leitbild vorgegebenen Spielraums stehen, wie etwa die Praxis militärischer Aufnahme- bzw. Übergangsrituale, über die in den Medien immer wieder einmal kritisch berichtet wird.

Aus Sicht der Unternehmensleitung – hier: der militärpolitischen Führung – sollte die Differenz zwischen den offiziellen Ansprüchen der Inneren Führung (Leitbild) und ihren informellen Ausprägungen möglichst gering ausfallen. Die im Zuge der Auslandseinsätze entstandenen „Einsatzkultur" (Tomforde 2010)[19] habe das Spannungsfeld innerhalb der gelebten Organisationskultur (Heimat vs. Einsatz, Einsatz innerhalb vs. außerhalb des Lagers, vgl. Bohnert 2013) vertieft, was nicht ohne Auswirkungen auf das Verhältnis zur offiziellen Unternehmenskultur – Stichwort: Kritik von soldatischer Seite an der Inneren Führung – geblieben sei. Wiesendahl zufolge ist dies darauf zurückzuführen, dass mit der Transformation der Bundeswehr zu einer Einsatzarmee nach dem Ende des Kalten Krieges den deutschen Streitkräften ein Auftrag vorgegeben wurde, der in Widerspruch zur bisherigen Unternehmenskultur mit ihrem Leitbild stand, das unter den Bedingungen der Wiederbewaffnung, des Ost-West-Konflikts und den Anforderungen einer territorialen Verteidigungsarmee entstanden war. Entgegen der offiziellen Bekundungen der militärpolitischen Führungsspitze, wonach sich die Innere Führung auch im Einsatz bewährt habe (vgl. BMVg 2006: 80), macht er deswegen geltend (vgl. Wiesendahl 2002a, b, 2005a, 2007b, 2010, 2016), dass und warum der Aufgabenwandel der einst aus der Zivilgesellschaft hergeleiteten und vor dem Hintergrund des Kalten Krieges legitimierten Bundeswehr im Zuge der Auslandseinsätze zu einer ‚Verstaatlichung' der Streitkräfte geführt habe und eine neue normative Begründung der zivil-militärischen Beziehungen in der Bundesrepublik erforderlich mache. Vor allem der mit dem einstmaligen Verteidigungszweck der Bundeswehr untrennbar verknüpfte individuelle Sinnvermittlungs- und Begründungszusammenhang des Staatsbürgers in Uniform als „geborenen Vaterlandsverteidiger" lasse sich, so Wiesendahl, nicht ohne Weiteres als Bezugspunkt für eine international operierende Kriseninterventionsarmee übertragen (vgl. Wiesendahl 2002a: 32). Wie Franke kommt er somit zu dem Ergebnis, dass durch den Ziel- und Strukturwandel der Bundeswehr die zentralen Komponenten der Inneren Führung bis auf die eingelebte

---

[19] Siehe hierzu auch den Beitrag von *Hagen & Tomforde* in diesem Band.

zivile Führungskultur ihres bisherigen ineinandergreifenden Sinngehalts beraubt worden seien und neu bestimmt werden müssten (vgl. ebd.: 37).

5 Empirische Befunde zur Inneren Führung

Mit der Inneren Führung beschäftigen sich bis heute immer wieder Autorinnen und Autoren aus der Politik und dem Militär (einschließlich soldatischer Interessenvertretungen wie dem Bundeswehrverband), den Kirchen (mit der Institution der Militärseelsorge) sowie auch aus der Wissenschaft. Ungeachtet solcher Ansätze, die wie die soeben vorgestellten darauf abheben, die Konzeption der Inneren Führung mittels (militär)soziologischer Konzepte zu erfassen und für eine zeitdiagnostische Analyse der zivil-militärischen Beziehungen in Deutschland zu verwenden, führt die Innere Führung als genuines wissenschaftliches Forschungsthema eher ein Nischendasein. Eine Bereicherung für die in Deutschland als spärlich zu bezeichnende Militärpublizistik bietet in dieser Hinsicht das seit 2009 jährlich unter der Herausgeberschaft von Uwe Hartmann und Claus von Rosen im Miles-Verlag erscheinende *Jahrbuch Innere Führung*. Obgleich darin der wissenschaftliche Anspruch – schon aufgrund der unterschiedlichen Provenienzen der Autorenschaft – nicht von allen Beiträgen gleichermaßen gut erfüllt wird (was im Übrigen auch nicht unbedingt der Intention dieser Buchreihe entspricht), bieten diese Jahrbücher dennoch ein reiches Spektrum an Themen und Diskussionsbeiträgen zur Inneren Führung, die immer wieder auch eine Reihe gängiger, insbesondere offizieller politischer Annahmen und Aussagen infrage stellen.[20]

Daneben gibt es inzwischen auch einige empirische Studien zur Inneren Führung. Als ein Beispiel für eine quantitativ ausgerichtete Erhebung sei zum einen die Untersuchung von Angelika Dörfler-Dierken und Robert Kramer (2014) angeführt, bei der es darum ging, den Kenntnisstand und die Einstellungen der

---

[20] Hinsichtlich der oben erwähnten Diskussion um die Folgen der Auslandseinsätze für die Bundeswehr im Allgemeinen und der Inneren Führung im Besonderen siehe insbesondere die Beiträge im *Jahrbuch Innere Führung* der Jahre 2012 und 2013: In Band 2012 (Hartmann et al. 2012) finden sich verschiedene Beiträge zum Thema „Der Soldat zwischen gesellschaftlicher Integration und suis generis-Ansprüche", in denen die historisch gewachsenen Gegensatzpaare ‚Integration des Militärs' und ‚militärischer Eigenweg' im Zusammenhang mit den Erfordernissen einer Bundeswehr als Einsatzarmee kontrovers diskutiert werden. In Band 2013 (Hartmann und Rosen 2013) geht es um speziell um „Wissenschaften und ihre Relevanz für die Bundeswehr im Einsatz".

Soldatinnen und Soldaten zur Inneren Führung zu ermitteln, wie sie in der in der Fassung der Vorschrift zur Inneren Führung von 2008 verbindlich für alle Soldatinnen und Soldaten festgeschrieben wird. Des Weiteren wurden dabei binnenmilitärische Aspekte der Inneren Führung untersucht, wie etwa das Führungsverhalten, das Vertrauen in den unmittelbaren Vorgesetzten und die Wichtigkeit der Handlungsfelder für die politische Leitung und militärische Führung. Die Studie kommt zu dem Ergebnis, dass die Innere Führung als Idee überwiegend positiv besetzt, im Vorgesetztenverhalten in vielen Punkten erfahrbar und als Leitvorstellung breit verinnerlicht ist (Dörfler-Dierken und Kramer 2014: 74). Allerdings wird auch deutlich, dass es bezüglich des Wissens über die Innere Führung deutliche Unterschiede zwischen den Dienstgradgruppen gibt. Dies ist insofern wenig überraschend, als insbesondere das Führungspersonal der Streitkräfte – und damit Offiziere eher als Unteroffiziere, sowie jene noch stärker als Mannschaften – im Rahmen ihrer Laufbahn- und Verwendungslehrgänge zum Beispiel im Bereich „Menschenführung" immer wieder mit Themen der Inneren Führung konfrontiert werden. Entsprechend zeigt sich, dass der Kenntnisstand über die Innere Führung bei den Befragten in der Dienstgradgruppe der Mannschaft am geringsten ist: Lediglich 2 % der Prozent der Befragten geben an, sich intensiv mit ZDv 10/1 beschäftigt zu haben. 20 % haben nach eigenen Angaben davon gehört bzw. gelesen und kennen einige Fakten und Zusammenhänge. 56 % haben davon gehört bzw. gelesen, wissen aber nichts Konkretes, und 22 % bekunden, dass sie vorher noch nie etwas davon gehört bzw. gelesen haben und sich auch nichts darunter vorstellen können. Mit zunehmendem Dienstgrad steigen das Wissen und die inhaltliche Beschäftigung mit diesem Thema. In der Dienstgradgruppe der Offiziere und insbesondere bei den Stabsoffizieren ist mit über 80 % der Anteil derjenigen mit gutem Kenntnisstand am größten: Hier sind es jetzt 46 %, die vorgeben, sich intensiv damit beschäftigt zu haben und über alle wesentlichen Kenntnisse zu verfügen; 42 % geben an, davon gehört bzw. gelesen zu haben, einige Fakten und Zusammenhänge zu kennen. Nur elf Prozent haben davon gehört oder gelesen, ohne Genaueres zu wissen, und lediglich ein Prozent der befragten Stabsoffiziere bekundet, noch nie etwas davon gehört zu haben (vgl. ebd.: 20).

Ein vergleichbares Muster im Antwortverhalten lässt sich bei den persönlichen Einstellungen zur Inneren Führung konstatieren. Die Unterschiede zwischen den Dienstgradgruppen fallen hier nicht zwar nicht ganz so markant aus. Dennoch ist bei den Mannschaften der Anteil derjenigen mit einer ambivalenten Einstellung zur Inneren Führung (46 %) in etwa gleich groß wie der der Befürworter und Befürworterinnen (44 %). Auch hier zeigt sich also ein geteiltes Meinungsbild: „Die persönliche Einstellung zur Inneren Führung ist stark abhängig von der

Dienstgradgruppe. Währen 44 % der Soldatinnen und Soldaten der Mannschafts-
laufbahn angeben, eine positive Einstellung zu haben, ist dies bei 83 % der Stabsoffiziere der Fall." (ebd.: 32).

Im Umkehrschluss könnte man annehmen, dass zumindest in der Dienstgradgruppe der Offiziere und Unteroffiziere aufgrund der positiven Selbstbekennt-
nisse zur Inneren Führung hinsichtlich Kenntnisstand und Akzeptanz diese
weitestgehend verinnerlicht ist. Eine etwas ältere empirische Studie von Julika
Bake (2010) aus dem Jahre 2008, bei der 24 Offiziere und Unteroffiziere im
Rahmen eines qualitativen Forschungsdesigns zum Thema Innere Führung inter-
viewt wurden, lässt allerdings manchen Zweifel an diesen Selbsteinschätzungen
aufkommen. Bake kommt nämlich zu dem Ergebnis, dass die Innere Führung
von jedem der von ihr befragten Soldaten zwar als zentrale Grundlage seines
Berufs angesehen wird. Wofür der Begriff genau steht, bleibe allerdings eher
diffus. Die Innere Führung werde, so Bake, von den Befragten als ‚Kultur' der
Bundeswehr – die Umgangsweise miteinander, der Umgang mit geschriebenen
und ungeschriebenen Regeln, gemeinsame Werte und Normen – beschrieben.
Welchen Anteil die Innere Führung im Rahmen der eigenen Arbeit einnehme,
könnten diese jedoch nicht genau beziffern – vielmehr werde Innere Führung
mit einer Art innere Haltung gleichgesetzt, die man habe oder auch nicht (Bake
2010: 130). Das Schlagwort ‚Mensch im Mittelpunkt' sei ein weiteres wichtiges
Stichwort für das berufliche Selbstverständnis vieler Soldatinnen und Soldaten,
das mit der Inneren Führung assoziiert werde. Ein guter Vorgesetzter bzw. eine
gute Vorgesetzte zeichne sich aus Sicht der Befragten dadurch aus, dass er
Interesse am Menschen zeige (vgl. ebd.). Bake kommt daher zu dem Ergebnis,
dass Innere Führung vornehmlich mit ‚gutem' Führungsverhalten und damit mit
binnenmilitärischen Aspekten in Verbindung gebracht wird. Während von einigen
Interviewpartnern darüber hinaus die Befürchtung geäußert werde, dass dadurch
das Ansehen der Bundeswehr bei anderen Armeen im Rahmen multinationaler
Militäreinsätze möglicherweise geschädigt werden könne, heben andere den
menschenwürdigen Umgang gerade als Pluspunkt der Bundeswehr hervor, der
einer demokratischen Armee absolut angemessen sei (ebd.: 131). Auch wenn die
Beachtung der Werte und Normen der Inneren Führung bei der Dienstgestaltung
grundsätzlich befürwortet werden, verdeutlicht die Studie somit, wo im Verständnis der Befragten die liberal-demokratischen Prinzipien der Inneren Führung im
Rahmen vermeintlich militärfunktionaler Erfordernisse an ihre Geltungsgrenzen
stoßen. Wie Bake ferner berichtet, sei es aus Sicht einiger ihrer Interviewpartner
„einerseits gut, dass so mancher alter Haudegen aus der eigenen Ausbildungszeit
weg sei, denn das habe mit Innerer Führung nichts zu tun gehabt; andererseits
gibt es teilweise scharfe Kritik unter den befragten Soldaten, dass das Soldatische

unter den Kameraden immer mehr abnehme. Es fehle an Dienstbereitschaft, Kameradschaft und Disziplin. Zu oft werde diskutiert und nachgehakt anstatt ‚Jawohl' zu sagen; zu oft hätten Kameraden die Haltung, das Soldatsein sei ein ‚nine-to-five job', man komme pünktlich, man gehe pünktlich und habe damit sein Soll erfüllt anstatt bereit zu sein, auch nach Dienstschluss bereitwillig und ohne jegliche Diskussion noch Aufgaben zu übernehmen" (ebd.).

Diese wenigen empirischen Einblicke scheinen darauf hinzuweisen, dass ‚Innere Führung' und ‚Staatbürger in Uniform' als Begriffe in der Truppe weitgehend bekannt sind, ihre handlungswirksame Kraft aber am ehesten als Führungsideal entfalten. Für die Soldaten und Soldatinnen steht damit weniger die Perspektive einer demokratischen Streitkräfteintegration, als vielmehr das militärische Binnenverhältnis (Menschenführung, Vorgesetztenrolle etc.) im Vordergrund. Wie die Aushandlungsprozesse zwischen den normativen Vorgaben und den sonstigen innerhalb der Streitkräfte geltenden geschriebenen wie ungeschriebenen Regeln im Einzelnen ablaufen, in welchem Verhältnis also Unternehmensleitbild und Organisationskultur konkret zueinander stehen und wie sich dieses im Verlauf der Zeit, etwa durch die Aussetzung der Wehrpflicht und die Auslandseinsätze, genau verändert (hat) – zu diesen und weiteren Fragen, die sich mit Blick auf die zuvor skizzierten theoretischen Perspektiven auf die Innere Führung aufwerfen lassen, gibt es kaum empirisch gesicherte Antworten. Dies liegt auch daran, dass zwar etwa dank der regelmäßigen Befragungen durch das Zentrum für Militärgeschichte und Sozialwissenschaften der Bundeswehr (ZMSBw) viele Erkenntnisse zum verteidigungs- und sicherheitspolitischen Meinungsbild in Deutschland vorliegen, ebenso wie eine Reihe von Befunden zu den Erfahrungen von Soldaten und Soldatinnen in den Auslandseinsätzen (z. B. Tomforde 2010; Seiffert et al. 2012; Seiffert und Heß 2020). Diese Ergebnisse werden jedoch oftmals nicht oder nur bedingt im Hinblick auf die Folgen für die Innere Führung sei es als Unternehmensleitbild, sei es als Modell der zivilen Kontrolle und zivilgesellschaftlichen Integration der Streitkräfte diskutiert und eingeordnet.

Nicht nur aus Gründen der Vollständigkeit, sondern insbesondere wenn es um die Frage nach dem Wesenskern der Inneren Führung geht, dürfen abschließend die vielfältigen Debatten um die ethischen Grundlagen der Inneren Führung nicht unerwähnt bleiben, die vor allem im Kontext der evangelischen wie katholischen Militärseelsorge geführt werden. Da geht es vornehmlich darum, wie der Soldat und die Soldatin unter ethischen Vorzeichen denken bzw. handeln soll. Diese wichtige Diskussion bleibt allerdings auf der Ebene des Individuums und seines

Gewissens fokussiert – die organisationalen und politischen Rahmenbedingungen des Soldatseins kommen dabei in der Regel nur am Rande vor.

6 Zusammenfassung und Ausblick

Innere Führung lässt sich als eine multikomplexe, mehrdimensional angelegte Konzeption der zivil-militärischen Beziehungen begreifen. Ziel des Beitrags war es, die historischen Hintergründe der Entstehung dieses für die Bundeswehr bis heute zentralen normativen Streitkräftemodells zu erläutern und darauf aufbauend verschiedene Ansätze für eine sozialwissenschaftliche Erfassung und Einordnung dieses Modells vorzustellen.

Wie die Zusammenhänge und Wirkungsweisen der Inneren Führung unter den zuvor diskutieren theoretischen Perspektiven als gesellschaftliches Integrationsmodell, als Mittel demokratischer Kontrolle oder als Unternehmensleitbild in der sozialen Wirklichkeit realiter zum Tragen kommen, bedarf weiterer empirischer Forschung. Dies gilt auch für die auf diesen theoretischen Annahmen beruhenden Gegenwartsdiagnosen und den vor dem Hintergrund der Auslandseinsätze sowie der Aussetzung der Wehrpflicht abgeleiteten Folgerungen in Bezug auf einen Anpassungs- bzw. Weiterentwicklungsbedarf der Konzeption. Schließlich wäre zu wünschen, dass dieses für den deutschen zivil-militärischen Kontext so zentrale Modell mit seinen starken normativen Implikationen nicht nur in seinen historischen Bezügen rekonstruiert und gewürdigt, sondern zukünftig auch stärker international vergleichend erforscht und eingeordnet wird. Letzterer Hinweis wäre nicht nur aus wissenschaftlicher Sicht interessant, da in den überwiegend multinational geführten Einsätzen, bei denen oft Truppenkontingente aus verschiedenen Nationen zusammengesetzt werden, teils sehr unterschiedliche Führungs- und Organisationskulturen zwangsläufig aufeinandertreffen, was nicht nur zu Spannungen und Konflikten unter den beteiligten Akteuren vor Ort, sondern unter Umständen auch zu Vertrauensverlusten unter den Bündnispartnern führen kann. Wie Streitkräfte organisational aufgestellt und institutionell eingebunden sind, betrifft nicht nur die gesellschaftliche Verortung innerhalb der eigenen Landesgrenzen, sondern hat – zumal in Zeiten multinationaler Militäreinsätze – auch Auswirkungen auf die Art und Weise, wie diese die ihnen übertragenen Aufgaben erfüllen. So gesehen ist die Innere Führung ein Thema, das zwar primär die Bundeswehr betrifft, aber mit seinen Implikationen weit über die Grenzen dieser Organisation hinausreicht.

Annotierte Auswahlbiografie

Bald, Detlef/Prüfert, Andreas (Hrsg.) (2002): Innere Führung – Ein Plädoyer für eine zweite Militärreform. Baden-Baden: Nomos.

In diesem Sammelband werden einleitend „Fünfzehn Thesen und Anregungen" zur Anpassung und Weiterentwicklung der Inneren Führung vorgestellt, die auf den Diskussionen und Studienpapieren eines Arbeitskreises basieren und auf die sich auch die nachfolgenden Beiträge in diesem Band beziehen. Diesem Arbeitskreis, der sich nach der Jahrtausendwende mit der Weiterentwicklung der Inneren Führung der Bundeswehr beschäftigte, gehören zivile und bei der Bundeswehr angestellte Wissenschaftlerinnen und Wissenschaftler an. Die Autorinnen und Autoren gehen davon aus, dass die grundlegende Militärreform seit 2000 eine neue Qualität der Inneren Führung erforderlich macht, da ihrer Meinung nach die Normen und Ziele der Inneren Führung zwar im Grundgesetz vorgegeben, erhebliche Teile ihrer Umsetzung aber veraltet seien. Mit den Thesen und Beiträgen wird eine aufschlussreiche Diskussionsgrundlage zur Inneren Führung geboten, die an Aktualität auch 20 Jahre später nichts eingebüßt hat.

Franke, Jürgen (2012): Wie integriert ist die Bundeswehr? Eine Untersuchung zur Integrationssituation der Bundeswehr als Verteidigungs- und Einsatzarmee. Baden-Baden: Nomos.

Das Buch beschäftigt sich im Rahmen eines militärsoziologischen Forschungsprojektes mit der Integrationssituation der Bundeswehr in Staat und Gesellschaft. Einführend werden grundlegende Begriffe, Theorien und Modelle zur Integration vorgestellt und hieraus ein Analyseschema für die nachfolgende Untersuchung entwickelt. Das Werk bietet eine umfassende Analyse der zivilmilitärischen Beziehungen von 1955 bis heute und dokumentiert dabei die teilweise gravierenden Veränderungen, die als Folgen eines tiefgreifenden Anpassungs- und Umstrukturierungsprozesses der Bundeswehr gesehen werden können. Die Auswirkungen dieses Identitäts- und Strukturwandels aufzuspüren und Folgerungen daraus für das zivil-militärische Verhältnis, das Image des Soldatenberufs und nicht zuletzt für das Unternehmensleitbild der Bundeswehr, die Innere Führung zu ziehen, bilden zentrale Schwerpunkte dieser Arbeit.

Wiesendahl, Elmar (Hrsg.) (2005): Neue Bundeswehr – neue Innere Führung? Perspektiven und Rahmenbedingungen für die Weiterentwicklung eines Leitbildes. Baden-Baden: Nomos.

In diesem Sammelband sind die Ergebnisse einer Fachtagung dokumentiert, die im November 2003 an der Universität der Bundeswehr unter der Leitung des Herausgebers stattfand. In den elf Beiträgen gehen die Autorinnen und

Autoren allesamt der Frage nach, inwieweit die weltpolitische Lage und die damit verbundenen Änderungen des Aufgabenspektrums der Bundeswehr eine Reform des Leitbilds der Inneren Führung erforderlich machen. Der Band bietet ein breites Spektrum an Vorschlägen und Diskussionsbeiträgen zum Anpassungs- und Weiterentwicklungsbedarf der Inneren Führung, wobei in die Beiträge militärsoziologische, politikwissenschaftliche und auch betriebs- und organisationswissenschaftliche Perspektiven mit eingeflossen sind.

Literatur

Abenheim, Donald (1989): Bundeswehr und Tradition. Die Suche nach dem gültigen Erbe des deutschen Soldaten. München: Oldenbourg.

Apelt, Maja (Hrsg.) (2010): Forschungsthema: Militär. Militärische Organisationen im Spannungsfeld von Krieg, Gesellschaft und soldatischen Subjekten. Wiesbaden: VS Verlag für Sozialwissenschaften.

Bake, Julika (2010): Das Bild vom demokratischen Soldaten: Erste Ergebnisse der empirischen Fallstudie zur Bundeswehr. In: Dörfler-Dierken/Kümmel (2010): 129–136.

Bald, Detlef/Prüfert, Andreas (Hrsg.) (2002): Innere Führung – Ein Plädoyer für eine zweite Militärreform. Baden-Baden: Nomos.

Bald, Detlef (2005): Die gespaltene Ausrichtung der Bundeswehr – oder: warum sich die Bundeswehr mit „Inneren Führung" seit 1950 schwer tut. In: S+F Sicherheit und Frieden, 4, 177–179.

Baudissin, Wolf Graf von (1969): Soldat für den Frieden. Entwürfe einer zeitgemäßen Bundeswehr. Herausgegeben und eingeleitet von Peter von Schubert. München: Piper.

Baudissin, Wolf Graf von (1982): Nie wieder Sieg! Programmatische Schriften 1951–1981. Herausgegeben von Cornelia Bührle und Claus von Rosen. München: Piper.

Bayer, Stefan/Stümke, Volker (Hrsg.) (2008): Mensch. Anthropologie in sozialwissenschaftlicher Perspektive. Berlin: Dunker & Humblot.

Biehl, Heiko (2008): Von der Verteidigungs- zur Interventionsarmee. Konturen eines gehemmten Wandels. In: Kümmel (2008): 9–20.

Bundesministerium der Verteidigung (BMVg) (1957): Handbuch für Innere Führung. Herausgegebenen vom BMVg/FüS-B. Bonn.

Bundesministerium der Verteidigung (BMVg) (2006): Weißbuch zur Sicherheitspolitik Deutschlands und zur Zukunft der Bundeswehr. Berlin.

Bundesministerium der Verteidigung (BMVg) (2008): ZDv 10/1 „Innere Führung – Selbstverständnis und Führungskultur". Herausgegeben vom Führungsstab der Streitkräfte I 4. Berlin.

Bundesministerium der Verteidigung (BMVg) (2016): Weißbuch zur Sicherheitspolitik Deutschlands und zur Zukunft der Bundeswehr. Berlin.

Bundesministerium der Verteidigung (BMVg) (2017): ZDv A-2600/1 „Innere Führung – Selbstverständnis und Führungskultur". Herausgegeben vom Führungsstab der Streitkräfte FüS-III-3. Berlin.

Böcker, Martin//Kempf, Larsen/Springer, Felix (Hrsg.) (2013): Soldatentum. Auf der Suche nach Identität und Berufung der Bundeswehr heute. München: Olzog.

Bohnert, Marcel (2013): Armee in zwei Welten. In: Böcker et al. (2013): 75–89.

Born, Hans (2006): Demokratische Kontrolle von Streitkräften und Sicherheitspolitik. In: Gareis/Klein (2006): 125–134.

Bröckling, Ulrich (1997): Disziplin. Soziologie und Geschichte militärischer Gehorsamsproduktion. München: Wilhelm Fink Verlag.

Diefenbach, Karl (2001): Von Himmerod bis Kosovo, Kontinuität der Inneren Führung. In: Reader Sicherheitspolitik, Ergänzungslieferung 2/2001 (Kap. VII): 10–24.

Dörfler-Dierken, Angelika (2005): Ethische Fundamente der Inneren Führung. Baudissins Leitgedanken: Gewissensgeleitetes Individuum – Verantwortlicher Gehorsam – Konflikt- und friedensfähige Mitmenschlichkeit. Strausberg: Sozialwissenschaftliches Institut der Bundeswehr.

Dörfler-Dierken, Angelika/Kramer, Robert (2014): Innere Führung in Zahlen. Streitkräftebefragung 2013. Berlin: Miles-Verlag.

Dörfler-Dierken, Angelika/Kümmel, Gerhard (Hrsg.) (2010): Identität, Selbstverständnis, Berufsbild. Implikationen der neuen Einsatzrealität für die Bundeswehr. Wiesbaden: VS Verlag für Sozialwissenschaften.

Feldmeyer, Klaus/Meyer, Georg (2007): Johann Adolf Graf von Kielmansegg 1906–2006. Deutscher Patriot, Europäer, Atlantiker. Hamburg u a.: Mittler & Sohn.

Franke, Jürgen (2008): Das Menschenbild der Inneren Führung. In: Bayer/Stümke (2008): 273–292.

Franke, Jürgen (2012a): Wie integriert ist die Bundeswehr? Eine Untersuchung zur Integrationssituation der Bundeswehr als Verteidigungs- und Einsatzarmee. Baden-Baden: Nomos.

Franke, Jürgen (2012b): Gesellschaftliche Integration und demokratische Legitimation der „neuen" Bundeswehr. In: Möllers/Ooyen (2012): 365–378.

Franke, Jürgen (2015a): Zivile und demokratische Kontrolle militärischer Gewalt. Begriffliche und theoretische Annäherungen an einen komplexen Untersuchungsgegenstand. Leonhard/Franke (2015): 59–91.

Franke, Jürgen (2015b): Demokratische Kontrolle von Streitkräften und Sicherheitspolitik in Deutschland. Die Bundeswehr als ‚Armee im Einsatz'. In: Leonhard/Franke (2015): 117–137.

Fuchs-Henritz, Werner/Leutmann, Rüdiger/Rammstedt, Otthein/Wienold, Hanns (Hrsg.) (1994): Lexikon zur Soziologie – 3., völlig neu bearb. und erw. Aufl. – Opladen: Westdeutscher Verlag.

Gareis, Sven/Klein, Paul (Hrsg.) (2006): Handbuch Militär und Sozialwissenschaft; 2. überarb. Aufl. Wiesbaden: VS Verlag für Sozialwissenschaften.

Gerhard, Wilfried (Hrsg.) (2002): Innere Führung: Dekonstruktion – Rekonstruktion (WIFIS-Aktuell 28–29). Bremen: Edition Temmen.

Graf, Timo (2022): Zeitenwende im sicherheits- und verteidigungspolitischen Meinungsbild. Ergebnisse der ZMSBw- Bevölkerungsbefragung 2022. Forschungsbericht 133. Potsdam: Zentrum für Militärgeschichte und Sozialwissenschaften der Bundeswehr.

Hagen, Ulrich vom (2012): Zivil-militärische Beziehungen. In: Leonhard/Werkner (2012): 88–116.

Hartmann, Uwe/Walther, Christian/Rosen, Claus von (Hrsg.) (2012): Jahrbuch Innere Führung 2012: Der Soldatenberuf im Spagat zwischen gesellschaftlicher Integration und sui generis-Ansprüchen. Berlin: Miles-Verlag.

Hartmann, Uwe/Rosen, Claus von (Hrsg.) (2013): Jahrbuch Innere Führung 2013: Wissenschaften und ihre Relevanz für die Bundeswehr als Armee im Einsatz. Berlin: Miles-Verlag.

Huntington, Samuel L. (1981 [1957]): The Soldier and the State. The Theory and Politics of Civil-Military Relations. Cambridge: Harvard University Press.

Janowitz, Morris (1966 [1960]): The Professional Soldier. A Social and Political Portrait. New York: The Free Press.

Kümmel, Gerhard (Hrsg.) (2008): Streitkräfte im Einsatz. Zur Soziologie militärischer Interventionen. Baden-Baden: Nomos.

Kutz, Martin (2002): Historische und theoretische Grundlagen der Inneren Führung. In: Gerhard (2002): 7–18.

Kutz, Martin (2006): Deutsche Soldaten. Eine Kultur- und Mentalitätsgeschichte. Darmstadt: WBG.

Leonhard, Nina/Werkner, Ines-Jacqueline (Hrsg.) (2012[2]): Militärsoziologie – Eine Einführung. Wiesbaden: Springer VS.

Leonhard, Nina/Franke, Jürgen (Hrsg.) (2015): Militär und Gewalt. Sozialwissenschaftliche und ethische Perspektiven. Berlin: Dunker & Humblot.

Meyer, Georg (2001): Adolf Heusinger. Dienst eines deutschen Soldaten 1915 bis 1964. Hamburg: Mittler.

Möllers, Martin H.W./Ooyen, Robert Chr. van (Hrsg.) (2012): Jahrbuch Öffentliche Sicherheit 2012/2013. Frankfurt: Verlag für Polizeiwissenschaft.

Nägler, Frank (2010): Der gewollte Soldat und sein Wandel. Personelle Rüstung und Innere Führung in den Aufbaujahren der Bundeswehr 1956 bis 1964/65. München: Oldenbourg.

Nohlen, Dieter/Schultze, Rainer-Olaf (Hrsg.) (2005): Lexikon der Politikwissenschaft, Bd. 1. München: C. H. Beck.

Rautenberg, Hans-Jürgen/Wiggershaus, Norbert (1977): Die „Himmeroder Denkschrift" vom Oktober 1950. Politische und militärische Überlegungen für einen Beitrag der Bundesrepublik Deutschland zur westeuropäischen Verteidigung. Karlsruhe: Braun.

Reeb, Hans-Joachim/Többicke, Peter (2003): Lexikon Innere Führung. Regensburg/Berlin: Walhalla Fachverlag.

Schlaffer, Rudolf/Schmidt, Wolfgang (Hrsg.) (2007): Wolf Graf von Baudissin 1907–1993. Modernisierer zwischen totalitärer Herrschaft und freiheitlicher Ordnung. München: Oldenbourg.

Seiffert, Anja/Heß, Julius (2020): Leben nach Afghanistan. Die Soldaten und Veteranen der Generation Einsatz der Bundeswehr. Ergebnisse der sozialwissenschaftlichen Langzeitbegleitung des 22. Kontingents ISAF. Potsdam: Zentrum für Militärgeschichte und Sozialwissenschaften der Bundeswehr.

Seiffert, Anja/Langer, Phil C./Pietsch, Carsten (Hrsg.) (2012): Der Einsatz der Bundeswehr in Afghanistan. Sozial- und politikwissenschaftliche Perspektiven. Wiesbaden: VS Verlag für Sozialwissenschaften.

Steinbrecher, Markus/Graf, Timo/Biehl, Heiko/Irrgang, Christina (2021): Sicherheits- und verteidigungspolitisches Meinungsbild in der Bundesrepublik Deutschland. Ergebnisse und Analysen der Bevölkerungsbefragung 2020. Forschungsbericht 128. Potsdam: Zentrum für Militärgeschichte und Sozialwissenschaften der Bundeswehr.

Tomforde, Maren (2010): Neue Militärkultur(en): Wie verändert sich die Bundeswehr durch die Auslandseinsätze? In: Apelt (2010): 193–2019.

Wiesendahl, Elmar (2002a): Neue Bundeswehr und überholte Innere Führung. Ein Anstoß zur Fortentwicklung eines abgestandenen Leitbilds. In: Gerhard (Hrsg.) (2002): 19–38.

Wiesendahl, Elmar (2002b): Innere Führung außer Diensten. Zur schleichenden Ausmusterung eines unzeitgemäßen Leitbilds. In: Bald/Prüfert (Hrsg.) (2002): 101–117.

Wiesendahl, Elmar (2005a): Die Innere Führung auf dem Prüfstand – Zum Anpassungsbedarf eines Leitbildes. In: Wiesendahl (2005b): 17–34.

Wiesendahl, Elmar (Hrsg.) (2005b): Neue Bundeswehr – Neue Innere Führung? Perspektiven und Rahmenbedingungen für die Weiterentwicklung eines Leitbildes. Baden-Baden: Nomos,

Wiesendahl, Elmar (2007a): Zur Aktualität der Inneren Führung von Baudissin für das 21. Jahrhundert. Ein analytischer Bezugsrahmen. In: Wiesendahl (2007c): 11–28.

Wiesendahl, Elmar (2007b): Was bleibt und was sich ändern muss an einer Inneren Führung für das 21. Jahrhundert. In: Wiesendahl (2007c): 155–166.

Wiesendahl, Elmar (Hrsg.) (2007c): Innere Führung für das 21. Jahrhundert. Die Bundeswehr und das Erbe Baudissins. Paderborn: Schöningh.

Wiesendahl, Elmar (2010): Athen oder Sparta – Bundeswehr quo vadis? Bremen: Edition Temmen.

Wiesendahl, Elmar (2011): Die Bundeswehr auf dem Weg nach Sparta. In: „Vorgänge 193“, Zeitschrift für Bürgerrechte und Gesellschaftspolitik, März 2011, Heft 1, S. 14–26.

Wiesendahl, Elmar (2016): Bundeswehr ohne Halt. Zu Fehlentwicklungen der Inneren Führung. In: E-Journal Ethik und Militär. Kontroversen der Militärethik & Sicherheitspolitik, 1, 43–47.

Zimmermann, John (2012): Ulrich de Maizière. General der Bonner Republik 1912–2006. München: Oldenbourg.

Franke, Jürgen, Dr. phil. und Oberstleutnant a. D.; bis 2012 Dozent für Militärsoziologie am Fachbereich Human- und Sozialwissenschaften an der Führungsakademie der Bundeswehr in Hamburg; seitdem Lehrbeauftragter für Soziologie (Interdisziplinäre Studienanteile) an der Helmut-Schmidt-Universität/Universität der Bundeswehr Hamburg.

Soldatinnen und Soldaten im Militär

Soldatsein als Beruf

Nina Leonhard und Heiko Biehl

1 Einleitung

Soldaten und Soldatinnen stehen in einem besonderen Treueverhältnis zum Staat. Dies zeigt sich unter anderem darin, dass sie bei Eintritt in die Militärorganisation einen Eid abzulegen haben. In der Bundeswehr lautet das Treuebekenntnis bei der Übernahme als Zeit- und Berufssoldat: „Ich schwöre, der Bundesrepublik Deutschland treu zu dienen und das Recht und die Freiheit des deutschen Volkes tapfer zu verteidigen." Eine solche Bindung an den Staat – in Deutschland an das Grundgesetz – haben Soldaten mit allen anderen Beamtinnen gemein. Auch diese leisten einen Diensteid.[1] Im Gegensatz zu anderen Beamten müssen Soldatinnen

---

[1] „Ich schwöre, das Grundgesetz der Bundesrepublik Deutschland und alle in der Bundesrepublik geltenden Gesetze zu wahren und meine Amtspflichten gewissenhaft zu erfüllen." (Art. 58 Bundesbeamtengesetz BBG) Hier wie auch beim Soldaten-Eid ist der Zusatz „so wahr mir Gott helfe" möglich.

N. Leonhard (✉) · H. Biehl
Forschungsbereich Militärsoziologie, Zentrum für Militärgeschichte und Sozialwissenschaften der Bundeswehr, Potsdam, Deutschland
E-Mail: NinaLeonhard@bundeswehr.org

H. Biehl
E-Mail: heikobiehl@bundeswehr.org

H. Biehl
Forschungsbereich Militärsoziologie, Zentrum für Militärgeschichte und Sozialwissenschaften der Bundeswehr, Potsdam, Deutschland

© VS Verlag für Sozialwissenschaften | Springer Fachmedien Wiesbaden GmbH, Wiesbaden 2023
N. Leonhard und I.-J. Werkner (Hrsg.), *Militärsoziologie – Eine Einführung*,
https://doi.org/10.1007/978-3-658-30184-2_20

in Ausführung ihrer Pflichten bereit sein, das eigene Leben sowie das von anderen zu opfern oder zumindest zu riskieren. Als Repräsentanten des staatlichen Gewaltmonopols sind sie dabei vom Gewaltverbot, das für alle anderen Bürger (abgesehen von Polizistinnen) ansonsten gilt, ausgenommen. Aufgrund dieser Aufgabenstellung sind Streitkräfteangehörige mit spezifischen gesellschaftlichen Erwartungen und politischen Vorgaben konfrontiert. Zugleich verbinden sie selbst bestimmte Vorstellungen und Ansprüche mit ihrer beruflichen Tätigkeit. Soldatsein ist daher als ein normativ aufgeladener Beruf zu verstehen. Diese normative Rahmung zieht sich auch durch die militärsoziologische Forschung. Eine zentrale Rolle spielt hier die Frage, was den Soldatenberuf im Vergleich zu anderen auszeichnet und welche Fähigkeiten und Fertigkeiten damit einhergehen (müssen). Ein weiterer Forschungsstrang beschäftigt sich mit dem Wandel des Soldatenberufs vor dem Hintergrund allgemeiner sozialer und kultureller Entwicklungen in Militär und Zivilgesellschaft. Dabei geht es zum einen um strukturelle wie personelle Veränderungen, die sich aus dem sich wandelnden Aufgabenspektrum der Streitkräfte und dem veränderten soldatischen Anforderungsprofil ergeben. Zum anderen geraten die Motivlagen der Militärangehörigen sowie das Selbstverständnis, mit dem diese ihren Aufgaben nachgehen, in den Blick.

Im Folgenden werden diese unterschiedlichen Aspekte der militärsoziologischen Forschung zum Soldatenberuf näher beleuchtet: Nach einem allgemeinen Überblick über die Merkmale des Soldatenberufs (Abschn. 2) erfolgt eine Präsentation der zentralen Konzepte, die in der internationalen militärsoziologischen Forschung in Bezug auf den Soldatenberuf diskutiert werden (Abschn. 3). Im Anschluss werden für den deutschen Fall die wichtigsten empirischen Untersuchungsergebnisse zur sozialen Herkunft und Motivlage sowie zum Selbstverständnis von Soldaten und Soldatinnen vorgestellt (Abschn. 4) und mit Blick auf bestehende Forschungslücken (Abschn. 5) diskutiert.

2   Merkmale des Soldatenberufs

Nach der klassischen Definition von Harold D. Lasswell (1940/41, 1962: 51) ist das Kennzeichen des Militärs das „management of violence". Der soldatische Beruf ist auf die Vorbereitung, Androhung sowie Anwendung von Gewaltmitteln ausgerichtet, da Streitkräfte das staatliche Gewaltmonopol nach außen nicht nur repräsentieren, sondern auch konkret umsetzen. Gleichwohl besteht das Soldatsein nicht ausschließlich aus Kampf und Gefecht. Armeen weisen starke bürokratische Züge auf, sodass der Soldatenberuf in weiten Teilen durch „hierarchies, specialization, rational decision making, (strategic) planning, paperwork as well as quality and cost control" gekennzeichnet ist (Soeters et al.

2003: 246). Und doch sind alle Tätigkeitsbereiche letztlich auf den Ernstfall ausgerichtet, der stets eintreten kann und aufgrund „critical, difficult, dangerous,
violent, ambigous, and hence stressful circumstances" (ebd.: 247) einen ganz
anderen Arbeitsmodus erfordert. Alle Soldaten und Soldatinnen, auch diejenigen
in einer nicht kämpfenden Verwendung (z. B. im Nachschub oder in Stäben),
müssen darauf vorbereitet sein, ihre Aufgaben unter Einsatzbedingungen zu
erfüllen. Diese Doppel- oder „Janusgesichtigkeit" (ebd.; Geser 1983: 149) teilt
das Militär mit anderen „Einsatzorganisationen" (Kern et al. 2020), wenngleich
die Gefährdung von Gesundheit und Leben ein Spezifikum von Streitkräften als
„Organisationen mit Gewaltlizenz" (Reemtsma 2004) darstellt.

Trotz des uniformen äußerlichen Gesamteindrucks bestehen mit Blick auf die
konkreten Tätigkeiten, die Soldaten und Soldatinnen in ihrem Dienst erfüllen, je
nach Organisationsbereich, Verwendung und Dienstgruppenzugehörigkeit große
Unterschiede. Während es für Angehörige der Kampftruppen kaum vergleichbare
zivile Aufgabenbereiche – von Spezialeinheiten der Polizei vielleicht abgesehen –
gibt, finden sich andere Tätigkeiten auch im zivilen Bereich. Das berufliche Tun
eines Militärarztes, einer Kampfhubschrauberpilotin oder eines Personalfeld-
webels unterscheidet sich, was die Fähigkeiten und Kenntnisse angeht, kaum von
einer Ärztin, einem Piloten oder einer Personalsachbearbeiterin. Hinzu kommt,
dass der Tätigkeits- und Verantwortungsbereich sowie das Anforderungsprofil
danach divergieren, ob es sich um eine Verwendung in der Offiziers-, Unter-
offiziers- oder Mannschaftsdienstlaufbahn handelt. Während Offiziere der
Bundeswehr in der Regel das Abitur und ein dreijähriges Studium absolviert
haben und in der militärischen Hierarchie leitende Funktionen einnehmen, reicht
für die Unteroffizierslaufbahn ein niedrigerer Bildungsabschluss aus. Zumindest
mit Blick auf die beruflichen Qualifikationen und konkreten Verantwortungsbereiche ist also eher von verschiedenen Formen soldatischer Tätigkeit innerhalb
der Militärorganisation zu sprechen als von ‚dem' Soldatenberuf schlechthin.

Soldatsein ist darüber hinaus in der Regel ein Beruf ‚auf Zeit'. Die Mehrheit
der Bundeswehrsoldaten und -soldatinnen sind sogenannte ‚Zeitsoldaten', die für
eine bestimmte Zeitspanne Dienst im Militär leisten und danach ins zivile Berufsleben wechseln. Nur ein kleiner Teil der Unteroffiziere und Offiziere verbringt
als ‚Berufssoldat' oder ‚Berufssoldatin' sein bzw. ihr ganzes Berufsleben im
Militär.[2] Da genuin soldatische Berufsqualifikationen also zumeist nur für einen

---

[2] Der Anteil von Berufs- und Zeitsoldaten ist allerdings im konkreten Fall mitunter sehr
unterschiedlich, da er vom Wehrsystem und somit von der jeweiligen Struktur der Streitkräfte abhängt. Siehe hierzu den Beitrag zu Wehrsystemen von *Werkner* in diesem Band.

begrenzten Zeitraum benötigt werden, hat die Ausbildung in der Bundeswehr zivilberufliche Anteile, die ausscheidenden Soldaten und Soldatinnen den Übergang ins zivile Berufsleben erleichtern sollen.[3] Konnte noch zur Zeit des Kalten Krieges davon ausgegangen werden, dass der Staat über das „absolute Nachfragemonopol" nach militärischer Arbeitskraft verfügt und der „konstitutive Mechanismus des Arbeitsmarktes" *nach* Eintritt in das Militär weitgehend außer Kraft gesetzt ist, sodass für Militärangehörige ein Wechsel des Arbeitgebers „nur als Berufswechsel" möglich war (Wachtler 1986: 218), ist heutzutage eher von einem *relativen* staatlichen Nachfragemonopol auszugehen. Bedingt durch den Zuwachs an privaten Sicherheits- und Militärunternehmen ist ein internationaler ‚Gewaltmarkt' jenseits nationalstaatlicher Grenzen mit einer erheblichen Nachfrage nach den Fähigkeiten und Fertigkeiten unterschiedlicher „militärischer Protagonisten" (Meyer 2003: 148) entstanden.[4] Umgekehrt gibt es mittlerweile auch für lebensältere Personen mit spezifischen Kompetenzen die Möglichkeit, aus einer zivilen beruflichen Tätigkeit als sogenannte(r) Seiteneinsteiger oder Seiteneinsteigerin in eine militärische (Spezial)Verwendung zu wechseln.

Nicht zuletzt ist der Soldatenberuf, wie eingangs bereits angedeutet, zumal in liberalen, zivilgesellschaftlich verfassten Gesellschaften, durch einen hohen Legitimitätsbedarf gekennzeichnet. Dieser ergibt sich erstens aus der „‚Natur' des Militärs, welches als Instrument potentieller Gewaltsamkeit gültigen Normen friedlicher Konfliktlösung widerspricht" (Wachtler 1986: 217): Soldaten und Soldatinnen können und sollen das tun, was sonst niemand tun soll, nämlich organisierte Waffengewalt anwenden. Dazu kommt zweitens, dass die hierarchische Struktur des Militärs mit seiner zweckrationalen Wertorientierung, die auf die Unterordnung der individuellen Bedürfnisse zugunsten der Interessen der Organisation respektive der soldatischen Gemeinschaft – Stichwort: Kameradschaft – abhebt, den in zivilen Kontexten vorherrschenden Prinzipien vielfach entgegensteht.[5] Drittens ist das Militär wie andere Bereiche der öffentlichen Verwaltung eine „unproduktive Einrichtung, welche einen Teil des Sozialproduktes absorbiert", ohne dass die Gegenleistung – die Gewähr-

---

[3] Dazu zählt für Offiziere das Studium und für Unteroffiziere eine Lehr- oder Meisterausbildung. Zudem gibt es weiterqualifizierende Maßnahmen des Berufsförderungsdienstes (BFD) der Bundeswehr, die jeder Soldat und jede Soldatin in Anspruch nehmen kann. Siehe hierzu die Studien von Heikenroth et al. 2002; Marr 2001 und Elbe 2019.

[4] Siehe hierzu den Beitrag von *Deitelhoff & Geis* in diesem Band.

[5] Wolfgang Vogt (1980) geht sogar von einer „Inkompatibilität" zwischen militärischen und ‚zivil-demokratischen' Strukturprinzipien und Werten aus.

leistung von (äußerer) Sicherheit – immer sichtbar bzw. eindeutig zu messen ist (ebd.: 218). Die Leistung, die Soldaten und Soldatinnen erbringen, ist kaum eindeutig zu bestimmen, da die Bewertung militärischen Handelns kaum objektiven Kriterien unterliegt: Erfolgreich bzw. effektiv und damit sinnvoll und legitim ist in erster Linie das, was politisch und gesellschaftlich als solches *angesehen* wird (Edmunds 2006). Und da Streitkräfte mit anderen staatlichen Einrichtungen um knappe Haushaltsbudgets konkurrieren, müssen sie ihren Daseinszweck vor allem in Zeiten, in denen die staatliche Sicherheit wenig gefährdet erscheint, gut begründen.

Aufgrund dieses besonderen Legitimationsbedarfes sind die Anforderungen, die an Soldaten und Soldatinnen gestellt werden, in vielerlei Hinsicht hoch: Von Militärangehörigen wird erwartet, dass sie ihre Tätigkeit als ‚Beruf‘ und nicht als ‚Job‘ auffassen, d. h. dass sie weniger aus rein materiellen Erwägungen sondern eher aufgrund der Identifikation mit ihrer Tätigkeit respektive aus Überzeugung von ihrem Auftrag ihren Beruf ausüben – genau dadurch wurden und werden sie gemeinhin von Söldnern unterschieden (vgl. hierzu Sikora 2003). Inwiefern diese Erwartungen den Soldatenberuf zu einem speziellen Beruf machen bzw. inwiefern darin genau sein besonderes Kennzeichen besteht, ist allerdings umstritten. Die einen, wie z. B. Samuel Huntington (1981 [1957]), sehen in einem besonderen soldatischen Ethos die Voraussetzung für eine effiziente und somit professionelle Aufgabenerfüllung, welche ein hohes gesellschaftliches Ansehen nach sich zieht oder zumindest nach sich ziehen sollte. Demgegenüber lässt sich aus berufssoziologischer Perspektive geltend machen (z. B. Wachter 1986: 216), dass allein die soldatischen Anforderungsprofile und Tätigkeiten das Soldatsein nicht zu einem Beruf *sui generis* machen, da jede berufliche Tätigkeit aus einer ihr eigenen „Kombination einzelner Fähigkeiten, Kenntnisse und Fertigkeiten" bestehe. Entscheidend ist demnach, wie der Soldatenberuf politisch und gesellschaftlich wahrgenommen und bewertet wird – womit die Frage seiner Besonderheit zu einer empirischen Frage wird. Im Folgenden werden anhand einschlägiger Autoren und Konzepte zentrale Linien der militärsoziologischen Debatte um den Soldatenberuf rekapituliert, in der diese und weitere Fragen verhandelt werden.

3 Konzeptualisierungen des Soldatenberufs

3.1 Der Soldatenberuf als Profession

Was Soldaten und Soldatinnen tun und können, wurde und wird bis heute unter dem Begriff der Profession gefasst. Einschlägig hierfür sind namentlich die Überlegungen von Samuel Huntington (1981 [1957]), der in Anlehnung an die klassischen Berufsstände des Arztes und des Juristen das Offizierskorps anhand der drei Kriterien Expertentum, Verantwortung und Korpsgeist ebenfalls als ‚Profession' bestimmt hat: Expertentum bedeutet „specialized knowledge and skill in a significant field of human endeavor. [This] expertise is acquired only by prolonged education and experience", und beruht auf objektiven professionsbezogenen Standards. Die Verantwortung einer Profession besteht darin, dass sie einen Dienst leistet „which is essential to the functioning of society". Das heißt „[t]he client of every profession is society, individually and collectively" (ebd.: 9). Aufgrund der langen Ausbildung, der spezifischen Tätigkeit und der besonderen gesellschaftlichen Verantwortung zeichnen sich die Angehörigen einer Profession durch ein Gemeinschaftsgefühl und ein Gruppenbewusstsein – kurz: durch einen Korpsgeist – aus, das sie von Laien unterscheidet. Der Offizier als Repräsentant der militärischen Profession ist demnach Experte für das Gewaltmanagement; seine Verantwortung gegenüber der Gesellschaft besteht darin, für ihre (äußere) Sicherheit zu sorgen; dies wiederum stärkt das Zusammengehörigkeitsgefühl des Offizierskorps (ebd.: 16).

Huntingtons Beschreibung des Berufs des Offiziers als Profession ist Teil einer umfassenden Reflexion über die Beziehungen zwischen dem Militär und dem Staat bzw. der Politik.[6] Dabei handelt es sich um ein im Wesentlichen präskriptives Plädoyer für eine strikte Aufgabenteilung zwischen dem militärischen und politischen Bereich, die unter anderem durch ein professionelles und bis zu einem gewissen Grad autonomes Offizierskorps gewährleistet werden soll. Mit seiner idealtypischen Fassung des Offizierskorps als Profession hat Huntington Kategorien eingeführt, die bis heute einen zentralen Bezugspunkt für die Konzeptualisierung des Soldatenberufs darstellen. Eine empirische Untersuchung des Militärs hat er selbst nicht durchgeführt. Seine Überlegungen sind allerdings aufgegriffen und weiterentwickelt worden (Janowitz 1971 [1960]; van Doorn 1976).

---

[6] Siehe hierzu den Beitrag von *Hagen & Biehl* in diesem Band.

Morris Janowitz – der in Bezug auf das Militär in vielerlei Hinsicht eine Gegenposition zu Huntington vertritt (vgl. Sørensen 1994; Feaver 1996; Burk 2002; Nielsen und Liebert 2020) – beruft sich auf dessen Professionsdefinition, entscheidet sich aber für abweichende Begrifflichkeiten und ordnet diese auch anders ein. Eine Profession ist für Janowitz durch folgende Elemente gekennzeichnet: 1) „special skill, acquired through intensive training"; 2) „a sense of group identity"; 3) „a system of internal administration"; 4) „a body of ethics and standards of performance" (Janowitz 1971 [1960]: 5 f.). Der Dienst für die Gesellschaft wird von ihm nicht als eigenes Merkmal eines Berufsstandes genannt. Wenn Janowitz vom professionellen Charakter des Offizierskorps spricht, hebt er auf die fachlichen Fähigkeiten und Fertigkeiten ab und weniger auf den gesellschaftlichen Status und die gesellschaftliche Verantwortlichkeit dieser sozialen Gruppe. Anstelle einer präskriptiven Herleitung eines militärischen Berufsethos arbeitet er auf der Grundlage empirischer Daten zur sozialen Herkunft und weltanschaulichen Ausrichtung ein soziologisches Portrait des Offizierskorps und seiner beruflichen Identität in den Vereinigten Staaten der 1950er-Jahre heraus. Auf diese Weise ist er eher als Huntington in der Lage, Veränderungen sowohl in Bezug auf die beruflichen Anforderungen als auch hinsichtlich der politischen Einstellungen und beruflichen Wertüberzeugungen zu berücksichtigen.

Dieses dynamische Element in der Betrachtung des Soldatenberufs, das in Janowitz' Konzeption bereits angelegt ist, wurde anderthalb Jahrzehnte später von Charles Moskos in einem Zwei-Typen-Modell des Soldatenberufs aufgegriffen (siehe nächster Abschnitt). Die Frage, ob der Soldatenberuf als eine Profession zu verstehen ist, spielt in den neueren militärsoziologischen Debatten keine zentrale Rolle mehr. Dies mag zum einen daran liegen, dass bis heute Uneinigkeit darüber besteht, welche Elemente eine Profession notwendig und hinreichend definieren. Je nach Betrachtungsweise fällt somit die Bestimmung, ob und vor allem welcher Teil des Militärs diesen Status für sich beanspruchen kann, verschieden aus (vgl. hierzu Caforio 1988; Harris-Jenkins 1990; Sørensen 1994). Zum anderen liegt die diagnostische Stärke des Professionsbegriffs, wie er von Huntington verwendet wurde, darin, wesentliche Merkmale des Soldatenberufs idealtypisch zu bestimmen. Aufgrund seines statischen Charakters erweist er sich jedoch dann nur als bedingt geeignet, den Soldatenberuf sowohl in seinen unterschiedlichen nationalen Ausprägungen als auch in seiner zeitlichen Entwicklung zu erfassen.

Gleichwohl ist die im Professionsbegriff enthaltene Frage nach dem Alleinstellungsmerkmal soldatischer Tätigkeit im Sinne professionellen Handelns (‚Expertentum') angesichts der Ausdifferenzierung der Aufgaben, die Soldaten und Soldatinnen im Kontext von Peacekeeping- und Stabilisierungsmissionen erfüllen, nach wie vor aktuell (vgl. Bredow 2005; Edmunds 2006).[7] Bei Janowitz (1971 [1960]) wurde dieser Punkt bereits als „Zivilisierung" der Streitkräfte (im Sinne ihrer Angleichung an die zivile Umwelt) thematisiert. In Deutschland fand dies unter dem Schlagwort der „Entprofessionalisierung" (Ellwein 1977: 54) des Soldatenberufs erstmals Ende der 1970er-Jahre Eingang in die militärsozio-logische Debatte und wurde im Kontext der Einsatzerfahrungen der Bundeswehr in den 2000er-Jahren vor allem unter identitätsbezogenen Vorzeichen aufgegriffen (z. B. Apelt 2006; Leonhard 2018) (siehe hierzu Abschn. 4.3).

3.2   Institution versus Occupation? Das I/O-Modell

Das von Moskos entwickelte Zwei-Typen-Modell militärischer Organisationen zielt darauf ab, den Wandel der US-amerikanischen Streitkräfte seit dem Ende des Vietnam-Krieges abzubilden. Dieses 1976 – und somit drei Jahre nach Abschaffung der Wehrpflicht – in den USA erstmals öffentlich vorgestellte und danach in leicht modifizierter Form mehrfach publizierte Modell (Moskos 1977, 1982, 1986, 1988a)[8] beruht auf der grundlegenden Hypothese „that the armed forces of the United States are moving from an organizational format that is predominantly institutional to one that is becoming more and more occupational" (Moskos 1988a: 15).

Zu den Variablen, welche die beiden Pole ‚Institution' und ‚Occupation' kennzeichnen, zählen nach Moskos das Ausmaß der Rollenidentifikation mit der Militärorganisation, die jeweiligen Bezugsgruppen, die Höhe und Art der Ent-lohnung sowie die Grundlage des gesellschaftlichen Ansehens und der Legitimi-tät: Das Militär als Institution erhält seine Legitimation durch Werte und Normen und somit durch einen Zweck, der über die individuellen Eigeninteressen zugunsten eines gemeinsamen höheren Wohles hinausgeht. Den Angehörigen einer als Institution aufgefassten Militärorganisation wird eine Berufsgesinnung im Sinne von ‚Berufung' zugeschrieben, die mit Vorstellungen wie der Auf-opferung für bestimmte Werte und Aufgaben einhergeht und für die sie besondere Achtung seitens der Gesellschaft erfahren. Im Gegensatz dazu folgt das Militär

---

[7] Siehe hierzu auch den Beitrag zur Hybridisierung von Streitkräften von *Kümmel* in diesem Band.

[8] Die folgende Darstellung des 'I/O-Modells' von Moskos ist, was die Begrifflichkeiten angeht, eher an die Übersetzung von Bredow (1986) als an die deutsche Version von Ekkehard Lippert (Moskos 1982) angelehnt.

als *Occupation* den Grundsätzen der Marktökonomie. Die Rekrutierung und die Entlohnung werden nach den Prinzipien von Angebot und Nachfrage geregelt, individuelle Eigeninteressen haben Priorität vor übergeordneten Organisationsinteressen. Während die Bezugsgruppen für die Mitglieder des Militärs als Institution innerhalb der Militärorganisation liegen, orientieren sich die Mitglieder einer *Occupation* an vergleichbaren Berufsgruppen aus dem zivilen Bereich.

Moskos' Verdienst besteht darin, mit seiner unter dem Label ‚I/O-Modell' firmierenden Zweiertypologie ein dynamisches Konzept des Soldatenberufs vorgelegt zu haben, das gesellschaftliche, organisationale wie individuelle Elemente berücksichtigt und somit verschiedene Analyseebenen vereint. Sein prägender Einfluss auf die militärsoziologische Diskussion über den Soldatenberuf ist nicht zuletzt an der großen Zahl von Studien abzulesen, die dieses Modell aufgegriffen und auf andere nationale Kontexte übertragen (siehe hierzu bereits die Bibliografie in Moskos 1988b) oder weiterentwickelt haben. Denn ungeachtet ihrer augenscheinlichen Prägnanz weist Moskos' Typologie eine Reihe konzeptioneller Schwächen auf, die beispielsweise die unklare Zuordnung der Variablen zu den jeweiligen Ebenen (vgl. Segal 1986) oder die Frage der der Wechselwirkungen zwischen diesen betreffen. Während Moskos seine beiden Typen als gegenüberstehende Pole entwirft, lässt sich mit David Segal (ebd.) darauf hinweisen, dass nach allem, was wir über die historische Entwicklung des Soldatenberufs wissen, nicht davon auszugehen ist, dass ökonomische Interessen, die im Mittelpunkt des *Occupation*-Typus stehen, früher eine geringere Rolle gespielt haben als heute. Vielmehr zeigt der Blick in die Geschichte, dass der Beruf des Soldaten einem starken Wandel unterworfen war: sowohl hinsichtlich der Anforderungen und Fähigkeiten, die ein sich immer wieder veränderndes Kriegs- und Einsatzbild und die waffentechnologischen Fortschritte mit sich brachten, als auch hinsichtlich der Frage, aus welchen gesellschaftlichen Schichten die Angehörigen des Militärs stammten und welche individuellen Motive für ihre Verpflichtung eine Rolle spielten (vgl. Rogg 2004). Für Segal (1986) folgt daraus, dass ideelle und materielle Aspekte anstatt als dichotome Größen wie bei Moskos eher als voneinander unabhängige Dimensionen des Soldatenberufs zu betrachten und sind. Yagil Levy (2007) argumentiert demgegenüber, dass sich materielle und symbolische Vergütungen wechselseitig bedingen: Niedrige soziale Anerkennung für den Militärdienst führt demnach zu Forderungen nach höheren materiellen Leistungen, während diese aus Sicht der Militärangehörigen geringer ausfallen können, wenn der Dienst in den Streitkräften als besonders ehrenhaft angesehen wird.

Zusammengenommen belegen diese modellinternen Kritiken, die auf eine Bestimmung des Verhältnisses von beruflichen Werten und Interessen abzielen, dass Moskos mit seiner I/O-Typologie den für eine Konzeptualisierung des Soldatenberufs neuralgischen Punkt adressiert, nämlich die Frage nach der Notwendigkeit einer ideellen Legitimation der soldatischen Tätigkeit angesichts ihres Status als beruflicher Erwerbsarbeit, die der materiellen Sicherung des Lebensunterhaltes dient. Festzuhalten ist gleichwohl, dass Moskos seine These vom Wandel des Militärs in Richtung des *Occupation*-Modells letztlich nicht belegt. Als einziger Einflussfaktor wird die Abschaffung der Wehrpflicht genannt; weitere (mögliche) Ursachen werden nicht thematisiert. Warum jedoch allein durch die Schaffung einer Freiwilligenarmee ideelle durch materielle Orientierungen innerhalb der Streitkräfte ersetzt werden, wird nicht erklärt. Gesamtgesellschaftliche Entwicklungen, die gemeinhin unter Begriffen wie Individualisierung, Rationalisierung und gesellschaftliche Differenzierung gefasst werden, bleiben unberücksichtigt. Diese und andere Aspekte werden von Moskos erst in späteren Arbeiten unter dem Schlagwort vom „postmodernen Militär" thematisiert (Moskos und Burk 1998).

3.3   Sind Streitkräfte postmodern?

Mit dem Theorem des „postmodernen Militärs" versucht Moskos, den Wandel von Streitkräften umfassender zu konzeptualisieren. Dazu greift er auf das Label ‚postmodern' zurück, das zunächst in der Architektur verwendet und insbesondere in der Philosophie intensiv diskutiert wurde. Mit dem Begriff der Postmoderne wird eine epochale Abgrenzung zur Moderne (verstanden als Zeitalter seit der Französischen Revolution 1789) vorgenommen. Demnach büßen ‚moderne' Standards wie Eindeutigkeit, Homogenität, Fortschritt etc. an Geltung ein, während Werte wie Uneindeutigkeit, Heterogenität und Zweifel an Bedeutung gewinnen. Ohne diese philosophische Debatte indes zu rezipieren, unterscheidet Moskos eine Dreier-Typologie, um den Charakter westlicher Streitkräfte – wieder vom US-Militär abgeleitet – für die Zeit bis zum Zweiten Weltkrieg („Moderne"), für die Epoche des Kalten Krieges („Spätmoderne") und die Zeit seit 1990 („Postmoderne") zu beschreiben (Moskos und Burk 1998: 169). Getrieben sei dieser Wandel sowohl von sicherheitspolitischen Entwicklungen wie dem Ende der Ost-West-Konfrontation, von gesellschaftlichen Demokratisierungs-, Pluralisierungs- und Emanzipationstrends sowie von genuin militärischen Veränderungen wie dem Aufkommen asymmetrischer Konflikte. Die drei auf dieser Basis entworfenen Streitkräftemodelle unterscheiden sich hinsichtlich der sicherheitspolitischen Rahmenbedingungen, der gesellschaft-lichen Einbindung, des militärischen Organisationsaufbaus, der personellen Zusammensetzung und der professionellen Aufgaben. So charakterisiert Moskos postmoderne Streitkräfte typischerweise als Freiwilligenarmeen mit geringerer Personalstärke (im Vergleich zu den zuvor vorherrschenden Wehrpflichtarmeen der beiden anderen Epochen) sowie mit einem aufgefächerten Aufgabenprofil, zu dem sowohl Peacekeeping als auch Terrorismusbekämpfung (anstelle von Landesverteidigung bzw. Abschreckung) gehören. Neben den Aufgaben des post-modernen Militärs hat sich auch seine Komposition, seine Binnenstrukturen und sein Personalkörper ausdifferenziert. Vormals ausgeschlossene Personengruppen wie Frauen oder Homosexuelle sind nun integriert. Als berufliches Leitbild gilt in postmodernen Streitkräften nicht (mehr) der Kämpfer beziehungsweise Führer im Gefecht (wie zur Zeit bis 1945) oder der militärische Manager (wie zur Zeit des Kalten Krieges), sondern der militärische Diplomat und wissenschaftlich (aus)gebildete Soldat („soldier-statesman", „soldier-scholar"). Postmoderne Streitkräfte suchen schließlich engen Kontakt zu den Medien, haben es jedoch mit einer Bevölkerung zu tun, die ihnen weitgehend indifferent gegenübersteht. Alles in allem entwirft Moskos damit ein Bild von Streitkräften zu Beginn des 21. Jahrhunderts, die sich als Organisationen für äußere Sicherheit funktional ausdifferenziert haben, deren Verbindungen zur Gesellschaft nach dem Ende der Wehrpflicht schwächer werden, und deren Berufsbild, und damit sowohl die Fragen, wer Soldat ist, als auch was ein Soldat macht, sich nicht mehr so ein-deutig bestimmen lassen wie in den Zeiten zuvor.

Moskos' zeitdiagnostische Modellierung postmoderner Streitkräfte ist mit ähnlichen Argumenten kritisiert worden wie sein I/O-Modell. Wiederum wurde die fehlende Einordnung in die bestehende Forschungsliteratur, die unzureichende theoretische Fundierung und die konzeptionelle Beliebigkeit der Unterscheidungskriterien bemängelt (z. B. Biehl 2008). Auch seien die Typen weder untereinander so klar zu unterscheiden noch den historischen Epochen eindeutig zuzuordnen. Ungeachtet dessen ist auch diese Modellierung in der militärsoziologischen Diskussion auf breite Resonanz gestoßen. Davon zeugt unter anderem ein Band, der anhand von Länderstudien die empirische Evidenz der von Moskos postulierten Trends prüft. Deutschland wird darin als Vorreiter einer postmodernen Entwicklung diskutiert (Fleckenstein 2000). Wesentlich für die Aufmerksamkeit, die Moskos' Thesen erfahren haben, ist die Beschreibung von längerfristigen Wandlungsprozessen in den Armeen und Gesellschaften des Westens, die sich nicht nur in einer Hybridisierung der militärischen Aufgaben, sondern insbesondere in der soziokulturellen Pluralisierung des militärischen Personalkörpers niedergeschlagen haben: Durch die soziale Öffnung der Streitkräfte hat sich – schon rein äußerlich – deren Erscheinungsbild verändert. Lange Zeit war der männliche, hellhäutige, körperlich leistungsstarke junge Mann phänotypisch für ,den' Soldaten. Mittlerweile rekrutieren Streitkräfte aus nahezu allen Bereichen der Gesellschaft, und nicht zuletzt im Zuge soziokultureller Pluralisierungen ist auch die Truppe ,bunter' geworden.

Diese Veränderungen haben sich in der empirischen Forschung zum soldatischen Beruf niedergeschlagen, die – wie der nächste Abschnitt zeigt – neben dem sozialen Profil von Soldaten und Soldatinnen deren Motive für die Berufswahl sowie ihre Vorstellungen und Einstellungen zum Soldatsein untersucht.

4   Ein empirischer Überblick zum Soldatenberuf in der Bundesrepublik Deutschland

Zum Soldatenberuf in der Bundesrepublik Deutschland liegt eine Reihe sozialwissenschaftlicher Studien und empirischer Befunde vor. Drei Forschungsperspektiven sind zu erkennen:

Zum ersten wird die soziale Herkunft der Soldaten untersucht. Dabei geht es um die Frage, inwieweit die Zusammensetzung der Streitkräfte Einfluss auf ihre politische und soziale Position nimmt. Vergleichsmaßstab der einschlägigen Studien ist zumeist die Sozialstruktur der Gesamtgesellschaft. Geprüft wird, aus welchen sozialen Gruppierungen sich die Streitkräfte – und die jeweiligen Laufbahnen – rekrutieren und bis zu welchem Grad sie repräsentativ für die deutsche Gesamtbevölkerung sind. Lange stand hinter den Studien die – offen artikulierte oder implizit mitgedachte – Befürchtung, dass sich im Militär bestimmte soziale Gruppierungen mit undemokratischen Überzeugungen und Verhaltensweisen konzentrieren könnten (Kohr 1993; Loch 2021). Der historische Bezugspunkt hierfür ist die restaurative Sozialstruktur der Reichswehr in der Weimarer Republik, die von der Forschung für die politisch zweifelhafte Rolle der Armee in der ersten deutschen Demokratie verantwortlich gemacht wird (Bald 1994: 93). An diese Stelle ist inzwischen die Besorgnis getreten, dass die Streitkräfte zu einem Sammelbecken für sozial benachteiligte Schichten werden, was ebenfalls als problematisch für ihre politische Steuerbarkeit und soziale Integrationsfähigkeit angesehen wird.

Zum zweiten beschäftigt sich die militärsoziologische Forschung mit den Motiven, die für die Wahl des Soldatenberufs ausschlaggebend sind. Anders als beispielsweise in den USA, wo schon lange Studien dominieren, welche die soziale Herkunft und die Motive der Soldaten unter dem Aspekt der Personalrekrutierung und der Personalpolitik der Armee beleuchten (vgl. Gilroy und Phillips 1990; Segal et al. 1999), ist diese Perspektive in Deutschland erst seit etwa Anfang des Jahrtausends ins Zentrum der Aufmerksamkeit gerückt (vgl. Heikenroth 2000; Heikenroth et al. 2002). Hierbei ergänzen sich soziodemografische Arbeiten (Apt 2011, 2014), Auswertungen von Bevölkerungs- und Jugendumfragen, in denen potenzielle Bewerber und Bewerberinnen zu ihren Einstellungen zum und ihrem Interesse am Soldatenberuf befragt werden (Bulmahn 2004; Bulmahn et al. 2009), und Erhebungen unter aktiven Soldatinnen und Soldaten (Richter 2020a). Bei vielen dieser Untersuchungen steht die personalpolitische Perspektive zwar im Mittelpunkt. Dennoch liefern sie auch Hinweise für die gesellschaftliche Verortung von Streitkräften und die normativen Implikationen militärischer Rekrutierungspraxen.

Zum dritten setzt sich die Forschung mit militärischen Berufsbildern und soldatischen Identitäten auseinander. Neben offiziellen Leitbildern und informellen Berufsbildern geht es um die Art und Weise, wie Soldatinnen und Soldaten selbst ihren Beruf wahrnehmen. Im Mittelpunkt der letzten drei Jahrzehnte stand dabei die Frage, welche Folgen sich aus der Realität der Auslandseinsätze für das berufliche Selbstverständnis und das Leitbild des *Staatsbürgers in Uniform* ergeben (haben).

4.1 Wer wird Soldat oder Soldatin?

Über Jahrzehnte rekrutierten sich die Streitkräfte – nicht nur der westlichen Welt – aus Männern. In der Bundeswehr waren Frauen bis 2001 einzig als zivile Angestellte oder als Soldatinnen im Sanitätswesen sowie im Musikkorps tätig. Mit der Öffnung aller Laufbahnen für Frauen hat sich das Rekrutierungspotenzial der Bundeswehr schlagartig erhöht, wenngleich der Soldatenberuf bei einem Männeranteil von rund 87 % auch heutzutage weiterhin männlich dominiert und konnotiert ist. Eine zweite Zugangsbeschränkung zu den Streitkräften – das Eintrittsalter – ist in den letzten Jahren ebenfalls gelockert worden. Schlossen sich der Bundeswehr lange Zeit nur jüngere Bürger und Bürgerinnen (im Altersband bis etwa 30 Jahre) an, so ist dies mittlerweile auch Lebensälteren möglich. Beide Änderungen verweisen darauf, dass die Streitkräfte mit ihrer Personalpolitik zu einem bedeutenden Teil selbst darüber bestimmen, wer sich ihnen anschließt bzw. überhaupt anschließen kann.

Andere Aspekte entziehen sich hingegen weitgehend dem Einfluss der Streitkräfte. So ist der Pool an Bewerbern und Bewerberinnen aufgrund demografischer und sozioökonomischer Entwicklungen seit geraumer Zeit rückläufig, wie Wenke Apt (2011, 2014) umfassend aufgezeigt hat. Demografische Projektionen gehen davon aus, dass die Bevölkerungsgruppe der Jugendlichen in Deutschland massiv schrumpfen wird. Der Anteil junger Menschen soll im Jahr 2060 nur noch rund zwei Drittel im Vergleich zu 2011 und damit dem Jahr betragen, in dem die Wehrpflicht ausgesetzt wurde. Für die Bundeswehr als Arbeitgeber kommt erschwerend hinzu, dass die (Jugend)Arbeitslosigkeit in den letzten Jahrzehnten massiv gesunken ist und im historischen wie im europäischen Vergleich einen Tiefstand erreicht hat. Aus der Sicht von Apt verschärfen die weiterhin steigenden formalen Bildungsabschlüsse (die mit vielfältigeren Berufsmöglichkeiten einhergehen) sowie die daraus folgende Stärkung von Werten, die mit den in den Streitkräften geforderten Anforderungen und von der Bundeswehr gesetzten Anreizen nicht immer kompatibel sind, die militärische Rekrutierung (Apt 2011: 28–30).

Wer kommt angesichts dieser veränderten Rahmenbedingungen (noch) zur Bundeswehr? Die vorhandenen Untersuchungen belegen, dass sich die Sozialstruktur der deutschen Soldaten in den letzten Jahrzehnten verändert hat, wie sich etwa in der Dienstgradgruppe der Offiziere zeigt. In den 1950er- und 1960er-Jahren stand das Offizierskorps der Bundeswehr noch in starker personeller Kontinuität zur Wehrmacht. Damit gingen zum einen erhebliche politische und gesellschaftliche Legitimationsprobleme für die Bundeswehr einher. Zum anderen ging die Forschung lange von sozialstrukturellen Kontinuitäten sowie von einer ungebrochenen Dominanz der bereits im Kaiserreich offen deklarierten ,erwünschten Kreise' im Offizierskorps der neu aufgestellten westdeutschen Streitkräfte aus. So gehörte Detlef Bald (1994: 102) zufolge die überwiegende Zahl der Bundeswehroffiziere weiterhin der protestantischen Konfession an. Etliche Offiziere entstammten den ostelbischen Gebieten und hatten die Flucht der Zivilbevölkerung vor der Roten Armee hautnah miterlebt. Auch der Anteil derjenigen mit familiären militärischen Traditionen war mit 15 % bemerkenswert hoch (ebd.: 94). Demgegenüber löste sich nach der Einschätzung von Bernhard Kroener (1994: 296) die Dominanz des Adels im Offizierskorps der Wehrmacht bereits gegen Ende des Zweiten Weltkrieges auf. Kroener verweist einerseits auf die hohen Verluste unter den deutschen Offizieren, die insbesondere ab 1942 zu verzeichnen gewesen seien. Andererseits führt er die Wirkung der ideologischen Intentionen des nationalsozialistischen Regimes an, das dem Ideal einer ,Volksgemeinschaft' anhing und dieses (unter gewaltsamer Ausgrenzung und Vernichtung unerwünschter Bevölkerungsgruppen) zumindest in gewisser Weise – etwa durch die Öffnung der Offizierslaufbahn für bürgerliche Kreise der Mittelschicht und ab 1942 für Unteroffiziere – umgesetzt hatte: Die in der Wehrmacht festzustellende soziale Mobilität mit egalisierenden Tendenzen überstieg die sozialstrukturellen Veränderungen jeder anderen Großgruppe des Dritten Reiches. Kroener sieht darin eine wesentliche Voraussetzung für die in der Bundesrepublik erfolgte soziale Öffnung des Offiziersberufs.

Die neueren Arbeiten von Thorsten Loch (2021, Loch et al. 2022), die die Werdegänge von deutschen Generalen und Admiralen im 20. Jahrhundert analysieren, relativieren ebenfalls die These von der sozialen Dominanz der ‚erwünschten Kreise'. Demnach rekrutierten sich die deutschen Generale von der Reichswehr bis in die Bundeswehr hinein vor allem aus „der bildungs- und staatsnahen Oberschicht, stammten aus dem gesamten Reichsgebiet, waren überwiegend städtisch und mehrheitlich protestantischen Glaubens" (Loch 2021: 518). Dieses Sozialprofil sei jedoch weniger Ausdruck von Sozialprotektionismus, sondern Funktions- und Bildungsanforderungen der Streitkräfte geschuldet gewesen. Im Laufe des 19. Jahrhunderts sei das Abitur mehr und mehr zur Voraussetzung für den Offiziersberuf geworden. Aufgrund unterschiedlicher Bildungschancen und -zugänge hätten sich gesellschaftliche Privilegierungen und Diskriminierungen in den Offiziers- und Generalsrängen reproduziert. Mit der Öffnung von Bildungswegen – spätestens in der Bundesrepublik – habe das Sozialprofil der Offiziere seinen elitären Charakter allmählich verloren. Verstärkend kommt die in den 1970er-Jahren eingeleitete umfassende Reform der Offizierslaufbahn hinzu (Bald 1982: 129 ff., 1994: 92 ff.). Aufgrund von Nachwuchsschwierigkeiten etablierte die Bundeswehr im Rahmen der Offiziersausbildung ab 1973 ein wissenschaftliches Studium. Die Absicht dahinter war, die Attraktivität der Offizierskarriere zu erhöhen und die Streitkräfte für alle gesellschaftlichen Gruppen zu öffnen. In der Folge stieg in den 1970er-Jahren sowohl der Anteil katholischer Offiziere als auch derjenigen aus der Angestellten- und Arbeiterschicht. Der Rekrutierungsschwerpunkt der Bundeswehroffiziere verlagerte sich damit – ähnlich wie in den meisten westlichen Armeen – von der oberen zur unteren Mittelschicht, deren Vertreter sich durch Ordnungsorientierung, Aufstiegswillen und das Bedürfnis nach sozialer Sicherheit auszeichneten (Elbe 2004: 421 f.).

Eine neuere Untersuchung unter studierenden Offizieren bestätigt diesen Trend. Im Unterschied zu den 1960er- und 1970er-Jahren entstammt das Gros der jungen Offiziere heutzutage Angestelltenhaushalten. Demgegenüber ist der Anteil der studierenden Offiziere, deren Vater Beamter ist, von knapp der Hälfte auf ein gutes Fünftel gesunken. Auch weisen immer weniger Offiziere einen soldatischen Familienhintergrund auf. Nur sechs Prozent aller Befragten haben einen Vater, der ebenfalls Soldat bei der Bundeswehr war bzw. ist (Fiebig 2010). Aufgrund der militärischen Ausbildung und des Studiums an einer Bundeswehrhochschule haben Offiziere heutzutage einen hohen Bildungsstand. Martin Elbe (2018: 51–54, 181) hat dazu eine Studie bei über 1.000 ehemaligen Offizieren durchgeführt, die in Teilen eine Untersuchung aus den frühen 2000er-Jahren repliziert (Marr 2001). Mehr als drei Viertel der Befragten verfügen demnach über einen Masterabschluss; darüber hinaus hat ein Zehntel der ehemaligen Offiziere einen Doktortitel. Angesichts dieses Bildungsprofils kann es kaum verwundern, dass ausgeschiedene Bundeswehroffiziere gute Berufsperspektiven auf dem zivilen Arbeitsmarkt haben und überdurchschnittlich verdienen (Elbe 2018: 42). Häufig sind sie in Führungspositionen in größeren Unternehmen oder im öffentlichen Dienst tätig.

Bei der Einordnung dieser Befunde gilt es indes zu berücksichtigen, dass es sich bei Offizieren um die höchstqualifizierte Dienstgradgruppe der Bundeswehr handelt. Der Übergang auf den zivilen Arbeitsmarkt für Mannschaftssoldaten und Unteroffiziere dürfte sich etwas anders gestalten. Genauere Studien liegen hierzu jedoch ebenso wenig vor wie zur sozialen Zusammensetzung dieser Personengruppen. Es gibt nur vereinzelte Hinweise, die älteren Datums sind und zeigen, dass das Unteroffizierskorps der Bundeswehr von Beginn an allen gesellschaftlichen Kreisen offenstand, wobei der Schwerpunkt auf den gelernten (Fach) Arbeitern und Handwerkern lag (Klein 1983: 42; Bald 1989: 54; ders. 1994: 100). Im zeitlichen Verlauf nimmt der Anteil der Unteroffiziere, die aus einer Beamtenfamilie stammen, ab. Die Mehrheit der Unteroffiziere verfügt über einen Haupt- oder Realschulabschluss, wobei als Konsequenz der allgemeinen Hebung des formalen Bildungsniveaus letzterer die Regel ist und nicht wenige Unteroffiziere über ein (Fach)Abitur verfügen. Darüber hinaus kommen überproportional viele Unteroffiziere aus ländlichen Regionen (Bald 1989: 55 ff.). Der Beruf des Unteroffiziers weist somit den Charakter eines typischen sozialen Aufstiegsberufs auf, der Status, Sicherheit und berufliche Entwicklungsmöglichkeiten bietet.

Den Großteil ihrer Mannschaftssoldaten deckten die 1955 wieder aufgestellten Streitkräfte in der Bundesrepublik durch die Wehrpflicht. Da bis in die 1980er-Jahre die überwiegende Mehrheit der Einberufenen Wehrdienst leistete, konnte die Bundeswehr lange Zeit aus allen sozialen Kreisen und Gruppierungen schöpfen und stellte somit in der Tat einen ‚Spiegel' (des männlichen Teils) der bundesdeutschen Gesellschaft dar. Zwar war von Beginn an im Grundgesetz das Recht zur Wehrdienstverweigerung – bei gleichzeitiger Ableistung eines Zivildienstes – vorgesehen. Zur relevanten sozialen Praxis wurde dies jedoch erst im Laufe der 1980er- und 1990er-Jahre (Kohr 1990; Kuhlmann und Lippert 1991; Räder 1994). Zu Beginn des 21. Jahrhunderts leistete sogar eine größere Anzahl junger Männer Zivildienst als Wehrdienst.

In den letzten Jahren mehren sich die Befunde zur Sozialstruktur der Mannschaftssoldaten bzw. Untersuchungen, die das generelle Interesse am Soldatenberuf erheben. Wie die Auswertungen von Jugendumfragen zeigen, übt die

Bundeswehr als Arbeitgeber eine höhere Attraktivität auf Jugendliche mit Mittlerer Reife und Hauptschulabschluss aus als auf Befragte mit (Fach)Hochschulreife (Bulmahn et al. 2009: 48, 73). Zudem ist das Interesse an einer Tätigkeit als Soldat (und seit 2001 auch als Soldatin) in den strukturschwachen nord- und ostdeutschen Ländern größer als in West- und Süddeutschland. Diesen Befund bestätigt Wenke Apt (2014: 71) mit den Daten des Mikrozenzus für die frühen 2000er-Jahre. Zugleich zeigt sie, dass Personen mit Mittlerer Reife in den Streitkräften über-, Personen mit Hauptschabschluss und Abitur hingegen unterrepräsentiert sind, wobei ostdeutsche Soldaten und Soldatinnen im Schnitt einen höheren Bildungsgrad aufwiesen. Während ein höherer formaler Bildungsabschluss in den westdeutschen Bundesländern mit einer geringeren Bereitschaft zum Militärdienst einhergeht, steigt die Bereitschaft, zur Bundeswehr zu gehen, in den ostdeutschen Ländern mit dem Schul- bzw. Bildungsabschluss (Apt 2014: 72, 118). Ebenso sind Personen aus sozial schwächeren familiären Hintergründen in der Bundeswehr unterproportional vertreten (Apt 2014: 119). Diese Befunde widersprechen den – etwa von Michael Wolffsohn (2010) öffentlichkeitswirksam geäußerten – Vermutungen, die Bundeswehr entwickle sich zu einer „ossifizierten Unterschichtenarmee". Ebenso nährt die Studie von Apt Zweifel an der Wehrpflicht als Schlüssel zu einer sozial spiegelbildlichen und gerechten Rekrutierung aus allen gesellschaftlichen Bereichen. Stattdessen hält die Autorin (Apt 2014: 182) fest: „Conscription as a recruitment tool for the preferred high-quality youth has been shown to be largely ineffective. The findings consistently demonstrate that primarily males with less favorable human capital traits were drawn into the Bundeswehr via the channel of conscription. Those with higher human capital endowments chose to enter the Bundeswehr as regular or professional soldiers instead."

In die gleiche Richtung weisen die Befragungen von Robert Kramer (2014), der sich mit dem – nach Aussetzung der Wehrpflicht eingerichteten – Freiwilligen Wehrdienst beschäftigt. Auf Basis von Umfragen unter insgesamt fast 7.000 Freiwilligen Wehrdienst Leistenden (FWDL) kann er nachweisen, dass diese ein – im Vergleich zu gleichaltrigen zivilen Jugendlichen – überdurchschnittliches Bildungsniveau aufweisen (ebd.: 9). Rund die Hälfte der FWDL hat (Fach)Hochschulreife. Regionale Schwerpunkte sind nicht zu verzeichnen. Wiederum findet sich kein Beleg für die Vermutung, Ostdeutsche seien in der Bundeswehr überrepräsentiert (ebd.).

Wenn sich Streitkräfte nur noch aus gewissen gesellschaftlichen Gruppen rekrutieren – seien es privilegierte Kreise bei den Offizieren oder sozial Schwächere bei den niedrigen Dienstgraden –, kann dies politische und gesellschaftliche Sprengkraft bergen. Die aus den USA bekannten Debatten,

wonach Minderheiten in der Armee und zumal in den Kampfverbänden über-
und sozial besser gestellte und wohlhabende Schichten unterrepräsentiert sind,
sind in den letzten Jahren – nicht zuletzt anlässlich der Aussetzung der Wehrpflicht (Abenheim 2007: 160) – auch hierzulande geführt worden. Die Sorge,
am unteren Ende der gesellschaftlichen Skala wirke eine selektive Wehrpflicht,
die insbesondere sozial und wirtschaftlich Schwächere in die Streitkräfte treibe,
ist von den vorhandenen Befunden nicht gedeckt. Vielmehr deutet die sich ver-
dichtende Studienlage darauf hin, dass sich die Streitkräfte weiterhin aus der
Mitte der Gesellschaft rekrutieren. Der Nachwuchs der Bundeswehr weist im
Schnitt ein mittleres bis höheres Bildungsniveau auf und kommt in der Regel aus
Mittelschichtsfamilien. Aus der Perspektive der Nachwuchsgewinnung erscheint
insbesondere die Schrumpfung der Alterskohorten problematisch. Immer weniger
junge Menschen streben auf den Arbeitsmarkt, auf dem sich ihnen seit Mitte der
2000er-Jahre vielfältigere Möglichkeiten bieten. Als Arbeitgeber ist die Bundeswehr daher gefordert, angemessene Anreize und Angebote zu setzen, um aus-
reichendes Personal in geeigneter Qualität zu gewinnen. Dies lenkt den Blick weg
vom Sozialprofil hin auf die Beweggründe der Bewerber und Bewerberinnen.
Auch hierzu hat sich in den letzten Jahrzehnten die Forschungslage – international wie national – verdichtet.

4.2   Warum wird jemand Soldat oder Soldatin?

Zwar wachsen die Kenntnisse über die Motive, Soldat oder Soldatin zu werden,
rasch an. Im historischen Rückblick liegen aber nur wenige Studien vor, die
als Vergleichsmaßstab für Veränderungen über die Zeit herangezogen werden
können. Recht gut erforscht sind die Gründe für die in den 1980er-Jahren stark
gestiegene Zahl der Wehrdienstverweigerer. Wie eine Analyse aus den frühen
1990er-Jahren belegt, verweigerten insbesondere Abiturienten den Wehrdienst
(Kohr 1993). Treibendes Moment hinter dieser Entwicklung war der Umbruch
in den Werthaltungen vieler Jugendlicher, die ihren Wunsch nach sogenannten
‚postmateriellen' Idealen wie Selbstentfaltung und Partizipation nicht mehr mit
den traditionellen militärischen Kategorien wie Gehorsam, Pflichtbewusstsein
und Unterordnung in Einklang bringen konnten. Entsprechend leisteten vor allem
männliche Jugendliche mit Haupt- und Realschulabschluss Wehrdienst, deren
Werthaltungen stärker materiell und ordnungsorientiert geprägt waren.

  Für diejenigen, die ein Interesse an der Bundeswehr als Arbeitgeber entwickeln, sind Werthaltungen ebenfalls von Bedeutung – allerdings nicht
ausschließlich. Wie Paul Klein (2004) in einem Überblick über bestehende

Studien zu den Unteroffizieren der Bundeswehr festhält, spielen für die Entscheidung, Zeit- oder Berufssoldat zu werden, mehrere Motive eine Rolle, die sich zudem mit der Zeit ändern. Klein vergleicht drei Erhebungen (Dillkofer und Klein 1980; Klein 1989; Heikenroth et al. 2002), bei denen im zeitlichen Abstand Unteroffiziere nach den Gründen für ihre Berufswahl befragt wurden. Hierzu wurde eigens eine Skala entwickelt, die sich weitgehend auf ökonomische und tätigkeitsbezogene Beweggründe der Berufswahl konzentriert. Normative und soziale Anreize fanden hingegen keine Berücksichtigung. Vergleicht man – ungeachtet dieses Mankos – die Befragungsergebnisse, so ist zu erkennen, dass Aspekte wie Arbeitsplatzsicherheit und die Aussicht auf zivilberufliche Weiterbildung mit der Zeit an Bedeutung gewonnen haben. Demgegenüber haben militärische Beweggründe wie Kameradschaft, Interesse an militärischer Technik oder sportliche Betätigung an Relevanz eingebüßt (ebd.: 435 f.). Über die Rolle sozialer Anreize für die Entscheidung, Unteroffizier zu werden, geben die drei berücksichtigten Studien keine Auskunft. Ebenso liegen über die Relevanz normativer Beweggründe für die Wahl des Soldatenberufs während des Ost-West-Konflikts keine sozialempirisch abgesicherten Kenntnisse vor. Nichtsdestotrotz wird – in der Wissenschaft (siehe die Ausführungen zum I/O-Modell weiter oben), wie in den Streitkräften selbst – zumeist davon ausgegangen, dass die Identifikation mit den Aufgaben der Bundeswehr von Bedeutung für die Entscheidung waren, sich als Soldat oder Soldatin zu verpflichten. Darauf deuten jedenfalls die wiederkehrenden Debatten um die Innere Führung und das Leitbild des *Staatsbürgers in Uniform* hin, die auch als Begründungs- und Legitimationslehren für die Bundeswehr dienen.

Die neuere militärsoziologische Forschung greift die Anregungen aus der I/O-Debatte umfassender auf und liefert Hinweise, ob für den Übergang der Bundeswehr von einer Wehrpflicht- zu einer Freiwilligenarmee von einer Verschiebung der Motive für den Soldatenberuf auszugehen ist. Materielle Anreize und Eigeninteressen sollten dann auf Kosten normativer und militärischer Beweggründe an Bedeutung gewinnen, wodurch sich die Entscheidung für die Streitkräfte zunehmend den allgemeinen Mechanismen der Berufswahl annähern würde. Zuweilen wird in diesem Zusammenhang die Befürchtung geäußert, dass eine vorwiegend monetäre Berufsmotivation des militärischen Nachwuchses Probleme für die Identifikation mit dem militärischen Auftrag und der gesellschaftlichen Integrationsfähigkeit der Streitkräfte mit sich bringe. Diese militärsoziologischen Thesen sind anschlussfähig an die jüngere Personalforschung zur Bundeswehr, die unter Rückgriff auf die etablierten Konzeptionen von Alderfer (1972) und Vroom (1964) von einer Passung der persönlichen Präferenzen und den mit dem Arbeitgeber assoziierten Angeboten ausgeht. Dabei wird in der Regel zwischen drei Bedürfnisklassen – existentiellen (z. B. persönliche Existenz, Sicherheit), sozialen (etwa soziale Integration, Ansehen) und sogenannten Wachstumsbedürfnissen (Selbstverwirklichung, persönliche Weiterentwicklung usw.) – unterschieden. Diese drei Bedürfnisklassen stehen in einem wechselseitigen, jedoch nicht in einem hierarchischen Verhältnis (Richter 2020a: 27).

Auf Basis der zuletzt genannten Konzeption hat Gregor Richter (2020a) in drei Erhebungswellen mit insgesamt rund 17.500 Befragten die zivilen und militärischen Angehörigen der Bundeswehr zur Attraktivität ihres Dienstes und den dahinterliegenden Gründen befragt. Seine Analysen zeigen, dass die Dienstzufriedenheit, die Personalbindung sowie die Weiterverpflichtungsbereitschaft wesentlich von den sogenannten Wachstumswerten (Richter 2020a: 33–35) bestimmt werden, worunter insbesondere die Identifikation mit den Zielen der Bundeswehr und die Übereinstimmung mit den eigenen Wertvorstellungen zählt (Richter 2020a: 41; siehe hierzu auch Höfig 2014).

Diese Befunde finden in der Untersuchung von Kramer (2014: 2) zu Freiwillig Wehrdienst Leistenden ihre Bestätigung. Zentrale Motive für eine solche temporäre Verpflichtung sind demnach „der Dienst für Deutschland, die Übernahme von Verantwortung, das Erleben von Kameradschaft und das Kennenlernen des Arbeitgebers Bundeswehr." Über die Dauer des Dienstes ist ein Sinken der Motivation und Leistungsbereitschaft zu verzeichnen, was Kramer (ebd.: 7) auf Unterforderung und mangelnde Kommunikation – also auf die fehlende Befriedigung von Wachstumsbedürfnissen – zurückführen kann. Im Vergleich schätzen die Befragten die sozioökonomischen und die sozialen Aspekte des Berufs positiver ein als den Inhalt ihrer Tätigkeiten. Am geringsten ist die Zufriedenheit mit der Sinnhaftigkeit des Dienstes (ebd. 22). Wie weiterführende Analysen (ebd.: 25) zeigen, sind es aber genau diese inhaltlichen Aspekte, die die Zufriedenheit der Befragten und ihre Bereitschaft, den Arbeitgeber Bundeswehr zu empfehlen, bestimmen.

Ebenfalls aufbauend auf der Konzeption von Alderfer sowie unter Berücksichtigung von Vroom vergleicht Martin Elbe (2019: 5–7) Dienstgradgruppen und zeigt, dass die Mannschaftssoldaten mit den sozioökonomischen Aspekten des Soldatenberufs am zufriedensten und mit den Wachstumsbedürfnissen am unzufriedensten sind, während es sich bei Offizieren anders herum verhält (ebd.: 20). Auch die Untersuchung von Chariklia Höfig (2017) weist die Relevanz von Wachstumsbedürfnissen nach. Anhand einer repräsentativen Bundeswehrbefragung hat sie die berufsbezogenen Bedürfnisse deutscher Soldaten und Soldatinnen analysiert. Ihre Analysen deuten darauf hin, dass Existenz-, Sozial- und Wachstumsbedürfnisse die wahrgenommene Attraktivität des Arbeitgebers in etwa gleich stark beeinflussen, während die Existenzbedürfnisse nur einen geringen Einfluss auf Arbeitgeberbindung (Commitment), Motivation und Identifikation haben.

In einer weiteren Studie analysiert Richter, ob genderspezifische Unterschiede in der Entscheidung, Berufssoldat zu werden, zum Tragen kommen. Für diese Untersuchung zur Personalbindung greift Richter auf Befragungen von knapp 1.000 Offizieren des Sanitätsdienstes – in der Regel Militärärzte und -ärztinnen – zurück, in denen Einflussfaktoren der Personalbindung sowie Aspekte der beruflichen Identität erfasst wurden. Dabei zeigt sich, dass weibliche Angehörige des Sanitätswesens eine geringere Personalbindung, hier verstanden als Interesse, sich als Berufssoldatin zu verpflichten, aufweisen (Richter 2020b: 9–10). Daneben treten weitere Differenzen zutage: Frauen legen einen größeren Wert auf Work-Life-Balance, Männer wollen eher Führungsaufgaben übernehmen. Bei der Vielzahl der restlichen Aspekte, die wesentlich für die Personalbindung sind, bestehen hingegen keine Unterschiede, weshalb Richter (2020b: 26) zu dem Schluss kommt, dass die Gemeinsamkeiten zwischen den Geschlechtern „im Großen und Ganzen (…) größer als die Unterschiede" sind. Er kann ferner nachweisen, dass ein berufliches Selbstverständnis, das sich neben dem zivilen ärztlichen Berufsanteil zur soldatischen Rolle bekennt (im Sinne der Moskos'schen Institution), eine höhere Identifikation und Bindung an die Bundeswehr mit sich bringt (Richter 2020b: 20).

Ebenfalls angelehnt an die Moskos'sche Unterscheidung von intrinsischen und extrinsischen Motivationsfaktoren untersuchen Graf und Kümmel (2021) die Attraktivität des Arbeitgebers Bundeswehr für junge Frauen. Dazu werten sie auf Basis von Bevölkerungsbefragungen die Bereitschaft, den Soldatenberuf zu empfehlen, aus. Der Fokus liegt auf der Chancengleichheit für die Geschlechter, die in einem klassisch männlich geprägten Beruf wie dem soldatischen nicht als selbstverständlich gelten kann. Es zeigt sich, dass die Wahrnehmung von Chancengleichheit (als einer Facette des sozialen Klimas von Organisationen) die Attraktivität des Arbeitgebers erhöht. Wesentlich sind darüber hinaus das wahrgenommene soziale Ansehen der Streitkräfte sowie die Einschätzung der Materiallage und damit Aspekte, die stark auf das Image des Arbeitgebers und eine positive soziale Relation verweisen. Sozioökonomische und soziodemografische Größen wie das Haushaltseinkommen oder die Bildung der Befragten spielen hingegen keine Rolle.

Die Frage, welche Motive hinter dem Soldatenberuf stehen, ist nicht nur für die Rekrutierung wesentlich. Wie Ron Krebs und Robert Ralston (2022) für die USA gezeigt haben, hat die Wahrnehmung dieser Motive Einfluss auf das sicherheitspolitische Meinungsbild und die Bereitschaft der Bürgerinnen und Bürger, Streitkräfte einzusetzen. Die Autoren haben untersucht, von welchen

Beweggründen für den Soldatenberuf die zivile Bevölkerung ausgeht. Dabei zeigt sich, dass den Bewerberinnen und Bewerbern sowohl intrinsische als auch extrinsische Motive zugestanden werden, wobei konservative Befragte eher von patriotischen Überzeugungen und staatsbürgerlichen Pflichtgefühlen ausgehen und linksliberale Befragte eher ökonomische Anreize für ausschlaggebend halten. Bemerkenswert ist, dass die Wahrnehmung der Berufsmotivation Einfluss auf die Haltungen der Bürgerinnen und Bürger zu militärischen Missionen hat. Nach einer weiteren Studie von Krebs et al. (2021) stärkt die Überzeugung, dass eine Soldatin patriotisch motiviert ist, die Unterstützung für die Mission, während die Überzeugung, dass ein Soldat vor allem die materiellen Vorteile des Dienstes sucht bzw. keine beruflichen Alternativen hat, die Unterstützung untergräbt. Die Einstellung der Bevölkerung zu Militäreinsätzen ist demnach auch von der Wahrnehmung geprägt, ob die Soldatinnen und Soldaten dem Einsatz zumindest implizit zugestimmt haben oder nicht.

In der Gesamtschau belegen die vorliegenden Studien allesamt heterogene Motive für die Wahl des Soldatenberufs. Materielle und monetäre Anreize spielen eine Rolle, notwendig erscheint aber vor allem die Identifikation mit den normativen Aspekten des soldatischen Dienstes, insbesondere wenn es um eine längerfristige Bindung an die Streitkräfte geht. Die empirischen Befunde verdeutlichen damit, wie wichtig es ist unter politischen wie personalpolitischen Gesichtspunkten ist, den Sinn und Zweck von Streitkräften auf überzeugende Weise zu vermitteln.

Neben der Frage, welche Personengruppen sich aus welchen Gründen für eine Tätigkeit bei der Bundeswehr entscheiden, ist es ebenfalls wichtig zu wissen, wie diese ihre Rolle als Soldaten und Soldatinnen verstehen. Dies sagt nicht nur etwas über die Sozialisationsbedingungen innerhalb der Militärorganisation aus. Nach den Erkenntnissen der beruflichen Sozialisations- und Lebenslaufforschung, die unter dem Schlagwort der ‚Individualisierung des Lebenslaufes' (Beck 1986: 205 ff.; Brose und Hildebrand 1988; Kohli 1989) die Relevanz subjektiver Wahrnehmungs- und Bewertungsmuster betont, hat die berufliche Identität auch Einfluss darauf, wie die Berufsinhaber und Berufsinhaberinnen ihre berufliche Tätigkeit ausüben.

4.3   Soldatische Identität(en)

In der Bundeswehr gibt es klare Vorgaben, wie Soldaten und Soldatinnen ihren Auftrag und ihre Aufgaben verstehen und bewerten *sollen:* Das Konzept der Inneren Führung mit dem Leitbild des *Staatsbürgers in Uniform* hebt darauf ab, die Spannungen und Widersprüche, die sich aus den individuellen Rechten von Staatsbürgern und den soldatischen Pflichten ergeben, zu verringern und so eine umfassende demokratische Einbindung der Streitkräfte in die Gesellschaft zu ermöglichen.[9] Neben der Garantie der Teilhabe der Militärangehörigen an staatsbürgerlichen Rechten sowie der parlamentarischen Kontrolle des militärischen Einsatzes (einschließlich des durch die unabhängige Institution des Wehrbeauftragten des Deutschen Bundestages verkörperten individuellen Beschwerderechtes) wird soldatisches Handeln vor allem als wertorientiert konzipiert. Soldaten und Soldatinnen sind aus Sicht der Inneren Führung mündige Staatsbürger und Staatsbürgerinnen, die von ihren Vorgesetzten auch als solche zu behandeln sind. Sie erfahren den Wert und die Funktion der freiheitlich-demokratischen Grundordnung der Bundesrepublik auch und gerade im Rahmen ihres Dienstes und sind deshalb in der Lage, sich für die Verteidigung von Recht und Freiheit einzusetzen. Als *Staatsbürger in Uniform* üben Soldaten und Soldatinnen ihre Tätigkeit demnach nicht primär gegen Entlohnung, sondern im Bewusstsein ihres Auftrags und der zugrunde liegenden Wertvorstellungen aus. Sie wissen, dass mit ihrem Beruf kein privilegierter sozialer Status verknüpft ist. Als übergeordnetes Ziel soldatischen Handelns gilt die Herstellung beziehungsweise Sicherung von Frieden – unter Androhung und Anwendung militärischer Mittel. Der Einsatz von Gewalt dient in diesem Verständnis der Erreichung friedlicher Zwecke und ist nicht Ziel (oder Gegenstand) soldatischen Handelns an und für sich.

Über die militärische Funktionalität wie empirische Validität dieses Leitbildes ist in der Geschichte der Bundeswehr immer wieder gestritten worden – vor allem dann, wenn sich der den Streitkräften übertragene Auftrag oder seine gesellschaftliche Perzeption änderte. Dies war bei der Gründung der Bundeswehr Mitte der 1950er-Jahre ebenso der Fall wie Anfang der 1980er-Jahre vor dem Hintergrund der Proteste gegen den NATO-Doppelbeschluss und der damit verbunden Legitimitätskrise der nuklearen Abschreckungsstrategie (Echternkamp 2021). Nach dem Ende des Kalten Krieges und der Vereinigung der beiden deutschen Staaten rückte die Frage nach dem ‚richtigen' soldatischen Berufsbild angesichts der Relativierung der Landes- und Bündnisverteidigung abermals in den Vordergrund. Im Kern ging es nun um die Frage nach den Möglichkeiten und Grenzen der soldatischen Identifikation mit den Aufgaben, die über die klassische Verteidigungsfunktion hinausgehen.

---

[9] Siehe hierzu auch den Beitrag von *Franke* in diesem Band.

Als eine der ersten Arbeiten, die sich mit den Folgen der veränderten militär- und sicherheitspolitischen Konstellation beschäftigen, ist die Studie von Georg-Maria Meyer (1992) über das berufliche Selbstverständnis von Bataillonskommandeuren zu nennen. Meyer arbeitet in Form einer Deutungsmusteranalyse typische Reaktionsmuster militärischer Führungskräfte auf den Wegfall des bisherigen Auftrags der Bundeswehr heraus, die – so die Synthese – zwischen „Verdrängung und Orientierungslosigkeit" (ebd.: 156) im Hinblick auf die anstehenden Problemlagen schwanken und nicht zuletzt eine Konzentration auf das „'Wie' der Auftragserfüllung" erkennen ließen, hinter die eine „Klärung des 'Wozu'" zurücktrete (ebd.: 160 f.). Auch Ruth Seifert (1996) diagnostiziert in ihrer ebenfalls zu Beginn der 1990er-Jahre durchgeführten Untersuchung über militärische Subjekt- und Geschlechterkonstruktionen einen hohen Bedarf an Sinn- und Legitimitätsstiftung in Bezug auf die Einsätze jenseits des NATO-Bündnisgebietes. Neben der Feststellung, dass Männlichkeitsvorstellungen nach wie vor eine zentrale Rolle für die Konstruktion soldatischer Subjektivität spielten, hebt sie insbesondere auf das „Spannungsfeld zwischen militärischer Loyalität und Gehorsamspflicht" einerseits und den zivilgesellschaftlichen Anforderungen an „Autonomie und Selbstverantwortung" (ebd.: 195) andererseits ab, das sich auch im militärischen Alltag widerspiegele und auf der individuellen Ebene nicht selten zu Irritationen und persönlichen Legitimitätskrisen führe.

Im Vergleich dazu belegen Untersuchungen ein Jahrzehnt später, dass die Auslandseinsätze von den Militärangehörigen ohne Einschränkungen als 'Hauptaufgabe' der Bundeswehr wahrgenommen und akzeptiert werden (Leonhard 2007; Eichel 2013). In der Studie von Christoph Eichel (2013) geht es um die berufsbiografische Verarbeitung der Herausforderungen im Kontext militärischer Multinationalität und globaler Einsätze. Während die dort herausgearbeiteten Typen sich im Wesentlichen darauf beschränken, drei unterschiedliche berufsbiografische Reflexionsformen abzubilden, zielte die Interviewstudie von Nina Leonhard (2007) zum beruflichen Selbstverständnis junger Soldaten auf die Folgen des Wandels der Bundeswehr zu einer „Armee im Einsatz" ab. Hierfür wurde ein Modell soldatischer Identität entwickelt, das die Dimensionen *Tätigkeit, Status, Tugenden* sowie *Auftrag* umfasst. In der Studie ließen sich vier Typen soldatischer Identität identifizieren

1. Die Soldaten des ersten Typs betrachten ihre Tätigkeit bei der Bundeswehr in erster Linie als eine „Alternative zum Zivilberuf" und betonen die Parallelen zwischen der Arbeit beim Militär und bei einem zivilen Arbeitgeber. Soldat zu sein wird als ein Beruf aufgefasst, der eine gewisse 'Berufsgesinnung'

erfordert: Interesse und Freude an der eigenen Tätigkeit sowie der persönliche Einsatz für die übertragene Verantwortung stehen im Vordergrund. Der eigene Status wird anhand der erreichten Qualifikationen sowie an der Größe des übertragenen Verantwortungsbereichs gemessen. Die Auslandseinsätze werden eher unter politischen Gesichtspunkten thematisiert und spielen vor allem als Bestandteil der konkreten Arbeitsbedingungen bei der Bundeswehr eine Rolle.

2. Soldaten des zweiten Typs „Soldatsein als Karriere" zeichnen sich durch eine ausgeprägte Aufstiegsorientierung aus. Sie haben sich aufgrund materieller Anreize und des Qualifikationsangebotes für die Bundeswehr entschieden. Dabei stehen die Position, die man gerade innehat bzw. zukünftig erreichen will, und die damit verbundenen Einschränkungen und Möglichkeiten im Vordergrund. Der eigene Status wird anhand des persönlichen Erfolgs, messbar an Beurteilungen, Beförderungen und der Höhe des Verdienstes, bestimmt. Die Aufgaben der Bundeswehr, speziell die Einsätze im Ausland, werden unter funktionalen Gesichtspunkten mit Blick auf die eigene Karriere thematisiert. Der politische Auftrag ist von untergeordneter Bedeutung.

3. Die Vertreter des dritten Typs „Soldatsein als Lebenswelt" zeichnen sich durch eine ausgeprägte Identifikation mit dem Militär und der Institution ‚Bundeswehr' aus, die mit der Bereitschaft bzw. Selbstverpflichtung einhergeht, sich für das Kollektiv einzusetzen. Die berufliche Tätigkeit bei der Bundeswehr wird folglich in erster Linie als ‚Dienst' (für den Staat bzw. die Gesellschaft) verstanden, der sich von einer zivilen Arbeit deutlich unterscheidet. Grundlage für die Bewertung des eigenen Status sowie der Stellung anderer ist die Position innerhalb der Militärorganisation, die sich am Dienstgrad und vor allem an den unter Beweis gestellten Führungsqualitäten ablesen lässt. Der politische Auftrag der Bundeswehr wird dagegen als etwas Vorgegebenes akzeptiert. Daher stehen bei der Beurteilung der Auslandseinsätze Fragen der militärischen Machbarkeit im Vordergrund.

4. Für die Vertreter des vierten Typs „Soldatsein als Mission" spielt die Identifikation mit dem Auftrag der Bundeswehr eine zentrale Rolle für das berufliche Selbstverständnis. Die Orientierung am Auftrag setzt unter anderem eine intensive Auseinandersetzung mit den Auslandseinsätzen und deren politischen Implikationen voraus. Angesichts der spezifischen Aufgaben, die das Militär erfüllt, werden gegenüber zivilberuflichen Tätigkeiten eher die Besonderheiten des Soldatenberufes betont. Der eigene Status wird anhand des Beitrags gemessen, den man zum Erreichen des angestrebten Zieles leistet. Die Tätigkeit bei der Bundeswehr wird als eine wichtige, aber keinesfalls als die einzige Möglichkeit eines sinnvollen beruflichen Engagements angesehen.

Gemäß dieser Typologie ist der Stellenwert der Auslandseinsätze für das soldatische Selbstverständnis differenziert zu beurteilen: Während sich Zweifel an den politischen Zielen und der Sinnhaftigkeit eines Militäreinsatzes bei Soldaten des auftragsorientierten Typus direkt auf deren Motivation auswirken, weisen die Angehörigen des dritten Typus, die vor allem auf die Militärorganisation als solches ausgerichtet sind, eine größere Toleranz gegenüber den spezifischen Belastungen der Einsätze und den damit einhergehenden politischen Unsicherheiten auf. Und während die Bundeswehr aufgrund der Auslandseinsätze für Soldaten an Attraktivität einbüßt, die ihre Tätigkeit gemäß des ersten Typus vor allem als Alternative zu einer Beschäftigung bei einem zivilen Arbeitgeber ansehen, wird die Motivation aufstiegsorientierter Soldaten, wie sie der zweite Typ repräsentiert, weniger durch die Herausforderungen der Auslandseinsätze an sich als vor allem durch die damit verbundenen Möglichkeiten des Statusgewinns beeinflusst. Im untersuchten Sample waren die ersten beiden Typen am stärksten vertreten. Dem vierten Typus konnten nur wenige Soldaten zugeordnet werden. Aufgrund der qualitativen Anlage des Projektes ließen sich daraus indes keine Rückschlüsse auf die Verteilung der entsprechenden Berufsorientierungen innerhalb der Bundeswehr (Organisationsbereiche, Laufbahnen etc.) ziehen.

Im Hinblick auf das Leitbild des *Staatsbürgers in Uniform* ist die Typologie darüber hinaus insofern aufschlussreich, als sie erkennen lässt, dass das gewünschte Ideal in der zu beobachtenden Realität keine direkte Entsprechung findet. Das bedeutet allerdings nicht, dass das Leitbild und die dahinterstehenden Ideen für die Angehörigen der Bundeswehr ohne Bedeutung sind. Dass diesen eine durchaus wichtige identitätsstiftende Funktion zukommt, belegt eine Studie, die als Teil eines größeren, international vergleichenden Forschungsprojektes durchgeführt wurde (Bake 2010; Bake und Meyer 2012). Auf der Grundlage einer qualitativen Befragung von (männlichen) Teilnehmern zweier am Zentrum Innere Führung der Bundeswehr in Koblenz durchgeführter Lehrgänge wurden die Vorstellungen, die die befragten Soldaten mit ihrem Beruf verbinden, analysiert. Da das Zentrum, wie der Name bereits sagt, schwerpunktmäßig Schulungen zum Thema der Inneren Führung durchführt, mag es wenig erstaunen, dass sich alle Soldaten in den Interviews zu dieser normativen Grundlage ihrer beruflichen Tätigkeit bekannten. Interessant ist jedoch, mit welchen Aspekten die Innere Führung in Verbindung gebracht wurde. So steht zum einen die Vorstellung eines fürsorglichen Umgangs miteinander im Vordergrund, der durch das Schlagwort vom ‚Menschen im Mittelpunkt' symbolisiert wird. Zum anderen wird das Prinzip des ‚Führens mit Auftrag' betont, ein bereits im 19. Jahrhundert im preußisch-deutschen Heer entwickeltes Führungsprinzip. Beide Komponenten existierten als militärische Handlungsmaxime bereits in früheren deutschen

Armeen. Die für die Innere Führung zentrale Verpflichtung militärischen Handelns auf den politischen Rahmen des Grundgesetzes blieb seitens der befragten Soldaten somit weitgehend ausgeblendet.

Die aus soldatischer Sicht identitätsstiftende Bedeutung der beiden Ideen Fürsorge und Auftragstaktik, mit denen die Soldatinnen und Soldaten die Innere Führung assoziieren, lässt sich auch mit Befunden aus der bi- bzw. multinationalen Militärkooperation belegen. Wie Heike Abel (2008) am Beispiel der deutsch-französischen Zusammenarbeit herausgearbeitet hat, berufen sich Bundeswehrangehörige auf ebendiese ‚deutschen‘ Prinzipien, um sich von Soldaten und Soldatinnen anderer Länder abzugrenzen. Offen bleibt indes, wie sich das Bekenntnis zu fürsorglichen Umgangsformen und zur Auftragstaktik im Verhalten der Angehörigen der Bundeswehr tatsächlich niederschlägt. Beobachtungen, die ebenfalls aus dem multinationalen Kontext stammen, deuten zumindest darauf hin, dass Diskrepanzen zwischen Anspruch und Wirklichkeit bestehen (vgl. Keller 2006).

Während bei den zuletzt genannten Studien der Stellenwert der Auslandseinsätze für das soldatische Selbstverständnis relativ allgemein thematisiert wurde, entwickelte sich vor dem Hintergrund der militärischen Gewalterfahrungen im Afghanistan-Einsatz ab Mitte der 2000er-Jahre eine Debatte um die professionelle Ausrichtung der Streitkräfte (vgl. hierzu und im Folgenden Biehl 2014/15; Leonhard 2018, 2019): Im Kern wurde dabei verhandelt, ob Soldaten und Soldatinnen angesichts der Herausforderungen internationaler Militäreinsätze ihr berufliches Fähigkeitsprofil ausweiten oder und sich auf das Kämpfen konzentrieren können, sollen oder gar müssten. Während die einen ein Bild des Soldaten als polyvalenter *Staatsbürger in Uniform* propagierten, der neben dem Gefechtsfeld auch als Diplomat, Helfer, Schützer oder sogar Sozialarbeiter tätig sei, stand bei anderen das Bild des Soldaten als Kämpfer im Vordergrund (Neitzel 2020). Insbesondere wurde darüber gestritten, ob bzw. wie Militärangehörige in der Lage seien, mit den vielfältigen Anforderungen der Einsätze und den Widersprüchen zurechtzukommen, wie sie sich aus der Gewaltkonfrontation im Einsatzland und dem im Heimatland vorherrschenden zivilgesellschaftlichen Gewaltverbot ergeben (so z. B. Apelt 2009). Hierbei wurde vor einer Überforderung der Soldaten und Soldatinnen gewarnt – und mitunter prognostiziert, dass im Zweifelsfall eine Fokussierung auf Kampf und Gefecht erfolge (so z. B. Warburg 2010; Hellmann 2011, 2013).[10]

---

[10] Siehe hierzu auch den Beitrag zur Hybridisierung der Streitkräfte von *Kümmel* in diesem Band, der dort die ähnlich gelagerte internationale Diskussion rekapituliert.

Empirische Befunde zur Bedeutung direkter Gewalterfahrungen für das soldatische Selbstverständnis in der Bundeswehr sind bislang rar. Auf der Grundlage von Einzelinterviews und Gruppengesprächen in Afghanistan hat Phil Langer sowohl auf die Relevanz der kommunikativen Verarbeitung gewaltsamer Erlebnisse (Langer 2016) als auch auf das Problem einer Psychopathologisierung soldatischer Gefechtserfahrungen hingewiesen. Diese drohten, wenn der zivilgesellschaftliche Diskurs unter Rekurs auf das Schlagwort des Traumas (vgl. hierzu allgemein Freese 2018) ausschließlich auf die schädigenden Folgen soldatischer Einsatz- bzw. Gefechtserfahrung abhebe und Soldaten und Soldatinnen vornehmlich als ‚Opfer' beschreibe (Langer 2013). Den betroffenen Militärangehörigen blieben in diesem Fall kaum Möglichkeiten, ihre im Einsatzalltag erfahrenen Erlebnisse auf konstruktive Weise mit Sinn zu versehen und anderen gegenüber zu kommunizieren. Auf ähnliche Weise ordnet Maren Tomforde (2015) die Haltungen von gefechtserfahrenen Stabsoffizieren ein, die im Rahmen einer qualitativen Studie über ihre Gewalterfahrungen berichteten: Diese wehrten sich vor allem gegen negative Zuschreibungen (ebd.: 237 ff.) und interpretierten die in Afghanistan gewonnenen Erfahrungen als notwendigen und wichtigen Schritt militärischer respektive soldatischer Professionalisierung (ebd.: 242 ff.), mittels derer sie sich von den älteren Bundeswehr-Generationen, die während der Zeit der Ost-West-Konfrontation ‚Krieg' nur auf dem Übungsplatz kennengelernt hätten, abgrenzten (vgl. hierzu auch Tomforde 2010; Seiffert 2013).

Dass die im Einsatz gemachten Gewalterfahrungen aus soldatischer Sicht als differenziert zu betrachten sind, darauf weisen schließlich auch die Ergebnisse einer Langzeitstudie zum 22. ISAF-Kontingent, das 2010, im für die Bundeswehr gewaltintensivsten Jahr, in Afghanistan eingesetzt war und 7 getötete und 28 zum Teil schwer verletzte Soldaten zu beklagen hatte (Seiffert und Heß 2020). So zeigten die Befragungen drei Jahre nach dem Einsatz, dass eine Mehrheit der Militärangehörigen mit den einsatzbezogenen Belastungen gut zurechtkam und die gemachten Erfahrungen positiv für die persönliche Entwicklung einstufte. Eingedenk des Umstands, dass es in diesem befragten Sample durchaus Personen gab, die von Schwierigkeiten bei der Verarbeitung des Erlebten berichteten, lassen all diese Studien unterschiedliche Modi und Faktoren der individuellen wie organisationalen Verarbeitung von Gewalterfahrungen erkennen, die zukünftig noch systematischer analysiert und auf ihre identitätsstiftende Rolle hin befragt werden müssten.

5 Zusammenfassung und Ausblick

Unter dem Rubrum des Soldatenberufs werden in der Literatur verschiedene Aspekte behandelt: Was macht das Soldatische aus? Stellt der Soldatenberuf eine eigene Profession, wie die der Medizinerinnen und die Juristen, dar? Zudem werden – wie in der sozialwissenschaftlichen Berufsforschung üblich – das Sozialprofil und die Motivation von Militärangehörigen beleuchtet: Wer geht zu den Streitkräften und aus welchen Gründen geschieht dies? Damit eng verbunden ist die Frage nach dem beruflichen Selbstbild und Rollenverständnis von Soldaten und Soldatinnen.

Die Militärsoziologie hat zu all diesen Fragen konzeptionelle und vor allem empirische Beiträge in hoher Zahl erarbeitet, wenngleich diese allzu selten zueinander in Bezug gesetzt werden. Zwar sind die verschiedenen Aspekte des Soldatenberufs für sich genommen durchaus Gegenstand von analytischer Reflexionen geworden – woran es jedoch noch fehlt, ist eine synthetische Betrachtung, die die verschiedenen Facetten des Soldatseins integrierend zusammenführt. Dies gilt für die internationale Militärsoziologie, in besonderem Maße aber für die berufsbezogene Forschungsliteratur zur Bundeswehr.

Wie der voranstehende Forschungsüberblick zeigt, erfolgt die Auseinandersetzung um die militärische Profession bislang noch zu selten unter Rückgriff auf die empirischen Befunde zu Sozialprofil, Motivation und Identität der Soldatinnen und Soldaten. Umgekehrt finden sich in den letzten Jahren immer mehr Untersuchungen, die die Trägergruppen des soldatischen Dienstes und deren Einstellungen im Detail in den Blick nehmen, ohne jedoch die damit zusammenhängenden konzeptionellen und normativen Implikationen aufzugreifen. Dieses Manko wiegt umso schwerer, als praktisch alle Facetten des soldatischen Berufs normativ gerahmt sind:

- Mit dem soldatischen Berufsverständnis sind wesentliche Stellgrößen der zivil-militärischen Beziehungen verknüpft. Je nachdem, welchem Begriff von soldatischer Profession man folgt, werden Zuständigkeiten an die zivile Politik und die Streitkräfte delegiert und die Relevanz eines spezifisch militärischen Expertentums – des Gewaltmanagements – bestimmt. Die Gewährung von autonomen Bereichen für das Militär zur Ausbildung, Pflege und Anwendung dieser Expertise begrenzt dabei den Spielraum der politischen Entscheidungsträger. Der Umstand, dass militärische Handlungen Folgen zeitigen können, die weit über den militärischen Sektor hinausweisen, macht das Militär zu einem politischen Akteur und den Soldatenberuf zu einem politischen Beruf par excellence.

- Auch die Auseinandersetzung mit dem soldatischem Sozialprofil und der Motivation von Soldaten und Soldatinnen hat normative Implikationen. So legt bereits das I/O-Modell von Moskos eine Hierarchie nahe. Intrinsische Beweggründe, wie sie für Institutionen mit einer spezifischen Berufsgesinnung üblich sind, sind demnach extrinsischen Motiven, wofür das ‚Job'-Denken steht, vorzuziehen. Gerade den Trägern staatlicher Gewalt will man oftmals nicht zugestehen, dass sie ihren Dienst aus materiellen, zumindest aber selbstbezogenen Antrieben verrichten. Von Soldaten und Soldatinnen wird vielmehr eine ideelle Verpflichtung auf das Gemeinwesen erwartet, wie dies die Innere Führung mit ihrem Leitbild vom *Staatsbürger in Uniform* für die Bundeswehr ausdefiniert hat. Nach diesen Vorstellungen machen der Bezug auf und das Bekenntnis zu Gemeinwesen und politischem Auftrag erst den Soldaten und die Soldatin aus und garantieren seine bzw. ihre politische Loyalität. Eine zu starke materielle Orientierung, aber auch eine zu starke Fokussierung auf das militärische Handwerk – das Kämpfen – an und für sich gilt demnach als problematisch.
- Eng verbunden mit derartigen Annahmen zur politischen Zuverlässigkeit des Militärs ist die Literatur zu dessen sozialer Zusammensetzung. In der Vergangenheit galt die soziale Abschottung des Offiziersberufs als ein Vehikel zur Stützung der politischen, sozialen und ökonomischen Macht der Oberschicht. Entsprechend richtete sich die Aufmerksamkeit der Forschung auf Steuerungsprozesse der militärischen Rekrutierung. Während die ältere Literatur bewusste Schließungstendenzen – zumal im Offizierskorps – konstatierte, streichen jüngere Studien eher die Wirkung von funktionalen Erwägungen, Bildungsansprüchen und Zertifizierungsnotwendigkeiten heraus. Nicht zuletzt aufgrund der Aussetzung der Wehrpflicht hat sich die Debatte um das militärische Sozialprofil grundlegend verschoben. Nicht mehr die Überschichtung von Armeen, sondern deren vermeintliche Unterschichtung gilt mittlerweile als Belastung für die politische Loyalität der Streitkräfte. Die Erwartung, dass Freiwilligenarmeen sich vor allem aus sozioökonomisch schwächeren Personenkreisen rekrutieren, geht mit der Befürchtung einher, dass dies ihre politische Steuerbarkeit und Zuverlässigkeit gefährden könne. Zugleich wird damit die Frage der sozial gerechten Verteilung militärischer Lasten und Verteidigungsanstrengungen aufgeworfen – erst recht, wenn bei internationalen Auslandsmissionen die negativen Rückwirkungen auf die Zivilgesellschaft weitaus geringer sind als für die eingesetzten Soldatinnen und Soldaten.

Die empirische Forschung hat in den letzten Jahren auch hierzulande differenzierte Befunde zur Zusammensetzung und zu den Motivationen von Soldatinnen und Soldaten vorgelegt. Dabei zeigt sich zum einen, dass die Befürchtung, Freiwilligenarmeen hätten in quantitativer wie qualitativer Hinsicht Schwierigkeiten mit der Gewinnung von Personal, so nicht zutrifft. Vielmehr wird ein Zusammenspiel von sich auffächernden Angeboten zum soldatischen Beruf und einer darauf reagierenden organisationalen Nachfrage deutlich. Mit Blick auf die Bundeswehr – wie auf viele andere westliche Streitkräfte – lässt sich festhalten, dass es nicht zuletzt aufgrund der Defizite in bestimmten Bereichen (z. B. IT-Personal) schwierig ist, ausreichend Personal zu gewinnen. Legt man die Bildungsabschlüsse zugrunde, zeichnen sich bislang keine Mängel in der Qualität der Rekrutierten selbst ab. Zum anderen legen die Studien nahezu unisono dar, dass weder wirtschaftliche noch militärische Anreize alleine ausschlaggebend für die Wahl des Soldatenberufs sind. Wie die Untersuchungsbefunde zeigen, sind normative Beweggründe wesentlich für die Entscheidung, sich den Streitkräften anzuschließen. Dies umschließt die Identifikation mit dem Staat bzw. dem politischen System, dem Militär und dessen Auftrag ebenso wie die Perspektive, sich im militärischen Dienst individuell (weiter)entwickeln zu können, Verantwortung wahrzunehmen und herausfordernde Tätigkeiten auszuüben. Die normative Rahmung des Soldatenberufs als eines Berufs, der eher eine ‚Berufung' als ein ‚Job' ist und eine entsprechende politisch abgestützte Berufsgesinnung erfordert, wirkt demnach auch auf die Militärangehörigen zurück und spiegelt sich in deren beruflichen Vorstellungen wider.

Womöglich ist es diese Konfrontation mit dem Gewollten, mit den daraus abgeleiteten normativen Vorgaben, die auch den wissenschaftlichen Blick ablenkt vom Sein und Tun des Soldatischen an sich. Blickt man auf die militärsoziologische Literatur, fällt nämlich auf, wie selten zumal in Deutschland Analysen zur soldatischen Praxis sind (siehe jedoch: King 2013; Friesendorf 2018; Ruffa 2018). Was Soldaten und Soldatinnen in ihrem Dienst ganz konkret tun, wie ihre Tätigkeiten durch Bürokratie, zivile Vorgaben und Standards und wie durch genuin militärische Praktiken und Verfahrensweisen geprägt sind und welche militärspezifischen Deutungs- und Handlungslogiken sich daraus entwickeln, ist bislang selten zum Gegenstand der Forschung geworden. Eine Schließung dieser Forschungslücke im Sinne militärethnografisch ausgerichteter Analysen (Bredow 1988; aufschlussreich hierfür, wenn auch ohne Bezug zur militärsoziologischen Literatur: Scheffer 2018) ist wünschenswert, da ein solcher *practical turn* bislang weitgehend fehlende Erkenntnisse für eine kritische Auseinandersetzung mit dem Soldatsein liefern und damit manche Debatte um das ‚richtige' soldatische Selbstverständnis (Neitzel 2013; Biehl 2014/15) empirisch erden könnte.

Annotierte Auswahlbibliografie

Huntington, Samuel (1981 [1957]): The Soldier and the State. The Theory and Politics of Civil-Military Relations. Cambridge, Mass./London: Havard University Press.

Einer der klassischen Texte zum Militär, in dem u. a. der Beruf des Offiziers als Profession analytisch hergeleitet wird.

Janowitz, Morris (1971 [1960]): The Professional Soldier. A Social and Political Portrait. New York: Free Press.

Der wichtigste Vertreter und Mitbegründer der Militärsoziologie, der hiermit einen der grundlegenden Texte für das Verständnis des Militärs im Allgemeinen und des Soldatenberufs im Besonderen vorgelegt hat.

Leonhard, Nina (2020): Soldat sein. Sozialwissenschaftliche Debatten um den Wandel des Soldatenberufs. In: Aus Politik und Zeitgeschichte (APuZ), 16–17, 18–24.

Überblick über zentrale Debattenbeiträge zum Wandel des Soldatenberufs und soldatischer Berufsbilder seit dem Ende des Kalten Krieges mit Fokus auf die deutschen Streitkräfte.

Moskos, Charles C. (1988a): Institutional and Occupational Trends in Armed Forces. In: Moskos (1988b): 15–26.

Konzeption des Wandels des Soldatenberufs anhand des sogenannten 'I/O-Modell', das insbesondere die US-amerikanische Diskussion über den Soldatenberuf entscheidend beeinflusst hat.

Wachtler, Günther (1986): Abschreckung als Beruf. Ansätze einer berufssoziologischen Analyse des Offizierberufs. In: Vogt (1986): 209–221.

Ein immer noch gut lesbarer Überblicksartikel zum Soldatenberuf, der allgemeine berufssoziologische Ansätze auf das Militär und den Soldatenberuf überträgt.

Literatur

Abel, Heike (2008): Militärkooperation im deutsch-französischen Alltag – Einflussfaktoren und Probleme aus Sicht der beteiligten Akteure. In: Leonhard/Gareis (2008): 137–182.

Abenheim, Donald (2007): Soldier and Politics Transformed. German-American Reflections in Civil-Miltary Relations in a New Strategic Environment. Berlin: Carola Hartmann Miles-Verlag.

Alderfer, Clayton P. (1972): Existence, Relatedness, and Growth. Human Needs in Organizational Settings. New York: Free Press.

Apelt, Maja (2006): Einige Überlegungen zur (Ent-)Professionalisierung des Soldatenberufs. In: Hagen (2006): 125–139.

Apelt, Maja (2009): Die Paradoxien des Soldatenberufs im Spiegel des soldatischen Selbst-konzepts. In: Jaberg et al. (2009): 143–162.

Apelt, Maja (Hrsg.) (2010): Forschungsthema Militär. Wiesbaden: VS Verlag für Sozial-wissenschaften.

Apt, Wenke (2011): Herausforderungen für die Personalgewinnung der Bundeswehr. In: Aus Politik und Zeitgeschichte, 61: 48, 24–30.

Apt, Wenke (2014): Germany's New Security Demographics. Military Recruitment in the Era of Population Aging. Heidelberg: Springer.

Bake, Julika (2010): Das Bild vom demokratischen Soldaten. Erste Ergebnisse der empirischen Fallstudie zur Bundeswehr. In: Dörfler-Dierken/Kümmel (2010): 129–136.

Bake, Julika/Meyer, Berthold (2012): The German Bundeswehr soldier between constitutional settings and current tasks. In: Mannitz (2012): 67–84.

Bald, Detlef (1982): Der deutsche Offizier. Sozial- und Bildungsgeschichte des deutschen Offizierkorps im 20. Jahrhundert. München: Bernard & Graefe.

Bald, Detlef (1989): Bildung und Herkunft. Strukturprobleme der Personalauswahl der Unteroffiziere. In: Grodzki et al. (1989): 53–62.

Bald, Detlef (1994): Militär und Gesellschaft 1945–1990. Die Bundeswehr der Bonner Republik. Baden-Baden: Nomos.

Beck, Ulrich (1986): Risikogesellschaft. Auf dem Weg in eine andere Moderne. Frankfurt a. M.: Suhrkamp.

Biehl, Heiko (2008): Von der Verteidigungs- zur Interventionsarmee. Konturen eines gehemmten Wandels. In: Kümmel (2008): 9–20.

Biehl, Heiko (2014/15): Kämpfer auf dem Vormarsch? Über die Folgen von Einsatz und Gefecht für die Bundeswehr. In: Mittelweg 36, 23: 6, 49–72.

Bredow, Wilfried von (1986): Entgrenzung militärischer Organisationen? Militarisierung der Gesellschaft vs. Zivilisierung der Streitkräfte. In: Vogt (1986): 133–143.

Bredow, Wilfried von (1988): Erkundungsziel: „Militärwelt" Vorüberlegungen zu einer ethnomethodologischen Erweiterung der Militärsoziologie. In: Vogt (1988): 171–179.

Bredow, Wilfried von (2005): Kooperations-Professionalität. Das neue Profil der Bundes-wehr und die notwendige Fortentwicklung der Inneren Führung. In: Wiesendahl (2005): 129–140.

Brock, Dieter et al. (Hrsg.) (1989): Subjektivität im gesellschaftlichen Wandel. Umbrüche im beruflichen Sozialisationsprozeß. München: Juventa Verlag.

Brose, Hanns-Georg/Hildenbrand, Bruno (Hrsg.) (1988): Vom Ende des Individuums zur Individualität ohne Ende. Opladen: Leske + Budrich.

Bulmahn, Thomas (2004): Berufswunsch Soldat: Interessen und Motive. In: Gareis/Klein (2004): 451–463.

Bulmahn, Thomas/Burmeister, Julia/Thümmel, Kathleen (2009): Berufswahl Jugendlicher und Interesse an einer Berufstätigkeit bei der Bundeswehr Ergebnisse der Jugendstudie 2007 des Sozialwissenschaftlichen Instituts der Bundeswehr. Forschungsbericht 88. Strausberg: Sozialwissenschaftliches Institut der Bundeswehr.

Bulmahn, Thomas et al. (2010): Ergebnisse der Studentenbefragung an den Universitäten der Bundeswehr Hamburg und München 2007. Forschungsbericht 89. Strausberg: Sozialwissenschaftliches Institut der Bundeswehr.

Burk, James (Hrsg.) (1998): The Adaptive Military. Armed Forces in a Turbulent World. New Brunswick, New Jersey: Transaction Publishers.

Burk, James (2002): Theories of Democratic Civil-Military Relations. In: Armed Forces & Society, 29: 1, 7–29.

Caforio, Guiseppe (1988): The Military Profession: Theories of Change. In: Armed Forces & Society, 15: 1, 55–69.

Caforio, Giuseppe (Hrsg.) (2003): Handbook of the Sociology of the Military. New York: Kluwer Academic/Plenum Publishers.

Collmer, Sabine (Hrsg.) (2003): Krieg, Konflikt und Gesellschaft. Aktuelle interdisziplinäre Perspektiven. Hamburg: Kovač.

Dillkofer, Heidelore/Klein, Paul (1980): Der Unteroffizier der Bundeswehr II – Rekrutierung, Berufszufriedenheit, Selbst- und Fremdbild. SOWI-Berichte Nr. 21. München: Sozialwissenschaftliches Institut der Bundeswehr.

Dörfler-Dierken, Angelika/Kümmel, Gerhard (Hrsg.) (2010): Identität, Selbstverständnis, Berufsbild. Implikationen der neuen Einsatzrealität für die Bundeswehr. Wiesbaden: VS Verlag für Sozialwissenschaften.

Dörfler-Dierken, Angelika/Kümmel, Gerhard (Hrsg.) (2016): Am Puls der Bundeswehr. Militärsoziologie in Deutschland zwischen Wissenschaft, Politik, Bundeswehr und Gesellschaft. Wiesbaden: Springer VS.

Doorn, Jacques van (1976): The Soldier and Social Change. Beverly Hills/London: Sage.

Echternkamp, Jörg (Hrsg.) (2021): Militär und Gesellschaft in Ost- und Westdeutschland 1970–1990. Berlin: Ch. Links.

Edmunds, Timothy (2006): What *are* armed forces for? The changing nature of military roles in Europe. In: International Affairs, 82: 6, 1059–1075.

Eichel, Christoph (2013): Militärsoziologische Biographieforschung. Bataillonskommandeure im Kontext militärischer Multinationalität und globaler Einsätze. Berlin: Verlag Dr. Kovač.

Elbe, Martin (2004): Der Offizier – Ethos, Habitus, Berufsverständnis. In: Gareis/Klein (2004): 418–431.

Elbe, Martin (2018): Berufskarrieren ehemaliger Zeitoffiziere: Erfahrungen und Erfolgsfaktoren. Forschungsbericht 115. Potsdam: Zentrum für Militärgeschichte und Sozialwissenschaften der Bundeswehr.

Elbe, Martin (Hrsg.) (2019): Duale Karriere als Institution. Perspektiven ziviler Karrieren ehemaliger Offiziere. Berlin: Berliner Wissenschafts-Verlag.

Ellwein, Thomas (1977): Beruf ‚Soldat'. In: Zoll et al. (1977): 52–55.

Feaver, Peter (1996): The Civil-Military Problematique: Huntington, Janowitz and the Question of Civilian Control. In: Armed Forces & Society, 23: 2, 149–178.

Fiebig, Rüdiger (2010): Soziale Herkunft der Studierenden. In: Bulmahn et al. (2010): 27–34.

Fleckenstein, Bernhard (2000): Germany: Forerunner of a postnational military? In: Moskos et al. (2000): 80–100.

Freese, Anne (2018): Gewalt – Deutung – Selbstoptimierung. Eine Geschichte der posttraumatischen Belastungsstörung seit dem Vietnam-Syndrom. Stuttgart: Steiner.

Friesendorf, Cornelius (2018): How Western Soldiers Fight. Organizational Routines in Multinational Missions. Cambridge: Cambridge University Press.

Gareis, Sven Bernhard/Klein, Paul (Hrsg.) (2004): Handbuch Militär und Sozialwissenschaft. Wiesbaden: VS Verlag für Sozialwissenschaften.

Geser, Hans (1983): Organisationsprobleme des Militärs. In: Wachtler (1983): 139–164.

Gilroy, Curtis L./Phillips, Robert L. (1990): The All-Volunteer Army: Fifteen years later. In: Armed Forces & Society, 16: 3, 329–350.

Graf, Timo/Kümmel, Gerhard (2021): The Achilles Heel of Recruiting Women: Perceived Gender Equality as a Key Determinant of the Military's Employer Attractivenes among Women. In: Armed Forces & Society, online first. https://journals.sagepub.com/doi/full/10.1177/0095327X211035818.

Harris-Jenkins, Gwyn (1990): The Concept of Military Professionalism. In: Defense Analysis, 6:2, 117–130.

Grodzki, Manfred/Klein, Paul/Rohde, Horst (Hrsg.) (1989): Soldat – ein Berufsbild im Wandel. Bd. 1: Unteroffiziere. Bonn/Dortmund: Deutscher Bundeswehr-Verlag.

Hagen, Ulrich vom (Hrsg.) (2006): Armee in der Demokratie. Zum Verhältnis von zivilen und militärischen Perspektiven. Wiesbaden: VS Verlag für Sozialwissenschaften.

Hartmann, Uwe/Rosen, Claus von (Hrsg.) (2013): Jahrbuch Innere Führung 2013. Wissenschaft und ihre Relevanz für die Bundeswehr als Armee der Einheit. Berlin: Miles-Verlag.

Hartmann, Uwe/Rosen, Claus von/Walther, Christian (Hrsg.) (2011): Jahrbuch Innere Führung 2011. Ethik als geistige Rüstung für Soldaten. Berlin: Miles-Verlag.

Heikenroth, André (2000): Wer will zur Bundeswehr? Ergebnisse der allgemeinen Bevölkerungsumfrage 1998 des Sozialwissenschaftlichen Instituts der Bundeswehr (SOWI). SOWI-Arbeitspapier Nr. 123. Strausberg: Sozialwissenschaftliches Institut der Bundeswehr.

Heikenroth, André/Frantz, Wolfgang/Spangenberg, Stefan/Klein, Paul (2002): Unteroffizier und ziviler Beruf. SOWI-Berichte Nr. 74. Strausberg: Sozialwissenschaftliches Institut der Bundeswehr.

Heitmeyer, Wilhelm/Soeffner, Hans-Georg (Hrsg.) (2004): Gewalt. Entwicklungen, Strukturen, Analyseprobleme. Frankfurt a. M.: Suhrkamp.

Hellmann, Kai-Uwe (2011) Bewährungsprobe – Die Innere Führung im Einsatz. In: Hartmann et al. (2011): 178–200.

Hellmann, Kai-Uwe (2013) Innere Führung im Einsatz? Oder wie es um die Behauptung der Bewährtheit der Inneren Führung steht. In: Hartmann/Rosen (2013): 152–168.

Höfig, Chariklia (2014): „War for Talents" – Die Attraktivitätsoffensive der Bundeswehr aus der Perspektive sozialwissenschaftlich-empirischer Untersuchungen. In: Bundeswehrverwaltung. Fachzeitschrift für Administration, 58: 11, 249–252.

Höfig, Chariklia (2017): „Man shall not live by bread alone". Occupational needs of military personnel and their significance for the attractiveness of the German armed forces as an employer. In: Res Militaris ERGOMAS Issue, „Recruitment & Retention", Part 1: 4. https://resmilitaris.net/2017/07/01/id1025930/.

Huntington, Samuel (Hrsg.) (1962): Changing Patterns of Military Politics. Glencoe: The Free Press.

Huntington, Samuel (1981 [1957]): The Soldier and the State. The Theory and Politics of Civil-Military Relations. Cambridge, Mass./London: Havard University Press.

Jaberg, Sabine et al. (Hrsg.) (2009): Auslandseinsätze der Bundeswehr. Sozialwissenschaftliche Analysen, Diagnosen und Perspektiven. Berlin: Duncker & Humblot.

Janowitz, Morris (1971 [1960]): The Professional Soldier. A Social and Political Portrait. New York: Free Press.

Keller, Jörg (2006): Mythos Auftragstaktik. In: Hagen (2006): 141–163.

Kern, Eva-Maria/Richter, Gregor/Müller, Johannes C./Voß, Fritz-Helge (Hrsg.) (2020): Einsatzorganisationen. Erfolgreiches Handeln in Hochrisikosituationen. Wiesbaden: Springer Gabler.

Klein, Paul (1983): Das strapazierte Rückgrat. Der Unteroffizier der Bundeswehr. Baden-Baden: Nomos.

Klein, Paul (1989): Das Berufsbild des Unteroffiziers in der Anpassung an die zivile Gesellschaft. SOWI-Arbeitspapier Nr. 20. München: Sozialwissenschaftliches Institut der Bundeswehr.

Klein, Paul (2004): Unteroffiziere als Führer, Ausbilder und Erzieher sowie als Fachleute in Technik und Verwaltung. In: Gareis/Klein (2004): 432–439.

King, Anthony (2013): The Combat Soldier. Infantry Tactics and Cohesion in the Twentieth and Twenty-First Centuries. Oxford: Oxford University Press.

Kohli, Martin (1989): Institutionalisierung und Individualisierung der Erwerbsbiographie. Aktuelle Veränderungstendenzen und ihre Folgen. In: Brock, Dieter et al. (1989): 249–278.

Kohr, Heinz-Ulrich (1990): Wehrdienst als Teil eines allgemeinen Gesellschaftsdienstes? Überlegungen und Ergebnisse einer Pilot-Studie zur gesellschaftlichen Engagementbereitschaft von 18–28jährigen Männern und Frauen. SOWI-Arbeitspapier Nr. 42. München: Sozialwissenschaftliches Institut der Bundeswehr.

Kohr, Heinz-Ulrich (1993): Rechts zur Bundeswehr, links zum Zivildienst? Orientierungsmuster von Heranwachsenden in den alten und neuen Bundesländern Ende 1992. SOWI-Arbeitspapier Nr. 77. München: Sozialwissenschaftliches Institut der Bundeswehr.

Kramer, Robert (2014): Sozialwissenschaftliche Begleitstudie zur Evaluation des Freiwilligen Wehrdienstes. Forschungsbericht 108. Potsdam: Zentrum für Militärgeschichte und Sozialwissenschaften der Bundeswehr.

Krebs, Ron/Ralston, Robert/Rapport, Aaron (2021): Why They Fight. How Perceived Motivations for Military Service Shape Support for the Use of Force. In: International Studies Quarterly, 65: 4, 1012–1026.

Krebs, Ron/Ralston, Robert (2022): Patriotism or Paychecks: Who Believes What About Why Soldiers Serve. In: Armed Forces & Society, online first. https://journals.sagepub.com/doi/10.1177/0095327X20917166.

Kroener, Bernhard R. (1994): Strukturelle Veränderungen in der militärischen Gesellschaft des Dritten Reiches. In: Prinz/Zitelmann (1994): 267–296.

Kuhlmann, Jürgen/Lippert, Ekkehard (1991): Kriegsdienstverweigerung und Zivildienst in der Bundesrepublik Deutschland. SOWI-Arbeitspapier Nr. 49. München: Sozialwissenschaftliches Institut der Bundeswehr.

Kümmel, Gerhard (Hrsg.) (2008): Streitkräfte im Einsatz: Zur Soziologie militärischer Interventionen. Baden-Baden: Nomos.

Langer, Phil C. (2013): „Wenn's nicht näher als 30 Meter neben mir knallt, dann nehmen wir's nicht mehr persönlich." Zum gesellschaftlichen Umgang mit potenziell traumatischen Erfahrungen von Krieg am Beispiel des Afghanistan-Einsatzes der Bundeswehr. In: Freie Assoziation, 16: 2, 69–86.

Langer, Phil. C. (2016): „Ist das jetzt auch noch das Original?" Zur kollektiven Aushandlung von (Be-)Deutungen erfahrener Gewalt im Einsatz. In: Dörfler-Dierken/Kümmel (2016): 207–233.

Lasswell, Harold D. (1940/41): The Garrison State. In: American Journal of Sociology, 46: 4, 455–468.

Lasswell, Harold D. (1962): The Garrison-State Hypothesis Today. In: Huntington (1962): 51–70.

Leonhard, Nina (2007): Berufliche Identität von Soldaten. Eine qualitative Untersuchung von jungen männlichen Soldaten der Bundeswehr aus den neuen und alten Bundesländern (SOWI-Gutachten 3/2007). Strausberg: Sozialwissenschaftliches Institut der Bundeswehr.

Leonhard, Nina (2018): Über den (Wesens)Kern des Soldatseins: Professionssoziologische Überlegungen zur gegenwärtigen Debatte um soldatische Berufs- und Selbstbilder im Bereich der Bundeswehr. In: Müller-Herrmann et al. (2018): 7–29.

Leonhard, Nina (2019): Towards a new German military identity? Change and continuity of military representations of self and other(s) in Germany. In: Critical Military Studies, 5: 4, 304–321. http://dx.doi.org/10.1080/23337486.2017.1385586.

Leonhard, Nina/Franke, Jürgen (Hrsg.) (2015): Militär und Gewalt. Sozialwissenschaftliche und ethische Perspektiven. Berlin: Duncker Humblot.

Leonhard, Nina/Gareis, Sven Bernhard (Hrsg.) (2008): Vereint marschieren – Marcher uni. Die deutsch-französische Streitkräftekooperation als Paradigma europäischer Streitkräfte? Wiesbaden: VS Verlag für Sozialwissenschaften.

Loch, Thorsten (2021): Deutsche Generale 1945 bis 1990: Profession – Karriere – Herkunft. Berlin: Ch. Links Verlag.

Loch, Thorsten/Müller, Daniel F./Naumann, André/Schulz, Stephanie (2022): Zur sozialen Herkunft deutscher Admirale und Luftwaffengenerale im Kalten Krieg. Eine sozialempirische Dokumentation zur deutsch-deutschen Militärgeschichte. In: MGZ. Militärgeschichtliche Zeitschrift, 81: 2, 486–515.

Levy, Yagil (2007): Soldiers as laborers: A theoretical model. In: Theory and Society, 36, 187–208.

Marr, Rainer (Hrsg.) (2001): Kaderschmiede Bundeswehr? Vom Offizier zum Manager. Karriereperspektiven von Absolventen der Universitäten der Bundeswehr in Wirtschaft und Verwaltung. Neubiberg: Edition gfw.

Mannitz, Sabine (ed.) (2012): Democratic Civil-Military Relations. Soldiering in 21st Century. London/New York: Routledge.

Meyer, Georg-Maria (1992): Soziale Deutungsmuster von Bataillonskommandeuren der Bundeswehr. Ein Beitrag zum professionellen Selbstverständnis einer militärischen Elite. Wiesbaden: Deutscher Universitäts-Verlag.

Meyer, Georg-Maria (2003): Soldaten, Söldner & Co – zur Diffusion des Militärischen. In: Collmer (2003): 131–155.

Müller-Hermann, Silke//Becker-Lenz, Roland/Busse, Stefan/Ehlert, Gudrun/ (Hrsg.) (2018): Professionskulturen – Charakteristika unterschiedlicher professioneller Praxen. Wiesbaden: Springer VS.

Moskos, Charles C. (1977): From Institution to Occupation: Trends in Military Organization. In: Armed Forces & Society, 4: 1, 41–50.

Moskos, Charles C. (1982): 'Institution' versus 'Occupation' – Gegensätzliche Modelle militärischer Sozialisation. In: Zoll (1982): 199–211.

Moskos, Charles C. (1986): Institutional/Occupational Trends in Armed Forces: An Update. In: Armed Forces & Society, 12: 3, 377–382.

Moskos, Charles C. (1988a): Institutional and Occupational Trends in Armed Forces. In: Moskos (1988b): 15–26.

Moskos, Charles C. (Hrsg.) (1988b): The Military – More Than Just a Job? London: Pergamon-Brassay's.

Moskos, Charles C./Burk, James (1998): The Postmodern Military. In: Burk (1998): 163–182.

Moskos, Charles C./Williams, John Allen/Segal, David R. (Hrsg) (2000): The Postmodern Military. Armed Forces after the Cold War. Oxford: Oxford University Press.

Neitzel, Sönke (2013): Der Westen und die Neuen Kriege. In: Mittelweg 36, 5, 63–78

Neitzel, Sönke (2020): Deutsche Krieger. Vom Kaiserreich zur Berliner Republik – eine Militärgeschichte. Berlin: Propyläen.

Nielsen, Suzanne C./Liebert, Hugh (2020): The Continuing Relevance of Morris Janowitz's The Professional Soldier for the Education of Officers. In: Armed Forces & Society, 47: 4, 732–749.

Prinz, Michael/Zitelmann, Rainer (Hrsg.) (1994): Nationalsozialismus und Modernisierung. 2. durch ein Nachw. erg. Aufl. Darmstadt: Wissenschaftliche Buchhandlung.

Räder, Hans-Georg (1994): Kriegsdienstverweigerung im neuen Deutschland. Eine empirische Bestandsaufnahme. SOWI-Arbeitspapier Nr. 92. München: Sozialwissenschaftliches Institut der Bundeswehr.

Reemtsma, Jan Philipp (2004): Gewalt: Monopol. Delegation, Partizipation. In: Heitmeyer/ Soeffner (2004): 346–361.

Richter, Gregor (2020a): Wie attraktiv ist die Bundeswehr als Arbeitgeber? Ergebnisse der Personalbefragung 2020. Forschungsbericht Nr. 126. Potsdam: Zentrum für Militärgeschichte und Sozialwissenschaften der Bundeswehr.

Richter, Gregor (2020b): Genderspezifisches Personalmarketing? Ergebnisse und Analysen der Befragung von Sanitätsstabsoffizieren im 14./15./16. Dienstjahr. Forschungsbericht Nr. 124. Potsdam: Zentrum für Militärgeschichte und Sozialwissenschaften der Bundeswehr.

Rogg, Matthias (2004): Der Soldatenberuf in historischer Perspektive. In: Gareis/Klein (2004): 396–408.

Ruffa, Chiara (2018): Military Cultures in Peace and Stability Operations. Afghanistan and Lebanon. Philadelphia: University of Philadelphia Press.

Scheffer, Thomas (2018): Micro-politics by hesitation: How combat soldiers work on *and* against an order to kill. In: Ethnographic Studies, 15, 122–158.

Schulz, Karl-Ernst (Hrsg.) (1980): Streitkräfte im gesellschaftlichen Wandel. Bonn: Osang Verlag.

Segal, David R. (1986): Measuring the Institutional/Occupational Change Thesis. In: Armed Forces & Society, 12: 3, 351–375.

Segal, David R./Bachman, Jerald G./Freedman-Doan, Peter/O'Malley, Patrick M. (1999): Propensity to Serve in the U.S. Military: Temporal Trends and Subgroup Differences. In: Armed Forces & Society, 25: 3, 407–427.

Seifert, Ruth (1996): Militär – Kultur – Identität. Individualisierung, Geschlechterverhältnisse und die soziale Konstruktion des Soldaten. Bremen: Edition Temmen.

Seiffert, Anja (2013): Generation Einsatz. In: Aus Politik und Zeitgeschichte, 44, 11–16.

Seiffert, Anja/Heß, Julius (2020): Leben nach Afghanistan – die Soldaten und Veteranen der Generation Einsatz der Bundeswehr. Ergebnisse der sozialwissenschaftlichen Langzeitbegleitung des 22. Kontingents ISAF. Forschungsbericht Nr. 119. Potsdam: Zentrum für Militärgeschichte und Sozialwissenschaften der Bundeswehr.

Sikora, Michael (2003): Söldner – historische Annäherung an einen Kriegertypus. In: Geschichte und Gesellschaft, 29: 2, 210–238.

Soeters, Joseph L./Winslow, Donna J./Weibull, Alise (2003): Military Culture. In: Caforio (2003): 237–254.

Sørensen, Henning: (1994): New Perspectives on the Military Profession: The I/O Model and Esprit de Corps Reevaluated. In: Armed Forces & Society, 20: 4, 599–617.

Spangenberg, Stefan (1998): Bundeswehr und öffentliche Meinung. Betrachtungen zum aktuellen Verhältnis zwischen Gesellschaft und Streitkräfte. SOWI-Arbeitspapier Nr. 114. Strausberg: Sozialwissenschaftliches Institut der Bundeswehr.

Tomforde, Maren (2010): Neue Militärkulturen? Wie verändert sich die Bundeswehr durch die Auslandseinsätze? In: Apelt (2010): 193–220.

Tomforde, Maren (2015): „Good shot". Gewalterfahrungen von Bundeswehrsoldaten im Auslandseinsatz. In: Leonhard/Franke (2015): 213–248.

Vogt, Wolfgang R. (1980): Zivil-militärische Konflikte in der demokratischen Industriegesellschaft. Eine soziologische Konzeptualisierung des 'Theorems der Inkompatibilität'. In: Schulz (1980): 37–74.

Vogt, Wolfgang R. (Hrsg.) (1986): Militär als Gegenkultur? Streitkräfte im Wandel der Gesellschaft. Bd. 1. Opladen: Leske & Budrich.

Vogt, Wolfgang R. (Hrsg.) (1988): Militär als Lebenswelt. Streitkräfte im Wandel der Gesellschaft (II). Opladen: Leske & Budrich.

Vroom, Victor H. (1964): Work and Motivation. New York: Wiley.

Wachtler, Günther (Hrsg.) (1983): Militär, Krieg, Gesellschaft. Texte zur Militärsoziologie. Frankfurt a. Main/New York: Campus.

Wachtler, Günther (1986): Abschreckung als Beruf. Ansätze einer berufssoziologischen Analyse des Offizierberufs. In: Vogt (1986): 209–221.

Warburg, Jens (2010): Paradoxe Anforderungen an Soldaten avancierter Streitkräfte im (Kriegs-)Einsatz. In: Apelt (2010): 245–270.

Wiesendahl, Elmar (Hrsg.) (2005): Neue Bundeswehr – neue Innere Führung? Pespektiven und Rahmenbedingungen für die Weiterentwicklung eines Leitbildes. Baden-Baden: Nomos.

Wolffsohn, Michael (2010): Die Misere der ossifizierten Unterschichtenarmee. In: Die Welt, 23. April 2010.

Zoll, Ralf/Lippert, Ekkehard/Rössler, Tjarck (Hrsg.) (1977): Bundeswehr und Gesellschaft. Ein Wörterbuch. Opladen: Westdeutscher Verlag.

Zoll, Ralf (Hrsg.) (1982): Sicherheit und Militär. Genese, Struktur und Wandel von Meinungsbildern in Militär und Gesellschaft. Opladen: Westdeutscher Verlag.

Leonhard, Nina, Dr. phil. habil.; Projektbereichsleiterin im Forschungsbereich Militärsoziologie am Zentrum für Militärgeschichte und Sozialwissenschaften der Bundeswehr und Privatdozentin am Institut für Soziologie der Westfälischen Wilhelms-Universität Münster.

Biehl, Heiko, Dr. phil.; Leiter des Forschungsbereichs Militärsoziologie am Zentrum für Militärgeschichte und Sozialwissenschaften der Bundeswehr in Potsdam.

Militärische Sozialisation

Maja Apelt

1 Einleitung

Zwar gibt es für jeden Beruf und in vielen Betrieben spezielle Ausbildungs- oder Traineeprogramme, aber zumeist unterscheiden sich diese in Inhalt und der Art und Weise ihrer Vermittlung von der Ausbildung, die Soldaten und Soldatinnen bei ihrem Eintritt in die Streitkräfte erhalten. Im Militär werden die Rekrutinnen und Rekruten in der Regel für eine bestimmte Zeit von ihrer Familie und ihren Freunden oder Freundinnen abgeschottet; in vielen Streitkräften wird sogar das Verlassen der Kaserne während der ersten Zeit der Ausbildung streng reglementiert. Das Verhalten der angehenden Soldaten und Soldatinnen wird von morgens bis abends zumeist detailliert vorgeschrieben, die Privatsphäre wird aufgehoben oder auf ein Minimum reduziert, es gibt genaue Regeln, welche und wie die Uniform zu tragen ist, und Ähnliches mehr. Die jungen Männer und Frauen erlernen das militärische Handwerkszeug, absolvieren ein umfangreiches Programm körperlicher Ertüchtigung und in der Regel auch viele Unterrichtseinheiten in politischer Bildung. Ziel dieser besonderen militärischen Sozialisation ist, dass die Rekrutinnen und Rekruten militärisches Grundwissen erwerben und sich in einen militärischen Verband ein- und dem Befehl unterordnen. Sie sollen – so Thomas Kliche (2004) – bereit und fähig sein, sowohl ihr eigenes Leben zu gefährden, als auch zu töten und die Lebensgrundlagen anderer Menschen zu

M. Apelt (✉)
Wirtschafts- und Sozialwissenschaftliche Fakultät, Universität Potsdam, Potsdam, Deutschland
E-Mail: mapelt@uni-potsdam.de

© VS Verlag für Sozialwissenschaften | Springer Fachmedien Wiesbaden GmbH, 595
Wiesbaden 2023
N. Leonhard und I.-J. Werkner (Hrsg.), *Militärsoziologie – Eine Einführung*,
https://doi.org/10.1007/978-3-658-30184-2_21

zerstören, dies alles aber ausschließlich auf Befehl und innerhalb der militärischen Organisation. Damit sollen also Handlungsmuster eingeübt werden und Normen zum Tragen kommen, die in Kriegen notwendig, dem zivilen Leben jedoch weitgehend fremd sind. Dies lässt es plausibel erscheinen, dass sich die militärische Grundausbildung von anderen Formen beruflichen Sozialisationen unterscheidet.

Im Folgenden soll ein Überblick über die sehr unterschiedlichen Konzeptualisierungen von militärischer Sozialisation gegeben werden; wobei sowohl theoretische als auch empirische Beiträge vorgestellt werden. Der Schwerpunkt der Darstellung liegt auf der deutschen Diskussion um die Bundeswehr. Dabei zeigt sich, dass es zunächst eine Lücke gibt, zwischen sehr ambitionierten, eher theoretischen oder teilweise essayistischen Beiträgen, wie der skizzierte Bruch mit zivilen Normen erreicht wird. Diesen Arbeiten fehlt aber zumeist der empirische Beleg. Sie entstanden in einer Zeit, als die Wehrpflicht noch galt, aber die Zivilgesellschaft im Zuge der 68er- und der Friedensbewegung schon im Aufbruch war. Die im engeren Sinne empirischen Beiträge beziehen sich demgegenüber eher auf einzelne Aspekte der beruflichen Sozialisation, wie z. B. die politische Sozialisation durch das Militär oder die Frage nach den Auswirkungen der Auslandseinsätze auf die Identität und Persönlichkeitsentwicklung der Soldatinnen und Soldaten. Dies erweckt den Eindruck, so lautet die Schlussfolgerung, als ob die Frage, welche sozialisatorischen Wirkungen der Wehrdienst, insbesondere die militärische Grundausbildung hat, angesichts der Aussetzung der Wehrpflicht, kaum mehr von Interesse sei. Die nachfolgende Diskussion der entsprechenden Forschungsliteratur orientiert sich an drei zentralen Fragen:

Erstens, wie wird im Rahmen militärischer Ausbildung ein Bruch mit zivilen Normen, wenn es denn eines solchen bedarf, hergestellt? *Zum Zweiten,* wie stark kann und soll dieser Bruch mit den zivilen Normen sein? Wie ähnlich oder unähnlich funktionieren eigentlich militärische und zivile Programme zu Beginn einer Ausbildung? Und – *drittens* – inwieweit ändert sich dies im Zuge der Abschaffung der Wehrpflicht und der veränderten Aufträge der Streitkräfte?

Des Weiteren werde ich im nächsten Abschnitt zuerst die Begriffe Sozialisation und militärische Sozialisation bestimmen. Im dritten Abschnitt gehe ich auf die theoretischen Ansätze von Goffman und Foucault ein, die in der Literatur bis heute immer wieder dazu herangezogen wurden um zu erklären, welche Auswirkungen die militärische Sozialisation gerade in der Grundausbildung auf die Soldaten und Soldatinnen hat. Danach – im vierten Abschnitt – diskutiere ich Konzepte und Studien, die sich mit militärischer Sozialisation aus sehr unterschiedlicher Perspektive auseinandersetzen. Im Fazit komme ich auf deren Ertrag und meine Ausgangsfragen zurück.

2   Zu den Begriffen ‚Sozialisation' und ‚militärische Sozialisation'

Mit dem allgemeinen Begriff der Sozialisation ist die Prägung durch die Gesellschaft gemeint. Dabei wird davon ausgegangen, dass Menschen zwar nicht instinktlos, aber durchaus instinktreduziert sind (Gehlen 2004 [1940]). Dadurch können sich Menschen flexibler als andere Lebewesen an unterschiedliche und sich verändernde Umweltbedingungen anpassen. Zugleich benötigen sie aber Instanzen, die fehlende Instinkte ersetzen und Orientierung geben, wie in welchen Situationen gehandelt werden kann: habitualisierte Handlungsmuster, internalisierte Normen und Werte, die den Menschen zu einer zweiten Natur geworden sind.

Der Begriff Sozialisation verbindet zwei miteinander verknüpfte Prozesse: Zum einen ist dies der Erwerb dieser Handlungsmuster, Normen und Werte, die in der Gesellschaft bzw. in dem Teil der Gesellschaft gelten, in dem das Individuum aufwächst. Zum anderen handelt es sich um die Entwicklung einer eigenen Persönlichkeit und Identität in wechselseitiger Auseinandersetzung mit der natürlichen und sozialen Umwelt. Durch beide Prozesse findet das einzelne Individuum seinen Platz in der Gesellschaft, kann sich in dieser zurechtfinden und weiß, was ihn oder sie von anderen unterscheidet (Berger und Luckmann 2004 [1966]: 139 ff.). Identität entsteht also in der Auseinandersetzung mit der gesellschaftlichen Umwelt, spiegelt diese wider und ermöglicht das eigenständige Handeln in der Gesellschaft.

Historisch betrachtet haben sich die Vorstellungen von Sozialisation in mindestens dreifacher Hinsicht verändert: *Zum Ersten* hat sich das Bild der Sozialisation von dem eines Trichters, durch den Eltern oder Lehrerinnen und Lehrer dem Individuum die Normen und Werte der Gesellschaft ‚einrichtern', hin zur Idee einer aktiven und gegenseitigen Auseinandersetzung des Menschen mit seiner Umwelt entwickelt. Das prominenteste Modell im deutschsprachigen Raum ist das von Klaus Hurrelmann (2015) entwickelte Modell vom „produktiv-realitäts-verarbeitenden Subjekt". Dieses konzipiert die Sozialisation als Prozess der Auseinandersetzung mit der „inneren" (psychische Prozessstrukturen, körperliche Grundannahmen, physiologische Strukturen) und „äußeren" Realität (Gesellschaft, Sozial- und Wertestruktur, Lebensbedingungen), wobei jedes Individuum Fähigkeiten der Realitätsaneignung, -verarbeitung, -bewältigung und -veränderung erwirbt, einsetzt und weiterentwickelt. Das Individuum beschäftigt sich suchend und sondierend, konstruktiv begreifend und gestaltend, also produktiv mit seiner Umwelt. Umweltgegebenheiten und Umweltanforderungen werden beständig mit den eigenen Bedürfnissen, Interessen, Fähigkeiten und Erfahrungen in Einklang zu bringen versucht. Die Umwelt ist in diesem Prozess selbst in Bewegung und wird von den Individuen beeinflusst und verändert. Menschen haben damit auch immer selbst Einfluss auf ihre Persönlichkeitsentwicklung. Sie internalisieren aktiv Normen und Strukturen, reproduzieren und verändern sie.

Zum Zweiten haben sich die Vorstellungen von Identität verändert. In der funktional differenzierten Gesellschaft galt Identität zunächst als Orientierungszentrum, das die unterschiedlichen, an die Individuen herangetragenen und häufig widersprüchlichen Rollenerwartungen als Kollege, Vorgesetzte, Mutter oder Geliebter in eine Ordnung bringt. Inzwischen gehen aber Heiner Keupp, Thomas Abbe, Wolfgang Gmür, Renate Höfer, Beate Mitzscherlich und Wolfgang Kraus davon aus, dass wir im Zusammenhang mit den ganz unterschiedlichen Erwartungen auch unterschiedliche Identitäten, etwa als Soldatin, als Homosexueller oder als gläubiger Muslim entwickeln, die teilweise widersprüchlich, teilweise unvereinbar oder auch ambivalent nebeneinanderstehen (Keupp et al. 1999). Es bedarf somit alltäglicher Identitätsarbeit, um Authentizität und Kohärenz herzustellen. Dazu gehören auch Situationen des Scheiterns oder des Wandels von Rollenerwartungen.

Zum Dritten hat die Sozialisationsforschung im Zusammenhang mit den beiden vorherigen Aspekten den normativen Impetus verloren, der mit dem Sozialisationsbegriff lange verknüpft war. Es geht also weniger darum zu fragen, ob Menschen die für eine Beteiligung an der Gesellschaft notwendigen (oder als sinnvoll geltenden) Normen und Werte und eine kohärente Identität erwerben, sondern darum, offen zu fragen, wie und was Menschen im Laufe ihres Lebens oder auch in bestimmten Lebensphasen und Situationen erleben und welche Konsequenzen das für ihr Handeln und ihr Selbsterleben hat.

Militärische Sozialisation ist vor diesem Hintergrund nichts anderes als die Sozialisation im Militär. Gefragt wird danach, welche Fähigkeiten im Militär (tatsächlich) erworben werden, welchen Prägungen die Individuen im Militär unterliegen und ob bzw. wie sich ihre Identitäten im und durch das Militär verändern.

Unter militärischer Sozialisation kann aber auch die Sozialisation (oder besser: Erziehung) zur Wehrhaftigkeit gemeint sein. Dann wird gefragt, ob und in welchen Lebensphasen unter Beteiligung welcher Sozialisationsinstanzen (Familie, Kindergarten, Schule, Medien, Militär etc.) und mit welchen Mitteln die Bereitschaft und Fähigkeit zu kämpfen erworben wird. Die Differenz zwischen dem Begriff der Erziehung, verstanden als bewusste, intendierte Sozialisation, und dem umfassenderen Sozialisationsbegriff, der alle, also auch die nicht-intendierten Einflüsse auf Identität und Persönlichkeit einbezieht, wird damit aufgehoben. Ein solches Verständnis definiert für den Sozialisationsprozess eine Zielmarke einer ‚erfolgreichen' Sozialisation. Wissenschaftlich findet sich dieses Herangehen eher in kritischer Form, als geschichtswissenschaftliche Untersuchungen zur Aufrüstung und Militarisierung einer Gesellschaft, in denen die Zusammenhänge zwischen Nationalstaat, Bildung, Politik und Militär und ihre Auswirkungen analysiert werden (Hagemann 2002; Klein 2001; Rogg 2008). Auf diese wird hier nicht gesondert eingegangen.

3 Grundlegende Theorien zur Frage nach der Spezifik militärischer Sozialisation

Wird die Sozialisationswirkung des Militärs verhandelt, bezieht man sich in den Sozialwissenschaften in der Regel auf zwei Theorien, die der totalen Institution von Erving Goffman (1973 [1961]) und die der Disziplinierung von Michel Foucault (1994 [1975]). Beiden Konzepten gemeinsam ist, dass sie einen organisations- bzw. gesellschaftskritischen Impetus haben. Die Stoßrichtung ihrer Kritik ist aber – und dies wird häufig übersehen – vollkommen gegensätzlich. Mit dem Konzept der totalen Institution – ausgearbeitet am Beispiel der Psychiatrie – geht es Goffman darum aufzuzeigen, dass die Behandlung der Insassen in totalen Institutionen deren Identität soweit angreift und verändert, dass die Menschen vielleicht noch in der Lage sind, sich in diesen totalen Institutionen zurechtzufinden, dass sie damit aber nicht (mehr) befähigt werden, in der bürgerlichen Gesellschaft, die ganz andere Kompetenzen fordert, zu bestehen. Foucault dagegen sieht im Gefängnis oder der Kaserne Prototypen der bürgerlichen Gesellschaft. Disziplinierung in diesen Institutionen bedeutet für ihn letztlich, dass die Insassen die Grundprinzipien der bürgerlichen Herrschaft internalisieren und somit zu ‚willigen' Untertanen (in) der modernen Gesellschaft werden. Mit dem Bezug auf Goffman lässt sich also auf den Widerspruch von zu erwerbenden Normen und Handlungsmustern im Militär und in der zivilen Gesellschaft abheben, mit Foucault hingegen eher auf die grundlegenden Gemeinsamkeiten und Zusammenhänge.

3.1 Das Militär als totale Institution

Erving Goffman (1922–1982) versteht unter *totalen Institutionen* Einrichtungen, in denen *erstens* die Trennung der Lebensbereiche Arbeit, Schlafen und Freizeit weitgehend aufgehoben ist; die *zweitens* mehr oder weniger von der Außenwelt abgeschlossen sind; in denen *drittens* alle Mitglieder einer einzigen Autorität unterstellt sind; und die *viertens* nach festen Regeln und einem umfassenden Plan verwaltet werden, „der angeblich dazu dient, die offiziellen Ziele der Institution zu erreichen" (Goffmann 1973 [1961]): 17). Goffman stellt damit höchst unterschiedliche Organisationen wie Psychiatrien, Internate, Kadettenanstalten, Kasernen, Gefängnisse und Konzentrationslager in einen gemeinsamen Kontext (vgl. ebd.).

Indem die totalen Institutionen die Trennung zwischen privat und öffentlich, Arbeit und Freizeit aufheben, widersprechen sie – so Goffman – den Grundprinzipien der bürgerlichen Gesellschaft und ihren Möglichkeiten zur Entwicklung einer eigenständigen Individualität. Diese These basiert auf der Annahme, dass wir in der bürgerlichen Gesellschaft ähnlich dem Theater verschiedene Rollen spielen. Freiräume für unsere Individualität entstehen dann daraus, wie wir die einzelnen Rollen – z. B. als Vater, Soldatin, Freund und Tochter – spielen und auf welche Weise wir diese Rollen in Einklang bringen. Wenn wir sie spielen, befinden wir uns quasi auf einer Vorderbühne. Wir brauchen aber auch eine Hinterbühne, wo wir – mehr oder weniger unbeobachtet – unsere Darstellungen korrigieren, überprüfen und in Einklang mit den Vorstellungen von unserer eigenen Identität bringen können. Totale Institutionen billigen ihren Insassen hingegen nur eine einzige Rolle zu und nehmen ihnen damit die Hinterbühne und somit auch die Möglichkeit, eine Distanz zur aufgezwungenen Rolle aufzubauen.

Zu den zentralen Mechanismen totaler Institutionen gehört, dass die Insassen bei ihrem Eintritt der sozialen Bedingungen beraubt werden, die das Bild, das sie von sich haben, erhalten. Kleidung, Name, Frisur und Schmuck stellen generell für jedes Individuum eine Art Identitätsausrüstung zur Aufrechterhaltung der persönlichen Fassade dar, welche die eigene Identitätskonstruktion stützen und eine Distanz zwischen Individuum und Umwelt schaffen (vgl. ebd.: 30 ff.). In totalen Institutionen sind derartige Identitätsstützen untersagt. Damit Widerstände bereits im Keim erstickt werden, wird der Neuling bei seinem Eintritt zumeist einem Gehorsamstest – einer Probe zur Brechung seines Willens – unterzogen. Wer sich widersetzt, wird unmittelbar und sichtbar bestraft. In totalen Institutionen können die Betroffenen ihre Bedürfnisse nicht selbst ausgleichen. Alle Tätigkeiten werden unisono verrichtet, jedes Mitglied des Personals hat das Recht, jeden Insassen zu disziplinieren, wodurch die Wahrscheinlichkeit negativer Sanktionen deutlich ansteigt und die Insassen in permanenter Angst vor der Übertretung von Regeln und den folgenden Sanktionen leben. Die Belohnungen und Bestrafungen beziehen sich auf Möglichkeiten und Freiheiten, die im zivilen Leben außerhalb einer Kaserne, eines Gefängnisses oder einer geschlossenen

Krankenstation als selbstverständlich und gesichert galten; werden solche Freiheiten also zum Gegenstand von Belohnungen oder Bestrafungen, werden die Insassen eher wie Kinder als wie Erwachsene behandelt.

Um den Drangsalierungen zu entkommen, entwickeln die Betroffenen sekundäre Anpassungsmechanismen. Darunter versteht Goffman Verhaltensweisen, die zur Selbsterhaltung und zum Schutz der eigenen Identität gegen die Institution gerichtet sind. Die Betroffenen schaffen sich minimale innere wie äußere Rückzugsräume, sie unterstützen sich gegenseitig, entwickeln eigene Codes und eine informelle soziale Hierarchie. Durch diese eigenständige, gegen die Organisation gerichtete Anpassung können die Insassen diese überleben – Goffman nennt es „unterleben".[1] Das heißt, erst die sekundäre Anpassung – das Unterleben – ermöglicht den Fortbestand der Organisation. Diese Anpassung hat aber zur Folge, dass die Insassen für das Leben außerhalb der Anstalt und in der bürgerlichen Gesellschaft weniger denn je gerüstet sind.

3.2 Das Militär als Ort gesellschaftlicher Disziplinierung

Eine gänzlich andere, wenn auch nicht weniger kritische Perspektive nimmt Michel Foucault (1926–1984) in seinem Buch *Überwachen und Strafen* (1994 [1975]) ein. Entwickelte Goffman seine Theorie anhand seiner Erfahrungen mit psychiatrischen Einrichtungen, so hatte Foucault eher das Gefängnis vor Augen – aber beide beziehen sich in ihren Darstellungen immer wieder auch auf die Kaserne. Geht Goffman vom Widerspruch zwischen totaler Institution und Gesellschaft aus, so sieht Foucault in Gefängnis und Kaserne Institutionen, anhand derer sich die Grundprinzipien moderner Gesellschaft erkennen lassen. Foucault bewegt sich damit in der Tradition von Max Weber, für den die Disziplin des Heeres, neben der des ökonomischen Großbetriebs, der „Mutterschoß der Disziplin" überhaupt war (Weber 1985 [1922]: 686).

Foucault zufolge wird Disziplin erzeugt, indem sich die Institutionen der modernen Gesellschaft des Körpers der Insassen bemächtigen: Dieser wird isoliert, überwacht und diszipliniert; zugleich wird damit der Geist geformt. Die zentralen Medien dieser Formung sind Zeit, Raum, Übungen und Prüfungen.

---

[1] Insassinnen und Insassen von Konzentrationslagern, die diese sekundären Anpassungen aufgegeben haben, nannte man Muselmänner. Sie waren körperlich und psychisch nicht mehr in der Lage, die eigene Identität unter den widrigen Umständen aufrechtzuerhalten, sie hatten sich aufgegeben. Vgl. hierzu Becker und Bock (2015).

Im Fall des Militärs werden die Soldaten und Soldatinnen über die räumliche, bauliche Abschließung in der Kaserne von der Gesellschaft aus- und in eine eigene Gesellschaft eingeschlossen. Nach innen werden die Individuen und ihre Tätigkeiten lokalisiert und parzelliert: jedem Individuum seinen Platz und auf jeden Platz ein Individuum. Den Individuen werden Funktionsstellen, Dienstposten und Ränge zugewiesen; der Raum wird auf diese Weise kodiert und organisiert. Die Raumordnung dient so der hierarchischen Überwachung und macht lückenlose Kontrolle möglich.

Die Disziplinierung in der Zeit vollzieht sich über den Zwang, bestimmte Tätigkeiten zu genau festgelegten Zeiten, in bestimmten Rhythmen und Wiederholungszyklen auszuführen. Alle Tätigkeiten werden in ihre Elemente zerlegt; die Haltung des Körpers, der Glieder, der Gelenke wird festgelegt. Jede Bewegung wird in der Reihenfolge festgeschrieben und ihr wird eine Zeit zugeordnet. Die Zeit durchdringt den Körper und kontrolliert ihn. Dadurch können Gesten und Bewegungen genau eingesetzt werden.

Die Instrumente (Waffen) werden systematisch mit den Körpern zusammengeschaltet, sodass der Körper instrumentell kodiert wird. „Die Waffe nach vorn! Die erste Zeit hebt man das Gewehr mit der rechten Hand, nähert es dem Körper an, und hält es senkrecht gegenüber dem rechten Knie; das Ende des Laufes ist in Augenhöhe; man fasst das Gewehr mit der linken Hand; der Arm ist in der Höhe des Koppels straff an den Körper angelegt. Die zweite Zeit führt man das Gewehr mit der linken Hand vor den Körper (…)" (Foucault 1994 [1975]: 196). Detaillierte Prüfungen kontrollieren den Fortschritt der Disziplinierung.

Das Individuum wird einzeln beobachtet, wahrgenommen, behandelt und geformt. Ziel dieser Unterwerfung ist, dass die Individuen sich selbst beherrschen. Besonders deutlich wird dies anhand von Benthams Panopticon. Mit dem Panopticon erfand Jeremy Bentham einen Gefängnisbau, in dem alle Gefängniszellen von einem zentralen Ort aus beobachtbar sind. Der Sozialreformer Bentham wollte damit einerseits die Personalkosten senken, da man Gefängniswärter einsparen könne; zugleich sollten die Gefängnisse damit humaner werden, da auf viele der körperlichen Strafen verzichtet werden könne. Foucault greift diesen Gedanken auf: Im Panopticon ist – so Foucault im Anschluss an Bentham – die Überwachung allumfassend, lückenlos und zugleich unmerklich. Um den Strafen zu entkommen, bleibt den Insassen nur die Chance, sich selbst zu bewachen; die Überwachung wird nach innen in das Subjekt verlegt und wird so überflüssig. Indem sich die Insassen selbst den Regeln unterwerfen, bauen sie in sich eine Struktur der Herrschaft auf, sie beherrschen sich selbst. Die Konstituierung des modernen Menschen als sich selbst beherrschendes Subjekt ist zugleich seine Konstituierung als Untertan (vgl. Maihofer 1995: 131).

Der totalitäre Charakter dieser Organisationen wird damit symptomatisch für die moderne Gesellschaft.

4 Forschungen und Diskussionen zur militärischen Sozialisation

Sozialwissenschaftliche Forschungen, die sich explizit mit militärischer Sozialisation beschäftigen, sind insgesamt dünn gesät. Das Thema stand zu keiner Zeit – weder in der Militärsoziologie noch in der Sozialisationsforschung – im Fokus der wissenschaftlichen Forschung. Dies lässt sich zum einen damit begründen, dass militärsoziologische Forschungen in den letzten 60 Jahren und außerhalb der militäreigenen Institutionen generell seltener waren. Zum anderen lässt sich das auch damit begründen, dass der Anspruch, die Sozialisationswirkung einzelner Sozialisationsphasen oder Sozialisationsinstanzen nachzuweisen, empirisch kaum einzulösen ist, da sich Identitäten immer in Auseinandersetzung mit der gesamten Umwelt entwickeln und der spezifische Einfluss des Militärs daher kaum zu separieren ist.

Auch wenn die Literatur zur militärischen Sozialisation überschaubar ist, lassen sich gleichwohl unterschiedliche Diskussionsstränge unterscheiden, die sich explizit oder implizit mit der Thematik der militärischen Sozialisation beschäftigen:

- Der *erste* Diskussionsstrang setzt an der Idee der totalen Institution von Goffman an: Zum einen nutzt er die Theorie, zum anderen setzt er sich damit auseinander, wie brauchbar dieser Ansatz in der Gegenwart noch ist.
- Der *zweite* Strang knüpft an Foucaults Theorie der Disziplinierung an und fragt danach, wie sich die Formen und Umstände der Disziplinierung geändert haben.
- Im *dritten* Strang wird auf entwicklungstheoretische Modelle zurückgegriffen. Ausgangspunkt ist, dass der Wehrdienst in die Lebensphase der Adoleszenz fällt, in der die Jugendlichen auf besondere Weise vulnerabel sind.
- Der *vierte* geht vom Militär als einem ‚Männerhaus' aus und fragt unter Einbeziehung psychoanalytischer Perspektiven, welche Implikationen mit der militärischen Sozialisation für die Geschlechterverhältnisse einhergehen.
- Der *fünfte* Diskussionsstrang hat letztlich nicht die militärische, sondern die politische Sozialisation durch das Militär im Fokus. Gefragt wird, ob und wie das Militär auf politische Einstellungen einwirkt.

- Davon lässt sich wiederum eine *sechste* Gruppe von Beiträgen unterscheiden, die danach fragt, welche Verhaltensweisen, Normen, Werte und Identitätsvorstellungen sich Soldaten und Soldatinnen in ihrem Dienst aneignen.

Diese letzte Gruppe wird hier nur genannt. Zu ihr gehören z. B. Forschungen zur Motivation von Soldaten und Soldatinnen[2], zur Organisationskultur (u. a. Tomforde 2010) und zu den Belastungen und Folgen von Einsätzen (u. a. Franke 1999). Solche Studien können auch unter der Perspektive ihrer Sozialisationswirkung gelesen werden. So untersuchen z. B. Anja Seiffert und Julius Heß (2020), wie sich die Soldaten und Soldatinnen durch die Einsätze in Afghanistan verändern. Basierend auf einem Survey aus den Jahren 2012 und 2013 und zahlreichen Interviews stellen sie fest, dass der Einsatz nur wenige explizite Auswirkungen auf die Beteiligten hat. So berichtet etwa der überwiegende Teil der Befragten von einem gewachsenen Selbstbewusstsein und davon, dass sie sich als psychisch belastbarer und gelassener einschätzen. Ein kleinerer Teil der Soldaten und Soldatinnen hat dagegen Schwierigkeiten, in das ‚normale' Leben' zurückzufinden, fühlt sich fremd im eigenen Leben (vgl. ebd.: 20). Einige geben an, Alkoholprobleme zu haben, oder müssen infolge von Gefechtserfahrungen mit gesundheitlichen Einschränkungen umgehen und fühlen sich infolgedessen auch emotional belastet. Insgesamt könnte man daraus schlussfolgern, dass die Einsätze zumindest in begrenztem Maße Auswirkungen auf die Identität haben, und insofern auch sozialisierend wirken. Da sich die Autorinnen und Autoren dieser Arbeiten selbst aber nicht auf Sozialisationsfragen beziehen und auf diese auch nicht indirekt eingehen, bleiben diese bei der folgenden Übersicht unberücksichtigt.

4.1 Diskussionen im Anschluss an Goffmans totale Institutionen

Die Figur der totalen Institution wird im Zusammenhang mit dem Militär immer wieder herangezogen (stellvertretend: Soeters 2018: 91 ff.; McGarry et al. 2015; Barnao 2019; etwas älter: Steinert 1973; Treiber 1973; Steinert und Treiber 1974). Zugleich besteht Uneinigkeit darüber, ob die Streitkräfte in liberalen Demokratien heute noch als totale Institution bezeichnet werden können: Auf

---

[2] Siehe hierzu den Beitrag von *Biehl* in diesem Band.

der einen Seite wird argumentiert, dass der Begriff überholt sei und kaum noch etwas an Erkenntnis über Streitkräfte in demokratischen Staaten leisten könne. Die Abschottung des Militärs gegenüber seiner Umwelt sei gegenwärtig weit geringer als früher. In der Tat sind zum Beispiel die Ausgangsregeln im Vergleich zu früher stark gelockert worden, und moderne Kommunikationsmedien dringen quasi durch jede Art von Mauer (Plake 1981: 25 ff.; Piecha 2006). Zudem sei ein großer Teil der Disziplinierungsmethoden aufgegeben worden, „neben Zwang, Drill und Überwachung (würden) auch Elemente von Kommunikation, Eigenverantwortung und Vertrauensbildung kultiviert" (Heins und Warburg 2004: 49). Soldaten und Soldatinnen hätten als Staatsbürger und Staatsbürgerinnen Rechte; Missstände könnten jederzeit angezeigt und geahndet werden.

Auf der anderen Seite spricht jedoch auch einiges dafür, die von Goffman entwickelte Perspektive der totalen Institution mit Blick auf das Militär beizubehalten. Die entsprechenden Argumente beziehen sich sowohl auf die Mechanismen der bewussten Erziehung und Sozialisation Erwachsener innerhalb der Grundausbildung, als auch auf die Folgen der aufgehobenen Trennung der Bereiche Arbeit, Schlafen und Freizeit im Laufe der allgemeinen militärischen Grundausbildung. So stellt z. B. Julika Bake im Jahr 2009 – also zu einer Zeit als die Wehrpflicht noch bestand, man diese aber schon recht einfach mit einem Zivildienst umgehen konnte – auf der Basis qualitativer Interviews fest, dass Grundwehrdienstleistende die Bundeswehr weiterhin als ‚totale Institution' wahrnehmen. Sie stoßen sich, so Bake, „am rauen Umgangston und dem (…) Befehlsgehorsam und empfinden den ständigen Gruppenzusammenhang und die Anforderungen des Wehrdienstalltags als hohe Belastung" (Bake 2009: 123; ähnlich Apelt 2004). Allerdings – so Bake weiter – stünden die Wehrdienstleistenden insofern vor einem Dilemma, als sie nichts anderes erwartet hätten; nur wussten sie vor ihrem Wehrdienst nicht genau, wie sich dies anfühlen würde. Bake konstatiert ferner, dass sich die Wehrpflichtigen im Verlauf der Zeit an die Bedingungen in der Kaserne gewöhnen, die Anforderungen bewältigen und so ihre Handlungssicherheit zurückgewinnen.

4.2 Diskussionen im Anschluss an Foucaults Theorie der Disziplinierung

Auch Foucaults Theorie ist Ausgangspunkt einiger Studien zur militärischen Sozialisation. So arbeiten Hubert Treiber und Heinz Steinert (1980) unter Nutzung historischer Studien die „Wahlverwandtschaft" von Fabrik-, Kloster- und Kasernendisziplin heraus. Damit unterstützen sie die Perspektive Foucaults, dass die militärische Sozialisation eben nicht im Widerspruch zur bürgerlichen Gesellschaft steht, sondern auf diese vorbereitet.

Vom Zusammenhang von militärischer Gehorsamsproduktion und gesellschaftlicher Entwicklung geht auch Ulrich Bröckling (1997) aus. Er untersucht die Rekrutierungs- und Exerzierreglements, das Militärstrafrecht, die militärpsychiatrische Literatur und soldatische Erziehungstraktate und verfolgt politische und andere zeitgenössische Elitendiskurse seit der frühen Neuzeit bis ins 20. Jahrhundert. Anders als Treiber und Steinert geht es ihm weniger um die Kontinuitäten der Gehorsamsproduktion, als vielmehr um Unterschiede und Diskontinuitäten in den Formen militärischer Disziplinierung. Bröckling fragt nicht nur, wie man Soldaten ‚macht‘, sondern auch gegen welche Formen des Ungehorsams und der Verweigerung von Gehorsam sich militärische Disziplinierung vorbeugend, bestrafend, therapierend oder aussondernd richtet (vgl. ebd.: 26). Aus dieser Perspektive wird die Möglichkeit zur Kriegsdienstverweigerung – angesichts der anspruchsvollen Technologien, der veränderten militärischen Einsätze und einer demokratisierten und pluralistischeren Gesellschaft – zum Anzeichen einer neuen Disziplinierungsstrategie (vgl. Bröckling 1997: 318 f.).

Mit dem Aussetzen der Wehrpflicht – so lässt sich im Anschluss an Foucault und Bröckling behaupten – ging eine weitere Veränderung der Disziplinierungsstrategien einher. In der Ausbildung der jetzt freiwillig Dienenden spielen zunehmend auch Eigenverantwortung und Selbstdisziplin eine größere Rolle (vgl. ähnlich Warburg 2008). In diesem Zusammenhang kann und muss allerdings gefragt werden, ob mit dem Foucaultschen Ansatz letztlich jede Veränderung der militärischen Sozialisation, jede Lockerung von Drill, jeder Abbau von Reglementierung und Schikane als jeweils veränderte Art der Disziplinierung und Herrschaftssicherung gelesen werden kann, die aber nie etwas an ihrem Wesen als Beherrschung und Unterordnung ändert.

4.3   Die These des entwicklungshemmenden Charakters der militärischen Sozialisation

Zwar beruht der nachfolgend aufgeführte Beitrag auch auf Goffmans Theorie der totalen Institution, zentral ist er aber von der These geleitet, dass das Militär der Entwicklung junger Menschen zu selbstbestimmten, urteilsfähigen Bürgerinnen und Bürgern entgegenstehe.

Peter Liliensiek (1979) setzt dem Alltagsverständnis, das Militär mache die Jugendlichen zu ‚echten‘ Männern, entgegen, dass der Militärdienst die Entwicklung Jugendlicher eher hemmt. Ausgangspunkt für Liliensieks Überlegungen ist, dass der Wehrdienst in die Phase der späten Adoleszenz fällt. In dieser Phase, die er Erik Erikson (1973 [1959]: 106 f.) folgend auch als psychosoziales Moratorium bezeichnet, suchen Jugendliche ihren Platz in der Gesellschaft und ihre eigene Identität (vgl. Tillmann 1992). Sie befinden sich in einer Periode, in der Konflikte und neurotische Störungen fast unvermeidlich sind, da die Jugendlichen ihre Bedürfnisse nach sozialer Sicherheit, Unabhängigkeit, sozialem Aufstieg, Berufsausbildung, Selbstverwirklichung und freier Entfaltung sowie sexuellen Kontakten nicht gleichzeitig und nicht sofort befriedigen können. Liliensiek argumentiert nun, dass das Militär – insbesondere während der Grundausbildung – die Befriedigung der Bedürfnisse der Jugendlichen nicht nur verhindere, sondern einen Rückfall der jungen Männer in die frühe Kindheit, speziell in die anale Phase (also zweites bis drittes Lebensjahr) hervorrufe. In der analen Phase lernen Kinder zu stehen, zu gehen und zu laufen. In diese Phase fällt die Sauberkeitserziehung und die Kinder werden den ersten sozialen Zwängen ausgesetzt. Rekruten erleiden nach Liliensiek beim Eintritt in das Militär das Gleiche: In der Grundausbildung müssen sie lernen, auf militärische Art zu stehen, zu gehen und ihre Körperfunktionen zu beherrschen, indem sie exerzieren lernen. Beständig müssen sie Ordnung und Sauberkeit, bezogen auf ihre Kleidung und auf Spind- und Bettenaufbau, kontrollieren. Mit diesem Rückfall in eine frühkindliche Phase werden die Soldaten in ihrem innersten Wesen massiv verunsichert. Durch diese „strukturelle Gewalt", wie es Liliensiek im Anschluss an Johan Galtung (1975) nennt, seien die Rekruten der Gefahr einer Balancestörung zwischen dem Sozialen, also durch die gesellschaftlichen Erwartungen bestimmenden Teil, und dem Persönlichen, durch die einzigartige Individualität geprägten Teil der Identität, ausgesetzt. Der Widerspruch zwischen den Bedingungen in der Grundausbildung und den Bedürfnissen von Jugendlichen in der Spätadoleszenz könne die Ich-Identität schwächen und so zu abweichendem Verhalten (z. B. zu unerlaubtem Entfernen von der Truppe) führen. Angesichts des Machtgefälles zwischen Vorgesetzten und Untergebenen, der direkten Verhaltenskontrolle und des diskursiven Ausschlusses persönlicher Probleme sei eine Sanktionierung solcher Normbrüche nahezu vorprogrammiert.

Diese Idee der entwicklungshemmenden Wirkung des Wehrdienstes, die vor allem Ende der 1970er- und in den 1980er-Jahren vertreten wurde, findet sich beispielsweise auch bei Lothar Böhnisch und Reinhard Winter (1997: 93 f.) in ihrer Arbeit über männliche Geschlechtsidentität wieder. Empirische Belege lassen sich hierzu allerdings nicht heranziehen.

4.4 Militärische Sozialisation aus der Geschlechterperspektive

Eine andere Gruppe von Texten und Studien setzt am Merkmal der männlichen Dominanz in militärischen Organisationen an (vgl. dazu auch Janowitz und Little 1965: 88 f.; van Creveld 2001).[3] Davon abgeleitet fragen sie, welche Auswirkungen es für die militärische Sozialisation hat, dass Frauen aus dem Militär weitgehend ausgeschlossen wurden, welche Auswirkungen dies auf die Geschlechterverhältnisse in Militär und Gesellschaft hat und wie sich die männlich dominierte militärische Sozialisation auf die inzwischen zum Militär zugelassenen Frauen auswirkt.

Mit der Bedeutung des Militärs als ‚Männerhaus' haben sich einige psychoanalytisch orientierte Sozialwissenschaftler schon in den 1980er-Jahren beschäftigt (vgl. Haubl 1988; Hoffmann 1988; Erdheim 1982). So behauptet z. B. Rolf Haubl (1988), dass sich der Mann in der bürgerlichen Gesellschaft in einem grundsätzlichen Widerspruch zwischen der Ideologie einer freien, unantastbaren Subjektivität und seiner faktischen Marginalität im kapitalistischen Produktionsprozess befindet. Die daraus erwachsende narzisstische Kränkung wiederhole und verstärke sich in der kasernierten Umgebung des Militärs. Zugleich gebe die militärische Sozialisation den daraus erwachsenden Aggressionen eine Richtung: Der Mann kann sie gegen seine eigenen femininen und androgynen Seiten umlenken. Die im Militär gedrillte Männlichkeit werde so gleichermaßen für den Krieg, wie für die Wirtschaft funktionalisiert. Eine besondere Rolle wird dabei dem Vorgesetzten zugeschrieben. Er ist der Aggressor, der über Drill, Belohnungen und Bestrafungen Druck auf die Soldaten ausübt. Dass sich der Vorgesetzte dabei zugleich als Inkarnation der fürsorgenden männlichen Vaterfigur inszeniert, mit dem sich der Rekrut identifizieren kann, sei vor allem Ergebnis des Regressionsprozesses, den der Rekrut während der Grundausbildung erleide.

Mario Erdheim (1982) ergänzt, dass das Besondere des Militärs darin liegt, dass es den Rekruten in der militärischen Grundausbildung in den Zustand eines weiblichen Objektes bringt: Der Rekrut wird in eine traditionelle Frauenrolle versetzt. Er „übt mit höchster Präzision das Bettenmachen, Aufräumen und Putzen. Unversehens merkt er, dass er sich laufend die Frage stellen muss, ob er auch

---

[3] Siehe hierzu auch den Beitrag von *Kümmel* zu Frauen in militärischen Organisationen in diesem Band.

passend angezogen sei, ob sein Gewand richtig sitze und der Gelegenheit entspreche oder nicht" (ebd.: 69; vgl. auch Scholz 2004a, b). Durch diese Art der Sozialisation wird – so die psychoanalytische Perspektive – der Ablösungsprozess von der Familie aufgehalten und die familiäre Bindung auf das Militär übertragen. Eine Auseinandersetzung mit herkömmlichen Geschlechterrollen wird verhindert. Wenn der Junge im Militär zum Manne wird – so Lothar Böhnisch und Reinhard Winter (1997: 94) – und dabei (nicht) lernt, wie er sich Frauen gegenüber verhalten kann, dann reiche die Sozialisationswirkung des Militärs weit über die Kriegs- und Verteidigungsfähigkeit hinaus und beeinflusse so die Geschlechterstereotypen und Geschlechterverhältnisse der Gesellschaft.

Forschungen zu den Geschlechterverhältnissen im Militär unter den Bedingungen der Zulassung von Frauen lassen den Schluss zu, dass sich daran nicht unbedingt etwas grundlegend ändert. So zeigt beispielsweise Uta Klein (2001), dass die Wehrpflicht in Israel zwar für beide Geschlechter gilt, dass aber Frauen und Männer dort ganz unterschiedlich sozialisiert werden: Männer werden zu männlichen Kämpfern erzogen; Frauen sollen humanitäre und soziale Aufgaben übernehmen, ihre Weiblichkeit soll erhalten bleiben. Da das Militär in der israelischen Gesellschaft eine zentrale Position einnimmt, wirke sich dies – so Klein – massiv auf die Geschlechterverhältnisse in der ganzen Gesellschaft aus.

Orna Sasson-Levy (2003; auch Lomsky-Feder und Sasson-Levy 2018) und Maja Apelt (2004) beschäftigen sich mit den Auswirkungen des militärischen Dienstes auf die Identität weiblicher Soldaten in typisch männlichen Bereichen. Beide betonen, dass die Soldatinnen ihre Geschlechteridentität in Auseinandersetzung mit der Männlichkeitsnorm konstruieren müssen, dass sie die dabei gemachten Erfahrungen aber letztlich positiv bewerten. Bezogen auf die israelische Armee entwickelt Sasson-Levy die These, dass die Soldatinnen ihr Selbstbewusstsein und Selbstvertrauen aus der Konstruktion alternativer Geschlechteridentitäten entwickeln. Dazu gehöre die Nachahmung des Habitus und der diskursiven Praktiken des männlichen Kämpfers, die Ablehnung traditioneller Weiblichkeit und die Bagatellisierung und Trivialisierung sexueller Belästigung. In Auseinandersetzung mit diesen tradierten Geschlechternormen suchen Frauen nach einer neuen geschlechtlichen Identität, die es ihnen ermöglicht, sich in der männlichen Organisation als weibliches Subjekt zu konstituieren. Mit Foucault gesprochen, müssen sie „in sich eine Struktur von ‚Männlichkeit', ein ‚männliches' Verhältnis zu sich selbst errichten" (Maihofer 1995: 135; vgl. Apelt 2004), um sich als Subjekt und als Frau zu behaupten. Die Soldatinnen müssen beständig individuell situative Lösungen für diesen Widerspruch zwischen Subjektkonstruktion und Weiblichkeit finden. Die Verknüpfung

von beruflicher und geschlechtlicher Identität bleibt deshalb in der männlich
geprägten Organisation widersprüchlich und labil.

4.5 Militärische Sozialisation als politische Sozialisation

Welchen Einfluss der Wehrdienst auf die politischen Einstellungen der Wehrpflichtigen hatte, war eine der zentralen Fragen, mit denen sich das damals neu
gegründete Sozialwissenschaftliche Institut der Bundeswehr (SOWI) in den
frühen 1970er-Jahren beschäftigte. Klein (2016: 74) schreibt dazu, dass „vor
dem Hintergrund einer wachsenden Friedensbewegung in der Bevölkerung und
steigenden Zahlen von Kriegsdienstverweigerern (…) bedeutsame Einstellungs-
änderungen während des Wehrdienstes nachgewiesen werden konnten." Diese auf
einem zweiwelligen, also Anfang 1972 und Anfang 1973 durchgeführten, Panel
basierende „Sozialisationsstudie" ergab, dass die Bundeswehr während des Wehrdienstes das demokratische Bewusstsein stärkt; dass der Wehrdienst – anders als
mit Goffman zu erwarten – indes „keinesfalls zur Verunsicherung vorhandener
sozialer Bezugssysteme" führt; und dass es der Bundeswehr aber zugleich nicht
gelungen sei, „einem Großteil der wehrpflichtigen Soldaten Sinn und Zweck des
Wehrdienstes zu vermitteln" (Lippert et al. 1976: 8). Des Weiteren erfolge – so
die Autoren in ihrer Zusammenfassung – während des Wehrdienstes keine einheitliche gezielte Sozialisation, sondern es bestehe ein deutlicher Zusammenhang
zwischen dem Bild des Vorgesetzten und der Einschätzung, ob der Wehrdienst
sinnvoll sei oder als Zeitverschwendung erlebt werde.

Die letzte größere Studie zur politischen Sozialisation nutzt zwei Datenquellen, zum einen die Bevölkerungsbefragungen des Zentrums für Militärgeschichte   und   Sozialwissenschaften   der   Bundeswehr   (ZMSBw)   und
Nachfolgeinstituts des zuvor erwähnten SOWI zu sicherheits- und verteidigungspolitischen Fragen aus den Jahren 2014 und 2016 sowie Daten der
Allbus-Kumulation von 1980 bis 2014 (Steinbrecher 2019: 16 f.), um der Frage
nachzugehen, ob sich die Personen, die auch durch die Bundeswehr sozialisiert
wurden, in ihren politischen Einstellungen und Partizipationsformen von anderen,
die nie bei der Bundeswehr beschäftigt waren, unterscheiden. Als Partizipationsformen werden die Beteiligung an Wahlen, die Mitgliedschaft in einer Partei, die
Beteiligung an einer Bürgerinitiative oder an einer Demonstration erfasst.

Auf Basis der repräsentativen Erhebungen kann Markus Steinbrecher zeigen,
dass „militärische Erfahrung (…) keinen direkten Einfluss auf die Nutzung
politischer Partizipationsformen" (ebd.: 32 f.) hat. Ehemalige oder aktive Soldaten

und Soldatinnen zeigten aber ein stärkeres Interesse an politischen Fragen und vertrauten stärker ihren eigenen politischen Fähigkeiten. Dabei unterscheiden sie sich aber nicht wesentlich von Richterinnen und Beamten (ebd.: 33 f.). Hinzu kommt, dass die Daten keine Auskunft darüber geben können, ob es sich um kausale Effekte der politischen Sozialisation in der Bundeswehr handelt oder ob sich eher politisch Interessierte für den öffentlichen Dienst im Allgemeinen und den Dienst in der Bundeswehr im Besonderen entscheiden. Letztlich kann Steinbrecher seine zentrale Frage, ob die Bundeswehr eine Agentur politischer Sozialisation ist, empirisch nicht beantworten. Er kann lediglich theoretisch herleiten, dass die drei Grundbedingungen für politische Sozialisationsagenturen im Fall der Bundeswehr vorhanden sind: Es besteht ein längerer und intensiverer Kontakt der zu sozialisierenden Person mit der Agentur; es wird über politische Inhalte kommuniziert; und die politische Sozialisation findet nicht beiläufig statt, sondern ist intendiert, geplant und organisiert (vgl. ebd.: 9).

Während die Studie von Steinbrecher (2019) nicht darauf ausgerichtet ist zu erfahren, in welche Richtung das politische Interesse geht, haben sich andere Studien, auf die hier zumindest kurz verwiesen werden soll, genau auf diese Frage konzentriert. So hat die Studie von Sven Gareis, Peter-Michael Kozielski und Michael Kratschmar (2001) auf Basis von Bevölkerungsumfragen aus dem Jahr 2000 ergeben, dass junge Männer „mit positiven Einstellungen zur Bundeswehr und potentielle Bewerber für den freiwilligen Dienst in den Streitkräften signifikant höhere Werte auf den Rechtsextremismus indizierenden Skalen und Items" erreichen (Gareis et al. 2001: 55). Für junge Frauen gilt dieser Zusammenhang nicht. Die Ausprägungen sind aber auch bei den jungen Männern weit von rechtsextremen Positionen entfernt. Zudem erreicht die Gruppe an Befragten, die sich einen Dienst bei der Bundeswehr vorstellen kann, auch höhere Werte auf der Skala für Nationalismus, nicht aber auf der Skala für Fremdenfeindlichkeit, während diejenigen, die sich diesen Dienst überhaupt nicht vorstellen können, bezüglich des Nationalismus besonders niedrige Werte aufweisen (ähnlich wie in der noch älteren Studie von Kohr 1993). Aber auch diese Studie kann – entsprechend ihrer Zielsetzung und Anlage – keine Aussagen darüber treffen, ob die festgestellten Einstellungen auch innerhalb und durch die Bundeswehr befördert werden. Sie ist, so die Autoren selbst, vielmehr „dazu angetan, das Sensorium der Bundeswehr für nationalistische Einstellungen unter ihren Bewerbern weiter zu schärfen" (Gareis et al. 2001: 56). In diesem Kontext sei schließlich auf Detlef Bald (1998) und Lorenz Knorr (1998) verwiesen, die im Traditionsverständnis der Bundeswehr, das sich ihrer Ansicht nach stark an die Wehrmacht anlehnt und damit antidemokratisches und nationalistisches Denken befördert, eine Quelle sehen für die Ausprägung rechter politischer Einstellungen. Die Bundeswehr wird auf diese Weise als mögliche Instanz für rechte und rechtsextreme politischen Sozialisation angesprochen. Auch hierzu gibt es letztlich keine ausreichenden empirischen Befunde. Gleichwohl hat die frühere Verteidigungsministerin Ursula von der Leyen (2013–2019), anlässlich problematischer Vorkommnisse im Jahr 2017, auf Kritik am Traditionsverständnis der Bundeswehr mit einem neuen Traditionserlass reagiert, der unter anderem Bezüge zur Wehrmacht (wie auch zur Nationalen Volksarmee der DDR) ausschließt.[4]

5   Fazit

Die soeben rekapitulierten Beiträge zur militärischen Sozialisation unterscheiden sich im Wesentlichen darin, auf welchen theoretischen Grundlagen sie basieren, wie stark sie empirisch ausgerichtet sind und inwieweit sie eine gesellschaftskritische Zielsetzung aufweisen. Dabei zeigt sich, dass die älteren Diskussionsstränge tendenziell eher theoretisch grundiert und gesellschaftskritisch ausgerichtet, häufig aber wenig empirisch unterfüttert sind. Darüber hinaus konzentrieren sie sich fast ausschließlich auf die Wehrpflichtigen in der Grundausbildung. Virulent war dieser Fokus in den 1960er- bis 1980er-Jahren, in einer Zeit des gesellschaftlichen Wertewandels also, in der autoritäre Strukturen abgebaut wurden, demokratische Mechanismen an Bedeutung gewannen, sich die Sozialstruktur ausdifferenzierte und neue Milieus entstanden. Das Militär indes erschien von diesen Entwicklungen wenig beeinflusst worden zu sein, und Generationen junger Männer, die regelmäßig und nicht selten gegen ihren Willen zum Wehrdienst eingezogen wurden, sahen sich vor diesem Hintergrund hier mit einer Kultur konfrontiert, die ihre Legitimation anderswo bereits verloren hatte.

Seitdem junge Männer mehr und mehr die Möglichkeit hatten, zwischen Wehr- und Zivildienst zu wählen, spätestens aber seit der Aussetzung der Wehrpflicht, scheint militärische Sozialisation als Thema an gesellschaftspolitischer Relevanz verloren zu haben. Seitdem ist es – so ließe sich provokativ sagen – für Sozialwissenschaftler und Sozialwissenschaftlerinnen nicht mehr von Interesse herauszufinden, wie die Menschen, die in den militärischen Einsätzen am Hindukusch oder in anderen Regionen ,unsere Sicherheit' verteidigen, geformt werden. Fragen militärischer Sozialisation scheinen nur dann (wieder) Aufmerk-

---

[4] Siehe hierzu auch den Beitrag von *Biehl & Leonhard* in diesem Band.

samkeit zu erregen, wenn frauen- bzw. fremdenfeindliche oder rechtsextreme Vorfälle in der Öffentlichkeit bekannt werden.

Das daraus resultierende Forschungsdefizit führt aber dazu, dass sich bis dato nicht systematisch erklären lässt, wie es zur erwähnten Diskrepanz zwischen den auf dem Ansatz von Goffman basierenden Thesen und den vergleichsweise unspektakulären empirischen Befunden kommt. Ebenso wenig lassen sich die drei Ausgangsfragen umfassend beantworten: Wie wird im Rahmen militärischer Sozialisation der Bruch mit zivilen Normen hergestellt? Dazu gibt uns vor allem Goffman einige Hinweise, ohne dass uns hierzu genügend aktuelle Belege vorliegen. Wie stark kann oder soll dieser Bruch mit den zivilen Normen ausfallen? Unter Verweis auf Foucault lässt sich hierzu antworten, dass der Bruch zwischen militärischen und zivilen Normen aufgrund der veränderten Einsätze und der dabei eingesetzten anspruchsvollen Technologien, verbunden mit der Aussetzung der Wehrpflicht zwar nicht völlig aufgehoben, aber doch relativiert wurde. Armeen verzichten zunehmend auf drakonische Sanktionierungen, Drill und andere Mittel der Drangsalierung, um ihre Angehörigen auszubilden und einzusetzen, zum einen, weil sie sich in Konkurrenz zu zivilen Arbeitgeberinnen und Arbeitgebern sehen und Soldaten und Soldatinnen den Dienst vergleichsweise leicht quittieren können, zum anderen, weil es angesichts der veränderten Aufträge und der anspruchsvollen Technologien die Motivation der militärischen Angehörigen bedeutsamer geworden ist. Insofern lässt sich vermuten, dass auch die Unterschiede zwischen militärischer und ziviler Ausbildung abnehmen, oder genauer: dass sich sowohl in ziviler als auch in militärischer Ausbildung die Formen der Disziplinierung geändert und möglicherweise einander angenähert haben.

Annotierte Auswahlbibliografie

Goffman, Erving (1973 [1961]): Asyle. Über die soziale Situation psychiatrischer Patienten und anderer Insassen. Frankfurt a. M.: Suhrkamp.
Goffman bietet den Ausgangspunkt zur Einordnung der Diskussion um die militärische Sozialisation.
Foucault, Michel (1994 [1975]): Überwachen und Strafen. Die Geburt des Gefängnisses. Frankfurt a. M.: Suhrkamp.
Eindrucksvoll beschreibt Foucault die Formen der Disziplinierung zu Beginn der Entstehung des modernen Militärs.
Treiber, Hubert (1973): Wie man Soldaten macht. Sozialisation in „kasernierter Gesellschaft". Düsseldorf: Bertelsmann.

Eine gut zu lesende Studie über die militärische Ausbildung in den 1970er-Jahren. *Bröckling, Ulrich* (1997): Disziplin. Soziologie und Geschichte militärischer Gehorsamsproduktion. München: Fink.
Mit Bröckling werden die Ursachen und Hintergründe des Wandels militärischer Sozialisation von den Anfängen strukturierter militärischer Ausbildung bis in die Gegenwart verständlich.
Kliche, Thomas (2004): Militärische Sozialisation. In: Sommer und Fuchs (2004): 344–356.
Eine kurze Zusammenfassung der wesentlichen Mechanismen der Sozialisation zum bewaffneten Kampf, ohne dass zwischen regulären Streitkräften und anderen bewaffneten Gruppen unterschieden wird.

Literatur

Ahrens, Jens-Rainer/Apelt, Maja/Bender, Christiane (Hrsg.) (2004): Frauen im Militär. Erste empirische Befunde und Perspektiven zur Integration von Frauen in die Bundeswehr.Wiesbaden: VS Verlag für Sozialwissenschaften.

Apelt, Maja (2004): Männliches Militär und die Subjektkonstruktion weiblicher Soldaten. In: Delitz et al. (2004): 63–88.

Apelt, Maja (Hrsg.) (2010): Forschungsthema: Militär. Militärische Organisationen im Spannungsfeld von Krieg, Gesellschaft und soldatischen Subjekten. Wiesbaden: VS Verlag für Sozialwissenschaften.

Bake, Julika (2009): Fernab von der Armee im Einsatz? Wehrdienst und militärische Sozialisation im Wachbataillon BMVg. In: Kümmel (2009): 107–125.

Bald, Detlef (1998): Neotraditionalismus und Extremismus – Eine Gefährdung für die Bundeswehr. In: Mutz et al.: 277–288.

Barnao, Charlie (2019): Military Training. Group, Culture, Total Institution, and Torture. In: Italian Sociological Review, 9: 2, 289–304.

Becker, Michael/Bock, Dennis (2015): „Muselmänner" und Häftlingsgesellschaft. Ein Beitrag zur Sozialgeschichte der nationalsozialistischen Konzentrationslager. In: Archiv für Sozialgeschichte, 55, 133–175.

Berger, Peter L./Luckmann, Thomas (2004 [1966]): Die gesellschaftliche Konstruktion von Wirklichkeit. Frankfurt a. M.: Fischer.

Bröckling, Ulrich (1997): Disziplin. Soziologie und Geschichte militärischer Gehorsamsproduktion. München: Fink.

Böhnisch, Lothar/Winter, Reinhard (1997). Männliche Sozialisation. 3. Auflage. Weinheim/ München: Juventa

Creveld, Martin van (2001): Frauen und Krieg. München: Gerling-Akademie.

Delitz, Jürgen/Gyldenfeldt, Heinrich von/Rimek, Jochen (Hrsg.) (2004): Institution im sozialen Wandel. Hamburg: Krämer.

Dörfler-Dierken, Angelika/Kümmel, Gerhard (Hrsg.) (2016): Am Puls der Bundeswehr: Militärsoziologie in Deutschland zwischen Wissenschaft, Politik, Bundeswehr und Gesellschaft. Wiesbaden: Springer VS.

Erdheim, Mario (1982): ‚Heiße‘ Gesellschaften – ‚Kaltes‘ Militär. In: Kursbuch, 67, 59–70.

Erikson, Erik H. (1973 [1959]): Identität und Lebenszyklus, Frankfurt a. M.: Suhrkamp.

Foucault, Michel (1994 [1975]): Überwachen und Strafen. Die Geburt des Gefängnisses. Frankfurt a. M.: Suhrkamp.

Franke, Volker (1999): Preparing for Peace. Military Identity, Value Orientations and Professional Military Education. Westpoint: Praeger.

Galtung, Johan (1975): Strukturelle Gewalt. Beiträge zur Friedens- und Konfliktforschung. Reinbek bei Hamburg: Rowohlt.

Gareis, Sven/Kozielski, Peter-Michael/Kratschmar, Michael (2001): Rechtsextreme Orientierungen in Deutschland und ihre Folgen für die Bundeswehr. SOWI-Arbeitspapier Nr. 129. Strausberg: Sozialwissenschaftliches Institut der Bundeswehr.

Gehlen, Arnold (2004 [1940]): Der Mensch: seine Natur und seine Stellung zur Welt. Wiebelsheim: AULA.

Goffman, Erving (1973 [1961]): Asyle. Über die soziale Situation psychiatrischer Patienten und anderer Insassen. Frankfurt a. M.: Suhrkamp.

Hagemann, Karen (2002): „Mannlicher Muth und teutsche Ehre": Nation, Militär und Geschlecht zur Zeit der Antinapoleonischen Kriege Preußens. Paderborn u. a.: Schöningh.

Haubl, Rolf (1988): „... wo Männer noch Männer sind!" Zur Sozialisation des Homo clausus im Militär. In: Vogt (1988): 57–68.

Heins, Volker/Warburg, Jens (2004): Kampf der Zivilisten: Militär und Gesellschaft im Wandel. Bielefeld: transkript.

Hoffmann, Gisbert (1988): Ich-Stärkung unerwünscht. Über die Folgen der Über-Ich-Dominanz und der Es-Unterdrückung im Militär. In: Vogt (1988): 69–82.

Hurrelmann, Klaus (2015): Einführung in die Sozialisationstheorie. Das Modell der produktiven Realitätsverarbeitung. Weinheim/Basel: Beltz.

Janowitz, Morris/Little, Roger W. (1965): Militär und Gesellschaft. Boppard: Boldt.

Keupp, Heiner/Abbe, Thomas/Gmür, Wolfgang/Höfer, Renate/Mitzscherlich, Beate/Kraus, Wolfgang (1999): Identitätskonstruktionen. Das Patchwork der Identitäten in der Spätmoderne. Reinbek bei Hamburg: Rowohlt.

Klein, Paul (2016): Die Militärsozialwissenschaften in Deutschland und das Sozialwissenschaftliche Institut der Bundeswehr. In: Dörfler-Dierken/Kümmel (2016): 67–82.

Klein, Uta (2001): Militär und Geschlecht in Israel. Frankfurt/New York: Campus.

Kliche, Thomas (2004): Militärische Sozialisation. In: Sommer/Fuchs (2004): 344–356.

Klöss, Erhard/Grossmann, Heinz (Hrsg.) (1974): Unternehmen Bundeswehr. Zur Soziologie der Streitkräfte. Frankfurt a. M.: Fischer.

Knorr, Lorenz (1998): Rechtsextremismus in der Bundeswehr. Deutsches Militär – von Massenmördern geprägt? Frankfurt a. M.: Verlag für akademische Schriften.

Kohr, Heinz-Ulrich (1993): Rechts zur Bundeswehr, links zum Zivildienst? Orientierungsmuster von Heranwachsenden in den alten und neuen Bundesländern Ende 1992. SOWI-Arbeitspapier Nr. 77. München: Sozialwissenschaftliches Institut der Bundeswehr.

Liliensiek, Peter (1979): Bedingungen und Dimensionen militärischer Sozialisation. Ein Beitrag zur Bundeswehrsoziologie. Frankfurt a. M. u. a.: Peter Lang.

Lippert, Ekkehard/Schneider, Paul/Zoll, Ralf (1976): Sozialisation in der Bundeswehr: der Einfluss des Wehrdienstes auf soziale und politische Einstellungen Wehrpflichtiger. München: Sozialwissenschaftliches Institut der Bundeswehr.

Lomsky-Feder, Edna/Sasson-Levy, Orna (2018): Women Soldiers and Citizenship in Israel. Gendered Encounters with the State. London/New York: Routledge

Maihofer, Andrea (1995): Geschlecht als Existenzweise. Macht, Moral, Recht und Geschlechterdifferenz. Frankfurt a. M.: Lang.

McGarry, Ross/Walklate, Sandra/Mythen, Gabe (2015): A Sociological Analysis of Military Resilience: opening Up the Debate. In: Armed Forces & Society, 4: 2, 352–378.

Mutz, Reinhard/Schoch, Bruno/Solms, Friedhelm (Hrsg.) (1998): Friedensgutachten 1998. Münster: Lit-Verlag.

Piecha, Thorsten (2006): Normensetzung und soziale Kontrolle im Ausbildungsalltag der Bundeswehr: eine Replikationsstudie zu Hubert Treibers. Wie man Soldaten macht. Frankfurt a. M.: Lang.

Plake, Klaus (1981): Die Sozialisationsorganisation. Opladen: Westdeutscher Verlag.

Rogg, Matthias (2008): Armee des Volkes? Militär und Gesellschaft in der DDR. Berlin: Ch. Links.

Sasson-Levy, Orna (2003): Frauen als Grenzgängerinnen im israelischen Militär: Identitätsstrategien und -praktiken weiblicher Soldaten in „männlichen" Rollen. In: Seifert et al. (2003): 74–100.

Scholz, Sylka (2004a): Männlichkeit erzählen. Lebensgeschichtliche Identitätskonstruktionen ostdeutscher Männer. Münster: Westfälisches Dampfboot.

Scholz, Sylka (2004b): Wehrdienst und männliche Identitätskonstruktionen. In: Ahrens et al. (2004): 173–191.

Seifert, Ruth/Eifler, Christine/Heinrich-Böll-Stiftung (Hrsg.) (2003): Gender und Militär. Internationale Erfahrungen mit Frauen und Männern in Streitkräften. Königstein/Taunus: Helmer.

Seiffert, Anja/Heß, Julius (2020): Afghanistan. Die Soldaten und Veteranen der Generation Einsatz der Bundeswehr. Potsdam: Zentrum für Militärgeschichte und Sozialwissenschaften der Bundeswehr.

Soeters, Joseph (2018): Sociology and Military Studies. Classical and Current Foundations. London and New York: Routledge.

Sommer, Gert/Fuchs, Albert (Hrsg.) (2004): Krieg und Frieden. Handbuch der Konflikt- und Friedenspsychologie. Weinheim/Berlin: Beltz.

Steinbrecher, Markus (2019): Die Schule der Nation für den Staatsbürger in Uniform? Der Einfluss militärischer Sozialisation auf politische Einstellungen und politisches Verhalten in Deutschland. In: Steinbrecher et al. (2019): 1–55.

Steinbrecher, Markus/Bytzek, Evelyn/Rosar, Ulrich (Hrsg.) (2019): Identität, Identifikation – Ideologie, Wahlen und politische Einstellungen. Wiesbaden: Springer VS.

Steinert, Heinz (1973): Militär, Polizei, Gefängnis usw. Über die Sozialisation in der „totalen Institution" als Paradigma des Verhältnisses von Individuum und Gesellschaft. In: Walter (1973): 227–249.

Steinert, Heinz/Treiber, Hubert (1974): Erziehungsziel Soldat. In: Klöss/Grossmann (1974): 103–122.

Tillmann, Klaus-Jürgen (1992): Jugend weiblich – Jugend männlich. Sozialisation, Geschlecht, Identität. Opladen: Leske + Budrich.

Tomforde, Maren (2010): Neue Militärkultur(en). Wie verändert sich die Bundeswehr durch die Auslandseinsätze? In: Apelt (2010): 193–219.

Treiber, Hubert (1973): Wie man Soldaten macht. Sozialisation in „kasernierter Gesellschaft". Düsseldorf: Bertelsmann.

Treiber, Hubert/Steinert, Heinz (1980): Die Fabrikation des zuverlässigen Menschen. Über die „Wahlverwandtschaft" von Kloster- und Fabrikdisziplin. München: Moos.

Vogt, Wolfgang R. (Hrsg.) (1988): Militär als Lebenswelt. Streitkräfte im Wandel der Gesellschaft (II). Opladen: Leske + Budrich.

Walter, Heinz (Hrsg.) (1973): Sozialisationsforschung. Band 2: Sozialisationsinstanzen und Sozialisationseffekte. Stuttgart: Frommann-Holzboog.

Warburg, Jens (2008): Das Militär und seine Subjekte. Zur Soziologie des Krieges. Bielefeld: transcript.

Weber, Max (1985 [1922]): Wirtschaft und Gesellschaft. Tübingen: Mohr.

Apelt, Maja, Dr. rer. pol. habil.; Professorin für Organisations- und Verwaltungssoziologie der Universität Potsdam.

Militärische Führung

Franz Kernic

1   Einleitung

Führung ist ein Schlüsselbegriff der militärischen Organisation. Der häufige Verweis auf die Führungsaufgaben des militärischen Kaders, der hohe Stellenwert von Führungsausbildung und die Bezugnahme auf ein Erleben von Führung im militärischen Dienstbetrieb legen Zeugnis davon ab, wie intensiv Bilder von Führung im Militär tradiert werden. Dabei zeichnet sich der Begriff durch einen hohen Grad an Unschärfe aus. Er weist nicht nur eine enorme Bandbreite an Inhalten und Konnotationen auf, sondern transportiert zugleich Werturteile (z. B. gut/böse; effektiv/nicht effektiv; ethisch/unethisch), die mit einer Emotionalisierung Hand in Hand gehen. Über Führung wird im Militär viel diskutiert, insbesondere darüber, was gute und effektive Führung ausmache und wie sie zu erfolgen habe.

Jedem wissenschaftlichen Diskurs über militärische Führung ist vorausgesetzt, dass Menschen immer schon konkrete Vorstellungen von Führung haben. In diesen Bildern spiegeln sich individuelle Erfahrungen ebenso wie ein kollektives kulturelles Gedächtnis. Diese Bilder sind veränderbar, d. h. sie sind nicht bloß Abbilder realer Zustände und Erfahrungen, sondern etwas Form- und Gestaltbares (Wunschbilder, Leitbilder, Vorbilder, Idealbilder etc.). Führung lässt sich allgemein als *soziale Einflussnahme* bestimmen. Führungspersonen verändern durch ihre Worte (Ideen, Visionen) und/oder Taten (Handlungen), sie bewirken ein bestimmtes Denken, Fühlen und Verhalten bei anderen Menschen. Führungs-

F. Kernic (✉)
Wien, Österreich
E-Mail: fkernic@ethz.ch

© VS Verlag für Sozialwissenschaften | Springer Fachmedien Wiesbaden GmbH,   619
Wiesbaden 2023
N. Leonhard und I.-J. Werkner (Hrsg.), *Militärsoziologie – Eine Einführung*,
https://doi.org/10.1007/978-3-658-30184-2_22

personen motivieren, inspirieren, leiten und führen (als Anführerin, Anstifter, Leiter etc.).

Der Begriff *militärische Führung* bezieht sich auf Prozesse der Einflussnahme und Steuerung im Zusammenhang mit dem Militär und der Kriegsführung. Die Besonderheit militärischer Führung ergibt sich aus der engen Verknüpfung dieser Prozesse mit dem Gewaltcharakter und der hierarchischen Struktur des Militärs. Der militärischen Hierarchie entspricht eine eindimensionale Vorstellung von Führung: Soziale Einflussnahme auf das Verhalten von Menschen geht demnach von einer einzelnen Person aus, die an der Spitze der Hierarchie steht und die durch ihre Worte und Taten – im Militär: *Befehle* und *militärisches Tun* – das Denken, Fühlen und Handeln der unterstellten Menschen zu steuern vermag. Eine *Befehls- und Kommandostruktur* ermöglicht, dass im Wege einer *Befehlskette* soziale Einflussnahme von oben nach unten vollzogen wird und sich auf alle Organisationsebenen erstreckt (Menth 1974; Berg 1976). Innerhalb der Befehlskette lässt sich klar zwischen *Befehlsgeber* (Führerin, *Leader*) und *Befehlsempfänger* (Geführter, *Follower*) unterscheiden.

Natürlich kennt der militärische Lebensalltag Abweichungen von diesem Idealbild: Entzug (Desertion), Nichtumsetzung eines Befehls, Verweigerung oder Meuterei. Trotzdem hält das Militär (bis heute) am Gedanken der Totalität und dem Leitbild einer mechanisch organisierten Steuerung menschlichen Handelns fest. Folglich werden soziale Mechanismen etabliert, um abweichendes Verhalten zu unterbinden. Zu den wichtigsten Werkzeugen gehören Disziplinierung, Zwang, Überwachung, soziale Kontrolle und Bestrafung, ebenso wie Anreize durch (materielle und ideelle) Belohnung, Aussicht auf sozialen Aufstieg oder Motivation.

Das Alltagsverständnis militärischer Führung lässt sich am Beispiel der Schweizer Armee veranschaulichen: In den Einheiten beginnt die Ausbildung zum militärischen Führer auf unterster Ebene mit der Vermittlung der sogenannten *3 K* als dem kleinen ABC militärischer Führung – *k*ommandieren, *k*ontrollieren und *k*orrigieren (Schweizer Armee 2007, Lehrschrift 70.013). Ein Funktionieren der militärischen Organisation – und der Schlüssel zu Erfolg und Zielerreichung – liege, so wird argumentiert, im konsequenten Vollzug dieses Dreischritts militärischen Führens.

2 Militärische Führung – Gegenstand, Grundbegriffe und Fragestellungen

Ein Vergleich lexikalischer Bestimmungen von Führung lässt starke Veränderungen hinsichtlich der Inhalte und Bezugsfelder des Begriffs im Verlauf der Geschichte erkennen. Im deutschsprachigen Raum gewinnt der Begriff erst zu Beginn des 20. Jahrhunderts an gesellschaftlicher Bedeutung. Die starke Verbreitung und ideologisch-politische Verwendung dieses Begriffs im Verlauf der ersten Hälfte desselben Jahrhunderts – im Zusammenhang mit den autoritären Regimen dieser Epoche – führt nach dem Ende des Zweiten Weltkrieges zu Vorbehalten hinsichtlich seiner Verwendung in der Alltagssprache. Dies fördert zugleich die schrittweise Einführung der amerikanisch-angelsächsischen Konzeption von *Leadership* in den deutschen Sprachgebrauch (Neuberger 2002: 48 ff. und 7–11).

Den meisten Definitionen von Führung sind drei Kernelemente gemeinsam: 1) ein Verweis auf das Vorhandensein einer *Grundstruktur zwischenmenschlicher Interaktion* mit einer Unterscheidung zwischen Führer und Geführten; 2) die Annahme einer Veränderung in der sozialen Beziehung *(Prozess);* und 3) ein Hinweis auf die *intentionale soziale Einflussnahme* zur Erreichung bestimmter *Ziele* (Hunt 1996; Northouse 2007; Bass 2008; Yukl 2010; Blessin und Wick 2014). Neuberger (2002: 31) liefert eine *handlungstheoretische* Definition: Akteur A führt in Bezug auf Akteur B in der Situation C die Handlung X aus und bewirkt Y. Führung bezeichnet damit einen Handlungsverlauf, dem eine Ursache-Wirkung-Beziehung zugrunde liegt. Für das Militär ist die Ausrichtung auf ein gemeinsames *Ziel* zentral, d. h. es geht um die Konzentration aller verfügbaren Kräfte zur Erreichung ebendieses Ziels (vgl. Neuberger 2002; Rosenstiel et al. 2005). Im Krieg ist dieses Ziel die Abwehr eines Angriffs bzw. die Unterwerfung des Gegners, also der militärische Sieg (Primäraufgabe); im Frieden treten weitere Organisationsziele hinzu (Sekundäraufgaben).

Eine zentrale Frage liegt auf der Hand: Welche Methoden und Mittel sozialer Einflussnahme haben die höchsten Erfolgsaussichten in der militärischen Praxis? Bereits hier beginnen sich die Geister zu scheiden: Während für die einen eine strenge und bis ins Letzte durchzusetzende Befehlsgebung und -ausführung als zentrale Voraussetzung für eine Bündelung aller Kräfte erscheint *(Befehlstaktik),* sehen andere einen Mindestgrad an Freiheit sowie autonomes Denken/Handeln als unumgänglich dafür an, dass Menschen in bestmöglicher Weise auf die Erreichung bestimmter Ziele hinwirken *(Auftragstaktik).*

Der Begriff der Führung kann durch die Unterscheidung von zwei Arten der Führung präzisiert werden: erstens einer *direkten* oder *interaktionellen Führung*, also einer sozialen Einflussnahme im Wege direkter Kommunikation zwischen Personen; zweitens einer *indirekten Führung* durch Strukturen und Normen *(strukturelle Führung)*. Zudem gewinnen im Hinblick die Theoriebildung vor allem Führungs-Bindestrich-Begriffe an Bedeutung (vgl. Glasl und Lievegoed 1993: 134 f.). Folgende *Teilbegriffe von Führung* können hervorgehoben werden:

- *Führungstheorien*: Dieser Begriff bezieht sich auf Grundannahmen zur Erklärung von Führungsprozessen; ihnen liegen zugleich Annahmen über ein konkretes Menschen- und Weltbild zugrunde.
- *Führungsverhalten und Führungsstile*: Diese Begriffe beziehen sich auf die konkreten Verhaltensweisen von Führungspersonen, ihre jeweiligen Verhaltenspräferenzen und typischen Verhaltensmuster (Führungsstile).
- *Führungsverfahren, -techniken und -instrumente*: Diese Begriffe nehmen auf die Entwicklung standardisierter Führungsabläufe und die zur Anwendung gelangenden Methoden, Techniken und Mittel (Werkzeuge) Bezug.
- *Führungsprozess*: Dieser Begriff verweist auf den Verlauf der intentionalen sozialen Einflussnahme auf Handlungen und Denkweisen anderer.
- *Führungsstruktur*: Mit diesem Begriff wird die Verknüpfung zwischen jenen Elementen zur Sprache gebracht, die den Führungsprozess wesentlich beeinflussen bzw. prägen.

Folgende Fragestellungen hinsichtlich der militärischen Praxis erscheinen besonders bedeutsam: Welche Führungsstruktur und welche Führungsverfahren benötigt eine Armee, um erfolgreich ihre Ziele erreichen zu können? Was zeichnet eine erfolgreiche militärische Führungsperson aus? Welche Führungsmethoden und -techniken eignen sich in besonderer Weise zur sozialen Einflussnahme und Steuerung? Wie können die richtigen Führungskräfte für die zu erfüllenden Aufgaben ausgewählt werden? Wie kann Führung gelehrt und trainiert werden?

Das Erkenntnisinteresse sozialwissenschaftlicher Forschung geht naturgemäß über diesen praktisch-anwendungsorientierten Bezug hinaus und zielt auf ein Erklären und Verstehen militärischer Führung: Welche Faktoren bestimmen Prozesse militärischen Führens – Menschen, Situationen, Strukturen? Welche Rolle spielt der Faktor Mensch und welche Bedeutung hat die zwischenmenschliche Kommunikation im Führungsalltag? Welche Bedeutung haben Normen und in welcher Weise kommt es im Militär zu strukturellen Verfestigungen von

Führung im Wege lebensweltlicher Praktiken (z. B. zeremonielle Handlungen, Rituale, Drill etc.)?

3 Führung in Gesellschaft und Militär: Ideengeschichtliche Tiefendimension

Leitbilder und Praktiken von Führung sind stets in einen gesellschaftshistorischen Gesamtkontext eingebettet. Bereits in den archaischen Kulturen bildeten sich spezifische Führungsstrukturen heraus, bei denen Menschen Rollen mit unterschiedlichem sozialen Status und ungleichen Chancen zur sozialen Einflussnahme übernahmen. Prozesse sozialer Ausdifferenzierung führten in der Folge dazu, dass sich konkurrierende Vorstellungen von Führung entwickelten und Führung in den jeweiligen gesellschaftlichen Teilbereichen unterschiedlich bestimmt und praktiziert wurde. Die Ausdifferenzierung gesellschaftlicher Führung in Felder politischer, religiöser, ökonomischer und militärischer Führung ging dabei Hand in Hand mit der gesellschaftlichen Herausbildung divergierender Tätigkeitsfelder und sozialer Funktionen. Auffallend bei diesen Entwicklungsprozessen ist eine Konzentration politischer und militärischer Macht in den Händen einer Person bzw. einer bestimmten gesellschaftlichen Führungselite.

Die enge Verknüpfung der Bereiche Politik und Militär ist historisch augenfällig: Politische Führer waren zugleich Heerführer und politische Herrschaft gründete auf dem Element militärischer Gewalt. Es ist vor allem der Krieg, der über Erfolg und Misserfolg von Führungsstrukturen das letzte Urteil zu fällen schien. Erst in der klassischen griechischen Antike – und später mit der Entwicklung des neuzeitlichen Staatswesens – wird der Versuch einer scharfen Grenzziehung zwischen Politik und Militär, zwischen politischer und militärischer Führung, unternommen. Doch selbst in den modernen, rechtsstaatlich verfassten Demokratien ist noch ein Erbe der ursprünglichen Einheit erkennbar – so bei der verfassungsmäßigen Regelung des Oberbefehls der Streitkräfte, der etwa in der Bundesrepublik (in Friedenszeiten) bei dem oder der zivilen Bundesminister bzw. Bundesministerin der Verteidigung oder in Frankreich und Österreich bei dem Präsidenten oder der Präsidentin der Republik liegt.

3.1 Militärische Führungsmythen und Archetypen

Traditionen gesellschaftlich-kultureller Grundüberzeugungen und Führungsmythen prägen bis heute das Denken über Führung. Drei Fragen erscheinen in diesem Zusammenhang von besonderer Bedeutung: 1) Welches Menschenbild bestimmt die im Militär wirksamen Vorstellungen von Führung? 2) Welche philosophischen Grundüberzeugungen finden sich im Hinblick auf das Warum und Wie von Führung und wie werden sie gerechtfertigt? 3) Welche zentralen Führungsmythen finden sich im kulturellen Gedächtnis militärischer Organisationen und welche Archetypen von Führung (Ur-Bilder) kommen dabei zum Vorschein? (vgl. Neuberger 2002: 58–69; Blessin und Wick 2014: 23–45).

Hinsichtlich der ersten Frage nach dem Menschenbild überwiegt im Militär eine *instrumentelle* Sichtweise. Der Mensch (= Soldat/Soldatin) wird in erster Linie als ein Werkzeug im Dienste der Organisation gesehen, über den verfügt und der zu bestimmten Handlungen befehligt werden kann. Von Soldatinnen und Soldaten wird sogar erwartet, dass sie bereit seien, ihr Leben zugunsten einer höheren Sache zu opfern. Der Erreichung militärischer Organisationsziele wird prinzipiell höhere Priorität zugesprochen als der Selbstverwirklichung und dem Leben des Einzelnen. Die Gruppe und die militärische Einheit zählen stets mehr als das Individuum.

Dem Menschen wird eine reibungslose Einordnung in die militärische Organisation zugetraut (freiwillige Sozialisierung), doch scheinen in der Praxis in zahlreichen Fällen bestimmte Motivations- sowie Zwangsmaßnahmen unumgänglich. In pluralistisch-freiheitlichen Demokratien wird das instrumentelle Menschenbild zu einem gewissen Grad abgeschwächt. Hier werden dem Menschen Persönlichkeitsrechte zuerkannt und bestimmte militärische Sanktions- und Zwangsmaßnahmen unterbunden. Trotzdem wird allgemein erwartet, dass sich der Mensch als Soldat bzw. Soldatin möglichst widerstands- und reibungslos in die als große Maschine gedachte militärische Organisation eingliedere (militärische Sozialisation). Der Gedanke, dass er oder sie dazu nicht nur gezwungen, sondern vor allem durch Anreize und Überzeugung motiviert werden soll, ist ein besonderes Kennzeichen der Konzeption militärischer Führung in freiheitlich-demokratischen Gesellschaften.

Die zweite Frage nach den Grundüberzeugungen im Militär im Hinblick auf das Warum und Wie von Führung lässt sich mit Bezug auf die hierarchische Ordnung der militärischen Organisation beantworten: Die zentrale Annahme lautet, dass die Befehlsgebung von einer Person an der Spitze ihren Ausgang nehmen müsse. Der Gedanke einer Selbstorganisation von Systemen ist dem Militär fremd. Vielmehr herrscht die Überzeugung vor, dass es von Natur aus eines aktiven Tuns (= aktiver Führung) bedürfe, um die erforderliche militärische Einheit herzustellen. Ohne Führung könne keine gezielte Bündelung aller Kräfte (gedacht als der von einem Zentrum aus gesteuerte, mechanische Einsatz aller vorhandenen Instrumente und Werkzeuge) vorgenommen werden. Die Frage nach dem Wie militärischer Führung wird in der Regel dahingehend beantwortet, dass die angestrebte soziale Einflussnahme am besten im Wege einer autoritär durchsetzbaren Machtfülle in den Händen der Führungsperson gewährleistet werden könne. Erfolgreiche militärische Führung bedürfe neben der Existenz eines Führers ebenso eine Konzentration von Autorität und Macht in seiner oder ihrer Person. Wird ein solches Maximum an Autorität und Machtfülle in der Person des militärischen Führers sichtbar, dann steige zugleich die Bereitschaft zur Gehorsamsleistung und zur sozialen Anerkennung des Führungsanspruchs.

Hinsichtlich der zentralen Führungsmythen und Archetypen (Ur-Bilder) militärischer Führung (Neuberger 2002: 58–69) lässt sich schließlich Folgendes beobachten: Bilder idealisierter Führungspersonen und Kommandanten sind in den Erzählungen und Darstellungen soldatischen Lebens nicht nur allgegenwärtig, sondern diese Bilder werden stets auch ganz gezielt als *Hilfsmittel von Führung* eingesetzt, d. h. zu Zwecken der Motivation, Begeisterung, Sozialisierung und Gehorsamsleistung. Ihre motivierende Kraft schöpfen die militärischen Führungsmythen zu einem wesentlichen Teil aus ihrer Verknüpfung mit *ethisch-moralischen Werturteilen* bzw. einer militärischen *Tugendlehre*. Im Zentrum steht das idealisierte (Vor)Bild eines militärischen Führers, fast immer männlichen Geschlechts. Die zentralen *Archetypen* militärischer Führung sind nach wie vor Männer: einmal der *Held,* der sich durch Mut und besondere Tapferkeit auszeichnet; zum anderen der *Vater,* der sich seiner unterstellten Soldaten fürsorglich annimmt und sie auf den rechten Weg geleitet; schlussendlich der *Geist* (Spirit, Inspirator), von dem Teamgeist, Kampfgeist und Vitalität ausgehen und der militärische Tugenden und militärisch-asketische Lebensführung verkörpert (vgl. ebd.: 109–130).

3.2 Ansätze zu einem systematisch-philosophischen Denken über militärische Führung

Neben solchen Mythen spielen ein *systematisch-philosophisches* und ein *sozialwissenschaftliches Denken* über Aspekte der Menschenführung und Prinzipien praktischen Führungshandelns *(allgemeine Führungsgrundsätze)* in den modernen Streitkräften eine wichtige Rolle. Gedanken und fundamentale Einsichten bzw. Annahmen aus philosophischen und wissenschaftlichen Diskursen finden verschiedentlich Niederschlag in den Führungskonzepten und -dokumenten des Militärs.

Zu den Klassikern eines philosophisch-politischen Denkens über Militär und militärische Führungen zählen insbesondere Platon, Xenophon und Machiavelli.

Im 19. Jahrhundert wird vor allem dem Ansatz von Clausewitz große Beachtung geschenkt. In Summe zeigt sich über Jahrhunderte eine starke Verknüpfung der Menschenführung mit Aspekten soldatischer Tugend und dem Talent zur Heeres- und Kriegsführung. Platon (2006–2009) verändert diese Konzeption dahingehend, dass er zusätzlich eine systematische Ausrichtung erfolgreicher Menschenführung auf die Ideen der Gerechtigkeit, Harmonie und des Friedens vollzieht, allesamt auf der Grundlage eines geglückten sozialen Lebens des Miteinanders. In den *Nomoi* stellt er die ideale Führungsperson nicht mehr bloß als einen Liebhaber der Weisheit dar, sondern als einen Gesetzgeber, der Regeln festlegt und über ihre Gültigkeit und Verbindlichkeit wacht. Vor allem Platons Konzeption der *Arete* (Tüchtigkeit) wird für den militärischen Bereich wichtig, weil er die Tugend und Tüchtigkeit, die Vorzüglichkeit einer Person und Sache bezeichnet und einen starken Bezug zu Kampf und Krieg (also die praktische Bewährung in einer kriegerischen Auseinandersetzung) aufweist. Platons Ethik eignet sich in besonderem Maße für den Entwurf einer militärischen Führungs- und Tugendlehre. Leitgrundsätze von Führung sind dann Prinzipien eines vernünftigen und tugendhaften sozialen Lebens: Ausgewogenheit, Einhaltung des rechten Maßes, Pflichterfüllung, Bescheidenheit und Besonnenheit; Streben nach Wissen und Weisheit; Vorbildhaftigkeit.

Xenophon (2009 [1880]) widmet sich in seinen Werken *Anabasis* (Hinaufmarsch bzw. Zug der Zehntausend) und *Kyrupaideia* (Die Erziehung des Kyros) zwei miteinander verknüpften Aspekten von Führung: einmal der Reflexion über erfolgreiche Führung in einer Kriegssituation; zum anderen der Frage, wie die Erziehung und Ausbildung einer idealen Führungsperson (Heer- wie Staatsführer) gestaltet werden müsse. Xenophon betont die Bedeutung des *Charakters* und der *Fähigkeiten* erfolgreicher Führungspersonen, die in ihrer Persönlichkeit durch Erziehung, Bildung und Erprobung im Hinblick auf erfolgreiches Führen geformt werden müssen. Seine Grundsätze erfolgreicher Führung werden noch heute im militärischen Alltag gelehrt: Einfachheit, Einheitlichkeit, Flexibilität, Konzentration, Koordination und Ökonomie der Kräfte.

Niccolò Machiavellis (2014 [1532]) Machtanalyse und Konzeption der *virtù*, der Stärke, Fähigkeit und Kraft unter allen Umständen sowie der Voraussicht, haben das neuzeitliche Denken über Führung entscheidend beeinflusst, insbesondere im Hinblick auf das Verhältnis zwischen Führung und Ethik. Machiavellis Gedanken finden sich in unzähligen Leadership-Ratgebern und militärischen Führungsdokumenten. Dazu gehört unter anderem der Grundsatz der Konsistenz aller Führungsentscheidungen und die Forderung nach Festlegung von Regeln sozialer Interaktion und Durchsetzung ebendieser – notfalls mit eiserner Faust (Frage der *Glaubwürdigkeit* von Führung).

Carl von Clausewitz (1990 [1832–1834]) bringt später eine rationale Konzeption von Führung ins Spiel und befördert in besonderer Weise das strategische Denken. Seine Unterscheidung von drei unterschiedlichen Führungsebenen – strategisch, operativ, taktisch – ist bis heute wegweisend. Clausewitz rückt den *Zweck-Mittel-Gedanken* ins Zentrum, vollzieht dabei aber eine Abkehr von der weit verbreiteten Denkweise seiner Zeit, wonach die Führung eines Krieges sowie militärischer Verbände bis ins kleinste Detail mittels mathematischer, quantitativer Kalküle berechenbar sei (Schössler 1991: 80–83). Vielmehr fordert er eine Konzentration auf den eigentlichen Zweck des Handelns und die Wahl des kürzesten Weges zur Zielerreichung, ohne dass dabei allgemein gültige, universelle Regeln zur Anwendung kommen müssten (ebd.). Gefragt ist vielmehr ein intuitives Können, ein vernünftiges Nachdenken über alle Lagen (ebd.: 91). Psychologischen Aspekten wird dadurch ein besonderer Stellenwert zugesprochen. Militärische Führung ist aus dieser Perspektive weniger die geometrisch-mathematisch strukturierte Planung von (Kampf)Handlungen als vielmehr ein komplexes Zusammenspiel von Elementen wie Unsicherheit, Zufall, Kreativität, Intuition, Mut und Talent (Clausewitz 1990 [1832–1834], siehe hier insbesondere der Abschnitt über den kriegerischen Genius, Erstes Buch, Abschn. 1.3).

In modernen Streitkräften kommt der Ausformulierung militärischer *Führungsgrundsätze* eine besondere Gewichtung zu. In der Praxis handelt es sich oftmals lediglich um normativ formulierte *Prinzipien guter Führung*, d. h. sie sind weniger der Theoriebildung und Erkenntnis verpflichtet, sondern primär auf das praktische Anliegen einer Verhaltenssteuerung der Soldaten und Soldatinnen ausgerichtet. Gegenwärtig werden derartige Prinzipien sogar häufig auf Aspekte der *Organisationstheorie* reduziert, insbesondere auf den Gedanken der *Effizienzsteigerung* von Organisationen. An die Stelle einer *menschen- und lebensorientierten* Perspektive von Führung tritt eine *organisationstheoretische* Sichtweise. Allgemeine Grundsätze von Menschenführung werden durch Grundsätze richtiger bzw. effizienter Führung ersetzt. Die Gründe dafür liegen einerseits in einem erhöhten Legitimationsbedarf von Streitkräften in Friedenszeiten, zum anderen in einem allgemeinen Trend zur Ökonomisierung gesellschaftlichen Handelns. Es ist ein Kennzeichen der Streitkräfte im späten 20. und frühen 21. Jahrhundert, bereitwillig betriebswirtschaftliche und organisationstheoretische Sichtweisen über Führung zu übernehmen. Der militärische Führer wird solcherart zum Leader, Manager und Administrator, verliert dafür aber am klassischen Profil des Helden, Vaters und Motivators.

4   Militärische Führung: theoretische Ansätze, Erklärungsmodelle und empirische Befunde

In den Sozialwissenschaften gibt es vielfältige Theoriebildungsbemühungen hinsichtlich des Phänomens Führung (Northouse 2007; Yukl 2010; Bass 2008; Bryman et al. 2011). Diese haben Eingang in die Militärwissenschaften gefunden. Vor allem die aus dem angelsächsischen Raum kommende Leadership-Forschung der letzten Jahrzehnte prägt die akademische Debatte. Im Folgenden werden die wichtigsten Theorieansätze und Erklärungsmodelle skizziert.

4.1   Personenbezogene Theorien

Personenbezogene Ansätze prägen nahezu alle Bemühungen um Theoriebildung. Stärke wie Schwäche dieses Ansatzes liegen in seiner vorrangigen Fokussierung auf die Führungsperson *(Great-Man-Theorie),* wobei insbesondere die Faktoren Charakter, Fähigkeiten und Persönlichkeit besondere Beachtung finden.

Die Eigenschaftstheorie *(trait)* basiert auf einer Vergleichsanalyse unterschiedlicher Führungspersönlichkeiten und deren spezifische Charakteristika, wobei es gilt, jene Charaktereigenschaften herauszufiltern, die direkt oder indirekt für Führungserfolg ausschlaggebend erscheinen (vgl. Rosenstiel 2014). Die empirische Forschung tendiert dazu, auf der Grundlage derartiger Beobachtungen und Vergleiche einen Katalog elementarer (Führungs)Eigenschaften zu erarbeiten (Neuberger 1976; Rosenstiel und Nerdinger 2011; Gebert und Rosenstiel 2002). Lutz von Rosenstiel (2014: 7) liefert folgenden Katalog (vgl. Stogdill 1974; Northouse 2007: 18).

1. Befähigung (Intelligenz, Wachsamkeit, verbale Gewandtheit, Originalität, Urteilskraft);
2. Leistung (Schulleistung, Wissen, sportliche Leistung);
3. Verantwortlichkeit (Zuverlässigkeit, Initiative, Ausdauer, Aggressivität, Selbstvertrauen, Wunsch sich auszuzeichnen);
4. Teilnahme (Aktivität, Soziabilität, Kooperationsbereitschaft, Anpassungsfähigkeit, Humor);
5. Status (sozioökonomische Position, Popularität).

Andere Studien wiederum betonen lediglich folgende drei Merkmale (Manning und Curtis 2009: 16):

1. Intelligenz,
2. klare und starke Werte,
3. hohe persönliche Antriebskraft.

Die Eigenschaftstheorie zielt insbesondere auf die Beantwortung einer zentralen Frage militärischer Führung: Welche Eigenschaften müssen Truppenführer und Kommandanten mitbringen, um Führungserfolg zu erzielen?

Für die Fähigkeitstheorie *(skills)* wiederum sind für Führungserfolg bestimmte erlern- und entwickelbare (Führungs)Fähigkeiten ausschlaggebend. Katz (1955) entwickelte bereits in den 1950er-Jahren ein Modell, demzufolge Führungskräfte je nach Führungsebene ein unterschiedliches Ausmaß an technischen, sozialen und konzeptionellen Fähigkeiten aufweisen müssen. Ausgangspunkt ist die Annahme, dass man nicht zum Führen geboren sein müsse, sondern dass Führungsfähigkeiten erlernt, geübt und verbessert werden können. Diese Sichtweise hat sich im Militär heute weitgehend durchgesetzt, wenngleich sie an die Überzeugung gebunden ist, dass Menschen unterschiedlich gut für Führungstätigkeiten geeignet sind. Die zwei zentralen Fragen, die dieser Ansatz zu beantworten sucht, lassen sich wie folgt formulieren: Welche praktischen Fähigkeiten und Techniken benötigen militärische Führer und Führerinnen, um erfolgreich zu führen? Und wie lassen sich diese Fähigkeiten vermitteln?

Theorieansätze zur Führungspersönlichkeit stützen sich insbesondere auf Annahmen und Erkenntnisse der Persönlichkeitspsychologie. Eine zentrale Rolle spielt dabei die Konzeption der fünf Dimensionen der Persönlichkeit *(Big 5 Personality Features)* und der Zusammenhang von Persönlichkeit und Vertrauen. Entsprechend den fünf angenommenen Hauptdimensionen der Persönlichkeit kann jeder Mensch auf einer Skala mit folgenden Faktoren eingeordnet werden: Neurotizismus, Extraversion, Offenheit für Erfahrungen, Gewissenhaftigkeit und Verträglichkeit (bzw. Umgänglichkeit) (Costaund und McCrae 1992). Im Hinblick auf erfolgreiche Führungspersönlichkeiten wird häufig attestiert, dass diese eine besonders hohe Gewissenhaftigkeit (hohes Verantwortungsbewusstsein) aufweisen, hohe Ansprüche an sich selbst stellen (hohe arbeitsethische Ausprägung) und einen hohen Grad an Extraversion zeigen (McCrae und Costa 2003; Howard und Howard 2008). Im Militär wird in diesem Zusammenhang oftmals auf die Notwendigkeit eines Charismas *(charismatische Führung)* verwiesen.

Max Webers Konzeption *charismatischer Herrschaft* (Weber 1980 [1922]) legt zugleich eine Reihe fundamentaler Aspekte und Problemfelder militärischen Führens frei: Zum ersten verweist er mit der Einführung dieses ursprünglich theologischen Begriffs und seiner Bestimmung von Charisma als einer „außeralltäglichen Hingabe an die Heiligkeit oder die Heldenkraft oder die

Vorbildlichkeit einer Person und der durch sie offenbarten oder geschaffenen Ordnungen" (ebd.: 124) auf die immer schon vorhandenen Möglichkeiten eines metaphysischen und theologischen Grundlegens von Führen/Gehorchen, insbesondere einer Verschmelzung von religiöser und militärischer Sphäre. Dabei geht es im Rahmen seiner Herrschaftskonzeption einerseits um Legitimitätsaspekte, andererseits aber ebenso um rein empirische (faktische, tatsächliche) Bewertungen von Führung durch die Anhänger und Anhängerinnen bzw. charismatisch Beherrschten, ohne dass diese Werturteile auf moralischen Kriterien bzw. Standards beruhen (ebd.: 140 ff.). Dadurch wird die *Ambivalenz* des Typus charismatischer Führer offengelegt: er oder sie vermag gut oder böse, Führerin oder Verführer zu sein. Zum zweiten stellt Webers Konzeption charismatischer Führung das moderne, mechanisch-instrumentelle Verständnis von Führung (insbesondere die Überzeugung, dass menschliches Handeln grundsätzlich bis ins kleinste Detail hinein steuerbar sei, d. h. es letzten Endes nur auf die Wahl und den Einsatz der richtigen *Steuerungsmittel* ankomme) ebenso radikal in Frage wie Ideen eines *Führens von unten* (z. B. partizipative Führung). Die Berufung auf das Charisma ermöglicht den Entwurf und die lebensweltliche Umsetzung eines metaphysischen Konzepts militärischer Führung von oben, das durch seine göttlich-metaphysische Begründung Denkweisen und Handlungen im Militärischen – bis hin zur Etablierung eines radikal verstandenen blinden und bedingungslosen Gehorsams gegenüber dem Heerführer (im Sinne totaler Hingabebereitschaft) – ermöglicht, die sich zugleich von gesellschaftlich etablierten ethisch-moralischen Kriterien und Standards loslösen. Auf allen militärischen Führungsebenen wird im Rahmen eines solchen Führungshandelns häufig der Wunsch bzw. Wille dominant, den eigenen untergebenen Soldatinnen und Soldaten und Gefolgsleuten als Feldherr oder militärischer Führer bzw. militärische Führerin zu imponieren.

In Summe steht die militärische Organisation damit immer vor einer doppelten Aufgabe. Einerseits gilt es charismatisch-dogmatische Führerschaft einzugrenzen, d. h. Führungsverantwortung in einem ethischen Sinne muss gewährleistet sein und Führungsprozesse müssen primär nach rational-funktionalen Kriterien gestaltet werden. Andererseits besteht gleichzeitig im Militär ein Bedarf an überzeugenden, inspirierenden und motivierenden Truppenführern, die aufgrund ihrer persönlichen Eigenschaften und Fähigkeiten Gefolgschaft bei den ihnen unterstellten Soldatinnen und Soldaten bewirken und damit wesentlich zum militärischen Erfolg (vor allem in Gefechtssituationen) beitragen.

4.2 Verhaltensorientierte Theorien (Führungsstile)

Verhaltensorientierte Theorieansätze *(Leadership Behavior Theory)* stützen sich auf die Beobachtung, dass Führungskräfte in ihren Beziehungen zu Gefolgsleuten (dominante) Verhaltensmuster entwickeln. Diese Verhaltens- und Handlungsmuster *(Führungsstile)* scheinen auf den ersten Blick situationsunabhängig zu sein. Der Begriff Führungsstil bezeichnet ein „regelmäßig wiederkehrendes, zeitlich überdauerndes und in Bezug auf bestimmte Situationen in sich konstantes Muster des Führungshandelns" (Staehle 1999: 334 f.; Macharzina 2003). Militärische Diskurse über Führungsstile erfolgen oftmals auf der Basis eines ein- oder zweidimensionalen Führungsstilmodells.

Das bekannteste eindimensionale Modell wurde von Kurt Lewin (1951) entwickelt, der in seiner Typologie von Grundhaltungen zunächst grundsätzlich zwischen einer aktiven und passiven Haltung unterscheidet (Lewin et al. 1939). Die passive Haltung nennt er *Laissez-faire*, wobei damit das Vorhandensein größter Freiheiten für die Gruppenmitglieder zum Ausdruck gebracht wird (d. h. nicht zu führen, die Dinge einfach laufen lassen). Bei den aktiven Grundhaltungen unterscheidet er zwischen zwei unterschiedlichen Stilen: einmal einem *autoritären Führungsstil*, bei dem die Entscheidungen allein von einer Führungsperson gefällt werden und kein Widerspruch zugelassen wird; zum anderen einem *demokratischen Führungsstil*, bei dem ein kooperatives Miteinander entsteht (sachlicher Diskurs, Partizipation, Dialog) und Entscheidungen gemeinsam gefällt werden. Das zentrale Unterscheidungskriterium für Lewin ist der Entscheidungsspielraum der Führungsperson bzw. der Gruppe. Im Anschluss an dieses Modell entwerfen zahlreiche weitere eindimensionale Führungsstilmodelle ein Kontinuum zwischen den Polen „autoritär/diktatorisch" und „demokratisch/ kooperativ", bei dem eine bestimmte Anzahl von unterschiedlichen konkreten Führungsstilen bestimmt werden kann.

Aus der Gruppe der zwei- und dreidimensionalen Modelle erlangte insbesondere das von Robert Blake und Jane Mouton (1994) in den 1960er-Jahren entwickelte Führungsgitter *(Managerial Grid)* hohen Bekanntheitsgrad. Es erlaubt eine weitere Ausdifferenzierung von Führungsstilen und findet bis zum heutigen Tag in der militärischen Führungsausbildung Verwendung. Sämtliche Modelle leiden jedoch unter dem Manko, dass es keine empirischen Belege für die Annahme eines einzigen richtigen Führungsstils gibt, dessen Anwendung automatisch Führungserfolg garantieren würde. Die Wahl des richtigen bzw. angemessenen Führungsstils hänge letztlich immer von der jeweiligen Situation und den konkreten Umständen ab. Ein weiteres Modell, das in jüngster

Vergangenheit besondere Beachtung fand, ist jenes der *transformationalen* Führung *(transformational leadership)*. Diese Konzeption rückt die Veränderungskraft der Führerperson durch Faktoren wie Optimismus, Charme, Intelligenz etc. ins Licht (Burns 1978). Bernard Bass (1985) und Bernard Bass und Bruce Avolio (1990) erweiterten und verfeinerten in der Folge das Konzept der *transaktionalen/transformationalen* Führung, wobei die Veränderungsmöglichkeiten des Führens an folgenden vier Faktoren festgemacht wurde: 1) Vorbildlichkeit, Charisma, Glaubwürdigkeit *(idealized influence);* 2) inspirierende Motivation *(inspirational motivation);* 3) intellektuelle Stimulierung *(intellectual stimulation);* 4) individuelle Wertschätzung bzw. Unterstützung *(individualized consideration).*

4.3 Situationsbezogene Theorien

Situationsbezogene Theorien und situative Führungsmodelle entstanden als Reaktion auf die unbefriedigende Erklärungsleistung sämtlicher personen- und verhaltensbezogenen Ansätze. An die Stelle der Führungsperson trat die Führungssituation als Untersuchungsgegenstand. Leitend wurde damit folgende Frage: Auf welche konkreten situativen Faktoren kommt es an, ob eine Führungsperson in bestimmten Situationen Erfolg hat oder nicht? Der sozialwissenschaftliche Anspruch dieser Theorieansätze ist es, die für die jeweiligen Führungssituationen wichtigsten Parameter bzw. Einflussfaktoren aufzuspüren (und, wo immer möglich, messbar zu machen). Grundidee ist dabei herauszufinden, welche Faktorenmischung zu den besten Ergebnissen führt, also Führungserfolg sicherstellt.

Im Grundmuster situativer Führung werden situations- und personenbezogene Einflussfaktoren (Variablen) zusammengefasst, die permanenter Veränderung unterworfen sind („dynamisches Modell"). Zur Gruppe der allgemein als wichtig angesehenen situativen Faktoren gehören (vgl. Manning und Curtis 2009: 43 f.) die Größe der Organisation, das soziale und psychologische Klima, Arbeitsverhältnisse und Art, Ort und Zweck der Arbeit. In den deutschsprachigen Leadership-Arbeiten werden häufig folgende Faktoren zur Analyse herangezogen: Persönlichkeit der Führungsperson; Mitarbeiterinnen und Mitarbeiter; Organisation; Umwelt und Führungsverhalten.

4.4 Neuere Theorieansätze

An dieser Stelle könnte eine Vielzahl neuerer Theorieansätze aufgelistet werden (z. B. mit Bezugnahme zu: Neurowissenschaften, Systemtheorie, Kybernetik, Konstruktivismus, Gender) (Bryman et al. 2011; Nohria und Khurana 2010). Von einem solchen Vorhaben wird Abstand genommen, weil diese Ansätze bisher kaum auf den Bereich militärischer Führung Anwendung finden. In Summe kann von einer Koexistenz unterschiedlichster Führungs-/Leadership-Theorien gesprochen werden, ohne dass es einer gelungen wäre, sich gleichsam gegenüber den anderen als dominante – und in den Wissenschaften allgemein anerkannte – Theorie oder Metatheorie durchzusetzen. Im Folgenden werden daher lediglich zwei Ansätze kurz beleuchtet: der systemische und der konstruktivistische.

Seit den späten 1960er-Jahren finden von der Systemtheorie entwickelte Konzepte und Begrifflichkeiten (System, Umwelt, Autopoiesis, Kommunikation, Beobachtung etc.) Eingang in die Leadership-Forschung. Führungssituationen sind aus systemischer Perspektive eine von enormer Komplexität geprägte dynamische soziale Gegebenheit, die überschaubar gemacht werden muss. Dies kann und soll durch die Identifizierung der in ihr wirksamen Beziehungen (Ursache-Wirkung, Zweck-Mittel etc.) erreicht werden. Entscheidende Leitdifferenzen bei der systemischen Theoriebildung sind dann insbesondere die Unterscheidungen Teil-Ganzes, System-Umwelt, Identität-Differenz; derartige systeminterne Unterscheidungen bewirken zugleich Abgrenzungen und etablieren eine Ordnung der Dinge, wobei diese aber ständigen Fluktuationen unterworfen ist. An die Stelle der personenorientierten (oder verhaltensorientierten) Perspektive tritt eine Fokussierung auf die Dynamik von Interaktion und Kommunikation.

Konstruktivistische Theorien sehen die Führungspraxis in der sozialen Realität und Lebenswelt als etwas Konstruiertes. In den Mittelpunkt der Betrachtung treten Konstruktionselemente und -prozesse einer sozial konstruierten Wirklichkeit, die gestaltbar und sozial beeinflussbar (veränderbar) sind. Dieser Theorieansatz nimmt zugleich Abschied von dem Anspruch, eindeutige Vorhersagen tätigen zu können. Damit gibt es auch keine gebrauchsfertigen Rezepte für erfolgreiches Führen. Vielmehr geht es um ein genaues Beschreiben und Verstehen komplexer Zusammenhänge in ihren jeweiligen Wirkungen und Beeinflussungen (Sozialkonstruktionen).

4.5 Empirische Befunde im Überblick

Eine systematische Sichtung der großen Menge an Literatur zur militärischen Führung führt rasch zur Einsicht, dass sich der überwiegende Teil der Bücher, Studien und Artikel zwei Hauptkategorien zuordnen lässt: Die erste Gruppierung umfasst *personenbezogene,* zumeist historisch-biographisch angelegte Darstellungen militärischer Führungspersönlichkeiten. Demgegenüber konzentriert sich die Literatur der zweiten Kategorie auf konkrete (zeit)geschichtliche *Führungssituationen,* d. h. auf das Zusammenspiel von Personen in bestimmten Situationen und in einem ganz spezifischen soziokulturellen Kontext (häufig als empirische Fallstudien angelegt). In beiden Kategorien dominieren deskriptiv-analytische Untersuchungsmethoden auf der Grundlage von historischen Dokumenten, Zeitzeugenaussagen und persönlichen Erfahrungen. Weit verbreitet sind auch Publikationen ehemaliger Kommandanten, die nach einem militärischen Einsatz mit ihren persönlichen Reflexionen und Analysen – zumeist im Sinne von *Lessons Learned* bzw. als Empfehlung und Leitfaden für zukünftige Generationen an Führungskräften (innerhalb wie außerhalb des Militärs) – an die Öffentlichkeit treten (beispielsweise Montgomery 1961; Smith 2002; Kiyosaki 2015).

Zahlreiche Überblickswerke zur militärischen Führung verzichten weitgehend auf eine systematische Aufbereitung empirischer Befunde. Sie bemühen sich stattdessen um normative Aussagen zu Führung im militärischen Kontext, insbesondere im Hinblick auf das Themendreieck von 1) Führungsperson, 2) Führungshandeln und -prozesse sowie 3) allgemeine Grundlagen militärischer Führung (Motivation, Zusammenhalt, Disziplin, Werte, Kultur, Vertrauen etc.) (Taylor und Rosenbach 2005; Horn und Walker 2008). Eine erste umfassende Auswertung empirischer Befunde der militärischen Leadership-Forschung und Militärsoziologie der Nachkriegszeit wurde Mitte der 1980er-Jahre von David Van Fleet und GaryYukl (1986) vorgenommen. Dabei zeigte sich, dass die empirische Sozialforschung zur militärischen Führung durch das Bemühen gekennzeichnet ist, einzelne Leadership-Theorien in spezifischen militärischen Handlungsfeldern empirisch zu überprüfen und neue psychologische Forschungsansätze (z. B. Führen unter Stress) für die Forschung sowie für den militärischen Dienstbetrieb nutzbar zu machen. Auch heute verknüpft beispielsweise die Konzeption des *Empirically Based Leadership* (McDonald 2013) psychologische Aspekte mit persönlichkeitsspezifischen Charakteristika effektiver Führung und kontextbezogenen Faktoren. Betont wird dabei in besonderer Weise die

Bedeutung des Zusammenspiels von Intelligenz (kognitiv wie emotional) und Ethik/Werte für den Führungserfolg *(leadership performance)* (ebd.).

Interessante empirische Befunde brachten Anfang der 2000er-Jahre Untersuchungen über die Bedeutung des *Vertrauens* im militärischen Führungsalltag. Jamiel Vadell (2008) lieferte Belege für einen engen Zusammenhang von Vertrauen *(trust)* und Einsatzbereitschaft *(commitment)* im Zuge seiner Studien über die US Air Force: „Junior officers with a stronger sense of duty and an obligation to the Air Force are less likely to leave the Air Force after their commitment. (…) With an increase of trust in leadership there is a decrease of junior officers leaving the Air Force" (ebd.: 107). Im deutschen Sprachraum fehlen bis dato sozialempirische Befunde hinsichtlich der sozialpsychologischen Bedeutung des Faktors Vertrauen im Rahmen des militärischen Führungsalltags. Eine Ausnahme stellt die Untersuchung von Reinhard Mackewitsch (2001) dar, die darauf abzielte, das Vertrauen deutscher Soldaten im Kosovo-Einsatz in ihre Vorgesetzten zu ermitteln und festzustellen, wie deren Führungsverhalten wahrgenommen wird.

Die Bedeutung von *soft skills* bzw. *human skills* für effiziente, erfolgreiche Führung wird seit Jahren immer wieder durch empirische Befunde aus der *Command & Control (C2)-Forschung* bestätigt. Verschiedene Studien verweisen auf einen klaren Vorrang menschlicher Faktoren (Persönlichkeit und Fähigkeiten des Kommandanten, Flexibilität, Potenzial zum Change-Management) gegenüber technischen und prozessualen Faktoren mit Blick auf militärischen Führungserfolg (Creveld 1985; Pigeau und McCann 2002; Sharpe und English 2002). Im Kontext militärischer Stabilisierungsmissionen lieferten jüngst die von Dave Fieder (2011) dargelegten Fallstudien empirische Belege für nachstehende Erfolgsattribute militärischer Führung: Einheit der Kräfte, Ausrichtung auf die strategische Vision, Inspiration und Flexibilität, Autorität und Beziehungen, Planung und Training (ebd.: 56).

Die angelsächsische Leadership-Forschung – im Allgemeinen wie im Hinblick auf das Militär – wird seit den 1970er-Jahren auch im deutschsprachigen Raum intensiv rezipiert. Verschiedene Untersuchungen griffen die unterschiedlichen Leadership-Theorieansätze auf und prüften ihre Anwendbarkeit auf konkrete Führungssituationen (z. B. Lippert und Schneider 1977). Zwei groß angelegte empirische Erhebungen beschäftigten sich mit den Tätigkeiten von Leitungspersonen in der Bundeswehr und dem Bild der Kompaniechefs und Unteroffiziere als Führer, Erzieher und Ausbilder ihrer Soldaten. Die Tätigkeitsanalyse der *Einheitsführer-Studie* (Kuhlmann 1979) zeigte auf, dass für die eigentlichen

Führungstätigkeiten im Rahmen einer Kompanie im Grunde nur relativ wenig Zeit aufgewendet wird. Im Hinblick auf die Rede vom Offizier und Einheitskommandanten als Führer seiner Soldaten diagnostizierte die Studie eine signifikante soziale Distanz zwischen Führer und Geführten, die sich unter anderem darin zeigte, dass bei mehr als 90 Prozent der Interaktionszeit im militärischen Alltag kein direkter Kontakt bestand und deshalb bestenfalls eine nonverbale Interaktion zwischen dem Einheitsführer und seinen Soldaten möglich war (ebd.: 189–193). Dieser Befund wurde rund 20 Jahre später erneut bestätigt, wobei die neueren Untersuchungen primär den spezifischen Habitus und das Berufsethos der Offiziere in den Blick nahmen. Martin Elbe (2004), der Offiziere als sektorale Elite des Militärs bestimmt (ebd.: 420), verwies auf diese Distanziertheit zwischen Offizier und seiner bzw. ihrer Mannschaft (den Soldatinnen und Soldaten), die seiner Meinung nach nicht nur in der dispositiven Tätigkeit des Offiziers begründet liegt, sondern die als Teil eines elitären Habitus angesehen werden müsse. Eine strukturelle Folge dieser sozialen Distanz für den militärischen Führungsalltag liegt auf der Hand: „Der Offizier ist dadurch auf die Umsetzungs- und Vermittlungsleistung von Unteroffizieren angewiesen, die wiederum ihren typischen Habitus ausprägen" (ebd.).

Die breit angelegte *Gruppenführer-Studie* (Unterführer-Studie) des Sozialwissenschaftlichen Instituts der Bundeswehr (Dillkofer und Klein 1979, 1981) erbrachte interessante Ergebnisse hinsichtlich des Selbst- und Fremdbildes der Unteroffiziere der Bundeswehr im Hinblick auf ihre Tätigkeit als Menschenführer:

> „In allen Dienstgradgruppen und allen Teilstreitkräften ergibt sich eine eindeutige Bevorzugung des kooperativen Führungsstils. Besonders deutlich sprechen sich die Angehörigen der Luftwaffe für ihn aus, am geringsten die des Heeres. In dieser Teilstreitkraft gibt es als einziger auch noch eine nicht unbeträchtliche Zahl von Unteroffizieren, die einen Führungsstil streng nach Befehl und Gehorsam für optimal halten" (Dillkofer und Klein 1981: 96).

Während in den späten 1980er-Jahren der Aspekt der militärischen Führung in kleinen Kampfgemeinschaften (Lippert 1985) auf besonderes Interesse innerhalb der militärsoziologischen Forschung stieß, konzentriert sich die militärsoziologische Forschung der letzten beiden Dekaden in besonderem Maße auf Aspekte des militärischen Karriereverlaufs. Martin Elbe und Werner von Prondzinski (2002: 110 f.) zeigten auf, dass es einer überdurchschnittlich hohen Anzahl von

Offizieren gelang, in ihrem späteren Berufsleben außerhalb der Bundeswehr in Führungspositionen aufzusteigen. „Ausschlaggebend für die erste Anstellung nach der Militärdienstzeit", so Elbe in seiner Conclusio, sei „die Kombination aus akademischer Qualifizierung und (militärischer) Führungserfahrung" (Elbe 2004: 427). Sämtliche empirische Befunde im Hinblick auf den Karriereverlauf – auch über die Zeitachse von 20 Jahren hinweg – bestätigen, dass sich militärische Führungserfahrungen im Militär für eine spätere Berufslaufbahn und Führungstätigkeiten im zivilen Umfeld als vorteilhaft und von Nutzen erweisen (Marr 2002; Elbe 2018). Eine diesbezügliche empirische Untersuchung aus der Schweiz kam zu einer ähnlichen Einschätzung und betonte ihrerseits vor allem die der militärischen Kaderausbildung zugeschriebenen Stärken wie „Belastbarkeit, Durchsetzungsfähigkeit, Selbstdisziplin und die Fähigkeit zur raschen Lagebeurteilung und Entscheidungsfindung", während jedoch andererseits „der Nutzen der militärischen Kaderausbildung für die Entwicklung der Sozialkompetenz" als eher gering eingestuft wurde (Schmid et al. 2007).

In jüngster Zeit haben Fragen des Zusammenhangs von Führungsstil und Führungserfolg innerhalb des militärischen Kontextes eine Renaissance erfahren. Multinationale Operationen und die enge Zusammenarbeit von Angehörigen von Streitkräften unterschiedlicher Nationen sowie zwischen zivilen und militärischen Bediensteten in multinationalen Hauptquartieren bieten in dieser Hinsicht geradezu ein ideales Untersuchungsfeld für empirische Erhebungen zu Fragen der Führungskultur (Hagen 2006; Santero und Navarro 2008; Richter 2018b). Eine breit angelegte empirische Studie untersuchte 2014 die bevorzugten Führungsstile und die generelle Führungskultur im *Supreme Headquarters Allied Powers Europe* (SHAPE) (Richter 2018a). Die erhobenen Daten zeigten deutlich, dass der partizipative Führungsstil allgemein bevorzugt wird und sich auch eine klare Mehrheit der Befragten für einen Führungsstil ausspricht, der eine Einbindung der Untergebenen in Entscheidungsfindungsprozesse vorsieht. Gleichzeitig lieferten die Ergebnisse der Studie zwei interessante Einsichten: Erstens zeigte sich eine sehr ähnliche Einstellungspräferenz hinsichtlich des bevorzugten Führungsstils über alle Führungsebenen und Personengruppen hinweg, unabhängig von nationaler Herkunft oder Status als Zivil- bzw. Militärperson. Zweitens legte die Datenanalyse nahe, dass der Führungsstil selbst gar keine signifikante Auswirkung auf Aspekte wie die organisationale Bindung *(organizational commitment)* oder Auftragsklarheit *(mission clarity)* hat (ebd.).

5   Führungskonzeptionen in den modernen Streitkräften

In der Moderne führte die Entstehung von Massenheeren zu einer erhöhten Aufmerksamkeit hinsichtlich zentraler Aspekte militärischer Führung, Organisationssteuerung und modernen Managements. Die enorm großen Heere wiesen zweifellos starke Ähnlichkeiten mit modernen Fabriken und Unternehmen auf, die auf eine Massenproduktion von Waren und Gütern abzielen. Im Vergleich zu diesen Unternehmen liegt die Besonderheit des Militärs in seiner Ausrichtung auf ein „Management militärischer Gewalt" (Lasswell 1941). Frühe Managementlehre *(Scientific Management)* und militärische Führungslehre sind daher eng miteinander verwoben. Mit zunehmender Demokratisierung begannen sie jedoch schrittweise immer mehr auseinanderzufallen. Demokratisierungsprozesse führten zu einer Neubestimmung der zivil-militärischen Beziehungen auf der Grundlage eines Primats der Politik und öffentlicher sowie parlamentarischer Kontrolle der militärischen Gewalt.

Durch die gesellschaftlichen, politischen und ökonomischen Umbrüche in der Moderne haben sich die Führungskonzeptionen der Streitkräfte in den demokratisch-pluralistischen Staaten verändert. Neue Begriffe finden Eingang ins Militär, beispielsweise ‚Mitarbeiterführung' und ‚Personalführung'. Der Begriff der Mitarbeiterführung bringt eine Bezugnahme zum Arbeitsalltag und Arbeitsverständnis der modernen Gesellschaft mit sich, insbesondere zu Orten und Verfahren der Produkterzeugung. Militärische Führung wird aus dieser Perspektive zur Beeinflussung der sozialen Antriebsfaktoren der Arbeitsleistung von Menschen. Streitkräfte erscheinen als Unternehmen, denen die Herstellung einer Bandbreite von Produkten (z. B. Sicherheit) und die Erbringung bestimmter Leistungen obliegt. Militärische Führung wird zur ‚Unternehmensführung', die Leitbilder und Konzepte einer Personal- und Mitarbeiterführung für die militärische Organisation (Militärbetrieb) mit sich bringt.

Die Einführung einer unternehmerischen Perspektive von Führung mündet in eine Zweiteilung der Führungsaufgaben im Militär: auf der einen Seite die Personalführung oder Personalbewirtschaftung, auf der anderen Seite die Unternehmensführung im Sinne einer aktiven Gestaltung der Strukturen und Abläufe im Unternehmen ‚Militär'. Und plötzlich ist (auch) hier die Rede von Motivation und Zufriedenheit der Mitarbeiter und Mitarbeiterinnen oder einer verbindlichen Festlegung von Leistungszielen für Soldatinnen und Soldaten.

Welche Inhalte und Grundüberzeugungen treten in den Führungskonzeptionen der Streitkräfte in demokratisch-pluralistischen Gesellschaften zum Vorschein?

Studiert man die aktuellen Führungsdokumente der Streitkräfte, zeichnet sich weitgehend ein Bild des militärischen Führers ab, dem vielfältige, hybride Herausforderungen abverlangt werden. Er bzw. sie erscheint sowohl als Befehlsempfänger wie als eigenständig denkende und handelnde Befehlsgeberin; er bzw. sie ist Kämpferin und Friedensbringer; er bzw. sie ist Leader und Managerin; er bzw. sie ist fordernd und fördernd. Auffallend ist dabei die ständige Betonung der Führungstätigkeit auf ethischer Grundlage (Werte), auf der Basis von Ethik und Recht.

Beispielsweise regeln in der US-Armee verschiedene Dienstvorschriften *(Army Regulations; Field Manuals)* Aspekte militärischer Führung. Leadership wird hier definiert als „influencing people by providing purpose, direction, and motivation, while operating to accomplish the mission and improve the organization" (US Army 2007). Den Rahmen für militärische Führung bestimmt im US Army-Modell eine spezifische Militärkultur *(army culture)*, die sich auf folgende Eckpfeiler stützt: Ethik, Werte, Standards, Kriegerethos und Prinzipien/ Imperative.

Entsprechend der Army Regulation 600–100 entwickelt das Heer

> „competent and multifaceted military and civilian leaders who personify the Army values and the warrior ethos in all aspects from warfighting, to statesmanship, to enterprise management. The Army develops qualities in its leaders to enable them to respond effectively to what they will face." (ebd.)

Im deutschsprachigen Raum geht es bei den aktuellen Grundbestimmungen militärischer Führung insbesondere um eine Einbettung in den demokratischen Rechtsstaat mit seinen Grundwerten. Das Konzept der *Inneren Führung* in Deutschland verknüpft demokratisch-rechtsstaatliche Prinzipien mit den Leitbildern und Praktiken militärischer Führung in der Bundeswehr.[1]

In den Vorbemerkungen zu der im Januar 2008 (neu) erlassenen Zentralen Dienstvorschrift Innere Führung (ZDv 10/1) findet sich folgende Zielangabe für die Innere Führung:

> „Innere Führung gewährleistet, dass die Soldatinnen und Soldaten der Bundeswehr Teil der Gesellschaft sind und verpflichtet die Streitkräfte zur Wahrung von Recht und soldatischer Ordnung. Sie prägt die Führungskultur der Bundeswehr." (BMVg 2008).

---

[1] Siehe hierzu auch den Beitrag von *Franke* in diesem Band.

Die Vorschrift selbst, die inzwischen als Zentrale Dienstvorschrift Innere Führung, Selbstverständnis und Führungskultur A-2600/1 (BMVg 2017) firmiert, geht einen Schritt weiter und erklärt die Innere Führung zur allgemeinen Verhaltensnorm für die Soldatinnen und Soldaten der Bundeswehr:

> „Innere Führung ist verpflichtende Grundlage des eigenen Handelns im Grundbetrieb wie im Einsatz, in nationalen wie in multinationalen Strukturen. Alle Soldatinnen und Soldaten haben ihr Verhalten und Handeln an den Grundsätzen der Inneren Führung auszurichten. Hieraus entsteht ein wichtiges Element der Führungskultur der Bundeswehr" (ebd.: Ziffer 501).

In der Schweiz lieferte in den 1990er-Jahren vor allem Rudolf Steiger (von der Militärakademie an der ETH Zürich) Anregungen für militärische Führungskräfte, wie sie sich in Alltagssituationen in ihrer Eigenschaft als Führungskräfte verhalten sollten. Seine Führungsphilosophie umschreibt er mit dem Begriff der menschenorientierten Führung, die er als eine Grundhaltung ansieht, „in der der Mensch eine Schlüsselrolle im Denken, Fühlen – und hoffentlich auch im Handeln einnimmt!" (Steiger 2004: 17). „Unter menschenorientierter Führung verstehen wir", so Steiger, „dass das Handeln und Verhalten aller an einer Aufgabe Beteiligten auf die vorgegebenen oder vereinbarten Ziele ausgerichtet wird, wobei der Mitarbeiter als Mensch eine wichtige Rolle spielt." (ebd.: 17 f.).

Das Modell des österreichischen Bundesheeres *(Theresianische Führungsmodell)* orientiert sich an einem Menschenbild, „welches von Eigenverantwortung, Vertrauen und Gestaltungswillen geprägt" ist (Königshofer 2015: 12). Führungshandeln wird „als verantwortungsvolles, zielorientiertes Handeln verstanden, das durch Entscheidungen, sowohl auf der Ebene militärischer Führungskraft, als auch auf der Ebene des Geführten (Entscheidung zum mitverantwortlichen Gehorsam) gesteuert wird" (ebd.). Führungskompetenzen gelten als Fähigkeit, „in unerwarteten, (zukunfts)offenen Führungssituationen kreativ und selbstorganisiert handeln zu können" (ebd.: 47).

Die militärische Führungsausbildung trägt heute diesen Leitbildern und Konzeptionen weitgehend Rechnung. Dadurch wird ein neues Offiziersbild gefördert, das den Ausbilder und Menschenführer (als Instruktor, Motivator, Initiator, Helfer) in den Vordergrund rückt, ohne aber das Bild des Kämpfers völlig zu eliminieren. Gleichzeitig finden zivile Führungs- und Managementkonzepte zunehmend Eingang ins Militär: Es werden verstärkt militärische Führungskräfte an zivile Universitäten und Bildungsstätten entsandt, um auf diese Weise neue Leadership-Einsichten kennenzulernen und diese ins Militär zu integrieren. Mit der Öffnung des Zugangs von Frauen zum Militärdienst hat zugleich ein schrittweiser, wenngleich bislang zögerlicher Erosionsprozess dominanter Männlichkeitsorientierung im Hinblick auf Führung im Militär begonnen.[2]

6 Zusammenfassung und Perspektiven

Führung allgemein erstreckt sich auf eine Vielzahl unterschiedlicher Felder sozialer Interaktion und Beeinflussung (Manning und Curtis 2009: 12). Militärische Führung kann als systematisch geplante, intentionale Steuerung von Handlungen von Streitkräften in ihrer Gesamtheit (einschließlich aller Teilstreitkräfte, Truppenverbände etc.) und Einflussnahme auf die in diesen Organisationen handelnden Menschen bestimmt werden, die die Erreichung bestimmter (Organisations)Ziele durch eine koordinierte Anstrengung bezweckt. Diese Ziele können erreicht, aber ebenso verfehlt werden. Von erfolgreicher militärischer Führung wird dann gesprochen, wenn die vorgegebenen Ziele tatsächlich erreicht werden (Führungserfolg, *effective leadership*). Unzählige Beispiele aus der Geschichte zeigen deutlich auf, dass militärische Führung kläglich zu scheitern vermag. Ein solches Scheitern kann aufgrund des Gewaltpotenzials der Streitkräfte katastrophale Auswirkungen haben, die sich keineswegs nur auf den Bereich des Militärischen beschränken. Hieraus ergibt sich die Notwendigkeit einer sorgfältigen Selektion von Führungskräften sowie einer systematischen, umfangreichen Führungsausbildung in der militärischen Otrganisation.

Heute herrscht die Überzeugung vor, dass jeder Mensch grundsätzlich dazu in der Lage ist, bestimmte Führungstätigkeiten auszuüben, also ein Leader zu sein. Dabei wird jedoch die Ansicht vertreten, dass sich bestimmte Menschen besser als andere dafür eignen. Gleichzeitig zeigt die empirische Forschung deutlich auf, dass scheinbar zur Führung geborene Personen in bestimmen Situationen und in ganz unterschiedlichen Konstellationen über keinerlei Erfolgsgarantie verfügen. Ihr Handeln kann in der Praxis einmal von Erfolg gekrönt sein, ein andermal

---

[2] Siehe hierzu auch den Beitrag zu Frauen in militärischen Organisationen von *Kümmel* in diesem Band.

aber eben nicht. Das Fehlen einer allgemein anerkannten, umfassenden sozialwissenschaftlichen Theorie militärischer Führung beflügelt militärische Führer
oftmals dazu, Führung als *Kunst* (Grint 2000) und weniger als Wissenschaft zu
betrachten. Natürlich können empirische Forschungsergebnisse und abstrakte
Führungstheorien nicht einfach eins zu eins in praktische Handlungsanleitungen
umgesetzt werden. Sie können uns aber dabei helfen, Führungssituationen besser
zu verstehen und unsere Reflexion über menschliches Handeln und soziale Interaktion voranzutreiben – und damit neue Denkweisen und Handlungsspielräume
zu eröffnen.

Annotierte Auswahlbibliographie
Fleet, David D. van/Yukl, Gary A. (1986): Military Leadership: An Organizational
    Behavior Perspective, Greenwich, Connecticut: Jai Press.
Systematische, organisationstheoretische Analyse zu zentralen Feldern
    militärischer Führung; enthält eine umfangreiche Bibliographie zu Military
    Leadership.
Horn, Bernd/Walker, Robert W. (Hrsg.) (2008): The Military Leadership
    Handbook. Kingston: Canadian Defence Academy.
Sammelband zu 39 Schlüsselbegriffen militärischer Führung.
Keller, Jörg (2012): Führung und Führer im Militär, in: Leonhard/Werkner (2012
    [2005]): 475–493.
Überblicksartikel in der 2. Auflage dieses Lehrbuches.

Literatur

Bass, Bernard M. (1985): Leadership and Performance Beyond Expectations. New York:
    Academic Press.
Bass, Bernard M. (2008): The Bass Handbook of Leadership. Theory, Research, and
    Managerial Applications. New York: Free Press.
Bass, Bernard M./Avolio, Bruce J. (1990): Transformational Leadership Development:
    Manual for the Multifactor Leadership Questionnaire. Palo Alto, CA: Consulting
    Psychologists Press.
Berg, Wolfhard-Dietrich (Hrsg.) (1976): Kooperative Führung. Der Führungsvorgang in
    militärischen Führungssystemen. Herford: Mittler & Sohn.
Blake, Robert R./Mouton, Jane S. (1994): Besser führen mit GRID: Probleme lösen mit
    dem GRID-Konzept. Düsseldorf: Econ.
Blessin, Bernd/Wick, Alexander Wick (2014): Führen und führen lassen. Konstanz/
    München: UTB.
Bryman, Alan et al. (Hrsg.) (2011): The SAGE Handbook of Leadership. Los Angeles:
    SAGE.

Burns, James MacGregor (1978): Leadership. New York: Harper & Row.

BMVg – Bundesministerium der Verteidigung (2008): Zentrale Dienstvorschrift Innere Führung ZDv 10/1. Bonn.

BMVg – Bundesministerium der Verteidigung (2017): Zentrale Dienstvorschrift A-2600/1: Innere Führung. Selbstverständnis und Führungskultur der Bundeswehr. Berlin.

Casas Santero, Manuel/Sánchez Navarro, Eulogio (2008): Leadership in Mission *Althea* 2006–2007. In: Leonhard et al. (2008): 163–190.

Clausewitz, Carl von (1990 [1832–1834]): Vom Kriege. Augsburg: Weltbild.

Costa, Paul T./McCrae, Robert R. (1992): The Five-Factor Model of Personality and Its Relevance to Personality Disorders. In: Journal of Personality Disorders, 6: 4, 343–359.

Creveld, Martin van (1985): Command in War. Cambridge, MA: Harvard University Press.

Dillkofer, Heidelore/Klein, Paul. (1979): Der Unteroffizier der Bundeswehr I: Tätigkeitsfeld und Ausbildung (SOWI-Berichte Nr. 18). München: Sozialwissenschaftliches Institut der Bundeswehr.

Dillkofer, Heidelore/Klein, Paul (1981): Der Unteroffizier der Bundeswehr II: Rekrutierung, Berufszufriedenheit, Selbst- und Fremdbild (SOWI-Berichte Nr. 21). München: Sozialwissenschaftliches Institut der Bundeswehr.

Elbe, Martin (2004): Der Offizier – Ethos, Habitus, Berufsverständnis. In: Gareis/Klein (2004): 418–431.

Elbe, Martin (2018): Berufskarrieren ehemaliger Zeitoffiziere: Erfahrungen und Erfolgsfaktoren (Forschungsbericht Nr. 115). Potsdam: Zentrum für Militärgeschichte und Sozialwissenschaften der Bundeswehr.

Elbe, Martin/Prondzinski, Werner von (2002): Überblick und Differenzierung der Karriereverläufe von ehemaligen Zeitoffizieren mit Studium. In: Marr (2002): 91–112.

Fieder, Dave (2011): Defining Command, Leadership, and Management Success Factors within Stability Operations. PKSOI-Paper (Peacekeeping and Stability Operations Institute). Carlisle, PA: US Army War College

Fleet, David D. van/Yukl, Gary A. (1986): Military Leadership: An Organizational Behavior Perspective, Greenwich, Connecticut: Jai Press.

Gareis, Sven/Klein, Paul (Hrsg.) (2004): Handbuch Militär und Sozialwissenschaften. Wiesbaden: VS Verlag für Sozialwissenschaften.

Gebert, Diether/Rosenstiel, Lutz von (2002): Organisationspsychologie. Person und Organisation. Stuttgart: Kohlhammer.

Glasl, Friedrich/Lievegoed, Bernard (1993): Dynamische Unternehmensentwicklung. Bern: Haupt.

Grint, Keith (2000): The Art of Leadership. Oxford: Oxford University Press.

Hagen, Ulrich vom (Hrsg.) (2006): Armee in der Demokratie. Zum Verhältnis von zivilen und militärischen Prinzipien. Wiesbaden: VS Verlag für Sozialwissenschaften.

Horn, Bernd/Walker, Robert W. (Hrsg.) (2008): The Military Leadership Handbook. Kingston: Canadian Defence Academy.

Howard, Pierce J./Howard, Jane M. (2008): Führen mit dem Big-Five-Persönlichkeitsmodell. Frankfurt a. M.: Campus.

Hunt, James G. (1996): Leadership. A New Synthesis. Newbury Park: SAGE.

Katz, Robert L. (1955): Skills of an effective administrator. In: Harvard Business Review, 33: 1, 33–42.

Kiyosaki, Robert T. (2015): 8 Lessons in Military Leadership for Entrepreneurs. Scottsdale: Plata Publishing.

Königshofer, Josef F. (2015): Unsere Verantwortung – Leistung fordern – Persönlichkeit fördern. Prinzipien, Methoden und Anforderungen im Führungstraining. Wiener Neustadt: BMLVS.

Kuhlmann, Jürgen (1979): Einheitsführer-Studie. Eine empirische Analyse der Tätigkeiten von Kompaniechefs des Feldheeres in der Deutschen Bundeswehr (SOWI-Berichte Nr. 16). München: Sozialwissenschaftliches Institut der Bundeswehr.

Lasswell, Harold D. (1941): The Garrison State. In: American Journal of Sociology, 46: 4, 455–468.

Lewin, Kurt (1951): Field Theory in Social Science. New York: Harper & Row.

Lewin, Kurt/Lippitt, Ronald/White, Ralph K. (1939): Patterns of Aggressive Behavior in Experimentally Created "Social Climates". In: The Journal of Social Psychology, 10, 271–299.

Leonhard, Nina/Aubry, Giulia/Casas Santero, Manuel/Jankowski, Barbara (Hrsg.) (2008):Military Co-operation in Multinational Missions: The Case of EUFOR in Bosnia andHerzegovina. SOWI-Forum International 28. Strausberg: SozialwissenschaftlichesInstitut der Bundeswehr.

Leonhard, Nina/Werkner, Ines-Jacqueline (Hrsg.) (2012 [2005]): Militärsoziologie – Eine Einführung. Wiesbaden: VS Verlag für Sozialwissenschaften.

Lippert, Ekkehard (1985): Die kleine Kampfgemeinschaft in der Grauzone. München: SOWI-Berichte Nr. 39. München: Sozialwissenschaftliches Institut der Bundeswehr.

Lippert, Ekkehard/Schneider, Paul (1977): Zur Anwendbarkeit des FIEDLERschen Kontingenzmodells auf konkrete Führungssituationen (SOWI-Berichte Nr. 8). München: Sozialwissenschaftliches Institut der Bundeswehr.

Macharzina, Klaus (2003): Unternehmensführung. Das internationale Managementwissen. Konzepte – Methoden – Praxis. Wiesbaden: Gabler.

Machiavelli, Niccolò (2014 [1532]): Der Fürst. Übersetzt von Philipp Rippel. Stuttgart: Reclam.

Mackewitsch, Reinhard (2001): Der Vorgesetzte im Einsatz. Erfüllt er grundsätzliche Anforderungen? (SOWI-Arbeitspapier Nr. 130) Strausberg: Sozialwissenschaftliches Institut der Bundeswehr.

Manning, George/Curtis, Kent (2009): The Art of Leadership. Boston: McGraw-Hill.

Marr, Rainer (2002) (Hrsg.): Kaderschmiede Bundeswehr? Vom Offizier zum Manager. Karriereperspektiven von Absolventen der Universitäten der Bundeswehr in Wirtschaft und Verwaltung. Neubiberg: gfw.

McCrae, Robert R./Costa, Paul T. (2003): Personality in Adulthood: A Five-Factor Theory Perspective. New York: Guilford Press.

McDonald, Sean P. (2013). Empirically Based Leadership. In: Military Review, 93: 1, 2–10.

Menth, Willi (1974): Führung und Führungsstil in der Armee: Grundlagen und Analyse aus sozialwissenschaftlicher Sicht (Dissertation). Nunningen: Eigenverlag.

Montgomery, Bernard (1961). The Path to Leadership. London: Collins.

Neuberger, Oswald (1976): Führungsverhalten und Führungserfolg. Berlin: Duncker & Humblot.

Neuberger, Oswald (2002): Führen und führen lassen. Stuttgart: UTB.

Nohria, Nitin/Khurana, Rakesh (2010) (Hrsg.): Handbook of Leadership Theory and Practice: Boston: Harvard Business Press.

Northouse, Peter G. (2007): Leadership: Theory and Practice. Thousand Oaks: SAGE.

Pigeau, Ross/McCann, Carol (2002): Une nouvelle conceptualisation du commandement et du contrôle. Canadian Military Journal, 3: 1, 53–63.

Platon (2006–2009): Sämtliche Werke. Auf der Grundlage der Bearbeitung von Walter F. Otto, neu hrsg. v. Ursula Wolf; übers. v. Hieronymus Müller und Friedrich Schleiermacher. Reinbek bei Hamburg: Rowohlt.

Richter, Gregor (2018a): Antecedents and Consequences of Leadership styles: Findings from Research in Multinational Headquarters. In: Armed Forces & Society, 44: 1, 72–91.

Richter, Gregor (2018b): Leadership in Multinational Missions: Findings from EUFOR in Bosnia and Herzegovina Revisited, In: Res Militaris, 8:2, Online: http://resmilitaris. net/ressources/10281/75/res_militaris_article_richter_leadership_in_multinational_ missions.pdf (letzter Zugriff_ 30.03.2021)

Rosenstiel, Lutz von (2014): Grundlagen der Führung. In: Rosenstiel et al. (2014): 3–28.

Rosenstiel, Lutz von/Molt, Walter/Rüttinger, Bruno (Hrsg.) (2005): Organisationspsychologie. Stuttgart: Kohlhammer

Rosenstiel, Lutz von/Nerdinger, Friedemann W. (2011): Grundlagen der Organisationspsychologie. Stuttgart: Schäffer-Poeschel.

Rosenstiel, Lutz von/Regnet, Erike/Domsch, Michael E. (Hrsg.) (2014): Führung von Mitarbeitern.Stuttgart: Schäffer-Poeschel.

Schmid, Christoph et al. (2007): Führen und Ausbilden in Wirtschaft und Armee. Zürich: CGZ Consulting Gruppe Zürich.

Schössler, Dietmar (1991). Carl von Clausewitz. Reinbek bei Hamburg: Rowohlt.

Schweizer Armee (2007): Lehrschrift 70.013. Führungsausbildung der unteren Milizkader, Didaktikbehelf. Bern: VBS.

Sharpe, G.E./English, Allan D. (2002). Principles for Change in the Post-Cold War Command and Control of the Canadian Forces. Winnipeg: Canadian Forces Training Material Production Centre.

Smith, Perry M. (2002). Rules and Tools for Leaders. New York: Perigee.

Staehle, Wolfgang (1999): Management. Eine verhaltenswissenschaftliche Perspektive. München: Franz Vahlen.

Steiger, Rudolf (2004): Menschenorientierte Führung. Frauenfeld: Huber.

Stogdill, Ralph M. (1974): Handbook of Leadership. A Survey of Theorie and Research. New York: Free Press.

Taylor, Robert L./Rosenbach, William (Hrsg.) (2005): Military Leadership: In Pursuit of Excellence. Boulder: Westview.

US Army (2007): Army Leadership. Army Regulation 600–100. Washington: Headquarters. Department of the Army.

Vadell, Jamiel (2008). The Role of Trust in Leadership. U.S. Air Force Officers' Commitment and Intention to Leave the Military. Dissertation. Boca Raton, FL: Capella University.

Weber, Max (1980 [1922]): Wirtschaft und Gesellschaft. Grundriß der verstehenden Soziologie, hrsg. v. Johannes Winckelmann. Tübingen: Mohr.

Xenophon (2009 [1880]): Anabasis. Der Zug der Zehntausend. Übersetzung, Einleitung und Anmerkungen von Helmuth Vretska. Stuttgart: Reclam.

Yukl, Gary (2010): Leadership in Organizations. Upper Saddle River: Pearson.

Kernic, Franz, Dr. phil. habil.; Dozent für Führung und Kommunikation an der Militärakademie (MILAK) an der ETH Zürich (bis zu seiner Pensionierung im Mai 2022).

Einsatzmotivation und Kampfmoral

Heiko Biehl

An Heiligabend des ersten Kriegsjahres 1914 geschieht an mehreren Abschnitten der Westfront Erstaunliches (Jürgs 2003): Seit Wochen und Monaten liegen sich die deutschen und britischen Truppen in ihren Unterständen gegenüber und bekämpfen einander. Doch nach und nach nimmt der Beschuss auf die feindlichen Stellungen ab und kommt schließlich völlig zum Erliegen. Für einige Stunden lassen die Soldaten ihre Waffen ruhen, unterbrechen den tödlichen Kampf und machen ihren eigenen kleinen Frieden. Sie singen Weihnachtslieder, zünden Kerzen an und begeben sich – nach vorheriger Verständigung – aus ihren Schützengräben. Deutsche und britische Soldaten tauschen Essen und Zigaretten aus, unterhalten sich miteinander, und sogar Fußballspiele zwischen ihnen sind verbürgt. Die Soldaten feiern gemeinsam Weihnachten auf den Schlachtfeldern des Ersten Weltkrieges.

Weshalb verwundert diese Szene? Sicherlich stellt die Tatsache, dass Soldaten im Krieg für einen Moment ihre Waffen ruhen lassen, sich treffen, miteinander reden, gar feiern, sich letztlich als Menschen, als Individuen begegnen, keineswegs die Regel dar. Eher schon haftet dieser Szene etwas Unwirkliches, etwas Erklärungsbedürftiges an. Bei nüchterner Betrachtung ist aber der vermeintliche ‚Normalfall', nämlich der Kampf von Soldaten und Soldatinnen im Krieg und das gegenseitige Töten, noch erklärungsbedürftiger. Schließlich gilt der Drang nach Leben und Überleben als anthropologische Konstante. Trotzdem gab und gibt es durch alle Zeiten hindurch und in allen Kulturen kriegerische

H. Biehl (✉)
Forschungsbereich Militärsoziologie, Zentrum für Militärgeschichte und Sozialwissenschaften der Bundeswehr, Potsdam, Deutschland
E-Mail: heikobiehl@bundeswehr.org

© VS Verlag für Sozialwissenschaften | Springer Fachmedien Wiesbaden GmbH, Wiesbaden 2023
N. Leonhard und I.-J. Werkner (Hrsg.), *Militärsoziologie – Eine Einführung*,
https://doi.org/10.1007/978-3-658-30184-2_23

Auseinandersetzungen, in denen sich Bewaffnete, Kriegerinnen und Soldaten bekämpfen und gegenseitig töten. Das Führen von Kriegen setzt voraus, dass sich Individuen in Streitkräften organisieren (sowie organisieren lassen) und gewillt sind, sich der militärischen Auseinandersetzung mit dem Gegner zu stellen und dabei ihr Leben aufs Spiel zu setzen. Worauf ist die Bereitschaft zurückzuführen, sich auf ein solches Unterfangen einzulassen? Weshalb sind Individuen in der Lage, ihre Gegner zu töten? Oder zugespitzt formuliert: Warum kämpfen Soldaten und Soldatinnen?

Diesen Fragen widmet sich der Zweig der militärsoziologischen Forschung, der sich mit soldatischer Einsatzmotivation und Kampfmoral befasst. Dabei geht es darum, sowohl das Handeln als auch die dahinterstehende Motivation von Militärangehörigen sowie von Einheiten, Verbänden und Armeen zu erfassen und zu erklären. Folglich ergänzen sich in diesem Forschungsfeld sozialpsychologische und soziologische Zugänge. Während die sozialpsychologische Forschung eher auf die Motivation und deren Einfluss auf Handlungen abhebt (Heckhausen und Heckhausen 2018), interessiert sich die soziologische Perspektive stärker für die Struktur und Bedingungen kollektiven Handelns (King 2013). Darüber hinaus geraten zunehmend die normativen und (organisations) politischen Aspekte des Forschungsfeldes in den Blick. Um Konzepte, Befunde und Implikationen der sozialwissenschaftlichen Auseinandersetzung mit diesem Problemfeld vorzustellen, werden im Folgenden – nach einer einleitenden Diskussion der Relevanz der Thematik in ihren vielfältigen Facetten (Kap. 1) – Definitionen von Einsatzmotivation und Kampfmoral diskutiert und eine Begriffsbestimmung vorgeschlagen (Kap. 2). Anschließend erfolgt eine Präsentation von Forschungstradition und Forschungsstand (Kap. 3). Dabei stehen zunächst die wegweisenden Studien mit ihrem Gegensatz von *social cohesion, task cohesion* und latenter Ideologie im Mittelpunkt (Abschn. 3.1). Danach rückt die zunehmende Internationalisierung der Forschung in den Blick, wobei der Schwerpunkt auf den Beiträgen der deutschen Militärsoziologie liegt (Abschn. 3.2). Die wissenschaftsinternen, militärischen und militärpolitischen Kontroversen, die sich um die Studien zu Einsatzmotivation und Kampfmoral entsponnen haben, werden nachgezeichnet und bewertet (Abschn. 3.3). Abschließend werden die Perspektiven dieses militärsoziologischen Forschungsfeldes skizziert (Kap. 4).

1   Warum ist die Motivation von Soldaten und Soldatinnen ein wissenschaftlich relevantes Thema?

Die Frage nach der Einsatzmotivation von Soldaten und Soldatinnen gewinnt ihre praktische wie wissenschaftliche Relevanz aus mindestens drei Aspekten:

Erstens ist die Bedeutung soldatischer Motivation unter militärischen Denkern und Praktikerinnen kaum strittig. Lew Tolstoi (1965 [1869]: 563) spricht in seinem Werk *Krieg und Frieden* davon, dass die Schlagkraft von Armeen das Produkt ihrer personellen und materiellen Stärke multipliziert mit einer „unbekannten Größe X" ist. Dieses X sei der „Geist des Heeres", der Wille ihrer Soldaten zum Kampf und zur Bewältigung von Gefahren (vgl. Stouffer et al. 1949: Bd. 1, 5). Ebenso finden sich bei Clausewitz (1999 [1832]: 153) Ausführungen zur Motivation, wenn er über die „moralische Größen" räsoniert, die „zu den wichtigsten Gegenständen des Krieges gehören. Es sind die Geister, welche das ganze Element des Krieges durchdringen, und die sich an dem Willen, der die ganze Masse der Kräfte in Bewegung setzt und leitet, früher und mit stärkerer Affinität anschließen, gleichsam mit ihm in eins zusammen-rinnen, weil er selbst eine moralische Größe ist." Die Einsatzbereitschaft und der Kampfeswille der Soldaten und Soldatinnen gilt mithin – neben Ausrüstung, Ausbildung, militärischer Führung und Organisation – als ein entscheidender Faktor militärischer Leistung (Collins 2010; Fennell 2014).

Zweitens ist soldatische Motivation aus wissenschaftlich-konzeptioneller Sicht relevant. Geht man davon aus, dass Einsatz und Kampf – zumindest aber die glaubwürdige Drohung damit – letztendlich der Daseinszweck von Streitkräften und ihren Angehörigen sind, dann verspricht die Analyse der Einsatzmotivation und ihrer Einflussfaktoren wesentliche Erkenntnisse über das Wesen von Armeen. Für Soldaten , die in erster Linie durch finanzielle Anreize motiviert sind, erscheint die Etikettierung ‚Söldnerin' bzw. ‚Söldner' durchaus angemessen. Demgegenüber wären Soldatinnen, die für ein bestimmtes politisches Ziel kämpfen, wohl eher als Überzeugungstäterinnen zu bezeichnen. Sollte sich hin-gegen zeigen, dass der Einfluss von Familie, Freundinnen und Bekannten im Heimatland und nicht der von Kameradinnen und Vorgesetzten an der Front ent-scheidend ist, dann wäre die Befürchtung unbegründet, Soldaten seien sozial entwurzelt und alleine auf das Militärische konzentriert. Die Studien zur Einsatz-motivation verraten also einiges über soldatische Identitäten und geben Auskunft über zentrale Motive soldatischen Handelns.

Drittens lassen sich anhand der Forschung zur Kampfmoral wissenschaftliche Bedingtheiten, Konjunkturen und Implikationen exemplarisch nachzeichnen. So sind die Untersuchungen zur soldatischen Motivation stets vor dem gesellschaftlichen und militärischen Hintergrund zu verstehen, in dem sie entstanden sind. Die vorliegenden Studien und ihre Befunde sind zu einem gewissen Grade Kinder ihrer Zeit und illustrieren die Abhängigkeit (sozial)wissenschaftlicher Unternehmungen von außerwissenschaftlichen Faktoren. Von daher sind die als wesentlich identifizierten Motivationsgrößen mit Blick auf die Entstehungsbedingungen der Untersuchung zu lesen, die ihrerseits historisch geprägt sind. Damit exemplifizieren die Studien zu Einsatzmotivation und Kampfmoral grundlegende Problematiken sozialwissenschaftlicher Forschung über die und für die Streitkräfte. Besonders deutlich wird dies, wenn vorliegende wissenschaftliche Analysen dazu benutzt werden, gewisse Personalpolitiken zu legitimieren, historische Handlungen zu exkulpieren und militärische Organisationsweisen zu optimieren (siehe Abschn. 3.3). Angesichts dieser weitreichenden Konsequenzen ist die Forschung zur Einsatzmotivation dazu geeignet, die Voraussetzungen und Bedingungen der Militärsoziologie als sozialwissenschaftlicher Disziplin insgesamt zu präsentieren und zu problematisieren.

2   Was sind Einsatzmotivation und Kampfmoral?

Im Folgenden gilt soldatische Motivation als Oberbegriff für ‚Einsatzmotivation‘ und für – die im Deutschen etwas antiquiert anmutende Bezeichnung – ‚Kampfmoral‘. Um sich geeigneten Definitionen zu nähern, ist eine Auseinandersetzung mit in der Organisationssoziologie gebräuchlichen Begriffen wie ‚*Commitment*‘, ‚berufliche Motivation‘ und ‚Arbeitszufriedenheit‘, die ebenfalls das Verhältnis des Individuums zur militärischen Organisation kennzeichnen, von Nutzen.

Unter *Commitment* versteht man im Allgemeinen die grundlegende Bindung des Individuums an seine Organisation. Dieses Konstrukt, das zivilen Organisationszusammenhängen entliehen ist (Moser 1996) und früh Eingang in die militärsoziologische Forschung gefunden hat (Gupta 1987), besitzt in erster Linie eine andere Zeitperspektive als die Konzepte Einsatzmotivation und Kampfmoral. Das *Commitment* des Einzelnen ist langfristig orientiert und damit resistent gegen kurzfristige Einwirkungen (Manning 1991: 458). Während Kampfmoral und Einsatzmotivation auf eine bestimmte, zeitlich befristete Aufgabe – den Einsatz oder ein einzelnes Gefecht – begrenzt sind, fängt soldatisches *Commitment* das grundsätzliche Verhältnis der Soldatin zur militärischen Organisation ein. Etwas anders konnotiert ist das Konstrukt der Arbeits- bzw.

Dienstzufriedenheit (Manning 1991: 458; Nerdinger et al. 2019), welches eher in einem Über- bzw. Unterordnungsverhältnis zur hier behandelten Thematik steht: Einsatzmotivation ist mehr als Dienstzufriedenheit, aber umgekehrt bildet Zufriedenheit mit der übertragenen Aufgabe und Zufriedenheit mit der soldatischen Rolle eine entscheidende Dimension von Einsatzmotivation. Davon zu unterscheiden ist die berufliche Motivation (Kehr et al. 2018; Vroom 1964). Sie bezieht sich einerseits auf die Beweggründe, einen spezifischen Beruf zu ergreifen, und zum anderen auf die Leistungsbereitschaft für das berufliche Tun. Berufliche Motivation kann als vorgelagert zur Einsatzmotivation verstanden werden, welche wiederum der Kampfmoral vorausgeht (Oetting 1988). Die einschlägige Literatur verwendet Einsatzmotivation und Kampfmoral zuweilen synonym (siehe noch Biehl 2005). Allerdings erscheint es sinnvoll, zwischen beiden Konzepten zu unterscheiden, zumal sich erst dadurch gewisse Forschungskontroversen erschließen und einordnen lassen (siehe hierzu im Detail Abschn. 3.3).

Unter Einsatzmotivation sind verhaltensrelevante Haltungen zu verstehen, die Militärangehörige dazu bringen, ihre Leistungskraft in den Dienst der übertragenen Aufgaben zu stellen und im Sinne der militärischen Organisation zu handeln. Diese Definition umfasst eine Einstellungs- und eine Handlungsdimension. Der Soldat muss eine positive Haltung gegenüber seinen Aufgaben haben und gemäß des Auftrags agieren. Dabei ist zwischen zwei verwandten, aber unterscheidbaren Versionen der Einsatzmotivation zu differenzieren: der Motivation für den Einsatz, also der Bereitschaft, in den Einsatz zu gehen und an diesem teilzunehmen, und der Motivation im Einsatz, also der Bereitschaft, sich während des Einsatzes zu engagieren, sich dort in den Dienst der Sache zu stellen und im Sinne der Organisation zu handeln. Beide Varianten der Einsatzmotivation stehen zweifelsohne in einem Bezug zueinander, wobei im Einzelfall empirisch zu prüfen ist, wie stark dieser ausgeprägt ist. Kampfmoral ist demgegenüber als die Bereitschaft zum Führen konkreter militärischer Gefechte, zur Teilnahme am unmittelbaren Kampfgeschehen – unter Inkaufnahme hoher Gefährdungen für Leib und Leben – zu verstehen. Dabei setzen sich Streitkräfteangehörige nicht nur einer militärischen Bedrohung aus, sie sind auch bereit, in die Gefahr hinein zu handeln (vgl. Oetting 1988: 39).

Als Einwand gegen die präsentierten Begriffsbestimmungen der Kampfmoral und insbesondere der Einsatzmotivation könnte vorgebracht werden, dass das Handeln von Soldatinnen aufgrund der strikten Hierarchie im Militär und des dort herrschenden Prinzips von Befehl und Gehorsam so stark reglementiert ist, dass die individuelle Leistungsbereitschaft für die tatsächlichen Handlungen unwesentlich ist. Weshalb spielt es eine Rolle, ob ein Soldat in Einsatz und Gefecht motiviert ist, wenn er doch ohnehin angehalten ist, Befehle auszuführen? Eine solche Sichtweise auf die Streitkräfte wird der Realität und Komplexität der Abläufe in militärischen Organisationen jedoch nicht gerecht. Die Dienstwirklichkeit der meisten Soldatinnen lässt durchaus Spielraum für eigenes Engagement, für Motivation und individuelle Leistungsbereitschaft (King 2013: 8–10). Die deutschen Streitkräfte verfolgen zudem traditionell das Prinzip der Auftragstaktik.[1] Dieses sieht vor, dass der oder die Vorgesetzte Aufträge erteilt und die Absichten klar darlegt, dem unterstellten Bereich aber Freiheiten bei der Umsetzung zugesteht. Deshalb ist davon auszugehen, dass das Individuum im Militär in seinem dienstlichen Handeln durchaus einen Spielraum hat, in dem es sich entsprechend motiviert oder unmotiviert verhalten kann, und damit einen gewissen Einfluss auf den Grad der Aufgabenerfüllung sowie in der Folge auf die Effizienz der militärischen Organisation ausübt. Dieser mag bei der Bereitschaft, in den Einsatz zu gehen und sich im Einsatz zu engagieren, größer sein als im eigentlichen Gefecht. Dennoch wäre es unangemessen, Soldatinnen als reine Befehlsempfängerinnen und -ausführende zu verstehen. Vielmehr verfügen sie als Subjekte über einen Handlungsspielraum, den sie mit ihren Entscheidungen und ihrer Motivation ausfüllen können. Wovon diese im konkreten Fall abhängen, darauf geben die vorliegenden Studien gleichwohl unterschiedliche Antworten.

3   Forschungstradition und Forschungsstand

3.1   Studien und Befunde der Forschung zu Einsatzmotivation und Kampfmoral

Systematische sozialwissenschaftliche Untersuchungen zur Einsatzmotivation werden seit dem Zweiten Weltkrieg durchgeführt. Konzentrierte sich die Forschung in der Zeit des Ost-West-Konflikts vorrangig auf die US-Armee, so liegt mittlerweile eine Vielzahl von Studien vor, die die Motivation von Soldaten und Soldatinnen verschiedener Streitkräfte in diversen Kriegen, Missionen und Einsätzen analysieren. Trotz aller Unterschiede im Hinblick

---

[1] Siehe hierzu auch den Beitrag von *Kernic* in diesem Band.

auf Erkenntnisinteresse, konzeptionellen Zugriff, Theorie und Methode lässt sich die vorhandene Literatur danach unterscheiden, was sie als wesentlich für die soldatische Motivation ansieht. Entsprechend werden im Folgenden die in dieser Hinsicht wichtigsten Studien vorgestellt: Die ersten Untersuchungen zur soldatischen Motivation, die den Kriterien moderner Sozialwissenschaften genügen und von US-Wissenschaftlern im Zweiten Weltkrieg durchgeführt wurden, betonen den zentralen Stellenwert des kameradschaftlichen Zusammenhalts und der sozialen Kohäsion innerhalb der soldatischen Gemeinschaft. Mit der Vietnam-Studie von Charles Moskos setzt dann die (Wieder)Entdeckung inhaltlicher Überzeugungen für das soldatische Tun ein. Daran schließen Studien an, die das Verfolgen gemeinsamer Ziele als wesentlich für den soldatischen Zusammenhalt und in der Folge für die Einsatzmotivation und die militärische Leistungsfähigkeit betrachten. All diese Größen gelten auch in den aktuellen Untersuchungen als wichtige Motivationsfaktoren, wobei die Relevanz weiterer Faktoren, nicht zuletzt der Familie, zunehmend in den Blick gerät.

3.1.1 Die Studien aus dem Zweiten Weltkrieg: Das Primat von *Social Cohesion* und Primärgruppe

1941 beauftragte das US-Verteidigungsministerium eine Gruppe von Sozialwissenschaftlern damit, die Moral der Truppe zu untersuchen und praktische Vorschläge zur Stärkung der Einsatzbereitschaft zu erarbeiten. Das Forscherteam um Samuel Stouffer führte eines der umfassendsten sozialempirischen Projekte der Wissenschaftsgeschichte durch. In vierjähriger intensiver Arbeit wurden über eine halbe Million Soldaten in mehr als 200 Einzelstudien befragt. Zudem wurden neue Methoden (etwa die Guttman-Skala) und Auswerteverfahren (u. a. in Zusammenarbeit mit dem US-amerikanischen IT- Unternehmen *International Business Machines Corporation*, IBM) entwickelt und Empfehlungen ausgearbeitet, die in der militärischen Personalführung konkrete Anwendung erfuhren (Ryan 2010). Das Ergebnis dieser immensen wissenschaftlichen Anstrengungen liegt in vier voluminösen Bänden vor (Stouffer et al. 1949), die Maßstäbe hinsichtlich Methode und Forschungsdesign für die Sozialwissenschaften insgesamt setzen. Der erste Band *(The American Soldier. Adjustment during Army Life)* widmet sich der Eingewöhnung von Wehrpflichtigen in das militärische System, der dritte *(Experiments on Mass Communication)* und der vierte Band *(Measurement and Prediction)* legen die experimentellen und methodischen Grundlagen der Untersuchungen ausführlich dar (siehe auch Merton und Lazarsfeld 1950). Der zweite Band geht unter dem Titel *The American Soldier. Combat and Its Aftermath* der Frage der Kampfmoral der amerikanischen Soldaten nach. Thesenartig haben T. P. Schwartz und Robert

M. Marsh (1999: 27) folgende Erkenntnisse des *Research Branch* festgehalten:
Für die Kampfmoral der Soldaten seien „'a sense of group obligation', 'a sense
of justice or fairness', and 'the institutionalized role of soldier'" wichtiger als
„'overideological considerations' and 'sheer self-interest'". Nach Stouffer et al.
(1949: Bd. 2, Kap. 3) hängt die Motivation des einzelnen Soldaten in erster Linie
von seinem militärischen Umfeld ab. Dabei spielten sowohl die horizontalen als
auch die vertikalen Beziehungsgeflechte innerhalb der militärischen Organisation
eine Rolle. Den Kameraden und den direkten Vorgesetzten fühle sich der Soldat
im Einsatz verpflichtet, für sie riskiere er sein Leben. Entscheidend sei folglich
der kameradschaftliche Zusammenhalt, die soziale Kohäsion *(social cohesion)*
unter den Soldaten. Demgegenüber sei die Orientierung auf ein kollektives,
politisches Ziel oder die befohlene militärische Aufgabe hin, die in der späteren
Debatte als latente Ideologie und *task cohesion* bezeichnet werden (siehe
Abschnitt 3.1.2), von nachgeordneter Bedeutung. Der lange Zeit gültigen Sichtweise, dass der Glaube an ein Ideal der eigentliche Antrieb für den Soldaten sei,
stellten sich die empirischen Studien von Stouffer et al. folglich diametral entgegen.

Zu ähnlichen Schlüssen wie Stouffer et al. kamen Edward Shils und Morris
Janowitz (1948) in ihrer Untersuchung zu *Cohesion and Disintegration in
the Wehrmacht in World War II.* Die Autoren gingen auf Basis von Interviews
mit deutschen Kriegsgefangenen der Frage nach, weshalb trotz der aussichts-
losen militärischen Gesamtsituation viele Einheiten der Wehrmacht bis zuletzt
erbitterten Widerstand im Kampf gegen die alliierten Truppen leisteten. Damals
wurden in der Öffentlichkeit dafür häufig die nationalsozialistischen Überzeugungen der Soldaten verantwortlich gemacht (ebd.: 281). Demgegenüber
kommen Shils und Janowitz (ebd.: 284) zu dem Schluss:

> „The fighting effectiveness of the vast majority of soldiers in combat depends
> only to a small extent on their preoccupation with the major political values which
> might be affected by the outcome of the war and which are the object of concern to
> statesmen and publicists."

Stattdessen spiele der kameradschaftliche Zusammenhalt eine ausschlaggebende
Rolle:

> „Where conditions were such as to allow primary group life to function smoothly,
> and where the primary group developed a high degree of cohesion, morale was high
> and resistance effective or at least very determined, regardless in the main of the
> political attitudes of the soldiers." (ebd.: 315)

Diese klassische Lesart militärischer Kohäsion betont die Kameradschaft, wie sie sich in der „kleinen Kampfgemeinschaft" (Lippert 1989) konkretisiert. Soziale und kulturelle Homogenität unter den Militärangehörigen gilt wiederum als Voraussetzung für das Entstehen und Funktionieren des militärischen Zusammenhalts. So betonen Shils und Janowitz (1948: 287) die Bindekraft gleicher landsmannschaftlicher Wurzeln und gemeinsamer Gefechtserfahrungen für die Mitglieder einer Primärgruppe. Ebenso wichtig seien Ähnlichkeiten im sozioökonomischen Hintergrund (Alter, Bildung, Beruf oder Ähnliches) (ebd.: 288).

Die in den Studien aus dem Zweiten Weltkrieg vertretene These vom zentralen Stellenwert sozialer Kohäsion findet sich in den folgenden Jahrzehnten in einer Vielzahl von Schriften (Kellett 1982; Siebold 2007, 2011). So kommt die Untersuchung von Leonard Wong, Thomas A. Kolditz, Raymond Mille und Terence Potter (2003), die amerikanische und irakische Soldaten und Soldatinnen während des laufenden Angriffs der US-geführten Allianz gegen den Irak befragten, zu dem Schluss:

> „For U.S. soldiers in the Iraq War (…) importantly the most frequent response given for combat motivation was 'fighting for my buddies.' Soldiers answered with comments such as, 'In combat, just the fact that if I give up, I am not helping my buddies. That is number one.' or 'Me and my loader were talking about it, and in combat the only thing that we really worry about is you and your crew.' The soldiers were talking about social cohesion – the emotional bonds between soldiers." (ebd.: 9 f.).

Dieses Zitat illustriert, wie wichtig Soldatinnen und Soldaten Kameradschaft ist, wie stark sie Kameradschaft erfahren und wie sehr sie sich mit dem soldatischen Zusammenhalt identifizieren. Wie kaum einer anderen Organisation gelingt es Streitkräften, Individuen affektiv zusammenzubinden, damit sie den Härten militärischer Ausbildung, den Belastungen von Einsätzen und den tödlichen Gefahren von Kriegen begegnen können. An welche Voraussetzungen Kameradschaft als länder- und epochenübergreifendes Ideal von Streitkräften gebunden ist, wird seit den Studien von Stouffer et al. sowie von Shils und Janowitz indes kontrovers diskutiert (siehe Abschn. 3.3).

3.1.2 Die Sinnbedürftigkeit soldatischen Handelns: Die (Wieder)Entdeckung von latenter Ideologie und *task cohesion*

Die erste Untersuchung, die die Befunde von Stouffer et al. sowie von Shils und Janowitz einer gewissen Relativierung unterzog, legte Charles Moskos (1968, 1970) Ende der 1960er-Jahre vor. Als Grundlage dienten ihm die

Erfahrungen und Beobachtungen, die er während mehrwöchiger Aufenthalte bei amerikanischen Soldaten in Vietnam gesammelt hatte. Ergänzend führte er eine kleinere Zahl standardisierter Interviews durch. Moskos (1968: 200) kommt dabei zu dem Schluss, dass Kampfmotivation das „Ergebnis des Zusammenwirkens von individuellem Eigeninteresse, Primärgruppenprozessen und den gemeinsamen Überzeugungen der Soldaten" ist. Diese Auflistung zeigt bereits, dass Moskos den in den früheren Studien prominent herausgestrichenen Faktor der Primär-gruppe ebenfalls nennt, ihm aber andere Erklärungsgrößen zur Seite stellt. So führt Moskos (ebd.: 209 ff.) kollektive Orientierungen und Werthaltungen als bedeutenden Faktor, der die Kampfmoral der Soldaten beeinflusst, (wieder) ein. In diesem Zusammenhang prägt er (ebd.: 209 ff.) den Begriff „latente Ideologie", womit die innere Überzeugung der Soldaten von der Richtigkeit ihres Auftrages gemeint ist. Diese muss kein Ausfluss detaillierter Reflexionen sein. Entscheidend ist vielmehr, dass die Soldaten grundlegend das Gefühl haben, einer ‚guten Sache' zu dienen:

> „Diese Überzeugung muss nicht förmlich artikuliert, vielleicht nicht einmal bewusst erkannt werden. Doch in einem gewissen Grade muss der Soldat, wenn auch nicht das spezifische Kriegsziel, dann doch wenigstens den Zustand des Sozialsystems, dem der angehört, als gerecht und annehmbar empfinden." (ebd.: 210)

Es ist das bleibende Verdienst der Studien von Moskos, auf den Zusammenhang zwischen politischen Vorgaben, gesellschaftlicher Unterstützung und soldatischer Motivation aufmerksam gemacht zu haben. Dies geschah sicherlich nicht zufällig vor dem Hintergrund des Vietnamkrieges, den die US-amerikanische Bevölkerung mit zunehmender Dauer und steigender Opferzahl unter den eigenen Soldaten immer kritischer bewertete. Wie Moskos zeigte, hat die öffentliche Kontroverse um die Legitimation des Krieges Rückwirkungen auf die Moral der Soldaten in diesem (Kriegs)Einsatz.

Daneben ist es ihm gelungen, eine instrumentelle Lesart aufgabenbezogener Kohäsion zu etablieren. Denn Moskos deutet militärischen Zusammenhalt als funktionale Notwendigkeit angesichts der Bedingungen von Krieg und Ein-satz. Die Belastungen, denen der Soldat ausgesetzt ist, kann dieser nicht alleine bewältigen. Er ist auf seine Kameraden und Vorgesetzten angewiesen. Nach Moskos (ebd.: 208).

> „müssen die instrumentellen und auf das Eigeninteresse bezogenen Aspekte der Primärgruppenbeziehungen in Kampfeinheiten stärker in Rechnung gestellt werden. Denn der einzelne Soldat muss, will er seine Überlebenschancen erhöhen, not-wendigerweise Primärgruppenbeziehungen entwickeln und an ihnen teilnehmen."

Der kameradschaftliche Zusammenschluss ist demnach in erster Linie das Ergebnis der besonderen Belastungen, unter denen die Soldaten leiden. Entsprechend wird die soldatische Primärgruppe zum Zweckverband, oder in den Worten des Autors: „So sollten die Primärgruppen der Soldaten eher als pragmatische und situationsbedingte Reaktionen verstanden werden denn als halb-mystische Kameradschaftsbindungen". (ebd.: 219; ebenso Braun 1985).

Mit seinem Zugriff auf die Logik und Funktionen soldatischer Kooperation bereitete Moskos zugleich eine weitere Variante aufgabenbezogener Kohäsion vor, die in der späteren Forschung unter dem Begriff der *task cohesion* eingehender definiert und untersucht wurde. In bewusster Abgrenzung zur *social cohesion* steht *task cohesion* für militärischen Zusammenhalt als Ausrichtung einer Gruppe auf ein gemeinsames Ziel hin. Nicht soziale Zusammengehörigkeit, sondern die auf einen Zweck hin orientierte und für diesen bestimmte Gemeinschaft sei wesentlich für das Verhalten von Soldaten und Soldatinnen in Einsatz und Krieg (MacCoun 1993; MacCoun et al. 2006; King 2006, 2013; dagegen: Siebold 2011; Collins 2013; Malešević und Ó Dochartaigh 2018). Wie Robert MacCoun, Elizabeth Kier und Aaron Belkin in Reaktion auf die Studie von Wong et al. 2003 festhalten, integriere die gemeinsam verfolgte Aufgabe militärisches Personal mit unterschiedlichen Hintergründen: „Social cohesion, in other words, refers to whether group members like each other, while task cohesion refers to whether they share the same goal." (MacCoun et al. 2006: 647) *Task cohesion* betont den Zusammenhalt und das Zusammenwirken von Soldaten und Soldatinnen aufgrund der Verfolgung gemeinsamer Aufgaben und Zielstellungen. Aus dem Agieren auf ein gemeinsames – in der Regel von Vorgesetzten befohlenes – Ziel hin beziehen diese ihren Zusammenhalt und die Motivation für ihr Tun. Während die latente Ideologie nach Moskos auf die großen Bezüge abzielt, auf die Bindung zum eigenen Gemeinwesen und die Identifikation mit strategischen Zielen der Kriegführung, hebt *task cohesion* auf zeitlich, inhaltlich und räumlich begrenzte Aufgaben, Zielsetzungen und Absichten ab, etwa die Abwehr eines gegnerischen Angriffs, die Erstürmung feindlicher Stellungen oder die Durchführung eines Marsches.

Exemplarisch arbeitet der Bericht eines multidisziplinären Forscherteams, das den Zusammenhalt und die Motivation israelischer Soldatinnen und Soldaten während der al-Asqa-Intifada untersucht (Ben-Ari et al. 2005), die Relevanz von *task cohesion* heraus. Auf Basis einer ethnologischen Begleitung von Kampfeinheiten – ergänzt um Tiefen- und Fokusgruppeninterviews – zeigen die Autoren auf, wie für eine spezifische Aufgabe zusammengesetzte Einheiten erfolgreich sein können: Es ist die Ausrichtung auf ein gemeinsames Ziel, das einen Zusammenhalt zwischen Soldaten und Soldatinnen entstehen lässt, die zuvor nicht gemeinsam agiert haben. Gerade deshalb sind viele militärische Bemühungen hinsichtlich Struktur, Prozess, Ausrüstung, und Ausbildung auf Standardisierung und Entindividualisierung ausgerichtet. Dies entspricht der Funktionslogik militärischer Organisationen, die stark von der Notwendigkeit der Austauschbarkeit von Individuen geprägt ist. Ziel ist es, den und die Einzelne ersetzbar zu machen, um ungeachtet der personellen Fluktuation in den Streitkräften deren Funktions- und Handlungsfähigkeit aufrechtzuerhalten. Sozialer Zusammenhalt als Ergebnis gleicher sozialer und kultureller Merkmale sowie langfristiger Zusammenarbeit stände der Funktionslogik von Armeen diametral entgegen. Vielmehr sind Streitkräfte darauf ausgelegt, Personen mit heterogenen Erfahrungen, Hintergründen und Merkmalen schnell auf eine Aufgabe hin auszurichten und zu integrieren. Aus dieser Sicht ist *task cohesion* als Voraussetzung für Einsatzmotivation und Kampfmoral für die militärische Organisation wünschenswerter als *social cohesion*.

3.1.3 Die Auffächerung der Motivationsgrößen: Familie, Ausbildung, Drill...

Neben den Studien, die die sich *social cohesion*, latenter Ideologie und *task cohesion* widmen, liegt als Ergebnis jahrzehntelanger Forschung eine ganze Reihe von Studien vor, die dem Einfluss weiterer militärischer Größen, wie beispielsweise Ausbildung, Ausrüstung, Drill, medizinische Absicherung, Versorgung oder Langeweile nachgehen (Keegan 1978; Harris und Segal 1985; Fennell 2014, siehe auch Abschn. 3.2). In den letzten Jahrzehnten ist dabei insbesondere der Einfluss der Familie in den Blick geraten ist. Sondra Albano (1994) beschreibt, wie die amerikanische Armee im Laufe der Zeit der Soldatenfamilie eine immer größere und intensivere Aufmerksamkeit gewidmet hat, da „the military's recognition of family concerns may have significant implications for mission outcomes" (ebd.: 298). David Segal, Joseph C. Jones, David E. Rohall und Angela M. Manos (1999: 162) kommen bei ihren Befragungen zweier in Südkorea stationierten Bataillone zu dem Schluss, dass insbesondere bei den jüngeren Soldaten und Soldatinnen ein gelungenes *family-army-adjustment,* also eine gelungene Balance zwischen den soldatischen Pflichten und den familiären Anforderungen, motivierend wirkt. Auch Paul Bartone und Amy Adler (1999: 98) weisen bei ihrer Begleituntersuchung einer amerikanischen Sanitätseinheit, die in Kroatien zum Einsatz kam, einen Zusammenhang zwischen der Stimmung in den Einheiten und dem Vertrauen der Soldaten und Soldatinnen in die Unterstützungsleistungen für ihre Familie nach (vgl. auch Bartone et al. 1998: 590).

Mady Wechsler Segal (1986) hat in einem – seitdem häufig zitierten – Aufsatz im Anschluss an Lewis Coser (1974) das Militär und die Familie als „greedy institutions" („gierige Institutionen") bezeichnet, die jede auf ihre eigene Art und Weise sowie aus eigenem Recht auf Soldaten einwirkt und deren Aufmerksamkeit, Tatkraft und nicht zuletzt Zeit einfordert. Während eines Einsatzes kann die Soldatin aufgrund ihrer Abwesenheit naturgemäß den familiären Verpflichtungen nicht gerecht werden. Deshalb ist es wenig verwunderlich, dass. ihre Motivation im erheblichen Maße davon abhängt, ob und wie sie und die Familie die Trennung arrangieren können. Mittlerweile ist der Einfluss der Familie auf die soldatische Motivation weitgehend unstrittig. Deren Relevanz ist jedoch nicht auf – vergleichsweise – ruhig verlaufende Missionen beschränkt. Vielmehr finden sich bereits in den ersten Veröffentlichungen aus dem Zweiten Weltkrieg Hinweise auf die Relevanz der familiären Bindung für die soldatische Motivation. So thematisieren Shils und Janowitz (1948: 289–291) die Versuche der Wehrmacht, die Belastungen durch die Trennung von Familie und Heimat für die Soldaten zu minimieren, da sich diese als Störfaktoren der Kameradschaft erweisen könnten.

Neben der Familie sind in den letzten Jahren die Ausbildung, der Drill und die Führung militärischer Einheiten als wesentlich für soldatisches Agieren und soldatische Motivation beschrieben worden. Anthony King (2006, 2007, 2013) hat in einflussreichen Publikationen vorgeschlagen, statt der motivationalen Faktoren, die in der sozialpsychologisch ausgerichteten Forschung im Vordergrund stehen (Siebold 2011), stärker die militärische Praxis in den Blick zu nehmen. King untersucht das Zusammenwirken von Soldaten und Soldatinnen in kleinen infanteristischen Gruppen, die er als Essenz des Militärischen versteht und aus deren Analyse er Besonderheiten des Militärischen im Vergleich zum Zivilen erkennen glaubt. Dabei nimmt King militärisch abgestimmtes, kollektives Handeln in den Blick, untersucht die Kommunikation der Soldaten und Soldatinnen, betont die Wichtigkeit von Symbolen und Repräsentationen und analysiert die Koordination soldatischen Agierens. Er weist den Stellenwert von Training und Drill nach und sieht die Abkehr der (westlichen) Streitkräfte von der Wehrpflicht und deren Professionalisierung als wesentlich für die Steigerung militärischer Performanz an. Mit seinen auf ethnografischen Studien und der Re-Lektüre historischer Arbeiten beruhenden Thesen gelingt es King, die analytische Verengung vieler sozialpsychologischer Studien zu überwinden. Damit nimmt er eine der Grundfragen der militärsoziologischen Forschung, warum Soldaten und Soldatinnen kämpfen, nochmals in ihrer Gesamtheit in den Blick. Kings Arbeiten stehen zugleich exemplarisch für die Internationalisierung und Ausdifferenzierung der Forschung, zu der sich seit Beginn der Auslandseinsätze der Bundeswehr hierzulande ein eigener Diskussionsstrang entwickelt hat.

3.2   Die Internationalisierung der Forschung und der Beitrag der deutschen Militärsoziologie

Ein Großteil der Studien zur Kampfmoral ist in der US-amerikanischen Armee und von US-amerikanischen Forscherinnen und Forschern durchgeführt worden. Aber auch andere Streitkräfte, namentlich in Israel, haben sich diesem Forschungsfeld intensiv angenommen. So liegen neben der bereits erwähnten Untersuchung von Ben-Ari et al. (2005) verschiedene Studien aus Israel vor, die sich sowohl quantitativ als auch qualitativ der soldatischen Motivation widmen (Gal 1985; Gal und Manning 1987; Desivilya und Gal 1996, Ben-Shalom und Benbenisty 2016, 2019). Bemerkenswert ist darüber hinaus die Studie *Combat Motivation of the Polish Forces*, die bereits vor dem Ende des Ost-West-Konflikts auf englischer Sprache erschien (Walendowski 1988). Befragt wurden allerdings keine aktiven Soldaten, sondern etwas mehr als einhundert polnische Immigranten, die zwischen 1956 und 1982 in der Armee gedient hatten und mittlerweile in den USA oder in Kanada lebten. Es mag auch an dieser spezi-fischen Befragtengruppe liegen, dass die Ergebnisse der Untersuchung auf ein ausgeprägtes und bereits zu diesem Zeitpunkt vorhandenes antisowjetisches Meinungsbild vieler polnischer Soldaten hindeuten.

Seit den 1990er-Jahren zeichnen sich zwei Trends in der Forschung zu Kampfmoral und Einsatzmotivation ab: Zum einen wird eine interdisziplinäre Verzahnung sozialwissenschaftlicher und historischer Forschung erkennbar (Wessely 2006; Stachelbeck 2010; Watson und Porter 2010; Neitzel und Welzer 2011; Römer 2012; Fennell 2014; Kühl 2014). Zum anderen ist eine inhalt-liche und geographische Ausweitung der Studien erfolgt, die staatlich verfasste wie irreguläre Streitkräfte (Nilsson 2018) aus immer mehr Ländern einbeziehen (Robert 1996; Battistelli et al. 1999; Jelušič und Garb 2005; Hedlund 2011; Ruffa 2015; Aker et al. 2016; Käihkö 2018; Malešević und Ó Dochartaigh 2018). Vorreiter im deutschsprachigen Raum war in den 1990er-Jahren die Studie von Harald Haas und Franz Kernic (1998), die die Motivation österreichischer Soldaten untersucht, die im Rahmen einer UN-Mission auf dem Sinai eingesetzt waren. Die Befunde spiegeln in weiten Teilen die spezifischen Bedingungen dieses Einsatzes wider, der durch Routinen und Eintönigkeiten geprägt war. Die Begleituntersuchung der SWISSCOY-Mission im Kosovo von Jonathan Bennett, Rolf Bösch und Karl Haltiner (2003) zeigt, wie wesentlich *task cohesion* für die Schweizer Militärangehörigen in diesem Zusammenhang ist.

Zu der sich internationalisierenden Forschung trägt seit den 1990er-Jahren die deutsche Militärsoziologie kontinuierlich bei, zumal sich die Bundeswehr als

„Interventionsarmee" (Biehl 2008) mehr und mehr über militärische Missionen definiert. Aus der Zeit der Ost-West-Konfrontation liegt lediglich eine empirisch bedeutende Arbeit zur Einsatzmotivation vor – durchgeführt von Angehörigen des Sozialwissenschaftlichen Institutes der Bundeswehr (SOWI) (Klein und Lippert 1998 [1986]). In dieser Studie fand ein Fragebogen Verwendung, der zuvor sowohl in der US-amerikanischen als auch in der israelischen Armee zum Einsatz kam (Gal und Manning 1987). Im Herbst 1985 wurden insgesamt 710 Mannschaftssoldaten – in der Mehrzahl Wehrpflichtige – befragt. Im Gegensatz zu den Resultaten US-amerikanischer und israelischer Forscher verweisen Paul Klein und Ekkehard Lippert (1998 [1986]: 29) für den deutschen Kontext auf die Bedeutung des sozialen Umfeldes: „(…) it becomes clear that the motivation of Bundeswehr soldiers is influenced primarily by civilian society and its attitudes towards the army, and less by factors internal to the army". Dabei müssen die Autoren allerdings offenlassen, worauf diese Differenzen zurückzuführen sind. Zum einen sei denkbar, dass amerikanische und israelische Soldaten aufgrund ihrer Kampferfahrung innermilitärischen Aspekten eine größere Relevanz zuweisen. Zum anderen könnte sich hier das Bundeswehr-spezifische Konzept der Inneren Führung bemerkbar machen, das den Soldaten als „Staatsbürger in Uniform" versteht, der in zivilen Bezügen denkt und in die Gesellschaft integriert ist.[2]

Mit der zunehmenden Ausrichtung der Bundeswehr auf militärische Auslandsmissionen hat die sozialwissenschaftliche Einsatzbegleitung an Bedeutung gewonnen. Da Verteidigungsministerium und Streitkräfte den Zugang zum Forschungsfeld kontrollieren und Befragungen in Einsatzländern mit erheblichem Aufwand verbunden sind, finden sich ausnahmslos Studien, die von Bundeswehr-eigenen Instituten durchgeführt worden sind. So hat das SOWI und in seiner Nachfolge das Zentrum für Militärgeschichte und Sozialwissenschaften der Bundeswehr (ZMSBw) seit Ende der 1990er-Jahre eine Reihe von Untersuchungen zu den diversen Einsätzen mit verschiedenen thematischen Zuschnitten durchgeführt. Die Vielzahl von Berichten und Publikationen belegt, dass die hierzulande betriebene Forschung zur Einsatzmotivation in Auseinandersetzung mit der internationalen Forschung eigene Akzente entwickelt hat. So gibt es Untersuchungen zu allen wesentlichen Einsatzgebieten der Bundeswehr: zu Bosnien (Seiffert 2005; Keller und Tomforde 2005; Leonhard et al. 2008), zum Kosovo (Mackewitsch 2001), zu Afghanistan (Keller et al. 2006; Biehl und

---

[2] Siehe hierzu den Beitrag von *Franke* in diesem Band.

Keller 2009; Seiffert et al. 2012; Seiffert und Heß 2014, 2019) wie zum Kongo
(Keller et al. 2008). Einzig die Marineeinsätze sind nicht analysiert worden (siehe
jedoch Wombacher und Felfe 2012). Den Großteil der Studien machen Lang-
zeitbegleitungen aus, die auf der Verschränkung quantitativer und qualitativer
Methoden beruhen. Dabei ergänzen sich Erhebungen vor, während und nach
dem Einsatz, wodurch Veränderungen – nicht nur der soldatischen Motivation –
über die Zeit beobachtet und analysiert werden können (Seiffert und Heß 2014,
2019). In den Studien stand zum einen die Erfassung soldatischer Motivationen
im Vergleich der Einsatzgebiete und Kontingente sowie über die Einsatzdauer
hinweg im Fokus, zum anderen ging es um die zugrunde liegenden Einflussfaktoren. Im Ergebnis steht ein bemerkenswert stabiler Bestand an Erkenntnissen, der sich relativ unabhängig von Einsatzland, Gefahrenniveau, konkreter
Tätigkeit sowie Kontingentzugehörigkeit, wenn auch nicht von der Einsatzdauer,
zeigt (Biehl und Keller 2009, 2016; Pietsch 2012; Tomforde 2005; abweichend:
Seiffert und Heß 2019: 257). So ist die Motivation der Soldatinnen und Soldaten
für den und im Einsatz durchgehend hoch: Stets rund drei Viertel und mehr der
Befragten sind motiviert und engagiert – allerdings gibt es Hinweise, dass diese
Bereitschaft mit zunehmender Einsatzdauer sinkt. Wie bereits Klein und Lippert
(1998 [1986]) zu Zeiten des Ost-West-Konflikts feststellen konnten, ist für
Bundeswehrsoldaten der soziale Rückhalt für ihr Tun von zentraler Bedeutung.
Die Soldatinnen sind weitaus stärker motiviert, wenn sie Familie, Freunde und
Bekannte wie die breitere Öffentlichkeit hinter sich wissen und selbst von der
Sinnhaftigkeit ihres Einsatzes überzeugt sind. Diese Befunde, die die Relevanz
von latenter Ideologie und *task cohesion* unterstreichen, entsprechen den Prämissen der Inneren Führung, die dem Idealbild eines politisch interessierten
und informierten Soldaten , der sich mit seinen Aufgaben und Aufträgen identifiziert, folgt. Daneben beziehen die Bundeswehrangehörigen ihre Motivation
aus dem soldatischen Miteinander, der *social cohesion*. Sowohl das Vertrauen in die Vorgesetzten, das mit Blick auf die niedrigen Führungsebenen am
höchsten ist, als auch der kameradschaftliche Zusammenhalt, der über die Einsatzgebiete und Kontingente gleichermaßen ausgeprägt ist, stabilisieren die
soldatische Motivation. Umgekehrt ist die größte Belastung im Einsatz die
Trennung von der Familie, wobei die Studien von Anfang an einem breiten Verständnis von Familie verpflichtet waren und die Pluralität moderner Familien-
formen – ob verheiratet, in Lebenspartnerschaft oder sich in einer Beziehung
befindend, ob mit oder ohne Kinder, ob gemeinsam oder getrennt lebend – und
deren spezifische Belastungen zu erfassen suchten (Biehl et al. 2005; Seiffert
und Heß 2014, 2019). Über alle Studien hinweg zeigte sich, dass die Trennung
von Zuhause eine enorme Belastung für die Soldaten darstellt. Hinsichtlich

der (Langzeit)Folgen deuten die Befunde darauf hin, dass insbesondere die Beziehungen jüngerer Soldatinnen infolge der Einsätze gefährdet sind – wobei die ohnehin gegebene Fluktuation von Partnerschaften in diesem Altersband in Rechnung zu stellen ist. Dramatische Trennungs- oder Scheidungsquoten als Konsequenz der Einsätze konnten gleichwohl nicht ermittelt werden (Seiffert und Heß 2014, 2019).

Aufs Ganze betrachtet spiegeln sich somit die internationalen Befunde und Debatten im bundesdeutschen Kontext wider: Die bisherigen Studien deuten darauf hin, dass für die Bundeswehrangehörigen latente Ideologie, *task cohesion* und die Unterstützung durch die Familie von entscheidender Bedeutung sind. Daneben kommt der *social cohesion* – insbesondere bei der Motivation für den Einsatz – eine gewisse Relevanz zu. Mit den verschiedenen Erklärungsgrößen sind jedoch nicht nur abweichende empirische Befunde verknüpft, sondern auch unterschiedliche konzeptionelle Herangehensweisen, organisationspolitische Konsequenzen und Wissenschaftsverständnisse. Der Blick in die Debatten des Forschungsfeldes belegt, wie weitreichend die Implikationen der empirischen Forschung zu Einsatzmotivation und Kampfmoral sein können.

3.3 Debatten, Kritik und Kontroversen der Forschung zu Einsatzmotivation und Kampfmoral

Nachdem bislang die wesentlichen Studien und Befunde der Forschung zu Einsatzmotivation und Kampfmoral präsentiert wurden, geht es im Folgenden zunächst um die wissenschaftsinternen Debatten im Forschungsfeld. Dabei wird sowohl die Relevanz der untersuchten Größen problematisiert und ihr Einfluss auf die militärische Effizienz hinterfragt, als auch um die richtigen konzeptionellen und methodischen Zugriffe gerungen. Danach wird gezeigt, wie eine bestimmte Lesart von *social cohesion* dazu genutzt wurde, den Zugang zu den Streitkräften zu restringieren und bestimmte Bevölkerungsgruppen vom Militär auszuschließen. Im dritten Abschnitt wird die Verwendung der militärsoziologischen Forschung, insbesondere der US-amerikanischen Befunde aus dem Zweiten Weltkrieg in Auseinandersetzungen um die deutsche Vergangenheit, thematisiert. In der Gesamtschau zeigt sich, welche Konsequenzen die Studien zuweilen haben und wie normativ aufgeladen und politisch brisant militärsoziologische Untersuchungen sein können. Deshalb ist es angezeigt, abschließend die Möglichkeiten und Grenzen der Forschung zu reflektieren.

3.3.1 Methodische Innovation und theoretische Anschlussfähigkeit der militärsoziologischen Forschung

Obwohl unter militärischen Denkern und Praktikerinnen weitgehend unstrittig ist, dass die Leistungsfähigkeit von Streitkräften unter anderem von der Motivation ihrer Angehörigen abhängt, wird in sozialwissenschaftlichen Kontexten kontrovers diskutiert, inwieweit Einsatzmotivation und die dahinterstehenden Faktoren die militärische Performanz tatsächlich prägen. Lange Zeit dominierten sozialpsychologische Untersuchungen zur soldatischen Motivation. Diese gingen zumeist von einem starken Einfluss der Kampfmoral auf die militärische Leistungsfähigkeit aus, ohne diesen Zusammenhang im Einzelnen nachzuweisen. Seit rund zwei Jahrzehnten ist ein verstärktes soziologisches Interesse an den Strukturen und Bedingungen kollektiven Handelns zu erkennen. Dabei wird explizit versucht, wie etwa bei King (2013), militärische Leistung zu erfassen. Allerdings gestaltet sich deren Operationalisierung schwierig, da andere Größen wie Ausrüstung und Ausbildungsstand, Organisation und Logistik, militärische Führungsleistung und politisch-strategische Entscheidungen wesentlich für die Leistungsfähigkeit von Streitkräften sind (siehe MacCoun 1993; MacCoun et al. 2006: 651; Griffith 2007; Collins 2010, 2012a; King 2013). Ein Teil der Literatur umgeht das Konstrukt soldatischer Motivation ganz und fokussiert sich auf als relevant angenommene Größen, wie den soldatischen Zusammenhalt oder das Vertrauen in Kameradinnen und Vorgesetzte (siehe hierzu den Disput zwischen King 2006, 2007 und Siebold 2007, 2011 sowie Kirke 2009). Der allgemeine Forschungsstand in den Sozialwissenschaften verkompliziert die Situation zusätzlich. Zwar weist Griffith (2007: 143 ff.) unter Bezug auf die Meta-Studie von Daniel Beal, Robin R. Cohen, Michael J. Burke und Christy L. McLendon (2003) darauf hin, dass im zivilen Kontext ein Zusammenhang zwischen Gruppenkohäsion und Performanz besteht. Inwieweit dies im militärischen Kontext gilt und welche Rolle der Motivation dabei zukommt, ist jedoch nicht hinreichend geklärt (siehe jedoch Oliver et al. 1999). Mithin sind, was King (2007) am nachdrücklichsten herausstreicht, Forschungsanstrengungen notwendig, die den Zusammenhang zwischen soldatischer Motivation, Gruppenkohäsion und militärischer Leistung überprüfen. Dies ist umso wünschenswerter, als damit zugleich die in der Literatur strittigen konzeptionellen und methodischen Zugriffe auf den Untersuchungsgegenstand überwunden werden könnten.

Folgt man den oben dargebotenen Definitionen, wonach Einsatzmotivation die Bereitschaft darstellt, sich für und in einem Einsatz zu engagieren, während

Kampfmoral die Bereitschaft zum Führen militärischer Gefechte ist, kann es kaum verwundern, dass Letzteres auf viele Interessierte einen größeren Reiz ausübt. Jedoch ist die sozialwissenschaftliche Analyse der Kampfmoral mit erheblichen Herausforderungen verbunden. Neben quantitativen und qualitativen Zugängen finden sich zwar teilnehmende Begleitungen und Beobachtungen des Kampfgeschehens (Marshall 1966 [1947]; Moskos 1968; Wong et al. 2003; Wong 2006; Kolditz 2006: 656) – diese sind jedoch nur schwer und häufig auf nur eingeschränkte Weise zu realisieren. In letzter Zeit haben ethnologische Herangehensweisen (King 2013; Langer und Pietsch 2014; Tomforde 2010) und die Analyse historischer Quellen (Stachelbeck 2010; Watson und Porter 2010; Neitzel und Welzer 2011: 423–430; Römer 2012: 21–26; Kühl 2014) die ohnehin schon breite Palette sozialempirischer Methoden zur Erforschung soldatischer Motivation bereichert. Eine solche Erweiterung von Zugängen ist dringend notwendig, denn nur mit einem breiten methodischen Mix ist es möglich, die komplexe Situation von Individuen in Gefechtssituationen zu analysieren. Für die umfassende Berücksichtigung aller relevanten Größen sind multidisziplinäre Untersuchungsanlagen angezeigt, die zumindest soziologische, psychologische, ethnologische, medizinische und militärische Aspekte einschließen.

Neben der begrüßenswerten Erweiterung methodischer Herangehensweisen hat in den letzten Jahren eine bemerkenswerte Verknüpfung der militärsoziologischen Forschung zur Kampfmoral mit sozialtheoretisch ambitionierten Arbeiten stattgefunden. Ein Auslöser hierfür ist die Renaissance der Gewaltsoziologie, die international wie hierzulande insbesondere mit den Studien von Randall Collins (2008) entscheidende Impulse erfahren hat. Dabei stehen sich zwei Auffassungen gegenüber, die den Diskussionsstand der allgemeinen Gewaltsoziologie widerspiegeln (Collins 2008; Neitzel und Welzer 2011; King 2013; Malešević und Ó Dochartaigh 2018; Mann 2018). Für die mikrosoziologische Herangehensweise von Collins (2008) ist die situative Konstellation entscheidend für die Entfaltung von Gewalt. Die Interaktion von Individuen in einer konkreten Situation bedingt, ob und wie es zu gewalttätigen Handlungen kommt. Collins (2012b) analysiert die emotionale Dynamik im situativen Kontext, mit der bestehende Hemmungen und Vorbehalte gegen die Ausübung von Gewalt zu überwinden sind. Dem steht die Auffassung entgegen, dass soziale und politische Bezüge, Ideen und Identifikationen sehr wohl Einfluss auf die Bereitschaft zur (militärischen) Gewalt haben (Mann 2018). Neben der mikrosoziologischen Analyse müssten demnach die Makrobezüge berücksichtigt werden, die die Militärsoziologie mit *task cohesion* und noch mehr mit dem Konzept der latenten Ideologie erfasst. Gerade Studien zu nichtwestlichen Streitkräften betonen eine solche Relevanz der gesellschaftlichen und politischen Einbindung militärischen Handelns (Käikhö 2018; Nilsson 2018: 661 f.). Damit besteht eine bemerkenswerte Parallelität von Gewalt- und Militärsoziologie: In beiden Diskussionszusammenhängen steht der Einfluss gesellschaftlicher und politischer Kontextbezüge im Verhältnis zu situativen Faktoren für die Ausübung von Gewalt zur Debatte.

Ein weiterer Anknüpfungspunkt zwischen Gewalt- und Militärsoziologie ist die These von Collins, wonach die Ausübung von Gewalt generell schwerfalle und nur wenige Individuen zur Gewaltausübung neigten. Diese Annahme (Collins 2008: 43–70) schließt an einen von S. L. A. Marshall (1966 [1947]) im Zweiten Weltkrieg beschriebenen und nach ihm benannten („SLAM")Effekt an. Demnach hat nur ein Bruchteil der amerikanischen Frontsoldaten (Marshall geht von etwa 15 Prozent aus) aktiv auf Gegner geschossen. Hemmungen und Vorbehalte hätten die meisten Soldaten davon abgehalten, gegnerische Kräfte zu bekämpfen und zu töten. Lange galt Marshalls Befund als Standard in der Forschung und zugleich als Aufforderung an die Streitkräfte, durch Ausbildung, Drill und militärische Führung, die Bereitschaft ihrer Angehörigen zum tatsächlichen Einsatz von Waffengewalt zu erhöhen. Seit den 1980er-Jahren sind jedoch begründete Zweifel an der Zuverlässigkeit von Marshalls Beobachtungen und Beschreibungen aufgekommen. So wurde seine Art der Datenerhebung in Zweifel gezogen; Re-Analysen des Quellenmaterials und seiner Aufzeichnungen lieferten keine empirischen Belege für die von ihm genannten Prozentangaben (Engen 2011; Spiller 1988). Marshalls Thesen erscheinen unter diesem Blickwinkel eher als gezielte Provokation des militärischen Apparats und der sozialwissenschaftlichen Debatte – zumal das Versagen von Waffen und Ausrüstung sowie unzureichende militärische Führung eine zumindest ebenso große Rolle für geringe Feuerquoten gespielt haben dürften wie Skrupel und Hemmungen der Soldaten, wie etwa Michael Mann (2018) feststellt. Angesichts dieser unzureichenden empirischen Basis ist es zumindest überraschend, dass Marshalls These unter dem Eindruck der neueren Gewaltsoziologie erneute Aufmerksamkeit erfahren hat. Auch King (2013: 40–61) schließt an Marshalls Beobachtungen an und diskutiert die militär-organisatorischen Instrumente (Drill, Ausbildung, Kommunikation), die Soldaten und Soldatinnen zur Ausübung militärischer Gewalt bringen sollen. Einen wichtigen Kontrapunkt setzen Sönke Neitzel und Harald Welzer (2011) mit ihrer Analyse von Abhörprotokollen von Wehrmachtssoldaten. Wie Collins und King gehen sie zwar ebenfalls davon aus, dass die kriegerische Situation die Handlungen der Soldaten bestimmt. Diese zeigten jedoch keineswegs durchgehend oder auch nur überwiegend Vorbehalte gegen den Kampf. Die meisten Wehrmachtssoldaten hätten das Töten als ‚Arbeit' aufgefasst und nicht wenige hätten gar ‚Spaß' daran gehabt (Neitzel und Welzer 2011). Auch Stefan Kühl (2014) hat in seiner Analyse organisierten Tötens (wobei er sich, auf die militärsoziologische Literatur gestützt, nicht mit Streit-, sondern mit Polizeikräften auseinandersetzt) gezeigt, wie es Organisationen gelingt, die bei einigen, aber nicht bei allen vorhandenen Hemmungen und Vorbehalte hinsichtlich der Anwendung direkter Gewalt zu überwinden. Aus analytischer, militärsoziologischer Perspektive erscheint es mithin weniger dringlich zu erkunden, ob und wie verbreitet Kampf-, Schieß- und Tötungshemmungen bei Individuen generell sind, als vielmehr zu bestimmen, welche Bedingungen und Faktoren Soldaten und Soldatinnen im militärischen Kontext zu Einsatz und Kampf anhalten und welche sie davon abhalten.

3.3.2 *Social cohesion* als reduktionistische Sicht auf soldatisches Handeln

In der Forschung stehen Untersuchungen zu Kampfmoral und Einsatzmotivation gleichberechtigt nebeneinander und beide liefern wertvolle Einblicke in die Funktionsweise militärischer Organisationen und in das Handeln soldatischer Subjekte. Dessen ungeachtet wird zuweilen ein Primat der sozialwissenschaftlichen Begleitung von Gefechten behauptet, die gegen die „extensive work conducted in peaceful settings" (Kolditz 2006: 656) ausgespielt wird. Solche Hierarchisierungsversuche sind unangebracht, zumal nicht auszuschließen ist, dass abweichende Befunde zu einem gewissen Grad das Ergebnis unterschiedlicher methodischer Herangehensweisen sind. Die militärsoziologischen Studien, die *social cohesion* als zentral für die soldatische Motivation erachten, fußen oftmals auf Selbstauskünften. Dabei werden die Militärangehörigen unmittelbar danach gefragt, was für sie der entscheidende Antrieb zum Kampf bzw. zum Einsatz war. Die damit einhergehenden Schwierigkeiten illustriert eine Kontroverse in der international führenden militärsoziologischen Zeitschrift *Armed Forces & Society*. Die bereits erwähnte Studie von Wong et al. (2003), die amerikanische und irakische Soldaten und Soldatinnen im Irak-Krieg befragt hat, hebt nochmals den Stellenwert sozialer Kohäsion heraus. Die Autoren stützten sich dabei auf deren Auskünfte über ihre Motivation. Diese Vorgehensweise sowie einige abwertende Bemerkungen, die die Trennung von *social cohesion* und *task cohesion* als akademisches Artefakt abtun, das in der harten Realität kriegerischer Auseinandersetzungen keine Entsprechung fände, evozierten eine entschiedene Reaktion von Robert MacCoun et al. (2006). Diese hielten den Verfechtern der sozialen Kohäsion vor, einer romantisierten Sicht militärischen Zusammenhalts Vorschub zu leisten. Die Rede von emotionalen Beziehungen zwischen Kameradinnen bediene zwar den innermilitärischen Diskurs. Als sozialwissenschaftliche Analysekategorie oder Erklärung tauge ein solches Konzept jedoch kaum (ebd.: 647 f.). Vielmehr zeige sich ein methodischer Defekt qualitativer Interviews, wenn die Soldaten unmittelbar nach einem Einsatz nach ihrer Motivation und den dahinterstehenden Gründen gefragt werden. Jene griffen in einschlägigen Befragungen auf die Erklärungsmuster zurück, die ihnen im Zuge ihrer Ausbildung nahegebracht werden, und reproduzierten diese in den Interviews. Aus methodenkritischer Perspektive mache sich folglich ein Antwortverhalten entlang der Kriterien militärischer Erwünschtheit bemerkbar (ebd.: 649 f.). Aufschluss über die tatsächlichen Gründe für soldatische Motivation sei mittels einer derartigen Untersuchungsart kaum zu gewinnen. Weiterhin zentral bleibe vielmehr die *task cohesion,* für deren Relevanz es selbst in der Studie von Wong et al. (2003) einige Belege gebe, die die Autoren jedoch nicht richtig deuteten.

Die an Wong et al. geübte Kritik verweist auf methodische Schwächen, die bereits den Studien aus dem Zweiten Weltkrieg attestiert wird. Insbesondere Omer Bartov (2001 [1992]) hat die Erkenntnisse von Shils und Janowitz über den kameradschaftlichen Zusammenhalt unter den deutschen Soldaten in seinem Buch *Hitlers Wehrmacht* kritisch diskutiert. Bartov lehnt die methodische Herangehensweise der amerikanischen Soziologen mit dem Argument ab, dass die Aussagen deutscher Kriegsgefangener eine äußerst problematische Datenquelle seien. Schließlich könne man leicht nachvollziehen, dass diese eher das Zusammenwirken mit den Kameraden als wesentliches Moment ihrer Kampfmoral angeben als ihr eigenes fanatisches Bekenntnis zum Nationalsozialismus (ebd.: 56). Von daher könnten die Selbstauskünfte der gefangenen Wehrmachtssoldaten kaum als Beleg für die Relevanz von *social cohesion* dienen.

Ungeachtet der methodischen Einwände und Relativierungen gilt weiterhin vielen Wissenschaftlerinnen (und noch mehr Soldaten) der kameradschaftliche Zusammenhalt als Schlüssel zur Steigerung der Kampfmotivation. Bis zum heutigen Tag gibt es Analysen, die sich auf die soziale Kohäsion und deren Zustandekommen konzentrieren (Henderson 1985; Manning 1991; Bartone und Adler 1999; Wong et al. 2003; Siebold 1999, 2007, 2011). Dabei geht es vielfach gar nicht mehr darum, den Einfluss des kameradschaftlichen Zusammenhalts auf die Kampfmoral nachzuweisen – dieser wird vorausgesetzt –, sondern die Möglichkeiten, soziale Kohäsion zu steigern, stehen im Mittelpunkt des Interesses, wie etwa der Titel eines Aufsatzes zweier amerikanischer Wissenschaftler dokumentiert: *Cohesion. Who needs it? What is it and how do we get it to them?* (Ingraham und Manning 1981). Diese (Über)Betonung der *social cohesion* ist nur zu verstehen, wenn die damit verbundenen Interessen, die sich nicht zuletzt in organisations- und personalpolitischen Maßnahmen niederschlagen, in den Blick genommen werden.

3.3.3 Verflechtung sozialwissenschaftlicher Forschung und militärischer Organisationspolitik: Soziale Homogenität und Exklusionstendenzen

Ein gewichtiger Teil der gegenwärtigen Militärsoziologie schreibt der klassischen Lesart der sozialen Kohäsion nur noch eine begrenzte empirische Relevanz zu. Insbesondere wird bezweifelt, ob soziale Ähnlichkeiten und gemeinsame Erlebnisse unabdingbare Voraussetzungen für militärischen Zusammenhalt und Kampfmoral sind. David Segal und Meyer Kestnbaum (2002: 453) bringen diese Bedenken prägnant auf den Punkt:

> „The key assumption on which arguments concerning social cohesion have been based – that people necessarily prefer to associate in small groups with those like themselves – is simply unsupportable in the face of research performed on social integration in the armed forces since World War II".

Ferner weisen die Autoren auf die einseitige Wahrnehmung und Interpretation der Arbeiten von Stouffer et al. sowie Shils und Janowitz hin. So werden Stouffer et al. „remembered as showing that cohesion (fighting for one's buddies) was the primary factor that sustained soldiers in combat". Dabei sei Kohäsion nur „one of the most important factors sustaining men in combat. However, it was not the most important" (ebd.: 446). Doch die in Wissenschaft und Streitkräfte vorhandene „romantic mythology" (ebd.: 445) rund um diese Studien verstelle den Blick auf deren tatsächlichen Befunde. Segal und Kestnbaum sehen die Ursache dieser Fehlwahrnehmung in den Bestrebungen, eine wissenschaftliche Legitimation für die Abschottung der Armee vor gesellschaftlichen Einflüssen und Entwicklungen zu gewinnen. Mit Verweis auf die sozialwissenschaftlichen Befunde habe man aus den Streitkräften heraus die Öffnung gegenüber bestimmten sozialen Gruppen mit dem Hinweis ablehnen können, dass deren Einbindung die *social cohesion* schwäche (ebd.: 445–448).

Diese Argumentation richtete sich lange Zeit gegen die Einbindung von Frauen und Homosexuellen ins Militär. So wird ungeachtet zahlreicher historischer Beispiele und Vorbilder für Kämpferinnen bis in die Gegenwart in Streitkräften, Wissenschaft sowie Publizistik darüber gestritten, ob gemischtgeschlechtliche Einheiten einen ausreichenden militärischen Zusammenhalt ausbilden können (vgl. die Beiträge in Carreiras/Kümmel 2008; King 2013: 376–418).[3] Nicht wenige gehen davon aus, dass Soldatinnen das militärische Gefüge nachhaltig stören und letztlich die Einsatzfähigkeit gefährden. Bei der Diskriminierung homosexueller Soldaten in den Streitkräften fanden ähnliche Argumente Anwendung (Herek und Belkin 2005: 125; Basham 2009). In Deutschland war es bis in die 1990er-Jahre hinein gerichtlich sanktionierte Praxis, Homosexuelle mit dem expliziten Hinweis, ihre Anwesenheit gefährdete die militärische Kohäsion, aus den Streitkräften zu entfernen. In den USA wurde und wird die Debatte um die Integration homosexueller Soldaten mit einer ungleich größeren Heftigkeit und Beteiligung der Öffentlichkeit geführt und hat nach Ansicht einiger Beobachter zur Entfremdung von Teilen des Militärs von der politischen Leitung beigetragen (vgl. Feaver und Kohn 2001). Die Leidenschaftlichkeit dieser Debatte ist nur zu verstehen, wenn die Integration homosexueller Soldaten als Gefährdung klassischer Konstruktionen soldatischer Identität begriffen wird. Gegenwärtig finden sich die Stereotype der Nichtintegrierbarkeit des ‚Anderen' verstärkt in der multinationalen Zusammenarbeit.[4] Hierbei werden eine Reihe vermeintlicher Unvereinbarkeiten vorgebracht, wie fehlende Sprachkenntnisse, unterschiedliche Abläufe, Regelungen und Ausbildungsstand sowie divergente Militärkulturen. Es finden sich aber auch Stimmen, die infrage stellen, ob militärischer Zusammenhalt zwischen Soldatinnen unterschiedlicher Nationalität generell möglich ist. Die bislang vorliegenden, sich auf relativ ruhig verlaufende Stabilisierungsoperationen beschränkenden Analysen legen jedenfalls nahe, dass es keine praktisch relevanten Differenzen im Vertrauen in Vorgesetzte und Kameraden eigener bzw. anderer Streitkräfte gibt (Moelker et al. 2007; Leonhard et al. 2008). Deren Ausmaß ist vielmehr von persönlichen Dispositionen und den jeweiligen sozialen Konstellationen abhängig.

Die organisationspolitische Relevanz der Forschung zu Kampfmoral und Kohäsion zeigt sich folglich daran, dass ihre vermeintlichen oder tatsächlichen Befunde dazu genutzt werden, um gewissen Personengruppen den Zugang zum Soldatenberuf zu versperren bzw. zu erschweren. Einseitige Auslegungen militärsoziologischer Befunde dien(t)en zur Legitimation sozialer Schließungen von

---

[3] Siehe hierzu auch den Beitrag von *Kümmel* zu Frauen in militärischen Organisationen in diesem Band.

[4] Siehe hierzu auch den Beitrag zu Militärischer Multinationalität von *Kraft* in diesem Band.

Streitkräften. Während sich diese Instrumentalisierung der militärsoziologischen Forschung in verschiedenen Ländern findet, besitzen die (geschichts)politischen Implikationen der Studie von Shils und Janowitz zu Wehrmachtssoldaten vor allem hierzulande eine hohe Brisanz, wie der nächste Abschnitt zeigt.

3.3.4 Verflechtung militärsoziologischer Forschung und geschichtspolitischer Kontroversen: Kameradschaftlicher Zusammenhalt als Exkulpationsversuch

Im deutschen Kontext ist, wie Thomas Kühne (2006: 13) zu Recht ausführt, „der wissenschaftliche Umgang mit Kameradschaft wie mit den Primärgruppen stark wertbehaftet". Ursache ist die Debatte um die Involvierung und Verantwortung der Wehrmachtsangehörigen mit Blick auf die nationalsozialistischen Gewaltverbrechen. Die Antwort auf die Frage, ob die deutschen Soldaten im Zweiten Weltkrieg in erster Linie aus Sorge für ihre Kameraden und ihre militärische Primärgruppe gekämpft haben oder aus ideologischer, sprich nationalsozialistischer Überzeugung, ist wesentlich für die normative Bewertung ihres Tuns. Hieraus schöpfte und schöpft die Studie von Shils und Janowitz ihre politische Relevanz, lautet doch einer ihrer zentralen Befunde:

„This extraordinary tenacity of the German Army has frequently been attributed to the strong National Socialist political convictions of the German Soldier. It is the main hypothesis of this paper, however, that the unity of the German Army was in fact sustained only to a very slight extent by the National Socialist convictions of its members (…)" (Shils und Janowitz 1948: 281).

Damit lieferten die Autoren, wenngleich wohl nicht intendiert, ein Erklärungs- und Exkulpationsmuster, in das viele Wehrmachtsangehörige ihre Handlungen und Erfahrungen einordnen und zu einem gewissen Grade legitimieren bzw. entschuldigen konnten. Gemeinsam mit den sogenannten Ehrenerklärungen des ehemaligen Oberbefehlshabers der alliierten Streitkräfte in Westeuropa und späteren US-Präsidenten Dwight D. Eisenhower und von Bundeskanzler Konrad Adenauer zu Beginn der 1950er-Jahre wurde damit der Weg zur Remilitarisierung Deutschlands und zur Integration ehemaliger Wehrmachtsangehöriger in die neu aufzustellenden Streitkräfte geebnet. Thomas Kühne (2006: 278) hat vor diesem Hintergrund aufgezeigt, wie der Kameradschaftsmythos die kollektive westdeutsche Erinnerung an den Zweiten Weltkrieg bis weit in die 1970er-Jahre hinein dominierte. In diesem Zusammenhang muss auch die viel beachtete Studie von Martin van Creveld (1989 [1982]) zur Kampfkraft der deutschen und amerikanischen Streitkräfte im Zweiten Weltkrieg gestellt werden. Diese historisch-komparativ angelegte Arbeit verfolgt den Ansatz, die Kampfkraft der Armeen unter bewusster Ausblendung des politisch-ideologischen Hintergrunds zu untersuchen. Entsprechend sieht sich die Studie – mit einiger Berechtigung – dem Vorwurf ausgesetzt, sie liefere eine wissenschaftliche Legitimation für Versuche, das militärisch-handwerkliche und politische Wirken der Wehrmacht zu trennen und damit einer (historisch inkorrekten) Vorstellung ihrer Apologeten Vorschub zu leisten. Seit Mitte der 1990er-Jahre hat die Debatte um die Verstrickung der Wehrmacht und ihrer Angehörigen in die nationalsozialistischen Verbrechen erneute, auch breitenwirksame Aufmerksamkeit erfahren. Dabei spielt die Frage, was die Wehrmachtssoldaten zum Kampf angehalten hat und worauf die allgemein attestierte bemerkenswerte Durchhaltefähigkeit vieler Wehrmachtseinheiten zurückzuführen ist, eine wesentliche Rolle. Die Gegenposition zu Shils und Janowitz in der wissenschaftlichen Diskussion markiert wiederum Bartov, der neben den bereits diskutierten methodischen Zweifeln konzeptionelle und empirische Einwände vorbringt. So weist Bartov für Verbände an der Ostfront nach, dass durch immense Ausfälle und Personalrotationen ‚gewachsene Einheiten' und langjährige kameradschaftliche Beziehungen keineswegs die Norm darstellten. Vielmehr sei die Identifikation mit dem System konstitutiv für die Kampfmoral der Soldaten gewesen, die auch „für den Nationalsozialismus und für alles, wofür er stand" (Bartov 2001 [1992]: 272), kämpften. Die Untersuchungen von Neitzel und Welzer (2011) sowie von Felix Römer (2012) haben diese Kontroverse aktualisiert und vorangebracht. Obgleich auf dem gleichen Quellenmaterial, den Abhörprotokollen gefangener Wehrmachtssoldaten, basierend, kommen die beiden Bücher zu gegensätzlichen Befunden. Für Neitzel und Welzer sind der militärische Kontext, der Krieg, die konkrete Situation und die Kameraden die entscheidenden Größen, die das Verhalten der Wehrmachtssoldaten bestimmen. Hingegen bestünde nur ein lockerer Zusammenhang zwischen Einstellungen und Handlungen (Neitzel und Welzer 2011: 44). Der Blick der Soldaten auf die großen Zusammenhänge der Wehrmacht, des Reiches und des Krieges sei kaum relevant für ihre Entscheidungen und Handlungen gewesen (ebd.: 240, 266). Ebenso habe die nationalsozialistische Idee eine nachgeordnete Rolle für das Denken und Handeln der Wehrmachtssoldaten gespielt (ebd.: 289). Während Neitzel und Welzer damit den individuellen Dispositionen und Intentionen eine zu vernachlässigende Bedeutung zuschreiben, ist für Römer (2012: 474 f.) das Individuum mit seinen Präferenzen, Ressourcen, seiner Sozialisation und seinen Eigenheiten auch in Kriegen zentral. Nach Römer sind soldatisches Verhalten und soldatische Motivation nur zu erklären, wenn die inhaltlichen Überzeugungen und politischen

Bezüge, denen sie unterliegen, mit in Betracht gezogen werden. Auch in der Wehrmacht seien Effekte der Sozialisation ebenso sichtbar wie Identifikationen mit dem Militär, dem Krieg und politischen Überzeugungen. Bewertet man die beiden historischen Werke anhand der vorliegenden militärsoziologischen Einsichten, dann wird deutlich, dass Neitzel und Welzer die (Handlungs)Möglichkeiten der Wehrmachtssoldaten, wie die von Soldatinnen in Krieg und Gefecht generell, unterschätzen. Zwar ist richtig, dass der Krieg Möglichkeitsräume zur Entfaltung von Gewalt und auch für Gewaltexzesse öffnet, aber dies geschieht nicht in jedem Krieg in gleicher Art und Weise. Römer hingegen zeigt auf, dass in bestimmten Situationen – selbst bei Kriegsverbrechen – Soldaten vor Ort Entscheidungen treffen konnten und Truppenführer das Verhalten ihrer unterstellten Soldaten anleiteten (Römer 2012: 262 f., 433). Römers Studie regt folglich dazu an, den Akteurstatus von Militärangehörigen weiterhin ernst zu nehmen und soldatische Einsatzmotivation sowie die dahinterstehenden Größen unter der Prämisse individueller Handlungsspielräume zu analysieren.

4 Stand und Perspektiven der militärsoziologischen Forschung zu Einsatzmotivation und Kampfmoral

Die Untersuchungen zu Einsatzmotivation und Kampfmoral begründen eine eigene Forschungstradition innerhalb der Militärsoziologie, die seit Jahrzehnten fortbesteht und Beiträge zur Weiterentwicklung der gesamten Disziplin geliefert hat. Ähnliche Errungenschaften hat die Militärsoziologie nur im Bereich der zivil-militärischen Beziehungen[5] vorzuweisen. Über die Zeit ist eine Vielzahl von Studien in unterschiedlichsten Kontexten entstanden, die jedoch nie ganz vor militärischen, gesellschaftlichen und wissenschaftlichen Moden gefeit gewesen sind. Der zeitliche Überblick über die Forschung zur Kampfmoral lässt wissenschaftliche Bedingtheiten und Konjunkturen zutage treten, sodass die Arbeiten zur soldatischen Motivation immer auch vor dem gesellschaftlichen und militärischen Hintergrund zu verstehen sind, in dem sie entstanden. Die vorliegenden Untersuchungen lassen sich danach charakterisieren, welches Gewicht den jeweiligen Einflussfaktoren der Einsatzmotivation zugeschrieben wurde: Betonte man vor dem Hintergrund der Erfahrungen des Zweiten Weltkrieges die

---

[5] Siehe hierzu auch den Beitrag von *Hagen & Biehl* in diesem Band.

Bedeutung der Kleingruppen-Beziehungen, so schien mit dem Vietnamkrieg die Bindung zwischen Soldat und Gesellschaft an Relevanz gewonnen zu haben. Neuere Arbeiten zur Situation von Soldatinnen in *Peacekeeping*-Operationen betonen hingegen den entscheidenden Einfluss des *family-army-adjustment* auf die Motivation der Soldaten oder setzen sich mit dem Zusammenhalt in multinationalen Kontingenten auseinander.

Trotz der Vielfalt an Forschungsfragen und Befunden bleibt eine Reihe noch zu klärender Fragen: Die konzeptionelle Einordnung der diskutierten Konstrukte (latente Ideologie, *social cohesion* und *task cohesion,* Einsatzmotivation und Kampfmoral sowie militärische Performanz und Leistungsfähigkeit) ist keineswegs abgeschlossen. Dabei kann es nicht Ziel sein, die verschiedenen Auffassungen und Lesarten zu vereinheitlichen – was in den Sozialwissenschaften ein ohnehin aussichtsloses Unterfangen wäre. Aber die den Studien zugrunde liegenden Größen sind zu selten eindeutig genug gefasst, was zu fruchtlosen Debatten über deren jeweilige Relevanz, Definition und das Verhältnis zueinander führt (King 2006, 2007, 2013; Siebold 2007, 2011, 2015). Dieses Manko ist gerade angesichts der langen Tradition methodisch innovativer Zugänge und der häufigen Verknüpfung quantitativer und qualitativer Untersuchungsinstrumente erstaunlich und ärgerlich zugleich, da sich gewisse Kontroversen und Fragen eher wiederholen, als dass sie den Erkenntnisstand entscheidend voranbringen.

Neben den wissenschaftsimmanenten Debatten um den richtigen konzeptionellen und methodischen Zugriff und die personal- und geschichtspolitischen Implikationen verdeutlicht die Forschung zu Einsatzmotivation und Kampfmoral die allgemeinen Bedingungen militärsoziologischer Untersuchungen über die und für die Streitkräfte. Die kontinuierliche und sich weiter ausdifferenzierende Forschung ist nur möglich, weil das Militär selbst der Thematik eine erhebliche Relevanz zuschreibt und Sozialwissenschaftlern den Zugang zu diesem Forschungsfeld eröffnet. Aus Sicht des Militärs dienen die Studien in erster Linie der Gewinnung von Informationen zur organisationalen Optimierung. Von daher liegt der Vorwurf nahe, die Forscherinnen, die sich mit der Einsatzmotivation auseinandersetzen, führten Untersuchungen durch, die einzig der militärischen Effizienzsteigerung dienten. Diese Forschung sei reine „Sozialtechnologie", die zum Ziel habe, „der militärischen Führung Informationen über Möglichkeiten zur Steigerung der Kampf- und Einsatzbereitschaft zur Verfügung zu stellen." (Lippert und Wachtler 1982: 345) Zwar ist einzuräumen, dass durchaus Umfragen durchgeführt werden, die dieser Charakterisierung entsprechen und die allzu häufig in Form von Gutachten und Vorlagen alleine für interne Zwecke benutzt werden, ohne dass eine Veröffentlichung oder wissenschaftliche Verwertung erfolgt.[6] In der Folge ist die Forschung zur Einsatzmotivation – wie die gesamte Militärsoziologie – dem Vorwurf ausgesetzt, sie sei ohne weitergehenden sozialwissenschaftlichen Wert und stelle lediglich eine Form der Organisationsberatung dar. Dem ist aber entgegen zu halten, dass es in den einschlägigen Untersuchungen weniger um eine Anpassung der Soldaten an die Streitkräfte geht, sondern eher um ein Eingehen der militärischen Organisation auf die Bedürfnisse ihrer Angehörigen. So stellen Befragungen zur Einsatzmotivation oftmals eine der wenigen Möglichkeiten für die Soldatinnen dar, ihre Ansichten, Wünsche und Bedürfnisse im *bottom-up*-Verfahren unmittelbar an die politische Leitung und militärische Führung der Streitkräfte heranzutragen.

Erfreulich ist, dass in letzter Zeit vermehrt Anstrengungen unternommen werden, die vorliegenden Ergebnisse mit sozialwissenschaftlichen Erklärungsansätzen zu konfrontieren und zu kombinieren. Gerade der Anschluss an die Gewaltforschung hat sich als bereichernd erwiesen und die militärbezogene Forschung für Diskussionsstränge anschlussfähig gemacht, die weit über die Militärsoziologie hinausreichen. Entgegen des durch Collins (2008) ausgelösten Trends verweist die militärsoziologische Forschung auf die Wirkung gesellschaftlicher und politischer Bezüge bei der Ausübung militärischer Gewalt. Perspektivisch könnte sich die Gewaltforschung verstärkt der staatlich sanktionierten und kollektiv organisierten Gewalt annehmen und die bisherigen Analysen spontaner Gewalt in Mikrosituationen komplementieren. Wünschenswert sind Arbeiten, die die Perspektiven der Gewalt- und Militärsoziologie zusammenbringen und konsequent aufeinander beziehen (siehe Gazit und Ben-Ari 2017). Daneben besitzen Rückgriffe auf die Gruppensoziologie, wenngleich diese derzeit eher ein Schattendasein fristet, und auf die Organisationssoziologie theoretisches wie analytisches Potenzial. Die Beiträge von Kühl (2014) und Koepp (2021), die einer systemtheoretisch informierten Organisationssoziologie verpflichtet sind, zeigen fruchtbare Wege auf.

---

[6] In der Bundeswehr führte beispielsweise das Dezernat Organisationspsychologie im Streitkräfteamt regelmäßig Befragungen einsatzerfahrener Soldaten und Soldatinnen (die so genannten BES) durch, deren Daten und Befunde weder zur weiteren internen oder externen wissenschaftlichen Verwendung noch der interessierten Öffentlichkeit oder den befragten Militärangehörigen zur Verfügung standen.

Studien, die eine adäquate sozialwissenschaftliche Methodik und theoretische Fundierung aufweisen, keiner Zensur durch Streitkräfte oder Ministerien unterliegen sowie öffentlich und transparent kommuniziert werden, können nicht nur zum Diskurs in den sozialwissenschaftlichen Disziplinen beitragen. Sie bieten darüber hinaus einer interessierten Öffentlichkeit seltene Einblicke in das Innenleben von Streitkräften – und dies in ganz entscheidenden Situationen sowie unmittelbar aus der Sicht der eingesetzten Soldaten und Soldatinnen. Der Forschungsgegenstand bietet jedenfalls die Möglichkeit, nicht nur die Handlungen von Individuen, sondern das Zusammenspiel von soldatischen Akteuren und militärischer Organisation und die damit einhergehenden normativen Konsequenzen – auch und gerade der eigenen Forschung – zu untersuchen. Die Verwendung der Untersuchungsergebnisse durch die Streitkräfte zwingt die Forscherinnen und Forscher geradezu zu einer reflexiven Perspektive (Higate und Cameron 2006), die in den letzten Jahren auch hierzulande stärker verbreitet ist. In der Praxis geht es folglich darum, politisches, militärisches und akademisches Erkenntnisinteresse in Einklang zu bringen, ohne die notwendigen wissenschaftlichen Standards aufzugeben. Diesen Ansprüchen muss sich die Forschung zu Kampfmoral und Einsatzmotivation – wie die Militärsoziologie insgesamt – weiterhin stellen.

Annotierte Auswahlbibliografie

Henderson, Darryl (1985): Cohesion. The Human Element in Combat. Washington, DC: National Defense University Press.

Vergleichend angelegte Studie, die die Kampfmoral und die Kohäsion der amerikanischen, israelischen, sowjetischen und nordvietnamesischen Armee untersucht.

Jürgs, Michael (2003): Der kleine Frieden im Großen Krieg. Westfront 1914. Als Deutsche, Franzosen und Briten gemeinsam Weihnachten feierten. 2. Aufl. München: Bertelsmann.

Jürgs schildert in seinem populärwissenschaftlichen Werk eindringlich und mit vielen anschaulichen Facetten die einmaligen Ereignisse an der Westfront zu Weihnachten 1914.

King, Anthony (2013): The Combat Soldier. Infantry Tactics and Cohesion in the Twentieth and Twenty-First Centuries. Oxford: Oxford University Press.

Kings Buch betrachtet soldatische Motivation und militärisches Handeln von den Grabenkämpfen des Ersten Weltkriegs bis hin zur Aufstandsbekämpfung in Afghanistan – im Mittelpunkt steht das gemeinsame und koordinierte Agieren infanteristischer Gruppen und Züge.

Stouffer, Samuel A. et al. (1949). The American Soldier. Studies In Social Psychology in World War II. Bd. 1–4. Princeton: Princeton University Press. Der zweite Band des *American Soldier* widmet sich unter dem Titel „Combat and Its Aftermath" ausführlich dem Verhalten der Soldaten im Gefecht und arbeitet auf methodisch innovative Weise die Bedeutung des kameradschaftlichen Zusammenhalts heraus.

Literatur

Aker, Peter van den/Duel, Jacco/Soeters, Joseph (2016): Combat Motivation and Combat Action. Dutch Soldiers in Operations since the Second World War. A Research Note. In: Armed Forces & Society, 42: 1, 211–225.

Albano, Sondra (1994): Military Recognition of Family Concerns: Revolutionary War To 1993. In: Armed Forces & Society, 20: 2, 283–302.

Apelt, Maja (Hrsg.) (2010): Forschungsthema: Militär. Wiesbaden: VS Verlag für Sozialwissenschaften.

Bartone, Paul T./Adler, Amy B. (1999): Cohesion Over Time in a Peacekeeping Medical Task Force. In: Military Psychology, 11: 1, 85–107.

Bartone, Paul T./Vaitkus, Mark A./Adler, Amy B. (1998): Dimensions of Psychological Stress in Peacekeeping Operations. In: Military Medicine, 163: 9, 587–593.

Bartov, Omer (2001 [1992]): Hitlers Wehrmacht. Soldaten, Fanatismus und die Brutalisierung des Krieges. Reinbek bei Hamburg: Rowohlt.

Basham, Victoria (2009): Effecting Discrimination. Operational Effectiveness and Harassment in the British Armed Forces. In: Armed Forces & Society, 35: 4, 728–744.

Battistelli, Fabrizio/Ammendola, Teresa/Galantino, Maria Grazia (1999): The Fuzzy Environment and Postmodern Soldiers. The Motivations of the Italian Contingent in Bosnia. In: Small Wars & Insurgencies, 10: 2, 138–160.

Beck, Ulrich (Hrsg.) (1982): Soziologie und Praxis. Soziale Welt, Sonderband 1. Göttingen: Schwartz.

Bennett, Jonathan/Boesch, Rolf P./Haltiner, Karl W. (2003): SWISSCOY. Motivation und Einsatzzufriedenheit. In: Allgemeine Schweizer Militärzeitschrift, 169: 3, 20–22.

Beal, Daniel J./Cohen, Robin R./Burke, Michael J./McLendon, Christy L. (2003): Cohesion and Performance in Groups. A Meta-Analytic Clarification of Construct Relations. In: Journal of Applied Psychology, 88: 6, 989–1004.

Ben-Ari, Eyal/Ben-Shalom, Uzi/Lehrer, Zeev (2005): Cohesion During Military Operations. A Field Study on Combat Units in the Al-Aqsa Intifada. In: Armed Forces & Society, 31: 1, 63–79.

Ben-Shalom, Uzi/Benbenisty, Yizhaq (2016): Coping styles and combat motivation during operations. An IDF case study. In: Armed Forces & Society 42: 4, 655–674.

Ben-Shalom, Uzi/Benbenisty, Yizhaq (2019): 'A Time of War'. Contextual and organisational dimensions in the construction of combat motivation in the IDF. In: Journal of Strategic Studies, 42: 3–4, 371–394.

Biehl, Heiko (2005): Kampfmoral und Einsatzmotivation. In: Leonhard/Werkner (2005): 268–286.

Biehl, Heiko/Keller, Jörg/Tomforde, Maren (2005): „Den eigentlichen Einsatz fährt meine Frau zu Hause…" Aspekte der Trennung von Bundeswehr-Soldaten und ihren Familien während des Auslandseinsatzes. In: Kümmel (2005): 79–107.

Biehl, Heiko (2008): Von der Verteidigungs- zur Interventionsarmee. Konturen eines gehemmten Wandels. In: Kümmel (2008): 9–20.

Biehl, Heiko/Keller, Jörg (2009): Hohe Identifikation und nüchterner Blick. Die Sicht der Bundeswehrsoldaten auf ihre Einsätze. In: Jaberg et al. (2009): 122–141.

Biehl, Heiko/Keller, Jörg (2016): Ein anderer Blick auf den Einsatz. Die Forschung des SOWI zu Auslandseinsätzen. In: Dörfler-Dierken/Kümmel (2016): 189–205.

Braun, Michael (1985): Rationale Akteure und institutionelle Regelungen in Militärorganisationen (SOWI-Berichte Nr. 39). Strausberg: Sozialwissenschaftliches Institut der Bundeswehr.

Britt, Thomas W./Castro, Carl A./Adler, Amy (Hrsg.) (2005): Military Life: The Psychology of Serving in Peace and Combat. Volume 4. Westport: Praeger.

Caforio, Guiseppe/Kümmel, Gerhard (Hrsg.) (2005): Military Missions and their Implications Reconsidered. The Aftermath of September 11th. Amsterdam u. a.: Elsevier.

Carreiras, Helena/Kümmel, Gerhard (Hrsg.) (2008): Women in the Military and in Armed Conflict. Wiesbaden: VS Verlag für Sozialwissenschaften.

Carreiras, Helena/Castro, Celso (Hrsg.) (2014): Qualitative methods in military studies. London: Routledge.

Clausewitz, Carl von (1999 [1832]): Vom Kriege. Berlin: Ullstein.

Collins, Randall (2008): Violence. A micro-sociological theory. Princeton: Princeton University Press.

Collins, Randall (2010): A Dynamic Theory of Battle Victory and Defeat. In: Cliodynamics. The Journal of Theoretical and Mathematical History, 1: 1, 3–25.

Collins, Randall (2012a): C-Escalation and D-Escalation. A Theory of the Time-Dynamics of Conflict. In: American Sociological Review 77: 1, 1–20.

Collins, Randall (2012b): Entering and leaving the tunnel of violence. Micro-sociological dynamics of emotional entrainment in violent interactions. In: Current Sociology 6: 2, 132–151.

Collins, Randall (2013): Does nationalist sentiment increase fighting efficacy? A skeptical view from the sociology of violence. In: Hall/Malešević (2013): 31–43.

Coser, Lewis (1974): Greedy institutions. Patterns of undivided commitment. New York: Free Press.

Creveld, Martin van (1989 [1982]): Kampfkraft. Militärische Organisation und militärische Leistung 1939–1945. Freiburg: Rombach.

Desivilya, Helena Syna/Gal, Reuven (1996): Coping with Stress in Families of Servicemen. Searching for „Win-Win" Solutions to a Conflict between the Family and the Military Organization. In: Family Process, 35: 2, 211–225.

Dörfler-Dierken, Angelika/Kümmel, Gerhard (Hrsg.) (2016): Am Puls der Bundeswehr. Militärsoziologie in Deutschland zwischen Wissenschaft, Politik, Bundeswehr und Gesellschaft. Wiesbaden: Springer VS.

Elbe, Martin/Biehl, Heiko/Steinbrecher, Markus (Hrsg.) (2021): Empirische Sozialforschung in den Streitkräften. Positionen, Erfahrungen, Kontroversen. Berlin: Berliner Wissenschafts-Verlag.

Engen, Robert (2011): S.L.A. Marshall and the ratio of fire. History, interpretation, and the Canadian experience. In: Canadian Military History 20: 4, 39–48.

Feaver, Peter D./Kohn, Richard H. (Hrsg.) (2001): Soldiers and Civilians. The Civil-Military Gap and American National Security. Cambridge/London: MIT Press.

Fennell, Jonathan (2014): In Search of the 'X' Factor: Morale and the Study of Strategy. In: Journal of Strategic Studies, 37: 6–7, 799–828.

Gal, Reuven (1985): Commitment and Obedience In the Military: An Israeli Case Study. In: Armed Forces & Society, 11: 4, 553–564.

Gal, Reuven/Mangelsdorff, A. David (Hrsg.) (1991): Handbook of Military Psychology. Chichester et al.: John Wiley & Sons.

Gal, Reuven/Manning, Frederick J. (1987): Morale and its Components. A Cross-National Comparison. In: Journal of Applied Social Psychology, 17: 4, 369–391.

Gazit, Nir/Ben-Ari, Eyal (2017): Military Violence in Its Own Right: The Microsocial Foundations of Physical Military Violence in Noncombat Situations. In: Conflict and Society 3: 1, 189–207.

Griffith, James (2007): Further Considerations Concerning the Cohesion-Performance Relation in Military Settings. In: Armed Forces & Society, 34: 1, 138–147.

Gupta, Dinesh K. (1987): Job Commitment of Indian Soldiers. In: Kuhlmann (1987): 91–119.

Haas, Harald/Kernic, Franz (1998): Zur Soziologie von UN-Peacekeeping-Einsätzen. Ergebnisse sozialempirischer Erhebungen bei österreichischen Kontingenten. Baden-Baden: Nomos.

Hall, John A./Malešević, Siniša (Hrsg.) (2013): Nationalism and war. Cambridge, MA: Cambridge University Press.

Hamburger Institut für Sozialforschung (Hrsg.) (2018): Siegfried-Landshut-Preis für Michael Mann 2018. Hamburg: Hamburger Institut für Sozialforschung.

Harris, Jesse J./Segal, David (1985): Observations from the Sinai. The Bordeom Factor. In: Armed Forces & Society, 11: 2, 235–248.

Heckhausen Jutta/Heckhausen Heinz (Hrsg.) (2018): Motivation und Handeln. 5. Aufl. Berlin/Heidelberg: Springer.

Hedlund, Erik (2011): What motivates Swedish soldiers to participate in peacekeeping missions. Research note. In: Armed Forces & Society, 37: 1, 180–190.

Henderson, Darryl (1985): Cohesion. The Human Element in Combat. Washington, DC: National Defense University Press.

Herek, Gregory M./Belkin, Aaron (2005): Sexual orientation and military service: Prospects for organizational and individual change in the United States. In: Britt et al. (2005): 119–142.

Higate, Paul/Cameron, Alisa (2006): Reflexivity and Researching the Military. In: Armed Forces & Society, 32: 2, 219–233.

Hoffmann-Nowotny, Hans-Joachim (Hrsg.) (1989): Kultur und Gesellschaft. Gemeinsamer Kongreß der Deutschen, der Österreichischen und der Schweizerischen Gesellschaft für Soziologie, Zürich 1988. Beiträge der Forschungskomitees, Sektionen und Ad-hoc-Gruppen. Zürich: Seismo.

Ingraham, Larry H./Manning, Frederick J. (1981): Cohesion. Who needs it? What is it and How Do We Get It To Them? In: Military Review, 61: 6, 3–12.

Jaberg, Sabine/Biehl, Heiko/Mohrmann, Günter/Tomforde, Maren (Hrsg.) (2009): Auslandseinsätze der Bundeswehr. Sozialwissenschaftliche Analysen, Diagnosen und Perspektiven. Berlin: Duncker & Humblot.

Jelušič, Ljubica/Garb, Maja (2005): Motivation and Job Satisfaction of Slovenian Soldiers and Policemen in Peace Operations. In: Caforio/Kümmel (2005): 457–466.

Jürgs, Michael (2003): Der kleine Frieden im Großen Krieg. Westfront 1914. Als Deutsche, Franzosen und Briten gemeinsam Weihnachten feierten. München: Bertelsmann.

Käikhö, Ilmari (2018): Broadening the Perspective on Military Cohesion. In: Armed Forces & Society, 44: 4, 571–586.

Keegan, John (1978): Das Antlitz des Krieges. Düsseldorf/Wien: Econ.

Kehr, Hugo M./Strasser, Matthias/Paulus, Andrea (2018): Motivation und Volition im Beruf und am Arbeitsplatz. In: Heckhausen/Heckhausen (2018): 593–614.

Keller, Jörg/Tomforde, Maren (2005): „Who wants to go Again?" Motivation of German Soldiers for and During Peacekeeping Missions. In: Caforio/Kümmel (Hrsg.) 2005: 443–456.

Keller, Jörg/Tomforde, Maren/Reinholz, Carola (2006): Multinationalität im Einsatz. 3. Einsatzkontingent ISAF (Gutachten). Strausberg: Sozialwissenschaftliches Institut der Bundeswehr.

Keller, Jörg/Hennig, Jana/Menke, Iris (2008): EUFOR RD CONGO (Gutachten). Strausberg: Sozialwissenschaftliches Institut der Bundeswehr.

Kellett, Anthony (1982): Combat Motivation. The Behavior of Soldiers in Battle. Boston et al.: Kluwer-Nijhoff Publishing.

Klein, Paul/Lippert, Ekkehard (1998 [1986]): Morale and Its Components in the German Bundeswehr. In: Klein et al. (1998): 21–31.

Klein, Paul/Prüfert, Andreas/Wachtler, Günther (Hrsg.) (1998): Das Militär im Mittelpunkt sozialwissenschaftlicher Forschung. Baden-Baden: Nomos.

King, Anthony (2006): The Word of Command. Communication and Cohesion in the Military. In: Armed Forces & Society, 32: 4, 493–512.

King, Anthony (2007): The Existence of Group Cohesion in the Armed Forces. A Response to Guy Siebold. In: Armed Forces & Society, 33: 4, 638–645.

King, Anthony (2013): The Combat Soldier. Infantry Tactics and Cohesion in the Twentieth and Twenty-First Centuries. Oxford: Oxford University Press.

King, Anthony (Hrsg.) (2015): Frontline. Combat and cohesion in the Twenty-First Century. Oxford: Oxford University Press.

Kirke, Charles (2009): Group Cohesion, Culture, and Practice. In: Armed Forces & Society, 35: 4, 745–753.

Koepp, Tabea (2021): Organisationssoziologische Perspektiven auf das Militär. In: Elbe et al. (2021): 89–124.

König, René (Hrsg.) (1968): Beiträge zur Militärsoziologie. Kölner Zeitschrift für Soziologie und Sozialpsychologie, Sonderheft 12. Köln/Opladen: Westdeutscher Verlag.

Kolditz, Thomas (2006): Researching in Extremis Settings. Expanding the Critique of 'Why They Fight'. In: Armed Forces & Society, 32: 4, 655–658.

Kühl, Stefan (2014): Ganz normale Organisationen. Zur Soziologie des Holocaust. Frankfurt a. M.: Suhrkamp Verlag.

Kühne, Thomas (2006): Kameradschaft. Die Soldaten des nationalsozialistischen Krieges und das 20. Jahrhundert. Göttingen: Vandenhoeck & Ruprecht.

Kümmel, Gerhard (Hrsg.) (2005): Diener zweier Herren. Soldaten zwischen Bundeswehr und Familie. Frankfurt a. M.: Peter Lang

Kümmel, Gerhard (Hrsg.) (2008): Streitkräfte im Einsatz. Zur Soziologie militärischer Interventionen. Baden-Baden: Nomos.

Kuhlmann, Jürgen (Hrsg.) (1987): The Military: Legitimation and Job Commitment. Military Expenditures and Socio-Economic Development. Militarism and Disarmament. SOWI-Forum International Nr. 7. München: Sozialwissenschaftliches Institut der Bundeswehr.

Langer, Phil C./Pietsch, Carsten (2014): Studying cross-cultural competence in the military. Methodological considerations of applied contract research for the German Armed Forces. In: Carreiras/Castro (2014): 45–63.

Leonhard, Nina/Werkner, Ines-Jacqueline (Hrsg.) (2005): Militärsoziologie. Eine Einführung. Wiesbaden: VS Verlag für Sozialwissenschaften.

Leonhard, Nina/Aubry, Giulia/Casas Santero, Manuel/Jankowski, Barbara (Hrsg.) (2008): Military Co-operation in Multinational Missions: The Case of EUFOR in Bosnia-Herzegovina. SOWI-Forum International 28. Strausberg 2008: Sozialwissenschaftliches Institut der Bundeswehr.

Lippert, Ekkehard/Wachtler, Günther (1982): Militärsoziologie – eine Soziologie ‚nur für den Dienstgebrauch'? In: Beck (1982): 335–355.

Lippert, Ekkehard (1989): Gruppenkohäsion als militärisches Rekultivierungskonzept. In: Hoffmann-Nowotny (1989): 854–857.

MacCoun, Robert (1993): What is Known about Unit Cohesion and Military Performance. In: Sexual Orientation and U.S. Military Personnel Policy. Options and Assessment. Santa Monica: RAND.

MacCoun, Robert/Kier, Elizabeth/Belkin, Aaron (2006): Does Social Cohesion Determine Motivation in Combat? An Old Answer to an Old Question. In: Armed Forces & Society, 32: 4, 646–654.

Mackewitsch, Reinhard (2001): Der Vorgesetzte im Einsatz. Erfüllt er grundsätzliche Anforderungen? SOWI-Arbeitspapier Nr. 130. Strausberg: Sozialwissenschaftliches Institut der Bundeswehr.

Malešević, Siniša/Ó Dochartaigh, Niall (2018): Why combatants fight. The Irish Republican Army and the Bosnian Serb Army compared. In: Theory and Society, 47: 3, 293–326.

Mann, Michael (2018): Angst, Abscheu und moralische Bedenken auf dem Schlachtfeld. In: Hamburger Institut für Sozialforschung (2018): 31–64.

Manning, Frederick J. (1991): Morale, Cohesion, and Esprit de Corps. In: Gal/Mangelsdorff (1991): 453–470.

Marshall, S.L.A. (1966 [1947]): Soldaten im Feuer. Frauenfeld: Huber & Co AG.

Merton, Robert K./Lazersfeld, Paul F. (Hrsg.) (1950): Continuities in social research. Studies in the scope and method of "The American Soldier". Glencoe: The Free Press.

Meyer, Georg-Maria (Hrsg.) (1996): Friedensengel im Kampfanzug? Zu Theorie und Praxis militärischer UN-Einsätze. Opladen: Westdeutscher Verlag.

Moelker, René/Soeters, Joseph/Hagen, Ulrich vom (2007): Sympathy, the Cement of Interoperability: Findings on Ten Years of German-Netherlands Military Cooperation. In: Armed Forces and Society, 33: 3, 496–517.

Moser, Klaus (1996): Commitment in Organisationen. Bern et al.: Huber.

Moskos, Charles C. (1968): Eigeninteresse, Primärgruppen und Ideologie. In: König (1968): 201–220.

Moskos, Charles C. (1970): The American Enlisted Man. New York: Russell Sage Foundation.

Neitzel, Sönke/Welzer, Harald (2011): Soldaten. Protokolle vom Kämpfen, Töten und Sterben. 2. Aufl. Frankfurt a. M.: Fischer.

Nerdinger, Friedemann W./Blickle, Gerhard/Schaper, Niclas (2019): Arbeits- und Organisationspsychologie. Berlin/Heidelberg: Springer.

Nilsson, Marco (2018): Primary Unit Cohesion Among the Peshmerga and Hezbollah. In: Armed Forces & Society, 44: 4, 647–665.

Oetting, Dirk (1988): Motivation und Gefechtswert. Vom Verhalten des Soldaten im Krieg. Frankfurt a M./Bonn: Report Verlag.

Oliver, Laurel/Harman, Joan/Hoover,Elizabeth/Hayes, Stephanie M./Pandhi, Nancy A. (1999): A Quantitative Integration of the Military Cohesion Literature. In: Military Psychology, 11: 1, 57–83.

Pietsch, Carsten (2012): Zur Motivation deutscher Soldatinnen und Soldaten für den Afghanistaneinsatz. In: Seiffert et al. 2012: 101–121.

Robert, Gilles (1996): Einflussfaktoren im Einsatz. Französische Soldaten in Ex-Jugoslawien. In: Meyer (1996): 133–152.

Römer, Felix (2012): Kameraden. Die Wehrmacht von innen. München/Zürich: Piper Verlag.

Ruffa, Chiara (2015): Cohesion, political motivation, and military performance in the Italian Alpini. In: King (2015): 250–268.

Ryan, Joseph W. (2010): Samuel A. Stouffer and The American Soldier. In: Journal of Historical Biography, 7, 100–137.

Schwartz, T. P./Marsh, Robert M. (1999): The American Soldier Studies of WWII: A 50th Anniversary Commemorative. In: Journal of Political and Military Sociology, 27: 1, 21–37.

Segal, David R./Jones, Joseph C./Rohall, David E./Manos, Angela M. (1999): Meeting the Missions of the 1990s with a Downsized Force. Human Resource Management Lessons From the Deployment of PATRIOT Missile Units to Korea. In: Military Psychology, 11: 2, 149–167.

Segal, David R./Kestnbaum, Meyer (2002): Professional Closure in the Military Labour Market: A Critique of Pure Cohesion. In: Snider/Watkins (2002): 441–458.

Seiffert, Anja (2005): Soldat der Zukunft. Wirkungen und Folgen von Auslandseinsätzen auf das soldatische Selbstverständnis. Berlin: Verlag Dr. Köster.

Seiffert, Anja/Langer, Phil/Pietsch, Carsten (Hrsg.) (2012): Der Einsatz der Bundeswehr in Afghanistan. Sozial- und politikwissenschaftliche Perspektiven. Wiesbaden: Springer VS.

Seiffert, Anja/Heß, Julius (2014): Afghanistanrückkehrer. Der Einsatz, die Liebe, der Dienst und die Familie. Ausgewählte Ergebnisse der sozialwissenschaftlichen Langzeitbegleitung des 22. Kontingents ISAF (Forschungsbericht 101). Potsdam: Zentrum für Militärgeschichte und Sozialwissenschaften der Bundeswehr.

Seiffert, Anja/Heß, Julius (2019): Leben nach Afghanistan – Die Soldaten und Veteranen der Generation Einsatz der Bundeswehr. Ergebnisse der sozialwissenschaftlichen Langzeitbegleitung des 22. Kontingents (Forschungsbericht 119). Potsdam: Zentrum für Militärgeschichte und Sozialwissenschaften der Bundeswehr.

Shils, Edward A./Janowitz, Morris (1948): Cohesion and Disintegration in the Wehrmacht in World War II. In: Public Opinion Quarterly, 12: 2, 280–315.

Siebold, Guy (1999): The Evolution of the Measurement of Cohesion. In: Military Psychology, 11: 1, 5–26.

Siebold, Guy (2007): The Essence of Military Group Cohesion. In: Armed Forces & Society, 33: 2, 286–295.

Siebold, Guy (2011): Key questions and challenges to the standard model of military group cohesion. In: Armed Forces & Society, 37: 3, 448–468.

Siebold, Guy (2015): The Misconceived Construct of Task Cohesion. In: Armed Forces & Society, 41: 1, 163–167.

Snider, Don M./Watkins, Gayle L. (Hrsg.) (2002): The Future of the Army Profession. Boston et al.: McGraw-Hill

Spiller, Roger (1988): S.L.A. Marshall and the ratio of fire. In: Royal United Services Institute Journal, 133: 4, 63–71.

Stachelbeck, Christian (2010): Militärische Effektivität im Ersten Weltkrieg. Die 11. Bayerische Infanteriedivision 1915–1918. Paderborn: Schöningh.

Stouffer, Samuel A. et al. (1949): The American Soldier. Studies In Social Psychology in World War II (Bd. 1–4). Princeton: Princeton University Press.

Tolstoi, Lew (1965 [1869]): Krieg und Frieden. Berlin: Rütten & Loening Verlag.

Tomforde, Maren (2005): Motivation and Self-Image among German Peacekeepers. In: International Peacekeeping, 12: 4, 576–585.

Tomforde, Maren (2010): Neue Militärkultur(en). In: Apelt (2010): 193–219.

Vroom, Victor Harold (1964): Work and motivation. New York: Wiley.

Walendowski, Edmund (1988): Combat Motivation of the Polish Forces, New York: Saint Martin's Press.

Watson, Alexander/Porter, Patrick (2010): Bereaved and aggrieved. Combat motivation and the ideology of sacrifice in the First World War. In: Historical Research, 83: 219, 146–164.

Wechsler Segal, Mady (1986): The Military and the Family as Greedy Institutions. In: Armed Forces & Society, 13: 1, 9–38.

Wessely, Simon (2006): Twentieth-century theories on combat motivation and breakdown. In: Journal of Contemporary History, 41: 2, 268–286.

Wombacher, Joerg/Felfe, Joerg (2012): United We Are Strong: An Investigation into Sense of Community among Navy Crews. In: Armed Forces & Society, 38: 4, 557–581.

Wong, Leonard (2006): Combat Motivation in Today's Soldiers. In: Armed Forces & Society, 32: 4, 659–663.

Wong, Leonard/Kolditz, Thomas A./Mille, Raymond/Potter, Terence (2003): Why They Fight. Combat Motivation in the Iraq war. Carlisle Barracks: U.S. Army War College.

Biehl, Heiko, Dr. phil.; Leiter des Forschungsbereichs Militärsoziologie am Zentrum für Militärgeschichte und Sozialwissenschaften der Bundeswehr in Potsdam

The manufacturer's authorised representative in the EU is Springer
Nature Customer Service Centre GmbH, Europaplatz 3, 69115 Heidelberg,
Germany. If you have any concerns regarding our products, please
contact ProductSafety@springernature.com

Printed and bound by CPI Group (UK) Ltd, Croydon, CR0 4YY

28/04/2026

02098506-0005